falstaff
WEIN GUIDE

DEUTSCHLAND

2024

500 Weingüter
4000 Weinempfehlungen
250 Gasthäuser in den Weinregionen

DER FALSTAFF WEINGUIDE DEUTSCHLAND 2024

DIE WEINBAUREGIONEN

RHÖN SPRUDEL
SEIT 1781
ORIGINAL
DAS MINERALWASSER AUS
DEM BIOSPHÄRENRESERVAT RHÖN
MIT KOHLENSÄURE

LIEBE LESERINNEN UND LESER!

Wolfgang M. Rosam, Herausgeber Falstaff

Ulrich Sautter, Chefredakteur Falstaff Weinguide Deutschland

Der antike Autor Columella hat zwei bedeutende Werke hinterlassen, eines über Landwirtschaft und eines über Bäume. In beiden nimmt die Behandlung des Rebstocks großen Raum ein. Warum erzählen wir Ihnen das bei der Vorstellung unseres neuen Weinguides Deutschland 2024? Auf den ersten Blick ist es doch eine recht merkwürdige Vorstellung, dass der Rebstock als Baum behandelt wird. Aber, um zur Aktualität zu kommen, uns erscheint die Weinkultur tatsächlich gerade wie ein Baum: standhaft und fest in einem stürmischen politischen und wirtschaftlichen Umfeld. Ebenso wie ein Rebstock hat die Begeisterung für den Wein und seine Vielfalt tiefe Wurzeln getrieben, ebenso wie jener lässt sie immer neue Zweige und köstliche Früchte wachsen. Das war hierzulande nicht immer so. Heute aber können wir stolz darauf sein, was Deutschlands Winzer und Winzerinnen Jahr für Jahr leisten. Dieses Jahr haben wir sogar zweimal die Maximalnote von 100 Punkten vergeben: für Trockenbeerenauslesen des Rheingauer Weinguts Robert Weil und des Weinguts Hans Wirsching aus Franken. Solche Weine sind einzigartig auf unserem Planeten: federleicht im Alkohol, zugleich mundwässernd intensiv und quasi unsterblich.
Insgesamt 121 Weine – 93 davon im trockenen Geschmacksbild, darunter 55 Rieslinge und 30 Spätburgunder – erreichten eine Bewertung von 95 Punkten und mehr. Damit gehören all diese Weine auch international zur Spitzenklasse. Doch nicht zuletzt stellen wir auch fest, dass die Weine der preislichen Mittelklasse immer besser werden. Mancher Ortswein hat in diesem Guide eine Bewertung, die noch vor wenigen Jahren fast nur Große Gewächse erreicht haben. Es gibt viel zu entdecken unter den nahezu 4000 Weinen von über 500 Weingütern und Winzergenossenschaften, die wir für diesen Guide unter die Lupe genommen haben.
Wir wünschen Ihnen viel Spaß beim Stöbern und Lesen, beim Nützen dieses Guides als Reisebegleiter und Einkaufskompass. Belohnen Sie die Winzer mit Ihrer Neugier – und Falstaff mit Ihrer Treue!

Herzlichst Ihre

W. Rosam

WOLFGANG M. ROSAM
Herausgeber Falstaff Deutschland

Ulrich Sautter

ULRICH SAUTTER
Chefredakteur Falstaff Weinguide Deutschland

Weinkellerbau – Gewölbebau – Weinregale
Fasskeller Weingut Ziereisen,
Ziegelgewölbe in Elementbauweise
Weinrefugium Innenausbau
privat
NEUSCHWANDER
Weinregal
Bausatz-System
Flaschenlager
Wein- und Sektkellerei Jakob Gerhardt
Neipperger Straße 41 · D-74336 Brackenheim · fon: 07135.990930
mail: info@neuschwander.de · Internet: www.neuschwander.de

Ob Büro & Gewerbe, Gastronomie & Hotel, Handwerk, Öffentliche Verwaltung, Schule & Bildung oder Start-ups: Mit MediaMarktSaturn profitieren Sie von einem starken Partner an Ihrer Seite!

Ihr Partner für mehr Business: MediaMarktSaturn Business

Perfekte Beratung ist der Anfang allen Erfolgs. Dafür stellt Ihnen Ihr persönlicher Geschäftskundenberater ein optimal abgestimmtes Business-Paket zusammen. Wenn es noch ein wenig mehr Service sein darf, genießen Sie bei uns von Finanzierung über Versicherung bis zur Installation den MediaMarktSaturn Business-Vorteil.

Einfach vorteilhaft für Sie – 6 gute Gründe für MediaMarktSaturn Business

- Ihr persönlicher Geschäftskundenberater steht Ihnen bei allen Entscheidungen zur Seite
- Unser überzeugendes Service-Angebot begleitet Sie von der Finanzierung über die Lieferung bis zur Installation
- Wir sind Ihr unabhängiger Partner, der Ihnen alle Top-Marken anbietet
- Profitieren Sie von einem riesigen Sortiment für alle Bereiche von Küche bis Büro
- Unsere Technik ist Ihr Vorsprung für Erfolg
- Ihr nächster MediaMarktSaturn ist gleich um die Ecke – Online sogar rund um die Uhr

INFO

Dürfen wir Sie überzeugen?
Unter **mediamarkt.de/business**
finden Sie viele weitere Informationen,
wieso es sich immer lohnt, Geschäftskunde von
MediaMarktSaturn Business zu sein.

PERFEKT ABGESTIMMT

Büro und Gewerbe

Bei MediaMarktSaturn finden Sie alles für die umfassende Ausstattung zukunftsorientierter Arbeitsplätze. Unsere Lösungen sorgen für mehr Sicherheit, Effizienz und bessere Kommunikation.

Gastronomie und Hotel

Komplettlösungen ganz nach Ihrem Gschmack, professionelle Technologie für Verwaltung und Housekeeping: Bereiten Sie Ihren Gästen einen unvergesslichen Aufenthalt – wir unterstützen Sie dabei mit Leidenschaft und Knowhow.

Handwerk

Robuste Elektronik für Baustellen und Werkstätten, vernetzte Kommunikation im Betrieb und mit Kunden, Back-Office-Lösungen.

Öffentliche Verwaltung

Mit professionellen Eingabegeräten verbessern Sie den Workflow und die interne wie externe Kommunikation. Sichern Sie sich jetzt die Mehrwerte, die Ihnen nur die Top-Lösungen eines leidenschaftlichen und erfahrenen Partners bringen.

Schule und Bildung

Mit unseren Lösungen wird aus Frontal-Unterricht ein multimediales, interaktives Erlebnis für nachhaltige Wissensvermittlung. Vom digitalen Flipchart über Notebooks und Tablets bis zur Anbindung ans Internet und Einrichtung des passenden Mobile Device Managements bieten wir Bildungseinrichtungen die optimale Ausstattung.

Der »Texaspass« zwischen den Winzerdörfern Oberbergen und Kiechlinsbergen, Kaiserstuhl, Baden

WEIN
GUIDE
DEUTSCHLAND
2024
Foto: WSNA

SO LESEN SIE DIESEN GUIDE

Der Falstaff Weinguide Deutschland erfüllt mehrere Funktionen: Zuallererst gibt er mit seinen Bewertungen einen Überblick über die besten Weine, die aus den aktuellen Preislisten der Winzer auf unserem Probentisch standen. Zum Zweiten finden Sie die fünf interessantesten Weine jedes Betriebs beschrieben. Auf diese sensorischen Beschreibungen legt das Falstaff-Team großen Wert: Denn je nach Anlass und je nach kulinarischer Begleitung, kann auch ein mit soliden 89 Punkten bewerteter, ideal ausgereifter Basiswein besser schmecken als ein noch jugendlich-verschlossener 94-Punkte-Wein. Um sich hier zurechtzufinden, empfiehlt es sich, die Probennotiz zu Rate zu ziehen. Und ebenso zur Beantwortung der Frage: Könnte dieser Wein *mir persönlich* schmecken? Weine, für deren Notiz hier im gedruckten Guide kein Platz mehr war, finden Sie online auf www.falstaff.de, am einfachsten über die Volltext-Suchfunktion.
Bei manchen Weinen haben wir hinter die Bewertung ein Plus geschrieben: zum Beispiel 91+ Punkte. Das Pluszeichen weist darauf hin, dass der Wein entweder je nach Kontext (beispielsweise bei Tisch) oder in Zukunft durch seine Reifeentwicklung über sich hinauswachsen wird. Die »91+« bedeuten also durchaus etwas anderes als etwa »91,5«. Sie sagen aus: 91 Punkte entsprechen der nüchternen sachlichen Sicht einer analytischen Verkostung, aber das Genusspotenzial dieses Weins ist deutlich größer.
Weiterhin zeichnen wir jeweils einen Wein pro Betrieb als »Falstaff-Tipp« aus. Sie finden diesen rechts unten auf den Betriebsseiten in einem beige unterlegten Feld. Für diese Weine sprechen wir eine besondere Empfehlung aus, weil sie entweder ein hervorragendes Preis-Genuss-Verhältnis besitzen oder es sich um eine Spezialität oder um eine Kuriosität des betreffenden Weinguts handelt.

Auch die Leistungskraft und das Prestige der Betriebe insgesamt erfahren eine Bewertung durch das Falstaff-Team, und zwar auf einer Skala von eins bis fünf Sternen.
Die Sterne haben folgende Bedeutung:
★ Betrieb, der regelmäßig Weine hervorbringt, die typisch für Sorte und Herkunftsregion sind
★★ Betrieb, der für verlässliche Weinqualität bekannt ist und die Weine seiner Region auf hohem Niveau repräsentiert
★★★ Betrieb, der für individuelle Weine von kontinuierlich hervorragender Qualität bekannt ist und bundesweit sowie auch auf einzelnen Exportmärkten hohes Ansehen genießt
★★★★ Betrieb, der kontinuierlich für Spitzenleistungen bekannt ist und dessen stilistische Ausrichtung im In- und Ausland hohes Ansehen genießt
★★★★★ Betrieb, der seit langer Zeit kontinuierlich für Spitzenleistungen bekannt ist und im In- und Ausland für seine stilistische Eigenständigkeit höchstes Ansehen genießt

Wir hoffen, dass Ihnen unser Guide durch diese Angaben beim Weineinkauf hilft. Auch als Reisebegleiter leistet er durch die Vielzahl an Kontaktinformationen und Adressen gute Dienste. Zu guter Letzt ist er so angelegt, dass man ihn auch nach Jahren nochmal aus dem Regal nehmen und wie in einem Jahrbuch nachlesen kann, was im betreffenden Zeitraum in Bezug auf den deutschen Wein gerade aktuell war. Am meisten freuen würde es uns, wenn dann der Moment gekommen ist, um einen gereiften Wein im Glas mit jener Probennotiz zu vergleichen, die das Falstaff-Team Jahre zuvor geschrieben hat.

WEINBAU IN DEUTSCHLAND

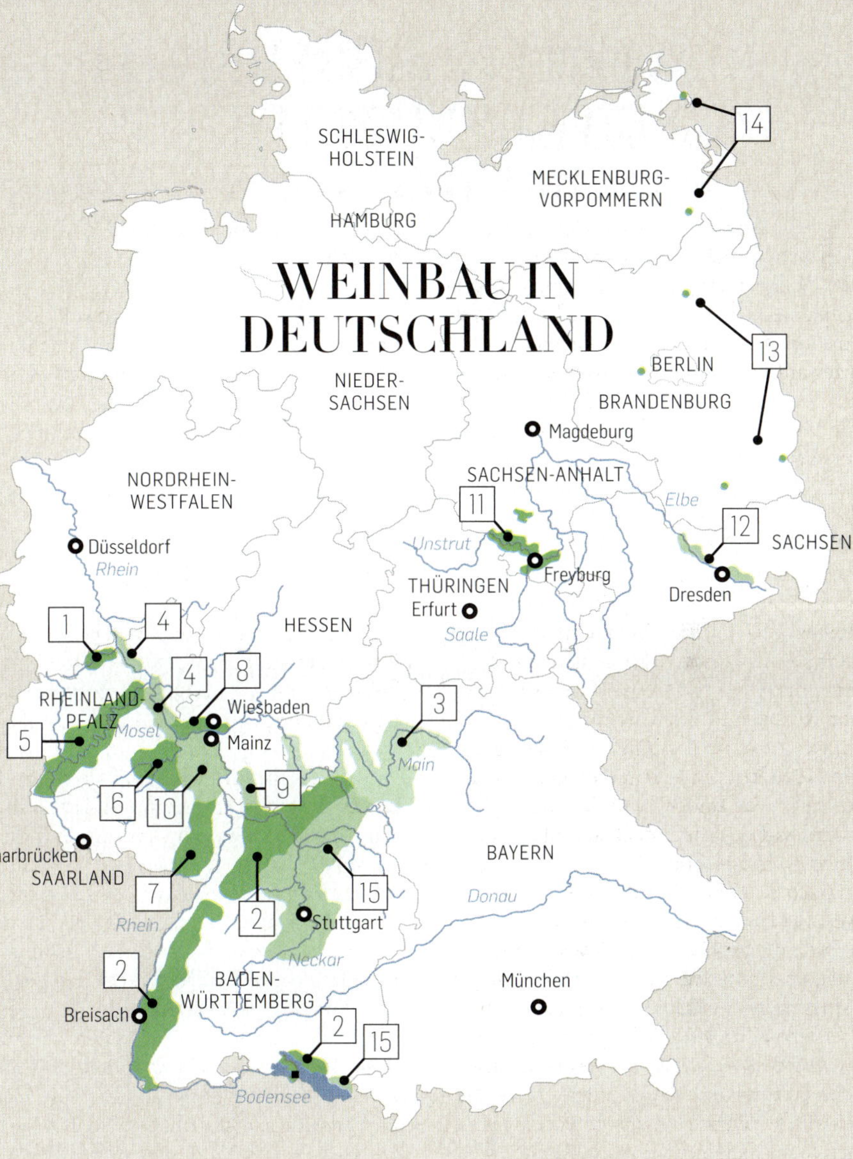

BEWERTUNGSÜBERSICHT UND VERZEICHNIS DER ABKÜRZUNGEN

WEINSPEZIFISCH

Ⓢ Schaumwein

LEGENDE WEINGÜTER

WEINBEWERTUNGEN

100	Nicht zu übertreffen
95–99	Absolute Weltklasse
90–94	Ausgezeichneter Wein, unter den besten Weinen des Jahrgangs
85–89	Gut bis sehr gut

PREISKATEGORIEN

€	Bis 9,99 Euro
€€	10 bis 19,99 Euro
€€€	20 bis 49,99 Euro
€€€€	50 Euro oder mehr

ABKÜRZUNGEN

EG	Erstes Gewächs
GG	Großes Gewächs
NK	Naturkork
KK	Kunststoffstöpsel
VK	Kronkorken
VL	VinoLok (Glas)
DV	Drehverschluss
DIAM	Verschluss aus gepresstem Korkgranulat

WEISSWEINSORTEN

AU	Auxerrois
BC	Bacchus
BLM	Blütenmuskateller
CB	Cabernet Blanc
CB2	Chenin Blanc
CBL	Calardis Blanc
CH	Chardonnay
GE	Gutedel
GM	Gelber Muskateller
GV	Grüner Veltliner
HX	Huxelrebe
JO	Johanniter
KR	Kerner
MB	Manzoni Bianco
MS	Muscaris
MT	Müller-Thurgau / Rivaner
PG	Grauburgunder
PH	Phönix
RR	Riesling
RV	Roter Veltliner
SB	Sauvignon Blanc
SC	Sauvignac
SG	Sauvignon Gris
SO	Solaris
STG	Sauvitage
SÄ	Scheurebe
TR	Traminer / Gewürztraminer
VI	Viognier
WB	Weißburgunder / Pinot Blanc

ROTWEINSORTEN

AC	Acolon
BA	Barbera
BF	Blaufränkisch
BP	Blauer Portugieser
BZ	Blauer Zweigelt
CA	Carménère
CAC	Cabernet Carol
CC	Cabernet Cortis
CD	Cabernet Dorsa
CF	Cabernet Franc
CI	Cabernet Mitos
CO	Domina
CS	Cabernet Sauvignon
CT	Cabertin
CU	Cabernet Cubin
DA	Dakapo
DF	Dornfelder
DU	Dunkelfelder
FB	Frühburgunder
GN	Grenache
LG	Lagrein
LMB	Lemberger
MA	Malbec
ME	Merlot
MON	Monarch
MTR	Muskattrollinger
MV	Mourvèdre
NE	Nebbiolo
PM	Pinot Meunier
PN	Pinot Noir / Spätburgunder
PV	Petit Verdot
RD	Rondo
RE	Regent
SL	St. Laurent
SN	Sangiovese
SW	Schwarzriesling
SY	Syrah / Shiraz
TE	Tempranillo
TL	Trollinger
ZW	Zweigelt

LEGENDE GASTHÄUSER

SYMBOLIK

- Garten / Terrasse
- Übernachtungsmöglichkeit
- P Parkplätze vorhanden
- Kinderfreundlich
- Hunde nicht erwünscht
- Behindertengerecht
- Kreditkarte wird akzeptiert

PREISKATEGORIEN

- € Günstige Preiskategorie
- €€ Mittlere Preiskategorie
- €€€ Gehobene Preiskategorie

www.diebergstrasse.de

www.land-des-roten-rieslings.de

An den Hängen zwischen Darmstadt und Heidelberg, wo sich die Hessische und Badische Bergstraße die Hand reichen, hat sich in mediterranem Klima eine ebenso traditionsbewusste wie innovationsfreudige und dynamische Weinszene entwickelt.Die facettenreiche Geologie ist der Nährboden für ein breites Spektrum heimischer und internationaler Rebsorten, unter denen der Rote Riesling eine besondere Spezialität darstellt. Eine sehr alte Sorte, die an der Hessischen Bergstraße seit Jahren eine Renaissance erlebt und ihr das Synonym „Land des Roten Rieslings“ geschenkt hat.

Zu den kulinarischen Visitenkarten jenseits der Weinberge gehört der Spargel, der im Ried besonders fein gedeiht. Die Ebene zwischen Rhein und Odenwald ist eines der wichtigsten deutschen Anbaugebiete dieses königlichen Gemüses, das während der Saison auch in der Gastronomie eine prominente Rolle spielt, die sich an der Bergstraße ebenso kreativ wie heimatverbunden präsentiert.

die bergstrasse ... im Land des Roten Rieslings

Auch kulturell ist die Bergstraße aufgrund ihrer langen und eindrucksvollen Biografie eine blühende Region. Wie eine Perlenkette reihen sich geschichtsträchtige Schlösser und Burgen entlang der Hügelkette aneinander und verbinden die berühmten UNESCO-Welterbestätten Mathildenhöhe Darmstadt und das ehemalige Kloster Lorsch mit dem Heidelberger Schloss zu einer Kulturlandschaft, die in jeder Hinsicht grenzenlosen Genuss verspricht.

MIT HERZ & WEINVERSTAND

Diese Mitglieder der Falstaff-Verkostungsjury degustierten und diskutierten – mit der richtigen Mischung aus Begeisterungsfähigkeit und kritischer Distanz.

ULRICH SAUTTER
Wein-Chefredakteur
Falstaff Deutschland

Ulrich Sautter wuchs am Bodensee auf und legte bereits im Alter von zehn Jahren seine erste Weinsammlung an. Während des Studiums begann er, über Wein zu schreiben, nach seiner Promotion war er als Redakteur und Autor tätig. Sautter ist Mitautor des Weinatlas Deutschland und Chefredakteur für Wein bei Falstaff Deutschland.

RAINER SCHÄFER
Freischaffender Autor, Chef vom Dienst
Falstaff Weinguide Deutschland

Der renommierte deutsche Weinkenner Rainer Schäfer wuchs in Oberschwaben auf und lebt seit über 20 Jahren als Journalist in Hamburg. Schäfer schreibt über das, was er am meisten schätzt – Wein, Essen und Fußball –, und war zuletzt Chefredakteur des Fußballmagazins RUND.

AXEL BODE
Fotograf und Sommelier,
Hamburg

Der gelernte Fotograf Axel Bode hängte 2003 seine Kamera an den Nagel und eröffnete in Hamburg (Ottensen) DAS KNUTH. Dem nicht genug, hob er 2013 mit seiner Frau Julia das Wein-Restaurant »Witwenball« aus der Taufe. Dieses gastronomische Allrounderlebnis besticht im urbanen Ambiente durch allerfeinste Speisen und Weine aus handwerklicher Produktion. Auch als Ort für Weinproben und Präsentationen hat sich die Location einen Namen gemacht.

DOMINIQUE BLANC
Koch und Weinfachberater,
Berlin

Nach einer dreijährigen Kochlehre im Sterne-Restaurant »Au Crocodile« in Straßburg war der gebürtige Elsässer in verschiedenen bekannten Hotels und Restaurants im Elsass, Südfrankreich und in den französischen Alpen tätig. Nach seinem Umzug nach Berlin kochte er zunächst im »Châlet Suisse« im Grunewald und danach als Souschef im KaDeWe. Als geprüfter Weinfachberater der IHK übernahm Blanc anschließend den Cateringbereich im KaDeWe.

FLORIAN BRUNNER
Geschäftsführer der Gesellschaft für
Weinbewertung, Berlin

Florian Brunner studierte Weinbetriebswirtschaft an der Hochschule Heilbronn und schrieb seine Diplomarbeit zum Thema »Internationale Weinwettbewerbe« in Zusammenarbeit mit dem internationalen Önologenverband OIV (Internationale Organisation für Rebe und Wein). Seit 2012 ist er Geschäftsführer der Berliner Gesellschaft für Weinbewertung.

THOMAS CURTIUS, MW
Journalist, internationaler Medienprofi,
Kommunikator, Korb

Thomas Curtius ist im Erstberuf Journalist und in dieser Funktion als Leiter für Projekte und digitale Kommunikation bei der Daimler AG tätig. 2019 bestand er die Prüfungen zum Master of Wine und erhielt zugleich den Outstanding Achievement Award des Institute of Master of Wine.

ELISABETH FÜNGERS
Freischaffende Autorin und Kolumnistin,
Inhaberin Restaurant Nil, Hamburg

Elisabeth Füngers stammt aus einer Familie von Fisch- und Feinkosthändlern, Metzgern und Gastronomen. Selbst liegt ihr die Gastronomie im Blut, seit 30 Jahren ist sie Inhaberin und gute Seele des weinaffinen Hamburger Restaurants »Nil«. Die wenige Zeit, die Füngers nicht im Restaurant bei der Fürsorge für Gäste und Personal verbringt, nützt sie als Kochbuchautorin, Verkosterin und Kolumnistin.

KATHARINA IGLESIAS
Gastgeberin und Sommelière, wineBANK
Hamburg

Die gebürtige Kielerin entdeckte 2017 im Hotel »Deidesheimer Hof« ihre Leidenschaft für den Wein. Zu den Stationen der IHK-geprüften Sommelière zählen seither Dirk Luther, der »Kieler Kaufmann« das Hapag-Lloyd-Schiff »Hanseatic«, sowie das »Kinfelts Kitchen & Wine«. Seit 2023 steht sie der »wineBANK Hamburg« als Clubmanagerin und Sommelière vor.

MICHAEL KUTEJ
Geschäftsführender Gesellschafter
der Hanse Lounge, Hamburg

Über Salzburg, Berlin, die USA und Jamaika gelangte der in Klagenfurt geborene Michael Kutej an den Neuen Wall nach Hamburg, wo er den privaten Wirtschaftsclub »Hanse Lounge« zu einer beliebten Location für Weinevents machte. Kutej ist überdies als Berater tätig und organisiert Weinreisen und Themenverkostungen. Einer breiten Öffentlichkeit ist Kutej durch den Podcast »Vier Flaschen« bekannt, den er gemeinsam mit dem Hamburger Abendblatt produziert.

JOHANNES LEUSCH
Genussexperte
Hamburg

Johannes Leusch, geboren in Mainz, half schon als Kind bei der Weinlese. Er studierte BWL und Politikwissenschaften in seiner Heimatstadt und in Alicante. Nach dem Studium verantwortete er die Kooperationen der Luxusschiffe »MS Europa« und »MS Europa 2« bei Hapag-Lloyd Cruises. Nachdem er sich im Jahr 2016 in Hamburg niedergelassen hatte, betrieb er über sieben Jahre die dortige »wineBANK«. Jetzt ist er als Genussexperte im Gourmetbereich tätig.

MATTHIAS NESKE
Autor und Blogger, Betreiber des Blogs Chez Matze, Bamberg

Als gebürtigem Harzer wurde Matthias Neske die Weinliebe nicht gerade in die Wiege gelegt. Als er jedoch seine Diplomarbeit in Südfrankreich schrieb, überall von Weinorten und Weinwesen umgeben, war es auch um ihn geschehen. Seit elf Jahren betreibt der promovierte Geograf seinen Blog »Chez Matze«. Dort betätigt er sich gern als Dénicheur, erkundet also Nischen, starke Charaktere und die wunderbare Vielfalt der Weinwelt.

GERO VON RANDOW
Journalist und Autor der Wochenzeitung DIE ZEIT, Wien

Gero von Randow war Redakteur der ZEIT, unter anderem als Korrespondent in Paris. Seit vielen Jahren schreibt er auch über Wein. So gestaltete er etwa für die ZEIT AKADEMIE ein multimediales Weinseminar. Für die Verkostungen zum Falstaff Weinguide reiste von Randow eigens aus Wien an, wohin er seinen Lebensmittelpunkt im Sommer 2023 verlegt hat.

CLAUDIA RETTER
Patronne und Sommelière, Hotel und Restaurant zur Fischerklause, Lütjensee

Claudia Retters Wirken fand an einigen namhaften Stätten in der Gastronomie statt, nachdem sie 2004 in München die Ausbildung zur IHK-Sommelière absolvierte. Seit 2009 leitet sie den über 100 Jahre alten Traditionsbetrieb ihrer Familie, das Restaurant und Hotel »Zur Fischerklause« am Lütjensee in der Stormarnschen Schweiz unweit Hamburgs. Vom Busche-Verlag wurde Sie bereits mehrfach unter die 50 Topsommeliers Deutschlands gewählt.

JENNY RIED
IHK-geprüfte Sommelière und Weindozentin, Hamburg

Die Quereinsteigerin mit Leidenschaft für Wein und gutes Essen hat auf dem Weg zur IHK-geprüften Sommelière Praktika in der Sternegastronomie absolviert, und auch bei Winzern an der Mosel, in der Champagne und im Jura hat sie tatkräftig mit angepackt. Ried lebt mit ihrer Familie in Hamburg, wo sie auch Weinseminare in der »Villa Verde« abhält.

PETER SCHEIB
Prüfleiter der Gesellschaft für Weinbewertung, Berlin

Der gebürtige Schwabe war 30 Jahre lang staatlicher Weinkontrolleur im Land Berlin und verfügt über einen immensen Erfahrungsschatz in allen Aspekten der Weinbegutachtung. Seit dem Jahr 2017 ist er Prüfleiter bei der Berliner Gesellschaft für Weinbewertung, die unter anderem namhafte Akteure des deutschen Weinhandels bei der Qualitätssicherung berät.

THOMAS SCHWITALLA
Freischaffender Autor, Hamburg

Thomas Schwitalla beschäftigt sich seit mehr als drei Jahrzehnten intensiv mit Wein und freut sich, immer wieder neue, großartige Weiß- und Rotweine zu entdecken. Der in Freiburg geborene Journalist lebt mit seiner Familie in der Nähe von Hamburg.

HEIKO-TORSTEN JÜRGEN TAUDIEN
Autor und Dienstleiter im Bereich Sachwerte, Hamburg

Heiko-Torsten Jürgen Taudien ist freischaffender Autor, Certified Sommelier, »WSET certified«, Dienstleister im Bereich Sachwerte und auf Frankreich, USA und Deutschland spezialisierter Verkoster. Derzeit arbeitet Heiko-Torsten Jürgen Taudien auch an einer Publikation zum Thema »Wein als Wert«. Der gebürtige Niedersachse pendelt seit 2007 zwischen Hamburg und London.

RAKHSHAN ZHOULEH
Freischaffender Sommelier und Berater, München

Rakhshan Zhouleh, geboren in Teheran, begann seine Laufbahn als Fußballprofi. Dann packte ihn das Weinvirus – und führte ihn in die Topgastronomie: Zhouleh wirkte in Wiesbadens »Ente im Lehel«, im »Haerlin« in Hamburg, im »Margaux« in Berlin und im Münchner »Tantris«, ehe er sich 2009 als freischaffender Sommelier und Berater selbstständig machte.

KOLLEKTION DES JAHRES

»Ein Winzer bedeutet, ein Künstler, ein Landwirt, ein Philosoph, ein Verkäufer, ein Handwerker sowie ein Betriebswirt zu sein.«

MAX VON KUNOW UND DAS VON HÖVEL-TEAM

Der Hörecker im Kanzemer Altenberg

SAAR-RIESLING MIT GRIPS

Max von Kunow hat mit seinen 2022er Weinen aus dem Oberemmeler Weingut von Hövel eine treffsichere Kollektion vorgelegt: Die Weine sind das Ergebnis vielen Nachdenkens und von fleißiger praktischer Arbeit – und schmecken, als würden sie ohne jede Anstrengung hervorgebracht.

TEXT ULRICH SAUTTER

Kongresshaus Baden-Baden, 19. Mai 2023: Für die Masterclass zum Thema »Kabinett« beim Baden-Baden Wein- & Gourmet-Festival hat Max von Kunow neben zwei jüngeren Jahrgängen auch einen 2013er Kabinett aus seiner Monopollage Oberemmeler Hütte mitgebracht. Bei der Verkostung dieses brillanten Saar-Rieslings kondensieren sich die zehn Jahre, die seit der Lese des Weins vergangen sind, zu einem Eindruck der Zeitlosigkeit: Die Würze ist komplex geworden, aber vor allem wirkt der Wein taufrisch und knackig, federleicht und doch so gehaltvoll.

Zeitlosigkeit ist ohnehin ein Motiv auf dem Weingut, dem von Kunow vorsteht: Er leitet den früheren Klosterhof in siebter Generation. 1803 wurde das Weingut nach der Französischen Revolution als konfisziertes »bien national« versteigert, seither befindet es sich im Besitz der Familie. Einen Verkauf hat keine der Generationen ernsthaft in Betracht gezogen. Jüngst gelang von Kunow sogar ein noch größerer Brückenschlag in die Vergangenheit: Als er einen Weinberg im Nachbarort Krettnach erwerben konnte, stellte er fest, dass das Gelände vor Jahrhunderten schon dem Kloster, aus dem das Weingut von Hövel hervorgegangen ist, gehört hatte.

Der Zukauf in Krettnach ist Zeichen eines behutsamen Expansionskurses: Als von Kunow das Weingut im Jahr 2010 von seinem Vater übernahm, umfassten die Weinberge 10,5 Hektar, heute sind es 22. Zur Expansion gehört auch, dass sich von Kunow vor zwei Jahren Wolfgang Mertes als Co-Kellermeister holte. Der frühere Önologe des Weinguts Reichsgraf von Kesselstatt bildete mit der verstorbenen Kesselstatt-Direktorin und Mitinhaberin Annegret Reh-Garter lange Jahre ein eingeschworenes und ungemein erfolgreiches Duo. Ebenso gedeihlich funktioniert die Zusammenarbeit auch hier: Mertes hält von Kunow den Rücken frei, damit

Fotos: beigestellt, © Weingut von Hövel

»Herkunft, das umfasst auch die Kommunikation der Wildpflanzen untereinander.«

**MAX VON KUNOW
WEINGUT VON HÖVEL, OBEREMMEL**

dieser noch strategischer, noch fundierter, noch detailgenauer arbeiten kann.

Im Probierraum des Weinguts stellt von Kunow nun eine Reihe von 2022er Ortsweinen auf den Tisch, die sich als höchst würdige Einführung in eine mögliche »Kollektion des Jahres« herausstellen: einen balsamisch-entspannten Niedermenniger vom roten Schiefer, einen straffen, verschlossenen vom vulkanischen Diabas-Gestein in Krettnach, einen feingliedrig-»kühlen« aus Oberemmel und einen feinherb ausgebauten, aromatischen Wiltinger. Weine, die alle sehr dezidiert ihre Herkunft zeigen.

»Herkunft«, sagt von Kunow, »halte ich inzwischen eher für den richtigen Begriff, nicht mehr unbedingt Terroir.« Dem studierten Geisenheimer, der drei Jahre lang in Luxemburg als staatlicher Weinbauberater tätig war, bevor er das elterliche Weingut übernommen hat, sind neben der Praxis in Weinberg und Keller auch die wissenschaftlichen Grundlagen nicht fremd. »Herkunft«, sinniert er weiter, »umfasst in einem Weinberg sogar die Kommunikation der Wildpflanzen untereinander. Beispielsweise dahingehend, wie die Wurzeln alle auf dieselben Wasseradern zuwachsen.«

ANGEWANDTE WISSENSCHAFT Außerdem habe er im »Wurzelwerk«-Projekt, das Johannes Hasselbach mit seiner Schwester

Weinlagerung im 1000 Jahre alten Fasskeller, re.: Hörecker Riesling

Der Scharzhofberg zwischen Wiltingen und Konz-Oberemmel

Stefanie und ihrem Ehemann Alwin Jurtschitsch auf die Beine stellte und an dem sich auch von Kunow beteiligte, gelernt, dass die Naturbedingungen des Weinbergs nicht alleine für die Weinqualität ausschlaggebend seien: Bei diesem Versuch hatten die Winzer einige Jahre lang jeden Herbst je 500 Kilo Trauben an die beiden Partnerbetriebe geschickt. So wurden nach einem in allen Details standardisierten Verfahren in jedem der drei Keller jeweils trockene Rieslinge aus Nackenheimer Rothenberg, Zöbinger Heiligenstein und Scharzhofberg gekeltert. Eines der kuriosen Ergebnisse des Versuches war, dass die im Oberemmeler Keller vergorenen Weine oft sensorisch mehr Säure zu haben schienen als die in Langenlois oder Nackenheim – trotz identischen Leseguts! Von Kunow erklärt sich das dadurch, dass die Hefen in seinem Keller mehr Säure als Nebenprodukt des Citratzyklus produzieren als andernorts. »Wir wissen natürlich viel darüber, welche Stoffe während des alkoholischen Gärprozesses gebildet werden. Aber das ist ein mikrobiologischer Vorgang – und vieles wissen wir eben auch noch nicht!« Beim letzten Halbsatz legt von Kunow so viel Emphase in seine Stimme, dass sein ganzer Oberkörper mitwiegt.

WENIGER IST MEHR Von Kunow hat schon vor zehn Jahren, bald nachdem er den Betrieb übernommen hatte und lange bevor es modisch wurde, Große Gewächse mit Alkoholgehalten von 12 Volumenprozent gekeltert. Mit der jahrelangen Erfahrung im Rücken sind diese Weine heute auf meisterliche Art in der Balance: Im Jahrgang 2022 teilt das Trio Hörecker, Hütte, Scharzhofberg die Eigenschaft, Phenolik mit Nerv und Mineralität zu paaren: am charmantesten im Hörecker, einer Enklave im warmen Kanzemer Altenberg; am kristallinsten im Wein aus der Hütte, am tiefgründigsten im Scharzhofberg.
Es gehört prinzipell zu den Tugenden der Saar, dass die Grenze zwischen trocken und feinherb fließend verläuft. Nach ein paar Jahren Flaschenreife ist der Unterschied sensorisch kaum noch auszumachen. Für von Kunows 2022er feinherbe Weine aus Großer Lage, also für die – salopp gesagt – Großen Gewächse mit ein paar zusätzlichen Gramm Restzucker gilt das ganz besonders. Auch hier ragt der Scharzhofberg hervor, bei schmalen 10,5 Volumenprozent Alkohol bringt dieser dichte und pointierte Wein ein Reifepotenzial von locker 20 Jahren in die Flasche.

#Rieslingliebe – Carina und Max von Kunow

DELIKATESSE Die Königsdisziplin im Genre der Leichtigkeit ist der Kabinettwein. Und hier sind von Kunow die größten Geniestreiche des warmen Jahres 2022 gelungen: Der Gutskabinett mit Herkunft Saar lässt am ehesten den Drall des Jahrgangs zur Reife anklingen, aber die Lagenweine aus Hütte und Scharzhofberg sind so verspielt und so mineralisch, wie man sich einen Kabinett nur wünschen kann. Und die Versteigerungsversionen aus beiden Lagen wirken aufs Maximum reduziert: Sie haben ein Höchstmaß an Biss und Mineralität bei einem Mindestmaß an Gewicht. Besser kann man einen Lesezeitpunkt nicht treffen.

Auch die fruchtigen Prädikate setzen den Betriebsstil der Delikatesse fort, die Auslese Hütte erreicht den Reichtum und die Differenzierung einer großen Auslese praktisch ohne Botrytiseinfluss. Ätherisch, tief mineralisch und kompakt wird dieser Wein drei Dekaden überdauern oder mehr. Für den Falstaff Weinguide 2024 hat von Kunow aus 2022 die Hütte Spätlese vorgestellt, einen Klassiker, der Prädikat und Lage in Höchstform zeigt. Bei der Verkostung vor Ort stellte er überdies die Spätlese aus einem neuen Weinberg daneben: Der Wein aus der Oberemmeler Lage Raul duftet nach Schieferstaub und schwarzem Pfeffer, fließt ungemein fein und geschmeidig, nuanciert und finessenreich über den Gaumen. Von Kunow ist ein Winzer, der sich an jedem Aspekt seiner Tätigkeit begeistern kann. Ganz besonders auch an der Arbeit mit neu hinzugewonnenen Weinbergen: »Es ist absolut faszinierend, was man erreichen kann, wenn die Böden von Jahr zu Jahr immer gesünder werden.« Schon sein Großvater, erzählt der Winzer, habe Weinbergraupen angeschafft, um keine Herbizide einsetzen zu müssen. Zur Unterstützung der Bodenbearbeitung experimentiert er inzwischen mit speziellen Hefen, die die Humusumwandlung fördern – und so auch das Wasserhaltevermögen der Böden steigern. »Auch die Kräuter kriegen mehr Feinwurzeln, der Effekt ähnelt dem der Biodynamik.« Von Kunow zieht ein nachdenkliches Fazit: »Der Kreislauf der Nährstoffaufnahme in einem Weinberg ist noch viel komplexer, als wir es in der Schule gelernt haben.« Dieses Jahr hat sich Max von Kunow den Titel »Kollektion des Jahres« mit einer stattlichen Reihe von Charakterweinen redlich verdient. Aber der Mittvierziger wird, daran kann kein Zweifel bestehen, auch in Zukunft ein Forschender und Suchender bleiben, um sein Weingut und dessen Weine zu immer neuen Höhen zu führen. Jeder, der Max von Kunow ein klein wenig kennt, weiß: Der Mann kann gar nicht anders.

Die verkosteten Weine und weitere Infos über dieses Weingut finden Sie auf Seite 264.

NEWCOMER 2024

BLICK IN DIE ZUKUNFT

Falstaff stellt ein Brüderpaar aus Trittenheim an der Mosel, einen Süßwein-Winzer aus demselben Ort – und ein junges Paar aus Baden als Newcomer mit viel versprechenden Perspektiven vor.

TEXTE RAINER SCHÄFER

Lukas und Moritz Bollig in den Weinbergen bei Trittenheim

EIN MANN MIT KÄMPFER-GEN

Mit viel Engagement, Ehrgeiz und Enthusiasmus ringt Christoph Eifel den bekannten Steillagen der Mittelmosel lebendige und spannungsgeladene Weine ab. Das Besondere daran: Er liest und keltert gegen den Trend ausschließlich fruchtige und edelsüße Rieslinge.

Dass er zu einem der drei Kandidaten als »Newcomer des Jahres« bestimmt werden könnte, damit hat Christoph Eifel »wirklich nicht gerechnet«. Sein Erstaunen ist sicher nicht mangelnder Selbstsicherheit geschuldet, aber der Winzer aus Trittenheim weiß, dass er in einem ganz speziellen Segment des Weinbaus arbeitet: Der 32-Jährige hat sich der Erzeugung von frucht- und edelsüßen Rieslingen verschrieben, trockene Weine bleiben die große Ausnahme in seinem Portfolio. Riesling ist mit 90 Prozent sein unangefochtenes »Steckenpferd«, das er auch gerne außerhalb der Region präsentiert: »Wenn ich rausfahre, ist immer reichlich Riesling an Bord«, in unterschiedlichen Süße-Dotierungen. Nur den kleinen Anteil Weiß- und Grauburgunder baut er »sehr trocken« aus – er könnte also auch ganz anders, gibt aber dieser Neigung nur selten nach.

Wenn Christoph Eifel davon erzählt, dass der Riesling »generationenübergreifend« die wichtigste Rebsorte im Weingut ist, dann blickt er auch auf eine Geschichte seit 1635 zurück: Er sei die »sechste oder siebte Generation« und spüre auf jeden Fall die große Verantwortung der Familientradition: »Meine Großeltern und Eltern haben sehr viel richtig gemacht auf ihrem Weg in die Zeit. Wieso sollte ich Gutes vernichten?«, fragt er voller Überzeugung. Aber seit der Geisenheim-Absolvent 2021 das Weingut übernahm, hat er auch einiges verändert und erneuert. Er setzt konsequent auf Spontangärung, schließlich lernte er bei Nik Weis auf dem St. Urbanshof in Leiwen und arbeitete ein Jahr bei Thomas Haag auf Schloss Lieser, »bei typischen Spontan-Gärern«, bei denen er »viel gesehen, gehört, gelernt und auch probiert« habe. Er sei sich inzwi-

»Was ich mache, mache ich richtig. Ich habe das Ziel, der Beste zu sein!«

CHRISTOPH EIFEL
WEINGUT CHRISTOPH EIFEL, TRITTENHEIM

schen mit seinem Vater Ernst einig, dass der Charakter des Weinbergs dadurch klarer zum Ausdruck komme – in Verbindung mit einer naturnahen Bewirtschaftung, die auch auf Biopräparate setzt. Das Ziel ist klein-, lockerbeeriges und extraktreiches Lesegut, nur so könnten »Unikate« entstehen.

Um die Zahl unverwechselbarer Weincharaktere zu steigern, erwarb Christoph Eifel gezielt Parzellen im Neumagener Rosengärtchen, Dhroner Hofberg und Piesporter Goldtröpfchen, die den internen Wettbewerb mit den Trittenheimer Lagen Apotheke und Altärchen ankurbeln sollten. »Wir waren sehr Trittenheim-lastig und ich wollte mehr Unterschiede herausstellen«, erklärt der Winzer. Jetzt könne er auf zwölf Kilometern Länge das spannende Lagenspektrum der Mittelmosel präsentieren. »Es sind sehr eigenständige Grands Crus«, schwärmt er, die Apotheke etwa zeige sich saftig und gelbfruchtig, der Hofberg kühler und minera-

Ein Blick in die Vergangenheit und Zukunft: Weinkeller Weingut Christoph Eifel

Fotos: © Weingut Christoph Eifel, Shutterstock

lischer, das Goldtröpfchen wiederum kräuterig und würziger.
Schon bei seinem Vater erfuhren Süßweine einen »enormen Zuspruch und auch ich habe meine Liebe dafür gefunden. Wenn die Natur solche Trauben schenkt, muss ich diese Weine erzeugen.« Zumal Eifel fruchtige und edelsüße Rieslinge untrennbar zum kulturellen Reichtum der Mosel rechnet, »sie ist damit groß und berühmt geworden«. Faszinierende Rieslinge von Winzern wie Egon Müller, J. J. Prüm, Nik Weis oder Thomas Haag »gibt es nur bei uns«. Während Süßweine mancherorts zu Ladenhütern verstauben, sei die Nachfrage bei ihm lebhaft, »untypisch und gegen die Tendenz«, wie er einräumt. Gerade die Kabinettweine seien mit ihrer Leichtigkeit und animierenden Säure die »absoluten Renner«. Diese lebendige Art mit Saft, feinporiger Finesse, Klarheit und schiefriger Würze zieht sich durch bis zur Trockenbeerenauslese, es ist das Spiel von Spannung und Trinkfluss, das die Genießer an den Gläsern hält: »Wenn der erste oder zweite Schluck dominant süß ist, wird die Flasche nicht leer«, weiß Christoph Eifel, sein Ideal sind »kühle Weine«, aus denen man differenziertere Informationen ziehen könne: »Wein muss da und präzise, aber auch sehr langlebig sein, er darf nicht schnell wegfallen.«
Dass er das Weingut in die Zukunft führen kann, ist für das »echte Moselkind« die Erfüllung eines Traumes: Er habe den Betrieb schon als kleiner Junge übernehmen wollen, nur eine andere große Begabung brachte die Planung für einige Zeit durcheinander. In der B- und A-Jugend spielte Christoph Eifel beim 1. FC Kaiserslautern in der Fußballbundesliga, bis ihn das Verletzungspech bremste. Am Betzenberg habe er auch das »Kämpfer-Gen« entwickelt, das er jetzt auf den Weinbau übertrage. »Was ich mache, mache ich richtig. Ich habe das Ziel, der Beste zu sein.« Vom ersten Tag an habe er alle Schritte unternommen, um mit seinen Rieslingen über die Mosel hinaus für Furore sorgen zu können: »Das liegt in mir, ich habe noch viel vor.«

Die verkosteten Weine und weitere Infos über dieses Weingut finden Sie auf Seite 256.

AUF DEN KOPF GESTELLT

Gebrüder Mathis ist ein Name, den man sich merken sollte: Sabeth Sedlatschek und Severin Stich erzeugen im Merdinger Weingut seit Kurzem einige der spannendsten Spätburgunder und Chardonnays in Baden.

Natürlich, sagt Sabeth Sedlatschek, habe sie auch einige schlaflose Nächte verbracht, seit sie 2020 mit ihrem Partner Severin Stich das Weingut der Gebrüder Mathis in Merdingen übernahm, das im Badischen auch als »Kalkbödele« bekannt ist. Einen Generalplan oder sogar ein exaktes Rezept verfolgten sie dabei nicht, die 28-jährige Winzerin beschreibt den Prozess salopp so: »Wir haben die Suppenschüssel acht Mal umgerührt, bis nichts mehr wie vorher war.« Jedenfalls waren es turbulente Monate, in denen sie »alles auf den Kopf gestellt« hätten, die Weinberge wurden sofort auf biologische Bewirtschaftung umgestellt, das Weingut wurde in Gebrüder Mathis umbenannt, das Label Kalkbödele wird nur noch für Gutsweine verwendet. Auch die Weinstilistik brach radikal mit der altbekannten, »es war schon ein steiniger Weg, wir mussten manchen Widerstand brechen«, erzählt Sabeth Sedlatschek, die auch manchmal zweifelte: »Ist es denn die richtige Richtung? Wie viel Energie haben wir?«

Die beiden lernten sich im Hörsaal der Hochschule Geisenheim kennen, wo sie Weinbau und Önologie studierten. Schnell war klar, dass sie ihre gemeinsame Zukunft in Merdingen auf dem Weingut sahen, das Severin Stichs Großvater mit seinem Bruder 1978 gegründet hatte. Die Pfälzerin Sabeth Sedlatschek stammt aus Hainfeld an der Südlichen Weinstraße, ihre Familie hat »keinen direkten Draht zum Wein«, der Vater arbeitet als Fotograf, die Mutter als Erzieherin, der Großvater war aus »der Tschechei« zugezogen. Während die junge Winzerin die Weine ausbaut, ist Severin Stich lieber draußen bei seinen Reben. Der 30-Jährige ist der erste in der Familie, der sich zum Winzer aus-

Fotos: © Weingut Gebrüder Mathis

»Wir haben die Suppenschüssel acht Mal umgerührt, bis nichts mehr wie vorher war.«

SEVERIN STICH & SABETH SEDLATSCHEK
WEINGUT GEBRÜDER MATHIS, MERDINGEN

bilden ließ. 15 Hektar Reben mit Spätburgunder, Chardonnay, Weiß- und Grauburgunder gehören zum Weingut, gerade wurde noch ein Hektar Chardonnay mit burgundischem Rebgut angelegt. Das Ziel sei »weniger Ertrag, mehr Konzentration und mehr Finesse«. Bei ihrer Weinstilistik lassen sie sich davon leiten, »was wir selbst gerne trinken, was uns schmeckt und unsere Gaumen schult«, erklärt die Kellermeisterin. Häufig kommen Schaumweine, Chardonnay und auch Riesling auf den Tisch, Weine, bei denen »die Säure auf der knackigeren Seite steht. Es war von Anfang an klar, dass es in Richtung feiner, filigraner und puristischer gehen soll.« Die Weine werden kompromisslos trocken ausgebaut und kommen unfiltriert in die Flaschen, »sie vergären warm, mit trübem Saft und mit so wenig Technik wie möglich«, sagt Sabeth Sedlatschek, die sich abgrenzt von der angesagten Naturweinbewegung: Man bewege sich »in der Mitte«, mancher ihrer Weine bekommt zwar keine amtliche Prüfungsnummer, »aber wir schwefeln, unsere Weine sollen nach Weinberg schmecken«. Das Winzerpaar sammelte zuvor auch Erfahrungen in Kalifornien bei Hobo Wine und Freestone Vineyards – »es

Handlese in den Parzellen am Tuniberg

war faszinierend zu erleben, wie wenig man braucht, um großartige Weine zu erzeugen. Da haben wir auch gelernt, aufgeschlossen und undogmatisch zu denken.« Severin Stich ist kein Freund großer Worte, er fühlt sich wohler in seinen Weinbergen, die ein möglichst natürliches Gleichgewicht erreichen sollen: Dafür werden »Lebenstürme« errichtet, in denen sich Insekten und Vögel einnisten, Hecken gepflanzt und auch Streuobstwiesen angelegt, wo sich Reben schwertun. Schrittweise will der Naturfreak auf biodynamische Kultivierung umstellen. Eigene Präparate werden zwar schon hergestellt, »aber wir wollen erst einmal laufen lernen, bevor wir Fahrrad fahren«, beschreibt der Winzer, der bei Bernhard und Julian Huber in Malterdingen ausgebildet wurde, das weitere Vorgehen, während Sabeth Sedlatschek »sehr geprägt wurde« vom Pfälzer Spitzenwinzer Hansjörg Rebholz. Sie kam als »Zugezogene« an den Tuniberg und lernte bald die speziellen Verhältnisse kennen, den Kalksteinbruch in Merdingen, den tiefgründigen Jurakalk, der den Weinen seinen mineralischen Kick mitgibt. Der Tuniberg, sagt die Winzerin, stehe gerne im Schatten des bekannten Kaiserstuhls, zu Unrecht, wie sie findet, »es ist nicht so warm und trocken, obwohl der Kaiserstuhl nur einen Kilometer Luftlinie

entfernt ist.« Von ihrer Lieblingslage aus, dem Merdinger Rosenloch, schaue man direkt auf den Ihringer Winklerberg, »es ist verrückt, wie trocken es da drüben ist«. Das Winzerpaar hat in kurzer Zeit schon einiges erreicht, und inzwischen sei auch klar, dass die eingeschlagene Richtung stimmt. »Jetzt können wir Stück für Stück schleifen und feilen«, sagt Sabeth Sedlatschek zum Abschied. »Und das macht uns auch glücklich.«

Die verkosteten Weine und weitere Infos über dieses Weingut finden Sie auf Seite 114.

Das Weinleseteam vom Weingut Gebrüder Mathis

Fotos: © Weingut Gebrüder Mathis

DER KLASSISCHE WEG

Mit gerade einmal zwei Jahrgängen differenzierter Rieslinge aus berühmten Lagen der Mittelmosel hat das Weingut Bollig^2 von Lukas und Moritz Bollig viel Interesse und Aufmerksamkeit geweckt.

Wenn es erst einmal läuft, dann fallen einem manche Dinge ganz spielerisch und fast von alleine zu. Lukas und Moritz Bollig wundern sich heute noch darüber, auf welch kuriose Art sie vor nicht allzu langer Zeit zu ihrer ältesten Rebanlage gekommen sind: Über eine Kleinanzeige wurde ihnen eine Rieslingparzelle im berühmten Piesporter Goldtröpfchen angeboten, die Reben wurden schon 1895 auf einer Terrasse gepflanzt, die von Trockenmauern umgeben ist. »So etwas gibt es tatsächlich bis heute«, wundert sich Moritz Bollig noch immer, mit 30 Jahren der jüngere der Brüder, die sich Bollig^2 nennen, Lukas ist der um vier Jahre Ältere. Der Weinberg sei etwas ganz Außergewöhnliches in einem ohnehin sehr guten Lagenportfolio mit insgesamt 15 Hektar Reben, das sich an der Mittelmosel über rund zwölf Kilometer von Leiwen bis Piesport erstreckt.

2021 übernahmen die beiden von ihren Eltern den Lukashof in Trittenheim, änderten umgehend den Namen des Weinguts und präsentierten ihren ersten gemeinsamen Jahrgang als Bollig^2. Im Alltag teilen sie sich konsequent die Aufgaben, Moritz kümmert

Fotos: © Weingut Bollig^2

»Wir wollen ganz bewusst den klassischen Weg weitergehen und das Potenzial der Lagenweine herausstellen.«

LUKAS UND MORITZ BOLLIG
WEINGUT BOLLIG², TRITTENHEIM

sich um die Weinberge, Lukas um den Keller. »Da ergänzen wir uns perfekt«, sagt Moritz Bollig, »jeder ist genau am richtigen Platz.« Nach den Winzerlehren, die sie bei den Gebrüdern Ludwig in Thörnisch, Markus Fries in Maring und beim Sekt-Gut St. Laurentius in Leiwen absolvierten, verzichteten sie auf ein weiterführendes Studium und verschrieben sich lieber gleich der Praxis, schließlich gab es einiges anzupacken.

Bevor sie zu Hause die Verantwortung übernahmen, kamen im Weingut Reinzuchthefen zum Einsatz, die Weine wurden nach der Ernte »sehr schnell gefüllt, das haben wir gleich mal geändert«, erzählt Lukas Bollig, der alle Qualitäten von den Ortsweinen aufsteigend mit natürlichen Hefen spontan vergären lässt. »Ich will den Weinen die Zeit geben, die sie brauchen«, sagt der Kellermeister, deshalb kamen die Lagenweine aus 2022 erst im September 2023 in den Verkauf. Dass die Veränderungen, die auch zu Preiserhöhungen führten, langjährige Kunden abschrecken könnten, nahmen sie dabei in Kauf: »Sie müssen sich eher uns anpassen als andersherum«, findet Moritz Bollig.

Rebsorte Riesling
re.: Riesling Alte Reben

Wer aber denkt, dass Bollig² zur forschen und lauten Fraktion ihrer Generation zählt, die auffallen will, liegt daneben. Die Brüder handeln überlegt und werden dabei von einem bodenständigen Selbstbewusstsein getragen, das Traditionen infrage stellt, aber auch achtet, wo sie erhaltenswert erscheinen. Auf große Experimente verzichten sie dabei, sie wollen mit ihren Weinen nicht provozieren und unnötig anecken: Im ersten Jahr versuchten sie sich »probehalber« an einem Pet Nat, der sie jedoch nicht überzeugen konnte. Zukünftig sollen zwar auch mal ein weißer Burgunder und Riesling im Tonneau ausgebaut werden, um die stilistischen Möglichkeiten auszuloten. »Aber wir wollen erst einmal das Potenzial der Lagenweine herausstellen und ganz bewusst den klassischen Weg weitergehen«, sagen die Brüder mit einer Stimme und orientieren sich dabei an Winzern wie Nik Weis, Thomas Haag von Schloss Lieser und Alexander Loersch.

Zu ihren besten Lagen zählen die Trittenheimer Apotheke, das Piesporter Goldtröpfchen und der Dhroner Hofberg, den sie wegen seines kühlen Charakters schätzen gelernt haben. Die Steillagen sind prädestiniert für Riesling, dessen Anteil über 70 Prozent beträgt, gefolgt von Weiß- und Spätburgunder mit jeweils fünf Prozent. Ein wenig Gewürztraminer, Bacchus und Müller-Thurgau ergänzen das Rebenspektrum. Ihren Sekten wird in den kommenden Jahren noch eine größere Bedeutung zukommen, sie sollen aber erst degorgiert werden, wenn sie mindestens 18 Monate auf der Hefe reifen konnten.

Direkt neben ihrem Elternhaus haben Bollig² ein Grundstück erworben, auf dem eine Vinothek und Lagerhalle entstehen sollen, »um dem Betrieb gerecht zu werden«. Die Zukunft wollen die beiden im engen Moseltal zusammen gestalten, sich aber »auch ihre Freiräume schaffen. Wir sind ein eingespieltes Team und können uns aufeinander verlassen«, sagt Moritz Bollig, »aber wir können uns auch aus dem Weg gehen, wenn wir wollen.« Nach einem langen Tag im Weinberg und Keller sieht man die Bolligs öfter noch auf ihren Rädern an der Mosel entlangfahren, manchmal zusammen, manchmal wählt einer auch die entgegengesetzte Richtung.

Die verkosteten Weine und weitere Infos über dieses Weingut finden Sie auf Seite 248.

AHR

DER AHRWEIN IST UND BLEIBT EIN MONUMENT

Burgruine Are bei Altenahr

Foto: WSNA

Ahrschleife bei Laach

DIE AHR ZWEI JAHRE NACH DER FLUT

Wie geht es der Ahr zwei Jahre nach der Flutkatastrophe vom 14. Juli 2021? Unser Autor wohnt seit 15 Jahren im Tal und lebt und leidet mit den Winzern der Region.

TEXT MICHAEL SCHMIDT

Man möchte Schönes schreiben über die Ahr, dass in den letzten zwei Jahren nach der verheerendsten Naturkatastrophe in der deutschen Nachkriegsgeschichte in diesem Tal eine wundersame Wiederauferstehung stattgefunden hat. Im Rest der Welt hätte man es einem Land, das eine Wiedervereinigung gestemmt hat, zugetraut. Natürlich haben in diesem Zeitraum Corona, der Krieg in der Ukraine, weltweite Lieferkrisen und die Inflation die Wiederaufbaubemühungen beeinträchtigt. Und trotzdem liegt es nicht allein an diesen widrigen, unkontrollierbaren Umständen, dass die Rückkehr zur Normalität viel langsamer vorangeht, als es sich die betroffenen Einheimischen sowie auch neugierig zurückkehrende Touristen wünschen. Politiker aus Bund, Land und Region lassen es nicht an Besuchen und aufmunternden Beistandskundgebungen fehlen, aber die Mühlen der Bürokratie mahlen langsam, die Versicherungsgelder fließen zögerlich. Der Beistand der unzähligen Freiwilligen bei den Aufräumarbeiten war heroisch, doch der Wiederaufbau benötigt mehr Handwerker, als es in der Region gibt, und der Preis von Baumaterialien ist durch die Decke gegangen, sodass für viele eine Wiederinstandsetzung ihrer Häuser gar nicht möglich ist. Auch die Zahl derer, die von den Ereignissen traumatisiert sind und nicht zurückkehren wollen, ist erheblich. In der Innenstadt von Bad Neuenahr ist die Hälfte der Geschäfte

und Beherbergungsbetriebe noch nicht restauriert, die frühere Flaniermeile entlang des Ahrufers bis nach Ahrweiler mit ihren ehemals schmucken Häuschen und Einkehrmöglichkeiten bietet immer noch ein trostloses Bild. Die größten Fortschritte hat man in der historischen Altstadt von Ahrweiler gemacht, besonders am Wochenende eine Oase des Tourismus, die einem den Glauben an eine Rückkehr zu den »guten alten Zeiten« möglich erscheinen lässt.
Die bekannten Weindörfer Rech, Dernau, Mayschoß und Altenahr bemühen sich mit diversen Veranstaltungen um eine touristische Wiederbelebung, der aber durch den Ausfall der Eisenbahnverkehrsverbindung und Campingplätze Grenzen gesetzt sind. Die gute Nachricht ist: Der Ahrwein ist und bleibt ein Monument, selbst wenn fast alle Weingüter von der Flut stark beschädigt oder sogar total zerstört wurden. Einige haben beschlossen, ihre Produktion und Keller an gesicherteren Stätten wiederaufzubauen. Mehr als die Hälfte sind bis heute wieder in ihre früheren Gutshäuser eingezogen, nur ein Winzer hat aufgegeben. Die Verluste an

Paul und Anne Schumacher,
Weingut Paul Schumacher, Marienthal

Anbaufläche beschränken sich auf wenige geringwertigere Lagen am Ufer des Flusses, die für ihre hochwertigen Qualitätsweine geschätzten Hang- und Steillagen waren nicht betroffen. So konnte selbst im Katastrophenjahr die Ernte mit der tatkräftigen Unterstützung von Kollegen aus anderen Regionen, geliehenen Geräten und angemieteten Hallen eingebracht und verarbeitet werden.

Inhaber Jürgen Doetsch und
Kellermeister Hans-Jörg Lüchau
Weingut Deutzerhof, Mayschoß

WEINBAUGEBIET AHR

Anbaufläche ca. 540 Hektar
Aufteilung 40 Einzellagen
Wichtigste Rebsorten
Spätburgunder, Frühburgunder
Verbände
Ahrwein e. V., Hauptstraße 80
53474 Bad Neuenahr-Ahrweiler
www.ahrwein.de

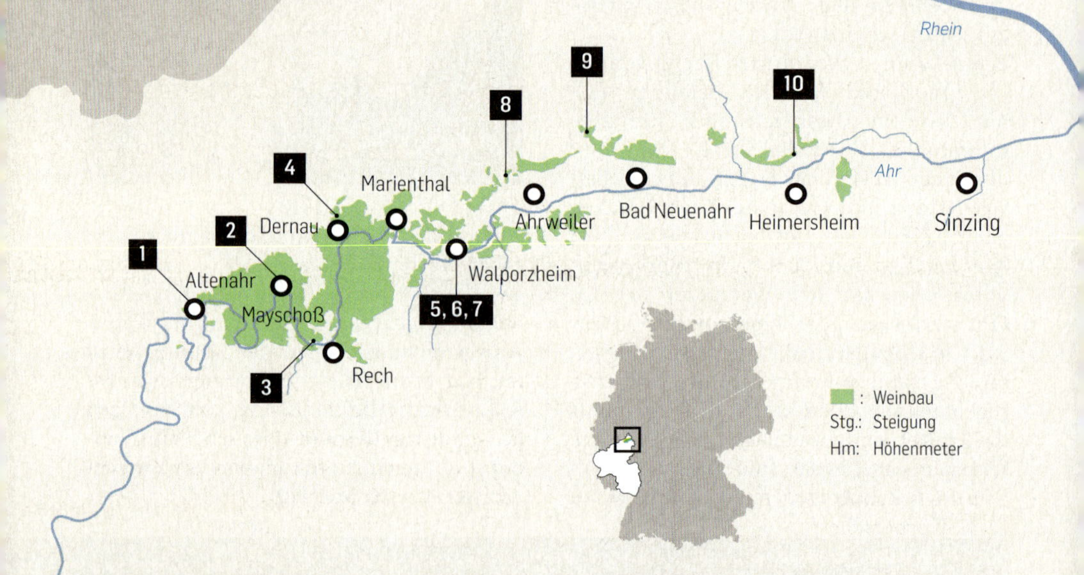

PRIVILEGIERTE WEINLAGEN

1 **Altenahr Eck**
8 ha, 150–260 Hm, 40–60 % Stg., Grauwacke, Schieferverwitterungsgestein

2 **Mayschoß Mönchberg**
45 ha, 200–220 Hm, Grauwacke mit kleinem Lehmanteil

3 **Rech Herrenberg**
17 ha, 130–260 Hm, 25–60 % Stg., Grauwacke, Lehm

4 **Dernau Pfarrwingert**
10 ha, 125–220 Hm, 15–60 % Stg., Schiefer, Grauwacke, Lehm

5 **Walporzheim Kräuterberg**
5 ha, 110–180 Hm, 15–60 %, Stg., Grauwacken, sandiger Lehm, Verwitterungsschiefer

6 **Walporzheim Gärkammer**
0,68 ha, 110–180 Hm, 15–60 % Stg., Grauwacke, sandiger Lehm, Schiefer

7 **Walporzheim Alte Lay**
9 ha, 110–250 Hm, 10–75 % Stg., verwitterter Schiefer, lehmiger Grauwacke, sandiger Lehm

8 **Ahrweiler Rosenthal**
50 ha, 110–180 Hm, 0–45 % Stg., Grauwacke, Lehm, Löss, Lösslehm

9 **Bad Neuenahr Kirchtürmchen**
9 ha, 120–160 Hm, 10–40 % Stg., Grauwacke, Lehm, Löss, Lösslehm, Schiefer

10 **Heimersheim Landskrone**
15 ha, 80–170 Hm, 15–60 % Stg., Basalt, Schiefer, lehmiger Ton

Peter Kriechel mit Kellermeister Michael Hewel
Weingut Peter Kriechel, Bad Neuenahr-Ahrweiler

Organisationen zur Sammlung von Spenden für die gebeutelten Weingüter wurden zwar schnell und effektiv gegründet, die Bereitstellung der Gelder aber verzögert sich teilweise immer noch wegen eines Katastrophenerlasses des Finanzministeriums Rheinland-Pfalz, der es gemeinnützigen Körperschaften verbietet, Mittel an Unternehmen, also auch Winzer, auszuzahlen. Eine notwendige Gesetzesänderung lässt noch auf sich warten. Damit ruht die größte Hoffnung der hiesigen Weinerzeuger darauf, dass sich Weinkenner und -genießer daran erinnern, wo einige der besten Spät- und Frühburgunder in Deutschland reifen – an der Ahr.

WANDERN, WEIN & WOHLFÜHLEN

Das Ahrtal ist wie stets eine Reise wert – die Winzer freuen sich auf Besuch. Die meisten Hotels und auch viele Restaurants haben wieder geöffnet. Man muss sich als Tourist aber darauf einstellen, dass nicht alle Services wie gewohnt zur Verfügung stehen. Hier eine Übersicht:

Ahrtalbahn: Die Züge fahren derzeit nur bis zur Endstation Bahnhof Walporzheim.
Taxi Service: ist uneingeschränkt verfügbar.
Wanderwege: Die Routen Rotweinwanderweg und Ahrsteig sind durchgehend begehbar.
Ahrradweg: ist nicht befahrbar zwischen Ahrweiler und Fuchshofen.

Steinheuers Restaurant Zur Alten Post
Bad Neuenahr-Ahrweiler

Fotos: beigestellt, © Weingut Peter Kriechel, Restaurant Zur Alten Post

Heiko und Paul-Michael Schäfer
Weingut Burggarten, Heppingen

Der Jahrgang 2021, dessen Trauben ja nur wenige Wochen nach der Flut gelesen werden mussten, war nicht nur aufgrund logistischer Gesichtspunkte problematisch, sondern auch wegen hoher Feuchtigkeit und kühler Witterung während der Reifeperiode. Es musste stark selektioniert werden, um die angestrebte Qualität zu erreichen. Das führte zu niedrigen Erträgen. Diesem Umstand fielen dann auch bei manchen Spitzengütern durch freiwilligen Verzicht einige Große Gewächse zum Opfer. Das wiederum kam den Orts- und Gutsweinen zugute, sodass der Jahrgang insgesamt mit lebendiger Frische und ausgewogener Säurestruktur überzeugen kann, auch wenn er nicht ganz an 2020 heranreicht. 2022 gab es bei günstigeren Wetterbedingungen fast keine Probleme mit Rebkrankheiten und so fiel die Erntemenge mit einem Plus von 15 Prozent gegenüber dem Vorjahr wieder zufriedenstellend aus. Obwohl es noch zu früh für ein abschließendes Urteil ist, weisen erste Proben der klassischen Ahr-Rotweine ein hohes Niveau auf, was zum Teil wohl auch darauf zurückzuführen ist, dass die Basisqualitäten vermehrt zur Befriedigung der wachsenden Nachfrage nach Blanc de Noir eingesetzt werden.

Als erster Deutscher erwarb **Michael Schmidt** 1980 in London das Diplom des WSET. In den Folgejahren war er in England im Weinhandel, Weinjournalismus und in der eigenen Weinschule tätig. Für Jancis Robinson berichtete er 13 Jahre über deutschen Wein und war beim World Atlas of Wine und Sotheby's Wine Encyclopedia für Deutschland zuständig. Seit 2009 lebt er in Ahrweiler.

Weingut J.J. Adeneuer,
Bad Neuenahr-Ahrweiler

Fotos: beigestellt, © Peter Bender, Weingut JJ Adeneuer

★★★★

WEINGUT J.J. ADENEUER

Max-Planck-Straße 8, 53474 Bad Neuenahr-Ahrweiler
T: +49 2641 34473, jjadeneuer@t-online.de
adeneuer.de

Ab-Hof-Verkauf: Mo bis Fr 9–12 Uhr und 13.30–18 Uhr, Sa 10–15 Uhr
Kellermeister: Tim und Frank Adeneuer
Ansprechpartner: Marc Adeneuer
Flaschen/Hektar: 93.333 (10 % weiß, 85 % rot, 5 % Schaumwein)/12,5 ha

Das namhafte Weingut aus Ahrweiler wurde wie so viele andere von der Flut komplett zerstört. Die wichtigsten Gebäudeteile indes erstrahlen bereits wieder in neuem Glanz. Bei einem Besuch im Februar 2023 präsentierte Marc Adeneuer mit Freude die neu eingerichtete Vinothek mitsamt der lustig federnden Hochsitze am Verkostungstisch. Die Weinberge stehen ohnehin da wie eine Eins. Die geretteten Flaschen aus 2020 gehören zum Besten, was das Weingut je produziert hat, und auch den neuen Jahrgängen kann man mit großer Zuversicht entgegenblicken.

96 2020 Walporzheim Gärkammer Pinot Noir GG
Im Duft »kühl«, dunkelfruchtig und schieferwürzig. Aromen von schwarzer Pflaume, Wildkirsche, Waldbeeren, Rauch, Teer und Bitterschokolade. Am Gaumen ein sehr feiner Gerbstoff in dichter Menge, reife Säure in einem stattlichen Körper. Hat Extrakt für Jahre und Jahrzehnte.
13,5 Vol.-%, NK, €€€€

94+ 2018 Walporzheim Kräuterberg Pinot Noir GG
Fein und zugleich komplex im Duft. Aromen von reifen, roten Beeren, dunkle Frucht, Tabak, leicht floral, auch ein Hauch von Waldboden. Am Gaumen noch junger Gerbstoff, Gewürznelke, balanciert von reifer Säure. Lang im Nachhall bei attraktiver Kräuternote. Ein Wein mit Potential.
13 Vol.-%, NK, €€€€

94 2020 Ahrweiler Rosenthal Pinot Noir GG
Ein intensiver Duft von Walderdbeeren, Brombeere, Cassis, Gewürznelke und schwarzem Johannisbeerblatt. Am Gaumen herrlich saftig, bei feinem Gerbstoff, milden Röstaromen und attraktiver Mineralik. Der ideale Säurebogen führt in einen langen Nachhall. 13,5 Vol.-%, NK, €€€

92 2020 »J.J. Adeneuer N°1« Pinot Noir trocken
Ein intensiver Duft aus Rauch, Schieferwürze sowie einem Potpourri aus Waldbeeren, dunklen Beeren, Kirschen und Gewürznelke. Am Gaumen intensive dunkle Frucht, gutes Tannin bei gut integrierter Säure in einem mittelgewichtigen Format. Ein Wein mit Potenzial. 13 Vol.-%, NK, €€€

91 2022 »Purist« Pinot Blanc trocken

93+ 2020 »J.J. Adeneuer N°2« Pinot Noir tr.
Mittleres Rubin in der Farbe. Im Glas entwickelt sich ein Potpourri aus dunkelroter Frucht, Cranberry sowie eine Garrique-Note. Am Gaumen kommen Walderdbeere und ein Hauch Schokolade hinzu, gut integrierte Säure, sehr feines Tannin bei guter Struktur und langem Nachhall.
13,5 Vol.-%, DV, €€

★★★

WEINGUT BROGSITTER

Max-Planck-Straße 1, 53501 Grafschaft
T: +49 2225 918111, verkauf@brogsitter.de
brogsitter.de

Ab-Hof-Verkauf: Vinothek: Mo bis Fr 8–20 Uhr, Sa 9–20 Uhr, So 13–19 Uhr
Kellermeister: Philipp Emmerich, Markus Hallerbach
Ansprechpartner: Hans-Joachim Brogsitter
Flaschen/Hektar: 190.000 (4 % weiß, 90 % rot, 4 % Rosé, 2 % Schaumwein)/33 ha

Das moderne Kellergebäude des Weinguts, hoch über dem Ahrtal im Ort Grafschaft gelegen, blieb von der Flut verschont. Drunten im Tal konnte Familie Brogsitter das historische Gasthaus »Sanct Peter« mit seinem Hotel und zwei Restaurants nach zweijähriger Sanierung wieder eröffnen. Die Bühne ist also bereit – und zum Auftritt kommen dieses Jahr gleich vier Frühburgunder, die mit Feinheit und großer Eingängigkeit in der sortentypischen Frucht bestechen. Hauptdarsteller aber sind die Lagen-Spätburgunder aus 2020 – ein Ensemble aus wahren Lagen-Stars.

93 2020 »Hommage Großes Gewächs« Walporzheim Kräuterberg Spätburgunder trocken
Kühl im Duft, feine Frucht von roten und dunklen Beeren, florale Noten, Veilchen, Minze, Zartbitterschokolade. Am Gaumen elegant tänzelnd mit Tiefe, feiner Säurenerv, seidiges Tannin, zarter Schmelz und feine mineralische Würze, lange am Gaumen und Energie für weitere Jahre.
13 Vol.-%, NK, €€€

92+ 2020 »Hommage Großes Gewächs« Walporzheim Alte Lay Spätburgunder trocken
Würzig im Duft, Zimt, Nelken, Holzwürze, Zwetschgen, Cassis, roten Kirschen, Nadelwald, schwarze Oliven, dezent Rauch. Am Gaumen vollmundig, mit Kraft und Druck, stoffig, dicht, viel mineralische Würze, salzig, pfeffrig, reife Säure, kerniges reifes Tannin, schöne Länge. 14 Vol.-%, NK, €€€

92 2020 »Hommage Großes Gewächs« Walporzheim Pfaffenberg Frühburgunder trocken
Feinduftig in der Nase, dunkle Waldbeeren, rote Kirschen, erdige Noten, Rote Bete, dunkle Nugatschokolade. Am Gaumen sehr saftig, frisch, feingliedrige, lebendige Säure, feinkörniges Tannin, mineralischer Zug, schwungvoll und mit gutem Trinkfluss. 13,5 Vol.-%, NK, €€€

90+ 2020 »Ad Aram« Frühburgunder trocken
Würze im Duft, dezent pfeffrig, kleine rote Beeren, Hagebutte, Kirschen, balsamische Noten, schwarze Oliven, Herbstlaub, Unterholz. Am Gaumen geschmeidig, kraftvoll, seidiges Tannin, lebendige Säure, saftige Frucht in der Gaumenmitte, würzig im Nachhall. 13,5 Vol.-%, NK, €€

89+ 2020 »Ad Aram« Blanc de Noir Spätburgunder trocken
90+ 2019 »Ad Aram« Spätburgunder trocken
90 2020 »Ad Aram« Spätburgunder trocken
90 2021 »Ad Aram« Frühburgunder trocken
89+ 2020 »Edition B« Frühburgunder trocken
89 2021 »Prim« Cuvée trocken RE/DF/PN/FB
88+ 2022 »Private Edition« Spätburgunder Rosé trocken

89+ 2021 »Private Edition« Spätburgunder tr.
Angenehm duftig in der Nase, sonnenverwöhnte Beeren, Zwetschgen, Nugatschokolade und Karamell. Am Gaumen saftig, frisch und konzentriert, Früchtekorb, samtiges Tannin, feine Säurestruktur und mit Kraft, fließt ohne großen Widerstand die Kehle entlang. 13 Vol.-%, NK, €

★★★★

WEINGUT BURGGARTEN

Landskroner Straße 61, 53474 Heppingen
T: +49 2641 21280, burggarten@t-online.de
weingut-burggarten.de

Ab-Hof-Verkauf: Mo bis Fr 10–12 Uhr und 13.30–18 Uhr, Sa und So 10–13 Uhr
Kellermeister: Paul Schäfer
Ansprechpartner: Paul & Heiko Schäfer
Flaschen/Hektar: 120.000 (35 % weiß, 65 % rot)/15 ha

Im vergangenen Jahr haben wir dem Familienbetrieb aus Heppingen den vierten Stern verliehen – und die Weine aus dem Flutjahrgang 2021 bestätigen diese Entscheidung. Unter schwierigsten Umständen sind Heiko Schäfer und seinem Team gut strukturierte Weine gelungen – zweifellos war die Auslese der Trauben am Sortiertisch (oder dem improvisierten Ersatzgerät) penibel. Das von der Familie ebenfalls betriebene Hotel Garni »Weinquartier Burggarten« ist übrigens wieder bereit, Gäste zu empfangen, und die Straußwirtschaft wird im Laufe des Jahres 2024 wieder eröffnen.

93+ 2021 Walporzheim Alte Lay Spätburgunder GG
Im Duft: Himbeere, Walderdbeere und hefige Töne. Dezentes Holz. Im Mund hat der Wein einen mittelgewichtigen, aber straffen Bau, feinkörniges Tannin kleidet den Gaumen aus, die geschmeidigen Motive bleiben zurückhaltend, die Frucht hat Frische und gute Länge. 13,5 Vol.-%, NK, €€€

93 2021 Neuenahr Sonnenberg Spätburgunder GG
Rubinrot in der Farbe. Dunkel, rauchig und konzentriert im Duft. Am Gaumen attraktiv saftig, Schieferwürze, dunkelrote, konzentrierte Frucht, sehr feiner Gerbstoff, gut balanciert und lebendige Säure. Intensiv und terroirgeprägt bei langem Nachhall. 13,5 Vol.-%, NK, €€€

93 2021 Heimersheim Burggarten Spätburgunder GG
Rauchige und karamellartige Holznoten, gesalzene Erdnuss, Thymian, Rosmarin. Im Mund hat der Wein Fülle – und wirkt dabei gut ausgeglichen, der Gerbstoff ist reif, ist saftig unterlegt und mündet in eine recht adrette Abgangsfrucht. Harmonisch! 13,5 Vol.-%, NK, €€€

93 2021 Walporzheim Kräuterberg Spätburgunder GG
Duftig, geradezu floral, Rose, auch Himbeerblüte, auch etwas Blattgrün. Der Gaumen beginnt mit fleischigem, leicht rappigem Gerbstoff, ist cremig grundiert, die stabile Säure ist gut integriert, der Abklang zeigt erste Reifearomen und hat gute Länge. Für die mittlere Reifestrecke.
13,5 Vol.-%, NK, €€€€

92+ 2021 Neuenahr Schieferlay Spätburgunder GG

91 2021 Walporzheim Spätburgunder tr.
Komplex im ersten Duft. Feine Aromatik aus Schwarzkirsche, schwarzem Johannisbeerblatt, Himbeere, Pflaumen als auch Cranberry. Am Gaumen Grip und Spannung. Gute Säure federt die reife Frucht und das feinkörnige Tannin ab. Saft und Kraft begleiten den langen Abgang.
13,5 Vol.-%, NK, €€€

★★

WEINMANUFAKTUR DAGERNOVA

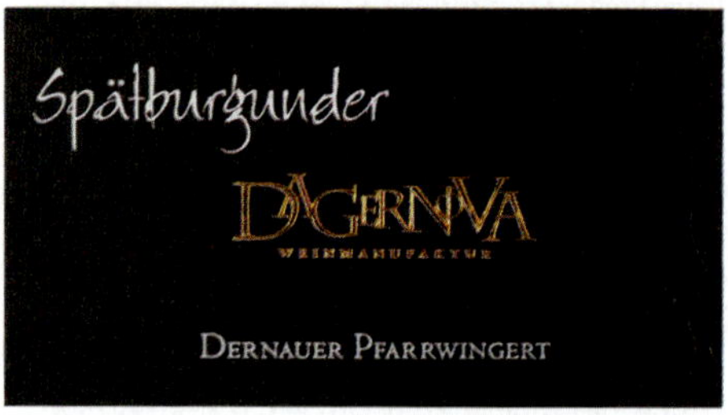

Heerstraße 91–93, 53474 Bad Neuenahr-Ahrweiler
T: +49 2641 9472-0, info@dagernova.de
dagernova.de

Ab-Hof-Verkauf: Mo bis Fr 8–18 Uhr, Sa und So 10–18 Uhr
Kellermeister: Kevin Bertram
Flaschen/Hektar: 1.400.000 (18 % weiß, 50 % rot, 30 % Rosé, 2 % Schaumwein)/140 ha

Die Genossenschaft mit Standbeinen in Dernau und Bad Neuenahr ist ein »Mehrfamilienbetrieb«: 600 Mitglieder liefern ihre Trauben in den Keller, in welchem der Ertrag von – für Ahr-Verhältnisse – gigantischen 140 Hektar zu Wein wird. Nach der Flut ist das Zusammenstehen beinahe noch wichtiger als vor 150 Jahren, als der Dernauer Winzerverein gegründet wurde. Zum Glück konnten viele Fässer aus 2020 vor dem Wasser gerettet werden. Vor Ort kann man die charakterstarken Gewächse im Dagernova-Weinrestaurant in Dernau sowie im Weinbistro im Kaufhaus Moses in Bad Neuenahr genießen.

92+ 2020 Walporzheim Kräuterberg Spätburgunder trocken
Dunkel im Duft. Reife dunkelrote Beeren, herbe, dunkle Schokolade im ersten Duft. Am Gaumen Schwarzkirsche, dunkle Schokolade sowie Holzwürze. Auf weichem Fond entwickelt sich gewichtiger Körper, kräftiges, reifes Tannin, getragen durch die präsente Säure. Mineralisch und lang im Nachhall. 14,5 Vol.-%, NK, €€€

92+ 2020 Heimersheim Landskrone Spätburgunder trocken
Im Glas entwickelt sich ein Duft von Sauerkirsche, Mandel und Kräutern recht traditionell. Am Gaumen körperreich, dabei saftig und vom Holzausbau tangiert. Das dichte, reife Tannin und auch die reife Frucht werden von guter Säure balanciert. Langer Nachhall mit Potenzial. 14,5 Vol.-%, NK, €€€

92+ 2020 »Alte Reben« Spätburgunder tr.
Im Duft feine Röstaromen, dazu charmante, klassische Burgunderfrucht, schwarze Kirsche, etwas Brombeere, dazu Kräuterwürze und Tabak, vielschichtig. Am Gaumen mit reifem Gerbstoff, schmelzend, dazu eine gut integrierte Säure, rote Früchte dominieren, Kaffee kommt dazu, geradliniger Aufbau mit einer dichten Struktur, gute Länge, hat Reifepotenzial. 14 Vol.-%, NK, €€€

91 2020 Dernau Hardtberg Pinot Madeleine trocken
MIttleres Rubin. Ein Duft von Pflaume, Gewürznelke, reifer Kirsche und auch Rosmarin. Am Gaumen ein weicher Fond bei intensiven Aromen der Holzwürze, dunklen Trauben und Tomatenblatt. Reif in der Säure und zart im Gerbstoff. Saftig, leichte Mineralität im guten Nachhall. 13 Vol.-%, NK, €€€

89 2020 »150 Jahre Jubiläumswein« Spätburgunder trocken

90 2020 »Edition« Spätburgunder trocken
Klassisch in der Farbgebung und sortentypisch im Duft. Dezente Aromen von junger Himbeere, Kirsche, Gewürzkuchen und Hibiskus. Am Gaumen balanciert die prägnante Säure reife Frucht und auch das leicht körnige Tannin. Extrakt und attraktive Bitternote begleiten den Abgang. 13,5 Vol.-%, NK, €€

★★★★

WEINGUT DEUTZERHOF

Deutzerwiese 2, 53508 Mayschoß
T: +49 2643 7264, info@deutzerhof.de
deutzerhof.de

Ab-Hof-Verkauf: Mo bis Fr 10–12 Uhr und 13–17 Uhr, Sa 11–17 Uhr
Kellermeister: Hans-Jörg Lüchau
Ansprechpartner: Hans-Jörg Lüchau
Flaschen/Hektar: 40.000 (15 % weiß, 75 % rot, 5 % Rosé, 5 % Schaumwein)/6,5 ha

Das etwas oberhalb von Mayschoss mitten in den Reben gelegene Weingut lohnt nicht nur des Genius Loci wegen einen Besuch – auch die Weine gehören zu den besten des Ahrtals. Es schmälert die Leistung von Inhaber Jürgen Doetsch und Betriebsleiter Hans-Jörg Lüchau in keinster Weise, dass der Betrieb in der Flut so gut wie keine Schäden erlitten hat. Von der kaputten Infrastruktur war er aber natürlich trotzdem betroffen – und so sind die 2021er vom Mayschosser Mönchberg und aus dem Altenahrer Eck Zeugnisse von Fleiß und Willenskraft. Nicht minder furios ist der 2020er »Grand Duc«.

94+ 2020 »Grand Duc Reserve« Spätburgunder trocken
Der Duft lässt Zimt und Mokka anklingen, aber auch eine dunkle Waldbeerfrucht, etwas Feige und Mandeln. Im Mund zeigt sich der Wein voll, mit reifem, mürbem Gerbstoff und saftiger Säure, mineralisch grundiert und von großer Länge. Sehr jung! 13 Vol.-%, NK, €€€€

94+ 2021 Mayschoß Mönchberg Spätburgunder GG
Im Duft Preiselbeere, Rote Johannisbeere, Minze, dezentes Boisée. Der Gaumen ist unmittelbar präsent, besitzt Saftigkeit und Säurespannung, die Gerbstoffe sind körnig und reif, die Frucht wirkt präzise und frisch, der Abklang ist noch kompakt – Zukunft! 13 Vol.-%, NK, €€€

93+ 2021 Altenahr Eck Spätburgunder GG
»Süßes« Holz, Vanille, Erdbeere, frische Feige, auch etwas Milchschokolade. Der Gaumen ist von Extrakt dominiert, das Tannin ist straff, früh präsent und lange anhaltend, Saftigkeit und Mineralität geben im Hintergrund Spannung, die Abgangsaromen machen florale Andeutungen.
13 Vol.-%, NK, €€€€

93 2018 »Caspar Reserve« Spätburgunder tr.
Im Duft Mandel, Hagebutte, und deutlich schieferwürzige Aromen. Im Mund hat der Wein einen noch immer jugendlich wirkenden, kompakten Bau, der körnige Gerbstoff hat Spannung, ist mineralisch unterfüttert und zeigt sich weiter entwicklungsfähig und potenzialreich. 13 Vol.-%, NK, €€€

93 2021 Neuenahr Kirchtürmchen Spätburgunder GG
92+ 2021 »A&O« Mayschoß Frühburgunder tr.
92 2021 Heimersheim Landskrone Spätburgunder GG
92 2021 Rech Herrenberg Frühburgunder GG
92 2020 »Caspar Alte Reben« Ahrweiler Spätburgunder trocken
91 2020 »Balthasar« Neuenahr Spätburgunder trocken
90 2020 »Deutzerhof« Spätburgunder tr.

92+ 2022 »Alte Reben« Heimersheim Chardonnay trocken
Duftig, etwas Zitrus, blumige Untertöne, etwas Feuerstein und geröstete Haselnuss. Der Gaumen beginnt weich und geschmeidig, mit zarter mineralischer Textur und reifer Säurestütze. Der Wein verbindet Fülle und Saftigkeit – und ist ein hervorragender Speisenbegleiter. 12 Vol.-%, NK, €€

★★★

WEINGUT MARC JOSTEN

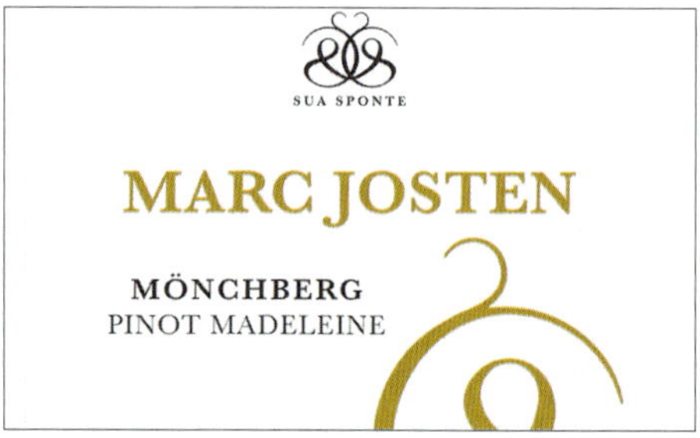

Ringofenstraße 3, 53424 Remagen
T: +49 2643 902550, info@marcjosten.de
marcjosten.de

Ab-Hof-Verkauf: Ja
Kellermeister: Marc Josten
Ansprechpartner: Marc Josten
Flaschen/Hektar: 40.000 (50 % weiß, 50 % rot)/5 ha

Marc Josten hat sich im Kreis der Spitzenbetriebe des Ahrtals etabliert – das belegt die Tatsache, dass jemand mit gutem Investmentriecher wie Professor Max Otte gemeinsam mit ihm eine »Privatedition« auflegt. Das zeigen aber auch die aktuellen Weine, unter denen die beiden vorgestellten 2021er Rotweine unseren größten Respekt verdienen: Wenn man nicht aufs Etikett schaut, erinnert nichts an die Turbulenzen der Flut. Die 2020er Pinots sind für die Langstrecke gemacht und Jostens Weißweine aus Leutesdorf am Mittelrhein stehen auf dem gleichen Niveau wie seine Roten.

94 2020 »Max Otte Privatedition« Mayschoß Mönchberg Pinot Noir trocken
Im Duft: dunkle Kirsche, Brombeere, Walderdbeere – unterlegt mit würzigen Noten von Lakritze, Rauch und Waldboden. Im Mund elegant und doch druckvoll. Strukturiert, mit griffigem Gerbstoff. Exzellente Länge und Dichte. Sicheres Potenzial. 13 Vol.-%, NK, €€€

93 2020 Mayschoß Mönchberg Pinot Noir trocken
Feine Pinotnase mit eleganten Noten von Amarenakirsche, Waldfrüchte, Cassis, Hagebutten und einer dezenten Würze. Gut integrierte Säure, geschliffene Tannine, mittelgewichtig mit einer sehr geschmeidigen Textur und toller Länge. 13 Vol.-%, NK, €€€

92+ 2020 Mayschoß Laacherberg Pinot Noir trocken
Rubinrot. Im Duft kühl, dicht und zugleich sehr elegant. Wildkirsche, junge Himbeere, Zimt sowie Pflaumengelee. Diese komplexe Frucht und das feine Tannin werden am Gaumen von prägnanter Säure sehr gut balanciert. Gute Dichte. Mineralität begleitet den langen Nachhall. 13 Vol.-%, NK, €€€

92 2019 Mayschoß Mönchberg Pinot Madeleine trocken
Elegant und duftig. Dunkle Kirschen, Kräuter, Brombeeren und Cassis sind unterlegt von Schieferwürze und einer delikaten Erdigkeit. Animierende Frische, gute Dichte und feine Tannine. Sehr gute Länge mit einem mineralischen Finish. Hat Potenzial. 13,5 Vol.-%, NK, €€€

90 ⓞ 2020 Weißburgunder brut
92 2021 »Glanzstück« Sauvignon Blanc tr.
91+ 2021 »Schiefer« Riesling trocken
91+ 2022 »Schiefer« Grauburgunder trocken
90 2022 »Schiefer« Sauvignon Blanc trocken
92 2021 Mayschoß Pinot Noir trocken
90+ 2022 Leutesdorf Gartenlay Riesling Kabinett

91 2021 »Schiefer« Pinot Madeleine trocken
Ein mittleres Rubin in der Farbgebung. Ein attraktiver, dezenter, feinfruchtiger Duft: Kirsche, Erdbeere, frische Himbeere und auch Johannisbeerblatt. Am Gaumen kommt eine feine Kräuternote hinzu bei lebendiger Säure, seidigem Tannin und tollem Trinkfluss. 13,5 Vol.-%, DV, €€

★★★

WEINGUT PETER KRIECHEL

Walporzheimer Straße 83–85
53474 Bad Neuenahr-Ahrweiler
T: +49 2641 36193, info@weingut-kriechel.de
weingut-kriechel.de

Ab-Hof-Verkauf: Mo bis Fr 8–18 Uhr, Sa 10–18 Uhr, Jan. bis März So 12–17 Uhr, April bis Dez. So 10–18 Uhr
Kellermeister: Michael Hewel
Ansprechpartner: Peter Kriechel
Flaschen/Hektar: 200.000 (15 % weiß, 85 % rot)/27 ha

Das Weingut Peter Kriechel zählt zu den bewundernswert ausdauernden Betrieben im Ahrtal, die sich von der Flutkatastrophe nicht entmutigen ließen. Auf eine bärenstarke Kollektion aus dem Jahrgang 2020 folgen nahtlos vier Spätburgunder aus 2021 mit Format: Angeführt von der gehaltvollen und von Mineralik geprägten »Goldkapsel«, die wie alle Rotweine in heimischer Ahr-Eiche ausgebaut wurde, auch um so die regionale Verbundenheit der Winzerfamilie Kriechel auszudrücken. Der Blanc de Noir aus 2022 schürt Erwartungen, was aus diesem Jahrgang noch Gutes folgen könnte.

91 ❺ 2018 »Prestige Blanc de Noir« Ahrweiler Rosenthal brut nature
Recht klarer burgunderbeeriger Duft. Der Gaumenauftakt ist knackig, saftig, das Mousseux entfaltet einige Dynamik, Säure und Körper sind gut ineinander integriert, der Sekt hat genug stoffige Reserven, um auch auf der Flasche weiter reifen zu können. 12,5 Vol.-%, NK, €€€

92+ 2021 »Goldkapsel« Walporzheim Kräuterberg Spätburgunder trocken
Reife rote und dunkle Kirschen, Gewürznelke, Tannennadeln, getrocknete Kräuter, leicht ätherisch, mineralische Noten. Gehaltvolle und von der Lagenmineralik geprägte »Goldkapsel« mit guter Substanz und viel Würze. Fein ziselierte Säure, gute Länge, Potenzial. 13,5 Vol.-%, NK, €€€

92 2021 Walporzheim Kräuterberg Spätburgunder trocken
Beeriger Pinotduft, kräuterige, würzige Noten, Kirschen, Johannisbeere, Mandelkern. Druckvoll am Gaumen mit kräftig gebauter, fester Struktur, entspannte, feinnervige Säureader, festes, griffiges Tanningerüst, mineralische Tiefe, kann sich weiter entwickeln. 13,5 Vol.-%, NK, €€€

91 2021 »R« Bad Neuenahr Sonnenberg Spätburgunder trocken
Duftet würzig und rauchig, rote und schwarze Kirschen, Brombeeren, auch etwas Rauchfleisch. Setzt am Gaumen füllig und fleischig an, mit kräftiger Säure und etwas Granatapfel, der Gerbstoff ist noch knackig, hat das Potenzial für gute Reifeentwicklung. 13,5 Vol.-%, NK, €€€

89+ 2022 Blanc de Noir Spätburgunder tr.

91 2021 »B« Spätburgunder trocken
Rote Kirsche, flankiert von rauchigen Noten, Hagebutte, Hibiskus, Blutorange. Am Gaumen zupackend, ungekünstelt, saftig, mit Gerbstoffen, die knackig wirken, feine Extraktsüße, etwas Lebkuchengewürz, leicht pikantes und auch geschmeidiges Finale. 13,5 Vol.-%, NK, €€

★★★

MAIBACHFARM

Im Maibachtal 100, 53474 Bad Neuenahr-Ahrweiler
T: +49 2641 36679, info@maibachfarm.de
maibachfarm.de

Ab-Hof-Verkauf: Mo bis Fr 10–16 Uhr, Sa & So 11–17 Uhr
Kellermeister: Alexander Weber
Ansprechpartner: Alexander Weber
Flaschen/Hektar: 33.333 (20 % weiß, 35 % rot, 40 % Rosé, 5 % Schaumwein)/8,5 ha
Anbauweise: Bio

Vor allem Lagen-Spätburgunder aus dem warmen Jahr 2020 legt die Maibachfarm vor, die als eines der wenigen Ahr-Weingüter ihre Reben biologisch kultiviert. Aus 2021, als die Flutkatastrophe das Ahrtal verwüstete, kommt ein weiterer Burgunder dazu. Der »Silberberg« bringt mit viel Kraft, Dichte und Opulenz das Versprechen langer Entwicklung mit, während der »Burggarten« mit Saft, kühler Aura und Eleganz den Kontrastpunkt setzt: »Ein lebendiger Spätburgunder mit Seele«, notierte einer unser Verkoster verzaubert. Der Blanc de Noir bereitet auf Anhieb schon viel Freude – unser Tipp!

92+ 2020 Ahrweiler Silberberg Spätburgunder trocken
Dicht, aber nicht üppig im Duft. Konzentriert, aber mit finessenreichen Aspekten. Kräuterwürzigkeit, dunkle Beeren. Brombeeren, Schlehen. Sehr variantenreich. Kraftvoll, dicht, die Frucht setzt sich am Gaumen fort. Mit viel Schmelz und breiten Schultern. 13,5 Vol.-%, NK, €€€

92+ 2020 Heimersheim Burggarten Spätburgunder trocken
Stoffiges Bukett nach dunklen, reifen Früchten wie Schwarze Johannisbeeren und Pflaumen, auch feine Würze kommt dazu. Am Gaumen elegant, kühl und saftig, mit stimmiger, tragender Säure, aber auch Körper und Substanz. Ein lebendiger Spätburgunder mit Seele. 13 Vol.-%, NK, €€€

91+ 2020 Walporzheim Alte Lay Spätburgunder trocken
Im Duft eine Esternote. Darunter liegen dunkelrote Frucht und auch leichte Kräuterwürze. Am Gaumen attraktiv saftig, lebendige Säure trägt die dunkelrote und schwarze Frucht sowie den für Dekaden ausgelegten Gerbstoff. Mineralik begleitet den guten Abgang. 13 Vol.-%, NK, €€€

90+ 2020 Dernau Spätburgunder trocken
Im Duftbild fruchtige Noten von Brombeeren, auch etwas reife Himbeeren, Sauerkirsche, untermalt von eleganter Würze, Nadelbaum und Lakritze. Am Gaumen saftig, dunkle Frucht, mitreißend, mit viel Schmelz und durchaus Körper. Angenehme Phenolik. In sich stimmig. 13,5 Vol.-%, NK, €€

89 2021 Spätburgunder trocken

90 2022 Spätburgunder Blanc de Noir tr.
Blasses Apricot in der Farbe. Dicht, kräuterig und etwas süß im ersten Duft. Aromen von Walderdbeere, gelbem Pfirsich und Mirabelle. Am Gaumen balanciert die prägnante Säure die reife Frucht, die leichte Phenolik und auch die attraktive Röstnote. Macht Spaß. 12 Vol.-%, DV, €€

★★★★★

WEINGUT MEYER-NÄKEL

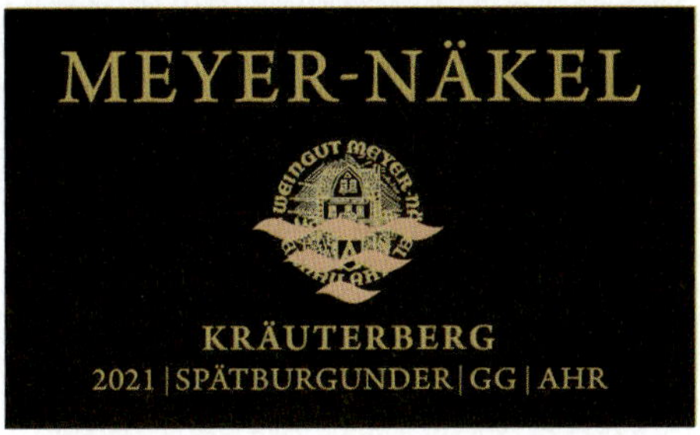

Friedenstraße 15, 53507 Dernau
T: +49 2643 1628, weingut@meyer-naekel.de
meyer-naekel.de

Ab-Hof-Verkauf: Mo bis Fr 9–12 & 14–17 Uhr, Sa 11–16 Uhr
Kellermeister: Meike, Dörte und Werner Näkel
Ansprechpartner: Meike, Dörte und Werner Näkel
Flaschen/Hektar: 140.000 (8 % weiß, 92 % rot)/23 ha

Was Dörte und Meike Näkel anfassen, hat Finessenreichtum und Stil. Beim Wein kennen wir das – aber auch die Umgestaltung des Etikettendesigns in Erinnerung an die Flut liegt auf dieser Linie: Auf den betroffenen Flaschen sind dezent, aber aussagekräftig ein paar Flutwellen über das Weingutslogo gedruckt. Die 2021er lassen nichts von der Dramatik dieses Sommers erahnen, sie flankieren den vertikalen Jahrgangstyp mit großer Würze und einem Al-dente-Tannin, das man nicht besser extrahieren kann. Eine schöne Überraschung ist der Dernauer Ortsriesling aus 2022 – super!

95 2021 Walporzheim Kräuterberg Spätburgunder GG
Schieferwürzig im Duft, etwas Hefe. Dazu dezent rotbeerige Töne, Cherrytomate. Kümmel. Im Mund zeigt der Wein die entspannte Fülle der Lage in einem etwas sehnigeren Format als in wärmeren Jahren, doch Länge, Homogenität und mineralische Definition sind ausgezeichnet.
13 Vol.-%, NK, €€€€

94 2021 Dernau Pfarrwingert Spätburgunder GG
Kräftiges Neuholz im Duft, dunkelbeerige Aromen und pikante Schieferwürze. Im Mund ist der Wein gut verdichtet: lebendige Säure, Salzigkeit und straffes Tannin bilden einen kompakten, potenzialreichen und reifebedürftigen Extraktkern. À point extrahiert. 13 Vol.-%, NK, €€€€

93+ 2021 Ahrweiler Silberberg Spätburgunder GG
Himbeere und Karamell im Duft. Auch etwas Milchschokolade. Der Gaumen ist cremig grundiert und besitzt einen feinkörnigen, sehr frischen Gerbstoff. Das ist eine Gaumenstruktur, die geradezu Spiel besitzt und auf delikate Weise mineralisch eingefärbt ist. Finesse! 13 Vol.-%, NK, €€€€

93 2021 »S« Spätburgunder trocken
Im Duft Kakao und getrocknete Feige, auch rote Beeren. Eine erste Entfaltung im Duft. Der Gaumen zeigt einen dichten, straffen Bau, einen lebendigen Säurenerv und eine präsente, im Abgang lange anhaltende taktile Mineralität. Ein Traum zu Wildgerichten. 13 Vol.-%, NK, €€€

92+ 2021 Neuenahr Sonnenberg Spätburgunder GG

92+ 2022 Dernau Riesling trocken
Schieferwürzig und zitrusfrisch im Duft, Majoran und andere mediterrane Kräuter. Im Mund hat der Wein eine feine, kompakte Art, mit fester Säure und geschmacklich zurückhaltend bleibender Süße, mit gutem Extrakt und herausragend guter Länge. Sehr eigenständig. 12,5 Vol.-%, NK, €€

★★★

WEINGUT NELLES

Göppinger Straße 13a
53474 Bad Neuenahr-Heimersheim
T: +49 2641 24349, info@weingut-nelles.de
weingut-nelles.de

Ab-Hof-Verkauf: Mo bis Fr 9–12 &14–18 Uhr, Sa 10–14 Uhr
Kellermeister: Philip Nelles
Ansprechpartner: Philip Nelles
Hektar: 9 ha

Philip Nelles hat allen Widrigkeiten des Flutjahrs zum Trotz eine ausgezeichnete Kollektion vorgestellt. Dabei stehen die beiden GGs aus 2021 den beiden Spitzenburgundern aus den Schönwetterjahren 2020 und 2018 kaum nach. Wo das Rosenthal-GG aus 2020 mit seinem Schmelz brilliert und das Schieferlay-GG aus 2018 mit Würze, da überzeugt das 2021er Landskrone-GG mit Proportion und Eleganz, das 21er Burggarten-GG mit einer Saftigkeit auf höchstem Niveau. Die neue Vinothek sowie das Hotel und Restaurant »Dinoris« laden ein zum Besuch in Heimersheim.

94+ 2020 »R« Ahrweiler Rosenthal Spätburgunder GG
Der verschlossene Duft deutet Aromen von Wildpflaume, Wacholder und Holz an. Die Gaumenstruktur ist ölig grundiert, hat aber auch mineralische Aspekte und entfaltet eine sehr dichte Menge an körnigem Tannin. Die milde Säure verstärkt den fülligen, charmanten Charakter.
14 Vol.-%, NK, €€€€

94 2018 »SL« Bad Neuenahr Schieferlay Spätburgunder GG
Ein spannender Duft mit erster Entfaltung: Karamell und Kräuterbonbon, Milchschokolade, Thymian und Beifuß. Der Gaumen ist sehr dicht mit feinstem Gerbstoff besetzt, etwas Extraktsüße gibt Volumen, der Hintergrund kontrastiert Öligkeit mit feinem Säurenerv. Noch jung!
13,5 Vol.-%, NK, €€€€

93+ 2021 »B-48« Heimersheim Landskrone Spätburgunder GG
Etwas Neuholz, Kokosflocken und Milchschokolade, aber auch rote Beeren, Minze und nachgerade trüffelige Untertöne. Am Gaumen sind Säure und Gerbstoff rasch präsent, geben dem mittelgewichtigen, mineralisch getönten Bau Spannung und Länge. Feiner Stil – wird hin zur Eleganz reifen.
13,5 Vol.-%, NK, €€€

92+ 2021 »B-52« Heimersheim Burggarten Spätburgunder GG
Nugat und rote Beeren im Duft, auch Lorbeere und Kräuterwürze. Der Gaumen zeigt die Saftigkeit, den Nerv und und Spannung des Jahrgangs, alles mit sehr guter Dichte und kräftig-mineralischen Noten vereint. Ein straffer Wein mit sehr gutem Potenzial! 13,5 Vol.-%, NK, €€€

91+ 2022 Frühburgunder & Merlot tr. FB/ME

92 2021 »1 Ahr« Spätburgunder trocken
Im Duft Preiselbeere, Granatapfel, Rote Johannisbeere und Darjeelingtee. Im Mund besitzt der Wein viel Saftigkeit und einen eher straffen, aber gut zur leichten Anlage des Weines passenden Bau. Eine feine mineralische Spur verstärkt die trinkanimierende Art. 13 Vol.-%, NK, €€€

★★★

WEINGUT ERWIN RISKE

Wingertstraße 28, 53507 Dernau
T: +49 2643 8406, weingut-riske@t-online.de
weingut-riske.de

Ab-Hof-Verkauf: Ja
Kellermeister: Jan Riske
Ansprechpartner: Katharina Riske
Flaschen/Hektar: 40.000 (20 % weiß, 75 % rot, 5 % Rosé)/8 ha

In diesem Ahr-Kapitel wiederholt sich dieses Jahr die folgende Aussage: Es ist erstaunlich, welches Format die 2021er haben! Katharina und Jan Riske haben uns sogar ausschließlich Weine aus dem Flutjahr geschickt und wir ziehen den Hut vor der Leistung, die sie verdeutlichen: Diese Weine haben Dichte und Balance, die Extraktion der Gerbstoffe ist ausgezeichnet gelungen, alle fünf Lagenweine zeigen ihre Herkunft mit Klarheit und Anmut – und der »Schieferturm« löst auf überzeugende Weise sein mineralisches Versprechen ein. Wir sind sehr gespannt auf die kommenden Jahre!

93+ 2021 »R« Bad Neuenahr Sonnenberg Pinot Noir trocken
Dezentes Holz, und ein feingliedrige Frucht mit Noten von Roter Johannisbeere, Himbeere und Granatapfel. Im Mund hat der Wein viel Substanz, reifen Gerbstoff und eine recht elegante Säure. Bleibt lange homogen und hat eine tolle mineralische Frische. 13 Vol.-%, NK, €€€

93+ 2021 »R« Dernau Pfarrwingert Pinot Noir trocken
Der Duft ist dunkelbeerig, zeigt Aromen von Holunder, Brombeere, Schwarzer Johannisbeere. Im Mund ist der Wein dicht mit feinkörnigem, auch ein klein wenig grünlichem Gerbstoff besetzt, hat neben fester Säure viel Saftigkeit und eine gut konzentrierte Abgangsfrucht. Zuletzt blitzt taktile Schiefermineralität auf. 13 Vol.-%, NK, €€€

93 2021 Dernau Hardtberg Spätburgunder trocken
Schokoladenpulver und Zimtrinde, aber auch Bittermandel, etwas Pflaume und ein Aroma wie von Kräuterbitter. Im Mund zeigt sich der Wein voll und dicht, der Gaumen ist mit feinkörnigem Tannin ausgekleidet, hat eine volle, präsente Frucht und gute Länge. 13,5 Vol.-%, NK, €€€

92 2021 Dernau Pfarrwingert Spätburgunder trocken
Der Duft zeigt sich kräuterwürzig, mit Noten von Minze, Moschus und Roter Johannisbeere. Der Gaumen zeigt sich kraftvoll, fast etwas hart, mit druckvollem, feinkörnigem bis festem Tannin und lebendigem Säurerückgrat. Der Abklang weist eine leichte Adstringenz auf. 13 Vol.-%, NK, €€€

91+ 2021 »Schieferturm« Pinot Noir trocken

92+ 2021 Bad Neuenahr Sonnenberg Spätburgunder trocken
Ein Mandelton im Duft. Süßkirsche, etwas Milchschokolade. Im Mund verbindet der Wein Dichte mit Saftigkeit, die mehligen Gerbstoffe kleiden den Gaumen zusammen mit einem geschmeidigen Hintergrund aus, reife Säure und Frucht tragen zum runden Gesamtbild bei.
13 Vol.-%, NK, €€€

★★

WEINGUT MAX SCHELL

Rotweinstraße 41, 53506 Rech
T: +49 2643 3580, info@max-schell.de
max-schell.de

Ab-Hof-Verkauf: täglich 10–18 Uhr
Kellermeister: Wolfgang Schulze-Icking
Ansprechpartner: Wolfgang Schulze-Icking
Flaschen/Hektar: 46.667 (20 % weiß, 80 % rot)/4 ha

Der Wiederaufbau nach der Flutkatastrophe 2021 schreitet erfolgreich voran«, schreibt uns Inhaber Wolfgang Schulze-Icking, »unsere Fasskeller erstrahlen wieder in neuem Glanz, auch Maschinen und Geräte sind weitestgehend wieder einsatzfähig.« Das Weingut konnte sogar neue Weinberge übernehmen: im Ahrweiler Silberberg und im Neuenahrer Sonnenberg. So wurde der Verlust anderer Flächen sogar mit qualitativem Gewinn kompensiert: Aus dem Silberberg stammt der von uns am zweithöchsten bewertete Wein. Ein Weingut im Aufschwung! Juli bis Oktober hat die Straußwirtschaft geöffnet.

94 2020 »Grand Max S« Ahrweiler Rosenthal Spätburgunder trocken
Noch verschlossen im Duft, sonnenverwöhnte Beerenfrucht, erdige Noten, Rote Bete, Zwetschgen, florale Noten, Rosenblüten, dunkle Nugatschokolade. Am Gaumen dicht, mit Kraft, gut eingebundene, saftige Säure, kerniges Tannin, frische Frucht, Holzwürze, Espresso, dunkle Nugatschokolade, jugendlich. 13,5 Vol.-%, NK, €€€

93 2021 Ahrweiler Silberberg Spätburgunder trocken
Feinwürzig im Duft, pfeffrig, dunkle Schokolade, rote Kirschen, Himbeeren, Walderdbeeren, Waldspaziergang im Herbst, getrocknetes Laub, frische Blumenerde. Am Gaumen elegant und vollmundig, seidiges Tannin, saftige Beerenfrucht, feingliedrige Säure, mineralische Würze bei schöner Länge. 13,5 Vol.-%, NK, €€€

91 2021 »Grand Max« Ahrweiler Rosenthal Spätburgunder trocken
Pfeffrig im Duft, rote und dunkle Beeren, Süßkirschen, Marzipan, dezent Anis, Milchschokolade, Grafit. Am Gaumen saftig, frisch, lebendige Säureader, feines Tannnin, rote Beerenfrucht, Johannisbeeren, Erdbeeren, mineralische Würze, gut ausbalanciert, trinkanimierend. 13 Vol.-%, NK, €€

90 2021 »Pulsahr« Dernau Burggarten Spätburgunder trocken
Im Duft dezent Ester, frische rote Beeren, Himbeeren, Johannisbeeren, Amarenakirsche, Anis, Minze, Efeu. Am Gaumen saftige rote Frucht, Rote Johannisbeeren, lebendige Säure, mildes, reifes Tannin, ein schöner Begleiter für gesellige Runden an einem Grillabend oder zur Vesper. 13,5 Vol.-%, NK, €€

90 2021 »Pulsahr« Riesling feinherb

91 2021 »Alte Reben« Frühburgunder tr.
Dunkle, sonnenverwöhnte Frucht im Duft, Brombeeren, dunkle Pflaumen, Kardamom, Marzipan, dunkle Schokolade. Am Gaumen geschmeidig, rund, samtiges Tannin, reife, gut verwobene Säure, konzentrierte Frucht in der Gaumenmitte, mineralische Würze im Nachhall. 13 Vol.-%, NK, €€

★★

WEINGUT O. SCHELL

Rotweinstraße 33, 53506 Rech
T: +49 2643 8387, info@weingutschell.de
weingutschell.de

Ab-Hof-Verkauf: Mo bis Fr 10–17 Uhr, Sa & So 10–18 Uhr
Kellermeister: Oliver Schell
Ansprechpartner: Oliver Schell
Flaschen/Hektar: 13.333 (10 % weiß, 65 % rot, 20 % Rosé, 2 % süß, 3 % Schaumwein)/8 ha

Man spürt eine schöne Dynamik in Oliver Schells Weinen: Es ist deutlich wahrzunehmen, dass der Winzer nachdenkt und experimentiert. So bringt einem der trockene Weißburgunder aus Mayschoß eine rare Facette des Ahrtals ins Glas: einen Weißwein mit derselben Mineralität, die die Roten auszeichnet. Ähnliches ließe sich über den feinherben Riesling aus dem Recher Herrenberg sagen. Die Reihe der Lagen-Pinot-Noirs überzeugt, mit einem Pfarrwingert an der Spitze und einem – leider wörtlich zu nehmenden – »letzten Fass« aus der Dernauer Lage Goldkaul.

93 2021 »Symphonie« Dernau Pfarrwingert Spätburgunder trocken
Blasses Rubin. Dicht und jugendlich in der Nase. Noten von Weinbergkräutern, Walderdbeere, Sauerkirsche sowie leichte Holzwürze. Am Gaumen herrlich saftig, feine Kräuternote, junges, feines Tannin bei lebendiger Säure und Grip. Ein Wein am Anfang seines Trinkfensters mit Potenzial.
13,5 Vol.-%, NK, €€€

92 2019 »Letztes Fass« Dernau Goldkaul Spätburgunder trocken
Reif im Duft mit malzigen Noten, gedörrter Feige, kleinen roten Beeren, etwas Karamell (vom Holz), und Kräutertönen von Minze bis Salbeibonbon. Im Mund zeigt sich ein noch fester, feinkörniger Gerbstoff auf geschmeidigem Fond. Ein Pinot von guter Substanz. 13 Vol.-%, NK, €€€

92 2021 »Charisma« Dernau Burggarten Spätburgunder trocken
Attraktiv kühl und kräuterig im ersten Duft. Ebenfalls Noten von dunkler Kirsche, roter Pflaume, schwarzem Johannisbeerblatt und Piment. Am Gaumen balanciert die reife Säure den guten Gerbstoff und den feinen Extrakt in einem mittelgewichtigen Körper. Langer Nachhall. 14 Vol.-%, NK, €€

91+ 2017 »SR« Dernau Goldkaul Pinot Noir trocken
Eine helle Farbe und ein betörend würziger Pinot-Duft: etwas Vanille vom Holz, aber auch Herbstlaub, Unterholz, Dörrfeige, Kräuterbitter. Am Gaumen zeigt sich ein beginnend geschmolzener, innerlich noch fester Gerbstoff, viel Schmelz bei moderatem Alkohol und merklicher Mineralität.
13,5 Vol.-%, NK, €€€

90 2022 »S« Rech Herrenberg Riesling Kabinett feinherb
89 2022 Weißburgunder feinherb
89+ 2022 »OS« Spätburgunder Rosé feinherb
88 2021 Spätburgunder Rosé trocken
91 2021 Bad Neuenahr Sonnenberg Spätburgunder trocken
91 2020 Rech Herrenberg Pinot Noir trocken
89+ 2021 »Anno 1921« Spätburgunder trocken

90+ 2022 Mayschoß Weißburgunder trocken
Im Duft Apfel, Birne, etwas Heu und Hefe. Der Gaumen ist geradeaus gebaut, saftig und frisch mit gutem stoffigem Rückhalt und einer kulinarischen Anmutung. Mineralische Komponenten bezeugen die Herkunft aus bestem Mayschoßer Terroir. 12,5 Vol.-%, DV, €€

★★★★

WEINGUT PAUL SCHUMACHER

Marienthaler Straße 6, 53474 Marienthal
T: +49 2641 4345, ps-info@weingut-ps.de
weingut-ps.de

Ab-Hof-Verkauf: Mo, Di, Do und Fr 9–12 Uhr, Sa und So 10–12 Uhr
Kellermeister: Paul Schumacher
Ansprechpartner: Paul Schumacher
Flaschen/Hektar: 25.000 (15 % weiß, 85 % rot)/3,9 ha

Paul Schumacher war nach der Flut kurz davor aufzugeben. Zum Glück hat er es nicht getan. Die Weine des Jahrgangs 2021, die uns der Marienthaler Winzer vorgestellt hat, führen den seit Langem bekannten Betriebsstil in großer Kontinuität fort: Sie sind ebenso konzentriert wie understated und zielen auf Langlebigkeit. Dabei stellt der Hausberg Trotzenberg dieses Jahr sogar den Kräuterberg in den Schatten: Welch eine mineralische Pikanz! Der Trotzenberg ist auch noch in einem anderen Kontext erwähnenswert: Oberhalb der Reben hat im Sommer Schumachers »Wiesenwirtschaft« geöffnet.

95 2021 Marienthal Trotzenberg Spätburgunder trocken

Preiselbeere und Hagebutte im Duft, auch Wacholder und geröstete Pinienkerne. Brenzlige Schiefernoten. Im Mund zeigt sich ein dichter, straffer Bau, vertikal und stoffig, aber nicht grün. Der Abgang ist saftig, feinnervig, elegant, mit intensiver taktiler Mineralität. 13 Vol.-%, NK, €€€

94 2021 Walporzheim Kräuterberg Spätburgunder trocken

Hefig-rauchig im Duft, Waldhimbeere, Kräuter. Auch leicht schieferwürzige Aromen. Im Mund zeigt sich die Seidigkeit der Großen Lage – selbst im Flutjahr sind die Phenole makellos reif geworden. Der Gaumen ist saftig, griffig, die Säure ist gut eingebunden. Edel! 13 Vol.-%, NK, €€€

93 2021 Ahrweiler Rosenthal Spätburgunder trocken

Im Duft Mandeln und Nugat, Kräuter, Thymian und Beifuß. Im Mund hat der Wein einen ausgeglichenen, harmonischen Bau, sandiger Gerbstoff und eine gut eingebundene Säure schaffen Kontrast zum durchaus geschmeidigen Hintergrund. Gute Länge und gutes Potenzial. 13 Vol.-%, NK, €€€

91+ 2021 »PurPinot« Spätburgunder trocken

Im Duft Trockenfleisch, Schieferwürze, Waldbeeren. Ein Anflug von Kastanienhonig. Im Mund beginnt der Wein mit Geschmeidigkeit und feinkörnigem Tannin. Der Wein hat eine gute mittlere bis mittelhohe Dichte, einen gut integrierten Säurenerv und einen saftigen Abklang. 13,5 Vol.-%, NK, €€€

92 2021 »Ahr« Frühburgunder trocken

Ein sehr klarer Duft, rotbeerig, leicht schokoladig, ohne Grüntöne, aber auch ohne Überreife. Im Mund ist der Wein straff und saftig, mit guter Dichte, mineralischer Färbung, einer jugendlich-kompakten Art und einem absolut erstaunlichen Maß an Präzision. 13 Vol.-%, NK, €€

★★★

WEINGUT SERMANN

Seilbahnstraße 22, 53505 Altenahr
T: +49 2643 7105, info@sermann.de
sermann.de

Ab-Hof-Verkauf: Do bis Di 10–18 Uhr und nach Voranmeldung
Kellermeister: Lukas Sermann
Ansprechpartner: Lukas Sermann
Flaschen/Hektar: 93.333 (40 % weiß, 50 % rot, 8 % Rosé, 2 % süß)/9 ha

Lukas Sermann haben die Flutschäden besonders schwer getroffen. Doch er ist ihnen auch mit einer besonders beeindruckenden Energieleistung entgegengetreten: Nicht nur, dass er das gastronomische Angebot »Thüres« – halb Weinbar, halb Restaurant – in Rekordzeit wieder auf die Beine gestellt hat. Er hat im Flutjahr 2021 auch einen Wein wie den tiefgründigen Spätburgunder »Im Eck« gekeltert, der schmeckt, als sei Mutter Natur in diesem Jahr besonders gnädig gewesen. Auch Beerenauslese, wurzelechter Riesling, Portugieser (105-jährige Reben) und Rosé glänzen. Großer Applaus!

93+ 2021 »Im Eck wurzelecht« Altenahr Eck Riesling trocken

Würzig im Duft mit Anzeichen erster Entwicklung. Kandierte Zitronenschale, Kardamom, Hefe, ein Hauch Petrol. Im Mund beeindruckt der Wein durch seine feinen Phenole, die der Gaumenstruktur seidigen Fluss geben, getragen von kultivierter Säure und taktiler Mineralität. 12 Vol.-%, NK, €€€

95 2021 »Im Eck Alte Reben« Altenahr Eck Spätburgunder trocken

Intensiv schieferwürzig im Duft, Noten von Hagebutte und Cranberry. Am Gaumen entfaltet der Wein intensive Spannung, feinkörniges Tannin in hoher Menge und taktile Mineralität gehen mit einem lebendigen, aber vom Extrakt nahtlos eingebundenen Säurenerv einher. Beeindruckend!
12,5 Vol.-%, NK, €€€

92+ 2022 »Alte Reben« Ahrweiler Rosenthal Portugieser trocken

Rubinfarben. Ein Duft nach Pflaume und Zimt wird von schieferwürzigen Noten und Kräutertönen begleitet. Im Mund zeigt der Wein Seidigkeit und Dichte, er strahlt trotz des warmen Jahres und der warmen Lage Frische aus, Säure und Mineralität geben Energie. 12,5 Vol.-%, NK, €€€

94 2021 Altenahr Eck Spätburgunder Beerenauslese

Melonengelb in der Farbe. Der Duft zeigt sich pur und klar: Blütenhonig, gebackene Quitte, Dattel, Reneklode. Im Mund hat der Wein eine durchdringende Säure. Viskosität, Süße und Stoffigkeit bleiben defensiv, obwohl der Wein auch von diesen Komponenten reichlich hat. Wird langlebig!
8,5 Vol.-%, DV, €€€€

91 2021 Marienthal Trotzenberg Spätburgunder trocken

92+ 2022 »Gypsy One« Spätburgunder Rosé de Noir trocken

Hellrotorange. Der Duft zeigt dezente Holztöne und eine nuancierte Frucht von Johannisbeerblatt und gebackener Quitte. Der Gaumen beginnt geschmeidig, entfaltet dann ein sehr feines Tannin, mengenmäßig perfekt im goldenen Schnitt von Fülle und Struktur extrahiert.
11,5 Vol.-%, NK, €€

★★★★★

JEAN STODDEN DAS ROTWEINGUT

Rotweinstraße 7–9, 53506 Rech
T: +49 2643 3001, info@stodden.de
stodden.de

Ab-Hof-Verkauf: Ja
Kellermeister: Alexander Stodden
Ansprechpartner: Alexander Stodden
Flaschen/Hektar: 4.500 (2 % weiß, 98 % rot)/9,8 ha

Chapeau! Alexander Stodden hat im Katastrophenjahr 2021 trotz der schweren Schäden, die die Flut im Weingut angerichtet hat, Kurs gehalten. Natürlich hat der Jahrgang 2021 eine etwas sehnigere Anlage als die drei Vorgänger seit 2018. Aber wie Stodden es schafft, bereits den Recher Ortswein so harmonisch und fein zu halten, das ist schon beeindruckend. Wie wir es auch bei anderen Ahr-Betrieben in 2021 feststellen, ragen die Weine aus dem jeweiligen Hausberg hervor. Kurze Wege waren hilfreich! Der Recher Herrenberg 2021 ist Pinot-Noir-Kunst auf höchstem Niveau.

95+ 2021 Rech Herrenberg Spätburgunder GG
Duftig, schieferwürzig im Duft, die Frucht ist intensiv und vielschichtig: kleine rote Beeren, Herzkirsche, Walderdbeere, Cassis und Feigenkompott. Im Mund findet man pure Delikatesse: seidiges, frisches Tannin, einen eleganten Säurefaden, gutes Volumen in der Frucht und hohe Eleganz.
13 Vol.-%, NK, €€€€

93+ 2021 Walporzheim Kräuterberg Spätburgunder GG
Rote Beeren, Darjeeling-Tee, Rhabarber, Milchschokolade, ein Hauch Ester. Im Mund zeigt sich der Wein stoffig, mit guter Dichte und einiger Körperkraft im Hintergrund, die Säure ist integriert, die mineralische Komponente präsent. Braucht etwas Zeit. 13 Vol.-%, NK, €€€€

93 2021 Ahrweiler Rosenthal Spätburgunder GG
Zunächst mineralisch im Duft. Dazu kleine rote Beeren, Herzkirsche, Brombeere. Ein klein wenig Ester. Im Mund fließt der Wein feinkörnig und rund, Säure und Gerbstoff sind reif, die Saftigkeit der Frucht und die mineralische Komponente ergänzen sich. Elegant und lang. 13 Vol.-%, NK, €€€€

93 2021 Neuenahr Sonnenberg Spätburgunder GG
Würzig im Duft, etwas Pfeffer, Milchschokolade, auch mineralische Anklänge. Im Mund zeigt sich ein geschmeidiger Wein, rund und mit für den Jahrgang guter Fülle, der Gerbstoff ist feinkörnig mit guter Griffigkeit, eine kluge Kelterung hat das Optimum an reifer Materie extrahiert.
12,5 Vol.-%, NK, €€€€

93 2021 Rech Herrenberg Frühburgunder GG

92+ 2021 Rech Spätburgunder trocken
Ein feingliedriger Burgunderduft, würzig, Kirsche, Kirschkern. Im Mund ist dies ein geschmeidiger Roter mit mittlerem Tanningehalt, der Gerbstoff zeigt eine recht gute Reife und löst saftig auf. Ein erstaunlich kompletter und eleganter Wein. 13 Vol.-%, NK, €€€

Kloster Kalvarienberg
in Bad Neuenahr-Ahrweiler

AHR

GASTGEBER AUS LEIDENSCHAFT

Gemeinsam mit den Winzern der Region – als uneingeschränkten Experten, was das leibliche Wohl anbelangt – hat Falstaff die besten Genussadressen in Sachen Kulinarik sorgfältig ausgewählt und zusammengestellt.

53505 Altenahr

Assenmacher

Küchenchef Christian Storch nimmt nach der durch die Flutkatastrophe bedingten Wiedereröffnung seit Ende Mai 2022 Fahrt auf, um seine Gäste an der Ahr auf gewohnt hohem Niveau zu verwöhnen.

Brückenstraße 12
+49 (2643) 1848, gasthaus-assenmacher.de

P €€

Empfohlen von: Weingut Sermann, Weingut Deutzerhof

53474 Bad Neuenahr-Ahrweiler

Burg Adenbach & Alter Weinbau

Die denkmalgeschützten Gemäuer einer historischen Burg beherbergen nicht nur ein Boutiquehotel. Auf den Weingenuss wird in der Lounge nicht vergessen: Edles aus der Region bei einzigartigem Ambiente im alten Weinbau-Haupthaus.

Adenbachhutstraße 6
+49 (2641) 9157350
burghotel-alterweinbau.de

€€

Empfohlen von: Weingut Peter Kriechel

Foto: beigestellt

53474 Bad Neuenahr-Ahrweiler

Eifelstube

Mitten in der schönen Altstadt lässt sich der Tag im urigen Ambiente der Eifelstube genießen. Dazu gehört gutes Essen und Wein in der gemütlichen Gaststube. Neben zwölf Schoppenweinen gibt es monatliche Aktionsweine im Angebot.

Ahrhutstraße 26
+49 (2641) 34850
eifelstube-ahrweiler.de

€€

Empfohlen von: Weingut Max Schell

53474 Bad Neuenahr-Ahrweiler

Hohenzollern

Küchenchef Benedikt Klein liebt experimentelle Küche und arbeitet mit verschiedenen Texturen und Stilrichtungen. Am Rotweinwanderweg gelegen, bietet sich eine Einkehr an: Die Weinkarte präsentiert über 500 edle Tropfen.

Am Silberberg 50
+49 (2641) 9730, hotelhohenzollern.com

€€€

Empfohlen von: Weingüter Peter Kriechel, J.J. Adeneuer, Jean Stodden – Das Rotweingut

53474 Bad Neuenahr-Ahrweiler

Prümer Gang

Mit frisch restaurierten Räumen und neuem Schwung geht das Restaurant nach der verheerenden Flutkatastrophe wieder an den Start und steht wie zuvor für eine feine Küche zwischen Tradition und Moderne.

Niederhutstraße 58
+49 (2641) 4757, pruemergang.de

€€

Empfohlen von: Jean Stodden – Das Rotweingut, Weingüter Sermann, J.J. Adeneuer und Deutzerhof

53474 Bad Neuenahr-Ahrweiler

Restaurant Sanct Peter

Großes Geschmackskino wird hier mit Stil und Klasse zelebriert, die Küche glänzt mit durchdachten Menüs, die sich auch bei regionalen Produkten bedienen. Die Weinauswahl lässt kaum Wünsche offen.

Walporzheimer Straße 134
+49 (2641) 97750
sanct-peter.de

€€€

Empfohlen von: Weingut Brogsitter

53474 Bad Neuenahr-Ahrweiler

Rodderhof – Augustiner

Unter Küchenchef Fabian Dannenberger wird ein allumfassendes kulinarisches Konzept umgesetzt. Saisonale, moderne und kreative Küche von höchster Bioqualität. Und Nachhaltigkeit ist ein Markenzeichen.

Oberhutstraße 48
+49 (2641) 3990
hotel-rodderhof-ahr.de

€€

Empfohlen von: Falstaff-Redaktion

Fotos: beigestellt

Dernauer Pfarrwingert

53474 Bad Neuenahr-Ahrweiler

Steinheuers Zur Alten Post

Aromatische Abwechslung ist in Hans Stefan Steinheuers Menüs wie »Blüten« oder »Wurzeln« immer garantiert. Für seine Gourmetküche schöpft der Altmeister aus der reichen Erfahrung und aus besten Produkten.

Landskroner Straße 110, +49 (2641) 94860
steinheuers.de

€€€

Empfohlen von: Weingut J.J. Adeneuer, Jean Stodden – Das Rotweingut, Weingut Deutzerhof

53507 Dernau

Dagernova Culinarium

Die Flut hat den Saal in Gold und Burgunderrot verschont, die Aussicht aufs Ahrtal ist ein Highlight. Im Dagernova Culinarium gibt es Klassiker wie den Rheinischen Sauerbraten und die passenden Weine.

Ahrweg 7
+49 (2643) 8321
dagernova.de

€€

Empfohlen von: Falstaff-Redaktion

53507 Dernau

Hofgarten

Dass in der Gutsschenke nur die eigenen Weine ins Glas kommen, ist kein Nachteil. Denn die Gewächse von Meyer-Näkel gehören zu den besten der Ahr. Die Küche serviert dazu herzhafte Vesper-Klassiker.

Bachstraße 26
+49 (2643) 1540
hofgarten-dernau.de

€€

Empfohlen von: Falstaff-Redaktion

53424 Remagen

Alte Rebe

Das kleine, feine Restaurant in einem denkmalgeschützten Haus am Marktplatz glänzt mit traditionellen deutschen und internationalen Gerichten. Selbst ortsfremde Genießer sind Wiederholungstäter.

Kirchstraße 4
+49 (2642) 9029269
alte-rebe-remagen.de

€€

Empfohlen von: Falstaff-Redaktion

Hafen und Staatsweingut Meersburg

BADEN

GUTEDEL-HIPSTER UND LIEBENSWERTE DICKSCHÄDEL

Foto: WSNA

EINE LEBENDIGE PARALLELWELT

Frustriert vom geschmacklichen Mainstream und der vorherrschenden Weinbaupolitik, haben namhafte badische Winzer eine Bewegung etabliert, die sich dem »Landwein« verschrieben hat. Befreit vom Korsett der Qualitätsweinprüfung machen dort Charakterköpfe Charakterweine: Und diese haben ihre Nische gefunden.

TEXT RAINER SCHÄFER

Den Start nach der Übernahme des elterlichen Hofguts hatte sich Matthias Wörner ganz anders vorgestellt: Als er 2017 seine ersten Weine erzeugte, wurden die gleich von der amtlichen Prüfkommission als »fehlerhaft« abgelehnt. Dabei wusste der damals 26-Jährige sehr gut, was er tat: Er war in den Weingütern Salwey und Müller-Catoir ausgebildet worden und hatte danach in Geisenheim Weinbau studiert. Nach dem Eklat bei der Qualitätsweinprüfung beschloss Wörner, seine Ernte ohne amtliche Prüfnummer als badischen Landwein zu deklarieren – das ist die zweitunterste Kategorie im deutschen Weinrecht, und für sie ist keine amtliche Prüfung erforderlich.

Dabei ist Wörner nur einer von etlichen badischen Winzern, die diesen Weg gehen und inzwischen eine lebendige Gegenbewegung formieren. »Ich hatte ein großes Verlangen, aus eigenen Weinbergen eigene Weine zu erzeugen«, erzählt der Winzer, dessen Reben in der Vorbergzone des mittleren Schwarzwaldes auf Granit und Gneis stehen und bis auf 400 Meter hochklettern. Auf dem elterlichen Hofgut wurden schon seit Generationen Trauben angebaut, doch bevor Wörner den Betrieb übernahm, waren sie stets verkauft worden. Dass seine Weine nun als fehlerhaft abgelehnt wurden, nur weil sie »wegen der Hefe ein reduktives Milieu« haben, schürte auch bei Wörner Widerstand gegen ein behördlich gelenktes Weinideal. »Die Prüfer in Baden sind besonders rigoros und engstirnig. Es ist schade, wenn große Weine von einem kleinen Gremium abgelehnt werden.« Aber es habe ihn von Anfang an bestärkt, dass Winzer wie Hanspeter Ziereisen mit ihren Landweinen »auch wirtschaftlichen Erfolg haben«.

Ziereisen ist der Erfinder des badischen Landweinmarktes, der im April 2017 zum ersten Mal ausgerichtet wurde. Für den eigenwilligen Winzer aus Efringen-Kirchen war es auch eine Form der Notwehr, weil er sich von amtlichen Stellen gegängelt fühlte: Immer wieder kamen Kontrolleure vom Staatlichen Weinbauinstitut aus Freiburg auf seinen Hof, Strafen wurden angedroht und auch Anzeige erstattet. Ziereisen kann renitent bis in die Haarspitzen sein, er hat sich zum Anführer der badischen Landweinrebellen aufgeschwungen, hinter seinem breiten Rücken haben sich etliche Winzer formiert. »Baden ist besonders rückständig und hat Angst vor Veränderungen«, erklärte Ziereisen damals. Die Weinregion wird noch immer von Genossenschaften dominiert, welche riesige Mengen Wein produzieren, die »alle gleich schmecken und die ich nicht den Hals runterkriege«.

Zur Landweinbewegung zählen nicht nur Querköpfe, junge Wilde und Gutedel-Hipster mit Rauschebärten, es sind auch gestandene

Edeltraud und Hanspeter Ziereisen
Weingut Ziereisen, Efringen

Winzer dabei wie Matthias Höfflin aus Bötzingen. Höfflin übernahm 1987 mit 20 »parallel zum Zivildienst« den Bioland-Betrieb der Eltern. Er setzte von Anfang an auf »konsequent trockene Weine« – eine Ausnahme in Baden. Die »Elsass-Fahrer aus Freiburg haben bei mir gekauft und mich über Wasser gehalten«. 2009 erzeugte er seinen ersten badischen Landwein, einen Chardonnay aus dem Holzfass, »der mich nicht umgehauen, aber auch nicht mehr losgelassen hat. Wenn die Neugierde mich packt, dann muss ich es

Matthias Höfflin
Weingut Höfflin, Bötzingen

Fotos: beigestellt, © Weingut Ziereisen, Weingut Höfflin

WEINBAUGEBIET BADEN

Anbaufläche ca. 15.800 Hektar
Aufteilung 306 Einzellagen
Wichtigste Rebsorten Spätburgunder, Weißburgunder, Grauburgunder, Riesling, Gutedel, Müller-Thurgau
Verbände
Badischer Wein GmbH, Basler Landstraße 28b, 79111 Freiburg, www.badischerwein.de
Badischer Weinbauverband, Merzhauser Straße 115, 79100 Freiburg
www.badischer-weinbauverband.de

■ : Weinbau
Stg.: Steigung
Hm: Höhenmeter

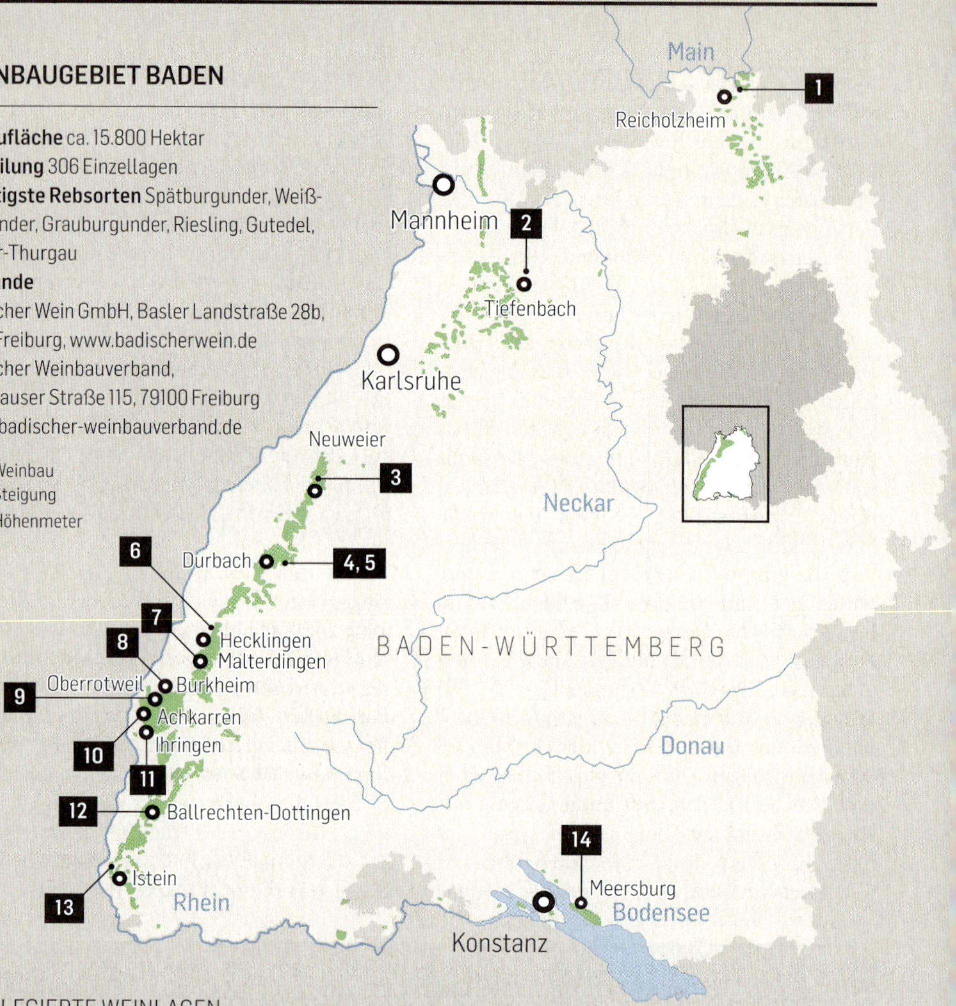

PRIVILEGIERTE WEINLAGEN

1 **Reicholzheim First**
16 ha, 280–320 Hm, Muschelkalk

2 **Tiefenbach Schellenbrunnen**
5,4 ha, 200–240 Hm, roter und blauer Mergel

3 **Neuweier Mauerberg**
40,3 ha, 200–300 Hm, 50–80 % Stg., Porphyr

4 **Durbach Schloss Staufenberg**
33,5 ha, 220–370 Hm, 15–80 % Stg., Granit

5 **Durbach Plauelrain**
190,4 ha, 200–320 Hm, 40–85 % Stg., Granitverwitterung

6 **Hecklingen Schlossberg**
67,5 ha, 200–280 Hm, weiße Muschelkalkverwitterung

7 **Malterdingen Wildenstein**
1,65 ha, 240–260 Hm, rote Muschelkalkverwitterung

8 **Burkheim Feuerberg**
82,9 ha, 200–260 Hm, 0–45 % Stg., dunkle Vulkanverwitterung

9 **Oberrotweil Kirchberg**
3,3 ha, 220–260 Hm, 10–30 % Stg., Vulkanit, Phonolith

10 **Achkarren Schlossberg**
79,2 ha, 190–320 Hm, 20–80 % Stg., Vulkanit

11 **Ihringen Winklerberg**
117 ha, 190–295 Hm, 0–80 % Stg., verwittertes Vulkangestein

12 **Ballrechten-Dottingen Castellberg**
165 ha, 330–430 Hm, 0–70 % Stg., Kalkmergel, Kalkverwitterung

13 **Istein Kirchberg**
36,7 ha, 260–300 Hm, 0–40 % Stg., Kalk

14 **Meersburg Rieschen**
3,7 ha, 401–430 Hm, 30–70 % Stg., Süßwassermolasse

Dirk Brenneisen
Weingut Brenneisen, Egringen

machen.« Er versuchte die Schwefelmenge zu reduzieren und anders mit Phenolen und Gerbstoffen umzugehen. Der Winzer weiß, dass eigenständige Weine oft in einem Zwischenraum entstehen, wo Ordnung und Chaos aufeinandertreffen, in einem Flirt mit dem Unperfekten und Nicht-Normierbaren. Aber er habe sich einiges anhören müssen, »wer die deutsche Kellermeisterschule durchlaufen hat, dem ist das fremd«.

Doch der badische Traditionskosmos ist unwiderruflich in seinen Grundfesten erschüttert. Während in Regionen wie Franken und auch Württemberg die Erneuerung auch von staatlichen Institutionen vorangetrieben wird, hat das in Baden die Landweinbewegung übernommen. Für Höfflin ist der gesetzliche Rahmen in seiner Heimatregion rigider als etwa in der Pfalz: »Wir kämpfen seit Jahren dafür, dass trübe und gering geschwefelte Weine anerkannt werden.« Zuständig für eine solche Öffnung wäre die Schutzgemeinschaft Baden, eine vom Land ernannte Vereinigung, die das Weingesetz reguliere und auch eine »Interessenslobby ist«. Höfflin wirbt um Akzeptanz für hochwertigen Naturwein, »aber da haben ein paar Leute Angst, dass sich zu viel verändert. Da gehören jetzt die jungen Menschen ran. Für Baden ist es wichtig, dass junge Talente kommen.« Für den Winzer haben Vin Naturel und konventionell erzeugte Weine »wunderbar nebeneinander Platz. Aber viele Betriebe werden momentan ausgebremst. Das tut mir gerade für die Jungen weh.« Wenigstens fehlt es nicht an einer Zufluchtsstätte: der Parallelwelt Landwein.

Nähere Informationen über den Autor finden Sie im Kapitel »Verkostungsteam« auf S. 16.

Hofgut Wörner, Durbach

★★★

WEINGUT ABRIL

Am Enselberg 1, 79235 Vogtsburg-Bischoffingen
T: +49 7662 949323, weingut@weingut-abril.de
weingut-abril.de

Ab-Hof-Verkauf: Mo bis Fr 8.30–18 Uhr, Sa 8.30–12.30 Uhr, So 11–16 Uhr
Kellermeister: Daniel Hank
Ansprechpartner: Eva-Maria Köpfer
Flaschen/Hektar: 149.300 (65 % weiß, 35 % rot)/30 ha
Anbauweise: Bio

Es gibt Weingüter, die seit Generationen auf ihrem Grund und Boden sitzen und arbeiten, ohne deren Wert tiefgreifend zu erkennen. Das ökologisch arbeitende Weingut Abril ist das illustre Gegenbeispiel dazu: Innerhalb weniger Jahre hat es sich nach der Übernahme durch die Familie Haub zu einem Charakterdarsteller am Kaiserstuhl entwickelt, der die einmalige Mineralik der Vulkanböden zum Klingen bringt. Die Weine der »Stein«-Serie erklären die Geologie schon profund, die Premium-Linie »Zeit« fügt zur mineralischen Energie noch Substanz und Tiefe dazu. Wir gratulieren zum dritten Stern.

92+ 2021 »Zeit« Bischoffingen Rosenkranz Grauer Burgunder trocken

Rauchig, nicht nur vom Holzausbau, sondern auch nach vulkanischem Gestein. Quitte, Birnenschale. Breit angelegt, zeigt am Gaumen auf einem weichen Hintergrund Kraft, Substanz und mineralische Energie, guter Extrakt, würzig, saftig, auch cremig, Tiefe und Länge. 13,5 Vol.-%, NK, €€€

92+ 2021 »Zeit« Bischoffingen Enselberg Chardonnay trocken

Etwas Rauch, Vanille, Holzwürze, feine Hefe, gerbiger Apfel, Quittenschale, auch Veilchen, spannender Duft. Am Gaumen mit guter Spannung und auch Dichte, tragende Säure, griffige, appetitliche Phenole, etwas Salzzitrone, reife Birne, mineralisch, lang. 13 Vol.-%, NK, €€€

90 2022 »Frucht« Vogtsburg-Bischoffingen Grauer Burgunder trocken

Rebsortentypische Fruchtnoten, Birne, Pfirsich, etwas Bananenschale und Quitte, weißer Sesam, Walnusscreme. Setzt am Gaumen weich und saftig an, klar im Ausdruck, saftig, fein gezeichnete Konturen, reife Säure, schöne Würze, mineralische Anklänge. Gepflegter Stil. 13 Vol.-%, DV, €

91 2021 »Stein Magmatit« Vogtsburg-Bischoffingen Spätburgunder trocken

Im Duft treffen rauchige und fruchtige Noten aufeinander. Johannisbeere und rote Kirsche zeigen sich auch am Gaumen, wo sie auf Würze treffen, mineralisch, pfefferig und leicht zitrisch, lebendige Säure, weicher Hintergrund, mittlere Komplexität, schön. 13,5 Vol.-%, DV, €€

89+ 2022 »Frucht« Vogtsburg-Bischoffingen Weißer Burgunder trocken

91 2022 »Stein« Burkheim Schloßgarten Weißer Burgunder & Chardonnay tr. WB/CH

Dezente Holznoten, gelbfruchtig, Aprikose, Birne, Trockenblumen, Heu, Orangenschale. Klar gefasste Kontur am Gaumen, geht nicht in die Breite, trocken ausgebaut, ohne Bombast und Schminke, würzig, mineralisch, zeigt schon eine gewisse Dichte und Komplexität. 12,5 Vol.-%, DV, €€

★★

ALDE GOTT WINZER SCHWARZWALD

Talstraße 2, 77887 Sasbachwalden
T: +49 7841 20290, info@aldegott.de
aldegott.de

Ab-Hof-Verkauf: Mo bis Fr 9–18 Uhr, Sa 9–17 Uhr, So 11–17 Uhr
Kellermeister: Michael Huber
Ansprechpartner: Günter Lehmann
Hektar: 265 ha

Die Weinberge Sasbachwaldens liegen wie in einem Postkartenpanorama am kühlen Schwarzwaldrand. Weinbau ist hier nur auf Steilhängen möglich. Die Winzergenossenschaft Alde Gott bewirtschaftet 265 Hektar und die anstrengende Arbeit, die die Mitglieder auf sich nehmen, zahlt sich aus: Aus den Granitböden der Region gewinnen die Reben eine pralle Frucht, die Weine haben Power (bis zu 15 Volumenprozent!) und sind exzellente Speisenbegleiter. Der Gewürztraminer, eine Spezialität des Hauses, lässt mit seinem üppigem Duft und guter Balance die Nähe zum Elsass erkennen.

90 2020 »Weitblick« Weißburgunder trocken
Holzgeprägte Nase. Aromen von Vanille, Butter, gelben Früchten, Aprikose, gelbem Apfel und einer leichten Salzigkeit. Am Gaumen eine lebendige Säure. Aromen von der Nase spiegeln sich wieder. Vanille, exotische Früchte. Der Alkohol ist gut eingebunden, aber spürbar. 15 Vol.-%, DV, €€

89 2020 »Weitblick« Grauburgunder trocken
In der Nase zeigt sich der Wein ein wenig verhalten, Vanille, getrocknete Kräuter, Quitte, leicht buttrig. Am Gaumen trocken mit einer lebendigen Säure, spürbarer, aber gut eingebundener Alkohol. Vanille, Butter, Quitte, grüne Kräuter, mineralisch, kraftvoller Körper mit einem mittelprächtigen, würzigen Abgang. 15 Vol.-%, DV, €€

90+ 2020 »Weitblick« Spätburgunder trocken
Aromen von Kirsche, Pfeffer, geröstetes Holz, Pflaume, dunkle Schokolade springen direkt in der Nase entgegen. Am Gaumen eine tolle Balance zwischen Säure, Tannine, Holz und Alkohol. Waldboden, Wacholder und etwas Ledriges kommen am Gaumen mit dazu. 15 Vol.-%, DV, €€

90 2020 »Ausblick Alte Reben« Spätburgunder trocken
In der Nase Aromen von frischem Tabak, dunklen Kirschen, Waldboden, Pflaumen und Vanille. Trocken, gehaltvoll, reife Tannine, der Alkohol wird von der Säure und dem Holz getragen. Aromen von Amarenakirschen, frischer Tabak, getrockneten Kräutern und Vanille. 15 Vol.-%, DV, €€

89 2022 »Ausblick« Sauvignon Blanc trocken

90 2020 »Ausblick« Gewürztraminer tr.
Bukettreich mit Aromen von Litschi, Backwürze, Rosenblüte und Karamell. Trocken am Gaumen mit ausgeprägter Würze und einem kraftvollen Körper, der den wuchtigen Alkohol integriert. Die Aromen der Nase spiegeln sich im Abgang wider, dazu kommt eine Note von getrockneter Grapefruit. 15,5 Vol.-%, DV, €€

★★

AU TERROIR

Liestengasse 10, 79424 Auggen
T: +49 152 59435026, info@auterroir.com
auterroir.com

Kellermeister: Maximilian Greiner
Ansprechpartner: Ulrich Gehrmann und Larissa Gehrmann

Das kann man einen spektakulären Start nennen: Das erst 2020 in Auggen gegründete Weingut kann bereits mit seiner ersten Kollektion überzeugen. Mit Unterstützung des geschätzten Markgräfler Winzers Maximilian Greiner hat es sich die Familie um den Unternehmer Ulrich Gehrmann zur Aufgabe gemacht, das Potenzial des steilen Auggener Liesten – daher die 58° im Namen der Weine – zu heben, unter anderem durch eine biodynamische Bewirtschaftung. Genau das scheint ihnen zu gelingen, die Weine sind dicht und balanciert. Wir freuen uns auf die nächsten Jahrgänge!

95+ 2021 »58°« Chardonnay trocken
Zurückhaltend im Duft, nussig. Spontangärungsnoten, Banane. Im Mund ist der Wein butterzart mit mehligen Phenolen ausgekleidet, die Säure rollt langsam an, das Extraktplateau hält lange, der Abklang ist cremig. Völlig in sich ruhend mit guter Dichte, aber auch nicht überkonzentriert.
12,5 Vol.-%, NK, €€€€

92+ 2021 »58°« Pinot Blanc trocken
Im Duft reife Früchte wie Weinbergpfirsich, Birne, ein wenig Orangenblüte, reife Weiße Johannisbeere, aber auch florale Noten und Mandel. Am Gaumen trocken und kraftvoll mit einer guten Balance zwischen Holz, Frucht und der vorhandenen Kraft, hat viel Potenzial. 13,5 Vol.-%, NK, €€€€

91+ 2022 »37°« Pinot Blanc trocken
In der Nase finden sich Aromen von weißen Früchten, Aprikose, Birne, frische Zitronenschale sowie eine elegante Mineralität. Am Gaumen präsentiert sich der Wein trocken, extraktreich und mit einer lebendigen Säure, elegant, aber durchaus ausdrucksstark, balanciert. 11,5 Vol.-%, DV, €€

91 2022 »37°« Chasselas trocken
In der Nase finden sich Aromen von frischem Heu, weißer Grapefruit, Apfel und Sternfrucht, dazu eine deutliche Mineralität. Am Gaumen gehaltvoll, trocken und mit schönem Extrakt, eher verhaltene Säure, etwas Unterholz, mineralisch grundiert, macht Spaß. 11,5 Vol.-%, DV, €€

91 2022 »37° Rosé Saignée« trocken

90+ 2022 Pét Nat Nobling brut
Fließt hefetrüb ins Glas, duftet appetitlich nach Hefe und Backstube, grüner Apfel, Apfelschale und Mandarine. Mit guter Dynamik am Gaumen, schlank gebaut, cremig, mit feiner, aparter Herbe, apfelig, knackige Säure, sehr saftig, trinkig und gepflegt. 10 Vol.-%, VK, €€

★★★

WEINGUT AUFRICHT

Höhenweg 8, 88719 Stetten
T: +49 7532 2427, info@aufricht.de
aufricht.de

Ab-Hof-Verkauf: Mo bis Sa 10–12 Uhr und 14–18 Uhr
Kellermeister: Johannes Aufricht & Robert Markheiser
Ansprechpartner: Lukas Engelmann
Flaschen/Hektar: 533.000 (50 % weiß, 30 % rot, 10 % Rosé, 5 % Schaumwein)/51 ha

Idyllisch liegt das Weingut im äußersten Süden Deutschlands, im Meersburger Landschaftsschutzgebiet, mit freiem Blick auf Bodensee und Schweizer Berge. In den Sommermonaten lädt der Gutsausschank »Fräulein Seegucker« ein, eine moderne Besenwirtschaft. Die Weine haben zuletzt nochmals deutlich zugelegt. Der junge Johannes Aufricht gibt dem Hausstil in dritter Generation eine behutsame Überarbeitung mit mehr Phenolik auch bei den Weißweinen und mehr Mut zur Säure sowie zu geringeren Restzuckerwerten. Das honorieren wir mit dem dritten Stern.

93 2020 Meersburg Pfattishag Sauvignon Blanc trocken
Vom Fass direkt ins Glas, noch hefegeprägt und dezent im Duft, grüne Stachelbeere, Maracuja, Schwarze Johannisbeere, Kräuterwürze, Minze, Brennnessel. Am Gaumen gradlinig, dicht, knackige Säure, mineralische Würze, feine Phenolik, dezent in der Frucht, saftig mit Zug, schöne Länge. Reifepotenzial. 13 Vol.-%, NK, €€€

92 2022 »Kalkbrunnen« Chardonnay trocken
Noch verschlossen im Duft, Holzwürze wie Röstnoten, hefegeprägt und kalkiges Gesteinsmehl, Zitronenbutter, Limettenabrieb, Kräuterwürze, gemahlene Haselnuss. Am Gaumen elegant und frisch, mineralische Würze, dezente Frucht, grüne Äpfel, knackiger Pfirsich, guter Holzeinsatz sorgt für cremigen Kern, lebendige Säure, schöne Länge. 13 Vol.-%, NK, €€€

93+ 2020 Meersburg Mocken Spätburgunder tr.
Holzwürze im Duft, Rauch, dahinter Zwetschgen, Sauerkirschen, florale Noten von Veilchen, Efeu, geröstete Haselnuss, dunkle Schokolade. Im Mund kernig, dicht, lebendige Säure ist gut integriert, kerniges reifes Tannin, dezent in der Frucht, Himbeeren, Sauerkirschen, Würze, schöne Länge. Reifepotenzial. 13 Vol.-%, NK, €€€

93 2020 Meersburg Trielberg Spätburgunder tr.
Noch verschlossen im Duft, saftige, reife, dunkle Beeren, Zwetschgen, Schwarzkirschen, balsamische Noten, Zigarrenkiste, Karamell, dunkle Schokolade. Am Gaumen elegant, saftige, frische rote und dunkle Frucht, kerniges, reifes Tannin, das sich am Gaumen hält, lebendige Säure, noch sehr jung. 13 Vol.-%, NK, €€€

91 2019 »Cuvée Blanc« brut
92 2022 Meersburg Sommertal Weißburgunder trocken
90+ 2022 Meersburg Eichhölzle Grauburgunder trocken
90+ 2022 »Von Alten Reben« Meersburg Sauvignon Blanc trocken
89+ 2022 »Von Alten Reben« Meersburg Grauburgunder trocken
90+ 2021 »Von Alten Reben« Meersburg Spätburgunder trocken
91 2022 »Riesling Neun.Punkt.Fünf« Meersburg Riesling

90 2022 Weißburgunder trocken
Sortentypisch im Duft, saftige Aprikosen, grüner Apfel, Grapefruit, Zitronenbutter, frisch gemahlene Mandeln. Am Gaumen frisch, gut integrierte lebendige Säure, saftige Frucht, mittelkräftig im Körper, feine Würze, gut ausbalanciert, vielseitiger Speisenbegleiter. 12,5 Vol.-%, NK, €€

• Rotwein • Roséwein • Weißwein • Orange Wine • Süßwein

falstaff-Tipp

BADISCHER WINZERKELLER

Zum Kaiserstuhl 16, 79206 Breisach am Rhein
T: +49 7667 900-0, info@badischer-winzerkeller.de
badischer-winzerkeller.de

Kellermeister: Team Badischer Winzerkeller
Ansprechpartner: Selina Hodapp
Hektar: 1700 ha

Der Badische Winzerkeller sendet vernehmliche Lebenszeichen: Was uns die Kooperative aus ihrer Toplinie »Graf von Kageneck« geschickt hat, ist respektabel. Aus der zwar zugänglich gehaltenen, aber niemals kitschigen Produktlinie ragt der »Pino Magma« hervor – ein Konzeptwein, den verschiedene Erzeuger am Kaiserstuhl nach identischen Vorgaben erzeugen, um Boden und Klima des erloschenen Vulkans schmeckbar zu machen. Das Rezept – Weiß- und Grauburgunder, geringe Restsüße, Teilausbau im Holzfass – haben die Breisacher ausgezeichnet umgesetzt.

90+ 2020 »Graf von Kageneck Pino Magma« Cuvée trocken (AP 9020) PG/WB

In der Farbe ein helles Goldgelb. Im Duft treten buttrige Töne neben eine Frucht von Charentaismelone und dezente Blütendüfte. Der Gaumen gefällt mit guter Dichte, abrundender Geschmeidigkeit aus dem großen Holzfass und mit reifer Säure. Sogar leicht mineralisch gefärbt! 12,5 Vol.-%, NK, €€

89+ 2018 »Graf von Kageneck« Chardonnay brut

Reife gelbe Frucht, auch feine Reifenoten, würzig, Aprikosentarte, Bienenstich, karamellisierte Nüsse, Mandelcreme. Der Eindruck von Reife und Süße bestätigt sich am Gaumen, weich, seidig und mit cremigem Mousseux, in sich stimmig und konsequent in seinem Stil. 12,5 Vol.-%, NK, €€

89 2018 »Graf von Kageneck« Grauburgunder brut

Recht aromatischer, getragener Duft mit Honigwaffel, süßer Aprikose, Apfeltarte und karamellisierten Walnüssen. Zeigt auch am Gaumen eine süßliche reife Frucht, cremig, mit eingebundener, weicher Säure und auch feinem Mousseux, Aprikose, reife Birne und Passionsfrucht. 12 Vol.-%, NK, €€

89 2022 »Graf von Kageneck« Munzingen Attilafelsen Gewürztraminer

Eine kräftig zitronengelbe Farbe. Der Duft hat Opulenz: Blutorange, Rose, Rosenholz, Süßmandel und Marzipan. Im Mund zeigt sich der Wein von schlanker Kabinettart, nicht zu süß, aber auch mit eher milder Säure, würzig abklingend. 11 Vol.-%, DV, €

87 2020 »Graf von Kageneck« Hecklingen Burg Lichteneck Chardonnay trocken

89+ 2019 »Graf von Kageneck« Spätburgunder im Eichenfass gereift tr.

Süßkirsche, Dill und Kerbel im Duft, dazu dezent schokoladiges Holz. Der Gaumen ist saftig und feingliedrig, das vorsichtig extrahierte Tannin wirkt reif, die leicht mineralisch getönte Struktur und die adrette Gaumenfrucht ergeben einen unaufdringlichen Speisenbegleiter. 13 Vol.-%, DV, €

★★

BÄRMANN

Kirchgasse 38, 79291 Merdingen
T: +49 7668 2570 160, info@weingut-baermann.com
weingut-baermann.com

Ab-Hof-Verkauf: nach Vereinbarung
Kellermeister: Frank Bärmann
Ansprechpartner: Frank Bärmann
Flaschen/Hektar: 18.700 (50 % weiß, 40 % rot, 10 % Rosé, 10 % Schaumwein)/3 ha

Frank Bärmann aus Merdingen ist ein Winzer, der ganz klein angefangen hat – 2013 mit gerade einmal anderthalb Hektar Reben – und der sich ständig weiterentwickelt. Inzwischen bewirtschaftet er drei Hektar Weinberge am Tuniberg und am Kaiserstuhl, man gewinnt den Eindruck, dass er Jahr für Jahr an stilistischer Souveränität dazugewinnt: Seine dichte, mineralische »Reserve« aus dem Jahr 2020 vom Merdingen Bühl ist der beste Pinot Noir, den wir bislang verkostet haben. Sehr empfehlenswert auch der »Orange« aus 2021 mit lebendigen Phenolen und trefflicher Balance!

91 2021 Merdingen Bühl Grauburgunder trocken
Brillant in der Farbgebung. Zunächst verhalten im Duft, dann folgen weißer Pfirsich, Mirabelle, Melone und Mandel. Am Gaumen herrlich saftig aus einem Spiel von gutem Extrakt und feiner Säure. Attraktiver Nachhall. Ein wunderbarer Speisenbegleiter. 13 Vol.-%, NK, €€

92+ 2020 »Reserve« Merdingen Bühl Pinot Noir trocken
Noch verschlossen, Ausbaunoten, Holz, die »Reserve« braucht Luft, Schwarzkirsche, Schlehe, Mineralik. Am Gaumen breit angelegt, auf weichem Hintergrund zeigen sich gute Substanz und Mineralik, präsente Säure, dichter Extrakt, trocken, reife Gerbstoffe, Potenzial. 13,5 Vol.-%, NK, €€€

92 2020 Merdingen Bühl Pinot Noir trocken
Im Duft: Sauerkirsche, Cranberry und Tabak. Auch kräuterwürzige Noten. Im Mund hat der Wein eine saftige Eleganz, die den Sortentyp in Kalkanmutung zeigt, gut proportioniert und stilvoll. Überzeugt als Solist, auch ein guter, unaufdringlicher Speisenbegleiter. 13,5 Vol.-%, NK, €€€

91 2020 Ihringen Fohrenberg Pinot Noir trocken
Wildkirsche, Schwarzkirsche, frisch gepflückte Pflaume, Brotrinde, rauchig, feine Holzwürze. Wie ein weicher Teppich am Gaumen, samtener Fond, trocken, süßlicher Extrakt, feine Würze, fein zieselierte Säure, eine gute Menge an reifem, mürbem Gerbstoff, generös. 13,5 Vol.-%, NK, €€

90 2021 Merdingen Bühl Weißburgunder trocken

92 2021 »Orange« trocken
Bernstein in der Farbgebung. Attraktiver Naturduft von Quitte, junger Birne, Salbei und kandierter Mandarine. Am Gaumen guter Gerbstoff, lebendige Phenolik, fein integrierte Säure bei guter Länge und viel Bekömmlichkeit. Gelungener Orange Wine, probieren! 13 Vol.-%, NK, €€

★★★

WEINGUT AXEL BAUER

Erlenstraße 38, 77815 Bühl
T: +49 7223 8301227, info@weingut-axel-bauer.de
weingut-axel-bauer.de

Ab-Hof-Verkauf: Mi bis Fr 13–17 Uhr u. nach Vereinbarung
Kellermeister: Torsten Klein
Ansprechpartner: Axel Bauer
Flaschen/Hektar: 180.000 (55 % weiß, 39 % rot, 5 % Rosé, 1 % Schaumwein)/34 ha
Anbauweise: in Umstellung

Das Weingut Axel Bauer zählt zu den Shootingstars der badischen und deutschen Weinszene. Nachdem seine Familie jahrzehntelang ihre Trauben an die Genossenschaft abgeliefert hatte, beschloss Axel Bauer 2012 eigene Weine zu erzeugen. Mit Betriebsleiter und Kellermeister Torsten Klein fand er den passenden Partner, gemeinsam entwickelten sie die Stilistik des Hauses mit substanzreichen, tiefgründigen Weinen, die über großes Potenzial verfügen: Hier entsteht wahrer »Grand Vin« in Weiß und Rot. In dieser Form ist der vierte Stern ein realistisches Ziel.

93+ 2021 »Meisterstück« Viognier trocken
Brillantes Goldgelb. Im Glas entwickelt sich ein feiner Duft von Rose, schwarzem Johannisbeerblatt, Mango, Pfirsich und Mandarine. Am Gaumen saftig, komplexe Frucht und erkennbare Holzwürze. Die gute Säure und feine Mineralik führen in einen langen Nachhall. 12,5 Vol.-%, NK, €€€

93 2019 »Grand Vin« Chardonnay trocken
Goldgelb in der Farbgebung. Fast kühl im Duft: Zitronenmelisse, weißer Pfirsich, Geißblatt und auch Veilchen. Die lebendige Säure balanciert das gute Extrakt, die feinkörnige Phenolik in einem fast noch schlanken Körper mit fokussiertem, langem Nachhall. 12,5 Vol.-%, NK, €€€€

93 2019 »Grand Vin« Syrah trocken
Purpur mit leichter Randaufhellung. Ein Duft aus schwarzem Holunder, Brombeere, Leder und Lakritze. Am Gaumen feinkörniges Tannin, reife Säure bei wiederum dunkler Fruchtaromatik, attraktivem Extrakt sowie weißem Pfeffer. »Grand Vin« mit viel Potenzial. 13 Vol.-%, NK, €€€€

93 2019 »Grande Cuvée« trocken CS/ME
Etwas Schokolade, weißer Pfeffer, Thymian, Wildkräuter, in Untertönen etwas Garrigue. Im Mund hat der Wein auf cremigem Fond einen dichten, feinkörnigen, ganz leicht rappigen Gerbstoff, die Säure ist wie der Alkohol nahtlos eingebunden, sehr gutes Potenzial. 13,5 Vol.-%, NK, €€€€

93 2020 »Grand Vin« Sauvignon Blanc tr.

91 2020 »Meisterstück« Pinot Noir trocken
Mittleres Rubin. Ein sortentypischer Duft im Glas: dunkle Kirsche, Cranberry, Gewürznelke, Hibiskus und ein Hauch Piment. Am Gaumen zeigt sich eine eher dunkle Frucht, bei reifem Tannin, feiner Säure und guter Struktur. Ein noch jugendlicher Wein mit gutem Nachhall. 13 Vol.-%, DV, €€

★★

BECKSTEINER WINZER

Weinstraße 30, 97922 Beckstein
T: +49 9343 500-0, info@becksteiner-winzer.de
becksteiner-winzer.de

Ab-Hof-Verkauf: Mo bis Sa 9–18 Uhr, So 10–16 Uhr
Kellermeister: Florian Döller
Ansprechpartner: Michael Braun
Hektar: 250 ha

Wie man die Tradition bewahrt, in der Gegenwart verankert ist und dabei in die Zukunft blickt, dafür geben die Becksteiner Winzer ein illustres Beispiel ab: Schon 1894 gegründet, bearbeiten heute über 350 Mitglieder aus 21 Dörfern im überschaubaren Taubertal rund 250 Hektar Rebfläche. Dem Team um Geschäftsführer Michael Braun und Kellermeister Florian Döller gelingt es, von den Muschelkalkböden eigenständige Weine wie den würzigen Silvaner »Alte Reben« oder die dichte, spannungsreiche »Reserve« vom Schwarzriesling zu erzeugen. Alle Achtung!

92 2022 »Alte Reben« Gerlachsheim Herrenberg Silvaner trocken
Leicht rauchig, würzig, kräuterig, gelber Apfel, Birne, auch gelbfruchtig, gelbe Pflaume, mineralische Anklänge. Stoffig, füllig und kraftvoll am Gaumen mit dichtem Extrakt, reife, delikate Säure, würzig, mineralisch, tief, feine Süße rundet ab. Lang, mit Potenzial. 13,5 Vol.-%, DV, €€

92 2021 »Reserve« Gerlachsheim Herrenberg Chardonnay trocken
Rauchig und würzig, reife Aprikose und Maracuja, auch reife Kiwi, reifes Getreide, kreidige Noten. Stoffig und kraftvoll am Gaumen, dichter Extrakt, würzig und mit einnehmendem Schmelz, reife Phenolik, mineralische Grundierung, die Restsüße rundet ab. Lang. 13,5 Vol.-%, NK, €€€

92 2021 »Reserve« Gerlachsheim Herrenberg Schwarzriesling trocken
Die »Reserve« bringt noch etwas Holzwürze mit, Rauch, Kirschen und Zwetschgen, Tabak, auch Wacholderbeere. Am Gaumen mit kräftiger, gefasster Struktur und guter Spannung, dicht im Extrakt und mit reifen, griffigen Tanninen, trocken, gute Anlagen zur Reifung. 13 Vol.-%, NK, €€€

91+ 2021 »Alte Reben« Gerlachsheim Herrenberg Spätburgunder trocken
Noch präsentes Holz, Rauch, geröstete Kaffeebohnen, dunkler Pfeifentabak, Kirsche, etwas Sauerkirsche, Lorbeerblatt. Großzügig und kraftvoll am Gaumen mit leicht süßlichem, dichtem Extrakt, weiche Textur, schöne Würze, griffige Tannine, schokoladig, gute Länge. 13,5 Vol.-%, NK, €€

91+ 2022 »Alte Reben« Gerlachsheim Herrenberg Cuvée trocken MT/GS
90+ 2022 »Selektion« Gerlachsheim Herrenberg Grauer Burgunder trocken
90 2022 »Selektion« Gerlachsheim Herrenberg Chardonnay Barrique trocken
89 2022 »Kilian« Königheim Weißer Burgunder trocken
89 2022 »Kilian« Gerlachsheim Riesling tr.
91 2021 »Selektion« Gerlachsheim Herrenberg Spätburgunder Barrique tr.
89+ 2022 »Kilian« Dertingen Merlot trocken

91 2022 »Selektion« Gerlachsheim Herrenberg Weißer Burgunder trocken
Aprikose, gelbe Pflaume, Mandarine, sommerliches Getreidefeld, nasser Stein, kräuterig, vielschichtiges Duftbild. Im Mund klar und kräftig gefasst, einnehmende Würze, mineralisch, kreidig, feiner Säurenerv, guter Extrakt, kraftvoll, aber nie schwer wirkend. 13,5 Vol.-%, DV, €€

★★★★

WEINGUT BERCHER

Mittelstadt 13, 79235 Vogtsburg
T: +49 7662 212, info@weingutbercher.de
weingutbercher.de

Ab-Hof-Verkauf: Mo bis Sa 9–11.30 Uhr und 13.30–17 Uhr
Kellermeister: Arne Bercher, Werner Rehbein
Ansprechpartner: Arne und Martin Bercher
Flaschen/Hektar: 200.000 (55 % weiß, 45 % rot)/27 ha

Das Weingut Bercher gehört seit vielen Jahrzehnten zum Inventar der besten Weingüter am Kaiserstuhl – und es gibt in dem Gebiet wahrlich viele Weinbaubetriebe! Die Familie verbindet eine mehr als 300-jährige Tradition des Winzerberufs mit dem Streben nach stetiger Verbesserung und dem Nutzen moderner Techniken. Mittlerweile arbeiten die neunte und zehnte Generation Hand in Hand. Auch dieses Jahr ist die Kollektion von großer Qualität und wunderbarer Trinkbarkeit geprägt. Bei aller Konzentration bleiben die Weine immer wunderbar fein – so macht es Spaß!

93+ 2022 Burkheim Feuerberg Haslen Grauburgunder GG
Holzwürze im Duft, weißer Nugat, geröstete Haselnuss, reifer Apfel, Quitte, Honigmelone, Senfsaat, getrocknete Kräuter. Am Gaumen geschmeidig und mit Druck, dicht, gut integrierte, reife Säure, viel Würze, feine Phenolik, kompakt gebaut, schöne Länge. Reifepotenzial. 13,5 Vol.-%, NK, €€€

92+ 2022 Burkheim Feuerberg Haslen Weißburgunder GG
Noch verschlossen im Duft, weiße Blüten, helle Frucht, Minze, Heu, dezent Anis, Piment, Holzwürze, alles dicht beieinander. Am Gaumen dicht, stoffig, cremiger Fond, umspielt von lebendiger Säure und feiner Phenolik, mineralische Würze im langen Nachhall. 13 Vol.-%, NK, €€€

93 2021 Burkheim Feuerberg Kesselberg Spätburgunder GG
Würzig-rauchiges Ambiente für rote Kirschen, Johannisbeeren und etwas Schlehe, auch erdig-mineralische Anklänge. Am Gaumen eine patente Verbindung von Substanz und frischer Zugänglichkeit, die lebendige Säure gibt den Takt vor, griffiger Gerbstoff, jugendlich. 12,5 Vol.-%, NK, €€€

92+ 2018 »1G« Burkheim Feuerberg Spätburgunder Erste Lage trocken
Ein klein wenig Rauch und Kokosnuss, dazu eine konzentrierte dunkelbeerige Frucht. Der Mund ist dicht mit feinkörnigem, griffigem Gerbstoff ausgekleidet, stabile Säure und eine noch immer verschlossene Gaumenfrucht leiten in den langen Abgang. Sehr jung. 13 Vol.-%, NK, €€€

92+ 2021 »SE« Chardonnay trocken
92 2022 »1G« Burkheim Feuerberg Grauburgunder Erste Lage trocken
91+ 2021 »1G« Jechtingen Eichert Grauburgunder Erste Lage trocken
90+ 2022 »SE« Scheurebe & Chenin Blanc trocken SÄ/CB2
90 2022 Burkheim Weißburgunder trocken
92+ 2022 »SE« Spätburgunder Rosé trocken
92 2019 »1G« Sasbach Limburg Spätburgunder Erste Lage trocken

92+ 2022 »1G« Sasbach Limburg Weißburgunder Erste Lage trocken
Dezent im Duft, saftige süße Orangen, Quitte, Aprikose, florale Noten wie Jasminblüten, Wiesenkräuter, pfefferig, dezenter Rauch. Am Gaumen saftig, schöner Schmelz, reife gelbe Frucht, Zitrone, Aprikose, gut integrierte Säurestruktur, viel Würze im langen Nachhall. 12,5 Vol.-%, NK, €€

★

BICKENSOHLER WEINVOGTEI

Neunlindenstraße 25, 79235 Vogtsburg-Bickensohl
T: +49 7662 93110, wein@bickensohler.de
bickensohler.de

Ab-Hof-Verkauf: Apr. bis Okt. Mo bis Fr 9–17.30 Uhr, Sa 9–14 Uhr, Nov. bis März Mo bis Fr 9–12 Uhr und 13–17 Uhr
Kellermeister: Michael Jäger
Ansprechpartner: Patrick Chelaifa
Flaschen/Hektar: 1.000.000 (67 % weiß, 33 % rot)/100 ha

Ein Song der Liedermacher Schobert & Black aus den Siebzigerjahren hat einen Weinkeller zum Gegenstand, dort liegt neben »zehn Flaschen Wehlener Taschenuhr/Die gibt's an Feiertagen nur« auch manch anderer Schatz und der Refrain kulminiert in der Aussage: »Doch ein Anblick, der jeden zur Andacht zwingt/sind drei Flaschen Bickensoler, Bickensoler, Bickensoler«. Das Unterschlagen des »h« im Namen der Gemeinde macht durchaus Sinn: Eine Sole ist bekanntlich ein Wasser mit Salzgehalt. Und auf mineralische Untertöne im Wein verstehen sich Bickensohls Winzer auch heute noch!

91 2021 »SK« Bickensohl Herrenstück Chardonnay Spätlese Barrique trocken
Etwas Neuholz im Duft, süßes Popcorn, weiße Blüten. Der Gaumen hat Kraft und Stoffigkeit, wirkt konzentriert in der Frucht, eine lebendige Säure trägt den Bau. Ein beachtlicher Chardonnay, der sicher sehr gut reifen wird.
12,5 Vol.-%, DV, €€

89 ❸ 2020 »Mysterious« Bickensohl extra brut
Im Duft Mandel, Hefe, mit Luftkontakt mehr und mehr rote Beeren, Pinot. Der Gaumen setzt geschmeidig an, das Mousseux ist zurückhaltend und die geringe Dosage wird mit einer sehr verhaltenen Säure kompensiert. Ein recht kraftvoller Sekt, dessen Pinot-Gene ihn zum Speisenbegleiter prädestinieren. 13 Vol.-%, NK, €€

91 2020 »Mysterious« Bickensohl Pinot Noir trocken
Der Duft zeigt pikante Noten von Roter Johannisbeere, Rhabarber und Chili sowie minzige und auch malzige Untertöne. Im Mund schaffen körnige, etwas trockene Gerbstoffe und ein geschmeidiger, betont weicher Fond Kontrast. Die eher milde Säure gibt ausreichend Halt. 12,5 Vol.-%, DV, €€€

90 2019 »SK« Bickensohl Steinfelsen Spätburgunder trocken
Tomatenrot mit breitem hellem, leicht gereift wirkendem Rand. Der Duft zeigt Aromen von gekochten Beeren, Feigenkompott, Milchschokolade. Im Mund hat der Wein ein gutes Volumen, körniges Tannin in eher vorsichtig extrahierter Menge, reife Säure und einen saftigen, würzigen Abklang.
14 Vol.-%, DV, €

89 2022 Bickensohl Herrenstück Muskateller Kabinett

90 2022 »BS« Bickensohl Steinfelsen Weißer Burgunder trocken
Im Duft weißer Pfirsich, Hefe, Apfel, aber auch Frühlingswiese. Ein nuancierter Sortentyp. Im Mund zeigt sich ein schlanker, jedoch auch aromatischer Bau, frisch und ausgewogen, erfreulich trocken abgestimmt und dadurch kulinarisch gut einsetzbar. 12,5 Vol.-%, DV, €

★★

WEINGUT & PRIVATKELLEREI BIMMERLE

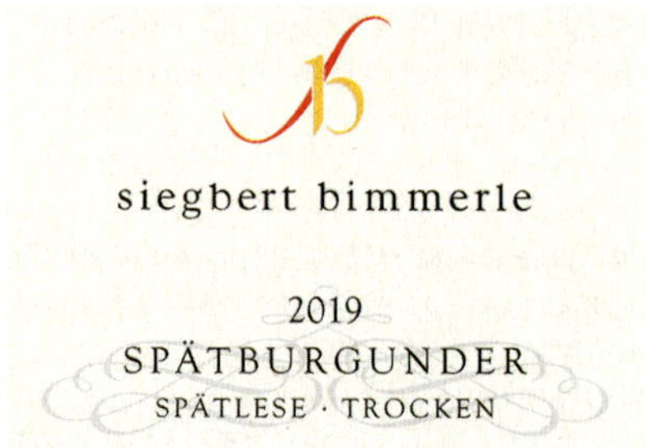

Kirchstraße 4, 77871 Renchen-Erlach
T: +49 7843 654, info@wein-bimmerle.de
wein-bimmerle.de

Ab-Hof-Verkauf: Mo bis Fr 8–12 und 13–17 Uhr, Sa 9–13 Uhr
Kellermeister: Philipp Milke und Tobias Röderer
Ansprechpartner: Siegbert Bimmerle
Flaschen/Hektar: 1.334.000 (40 % weiß, 60 % rot)/150 ha

Das Ortenauer Gut liegt in einem der sonnenreichsten und wärmsten Gebiete Deutschlands. Wenige Winzer wussten in den letzten 25 Jahren diesen Vorteil so zu nutzen wie Siegbert Bimmerle. Seitdem er den Betrieb 1986 übernahm, konnte er mit Fleiß und Sachverstand die Rebfläche von sechs auf 150 Hektar erweitern. Zudem hat er auch die Qualität stetig gesteigert: Er produziert über das gesamte Sortiment höchst attraktive Weine – wie den vielschichtigen, würzigen 2020er Spätburgunder »Réserve 500« oder unseren Tipp, den 2022er Weißburgunder Kabinett.

91 2022 Chardonnay Spätlese trocken
Strahlendes Zitronengelb im Glas. Fein im Duft, gelbe Früchte, Aprikosen, Honigmelone, Papaya, frische Haselnuss, Zitronenzeste, in Butter geschwenkter Mais. Am Gaumen klare, saftige Frucht, Schmelz von gut integrierter Säure erfrischt, dicht, feine Würze im Nachhall, lange am Gaumen.
13,5 Vol.-%, DV, €€

90+ 2022 Sauvignon Blanc Spätlese trocken
Sortentypisch im Duft, aber nicht zu laut, Cassis, grüne und gelbe Stachelbeere, Kiwi, frischer Grasabschnitt, Maracuja. Am Gaumen geschmeidig und mit Kraft, frisch, mit viel Saft, cremiger Schmelz, erfrischende Säurestruktur, feine Phenolik, lang am Gaumen. Perfekt zu gebratenen Fischgerichten.
13 Vol.-%, DV, €€

91+ 2020 »Réserve 500« Spätburgunder tr.
Vielschichtig im Duft, saftige, reife rote und dunkle Waldbeeren, Hagebutten, florale Noten wie Veilchen, balsamische Würze wie Pinie, Menthol, Rote Bete, schwarze Oliven, dunkle Nugatschokolade. Am Gaumen mit Kraft, kerniges, reifes Tannin, präsente Säure, frische Frucht, viel Würze, lange am Gaumen. Reifepotenzial. 13,5 Vol.-%, NK, €€€

90+ 2019 Spätburgunder Spätlese trocken
Dezent Rauch im Duft, Rote und Schwarze Johannisbeere, Wildkirsche, viel Würze, Zimt, Nelke, balsamische Noten, dunkle Nugatschokolade. Am Gaumen saftig, fleischig, saftige rote und dunkle Früchte, viel Würze, markantes, reifes Tannin, feingliedrige Säure, feiner Begleiter zu Wildgerichten wie Rehrücken. 13 Vol.-%, NK, €€

90 2022 Riesling Spätlese trocken
90 2022 Weißer Burgunder Spätlese trocken
90 2022 Grauer Burgunder Spätlese trocken
89 2022 Chardonnay trocken
89 2022 »Blanc de Blanc Weißburgunder & Auxerrois trocken WB/AU
88 2022 Grauer Burgunder Kabinett trocken
89 2020 Spätburgunder trocken

89+ 2022 Weißer Burgunder Kabinett tr.
Fein im Duft, Aprikosen, Birnen, weiße Blüten, Nussbutter, nussige Noten, Zitronenbutter im Duft, dezent Eisbonbon. Am Gaumen gut ausbalanciert, frische Frucht mit viel Saft, Zitronen, grüne Äpfel, reife feine Säurestruktur, salzig im Nachhall, als Solist oder vielseitig zu Speisen.
13 Vol.-%, DV, €€

★★

BISCHOFFINGER WINZER

Bacchusstraße 20, 79235 Vogtsburg-Bischoffingen
T: +49 7662 9301, info@bischoffinger-winzer.de
bischoffinger-winzer.de

Ab-Hof-Verkauf: Mo bis Fr 8.30–12 Uhr und 13.30–17 Uhr, Sa 9–13 Uhr
Kellermeister: Norbert Kuhn
Ansprechpartner: Thomas Weiler
Flaschen/Hektar: 1.900.000 (58 % weiß, 42 % rot)/256 ha

Mit 256 Hektar Reben sind die Bischoffinger Winzer eine Kooperative mittlerer Größe. Groß genug, um im Basissegment solide Qualitäten zu attraktiven Preisen anbieten zu können. Klein genug, um sich den Spitzenweinen mit Ehrgeiz und größter Sorgfalt zu nähern. Natürlich sind die Burgundersorten Trumpf: seidig und mineralisch wie bei der Grauburgunder-»Réserve«, würzig und von reifem Gerbstoff getragen bei Spätburgundern wie der Enselberg-»Réserve« oder der »20.000 BC Réserve«. Den i-Punkt auf die gelungene Kollektion setzt der glockenklare fruchtige Muskateller.

91 2020 »Réserve« Bischoffingen Steinbuck Grauer Burgunder trocken
Getragener Duft mit feiner Würze und Rauch, heller Tabak, Birne, Honigmelone, auch Ananas. Kräftiger Bau, am Gaumen breit angelegt, füllig, erinnert an Ruländer, ist aber betont trocken. Eingebundene Kraft, saftiges, seidiges Mundgefühl, mineralische Tönung. 13,5 Vol.-%, DV, €€

90+ 2020 »Pino Magma Réserve« Bischoffingen Cuvée trocken PG/WB
Beerige Burgunderfrucht, begleitet von rauchig-würzigen Noten, Birne, Mandelkern, grüne Bananenschale. Kräftig gebaut, weit angelegter Rahmen, mittlerer Extrakt, ausgewogene Säure, betont trocken, mineralischer Akzent, gute Balance, etwas Limette, nicht zu überladen. 13,5 Vol.-%, DV, €€

92+ NV »20.000 BC Réserve« Bischoffingen Cuvée trocken (AP 82.22)
Ohne Jahrgangsangabe. Rauchiges Neuholz und eine Frucht von dunklen Beeren. Auch Wacholder und Thymian. Im Mund hat der Wein einen feinkörnigen Gerbstoff in hoher Menge, der Bau ist gleichermaßen dicht wie reif, die Säure trägt. Große Länge, ausgezeichnetes Potenzial! 14 Vol.-%, DV, €€€

92 2019 »Réserve« Bischoffingen Enselberg Spätburgunder trocken
Ein würziger Duft mit erster Reife: Wildkirsche, Milchschokolade, Tomatenmark, Thymian, Malz, schwarzer Pfeffer. Im Mund hat der Wein einen dichten, beginnend weich werdenden Bau, der Gerbstoff hat sehr gute Qualität. Der Abgang vereint Saftigkeit mit mineralischen Motiven.
13,5 Vol.-%, DV, €€

90 2022 »BB-Alte Rebe« Bischoffingen Grauer Burgunder trocken
89+ 2022 »BB-Alte Rebe« Bischoffingen Weißer Burgunder trocken
89 2022 Bischoffingen Enselberg Grauburgunder Kabinett trocken
89 2022 NV Bischoffingen Weißer Burgunder & Chardonnay trocken WB/CH
90 2020 »BB-Alte Rebe« Bischoffingen Spätburgunder trocken

90 2022 Bischoffingen Muskateller feinfruchtig
Klassischer Duft nach frischem Traubensaft, Muskatblüte, dahinter Litschi und kandierte Mandarinenschale. Am Gaumen mit schön austarierter, lebendiger Säure, dazu eine schmelzende Süße, feine Muskataromatik, erneut etwas Zitrusfrucht, feine Phenolik, macht Spaß. 11 Vol.-%, DV, €

★★★

WEINGUT BLANKENHORN

Basler Straße 2, 79418 Schliengen
T: +49 7635 82000, info@gutedel.de
weingut-blankenhorn.de

Ab-Hof-Verkauf: Mo, Di, Do und Fr 9–12 Uhr und 14–17 Uhr, Mi 9–12 Uhr
Kellermeister: Yvonne Männer
Ansprechpartner: Martin Männer
Flaschen/Hektar: 110.000 (55 % weiß, 45 % rot)/24 ha

Das nennt man wohl eine homogene, durchweg gelungene Kollektion: Seit Yvonne Männer und ihr Mann Martin 2014 das traditionsreiche Weingut übernommen haben, stehen sie für Qualität – und für eine ganz besondere Wertschätzung des Gutedel. Die klassische Sorte aus dem Markgräflerland wird gern unterschätzt, völlig zu Unrecht! Mit ihren beiden Topweinen, denen sie die französische Rebsortenbezeichnung »Chasselas« angedeihen lassen, zeigen sie, was die Sorte kann. Aber natürlich machen die Weine aus den weißen und roten Burgundersorten ebenfalls viel Freude!

92+ 2021 Schliengen Chardonnay trocken
Goldgelb. Ein Bukett von Zitronenmelisse, reifem Apfel, Bourbonvanille sowie junger Ananas. Am Gaumen vielschichtig, feine Phenolik, guter Extrakt bei schönem Säurebogen. Eine Prise Salz, feine Frucht sowie etwas Mineralik begleiten den guten Nachhall. 12 Vol.-%, DIAM, €€

92+ 2020 Schliengen Sonnenstück Chardonnay trocken
Im Duft etwas grüne Walnuss, dezentes Holz, feuchter Kalk, auch etwas Lindenblüte. Der Gaumen beginnt saftig, zeigt sich dann sehnig und stoffig, ein wunderbar markanter Säurebogen belebt den mittelgewichtigen Bau. Gute Länge, vielseitig bei Tisch einsetzbar. 13 Vol.-%, NK, €€€

92+ 2019 »Courage« Schliengen Chasselas trocken
Rauchig in der Nase, leichte Reduktion mit Zündholz, gelbem Apfel und Birnen, schwarzes Johannisbeerblatt. Am Gaumen mineralisch, salzig, saftig, reife Säurestruktur, feine Phenolik, erkennbar guter Extrakt und ein langer Nachhall, schöner Trinkfluss. 13,5 Vol.-%, DIAM, €€€

93 2018 »Bravoure« Schliengen Syrah trocken
Duft nach Heidelbeere, Milchschokolade, Schlehe, Kirsche und etwas grünem Pfeffer. Am Gaumen attraktiv mineralisch, rauchig, dunkle, reife Frucht, gut integrierte Säure, feiner Gerbstoff, durchaus gewichtig, aber stets elegant bleibend. Langer Nachhall. 13 Vol.-%, DIAM, €€€

91 2021 »Le Clocher« Schliengen Kirchberg Chasselas trocken

91+ 2019 Schliengen Ölacker Pinot Noir trocken
Rubin in der Farbe. Würzig in der Nase, Rauch, Unterholz, Waldbeeren, Rote Bete, schwarze Oliven. Am Gaumen mit eher schlanker Statur, dabei mit lebendiger Säure, Waldbeeren, würzig mit reifen Gerbstoffen, hat eine attraktive Länge. Bereits schön zugänglich. 12,5 Vol.-%, DIAM, €€€

★★★★

LANDWEINGUT BRENNEISEN

Am Weiler Weg 2, 79588 Egringen
T: +49 7628 800987, info@weingut-brenneisen.de
weingut-brenneisen.de

Ab-Hof-Verkauf: nach Vereinbarung
Kellermeister: Dirk Brenneisen
Ansprechpartner: Dirk Brenneisen
Flaschen/Hektar: 30.000 (70 % weiß, 30 % rot)/8 ha

Die Auswirkungen waren nicht abzusehen, als Dirk Brenneisen, nicht mehr ganz nüchtern, mit Hanspeter Ziereisen beschloss, im April 2017 den ersten badischen Landweinmarkt auszurichten, aus Protest gegen die konservative Weinpolitik. Brenneisen, zurückhaltender Gegenpart des extrovertierten Ziereisen, katapultierte sich damit mitten ins Zentrum einer pulsierenden Gegenbewegung, die den badischen Wein verändert. Seine Landweine transportieren viel Lokalkolorit aus dem Markgräflerland, handwerklich gearbeitet, ungekünstelt, auch mal kantig. Immer echt.

93 2020 »Molassefels« Grauer Burgunder tr.
Dezentes Bernstein, Toffee, Rauch, Walnuss, Birnentarte, englische Konfitüre. Breit angelegt am Gaumen, erinnert in der Reife und Üppigkeit an Ruländer, dabei knochentrocken, geschmolzene Phenole, dichter Extrakt, mineralische Tiefgründigkeit, buddhahaftes Wesen. 13,5 Vol.-%, NK, €€

92 2020 »Alte Reben« Weisser Burgunder tr.
Feiner Rauch, reife Birne, Aprikose, Löwenzahnblüte, feiner Kümmel, Hefezopf, nasser Kalk. Feste Struktur, weicher Hintergrund, präsente, kernige Säure, die sich geschmeidig entfächert, betont trocken, mineralisch. Herber Apfel, auch Quitte, merkliche, reife Phenole. 12,5 Vol.-%, NK, €€

92 2020 »Molassefels« Chardonnay trocken
Kräftiges Gelb, im Duft rauchig, hefig, feines Quittenchutney, Birne, nasser Kalk. Die kernige Säure bestimmt das Geschehen am Gaumen, im Extrakt eher mittelgewichtig, ausgeprägte kalkige Mineralik, fordernd, ziemlich salzig bis ins Finale, eigener Charakter. 12 Vol.-%, NK, €€

93 2019 »Chätsch« Spätburgunder trocken
Schwarze Kirsche, Johannisbeere, rauchig, feine Ätherik. Kräftig gebaut, fein abgestimmtes Zusammenspiel der Elemente, extraktgetragene Substanz, würzige Kalkmineralik, feinkörnige Gerbstoffe, knochentrocken, stoffig, wirkt durch die frische Säure beinahe leichtgewichtig. 13,5 Vol.-%, NK, €€

90+ 2022 »Lädde« Gutedel trocken
89+ 2022 Gutedel trocken
89+ 2021 Weisser Burgunder trocken
90+ ❷ 2020 Pinot Rosé brut
90+ ❷ 2018 Pinot Blanc brut
89+ 2020 Blauer Burgunder trocken

90 2021 Grauer Burgunder trocken
Feine Hefe, Brioche, nussig, Birne, reife Mirabelle. Untypischer Grauburgunder, der den Klischees widerspricht, straff gebaut, knochentrocken mit knackiger Säure, die auch einen Riesling beschwingen würde. Griffige Phenolik, Salicornes, mitreißende Natürlichkeit. 12 Vol.-%, NK, €

★★★

WEINGUT CLAUSS

Obere Dorfstraße 39, 79807 Nack
T: +49 7745 5492, info@weingutclauss.de
weingutclauss.de

Ab-Hof-Verkauf: Mo, Di, Do und Fr 10–12 Uhr und 14–18 Uhr, Sa 9–13 Uhr
Kellermeister: Berthold Clauß
Ansprechpartner: Susanne und Berthold Clauß
Flaschen/Hektar: 187.000 (40 % weiß, 45 % rot, 6 % Rosé, 1 % süß, 8 % Schaumwein)/19 ha

Bei der Familie Clauß arbeitet nun nach und nach auch die junge Generation im Weingut mit, sowohl Cathrin als auch Christian haben das Handwerk gelernt beziehungsweise sogar studiert. Susanne und Berthold Clauß erhalten also weitere Unterstützung. Die Weine des aktuellen Jahrgangs überzeugen erneut mit viel Würze und Kraft. Das gilt für die gelungenen Weine aus den Burgundersorten, aber auch für den Müller-Thurgau, der uns in seiner »Wildfang«-Version jedes Jahr aufs Neue begeistert. So energiegeladen kennen wir diese Rebsorte sonst gar nicht. Toll!

91 ❸ 2018 »Grande Cuvée« brut nature CH/PN
Strahlendes Lachsrosa im Glas. Rotbeerig im Duft, aber auch Apfel, Birne und dezent gemahlene Haselnuss. Am Gaumen schwungvoll, schöne Frucht, rote Beerenfrucht, lebendige Säure, lebendige Perlage, feiner Schmelz, gut als Aperitif und Speisenbegleiter. 12,5 Vol.-%, NK, €€€

92 2022 »Urbanus« Pinot Blanc trocken
Feinduftig in der Nase, Salzzitronen, Quitten, Aprikosen, Wiesenkräuter, weiße Blüten, Salzkaramell. Am Gaumen cremiger Fond, schöne mineralische Würze, salzig, die erfrischende, reife Säure ist gut integriert, kraftvoll, dicht, reife gelbe Frucht, salzig im langen Nachhall. 14 Vol.-%, NK, €€€

92+ 2020 »Urbanus« Erzingen Kapellenberg Pinot Noir trocken
Frischfruchtig im Duft, Rote Johannisbeeren, Sauerkirschen, Brombeeren, dunkle Nugatschokolade, frische Blumenerde, mineralische Würze. Am Gaumen saftig, geschmeidig, kerniges Tannin, gut integrierte Säure, mineralische Würze, saftige Beerenfrucht, lange am Gaumen, Potenzial.
13,5 Vol.-%, NK, €€€

92+ 2020 »Belemnit Grand Reserve« Spätburgunder trocken
Vielschichtig im Duft, Rote Johannisbeeren, Eisen, Rote Bete, Zwetschgen, Minze, Thymian, Veilchen, Hagebuttenblüte, Grafit, dunkle Schokolade. Am Gaumen saftig, kerniges Tannin, lebendige Säure, frische Frucht, gut im Extrakt, jugendlich, Reifepotenzial. 13,5 Vol.-%, NK, €€

91+ 2022 »Urbanus« Pinot Gris trocken
91 2022 Nack Weißburgunder trocken
90 2021 Nack Sauvignon Blanc trocken
88+ 2021 Esslingen Riesling trocken
90 2020 »Rose de Nack« trocken
91 2020 »Belemnit Grande Reserve« Frühburgunder trocken
90 2019 »Urbanus« Pinot Noir trocken

91+ 2022 »Wildfang« Müller-Thurgau tr.
Florale Noten im Duft, Flieder, Kräuterwürze, gelbe Früchte, Aprikosen, Apfel, weißer Pfirsich, Kräuterwürze, Minze, Estragon. Am Gaumen saftig, frisch, gelbe Frucht, mineralische Würze, salzig, angenehm herb, dicht, energiegeladen, gut im Extrakt, trinkanimierend. 13 Vol.-%, NK, €€

★★★

WEINGUT DÖRFLINGER

Mühlenstraße 7, 79379 Müllheim
T: +49 7631 2207, mail@weingut-doerflinger.de
weingut-doerflinger.de

Ab-Hof-Verkauf: Mo bis Fr 8–12.30 Uhr und 13.30–18.30 Uhr, Sa 9–16 Uhr
Kellermeister: Hermann Dörflinger
Ansprechpartner: Hermann Dörflinger
Hektar: 20 ha

Trotz der unterschiedlichen Jahrgänge, die Hermann Dörflinger uns für den diesjährigen Weinguide schickte, wurde während der Verkostung schnell klar, dass mangelnde Reife hier kein Problem darstellt. Im eigentlich als schwierig verschrieenen Rotweinjahr 2021 erzeugte Dörflinger einen Merlot, der eine erstaunliche Eleganz an den Tag legt. Die im Barrique ausgebauten Weißen sollten eigentlich beide noch mehr Flaschenreife genießen, um dann zu einem Morchelhuhn zu brillieren. Unser Tipp ist – selbstverständlich völlig überraschend im Markgräflerland – der Gutedel: ein echter Idealtyp.

92+ 2021 Müllheim Reggenhag Chardonnay Spätlese Barrique trocken
Wie der Grauburgunder wurde auch der Chardonnay im Barrique ausgebaut und zeigt den Einfluss bereits deutlich in der Nase. Im Mund kommen neben viel Würze und einer nicht unbeachtlichen Power jedoch auch frische Züge. Dennoch: ein Lagerwein par excellence. 13,5 Vol.-%, NK, €€

91 2021 Müllheim Sonnhalde Grauburgunder Spätlese Barrique trocken
Dank des Barriqueausbaus intensives Zitronengelb im Glas. Kokosmakrone und Holzlaktik in der Nase, dazu Walnuss und etwas Trockengebäck. Auch im Mund bleibt der Grauburgunder auf der würzigen Seite: Butternoten, Senf, Honigwürze. Mit der Luft kommt dann auch die Spannung.
13,5 Vol.-%, NK, €€

92+ 2021 Badenweiler Römerberg Merlot Barrique trocken
Mittleres Purpurrot, also gar nicht extrem farbstark. In der Nase Pflaume, viel Buchsbaum, insgesamt pointiert pflanzliche Anklänge. Im Mund bietet der Merlot weiter viel Pflaumenfrucht, Süßkirsche und einen eher mittelgewichtigen Körper. Angenehm und wirklich elegant. 13,5 Vol.-%, NK, €€€

91+ 2020 Müllheim Reggenhag Spätburgunder Auslese Barrique trocken
In unserer letzten Ausgabe lag der Spätburgunder knapp vor dem Merlot, diesmal ist es umgekehrt. Sehr reife, leicht alkoholgeprägte Nase, viel Holundermark. Am Gaumen mit Kraft und Wärme, etwas Rumtopf, aber immer scheint die attraktive Süßkirsche durch. 14,5 Vol.-%, NK, €€€

89 2022 Müllheim Reggenhag Weißburgunder Kabinett trocken

90+ 2022 Müllheim Reggenhag Gutedel tr.
Holunderblüte in der Nase, fast ein Gefühl von Süßholz, Apfel, etwas Senfmehl. Am Gaumen gibt es das Aha-Erlebnis für Liebhaber der Rebsorte: leicht im Alkohol, dennoch gewisse Viskosität, ganz trocken, Klarapfel, Hartkäserinde – wunderbarer Speisenwein. 11,5 Vol.-%, DV, €

★★★

FREIHERR VON UND ZU FRANCKENSTEIN

Weingartenstraße 66, 77654 Offenburg
T: +49 781 34973, weingut@weingut-von-franckenstein.de
weingut-von-franckenstein.de

Ab-Hof-Verkauf: Mi bis Fr 9–12 u. 14–18 Uhr, Sa 9–13 Uhr
Kellermeister: Stefan Huschle
Ansprechpartner: Stefan Huschle
Flaschen/Hektar: 100.000 (60 % weiß, 30 % rot, 10 % Schaumwein)/18,5 ha
Anbauweise: in Umstellung

Die Geschichte des Traditionsweinguts im Herzen der Ortenau geht bis ins 13. Jahrhundert zurück. Stefan Huschle, der den Betrieb mit seinen mineralischen Gneis- und Granit-Verwitterungsböden im Jahr 2008 übernahm, verfolgt das Motto: »Weniger ist mehr.« Das gilt sowohl für den Anbau der Burgundersorten beider Farben, der auf Weine ohne Speckröllchen zielt, wie auch für die Verarbeitung der Trauben im Stile von »Low Tech«. Besonders beeindruckt hat uns dieses Jahr der Gut Alsenhof Grauburgunder: nominell nur »Erste Lage«, aber dicht und komplex wie ein GG.

93+ 2021 »Tannweg« Zell-Weierbach Abtsberg Grauburgunder GG

Duftige Nase nach reifen Renekloden und weißen Birnen, auch rauchig und leichte Jodnoten. Am Gaumen ob seiner Jugend noch verschlossen, aber die schon merkbare Stoffigkeit und Dichte lassen erahnen, wohin der Weg mal geht. Cremige Eleganz mit saftiger Säure . 13 Vol.-%, NK, €€€

92 2021 »Zum Himmelreich« Berghaupten Schützenberg Weißburgunder GG

Der Wein fließt auffallend schön mit funkelnden Reflexen ins Glas. In der Nase duftige Kräuterwürze, auch Zitronenmelissen und Limettenabrieb, weißer Pfirsich. Am Gaumen cremig mit erfrischender Säure, rauchigen Noten und einem hochanständigen Nachhall! 13 Vol.-%, NK, €€€

92+ 2018 Lauf Gut Alsenhof Spätburgunder Erste Lage trocken

Rote und Schwarze Johannisbeere im Duft, Sauerkirsche, Preiselbeere, etwas Bienenwachs. Im Mund zeigt der Wein einen dominanten Gerbstoff, kräftige Säure verstärkt den Eindruck der Kernigkeit, auch Granitmineralik ist präsent, die Gaumenfrucht lässt erste Öffnung erkennen.
13 Vol.-%, NK, €€

92+ 2019 Zell-Weierbach Spätburgunder trocken

Leicht mattes dunkles Granatrot, in der Nase würzige Note, auch Getreide und Zimtrinde, Pimentkörner. Am Gaumen saftig und beerig, eingeweckte Zwetschgen, leicht pfefferig mit gutem Säuregerüst, animierend mit sehr feinem und langem Nachhall. 13 Vol.-%, DV, €€

91 2021 Lauf Gut Alsenhof Weißburgunder Erste Lage trocken

93 2021 Lauf Gut Alsenhof Grauburgunder Erste Lage trocken

Feine Holznoten entströmem dem Glas, zarter Duft nach reifen Birnen und Apfelschalen, dickflüssiger, dunkler Honig. Am Gaumen zuerst weich und cremig, steuert die Stoffigkeit dann mit gut eingebundener Säure direkt auf einen starken Nachhall mit herben Anklängen zu.
13 Vol.-%, NK, €€

★★★

WEINGUT OTTO UND MARTIN FREY

Im Brühl 1, 79211 Denzlingen
T: +49 7666 5253, info@frey-weine.de
frey-weine.de

Ab-Hof-Verkauf: Do und Fr 9–12 Uhr und 14–19 Uhr, Sa 9–16 Uhr
Kellermeister: David Fluhbacher und Martin Frey
Ansprechpartner: Martin und Barbara Frey
Flaschen/Hektar: 100.000 (55 % weiß, 40 % rot, 5 % Schaumwein)/18 ha

In der atemberaubend schönen Schwarzwaldlandschaft des Glottertals liegen die Steilhänge, an denen Familie Frey ihre Reben pflegt. Das ist wahrlich kein Weinbau für Hobbywinzer – hier heißt es: Anpacken! Ganz gewiss fließt hier sehr viel Schweiß, bevor ein einziger Tropfen Most von der Kelter rinnt. Das Begeisternde an den Weinen der Familie aber ist, dass sie einen mit ihrer unwiderstehlichen Eleganz an alles andere als an harte Arbeit denken lassen. Beispielhaft ist der furiose Chardonnay, der beweist, dass Schmelz und Spannung keine Gegensätze sein müssen.

90 2019 Pinot brut PN/PG
Feinperlig bei mittlerem Goldgelb in der Farbgebung. Zu Beginn ein attraktiv-kühler Duft von Birnenschale, gelbem Apfel, Holunderblüte und junge Haselnuss. Am Gaumen folgt Mandel, etwas Phenolik auf der Zunge, reife Frucht, alles von lebendiger Säure getragen. 12 Vol.-%, NK, €€

93 2021 Glottertal Eichberg Chardonnay trocken
Kräftig im Duft, dezent Rauch, reife Aprikosen, Mango, Maracuja, Mandarinen, Kamille, Lorbeer, Vanille. Am Gaumen dicht, spannungsgeladen, Schmelz mit erfrischender, reifer Säurestruktur, viel Würze, salzig, saftige Frucht, feine Phenolik, gut im Extrakt, bringt jetzt bereits Freude ins Glas, aber auch noch in einigen Jahren. 12,5 Vol.-%, NK, €€€

92+ 2021 Glottertal Eichberg Spätburgunder trocken
Rauch in der Nase, Rote und Schwarze Johannisbeeren, Himbeeren, Brombeeren, Sauerkirschen, Zwetschgen, Rote Bete, getrocknete Kräuter, dunkle Nugatschokolade. Am Gaumen elegant, frisch, dicht, frische saftige Frucht, lebendige, gut integrierte Säure, geschmeidiges, feinkörniges Tannin, mineralische Würze, lange am Gaumen.. 13 Vol.-%, NK, €€€

91+ 2021 »Gneis« Glottertal Eichberg Spätburgunder trocken**
Duftige Nase, reife Sauerkirschen, rote und dunkle Beeren, Nugatschokolade, Latschenkiefer, Waldboden. Am Gaumen elegant, klare Frucht, Waldbeeren, Kirschen, geschmeidiges Tannin, lebendige Säure, mineralische Würze, gut ausbalanciert, saftig, geschmeidig, schöne Länge. 13 Vol.-%, NK, €€

90+ 2022 »Gneis« Glottertal Wisser Eck Weißburgunder trocken**

91 2022 »Gneis« Glottertal Rinzberg Grauburgunder trocken**
Noch dezent im Duft, grüner Apfel, Birnen, Cantaloupe-Melone, kräuterige Würze, gemahlene Mandeln. Am Gaumen saftig, stoffig, dicht, lebendige erfrischende Säurestruktur, cremiger Kern, angenehm herb, feine Würze. Lange am Gaumen, als Solist oder vielseitiger Speisenbegleiter. 13 Vol.-%, DV, €€

WEINGUT GEIGER

Baitenhauser Straße 3, 88709 Meersburg-Riedetsweiler
T: +49 7532 9856, info@weingut-geiger.de
weingut-geiger.de

Ab-Hof-Verkauf: täglich 10–18 Uhr
Kellermeister: Thomas Geiger
Ansprechpartner: Thomas Geiger
Flaschen/Hektar: 35.000 (75 % weiß, 25 % rot)/4 ha

Wir wissen nicht, ob sich das Weingut Geiger in Meersburg-Riedetsweiler das Copyright am Markennamen »Fassvollendung« schützen ließ, aber wir wissen, dass er für sehr gute Qualität in Weiß und Rot steht – wobei der Spätburgunder nicht daran leidet, wenn er noch ein wenig reifen darf. Die weiße Variante sollte – wie auch der Weißburgunder »Edition« – unbedingt auch auf ihre kulinarische Eignung geprüft werden. Der straffe Müller-Thurgau zeigt auch die Cool-Climate-Seite am Bodensee, dem gerade Winzer wie Thomas Geiger zur verdienten Aufmerksamkeit verhelfen.

91 2022 »Fassvollendung Blanc« Weiß- und Grauburgunder trocken PG/WB

Beeriger Duft, Birne, Apfel, Aprikose, feine Holzwürze, geröstete Walnüsse, Karamell. Kräftige, feste Struktur, die patent ausgefüllt wird von Extrakt und reifen Phenolen, die merkliche Restsüße sorgt für Abrundung. Cuvée mit guter Anlage und Reserven zur Reifung. 13 Vol.-%, NK, €€

90+ 2022 »Edition« Meersburg Fohrenberg Weißburgunder trocken

Kräftiger Duft nach Apfel, Williamsbirne, Mandarine, feine Würze, gelbe Blüten, auch florale Noten. Kräftiger Bau am Gaumen, weiche Textur, geschmeidiges Mundgefühl, ausgewogene, gut eingewobene Säure, feine mineralische Würze, klar im Ausdruck, gerne zum Essen. 13 Vol.-%, DV, €€

89 2022 Muskateller trocken

Das Bukett springt förmlich aus dem Glas: Muskatblüte, Muskatnuss, Pfirsich, Litschi und Orangenschale. Schlank und straff strukturiert, baut mit lebendiger Säure (und Kohlensäure) Schwung auf, saftig und geradlinig, die dezente Fruchtsüße schmiegt sich an. 12,5 Vol.-%, DV, €€

91 2020 »Fassvollendung« Spätburgunder trocken

Würzige Holznote, reife Brombeeren, schwarze Kirschen, Pflaume, Holunder, Wacholderbeere. Strukturgeprägter Burgunder, noch etwas vom Holzausbau bestimmt, am Gaumen Kirschfrucht, Schattenmorelle, gut eingepasste Säure, prägnanter Gerbstoff, auf Entwicklung angelegt.
13 Vol.-%, NK, €€

89 2022 Meersburg Fohrenberg Spätburgunder Rosé trocken

90 2022 »Edition« Meersburg Fohrenberg Müller-Thugau trocken

Kräuterig, Apfel, Apfelschale, Hefe, Muskatblüte. Saftig, mit schöner Würze am Gaumen, feine Phenolik, gute Extraktdichte bei straffer, schlanker Struktur, gekonnt balanciert, eigenständiger Cool-Climate-Müller. Wenn noch etwas in der Flasche ist, gerne zum Essen. 12,5 Vol.-%, DV, €

★

WINZERVEREIN HAGNAU

Strandbadstraße 7, 88709 Hagnau
T: +49 7532 1030, info@hagnauer.de
hagnauer.de

Ab-Hof-Verkauf: Apr. bis Okt. Mo bis Fr 8–18 Uhr, Sa 9–18 Uhr, Nov. bis März Mo bis Fr 8–18 Uhr, Sa 9–16 Uhr
Kellermeister: Jochen Sahler
Ansprechpartner: Jochen Sahler
Flaschen/Hektar: 1.300.000/177 ha

Hagnau gehört zu den sonnendurchfluteten Weinbauorten am badischen Bodenseeufer. Der Ort und die Weinberge schauen Richtung See gradewegs nach Süden: Auf 400 Metern Höhe ist das immer noch ein Klimavorteil. In der ältesten Winzergenossenschaft Badens nützen 52 Familien die Gunstlage für gehaltvolle Kreszenzen. Auch die aktuelle Kollektion hinterließ einen soliden Eindruck, mit Glanzlichtern – erwartbarerweise – beim Spätburgunder und überraschenderweise auch beim Sauvignon Blanc: Die von der Loire stammende Sorte spricht inzwischen akzentfrei See-Alemannisch.

90 2021 Hagnau Burgstall Crémant brut PN/WB/PG

Der Duft zeigt sich würzig, beinahe etwas medizinal, man findet Aromen von Kamillentinktur, Holunderblüte und Apfelring. Im Mund hat der Wein eine seidige Textur, einen lebendigen Säurenerv und ein frisches Mousseux. Der Abklang ist frisch, pointiert und nicht zu süß. 12 Vol.-%, NK, €€

89+ 2022 Hagnau Burgstall Weißburgunder trocken

Bukettreich: Neben hefigen Noten entfaltet sich eine intensiv florale Aromatik von weißen Blüten, auch etwas Butter und Haselnuss. Und sogar ein leicht jodiger Ton ist da. Im Mund erweist sich der Wein als dicht und konzentriert, die Süße-Säure-Schere ist weit geöffnet. Braucht Zeit. 12,5 Vol.-%, DV, €

89 2022 Hagnau Sonnenufer Müller-Thurgau trocken

Der Duft zeigt sich die Sorte frisch und zurückhaltend, in einem nicht überbordenden Stil: Man riecht etwas Muskat, aber auch Noten von frischer Traube, Birne und Kresse. Im Mund hat der Wein einen runden Fluss, eine seidige Textur mit reifer Säure und einiger Süße als Gegengewicht. 12,5 Vol.-%, DV, €

90 2020 »Premium« Hagnau Pinot Noir trocken

Dezentes Holz, etwas Rauch, Wildkirsche, Preiselbeere, recht burgundisch im Duft. Im Mund setzt der Wein geschmeidig an, rund und fast cremig, eine Spur Süße gibt dem straffen Gerbstoff Abrundung. Der Wein hat eine schöne Frische in der Aromatik und auch deutlich mineralische Noten. 13 Vol.-%, NK, €€

88+ 2022 Hagnau Souvignier Gris halbtrocken

90 2022 Hagnau Burgstall Sauvignon Blanc trocken

Der Duft zeigt sich offen, mit Aromen von Stachelbeere und grünem Paprika. Im Mund hat der Wein eine schöne Frische, er zeigt sich geradeaus gebaut und klar in der Aromatik, die Säure ist frisch, aber auch gut integriert. Ein angenehmer Sauvignon mit Seewein-Anmutung. 13 Vol.-%, DV, €€

WEINGUT DR. HEGER

Bachenstraße 19/21, 79241 Ihringen
T: +49 7668 995110, info@heger-weine.de
heger-weine.de

Ab-Hof-Verkauf: Mo bis Fr 9–12 Uhr und 13.30–17.30 Uhr, Sa 10–14 Uhr
Kellermeister: Team Dr. Heger
Ansprechpartner: Joachim Heger
Flaschen/Hektar: 200.000 (70 % weiß, 30 % rot)/35 ha

Das Zusammenwirken von Joachim Heger mit seinen Töchtern Katharina und Rebecca im hoch angesehenen Ihringer Weingut scheint den Weinen eine spannende Balance zu geben: Die aktuellen GGs verbinden den gelassenen Reichtum des erfahrenen Lebensalters mit der energischen Bissigkeit der Jugend. Angeführt wird die Kollektion dieses Jahr von einem monumentalen Spätburgunder aus den Steilterrassen des vorderen Winklerbergs. Eine besondere Erwähnung verdienen die »Ersten Lagen« inklusive »Mimus«: Das reicht alles sehr nahe ran ans Format der Großen Gewächse.

95 2021 Achkarren Schlossberg Weißburgunder GG
Im Duft dezenter Holzeintrag, würzige Sortenaromen, brenzliges Vulkangestein, alles noch recht verschlossen. Im Mund beginnt der Wein mit atemberaubender Spannung, Phenole und Säure ergeben einen geradezu adstringierenden Eindruck. 13 Vol.-%, NK, €€€

95 2021 Ihringen Winklerberg Winklen Rappenecker Weißburgunder GG
Würziges Holz trifft im Duft auf intensiv florale und gelbfruchtige Noten: Lindenblüte, Anisbrötchen, Pfirsich. Im Mund hat der Wein Gewicht, aber auch viel Differenzierung, die Textur aus mineralischem Extrakt und zarten Phenolen harmoniert mit der Säure exzellent. 13 Vol.-%, NK, €€€

96+ 2020 Ihringen Vorderer Winklerberg Spätburgunder GG
Im Duft findet man Kirsche in verschiedenen Reifegraden, etwas Milchschokolade, mineralisch-pfeffrige Noten, Kräuter wie Thymian und Rosmarin. Im Mund ist der Wein enorm dicht, die Gerbstoffe laden zum Kauen ein, sind trotz ihrer Spannung makellos reif. Pinot auf Grand-Cru-Niveau. 13,5 Vol.-%, NK, €€€€

95+ 2020 Ihringen Winklerberg Wanne Häusleboden Spätburgunder GG
Reduktiv im Duft, Lorbeer, Schwarzkirsche, kräftiges Neuholz. Tolle Anlagen zur Würze! Der Gaumen ist hoch verdichtet, die Gerbstoffe integrieren einen Hauch Grünes, fordern Flaschenreife ein, auch die Säure ist noch streng. Ein bissiger Bau mit kräftiger, taktiler Mineralität. 13,5 Vol.-%, NK, €€€€

94+ 2021 Achkarren Schlossberg Grauburgunder GG
93 2021 Ihringen Winklerberg Hinter Winklen Gras im Ofen Grauburgunder GG
92 2021 Ihringen Winklerberg Hinter Winklen Gras im Ofen Chardonnay GG
92 2022 Ihringen Winklerberg Weißburgunder Erste Lage trocken
93+ 2020 Achkarren Schlossberg Spätburgunder GG
93+ 2020 Ihringen Winklerberg Winklen Rappenecker Spätburgunder GG
92+ 2020 »Mimus« Ihringen Winklerberg Spätburgunder Erste Lage trocken

92 2022 Ihringen Winklerberg Grauburgunder Erste Lage trocken
Der Duft mischt eine dezente Honignote in eine reife Frucht von Blutorange, Heidelbeere und gebackenem Hokkaidokürbis. Im Mund entfalten Stoffigkeit und Säurenerv eine kräftige Spannung, das wirkt noch verschlossen und hat nahezu das Potenzial eines GGs. 13 Vol.-%, NK, €€

★★★

WEINGUT HEINEMANN

Mengener Straße 4, 79238 Scherzingen
T: +49 7664 6351, weingut-heinemann@t-online.de
weingut-heinemann.de

Ab-Hof-Verkauf: Mo bis Fr 10–18 Uhr, Sa 10–16 Uhr
Kellermeister: Lothar Heinemann
Ansprechpartner: Lothar Heinemann
Flaschen/Hektar: 146.700 (45 % weiß, 33 % rot, 10 % Rosé, 2 % süß, 10 % Schaumwein)/20 ha

Beim Weingut Heinemann in Scherzingen steht langsam die Übergabe des Staffelstabs an. Lothar Heinemann, der das Weingut zu einer Topadresse im Markgräflerland gemacht und immer an das Potenzial des Batzenbergs geglaubt hat, übergibt an Sohn Niklas. Damit geht eine kleine Übergangsperiode einher, da der Junior – und das ist bestimmt eine gute Idee – die Topweine ein Jahr länger im Keller reifen lässt. Aus 2022 hat er uns deshalb ausschließlich Basisweine geschickt, die uns gemundet haben. Auf die Topweine aus 2022 freuen wir uns nächstes Jahr.

94 2018 »Selection SL Alte Reben« Scherzingen Batzenberg Chardonnay tr.
Braucht Luft und ein großes Glas, mineralische Würze, Salzzitronen, Gesteinsmehl, frische Kräuter, Melisse, Estragon, Brunnenkresse, Kamille, dezent Vanille. Am Gaumen sehr elegant, guter Holzeinsatz, schmelziger Fond, salzig-kühl, gut integrierte Säure, längst nicht am Ende seiner Reise. 13 Vol.-%, DV, €€€€

93 2020 »Selection SL Alte Reben« Grunern Altenberg Gutedel trocken
Dezent im Duft, mit Luft saftige Frucht von Äpfeln, Birnen, Quitten, weiße Blüten, Brennnessel, Minze, frisch gemahlene Mandeln, Kümmel. Am Gaumen mit Spannung, mineralische Würze, lebendige Säureader, saftige Frucht, cremiger Fond, dicht, hat weiteres Potenzial. 11,5 Vol.-%, NK, €€€

93+ 2019 »Selection SL Alte Reben« Scherzingen Batzenberg Spätburgunder tr.
Im Duft rote Waldbeeren, Sauerkirschen, Veilchen, Hagebuttenblüten, frische Blumenerde, getrocknete Minze, dunkle Schokolade. Am Gaumen saftige, frische Frucht, lebendige Säure, feinkörniges Tannin, elegant bei gutem Extrakt, schöne Länge. Reifepotenzial. 13 Vol.-%, NK, €€€€

92+ 2018 »Selection SL Alte Reben« Scherzingen Batzenberg Spätburgunder tr.
Sauerkirschen im Duft, rote und dunkle Beeren, balsamische Noten, schwarze Oliven, Rote Bete, Eukalyptus, dunkle Schokolade. Am Gaumen reife Beeren, kerniges reifes Tannin, gut integrierte, lebendige Säure, vollmundig, mineralische Würze, guter Speisenbegleiter. 13,5 Vol.-%, NK, €€€€

92+ 2020 Scherzingen Batzenberg Chardonnay trocken
92+ 2020 Ehrenstetten Oelberg Weißburgunder trocken
92 2021 »Selection SR« Scherzinger Chardonnay trocken
91+ 2020 Scherzingen Batzenberg Gutedel trocken
89+ 2022 Sauvignon Blanc trocken
88+ 2022 Scherzingen Batzenberg Muskateller trocken
89+ 2021 »Alte Reben« Spätburgunder tr.

90 2022 »Alte Reben« Scherzingen Batzenberg Chardonnay trocken
Feinduftig in der Nase, reifer Pfirsich, Birnen, weiße Blüten, Limettenabrieb, frisch gemahlene Mandeln. Am Gaumen dicht und elegant, cremiger Kern, umspielt von lebendiger, reifer Säure, saftig und frisch, mineralische Würze, salzig im Nachhall, lange am Gaumen. 12,5 Vol.-%, DV, €€

★★★

WEINGUT HEITLINGER

Am Mühlberg 3, 76684 Östringen-Tiefenbach
T: +49 7259 911210, info@weingut-heitlinger.de
weingut-heitlinger.de

Ab-Hof-Verkauf: nach Vereinbarung
Kellermeister: Daniel Rupp
Ansprechpartner: Claus Burmeister
Flaschen/Hektar: 580.000 (60 % weiß, 40 % rot)/80 ha
Anbauweise: Biodynamisch

Auf den kalkhaltigen Lagen im Kraichgau haben schon die Zisterzienser im 12. Jahrhundert Wein angebaut. Heute bewirtschaftet das Weingut Heitlinger hier eine Rebfläche von 80 Hektar rein biologisch und hat dazu eine Wellness-Infrastruktur mit Hotel, Restaurants und Golfanlage aufgebaut. Doch primär geht es um Burgunder in all seinen weißen und roten Varianten. Die Weine von Betriebsleiter Claus Burmeister verbindet ein moderner Stil, der Fruchtigkeit und Holz ausgezeichnet zusammenführt. In dieser Form ist das Weingut auf dem besten Weg zum vierten Stern.

93 2020 Hilsbach Eichelberg Pinot Blanc GG

Blasses Goldgelb. Kühl, zitrisch und nussig im ersten Duft. Es folgen reife gelbe Frucht und etwas Rauch. Am Gaumen herrlich saftig, die zitrisch markante Säure bringt Spannung und Zug in den attraktiven Pinot. Feine Mineralik begleitet den guten Abgang. 13 Vol.-%, DV, €€€

93 2020 Tiefenbach Heinberg Chardonnay GG

Goldgelb. Komplex im Duft. Aromen von Birne, Zitronenmelisse, weißem Pfirsich, Butterscotch und Johannisbeerblatt. Am Gaumen kompakt, cremig, stahlig und dabei elegant. Gut integrierte, feine Säure. Eine leichte Bitternote führt in den langen Nachhall. 13 Vol.-%, NK, €€€

92+ 2020 Tiefenbach Spiegelberg Pinot Gris GG

Goldfarben, ein Duft von Quitte, Limettenschale, weißem Pfirsich, roher Mandel, Gesteinsmehl und attraktiver Holzwürze. Am Gaumen zunächst herbe Frucht, leicht hefegeprägt, zitrisch, auch Mandel bei guter Säure, guter Präsenz und langem Nachhall. 13 Vol.-%, DV, €€€

93 2018 Odenheim Königsbecher Pinot Noir GG

Mittleres Rubin in der Farbgebung. Intensiv im Duft. Kirsche, dunkle Pflaume, Cranberry, Gewürznelke und Hibiskus. Am Gaumen attraktiv kühl und saftig. Reifer und feiner Gerbstoff sowie markante Säure. Langer Nachhall. Ein Wein mit viel Trinkfluss. 13 Vol.-%, DV, €€€

91+ 2020 »Reserve« Tiefenbach Pinot Noir trocken

92 2021 »Reserve« Hilsbach Chardonnay trocken

Goldgelb in der Farbgebung. Im Duft zunächst leicht reduktiv, dann klassisch tropische Frucht, Ananas, Grapefruit, Sternfrucht, gelber Apfel und Bourbonvanille. Am Gaumen präsente Frucht, markante Säure, dabei linear im Körper und lang im Nachhall. 13 Vol.-%, DV, €€

★★★★

WEINGUT HÖFFLIN SCHAMBACHHOF

Schambachhof, 79268 Bötzingen
T: +49 7663 607030, info@weingut-hoefflin.de
weingut-hoefflin.de

Ab-Hof-Verkauf: Ja
Kellermeister: Matthias Höfflin
Ansprechpartner: Matthias Höfflin
Flaschen/Hektar: 70.000 (75 % weiß, 25 % rot)/13 ha
Anbauweise: Bio

Es hat lange gedauert, bis Matthias Höfflin mit seinen ungewöhnlichen Landweinen die Aufmerksamkeit bekommen hat, die ihm gebührt. An seinem ersten Naturwein versuchte er sich 2009, damals habe ihn die »Neugierde gepackt und nicht mehr losgelassen«. Eigenständige Weine entstehen oft in einer Sphäre, wo Ordnung und Chaos aufeinandertreffen. Matthias Höfflin hat seinen ganz eigenen Weg gefunden, der immer die Delikatesse seiner Weine in den Mittelpunkt stellt: Nur wenige Winzer verstehen es, so gekonnt mit der Phenolik zu spielen – eine große Kunst.

91+ 2021 »Bienenfresser« Sauvignon Blanc trocken
Unfiltriert. Reife Aprikose, vergorener Apfel, getrocknete Kräuter, leichte Salzigkeit, aber auch Walnuss ist in der Nase zu finden. Präsente Säure, die gut eingebunden ist. Mineralisch, salzig, Aprikose, gelber Apfel, extraktreich mit feiner Gerbstoffstruktur. 12,5 Vol.-%, NK, €€€

93 2020 »NaturTalent« Souvignier Gris trocken
Malzig, würzig, getrockneter Salbei, getrocknete Aprikose, weißer Port, Tannennadeln. Setzt am Gaumen breit und selbstbewusst an, der weiche Fond ist die Bühne für Substanz, Kraft und sich lässig entwickelnder Spannung, extraktreich, feine Phenole, würzig, lang. 14 Vol.-%, NK, €€€

92 2018 »NaturTalent« Grauer Burgunder trocken
Braungoldene Farbe im Glas. In der Nase zeigt das »NaturTalent« schon seine Komplexität. Walnuss, Karamell, getrockneter Apfel, leicht ledrig, Mandel, Kamille und weißer Tee. Trocken, feine Phenolik mit einem ausgewogenen Körper und einer lebendigen Säure. Überzeugend.
13,5 Vol.-%, NK, €€€

92+ 2020 »Schwarzkehlchen« Spätburgunder trocken
Kompakte Nase mit Aromen von Kirsche, Brombeere und Schwarzer Johannisbeere, Kräutern wie Thymian und ein wenig würziges Holz. Am Gaumen präsentiert sich das »Schwarzkehlchen« ausgewogen, kraftvoll, mit einer feinen Gerbstoffstruktur und einer eleganten Säure.
12,5 Vol.-%, NK, €€€

91 2021 »Löss« Grauer Burgunder trocken
90+ 2021 »Kaisermantel« Weißer Burgunder tr.
91 2019 Rosé trocken
92 2020 »Rotkehlchen« Spätburgunder tr.
91 2020 »Prestige Löss/Lehm« Spätburgunder trocken

91+ 2022 »Löss« Auxerrois trocken
Unfiltriert. Aromen von Quitte, gelbem Apfel, reifer Birne und etwas Brioche. Am Gaumen sehr saftig und animierend. Gut eingebundene, lebendige Säure. Quitte, reifer gelber Apfel, mineralisch, salzig. Toller Einstieg in die Naturweinwelt! Macht Lust auf mehr. 11,5 Vol.-%, DV, €€

★

WEINGUT HONOLD

Am Hummelberg 1, 76684 Östringen
T: +49 7253 278627, info@weingut-honold.de
weingut-honold.de

Ab-Hof-Verkauf: Mi bis Fr 15–18 Uhr, Sa 9–13 Uhr
Kellermeister: Ludwig Honold
Ansprechpartner: Ludwig Honold
Flaschen/Hektar: 66.700 (60 % weiß, 25 % rot, 10 % Rosé, 5 % Schaumwein)/8 ha
Anbauweise: in Umstellung

Seit mehr als 20 Jahren baut Ludwig Honold in den Östringer Weinbergen PiWis an, experimentiert mit ihnen im Keller und ist diesen Rebsorten, die von Natur gegen allerlei Pilze resistent sind, geradezu leidenschaftlich verbunden. Seine Weine fallen gut balanciert, ja harmonisch aus, mit dem rechten Maß Säure und Fruchtsüße. Mit seinem roten »Louis Noir« und dem weißen »Ludwigs Leidenschaft« beweist der Winzer sein Talent für das Komponieren von Cuvéeweinen – und also für die Kunst, Weine zu schaffen, bei denen das Ganze die Summe seiner Teile übersteigt.

89 2019 »kein Scharlatan!« Östringen Spätburgunder Blanc de Noir brut nature
Feinblasige Perlage, goldgelbe Farbe mit hübschen Reflexen, in der Nase anfänglich duftarm, dann etwas Mineralität, wenig Frucht, kühl. Am Gaumen eine kräftige Säure, markante Dichte, cremiges, nicht ganz trocknendes Mundgefühl, sehr langer Nachhall. 12,5 Vol.-%, NK, €€

89+ 2022 Östringen Sauvignac trocken
Blasses Zitronengelb in der Farbgebung. Reif im ersten Duft bei Aromen von gelbem Pfirsich, Mandarinenschale, Geißblatt und grüner Paprika. Am Gaumen eine attraktiv reife Frucht, getragen von guter Säure. Ein Wein zum direkten Trrinkgenuss. 11,5 Vol.-%, DV, €

89+ 2022 Östringen Rosé trocken LMB/PN/CC
Brillantes Lachsrosa. Ein Duft von Schwarzer Johannisbeere, Birne, Holunderblüte und Orangenschale. Am Gaumen angenehm trocken, dabei saftig bei guter Textur, passender Phenolik und gutem Trinkfluss. Spannend, mineralisch, salziger Nachhall. 11 Vol.-%, DV, €

90+ NV »Louis Noir« Östringen Ulrichsberg Cuvée trocken
Granat in der Farbgebung. Sortentypische Aromen. Ein Duft von Cassis, Pflaume, Paprika, Gesteinsmehl und auch Tomatenblatt. Am Gaumen guter Gerbstoff bei schlankem Körper und guter Säure. Ein gut texturiertes Bordeaux-Blend zum direkten Trinkgenuss. 13 Vol.-%, DV, €€

89 2020 »Louis Blanc Fumé« Östringen Hummelberg Cuvée trocken WB/CH

90 NV »Ludwigs Leidenschaft« Östringen Cuvée trocken
Brillant in der Farbgebung. Intensiv im Duft. Es entwickeln sich Aromen von Grapefruit, junger Stachelbeere, Zitronenabrieb und eine Prise von weißem Pfeffer. Am Gaumen mit viel Harmonie bei moderater Fruchtsüße, gutem Säurezug und viel Trinkspaß. 11,5 Vol.-%, DV, €

★★★★★

WEINGUT BERNHARD HUBER

Heimbacher Weg 19, 79364 Malterdingen
T: +49 7644 929722, info@weingut-huber.com
weingut-huber.com

Ab-Hof-Verkauf: nach Vereinbarung
Kellermeister: Julian Huber
Ansprechpartner: Barbara und Julian Huber
Flaschen/Hektar: 110.000 (30 % weiß, 65 % rot, 5 % Schaumwein)/28 ha
Anbauweise: in Umstellung

Über das Weingut Bernhard Huber zu schreiben, ist zum einen leicht, aber auch verdammt schwierig: Weil man Gefahr läuft sich zu wiederholen in der Aufzählung von Superlativen. Auch wenn wir nur einen kleinen Ausschnitt des Sortiments verkosten konnten und einige heiß begehrte Etiketten fehlen, zeigt sich in jedem der Weine die große Könnerschaft und Exzellenz, die Julian Huber erreicht hat. Selbst die Basisweine sind mit so viel Idee, Verstand und Gefühl für die Proportionen vinifiziert, dass einem bange um die Konkurrenz werden könnte. Das ist einfach groß!

94 2021 »Alte Rebe« Chardonnay trocken
Neben Birne Reduktionsnote, flintig, Melone, feiner Kümmel. Am Gaumen entwickelt sich auf einem geschmeidigen Fond Substanz und Druck, eng gewobener Extrakt, raffinierte Säure, etwas Austernwasser, feinporige Phenolik in Schichten, zeigt Tiefe, langes Finale. 13 Vol.-%, NK, €€€

95+ 2021 Bombach Sommerhalde Spätburgunder trocken
Elegante Kirsche, Waldhimbeere, schwarzer Pfeffer. Mit der Differenzierung, die große Pinots ausmacht: souverän balanciert im Spiel der Moleküle. Saftig, rote Kirsche, Sauerkirsche, die ins leicht Saline der delikaten Säure gleitet, raffinierter Gerbstoff, mineralisch. 13 Vol.-%, NK, €€€€

94 2021 »Alte Reben« Spätburgunder tr.
Holzwürze, erdige Noten, Johannisbeere, dunkle Kirsche, Brombeere. Entspannt am Gaumen, weicher Fond, souverän mit druckvollem Extrakt, gekonntes Gleichgewicht von Substanz, Frucht und Säure, feinkörnige Gerbstoffe, dezent adstringierend: So wirkt Größe unangestrengt.
13,5 Vol.-%, NK, €€€

93 2021 Malterdingen Spätburgunder tr.
Leicht reduktiv, feiner Rauch, leicht pfefferig, Kirsche, Himbeere, Johannisbeere, erdige Noten, feine ätherische Obernote. Kräftig und straff gebaut, feste Struktur, dicht, lebendige Säure, betont trocken, fordernd auf angenehme Art, saftig, feine Würze und Mineralik. 13 Vol.-%, NK, €€€

91+ 2021 »Breisgau«

92+ 2021 »Malterdinger« trocken
Rauchig, flintig, feine Reduktion, Birne, Apfel, Melone. Fokussiert am Gaumen, gut abgefedert von engmaschig gebautem Extrakt, mittelgewichtig in der Struktur, reife Säure, saftig, maritime Noten, feiner, herber Apfel, feine Phenolik, die den Gaumen auskleidet, würzig.
13 Vol.-%, NK, €€€

★★

WEINGUT KILIAN HUNN

Rathausstraße 2, 79288 Gottenheim
T: +49 7665 6207, mail@weingut-hunn.de
weingut-hunn.de

Ab-Hof-Verkauf: Mo bis Fr 9–12.30 Uhr und 14–19 Uhr, Sa 9–12.30 Uhr und 14–18 Uhr
Kellermeister: Kilian Hunn
Ansprechpartner: Martina und Kilian Hunn
Flaschen/Hektar: 213.300 (75 % weiß, 15 % rot, 5 % Rosé, 1 % süß, 4 % Schaumwein)/30 ha

Gottenheim ist eine malerische Tuniberg-Gemeinde, umgeben von Weinbergen auf Lössterrassen. Im Weingut von Familie Hunn – gegründet 1982 – arbeiten heute drei Generationen Hand in Hand, um sorten- und gebietstypische Basisweine und eine »Réserve«-Linie, die sich seit Langem als Quelle erstklassig gereifter Weine erwiesen hat, zu erzeugen. Der aktuell angestellte 2017er Grauburgunder macht da keine Ausnahme. Gespannt sein darf man, was die Söhne Patrick und Jonas in Zukunft auf die Beine stellen – beide hatten sehr gute Lehrbetriebe und absolvieren derzeit ihr Studium.

92 2017 »Réserve« Grauburgunder trocken
Hell zitronengelb in der Farbe. Der Duft hat eine feine Reife: mit Noten von Walnuss in Honig, röstigem Holz, Sesam, Charentaismelone. Im Mund setzt der Wein saftig und dicht an, er hat eine konzentrierte Frucht, Schmelz, Nerv und eine Abrundung durch Reife und nicht durch Zucker.
14 Vol.-%, DV, €€

90 2022 »Junge Wilde« Chardonnay trocken
Ein nussiger, leicht buttriger Sortentyp entsteigt dem Glas, auch ein Aroma von gepopptem Mais ist da. Die Gaumenstruktur besitzt eine stille Harmonie, ein feiner Säurenerv setzt die reife Stoffigkeit in Szene, eine Prise Restsüße rundet ab, ohne die Frische zu schmälern. 13,5 Vol.-%, DV, €€

89+ 2022 »Junge Wilde Alte Reben« Weißburgunder trocken
Heu und Kleeblüte – ein frischer und auch leicht floraler Sortenduft. Im Mund zeigt der Wein eine vergleichsweise straffe Säure, mittelgewichtigen Extrakt und eine Prise Restsüße zur Abrundung. Ein frischer Weißburgunder – eher als Aperitif denn zum Essen. 13 Vol.-%, DV, €€

91 2019 »Réserve« Spätburgunder trocken
Im Duft: schokoladiges Holz, Herzkirsche und etwas Rumtopf. Im Mund setzt der wuchtige Bau ein feines Tannin auf einen geschmeidigen, leicht viskosen Fond, Säure und Saftigkeit halten den Alkohol in Schach, die Abgangsfrucht hält lange an und integriert »wilde« Aromen. 14,5 Vol.-%, DV, €€€

89 2022 »Junge Wilde« Auxerrois trocken

91 NV Pinot Rosé brut
Lachsrosa. Im sehr klaren Duft findet man Aromen von Apfelschale, Roter Johannisbeere, auch eine feine Hefekomponente. Der Gaumen ist frisch und nervig, das Mousseux wirkt auf zivilisierte Weise dynamisch, die behutsam gesetzte Dosage gibt der Abgangsfrucht Volumen.
12,5 Vol.-%, NK, €€

★

KAISERSTÜHLER WINZERGENOSSENSCHAFT IHRINGEN

Winzerstraße 6, 79241 Ihringen
T: +49 7668 90360
info@winzergenossenschaft-ihringen.de
winzergenossenschaft-ihringen.de

Ab-Hof-Verkauf: Mo bis Fr 8–18 Uhr, Apr. bis Dez. Sa 9–13 Uhr
Kellermeister: Werner Haßler
Ansprechpartner: Roland Jakob
Hektar: 300 ha

Alle Achtung! Die aktuellen Weine aus der Ihringer Kooperative haben uns beeindruckt. Vor allem die Spätburgunder zeigen sich stil- und niveauvoll: Man erkennt deutlich das Ihringer Vulkangestein-Terroir, das eine rare Verbindung aus Kraft und Eleganz ermöglicht. Dabei bleibt es dem Geschmack überlassen (und dem Speisezettel), ob man den etwas feiner ziselierten »Uringa 962« ohne »Réserve«-Bezeichnung bevorzugt oder das Volumen der »Réserve«. Bestätigt sich die stilistische Ausrichtung im nächsten Jahr, dann sehen wir hier bald den zweiten Stern.

90+ 2020 »Uringa 962 Réserve« Ihringen Winklerberg Chardonnay trocken
Ein relativ kräftiges Zitronengelb. Röstiges Holz und etwas Hefe dominieren den Duft. Im Mund hat der Wein einen stoffigen und auch korpulenten Bau, bei hoher Intensität besitzt er mittlere Differenzierung, er macht kräftig Druck und wirkt so, als würde er bei Tisch aufblühen. 14 Vol.-%, NK, €€€

92+ 2022 »Uringa 962 Réserve« Ihringen Winklerberg Spätburgunder trocken
Verschlossen im Duft, etwas Rauch, Preiselbeere, Tomatengrün und Hagebutte, Blut. Im Mund bildet reiche Geschmeidigkeit den Fond für einen körnigen, reifen Gerbstoff. Der Wein hat Druck und Differenzierung, und ist deutlich mineralisch getönt. Wow! 13,5 Vol.-%, NK, €€€

92 2020 »Uringa 962« Ihringen Winklerberg Spätburgunder trocken
Dezentes Holz und eine fein nuancierte Kirschfrucht, auch Kirschkern und leicht florale Untertöne. Im Mund hat der Wein einen seidigen Gerbstoff und einen ganz runden Fluss mit reifer Säure, deutlicher taktiler Mineralität und gut integriertem Alkohol. Elegant! 13,5 Vol.-%, NK, €€

90+ 2019 »Uringa 962 Réserve« Ihringen Fohrenberg Merlot trocken
Ein Duft wie von Buttercremetorte und kandierter Kirsche. Im Mund hat der Wein eine ausladende Struktur, ist ganz cremig grundiert, mit kräftigem, leicht trockenem Gerbstoff auf diesem Hintergrund. Die Frucht bleibt defensiv. Ein wuchtiger Wein, der beeindrucken will. 14 Vol.-%, NK, €€€

89+ 2021 »Uringa 962« Ihringen Winklerberg Sauvignon Blanc trocken

90 2022 »Premium« Ihringen Weißer Burgunder trocken
Ein beeriger Duft im Spätlesestil, aber mit guter Frische: Weiße Johannisbeere, auch Birne. Der Gaumen zeigt sich aufgeräumt: Eine feine Schicht Phenole gibt dem salzig unterlegten Körper Griffigkeit, die gut integrierte Säure und der geringe Restzucker stehen für kulinarische Qualität. 13 Vol.-%, NK, €

★★★★

WEINGUT FRANZ KELLER

Badbergstraße 44, 79235 Vogtsburg-Oberbergen
T: +49 7662 93300, info@franz-keller.de
franz-keller.de

Ab-Hof-Verkauf: Mo bis Fr 9–18 Uhr, Sa 10–18 Uhr
Kellermeister: Uwe Barnickel/ Christian Häuber
Ansprechpartner: Friedrich Keller
Flaschen/Hektar: 200.000 (60 % weiß, 40 % rot)/35 ha
Anbauweise: in Umstellung

Es gibt Weine, da bestehen wie beim Grauburgunder-GG aus dem Achkarrer Schlossberg keinerlei Zweifel an ihrer Erhabenheit und Güte. Trotzdem lösen sie Diskussionen aus, die über persönliche Vorlieben hinausgehen: Darf aus einem Backofen wie dem Schlossberg ein straffer, dichter und auch kühl anmutender Burgunder kommen oder kann man mehr charakteristische Opulenz erwarten? Auf alle Fälle ist dieser großartige Wein mehr als eine Stilübung, es ist auch ein Blick in die Zukunft des Weinbaus am warmen Kaiserstuhl. Starke Kollektion eines richtungsweisenden Weinguts!

94+ 2021 Achkarren Schlossberg Grauburgunder GG
Nobler Duft, die Lage legt sich elegant würzig über die Frucht, der Vulkan ist da, feines Holz, etwas geräucherte Kastanie, Birnen-Macron. Zeigt, dass aus der Reife auch Frische kommen kann, dicht, straff, mineralisch, trotzdem vollmundig, elegante Phenolik und Länge. 12,5 Vol.-%, NK, €€€

92 2021 »1G« Oberbergen Pulverbuck Weißburgunder trocken
Feiner Rauch, weißer Sesam, Birne und Apfel, macht mit Luft auf, Aprikosenhaut, eigenständiger Duft. Zeigt das, was »1G« bedeuten soll, ansteigende Komplexität mit Zug, Würze und Mineralik, vulkanisch, trinkig, ein kompletter Wein im Segment Erste Lage. 12,5 Vol.-%, NK, €€€

93+ 2021 Jechtingen Enselberg Spätburgunder GG
Beerige Pinotfrucht hinter feinem Hefe- und Rauchschleier, Himbeere, rote Kirsche, Preiselbeere. Kompakter, nicht zu sehniger Bau, dicht im Extrakt, mit guter Spannung, delikater Säurestrang, nie zu karg, mit geschmeidigem Fond, deutliche Mineralik, Tuffnoten, Länge. Jugendlich.
12,5 Vol.-%, NK, €€€

91+ 2021 Oberrotweil Spätburgunder trocken
Rauchig, hefig, rote und dunkle Kirsche, Himbeere, Johannisbeere, leicht ätherisch. Druckvoll mit nerviger Säureader und reifem, Halt gebendem Gerbstoff, etwas Sauerkirsche, auch geschmeidig in der Textur, zeigt Dichte, auch Mineralik, mittlere Komplexität. 12,5 Vol.-%, NK, €€€

91 2021 »vom Löss« Spätburgunder trocken

92 ❸ 2019 Pinot Rosé brut PN/WB
Wunderbare altrosa Farbe mit standhafter Perlage. Zarte Nase nach weißen Blüten, etwas Limettenabrieb, auch Kieselstein. Im Mund frisch und saftig, mit Eleganz, schlank, sehr animierendes und appetitanregendes Säurespiel, feines Mousseux, guter Speisenbegleiter.
12 Vol.-%, NK, €€€

★★★★

WEINGUT KLUMPP

Heidelberger Straße 100, 76646 Bruchsal
T: +49 7251 16719, info@weingut-klumpp.com
weingut-klumpp.com

Ab-Hof-Verkauf: Mo bis Fr 9–12 Uhr und 14–18 Uhr, Sa 9–13 Uhr
Kellermeister: Markus Klumpp
Ansprechpartner: Andreas und Markus Klumpp
Flaschen/Hektar: 230.000 (75 % weiß, 25 % rot)/33 ha
Anbauweise: Bio

Ihr größter Schatz sei die Vielfalt der Böden ihres Weinguts, bekunden Andi und Markus Klumpp, denn die unterschiedlichen Terroirs ermöglichten ihnen eine große Bandbreite an Rebsorten und Stilen. Im Weinberg geht es um niedrige Erträge, alte Stöcke, selektive Lese, aufwändige Bodenbearbeitung und ökologische Bewirtschaftung. Im Keller geben die Brüder den Weinen Zeit, schon die Gutsweine liegen mindestens fünf Monate auf der Vollhefe. Die akribische Arbeit zahlt sich aus: Die Spätburgunder und Chardonnays gehören zu den besten Badens, ja ganz Deutschlands.

94+ 2021 Unteröwisheim Kirchberg Chardonnay trocken
Gut dosierter Duft, röstig, Sonnenblumen, würzig, weißer Nugat, nussig, etwas Mango. Am Gaumen sehr gut proportioniert, sehr präzise, mit gutem Extrakt in feiner Entfaltung, auch cremig, etwas Butter, Würze, maritime Noten, feine Phenolik, gute Länge. 12,5 Vol.-%, NK, €€€

94 2021 Bruchsal Rothenberg Grauburgunder trocken
Blasses Goldgelb. Im Bukett bereits komplex. Leichter Rauch, feinste Fruchtaromen von Limettenmelisse, rosa Pfirsich, Cantaloupe-Melone und Kieselstein. Am Gaumen kleidet die präsente Säure die komplexe Frucht. Alles im Fluss bei sehr bedeutendem Nachhall. Bravo.
13 Vol.-%, NK, €€€

93 2020 Bruchsal Weiherberg Pinot Noir trocken
Fast Purpur in der Farbgebung. Feinste Aromen von schwarzer Kirsche, Gewürznelke und Cranberry. Am Gaumen auch Tomatenblatt und dunkle Pflaume, guter Gerbstoff bei gut integrierter Säure. Mineralik und etwas Piment führen in den langen Nachhall. 13 Vol.-%, NK, €€€

92+ 2020 Bruchsal Rothenberg Spätburgunder trocken
Rubinrot in Farbe und präzise im Duft. Kühle Aromen von Gipskeuper, reifer Schwarzkirsche, Wiesenkräutern und Pflaume. Am Gaumen fließend bei saftiger Säure und gutem Tannin. Gute Spannung, Floralik und ein Hauch Zartbitterschokolade begleiten den langen Nachhall.
13,5 Vol.-%, NK, €€€

92 2021 Unteröwisheim Kirchberg Weißburgunder trocken

91+ 2022 »Muschelkalk« Bruchsal Chardonnay trocken
Goldgelb und sortentypisch im Duft. Feine Aromen von Bourbonvanille, Ananas, Lemon-Curd und Kreide. Am Gaumen erbringt ein gutes Zusammenspiel von Säure und Frucht einen tollen Trinkfluss. Schmelz und leichte Mineralik begleiten den langen Nachhall. 12,5 Vol.-%, NK, €€

★★★

WEINGUT KNAB

Hennengärtle 1a, 79346 Endingen
T: +49 7642 6155, info@knabweingut.de
knabweingut.de

Ab-Hof-Verkauf: Mo bis Fr 17–18.30 Uhr, Sa 10–14 Uhr
Kellermeister: Johannes Rinker
Ansprechpartner: Johannes Rinker
Flaschen/Hektar: 150.000 (70 % weiß, 30 % rot)/23 ha

Am Kaiserstuhl produziert die Familie Rinker seit vielen Jahren zuverlässig gute, saftig-mineralische Weine. Uns begeistert immer wieder die beständig hohe Qualität der Weine aus der Drei-Sterne-Serie im oberen Segment, mit ihrem kraftvollen Stil und gut integriertem Holz. Endingens Nachbarort Amoltern mit seinen Vulkanverwitterungsböden spielt dabei eine wichtige Rolle. Eine Besonderheit des Hauses: Das Weingut bietet lehrreiche Weinbergfahrten ins älteste Naturschutzgebiet Baden-Württembergs in einem 50 Jahre alten Unimog mit anschließender Verkostung an.

92+ 2022 Endingen Wihlbach Weißer Burgunder* trocken**
Elegante Nase nach weißen Blüten und geriebenem Apfel, blond gebrannter Zucker, Mandeln. Am Gaumen besticht die kräftige und gut eingebundene Säure, feine herbe Noten verleihen dem Wein Tiefe, markante Rauchnoten paaren sich schön mit einem cremigen Nachhall. 13,5 Vol.-%, NK, €€€

93+ 2021 »R« Amoltern Steinhalde Spätburgunder* trocken**
Herrliche Nase nach Waldhimbeeren, etwas Cassis, Gewürzen, Brombeere und junge Holunderbeeren, auch Grafit und Waldboden. Am Gaumen saftige und fein süße Säure, schmelziges Tannin, trotz junger Noten schon äußerst trinkfreudig mit köstlichem Nachhall. 13 Vol.-%, NK, €€€

93+ 2021 Endingen Wihlbach Spätburgunder* trocken**
Dunkles Granatrot mit Brombeerreflexen im Glas, in der Nase Duft von Erde und Laub, Leder, Kastanien, schwarzen Kirschen. Am Gaumen sehr fein beerig, flüssig, elegant, eine hohe Dichte, gutes Tanningerüst, leicht trocknende, dabei aber auch saftige Säure. 13 Vol.-%, NK, €€€

92+ 2021 Endingen Schlangeneck Spätburgunder* trocken**
Konzentrierte, beerige Nase, Wacholder, Holunder, Laub, auch erdige Noten, Grafit. Schönes Säurespiel am Gaumen, erfrischend das Mundgefühl, sehr saftig, fast knackig, gut eingebautes Holz. Feine Aromen nach Zwetschgen und warmen Gewürzen, etwas Zimtrinde. 12,5 Vol.-%, NK, €€€

91 2022 Amoltern Steinhalde Grauer Burgunder* trocken**

92 2022 »Alte Reben« Endingen Engelsberg Weißer Burgunder trocken
Blitzende grüngoldene Refexe im Glas, kühle, fast jodige Nase, auch Muschelschale, ein wenig Limettenabrieb. Am Gaumen dann eine sehr lebendige Säure, gepaart mit duftigen Aromen nach Mirabellen, Zitrusnoten und feiner Adstringenz von Pampelmusenschale. 13,5 Vol.-%, NK, €€

★★

WEINGUT KÖPFER

Dorfstraße 22, 79219 Staufen im Breisgau
T: +49 7633 5288, info@weingut-koepfer.de
weingut-koepfer.de

Ab-Hof-Verkauf: Ja
Kellermeister: Gabriel Köpfer
Ansprechpartner: Gabriel Köpfer
Hektar: 6 ha
Anbauweise: Bio

Um ausnahmsweise mal mit der Tür ins Haus zu fallen: Gleich im zweiten Jahr, in dem das Weingut Köpfer am Weinguide teilnimmt, erhält es auch den zweiten Stern. Damit honorieren wir die handwerkliche Machart der individuellen und absolut natürlich wirkenden Weine. Kein Wunder, denn das Gut zählt seit 1978 zu den Biopionieren in Baden und Gabriel Köpfer, der die Weine ausbaut, vertraut auch im Keller der Devise »Weniger ist mehr«. Unser Tipp in der feinen Kollektion ist der erdige, animierende »Gutedel im Liter«, eine kleine Miniatur der Landschaft um Staufen.

91 2019 Staufen Mannwerk Chardonnay trocken

Reifes Obst, Banane, Mango, etwas Holzwürze, buttrig, auch nussig, weißer Nugat. Am Gaumen mit getragener Struktur und gutem Gleichgewicht von Kraft, Frucht und Mineralik, weiche Textur, leicht buttrig, Nuss, etwas Karamell, leicht salzige Säure, lange ausklingend. 13 Vol.-%, NK, €€€

91 2021 »Selektion K« Grunern Altenberg Gutedel trocken

Feine Holzwürze, helles Karamell, reifer Apfel, getrocknete Kräuter, etwas Heu, Ahornsirup. Am Gaumen mit attraktiver Säure, auch weichen Elementen, reifen Phenolen, Apfel, Mirabelle und Bergamotte, trotz schlanker Statur mit guter Substanz, kulinarisch gedacht. 12 Vol.-%, NK, €

92+ 2020 »Orange« Grunern Altenberg Bronner trocken

Reduktiv, sehr floral, Zitronengras, Zitronenmelisse, getrocknete Rosenblätter, Litschi, kandierte Orangenschale, Earl-Grey-Tee, Fenchelsamen, Jasmin. Am Gaumen eine ganz feine, wunderbare Adstringenz, sehr gepflegte Phenolik, Grip, nicht zu süß, trinkig, animierend. 12,5 Vol.-%, NK, €€€

90+ 2019 Ballrechten Castellberg Spätburgunder trocken

Attraktives Duftbild, feine Würze, Herbstlaub, Tannenzapfen, Brombeere, rote Johannisbeere, Schwarzkirsche, etwas Räucherspeck. Am Gaumen mit reifer Frucht, schöner Würze und Frische, rauchige Untertöne, mineralisch, trocken, ungeschminkt, klassischer Typ. 12 Vol.-%, NK, €

89+ 2022 Grunern Altenberg Sauvignon Blanc trocken

90 2022 »Gutedel im Liter« trocken

Klarer Duft nach grünem Apfel, leicht zitrisch, Wiesenkräuter, weiße Frucht, Weiße Johannisbeere, ganz feine Ätherik. Auch im Mund sehr klar und reintönig, saftiger Apfel und grüne Birne, auch zitrisch, erfrischend und animierend, elegant und erdig. Viel Wein. 11,5 Vol.-%, DV, €

★★★★

WEINGUT KOPP

Ebenunger Straße 23, 76547 Sinzheim
T: +49 7221 803601, info@weingut-kopp.com
weingut-kopp.com

Ab-Hof-Verkauf: Mo bis Fr 14–18 Uhr, Sa 10–13 Uhr
Kellermeister: Johannes Kopp
Ansprechpartner: Johannes Kopp
Flaschen/Hektar: 150.000 (70 % weiß, 30 % rot)/32 ha
Anbauweise: Biodynamisch

Das Weingut Kopp, vor den Toren Baden-Badens am Ausläufer des Fremersbergs gelegen, ist inzwischen nicht nur für Anhänger der Biodynamie ein attraktives Gesamtkunstwerk: Durch die steilen Weinberge streifen Hochlandrinder, deren Dung die Böden vitalisiert und deren Fleisch – ganz im Sinne eines natürlichen Kreislaufes – im eigenen Restaurant »Ebanat« verwertet wird. In der Vinothek können mit Blick auf das Rheintal alle Weine verkostet werden, etwa der exzellente Schaumwein, der famose Chardonnay und die gekonnt balancierten, mineralischen Spätburgunder.

94+ 2021 Varnhalt Felsenstück Chardonnay trocken
Blasses Goldgelb. Zunächst eine attraktive Reduktionsnote, weißer Pfirsich, Lemon Curd, gelber Apfel und Geißblatt. Am Gaumen wiederum Zitronenmelisse in einem komplexem Umfeld von Steinobst und Ausbau. Perfekte Säure. Langer Nachhall. Viel Potenzial. 12 Vol.-%, NK, €€€

92 2019 Blanc de Blancs extra brut
Feine Perlage. Kühl und attrraktiv vegetabil im ersten Duft. Es folgen Brioche, Zitronenzeste, Birne, Haselnuss und Weihrauch. Am Gaumen markante Säure, die von der moderaten Dosage balanciert wird. Ein sehr attraktiver Schaumwein in mittlerem Körper. 11,5 Vol.-%, NK, €€

93+ 2020 Baden-Baden Balzenberg Spätburgunder trocken
Mittleres Rubin. Dicht, zugleich elegant. Feinste Aromen von Sauerkirsche, Blaubeere, Rote Johannisbeere, feine Kräuterwürze. Am Gaumen feines Tannin, komplexe Frucht, etwas Rauch und leichte Mineralik. Balanciert von ideal eingebundener Säure. Bedeutender Nachhall. 12 Vol.-%, NK, €€€

93 2019 Varnhalt Sonnenberg Spätburgunder trocken
Im Duft kräuterig, floral, leicht rauchig sowie rote Pflaume, Cranberry, Hisbiskus, Gewürznelke und Gesteinsmehl. Am Gaumen sowohl feine Säure als auch feines Tannin bei guter Balance und attraktivem, mineralischem Nachhall. Gute Länge. 12,5 Vol.-%, NK, €€€

91 2020 »Lösslehm« Weißburgunder trocken

90 2022 Rosé trocken
Lachsrosa. Noch leicht nussig-hefiger, etwas rauchiger und vegetabiler bis kräuteriger Steinobstduft mit rotbeerigen und leicht pilzigen Anklängen. Schlanke, nicht ganz trockene Zitrusfrucht, feine Säure, etwas Grip, gewisse Nachhaltigkeit, salzige Töne, guter Abgang.
11,5 Vol.-%, DV, €€

★

WEINGUT PETER KRAUSE

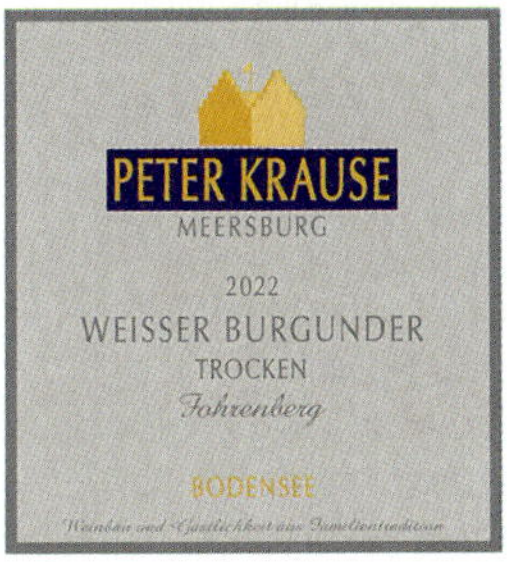

Daisendorferstraße 41/1, 88709 Meersburg
T: +49 7532 50 57, mail@weingut-krause.com
weingut-krause.com

Ab-Hof-Verkauf: Ja
Kellermeister: Peter Krause, Matthias Krause
Ansprechpartner: Peter Krause
Flaschen/Hektar: 40.000 (60 % weiß, 20 % rot, 10 % Rosé)/5 ha

Die Bodenseeregion bietet mit ihrem milden, sonnenverwöhnten Klima und den vielfältigen Böden ideale Voraussetzungen für den Weinbau. Peter Krause, der das Gut von seinem Onkel übernommen hat, kultiviert in den Weinbergen hoch über der Meersburger Altstadt vor allem Burgundersorten – und das mit großem Erfolg. Aus der konstant guten Kollektion ragt der 2022er Grauburgunder aus dem Gewann Mocken heraus, der mit seiner sehr kultivierten Art sehr viel Freude macht. Das gilt auch für den eleganten 2022er Spätburgunder aus dem Meersburger Fohrenberg.

92+ 2022 »Gewann Mocken« Meersburg Fohrenberg Grauer Burgunder trocken
Feiner Duft nach reifem Apfel, Birne, Brioche, feine Holzwürze und Vanille, Pfirsichblüte, vielschichtig. Am Gaumen mit eleganter Säure, gekonnter Barrique-Einsatz, Vanille, Kräuterwürze, zupackend und griffig, schöne Phenole, gute Struktur und Länge, endet frisch. 12,5 Vol.-%, DV, €€

91 2022 Meersburg Fohrenberg Weißer Burgunder trocken
Feiner Duft nach reifem Apfel, Birne, dazu Mandelblüte und Blumenwiese, Pfirsich kommt dazu, delikat. Am Gaumen mit lebendiger Säure, feine Phenole, dicht, straff, griffig, Zitrusaromen, frisch und pur, gute Struktur, endet lang und vif. 12,5 Vol.-%, DV, €

90+ 2022 Meersburg Fohrenberg Auxerrois trocken
Kerniger Duft nach würzigem Apfel, Haselnuss, dazu schöne Kräuterwürze mit Minze und einer Spur Salbei. Am Gaumen mit reifer, gut austarierter Säure, helle, pikante Früchte, Kräuterwürze, Wein mit schöner Spannung, klar, gute Struktur und Länge. 12,5 Vol.-%, DV, €€

90+ 2022 Meersburg Fohrenberg Spätburgunder Rotwein trocken
Klarer Duft nach reifen roten Früchten, viel Sauerkirsche, Schlehe, Brombeere, delikat. Am Gaumen mit lebendiger Säure und feinen Gerbstoffen, straff, dominiert von roten Früchten, gute Struktur, klar und sauber, elegant, vermittelt viel Trinkfreude. 12,5 Vol.-%, NK, €

89 2022 Meersburg Fohrenberg Spätburgunder Rosé trocken

90+ 2022 Meersburg Fohrenberg Grauer Burgunder trocken
Feiner Duft nach reifem Apfel, Birne, Haselnuss, etwas Pfirsich, Mandelblüte, delikat und fein. Am Gaumen mit lebendiger Säure, helle Frucht, auf Frische und Zug vinifizierter Grauburgunder mit Spannung, gute Struktur und Länge, elegant, toll zum Essen. 12,5 Vol.-%, DV, €€

★★

WEINGUT KREBS

Birkenweg 48, 79589 Binzen
T: +49 7621 62141, info@weinkrebs.de
weinkrebs.de

Ab-Hof-Verkauf: Mo bis Do 14–19 Uhr, Fr 9–19 Uhr, Sa 9–14 Uhr
Kellermeister: Maximilian & Hans Krebs
Ansprechpartner: Maximilian Krebs
Flaschen/Hektar: 80.000 (65 % weiß, 35 % rot)/8,5 ha

Das Familienweingut aus dem südwestlichen Zipfel der Republik hat erneut eine sehr ausgewogene, absolut stimmige Kollektion vorgestellt. Vater Hans und Sohn Maximilian verstehen es, auf den sonnigen Südwestlagen mit ihren mineralischen, tiefgründigen Lehm-Löss-Böden wunderbar geschmeidig-frische, aber doch gehaltvolle Weine zu keltern. Die Gutedel haben es uns dabei sehr angetan. Ganz besonders herausgestochen hat jedoch der Spätburgunder 2021 aus der »Johann-Jakob«-Serie, der den Jahrgang von seiner besten Seite zeigt: elegant, aber auch aromatisch dicht und komplex.

91+ 2022 »Johann Jakob« Gutedel trocken
Balsamische Spontangärungsnoten, feuchter Kalk, Traube. Ein Anflug von Blütenhonig. Im Mund hat der Wein mehlige Phenole, eine gute Balance aus Stoffigkeit und geschmeidigen Motiven, das Jahr hat Fülle gegeben, ohne Nerv und Frische zu rauben. Ein gehaltvoller Gutedel! 11,5 Vol.-%, NK, €€

90+ 2022 »Numme Nüt Huddle« Chardonnay trocken
Duft nach reifem rotem Apfel, Birne und Mandelmus, dahinter etwas zarte Vanille, eine Spur Rauch. Am Gaumen mit feiner, lebendiger Säure und frischem Schmelz, griffig, helle Früchte, erneut Mandel, elegant und balanciert, gute Länge, toll zum Essen. 13,5 Vol.-%, DV, €

93 2021 »Johann Jakob« Spätburgunder trocken
Im Duft: Waldbeeren, Holunder, Wacholder, ätherisch-»kühl«, aber ohne vegetale Töne. Im Mund zeigt der Wein gutes Volumen, einen homogenen Verlauf, er ist mineralisch fundiert mit reifem Gerbstoff. Balance und Länge sind ausgezeichnet, ein außergewöhnlich ausgeglichener 2021er!
12,5 Vol.-%, NK, €€

91 2019 »B Numme Nüt Huddle« Spätburgunder trocken
Leicht balsamischer Duft nach Süßkirsche, Pflaume, Schlehe und Brombeere, etwas Rauch und Vanille. Am Gaumen mit schmelzenden Gerbstoffen und fein balancierter Säure, schöner Zug, dunkle Schokolade, Tabak, dazu rote Früchte, dicht gewoben, gute Länge. 13,5 Vol.-%, NK, €€

90 2022 »Numme Nüt Huddle« Grauer Burgunder trocken
90 2022 »Johann Jakob« Weißburgunder trocken
89+ 2022 »Heimat« Weißer Burgunder trocken
89 2022 »Heimat« Müller-Thurgau trocken
89 2022 »Heimat« Gutedel trocken
88+ 2022 »Heimat« Spätburgunder Blanc de Noirs trocken
89+ 2020 »Numme Nüt Huddle« Spätburgunder trocken

90 2022 »Flüdenwein Numme Nüt Huddle« Gutedel trocken
Feiner Duft nach Apfel, Mandel und etwas Birne, klar und frisch, es zeigen sich auch ein paar zitrische Noten. Am Gaumen mit schöner Frische, gut austarierter Säure, helle Früchte, griffig und fest, feiner Schmelz, auch zum Essen sehr gut, macht Spaß. 11,5 Vol.-%, DV, €

★★★

LÄMMLIN-SCHINDLER

Müllheimer Straße 4, 79418 Schliengen-Mauchen
T: +49 7635 440, weingut@laemmlin-schindler.de
laemmlin-schindler.de

Ab-Hof-Verkauf: Ja
Kellermeister: Gerd Schindler
Ansprechpartner: Gerd Schindler
Flaschen/Hektar: 146.700/20 ha
Anbauweise: Bio

Ein ums andere Mal beeindruckt uns, welch glasklare, fein ausgearbeitete Sortentypen Gerd Schindler in der preislichen Mittelklasse vorstellen kann. Dieses Jahr ist der Orts-Grauburgunder 2022 aus Mauchen so ein Geniestreich: Wenn man ins Glas riecht, sieht man unwillkürlich die Träubchen vor seinem geistigen Auge – wie gemalt in Reife und Gesundheit. Auch beim Rotwein zielt Schindler auf eine klare und intensive Frucht – und diese wird von einem Gerbstoff flankiert, der eine jahrelange Verfeinerung in der Flasche garantiert. Highly recommended!

91+ 2021 Mauchen Sonnenstück Weißburgunder Erste Lage trocken
Reif und würzig im Duft, Strohblumen, buttrige Noten, auch florale Töne und etwas Frühlingswiese. Im Mund setzt der Wein geschmeidig an, dann verdichten sich Stoff und Säure, was dem guten Volumen und der Fülle zusätzlich Prägnanz verleiht. Kulinarisch! 13 Vol.-%, NK, €€

92+ 2019 Mauchen Frauenberg Spätburgunder GG
Der Wein zeigt sich würzig-dunkelbeerig im Duft, mit einem Hauch von Tannenhonig, Bitterschokolade, Baumharz. Im Mund hat der Wein einen körnigen, reifen, leicht trockenen Gerbstoff von handwerklicher Anmutung, die lebendige Säure gibt Spannung und hebt die Abgangsfrucht hervor. Noch jung! 13 Vol.-%, NK, €€€

92 2019 Mauchen Merlot trocken
Der Duft ist bereits offen: Amarenakirsche, Kirschlikör, etwas Neuholz, Blaubeere. Im Mund hat der Wein einen dichten, qualitativ hochwertigen, reifen Gerbstoff, eine merkliche Salzigkeit, eine integrierte Säure und eine gute Länge. Sehr gutes Potenzial! 13,5 Vol.-%, NK, €€

91 2018 »Alte Reben« Mauchen Spätburgunder trocken
Lorbeer, Reisig, Mandel, auch Preiselbeere, profitiert sehr von Luftkontakt. Im Mund hat der Wein einiges Fleisch, eine Prise Grünlichkeit im Gerbstoff lässt einen frühen Lesetermin vermuten, Saft und Frucht tragen aber lange, die Perspektiven sind positiv! 13,5 Vol.-%, NK, €€

90+ 2021 »Reserve« Mauchen Chasselas trocken

91 2022 Mauchen Grauburgunder trocken
Ein nuanciert beeriger, recht klarer Sortenduft, man sieht die bronzefarbenen Beerchen förmlich vor sich. Im Mund hat der Wein eine sehr feine Textur, ganz zarte Phenole auf passend geschmeidigem Hintergrund, die Säure macht den Gaumen agil, mineralische Noten, frisch.
12,5 Vol.-%, DV, €

★★★

WEINGUT ALEXANDER LAIBLE

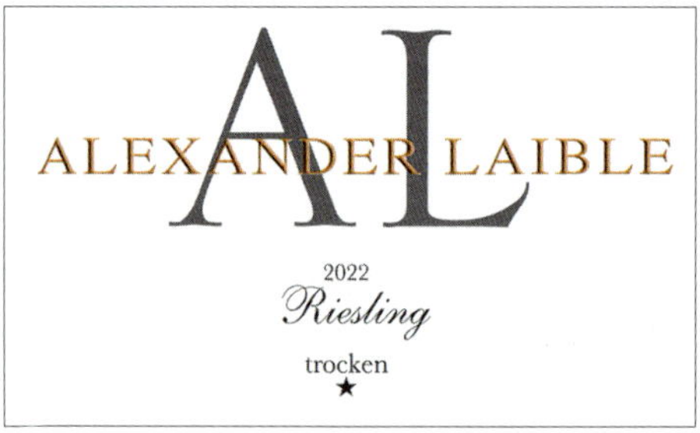

Unterweiler 48, 77770 Durbach
T: +49 781 2842380, info@weingut-alexanderlaible.de
weingut-alexanderlaible.de

Ab-Hof-Verkauf: Mo bis Fr 14–18 Uhr und Sa 10–15 Uhr
Kellermeister: Alexander Laible
Ansprechpartner: Alexander Laible
Flaschen/Hektar: 153.300 (80 % weiß, 10 % rot, 5 % Rosé, 5 % Schaumwein)/19 ha

Alexander Laible ist seit langer Zeit eine feste Größe in Baden. »Mein Ziel ist es«, schreibt uns der Winzer, »sehr kleine aromatische Trauben anzubauen und dann dafür zu sorgen, dass man jede Fruchtnuance im Wein wiederfinden kann.« Das so formulierte Ziel erreicht Laible auch mit den aktuellen Weinen aufs Beste. Dabei wird die lupenrein herausgearbeitete Frucht stets mit Stoffigkeit und einer Spur restsüßer Abrundung flankiert – die Weine haben alles, um nicht nur im Augenblick gut zu schmecken, sondern auch sehr gut reifen zu können.

93 2021 »Heaven« Chardonnay trocken
Kräftig buttrig im Duft, bereits entfaltet, Steinobst (Reneklode), etwas Minze und Muskat. Im Mund setzt der Wein stoffig an, straffe Phenolik und kernige Säure sorgen für Intensität, mineralische Komponenten und zurückhaltender Holzeinfluss vervollständigen das Bild.
13 Vol.-%, DV, €€€

90+ 2022 »SL«* Weißer Burgunder trocken**
Vielschichtig im Duft: frischer Zitrusabrieb, aber auch Heu und Kleeblüte, weiße Schokolade. Im Mund hat der Wein einen geschmeidigen Hintergrund und eine stoffige Extraktfüllung, deutliche Süße gibt dem insgesamt eher vertikalen Bau Volumen. Braucht ein Essen, das die Süße einbindet.
13 Vol.-%, DV, €€

90+ 2022 »SL«* Grauburgunder trocken**
Zu Beginn noch hefewürzig, öffnet sich der Duft in Noten von geröstetem Sesam, Charentaismelone, frischen und gesüßten Burgunderbeeren. Im Mund zeigt sich ein runder, dennoch frischer und saftiger Wein, dessen Süße den Sortentyp hervorhebt. Sehr gute Länge. 13 Vol.-%, DV, €€

90 2022 »Chara«* Sauvignon Blanc trocken**
Ein pikanter Duft entströmt dem Glas: mit pfeffrigen Tönen, grüne Stachelbeere, Paprika, aber auch reifer Frucht, rote Stachelbeere, Nektarine. Im Mund ist der Wein ganz straight gebaut, frisch und knackig, mit Spannung und guter Länge. Ein erfrischender Aperitif. 13 Vol.-%, DV, €€

90 2022 »Muschelkalk«* Chardonnay trocken**

91 2022 »Chara«* Riesling trocken**
Im Duft nimmt man Pfirsich und nussige Töne wahr. Im Mund folgt auf einen geschmeidigen Auftakt eine dichte, nicht im Übermaß phenolische Struktur, feste Säure wird von passender Süße gepuffert, der lange Abklang ist noch jugendlich-kompakt und integriert mineralische Noten.
12,5 Vol.-%, DV, €€

★★★

WEINGUT LANDERER

Niederrotweil 3, 79235 Vogtsburg-Niederrotweil
T: +49 7662 1070, info@weingut-landerer.de
weingut-landerer.de

Ab-Hof-Verkauf: Nov. bis März Mo bis Fr 8–12 und 14–17 Uhr, Sa 9–12 Uhr und nach Vereinbarung, Apr. bis Okt. Mo bis Fr 8–12 und 14–17 Uhr, Sa 9–12 und 13.30–15.30 Uhr
Kellermeister & Ansprechpartner: Johannes Landerer
Hektar: 23 ha
Anbauweise: in Umstellung

Schon mit 17 Jahren pflanzte Johannes Landerer Sauvignon Blanc in das karge Vulkanverwitterungsgestein am Kaiserstuhl, um seinen eigenen Stil zu entwickeln. Diese Experimentierfreude hat ihn nicht mehr losgelassen, inzwischen wächst auch Syrah im Oberrotweiler Kirchberg, der zwar noch nicht die ätherische Würze erbringt wie an der Rhône, aber durchaus Ambitionen zeigt. Mit seinem Feingefühl für die Kombination der Elemente und dem gekonnten Spiel mit Phenolen ist der Winzer mit Bravour dabei, in die Spitzengruppe der badischen Winzer zu klettern. Alle Achtung.

95 2021 Oberrotweil Henkenberg Chardonnay trocken
Komplexer Duft, flintig, Feuerstein, Spontangärung, Bienenwachs, Birnenmark, etwas Birnenkompott. Komplex und spannungsgetragen am Gaumen, dicht im Extrakt, schöne Saftigkeit, reife Phenole, zeigt Substanz und Mineralik, cremig, Haselnuss, würzig, langer Nachhall. 13 Vol.-%, NK, €€€

93 2021 »Fumé« Oberrotweil Kirchberg Sauvignon Blanc trocken
Feines, raffiniertes »Fumé«-Parfum, Stachelbeere, Johannisbeere, Quitte und Apfelschale. Fester, kräftiger Bau am Gaumen mit gutem Extrakt, druckvoll, würzig, saftig mit Mineralik unterlegt, dicht, eng verwoben. Hat Stil und zeigt seine Herkunft Kaiserstuhl. 13 Vol.-%, NK, €€€

92 2021 Oberrotweil Kirchberg Syrah trocken
Holzwürze, Brombeere, Schwarzkirsche, Cassis, Wildpflaume, rauchige Noten, etwas Zedernholz, Vanille. Kraft- und druckvoll im Mund mit guter Konzentration, dichtes Extrakt, gut eingepasste, feinnervige Säure, reifes, dicht gepacktes Tannin, mineralisch. 13 Vol.-%, NK, €€€

91+ 2021 »Schwarze Erde« Oberrotweil Pinot Noir trocken
Beeriger Pinotduft nach Kirsche und Himbeere, etwas Hefe und Holzwürze, pfeffrig, feine Holzlaktik. Kräftig gebaut und auch kraftvoll am Gaumen mit gutem Extrakt und recht lebhafter Säure, Granatapfel, Himbeere, leicht salziger Hintergrund, mineralisch. Stilvoll. 13 Vol.-%, NK, €€

90 2022 Oberrotweil Sauvignon Blanc trocken

92 2021 »Schwarze Erde« Leiselheim Chardonnay trocken
Feine Reduktionsnote, etwas Hefe, auch rauchig, Sesam und Kümmel, Birne und Quitte mit gelbfruchtigen Anklängen. Würziger und auf Frische und Mineralität ausgehender Wein mit straffer Struktur und auch weichen Anteilen, präzise Säure, salzig begleitet. Spannend.
12,5 Vol.-%, DV, €€

★★

WEINGUT LANDMANN

Umkircher Straße 29, 79112 Freiburg im Breisgau
T: +49 7665 6756, info@weingut-landmann.de
weingut-landmann.de

Ab-Hof-Verkauf: Mo bis Fr 8–12 Uhr und 13–18 Uhr, Sa 8–12 Uhr
Kellermeister: Jürgen Landmann
Ansprechpartner: Jürgen Landmann
Flaschen/Hektar: 150.000 (55 % weiß, 45 % rot)/29 ha
Anbauweise: Bio

Der Ort Waltershofen wurde in den Siebzigerjahren nach Freiburg eingemeindet, liegt aber gut zehn Kilometer entfernt am Rand des rebenbewachsenen Tunibergs. Hier hat Jürgen Landmann sein Bioweingut, das seit Langem für anspruchsvolle Kelterungen, aber auch für sympathische Alltagsweine bekannt ist. In letztere Kategorie fällt der Rivaner (also: Müller-Thurgau), der unser Tipp ist. Ein unbeschwerlicher und unbekümmerter, aber dabei auch niveauvoller Wein. Die holzgeprägten »Triple-L«-Weine reizen aus, was das Klima im Mittelrheingraben an Power hergibt. Nicht zu früh trinken!

92 2020 »L.L.L« Weißer Burgunder trocken

Würziges Neuholz im Duft, Weihnachtsplätzchen, buttrige und pfeffrige Töne. Im Mund hat der Wein Fülle und Druck, bei aller Konzentration wirkt der Extrakt aber auch fein ziseliert. Eine zarte Süße gibt zusätzlich Hintergrund. Das wird komplex ausreifen. 15 Vol.-%, NK, €€€

90+ 2021 Pinot Gris trocken

Der Duft betont hefig-rauchige, fast pfefferige Komponenten, im Hintergrund zeigt sich eine reife Sortenfrucht von Honigmelone. Am Gaumen hat der Wein Volumen und Kraft und auch eine Schicht Geschmeidigkeit, Stoffigkeit und Kern als Kontrast. Ein dichter, durchgegorener Grauburgunder. 13 Vol.-%, NK, €€

90 2021 Pinot Noir Rosé trocken

Pastellfarben. Im Duft findet man Noten von Roter Johannisbeere und etwas Burgunderwürze. Der Gaumen zeigt sich schlank, saftig und von feinnerviger Säure getragen. Ein delikater Rosé für Kenner! Dank seines niedrigen Alkoholgehalts verzeiht er auch große Schlücke. 10,5 Vol.-%, NK, €

91 2018 »L.L.L« Pinot Noir trocken

Bereits recht offen im Duft: getrocknete Feige, Milchschokolade, Gariguette-Erdbeere. Auch etwas Waldhonig. Der Gaumen hat einen kräftigen Alkoholgehalt und ist extrem dicht mit feinkörnigem Gerbstoff besetzt. Im Abgang zeigt sich der Alkohol leicht trocknend. Ein Pinot-Noir-Amarone! 14,5 Vol.-%, NK, €€€

90 2021 Chardonnay trocken

90 2022 Rivaner trocken

Im Duft nimmt man Muskat wahr, Banane und Pfefferminze. Im Mund zeigt sich der Wein ausgewogen, mit einer für die Sorte sehr guten Dichte, die erfreuliche trockene Abstimmung lässt den Gaumen clean und unbeschwerlich abklingen. 11 Vol.-%, NK, €

★★

WEINGUT PHILIPP LANG

Alter Weg 52, 79112 Freiburg im Breisgau
T: +49 7664 59283, info@lang-weine.de
lang-weine.de

Ab-Hof-Verkauf: Mo bis Sa 8–12 Uhr und 14–18 Uhr
Kellermeister: Philipp Lang
Ansprechpartner: Philipp Lang
Hektar: 10 ha

In Zeiten der Aufgeregtheiten und Sensationslüste – auch in der Weinbranche – bilden Winzer wie Philipp Lang einen wohltuend geerdeten Kontrastpunkt: Seine Weine – er konzentriert sich auf die Burgundersorten und Riesling – sind absolut verlässlich und versuchen nicht mit Effekten zu heischen, sie vermitteln den unaufgeregten Ausdruck der Lehm-Löss-Böden in Munzinger Lagen wie dem Kapellenberg. Und, auf keinen Fall zu unterschätzen: Sie werten das dazu passende Gericht garantiert auf. Die Spätlesen von Chardonnay und Grauburgunder stehen exemplarisch dafür.

91 2021 Chardonnay Spätlese trocken
Die Farbe spielt ins Goldgelb. Der Ausbau im Eichenfass prägt den Duft noch mit, gelbe Frucht, Birne, feine Würze. Ausgewachsene Spätlese mit Muskeln und Substanz, gut balanciert, kristalline Säure, feine Fruchtsüße, reife Phenole. Auf Reife angelegt, zum Essen. 13,5 Vol.-%, NK, €€

90 2022 Grauburgunder Spätlese trocken
Ein Hauch Gäraromatik, feine Hefe, reife Birne, Melone, Mandelmus, feine kräuterige Noten. Kraftvoll und stoffig am Gaumen, mit weicher Säure und würzigem Hintergrund, etwas Muskatnuss zur reifen Birnenfrucht, Schmelz, klassische Spätlese, zu kräftigen Gerichten. 13,5 Vol.-%, DV, €

91 2022 Riesling Auslese
Derzeit eher verhaltener Duft nach reifen Zitrusfrüchten, dazu Aprikose und Mirabelle, zarter Blütenhonig. Am Gaumen mit einem schönen Süße-Säure-Spiel, viel Kräuterwürze, Mangosaft, Mandarine, viel Würze, gute Struktur und Länge, wird schön reifen. 10,5 Vol.-%, DV, €€€

89+ 2022 Muskateller Spätlese
Sortentypischer Duft nach Muskatwürze und frisch gepresstem Traubensaft, dazu reife Zitrusfrucht, Mandarine. Am Gaumen mit verhaltener Säure, spürbare Süße, pikante Muskatnuss, Birnensaft, sehr rund und zugänglich, gute Länge, schön zum Dessert. 11 Vol.-%, DV, €

89 2022 Weißburgunder Kabinett trocken

89+ 2022 Riesling trocken
Riecht nach reifem Steinobst und Apfel, Pfirsich, auch zitrische Noten, Orangenschale und Grapefruit. Schlank gebaut am Gaumen mit mittlerer Struktur, ausgewogene Säure, klare, saftige Frucht, Pfirsich Apfel und etwas Limette, die feine Süße steht ihm gut. 12 Vol.-%, DV, €

★★

MAIER BIO WEINGUT

Karlsruher Straße 8, 76532 Baden-Baden
T: +49 7221 64197, info@weingutmaier.de
weingutmaier.de

Ab-Hof-Verkauf: Di bis Fr 9–12 u. 15–18 Uhr, Sa 9–13 Uhr
Kellermeister: Volker Maier
Ansprechpartner: Volker Maier
Flaschen/Hektar: 55.000 (60 % weiß, 20 % rot, 10 % Rosé, 10 % Schaumwein)/10 ha
Anbauweise: Bio

Für Volker Maier steht fest: Seine Ausdauer, Selbstdisziplin und sein Perfektionismus, die ihm früher Medaillen als Kugelstoßer eintrugen, verhelfen ihm heute zum Erfolg als Winzer. Gemeinsam mit Ehefrau Iris betreibt er sein Weingut konsequent biodynamisch. Am Ende stehen Weine, die ohne Brimborium vor allem eines tun: Sie schmecken. Originell ist der aus Grau- und Spätburgunder gekelterte »Badisch Rotgold« – ein Weintyp, der in den 1970er-Jahren Popularität genoss, dann völlig von der Bildfläche verschwand, bis ihn die Maiers wieder zum Leben erweckten.

90 2022 Cabernet Blanc trocken
Feine würzige Nase nach frischem Grasschnitt, Limettenabrieb, Augustäpfeln, am Gaumen frisch, saftig, würzige Noten nach blondem Tabak und jungen grünen Stachelbeeren. Die Säure ist stimmig eingebunden, der Nachhall unaufgeregt fein angelegt, trinkiger Gesamteindruck. 12 Vol.-%, DV, €€

90 2020 »Josefa« Gewürztaminer trocken
Zuerst untypische kräuterige und rauchige Nase, der Traminer sehr verhalten. Am Gaumen zeigt sich dann der Sortentyp, feine Fruchtnoten, Würze, zarte Süße, leicht rauchige Herbheit, appetitanregend. Saftiges Säurespiel mit gutem Nachhall. 13,5 Vol.-%, DV, €€

89+ 2022 Grauer Burgunder trocken
Sehr zarte Nase nach weißen Birnen, Sonnenblumenkernen und Weißen Johannisbeeren. Am Gaumen anfänglich molliges Säurespiel, dann frisch, saftig, guter Trinkfluss, leicht erdige und auch kalkige Noten, nicht ganz trockener Eindruck, etwas sättigender Nachhall. 12,5 Vol.-%, DV, €€

92+ 2020 »Tamino« Cuvée trocken CAC/CC/PO/MON
Fast blickdichter Wein mit brombeerroten Reflexen. In der Nase wuchtige Aromen von roten Beeren, reifen Pflaumen, schwarzen Kirschen, auch Nelken, etwas Zimtrinde. Am Gaumen frisch und dicht, sehr animierende Säure, ungemein beerige Saftigkeit, kühler Nachhall. 13 Vol.-%, DV, €€

89+ 2022 »Saison Auftakt« Cuvée feinherb RR/SOG

90+ 2022 »Badisch Rotgold« Rosé tr. PG/PN
Schön pastellfarbiges Apricot im Glas, in der Nase Duft nach weißen Blüten, etwas Honig, rosa Rosen, kühl. Am Gaumen frisch und saftig mit Aromen von Steinobst wie weißer Pfirsich und Mirabellen, Glaskirschen, auch leicht rauchig. Sommerwein mit Trinkfluss. 12 Vol.-%, DV, €€

★★

MARKGRÄFLER WINZER

Winzerstraße 2, 79588 Efringen-Kirchen
T: +49 7628 91140, h.ruedlin@markgraeflerwinzer.de
markgraeflerwinzer.de

Ab-Hof-Verkauf: Mo bis Fr 9–12.30 Uhr und 13.30–18 Uhr, Sa 9–13 Uhr
Kellermeister: Martin Leyh
Ansprechpartner: Hagen H. Rüdlin
Hektar: 900 ha

Von selbst managen, keltern und verkaufen sich 900 Hektar nicht. Doch das Team der Markgräfler Winzer stemmt diese Aufgaben ausgezeichnet. Der »G'meinwerk«-Gutedel für weniger als fünf Euro die Flasche ist bereits eine gute Visitenkarte. Die Faszination dieser innovativen Genossenschaft und ihre Alleinstellung zeigen sich allerdings vor allem bei den anspruchsvolleren Weinen, etwa bei den Lagen-Spätburgundern und bei den holzgeprägten (aber nicht überfrachteten) Weinen mit dem Namen »DER«: DER Chardonnay und DER Spätburgunder brillieren gleichermaßen!

92+ 2020 »DER« Chardonnay trocken
Das Holz ist gut integriert in einem zitrisch unterlegten Sortenduft nach Popcorn, dazu kommen ein Hauch Anis und etwas geröstete Haselnuss. Im Mund entfaltet der Wein Geschmeidigkeit, Stoff und Säure sorgen dennoch für eine gebündelte Kontur, die Länge ist ausgezeichnet.
13 Vol.-%, NK, €€

91+ 2021 »DER« Gutedel trocken
Würziges Holz trifft auf einen zitrischen Sortentyp, man findet Noten von Orangen-, aber auch etwas Austernschale. Am Gaumen offenbart der Wein eine vom Barrique eingefasste und abgerundete Struktur, deutliche Phenole, mineralische Wahrnehmungen und reife Säure geben Länge.
11,5 Vol.-%, NK, €€

92+ 2020 »DER« Spätburgunder trocken
Im Duft ist das schokoladige Holz recht präsent, dazu kommen aber auch intensiv burgunderbeerige Aromen, Brombeere, auch Tabak. Der Gaumen ist fleischig, hoch verdichtet mit reifem Gerbstoff besetzt, der geschmeidige Fond und die Frucht geben Balance. 13,5 Vol.-%, NK, €€€

90+ 2021 »Kunstwerk« Istein Kirchberg Spätburgunder trocken
Schokoladiges Holz trifft auf kalkpfefferige Terroirtöne und würzige Pinotnoten von Amarenakirsche bis Thymian. Im Mund ist der Wein dicht mit festem, leicht trockenem Gerbstoff besetzt, die Fruchtbegleitung bleibt ein wenig in der Defensive. Potenzial ist aber durchaus da. 13,5 Vol.-%, NK, €€

89+ 2022 »Kunstwerk« Istein Kirchberg Gutedel trocken
89+ 2021 Ballrechten-Dottingen Castellberg Grauburgunder »Kunstwerk«
89 2022 »Handwerk« Ötlingen Sonnhole Chardonnay trocken
89 2022 »G'meinwerk« Grauburgunder trocken
88+ 2022 »G'meinwerk« Gutedel trocken
88 2021 »Kunstwerk« Ehrenstetten Ölberg Weißburgunder trocken
90 2021 »Kunstwerk« Grenzach Hornfelsen Spätburgunder trocken

90 2022 »Handwerk« Ehrenstetten Rosenberg Sauvignon Blanc trocken
Ein pikanter, klarer Duft nach grüner Stachelbeere, Kiwi und Paprika, leicht rauchig begleitet. Im Mund zeigt der Wein eine saftige Säure, einen straffen und unbeschwerlichen, aromatisch gut dotierten Bau, der großen Trinkspaß verspricht. 12 Vol.-%, DV, €

★★

WEINGUT MARKGRAF VON BADEN SCHLOSS SALEM

Schloss Salem, 88682 Salem
T: +49 7553 81284, weingut@mbweinhaus.de
markgraf-von-baden.de

Ab-Hof-Verkauf: täglich 10–18 Uhr
Ansprechpartner: Volker Faust
Hektar: 90 ha

Mit seinem Weingut ist der Markgraf von Baden an zwei Standorten präsent: in der Ortenau und am Bodensee. Die Weinberge am See, etwa rund um die Wallfahrtskirche Birnau, liegen in einer so malerischen Landschaft, dass der geneigte Betrachter an einem sonnigen Tag leicht glauben kann, hier flössen Milch, Honig und Wein in Strömen. Dabei ist der Weinbau im Klima der Voralpen anspruchsvoll: Hinter einem Spätburgunder, der so fein und elegant und gleichzeitig so ausdrucksstark im Glas steht wie der Buchberger aus Bermatingen, steckt harte Arbeit. Bravo!

89+ 2022 Birnau Grauburgunder trocken
Im Duft: Honigmelone und Orangenschale, auch nussige Untertöne sind da. Im Mund zeigt sich eine seidige Textur, bei eher dezenter, erst spät im Gaumenverlauf etwas präsenter werdender Säure entsteht bei moderatem Alkohol ein gewisser Eindruck von Fülle. Mittlere Länge. 12 Vol.-%, DV, €€

89 2022 Birnau Müller-Thurgau trocken
Im Duft dominieren die fruchtigen Aromen: Birne und weiße Johannisbeere, Muskattraube und kandierte Ananas. Der Gaumen ist gehaltvoll, von fester Säure im Lot gehalten, eine Prise Süße stützt unauffällig, der Wein endet etwas breit. 12,5 Vol.-%, DV, €€

93 2020 Bermatingen Leopoldsberg Buchberg Spätburgunder GG
Röstiges Neuholz und eine kirschige Burgunderfrucht im Duft. Im Mund hat der Wein einen reifen, mürben, in der Menge verständig gewählten Gerbstoff, eine gut integrierte Säure und Geschmeidigkeit unter dem Extrakt. Schafft es, Seeleichtigkeit und Dichte zu vereinen. Elegant! 12,5 Vol.-%, NK, €€€

90+ 2020 Bermatinger Leopoldsberg Spätburgunder Erste Lage trocken
Sauerkirsche, Leder und Halbbitterschokolade. Recht klar und frisch. Der Gaumen ist mittelgewichtig angelegt, die Gerbstoffe sind weitgehend reif und weisen leichte Körnigkeit auf, der Abklang zeigt sich saftig und nimmt die Fruchtaromen des Duftes wieder auf. 12,5 Vol.-%, NK, €€€

88 2022 »Bodensee« Weißburgunder trocken

90 2022 Birnau Weißburgunder trocken
Floral im Duft, Apfelblüte, etwas Honig, im Mund hat der Wein einiges Feuer, eine reife, dennoch gut tragende Säure, eine Schicht Cremigkeit, er wirkt noch sehr jung, wird sich aber zu einem gehaltvollen Speisenbegleiter entwickeln. 12,5 Vol.-%, DV, €€

★★★

WEINGUT MARKGRAF VON BADEN SCHLOSS STAUFENBERG

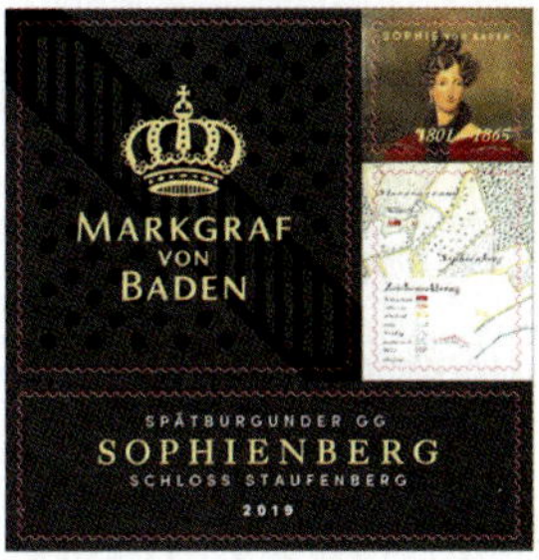

Schloss Staufenberg 1, 77770 Durbach
T: +49 781 42778, weingut@mbweinhaus.de
schloss-staufenberg.de

Ab-Hof-Verkauf: Di bis So 11–19 Uhr
Kellermeister: Frédéric Kirch
Ansprechpartner: Volker Faust
Hektar: 22 ha

Als Markgraf Carl Friedrich – derselbe, der seinen Untertanen den Gutedel gebracht hatte – 1782 erstmals Riesling in die Steillagen des Klingelbergs bei Durbach setzen ließ, wurde die Bezeichnung »Klingelberger« im Großherzogtum Baden bald zu einem Synonym für Riesling. Die 2021er Version dieses Gewächses macht der Historie keine Schande, sie belegt ein weiteres Mal, dass die Sorte hier eigenständige, charaktervolle Weine hervorbringt. Nun sollte man meinen, wo der Riesling so gut gerät, müsse es auch guten Spätburgunder geben. Und in der Tat, so ist es!

92+ 2021 »K Klingelberger« Durbach Schloss Staufenberg Riesling GG
Erste Würze im Duft, mit frischen Motiven wie Zitrone und Grapefruit, aber auch mit Noten von feuchtem Stein. Im Mund hat der Wein hintergründigen Schmelz und eine zivilisierte Säure, er ist komplett trocken abgestimmt und wirkt dennoch rund und nachgerade süß in der Abgangsfrucht. 12,5 Vol.-%, NK, €€€

90+ 2021 Durbach Schloss Staufenberg Chardonnay Erste Lage trocken
Der Duft zeigt sich noch sehr hefig, mit Mandelnoten und leichten Feuersteinaromen. Im Mund hat der Wein eine lebendige Säure, die aber vom Extrakt gut eingebunden wird. Der vertikale Bau und die Dichte lassen ein gutes Reifepotenzial des Weines erwarten. 13 Vol.-%, NK, €€€

93 2020 Durbach Schloss Staufenberg Sophienberg Spätburgunder GG
Würzig-mineralisch im Duft, Wildkirsche, dezentes Holz, Berglorbeer, reduktive Noten, Halbbitterschokolade. Im Mund gefällt an diesem Wein zunächst die intensive, saftige Gaumenfrucht, er hat aber auch ein hochwertiges, dichtes Tannin und eine stabilen Säurenerv für kommende Jahre der Flaschenreife. 13 Vol.-%, NK, €€€

91 2020 Durbach Schloss Staufenberg Spätburgunder Erste Lage trocken
Duftig und würzig, Blut, Schattenmorelle, Gesteinsstaub, ein Anflug von Holz. Im Mund hat der Wein gute Proportionen, viel Saftigkeit, einen leicht anhaftenden, aber weitgehend reifen Gerbstoff, gute mineralische Zwischentöne und gute Länge. 13 Vol.-%, NK, €€€

90+ 2021 Durbach Schloss Staufenberg Grauburgunder Erste Lage trocken

89 2022 Durbach Weißburgunder trocken
Eine intensive Hefewürze verweist etwas Holz und einen buttrigen Sortenduft in den Hintergrund. Im Mund hat der Wein einen geschmeidigen Auftakt, eine reife, nahtlos integrierte Säure und einen aromatisch noch neutralen, abermals hefegeprägten Abklang. Braucht Zeit. 13,5 Vol.-%, DV, €€

★★★

WEINGUT GEBR. MATHIS

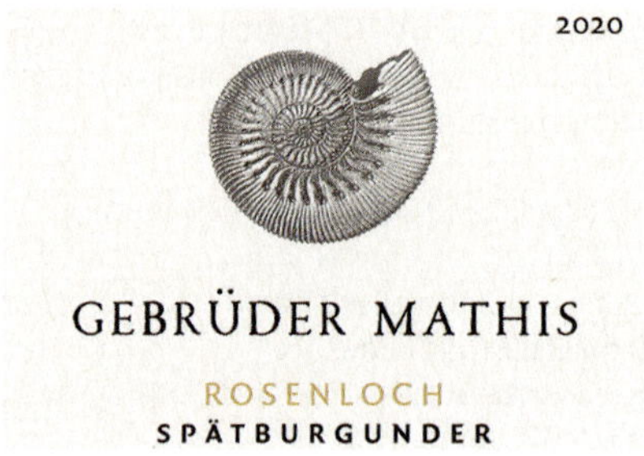

Enggasse 21, 79291 Merdingen
T: +49 7668 33 40 10, weingut@gebrueder-mathis.de
gebrueder-mathis.de

Ab-Hof-Verkauf: Di bis Fr 10–12 Uhr und 14–17 Uhr, Sa 11–15 Uhr
Kellermeister: Severin Stich, Sabeth Sedlatschek
Ansprechpartner: Sabeth Sedlatschek
Flaschen/Hektar: 106.700 (40 % weiß, 60 % rot)/15 ha
Anbauweise: in Umstellung

Um mit der Tür ins Haus zu fallen: Nach der Verkostung der aktuellen Weine verleihen wir dem Merdinger Weingut den dritten Stern, zugleich nominieren wir Sabeth Sedlatschek und Severin Stich, die junge Generation im Familienbetrieb, als »Newcomer des Jahres« (ein Porträt finden Sie weiter vorne im Buch). Die Burgunder des jungen Paares besitzen eine stilistische Reife, die uns begeistert hat: Die Weinberge des Betriebs lagen schon immer in der Nachbarschaft eines Kalksteinbruchs – doch neu ist, dass die Weine eine so stupende Spannung ins Glas bringen. Eine völlig neue Qualität am Tuniberg!

93 2021 »Tuniberg« Weißburgunder trocken
Ein Hauch von Holz, Karamell, aber auch gebrannte Mandel, weiße Blüten, im Mund hat der Wein einen runden Körper, der von einer lebendigen Säure balanciert wird, der Abklang hat Frische und Saftigkeit und eine sehr gute Länge. Ein sehr eleganter Wein. 13 Vol.-%, DIAM, €€

95+ 2020 Merdingen Rosenloch Spätburgunder trocken
Feuchter Kalk, pfeffrige Terroirnoten, Himbeere, florale Noten, gut integriertes Holz. Der Gaumen hat die Struktur eines Grand Cru: Eine warme Frucht, Hagebutte, Granatapfel, getragen von Geschmeidigkeit, ein fester Kern von reifem Gerbstoff und natürlich integrierter Säure geben Potenzial. 13,5 Vol.-%, NK, €€€

94 2020 »Alte Rebe« Spätburgunder trocken
Im Duft etwas Neuholz, Süßkirsche, Himbeere, Rote Johannisbeere, Rhabarber. Am Gaumen hat der Wein eine gebündelte, feingliedrige Struktur, stabile Säure, eine nahezu adstringierende Struktur. Ein kräftiger und zugleich differenzierter Wein. 13,5 Vol.-%, DIAM, €€€

92 2020 »Tuniberg« Spätburgunder trocken
Eine burgundische Nase, Kirsche, Kirschkern und Süßmandel. Etwas Unterholz. Im Mund viel Saft, guter Körper, feinkörniges Tannin in guter Menge, ein sehr kompletter Pinot voller Balance und Ausgewogenheit. Gute Länge und viel Stil. 13,5 Vol.-%, DIAM, €€

91 2022 »Tuniberg« Auxerrois trocken

92 2021 »Tuniberg« Grauburgunder trocken
Noch relativ verschlossen, ein Anflug von röstigem Holz, ein klein wenig Honigmelone. Im Mund zeigt der Wein die Pinot-Gene sehr klar, mit griffigem Tannin und kräftigem, aber sehr gut von Extrakt abgedecktem Körper. Ein raffinierter, durchdachter Sortentyp. 12,5 Vol.-%, DIAM, €€

★★

STAATSWEINGUT MEERSBURG

Seminarstraße 6, 88709 Meersburg
T: +49 7532 446744, info@staatsweingut-meersburg.de
staatsweingut-meersburg.de

Ab-Hof-Verkauf: Mo bis Fr 9–18 Uhr, Sa 9–16 Uhr, So 11–18 Uhr
Kellermeister: Johannes Brückner
Ansprechpartner: Dr. Jürgen Dietrich
Flaschen/Hektar: 466.700 (50 % weiß, 15 % rot, 30 % Rosé, 5 % Schaumwein)/60 ha

Wie alt die Domäne wirklich ist, liegt im Dunkel; die älteste Urkunde nennt das Jahr 1324. Heute wird der traumhaft schön in Meersburgs Oberstadt mit Blick auf den See gelegene Betrieb als erster Badens nachhaltig und klimaneutral bewirtschaftet. An den Weinen gefällt uns der ruhige, ungekünstelte Stil. Und wir wissen zu schätzen, dass uns das Gut auch mit Brot und Butter des Bodenseeweins bemustert: Weißherbst und Müller-Thurgau. Bei Letzterem konnte im Vergleich diesmal das Vulkangestein des Hohentwiels den Sieg vor Meersburgs Moränenböden erringen.

92 2022 Meersburg Rieschen Riesling trocken
Ein beeriger Riesling, reif und klar, Weinbergpfirsich, frische Traube. Der Mund zeigt ein Süße-Säure-Spiel unter Führung der Süße, viel Saftigkeit, aber auch Schmelz und geschmeidige Schichten unter der Struktur. Sehr gute Länge, ein Bodenseeriesling der neuen Generation. 12,5 Vol.-%, DV, €€

89+ 2022 Meersburg Lerchenberg Müller-Thurgau trocken
Eher traubig als muskatierend im Duft, leicht zitrisch, floral, wie ein Frühlingsregen. Im Mund hat der Wein eine feste Säure, ein präsentes phenolisches Rückgrat, leichte Süße zur Unterstützung und einen für Sorte und Region kräftigen Alkoholgehalt. 12,5 Vol.-%, DV, €€

91 2020 Meersburg Bengel Spätburgunder Weissherbst trocken
Pastellfarbenes Lachsrosa. Der Duft zeigt eine recht pure Burgunderfrucht, Walderdbeere, Himbeerbonbon. Der Gaumen verbindet Charme und Stoff, eine recht erwachsene Phenolik trifft auf viel Frucht und ein süßsaures Spiel. Ein gehaltvoller Rosé mit deutlichen Burgundergenen.
13 Vol.-%, DV, €€

91 2022 »GG« Meersburger Bengel Spätburgunder trocken
In der Nase hat der Wein eine schöne Kirschfrucht, Johannisbeere, Brombeere, gefolgt von Kräutern und etwas frischem Holz. Am Gaumen hat der Wein eine lebendige Säure, feine Tannine, eine schöne Würze mit leicht erdigen Noten, gefolgt von getrockneten Kräutern. 12,5 Vol.-%, DV, €€€

89+ 2022 Meersburg Jungfernstieg Weißburgunder trocken

90 2022 Hohentwiel Olgaberg Müller-Thurgau trocken
In der Nase sind Aromen von Holunder, Pfirsich, etwas Walnuss und etwas Orangenblüte wahrnehmbar. Am Gaumen eine lebendige Säure, süffig, feine Würze mit einer schönen Extraktsüße. Tolle Textur und ein süffiger Körper und eine starke Länge. 12,5 Vol.-%, DV, €€

★★★★

WEINGUT MICHEL

Winzerweg 24, 79235 Achkarren
T: +49 7662 429, info@weingutmichel.com
weingutmichel.com

Ab-Hof-Verkauf: Mo bis Fr 14–17 Uhr, Sa 10–13 Uhr
Kellermeister: Josef Michel
Ansprechpartner: Josef Michel
Flaschen/Hektar: 113.300 (68 % weiß, 25 % rot, 5 % Rosé, 2 % Schaumwein)/14 ha

Nach der Verkostung war sich das Team einig: Was wir von Josef Michel und Sohn Robin verkostet haben, ist dermaßen überzeugend, dass wir mit großer Freude den vierten Stern verleihen. Herzlichen Glückwunsch! Die Familie bringt aus dem Glutofen Achkarrer Schlossberg Chardonnay, Grau- und Spätburgunder von großer Distinktion hervor: Weine, die eine kühle Ader zeigen, ohne dabei auf erzwungene Weise karg zu wirken. Vielmehr wird der auf dem Vulkangestein entstehende Reichtum auf stilvolle Weise kanalisiert. Eine Bereicherung der Kaiserstühler Palette!

94+ 2022 Achkarren Schlossberg Grauburgunder GG
Netzmelone, Blutorange, Nugat de Montélimar und eine Prise Holz. Im Mund offenbart der Wein eine dichte Bündelung, Säure und Phenole setzen die Gaumenmitte unter Starkstrom, ehe dann ausleitend der cremige Reichtum von Lage und Sorte aufblitzt. Sehr raffiniert! 13 Vol.-%, NK, €€€

93 2021 Achkarren Schlossberg Chardonnay GG
Marzipan, Mandel, Mispel, auch Ananas, Buttermilch, Holzwürze. Am Gaumen saftig und cremig, etwas sahnig, trotzdem animierend, mit tragender Säure, etwas Ingwer und auch herber Apfel, leicht pfeffrig, geröstete Pinien, zugänglicher Stil, passende Länge. 13 Vol.-%, NK, €€€

94 2021 Ihringen Winklerberg Hinter Winklen Spätburgunder GG
Sehr fein im Duft: Himbeere, Walderdbeere, schwarzer Pfeffer, Gesteinsmehl. Im Mund setzt der Wein saftig an, der makellos reife Gerbstoff steigert sich, ohne zu adstringieren, salzige Noten und ein feiner Säurenerv führen ins fruchtgetragene und mineralisch geprägte Finale. 13 Vol.-%, NK, €€€

93 2021 Achkarren Schlossberg Spätburgunder GG
Hinter hefigen Noten öffnet sich nach und nach eine intensive, leicht pflaumige, aber auch an Waldbeeren erinnernde Frucht. Die Gaumenstruktur hat Weite, macht Druck mit feinen Mitteln, der Gerbstoff ist mürb und saftet gut ab. Die lebendige Säure ist gut in den Körper integriert.
13 Vol.-%, NK, €€€€

91 2022 »Tephrit« Achkarren Grauburgunder trocken

91 2022 »Tephrit« Achkarren Chardonnay trocken
Eine recht reife Frucht im Duft: Mandarine, Aprikose, Mirabelle. Auch die typische Gesteinsstaubnote des Achkarrer Schlossbergs ist vorhanden. Im Mund hat der Wein einen straffen Bau, ein lebendiges Säurerückgrat, eine gut zum mittleren Körper passende Phenolik, und einen mineralischen Abklang. 13 Vol.-%, NK, €€

★★

BIOWEINGUT MISSBACH

Schönbergstraße 32, 79285 Ebringen
T: +49 7664 6513, info@bioweingut-missbach.de
bioweingut-missbach.de

Ab-Hof-Verkauf: Ja
Kellermeister: Ralph Mißbach
Ansprechpartner: Petra Mißbach
Flaschen/Hektar: 53.300 (50 % weiß, 30 % rot, 5 % Rosé, 15 % Schaumwein)/8 ha
Anbauweise: Biodynamisch

Seit über 250 Jahren ist Familie Mißbach in Ebringen südwestlich von Freiburg verwurzelt, 1923 trug Ludwig Mißbach eine Weinkellerei ins Handelsregister ein, 1994 stellte Urenkel Ralph das zwischenzeitlich entstandene Weingut auf Biobewirtschaftung um. Im Jahr 2020 folgte schließlich der nächste Schritt: der Beginn der Demeter-Zertifizierung. Wir sind höchst angetan von den neuen Weinen. Petra und Ralph Mißbach gehen einen eigenständigen Weg, machen Dinge aber auch nicht nur anders um des Andersseins willen: Die Weine haben Stil und schmecken. Glückwunsch zum zweiten Stern.

92 2022 »Im Einklang« Grauburgunder trocken
Cremefarben. Ein delikater Duft mit Noten von Blutorange, Apfel und Heidelbeere. Der Gaumen beginnt geschmeidig, entfaltet dann einen kräftigen Säurekern und eine feinkörnige Phenolik, die von etwas Kohlensäure und von intensiver, taktiler Mineralität begleitet ist. Pointiert!
12,5 Vol.-%, DIAM, €€

92 2021 Chasselas »König Ludwig« trocken
Viel Hefe im Duft und ungewöhnlich blumige Aromen, fast auch Rhabarber und Blutorange. Im Mund baut der Wein einen Kontrast aus geschmeidigem Hintergrund und dichter, sehr feiner Phenolik auf. Das intensive Erlebnis endet mit fester Säure und kräftiger taktiler Mineralität.
11 Vol.-%, DIAM, €€

91+ 2020 »Charakterköpfe« Weißburgunder trocken
Ein Duft von weißer Schokolade, Blüten, auch Apfel und roter Kampot-Pfeffer. Der Gaumen zeigt sich ganz seidig rund und schmelzend, er ist dabei aber nicht fett, sondern fein texturiert, saftig, mit feinem, lebendigem Säurenerv. Stilvoll und kulinarisch. 13,5 Vol.-%, DIAM, €€

93 2019 »Charakterköpfe« Pinot Noir
Ein frischer Beerenduft entsteigt dem Glas, Rote und Schwarze Johannisbeere, Brombeere, Milchschokolade, etwas Salbei. Im Mund hat der Wein einen reifen, aber auch frischen, sehr gut extrahierten Gerbstoff, viel Saftigkeit und eine ausgezeichnete Länge. 13,5 Vol.-%, DIAM, €€€

91+ 2020 »Charakterköpfe« Chardonnay tr.

91 2022 »Im Einklang« Weißburgunder tr.
Ein »staubiger«, pfefferiger, kalk-würziger Duft und auch eine Sortenaromatik von weißen Blüten. Auch im Mund ist die Terroirnote früh präsent, die Gaumenstruktur ist druckvoll, dabei auf stimmige Weise phenolisch aufgeladen, durchzogen mit natürlicher Säure. 12,5 Vol.-%, DIAM, €€

★★

WEINGUT MOOSMANN

Schwarzwaldstraße 78, 79183 Waldkirch-Buchholz
T: +49 7681 7574, genuss@weingut-moosmann.de
weingut-moosmann.com

Ab-Hof-Verkauf: Mo bis Fr 8–18.30 Uhr, Sa 8–16 Uhr
Kellermeister: Georg Moosmann und Timo Käppele
Ansprechpartner: Michaela Moosmann
Flaschen/Hektar: 186.700 (45 % weiß, 40 % rot, 5 % Rosé, 10 % Schaumwein)/25 ha

Unsere Leidenschaft gilt dem Weingenuss. Hervorragende Weine mit hohem Anspruch, die dennoch Trinkvergnügen bereiten und Lust machen auf ein zweites Glas«: so das Versprechen der Familie Moosmann, das der vergnügliche und doch seriöse Muskateller prototypisch einlöst. Überhaupt erzielen alle Weine 90 Punkte und mehr, der kraftvolle und hintergründige Grauburgunder »Riddele« führt das auf hohem Niveau homogene Sortiment an. Die jugendlichen Spätburgunder befinden sich noch in der Metamorphose und werden sich weiter entfalten. Eine Kollektion, die viel Freude macht.

92 2021 »Riddele« Grauburgunder trocken
Mittleres Goldgelb, kräftiger Duft nach reifen Früchten wie Birne und Honigmelone, Hanf und Flachs, gerösteter Sesam, feiner Rauch als Ambiente. Kraftvoller und gut balancierter Grauburgunder, der bei aller Substanz nuancierte Details zeigt: feinnervige, leicht saline Säure, reife Phenole und eine hintergründige Mineralik. Gute Länge. 13,5 Vol.-%, NK, €€

91 2021 »Riddele« Weißburgunder trocken
Reife Aprikose, Birne, etwas Honig und Karamell, geröstete Haselnüsse. Macht keinen Hehl aus seiner badischen Herkunft, kräftig gebaut, kraftvoll in der Performance mit gut balancierender Säure, mittlerer Extrakt, reife Phenole stützen die Struktur, die feine Mineralik steuert Tiefe bei.
13 Vol.-%, NK, €€

91+ 2020 »Rebhäusle« Spätburgunder trocken
Ausbaunoten, Würze, Rauch, Röstaromen, rote und dunkle Kirschen, Waldbeeren, Wacholderbeeren, Waldboden. Stattliche Struktur mit einer guten Menge an festen und noch leicht rustikalen Gerbstoffen, dezenter Bitterton, kraftvoll, noch etwas verschlossen in der Entfaltung. Potenzial.
13,5 Vol.-%, NK, €€

91 2020 »Alte Reben« Spätburgunder trocken
Rote Johannisbeeren und rote Kirschen, Granatapfel, leicht erdige Noten, etwas Rote Bete, feiner Rauch. Kräftig in der Substanz, die von einer feinen, lebendigen Säureader durchzogen wird. Noch knackiger Gerbstoff in mittlerer Dosierung, rotfruchtig. Fließt gut über den Gaumen. 14 Vol.-%, NK, €€

90+ 2022 Sexau Sonnhalde Chardonnay trocken

90 2022 Muskateller trocken
Ausgeprägte Aromatik, Pfirsich, Apfel und Birne, Muskatblüte und Orangenzeste. Verbindet Frische mit klarem Fruchtausdruck und feiner Würze in einer schlanken Struktur, nicht zu überladen, unbeschwert und doch auch mit Facetten wie feiner Mineralik. Fein gearbeitet.
12,5 Vol.-%, DV, €€

★★★

WEINGUT NÄGELSFÖRST

Nägelsförst 1, 76534 Baden-Baden
T: +49 7221 35550, info@naegelsfoerst.de
naegelsfoerst.de

Ab-Hof-Verkauf: Mo bis Fr 9–16 Uhr, Sa 10–16 Uhr
Kellermeister: Annette Bähr
Ansprechpartner: Tanja Frietsch
Flaschen/Hektar: 193.300 (75 % weiß, 25 % rot)/33 ha

Es waren Zisterzienserinnen, die im 13. Jahrhundert am Schwarzwaldsaum auf dem Klosterbergfelsen am »negelsbraunen Forst« erstmals Pinot Noir aus dem Burgund anbauten. Der Blick über das Baden-Badener Rebland ist noch heute betörend. Das Weingut mit 33 Hektar Rebfläche wird seit 2016 von einer Unternehmerfamilie geführt – mit Geschick. Kellermeisterin Annette Bähr zeigt sich der großen Tradition gewachsen. Ihrem mineralischen, stoffigen Spätburgunder von einem der steilsten Granithänge im benachbarten Bühlertal gilt unser höchstes Lob.

92 2022 »Steilflug« Baden-Baden Klosterbergfelsen Riesling trocken
Sonnenverwöhnter Pfirsich im Duft, Zitruszesten, Zitronenmelisse, Estragon, Minze, Jasminblüten, kandierte Orangen. Am Gaumen stoffig, dicht, lebendige, gut integrierte Säure mit Zug balanciert die Frucht und Fruchtsüße, cremiger Kern, mineralische Würze, feine Phenolik, guter Holzeinsatz, schöne Länge. Bringt jetzt Trinkfreude, aber auch in ein paar Jahren. 13 Vol.-%, NK, €€€

91 2022 »Umweg zum Glück« Chardonnay trocken
Duftig in der Nase, sonnenverwöhnte Birnen, rote Äpfel, Haselnuss, frische Limetten, Zitronenbutter, Holzwürze. Am Gaumen mit Kraft, dicht, cremiger Kern umspielt von feingliedriger Säure, Holzwürze, frische Frucht von Zitronen, Grapefruit, knackiger Pfirsich, mineralisch unterlegt, lang am Gaumen. Reifepotenzial. 14 Vol.-%, NK, €€€

90 2022 »Rosengold« Gewürztraminer
Sortentypisch im Duft, aber nicht zu laut, Rosenblüten, saftiger Pfirsich, kandierter Ingwer, Muskatwürze, Orangenblüten, Lavendel, Litschi. Am Gaumen saftig, cremiger Schmelz mit anfänglicher Süße, danach angenehme feine Würze, dezent herb, sanfte Säure, lang am Gaumen. Ein Schluck blühender Sommergarten. 12 Vol.-%, DV, €€

94 2019 »Engelstaub« Bühlertal Engelsfelsen Pinot Noir trocken
Vielschichtig und fein im Duft, Wildbeeren, Wildkirsche, Gesteinsmehl, balsamische Noten, schwarze Oliven, Lakritze, Minze, Liebstöckel, dezent Rauch und schwarzer Tee, dunkle Schokolade. Am Gaumen straff mit Zug, karge, frische rote Frucht, feingliedriger Säurenerv, merkliches reifes Tannin, mineralische Würze, elegant, braucht Zeit.
14 Vol.-%, NK, €€€

89+ 2022 »Tautänzer« Weißburgunder trocken

90 ❸ NV »Feiner Beryll« Blanc de Blanc brut
Zitronengelb in der Farbgebung. Gute Perlage. Ein Duft von Birnengelee, Brioche, Zirtronenmelisse und Haselnuss. Am Gaumen auch Grapefruit. Markante Säure bindet sowohl Extrakt als auch Textur sehr gut ein. Feines Mousse. Eine Prise Meersalz führt in den Nachhall. 12 Vol.-%, NK, €€

★★★★

WEINGUT SCHLOSS NEUWEIER

Mauerbergstraße 21, 76534 Baden-Baden
T: +49 7223 96670
kontakt@weingut-schloss-neuweier.de
weingut-schloss-neuweier.de

Ab-Hof-Verkauf: Ja
Kellermeister: Robert Schätzle
Ansprechpartner: Robert Schätzle
Flaschen/Hektar: 133.000 (70 % weiß, 10 % rot, 5 % Rosé, 5 % süß, 10 % Schaumwein)/18 ha

Robert Schätzle beginnt die Quersummen seines reichen Erfahrungsschatzes zu ziehen: So lässt beispielsweise die stilsichere Art, wie seine Spätburgunder Frucht, Mineralität und Gerbstoff aufeinander beziehen, deutlich seine frühere Tätigkeit in Burgund erkennen. Hut ab auch für die superpräzise TBA aus 2015. Beim Besuch im Weingut empfiehlt es sich, einen Genussabend im gutseigenen Restaurant anzuschließen, wo Jan Hoffmann – ehemals im »Adlon«, bei Amador und in der »Villa Merton« – Anspruchsvolles zu fairem Tarif serviert, während des Sommers auch im idyllischen Schlosshof.

93 2017 »Mauerwein« Neuweier Mauerberg Riesling GG
Zitronengelb in der Farbe. Würzig im Duft, offen, aber auch klar und frisch: Curry, Weinbergpfirsich, gelbe Pflaume, etwas Honig. Im Mund entfaltet der Wein seidige Phenole und einen feingliedrigen, mineralisch untermalten Säurenerv. Finessenreich mit Länge und Potenzial. 12,5 Vol.-%, DV, €€€€

91+ 2019 Neuweier Goldenes Loch Riesling GG
Der Duft hat eine frische Note von Grapefruit, aber auch würzige Töne wie Korianderkorn und Piment. Im Mund erweist sich der Wein als gleichermaßen feingliedrig und rund mit einem zarten Säurefaden und einem frischen, mittellangen Finale. 13 Vol.-%, DV, €€€

94+ 2016 »Late Release« Neuweier Heiligenstein Pinot Noir trocken
Sehr mineralisch im Duft, brenzlig, Steinstaub. Dann auch Zibärtle, Waldhimbeere. Wacholder. Am Gaumen zeigt sich ein Gerbstoff, der anfängt, reif zu werden, aber auch noch Plastizität und Körnung aufweist. Im Abgang dominiert taktile Mineralität. Auf dem Weg zur Komplexität.
13 Vol.-%, NK, €€€€

95+ 2015 Neuweier Mauerberg Riesling Trockenbeerenauslese
Goldfarben. Curry und Safran, Kreuzkümmel, Harissa, Fenchelsaat, roter Apfel, Aprikose. Mehr Würze als Frucht. Im Mund zeigt sich eine saftige Säure, auch Viskosität, ein individueller Ausdruck von Prädikat und Sorte, sehr pur ausgelesen und auch sehr mineralisch. 7 Vol.-%, DV, €€€€

90+ 2022 Pinot Noir Rosé trocken

90 2022 Neuweier Grauburgunder trocken
Auf archetypische Weise beerig im Duft, Pinot, sehr klar und mit einem leicht brenzlig-mineralwürzigen Unterton. Im Mund hat der Wein eine schöne Saftigkeit, er wirkt gebündelt und fast schon schlank, hat aber dennoch gute Substanz und einen frischen Abklang. 12,5 Vol.-%, DV, €€

★

OBERROTWEILER WINZERVEREIN

Bahnhofstraße 31, 79235 Oberrotweil
T: +49 7662 93200, info@oberrotweiler.de
oberrotweiler.de

Ab-Hof-Verkauf: Mo bis Fr 9–17 Uhr, Sa 9–13 Uhr
Kellermeister: Jochen Glyckherr
Ansprechpartner: Jonathan Schäfer
Flaschen/Hektar: 5.333.000 (55 % weiß, 45 % rot)/420 ha

Die Geschichte der Genossenschaft beginnt im Jahr 1935, als sich 66 Pioniere zusammentaten. Heute ist die Zahl der teilhabenden Winzerfamilien auf 220 angewachsen und sie besitzen als besondere Attraktion mit einem Fassungsvermögen von 25.000 Litern nicht nur das größte Holzfass Badens, auch die Jahresproduktion beträgt stattliche 3,5 Millionen Flaschen – darin hauptsächlich Burgundersorten, die auf dunklem Vulkangestein und fruchtbaren Lössböden reifen und deren Spektrum vom charmanten Schoppenwein bis zur vorzüglichen Trockenbeerenauslese reicht.

89+ 2019 Oberrotweil Chardonnay brut
Fassbutter und Hefe im Duft, auch dezent gelbfruchtige Noten. Die Gaumenstruktur ist kernig gebaut, das Mousseux ist dynamisch und erreicht recht schnell seinen Peak, die Abstimmung nahe am Geschmacksbild »extra brut« empfiehlt den Wein als erfrischenden Aperitif. 12,5 Vol.-%, NK, €€

89+ 2022 Oberrotweil Weißburgunder Kabinett trocken
Ein frischer Duft von Frühlingswiese und Kräutern strömt aus dem Glas. Der Gaumen zeigt sich schlank und saftig, mit leichter Stoffigkeit, eine leicht mineralische Tönung gibt dem Bau zusätzlich Spannung. Zuletzt zeigt sich auch eine leichte Süße. 12,5 Vol.-%, DV, €

90 2022 »Alte Reben« Oberrotweil Spätburgunder Spätlese trocken
Ein intensiv beeriger Duft steigt aus dem Glas, auch würzige Untertöne von Lakritze und Veilchenpastille sind da. Der Gaumen zeigt sich fleischig, mit festem Gerbstoff, er ist bei reifer Säure leicht süß unterlegt, zeigt im Abgang eine volle Frucht mit guter Länge. 13 Vol.-%, DV, €

92 2018 Oberrotweil Henkenberg Ruländer Barrique Trockenbeerenauslese
Bernsteinfarben, Duft nach Dörrobst, getrocknete Aprikose, etwas Rauch, Waldhonig, dicht und warm, zarte Vanille, Karamell. Am Gaumen viskos, sehr dicht, likörartig, intensive Süße, wohltemperierte Säure, wieder Vanille, Dattel, toller Schmelz, gute Länge, hat viel Potenzial. 10,5 Vol.-%, NK, €€€

87+ 2020 Oberrotweil Muskateller extra trocken
89 2022 »Alte Reben« Oberrotweil Grauburgunder Spätlese trocken
88+ 2022 Oberrotweil Grauburgunder Kabinett trocken
88+ 2022 Oberrotweil Chardonnay trocken
87 2022 »Vulkangewächs« Weißburgunder trocken
89 2022 »Vulkangewächs« Rosé trocken
89+ 2022 Oberrotweil Spätburgunder trocken

90 2022 Oberrotweil Muskateller
Ein üppiger, aber auch klarer Duft: frisch geriebene Zitronenschale, Rosmarinblüte, Macis. Im Mund hat der Wein terpenig-ölige Schichten, die Süße stützt die Aromatik gut, ohne isoliert zu stehen, die feste Säure kontert. Zu Erdbeeren mit Schlagsahne – oder im Winter zu einem Erdbeerparfait. 11 Vol.-%, DV, €

★★★

WEINGUT SCHLOSS ORTENBERG

Am St. Andreas 1, 77799 Ortenberg
T: +49 781 93430, info@wso-wein.de
wso-wein.de

Ab-Hof-Verkauf: Mo bis Fr 8–12 Uhr und 13–17 Uhr, Sa 9–12 Uhr
Kellermeister: Hanspeter Rieflin
Ansprechpartner: Matthias Wolf
Flaschen/Hektar: 333.300 (65 % weiß, 19 % rot, 10 % Rosé, 1 % süß, 5 % Schaumwein)/45 ha

Letztes Jahr verliehen wir dem namhaften Ortenauer Weingut den zweiten Stern, und dieses Jahr zögern wir keinen Augenblick, um den dritten folgen zu lassen. Seitdem Hotelier Thomas Althoff den 45-Hektar-Betrieb übernommen hat, kann man förmlich dabei zusehen, wie die Weine immer besser werden: Die Erfahrung von Betriebsleiter Matthias Wolf und Kellermeister Hanspeter Rieflin, ergänzt durch die Expertise, die Tophotelier Thomas Althoff persönlich und mit einem sehr namhaft besetzten Beirat einbringt – das zündet den Turbo. Wir sind gespannt, wie es hier weitergeht!

93+ 2021 »St. Andreas GG« Ortenberg Schlossberg Chardonnay trocken
Der anfangs noch sehr verschlossene Duft öffnet sich in Noten von Eichenholz, Butter, gerösteter Haselnuss und Safran. Der Gaumen baut kräftigen phenolischen Druck auf, die straffe Säure verstärkt das Rückgrat, geschmeidige Motive geben Fülle. Jung, dicht und potenzialreich. 12,5 Vol.-%, NK, €€€

93+ 2022 »St. Andreas In der Steingrube GG« Ortenberg Andreasberg Grauburgunder tr.
Im Duft nimmt man etwas Holz wahr und eine noch verschlossene Frucht: Apfel, pürierte Esskastanie. Der Gaumen entfaltet eine feine Seidigkeit und eine intensive, taktile Mineralität. In der Gaumenstruktur ist das in erster Linie ein Burgunder (Pinot), das »Gris/Grau« ist Nebensache. 13 Vol.-%, NK, €€€

93 2021 »St. Andreas In der Steingrube GG« Ortenberg Steingrube Grauburgunder tr.
Dezent röstiges, nussiges Holz, geröstete Cashewkerne, auch laktische Noten. Dazu wenig Frucht, eher »steinige« Töne. Im Mund sind Geschmeidigkeit und weiche Motive dicht mit Stoff verwoben, Extraktsüße und Mineralität stehen in genüsslichem Kontrast. Salzig und lang. 13 Vol.-%, NK, €€€

92+ 2020 »Collection Furore« Cuvée trocken CS/PN/SY
Im Duft Brombeere, Holunder und Cassis. Auch reife Schwarzkirsche. Kakaobohne. Dezentes Holz. Der Gaumen zeigt ein sandiges Tannin, viel Saft und Frische, verbindet eine kompakte, dichte Struktur mit geschmeidiger Fülle und extraktsüß untermalter Frucht. 13,5 Vol.-%, NK, €€

92+ 2021 »St. Andreas GG« Ortenberg Schlossberg Riesling trocken
92+ 2022 »St. Andreas GG« Ortenberg Schlossberg Chardonnay trocken
91+ 2022 »St. Andreas 1G« Ortenberg Andreasberg Chardonnay trocken
91+ 2022 »St. Andreas 1G« Ortenberg Andreasberg Grauburgunder trocken
91 2022 »St. Andreas 1G« Ortenberg Andreasberg Weißburgunder trocken
90+ 2022 »St. Andreas 1G« Ortenberg Andreasberg Riesling trocken
89 2022 »Granit« Weißburgunder trocken

93 2022 »Collection« Sauvignon blanc et gris trocken SB/SG
Im Duft findet man Aromen von grüner Stachelbeere, Minze, Paprika sowie rauchige Noten. Der Gaumen zeigt sich vollmundig, mit großzügiger Geschmeidigkeit und einer satten, süßen Spätlesefrucht. Hat Charme und Tiefe, zuletzt sogar salzig-mineralische Motive. 13 Vol.-%, DV, €€

★★

PFAFFENWEILER WEINHAUS

Weinstraße 40, 79292 Pfaffenweiler
T: +49 7664 97960, info@pfaffenweiler-wein.de
pfaffenweiler-wein.de

Ab-Hof-Verkauf: Mo bis Fr 8–12 Uhr und 13–17 Uhr, Sa 9–12 Uhr
Kellermeister: Stephan Kusser
Ansprechpartner: Stefan Männle
Flaschen/Hektar: 933.000 (71 % weiß, 11 % rot, 18 % Rosé, 22 % süß, 8 % Schaumwein)/95 ha

Das Pfaffenweiler Weinhaus gehört zu den kleinsten Winzergenossenschaften in Baden, lohnt aber immer einen Besuch. Unter der langjährigen Ägide von Stefan Männle, Spross einer angesehenen Winzerfamilie aus der Ortenau, hat das Weinhaus immer stärker den Terroirgedanken entwickelt und bringt die Eigenheiten der dominierenden Lehm-Löss-Böden sehr gut zur Geltung. Nicht zu vergessen sind allerdings auch die Weine der »Klassik«-Linie. Das gilt ganz besonders für den sehr appetitanregenden Weißen Gutedel, der uns sehr gut gefallen hat – ein typischer Wein der Region zu einem tollen Preis.

89+ 2022 »Klassik« Pfaffenweiler Weißer Gutedel trocken
Ein viel geliebter und viel getrunkener Klassiker der Region. Klarapfel, Holunderblüte und Bittermandel in der Nase. Am Gaumen weiter apfeldominiert, floral, dazu zerstoßene Korianderkörner mit leichtem Bitterton für die appetitanregende Kante, sehr viel Wein fürs Geld! 12 Vol.-%, DV, €

89 2022 »Sancta Clara« Pfaffenweiler Sauvignon Blanc trocken
In der Nase würzig, Feuerstein ist dabei, etwas Cassis und Zitrusfrüchte. Am Gaumen ausgewogen, lebendige Säure, ganz zarte, harmonische Süße, florale Anklänge, etwas Anis, mit einer gewissen Eleganz ausgestattet, sehr trinkig, macht Freude. 13 Vol.-%, DV, €

88+ 2022 Pfaffenweiler Bannstein Sauvignon Blanc trocken
Sehr aromenstark präsentiert sich der Bannstein-Sauvignon bereits in der Nase. Es gibt sehr viel Stachelbeere, frische Brennnessel, Grapefruit und etwas Zündholz. Am Gaumen geschmeidig, lebendige Säure, Stachelbeere und etwas Süßholz, schön zugänglich. 13 Vol.-%, DV, €

91 2022 »Brillant« Pfaffenweiler Arenit Chasselas Eiswein
Duft nach Apfelschale, Quitte, Blumenwiese, reife Birne kommt dazu, nach Belüftung etwas Blütenhonig. Am Gaumen mit druckvoller Süße, eher verhaltene Säure, getrockneter Apfel, Dörrobst, feine gebrannte Mandel, eine Spur Karamell, lebendig, dicht, gute Länge. 11 Vol.-%, DV, €€€

88 2022 »Klassik« Pfaffenweiler Grauburgunder Kabinett trocken

89 2022 »Klassik« Pfaffenweiler Scheurebe Spätlese
Duft nach süßen Früchten, Ananas, kandierte Orangenschale, etwas Litschi, eine Spur Rosenwasser und Muskat, reichhaltig. Am Gaumen mit feiner Süße, Birne, Pfirsich, wieder etwas exotische Frucht, gut integrierte Säure, schöner Schmelz, endet auf Karamell. 11 Vol.-%, DV, €

★★

PIEPER BASLER WEINGUT

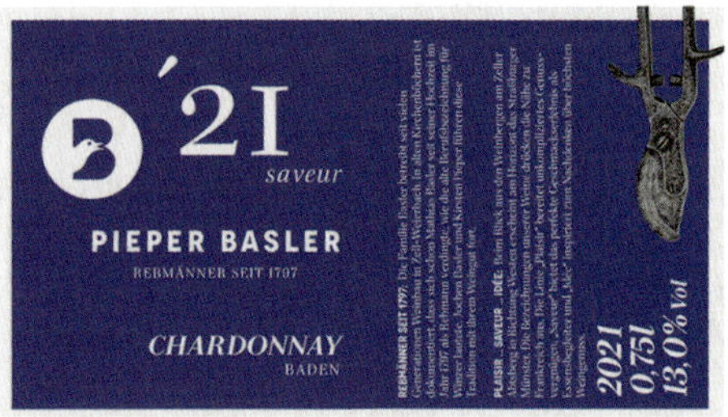

Weierbächle 1, 77654 Offenburg-Zell-Weierbach
T: +49 160 96863544, weingut@pieperbasler.de
pieperbasler.de

Ab-Hof-Verkauf: Ja
Kellermeister: Jürgen von der Mark
Ansprechpartner: Jochen Basler
Flaschen/Hektar: 33.000 (75 % weiß, 10 % rot, 10 % Rosé, 5 % Schaumwein)/5,5 ha

Obwohl das Weingut erst 2015 gegründet wurde, blickt die Familie von Jochen Basler auf eine sehr lange Tradition im Weinbau zurück, die bis zum Ende des 18. Jahrhunderts reicht. Die Reben des jungen Guts wachsen im Zeller Abtsberg, einer exzellenten, teilweise sehr steilen Lage, die von Granitverwitterungsböden geprägt ist. Die vorgestellten Weine – es handelt sich vorwiegend um den Jahrgang 2021 – bestechen durch ihre Kraft und ihre saftige Art. Die önologische Oberaufsicht liegt in Händen eines Master of Wine: Jürgen von der Mark. Wir gratulieren zum zweiten Stern!

92 2021 »Saveur« Grauburgunder trocken
Im Duft noch etwas vom Ausbau im Holzfass geprägt, Rauch, dazu Noten von Birne und etwas Nuss. Der Gaumen ist von der Kraft und dem recht opulenten Schmelz geprägt, gut integrierte Säure, spürbare Phenolik, fast viskos, druckvoll, wird weiter schön reifen. 13,5 Vol.-%, DV, €€

91+ 2021 »Saveur« Chardonnay trocken
Im Duft etwas Rauch, Apfel, aber auch Weizenkorn, Flachs, durchaus individuell. Am Gaumen mit viel Schmelz und Kraft, helle Früchte, aber auch ein zarter Vanilleton vom Barriqueausbau, balancierte Säure. Schöner Essensbegleiter, der auch zu kräftigeren Speisen passt. 13 Vol.-%, DV, €€

91+ 2019 »Idée« Pinot brut nature
Die Farbe spielt ins Goldgelbe, zurückhaltende Perlage, gezuckerte Himbeere, Mandelgebäck, Brioche, feiner Rauch. Am Gaumen feste Struktur, auf geschmeidigem Fond präsente Säure, feine salzige Pikanz, aparte Würze, griffige Phenolik, cremiges Mousse, mehr als ein Aperitif.
12,5 Vol.-%, NK, €€€

91+ 2021 »Nature« Riesling trocken
Kräftiges Goldgelb. Im Duft mit Apfelschale, Quitte, etwas Birne, balsamische Noten kommen dazu. Der Gaumen ist phenolisch-dicht und zupackend, dazu ein markanter Säurebogen, das ist dicht und fest und durch die Phenole sehr besonders, würziger Abgang. 12,5 Vol.-%, DV, €€

89+ 2022 »Plaisir« Grauburgunder trocken

91 2020 »Plaisir« Spätburgunder trocken
Im Duft mit Aromen von Sauerkirsche, Brombeere und etwas Sandelholz, Rauch ist ebenfalls mit dabei. Am Gaumen mit schöner Saftigkeit, mürbes, feinkörniges Tannin und ein feiner Säurenerv ergänzen sich sehr gut, dazu saftige, rote Frucht, schön zugänglich. 13,5 Vol.-%, DV, €

★★★

WEINGUT BURG RAVENSBURG

Am Mühlberg 3, 75056 Sulzfeld
T: +49 7259 91120, weingut@burg-ravensburg.de
weingut-burg-ravensburg.de

Ab-Hof-Verkauf:
Vinothek in Tiefenbach Di bis So 11–18 Uhr
Kellermeister: Daniel Rupp
Ansprechpartner: Claus Burmeister
Flaschen/Hektar: 300.000 (60 % weiß, 40 % rot)/38 ha
Anbauweise: Biodynamisch

Burg Ravensburg mit seinen legendären Einzellagen Husarenkappe, Kapellenberg, Dicker Franz und Löchle ist eines der ältesten Weingüter Deutschlands. Auf seinen mineralstoffreichen Böden praktiziert das Weingut ökologischen Anbau, inklusive selbst hergestelltem Kompost, grünen blühenden Untersaaten und der Orientierung am Mondkalender – ein hoher Aufwand auf stattlichen 38 Hektar Rebfläche. Württemberg ist nah der badischen Burgruine, so wundert es nicht, dass sich das Weingut mit einem Blaufränkischen (Lemberger) ideal in Szene setzen kann.

93 2020 Sulzfeld Husarenkappe Riesling GG
In der Nase Aromen von grüner Kiwi, Aprikose, Zitrusfrüchten, Maracuja und und einer steinigen Mineralität. Am Gaumen hat der Wein ein mittleres Extrakt, ist saftig und hat eine gut integrierte, aber auch animierende Säure. Mineralisch grundiert, zeigt Herkunft. 12,5 Vol.-%, NK, €€€

92 2020 Eichelberg Kapellenberg Riesling GG
In der Nase noch recht verhalten. Aromen von Brennnessel, Grapefruit und Sternfrucht finden zusammen. Am Gaumen sofort präsent, roter Apfel, reife Aprikose, Zitronenzeste und schöne Würze. Extraktreich, mineralisch mit ausgewogener Säure, unaufgeregt. 12,5 Vol.-%, NK, €€€

95 2018 Sulzfeld Dicker Franz Blaufränkisch GG
Intensiv-ätherischer Duft, Schattenmorelle, Brombeere, würzig, fast balsamisch, dicht, vielschichtig. Am Gaumen mit satten, schmelzenden Gerbstoffen, sehr viel Spannung und Druck, belebende Säure, rote Früchte, Kräuterwürze, tolle Struktur, exzellente Länge, saftig im Nachhall.
13 Vol.-%, NK, €€€

92+ 2018 Sulzfeld Löchle Pinot Noir GG
Komplex im ersten Duft. Anfangs kühle rote Frucht, auch Schwarze Johannisbeere, leichte Kräuterwürze und attraktive Gipskeuperkühle. Am Gaumen reife Säure, bereits gut entwickelter Gerbstoff. Feine Kräuterwürze führt in den guten, langen Nachhall. 13 Vol.-%, NK, €€€

90 2022 Sulzfeld Lerchenberg Riesling Erste Lage trocken

92 2020 Sulzfeld Lerchenberg Blaufränkisch Erste Lage trocken
Blasses Purpur in der Farbgebung. Ein Duft von Brombeeren, Schwarzkirsche, rotem Paprika und Pfeffer. Am Gaumen auch Zartbitterschokolade, gutes Tannin, viel Textur, getragen von lebendiger, durchdringender Säure. Ein guter Vertreter dieser Rebsortentypizität. 13 Vol.-%, NK, €€

★★

WEINGUT REBHOLZ

Bergstraße 1, 78315 Radolfzell-Liggeringen
T: +49 7732 13811, info@rebholz-wein.de
rebholz-wein.de

Ab-Hof-Verkauf: Di bis Fr 16–18.30 Uhr, Sa 10–14 Uhr
Kellermeister: Hans Rebholz
Ansprechpartner: Hans Rebholz
Flaschen/Hektar: 40.000 (40 % weiß, 50 % rot, 8 % Rosé, 2 % Schaumwein)/7,8 ha

Hans Rebholz wagte vor mehr als 20 Jahren den Sprung ins kalte Wasser, als er einen sicheren Bürojob aufgab, um in Bohlingen auf der Bodensee-Halbinsel Höri Stück um Stück einen Weinberg anzulegen. Der dortige Galgenberg war jahrzehntelang brachgelegen, trotz bester Bedingungen: Denn ein »Schlot«, ein Seitenast des Hegau-Vulkans Hohentwiel, hinterließ an dieser Stelle Magma – ein paar Hektar wertvollen Vulkanbodens. Wie richtig die Vision des Unternehmensgründers war, beweisen sowohl die Weine als auch die Tatsache, dass jetzt ebenso die Söhne Klaus und Christian mit an Bord sind.

91 2022 Bohlingen Galgenberg Weißburgunder trocken
Dezent im Duft, Rauch, weiße Blüten, Holunderblüten, grüner Apfel, knackiger Pfirsich, Wiesenkräuter, dezent Karamell. Am Gaumen viel Würze, salzig, cremiger Fond umspielt von lebendiger Säure, feine Phenolik, gut im Extrakt, gekonnter Holzeinsatz, schöne Länge. Als Solist oder vielseitiger Speisenbegleiter. 13 Vol.-%, NK, €€€

91 2022 Bohlingen Galgenberg Grauburgunder trocken
Strahlendes Goldgelb im Glas. Sortentypisch im Duft, roter Apfel, Pfirsich, gemahlene Haselnuss, Kräuterwürze, Rauch. Am Gaumen frisch, saftig, reife Frucht, cremiger Kern, lebendige Säure mit Zug, feine Phenolik, mittelkräftig im Körper, schöne Länge. Ein Wein, der jetzt schon Freude bereitet und sicher auch in ein paar Jahren. 13 Vol.-%, NK, €€€

92+ 2020 Bohlingen Galgenberg Spätburgunder trocken
Vielschichtig im Duft, Zwetschgen, rote und dunkle Waldbeeren, schwarze Oliven, Lorbeer, Minze, dunkle Schokolade. Am Gaumen saftig, frisch, lebendige Säure, feine Frucht, Kirschen, rote und dunkle Beeren, mineralische Würze, feinkörniges Tannin, mittelkräftig im Körper, gut im Extrakt. 13 Vol.-%, NK, €€€

91+ 2020 Weiler Im Bühl Spätburgunder trocken
Würzig im Duft, Gewürznelken, Holzwürze, Lebkuchengewürz, Zwetschgen, rote und dunkle Waldbeeren, reife Sauerkirschen, dunkle Nugatschokolade. Mittelkräftig am Gaumen, lebendige Säure, feinkörniges Tannin, feine frische Frucht von roten und dunklen Beeren, Kirschen, mineralische Würze. 13 Vol.-%, NK, €€€

90 2022 »vom Vulkan« Bohlingen Weißburgunder trocken

90 2020 »vom Vulkan« Bohlingen Spätburgunder trocken
Fruchtig im Duft, Waldbeeren, Erdbeerkonfitüre. Kräuterwürze. Am Gaumen gut ausbalanciert, saftige Frucht, Kirschen, Waldbeeren, gut integrierte Säure, feine Phenolik, dezente Süße, mittlere Länge. Ein harmonischer Wein für viele Gelegenheiten in geselliger Runde. 13 Vol.-%, DIAM, €€

★★★

WEINGUT RIEGER

Noblingstraße 13b, 79426 Buggingen
T: +49 7634 2013, info@weingutrieger.de
weingutrieger.de

Ab-Hof-Verkauf: Ja
Kellermeister: Markus Brauchle & Philipp Rieger
Ansprechpartner: Philipp Rieger
Flaschen/Hektar: 240.000 (65 % weiß, 20 % rot, 8 % Rosé, 7 % Schaumwein)/25 ha
Anbauweise: Biodynamisch

Im Weingut Rieger werden Tradition und Moderne auf natürliche Art zusammengeführt: Seit 2010 werden die 25 Hektar Weinberge biodynamisch bewirtschaftet. »Wie der Mensch, so braucht auch die Rebe ein Umfeld, in dem sie sich wohlfühlt, um sich gesund entwickeln zu können. Nur so entstehen Trauben von höchster Güte«, lautet der Grundsatz von Seniorchef Bernhard Rieger. Die Weine zeigen Substanz und Charakter, begeistert hat in einer Kollektion auf hohem Niveau einmal mehr der trocken ausgebaute Gewürztraminer »Betburg«, solche Vertreter der Rebsorte sollten unter Artenschutz gestellt werden. Stark!

93 2020 »Betberg« Buggingen Hitzbuck Gewürztraminer trocken
Reife Mango, Rosenblätter, Honig, Anis und feiner Kümmel. Am Gaumen öffnet sich ein breit und weit angelegter Entwurf mit guter Substanz und dicht gewobenem Extrakt. Ganz klar im Ausdruck, weiche Säure, reife Phenole, raffinierte Würze und Mineralik. Ein Muss für Liebhaber.
14 Vol.-%, NK, €€€

92+ 2020 Staufen Schlossberg Pinot Gris tr.
Würzig, Hefe, vollreife Birnen, Honigmelone, geräucherte Maronen, mineralische Anklänge. Zeigt am Gaumen auf einem weichen, saftigen Fond gute Substanz, Kraft und Würze, dicht im Extrakt, betont trocken, mit Schichten reifer Phenole, kalkmineralischer Hintergrund, lang. 14 Vol.-%, NK, €€€

93 2021 Staufen Schlossberg Pinot Noir tr.
Etwas Hefe und Reduktion, rote Kirsche, erdige Noten, leicht ätherisch. Druckvoll am Gaumen in breit angelegtem Format mit weichem Ton, schöner Würze und hintergründiger Mineralik, die den Charakter prägt. Eine Menge feinsinnig extrahierter Gerbstoffe, gute Perspektive. 12,5 Vol.-%, NK, €€€

92+ 2020 »Bettebura« Buggingen Oberer Berg Spätburgunder trocken
Feine Holzwürze, Blutorange, rote Kirschen, etwas Sanddorn, kräuterig, leicht pfefferig. Am Gaumen mit dichtem, leicht süßlichem Extrakt, sattes, mürbes Tannin stützt die kräftige Struktur, raffinierte, feine Säure, deutliche mineralische Definition. Lang, jung. 14,5 Vol.-%, NK, €€€

92+ 2020 »Vier Reihen« Buggingen Oberer Berg Pinot Blanc trocken
92 2020 »SR Alte Rebe« Heitersheim Oberer Berg Grauer Burgunder trocken
91+ ❸ 2019 »SR Alte Rebe« Heitersheim Oberer Berg Weißer Burgunder brut
90+ 2021 »SR Alte Rebe« Betberg im Rebbergle Chasselas trocken
90+ 2021 »SR Alte Rebe« Heitersheim Oberer Berg Grauer Burgunder trocken
89 2022 Merlot Rosé trocken
91 2020 »Padaperc« Cuvée trocken ME/CS

91+ 2021 »SR Alte Rebe« Buggingen-Betberg Obere Steinig Spätburgunder trocken
Herzkirsche, wilde Pflaume, feine Würze und feiner Rauch. Am Gaumen saftig und mit klarer, appetitlicher roter Kirsche, kompakte Struktur, etwas Granatapfel, anregende Säure, feine Kalkmineralik, im Stile eines Villages-Pinot-Noirs. Da ist das Glas schnell leer. 13 Vol.-%, NK, €€

WEINGUT JOHANN AUGUST SACK

Bahnhofstraße 30, 97922 Lauda-Königshofen
T: +49 9343 622113, info@sack-wein.de
sack-wein.de

Ab-Hof-Verkauf: Ja
Kellermeister: Johannes Sack
Ansprechpartner: Karlheinz Sack
Flaschen/Hektar: 60.000 (60 % weiß, 30 % rot, 7 % Rosé, 3 % Schaumwein)/8,6 ha

Bereits im Jahr 1924 füllte Karl Friedrich Sack den eigenen Wein in Bocksbeutel – weit seiner Zeit voraus, denn der Wein wurde damals noch meist im Fass verkauft. Die nachfolgenden Generationen konnten immer mehr Rebfläche erwerben. Nach so viel Vorarbeit kann sich die Familie – so sagt Karlheinz Sack – heute beim Weinausbau etwas nehmen, das rar und kostbar geworden ist: Zeit. Uns gefällt die geerdete Art dieser Weine: mineralisch beim Silvaner, auf niveauvolle Weise erfrischend beim Sekt und unwiderstehlich elegant beim Spätburgunder.

90+ 2020 Unterschüpf Mühlberg Pinot Meunier Blanc de Noir brut
Kräftiges Gelb. Feinperlig, feine Hefe in der Nase, Apfelschale, beerige Pinotfrucht, Himbeere und Waldbeeren. Stoffig und cremig am Gaumen, vollmundig mit feinnerviger Säureader, Zitrusfrucht zu roten und auch gelben Fruchtnoten, recht feines Mousseux, auch zum Essen. 11,5 Vol.-%, NK, €€

89+ 2021 Lauda Altenberg Chardonnay Barrique gereift trocken
Der Wein riecht nach Rose, salzigem Popcorn und leicht nach gebrannter Mandel. Im Mund wirkt der Wein ausgewogen und geradlinig gebaut, das Holz bleibt zurückhaltend und gibt dem zart phenolisch gefüllten, geschmeidigen Bau Rückhalt. Ein zur Würzigkeit neigender Chardonnay. 13,5 Vol.-%, DV, €€

89+ 2022 Lauda Altenberg Gewürztraminer feinherb
Im Duft zeigen sich Aromen von Karamellbonbon und Rose, auch Lavendel. Am Gaumen hat der Wein ein schönes Spiel, die Säure ist lebendiger, als es bei der Sorte häufig der Fall ist. Dadurch bleiben Süße und Abgangswürze unaufdringlich, das Mundgefühl ist kühl und clean. 10,5 Vol.-%, DV, €€

92+ 2020 Unterschüpf Mühlberg Spätburgunder Barrique gereift trocken
Der Duft zeigt einen nuancenreichen Pinot: Noten von Himbeere, Süßkirsche, Granatapfel. Das Holz bleibt sehr dezent. Im Mund hat der Wein eine wunderbar saftige Eleganz, der vorsichtig extrahierte Gerbstoff passt perfekt in den feinnervigen, mineralisch getönten Bau. 13 Vol.-%, DV, €€€

89 2022 Lauda Souvignier Gris trocken

91 2021 »Alte Reben« Lauda Altenberg Silvaner trocken
Ein zurückhaltender, aber auch würziger Duft, balsamisch, mit Muschelkalk-Anmutung und leichten Rauchtönen. Im Mund zeigt sich ein gut strukturierter, sogar leicht phenolischer Wein, die lebendige Säure passt zum Bau, und die flintigen Abgangsaromen spitzen den Terroircharakter zu. 12 Vol.-%, DV, €

★★★★★

WEINGUT SALWEY

Kirchweg 11, 79235 Oberrotweil
T: +49 7662 384, weingut@salwey.de
salwey.de

Ab-Hof-Verkauf: Mo bis Fr 14–18 Uhr (Jan. und Feb. 14–17 Uhr), Sa 11–17 Uhr
Kellermeister: Konrad Salwey
Ansprechpartner: Philipp Hettich
Flaschen/Hektar: 150.000 (60 % weiß, 40 % rot)/23 ha

Bei der Verkostung von Konrad Salweys aktuellen Weinen hatte sich das Falstaff-Team schon ein Fazit zurechtgelegt in der Art: Der Oberrotweiler macht auf konstant hohem Niveau und in Details sogar noch etwas raffinierter als früher alles wie immer. Doch dann kam uns der Wein mit dem programmatischen Namen »Sieben Winter« auf den Tisch: Eine Cuvée aus Grauburgunder und Chardonnay, die sieben Winter im großen Holzfass auf der Hefe liegen durfte. »Late Release« extrem – und extrem durchdacht. Ein Wein à l'ancienne, wie er im 19. Jahrhundert üblich war: unser Tipp.

95 2020 Oberrotweil Kirchberg Weißburgunder GG

Saftige, fein holzaromatische Nase, junge weiße Birnen, weiße Blüten, auch Limettenabrieb, zart Jasmin. Im Mund satt und flüssig, dicht, mineralisch, hoch elegant mit unglaublicher Frische, dabei leicht salzig und eine positive, energische Säure. 13 Vol.-%, NK, €€€€

94+ 2020 Oberrotweil Henkenberg Grauburgunder GG

Bernsteingoldene Farbe, duftig opulente Nase nach Kräutern und zarten Raucharomen, fast erdig, reife Renekloden. Im Mund ungemein saftiges Säurespiel, frische, schön eingebundene Holznoten, langer, pikanter Nachhall mit wenig Frucht, aber umso mehr Tiefe. 13 Vol.-%, NK, €€€

94+ 2020 Oberrotweil Steingrubenberg Chardonnay GG

Klare grüngoldene Reflexe, zarte Holznoten in der Nase, auch Kräuter wie Giersch und blanchierte Mandeln. Im Mund eine herrlich mollige Textur, sehr schön eingebundene Gerbstoffe, dicht, erwachsen, straffes, schon trinkbares Säuregerüst, animierende herbe Noten im Nachhall.
13 Vol.-%, NK, €€€

94+ 2021 Oberrotweil Henkenberg Spätburgunder GG

Herrlich duftige Nase nach Roten Johannisbeeren, Schattenmorellen, auch Waldheidelbeeren und etwas Cassis. Am Gaumen kühl und saftig, fast noch spritzig mit erdigen Noten. Das knackige Säuregerüst steht den eher eleganten Fruchtnoten bestens zur Seite. Jugendlich!
13 Vol.-%, NK, €€€€

94+ 2020 Oberrotweil Eichberg Grauburgunder GG

95+ 2016 »Sieben Winter« Cuvée trocken PG/CH

Anfänglich kühl verhalten, dann duftig dicht, Kräuternoten, rauchig, Flintstein. Im Mund cremige Säure, enorm stoffig und dicht gewoben, nicht fruchtig, eher fein animierend und zart bitter, ein schlummernder Riese, braucht Luft und Zeit. Sehr anspruchsvoll. 13 Vol.-%, NK, €€€

★★★

WEINGUT GREGOR UND THOMAS SCHÄTZLE

Heinrich-Kling-Straße 38, 79235 Vogtsburg-Schelingen
T: +49 7662 94610, info@weingutschaetzle.de
weingutschaetzle.de

Ab-Hof-Verkauf: Mo bis Fr 8–12 Uhr und 13.30–18 Uhr, Sa 9–16 Uhr
Kellermeister: Martin Schmidt
Ansprechpartner: Franziska Schätzle
Flaschen/Hektar: 100.000 (61 % weiß, 20 % rot, 8 % Rosé, 1 % süß, 10 % Schaumwein)/16 ha

Die Weinberge des Ortes Schelingen gehören zu den am höchsten gelegenen des Kaiserstuhls – auf bis zu 450 Metern Höhe baut Familie Schätzle ihre Reben an. Seitdem Franziska Schätzle die Leitung des Weinguts übernommen hat, scheinen uns die Weine nochmals deutlich an Profil gewonnen zu haben – die Grauburgunder flankieren ihre Würze mit einer Stoffigkeit, die die Burgundergene betont und ein ausgezeichnetes Reifepotenzial garantiert. Chardonnay und Spätburgunder lassen den gekonnten Umgang mit dem Barrique erkennen und der sehr kultivierte Orange-Weißburgunder ist unser Tipp.

93+ 2021 »Réserve« Schelingen Heilligenberg Grauburgunder trocken
Im Duft Charentaismelone, dezent würziges Holz, etwas Feuerstein. Im Mund ist der Wein sehr konzentriert, Säure und Stoff steigern sich zu nachgerade adstringierender Pikanz. Ausleitend findet man einen Kontrast aus geschmeidigen Motiven und intensiver taktiler Mineralität.
13,5 Vol.-%, NK,DIAM, €€€

92+ 2021 »Réserve« Schelingen Kirchberg Grauburgunder trocken
Ein würziger Sortenduft mit Noten von Esskastanienpüree und grüner Walnuss, ein Hauch von Holz. Im Mund zeigt sich der Wein verdichtet und straff, mit fester Säure, guter Stoffigkeit und einem Bau, der den Schmelz der Sorte mit einer gewissen Vertikalität verbindet. Große Länge.
14 Vol.-%, NK,DIAM, €€€

92 2021 »Réserve« Schelingen Kirchberg Chardonnay trocken
Zitronengelb mit grünlichen Reflexen. Der Duft ist verschlossen zitrisch und hat eine Flachsnote. Im Mund hat der Wein Spannung und Dichte, Nerv und Stoff ergänzen sich und das gut dosierte Holz unterstützt die Abrundung, ohne aromatisch zu prägen. Noch jung! 13 Vol.-%, NK,DIAM, €€€

93+ 2019 »Réserve« Schelingen Kirchberg Spätburgunder trocken
Ein komplexer, pikanter Duft: mit Aromen von Minze, Cranberry, Herzkirsche, Rosmarinblüte. Der Gaumen ist geschmeidig grundiert und mit einer kräftigen Menge sehr feinen, beginnend mürben Gerbstoffs gefüllt. Die nahtlos integrierte Säure leitet in ein langes Finale. Potenzial!
13,5 Vol.-%, NK,DIAM, €€€

91 2019 »Schatz vom Vulkan« Spätburgunder trocken

91+ 2020 »Boden-Schatz« Weißburgunder trocken
Maisgelb in der Farbe und trüb. Der Duft zeigt intensive Hefenoten und eine reife Frucht von Aprikose bis Reneklode. Der Gaumen beginnt geschmeidig, macht dann kräftig Druck mit mehligen Phenolen, der Abgang zeigt reife Säure und eine konzentrierte, extraktsüße Frucht.
12,5 Vol.-%, DV, €€€

★★★★

WEINGUT AM SCHLIPF SCHNEIDER

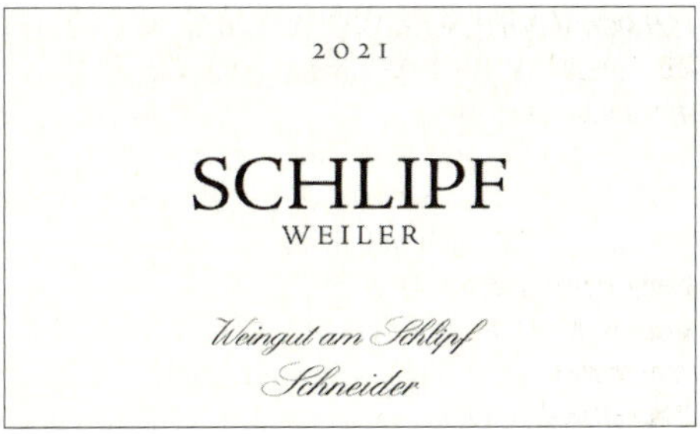

Lörracher Straße 4, 79576 Weil am Rhein
T: +49 7621 72817, info@weingut-am-schlipf.de
weingut-am-schlipf.de

Ab-Hof-Verkauf: Mi bis Fr 9–12 Uhr und 14.30–18.30 Uhr, Sa 10–14 Uhr
Kellermeister: Johannes Schneider
Ansprechpartner: Christoph Schneider
Hektar: 15 ha
Anbauweise: in Umstellung

Das Weingut am Schlipf der Familie Schneider macht uns Jahr für Jahr große Freude – und das schon sehr lange. Johannes und Christoph Schneider wurden 2022 von der Falstaff-Jury zu den »Newcomern des Jahres« gewählt, weil sie das Werk ihres Vaters genial fortführen und weiterentwickeln. Erneut begeistern ihre Weine mit großer Eleganz und Balance, ohne jemals langweilig oder gar angepasst zu sein. Jeder Wein ist ein Solitär, was ganz besonders für den Gutdedel »Haus Gupi El Fayoum« gilt, der minimalen Alkohol mit maximalem Ausdruck verbindet.

92+ 2021 Weil am Rhein Chardonnay trocken
Mittleres Zitronengelb. Sowohl mineralisch als auch reduktiv in der Nase, dabei wunderbar elegant mit Aromen von Sternfrucht, Quitte und Limettenschale. Am Gaumen dann ein spannender Säurebogen, der von feinem Extrakt perfekt balanciert wird. Ein Wein mit deutlich Potenzial.
12 Vol.-%, NK, €€€

94 2021 Weil am Rhein Kapf Spätburgunder trocken
In der Nase Aromen von schwarzem Johannisbeerblatt, dunkler Kirsche, Himbeere und Gewürznelke. Am Gaumem folgt eine leicht ätherische Note, fließend. Alles unterlegt mit feinem Tannin, attraktive Säure in einem hoch eleganten Körper, französisch inspiriert, gute Länge.
12,5 Vol.-%, NK, €€€€

93+ 2020 Weil am Rhein Spätburgunder trocken
Kühl im ersten Duft mit Aromen von dunker Kirsche, Blaubeere, Tomatenblatt, Holunderblüte und Gewürznelke. Am Gaumen balanciert der sehr gute Säurebogen die elegante Frucht, reifes Tannin und schöne Holzwürze. Viel Grip und Spannung, attraktiver Nachhall. 12,5 Vol.-%, NK, €€€

92+ 2021 »Alte Reben« Spätburgunder trocken
Intensiv im Duft mit Cranberry, Rauch, dunkler Kirsche, Hagebutte und Gewürznelke. Am Gaumen folgen Hibiskus und ein Hauch Piment, dabei saftig mit festen, straffen und durchwegs reifen Gerbstoffen, feine Säure und guter Nachhall. Ein junger Wein mit Potenzial. 12,5 Vol.-%, NK, €€€

90 2021 Rosé Spätburgunder trocken

91+ 2021 »Haus Gupi El Fayoum« Gutedel trocken
Bereits die trübe Farbgebung deutet auf einen nicht alltäglichen Ausbau hin. In der Nase Aromen von Aprikose, Malz, Quittenmost und Apfel. Am Gaumen herrlich frisch und phenolisch. Hier folgen wilde Kräuter und Zitronenmelisse. Viel aparter Trinkspaß. 9 Vol.-%, NK, €€€

★★★★

WEINGUT KONRAD SCHLÖR

Martin-Schlör-Straße 22, 97877 Wertheim-Reicholzheim
T: +49 9342 4976, info@weingut-schloer.de
weingut-schloer.de

Ab-Hof-Verkauf: nach Vereinbarung
Kellermeister: Konrad Schlör
Ansprechpartner: Konrad und Monika Schlör
Flaschen/Hektar: 32.000 (45 % weiß, 45 % rot, 10 % Schaumwein)/6 ha

Angefangen hat alles 1984 mit drei Hektar Rebfläche und einer Besenwirtschaft. Konrad Schlörs Leidenschaft für den Weinbau muss damals schon groß gewesen sein – wie anders könnte man sich in so ein Wagnis stürzen? Doch schon bald wollte Schlör nur noch eines: immer noch besser werden. Das gelingt auch 40 Jahre später noch, im letzten Jahr haben wir dem Weingut den vierten Stern zuerkannt. Die aktuellen Weine bestätigen diese Auszeichnung: Sie besitzen die Frische des Taubertals, die Aromen sind klar und intensiv, Holz setzt Schlör mit sehr viel Feingefühl ein.

93 2022 Reicholzheim Oberer First Weißburgunder GG

Butter, Aprikose, Pfirsich, Sternfrucht mit einer schönen Mineralität und ein wenig Vanille vom Holz. Am Gaumen präsentiert sich der Wein trocken, das Holz ist im Vordergrund (was sich aber mit der Zeit gut in den Wein integrieren wird) mit einer lebhaften, gut eingebundenen Säure.
13,5 Vol.-%, NK, €€€

93+ 2021 Reicholzheim Oberer First Spätburgunder GG

In der Nase haben wir Aromen von Amarenakirsche, Pilze, Gewürznelke, Vanille, rote Pflaume und Zartbitterschokolade. Am Gaumen elegant, ausgewogen, gehaltvoll. Reifes, aber noch etwas raues Tannin (braucht noch ein paar Jahre) mit einer gut eingebundenen Säure und einer guten Länge.
13,5 Vol.-%, NK, €€€

93 2020 »Fyerst 1476« Schwarzriesling trocken

In der Nase schwarze Früchte, Maulbeere, Brombeere, Pflaume, aber auch geröstetes Holz und schwarzer Pfeffer. Am Gaumen einen kraftvollen Druck mit sehr eleganten Tanninen und einer gut eingebundenen Säure sowie langem Abgang. Ein Wein mit Reifepotenzial. 14 Vol.-%, NK, €€€€

91 2021 »1 G« Reicholzheim First Schwarzriesling Erste Lage trocken

In der Nase zeigen sich Aromen von Waldboden, schwarze Früchte, Wacholder, Maulbeere, dunkle Pflaume und Zartbitterschokolade. Am Gaumen ist der Wein elegant mit einer präsenten, aber gut eingebundenen Säure, feinem Tannin und gut eingebundenem Alkohol. 13,5 Vol.-%, NK, €€€

89+ 2022 »1 G« Reicholzheim First Silvaner Erste Lage trocken

91 2022 »1 G« Reicholzheim First Weißburgunder Erste Lage trocken

Weißer Pfirsich, Aprikose, grünes Gras, Cantaloupe-Melone haben wir direkt in der Nase, gepaart mit Brioche und Butter. Trocken, buttrig, extraktreich, eine lebendige, frische Säure mit Aromen von weißen Früchten wie Ananas und einer schönen Mineralität. 12,5 Vol.-%, DV, €€

★★★

PRIVAT-WEINGUT SCHLUMBERGER-BERNHART

Weinstraße 19, 79295 Sulzburg-Laufen
T: +49 7634 8992, info@schlumbergerwein.de
schlumbergerwein.de

Ab-Hof-Verkauf: Mo bis Fr 10–12 Uhr und 14–18 Uhr, Sa 10–14 Uhr
Kellermeister: Ulrich Bernhart, Johanna Bernhart
Ansprechpartner: Ulrich Bernhart
Flaschen/Hektar: 60.000 (70 % weiß, 30 % rot)/10 ha

Die relativ kleine Rebfläche von zehn Hektar ermögliche es ihnen, alle Arbeitsschritte selbst durchzuführen, erklären Ulrich Bernhart und Tochter Johanna, die sich die Arbeit in Weinberg und Keller teilen. Nachhaltigkeit und gesunde Böden seien Voraussetzung für gute Terroirweine. Diese tragen eine unverkennbare Handschrift: mit Fokus auf Frische, schlanker Konzentration und Saftigkeit. Johanna Bernharts »Kracher«, eine im Barrique ausgebaute, kühne Interpretation der Gutedeltraube, hat im Vergleich zum Vorjahr noch einmal zugelegt.

92+ 2021 »Kracher« Laufen Altenberg Gutedel Erstes Gewäch trocken
In der Nase komplex: Mandelnote, Pfirsich, Banane, Mango, Geißblatt, Kalk sowie attraktive Noten aus Hefelager und Holz. Am Gaumen auch hellrote Frucht und Karamell. Durchaus körperreich bei leichter Cremigkeit und sehr attraktiver Säure. Viel Harmonie und Trinkfluss. 12 Vol.-%, NK, €€€

92+ 2021 Laufen Klosterwingerte Grauburgunder GG
Zitonengelb. In der Nase dezente Vanille sowie Aromen von Haselnuss, Pfirsich, Birnenschale und nasser Stein. Am Gaumen herrlich trocken, feine Phenolik, gute Säure in einem mittleren Körper. Mineralisch im Nachhall bei sehr gutem Trinkfluss. 13 Vol.-%, NK, €€€

92 2021 Muggardt Berg Chardonnay Erstes Gewächs trocken
Sortentypisch im ersten Duft: gelber Apfel, Ananas, Sternfrucht und dezente Röstaromen. Am Gaumen auch leichte Bourbonvanille sowie Zitronenzeste, dabei saftig und frisch bei guter Säure und attraktiver Struktur. Bereits im Trinkfenster, mit Potenzial. 13 Vol.-%, NK, €€

93 2020 Laufen Klosterwingerte Pinot Noir GG
Mittleres Rubin in der Farbgebung. Ein Duft von Waldbeeren, Weihrauch, Cranberry und nasser Erde. Am Gaumen extraktgetragen, noch junges Tannin, gute Textur, von attraktiver Säure getragen. Der durchaus komplexe Wein profitiert von weiterer Lagerung. 13 Vol.-%, NK, €€€

92 2021 Laufen Klosterwingerte Weißburgunder GG

90 2020 »S« Spätburgunder trocken
Noch jugendlich im ersten Duft. Aromen von dunkler Kirsche, Gewürznelke, eine attraktive, vegetabile Note und auch etwas Piment. Am Gaumen pikante Würze, lebendige Säure, fast feiner Gerbstoff und gute Struktur. Mineralischer Nachhall. 13 Vol.-%, NK, €€

★★★

WEINGUT SCHNEIDER-PFEFFERLE

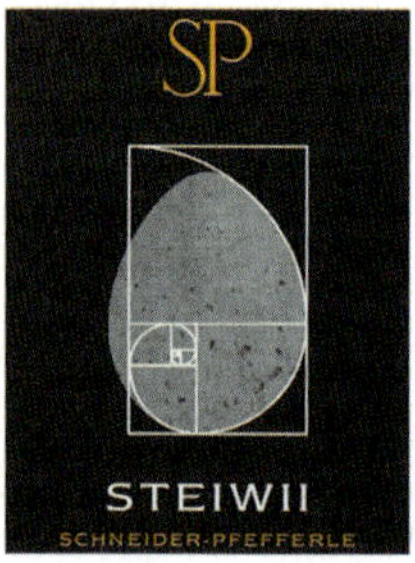

Kolpingstraße 7, 79423 Heitersheim
T: +49 7634 2836, info@weingut-schneider-pfefferle.de
weingut-schneider-pfefferle.de

Ab-Hof-Verkauf: nach Vereinbarung
Kellermeister: Katharina Pfefferle
Ansprechpartner: Katharina Pfefferle
Hektar: 8 ha
Anbauweise: Bio

Katharina Pfefferle steht im Keller ihre Frau – und dabei hat sie offenkundig Freude an der Extraktion von Phenolen. So steht der griffige Merlot-Rosé dem roten Pendant in puncto Gerbstoffqualität in nichts nach. Vielleicht ist es sogar die größere Kunst, einem hellfarbenen Merlot die richtige Tanninmenge und Tanninqualität zu geben! Phenole sind auch für den Sauvignon Blanc »Pur« prägend, der in Maischegärung entstand. Zuletzt setzt der Pinot Noir »Selektion« einen Kontrapunkt. Auch hier gibt es dichtes Tannin – aber vor allem: Welch eine ölige Fülle!

91 2019 Blanc de Noir brut nature
Ein feiner Hefeduft, Brioche und dazu auch Noten von kleinen roten Beeren. Im Mund hat der Wein eine schöne Saftigkeit, ein feines, aber auch dynamisches Mousseux, eine Prise Phenolik und eine reife, gut die Länge unterstützende Säure.
13 Vol.-%, NK, €€

91 2019 »Pur« Sauvignon Blanc trocken
Maisgelb in der Farbe. Der Duft geht in Richtung »Orange« mit balsamischen Noten, aber auch kandierte Orangenschale, Kumquat, Blutorange, Mango. Der Gaumen ist von dichten Gerbstoffen geprägt, leicht viskos unterlegt, alkoholkräftig, wuchtig, braucht Zeit wie ein Rotwein.
13,5 Vol.-%, NK, €€€

90+ 2022 »Selektion« Merlot Rosé trocken
Lachsorange in der Farbe. Eine offene Frucht entströmt dem Glas, Traubenzucker und Schwarze Johannisbeere, Herzkirsche. Im Mund ist der Wein wunderbar frisch, kompakt und saftig, eine dezente Phenolik eröffnet die Spannung, die von mineralischen Noten fortgesetzt wird. 15 Vol.-%, DV, €€

92 2020 »Selektion« Pinot Noir trocken
Etwas »späniges« Holz im Duft und auch eine pflaumige Frucht, die einen niedrigen Schwefelgehalt vermuten lässt. Der Gaumen zeigt sich rund und cremig, er entfaltet sehr viel Charme, dabei hat der Wein durchaus dichten Gerbstoff, der aber von der Öligkeit abgedeckt wird. Ungewöhnlich! 14,5 Vol.-%, DV, €€

90 2018 »S« Merlot trocken

89+ 2022 »S« Grauer Burgunder trocken
Ein Duft von Honigmelone, getrockneter Orangenschale und feuchtem Sand. Im Mund ist der Wein geradlinig gebaut, der kräftige Alkohol und die kernige Säure sind gut ineinander integriert, eine Prise herber Phenole bestimmt die Gaumenmitte. Ein herzhafter Vesperwein.
13 Vol.-%, DV, €€

★★

WEINGUT LOTHAR SCHWÖRER

Waldstraße 6, 77971 Kippenheim
T: +49 7825 7411, mail@weingut-lothar-schwoerer.de
weingut-lothar-schwoerer.de

Ab-Hof-Verkauf: Mo bis Fr 16–19 Uhr, Sa 9–15 Uhr
Kellermeister: Lothar Schwörer
Ansprechpartner: Lothar Schwörer
Flaschen/Hektar: 73.000 (50 % weiß, 48 % rot, 2 % Rosé, 10 % Schaumwein)/10 ha

»Weine sollen Individualisten sein«, erklärt Lothar Schwörer, geprägt von Landschaft, Boden, Rebsorte, Mikroklima und der Hand des Winzers. Mit den Lagen rund um Schmieheim im Breisgau hat das Familienunternehmen die besten Voraussetzungen: zehn Hektar Kalkböden, auf denen vornehmlich Riesling und Burgundersorten gedeihen. Letztere haben uns wieder besonders überzeugt. Mit Sauvignon Blanc und der roten Cuvée »Salome« aus Cabernet und Merlot zeigt Schwörer aber auch, wie gut die Anleihen von der Loire und dem Bordeaux im heimischen Breisgau funktionieren.

92+ 2021 Schmieheim Sauvignon Blanc tr.
Herrlich intensive Nase nach Schwarzer Johannisbeere, aufgebrochenen Holunderstängeln, frisch gemähtem Gras und sogar Kräutern wie Oregano und Liebstöckel. Am Gaumen überzeugt eine ganz klare und blitzsaubere Säure mit ebenso duftigen Noten und rauchigen Aromen. 11,5 Vol.-%, DV, €

92 2021 »Kalksteinfels«* Schmieheim Kalkofen Chardonnay trocken**
Anfänglich fast duftarm, entwickelt er sich in einem großen Glas: weißfleischige Birnen, süße Mandeln, Zitronengras, junge Aprikosen und auch Zuckerstange. Am Gaumen dicht, herb, tief, stramme Säurestruktur, spannender und sehr lange anhaltender Nachhall! 12,5 Vol.-%, NK, €€

92+ 2020 »Salome« Schmieheim Cuvée trocken ME/CS/CI
Blickdicht mit matten, pflaumenblauen Reflexen, hoch aromatische Nase nach schwarzen Süßkirschen, reifem Holunder und Veilchen. Am Gaumen saftig fleischige Süße mit Kraft und Tiefe, sehr beerig, gschmackige Säure und erfrischendes Tannin, sehr erwachsen. 13 Vol.-%, NK, €€

91 2020 »Fass Nr. 1« Spätburgunder trocken
Zarte fruchtig beerige Nase, Himbeere, Waldheidelbeere, auch Zwetschge. Im Mund frisch und saftig schlank, heuduftig, gutes Säuregerüst, gleichwohl er von der Farbe her reif aussieht. Im Nachhall leichter Veilchenduft, die Frucht verhalten, leicht trocknend. 13,5 Vol.-%, NK, €€

90 2022 Schmieheim Kirchberg Grauburgunder trocken

91 2022 »OX« Schmieheim Kirchberg Auxerrois trocken
Lebendig grüngoldene Farbe im Glas, feiner Zitrusnotenduft, zarte Kräuternoten wie Thymian und Melisse. Am Gaumen mollig und frisch zugleich, eine leicht spitzige Säure, die aber ein gutes Gerüst aufbaut und fein zu den auch hier herben Noten passt, saftig! 13 Vol.-%, DV, €

★★★★

WEINGUT SEEGER

Rohrbacher Straße 101, 69181 Leimen
T: +49 6224 72178, info@seegerweingut.de
seegerweingut.de

Ab-Hof-Verkauf: Do und Fr 15–18 Uhr, Sa 10–14 Uhr
Kellermeister: Thomas Seeger
Ansprechpartner: Susanne Seeger
Flaschen/Hektar: 70.000 (50 % weiß, 50 % rot)/12 ha

Das Weingut Seeger liegt in Leimen bei Heidelberg und gehört mit seinen zwölf Hektar zu den kleineren im Land. Aktuell wird es in der zwölften Generation von Thomas Seeger geführt, der das mehrere Jahrhunderte alte Familiengut mit viel Talent und beharrlicher Arbeit zu einem Spitzenbetrieb geformt hat, der weit über Baden hinaus bekannt ist. Dabei gelingen ihm nicht nur die kräftigen und saftigen Topcuvées sehr gut, sondern auch die Basisweine, wie man an unserem Tipp, dem 2022er Chardonnay, sieht, der herrlich zugänglich ist und viel Spaß macht.

94 2022 »R Reserve« Chardonnay trocken
Intensiver Duft mit Aromen von reifem Apfel, kandierter Orangenschale, etwas Kokosnuss und gelben Früchten, Rauch kommt dazu. Am Gaumen druckvoll und ausgewogen, der Holzeinsatz ist gelungen und spürbar, feine Würze und Mineralität, gute Struktur, langer Nachhall.
12,5 Vol.-%, NK, €€€

93+ 2022 »R Reserve« Sauvignon Blanc tr.
In der Nase leichte Rauchigkeit, Aromen von Ananas, reifer Stachelbeere und getrockneten Kräutern sowie eine leichte Salzigkeit. Am Gaumen mit frischer Säure und schönem Extrakt, Aromen von kandierter Zitronenschale und Holunderblüte sind dabei, langer Nachhall. 14 Vol.-%, DV, €€€

94 2021 »RR« Leimen Oberklam Herrenberg Spätburgunder GG
Duft nach reifer Kirsche, Pflaume, etwas Nelke, Bourbonvanille und Rauch. Am Gaumen mit einer belebenden Säure, dazu reife, elegante Gerbstoffe, schön balanciert, dichter Bau, feine Würze, komplex und vielschichtig, langer Nachhall, wird gut reifen. 12,5 Vol.-%, NK, €€€€

93+ 2021 »R« Leimen Spermen Blaufränkisch GG
Tiefes Rubinrot mit violetten Reflexen. Duft nach Heidelbeeren, Waldboden, Tabakblätter sowie ein paar süßliche Noten mit Zimt kommen dazu. Am Gaumen mit lebendiger Säure, feine Gerbstoffe, ausgewogen und komplex, rote Früchte, etwas schwarzer Pfeffer, dicht und lang. 13 Vol.-%, NK, €€€

91+ 2021 »Cuvée NaaN« trocken CS/PN/BF

91+ 2022 Chardonnay trocken
In der Nase mit Aromen von reifer Quitte, Weinbergpfirsich, aber auch Charentaismelone, Williamsbirne und etwas Brioche. Am Gaumen mit einer frischen, feinen Säure, dazu helle Früchte, zarte Mandel, alles gepaart mit einer feinen Mineralität, harmonisch und vielseitig. 12 Vol.-%, DV, €

★★★★

SHELTER WINERY

Salzmatten 1, 79341 Kenzingen
T: +49 7644 927663, espe@shelterwinery.de
shelterwinery.de

Ab-Hof-Verkauf: nach Vereinbarung
Kellermeister: Hans-Bert Espe und Silke Wolf
Ansprechpartner: Hans-Bert Espe und Silke Wolf
Flaschen/Hektar: 20.000 (5 % weiß, 95 % rot)/5 ha

Es ist noch nicht lange her, da galten Hans-Bert Espe und Silke Wolf mit ihrer Shelter Winery als vielversprechende Newcomer. Schließlich haben sie ihr Weingut erst 2003 auf dem ehemaligen Militärflughafen in Lahr gegründet. Doch die beiden brauchten nicht lange, um in die Spitzengruppe der badischen Winzer zu gelangen. Ihre Philosophie der schonenden Vinifikation bringt geschmeidig-tiefgründige Weine mit exzellenter Balance hervor, die Trauben stammen von ihren Weinbergen in Kenzingen und Malterdingen. Auch mit dem aktuellen Jahrgang überzeugen die beiden vollends!

93 2016 »Sparkling« brut nature
Duftig, beerig, eine intensive Burgunderfrucht. Etwas Holz. Im Mund hat der Wein ein kultiviertes Mousseux, feine Säure, einen geschmeidigen Hintergrund und einen langen, fruchtgetragenen Abgang. Ein charmanter Wein, wirkt nachgerade mild für einen brut nature. 12 Vol.-%, NK, €€€

93 2021 Chardonnay trocken
Duft nach reifem Apfel, etwas Vanille, zarter Rauch, gekonnter Holzeinsatz, Mandelblüte, schöne Kräuterwürze. Am Gaumen mit delikatem Schmelz, lebendige Säure, leichte Phenolik, mineralisch-salzig durchzogen, frische Art, etwas Grapefruit, gute Struktur und Länge, elegant.
12,5 Vol.-%, DV, €€€

94+ 2021 »N114« Pinot Noir trocken
Burgundisch im Duft, klar, kühl und sehr fein. Komplexe sowohl rote als auch schwarze Frucht, Kalk und Gewürznelke. Am Gaumen konzentriert mit feinem Gerbstoff und sehr guter Säurestruktur. Schöne Textur, dicht, sehr elegant und tiefgründig. Ein großer Wein. 12,5 Vol.-%, DV, €€€€

93+ 2021 Pinot Noir trocken
Attraktiv kühl im Duft. Komplexe Aromen von dunkler Kirsche, Orangenzeste, Holunderblüte, Cranberry und Teeblatt. Am Gaumen mit hellen roten Früchten, dazu eine florale Komponente und Kreide, feiner Gerbstoff bei idealem Säurebogen. Mineralisch grundiert, langer Nachhall. Toller Wein.
12,5 Vol.-%, DV, €€€

92 2022 »Rosé de Noir« trocken

92 2021 Spätburgunder trocken
Intensiv im Duft mit Aromen von junger Kirsche, Johannisbeere, Tomatenblatt, Pflaume, Gewürznelke und Vanille. Am Gaumen folgen Waldbeeren und Kräuterwürze, lebendige Säure, feiner Gerbstoff, insgesamt gut balanciert, schöner, langer Nachhall. 12,5 Vol.-%, DV, €€

★★★

WEINGUT STIGLER

Bachenstraße 29, 79241 Ihringen
T: +49 7668 297, info@weingut-stigler.de
weingut-stigler.de

Ab-Hof-Verkauf: Mo bis Sa 10–12 Uhr und 15–18 Uhr, So 15–18 Uhr
Kellermeister: Andreas & Maximilian Stigler
Ansprechpartner: Regina Stigler
Flaschen/Hektar: 80.000 (40 % weiß, 35 % rot, 10 % Rosé, 5 % süß, 10 % Schaumwein)/15 ha

Josef Fidel Stigler setzte 1881 seine ersten Reben am Winklerberg, die Weine wurden damals in der Freiburger Bahnhofsgaststätte abgesetzt, die die Familie betrieb. 140 Jahre später ist nun der junge Maximilian Stigler dabei, als fünfte Generation mehr und mehr Verantwortung im Weingut zu übernehmen. Die neuen Weine gefallen uns sehr gut, sie betonen Eleganz und Frische und verfügen über Dichte und Länge. Der Riesling »F36« war noch selten so delikat wie in 2021: Offenbar hat Maximilian Stigler in Geisenheim auch den Rheingauer Riesling studiert. Mehr davon, bitte!

93+ 2020 Freiburg Schlossberg Chardonnay GG
Ein Hauch von Hefe unterstützt den dezent blumigen und auch leicht nussigen Duft. Gerösteter Sesam. Der Gaumen setzt seidig an und steigert die griffige Phenolik auf zurückhaltende Weise, eine Schicht Schmelz bettet die Struktur ein, taktil-mineralische Töne leiten in den Abgang. Noch sehr jung! 12 Vol.-%, NK, €€€

93 2021 »F36« Ihringen Winklen Herrgottswinkel Riesling GG
Der Duft zeigt sich kräuterwürzig, floral, mit einer komplexen Frische: getrocknete Zitronenschale. Im Mund wirkt der Wein ruhig und ausgeglichen, hat Saftigkeit und trotz einer eher reifen Säure eine lebendige Ader. Ein feiner, nuancenreicher Riesling mit Eigenständigkeit. 12 Vol.-%, NK, €€€

93 2020 Achkarren Schlossberg Weißburgunder GG
Ein kräuterwürziger Duft entsteigt dem Glas, Wermut, Lakritze, hefige Noten. Im Mund erscheint ein Dreieck aus hintergründiger Viskosität, kräftiger Stoffigkeit und hefigen Abgangsaromen. Der Wein sollte noch etwas lagern oder vor Genuss ein bis zwei Stunden dekantiert werden.
13 Vol.-%, NK, €€€

93 2018 »Monopol« Ihringen Pagode Spätburgunder GG
Eher hell in der Farbe. Im Duft erscheinen Aromen von Cocktailkirsche und Karamell, der Gaumen fließt ganz seidig und saftig mit delikater Säurebegleitung, der Gerbstoff ist in den eleganten Bau komplett eingeschmolzen, mineralische Töne bereichern den Abgang. 13,5 Vol.-%, NK, €€€

92 2016 »1G« Freiburg Schlossberg Spätburgunder Erste Lage trocken

92 2021 Chenin Blanc trocken
Der Duft zeigt eine erste Reife mit nussigen Aromen, weißer Sesam, Birnenkompott. Im Mund hat der Wein einen dichten stoffigen Kern, der mit fester Säure unterlegt ist, aber auch von geschmeidigen Schichten getragen wird. Voll, aber nicht fett, und lange homogen bleibend.
12 Vol.-%, DV, €€€

★

WINZERHOF STREBEL

Geisbergstraße 8, 97922 Lauda
T: +49 1729 164096, strebelst@t-online.de
winzerhof-strebel.de

Ab-Hof-Verkauf: Ja
Kellermeister: Stefan Strebel
Ansprechpartner: Stefan Strebel
Flaschen/Hektar:
8.000 (90 % weiß, 8 % rot, 2 % Rosé)/2 ha

Familie Strebel betreibt schon seit vier Generationen Weinbau im zu Baden zählenden Taubertal, aber eigene Weine werden erst seit 2012 gefüllt. Der für neue Ideen offene Stefan Strebel führt den Winzerhof in Lauda-Beckstein mit rund zwei Hektar Reben, die auf Muschelkalkböden wachsen und sich auf die Lagen Becksteiner Kirchberg und Marbacher Frankenberg verteilen. Die Weine überzeugen mit klarer, zugänglicher Fruchtaromatik und der Mineralik des Muschelkalks, besonders der Silvaner »Steiles Kleeb Kreuz« und der Riesling »Der Boden die Sonne und Wir« haben es uns angetan. Gerne mehr davon!

90 2022 »Steiles Kleeb Kreuz« Beckstein Kirchberg Silvaner trocken
Gelber Apfel, Birne und Mirabelle, frischer Champignon, Wiesenkräuter, warmes Gewächshaus. Stoffiger, vollmundiger Silvaner mit kräftiger Struktur, dichtem Extrakt, kalkmineralischer Würze, reifer Säure und der Silvaner-Gelassenheit, die nichts trüben kann. 13,5 Vol.-%, DV, €

89 2022 Marbach Frankenberg Grauer Burgunder trocken
Schöne Würze, reife Birnen, gelbe Pflaumen, nussige Noten. Verbindet am kompakten, kräftigen Gaumen reife und frische Noten, die Säure ist für das Belebende zuständig, die von Restsüße begleitete Frucht bietet ein abgerundetes Ambiente. Kulinarisch bestimmt. 13 Vol.-%, DV, €

89 2022 Beckstein Kirchberg Sauvignon Blanc trocken
Viel Sortentypizität im expressiven Duft, reife Schwarze Johannisbeere, Papaya, Mango und Birne. Kräftige, straffe Struktur, vollmundig, saftig und stoffig, für Kontrast sorgt die agile, etwas salzige Säure, reife Stachelbeere und Cassis, endet mit leicht salinen Noten. 13 Vol.-%, DV, €

89 2021 »Edition S« Beckstein Kirchberg Schwarzriesling trocken
Rote Kirsche, Johannisbeere, Zwetschge und Mandelkern, feine getrocknete Kräuter wie Rosmarin. Zeigt sich im Mund weich und samtig mit feiner Würze, die dezente Restsüße sorgt für Abrundung, relaxte Säure, bringt eine gewisse Entspanntheit mit, unaufgeregt. 13 Vol.-%, DV, €€

88+ 2022 »Leidenschaft« Cuvée halbtrocken PG/SB/BC/RR

89+ 2022 »Der Boden, die Sonne und wir« Beckstein Kirchberg Riesling trocken
Gelber und roter, gerbiger Apfel, reifer Pfirsich und auch Aprikose. Schlanker, straffer Bau, zeigt nicht nur das typische Duett von lebendiger Säure und passender Fruchtsüße, sondern auch eine merkliche phenolische und mineralische Komponente, die das Profil stärkt. 12 Vol.-%, DV, €

★★★★

WEINGUT FRITZ WASSMER

Lazariterstraße 2, 79189 Bad Krozingen-Schlatt
T: +49 7633 3965, mail@weingutfritzwassmer.de
weingutfritzwassmer.de

Ab-Hof-Verkauf: Mo bis Fr 9–18 Uhr, Sa 10–16 Uhr
Kellermeister: Fritz Waßmer
Ansprechpartner: Fritz Waßmer
Flaschen/Hektar: 304.000 (35 % weiß, 65 % rot)/46 ha

In langjährigem Wetteifern mit seinem Bruder Martin erarbeitete sich Fritz Waßmer mit cremigen Weißweinen und Roten von großem Reifepotenzial eine Spitzenposition unter den badischen Winzern. In den vergangenen Jahren gab Waßmer seinen Weinen noch mehr Feinschliff, sie zeigen sich nach wie vor kraftvoll-rund und profitieren vom Einsatz ausgesuchter Fasshölzer; doch sie sind inzwischen noch straffer und frischer als früher. Und da waren sie ja auch schon exzellent! So kommt eine beeindruckende Kollektion an 2021ern zustande – mit Spitzen vom Herbolzheimer Kaiserberg.

93+ 2021 Bombach Sommerhalde Grauer Burgunder trocken
Vanille, Butter, Kräuter, Quitte, Sternfrucht, gepaart mit einer Mineralität und einer kühlen Frische. Kraftvoll, ausgewogen, elegant und zugleich dichter Körper. Würze, Holz, Mandel, Orangenblüte mit einer feinen Säure und einem langen, würzigen Nachhall. 13 Vol.-%, NK, €€€€

93+ 2021 Herbolzheim Kaiserberg Chardonnay tr.
Im Duft Cantaloupemelone, Passionsfrucht, Mangostane, Papaya, Vanillegebäck und grünes Gras. Burgundischer Stil mit einer mineralischen Würze, Extrakt, salzig, leicht peffrig, stimmige Säurestruktur, feine Phenolik mit einem langen Nachhall. 12,5 Vol.-%, NK, €€€€

94 2021 Herbolzheim Kaiserberg Spätburgunder trocken
Burgundisch in der Stilistik: Kirsche, Pflaume, Nelke, Tabak, Leder und Eukalyptus. Am Gaumen ist der Wein trocken, mineralisch, leicht stoffig, kerniges, reifes Tannin, saftig, Waldbeeren und Rote Johannisbeere. Ein sehr ausgewogener Wein mit kraftvollem und zugleich elegantem Körper. 13,5 Vol.-%, NK, €€€€

93 2021 Kenzingen Roter Berg Spätburgunder trocken
Süßholz, Gewürznelke, Heidelbeerjogurt, Kirsche, Waldboden, Eukalyptus und Holz sind im Duft. Am Gaumen ist der Wein trocken, mit einer präsenten, aber sehr harmonischen Säure, reifen Tanninen, die gut eingebunden sind, und einem saftigen, gehaltvollem Körper mit einer schönen Länge. 13,5 Vol.-%, NK, €€€€

93 2021 Bombach Sommerhalde Weißer Burgunder trocken
93 2021 Achkarren Schlossberg Grauer Burgunder trocken
92+ 2021 Herbolzheim Kaiserberg Weißer Burgunder trocken
92+ 2021 Staufen Schlossberg Weißer Burgunder trocken
92 2021 Staufen Schlossberg Chardonnay tr.
92 2021 Kenzingen Roter Berg Chardonnay tr.
92+ 2021 Bombach Sommerhalde Spätburgunder trocken

91 2021 »Alte Reben« Spätburgunder tr.
Rote Früchte, süßlich: Amarenakirsche, reife Pflaume, frischer Tabak und getrocknete Kräuter sowie dezente Raucharomatik. Am Gaumen eine lebhafte Säure mit feinen Tanninen, Aromen von Kirsche, Tabakblättern, Holz und einem ausbalancierten Körper. 13 Vol.-%, NK, €€€

★★★★

WEINGUT MARTIN WASSMER

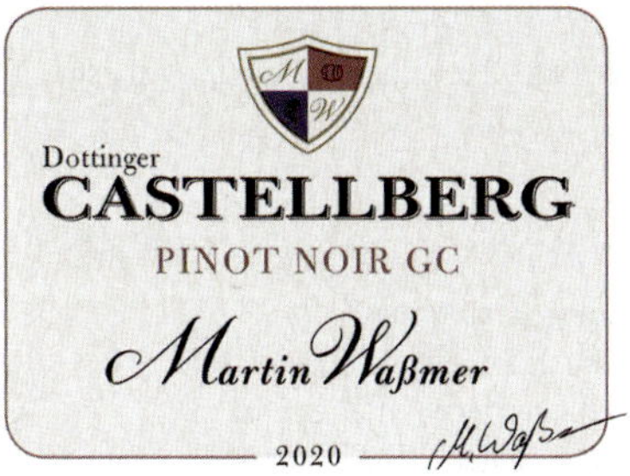

Am Sportplatz 3, 79189 Bad Krozingen-Schlatt
T: +49 7633 15292, info@weingut-wassmer.com
weingut-wassmer.de

Ab-Hof-Verkauf: Mo bis Fr 9–18 Uhr, Sa 10–16 Uhr, Apr. bis Juni So 10–16 Uhr
Kellermeister: Martin Waßmer, Stefan Beck
Ansprechpartner: Martin Waßmer
Flaschen/Hektar: 200.000 (40 % weiß, 60 % rot)/40 ha

Das Jahr 2021 konnte Rotweinwinzern einiges abverlangen. Umso größer ist unsere Hochachtung vor den gradiosen Spätburgundern, die Martin Waßmer vorgelegt hat: Der Pinot Noir »GC« aus dem Dottinger Castellberg kann mit seiner Dichte, Spannung, dem raffinierten Säurenerv, feinstem Tannin und mineralischer Würze zu den besten deutschen Burgundern aus dem Jahrgang gezählt werden. Aber der Winzer aus dem Marktgräflerland schiebt gleich noch fünf Spätburgunder nach, die 93 und 94 Punkte erzielen konnten – das ist unerreicht und setzt Maßstäbe in Baden!

93 2021 »GC« Dottingen Castellberg Chardonnay trocken
Reduktiv im Duft, Pulverdampf, introvertiert, auch buttrig. Im Mund mit feiner Extraktsüße, fester Säure, kraftvoll mit dichtem Extrakt, wirkt sehr jung in seiner konzentrierten Art. Ein klein wenig Öligkeit im Übergang zum Abgang. Sehr gute Länge und Perspektive. 13 Vol.-%, NK, €€€€

97 2021 »GC« Dottingen Castellberg Pinot Noir tr.
Verschlossen im Duft, dezente rote Frucht, Hibiskus, Waldlaub, getrocknete Kräuter, dunkle Schokolade. Am Gaumen dicht, stoffig, fest, feines Tannin, feingliedriger Säurenerv, spannungsgeladen, feine mineralische Würze, frische, klare Frucht, sehr elegant. Großes Kino. 13,5 Vol.-%, NK, €€€€

94 2021 »GC« Schlatt Maltesergarten Pinot Noir trocken
Balsamisch im Duft, viel Würze, Johannisbeeren, Himbeeren, Brombeeren, Sauerkirschen, Hibiskus, schwarze Oliven, Blumenerde, Zedernholz. Am Gaumen dicht, druckvoll, cremiger Schmelz, kerniges Tannin, ausgeprägte Würze, lebendige, gut integrierte Säure, lange am Gaumen. 13,5 Vol.-%, NK, €€€€

94 2021 »GC« Glottertal Roter Bur Spätburgunder trocken
Rauch im Duft, Kirschen, Rote Bete, Veilchen. Am Gaumen tief, noch verschlossene, saftige rote Kirschen, Rote Johannisbeeren, kerniges Tannin, lebendige Säure mit Zug, dicht, feine mineralische Würze, elegant, schöne Länge, in sich ruhend, Langestreckenläufer. 13,5 Vol.-%, NK, €€€€

93 2021 »GC«Dottingen Castellberg Grauer Burgunder trocken
92 2021 »GC« Auggen Letten Grauer Burgunder trocken
92 2021 »GC« Dottingen Castellberg Weißer Burgunder trocken
91 2021 »GC« Staufen Schlossberg Weißer Burgunder trocken
93+ 2021 »GC« Ehrenstetten Ölberg Spätburgunder trocken
93 2020 »Chapelle« Ehrenstetten Ölberg Cuvée trocken CF/ME/CS
93 2021 »GC« Bad Krozingen Steingrüble Spätburgunder trocken

92 2021 »SW« Schlatt Spätburgunder tr.
Holzwürze im Duft, dunkle Nugatschokolade, Sauerkirschen, rote und dunkle Beeren, Maulbeeren, Tabak. Am Gaumen saftige, frische Beeren, Sauerkirschen, samtiges Tannin in guter Dosis, lebendige Säure, gut ausbalanciert, mit Spannung und Zug, schöne Länge, elegant. 13,5 Vol.-%, NK, €€€

★

JECHTINGER WEINMANUFAKTUR

Winzerstraße 1, 79361 Sasbach-Jechtingen
T: +49 7662 9323-0, info@jechtinger-wein.de
jechtinger-wein.de

Ab-Hof-Verkauf: Mo bis Fr 9–17 Uhr, Sa 9–13 Uhr
Kellermeister: Jochen Glyckherr
Ansprechpartner: Jonathan Schäfer
Flaschen/Hektar: 2.500.000/240 ha

Es ist ein großer Verbund von Winzern, der die 240 Hektar am Westrand des Kaiserstuhls bewirtschaftet und von dessen verwittertem Vulkangestein und fruchtbaren Lössböden profitiert. Dem Team der Kellermeister Jochen Glyckherr und Matthias Gehri gelingen sehr korrekte Basisweine. Aus der geologisch vielfältigen Amolterer Steinhalde gewinnen sie angenehm leichte Weine; die Trauben von den sonnigen Jechtinger Spitzenlagen Steingrube, Hochberg und Eichert bringen dagegen etwas kraftvollere Weine hervor. Bemerkenswert auch, wie gut sich die beiden auf Sekt verstehen!

90 2021 »Pinot« brut PG/WB/PN
Ein würziger Duft von Lakritze, frischer Butter, Hefe und Birne entströmt dem Glas. Der Gaumen zeigt sich frisch, saftig, mit lebendigem Mousseux, kernigem Säuregerüst und recht klarem, pinotbeerigem Abklang. Ein erfrischender Aperitif. 12 Vol.-%, NK, €€

89+ 2022 »Vulkanfelsen« Müller-Thurgau Kabinett halbtrocken
Ein intensiver Muskatduft steigt aus dem Glas. Im Mund hat der Wein tatsächlich eine gewisse Kabinettähnlichkeit mit feinem Säurenerv und zart spielender Süße, milder in der Säure als bei einem Riesling, aber durchaus mit delikater Feinheit. 11 Vol.-%, DV, €

89+ 2022 Spätburgunder Rosé trocken
Lachsrosa in der Farbe. Im Duft zeigt sich ein beeriger Pinotduft, etwas Rose, Birne. Die Gaumenstruktur hat Frische und Spannung, der lebendige Säurenerv ist von dezenter Süße unterlegt, der Abgang endet stoffig und mit einem Anflug tuffiger Noten. 12 Vol.-%, DV, €

90 2020 Jechtingen Eichert Spätburgunder Spätlese trocken
Orientrot mit aufgehellten Rändern. Der Duft ist zunächst ausgeprägt buttrig, dann öffnet er sich in kleine rote Beeren, Mandel und Küchenkräuter. Im Mund zeigt sich ein ausladend geschmeidiger Bau, kräftig im Alkohol, ölig, mit körnigem Gerbstoff. Braucht noch Zeit. 14 Vol.-%, DV, €€

89 2021 Muskateller Sekt trocken
89+ 2022 Sauvignon Blanc trocken
89 2022 Jechtingen Hochberg Weißer Burgunder Kabinett trocken
88 2022 »Weisser Sommer« Cuvée feinherb MT/WB/GM
87+ 2022 »Die Handwerklichen« Amoltern Grauer Burgunder trocken
87+ 2022 Grauer Burgunder Kabinett trocken
87+ 2022 Bio Rosé trocken CC/PN

90 2022 Chardonnay Kabinett trocken
Der würziger Duft lässt die Anwesenheit von Chardonnay-Duftklonen im Weinberg vermuten. Fast Müller-Thurgau-artige Untertöne bereichern den Duft nach Mais und Heu. Der Gaumen fließt seidig und hat eine aparte Salzigkeit. Der Abgang ist saftig und frisch mit guter Länge. 12,5 Vol.-%, DV, €

★★★★

WEINGUT WÖHRLE

Weinbergstraße 3, 77933 Lahr
T: +49 7821 25332, info@woehrle-wein.de
woehrle-wein.de

Ab-Hof-Verkauf: Mo bis Fr 17–19 Uhr, Sa 10–14 Uhr
Kellermeister: Markus Wöhrle
Ansprechpartner: Tanja und Markus Wöhrle
Flaschen/Hektar: 120.000 (75 % weiß, 25 % rot)/18 ha
Anbauweise: Bio

Markus und Tanja Wöhrle führen das 1979 gegründete Familienweingut souverän und mit gleichbleibend hoher Qualität. Dabei profitieren sie nicht nur von den exzellenten Lagen am Schutterlindenberg, sondern auch davon, dass das Gründerpaar Hans und Monika Wöhrle bereits in den 1980er-Jahren auf biologische Bewirtschaftung umstellte. Die Böden befinden sich also in hervorragendem Zustand. Vielleicht ist das auch ein Grund dafür, weshalb die Weine – beispielsweise die drei exzellenten Chardonnays – bei aller Kraft so ungemein entspannt und seidig wirken.

94 2021 Lahr Teufelslochgasse Chardonnay GG
Etwas Holz im Duft, Popcorn, leicht buttrige Töne. Haselnuss. Am Gaumen sind Grip und Körperreichtum gut vereint, der Wein hat Fülle, ist aber nicht breit, die Länge ist gut. Zu Kalbskotelett, gegrilltem Gemüse oder Steinpilzrisotto. 13 Vol.-%, NK, €€€

93 2021 Lahr Gottsacker Chardonnay GG
Komplexer Duft nach Zitronenzeste, Bourbonvanille, Steinobst, dazu junge Haselnuss und eine Spur Rauch. Am Gaumen mit lebendiger, reifer Säure, feine helle Früchte zeigen sich, attraktive Mineralität, tief und dicht, sehr guter Abgang, absolut gelungen. 13 Vol.-%, NK, €€€

93 2021 Lahr Kirchgasse Grauburgunder GG
Bereits im ersten Duft würzig und nussig, dazu feine Frucht von weißem Pfirsich, Zitronenzeste und Gesteinsmehl. Am Gaumen dann herrlich saftig, Holzwürze, attraktive Stoffigkeit, reife Säure und ein sehr langer Nachhall. Ein Wein mit Substanz und Tiefe. 13 Vol.-%, NK, €€€

93+ 2021 Lahr Kirchgasse Spätburgunder GG
Im Duft florale Noten, dann Cranberry, dunkelrote Kirschen, Gewürznelke und nasser Stein, mineralisch grundiert. Am Gaumen mit feinkörnigem Gerbstoff, herrlich saftig bei feiner Textur, edler mineralischer Faden, im Nachhall balanciert und lang. Viel Potenzial. 13 Vol.-%, NK, €€€

92+ 2021 Lahr Herrentisch Weißburgunder GG

91+ 2022 »1G« Lahr Kronenbühl Chardonnay trocken
Intensiver Duft nach gelbem Apfel, Haselnussbutter, Ananas, Zitronenzeste und weißen Blüten. Am Gaumen dann klar und fließend mit reifer, wohl dosierter, durchaus attraktiver Säure, sortentypischer Ausdruck mit Apfel und Nuss, guter Nachhall. 13 Vol.-%, NK, €€

★★

HOFGUT WÖRNER

Sendelbach 21, 77770 Durbach
T: +49 781 42257, kontakt@weingut-woerner.com
hofgut-woerner.com

Ab-Hof-Verkauf: nach Vereinbarung
Ansprechpartner: Matthias Wörner
Flaschen/Hektar: 20.000 (50 % weiß, 30 % rot, 20 % Rosé)/2,5 ha

Das Hofgut Wörner bewirtschaftet schon in fünfter Generation Wald, Wiesen und Rebberge, eigene Weine werden erst seit 2017 ausgebaut. Steile Weinberge auf Granit und Gneis, die sich bis auf 400 Meter Höhe ziehen, und die kühlen Schwarzwaldwinde verleihen den badischen Landweinen eine besondere Signatur: Sie sind puristisch und kühl in ihrer Aura, Matthias Wörner verzichtet auf Schönung und Filtration, schwefelt nur minimal. Besonders faszinierend ist der energiegetragene Rote Traminer, dessen Name auf dem Etikett nicht genannt werden darf. Starkes Debüt!

93 2020 Roter Traminer trocken
Optisch wie unfiltrierter Apfelmost, getrockneter Salbei, gedörrte Aprikose, Karamell, Orangeat, leicht ätherisch. Packend und schwungvoll am Gaumen mit Energie, auch feinstofflich transparent, von präsenter Säure getragen, feine Würze, reife Phenole, lang. 12 Vol.-%, NK, €€€

92 2020 Grauburgunder trocken
Unfiltriert, Noten von Spontangärung, kräuterig, Malzbonbon, reife Birne, Rauch, dunkle Würze. Saftig am Gaumen mit klarer, leicht süßlicher Birne, trocken, unkitschig, straffe Struktur, widerspricht dem Klischee des badischen Grauburgunders, mineralisch, spannend. 12,5 Vol.-%, NK, €€

93 2020 Spätburgunder trocken
Etwas hefig, Holzwürze, Kirschen, Himbeeren, etwas Granatapfel, getrockneter Rosmarin. Setzt saftig und mit etwas Extraktsüße am Gaumen an, straffe, feste Struktur, geradling, absolut trocken, trotzdem großzügig, griffiges, reifes Tannin, noble Säure. Druckvoll. 12 Vol.-%, NK, €€€

92+ 2019 Spätburgunder trocken
Rauchig, charmante Holzwürze mit Pinotfrucht, Kirsche, Wildkirsche, Waldhimbeere, Pflaume, Lorbeerblatt. Straff und bündig am Gaumen mit linearer Ausrichtung, dichter Extrakt, druckvoll, puristisch trocken, die Gerbstoffe sind griffig, von hoher Qualität. Jung. 12,5 Vol.-%, NK, €€€

91+ 2021 »400« Riesling trocken
91+ 2021 Grauburgunder trocken
91 2021 Riesling trocken
89 2021 »Steillage Weiß« trocken MT/RR
89+ 2021 »Steillage« Rosé trocken

92 2020 Riesling trocken
Holzwürze, balsamische Noten, getrocknete Kamille und reifes Steinobst, gelber Tabak. Am Gaumen kompakt gebaut und mit weitem Spektrum: druckvoll, mineralisch, Granit, salzig und auch elegant mit geschmeidiger Säure, unorthodox, badischer Landwein mit Stil.
12,5 Vol.-%, NK, €€

★★★

WEINGUT ZÄHRINGER

Johanniterstraße 61, 79423 Heitersheim
T: +49 7634 504890, info@weingut-zaehringer.de
weingut-zaehringer.de

Ab-Hof-Verkauf: Mo bis Mi 9–12 Uhr und 14–17 Uhr, Do und Fr 9–12 Uhr und 14–18 Uhr, Sa 10–13 Uhr
Kellermeister: Daniel Lekies und Katrin Lang
Ansprechpartner: Fabian Zähringer
Hektar: 55 ha
Anbauweise: Biodynamisch

Als Wolfgang Zähringer in den 1980er-Jahren den alten Familienbetrieb auf Biobewirtschaftung umstellte, gehörte er zu den Pionieren des ökologischen Weinbaus. Seit 2010 arbeitet sein Sohn Fabian nach strengen Demeter-Regeln – und das bei beachtlichen 55 Hektar Rebfläche. In diesem Jahr präsentiert das Weingut wieder eine ausgezeichnete Kollektion. Besonders freut uns, dass neben all den Besonderheiten wie Orange Wine und PiWi auch der Lokalmatador Gutedel – in seiner fassgereiften Variante »Chasselas« genannt – zu seinem Recht kommt. Und so wunderbar gelungen ist!

94 2021 »Amber« Souvignier Gris trocken
Intensiver ockergelber, oparker Farbton, in der Nase hat der Wein den für manchen noch ungewöhnlichen Duft der Weine dieser Machart: verhaltene Frucht, zart fermentierte Noten, dunkler Honig und Dillblüten. Am Gaumen ein saftiges Säurespiel, frisch, kühl, herrlicher Trinkfluss!
13 Vol.-%, NK, €€

93+ 2021 »Orange« Weißburgunder trocken
Kupfergoldfarben, pikante, kühle Nase, Esskastanien, reifer Balsamico, frisches Laub. Am Gaumen frische Kräuternoten, feines Tanningerüst, schmelziges, ungemein animierendes Säurespiel, Frucht verhalten, hoch elegante Saftigkeit, toller Essensbegleiter! 13 Vol.-%, NK, €€€

94 2020 »Réserve« Spätburgunder trocken
Angenehme Nase nach frischem Heu, Roten Johannisbeeren, etwas Cassis, dann dunkler Tabak, auch nach chinesischem Rauchtee. Am Gaumen eleganter Schmelz, hohe Dichte, ungemein füllig, dabei erfrischend saftig mit langem und pikantem Nachhall. 13,5 Vol.-%, NK, €€

93 2019 Heitersheim Sonnhohle Pinot Noir trocken
Granatrote Farbe, in der Nase feines Beerenaroma. Es duftet frisch und kühl, Grafit, warme Gewürze wie Nelke und Zimtrinde, auch Zwetschgenröster, Laub. Am Gaumen samtiges Tanin, eine gute Säurestuktur, guter Trinkfluss, saftiger und lange anhaltener Nachhall. 13 Vol.-%, NK, €€€

92 2017 Blanc de Blancs brut nature
92+ 2021 »Vierlig« Grauburgunder trocken
91+ 2021 Dottigen Castellberg Viognier tr.
91+ 2021 Heitersheim Sonnhohle Weißburgunder trocken
90+ 2022 Grauburgunder trocken
92+ 2021 »Pur« Pinot Noir trocken
91+ 1999 »Edition Zähringer Löwe Nr. 20 Millennium« Grauburgunder Beerenauslese

92 2021 »Vierlig« Chasselas trocken
Feine würzige Nase nach blondem Tabak und Kräutern, etwas Thymian und Orangenschalen, angenehm kühler Eindruck. Am Gaumen milde Frische mit schöner Saftigkeit und einem Aroma von jungen Augustäpfeln. Der Holzausbau ist herrlich eingebunden, überzeugt mit Geschmeidigkeit. 12 Vol.-%, DIAM, €€

★★★★★

WEINGUT HANSPETER ZIEREISEN

Markgrafenstraße 17, 79588 Efringen-Kirchen
T: +49 7628 2848, kontakt@ziereisen.de
ziereisen.de

Ab-Hof-Verkauf: Do bis Fr 8–12.30 und 14–18.30 Uhr, Sa 8–12.30 und 14–16 Uhr
Kellermeister: Hanspeter Ziereisen
Ansprechpartner: Edeltraud Ziereisen
Flaschen/Hektar: 100.000 (50 % weiß, 50 % rot)/17 ha

Es ist nicht übertrieben, Hanspeter und Edeltraud Ziereisen als eine unverzichtbare Kraft und auch Urgewalt in der deutschen Weinbranche zu bezeichnen. Sie sind unverwechselbare Unikate und Charakterköpfe, die man erfinden müsste, würden sie nicht schon mit Leib und Seele in Efringen-Kirchen wirken. Hanspeter Ziereisen, rebellisch und doch urbadisch geerdet, gilt auch als Erfinder des badischen Landweinmarktes, er hat das Markgräflerland als Kraftort der badischen Independant-Weinszene etabliert: Das unterstreicht auch die ausgezeichnete Kollektion aus 2020.

94+ 2020 »Jaspis 10^4« Gutedel trocken
Feiner Rauch, Quitte, Limette, Tannenzweig, grüne Mojo, Apfel, Aprikose. Erstaunlich, was hinter einer filigranen Struktur an Druck, Dichte und Spannung stecken kann, nie karg, von Extrakt unterfüttert, fein proportionierte Weichheit und filigrane Verdichtung, lang. 10,5 Vol.-%, NK, €€€€

93 2020 »Steinkrügle« Gutedel trocken
Reduktive Noten, Feuerstein, Rauch, Hefe, Limettenschale, gelber Apfel, Mirabelle, etwas Quitte. Am Gaumen schlank gebaut, weich in der Textur, saftig, reife, elegante Säure. Reife, fein geschichtete Phenole, starke mineralische Prägung, auch tiefgründig. 11 Vol.-%, DV, €€€

96 2020 »Jaspis Zipsin« Spätburgunder tr.
Rauchig, Rosmarin, Schwarzkirsche, Cassis, erdig, Rote Bete. Stoffig, mit guter Substanz, dichter Extrakt, delikate Säure, salzig, leicht zitronig, dunkle Mineralik, reife Gerbstoffe in hoher Menge mit Reserven für einige Jahre. Vielschichtig, hintergründig, lang. 13,5 Vol.-%, NK, €€€

93+ 2020 »Rhini« Spätburgunder trocken
Rote Kirschen, auch Schwarzkirsche, Holunder, etwas Hefe, Holzwürze. Am Gaumen mit gutem Druck und Spannung, feste Struktur mit weichen Anteilen, der betont trockene Eindruck wird durch Sauerkirsche unterstützt, saftig, mineralisch, stützender Extrakt, konsistent. 13 Vol.-%, NK, €€€

92 2020 »Schulen« Spätburgunder trocken

92 2020 »Viviser« Gutedel trocken
Reduktiv, hefig, rauchig, malzig, weißer Pfeffer, Limettenschale. Schlank gebaut, straff, feste Struktur, geht ohne Umwege mit frischer, präziser Säure zur Sache, knochentrocken, trotzdem nicht zu karg, grüner Apfel, Bergamotte, gute Energie, ungebändigt. 10,5 Vol.-%, DV, €€

★

WEINGUT ZIMMERMANN

Bürgelnblick 1, 79418 Schliengen
T: +49 7635 665, info@zimmermann-wein.de
zimmermann-wein.de

Ab-Hof-Verkauf: Ja
Kellermeister: Karl-Ernst Zimmermann
Ansprechpartner: Karl-Ernst Zimmermann
Flaschen/Hektar: 80.000 (75 % weiß, 25 % rot)/10,5 ha

»Leidenschaft leben, Tradition pflegen, guten Wein genießen« – nach diesem Motto, so schreibt uns Karl-Ernst Zimmermann, betreibe er sein Weingut. Die Leidenschaft wird daran deutlich, dass sich der Markgräfler auch Rebsorten wie Merlot und Cabernet Franc zuwendet, die eigentlich in Bordeaux und an der Loire zu Hause sind. Die Tradition kommt aber ebenfalls zu ihrem Recht – mit Gutedel natürlich und auch mit einem Grauburgunder, der an den guten alten Ruländer erinnert. Zum Genießen kann man zuletzt die gutseigene Weinschenke auf dem Schliengener Berg besuchen.

90 2022 »Kapellenberg« Grauburgunder tr.
Ein helles Goldgelb in der Farbe. Im Duft zeigen sich medizinale Aromen, Noten von getrocknetem Apfelring, Pecannuss, Oregano. Im Mund setzt der Wein geschmeidig an, entfaltet dann kräftige Phenole, feste Säure und einen konzentrierten Abgang. Nahe am Ruländer-Stil. 14 Vol.-%, DV, €€

90 2022 »Rhine Hill« Chardonnay trocken
Dezent röstiges Holz. Dazu Aromen von Heu und grüner Banane. Im Mund trifft eine weit ausgreifende Geschmeidigkeit auf knackige Säure und mittelgewichtigen Extrakt. Die Gaumenaromen sind noch verschlossen, das Holz ist gut integriert, eine mineralische Tönung ist vorhanden.
13,5 Vol.-%, DV, €€

90+ 2019 »Angel Hill« Cabernet Franc trocken
Noten von rotem Spitzpaprika und Minze im Duft, auch weißer Pfeffer, Bitterschokolade und Pflaume. Im Mund bettet der Wein ein fleischiges Tannin auf einen cremigen Hintergrund, Extrakt und Säurenerv haben Intensität, die intensive Gaumenfrucht lässt den Wein saftig ausklingen.
14 Vol.-%, DV, €€€

89+ 2020 »Angel Hill« Merlot trocken
Ein kräftiger Holzeinsatz gibt sich zu erkennen, Vanillin und Karamellbonbon. Dazu kommt eine sehr intensive, etwas forciert wirkende Kirschfrucht. Der Gaumen hat Wucht, zeigt auf geschmeidigem Fond einen körnigen, etwas trockenen Gerbstoff. Ein Vollgas-Merlot, fast ein Amarone!
14 Vol.-%, DV, €€€

89 2022 Weißburgunder trocken

89 2022 »Grüner Markgräfler« Gutedel trocken
Zuerst nimmt man eine schöne Hefewürze mit leicht pfeffrigen Untertönen wahr. Im Mund ist der Wein leicht und frisch, leicht spritzig, der niedrige Alkoholgehalt macht ihn zu einem unbekümmerten Durstlöscher, der lebendige Säurenerv ist mit einer Spur Restsüße abgerundet.
10,5 Vol.-%, DV, €

★★

WEINGUT JULIUS ZOTZ

Staufener Straße 3, 79423 Heitersheim
T: +49 7634 508220, info@weingut-zotz.de
weingut-zotz.de

Ab-Hof-Verkauf: Mo bis Fr 8–12.30 Uhr und 13.30–18 Uhr, Sa 9–16 Uhr
Kellermeister: Dennis Meindl
Ansprechpartner: Martin, Michael und Julian Zotz
Flaschen/Hektar: 650.000 (56 % weiß, 36 % rot, 3 % Rosé, 5 % Schaumwein)/95 ha

In einem der größten Familienweingüter Badens halten Martin, Michael und Julian Zotz die Fahne der Markgräfler Tradition hoch: Der Gutedel ist immer noch der Brot- und Butterwein, zudem räumt er regelmäßig Preise bei internationalen Wettbewerben ab. Doch damit nicht genug: Auch die Burgundersorten gedeihen prächtig, wie der komplexe Grauburgunder «Hohlgässle« , der mineralisch fundierte »Terrassen« Chardonnay und der straffe »Hohlgässle« Pinot Noir belegen. Last, not least haben hier auch internationale Sorten ihren Platz: Sauvignon und Syrah haben überzeugt.

92+ 2020 »Hohlgässle« Heitersheim Maltesergarten Grauburgunder trocken
Ein recht komplexer Duft: mit jodigen Noten, Aromen von Apfelmus, Esskastanie, und Honigmelone. Im Mund hat der Wein eine präsente Phenolik, feste Säure, Spannung, aber auch Reichtum: ein Wein mit Substanz und sogar Tiefe, der sich lange und komplex entwickeln wird. 13,5 Vol.-%, NK, €€€

92 2021 »Terrassen« Badenweiler Römerberg Chardonnay trocken
Dezent röstiges Holz trifft auf Noten von Jod und feuchtem Kalkstein. Im Mund hat der Wein eine gewisse Weite und Körperkraft, doch er besitzt auch ein lebendiges Säurerückgrat und merklich taktil-mineralische Noten. Ein Hauch von Süße flankiert den Abgang. 13,5 Vol.-%, NK, €€€

91+ 2020 »Hohlgässle« Heitersheim Maltesergarten Pinot Noir trocken
Sauerkirsche und präsentes Neuholz im Duft. Etwas Kerbel und Thymian. Der Gaumen zeigt straffes, festes Tannin, eine leichte Adstringenz, die Säure ist unauffällig integriert, der Abgang derzeit noch kompakt und verschlossen. Noch sehr jung. 13,5 Vol.-%, NK, €€€

91 2020 Badenweiler Römerberg Syrah tr.
Das Neuholz überdeckt nicht die Sortenwürze, Aromen von Kirsche und schwarzem Pfeffer, Garrigue, Bitterschokolade, dazu kommen buttrige und karamellige Töne. Der Gaumen ist dicht mit feinkörnigem, leicht trockenem Tannin besetzt, das betont geschmeidig grundiert ist. Braucht Zeit! 13,5 Vol.-%, NK, €€€

90 2022 Badenweiler Römerberg Gutedel trocken

91+ 2022 »Fumé« Heitersheim Maltesergarten Sauvignon Blanc tr.
Im Mund: Zitronenschale, Grapefruit, Holunderblüte und grüner Spitzpaprika. Der Gaumen verbindet Fülle mit Frische, die frische Säure gibt dem in Dichte und Volumen stattlichen Bau Spannung und Drive, eine Spur Süße unterstreicht die cremigen Seiten. 12,5 Vol.-%, NK, €€

BADEN

GASTGEBER AUS LEIDENSCHAFT

Gemeinsam mit den Winzern der Region –
als uneingeschränkten Experten, was das leibliche Wohl anbelangt –
hat Falstaff die besten Genussadressen in Sachen Kulinarik
sorgfältig ausgewählt und zusammengestellt.

76530 Baden-Baden

Heine's Wine and Dine

Klein, aber fein: Die moderne Einrichtung ist der perfekte Rahmen für Verkostungsmenüs auf Basis ausgesuchter regionaler Produkte. Zwei Sommeliers sorgen versiert für die harmonische Weinbegleitung.

Merkurstraße 3
+49 (7221) 3979466
heine-wine-dine.com

€€

Empfohlen von: Falstaff-Redaktion

76530 Baden-Baden

Maltes Hidden Kitchen

»Casual Dining« heißt das Restaurantprogramm, das Ambiente ist perfekt darauf abgestimmt. Die talentierte Küche setzt ausdrucksstarke aromatische Akzente. Place-to-be für Feinschmecker jeden Alters!

Gernsbacher Straße 24
+49 (7221) 7025020
exquisite-concepts.com

€€€

Empfohlen von: Weingut Kopp

Foto: beigestellt

76534 Baden-Baden

Restaurant Heiligenstein

Küchenchef Joachim Peter macht's geschickt und gekonnt, wenn er seine Gerichte aus dem regionalen Fundus um internationale Klassiker ergänzt. Zu moderaten Preisen wird hier bodenständig aufgetischt.

Heiligensteinstraße 19a
+49 (7223) 96140
hotel-heiligenstein.de

€€

Empfohlen von: Weingut Kopp

79211 Denzlingen

Rebstock-Stube

Herzlicher Familienbetrieb, der Wert auf regionale Kreativität legt. Bemerkenswert sind das Sauté von Gambas mit Couscous-Salat und Wassermelone und der Seeteufel mit Steinpilzen und Artischocken-Bohnen-Ragout.

Hauptstraße 74
+49 (7666) 900990
rebstock-stube.de

€€

Empfohlen von: Weingut Otto und Martin Frey

77770 Durbach

[maki:'dan] im Ritter

Eine eigene Form der Esskultur, bei der es keine klassische Speisenfolge gibt. Es geht um das Grundprodukt in neuen Kombinationen, so werden etwa Spargel und Rhabarber vereint. 500 Weine aus aller Welt.

Tal 1
+49 (781) 93230, ritter-durbach.de

€€€

Empfohlen von: Weingut Alexander Laible, Freiherr von und zu Franckenstein

76275 Ettlingen

Erbprinz

Innovation auf höchstem Genussniveau, hier wird die französische Hochküche modern interpretiert. Da gibt es zur Dorade schon mal mit Blutwurst gefüllte Tintenfische und zur Gänseleber Kaffeearomen.

Rheinstraße 1
+49 (7243) 3220
erbprinz.de

€€€

Empfohlen von: Falstaff-Redaktion

Fotos: beigestellt

77723 Gengenbach

Reichsstadt

Die blumengeschmückte Terrasse ist rasch ausgebucht. Badischer Genussstil gelingt mit Gänseleberterrine, Duett vom Kalb auf Schupfnudeln und Rhabarbertarte mit Eis. Der Weinkeller ist gut bestückt.

Engelgasse 33
+49 (7803) 96630
die-reichsstadt.de

€€€

Empfohlen von: Bärmann, Weingut Schloss Ortenberg

79286 Glottertal

Zur Sonne

Die bodenständige Küche passt perfekt zur malerischen Landschaft. Highlights sind neben Fisch und Wild auch hausgemachte Spätzle und Schmorgerichte aus dem Ofen. Gewürzt wird mit eigenen Kräutern.

Talstraße 103
+49 (7684) 242
sonne-glottertal.de

P €€

Empfohlen von: Weingut Otto und Martin Frey

69117 Heidelberg

Zum Nepomuk

Ein gemütliches Gasthaus, in dem regional, bodenständig und zünftig aufgetischt wird. Spezialitäten sind die fangfrischen Forellen aus dem Odenwald und die klassische Rinderroulade mit Stampfkartoffeln wie bei Muttern.

Obere Neckarstraße 2
+49 (6221) 739130
hotel-zur-alten-bruecke.de

€€

Empfohlen von: Falstaff-Redaktion

Schloss Kirchberg am Bodensee

79423 Heitersheim

Krone

Die regionale Markgräfler Küche spielt zwar die erste Geige auf der Speisekarte, daneben sind aber auch französisch, mediterran und asiatisch inspirierte Gerichte zu haben. Unkompliziert bodenständig!

Hauptstraße 12
+49 (7634) 51070
landhotel-krone.de

€€

Empfohlen von: Weingut Julius Zotz

77694 Kehl

EssZimmer

Das klassische Brasserie-Interieur ist die passende Kulisse für die Speisen, die hier aufgetischt werden: Elsässer Sauerbraten, Tatar, Schnitzel, Lamm und Fisch in herzhaften und mediterranen Varianten.

Hauptstraße 183
+49 (7851) 91040
rebstock-kehl.de

P €€

Empfohlen von: Weingut Kopp

88709 Meersburg

Löwen

Ein Juwel am mittelalterlichen Marktplatz! Das denkmalgeschützte Haus mit blumenverzierten Fassaden ist überaus romantisch und die Gaststube mit Zirbenholzverkleidung passt einfach dazu. Ein Highlight: frischer Fisch vom Bodensee!

Marktplatz 2
+49 (7532) 43040
hotel-loewen-meersburg.de

€€

Empfohlen von: Weingut Peter Krause

79379 Müllheim

Taberna

In Südafrika und England liegen die Wurzeln der beiden Gastgeber. Doch ihre Küche wandelt auf Markgräfler und badischen Pfaden, gewürzt mit Tradition, teils modern interpretiert. Ein tolles Konzept!

Marktplatz 7
+49 (7631) 174884
taberna-restaurant.de

P €€

Empfohlen von: Weingut Blankenhorn, Weingut Rieger

Foto: beigestellt

79244 Münstertal

Spielweg

Das familiengeführte Hotel bietet einen besonderen Mix aus badischer und asiatischer Küche. Herrlich das Wildschwein-Dim-Sum mit Knollengemüse und Zitronengras, als Dessert Erdnussschnitte mit Mango.

Spielweg 61
+49 (7636) 7090
spielweg.com

€€

Empfohlen von: Weingut Köpfer, Weingut Rieger

78479 Reichenau

Mohren

Urige Gaststube, in der moderne Elemente eine gehobene Restaurantatmosphäre schaffen. Hier wird badisch-modern gekocht, mit Fokus auf Produkten aus der Bodenseeregion. Küchenchef Andreas Nemeth ist handwerklicher Perfektionist!

Pirminstraße 141
+49 7534 99440, mohren-bodensee.de

€€

Empfohlen von: Weingut Rebholz, Weingut Peter Krause

79295 Sulzburg

Hirschen

Douce Steiners hochdekorierte Küche hat etwas mit geschmacklichen Glücksmomenten zu tun. Große französisch inspirierte Hochküche! Unbedingter Place-to-be für Gourmets und jene, die es werden wollen.

Hauptstraße 69
+49 (7634) 8208
douce-steiner.de

€€€

Empfohlen von: Weingut Heinemann

88690 Uhldingen

Seehalde

Spitzenlage mit eigenem Seebadestrand. Mit Häppchen vom Bodenseefisch und Bouillabaisse gelingt der Start, deftiger wird es bei Kalbskutteln in Rieslingrahm oder Zwiebelrostbraten. Gute Weinauswahl.

Birnau Maurach 1
+49 (7556) 92210
seehalde.de

€€

Empfohlen von: Weingut Aufricht

79235 Vogtsburg

Köpfers Steinbuck

Stephan Köpfer holt sich die Inspiration für seine wechselnde Abendkarte auf den Märkten im nahen Elsass – entsprechend französisch ist die Küche. Dazu lohnen die saftigen Steaks einen kleinen Umweg.

Steinbuckstraße 20
+49 (7662) 9494650, koepfers-steinbuck.de

€€

Empfohlen von: Weingut Landerer, Weingut Abril, Weingut Gregor und Thomas Schätzle

79183 Waldkirch

Löwen

Wie der »neue Schwarzwald« schmeckt, zeigt die Küche mit modern interpretierter Klassik. Da kommen auch schon mal asiatische und mediterrane Aromen ins Spiel. Tolle vegane und vegetarische Gerichte.

Schwarzwaldstraße 34
+49 (7681) 9868
loewen-buchholz.com

€€

Empfohlen von: Weingut Moosmann

Schloss Homburg vis-à-vis der Großen Lage
Homburger Kallmuth

FRANKEN

LEIDENSCHAFT UND WEITSICHT

Iphofen, Julius-Echter-Berg

BASSD SCHO

Frankens Winzer sind keine Dampfplauderer: Häufig pflegen sie ein eher distanziertes Verhältnis zur Sprache des Marketing. Dafür überzeugen sie mit Charakter – im persönlichen Umgang ebenso wie in ihren Weinen.

TEXT MATTHIAS NESKE

Andere Gegenden behaupten von sich, sie könnten alles außer Hochdeutsch. Soweit würden die Franken nie gehen. Fragt man sie, was sie alles nicht können, fallen den notorischen Tiefstaplern gleich zwei Handvoll Gelegenheiten ein, bei denen sie letztens wieder einmal nicht »performt« haben. Überhaupt, das »Performen« an sich. Wer nicht außerhalb der nordbayerischen Gefilde Marketing gelernt hat, wird immer etwas damit fremdeln, die eigenen Produkte und Qualitäten ins rechte Licht zu rücken. Das rechte Licht ist nämlich weder die falsche Bescheidenheit, einen großartigen Silvaner mit »naja, bassd scho« zu beschreiben, noch die Hybris, bei einem generischen Produkt mit Eisbonbon-Noten auf den wunderbar spürbaren Einfluss des Terroirs zu rekurrieren.

Dabei haben sie unglaublich viel zu bieten, die Franken. Als Beweis darf ruhig einmal der Blick von außen herhalten, in diesem Fall einer Gruppe von Masters of Wine, die im Sommer 2023 ergänzend zu ihrem in Mainz abgehaltenen Symposium durch Franken reisten. Was ihnen denn am besten gefallen habe an der Reise, wurden die MWs abschließend gefragt. »The people«, kam da die einhellige Antwort. Freundlichkeit, Zugänglichkeit, vollkommen offener fachlicher Austausch, Leidenschaft, Weitsicht. Dass fränkische Winzerinnen und Winzer einmal mit solchen Vokabeln beschrieben werden, daran glaubt der Volksmund bis heute nicht.

Zugegeben, Organisator Andreas Göpfert von der Gebietsweinwerbung hatte auch international erfahrene und eloquente Persönlichkeiten ins Rennen mit den Masters geschickt. Philipp Luckert beispielsweise vom gleichnamigen Weingut in Sulzfeld, dazu die ohnehin exportorientierten »Low Intervention«-Winzer Andi Weigand aus Iphofen oder Michael Völker von den 2Naturkindern. Aber auch bei den Genossenschaften gibt es mittlerweile solche Talente wie Kellermeister Felix Reich von der Divino. Ihnen allen ist gemein, dass sie geographisch und mental weit über den Tellerrand hinausgeschaut haben. Zweifellos ist wirklich etwas dran an der Vermutung, dass man erst durch die Beschäftigung mit der Ferne den Charakter der Heimat mit all ihren Stärken und Schwächen richtig einzuschätzen vermag.

Ein weiteres großes Event im Jahreskalender der fränkischen Winzerschaft stellt das sogenannte »Best of Gold« dar, eine bundesweit vermutlich einmalige Veranstaltung, die 2023 zum 20. Mal stattfand. Gesucht werden die besten Weine Frankens in zehn verschiedenen Kategorien. Kandidaten finden sich vornehmlich in den Reihen der Goldmedaillisten der Fränkischen Weinprämierung. Da solche Medaillen gelegentlich an die wenig seligen 1970er- und

Christian und Alexandra Ehrlich
3 Zeilen, Rödelsee

1980er-Jahre mit ihren edelmetallpapperlübersäten Weinflaschen erinnern, gibt es auch noch den vom gerade in Ruhestand gegangenen Weinbauberater des Bezirks Unterfranken, Hermann Mengler, ins Leben gerufenen »Zweiten Bildungsweg«. Bei jenem werden einige Produzenten, die mit der amtlichen Prämierung wenig am Hut haben, zusätzlich eingeladen, ihre

Tobias Weickert
Weingut Zehnthof, Sommerach

Fotos: beigestellt, © Weingut Drei Zeilen, Weingut Zehnthof

WEINBAUGEBIET FRANKEN

Anbaufläche ca. 6100 Hektar
Aufteilung 216 Einzellagen
Wichtigste Rebsorten Silvaner, Riesling, Müller-Thurgau, Spätburgunder

Verband
Frankenland GmbH,
Hertzstraße 12, 97076 Würzburg
www.frankenwein-aktuell.de

■ : Weinbau
Stg.: Steigung
Hm: Höhenmeter

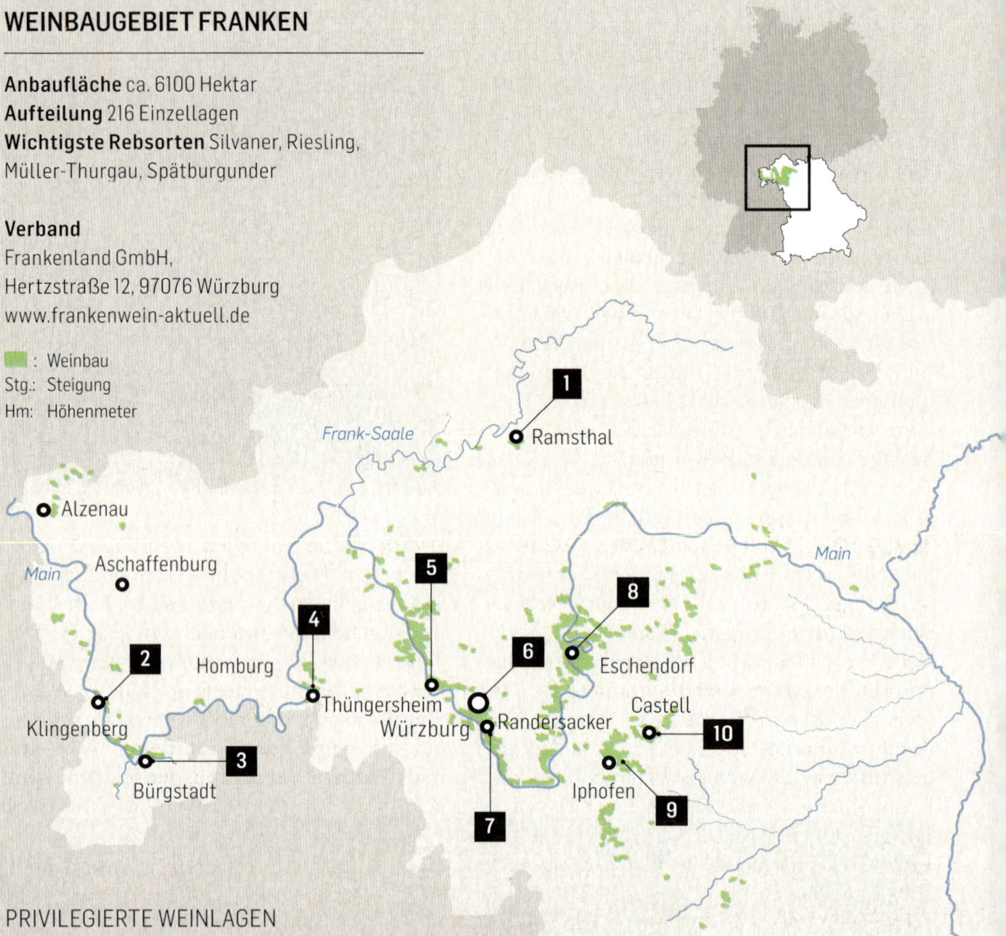

PRIVILEGIERTE WEINLAGEN

1 **Ramsthal St. Klausen**
33,9 ha, 25–70 % Stg.,
Muschelkalk

2 **Klingenberg Schlossberg**
27 ha, 120–230 Hm, 50–90 % Stg.,
Buntsandstein, roter Ton

3 **Bürgstadt Centgrafenberg / Hundsrück**
75,1 ha, 150–250 Hm, 10–40 % Stg.,
roter Buntsandstein

4 **Homburg Fürstlicher Kallmuth**
43 ha, 140–240 Hm, 40–74 % Stg.,
Buntsandstein, Muschelkalk

5 **Thüngersheim Rothlauf**
8 ha, 190–300 Hm,
Buntsandstein, Muschelkalk

6 **Würzburg Stein-Berg / Stein-Harfe**
76 ha, 210–300 Hm, 30–75 % Stg.,
Muschelkalk, hoher Gesteinsanteil

7 **Randersacker Pfülben**
19 ha, 185–270 Hm, 30–70 % Stg.,
Muschelkalk, toniger Feinboden

8 **Escherndorf Lump**
37 ha, 190–270 Hm, 40–70 % Stg.,
Muschelkalk, Lettenkeuper

9 **Iphofen Julius-Echter-Berg**
47 ha, 270–370 Hm, 15–65 % Stg.,
Keuperboden, Schilfsandstein

10 **Castell Schlossberg**
4,5 ha, 300–390 Hm, 40–70 % Stg.,
graublauer, grusiger Tonstein, Gipskeuper

Randersacker Pfülben

Weine beim »Best of Gold« anzustellen. Die Verkostung erfolgt dann blind durch eine illustre große Jury von Fachleuten.

Auf diese Weise geraten immer wieder Weine und Weingüter in den Blickpunkt, die hinsichtlich überregionaler Bekanntheit noch etwas Entwicklungspotenzial haben. In diesem Jahr siegten beispielsweise Patrick Braun vom Weingut Waldemar Braun mit seinem Blauen Silvaner und Florian Engelmann vom Weingut Leininger mit seinem holzfassgereiften Silvaner Altenberg. Beide sind weder im VDP noch anderweitig mit höheren Weihen gesegnet, stellen aber genau das dar, was den fränkischen Weinbau der »zweiten Reihe« idealtypisch ausmacht: Familienbetriebe der nächsten Generation, solide Basis, ambitioniertere Spitzen, und das alles mit einem anwendungsorientierten, sprich speisenbegleitenden Weinansatz.

Verkostungen wie jene beim »Best of Gold« oder auch im Rahmen des Falstaff Weinguides bieten neben dem Entdecken interessanter Weine natürlich auch immer die Möglichkeit, die angestellten Jahrgänge miteinander zu vergleichen. 2021 gilt in Franken allenthalben als etwas schwierig, geprägt vom Peronospora-Befall im Frühsommer und einem eher kühlen August. Vielen Weinen des Jahrgangs ist dann auch eine leicht grüne Kante mit herbalen Untertönen zu eigen. Auf der anderen Seite sorgte die (endlich wieder einmal) längere Vegetationsperiode mit späterer Lese für ein spannendes, pikanteres

Kellermeister Felix Reich
Divino Nordheim

Fotos: beigestellt, © Divino

Aromenprofil – ein typischer »Winzerjahrgang«. Anders als vielerorts prognostiziert, konnten wir nämlich hervorragende Rote aus 2021 probieren, beispielsweise von den churfränkischen Sternen Fürst und Steintal.

Im weißen Bereich gibt sich 2022 als warmer Jahrgang deutlich offener. Zwar wurden in Franken die heißen Allzeitspitzen von 2018 nicht übertroffen, aber die Trockenheit sorgte oft für eine spürbar höhere Phenolik in den Weinen. Jene steht allerdings gerade den Speisenbegleitern (und das sind die fränkischen Weine ja durchgängig) oft gar nicht schlecht zu Gesicht.

Was den Winzern Sommerach gut zu Gesicht steht, das ist der dritte Stern, den wir in dieser Ausgabe erst zum zweiten Mal einer Genossenschaft verleihen dürfen. Frank Dietrich als Geschäftsführer und Stefan Gerhard als Kellermeister und Tausendsassa leisten hervorragende Arbeit. Das gilt für das gesamte Portfolio, besonders aber natürlich für die Spitzenweine aus den einzelnen Gewannen des Sommeracher Katzenkopfs.

Zeit also, sowohl den Frankenweinen als auch den Frankenmenschen mal wieder ein wenig näher zu treten. Wer die Masters of Wine überzeugen kann, dürfte doch auch bei gewöhnlicheren Weinliebhaberinnen und Weinliebhabern eine Chance verdient haben ...

Thomas Fröhlich
Ilmbacherhof, Iphofen

Nähere Informationen über den Autor finden Sie im Kapitel »Verkostungsteam« auf S. 19.

Der Fürstenbau mit dem historischen Fasskeller des Weinguts Juliusspital Würzburg

★

WEINGUT BAUMANN

Handthal 30, 97516 Handthal
T: +49 9382 1341, info@weingut-baumann.de
weingut-baumann.de

Ab-Hof-Verkauf: Mo bis Fr 8–12 und 13–18 Uhr, Sa 9–12 und 13–16 Uhr, So 13–16 Uhr
Kellermeister: Manfred und Felix Baumann
Ansprechpartner: Felix Baumann
Flaschen/Hektar: 80.000 (65 % weiß, 20 % rot, 5 % Rosé, 2 % süß, 8 % Schaumwein)/13 ha

Die Rebflächen der Familie Baumann liegen an einem steilen Südhang, der in 350 Metern Höhe direkt auf den Saum des Steigerwalds stößt. Diese kühlen klimatischen Bedingungen sorgen für kräftige, kräuterige, komplexe Weine. Auf 13 Hektar wachsen hier Silvaner, Burgunder und andere fränkische Sorten gemeinsam mit dauerblühenden Gräsern. Im Keller setzen Manfred Baumann und sein Sohn Felix diese natürlichen Voraussetzungen in grundsolide, unaufgeregte und sehr gut zur Speisenbegleitung geeignete Weine um, unter denen – was Wunder in Franken – die Silvaner herausragen.

90 2022 »Signatur« Handthal Stollberg Riesling trocken
Aktuell eher verhaltener Duft, etwas Zitrusfrüchte, Zitronenmelisse, Limettenschale. Am Gaumen sehr lebhafte Säure, griffig, Limonensaft, mineralisch unterlegt, schöne Kompaktheit, feine Würze, sehr zugänglich, mittlere Struktur und Länge. 12,5 Vol.-%, DV, €€

90 2022 »Blinker« Weißburgunder trocken
Feiner Duft, sortentypisch, etwas Mandel, Apfel, Birne, zartes Marzipan, etwas Blumenwiese. Am Gaumen mit lebhafter, gut integrierter Säure, abermals Apfel, Birne, zarte Mandel, harmonisch und zugänglich, blitzsauber, mittlere Struktur, endet frisch. 12,5 Vol.-%, DV, €

90 2021 »G« Handthal Stollberg Silvaner trocken
Duft nach Stachelbeere, schwarzem Johannisbeerblatt, Kräuterwürze, etwas grünem Apfel und Blumenwiese. Am Gaumen mit feiner Säure, erneut Apfel und Kräuter, alles gut balanciert, zugänglich und trinkig, mittlere Struktur und Länge, sehr guter Speisenbegleiter. 12 Vol.-%, DV, €€

89 2022 »Blinker« Bacchus trocken
Sehr fruchtiger Duft, Stachelbeere, Kiwi, Cassis, Pfirsichblüte, Mandarinensaft, süßlich anmutend. Am Gaumen mit lebhafter Säure, zarte Phenolik, erneut helle Früchte, reife Zitrusfrucht, mittlere Struktur und Länge. 11,5 Vol.-%, DV, €

88 2019 »Babenthal« Handthal Stollberg Domina trocken

92 2022 »Signatur« Handthal Stollberg Silvaner trocken
Würziger Duft, Kräuterbeet, Thymian, Salbei, Grasschnitt, Haselnuss, klassischer Silvanerduft, fein. Am Gaumen mit feiner, gut dosierter Säure, packend, mineralisch, fester Kern, kreidig, tolle Würze, gute Struktur und Länge. Viel Wein fürs Geld! 12 Vol.-%, DV, €€

• Rotwein • Roséwein • Weißwein • Orange Wine • Süßwein falstaff-Tipp

★★

WEINBAU PHILIP BERNARD

Mechenharder Straße 110, 63906 Erlenbach am Main
T: +49 9372 7063912, info@weinbau-bernard.de
weinbau-bernard.de

Ab-Hof-Verkauf: nach Vereinbarung
Kellermeister: Philip Bernard
Ansprechpartner: Philip Bernard
Flaschen/Hektar: 10.700/1,5 ha

Was sein Großvater Siegfried im Nebenerwerb begonnen hat, hebt Philip Bernard mit Energie und Können auf eine höhere Ebene. Der junge Winzer kultiviert anderthalb Hektar Rebfläche in den Terrassensteillagen des Klingenberger Schlossberges, wo reine Handarbeit gefragt ist. Wir kannten schon den einen oder anderen Wein aus einer unserer Trophys, aber der Blick auf das größere Ganze schärft noch einmal die Perspektive: Bei seiner Premiere im Weinguide hat uns Philip Bernard ziemlich begeistert, wir vergeben auf Anhieb zwei Sterne. Glückwunsch nach Erlenbach!

92 2021 Klingenberg Schlossberg Weißer Burgunder trocken
Rauchig, auch Holzwürze, etwas Aprikose, Apfelschale, gelber Apfel, auch Birne und Wiesenkräuter. Burgunder mit Statur und fester, kräftiger Struktur, saftig, vollmundig und mit Schmelz, trocken und mineralisch, reife, phenolische Pixel, gut eingebundenes Holz. 13 Vol.-%, NK, €€

91 2022 Bürgstadt Weißer Burgunder tr.
Noch verschlossen im Duft, leichte Reduktion, gelber Apfel, Mandarinenschale, nussige Anklänge, ein Hauch Marzipan. Klar und appetitlich am Gaumen mit saftiger Frucht, Apfel und Mandarine, feine Säure, trocken, nicht zu kompliziert, gepflegt und animierend. 13 Vol.-%, DV, €€

91+ 2021 Klingenberg Spätburgunder Rosé trocken
Cremefarben. Noch reduktiv, Hefe, rauchig, beerige Pinotfrucht, Kirsche, Johannisbeere. Feste und auch kräftige Struktur am Gaumen, trocken und ungekünstelt mit Himbeere und etwas herbem Apfel, reife Phenolik, feine Säureader, mineralisch, beschäftigt den Gaumen. 13 Vol.-%, NK, €€

93 2021 »Fass 01« Klingenberg Schlossberg Spätburgunder trocken
Reduktiv, Hefe, rote Kirsche, Johannisbeere und Himbeere, auch rauchiges und kräuteriges Ambiente. Zeigt am Gaumen in einer kräftigen und kompakten Struktur die Vorzüge der Rebsorte, klare Frucht, feinnervige Säure und auch die Charakteristik der Lage. Stark. 13 Vol.-%, NK, €€€

90+ 2022 Klingenberg Silvaner trocken

91 2022 Erlenbach Silvaner trocken
Feine Hefe, Apfel mit Birne und Wiesenkräutern, schöne Rebsortentypizität, auch mineralische Anklänge. Ein Silvaner, der die Landschaft ins Glas bringt, nicht zu kompliziert, echt und natürlich, saftig, mineralisch, feine Würze und zum Essen die perfekte Wahl. 12,5 Vol.-%, DV, €€

★★★

WEINHAUS BOESSNECK

Lange Gasse 26/28, 97346 Iphofen
T: +49 175 8225394, weinhaus@boessneck.com
boessneck.com

Ab-Hof-Verkauf: nach Vereinbarung
Kellermeister: Mathias Meimberg
Ansprechpartner: Mathias Meimberg
Flaschen/Hektar: 4.000/3 ha

Das Weinhaus Boessneck ist ein Mikrobetrieb mit allerhöchstem Qualitätsanspruch. Die beiden Partner Johannes Arnold und Mathias Meimberg, die sich aus der Berufsschule kennen, legen einen großen Schwerpunkt ihrer Arbeit auf die Produktion von sehr individuellen Sekten, die auch mal Ecken und Kanten haben dürfen. Daneben keltern sie aber auch einige Stillweine, denen sie einige Jahre Reife gönnen, was dem 2019er Sylvaner sehr gut getan hat. Der Wein ist enorm spannungsreich und vielschichtig und gibt einen außergewöhnlich guten Speisenbegleiter ab.

92+ NV »Black« brut nature Lot 03–22
Rapsgelb in der Farbe, würzig im Duft mit etwas Apfelschale, Brioche und gemahlener Haselnuss. Am Gaumen mit einem feinen Mousseux, die feste Säure gibt Halt, kräftiger Körper, dicht gewoben, schöne Cremigkeit, im langen Abgang nussige Aromen. Zum Essen! 13 Vol.-%, NK, €€€€

91 NV »resolut« brut Lot 4–22
Zitronengelb. Im Duft buttrig, Brioche, Vanille, weiße Blüten. Am Gaumen mit kräftigem, aber nicht grobem Mousseux, helle Früchte, feine Säure, reifer Apfel, durchaus druckvoll und satt, ganz feiner Hauch von Süße, ein gehaltvoller Aperitif oder guter Speisenbegleiter. 12,5 Vol.-%, NK, €€€

93 NV »la grande Rosé« brut nature Los 7–22
Gelborange in der Farbe. Im Duft mit roten Früchten, auch ein paar Trockenfrüchte sind dabei, dazu buttrige Töne, etwas Mandel. Am Gaumen mit einem dynamischen, fein bleibenden Mousseux, erneut rote Früchte, zarte Röstarmonen, dicht und mit guter Länge. 12,5 Vol.-%, NK, €€€€

92 NV »resolut« Rosé brut Los 6–22
Gelborange. Im Duft mit Aromen von Quitte, etwas Kirsche, Orangeat, dazu kommen Brioche und süße Mandel. Am Gaumen überaus saftig, straff und leicht phenolisch unterlegt, feines Mousseux, die Säure ist fest, kräftig gebaut, perfekt als Speisenbegleiter. 12,5 Vol.-%, NK, €€€

94 2019 Sylvaner trocken
Im Duft mit einer dezenten Holznote, Kräutertöne, Aromen von Heu und Sesam. Der Gaumeneindruck ist jugendlich-kompakt und wird von einer Phenolik bestimmt, die fest und spannungsreich ist, mineralisch geprägtes Rückgrat, vielschichtig, wird sich gut entwickeln. 13 Vol.-%, DV, €€€

★★★★

WEINGUT BÜRGERSPITAL

Theaterstraße 19, 97070 Würzburg
T: +49 931 3503441, weingut@buergerspital.de
buergerspital.de

Ab-Hof-Verkauf: Mo 9–18 Uhr, Di bis Sa 9–22 Uhr, So 11–18 Uhr
Kellermeister: Robert Haller, Karl Brand, Elmar Nun
Ansprechpartner: Robert Haller
Flaschen/Hektar: 820.000 (85 % weiß, 10 % rot, 5 % süß)/120 ha

Es ist wohl der größte Verdienst von Robert Haller und seinem Team, dass das gewaltige Potenzial der Lagen kontinuierlich erschlossen wird: Das GG aus der Stein-Harfe gehört einmal mehr zu den besten Silvanern im Land, hellauf begeistert hat uns das GG aus dem Stein-Berg. Da war sich die Verkostungsrunde einig, dass es der vermutlich beste Riesling aus dieser Lage ist, der bislang gekeltert wurde. Die Ersten Lagen erreichen jahrgangsbedingt nicht ganz das Niveau von 2021, bieten aber wieder viel Substanz und Mineralik: Wir haben großen Respekt vor so viel Konstanz!

95 2022 Würzburg Stein-Berg Riesling GG
Majoran, warmer Stein, Pfirsich, Pfirsichkern, balsamische Würze, vielschichtig. Am Gaumen mit saftigem Steinobst, auch etwas Limettensaft, druckvoll, elegant sich entfaltender Extrakt, die Mineralik schafft den Kontrast zur großzügigen, weichen Textur. Lang, jung.
12,5 Vol.-%, DV, €€€

95 2022 Würzburg Stein-Harfe Silvaner GG
Vielschichtig, noch verschlossen mit Andeutung von Größe und Potenzial, Apfel, Birne, Rauch, Muschelschale. Kraft- und druckvoll am Gaumen mit eng anliegender, delikater Säure und griffigen Phenolen, charakteristische Mineralik, gute Bündelung, extraktreich, sehr jung. DV, €€€

93+ 2022 Randersacker Pfülben Riesling GG
Vielschichtiges Duftbild, Frucht, florale und steinige Noten. Muschelkalk, Papaya, balsamische Würze. Am Gaumen mit der Gelassenheit und dem Charakter der Lage, gekoppelt an Substanz, Frische, Würze und Mineralik, dichter Extrakt, vielschichtig, komplex, lang. DV, €€€

92+ 2022 Würzburg Stein Chardonnay Erste Lage trocken
Ein zurückhaltender Duft wie von Popcorn, dazu ein dezenter Holzeinsatz, steinige, auch leicht zitrische Noten. Im Mund straff, saftig, ein intensiver, aber nicht isoliert stehender Säurefaden mit Zug, deutlich mineralisch geprägt. Eisenkraut. Zu Seafood oder vegetarischen Gerichten. DV, €€

92 2022 Würzburg Innere Leiste Silvaner Erste Lage trocken
91+ 2022 Randersacker Teufelskeller Riesling Erste Lage trocken
91 2022 Würzburg Pfaffenberg Silvaner Erste Lage trocken
91 2022 Würzburg Stein Weißer Burgunder Erste Lage trocken
90+ 2022 Würzburg Stein Riesling Erste Lage trocken
90 2022 Würzburg Silvaner trocken
91 2021 »R« Veitshöchheim Sonnenschein Spätburgunder Erste Lage trocken

92+ 2022 Würzburg Stein Silvaner Erste Lage trocken
Birne, Aprikose, reife helle Pflaume, getragener Duft, der um die typisch rauchigen Nuancen der Lage erweitert wird. Zeigt am Gaumen gute Substanz, die vom Extrakt getragen wird, dicht und selbstbewusst, betont trocken und mit mineralischer Signatur. Große Erste Lage.
13,5 Vol.-%, DV, €€

★

WEINGUT DAHMS

August-Borsig-Straße 8, 97526 Sennfeld
T: +49 9721 69123, info@weingut-dahms.de
weingut-dahms.de

Ab-Hof-Verkauf: Mo bis Fr 8–17 Uhr, Sa 9–13 Uhr
Kellermeister: Jürgen Dahms
Ansprechpartner: Alexander und Jürgen Dahms
Flaschen/Hektar: 150.000 (84 % weiß, 14 % rot, 1 % süß, 1 % Schaumwein)/9,5 ha

Obwohl am Rande Frankens beheimatet, sind die Brüder Alexander und Jürgen Dahms fränkische Winzer par excellence. Das zeigt allein schon die geerdete Stilistik ihres Silvaners von der Schweinfurter Lage Peterstirn. Mit der Rebsorte Rondo, einer farbkräftigen Neuzüchtung der 1960er-Jahre aus der damaligen Tschechoslowakei, läuft der Betrieb auch beim Rotwein zur Hochform auf. Dabei kommen aus dem Weingut nicht nur Stillweine, sondern auch Sekt und Seccos, Brände, Liköre und Glühweine. In ihrer Weinstube werden dazu fränkische Speisen serviert.

90+ 2022 Schweinfurt Peterstirn Silvaner Kabinett trocken

Aus der selten zu findenden historischen Steillage Schweinfurter Peterstirn stammt der Kabinett im Bocksbeutel. Wie alle Dahms-Weißweine dieses Jahrgangs ist er elegant gleitend gehalten, dabei aber hellblütig, deutlich feiner und nachhaltiger als der Gutswein. 12 Vol.-%, DV, €€

89 2022 »97Grapes Cuvée Dry« trocken SÄ/WB/MT/GS

Die Cuvée aus vier weißen Rebsorten, angeführt von der Scheurebe, besticht mit frischen Noten nach Schwarzer Johannisbeere und Mandarinenschale in der Nase. Ruhig gehalten, mit einem ausgewogenen Süße-Säure-Verhältnis im Mund – ein schöner Terrassenwein. 12 Vol.-%, DV, €

91 2018 »Premium« Rondo trocken

Vielleicht der einzige hochwertige Rondo der Welt, gleitet der Wein aus der schweren Flasche blickdicht ins Glas. In der Nase Zedernholz, etwas Vanille, Waldbeeren. Im Mund hat der Holzausbau für eine samtige Struktur gesorgt, aromatisch bleibt die buschige Brombeere bestimmend.
13 Vol.-%, NK, €€€

89 2022 »ganzrot« Cuvée trocken CO/RE

Dominiert von der Domina, hat die Cuvée dichtfarbiges Purpur zu bieten, Holunder und Wacholder in der Nase. Am Gaumen mittelgewichtig mit schöner Würze und passender Säure, bleibt es aromatisch deutlich auf der dunkelbeerigen, herbstlichen Seite. 12,5 Vol.-%, DV, €

89 2022 »97Grapes Cuvée Medium« halbtrocken MT/SÄ/GS

89+ 2022 Silvaner trocken

Der Silvaner in der Schlegelflasche hält zunächst Apfelnoten in der Nase bereit, schwenkt dann aber zu würziger Muskatnuss über. Schön saftig im Mund ohne strenge Phenolik, dafür etwas Brennnessel, harmonisch abgestimmt – ein vielseitiger Speisenwein. 12 Vol.-%, DV, €

★

WEINGUT DEPPISCH

Türschengraben 3, 97288 Theilheim
T: +49 9303 9800048, kontakt@weingutdeppisch.de
weingutdeppisch.de

Kellermeister: Christian Deppisch
Ansprechpartner: Christian Deppisch
Hektar: 6 ha

Christian Deppisch stellte seine Weine erstmals vor, und sie sind auf Anhieb eine Bereicherung. Der Winzer hat das Demeter-zertifizierte Weingut zu einem spannenden, ambitionierten Projekt weiterentwickelt. Sechs Hektar Weinberge werden biodynamisch kultiviert, die Weine sind betont trocken ausgebaut, mineralisch, mit phenolisch getragener Struktur wie unsere Empfehlung, der Blaue Silvaner »vom Muschelkalk« aus 2021. Der Silvaner »Orange« aus 2018 freilich brachte die Augen am Verkostungstisch zum Leuchten. Der zweite Stern ist greifbar nahe.

93+ 2018 »Orange« Silvaner trocken
Leichtes Bernstein, Hefeteig, getrockneter Salbei, Dörrobst, schwarze Lakritze, Birne. Am Gaumen mit guter Spannung und Präsenz, aparte Bitternote, die an Wermut erinnert, präsente Säure, weiche Textur, reif, sehr kultivierter Gerbstoff, mineralisch, eigenwillig. 12,5 Vol.-%, DV, €€

92 2020 »GG« Randersacker Pfülben Riesling trocken
Rauchig, reduktiv, Hefe, Rosmarin, wenig Primärfrucht, Apfel und Steinobst, mineralisch, etwas Petrol. In der Burgunderflasche abgefüllt, eher gemütlich am Gaumen, weiche Textur, harmonisch abgerundet, mit der Mineralik der Lage, leicht salziges Finish. 12,7 Vol.-%, DV, €€

91 2020 Randersacker Sonnenstuhl Silvaner trocken
Vielschichtiger Duft: Feine Hefe, kräuterig, Heu, Cidre, Apfel, steinig-mineralische Noten. Kräftig gebaut am Gaumen mit Substanz, guter Extrakt, weiche, kristalline Säure, feinsalzig, auch zitrisch, vor allem mineralisch. Reife Phenole, Länge, Potenzial. 13,5 Vol.-%, DV, €€

90+ 2021 »vom Muschelkalk« Silvaner trocken
Noten von Spontangärung, kräuterig, Apfelschale, Birne, Malz, kalkmineralisch, kreidig, Miso, Wiesenkräuter. Straffer Bau am Gaumen mit aparten herben Noten, Apfel, auch Klarapfel, reife, tragende Säure, griffige Phenolik, saftig, auch Schmelz, kalkmineralisch. 12,5 Vol.-%, DV, €

90 ❺ 2016 »Pet Nat Urbursche« brut

91 2021 »vom Muschelkalk« Blauer Silvaner trocken
Apfel, Apfelschale, Cidre, Mirabelle, Birne, kräuterige und mineralische Anklänge, feine, rauchige Würze. Am Gaumen stoffig und mit guter Substanz, reife, kristalline Säure, kräftige, mürbe Phenole, kräuterig, betont trocken, kalkmineralisch grundiert. 13 Vol.-%, DV, €

★★

DIVINO

Langgasse 33, 97334 Nordheim
T: +49 9381 80990, info@divino-wein.de
divino-wein.de

Ab-Hof-Verkauf: täglich 10–18 Uhr
Kellermeister: Felix Reich
Ansprechpartner: Gerald Wüst
Flaschen/Hektar: 3.334.000 (84 % weiß, 16 % rot)/321 ha

Divino versteht sich als Zusammenschluss fränkischer Winzerfamilien, der sich der Erzeugung von hochwertigen Weinen verpflichtet fühlt. Mit dem Ertrag aus 321 Hektar Weinbergen lässt sich eine breite Palette an Qualitäten aus verschiedenen Rebsorten keltern. Da finden sich leicht Perlen wie der elegante Schaumwein »Primo«, das kraftvolle »Große Gewächs« vom Frühburgunder oder der dichte und charmante Silvaner Eiswein. Sehr erwachsen wirkt auch der kulinarisch geeichte Rosé vom Pinot Noir, der nichts gemein hat mit oberflächlichen Vertretern der Gattung.

91+ 2017 »Primo« Cuvée brut nature CH/SW/PN/WB
Sonnengelbe Reflexe, weinige Nase, Grünschnitt mit duftigen Noten, leicht nach Mandel und auch Jasmin. Knackige Säure am Gaumen, Zitrus und Limette, Augustapfel und Weiße Johannisbeeren, gekonntes Mousseux mit langem, animierendem Nachhall. Stilvoll und elegant. 12 Vol.-%, NK, €€€

90+ 2020 »Großes Gewächs« Pinot Noir Rosé trocken
Blasses Hagebuttenrot, Kirsche, rauchige Noten mit etwas Vanille-Topping, Waldfrucht, Brombeere, reife Himbeere. Heißt nicht umsonst »Großes Gewächs«, ein erwachsener Rosé, der mit seiner Substanz und betont trockenen Art ein sehr guter kulinarischer Begleiter ist. 13 Vol.-%, NK, €€

91 2018 »Großes Gewächs« Frühburgunder trocken
Reife Pflaume, dunkle Kirsche, etwas Holzwürze, Wacholderbeere, auch Holunder, schwarzer Pfeffer. Stattlicher, kräftig gebauter Frühburgunder, der sein Format aus Reife und Kraft schöpft, aber auch aus mineralischer Spannung. Trocken, unkitschig, ausgiebig. 14 Vol.-%, NK, €€€

92 2021 »Edel & Süss« Nordheim Vögelein Silvaner Eiswein
Duft nach süßer, reifer Frucht, Pfirsich, Aprikose, Maracuja, Apfelschale, dahinter feine Haselnuss, Blumenwiese, apart. Am Gaumen mit schmelzender Süße, Birne, heller Honig kommt dazu, gut integrierte Säure, feiner Schmelz, charmant und dicht, gute Länge. 9 Vol.-%, DV, €€€

90+ 2020 »Großes Gewächs« Weißer Burgunder trocken
90 2020 »Charakter F. Alte Reben« Thüngersheim Johannisberg Riesling Spätlese trocken
90 2022 »Franconia« Traminer Spätlese
89+ 2020 »Großes Gewächs« Silvaner trocken
89+ 2022 »Charakter F. Alte Reben« Thüngersheim Johannisberg Silvaner tr.
87 2022 »Juventa« Silvaner trocken
87 2022 »Juventa« Sauvignon Blanc trocken

89+ 2022 »Terroir« Nordheim Vögelein Silvaner trocken
Reifer Apfel, Maracuja und Birne, nussige Aromen, etwas Marzipan, auch die Lage zeigt sich mit kalkigen Anklängen. Stoffig und füllig, kräftig gebaut, zeigt die Reife der Trauben und die Merkmale der Lage mit Substanz und Mineralik, harmonisch abgestimmt. 13 Vol.-%, DV, €€

★★

DREI ZEILEN WEIN AKA WEINMANUFAKTUR 3 ZEILEN

Heinrich-Wiegand-Straße 2, 97348 Rödelsee
T: +49 9323 876454, info@dreizeilenwein.de
dreizeilenwein.de

Ab-Hof-Verkauf: nach Vereinbarung
Kellermeister: Christian Ehrlich
Ansprechpartner: Alexandra und Christian Ehrlich
Flaschen/Hektar: 15.000/4 ha
Anbauweise: Bio

Sehr gefreut haben wir uns über den Wiedereinstieg der Weinmanufaktur 3 Zeilen in unseren Weinguide. Aus drei Zeilen wurden vier Hektar über die Jahre, in denen Christian und Alexandra Ehrlich ihren Stil weiter präzisiert haben. Wer süßlich-süffige Primärfrucht sucht, darf die Ehrlichs weiterhin übergehen. Wer hingegen Verständnis für Zeit und Ruhe und Dichte und Tiefe mitbringt, kann in völlig neue Dimensionen vorstoßen. Allein die beiden Silvaner müssten auf jeder guten Karte stehen und der Riesling ist unser Tipp. Der dritte Stern kommt deutlich in Sicht.

92+ 2020 Rödelsee Schwanleite Silvaner trocken
In der Nase dichte Birne, tiefergelegt, völlig unaufdringlich. Im Mund öffnet sich das Gewächs aus der Schwanleite zunehmend mit Luftzufuhr. Keinerlei Primärfrucht, dafür ungemein viel würzige Struktur, Apfelschale, Walnuss und weißer Pfeffer. Restlos trocken, Langläufer, komplex.
13,5 Vol.-%, DIAM, €€€

92 2020 »Onkel Heiner Seiner« Silvaner trocken
Quittengelb, leicht trüb und deshalb ein Landwein trotz glasklarer Herkunft. Apfelschale und Zimt vom Holzeinfluss in der Nase. Am Gaumen mit 0 Gramm Restzucker und einer sich ungemein ausbreitenden pfeffrigen Würze. Spürbare Gerbstoffe, ewig lang, expressiv und gebaut für zwei Jahrzehnte. 12,5 Vol.-%, DIAM, €€€

92 2020 »Reserve« Cuvée trocken GS/SB/WB
In der Nase weiche, tiefe und würzige Noten, mehr als die anderen Weine vom Holz geprägt, weiterhin der Primärfrucht abhold. Am Gaumen mit viel Frische, komplex, strukturiert, das Drittel Sauvignon Blanc äußert sich nur in der Säure, nicht in der Aromatik. Eine sehr spannende Cuvée.
12 Vol.-%, DIAM, €€€

92 2021 Rödelsee Küchenmeister Weißburgunder trocken
Recht kräftiges Zitronengelb, in der Nase leicht hefiger, Bâtonnage-artiger Touch, dazu Knollensellerie und etwas Senfmehl. Am Gaumen gleichzeitig würzig-dicht und mit der jahrgangstypischen grünen Kante nach Engelwurz, die für Spannung sorgt. Ausgezeichneter Speisenwein.
13 Vol.-%, DIAM, €€€

91 2021 »Blanc« Rödelsee Küchenmeister Sauvignon Blanc trocken

91+ 2021 Rödelsee Küchenmeister Riesling trocken
Ja, es gibt Riesling in Franken, aber wenige schmecken wie dieser. Hinter dem hefig-würzigen Nasenanklang verbirgt sich eine reife Zitronenfrucht. Am Gaumen mit flächig-pikanter Säurespannung, fränkisch trocken, der florale Touch an der Zungenspitze verbindet sich mit viel Würze.
13 Vol.-%, DIAM, €€€

★

FAIRGRAPES

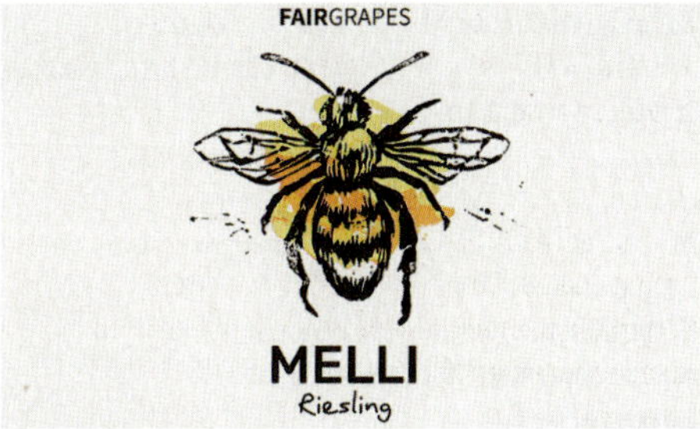

Schlosspark 5, 63924 Kleinheubach
T: , support@fairgrapes.eu
fairgrapes.eu

Kellermeister: Peter Arnold, Stefan Huschle und Alexander Bäder
Ansprechpartner: Konstantin Haßmann und Christoph Reiter
Kellermeister: 53.000 (80 % weiß, 10 % rot, 10 % Rosé)

Kann Weintrinken die Welt zu einem besseren Ort machen? Diese Idee hat Konstantin Haßmann und Christoph Reiter inspiriert, FairGrapes zu gründen, Weine im Dienst der guten Sache anzubieten und damit die Natur zu schützen: Ein Teil des Erlöses geht in den Schutz von Schweinswalen in der Ostsee oder zum Ausbau von Feuchtbiotopen für Libellen im Spessart. Die durchaus ambitionierten Weine entstehen in Zusammenarbeit mit Weingütern wie Fürst Löwenstein oder Freiherr von und zu Franckenstein. Es handelt sich um exklusive Sonderfüllungen der Winzer für das Projekt.

90 2022 »Oskar« Grauburgunder trocken
Birne und Melone mit nussigen Noten, Haselnuss, Kräuter, florale Noten, würzig. Im Mund mit Schmelz, Saft und feiner Würze, weiche, kultivierte Säure, ganz leicht anklingende Fruchtsüße, Birne, etwas Zitrusfrucht, auch mineralisch. Eleganter Grauburgunder. 12,5 Vol.-%, DV, €€

89+ 2022 »Cercus« Silvaner trocken
Duftig, gelber Apfel, etwas Quitte, Birne, Kräuter, Thymian, etwas süße Gelbfrucht, Aprikose. Vollmundig am Gaumen, saftig und auch stoffig mit feiner Würze, reife, kristalline Säureader, die reife, unaufdringliche Phenolik ist gut eingebunden, trocken, ruht in sich. 12 Vol.-%, DV, €€

89+ 2022 »Melli« Riesling trocken
Zitrisch, Limettenschale, rosa Grapefruit, grüner Apfel und etwas Austernwasser, auch gelbfruchtig. Schlank und kompakt gebaut am Gaumen mit gelbfruchtigen Noten, präsente, gut eingewobene Säure, feine Süße, gepflegter phenolischer Eintrag, elegant, animierend. 12,5 Vol.-%, DV, €€

90 2019 »Tara« Spätburgunder trocken
Reife Himbeere und Brombeere mit rauchigen Noten vom Barriqueausbau, etwas feiner Räucherspeck und auch getrocknete Kräuter. Saftig und zugänglich am Gaumen, kompakte Struktur, gute Balance von Säure, Fruchtsüße und gepflegten, feinkörnigen Gerbstoffen. 12,5 Vol.-%, NK, €€

89+ 2022 »Donata« Riesling feinherb

90 2022 »Viola« Spätburgunder Rosé trocken
Dezentes bis mittleres Lachsrosa. Reife Erdbeeren im fruchtigen Duft, auch aufgeschnittene Blaubeeren, Himbeeren. Frisch am Gaumen mit lebendiger Säure und einem Hauch Kohlensäure, aber auch mit gut balancierter Substanz, eingebundene Restsüße. Gepflegt, als Aperitif und zum Essen. 12 Vol.-%, DV, €€

★★

SCHLOSS FRANKENBERG

Schloss Frankenberg 1, 97215 Weigenheim
T: +49 9339 97140, czeppel@schloss-frankenberg.com
schloss-frankenberg.de

Ab-Hof-Verkauf: Di 9–17 Uhr, Do und Fr 9–21 Uhr, Sa und So 11–21 Uhr
Kellermeister: Maximilian Czeppel
Ansprechpartner: Maximilian Czeppel
Hektar: 21 ha

Das historische Schlossanwesen mit seinen einmalig schönen Ausblicken sowie den Monopol-Weinbergslagen Louisenberg und Wolfsgrube ist nach der Übernahme im Jahr 2014 und dem Neustart weiter im Aufschwung. Auch im aktuellen Jahrgang legt Kellermeister Maximilian Czeppel eine sehr homogene und klar auf Qualität ausgerichtete Kollektion vor, in der die Stärken der exzellenten Lagen klar zum Ausdruck kommen. Sichtbar wird das unter anderem an dem vielschichtigen Silvaner aus dem Louisenberg, der sehr viel Wein fürs Geld bietet und richtig Freude macht.

92+ 2021 »Selection Alte Reben« Schloß Frankenberg Sylvaner trocken
Feine Holzwürze im Duft, Vanille, Röstnoten, Rauch, Kräuterwürze, Minze, Salbei, Basilikum, Apfel, Reneklode. Am Gaumen konzentriert und dicht, mineralische Würze, salzig, feine Frucht, Apfel, Birnen, Pfirsich, Grapefruit, schöne Phenole, elegant, Trinkfluss, Reifepotenzial. 13 Vol.-%, NK, €€€

92 2021 »Selection Lara Löw« Schloß Frankenberg Weißburgunder tr.
Vielschichtig im Duft, gelber Apfel, reife Aprikosen, Birne, frisch gemahlene Mandeln, weiße Blüten, Klee, Holzwürze. Am Gaumen vollmundig und dicht, saftige reife Steinfrucht, mineralische Würze, Salz, lebendige Säure, lange am Gaumen. Reifepotenzial. 13 Vol.-%, NK, €€€

91 2022 Schloß Frankenberg Louisenberg Weißburgunder trocken
Dezent im Duft, feinwürzig, nussige Noten, knackiger Pfirsich, Mirabellen, Zitronenzeste, kräuterige Würze. Am Gaumen mit Kraft, viel Schmelz, saftige, gelbe Frucht, gut integrierte Säure, feine Phenolik, würzig und lang, vielseitiger Speisenbegleiter. 13 Vol.-%, DV, €€

92 2022 Schloß Frankenberg Louisenberg Riesling Spätlese
Duft nach reifen Früchten, Aprikose, Pfirsichsaft, etwas Waldhonig, süße Melone, eine Spur Zitronenmelisse. Am Gaumen mit schmelzender Süße, satt, lebendige Säure, sehr griffig, wieder etwas Honig, aber auch Limettensaft, druckvoll und balanciert, lang. 8 Vol.-%, DV, €€

90+ 2022 Schloß Frankenberg Louisenberg Riesling trocken
90+ 2022 Schloß Frankenberg Louisenberg Blauer Sylvaner trocken
89+ 2022 »Mineralkeuper« Schloß Frankenberg Riesling trocken
89+ 2022 Schloß Frankenberg Riesling tr.
89 2022 Schloß Frankenberg Louisenberg Roter Traminer trocken
88+ 2022 »Louise« Schloß Frankenberg Cuvée SÄ/BC/RR/MT/GS/WB
90+ 2022 Schloß Frankenberg Louisenberg Riesling Kabinett

92 2022 Schloß Frankenberg Louisenberg Silvaner trocken
Vielschichtig im Duft, Wiesenkräuter, Zitronenmelisse, Heu, Mirabellen, Aprikosen, Gesteinsmehl, Jod. Am Gaumen viel mineralische Würze, salzige Auster, Bergkräuter, feingliedrige Säurestruktur, dezent in der Frucht, Zitronen, Limetten, noch sehr jung. Viel Wein fürs Geld. 13 Vol.-%, DV, €€

★

WEINGUT FREIHOF

Maintorstraße 4, 97334 Sommerach
T: +49 9381 6791, info@weingut-freihof.de
weingut-freihof.de

Ab-Hof-Verkauf: Mo bis Fr 9–12 Uhr und 13–17 Uhr, Sa 9–12 Uhr und 13–16 Uhr, So 10–12 Uhr
Kellermeister: Franz Kram
Ansprechpartner: Fam. Kram
Flaschen/Hektar: 128.000 (90 % weiß, 10 % rot, 1 % Rosé, 1 % süß)/12 ha

In vierter Generation bewirtschaftet die Familie Kram ihr in einem historischen Gebäude aus dem 14. Jahrhundert untergebrachtes Weingut in Sommerach. Im Keller sorgt Franz Kram für einen blitzsauberen Ausbau: Ziel ist es, geradlinige, sortentypische Weine zu keltern, die viel Trinkfreude bereiten. Das ist erneut vortrefflich gelungen. So bietet beispielsweise der Nordheimer Spätburgunder richtig viel Burgunder fürs Geld, überhaupt ist die Preisgestaltung erfreulich. Wer mag, kann auf dem Gut auch einkehren – die Familie betreibt eine Heckenwirtschaft.

92 2021 »Augustbaum« Sommerach Katzenkopf Silvaner trocken
Kräftiges Zitronengelb mit grünlichen Reflexen. Im intensiven Duft mit buttrigen und kräuterwürzigen Aromen, etwas Blumenwiese. Am Gaumen dicht und straff, kompakt gebaut, viel Extrakt, konzentrierte Frucht, lebendige Säure, taktile Mineralität, viel Spannung, gute Länge. 13,5 Vol.-%, DV, €€

90+ 2021 »Stück« Nordheim Vögelein Weißer Burgunder trocken
Hellgelb mit grünlichen Reflexen. Im Duft ein Anflug von Holz, dazu Aromen von weißem Sesam, Klee- und Lindenblüte. Am Gaumen mit einem festen Säuregerüst, gut integrierte Säure, zarte Frucht mit Apfel und Birne, harmonisch, gute Länge, erwachsener Wein. 13,5 Vol.-%, DV, €€

90 2022 Nordheim Scheurebe trocken
Im Duft Aromen von Grapefruit und Jasmintee, dazu auch etwas zarter Rauch. Der Gaumen zeigt sich saftig und gut gebündelt mit einer Prise Phenolik, reife Säure, trocken, knackig, süße Zitrusfrüchte, ein Hauch Cassis, hat viel Zug und eine schöne Frische. 12 Vol.-%, DV, €

92 2021 Sommerach Katzenkopf Riesling Eiswein
Duft nach Limonenzeste, etwas Passionsfrucht, Orangeat, dazu eine Spur Unterholz und etwas getrocknete Aprikose. Am Gaumen mit lebhafter Säure, schmelzende Süße, tropische Früchte, Papaya, zupackend, zugänglich, gute Struktur, gute Länge. 6 Vol.-%, DV, €€€

89+ 2022 Sommerach Silvaner trocken

90 2021 Nordheim Spätburgunder trocken
Im Duft Sauerkirsche, rote Früchte und feine Kräutertöne, anregend. Am Gaumen mit gut proportioniertem Bau, mit Augenmaß extrahierter, reifer Gerbstoff, saftige, rote Früchte, dicht, lebendige Säure, gute Länge, in sich stimmig. Viel Burgunder fürs Geld! 13 Vol.-%, DV, €

★★★★★

WEINGUT RUDOLF FÜRST

Hohenlindenweg 46, 63927 Bürgstadt
T: +49 9371 8642, info@weingut-rudolf-fuerst.de
weingut-rudolf-fuerst.de

Ab-Hof-Verkauf: nach Vereinbarung
Kellermeister: Sebastian Fürst
Ansprechpartner: Sebastian Fürst
Flaschen/Hektar: 120.000 (40 % weiß, 60 % rot)/21 ha

Kein Wein unter 92 Punkten – Sebastian Fürst bringt mit großer Souveränität Jahr um Jahr Spitzenweine in die Flasche. Selbst im kühlen Jahr 2021 sind ihm Spätburgunder von Weltklasse gelungen, wobei wir zu diesem frühen Zeitpunkt den Klingenberger Schlossberg sogar ein My vor Hundsrück und Cengrafenberg sehen. Beim Klingenberger Orts-Spätburgunder wiederum ragt das Preis-Genuss-Verhältnis heraus. Die abermals sehr starken Chardonnays, Weiß- und Frühburgunder komplettieren den Auftritt der Burgundersorten. Aber auch die Rieslinge haben Stil und Klasse!

95 2021 »R« Astheim Chardonnay trocken
Leicht reduktiv, warmer Rauch, attraktiver Duft. Gelber Apfel, Meyer-Zitrone, Honigmelone, Ananas, Fenchel, Kreide. Am Gaumen gelbe Frucht, auch zitrisch. Dichter Extrakt, sehr cremig und doch animierend, grandioser Säurebogen, salzig-mineralisch im langen Nachhall. 12,5 Vol.-%, NK, €€€€

96+ 2021 Klingenberg Schlossberg Spätburgunder GG
Hinter einer Hefenote macht sich eine intensive Aromatik von roten Beeren bemerkbar, auch eine Note von feuchtem Laub, dezentes Holz. Im Mund kontrastiert griffiger, frischer, fester und dabei mineralisch gekoppelter Gerbstoff die Geschmeidigkeit. Auf unaufdringliche Weise dicht – groß!
13 Vol.-%, NK, €€€€

96 2021 Bürgstadt Hundsrück Spätburgunder GG
Im Duft Kirschkern, Süßkirsche, zart florale Anklänge, Salbei und sehr dezentes Holz. Im Mund viel Saft, feinkörniges, ganz reifes Tannin, das früh angreift und sehr lange die Spannung hält, ohne zu adstringieren. Salzigkeit im Abklang, Saft, intensive taktile Mineralität. Und dabei fein.
13 Vol.-%, NK, €€€€

95 2021 Bürgstadt Centgrafenberg Spätburgunder GG
Mittleres Rubin. Ein Duft von Hagebutte, Sauerkirsche, Lorbeer, Johannisbeerblatt, Waldboden und etwas Rauch. Am Gaumen mit kultivierter, feiner Tanninstruktur bei reifer Säure. Wirkt unbeschwerlich und hat doch so viel Tiefe. Bedeutender Nachhall. Viel Potenzial. 13 Vol.-%, NK, €€€€

94+ 2021 »R« Weißer Burgunder trocken
93+ 2022 Bürgstadt Centgrafenberg Riesling GG
93 2021 Astheim Chardonnay trocken
94 2021 Klingenberg Spätburgunder trocken
93 2021 »R« Bürgstadt Frühburgunder trocken
93 2021 »1G« Bürgstadt Berg Spätburgunder trocken
92 2021 »Tradition« Spätburgunder trocken

92 2022 »pur mineral« Riesling trocken
Brillant in der Farbe. Feine Aromatik von gelbem Apfel, grüner Birne, Zitronenmelisse und auch nasser Stein. Am Gaumen zeigt sich in einem schlanken Körper eine gute innere Spannung und Balance. Ein Wein, der in sich ruht und viel Trinkgenuss verspricht. 11,5 Vol.-%, DIAM, €€

★★★★

FÜRSTLICH CASTELL'SCHE DOMÄNE

Schlossplatz 5, 97355 Castell
T: +49 9325 60160, weingut@castell.de
castell.de

Ab-Hof-Verkauf: Mo bis Fr 10–18 Uhr, Sa 10–16 Uhr
Kellermeister: Christian Frieß
Ansprechpartner: Peter Geil
Flaschen/Hektar: 450.000 (84 % weiß, 12 % rot, 1 % Rosé, 1 % süß, 2 % Schaumwein)/70 ha

Als Ferdinand Fürst zu Castell-Castell vor einigen Jahren beschloss, das Silvaner-GG vom Schlossberg grundsätzlich erst nach fünf Jahren in den Verkauf zu bringen, war das eine echte Pioniertat. Wie richtig die Entscheidung war, kann man an den Weinen aus 2018 und 2014 (!) ablesen. Eine fast ebenso große Sensation im aktuellen Castell-Sortiment sind die Silvaner aus den Ersten Lagen. So viel seidige Ausgeglichenheit wie beim »Kugelspiel« und eine solche mineralische Spannung wie beim »Hohnart« findet man in dieser Preisklasse selten. Großer Applaus!

95+ 2018 Castell Schlossberg Silvaner GG
Viel Feuerstein im Duft! Dazu süße weiße Blüten, Lindenblüte, Anisplätzchen. Der Gaumen lässt das heiße Jahr allenfalls in seiner Dichte erkennen: Die Säure hat Zug, eine sehr frisch und griffig wirkende Phenolik gibt Spannung. Endet kompakt und mineralisch. Sehr jung! 14 Vol.-%, DV, €€€

93+ 2014 Castell Schlossberg Silvaner GG
Eine Farbe fast wie ein Jungwein: helles Zitronengelb. Reif, aber nicht müde im Duft: Haselnuss, Löwenzahnblüte, etwas schwarzer Pfeffer. Der Gaumen beginnt mit einem anmutigen Schmelz, entfaltet sich dann mit gutem Extrakt und der aparten sortentypischen Bittere des Silvaners.
13,5 Vol.-%, DV, €€€

93 2020 »Apriles« Silvaner trocken
Der Holzeinsatz wirkt sehr gekonnt, er unterstreicht die Blütenaromen mit etwas Karamell, ohne den Sortenduft zu überdecken. Im Mund sind Säure, Stoff und geschmeidige Motive eng miteinander verknüpft. Der kompakte, lange Abgang zeigt intensive taktil-mineralische Noten.
13,5 Vol.-%, DV, €€€

92+ 2022 Castell Hohnart Silvaner Erste Lage trocken
Ein dezenter Holzeinfluss bereichert den leicht floralen, auch pfeffrig-mineralischen und kräuterwürzigen Duft. Im Mund hat der Wein eine lebendige Säure, viel Stoff, ausgeprägt taktil-mineralische Noten und einen hoch konzentrierten Abklang. Auf GG-Niveau! 12,5 Vol.-%, DV, €€

91+ 2022 Castell Kugelspiel Silvaner Erste Lage trocken
91 2019 »Granit«
90+ 2022 Scheurebe trocken
90+ 2022 Castell Kirchberg Weißburgunder Erste Lage trocken
89+ 2022 Silvaner trocken
89 2022 Weiß- & Grauburgunder tr. WB/PG
91+ 2020 Castell Reitsteig Spätburgunder Erste Lage trocken

91 2022 Castell Silvaner trocken
Man hat den Gipskeuper schon in der Nase! Gesteinsmehl, Kräuter. Der Gaumen zeigt, dass der angeblich so brave Silvaner in der Höhe des Steigerwalds durchaus seine Krallen ausfahren kann, mit einer lebendigen Säure, die aber ausgezeichnet zum frischen, mineralischen Bau passt.
12 Vol.-%, DV, €€

★★

WEINGUT DR. HEIGEL

Haßfurter Straße 30, 97475 Zeil am Main
T: +49 9524 3110, info@weingutdrheigel.de
weingutdrheigel.de

Ab-Hof-Verkauf: nach tel. Vereinbarung
Kellermeister: Philipp Wagner
Ansprechpartner: Christoph Hinderfeld
Flaschen/Hektar: 70.000 (60 % weiß, 40 % rot)/10 ha

Es ist nicht gerade alltäglich, was das Weingut Dr. Heigel aus Zeil am Main zur Verkostung angeboten hat – und das ist auch gut so: Einen stoffigen und substanzreichen Müller-Thurgau aus dem Jahr 2016, der noch lange nicht am Ende seiner Möglichkeiten angekommen ist, gehört zum gepflegten wie unkonventionellen Ensemble wie auch zwei mineralische Weißburgunder und ein geschmeidiger, eleganter Merlot, alle aus dem Mainstockheimer Hofstück. In den Gelben Muskateller mit brillanter Fruchtaromatik hatten wir uns ohnehin schon verliebt – unser Falstaff-Tipp.

92 2016 »R« Müller-Thurgau trocken

Gelber Apfel, Birne, ein wenig Rhabarber, heller Karamell, Honigwabe, feine Kräuterigkeit. Recht stoffig und geschmeidig mit milder Säure und feiner Restsüße am Gaumen, auch traubig und lebendig, gute Dichte und Substanz, noch nicht am Ende seiner Möglichkeiten. 13 Vol.-%, DV, €€

91 2019 Mainstockheim Hofstück Weißburgunder trocken

Mittleres Goldgelb, reifer Duft, Akazienblüten, reife Gelbfrucht wie Aprikose, auch Mangochutney, Mandeln. Verbindet den fruchtigen Charme, der durch die Fruchtsüße beigesteuert wird, mit guter Substanz, präsenter Säure und der Mineralik der Lage, konsistent. 13,5 Vol.-%, DV, €€

91 2021 Mainstockheim Hofstück Weißburgunder trocken

Gelbe Blüten, Butter, reife Aprikose und Maracuja, auch Gewürze, etwas Kardamom und auch Anis. Im Mund kräftig gebaut und auch relativ weit gefasst, saftig, mit begleitender Restsüße. Verbindet Frische, Würze und Substanz, lässt Lagencharakter erkennen, jung. 13 Vol.-%, DV, €€

92 2019 »S« Mainstockheim Hofstück Merlot trocken

Zunächst röstig, Kaffeebohnen, Schwarzkirsche, Pflaume, Efeu, auch schokoladig und getrocknete Wildkräuter. Kräftiger Bau, setzt auf geschmeidigem Fond an und zeigt seine Kraft und Dichte, griffiger und reifer Gerbstoff, auch Fülle, Eleganz und Länge. Und Stil. 13 Vol.-%, DV, €€€

90 2021 Zeil Mönchshang Rieslaner feinherb

90 2021 Mainstockheim Hofstück Gelber Muskateller trocken

Intensiver Duft nach Aprikose, Maracuja, Schwarzer Johannisbeere, Litschi. Am Gaumen ist die reintönige Fruchtaromatik auch präsent, wird in einer schlanken Struktur von lebendiger Säure begleitet, nicht zu süß abgestimmt. Solo ein Genuss, vielfältig als Tischwein. 11 Vol.-%, DV, €€

★★★

WEINGUT STAATLICHER HOFKELLER WÜRZBURG

Residenzplatz 3, 97070 Würzburg
T: +49 931 3050923, hofkeller@hofkeller.de
hofkeller.de

Ab-Hof-Verkauf: Mo bis Fr 9–18 Uhr, Sa 10–14 Uhr
Kellermeister: Stefan Schäfer, Klaus Kuhn und Norbert Winkler
Ansprechpartner: Thilo Heuft
Flaschen/Hektar: 800.000 (87 % weiß, 13 % rot)/120 ha

Viel mehr Tradition geht nicht – bereits im Jahr 1128 begann die Geschichte des Weinguts »Staatlicher Hofkeller Würzburg«, das seitdem stets im Besitz der regierenden Macht war. Gerade in letzter Zeit haben wir bei dem 120 Hektar großen Weingut einen sehr erfreulichen qualitativen Aufschwung festgestellt. Und der setzt sich auch mit dem aktuellen Jahrgang weiter fort. Besonders stark sind Riesling und Silvaner aus der kalkmineralisch geprägten Toplage Stein-Berg, die beide Kraft mit Eleganz verbinden und einen prägnanten Terroirausdruck bieten.

93 2022 Würzburg Stein-Berg Riesling GG
Mineralisch geprägter Duft, nasser, heißer Stein, Aprikosenblüte, etwas Pfirsich und Birne, vielschichtig. Am Gaumen mit viel Schmelz und Zug, feine Phenole, packende Säure, mineralisch grundiert, Zitrusfrüchte klar und frisch, dicht gewoben, gute Länge, konsequent trocken, viel Potenzial. 12,5 Vol.-%, DV, €€€

93 2022 Würzburg Stein-Berg Silvaner GG
Betont kräuterig-würziger Duft, Thymian, Salbei, reife Birne, Gesteinsmehl, vielschichtig, zarter Rauch. Am Gaumen mit seidigem Schmelz, feine Phenole, dicht und edel, perfekt austarierte Säure, saftig, exzellente Struktur und Länge, Parade-Silvaner! 13,5 Vol.-%, DV, €€€

92+ 2022 Randersacker Pfülben Riesling GG
Duft nach Aprikose, Birne, etwas Zitronengras, Limettenabrieb und englischer Minze, animierend. Am Gaumen mit Schmelz und Zug, dynamische Säure, packend, feine Salzmineralik, Zitrusaromen kommen durch, fordernd, dicht gewoben, gute Länge, Potenzial. 13 Vol.-%, DV, €€€

92+ 2021 Großheubach Bischofsberg Spätburgunder GG
Duft nach Sauerkirsche, Brombeere, Schlehe, rauchige Aromen kommen noch dazu, zarte Buttrigkeit, mineralisch unterlegt. Am Gaumen mit festen, reifen Gerbstoffen, zupackend, lebendige Säure, kompakt mit Saft und Kraft, gute Struktur und Länge, gutes Potenzial. 12,5 Vol.-%, NK, €€€

92+ 2021 Würzburg Stein-Berg Weißer Burgunder GG
91 2022 Würzburg Stein Chardonnay Erste Lage trocken
91 2022 Würzburg Stein Riesling Erste Lage trocken
91 2022 Würzburg Innere Leiste Riesling Erste Lage trocken
90+ 2022 Würzburg Stein Silvaner Erste Lage trocken
89+ 2022 Würzburg Riesling trocken
90 2021 Würzburg Stein Spätburgunder Erste Lage trocken

90+ 2022 Randersacker Marsberg Silvaner Erste Lage trocken
Duft nach Wiesenkräutern, etwas Haselnuss, Apfelschale, ganz zarte Birne, Aprikose, frisch. Am Gaumen mit schönem Schmelz, kräuterige Würze, fester Kern, erneut etwas Apfel, kompakt und zupackend, gute Länge, Silvaner mit Charakter und Potenzial. 12 Vol.-%, DV, €€

★★

WEINGUT HULLER

Maintalstraße 11, 97855 Homburg am Main
T: +49 9395 7809520, info@weingut-huller.de
weingut-huller.de

Ab-Hof-Verkauf: Mo, Mi und Fr 13–18 Uhr und nach Vereinbarung
Kellermeister: Michael Huller
Ansprechpartner: Isabella und Michael Huller
Hektar: 8 ha

Michael Huller begann 2010 mit seiner Frau Isabella Weine zu keltern, nachdem er in der Toskana, Kalifornien, auf Schloss Sommerhausen und bei Paul Fürst Station gemacht hatte. Jahrgang für Jahrgang ist eine stetige Weiterentwicklung und wachsende Souveränität zu beobachten, die wir nun mit dem zweiten Stern berücksichtigen. Stark sind die Kallmuth-Silvaner aus drei Jahrgängen und der knochentrockene Rieslaner, auch die Weißburgunder verdienen unseren Respekt. Als Empfehlung legen wir besonders den mineralischen Blauen Silvaner mit reifer Phenolik ans Herz. Probieren!

92 2020 »Luna« Homburg Kallmuth Silvaner trocken
Würzige Noten vom Holzausbau, feiner Rauch, gestoßene Wacholderbeere, Birne, Apfelschale, kräuterig. Am Gaumen breit angelegter Rahmen für die Vorzüge der Lage, stoffig, saftig, auch cremig, süßliche Frucht, markante Mineralik und reife Phenolik, gutes Potenzial. 14 Vol.-%, DV, €€

91+ 2020 »Alma« Weißer Burgunder trocken
»Alma« mag die Würze aus dem Eichenfass, zeigt aber auch Frucht wie Quitte, Apfel und reife Mirabelle. Kräftig und fest gebaut am Gaumen mit gutem Extrakt, mineralischer Würze und auch merklicher Süße, die sich weiter integrieren kann. Etwas Geduld wird belohnt. 13 Vol.-%, DV, €€

91 2022 Homburg Kallmuth Rieslaner trocken
Reife gelbe Noten, Pfirsich, Nektarine, Orangenschale, steinig, kräuterig. Am Gaumen mit guter Substanz und Spannung, dabei knochentrocken mit einer in Salz getauchten, quirligen Säure. Starker Auftritt einer rar gewordenen Rebsorte – und das in trocken. 13 Vol.-%, DV, €€

91 2021 »Alte Reben« Homburg Kallmuth Silvaner trocken
Eindringlicher, reifer Duft, Birne, gelbe Pflaume, Apfel, mit der Mineralik der Lage, kräuterig. Setzt auch im Mund mit dem mineralischen Nachdruck des Terroirs an, kalkig, stoffig, würzig, saftig und mit feiner Süße, getragen von Extrakt und ausgewogener Säure. 13,5 Vol.-%, DV, €€

91 2022 Homburg Kallmuth Weißer Burgunder trocken

91+ 2022 Homburg Kallmuth Blauer Silvaner trocken
Mittleres Goldgelb, in der Nase beerig, duftig und mit Holzwürze, reifer Apfel und Birne zeigen sich, auch Steinobst. Am Gaumen stoffig und kräftig strukturiert mit weicher Textur, zurückhaltende, feine Säure, vollmundig, reife Phenolik, mit der Mineralik der Lage. 13 Vol.-%, DV, €€

★★

WEINGUT ILMBACHER HOF

Lange Gasse 36, 97346 Iphofen
T: +49 9323 3657, info@ilmbacher-hof.de
ilmbacher-hof.de

Ab-Hof-Verkauf: Mo und Mi bis Sa 10–18 Uhr, Di 14–18 Uhr
Kellermeister: Thomas Fröhlich
Ansprechpartner: Thomas Fröhlich
Flaschen/Hektar: 33.000 (87 % weiß, 5 % rot, 5 % Rosé, 3 % Schaumwein)/5,7 ha

Wer als DJ dem Vinyl die Treue hält wie Thomas Fröhlich, von dem kann man auch als Winzer und Weinmacher erwarten, dass ihm solides Handwerk etwas bedeutet. Und genau so haben wir die Weine auch verkostet: Der Müller-Thurgau »Alte-Reben«, bereits bei der Falstaff Müller-Thurgau Trophy auf Platz 2, zeigt diese Rebsorte in einer Version voller Tiefe und Präzision. Der Silvaner »Stollenwein«, 33 Monate in Holz aus fränkischer Eiche in einem Bergwerk gereift, hat eine edle Phenolik und eine Öligkeit, die auf eine wundersame Weise kein bisschen fett wirkt. Mehr davon, bitte!

94 2018 »Stollenwein« Silvaner trocken
Zitronengelb mit grünlichen Reflexen. Der Duft hat fruchtige und reifewürzige Aspekte: Mandarine, Sesamöl, Tonkabohne. Feuchter Kalk. Der Gaumen setzt geschmeidig, fast ölig an und entfaltet dann eine sehr gepflegte, feine Phenolik. Körper und Säure, Würze und Stoff sind komplett miteinander verschmolzen. Lang! 14 Vol.-%, DV, €€€

92 2022 »Alte Reben« Iphofen Kronsberg Müller-Thurgau trocken
Schon der Duft belegt Terroirqualitäten: mit steinig-pfeffrigen und keuperwürzig kräuterigen Untertönen unter den Sortenaromen von Minze, Baldrian und frischer Traube. Der Gaumen zeigt sich gehaltvoll, kompakt, trocken. Ein Müller-Thurgau im Genre der E-Musik. 12,5 Vol.-%, DV, €€

91+ 2021 »Alte Reben« Iphofen Kalb Silvaner trocken
Ein floraler Sortentyp, intensiv würzig, gelbfruchtig, Hefe. Wiesenkräuter. Im Mund ist der Wein geradlinig gebaut, mit lebendigem Säurerückgrat, mit einer straffen, fast kargen Anmutung – mit sehr guter mineralischer Definition und einem Hauch an stilbildender Bitternis. 13 Vol.-%, DV, €€

91+ 2022 Iphofen Kronsberg Scheurebe trocken
Pikant im Duft: Weiße und Schwarze Johannisbeere, florale Noten, etwas Hefe. Der Gaumen eröffnet saftig, mit festem Säuregerüst und einer unmittelbaren Präsenz der taktilen Mineralität. Der Gipskeuper definiert diese Scheurebe mehr als die würzige Sortenaromatik. 11,5 Vol.-%, DV, €€

91 2022 Iphofen Kalb Silvaner trocken

90 2022 »Edition 110« Müller-Thurgau tr.
Etwas Minze, Wiesenkräuter, ein klein wenig Muskat. Im Mund zeigt sich ein sehr erwachsener Wein, ausgewogen, substanziell mit lebendiger Säure und einer passenden, nicht überakzentuierten Süße. Tolle Länge!
12 Vol.-%, DV, €

★★★★

WEINGUT JULIUSSPITAL

Klinikstraße 1, 97070 Würzburg
T: +49 931 3931400, weingut@juliusspital.de
juliusspital-weingut.de

Ab-Hof-Verkauf: Mo bis Fr 10–18 Uhr, Sa. 10–16 Uhr
Kellermeister: Nicolas Frauer
Ansprechpartner: Tanja Strätz
Flaschen/Hektar: 1.300.000 (86 % weiß, 14 % rot)/185 ha

Die 2021er GGs sind ausgezeichnet, und unser Tipp ist der saftige Stein-Riesling aus Erster Lage. Dabei sind die aktuellen Juliusspital-Weine gewissermaßen das Ergebnis einer Übergangszeit: Horst Kolesch, der 40 Jahre lang für das Stiftungsweingut tätig war – davon 36 Jahre in leitender Position – hat im Herbst 2023 das Staffelholz an Joachim Brand weitergegeben, der die letzten zwölf Jahre das Weingut des Fürsten von Hohenlohe-Oehringen geleitet hat. Brand wird sicher neue Akzente setzen – dass er den Traditionsbetrieb auf den Kopf stellt, ist aber nicht zu erwarten.

93+ 2021 Würzburg Stein-Berg Silvaner GG
Ein Holzton bereichert die langsam sich öffnende Würze von Kurkuma und Macadamianuss. Im Mund zeigt sich ein hoch konzentrierter Wein mit viel Kern, einer jahrgangstypisch lebendigen Säure, mit phenolischer Griffigkeit und kräftigen mineralischen Untertönen. 13,5 Vol.-%, DV, €€€

93 2021 Würzburg Stein-Berg Riesling GG
Rauchige Töne zeigen die Lage. Dazu kommen Noten von Orange, Rosmarin und Rosenholz. Auch etwas Eiche. Der Gaumen ist vertikal gebaut, die straffe Säure wird von einer kreidigen, zart phenolischen Textur eingebunden, die Dichte des Weines garantiert sehr gutes Potenzial.
12,5 Vol.-%, DV, €€€

93 2021 Volkach Karthäuser Weißer Burgunder GG
Leicht röstiges Holz bereichert im Duft Sortenaromen von weißem Sesam und Lindenblüte. Der Gaumen bündelt Säure und Stoff, eine lange extraktsüße Plateauphase leitet in den aromatisch noch verschlossenen, aber erkennbar zur Würze neigenden Abklang. Dicht und kulinarisch! 13 Vol.-%, DV, €€€

96 2018 Randersacker Pfülben Rieslaner Beerenauslese
Viel Karamell im Duft, roter Apfel, Safran, Anisplätzchen, aber insgesamt nicht sehr offen im Duft. Im Mund hat der Wein eine schöne Frische, dichten Extrakt, die Säure ist fest, aber kultiviert, mineralische Noten geben dem Wein Länge. Pfeffrige Noten. 8 Vol.-%, DV, €€€€

93 2021 Iphofen Julius-Echter-Berg Silvaner GG
91 2022 Würzburg Stein Weißer Burgunder Erste Lage trocken
91 2022 Würzburg Abtsleite Muskateller Kabinett feinherb
90+ 2022 »Standpunkt – Muschelkalk« Escherndorf Sauvignon Blanc trocken
90+ 2022 Würzburg Stein Silvaner Erste Lage trocken
89+ 2022 »Standpunkt – Keuper« Iphofen Silvaner trocken
92 2019 Rosé brut WB/SW

92 2022 Würzburg Stein Riesling Erste Lage trocken
Im Duft: Melisse, Ananas, Weiße Johannisbeere. Auch warmer Stein. Im Mund ist der Wein kompakt gebaut, er hat Saftigkeit und einen kalkig-kreidigen Hintergrund bei fester, nahtlos integrierter Säure. Ein frischer, stattlicher, ausdrucksstarker Lagenriesling. 12,5 Vol.-%, DV, €€

★

WINZERHOF KRAUSS ABTSWIND

Hauptstraße 13–15, 97355 Abtswind
T: +49 151 41664165, info@winzerhof-krauss-abtswind.de
winzerhof-krauss-abtswind.de

Kellermeister: Michael Krauß
Ansprechpartner: Michael Krauß
Hektar: 4 ha

Wenn man bedenkt, dass ein Winzer ungefähr 40 Jahrgänge in seiner Schaffenszeit hinlegt, dann steht Michael Krauß vom Winzerhof Krauß im unterfränkischen Abtswind noch ganz am Anfang seiner Karriere: 2020 erzeugte er als gerade einmal 18-Jähriger seinen allerersten Jahrgang, mit dem 2022er ist er beim dritten angelangt. Der talentierte Jungwinzer stellt erneut sein Händchen für die fränkischen Leib- und Magensorten Silvaner und Müller-Thurgau unter Beweis, die er mit erdig-kräuterigen Noten und mineralischer Würze auf die Flaschen bringt. Weiter so!

90+ 2021 Abtswind Altenberg Silvaner trocken
Birne, Weinbergpfirsich, auch Mango und Banane, kräuterig, Gartenkräuter, steinige Anklänge. Am Gaumen ausgewogen mit guter Substanz und Balance, saftig, erdig-kräuterige Noten und mineralische Würze, trocken ausgebaut, feine Salzigkeit, zeigt seine Herkunft. 12,5 Vol.-%, DV, €€

89+ 2022 Abtswind Silvaner trocken
Gelber Apfel, Bananenschale, Mango, auch Mangomus, etwas kräuterig, Wiesenkräuter. Am Gaumen saftig und cremig, reife, süßliche Gelbfrucht. Analytisch trocken, Extraktsüße sorgt für zusätzliche Geschmeidigkeit. Reife Säure, reizvolle vegetabile Note. 12,5 Vol.-%, DV, €

89+ 2022 Abtswind Altenberg Blanc de Noir trocken
Fruchtiger Duft nach Erdbeere, Himbeere und Waldfrüchten, etwas laktisch, Erdbeerjoghurt. Am Gaumen vollmundig und füllig, saftige Frucht, Erdbeere und Himbeere, reife Säure, etwas Kohlensäure, trocken ausgebaut. Mehr als ein Aperitif, auch kulinarisch gedacht. 13 Vol.-%, DV, €€

89 2022 Abtswind Rosé trocken
Riecht nach reifen Erdbeeren und Himbeeren, auch etwas Erdbeerjoghurt, Fruchtbonbon und getrocknete Kräuter. Am Gaumen relativ weich und geschmeidig mit reifer Erdbeere, mittlere Spannung, etwas Kohlensäure erfrischt, auch würzige Noten. Nicht zu kompliziert. 12,5 Vol.-%, DV, €

89 2022 Abtswind Grauburgunder trocken

90+ 2022 Abtswind Müller-Thurgau trocken
Nussig, etwas Hefe, Mango, Mirabelle, Orangenzesten, leicht würzig, kräuterig. Am Gaumen mit kompakter Struktur, lebendige Säure, etwas Kohlensäure, gelbe Frucht, etwas Banane, auch Mispeln. Weiche Textur, betont trocken und animierend, wie gemacht fürs Vesper. 12,5 Vol.-%, DV, €

★★

BIO-WEINGUT LAUDENS BACH

Segnitzerstraße 35, 97252 Frickenhausen am Main
T: +49 9331 3286, wein@laudensbach.de
laudensbach.de

Ab-Hof-Verkauf: nach Vereinbarung
Kellermeister: Steffi Fröhlich
Ansprechpartner: Reiner und Rolf Laudenbach
Flaschen/Hektar: 46.700 (90 % weiß, 3 % rot, 5 % Rosé, 1 % süß, 2 % Schaumwein)/5,2 ha
Anbauweise: Bio

Das fränkische Understatement, das den Auftritt und die Weine des Bioweinguts Laudens Bach begleitet, kann man sympathisch finden. Uns ist es wichtiger, darauf hinzuweisen, dass die unaufgeregten Weine, die man zunächst leicht unterschätzen kann, etwas Zeit benötigen, um ihre ganzen Qualitäten zu entfalten. Vor allem, und das ist ein besonderes Gütemerkmal, sind die Weine sehr bekömmlich – ein Genuss, den man garantiert nicht bereut. Besonders zu empfehlen sind die beiden mit Zahlenwerk geschmückten Flurstücke aus dem Kapellenberg und das prickelnde »goldstück«.

90 2021 »Goldstück« Frickenhausen Kapellenberg extra brut BC/GM
Apfel, Apfeltarte, Briochegebäck, Hefezopf, reife Aprikose, Aprikosenmarmelade, reichlich Muskatblüte. Schlank und filigran gebaut, zeigt Schmelz und fruchtigen Charme und auch gute, von einem lebendigen Säurenerv getragene Frische. Das »Goldstück« glänzt. 11,5 Vol.-%, NK, €€

91 2021 »Flurstück #1645« Frickenhausen Kapellenberg Blauer Silvaner trocken
Zeigt reife Apfelnoten, auch Apfelschale und kräuterige Noten, feines Malz, da stand die Spontangärung Pate. Zeigt in einer kompakt angelegten Struktur Griffigkeit mit einer Schicht reifer Phenole, vollmundig, betont trocken. Baut Spannung auf, bleibt dabei gelassen. 12 Vol.-%, DV, €€

89 2022 »Flurwerk« Kleinochsenfurt Scheurebe trocken
Zunächst etwas blumig, dann mit reifer, gelber Stachelbeere, Aprikose, weißer Pfirsich, florale Würze. In einer schlanken Struktur Saft und Schmelz, ausgewogene Säure, wieder gelbfruchtige Noten, auch leichte Zitrik, durchaus charmant und sortentypisch. 11,5 Vol.-%, DV, €

89 2022 »Flurwerk« Frickenhausen Silvaner trocken
Feine Hefe, klare Apfelnoten, gelber und roter Apfel, auch gelbfruchtig, Wiesenkräuter und Birne, Banane. Auch am Gaumen mit klarer, appetitlicher Frucht, Birne, Apfel, vollmundig, saftig, kristalline Säure, die Fruchtsüße rundet ab, ausgewogen und zugänglich. 12 Vol.-%, DV, €

88+ 2022 »Flurwerk« Frickenhausen Weißburgunder trocken

91 2021 »Flurstück #972, 973, 975 Alte Reben« Frickenhausen Kapellenberg Silvaner trocken
Eher verhaltenes Duftbild, kräuterig, etwas Hefegebäck, reife Birne, auch Walnuss und etwas Honig. Am Gaumen kompakt gebaut mit gutem Extrakt, saftiger Schmelz, von Würze unterlegt, auch mineralische Akzente, die sich bis ins Finale ziehen. Hat Format und Tiefe. 12,5 Vol.-%, DV, €€

★★

WEINGUT LEININGER

Theilheimer Weg 3, 97246 Eibelstadt
T: +49 9303 2209, info@weingut-leininger.de
weingut-leininger.de

Ab-Hof-Verkauf: Mi bis Fr 14–18 Uhr, Sa und So 10–18 Uhr und nach tel. Vereinbarung
Kellermeister: Florian Engelmann
Ansprechpartner: Monika, Dirk und Florian Engelmann
Flaschen/Hektar: 67.000 (95 % weiß)/10,5 ha

Florian Engelmann vom Weingut Leininger ist eines der großen Winzertalente, die wir gerne beobachten. Seit 2020 ist er für den Keller verantwortlich und hat schon einige Veränderungen angestoßen, neben Holz und Edelstahl kommt auch das Beton-Ei zum Zug. Die Weine aus 2022 sind ihm trefflich gelungen, sie sind von dichtem Extrakt getragen wie die »Alten Reben« vom Silvaner und der famosen Scheurebe, unterlegt von würziger Mineralik. In der Schlegelflasche zeigt der Silvaner »Altenberg 1172« aus 2021 beinahe rieslinghafte Eleganz – Glückwunsch zum zweiten Stern.

92+ 2021 »Altenberg 1172« Eibelstadt Mönchsleite Silvaner I trocken
Eher dezent im Duft mit etwas Holzpatina, leicht rauchig, feine Würze, Quitte, Birnenschale und Birne. Zeigt am Gaumen recht viel Säure, korrespondierend zur Schlegelflasche, dicht, lebendig, mineralisch. Ein Silvaner, der auch Riesling mag, salzig, lebendig, lang. 13,5 Vol.-%, DV, €€€

92+ 2022 »Alte Reben« Eibelstadt Kapellenberg Scheurebe trocken
Reifer, opulenter Duft, Passionsfrucht, reife Mango und Schwarze Johannisbeere, getrocknete Mangospalten. Kräftig gebaut am Gaumen, druck- und gehaltvoll, dichter Extrakt, saftig, feine Würze, reife Säure, feine, unterlegte Grapefruit, tiefgründig, mineralisch, lang. 13 Vol.-%, DV, €€

92 2022 »Alte Reben« Eibelstadt Mönchsleite Silvaner trocken
Rauchig, würzig, vielschichtig, Quittenschale, Birne, schwarzer Pfeffer, dunkles Miso, etwas Sojasauce. Kräftig, fest und zupackend am Gaumen mit extraktgefütterter Spannung, knochentrocken, die salzig Mineralik ist fordernd und vibrierend, tief, lang, jung. 13,5 Vol.-%, DV, €€

91+ 2022 Frickenhausen Kapellenberg Riesling trocken
Reifer Weinbergpfirsich mit kalkigen Komponenten, auch kräuterig, getrockneter Rosmarin. Setzt im Mund mit eingebundener Säure stoffig an, saftig, entspannt, die Spannung entsteht durch die Muschelkalk-Mineralik und Extraktdichte, würzig, bleibt lange am Gaumen. 12,5 Vol.-%, DV, €€

91 ❸ 2019 Eibelstadt Kapellenberg Albalonga brut nature

91 2022 Eibelstadt Silvaner trocken
Vielschichtig im Duft, feine Holzwürze, reifer Apfel, kräuterig, Bohnenkraut, Mandelcreme, ein Hauch Kaffeelikör. Am Gaumen kompakt gebaut, saftig, betont trocken, feine Gerbstoffe und Phenole, kräftige Säure, erdig, würzig, mineralische Spannung, salin, viel Wein. 13 Vol.-%, DV, €

★★★

WEINGUT FÜRST LÖWENSTEIN

Schlosspark 3, 63924 Kleinheubach
T: +49 9371 9486600, andrea.paul@loewenstein.de
loewenstein.de

Ab-Hof-Verkauf: Mo bis Fr 8–18 Uhr, Sa 11–14.30 Uhr
Kellermeister: Peter Arnold
Ansprechpartner: Andrea Paul
Flaschen/Hektar: 100.000 (80 % weiß, 20 % rot)/22 ha

Mit dem Homburger Kallmuth verfügt das Weingut über eine Weinbergslage der Extraklasse: Besonders ist die Geologie, denn mitten im Hang vollzieht sich der Übergang vom Muschelkalk zum Buntsandstein. Besonders ist auch die Exposition, denn die Steilterrassen streben vom Mainufer aus über 60 Höhenmeter dem Himmel entgegen. Und besonders sind auch die Kosten, denn dieser Weinberg will von Hand bearbeitet werden. Zudem gilt es, zwölf Kilometer lange Weinbergsmauern zu erhalten. Wer schon mal vor Ort war, hat beim Verkosten der Weine unweigerlich diese Bilder vor Augen!

92 2021 »Coronilla« Homburg Kallmuth Riesling GG

Zurückhaltende Nase: Wiesenkräuter, Sauerampfer und Feuerstein. Die leichte Frische vom Zitronenabrieb wirkt belebend. Am Gaumen setzt sich das Zitrische fort, dabei bleibt der Wein nobel bei einer guten Balance von Zucker und Säure. Die pointierte Phenolik begleitet zum gutem Finish. Hat Entwicklungspotenzial! 12,5 Vol.-%, DV, €€€

91 2021 »Asphodill« Homburg Kallmuth Silvaner GG

Jugendlich in der Nase mit fermentierten Einflüssen, gemahlenem Kümmel und etwas geschmorter Aprikose. Vornehme Zurückhaltung am Gaumen mit feinem Extrakt und trockenem Gesamtbild. Eher reserviert für die große Lage bei mittlerer Länge. 12,5 Vol.-%, DV, €€€

89+ 2022 Homburg Kallmuth Riesling Erste Lage trocken

In der Nase weißer Pfirsich, leichte Kräuterwürze und Zitrusfrucht. Der Gaumen dann mit Zitrone, Zitronenthymian und leichter bis mittlerer Struktur. Die belebende Phenolik frischt das Finish auf und bei mittlerer Länge bleibt ein Eindruck der Eleganz zurück. 12,5 Vol.-%, DV, €€

89+ 2022 »CF« Rosé trocken

Lachsrosa. Im Duft leicht balsamisch, Süßkirsche. Im Mund zeigt sich ein frischer, von einer Prise Kohlensäure belebter, adrett mit Süße und Säure spielender Rosé, der geschmeidig und fruchtig abklingt. Ein eleganter Terrassenwein für Sommer und Herbst. 12 Vol.-%, DV, €

89+ 2022 Homburg Kallmuth Silvaner Erste Lage trocken

90 2022 »S« Homburg Kallmuth Silvaner trocken

Ältere Reben und ein längeres Hefelager bilden hier die »S«-Klasse. Am Gaumen gelbfruchtig mit leichtem Briocheton. Am Gaumen dann mit einer sehr schönen Textur, ohne im Übermaß cremig zu werden. Die leichte Phenolik erhöht die Spannung bei mittlerem, nicht austrocknendem Abgang. 13 Vol.-%, DV, €€

★★★★

WEINGUT RUDOLF MAY

Im Eberstal 1, 97282 Retzstadt
T: +49 9364 5760, info@weingut-may.de
weingut-may.de

Ab-Hof-Verkauf: Mo bis Fr 13–18 Uhr
Kellermeister: Benedikt May
Ansprechpartner: Petra May
Flaschen/Hektar: 88.000 (86 % weiß, 12 % rot, 2 % Rosé, 2 % Schaumwein)/16 ha
Anbauweise: Bio

Der Generationswechsel im Weingut Rudolf May vollzieht sich in geordneten und produktiven Bahnen: Benedikt May setzt im Keller immer stärkere Akzente, ohne die Grundprinzipien des Betriebs außer Acht zu lassen: Die mineralisch geprägten Silvaner aus alten Weinbergen und Spitzenlagen wie Thüngersheimer Rothlauf und Retzstadter Himmelspfad werden im Holz ausgebaut und erhalten so Struktur für eine lange Reife. Vater Rudi May, ein Souverän des fränkischen Silvaners, bringt selbstredend seine über lange Jahre erworbene Expertise ebenfalls ein: Das Resultat sind famose Weine!

93+ 2022 Thüngersheim Rothlauf Silvaner GG
Helle Blüten, weißer Pfirsich und rot geringelte Zuckerstange. Der Gaumen zeigt sich saftig und frisch, die Säure ist lebendig, eine zarte Schicht Phenole gibt Halt. Der Abgang zeigt sich fruchtig: Weiße Johannisbeere, grüner Apfel. Mineralische Noten geben Spannung. 13 Vol.-%, DV, €€€€

93+ 2022 Retzstadt Himmelspfad Silvaner GG
Anfänglich duftarm, entwickeln sich schnell feine Aromen: Rauch, Quitten, Stroh, geröstete Haselnüsse, dann zarte Blüten und auch Curryblätter. Am Gaumen jung und kühl mit zitrischer Säure, knackige Augustäpfel, mineralische und phenolisch-herbe Noten, dicht, elegant! 13 Vol.-%, NK, €€€€

93 2021 »Réserve« Retzstadt Der Schäfer Silvaner trocken
Spannende, grüngoldene Farbe, intensiver Duft nach Kräutern und Quitte, rauchig und mineralisch. Am Gaumen würzig mit viel Saft, interessant eigenwillig, schlank, dabei aber mit viel Fülle, das Holz ist gut eingebunden, nicht mollig, noch jung! Potenzial. 13 Vol.-%, DV, €€€

92 2022 »1G« Retzbach Benediktusberg Silvaner trocken
Ausdrucksvolle Kräuternase: Oregano, Zitronenmelisse, Grünschnitt, auch Rauch und Kieselstein, klare Zitrusnoten. Am Gaumen trinkige Säure, junge Äpfel, etwas trocknend, langer Nachhall, sehr flüssig und ungemein saftig, noch jung, dabei vielschichtig. 13 Vol.-%, NK, €€€

91+ 2022 Retzstadt Der Schäfer Silvaner trocken

92+ 2022 »Alte Reben 1G« Retzstadt Langenberg Silvaner trocken
Feine würzige Nase, Kräuter, Rosen, weißer Pfirsich, auch Jasmin. Dann gekochte Stachelbeeren, Heu und heller Pfeifentabak. Im Mund gekonntes Säurespiel mit viel Grip, sehr animierend, leichte Mineralität. Im Nachhall salzig, leicht trocknend und jung. 12,5 Vol.-%, DV, €€€

★★

MEIMBERG WEINKELLEREI

Ahlintel 51, 48282 Emsdetten
T: +49 175 8225394, info@weinkellerei-meimberg.de
weinkellerei-meimberg.de

Ab-Hof-Verkauf: nach Vereinbarung
Kellermeister: Mathias Meimberg
Ansprechpartner: Mathias Meimberg
Flaschen/Hektar: 4.000/3 ha

Chapeau! Was Mathias Meimberg dieses Mal an Silvanern vorstellt, ist aller Ehren wert und ein handfestes Plädoyer für die fränkische Leib-und-Seele-Rebsorte. Die Weine sind traditionell gearbeitet ohne technische Kunststückchen, sie zeigen die charakteristische würzige Mineralik der Gipskeuper-Böden im Wiesenbronner Wachhügel. Weitblickend hat der Winzer die »Perle« aus 2018 in 100 Magnumflaschen gefüllt, sie bringen ein sicheres Reifeversprechen mit. Der stilvolle Bacchus ist dieses Mal dem »Artenschutz für den Tiger« gewidmet. Wir vergeben gerne den zweiten Stern!

93 2018 »Aus der Perle« Wiesenbronn Wachhügel Silvaner trocken
Tiefes Zitronengelb, kräuterig, Keuper-Duft, würzig, Apfel, Birne, Boden. Die »Perle« aus 2018 weiß, warum sie aus der Magnum kommt: von Struktur und Substanz her auf Reife ausgelegt, kräftige Phenolik, betont trocken, typische, kräuterige Mineralik, sollte weiter reifen. 14 Vol.-%, NK, €€€

92 2021 »Aus der Perle« Wiesenbronn Wachhügel Silvaner trocken
Reifer gelber Apfel, Birne, Mirabelle und Honigmelone, etwas Kerzenwachs, erdige Würze, gebrannte Mandeln. Kompakt gebauter Silvaner, der Stoffigkeit, Würze und Mineralik am Gaumen verbindet, guter Extrakt und als Reifeversprechen hintergründige Keupermineralik. 13 Vol.-%, DV, €€

90+ 2022 »Spontanvergoren« Silvaner trocken
Deutliche kräuterige Spontinoten, Hefe, Apfelschale, etwas Malz. Der »Spontanvergorene« wollte nicht ganz trocken werden, deshalb ist die merkliche Restsüße ein prägendes Element am straffen und würzigen Gaumen. Elaboriert, guter Extrakt, kulinarisch spannend. 12,5 Vol.-%, DV, €€

90 2022 Wiesenbronn Wachhügel Silvaner trocken
Birne, reifer gelber Apfel und Reneklode, Wiesenkräuter, feine Würze, helles Karamell. Die lebhafte Säure und die fruchtige Restsüße stellen die Kulisse für die hintergründige Mineralik, die sich langsam ausbreitet. Hat noch was vor sich, gerne am gedeckten Tisch. 12 Vol.-%, DV, €

89+ 2022 Müller-Thurgau trocken

89+ 2022 »Artenschutz für den Tiger« Bacchus trocken
Mirabelle, Aprikose, gelber Apfel, Stachelbeere und etwas Rhabarber, feine Laktik. Stilvoller Bacchus mit schlanker Struktur und präsenter Säure, cremig, geradlinig, mit gut eingepasster Fruchtsüße und feiner Würze. Guter Wein für ein gutes Projekt. 12,5 Vol.-%, DV, €€

★★

WEINGUT NEDER

Urbanusweg 9, 97729 Ramsthal
T: +49 9704 5692, wein@weingut-neder.de
weingut-neder.de

Ab-Hof-Verkauf: Mo bis Fr 14–18 Uhr, Sa 9–16 Uhr
Kellermeister: Lorenz Neder
Ansprechpartner: Lorenz Neder
Flaschen/Hektar: 53.000 (85 % weiß, 15 % rot)/11 ha

Familie Neder betreibt seit den 1970er-Jahren Steillagenweinbau an der fränkischen Saale im Nordosten Frankens. Die kargen Muschelkalkböden ihrer Weinberge und die kühle Witterung bringen Weine hervor, die die Winzer »jedes Jahr aufs Neue überraschen«, wie sie selbst sagen. Und die doch ihrer Definition entsprechen: »Qualität und betont herbe Weine«, ungeglättet mit Ecken und Kanten. Wir können das bestätigen. Stilbildend für diese Weine sind der früher einmal für ganz Franken typische knochentrockene Ausbau – Restzucker nahe Null – und der intensiv mineralische Extrakt.

93 2021 »Alte Reben« Ramsthal St. Klausen Grauer Burgunder trocken

In der Nase roter Apfel, weißer Pfeffer und weinige Aromen. Im Mund dann eher gelbfruchtig und zart rauchig. Die Gaumenmitte ist energetisch aufgeladen und der mineralische Spannungsbogen fortlaufend. Bei guter Länge bleibt der Wein stets saftig. Ein spannender Wein! 13 Vol.-%, DV, €€

92+ 2021 »Alte Reben« Ramsthal St. Klausen Silvaner trocken

Den Auftakt bilden Golden-Delicous-Apfel, gelbe Pflaume und Thymian. Der Gaumen ist fein ziseliert, charmant und geprägt von Steinmineralik. Unaufgeregte Substanz trifft puren Silvanergenuss. Trinkanmierende Anlage, elegantes Finish. 13 Vol.-%, DV, €€

92 2021 Ramsthal St. Klausen Weißer Burgunder trocken

Fein nuanciert im Duft, ein klein wenig blumig, aber auch Kräuter, Birne und ein rauchiger Unterton von Muschelkalk sind wahrnehmbar. Die Gaumenstruktur ist fein und von großer Ruhe und Ausgeglichenheit. Eine zarte Schicht Phenole und lebendige Säure dominieren die Gaumenmitte und wecken die Fantasie für eine feine, komplexe Ausreifung auf der Flasche. 13 Vol.-%, DV, €€

91+ 2022 Ramsthal St. Klausen Silvaner trocken

Gleich zu Beginn fruchtig mit Williamsbirne und gelbem Apfel. Der Gaumen ist dann puristischer und zurückgenommen. Noch etwas Nashibirne und leichter Schmelz. Erfrischend trocken mit ausgewogenem, kreidig unterlegtem Mundgefühl. Gute Länge. 12,5 Vol.-%, DV, €

90 2022 Ramsthal St. Klausen Scheurebe trocken

90 2022 Westheim Längberg Bacchus feinherb

Tropische Nase mit getrockneter Mango, Litschi und Pfirsich. Am Gaumen saftiger Pfirsich, karamellisierte Aprikosen. Insgesamt sehr balanciert und nie fad bei spürbarer Mineralik. Wunderbar zu einer Bauernterrine mit Landbrot. Bacchus mag unsexy klingen – dieser Wein ist es nicht! 12 Vol.-%, DV, €

★★

WEINGUT AM ÖLSPIEL

Schleifweg 13, 97286 Sommerhausen
T: +49 9333 221, info@weingut-am-oelspiel.de
weingut-am-ölspiel.de

Ab-Hof-Verkauf: nach Vereinbarung
Kellermeister: Christian Schwarz
Ansprechpartner: Reinhold Schwarz
Flaschen/Hektar: 80.000 (80 % weiß, 20 % rot)/10 ha

Die Frucht wird in den Weinen von Christian und Reinhold Schwarz immer geachtet und herausgestellt. Das mag einen nicht wundern, wenn man weiß, dass die Familie seit Generationen auch in Sommerhausen und Umgebung Obstgärten mit verschiedenen Fruchtsorten bewirtschaftet und edle Brände destilliert. Die Bukettreben Gelber Muskateller und Scheurebe sind hier immer eine sichere Bank, wie auch der auf Muschelkalk gewachsene, mineralische Silvaner »Großes Gewächs«. Die beiden roten Burgunder aus dem Jahr 2020 sind sehr gut gelungen. Ein ambitionierter Auftritt!

92 2021 »Großes Gewächs« Sommerhausen Schönleite Silvaner trocken

Neber reifer Frucht auch etwas vegetabil, Birne, Quitte, auch Apfeljoghurt, eine Note von nassem Stein. Straffer, kompakt gebauter Silvaner, der sich am Gaumen öffnet und Raum schafft für Saft, Frucht und Dynamik, phenolisch, salzig anmutende Säure, mineralisch. 12,5 Vol.-%, DV, €€

89+ 2022 Sommerhausen Ölspiel Scheurebe trocken

Klar und sortentypisch mit reifer Stachelbeere, Schwarzer Johannisbeere, Aprikose, ganz feine Ätherik, Korianderöl. Klar gefasst am Gaumen mit gutem Zug und präsentem, kristallinem Säurezug, wirkt sensorisch trockener als vermutet. Feine Mineralik, interessant. 12,5 Vol.-%, DV, €

91 2020 »Großes Gewächs« Sommerhausen Kapplberg Spätburgunder trocken

Reife, dunkle Frucht, Schwarzkirsche, Waldbeeren, Himbeeren, Schwarze Johannisbeeren, feine Holzwürze, feiner Rauch. Setzt am Gaumen stoffig und vollmundig an, schöne Würze, die auch die dunkle Frucht pointiert, feinnervige Säure, reifes Tanningerüst, mineralisch. 14 Vol.-%, NK, €€€

90+ 2020 »Große Reserve« Sommerhausen Frühburgunder trocken

Die Frucht verbirgt sich noch etwas hinter dem Holzschleier, Kirsche, Johannisbeere, Pflaume, getrocknete Kräuter. Am Gaumen pointiert mit Kraft, Geschmeidigkeit und Mineralik, reife, eingewobene Säure, betont trocken, mürber Gerbstoff, etwas Schlehe im Ausklang. 14 Vol.-%, NK, €€€

89+ 2022 Sommerhausen Ölspiel Weißer Burgunder trocken

91 2022 Sommerhausen Ölspiel Gelber Muskateller trocken

Stellt seine Aromatik schön heraus, ohne überladen zu wirken. Muskatblüte und Muskatnuss, Litschi, Mango und Schwarze Johannisbeere. Durchaus druckvoll und mit guter Spannung am Gaumen, saftig, den Mund ausfüllend, nicht zu süß und auch mineralisch, ungewöhnlich. 12,5 Vol.-%, DV, €€

★★

WEINGUT OLINGER

Holzgasse 1, 97346 Iphofen
T: +49 9323 89940, hallo@olingerwein.de
olingerwein.de

Ab-Hof-Verkauf: Mo bis Fr 9–13 Uhr & nach Vereinbarung
Kellermeister: Nicolas Olinger
Ansprechpartner: Nicolas Olinger
Flaschen/Hektar: 107.000 (90 % weiß, 1 % rot, 1 % Rosé, 1 % süß, 1 % Schaumwein)/17 ha
Anbauweise: Bio

Im vergangenen Jahr war er als »Newcomer des Jahres« nominiert: Nicolas Olinger, der erst unlängst den elterlichen Betrieb übernommen hat. Der junge Winzer verfolgt eigene Ideen, arbeitet »aus dem Bauch heraus, ohne vorgefassten Plan« und im Keller mit Spontangärung. So fallen seine fränkisch trockenen Weine jedes Jahr ein klein wenig anders aus – mit tollen Ergebnissen, wie der Kronsberg Sylvaner mit viel Keupermineralik zeigt. Gerade eben konnte die Umstellung auf ökologische Wirtschaft abgeschlossen werden, der nächste Jahrgang wird erstmals biozertifiziert sein.

93 2022 Iphofen Kronsberg Sylvaner trocken
Dezent im Duft, mineralische, steinige Noten, Kräuterwürze, weiße Blüten, dezent gelbe Früchte, Apfel, Aprikosen, Zitronenzesten. Am Gaumen geradlinig, sehr elegant, dezent, aber konzentriert in der Frucht, viel mineralische Würze, salzig, dezent pfefferig, gut im Extrakt, schöne Länge. Viel Trinkfluss schon jetzt, aber auch in einigen Jahren.
13 Vol.-%, DV, €€

91+ 2022 Iphofen Kalb Sylvaner trocken
Floral im Duft, Kräuterwürze, gelbe Früchte, Aprikosen, gelber Apfel, Honigmelonen, steinige Noten, Heu, dezent Rauch. Am Gaumen dicht, lebendige reife Säure, viel Würze, salzig im Nachhall, cremiger Fond, reife gelbe Früchte, feine Phenolik, lange am Gaumen. Sehr trinkanimierend.
13 Vol.-%, DV, €€

90 2022 Iphofen Sylvaner trocken
Duftige Nase, weiße Blüten, saftige Nektarinen, Mango, gelber Apfel, weiße Blüten, Salbei, Zitronenmelisse, Orangenzeste, dezent Kümmel. Am Gaumen saftige Frucht, cremiger Fond, mineralische Würze, lebendige Säure, gut im Extrakt, schöne Länge, viel Wein für wenig Geld. 12,5 Vol.-%, DV, €

90 2022 Iphofen Kronsberg Chardonnay trocken
Duftige Nase, in Butter geschwenkter Mais, reife saftige Ananas, Honigmelonen, reife Zitronen, gemahlene Mandeln, Holzwürze. Am Gaumen mit Kraft, stoffig, dicht, Schmelz, gut integrierte reife Säurestruktur, reife saftige Früchte, Würze, lange am Gaumen. Vielseitiger Speisenbegleiter.
13,5 Vol.-%, DV, €€

89+ 2022 Iphofen Weißburgunder trocken

92+ 2022 »Alte Reben« Iphofen Kronsberg Sylvaner trocken
Duftige Nase, weiße Blüten, saftige Nektarinen, Mango, gelber Apfel, weiße Blüten, Salbei, Zitronenmelisse, Orangenzeste, dezent Kümmel. Am Gaumen saftige Frucht, cremiger Fond, mineralische Würze, lebendige Säure, gut im Extrakt, schöne Länge, viel Wein für wenig Geld.
12,5 Vol.-%, DV, €€

★★

WEINGUT REISS

Unterdürrbacher Straße 182, 97080 Würzburg
T: +49 931 94600, info@weingut-reiss.com
weingut-reiss.com

Ab-Hof-Verkauf: Mo bis Fr 10–18 Uhr, Sa 10–17 Uhr
Kellermeister: Christian Reiss
Ansprechpartner: Martina Reiss
Flaschen/Hektar: 80.000 (92 % weiß, 2 % rot, 5 % Rosé, 1 % süß)/16 ha

Die Familie baut seit über 200 Jahren Wein an, doch Kellermeister Christian Reiss hat die ausgetretenen Pfade verlassen. Er arbeitet mit Spontangärung, verzichtet bei Rotweinen auf Filtration und wendet Maischegärung bei weißen Trauben an. Den Wein baut er in Tonamphore und Muschelkalkfass aus. Das zeitigt sehr ansprechende Ergebnisse. Bei den GGs konnten wir uns partout nicht entscheiden, welche das Zepter halten soll – alle drei weisen eine elegante Struktur auf und verfügen über die Pikanz, die das Jahr 2021 den Weinen mitgegeben hat.

92 2021 »GG« Würzburg Pfaffenberg Weißburgunder trocken

Nach zwölf Monaten im Barrique zeigt der Weißburgunder spürbare Noten des Ausbaus in der Nase und kombiniert diese mit reifen Birnentönen und einem spürbaren Feuer. Am Gaumen einerseits mit elegant gleitendem Mundgefühl, andererseits viel Würze im Abgang. Potenzial!
13,5 Vol.-%, DV, €€€

92 2021 »GG« Würzburg Stein Silvaner trocken

Gelber in der Farbe als der Weißburgunder, Dichtegefühl in der Nase, Senfmehl, Mandel, dazu ein grün-pikanter Jahrgangstouch. Am Gaumen ein sehr schön eingebundenes Holz, elegante, ausgewogene Textur, dazu eine pfefferig-pikante Würze. Trägt seinen »GG«-Titel zu recht.
13,5 Vol.-%, DV, €€€

92 2021 »GG« Randersacker Pfülben Riesling trocken

Schon manch guter Riesling kam aus dem Randersackerer Muschelkalkland, und dies ist keine Ausnahme. In der Nase wenig Primärfrucht, sondern mit Anis und Kümmel dank des gedämpften Holzes eher auf der würzigen Seite. Präsent im Mund, feinfruchtig, sehr schöne texturelle Dichte.
13 Vol.-%, DV, €€€

91 2022 Würzburg Pfaffenberg Silvaner Eiswein

Sattes Goldgelb. Duft nach Rosinen, Trockenfrüchten, getrocknetem Apfel, getrockneter Ananas, Safran unf Würze. Am Gaumen schmelzende Süße, Anis, lebhafte Säure, sehr hohe Intensität, etwas Unterholz, konzentriert, dicht gewoben, gute Länge. 6 Vol.-%, DV, €€€€

89 2022 Würzburg Pfaffenberg Spätburgunder Blanc de Noir trocken

90 2022 Würzburg Pfaffenberg Traminer trocken

Viel Rosenduft strömt aus dem eleganten Bocksbeutel alter Form, dazu ein wenig Ananaskonfitüre. Am Gaumen frisch mit sehr feiner Phenolik, die aromareichen Nuancen aus der Nase halten an. Erst im Abgang folgt ein wenig Wärme, insgesamt sehr schön ausgewogen.
13 Vol.-%, DV, €€

★★★

WEINGUT RICHARD ÖSTREICHER

Hauptstraße 15, 97334 Sommerach
T: +49 9381 1698, weingut@richard-oestreicher.de
weingut-richard-oestreicher.de

Ab-Hof-Verkauf: nach Vereinbarung
Kellermeister: Richard Östreicher
Ansprechpartner: Richard Östreicher
Flaschen/Hektar: 16.000 (50 % weiß, 50 % rot)/3,5 ha
Anbauweise: Bio

Richard Östreicher zeigt mit seinen Weinen, was der perfektionistische Bioweinbau eines kleinen inhabergeführten Familienbetriebs ins Glas zu bringen vermag: Weine, denen die Sorgfalt und die Arbeit am Detail in Dutzenden (scheinbaren) Kleinigkeiten anzuschmecken ist, die charakterstark wie ihr Winzer sind und die die Bedingungen von Boden und Klima naturgetreu abbilden. Die Töne des Muschelkalks changieren je nach Rebsorte. Es soll ja immer noch Leute geben, die bezweifeln, dass Terroir zu schmecken ist. Hier werden sie vom Gegenteil überzeugt.

95 2021 »Rossbach« Chardonnay trocken
Helles Goldgelb in der Farbe. Der Duft zeigt sich buttrig, nussig, mit Noten von Flachs und frischer Aprikose. Im Mund hat der Wein eine hohe Konzentration, eine intensive Extraktsüße bei feinkörniger, dichter Phenolik und elegantem Säurenerv. Im Abgang dominiert Kalkmineralität.
13 Vol.-%, NK, €€€€

92+ 2022 »Hölzlein« Weißburgunder trocken
Im Duft rauchiger Muschelkalk, Jod und Austernschale. Auch gelbfleischiger Pfirsich und Mirabelle. Der Gaumen eröffnet mit Fülle, setzt mit feinkörnigen, milden Phenolen fort und leitet mit stabilem, kernigem Säuregerüst über in einen zart mineralisch getönten Abgang. 13 Vol.-%, NK, €€€

93 2019 »R« Cuvée trocken CS/ME/CF
Ein frischfruchtiger Duft von Schwarzer Johannisbeere, Tabak und Waldbeerjoghurt entströmt dem Glas. Im Mund hat der Wein viel Stoff, aber auch eine elegante Balance mit saftigen und geschmeidigen Motiven. Der Abgang zeigt eine stille Harmonie mit einer Anmutung von großer Natürlichkeit.
12,5 Vol.-%, NK, €€€

93 2021 »Rosen« Spätburgunder trocken
Im Duft florale Aromen, Hagebutte, Rote Johannisbeere, etwas Milchschokolade. Im Mund ist der Wein dicht mit sehr feinem Tannin besetzt, exponiert eine intensive Salzigkeit, aber auch eine feine Säure, ein klein wenig Gärungskohlensäure prickelt im Abgang. 12,5 Vol.-%, NK, €€€

92+ 2021 Sommerach Katzenkopf Spätburgunder trocken

94 2022 »Maria im Weingarten« Silvaner trocken
Der Duft zeigt gelbfruchtige und flintige Aspekte, auch balsamische Spontangärungsaromen sind da. Im Mund zeigt sich ein dichter, kraftvoller Bau mit reicher Aromatik, festen Phenolen und kerniger Säure. Der Wein wirkt blutjung – und wird sich über viele Jahre verfeinern.
13 Vol.-%, NK, €€€

★★

WEINGUT RÖMMERT

Erlachhof 1, 97332 Volkach
T: +49 9381 7183200, info@weingut-roemmert.de
weingut-roemmert.de

Ab-Hof-Verkauf: Vinothek Mo bis Fr 10–18 Uhr, Sa und So 9–16 Uhr
Kellermeister: Walter Erhard
Ansprechpartner: Niklas Balbach
Flaschen/Hektar: 213.000 (60 % weiß, 20 % rot, 10 % Rosé, 2 % süß, 8 % Schaumwein)/23 ha

Das Weingut Römmert versteht sich als »Entertainment-Weingut«, das seinen Gästen zeigen will, wie viel Spaß Wein machen kann. Dafür werden Events veranstaltet, im Sternehotel finden Tagungen statt, übernachten kann man auch im Weinfass. Christoph Ruck, der 2020 Betriebsleitung und Keller übernahm, hat Volkach wieder verlassen, Walter Erhard ist nun für die Kellerarbeit zuständig. Die Weine aus 2021 zeigen Ambitionen und die Möglichkeiten, die Lagen wie der Escherndorfer Lump bieten. Aus 2022 verkosteten wir bislang zugängliche, sehr sauber vinifizierte Weine.

92 2021 »1. Lage« Escherndorf Lump Silvaner trocken
Der Ausbau im Eichenfass zeigt sich noch im Duft, etwas Holzwürze, Vanille, Birne, Quittenschale, gelber Apfel. Am Gaumen schlank und straff gebaut mit guter Spannung, salzige Mineralik, stabile Säure, griffige phenolische Schichtung, betont trocken, zeigt Charakter. 12 Vol.-%, DV, €€

92 2021 »XY Große Lage« Volkach Ratsherr Weißburgunder trocken
Nussige Aromen, grüne Walnuss, feine Holzwürze, rauchig, Mirabelle, Aprikose, auch etwas Minze, Pfefferminzöl. Stoffig und zupackend am Gaumen mit mittlerem Extrakt und präsenter Säure, phenolische Schichtung, mineralische Tönung. Ambitionierter Entwurf. 13 Vol.-%, DV, €€€

90 2021 »1. Lage« Volkach Ratsherr Riesling trocken
Voller Duft nach Apfel und Steinobst, Pfirsich, auch zitrische Noten, Limette, Grapefruit, leicht kalkige Anklänge. Kraftvoll am Gaumen mit frischer, präsenter Säure und zitrischer Begleitung, füllig und cremig, mineralisch unterlegt, gute Balance. 13 Vol.-%, DV, €€

90+ 2021 »1. Lage« Escherndorf Lump Spätburgunder trocken
Leichte Holzwürze, Rauch, Wacholderbeere, rote Kirsche, Waldbeeren, Brombeere, auch schwarze Lakritze. Getragen und mit fester Struktur am Gaumen, die Mineralik der Lage setzt den Lump in Szene, die Gerbstoffe in guter Dosis sind zugänglich, kann auch reifen. 13 Vol.-%, DV, €€

89 2022 Volkach Weißburgunder trocken

89+ 2022 Escherndorf Silvaner trocken
Birne, Quittenchutney, Mirabelle, Apfel, kräuterige Noten, auch etwas Blaubeere, nasser Stein. Kräftig gebaut am Gaumen, saftig, viel Apfel als Fruchteintrag, auch Klarapfel, gute Füllig- und Stoffigkeit, reife Säure. Steht neben dem vollen Teller genau richtig. 13 Vol.-%, DV, €

★★★

WEINGUT ROTHE

Heerweg 6, 97334 Nordheim
T: +49 9381 8479530, info@weingut-rothe.de
weingut-rothe.de

Ab-Hof-Verkauf: Mo bis Sa 9–12 & 13–18 Uhr, So 9–12 Uhr
Kellermeister: Manfred Rothe
Ansprechpartner: Manfred Rothe
Flaschen/Hektar: 107.000 (65 % weiß, 25 % rot, 5 % Rosé, 2 % süß, 3 % Schaumwein)/12 ha
Anbauweise: Bio

Manfred Rothes Bio- und Naturweine schaffen einen schwierigen Spagat: Hinter jedem Etikett steckt eine elaborierte stilistische Idee und zugleich kommen sie unprätentiös daher und nachgerade understated. Das beste Beispiel ist der Riesling »Halbstück«, der es schafft, ohne ein Gramm Restzucker rund und geschmeidig zu schmecken und bei dem der Winzer das Holz auf die klügste mögliche Weise eingesetzt hat: So, dass das Bild einen Rahmen bekommt, aber keine schrillen Farbkleckse. Von April bis Oktober hat das zum Weingut gehörende Bioland-Bistro geöffnet.

91 2021 »Grande« Scheurebe trocken
Im Duft nimmt man wahr: Grapefruit, Mirabelle, Hefe. Der Gaumen ist geprägt von Saftigkeit und einem nachgerade rieslinghaften Säurenerv, die ausgeprägte Stoffigkeit des Weines dominiert den langen Abgang stärker als die Würze.
12 Vol.-%, DV, €€

90+ 2020 »Grande« Silvaner trocken
Eine komplexe Würze im Duft: gerösteter Sesam, Spargel, Strohblumen, eine rauchige Kalknote. Im Mund zeigt sich ein vertikaler, straffer Bau: zarte Phenole, präsente Säure und gute Dichte hinterlassen den Eindruck eines Weines, der erst am Beginn seiner Entfaltung ist. 12,5 Vol.-%, DV, €€

92+ 2021 »Indigenius« Silvaner trocken
Helles Zitronengelb mit grünlichen Reflexen. Im Duft dominiert röstiges Holz über gelbfruchtige Motive und balsamische Untertöne. Der Gaumen zeigt eine kräftige Dosis feinkörnigen Gerbstoffs. Hefige, lauchige Reduktionsaromen deuten an, dass der Wein Luft (und Flaschenreife) benötigt.
12,5 Vol.-%, DV, €€€

91+ 2021 Blauer Silvaner trocken
Blasses Bernstein in der Farbe. Der Duft zeigt neben etwas Holz und kräftiger Hefe eine ausgeprägte Frucht von kandierter Orange, gelbem Pfirsich und Rhabarberkompott. Mit Luftkontakt kommen flintige Noten auf. Der Gaumen zeigt sich linear und frisch mit reifen, feinkörnigen Phenolen.
12,5 Vol.-%, DV, €€

90 2021 »Grande« Müller-Thurgau trocken

92 2021 »Stückfass« Riesling trocken
Im Duft ist der Wein zitrisch, kräuterwürzig, floral, Bergamotte, ein Hauch von Holz. Die Gaumenstruktur ist vom Holzfass eingefasst, ohne dass der Wein aromatisch überlagert würde – stilvoll und sehr gekonnt. Die Säure gibt Frische, ohne hart zu wirken – und das bei 0,3 RZ!
13 Vol.-%, DV, €

WEIN VON ROTHMUND

Brunnenstraße 18, 97483 Eltmann
T: +49 9522 7089882, vertrieb@weinbau-rothmund.de
wein-von-rothmund.de

Ab-Hof-Verkauf: täglich 9–20 Uhr
Kellermeister: Levin Rothmund
Ansprechpartner: Levin Rothmund
Flaschen/Hektar: 33.000 (40 % weiß, 30 % rot, 10 % Rosé, 20 % Schaumwein)/5 ha

Das junge Familienunternehmen Wein von Rothmund ist in einem Fachwerk-Vierseithof in Eltmann in Unterfranken untergebracht. Vater Matthias Rothmund kümmert sich um die fünf Hektar Weinberge mit den Hauptrebsorten Silvaner, Müller-Thurgau und Domina, die in Augsfeld, Sand, Zell und Donnersdorf liegen. Jungwinzer Levin ist für den Ausbau der Weine zuständig, auch Mutter Ines und die anderen Kinder Kosima und Valentin packen mit an. Die betont trockenen Weine wie der würzige, mineralische Silvaner sind vom Keuperboden geprägt. Guter Einstand im Guide!

91 2021 »Winzersekt« Rivaner brut
Gänseblümchen, gelber Apfel, Mirabelle, Wiesenkräuter, auch Kandiszucker. Am Gaumen ungeschönt trocken mit einer vitalen, belebenden Säure in einer schlank gefassten Struktur, gelber Apfel, Grapefruit, gute Frische und Würze, feinperliges Mousseux. Ungekünstelt. 12 Vol.-%, NK, €€

89+ 2021 Weißer Burgunder trocken
Reife gelbe Aprikose, gelber Apfel, kräuterig, nussig und auch rauchig, ebenso etwas Vanille und Marzipan. Mittlere Struktur am Gaumen, saftiger und weicher Fond, betont trocken, leichte Bitternoten, grüne Walnuss, durch den Ausbau im Barrique noch etwas sperrig. 12,5 Vol.-%, DV, €

89+ 2022 Rosé trocken
Leichtes Hagenbuttenrot. Duftet nach Brombeere und Himbeere, Holunder und Schwarzer Johannisbeere. Schlanker Bau am Gaumen, kompromisslos trocken mit griffigen Gerbstoffen, nicht kantig, aber ungekünstelt, leicht herber Saft, Holunder, fein salzig, direkt. 12 Vol.-%, DV, €

89+ 2021 Domina trocken
Fast blickdicht im Glas, klare Frucht, Brombeere, Schwarzkirsche, Holunder und Pflaume, dunkle Schokolade, feine Holzwürze vom Barrique-Ausbau. Saftig am Gaumen, Schwarzkirsche und auch Schattenmorelle, trocken und füllig, weiche Gerbstoffe, feine Würze und Herbe. 13,5 Vol.-%, DV, €

89+ 2021 »Cuvée R« trocken BP/CO

91+ 2021 Silvaner trocken
Kräuterig, Apfelschale, etwas Kümmel, Senfsaat, gelber Apfel, Birne. Straffe, schlanke Struktur, mit gutem Zug am Gaumen und stabiler Säure, hat Substanz, feine Würze, griffige Phenolik. Das ist kein Wein, der gefallen will. Er imponiert, weil er ist, wie er ist. 12 Vol.-%, DV, €

★

WEINBAU RUPPENSTEIN

Steiggasse 5, 97516 Oberschwarzach
T: +49 9382 90703, info@wein-von-ruppenstein.de
wein-von-ruppenstein.de

Ab-Hof-Verkauf: Mo bis Sa 14–18 Uhr, So 14–17 Uhr
Kellermeister: Robert Ruppenstein
Ansprechpartner: Robert und Simon Ruppenstein
Hektar: 3 ha

Es ist nicht überraschend, dass ein fränkisches Weingut mit Silvaner zu punkten vermag. Letztes Jahr war es bei Weinbau Ruppenstein der Top-Lagenwein »Geiersknuck«, der sich an die Spitze der Kollektion setzte, dieses Jahr ist es – in Abwesenheit des Lagenweins – der Sieben-Euro-Gutssilvaner. Sparfüchse aufgepasst! Ein besonderes Faible hat Familie Ruppenstein, die bereits in fünfter Generation Wein macht, für die Abstimmung von Cuvées: Die beiden »Sebastianus«-Cuvées in Rot und Weiß bringen den überzeugenden Beweis, dass das Ganze mehr sein kann als die Summe seiner Teile.

89+ 2022 »Sebastianus« Oberschwarzach Herrenberg Cuvée trocken GS/MT
Im Duft nimmt man eine dezente Frucht von Pfirsich und Mango wahr, im Mund hat der Wein einen ausgewogenen, aber auch relativ weit gefassten Bau, Schmelz und Saftigkeit ergeben zusammen mit etwas Restsüße einen milden Eindruck. Ein harmonischer Wein. 12 Vol.-%, DV, €

89+ 2022 »Trockener Humor« Cuvée trocken
Ein würziger Duft steigt aus dem Glas, Rose und Kräuter der Provence, Pfirsich. Im Mund zeigt sich der Wein leichtgewichtig, spritzig, mit lebendigem Säurerückgrat, einer Prise Mineralik und einem mittellangen Finish. 11,5 Vol.-%, DV, €

90 2020 Oberschwarzach Herrenberg Spätburgunder trocken
Im Duft: Sauerkirsche, Hagebutte und ein Hauch von Nugat. Im Mund zeigt sich ein mürber Gerbstoffdruck, der kräftige Alkohol ist gut von Extrakt und würziger Gaumenfrucht begleitet. Ein Spätburgunder mit guter Proportion, dezent im Holz abgerundet. 14 Vol.-%, NK, €€

89 2019 »Sebastianus« Oberschwarzach Herrenberg Cuvée trocken CO/PN
Der Wein riecht »dunkel«: Bitterschokolade, etwas Pfeffer, Brom- und Blaubeere. Im Mund zeigt er sich füllig und geschmeidig, hat einige Wucht bei eher milder Säure und feinkörnigem, gut extrahiertem Gerbstoff. Etwas Süße gibt dem Bau besondere Zugänglichkeit. 13,5 Vol.-%, NK,DV, €

89 2022 Kerner feinherb

90 2022 Oberschwarzach Herrenberg Silvaner trocken
Hefe, Heu, Blattgrün, Strohblumen, eine recht frische, feine Silvanerwürze. Im Mund hat der Wein viel Saftigkeit, eine pikante, aber gut integrierte Säure. Er ist mittelgewichtig in Körper und Alkohol, gut proportioniert und hat eine gute Länge mit sortentypischen Aromen.
12 Vol.-%, DV, €

★★★★★

WEINGUT HORST SAUER

Bocksbeutelstraße 14, 97332 Escherndorf
T: +49 9381 4364, mail@weingut-horst-sauer.de
weingut-horst-sauer.de

Ab-Hof-Verkauf: Mo bis Fr 9–12 & 13–18 Uhr, Sa 11–17 Uhr
Kellermeister: Sandra Sauer
Ansprechpartner: Sandra Sauer
Flaschen/Hektar: 180.000 (80 % weiß, 8 % rot, 2 % Rosé, 8 % süß, 2 % Schaumwein)/20 ha

Sandra Sauer ist eine ausgewiesene Expertin für Süßweine, die regelmäßig zu den besten in Franken und im ganzen Land zählen. Dieses Mal erfreuten wir uns an Beerenauslesen von Silvaner und Riesling aus dem Escherndorfer Lump, dem einer unserer Verkoster als »eleganten, geradezu fröhlichen Wein« huldigte. Es wäre fahrlässig, dabei die trockenen Weine zu vernachlässigen, die alle von einer feinen Mineralik grundiert sind. 2022 war ein Jahrgang, mit dem Sandra Sauer sehr gut zurechtgekommen ist und wir können nur empfehlen, sich diesen Weinen ausgiebig zu widmen!

93 2022 Escherndorf am Lumpen 1655 Riesling GG
Im Duft Mandarinenschale, Ananas, Nektarine, Wiesenkräuter und Gesteinsmehl. Am Gaumen kompakt und knackig, auch salzig-kalkig, sehr gutes Extrakt, die straffe Säure schafft Bindung und Länge. Ein Wein mit Potenzial, der auch jetzt schon Trinkfreude bereitet. 13 Vol.-%, DV, €€€

93 2022 Escherndorf am Lumpen 1655 Silvaner GG
Erster Duft von feuchtem Kalk, Aromen von reifem Pfirsich, Nektarine, und Wiesenkräutern. Der Gaumen zeigt sich wunderbar saftig, fast schlank wirkend und doch so dicht und komplex. Der extraktreiche, salzige Abklang bringt Exotik und wird von feinster Säure balanciert. 13,5 Vol.-%, DV, €€€

95 2022 Escherndorf Lump Riesling Beerenauslese
Der Duft ist anfangs noch wenig von Mikrovinifikation geprägt, zeigt dann aber eine feine Botrytis. Blumig, zitrisch, frisch. Im Mund geradezu schlank im Ansatz, lebendige Säure. Frisch und leicht wie ein Kabinett im BA-Format. Ein eleganter, geradezu fröhlicher Wein. 6 Vol.-%, DV, €€€

94 2022 Escherndorf Lump Silvaner Beerenauslese
Intensiver Duft nach getrockneten Früchten, kandierter Orange, Blütenhonig und delikater Kräuterwürze. Am Gaumen dicht und cremig, lebendige Säure, viel Zug, tropische Früchte, tolle Spannung, Kräuter zeigen sich, lang, viel Potenzial zur weiteren Reife. 6,5 Vol.-%, DV, €€€€

91 2022 Escherndorf Fürstenberg Weißer Burgunder trocken
91 2022 Escherndorf Lump Riesling trocken
90+ 2022 Escherndorf Lump Scheurebe Spätlese feinherb
90 2022 Escherndorf Silvaner trocken
90 2022 Escherndorf Riesling trocken
90 2022 Escherndorf Fürstenberg Blauer Silvaner trocken
90 2019 Escherndorf Fürstenberg Spätburgunder trocken

91 2022 Escherndorf Lump Silvaner trocken
Blass in der Farbe und frisch im Duft. Anfangs Holunderblüte, dann Grapefruit, Limette und Gesteinsmehl. Am Gaumen herrlich saftig, zarte Süße, feinherbe Frucht und etwas Phenolik, alles von lebendiger Säure getragen. Sehr guter, mineralischer Nachhall. 13 Vol.-%, DV, €€

★

WEINGUT LEO SAUER

Würzburger Straße 33, 97246 Eibelstadt
T: +49 9303 596, info@weingut-leo-sauer.de
weingut-leo-sauer.de

Kellermeister: Werner Röder
Ansprechpartner: Elke Röder
Hektar: 9 ha

Gute Premiere im Weinguide für das Weingut Leo Sauer in Eibelstadt, das von Elke und Werner Röder geleitet wird; unterstützt werden die Winzer-Eheleute von ihrem Sohn David. Neun Hektar Reben kultiviert das Weingut in den Eibelstädter Lagen Kapellenberg und Teufelstor, auf den Muschelkalkböden entstehen Weine mit klarer, intensiver Fruchtaromatik – das Markenzeichen dieses Betriebes. Wir können alle Weine empfehlen, besonders die trockene Spätlese der Scheurebe mit brillanter Mango- und Johannisbeerfrucht und viel Charme. Ein Neuzugang mit ganz eigenem Profil!

89+ 2022 »M Premium« Eibelstadt Kapellenberg Weißburgunder trocken
Gelbe Blüten, reife Mirabelle, Apfel und Aprikose, auch etwas Zitrusfrucht und Birne, florale und würzige Anklänge. Cremig und saftig am Gaumen ansetzend, mit reifen Fruchtnoten, Aprikose und Birne, stoffig, weiche Säure, harmonisch abgerundet, schöner Klassiker. 12,5 Vol.-%, DV, €€

89+ 2022 »M Premium« Eibelstadt Kapellenberg Scheurebe feinherb
Reife Mango, Maracuja und Aprikose mit Cassis, begleitet von floralen und feinwürzigen Noten, auch etwas Kümmel. Filigraner Bau, präsent und schwungvoll im Mund mit lebendiger Säure und feinherber Abrundung, charmante gelbe Frucht, auch feine Würze. 11 Vol.-%, DV, €€

89 2022 Eibelstadt Kapellenberg Bacchus Kabinett feinherb
Gelbfruchtig, floral und mit feiner Würze, Stachelbeere, Apfel, Mirabelle und Birne, Feingebäck, Wiesenkräuter. Schlank gebaut, saftig und mit klarer Frucht am Gaumen, gelbe Stachelbeere und Pfirsich, etwas Zitrusfrucht, die feinherbe Süße stützt die Aromatik. 11 Vol.-%, DV, €

90 2022 »Premium« Eibelstadt Kapellenberg Spätburgunder Rosé Spätlese trocken
Kräftiges Lachsrosa. Reife Himbeere und Waldbeeren, Brombeere, auch Blaubeere, floral-würzig, etwas warmes Gewächshaus. Kräftig gebaut, kein Schönwetter-Rosé, sondern mit Spätlese-Attitüde, stoffig, rund, süßliche Frucht, lebendige Säure, gerne zum Essen. 13 Vol.-%, DV, €€

89 2022 »Premium« Eibelstadt Kapellenberg Regent Rosé feinherb

90+ 2020 »Premium« Eibelstadt Kapellenberg Scheurebe Spätlese trocken
Opulenter Spätleseduft mit reifer und süßer Aprikose, Mango und Schwarzer Johannisbeere, ebenso Mangopüree. Auch am Gaumen mit konzentrierter Frucht, durchaus charmant, balancierende Säure zur feinen Süße, vollmundig, erwachsener Wein mit Substanz und auch Länge. 12,5 Vol.-%, DV, €€

★★★★

WEINGUT RAINER SAUER

Bocksbeutelstraße 15, 97332 Escherndorf
T: +49 9381 2527, info@weingut-rainer-sauer.de
weingut-rainer-sauer.de

Ab-Hof-Verkauf: Mo bis Fr 9–12 & 13–18 Uhr, Sa 10–17 Uhr
Kellermeister: Rainer und Daniel Sauer
Ansprechpartner: Rainer, Helga und Daniel Sauer
Flaschen/Hektar: 160.000 (98 % weiß, 2 % Rosé)/16 ha
Anbauweise: Bio

Das Topweingut aus Franken hat unter der Regie des Vater-Sohn-Gespanns Rainer und Daniel Sauer erneut eine blitzsaubere Kollektion vorgelegt, die durch konstant gute Weine besticht, denen man – und das gilt nicht nur für die starken Großen Gewächse – ein erhebliches Reifepotenzial attestieren darf. Dabei brilliert ganz besonders der Silvaner GG Am Lumpen 1655, der extrem dicht gewoben ist und eine wunderbar vielschichtige Aromatik aufweist. Und der eindrucksvoll belegt, dass aus Silvaner wahrhaft große Weine gekeltert werden können.

94+ 2022 Escherndorf Am Lumpen 1655 Silvaner GG
Im Duft ein Touch von Weihrauch, dann attraktiv sortentypisch mit Kräutern und hellen, würzigen Früchten. Am Gaumen Zitronenmelisse, gelbe Birne, junger Pfirsich, attraktive Phenolik, getragen von reifer, frischer Säure, dicht gewoben, gute Länge, großes Potenzial. 13 Vol.-%, DV, €€€

93+ 2022 Escherndorf Am Lumpen 1655 Riesling GG
Zunächst kräuterig im Duft, hefig, mit Belüftung feine Aromen von Zitronenschale, Weißer Johannisbeere und Hagebutte. Am Gaumen dann mit einer markanten Säure, satte, reife Frucht mit zitrischen Elementen, druckvoll, aber immer elegant bleibend, gute Länge. 12,5 Vol.-%, DV, €€€

93 2022 »Rainer Sauer L« Silvaner trocken
Kräuterig im ersten Duft, dann kommen Aromen von Birne, Apfelschale, Orangenblüte, reifem rosa Pfirsich und Veilchen dazu. Am Gaumen saftig, Wein mit viel Spannung und attraktiver Phenolik, tiefgründig, feine Mineralik und langer Nachhall, viel Potenzial. 13,5 Vol.-%, DV, €€

91+ 2022 Escherndorf Lump Silvaner Erste Lage trocken
Kühl wirkende Nase mit hellen gelbfruchtigen Aromen und floralen Spuren. Am Gaumen ein herb-saftige, geschliffene Frucht, feine Säure, griffig, nachhaltig am Gaumen, Kreide und Salz kommen durch, elegant, guter, saftiger Abgang mit einem gewissen Zug. 13,5 Vol.-%, DV, €€

90 2022 »Muschelkalk« Escherndorf Silvaner trocken

91 2022 Escherndorf Lump Riesling Erste Lage trocken
Zitronengelb. Duft von Melone, gelben Birnen, Äpfeln, Mirabellen, Limettenschale und Wiesenkräutern. Am Gaumen dann mit lebendiger Säure, pikante Frucht mit Zitrusanklängen, mittelgewichtiger Körper. Schöne Spannung, griffig, hat eine gute Länge. 12,5 Vol.-%, DV, €€

★★★★

WEINGUT SCHMITTS KINDER

Am Sonnenstuhl 45, 97236 Randersacker
T: +49 931 7059197, info@schmitts-kinder.de
schmitts-kinder.de

Ab-Hof-Verkauf: Mo bis Fr 8–18 Uhr, Sa 9–17 Uhr
Kellermeister: Martin Schmitt
Ansprechpartner: Martin, Karl und Renate Schmitt
Flaschen/Hektar: 100.000 (83 % weiß, 10 % rot, 4 % Rosé, 1 % süß, 2 % Schaumwein)/13,7 ha
Anbauweise: in Umstellung

Offenbar in heiterer Einmütigkeit taufte eine Erbengemeinschaft das Weingut 1910 auf seinen Namen. Es ist viel älter: Seit dem frühen 18. Jahrhundert bewirtschaftet die Familie hervorragende Lagen entlang des Mains bei Würzburg, hauptsächlich mit Silvaner und Riesling bestockt. Die Steillagen erfordern viel Handarbeit, auch die Lese geschieht ausschließlich manuell. Martin Schmitt führt das Weingut nun in zehnter Generation biologisch zertifiziert und ihm gelingen mit großer Zuverlässigkeit Weine von klassischem und akkurat balanciertem Stil.

93+ 2022 Randersacker Pfülben Silvaner GG
Komplex im Duft, Kamille, Jod, Salbei, Lorbeer, Lindenblüten, Austernschale, reife, saftige Mango, Ananas, Apfelschale, kalkige Kühle. Am Gaumen mit Kraft, dicht, konzentriert, viel Würze, mineralisch, salzig, Kräuter, dezente reife Frucht von Mango, Pfirsich, griffige Phenolik, Reifepotenzial.
13,5 Vol.-%, NK, €€€

92+ 2022 Randersacker Pfülben Riesling GG
Noch verschlossen im Duft, gelbe Früchte wie Pfirsich, Mirabellen, weiße Blüten, frische Zitronen, Wiesenkräuter. Am Gaumen saftige, klare gelbe Frucht, gut integrierte reife Säure, feine Phenolik, feine Würze, gut ausbalanciert. Bringt jetzt schon Trinkfreude und auch in einigen Jahren.
13 Vol.-%, NK, €€€

92 2022 Randersacker Marsberg Silvaner Erste Lage trocken
Frische Kräuter im Duft, Estragon, Thymian, Koriander, Zitronengras, Blattgrün, Heu, gelber Apfel, Quitten, Kumquats. Am Gaumen mit Kraft, dicht, viel mineralische Salzigkeit, feine Phenolik, gut integrierte Säure, cremiger Fond, schöne Länge, Reifepotenzial. 13 Vol.-%, DV, €€

93 2021 Randersacker Hohenroth Spätburgunder GG
Würzig im Duft, Röstnoten, Speck, Rauch, dunkle Nugatschokolade, Cassis, Wacholderbeeren, balsamische Noten von Kiefer, Eukalyptus. Am Gaumen saftig, frisch, feinkörniges Tannin, feingliedrige Säure, viel Würze, dennoch elegant, frische Frucht, Reifepotenzial. 13 Vol.-%, NK, €€€

92 2022 Randersacker Sonnenstuhl Riesling Erste Lage trocken

91 2022 »Weinberg Mendelssohn« Randersacker Riesling trocken
Duftig in der Nase, florale Noten, weiße Blüten, saftige, reife Aprikosen, Pfirsich, Apfelmus, Zitronen, Wiesenkräuter. Am Gaumen viel saftige, frische Zitrusfrucht, Grapefruit, lebendige Säure, mineralische Würze, gut ausbalanciert, als Solist oder Speisenbegleiter zu feinen Vorspeisen, Fisch und Meeresfrüchten. Trinkanimierend.
12,5 Vol.-%, DV, €€

★★

WEINGUT NICO SCHOLTENS

Rieneckstraße 6, 97514 Oberaurach
T: +49 9529 326, info@weingut-scholtens.com
weingut-scholtens.com

Ab-Hof-Verkauf: ja
Kellermeister: Nico Scholtens
Ansprechpartner: Nico Scholtens
Flaschen/Hektar: 30.000 (70 % weiß, 30 % rot)/5 ha

Programm ist hier »['drai]«, also trocken: und zwar durchgegoren und nicht im Sinn des Weinrechts, das in seiner Definition bis zu 9 Gramm Zucker zulässt. Dabei fand der in Apeldoorn in den Niederlanden geborene Winzer seine Berufung eher zufällig. Er kam 1970 als Saxofonist nach Deutschland und durch puren Zufall an einen ersten Weinberg. Dann fing er irgendwann an, alte wurzelechte Mischsätze zu »sammeln«. Aus diesen historischen Weinbergen, ausschließlich in Steil- und Terrassenlage, stammen einige seiner Weine. Inzwischen ist auch Sohn Noël mit an Bord.

91 2020 »['drai] Alter Fränkischer Satz – Select« trocken
Quitte im Duft, Orangen, kräuterige Würze, Stein – und Kernobst, Zitronenzeste, Walnussschale, Gesteinsmehl. Am Gaumen eigenständig, karg, mineralische Würze, dezent in der Frucht, Zitrusfrüchte, Stein- und Kernobst, merkliche Phenolik, großes Glas, Wein im Stil der Renaissance.
12,5 Vol.-%, NK, €€€

91 2021 »['drai] aus Terrassenlage« Silvaner trocken
Dezent im Duft, Kräutertee, Würze, Salbei, Estragon, grüner Apfel und Birnen, Zitronensaft, Orangenzeste, gelbe Stachelbeeren. Am Gaumen kompakter, konzentrierter Kern aus Zitrusfrüchten, Grapefruit, Blutorangen, saftige, reife gelbe Früchte, mittelkräftig im Körper, gut im Extrakt, lebendige Säure ist gut integriert, geradlinig, elegant, Trinkfluss.
12,5 Vol.-%, NK, €€

90+ 2021 »['drai]« Johanniter trocken
Reife Birnen, Zitronen im Duft, Ananas, Aprikosen, Limettenschalen, Blüten, dezent Anis. Am Gaumen stoffig, dicht, cremiger Fond, gut integrierte, reife Säure, würzig, saftig, feine Phenolik, zitrische Frische, lange am Gaumen, vielseitiger Speisenbegleiter. 13,5 Vol.-%, NK, €€

90 2020 »['drai]« Perle trocken
Perle, mittlerweile sehr seltene Rebsorte, im Duft dezent erkennbare Eltern: Gewürztraminer sowie Müller-Thurgau. Blumige Noten im Duft, allerdings nicht zu laut, Rosen, Lavendel, Litschi, Muskat, Ingwer. Am Gaumen schlank im Körper, saftig, frisch, cremiger Kern, viel Würze, verhalten in der Frucht, toller Aperitif oder Durstlöscher an heißen Sommertagen. 11,5 Vol.-%, NK, €

89+ 2020 »['drai]« Portugieser trocken

90+ 2020 »['drai]« Weißburgunder trocken
Im Duft gemahlene Mandel, saftige Aprikosen, Zitronen, Zitronenmelisse, Salbei, Gesteinsmehl, kalkige Kühle. Am Gaumen vollmundig, geschmeidig, cremiger Kern, viel mineralische Würze, reife Säure, saftige reife Frucht, Aprikosen, Pfirsich, schöne Länge, viel Wein für wenig Geld.
13 Vol.-%, NK, €€

★★★

WEINGUT SCHWAB

SCHWAB

SCHEUREBE TROCKEN
2022 Thüngersheimer Johannisberg
VDP.ERSTE LAGE

Bühlstraße 17, 97291 Thüngersheim
T: +49 9364 89183, info@weingut-schwab-franken.de
weingut-schwab-franken.de

Ab-Hof-Verkauf: Mo bis Fr 9–12 & 13–18 Uhr, Sa 9–12 Uhr
Kellermeister: Thomas Schwab
Ansprechpartner: Andrea Schwab
Flaschen/Hektar: 80.000 (85 % weiß, 15 % rot)/13 ha

Seine Großen Gewächse hat das VDP-Weingut Schwab dieses Mal nicht zur Verkostung angestellt, trotzdem können wir seiner Kollektion einiges abgewinnen: Die Ortsweine aus Thüngersheim sind allesamt animierend und lassen an ein zweites Glas denken, die beiden Weine aus der Ersten Lage Johannisberg zeigen mehr Spannung, elegantes Spiel und Mineralik aus dem Terroir mit Buntsandstein und Muschelkalk. Martin Schwab, der die dritte Generation vertritt, setzt mit seinem Wissen aus der Landschaftsgärtnerei inzwischen im Weingut zukunftsweisende Akzente in der Biodiversität.

91+ 2022 Thüngersheim Johannisberg Scheurebe Erste Lage trocken
Kräftig, gelbfruchtig, Stachelbeere und Mango, Schwarze Johannisbeere, auch würziges, leicht rauchiges Ambiente. Sehr gepflegte und auch köstliche Fruchtaromatik am Gaumen, Mango, nicht zu reif, kultivierte Säure, feine mineralische Komponente, würziges Finish. 13 Vol.-%, DV, €€

90 2022 Thüngersheim Scheurebe trocken
Stachelbeere, Schwarze Johannisbeere, würzig, nicht zu süß, auch Birne und Grapefruit, dazu etwas Passionsfrucht. Kompakt gebaut, wirkt trocken im Mund, guter Extrakt für einen Ortswein, wieder Stachelbeere und Birne, saftig, würzig, Muskatnuss, belebende Säure. 12 Vol.-%, DV, €

89+ 2022 Thüngersheim Riesling trocken
Gepflegte Spontangärung, kräuterig, etwas Malz, Hefe, Apfel und gelbes Steinobst. So stellt man sich einen klassischen Ortswein mit klarer Frucht, jahrgangstypischer, belebender Säure in einer schlank gehaltenen Struktur vor, zitrisch und auch mit feiner Mineralik. 12 Vol.-%, DV, €

89+ 2022 Thüngersheim Silvaner trocken
Zugänglich im Duft, saftiger Apfel und reife Birne mit Wiesenkräutern sind dabei, auch Apfelschale, Sesam, steinige Noten. Kompakter Bau, reifer, saftiger und appetlicher Apfel am Gaumen, auch Birne, Würze, Schmelz, dezente Restsüße, auch mineralische Anklänge. 12,5 Vol.-%, DV, €

89+ 2022 Thüngersheim Weißburgunder tr.

91+ 2022 Thüngersheim Johannisberg Silvaner Erste Lage trocken
Leicht rauchig, Birne und auch gelber Apfel, steinig-mineralische Noten vom Thüngersheimer Sattel. Am Gaumen kräftig gebaut, gute Substanz, auch vom Extrakt getragene, kalkige Mineralik, die sich formiert. Würzig, erdig, stämmig, kompakt und überzeugend. 13,5 Vol.-%, DV, €€

★★★

WEINGUT SCHLOSS SOMMERHAUSEN MARTIN STEINMANN

Hauptstraße 25, 97286 Sommerhausen
T: +49 9333 260, mst@sommerhausen.com
sommerhausen.com

Ab-Hof-Verkauf: Mo bis Fr 10–18, Sa 10–16, So 10–14 Uhr
Kellermeister: Moritz Steinmann
Ansprechpartner: Martin Steinmann
Flaschen/Hektar: 100.000 (85 % weiß, 5 % rot, 10 % Rosé, 30 % Schaumwein)/18 ha
Anbauweise: Bio

Bei Martin und Moritz Steinmann stehen in dieser Kollektion die sprudelnden Weine eindeutig im Mittelpunkt – und zwar solche wie jene vorgestellten Kreszensen aus dem Jahr 2017, die schon etwas Zeit im Reifekeller verbringen durften. Die gereiften Schaumweine überzeugen mit dicht gewobener Struktur, feiner Säure und wunderbarem Schmelz. Das ist beispielhaft für das Potenzial dieses Genres in Franken und in Deutschland. Aber auch bei den Stillweinen halten die Steinmanns das hohe Niveau, wie die pikanten trockenen Rieslinge und die feinherb ausgebauten Weine zeigen.

93+ 🅑 2017 »avec pläsier« La Grande Cuvée brut nature PN/AU/CH/WB
Deg. 03/2023. Feine erste Reife im Duft, Apfelschalentee, leicht jodige Noten, dezente Hefe. Am Gaumen straffe Textur, das lebendige Säurerückgrat harmoniert mit dem feinen, bereits etwas mild gewordenen Mousseux, der Abgang zeigt salzige Noten und hat eine ausgezeichnete Länge. 12,5 Vol.-%, DIAM, €€€

93 🅑 2017 »avec pläsier Le Grand Blanc« brut Nature
Deg. 2/2023. Helles Goldgelb. Feine Hefe, erste Patina mit leicht tertiären Noten. Getragener, geschmeidiger Hintergrund, gut balancierender Extraktkern. Das Mousseux ist mittelfein und bereits etwas mild geworden, die Abgangsfrucht ist konzentriert und gibt dem Abgang etwas Süße. 12 Vol.-%, DIAM, €€€

93 🅑 2017 »avec pläsier Le Grand« Riesling brut
Zitronengelb in der Farbe. Feine Hefekomponente zeichnet den Duft aus, Brioche, Vanille, dazu dezente Zitrusaromen und Aromen von Melisse, Majoran und Bergamotte. Im Mund zeigen sich die feine Säure des Jahrgangs, ein zivilisiertes Mousseux und ein stoffiger, kompakter Abklang. 12,5 Vol.-%, DIAM, €€€

93 🅑 2017 »avec pläsier Le Grand Rosé« extra brut
Deg. 06/2023. Pastellfarben, helle kupferfarbene Reflexe. Komplexer Duft mit etwas Hefe, Anflug tertiärer Aromen, dazu Apfelschale, Rote Johannisbeere und Preiselbeere. Am Gaumen mit vergleichsweise mildem Mousseux, starke aromatische Präsenz, guter Extrakt, stoffige Länge.
12,5 Vol.-%, DIAM, €€€

92+ 🅑 NV »avec pläsier Blanc de Blancs« brut
92 🅑 NV »avec pläsier Riesling Pur« brut
91 2022 Sommerhausen Steinbach Scheurebe Erste Lage trocken
90+ 2022 Sommerhausen Steinbach Silvaner Erste Lage trocken
90+ 2022 Sommerhausen Reifenstein Riesling Kabinett feinherb
90+ 2022 Sommerhausen Bouquet-Traube feinherb
89 2022 »vom Quaderkalk« Sommerhausen Riesling trocken

91 2022 Sommerhausen Steinbach Riesling Erste Lage trocken
Ein feinwürziger, eleganter Duft von Zitrusfrüchten, grünem Apfel und frischem Kernobst, fein und gut verwoben. Am Gaumen mit frischer Säure, Grapefruit zeigt sich, Limette, zarter Schmelz und Mineralität, ungeschminkt und authentisch, schöne Länge. 11,5 Vol.-%, DV, €€

★★

WINZERHOF STAHL

Lange Dorfstraße 21, 97215 Auernhofen
T: +49 9848 96896, mail@winzerhof-stahl.de
winzerhof-stahl.de

Ab-Hof-Verkauf: nach Voranmeldung
Kellermeister: Christian Stahl
Ansprechpartner: Christian Stahl
Flaschen/Hektar: 200.000 (90 % weiß, 10 % rot)/40 ha

Seit 2007 haben Christian und Simone Stahl die Ertragsfläche von 2,5 Hektar auf 40 Hektar erweitert – dabei expandierte der Betrieb aus dem heimischen Taubertal hinaus bis nach Randersacker ins Maindreieck. Im vergangenen Jahrzehnt vollzog sich aber noch eine weitere bemerkenswerte Veränderung: Das Winzertalent Christian Stahl hat sich zum Spitzenkoch gemausert, und die Gastronomie ist heute kein Anhängsel mehr. Im Zentrum steht ein Fine-Dining-Konzept mit französisch inspirierter Menüküche. Dem arbeiten die Weine zu, die auf den intensiven Ausdruck der Aromen zielen.

92+ 2021 »Felswand« Sauvignon Blanc tr.
Gelbfleischiges Aroma. Reifes Steinobst. Aprikose, Mango. Auch etwas Birne, Honigmelone. Bevor es zu laut wird, entschwindet es wieder. Etwas erdig und Heu. Am Gaumen viel Schmelz und breite Schultern, dabei lebendig mit Klarheit und Extrakt. 13 Vol.-%, NK, €€€

92+ 2022 Randersacker Marsberg Scheurebe trocken
Beginnt mit etwas Reduktion und Kräutern. Dann Kamille und frisch gemähtes Gras, später Cassis und Birne. Im Geschmack setzt sich die Exotik fort, mit einer faszinierenden Würzigkeit. Cremig, aber mit einem Punch. Toller Vertreter dieser Rebsorte. 13,5 Vol.-%, DV, €€€

91 2021 Randersacker Sonnenstuhl Chardonnay trocken
Ein Chardonnay, der von seiner fränkischen Herkunft erzählt. Wilde, kühle Würze, ein wenig gelbe Frucht, nasser Stein. Am Gaumen phenolisch cremig, straff, dicht und mit leichten Röstaromen. Nuancenreich. 13 Vol.-%, NK, €€€

91 2022 Randersacker Sonnenstuhl Blauer Silvaner trocken
Kandierte Amalfizitrone, Gartenkräuter, Kamille, etwas Pfeffer, alles fein verwoben. Elegant am Gaumen, salin, mit Schmelz und Tiefe. Leicht speckige Nuancen. Ein ruhiger, komplexer Wein, mit delikater Würze. 13,5 Vol.-%, NK, €€€

89 2022 Silvaner trocken

90 2022 Sauvignon Blanc trocken
Etwas tropische Frucht wie Ananas und Mango bildet den Auftakt. Begleitet mit etwas Kamille und Birne. Intensiv, facettenreich, aber nicht überladen. Am Gaumen alles in Balance. Milde Säure, trocken, perfekt in seiner Zwanglosigkeit. 13 Vol.-%, DV, €€

★★★★

WEINGUT STEINTAL

Wilhelmstraße 107, 63911 Klingenberg
T: +49 9372 2438, info@weingut-steintal.de
weingut-steintal.de

Ab-Hof-Verkauf: Ja
Kellermeister: Philipp Aufderheide
Ansprechpartner: Jonas Hirn
Flaschen/Hektar: 47.000 (3 % weiß, 97 % rot)/11 ha
Anbauweise: Bio

Ökologischer Terrassenweinbau – das gibt das Weingut selbst als seinen Markenkern an. Auf den leichten Buntsandsteinböden in Bürgstadt, Klingenberg und Großheubach entstehen bei dieser schweißtreibenden Arbeit Spätburgunder von fordernder Dichte. Der Jahrgang 2021 hat das nochmals zugespitzt: Bis an die Grenze der Grüntöne reicht die Extraktion, aber das ist alles gekonnt dosiert und mit so viel Frucht und Mineralik flankiert, dass man sich à la longue auf würzigen, komplexen Genuss freuen darf. Eine weitere Facette ist der Blanc de Noir vom Schwarzriesling: sehr kulinarisch!

92 2022 Klingenberg Pinot Meunier Blanc de Noir trocken
Im Duft: Melisse. Minzbonbon, kleine rote Beeren, eine Prise Holz. Im Mund zeigt sich ein straffer, saftiger Bau mit kerniger Säure und einer nachgerade schlanken, aber lange anhaltenden Gaumenstruktur. Der deutlich mineralische Hintergrund hebt den »trinkigen« Genuss auf ein hohes Niveau. 12,5 Vol.-%, NK, €€€

95 2021 Bürgstadt Hundsrück Spätburgunder GG
Komplex: ein Hauch Karamell vom Holz, dann Sauerkirsche, Hagebutte, Malve und Preiselbeerkompott. Der Gaumen beginnt mit unmittelbarer Tanninpräsenz, dann steigern sich Saftigkeit und taktile Mineralität zu immenser Energie. Dazu eine wie mit dem Lineal gezogene Säure.
11,5 Vol.-%, NK, €€€€

94+ 2021 Klingenberg Schlossberg Spätburgunder GG
Ein würziger Duft entsteigt dem Glas, Noten von Herzkirsche und getrockneter Tomate, im Mund entfaltet sich ein fester Gerbstoff, der zusammen mit der lebendigen Säure einen hohen Intensitätspeak setzt, der außergewöhnliche Extrakt und die saftige Abgangsfrucht garantieren eine lange Reife hin zur Eleganz. 11,5 Vol.-%, NK, €€€€

92 2021 »Alte Reben« Klingenberg Spätburgunder trocken
Anfangs kräftig reduktiv im Duft, dann rasch aufklarend in Noten von Sauerkirsche, dunkler Himbeere und getrockneter Tomate. Der Gaumen zeigt einen kräftig strukturierten Wein mit reifer Säure und der typischen Fülle der Steillage. Dennoch ist der Abgang fein und nuanciert. 11,5 Vol.-%, NK, €€€

90+ 2021 »Buntsandstein« Spätburgunder trocken

91+ 2021 »Alte Reben« Großheubach Spätburgunder trocken
Herzkirsche, Preiselbeere, auch dunkle Himbeere. Im Mund hat der Wein eine gute Substanz, dichten, feinkörnigen Gerbstoff und eine elegante Säure, der Bau ist mittelgewichtig, doch dabei gebündelt und markant mineralisch mit großer innerer Festigkeit. 11,5 Vol.-%, NK, €€

★★★

WEINGUT STÖRRLEIN KRENIG

Schulstraße 14, 97236 Randersacker
T: +49 931 708281, info@stoerrlein.de
stoerrlein.de

Ab-Hof-Verkauf: Mo bis Fr 9–18 Uhr, Sa 9–16 Uhr
Kellermeister: Armin Störrlein, Martin Krenig
Ansprechpartner: Armin Störrlein
Flaschen/Hektar: 80.000 (80 % weiß, 20 % rot)/11,5 ha

Bei Ruth und Armin Störrlein, bei Tochter Christiane und Schwiegersohn Martin Krenig ist man in besten Händen, wenn man eine frische und zugleich bodenständige Form fränkischer Klassik sucht. Hier sind die Weine wirklich trocken, wenn »trocken« auf dem Etikett steht. Und Randersackers Muschelkalkböden prägen jeden der von uns verkosteten Weine auf höchst genüssliche Weise. So bekommen selbst Silvaner und Weißburgunder der preislichen Mittelklasse eine Tiefe, die andernorts Großen Gewächsen vorbehalten ist. Wir setzen das Weingut auf unsere Watchlist für den vierten Stern.

94 2020 Randersacker Hohenroth Silvaner GG

Der Duft präsentiert rauchigen Muschelkalk in Reinform, dazu eine reife Spätlesefrucht mit gelbfruchtigen und Blütenaromen. Im Mund zeigt sich ein dichter und gleichwohl saftiger Wein, mit fester Säure, feiner Stoffigkeit und kompaktem, mineralisch pointiertem Abgang.
13,5 Vol.-%, DV, €€€

93 2020 Randersacker Hohenroth Riesling GG

Im Duft: Grapefruit, Orangenzeste, auch etwas Rosine – und ein Anflug von Petrol. Der Gaumen setzt gebündelt an, wäre da nicht der kraftvolle Extrakt, man würde sagen: schlank. Säure und taktile Mineralität geben viel Spannung, der Abklang ist frisch und salzig. 13 Vol.-%, DV, €€€

92+ 2022 Randersacker Sonnenstuhl Silvaner Erste Lage trocken

Ein feine Muschelkalkwürze strömt aus dem Glas, dazu Noten von weißer Schokolade, Macadamianuss und Strohblumen. Der Gaumen hat Körper und Gewicht, alle Komponenten wirken ausdrucksstark und gut konzentriert – das ist eine Erste Lage auf GG-Niveau. 13 Vol.-%, DV, €€

92+ 2021 Randersacker Marsberg Weißer Burgunder Erste Lage trocken

Der Duft mischt einen floralen und kräuterigen Sortentyp mit rauchigen Muschelkalkaromen und einer Ahnung von Holzfass. Das Mundgefühl ist voll und geschmeidig, was nicht einen festen Säurenerv, Stoffigkeit und eine gewisse Salzigkeit ausschließt. Kulinarisch wertvoll.
13 Vol.-%, DV, €€

90 2021 Randersacker Sauvignon Blanc trocken

90+ 2022 »vom Muschelkalk« Silvaner tr.

Ein dezenter Sortentyp, Cashewkern und rauchige Töne. Auch wenn die Bezeichnung »vom Muschelkalk« nur auf dem Rückenetikett steht – das ist hier Programm. Im Mund hat der Wein einen geradlinigen Bau, gute Substanz, einen harmonischen Säurenerv und eine fränkisch trockene Abstimmung. 12,5 Vol.-%, DV, €

★★

WEINGUT VON DER TANN

Birklinger Straße 1, 97346 Iphofen
T: +49 9323 89970, info@weingut-vondertann.de
weingut-vondertann.de

Ab-Hof-Verkauf: Do und Fr 8–18 Uhr, Sa 9–18 Uhr
Kellermeister: Steffen von der Tann
Ansprechpartner: Maggie Schauner und Steffen von der Tann
Flaschen/Hektar: 21.000 (80 % weiß, 15 % rot, 4 % Rosé, 1 % Schaumwein)/3 ha

»Wein soll vor allem Spaß machen und ermöglichen, Neues zu entdecken«, sagen Steffen von der Tann und Maggie Schauner. Die beiden jungen Winzer stehen in der Traditionsweinstadt Iphofen für einen experimentierfreudigen Stil. Ihr »OMG« – ein Wortspiel mit Netzjargon – steht hier für »Offene Maische-Gärung«. Und die verleiht ihrem Müller-Thurgau rotweinähnliche Gerbstoffe. Unkonventionell auch der naturtrübe Pet Nat »Dirty Mtt«, der durch geringen Zuckergehalt unbeschwerten Trinkgenuss schenkt. Eine sympathische Facette des Steigerwalds.

91 2021 Silvaner Iphofen trocken
Im Duft würzig-fruchtig, roter Apfel, Birnen, Quitten, Wiesenkräuter, Holunderblüten, Heu. Am Gaumen saftig und frisch, schlank im Körper, feine Frucht, Äpfel, Birnen, Grapefruit, kräuterige Würze, lebendige, gut integrierte Säure, mineralische Würze, mittelgewichtig vom Extrakt, trinkanimierend und durstlöschend. 12 Vol.-%, DV, €€

90+ 2021 »OMG« Iphofen Müller-Thurgau trocken
Vielschichtig, spannend und würzig im Duft. Sellerie, Engelwurz, Anis, Kümmel, Salbei, Orangenzeste, saftiger gelber Apfel, Holunderblüten. Am Gaumen mit Ecken und Kanten, merkliches reifes Tannin, trocken, reife Säure, Schmelz in der Mitte, kräuterige, herbe Würze, fordernd.
12 Vol.-%, NK, €€

89+ 2021 »Sommer in Pink« Iphofen Kronsberg Rosé trocken
Strahlendes, mittelkräftiges Lachsrosa im Glas. Dezent im Duft, Rote Johannisbeeren, Kirschen, Erdbeeren, Blutorangen, Kräuterwürze. Am Gaumen frisch, saftig, frische rote Früchte, Rote Johannisbeeren, Kirschen, Grapefruit, gut integrierte Säure, feine kräutrige Würze, schlank im Körper, trinkanimierend. Schöner Aperitif oder zu leichten sommerlichen Speisen. 11 Vol.-%, DV, €

90+ 2021 »Rotbart« Iphofen trocken
Fruchtig im Duft, rote sowie dunkle Beeren, Zwetschgen, Rote Bete, Flieder, getrocknete Kräuter, Nugatschokolade, dezent Rauch. Am Gaumen gut ausbalanciert, schlank mit Trinkfluss, saftige Frucht rote und schwarze Beeren, Kirschen, feines Tannin, gut integrierte Säure, mittelgewichtig in Extrakt und Länge. 12 Vol.-%, NK, €€

89+ 2022 »e'fach Müller« Iphofen Kronsberg Müller-Thurgau trocken

90+ 2021 »Dirty Mtt« Iphofen Müller-Thurgau brut
Vielschichtig und spannend im Duft. Viel Würze, Salbei, Brennnessel, Kümmel, Sellerie, Apfelschalen, Zitronenzesten. Am Gaumen feine Perlage, angenehmer Gerbstoff, saftige Frucht, reifer Apfel, frische Zitronen, cremiger Schmelz, lebendige Säure gut integriert, saftiger Durstlöcher an heißen Sommertagen. 12 Vol.-%, VK, €€

★★

WEINGUT DANIEL THEN

Hauptstraße 1, 97334 Sommerach
T: +49 9381 9268, info@weingut-then.de
weingut-then.de

Ab-Hof-Verkauf: Mo bis Fr 8–18 Uhr, Sa 9–15 Uhr, So 10–12 Uhr und nach Vereinbarung
Kellermeister: Daniel Then
Ansprechpartner: Daniel Then
Hektar: 6,6 ha
Anbauweise: Bio

Daniel Then hat die Umstellung auf Biobewirtschaftung gestemmt, die Weine des Jahrgangs 2022 tragen bereits stolz das EU-Biologo auf dem Etikett. Und dieser Jahrgang probiert sich ganz vorzüglich: Alle drei verkosteten Silvaner haben eine dichte, straffe Struktur, von den »Alten Reben« über die »Erste Lage« bis zum »GG« fügen sie Stufe um Stufe noch mehr Detail und Ausgeglichenheit hinzu. Auch der »Altfränkische Satz« ist in seiner gelungenen Eigenständigkeit ein Tipp. Und der Cabernet Sauvignon zeigt die Sorte in ihrer elegantesten Form. Bravo!

92+ 2022 »GG« Volkach Ratsherr Silvaner trocken
Ein Duft von Macadamianuss und weißem Sesam – noch eher verschlossen. Am Gaumen schlägt der Wein eine getragene Stimmung an, die Struktur hat Weite und Fülle, seidige Phenole und mineralischer Extrakt werden von einer reifen Säure untermalt. Sehr gute Perspektive!
13 Vol.-%, DIAM, €€€

91+ 2022 Sommerach Katzenkopf Am Hölzlein Silvaner trocken
Der Wein zeigt sich zunächst floral im Duft, dann kommen Feuersteinnoten auf, auch fast jodige Untertöne, Austernschale. Der Gaumen hat eine kräftige Statur, zeigt reife Phenolik und eine gut eingebundene Säure im noch kompakten Bau. Wird sich mit Flaschenreife sehr gut entwickeln!
13 Vol.-%, DV, €

91 2022 »Alte Reben« Sommerach Katzenkopf Silvaner trocken
Eine feine Würze strömt aus dem Glas: Wiesenkräuter, auch etwas Feuerstein. Im Mund zeigt sich ein saftiger Bau guter Dichte und mittelkräftiger bis kräftiger Statur, eine Prise Phenolik gibt Struktur, die Säure ist gut eingebunden. Ein appetitlicher Silvaner mit Tiefe. 13 Vol.-%, DV, €€

91 2021 Sommerach Rosenberg Cabernet Sauvignon trocken
Der zurückhaltende, leicht karamellige Holzton passt sehr gut zum frischfruchtigen Duft nach Roter und Schwarzer Johannisbeere. Im Mund hat der Wein einen seidigen Fluss mit zartem Gerbstoff, viel Saftigkeit und reifer Säure. Ein eleganter Cabernet, eher Clairet als Napa. 13 Vol.-%, DIAM, €€

91 2022 »Reserve« Sommerach Rosenberg Sauvignon Blanc trocken

91+ 2022 Altfränkischer Satz trocken SB/GFR/EL/FR/GM6/GS/RM/BS
Ein Hauch von Rose im Duft, aber auch frische Traube, Weiße Johannisbeere, Maiglöckchen, wirklich komplex. Der Gaumen zeigt sich mittelgewichtig im Alkohol, hat aber eine dichte und feine Phenolik, die dem Wein Inhalt und Länge gibt – und Reifepotenzial. 12,5 Vol.-%, DIAM, €€

★★★

WINZER SOMMERACH DIE GENOSSENSCHAFT

Zum Katzenkopf 1, 97334 Sommerach
T: +49 9381 80610, info@winzer-sommerach.de
winzer-sommerach.de

Ab-Hof-Verkauf: Mo bis Fr 9–18 Uhr, Sa und So 10–18 Uhr
Kellermeister: Stefan Gerhard
Ansprechpartner: Frank Dietrich
Flaschen/Hektar: 1.867.000 (75 % weiß, 20 % rot, 5 % Rosé)/195 ha

Wir wissen aus Erfahrung am Verkostungstisch, was Genossenschaften in Franken und anderen Weinregionen zu leisten imstande sind, aber die Winzer Sommerach versetzen uns immer wieder in Erstaunen. Es gibt nur wenige WGs, die eine klar definierte Qualitätspyramide auch in der Praxis mit ihren Weinen umsetzt, von den Ortsweinen über die »Ersten Lagen« bis zu den »Großen Gewächsen«, die diesen Namen wahrlich verdienen. Wir können uns nicht daran erinnern, schon einmal ein »GG« einer WG mit 93+ Punkten ausgezeichnet zu haben. Dafür vergeben wir den dritten Stern.

93+ 2022 »Großes Gewächs« Sommerach Katzenkopf Wilm Silvaner trocken
Brennnessel, vielschichtig, da mengen sich gelbe Noten mit Würze und steinigen Anteilen, Birne, Melone, rauchig. Zeigt dem Namen gemäß Größe am Gaumen mit guter Substanz, dichtem Extrakt und prägender Mineralik, phenolische Schichtung, betont trocken, lang. Wow. 13,5 Vol.-%, NK, €€€

93 2022 »Großes Gewächs« Sommerach Katzenkopf Tiefes Thal Silvaner trocken
Riecht nach warmem Weinberg mit reifen Trauben und Muschelkalk. Konzentriert, Birne, steinige Würze. Kräftig am Gaumen, viel Substanz, nie zu breit, mit gutem Gleichgewicht der Elemente, saftige, vernügliche Säure, Würze, noble Phenolik, tiefgründige Mineralik. 13,5 Vol.-%, NK, €€€

92 2022 »Großes Gewächs« Sommerach Katzenkopf Traminer trocken
Expressive Aromatik auf die edle Art, Cassis, Mango, Litschi, auch Rosenblätter, bei aller Reife immer auf dem Punkt. Am Gaumen sorgt die ziemlich lebhafte Säure für Schwung, zeigt Saft und Schmelz, feine Würze und die DNA der Lage, trocken und mit Potenzial. 13,5 Vol.-%, NK, €€€

92 2022 »Großes Gewächs« Sommerach Katzenkopf Weißburgunder trocken
Mittleres Goldgelb, reifes Duftbild, auch holzwürzig, rauchig, Birne, reife Gelbfrucht, nussig, etwas Marzipan, Aprikose und Apfel. Am Gaumen mit Kraft und extraktgetragener Würze, die Mineralik der Lage formiert sich, reife, tragende Säure, zeigt Größe. 13,5 Vol.-%, NK, €€€

91+ 2022 »Erste Lage« Sommerach Katzenkopf Sauvignon Blanc trocken
91 2022 »Erste Lage« Sommerach Katzenkopf Riesling trocken
91 2022 »Erste Lage« Sommerach Katzenkopf Silvaner trocken
91 2022 »Erste Lage« Wiebelsberg Dachs Silvaner trocken
89+ 2022 Sommerach Riesling tocken
89 2022 »Familiengewächs« Grauburgunder trocken
89 2022 Sommerach Weißburgunder trocken

91 2022 »Erste Lage« Sommerach Katzenkopf Im Berg Silvaner trocken
Kräftig würziger Duft, gelber Apfel, etwas Aprikose, Birne, auch duftig, gelbe Blüten, leicht rauchig, mineralische Noten. Konzentriert am Gaumen in gutem Maß, stoffig, saftig, ziemlich trocken und mit würziger Mineralik, leichte, aber aparte Herbe, reife Phenolik. 13,5 Vol.-%, DV, €€

★★★★

WEINGUT HANS WIRSCHING

Ludwigstraße 16, 97346 Iphofen
T: +49 9323 87330, info@wirsching.de
wirsching.de

Ab-Hof-Verkauf: Mo bis Fr 8–18 Uhr, Sa 9–18 Uhr, So 10–12.30 Uhr
Kellermeister: Dr. Klaus-Peter Heigel
Ansprechpartner: Andrea Wirsching
Flaschen/Hektar: 650.000 (85 % weiß, 15 % rot)/90 ha

Andrea Wirsching ist eine nimmermüde Botschafterin des fränkischen Weines und Silvaners. Vor Kurzem reiste sie sogar in den Vatikan, um Papst Franziskus bei einer Audienz Weine vom Iphöfer Julius-Echter-Berg zu überreichen – zwei Große Gewächse und eine Riesling Trockenbeerenauslese. Auch der Pontifex dürfte daran seine Freude haben, denn diese Weine zeigen exemplarisch diese unerschütterliche Konstanz, die man aus diesem Haus kennt. Die Riesling Trockenbeerenauslese aus 2022 ließ uns sogar sprachlos zurück: Wenn das keine 100 Punkte sind, was dann? Exzellent.

93+ 2011 Iphofen Julius-Echter-Berg Riesling GG
Auf attraktive Weise geht Fruchtreife in Firne über, Marzipan, Aprikose, Kamille. Am Gaumen werden reife Motive von frischen Elementen gekontert, lebendige, kristalline Säure, reife Phenolik, leicht salzig, gute Struktur, langes Finale. Erstaunlich jung. Alle Achtung. 13 Vol.-%, NK, €€€

93 2021 Iphofen Julius-Echter-Berg Silvaner GG
Gebündelt im Duft, Apfel, kräuterig, auch Aprikose, Apfeltarte, die Größe der Lage zeigt sich schon in der Nase. Stoffig, vollmundig und gut konzentriert am Gaumen, dicht im Extrakt, reife und vornehme Phenolik, saftig, mineralisch, lässt es eher gelassen ausklingen. 13 Vol.-%, NK, €€€

92+ 2021 »Sister.Act« Silvaner trocken
Der Duft ist vom Ausbau geprägt, zurückhaltende Primärfrucht, Würze, rauchig, kräuterig, etwas Quitte, Birne. Mit guter Spannung am Gaumen, linear, geradlinig, mit passendem Extrakt und phenolischer Schichtung. Der Avantgardist unter den Silvanern des Hauses. 13 Vol.-%, NK, €€€

100 2022 Iphofen Julius-Echter-Berg Riesling Trockenbeerenauslese
Klarer, intensiver Duft, Weinbergpfirsich, Aprikose, Kräuterwürze, Kresse, zitrische Noten. Am Gaumen schmelzend-aromatische Süße, dahinter lebendige Säure, zarte Phenolik, Sternfrucht, Mandarine, Pfirsich, mineralisch unterlegt, frisch bleibend, dicht und lang. 6,5 Vol.-%, NK, €€€€

92+ 2022 Iphofen Julius-Echter-Berg Riesling GG
92+ 2022 »Alte Reben« Iphofen Kronsberg Riesling trocken
92 2022 »Alte Reben« Iphofen Kronsberg Scheurebe trocken
92 2022 »Alte Reben« Iphofen Kronsberg Silvaner trocken
91+ 2022 Iphofen Kronsberg Chardonnay Erste Lage trocken
91 2022 Iphofen Julius-Echter-Berg Silvaner trocken
91+ 2021 Iphofen Spätburgunder trocken

89+ 2022 Iphofen Silvaner trocken
Zeigt im Duft reife und frische Momente, gelber Apfel, Aprikose, Birne, Wiesenkräuter und auch gerbige Noten, Apfelschale. Saftig und vollmundig am Gaumen, geradlinig und mit allem, was einen guten Silvaner ausmacht: erdig, kalkig und gelassen. Nachschenken. 12,5 Vol.-%, DV, €

★★★

WEINGUT ZEHNTHOF FAMILIE WEICKERT

Hauptstraße 17, 97334 Sommerach
T: +49 9381 2830, info@zehnthof-weickert.de
zehnthof-weickert.de

Ab-Hof-Verkauf: täglich 8–20 Uhr
Kellermeister: Tobias Weickert
Ansprechpartner: Gertrud Weickert
Flaschen/Hektar: 50.000 (90 % weiß, 5 % rot, 5 % Rosé)/7,5 ha

Vom »Zehnthof« aus, der früher ein klösterliches Gebäude war, betrieben seit dem 17. Jahrhundert Mönche den Weinanbau. Familie Weickert übernahm das Weingut 1962. Seither produziert sie dort typisch fränkische Silvaner im Bocksbeutel. Doch die große Besonderheit der letzten Jahre sind die Bukettsorten, für die Tobias Weickert ein Händchen wie kaum ein zweiter hat. Traminer und Müller-Thurgau strahlen und sechs trockene Scheureben dürften weltweit einmalig sein. Zumal bei diesen wunderbar duftigen Weinen auch noch das jeweilige Terroir deutlich zur Entfaltung kommt.

92+ 2022 Volkach Kirchberg Scheurebe Spätlese trocken
Zuerst hell gebrannter Zucker in der Nase, dann frisches Gras, Mandeln, weiße Blüten. Am Gaumen dicht, fein gewoben und lebendig, cremige Fülle mit Eleganz und Finesse, leichte Mineralität, etwas salzig, erfrischende Kühle, hoher Trinkfluss, nobler Nachhall. 13 Vol.-%, DV, €€

92+ 2022 »Alte Rebe« Obervolkach Landsknecht Riesling Spätlese trocken
Anfänglich sehr zurückhaltene Nase, kaum Frucht, ein kühler Eindruck. Im Mund dann frisch und saftig und mit Luftkontakt entfaltet sich eine dichte Fülle, tiefe Mineralität, standhaftes, gut ausbalanciertes Säuregerüst, Wucht und Kraft und eine hohe Substanz. Toll! 12,5 Vol.-%, DV, €€

92+ 2022 Sommerach Katzenkopf Traminer Spätlese trocken
Zarte duftige Typennase, Rosen, Orangenblüten, Jasmin, Curryblätter. Am Gaumen kräftige Säure, mollige Aromenfülle, leicht sättigend, dicht, lange anhaltener Nachhall mit eleganter Struktur, feine appetitanregende Bitternoten, trotzdem frisch und saftig. 13,5 Vol.-%, DV, €€

92+ 2022 »Alte Rebe« Sommerach Katzenkopf Silvaner Spätlese trocken
Intensive, hellgrün glitzernde Reflexe im Glas, in der Nase zarte mineralische Anklänge, auch Jod, Rauch, geröstete Haselnüsse, feine Süße. Im Mund dann knackige Säure, gefolgt von frischer Cremigkeit und duftiger Fülle. Komplexer Nachhall mit enormer Dichte. 13 Vol.-%, DV, €€

92+ 2022 Sommerach Katzenkopf Traminer Spätlese feinherb
92 2022 Obervolkach Landsknecht Blauer Silvaner Spätlese trocken
92 2022 Astheim Karthäuser Scheurebe Spätlese trocken
91+ 2022 Volkach Kirchberg Scheurebe Spätlese feinherb
91+ 2022 »Stettenburg« Obervolkach Landsknecht Scheurebe Spätlese tr. AP 15/23
91+ 2022 Sommerach Katzenkopf Scheurebe Spätlese trocken
91 2022 Obervolkach Landsknecht Scheurebe Spätlese trocken

91+ 2022 »Alte Rebe« Sommerach Katzenkopf Müller-Thurgau Spätlese tr.
Duftige weißbeerige Nase, Limetten und Kräuter, rauchig, auch Kümmel. Am Gaumen glatt, flüssig, frisch, ungemein saftig mit feiner Salzigkeit, hoch elegant mit schnittigem Nachhall, charmante Cremigkeit, toller Essensbegleiter mit Substanz! 13 Vol.-%, DV, €€

★★★

ZEHNTKELLER IPHOFEN HOTEL & WEINGUT

Bahnhofstraße 12, 97346 Iphofen
T: +49 9323 8440, info@zehntkeller.de
zehntkeller.de

Ab-Hof-Verkauf: An der Rezeption Hotel Zehntkeller
Kellermeister: Johannes Weickert
Ansprechpartner: Johannes Weickert
Flaschen/Hektar: 180.000 (80 % weiß, 13 % rot, 1 % Rosé, 1 % süß, 5 % Schaumwein)/27 ha
Anbauweise: Bio

Das Weingut im fränkischen Iphofen betreibt auf 27 Hektar Weinbau am Fuße des malerischen Schwanbergs. In den Paradelagen Julius-Echter-Berg, Küchenmeister und Kronsberg entstehen auf dem kraftvollen Keuperterroir ungemein animierende Weine, die sich großartig als Begleitung bei Tisch eignen. Dabei liegt der Schwerpunkt des Bioweinguts auf Weißweinen. Der Ausbau der Weine passiert in einem alten Gewölbekeller in der alten Mälzerei aus dem Jahr 1880 – und zwar sowohl in traditionellen Barriquefässern als auch in modernen Edelstahltanks.

91+ 2018 »SZ« Iphofen Kalb Chardonnay trocken
Duft nach zartem Rauch und etwas Vanille, dazu Mandel und Apfelschale, Kräuterwürze, schön entwickelt. Am Gaumen mit feinem Schmelz und zarter Phenolik, viel Kräuterwürze, zupackend, Quitte, mineralisch grundiert, gute Struktur und Länge, perfekt zum Estragon-Huhn. 13 Vol.-%, DV, €€€

91+ 2022 Rödelsee Küchenmeister Silvaner trocken
Feiner Kräuterduft dazu auch grüner Apfel, Birnenschale sowie etwas Melone. Am Gaumen mit zupackender Säure, nussig, Apfel kommt dazu, fest und dicht, Silvaner mit gutem Sortenausdruck, eng gewoben, feine Phenole, toll zum Essen. 12 Vol.-%, DV, €

91+ 2018 Iphofen Kronsberg Merlot trocken
Tiefes, dunkles Rot, intensiver Duft nach Kirsche und dunklen Früchten, dazu etwas Rauch, auch Brombeere und Kräuterwürze, Eukalyptus, Kiefernnadeln. Am Gaumen mit festen Gerbstoffen, balancierende Säure, viel Kräuterwürze, sehr zupackend, endet lang, kann noch weiter reifen. 14 Vol.-%, NK, €€

91 2022 Iphofen Julius-Echter-Berg Silvaner Spätlese
Duft nach reifem Apfel, Birne, süßer Mandel und Mirabelle, dazu kräuterige Würze. Am Gaumen mit feiner Süße, die von lebendiger Säure balanciert wird, viel Schmelz, enorm saftig, reife Zitrusfrucht kommt durch, gute Struktur, macht viel Spaß. 11,5 Vol.-%, DV, €€

91 2021 Iphofen Julius-Echter-Berg Silvaner Spätlese trocken
90 2022 Iphofen Grauer Burgunder trocken
90 2022 Iphofen Scheurebe trocken
89+ 2022 Iphofen Kronsberg Silvaner trocken
89+ 2022 Iphofen Kalb Müller-Thurgau tr.
89+ 2022 Iphofen Weißer Burgunder trocken
89 2022 Iphofen Kalb Chardonnay trocken

91 2021 Iphofen Kronsberg Blaufränkisch trocken
Intensiver Duft nach reifen roten Beeren, Brombeere, Heidelbeere, Süßkirsche, sehr einladend. Am Gaumen mit griffigen Gerbstoffen und frischer Säure, dann viel rote Frucht, alles zupackend und direkt, sehr zugänglich, gute Struktur und Länge. 13 Vol.-%, DV, €€

Castell Schlossberg

FRANKEN

GASTGEBER AUS LEIDENSCHAFT

Gemeinsam mit den Winzern der Region – als uneingeschränkten Experten, was das leibliche Wohl anbelangt – hat Falstaff die besten Genussadressen in Sachen Kulinarik sorgfältig ausgewählt und zusammengestellt.

96482 Ahorn

Schlossrestaurant Hohenstein

Geschichte, die bis ins 14. Jahrhundert zurückreicht, trifft auf eine moderne, hochwertige Küchenkunst und exzellente Weinauswahl. Bei regionalen Produkten von erster Güte ist Genuss garantiert.

Hohenstein 1
+49 (9565) 9393151
schlosshotel-hohenstein.de

P €€€

Empfohlen von: Weingut Rothe

96049 Bamberg

Edelfrei

Eine Genussvinothek und ein Restaurant mit Fokus auf deutschen Weinen von Nachwuchswinzern. Bei der großen Auswahl steht exzellente Beratung zur Seite. Zum Wein empfehlen sich Delikatessen von der Karte – süß wie auch salzig.

Karolinenstraße 26
+49 (951) 18074487
edelfrei.com

€€

Empfohlen von: Weingut Rothe

Foto: beigestellt

96052 Bamberg

Kleehof

Heimatküche steht hier auf dem Programm, dahinter stehen frisch zubereitete und saisonal wechselnde Gerichte aus Produkten und Zutaten von regionalen Erzeugern. Dazu ausschließlich Frankenweine.

Untere Königstraße 6
+49 (951) 21713
kleehof.com

€€

Empfohlen von: Wein von Rothmund

63927 Bürgstadt

Stern

Die Zeiten, in denen regionale Küche deftige Hausmannskost bedeutete, sind vorbei. Das zeigen Lokale wie dieses, das mit Sülze mit Senf-Graupen-Vinaigrette und mit Wildschwein mit Wasabi-Nuss punktet.

Hauptstraße 23/25
+49 (9371) 40350
hotel-weinhaus-stern.de

€€

Empfohlen von: Falstaff-Redaktion

97246 Eibelstadt

Weinforum Franken

Dass die fränkische Küche facettenreich und vielseitig ist, beweist Küchenchef Rainer Trautenbach tagtäglich mit seinen fein gemachten traditionellen Gerichten, die weit über das Herzhafte hinausgehen.

Hauptstraße 37
+49 (9303) 9845090
weinforum-franken.de

€€

Empfohlen von: Weingut Leininger

97332 Fahr am Main

Brauner Bär & Weiße Taube

Die Gastwirtschaft überzeugt mit Charme, exzellentem Essen und hervorragendem Wein vom eigenen Weingut. Die perfekte Kombination für einen gelungenen Aufenthalt in der gemütlichen Weinstube oder unter der Sonnenlaube.

Blütenstraße 22
+49 (9381) 80730
weingut-braun.de

€€

Empfohlen von: Falstaff-Redaktion

63920 Großheubach

Zur Krone

Wer auf gutbürgerliche Küche setzt, doch dabei auf Finessen nicht verzichten möchte, sollte ein Degustationsmenü bei Familie Restel bestellen. Besonders einladend ist die lauschige Backsteinbucht.

Miltenberger Straße 1
+49 (9371) 2663
gasthauskrone.de

€€

Empfohlen von: Falstaff-Redaktion

63762 Großostheim

Weinhaus Becker

Im großen Gastgarten sowie dem bald hundertjährigen Weinhaus heißen Kerstin Böhm und Jan Erik Petermann all jene herzlich willkommen, denen der Sinn nach deftig, köstlich und authentisch steht.

Breitestraße 5
+49 (6026) 4954
das-weinhaus-becker-grossostheim.de

€

Empfohlen von: Falstaff-Redaktion

97346 Iphofen

99er Kulinarium

Wild kommt direkt aus der Umgebung, die Forellen schwimmen quasi um die Ecke und Obst und Gemüse erntet man zum größten Teil im eigenen Biogarten. Das muss ja schmecken, und das tut es auch vorzüglich!

Pfarrgasse 18
+49 (9323) 804488, 99er-kulinarium.de

€

Empfohlen von: Weingut Olinger, Weingut Ilmbacher Hof

97346 Iphofen

Weinstube Bausewein

Die Familie Bausewein beeindruckt durch Verantwortung und Engagement für Nachhaltigkeit und ökologische Ziele. Ihr Betrieb bietet fränkische Küche und ausschließlich naturbelassene, biologische Weine und Lebensmittel. Natur pur!

Breite Gasse 1
+49 (09323) 5210
biobausewein.de

P €€

Empfohlen von: Weingut von der Tann

97346 Iphofen

Zehntkeller

Klassisch fränkisch, doch stets am Puls der Zeit, präsentiert diese gemütliche Gaststube, was weltoffene Tradition auf den Teller bringt: Maispoularde auf Risotto mit Melone und Minze, dazu Bioweine.

Bahnhofstraße 12
+49 (9323) 8440
zehntkeller.de

P €€

Empfohlen von: Weingut am Ölspiel

63839 Kleinwallstadt

Zum Hasen

Mit sichtlicher Leidenschaft wird traditionelle Küche hier mit eher ungewöhnlichen Aromenkombinationen interpretiert: Wildterrine auf rosa Rhabarber mit heimischen Kräutern und Schoko-Vanille-Buchteln.

Marktstraße 3
+49 (6022) 7106590
kleinwallstadt-zumhasen.de

P €

Empfohlen von: Falstaff-Redaktion

97340 Marktbreit

Michels Stern

In dieser Region leider eher spärlich zu finden ist der deftige »Schwabentopf«: mit Käse überbackenes Schweinegeschnetzeltes mit Spätzle plus Segnitzer – und ein Stern geht auf an einem Himmel, von dem es Spätlese regnet.

Bahnhofstraße 9
+49 (9332) 1316, michelsstern.de

P €

Empfohlen von: Weingut Schmitts Kinder, Weingut Rainer Sauer

90489 Nürnberg

Entenstuben

So selten unprätentiöse Gastlichkeit und hochgelobte Küche zusammenfallen, hier findet beides statt. Im mit Bedacht gewählten Ambiente finden akkurate Aromatik und ernst gemeinte Herzlichkeit zusammen.

Schranke 9
+49 (911) 5209128
entenstuben.de

€€€

Empfohlen von: Falstaff-Redaktion

Festung Marienberg, Würzburg

90419 Nürnberg

Würzhaus

Wäre Diana Burkel nicht regional verwurzelt, sie wäre ein weltweit bekannter Star. So aber begnügt sich die Spitzenköchin mit dem Zubereiten von Hirsch mit Blumenkohl und bietet ihre Speisen zu moderaten Preisen an.

Kirchenweg 3a
+49 (911) 9373455
wuerzhaus.info

€€

Empfohlen von: Falstaff-Redaktion

96181 Rauhenebrach

Hofmann

Ob aus dem Wald, dem Wasser oder von der Wiese: Hier finden regionale Produkte ihre Veredelung. Zelebriert wird der Abend mit ausgezeichneten fränkischen Destillaten von der Zwetschge bis zur Zibarte.

Schindelsee 1
+49 (9549) 98760
schindelsee.de

P €€

Empfohlen von: Weingut Baumann

97421 Schweinfurt

Kugelmühle

Gebratene Gänseleber in Madeirajus als Menüstart bei Max Matreux gefällig? Mehr als machbar. Und wer selbst an der Mühle der kulinarischen Möglichkeiten drehen möchte, besuche einen Steakkurs bei ihm.

Georg-Schäfer-Straße 30
+49 (9721) 914702
restaurant-kugelmuehle.de

€€

Empfohlen von: Falstaff-Redaktion

97286 Sommerhausen

Philipp

Zwar glänzen Heike und Michael Philipp besonders mit Zutaten, die aus dem Wasser, von der Weide, vom Feld oder von der Wiese kommen, doch dabei bleibt es nicht. Chic ohne »shabby«, High-End ohne Hochmut.

Hauptstraße 12
+49 (9333) 1406, restaurant-philipp.de

€€€

Empfohlen von: Weingüter Schmitts Kinder, Schloss Sommerhausen Martin Steinmann und Rainer Sauer

97291 Thüngersheim

Zum Bären

Im historischen Haus von 1549 bietet der deutsche Grillmeister Dieter Oppel regionale Küche mit Schweineschäufele, dunkler Biersauce und Kartoffelkloß, aber natürlich auch sein Grillmeistersteak.

Kirchgasse 1
+49 (9364) 7267
landgasthof-zum-baeren-thuengersheim.de

€

Empfohlen von: Weingut Schwab

96173 Unterhaid

Altes Rathaus

Kenner am Werk! Die Weinbegleitung zu den mehrgängigen Menüs ist perfekt abgestimmt und erweitert das Aromenspektakel. Der Schwerpunkt liegt auf Weinen aus Franken. Die gehobene Küche überrascht mit raffinierten Fischgerichten.

Hauptstraße 27
+49 (9503) 7583
weinstubealtesrathaus.de

€

Empfohlen von: Falstaff-Redaktion

97332 Volkach

Weinstock

Unter der Ägide von Küchenchefin Cornelia Fischer, Maître und Sommelier Jan Pislcajt sowie Gastgeberin Franziska Weickert kann wenig schiefgehen; rein gar nichts mit dem Weinstock-Menü.

Hauptstraße 12
+49 (9381) 80660
schwane.de

€€

Empfohlen von: Falstaff-Redaktion

97215 Weigenheim

Das Amtshaus

In den historischen Schlossgemäuern wird königlich aufgekocht. Steffen Szabo verbindet französische Haute Cuisine mit fränkischer Tradition auf moderne Art. Probieren sollte man das Traditionsgericht – Bratwurst mit Kraut.

Schloß Frankenberg 1
+49 (0) 9339 9714 571
schloss-frankenberg.de

P €

Empfohlen von: Falstaff-Redaktion

97215 Weigenheim

Le Frankenberg

Die Räume des Schlosses beherbergen heute ein Haute-Cuisine-Restaurant, das in Bezug auf Ambiente und Kulinarik ein einmaliges Erlebnis bietet. Steffen Szabo kombiniert die feine französische Küche mit fränkischer Raffinesse. Wow!

Schloss Frankenberg 1
+49 (9339) 9714571
lefrankenberg.de

€€€

Empfohlen von: Falstaff-Redaktion

97070 Würzburg

Alte Mainmühle

Mit einer geschichtsträchtigen Vergangenheit ist die Mühle ein Ort voller Charakter. Im rustikalen Gasthaus werden authentische fränkische Köstlichkeiten aus lokal bezogenen Zutaten liebevoll zubereitet. Tradition trifft Kulinarik.

Mainkai 1
+49 (931) 16777,
alte-mainmuehle.de

€€

Empfohlen von: Weingut Bürgerspital

97070 Würzburg

Bürgerspital-Weinstuben

Von der Fränkischen Mostsuppe zur Stärkung über das obligatorische Schäufele bis zum zeitlosen Winzerteller ist alles dabei und bietet eine grundsolide Grundlage zum »Schöppeln« in Weinbar oder Gewölbe.

Theaterstraße 19
+49 (931) 352880,
buergerspital-weinstuben.de

€€

Empfohlen von: Falstaff-Redaktion

97070 Würzburg

glouglou

Schickes Ambiente, gutes Essen und der richtige Rahmen für viel »Glouglou«. Das ist übrigens das Geräusch, das entsteht, wenn ein Glas Wein eingeschenkt wird. Hier gibt es reichlich gute Gelegenheiten dafür.

Karmelitenstraße 31
+49 (931) 45228568
glouglou.de

€€

Empfohlen von: Weingut Rudolf May

Rheinschleife bei Boppard und Filsen

MITTELRHEIN

FACETTENREICHER WEINBAU

DER MITTELRHEIN GEWINNT AN FARBE

König Riesling regiert im ganzen Mittelrheintal. Doch andere Rebsorten – und nicht zuletzt solche roter Farbe – treten mehr und mehr an seine Seite.

TEXT ULRICH SAUTTER

Florian Weingart aus Spay ist wenig verdächtig, vorschnell einer Mode nachzulaufen. Erst vor Kurzem hat der Winzer eine Druckschrift vorgelegt, die den Terroirbegriff einer ebenso detailscharfen wie kritischen Würdigung unterzieht und vor einer von Marketing getriebenen Überinterpretation des Konzeptes warnt. Das eigene Weingut hat Weingart in den letzten Jahren verkleinert, um weniger arbeitsteilig arbeiten zu müssen, um sich auf die besten Lagen konzentrieren zu können, und nicht zuletzt, um die Produktionsmenge maßgeschneidert an den neu gebauten Keller anpassen zu können, der auf die Minimierung des Carbon-Footprints angelegt ist. Dass so jemand keine – sagen wir mal: Huxelrebe – pflanzt, nur weil sie gerade in Mode ist, versteht sich von selbst.

Doch an diesem Junimittag sitzt Weingart auf der kleinen Terrasse vor seiner Vinothek und baut zunächst eine Serie von Rieslingen auf: alles sehr fein gearbeitete Weine, die ihr jeweiliges Prädikat und die jeweilige Geschmacksrichtung mit viel Ausdruck versehen. »Sehr eindrucksvoll, vielen Dank!«. – »Darf ich Ihnen auch noch meine Spätburgunder zeigen?« Und jetzt, so scheint es, kommt sogar ein besonderes Leuchten in die Augen des Winzers: Zwar ist der 2022er bereits der 15. Rotweinjahrgang, doch verglichen mit der Routine beim Riesling scheint das Keltern des Spätburgunders offenbar immer noch für ein besonderes Prickeln und für Span-

Fotos: beigestellt, © shutterstock, Weingut Dr. Kauer, Weingut Ratzenberger

nung zu sorgen – und wohl auch die Neugier auf die Resonanz, die er erfährt.
Unter den für diesen Falstaff Weinguide verkosteten 101 Mittelrhein-Weinen befanden sich 62 Rieslinge, dazu kamen immerhin 10 Spätburgunder und vier andere Rotweine, das ist ein ziemlich genaues Abbild der mit Reben bepflanzten Flächen im Gebiet. Betrachtet man indes die elf am höchsten bewerteten Weine, dann findet man darin zwei Spätburgunder (Réserve du Patron von Martin Sturm und Steillage Unkel vom Weingut Haus im Turm) und einen Syrah (Martin Sturm).
Zweifellos ist es richtig, dass die Rotweininseln derzeit der Tendenz nach eher im Norden des Mittelrheins liegen – in Leutesdorf und Unkel noch auf rheinland-pfälzischem Grund sowie in Rhöndorf, das sich bereits auf dem Gebiet des Bundeslandes Nordrhein-Westfalen befindet. Doch das hängt zweifellos nicht primär von den Naturbedingungen in der Region ab: Lorch, ganz im Süden des Mittelrheintals und weinrechtlich zum Rheingau gehörig, hat sich die Spätburgundertradition vom Nachbarn Assmannshausen abgeschaut, hier wachsen ähnliche Spitzenburgunder

Anne Kauer
Weingut Dr. Kauer, Bacharach

wie im Nachbarort. Und auch Kaub, der erste rechtsrheinische Weinbauort, der zum Mittelrhein zählt, hat eine länger zurückreichende Rotweintradition. Hier sind, was kaum jemand auf der Rechnung hat, weil die Weine keinen überregionalen Absatz haben, etwa 30 Prozent der Rebflächen mit Spätburgunder bestockt.
Nun sind gewiss auch in Weinorten wie Bacharach oder Oberwesel Spätburgunder

Jochen Ratzenberger,
Weingut Ratzenberger, Bacharach

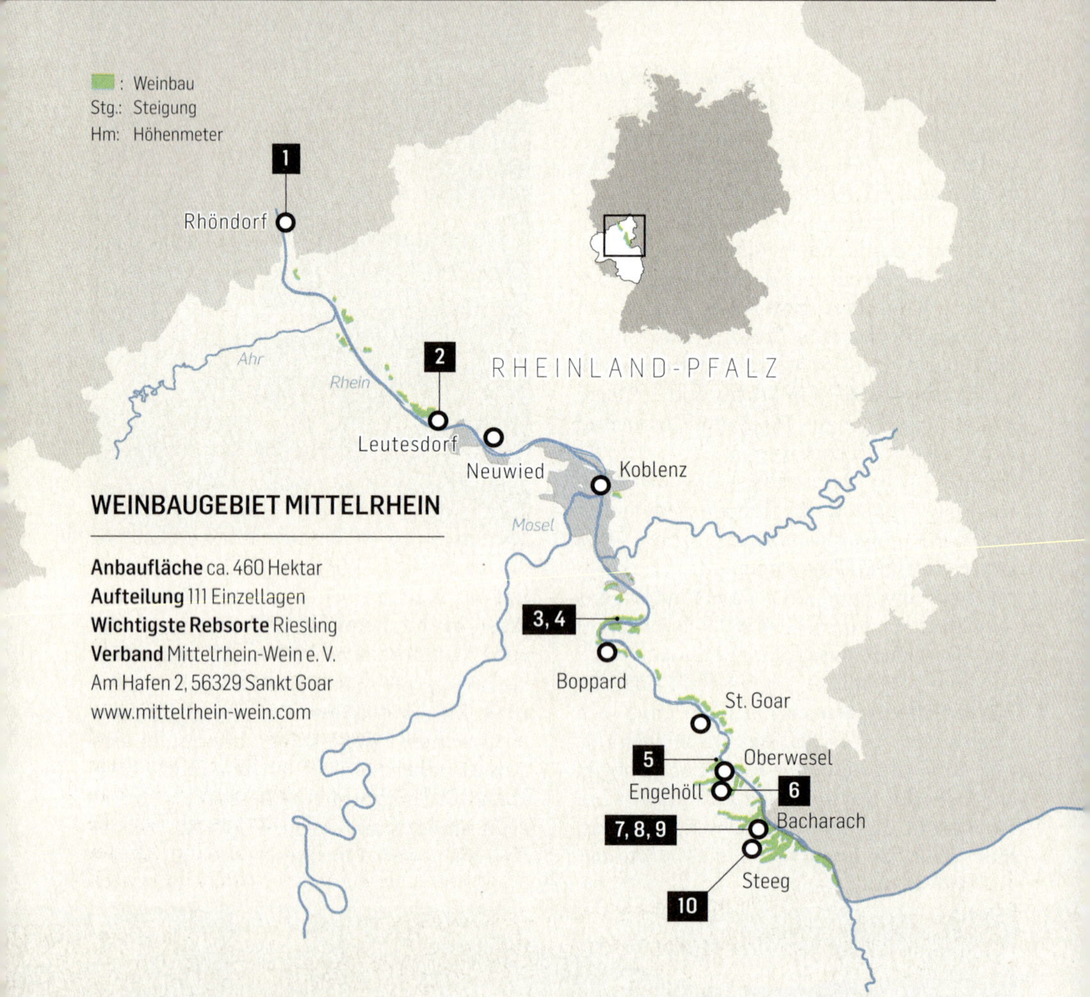

WEINBAUGEBIET MITTELRHEIN

Anbaufläche ca. 460 Hektar
Aufteilung 111 Einzellagen
Wichtigste Rebsorte Riesling
Verband Mittelrhein-Wein e. V.
Am Hafen 2, 56329 Sankt Goar
www.mittelrhein-wein.com

PRIVILEGIERTE WEINLAGEN

1 **Rhöndorf Domkaule**
1 ha, Trachytverwitterung, Grauwacke

2 **Leutesdorf Gartenlay**
84 ha, 100–200 Hm, 45–60 % Stg., Lehm, Devonschiefer, Bimsstein

3 **Boppard Hamm Feuerlay**
16,4 ha, 70–150 Hm, 40–65 % Stg., Grauschiefer mit blauschwarzen Einschlüssen, verwitterter Schiefer

4 **Boppard Hamm Mandelstein**
10,6 ha, 70–170 Hm, 0–70 % Stg., Devonschieferverwitterungsboden

5 **Oberwesel Oelsberg**
5,8 ha, 70–150 Hm, 60–70 % Stg., Buntsandstein, verwitterter Schiefer, Löss

6 **Engehöll Bernstein**
10,7 ha, 80–220 Hm, 40–60 % Stg., Hunsrückschiefer, Ton- und Siltstein

7 **Bacharach Hahn**
6 ha, 80–210 Hm, 55–70 % Stg., Devonschiefer

8 **Bacharach Posten**
4 ha, 150–230 Hm, 15–65% Stg., verwitterter Devonschiefer mit geringen Sandsteineinschlüssen

9 **Bacharach Wolfshöhle**
10 ha, 120–220 Hm, 0–65 % Stg., Devonschiefer

10 **Steeg St. Jost**
6 ha, 120–200 Hm, 0–60 % Stg., Devonschiefer

Familie Siebdrat
Weingut Haus im Turm, Bad Honnef

und andere rote Sorten echte Alternativen – Cecilia Jost erzeugt ja sogar ein Spätburgunder-GG aus dem Bacharacher Hahn und Jochen Ratzenberger hat auch schon einmal eines aus der Wolfshöhle gekeltert. Doch naturgemäß ist in diesem Flussabschnitt der Ruhm des Rieslings so groß und so übermächtig, dass die Winzer weniger bereit sind, sich dem Rotwein zuzuwenden. Außerdem gibt es in diesen arrivierten Ortschaften auch weniger Neuankömmlinge und Quereinsteiger mit wagemutiger Innovationsbereitschaft als in den nicht ganz so bekannten Gemeinden des Tals.
Welch großer Vorzug es indes sein kann, ein Weingut neu zu starten und dabei einen unvoreingenommenen Blick mitzubringen, zeigt etwa das Beispiel von Martin Sturm aus Leutesdorf: »Das hier ist ein warmer Standort!«, diagnostiziert der ehemalige Wirtschaftsjournalist. »Wir haben fast die gleichen Lesetermine wie Oppenheim.« Dennoch ist Leutesdorf natürlich nicht Lyon. Aber ist das wirklich so schlimm, wie man zunächst denken könnte? Im kühlen, extrem spät reifenden Jahr 2021 hat Sturm sich getraut, Syrah mit 71 Oechsle zu lesen: »Ich dachte erst, da kannst du gar keinen Rotwein von machen.« Das Ergebnis aber ist ein durchaus eleganter Roter, der wie ein kühlerer und leichterer Vetter eines Saint-Joseph anmutet. Hätte ein Winzer in zwölfter Generation so etwas gewagt?
Wie sagte doch gleich der Wissenschaftsphilosoph Paul Feyerabend: »Fachleute sind voll von Vorurteilen, man kann ihnen nicht trauen und muss ihre Empfehlungen genau untersuchen.« Gewiss, oft werden sich die Empfehlungen der Fachleute dann bei der Untersuchung doch als richtig herausstel-

Martin Sturm,
Weingut Sturm, Leutesdorf

Fotos: beigestellt, © Weingut Sturm

len. Und in der Tat ist es ja auch so, dass der Mittelrhein-Riesling brilliert – in diesem Guide bis zu 95+ Punkten bei der superben Bernstein-Beerenauslese »Am Lauerbaum« von Jörg Lanius. Es besteht keinerlei Grund, den Wert des Rieslings infrage zu stellen – und so möchte sich dieser Text auch keinesfalls verstanden wissen. Die Schere im Kopf verhindert aber vielleicht doch manchmal die Entfaltung von Facetten, die ebenfalls wertvoll sein können.

Zurück auf die Terrasse am Fuß der Spayer Lage In der Zech. Wie schmeckt er denn nun, der Spätburgunder von Florian Weingart? Zwei Jahrgänge hat der Winzer aus dem Keller geholt: 2018 und 2020. Der Wein aus 2018 duftet kräuterwürzig und ist am Gaumen ungemein dicht und stoffig. Das Pendant aus 2020 nimmt mit einer strahlenden Frischfruchtigkeit für sich ein und die süße Gaumenfrucht zeigt, dass die Trauben auch in diesem Jahrgang vollständig reif geworden sind. Das Falstaff-Team hatte diesen 2020er dann bei den Verkostungen für diesen Weinguide nochmals auf dem Probentisch: Dort bewies er einen sehr feinen Gerbstoff. Bei der Verkostung vor Ort aber tat sich der Autor mit der Gerbstoffwahrnehmung schwer. Denn wir hatten zuvor süße Rieslinge des Kabinett- und Spätleseprädikats probiert – da wird die nachfolgende Rückkehr zum trockenen Geschmacksbild und vor allem die sensorische Analyse von Gerbstoffen zum Problem. Die bessere Probenfolge wäre vielleicht gewesen, den Spätburgunder ganz an den Anfang der Verkostung zu stellen. Aber darf ein Winzer vom Mittelrhein sich das trauen?

Florian Weingart
Weingut Weingart, Spay

Nähere Informationen über den Autor finden Sie im Kapitel »Verkostungsteam« auf S. 16.

Weingut Lanius-Knab, Oberwesel

★★

WEINGUT HAUS IM TURM

Drachenfelsstraße 4, 53604 Bad Honnef
T: +49 2224 7799914, weingut@hausimturm.de
hausimturm.de

Ab-Hof-Verkauf: Di, Mi, Fr und So 15–20 Uhr, Sa 12–20 Uhr
Kellermeister: Oliver Krupp & Gottfried Bernhard Siebdrat
Ansprechpartner: Gottfried Bernhard Siebdrat und Polina Rudenko
Flaschen/Hektar: 22.700 (50 % weiß, 40 % rot, 10 % Rosé)/3,5 ha

Wenn ein Weingut vom Mittelrhein von sechs Weinen drei Rote zur Verkostung vorstellt, dann kann man das als Ausdruck des Klimawandels ansehen oder auch als Folge eines sozialen Umbruchs, der neue Akteure und neue Ideen ins Gebiet bringt. Vermutlich greift sogar eins ins andere. Bernd Siebdrat jedenfalls, der Mastermind des Weinguts Haus im Turm, kann auf jahrzehntelange Erfahrung im Weinhandel zurückblicken. Er ist ganz sicher nicht verdächtig, ein sentimentales Hobbyprojekt auf die Beine zu stellen: 93 Punkte bekam sein Spätburgunder aus Unkel. Noch Fragen?

91 2021 »Gottfried« Unkel Weißburgunder
Duftig kühle Nase nach Thymian und etwas Hefe, dann rauchig und mineralisch. Am Gaumen viel Saft mit herrlichem Druck, außerordentlich trinkig mit Anklängen von Zitrusfrüchten, etwas Pfirsich, Limettenabrieb, kristallklares Säurespiel. 12,3 Vol.-%, DV, €€

93 2019 »Steillage« Unkel Sonnenberg Pinot Noir trocken
Mattes Granatrot, eine beerige Nase mit leichten Grafitnoten, Heu, auch Leder. Am Gaumen besticht die kräftige Säure mit Aromen von dunklen Früchten wie Pflaumen, Brombeere, auch violette Feigen. Schöner, saftig molliger Nachhall, gute Struktur. 12,7 Vol.-%, NK, €€€

91 2019 »Charles« PN/ME/RE
Die Nase ist eher knapp im Duft, am Gaumen dann frisch, fast prickelnd, saftige rote Früchte, gutes Säurespiel, leicht trocknender Nachhall. Gereife Noten machen sich elegant bemerkbar, ein schöner Speisenbegleiter.
12,7 Vol.-%, NK, €€

90 2020 »Bellevue« trocken CF/ME/RE
Blasses Granatrot, in der Nase Grafit und Zwetschgen. Am Gaumen eine gute Säure, die Frucht anfänglich eher verhalten. Dann aber kommen die roten Beeren zum Tragen, die Säure bettet sich ein und der Nachhall endet saftig, frisch und aromatisch. 12,8 Vol.-%, NK, €€

89+ 2022 »Marie Charlotte«

90+ 2022 »Simply White« trocken WB/MT
Noble Blässe im Glas, zart glitzernd. Auch in der Nase zart mit frischen Aromen nach Kräutern. Im Glas eine eindrucksvolle Säure, sehr saftig, Kernobst und Weiße Johannisbeeren, auch animierende Bittermandelnoten. Kräftiger, trockener Nachhall. 12,2 Vol.-%, DV, €

★★★★

WEINGUT TONI JOST HAHNENHOF

Oberstraße 14, 55422 Bacharach
T: +49 6743 1216, weingut@tonijost.de
tonijost.de

Ab-Hof-Verkauf: Sa 14–17 Uhr und nach Vereinbarung
Kellermeister: Cecilia Jost
Ansprechpartner: Cecilia und Peter Jost
Flaschen/Hektar: 100.000 (80 % weiß, 10 % rot, 5 % Rosé, 5 % Schaumwein)/15 ha

Es ist ein klassisches Weingut mit klassischem Weinstil, das Cecilia Jost in siebter Generation führt. Ihre 15 Hektar Weinberge befinden sich vor allem um Bacharach im Mittelrheintal, ein kleiner Vorposten liegt bei Walluf im Rheingau. An den Steilhängen und auf den Schieferkliffen in Bacharach und Steeg entstehen mineralische Spätburgunder und aromatische Rieslinge. »Große Weine werden nicht im Keller gemacht, sie entstehen im Weinberg«, sagt Cecilia Jost. Doch das konstant hohe Niveau ließe sich nicht halten, wenn die Winzerin nicht auch bei der Weinbereitung ihr Handwerk verstünde!

92+ 2022 Bacharach Im Hahn Riesling GG
Helles Goldgelb in der Farbe. In der Frucht üppig: Maracuja, Pfirsich, Mango, Mandarine. Im Mund macht der Wein viel Druck, die Weite und Körperfülle ist gut verpackt, der Extrakt trägt, wofür auch eine etwas trocken wirkende Phenolik Anteil hat. 13 Vol.-%, DV, €€€

91 2022 Bacharach Hahn Riesling Erste Lage trocken
Der brenzlig-schieferwürzige Duft ist ausdrucksstark und strahlt Frische aus. Auch Frucht ist da: Mandarine, Rosine. Sogar etwas Haselnuss. Im Mund setzt der Wein weich und süß an, eine reife Säure hält die Balance, gute Stoffigkeit trägt ins aromatische Finale. 13,5 Vol.-%, DV, €€

91 2021 Steeg St. Jost Riesling Erste Lage trocken
Der Duft ist brenzlig-schieferwürzig, zeigt etwas Hefe und eine frische Frucht von Blutorange. Im Mund hat der Wein einen saftigen Säurenerv, eine gute Frische, zurückhaltend gesetzte Süße gibt der Frucht Länge, der Abgang stellt wieder die Mineralik in den Vordergrund. 12 Vol.-%, DV, €€

92 2019 Bacharach Im Hahn Spätburgunder GG
Lederige Noten, Sauerkirsche und Preiselbeere, kräuterwürzige Untertöne. Im Mund setzt der Wein geschmeidig an, entfaltet dann ein mürbes, reifes Tannin, das sich auf geradezu runde Art in den Körper einfügt. Die eher dezente Säure verhindert nicht, dass der Wein saftig und kompakt abklingt. 13 Vol.-%, DV, €€€

90+ 2022 Bacharach Riesling trocken
90+ 2021 »Alte Reben« Riesling trocken
90 2021 Bacharach Weißburgunder trocken
89+ 2022 »Toni Jost« Riesling trocken
89+ 2022 Weißburgunder trocken
89+ 2022 »Jodocus« Riesing trocken
90+ 2021 Bacharach Spätburgunder trocken

91+ 2022 »Devon S« Riesling trocken
Ein Potpourri von Früchten im Duft: gelber Pfirsich, Ananas, Mirabelle, kandierte Orangenschale und etwas Schieferwürze. Im Mund zeigt der Wein Kern und Fülle, eine Spur Spritzigkeit belebt den Bau, taktil-mineralische Noten leiten in den Abgang. 12 Vol.-%, DV, €€

★★★

WEINGUT DR. KAUER

Mainzer Straße 21, 55422 Bacharach
T: +49 6743 2272, info@weingut-dr-kauer.de
weingut-dr-kauer.de

Ab-Hof-Verkauf: Do bis Sa 11–17 Uhr & nach Vereinbarung
Kellermeister: Dr. Randolf Kauer
Ansprechpartner: Anne Kauer
Flaschen/Hektar: 24.000 (88 % weiß, 2 % rot, 8 % Rosé, 2 % Schaumwein)/4 ha
Anbauweise: Bio

Die Verkostung der neuen Weine von Dr. Randolf Kauer und seiner Tochter Anne hat uns richtig Spaß gemacht. Die Weine scheinen nochmal etwas frischer und klarer geworden zu sein. Und das in einem Jahrgang wie 2022, der so heiß und trocken war! Der Bacharacher Ortsriesling etwa hat eine absolut entwaffnende Leichtigkeit, er wirkt transparent gebaut und macht mit seiner filigranen und dennoch ausdrucksstarken Art sofort Lust auf den nächsten Schluck. Die »Schieferkraft« aus der Lage Kloster Fürstental ist Starkstrom in Flaschen. Wir sind schon sehr gespannt aufs nächste Jahr!

94 2020 »Schieferkraft« Bacharach Kloster Fürstental Riesling trocken

Etwas Hefe, auch Melisse, Rosmarin, Kamille, getrocknete Zitronenschale. Der Gaumen hat eine ausgezeichnete Spannung, packend, die Balance ist da, ohne Kern und Stoff einzuebnen, der Wein endet mit taktil-mineralischen Noten und viel Kräuterwürze. Komplett in sich ruhend.
12 Vol.-%, DV, €€€

92+ 2022 Oberwesel Oelsberg Riesling trocken

Ein Duft von Orangenkonfitüre mit nussigen Noten, Cassis und Kumquat. Im Auftakt ist der Wein weich und geschmeidig, dann greift eine Schicht fester, leicht herber Phenole, die Säure ist lebendig und wird von mineralischem Extrakt gepuffert. Sehr jung. 12,5 Vol.-%, DV, €€

92 2022 Bacharach Kloster Fürstental Riesling trocken

Hefewürzig und mineralisch im Duft. Getrocknete Zitronenschale. Im Mund beginnt der Wein mit seidigen Phenolen, die Säure ist sehr zivilisiert, wird von merklicher Restsüße balanciert, der Gaumen fließt rund und elegant, ohne dass es an Frische mangelt. 12 Vol.-%, DV, €€

90 2022 »Wolfstanz« Bacharach Riesling trocken

Fruchtgetragen im Duft: Orange und Mandarine, Pfirsich. Im Mund körperreich, die Säure kommt spät auf, leichte Feuersteinnoten am Gaumen, würzige Abgangsaromen, ein herzhafter, etwas holzschnittartiger und leicht kantiger Genuss.
11,5 Vol.-%, DV, €€

89+ 2022 »Von Herzen« Cuvée feinherb CB/SOG/MS

91 2022 »Schiefertanz« Bacharach Riesling trocken

Im verschlossenen, aber nicht im Übermaß hefigen Duft nimmt man Noten von Orange und Melisse wahr. Im Mund ist der Wein straff, saftig, gebündelt und schlank, aber mit gutem Extrakt, sogar eine Prise Phenolik ist da. Die Säure hat Prägnanz, ist aber nicht grob. Trinkigkeit und Eleganz!
11 Vol.-%, DV, €€

★

WEINGUT KEUNE

Rheinblickstraße 102, 53619 Rheinbreitbach
T: +49 177 9603114, info@weingut-keune.de
weingut-keune.de

Ab-Hof-Verkauf: nach Vereinbarung
Kellermeister: Karsten und Viola Keune, Karl-Josef Lauk (Önologe)
Ansprechpartner: Karsten und Viola Keune
Flaschen/Hektar: 4.700 (50 % weiß, 50 % rot)/1,2 ha

Aus den fünf Verkostungsflaschen, die bei uns auf dem Tisch standen, lässt sich eine klare Betriebsidentität ablesen: fünf Halbliterflaschen aus Weißglas, mit strohgelbem Inhalt und strohgelber Kapsel, alle als Kabinett gelesen und in der feinherben Geschmacksrichtung ausgebaut. Dabei haben diese Weine durch die Bank eine schöne Balance – etwas mehr auf Seiten von Saftigkeit und Säure wie bei der pilzwiderstandsfähigen Sorte Souvignier Gris oder eher zur Süße neigend wie beim weißen Riesling. Eine originelle und kostenswerte Facette des Weinbaus am Mittelrhein.

90 2022 »Verweile« Roter Riesling Kabinett feinherb
Weinbergpfirsich, Blutorange, auch leicht »steinige« Noten. Am Gaumen gefällt die gute Dichte, eine Prise Phenolik würzt den von Süße und Säure in Balance gehaltenen Bau. Der Wein endet kompakt und frisch, mit gutem Zug und sehr guter Länge. 10 Vol.-%, NK, €

89+ 2022 »Sehnsucht« Weißer Riesling Kabinett feinherb
Granny-Smith-Apfel, rauchige Töne, Mandarine. Im Mund verbindet der Wein eine unbekümmerte Leichtigkeit mit guter Substanz, die knackige Säure wirkt sehr erfrischend, die Süße stützt das Volumen der Frucht, ohne zu dominieren. Gute, fruchtgetragene Länge, 10 Vol.-%, NK, €

89 2021 »Lichtspiel« Roter Riesling Kabinett feinherb
Verschlossen im Duft, etwas Apfel, Weiße Johannisbeere. Am Gaumen zeigt sich ein straffer Bau, kernige Säure und intensive Stoffigkeit geben Struktur, kräftige Süße kontert, heftige Abgangskomponenten sorgen zuletzt für weitere Abrundung. 10 Vol.-%, NK, €€

88+ 2022 »Sonnenspiel« Weißburgunder Kabinett feinherb
Im Duft Sonnenblumenkern, Kleeblüte, Heu. Im Mund trifft eine leicht grüne Säure auf eine reiche, von leichter Öligkeit unterlegte Süße. Bei mittlerem Extrakt dominiert die Süße den Abklang. 10,5 Vol.-%, NK, €

91 2022 »Violaberg« Souvignier Gris Kabinett feinherb
Der Duft ist blumig und lässt auch ein klein wenig Schiefer anklingen. Eine schöne Klarheit! Im Mund findet die speichelziehende Säure in markanter Süße ihr passendes Gegengewicht. Der saftige, aromatische Abklang hat eine gute Länge. Sehr eigenständig. 10,5 Vol.-%, NK, €

★★

WEIN- UND SEKTGUT GOSWIN LAMBRICH

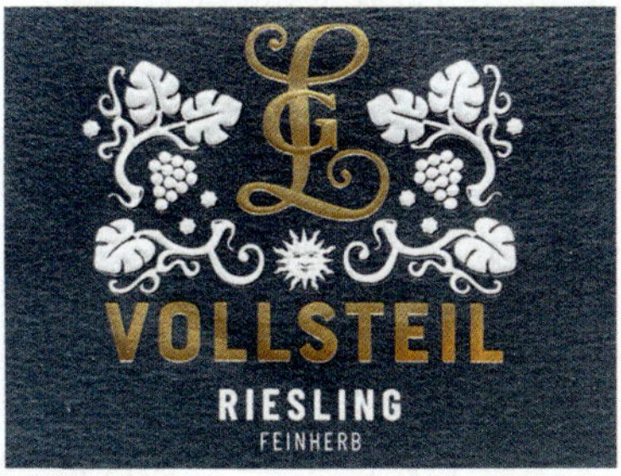

Auf der Kripp 3, 55430 Oberwesel-Dellhofen
T: +49 6744 8066, info@weingut-lambrich.de
weingut-lambrich.de
Ab-Hof-Verkauf: Mo bis Fr 8.30–12.30 Uhr und 14–18 Uhr, Sa 9–12.30 Uhr
Kellermeister: Christiane Lambrich-Henrich
Ansprechpartner: Matthias Lambrich und Christiane Lambrich-Henrich
Flaschen/Hektar: 93.300 (80 % weiß, 3 % rot, 10 % Rosé, 1 % süß, 6 % Schaumwein)/16 ha

Auf die Lagenweine aus dem Jahrgang 2022 von Christiane Lambrich-Henrich und ihrem Bruder Matthias Lambrich mussten wir dieses Mal bei der Verkostung noch verzichten. Aber der saftig-cremige und mineralische Riesling aus 2021 aus dem Oberweseler Oelsberg weckt schon Erwartungen daran, was noch kommen mag. Auch die anderen Rieslinge versetzen einen in die Landschaft am Mittelrhein mit ihren Steillagen: Der »Blauschiefer« mit seiner würzigen Schiefermineraik ist ein trefflicher Ausschnitt dieses faszinierenden Panoramas. Unser Falstaff-Tipp.

92 2021 Oberwesel Oelsberg Riesling trocken

Klar in der Farbe und präzise im Duft. Aromen von nassem Stein, Zitronenmelisse, grünem Apfel sowie eine feine Kräuternote. Am Gaumen cremig und saftig. Die lebendige Säure balanciert die leicht Süße und führt in den von Mineralik begleiteten Nachhall. 12,5 Vol.-%, DV, €€€

90 2022 »Vollsteil« Oberwesel Riesling feinherb

Zitronengelb. Aprikose, Limette und Ananas sowie Aromen von nassem Stein im Duft. Am Gaumen präsentiert sich ein eher schlanker Körper mit einem abgestimmten Spiel von feiner Säure und attraktiver Süße. Im Nachhall präsent bei mineralischem Finale. 12 Vol.-%, DV, €€

89 2022 Riesling trocken

Zitronengelb. Attraktiv kühl im ersten Duft. Aromen von Limettenschale, Schieferwürze und Steinobst. Am Gaumen folgen gelber und roter Apfel sowie Birnenschale und Zitronenmelisse. Eine attraktive Mineralität begleitet den guten Nachhall. 11,5 Vol.-%, DV, €

89+ 2019 »Cuvée Gowin« trocken CD/PN

Tief in der Farbe und opulent im Duft. Aromen von Cassis, Schwarzen Johannisbeeren, Kirschen, Pflaumen und Bourbonvanille. Am Gaumen begleitet eine reife Säure den körnigen Gerbstoff und den Hauch von Zartbitterschokolade in einem mittelgewichtigen Körper. 13,5 Vol.-%, DV, €€

88+ 2022 Riesling halbtrocken

90 2022 »Blauschiefer« Oberwesel Riesling trocken

Goldgelb in der Farbgebung und attraktiv reif im Duft. Reifer, gelber Apfel, Mandarinenschale, Limettenmelisse und Schieferwürze. Am Gaumen mittelgewichtig, leichte Phenolik, deutlicher Säurezug, leichte Fruchtsüße bei guter Substanz und Authentizität der Region. 12,5 Vol.-%, DV, €€

★★★

WEINGUT LANIUS-KNAB

Mainzer Straße 38, 55430 Oberwesel
T: +49 6744 8104, weingut@lanius-knab.de
lanius-knab.de

Ab-Hof-Verkauf: täglich 9–18 Uhr
Kellermeister: Jörg Lanius
Ansprechpartner: Jörg Lanius
Flaschen/Hektar: 6.000 (90 % weiß, 10 % rot)/12 ha

Wir sind es gewohnt, dass Jörg Lanius vom Weingut Lanius-Knab absolut zuverlässige Qualitäten liefert, da werden mit akkurater Präzision klassische Weintypen erzeugt, die die Gegebenheiten am Mittelrhein und das Terroir in den Spitzenlagen Engehöller Bernstein-Lauerbaum und Oberweseler Oelsberg spiegeln. Mit den Jahrgängen 2021 und 2022 aber geht der Winzer noch einen Schritt weiter: Die GGs zeigen eine erstaunliche Dichte, Spannung und salzige Mineralik, der Oelsberg gar etwas Wildes, Ungestümes. Starker Auftritt, da wird eine höhere Stufe erreicht!

94 2021 Engehöll Bernstein Am Lauerbaum Riesling GG
Im Duft mit klassischen, gelbfruchtigen Aromen und feiner rauchig-schiefriger Würze. Kräftig gebaut, mit guter Konzentration am Gaumen, dichter Extrakt, raffinierte Säure, die sich weit verästelt, geschmeidig, nobel, würzige, tiefgründige Mineralik, lang, jung. 13,5 Vol.-%, DV, €€€

94 2021 Oberwesel Oelsberg Riesling GG
Man kann einiges riechen: Dunkle Hefe, Rauch, Würze, Malz, die Mineralik der Lage, Orangenöl, Rosenblätter. Kräftig gebaut am Gaumen und auch mit kraftvoller Performance, die von Extrakt und mineralischer Energie getragen wird. Substanz für zwei Jahrzehnte. 13,5 Vol.-%, DV, €€€

95+ 2021 Engehöll Bernstein Am Lauerbaum Riesling Beerenauslese
Intensiver Duft nach getrockneten Früchten, Waldhonig, ganz viel Kräuterwürze, kandierte Orange, dicht und opulent. Am Gaumen mit dichtem Schmelz, würzig, Aprikosengelee, lebendige Säure, zupackend, Honigwürze, druckvoll, schöne Dynamik, lang, viel Potenzial. 6,5 Vol.-%, DV, €€€€

92 2022 Oberwesel Oelsberg Riesling Spätlese
Von reifen Zitrusfrüchten geprägter Duft, finessenreiche Kräuterwürze, süße Grapefruit, Zitronentarte. Am Gaumen mit frischer Säure, zupackend, dicht, Süße ist eher verhalten, phenolischer Zug, viel Würze und Zitrusfrucht, dicht und balanciert, lang, weiteres Potenzial. 8,5 Vol.-%, DV, €€

90+ 2022 »Rheinschiefer« Riesling trocken
90+ 2022 Oberwesel Grauburgunder trocken
90 2022 Engehöll Bernstein Riesling feinherb
90 2022 »Rheingold« Riesling feinherb
89+ 2022 Riesling trocken
89 2022 Riesling feinherb
91 2022 Engehöll Bernstein Riesling Spätlese

92 2022 Engehöll Bernstein Riesling trocken
Im vielschichtigen Duft schiefrige Würze, kräuterig, getrocknete Kräuter, getrocknete Limettenschale, Steinobst. Zeigt am Gaumen die Substanz und Differenzierung eines Lagenrieslings: saftige Gelbfrucht, geschmeidiger Extrakt, Spannung, Frische und Mineralik. 12 Vol.-%, DV, €€

★★

WEINGUT LITHOS

LÍTHOS
RIESLING
ENGEHÖLLER GOLDEMUND

Am Weinberg 78, 55430 Oberwesel-Weilerboppard
T: +49 6744 9491031, info@weingutlithos.de
weingutlithos.de

Ab-Hof-Verkauf: nach Vereinbarung
Kellermeister: Christos Christian Theodoropoulos
Ansprechpartner: Christos Christian Theodoropoulos
Flaschen/Hektar: 16.000 (70 % weiß, 20 % rot, 10 % Rosé)/3 ha

Christos Christian Theodoropoulos zählt zu den Enthusiasten, die den Mittelrhein wieder in eine lebendige Kulturlandschaft verwandeln. 2015 gründete er sein Weingut, seine Reben stehen nur in Steil- und Steilstlagen, da der Winzer überzeugt ist, dass mit den Trauben von hier die komplexeren und spannenderen Weine entstehen. Die Hälfte der drei Hektar Weinberge ist mit Schwarzriesling und Spätburgunder bestockt, für den er ein besonderes Faible hegt. Wir empfehlen in einer facettenreichen Kollektion besonders die trockenen Rieslinge mit saftig-mineralischer Finesse.

91+ 2021 Engehöll Bernstein Riesling trocken
Fein nuanciert, Aprikose, Grapefruit, Zitronenzeste, Pfirsich, würzig-rauchige Noten. In filigran gebauter Struktur entfalten sich auf weichem Hintergrund saftige Finesse und charmante Fruchtsüße, gelenkt von reifer, zitrisch begleiteter Säure, mineralisch ausklingend. 10,5 Vol.-%, DV, €€

90+ 2022 Engehöll Goldemund Riesling Kabinett feinherb
Feinwürziger Duft, zarter roter Apfel, Birne, kandierte Limettenschale, Zitronenmelisse, Minze, auch mineralischer Ton. Am Gaumen sehr balanciert, elegant und feingliedrig, reife Zitrusfrucht, Mandarinensaft, feine Phenole, elegante Art, gute Länge. 9,5 Vol.-%, DV, €€

90 2022 Riesling feinherb
Duft nach reifem Apfel, etwas Birne, zarter Pfirsich, Mandarinenschale, dazu ein feiner mineralischer Einschlag mit Gesteinsmehl. Am Gaumen mit schönem Süße-Säure-Spiel, Pfirsich, Aprikose, griffige Phenole, elegant und saftig, toll zu pikanten Gerichten. 11 Vol.-%, DV, €

90 2020 Engehöll Bernstein Spätburgunder trocken
Leichter Ester in der Nase, der im großen Glas weicht, Baumharz, Tannennadeln, rote Kirschen, getrockneter Rosmarin. Straff gebaut am Gaumen, geschmeidiger Fond, entwickelt Spannung mit feinkörnigen, dichten Gerbstoffen, eingewobene Säure, würzig, auch mineralisch. 12,5 Vol.-%, DV, €€

89 2022 »Der Rosé« trocken

91 2022 Riesling trocken
Im Duft zitrische Noten, Limettenzesten, auch getrocknete Limettenschale, grüner Apfel, steinige Würze. Zeigt auch seine aparte zitrische Note am Gaumen, schlank geformt, geradlinig unterwegs mit straffer, eingewobener Säure, saftig, mineralisch, zitrisch endend. 11 Vol.-%, DV, €

★★★

WEINGUT PIEPER

Hauptstraße 458, 53639 Königswinter
T: +49 2223 22650, info@weingut-pieper.de
weingut-pieper.de

Ab-Hof-Verkauf: Di bis Sa ab 16.30 Uhr, So ab 12 Uhr
Kellermeister: Felix Pieper
Ansprechpartner: Felix Pieper
Flaschen/Hektar: 78.000 (70 % weiß, 10 % rot, 5 % Rosé, 5 % süß, 10 % Schaumwein)/9,5 ha

Fährt man von Köln nach Koblenz an Väterchen Rhein entlang, kann man auf der linken Seite die kleine Sensation des Weinbaus am nördlichen Mittelrhein bewundern, zu dessen Schöpfern auch Felix Pieper zählt. Inzwischen stehen einige der lange brach gefallenen Lagen wieder im Ertrag, das kleine Anbaugebiet lockt keine Desperados an, die ziellos umherirren und weiterziehen, es bindet Enthusiasten, die ihre ganze Energie in die nordrhein-westfälischen Steillagen stecken. Probieren Sie den mineralischen »Septimontium« von Felix Pieper und Sie verstehen warum.

91+ 2019 »Alia Via Orange« Sauvignon Blanc brut
Lange anhaltende Perlage, intensive, goldgelbe Honigfarbe, in der Nase jodige Noten, auch bittere Mandeln, zarte Kräuter. Im Mund saftig und dicht, stoffig mit feinen herben Anklängen, nicht fruchtig, kühlender Nachhall. Positiv eigenwillig, guter Essensbegleiter. 13 Vol.-%, NK, €€€

91+ 2022 Königswinter Drachenfels Gewürztraminer trocken
Schöner sortentypischer Duft, nicht überladen vorgetragen, Mango, Pfirsich, Rosenblätter, Litschi und Lavendel. Ungewöhnlich am Gaumen, weil die rieslinghafte Säure gar keinen Gedanken an barocke Fülle aufkommen lässt. Filigran, aromatisch klar, frisch, würzig, passt. 13 Vol.-%, DV, €€

92 2020 »Mönchenberg« Rhöndorf Drachenfels Spätburgunder trocken
Rote Kirsche mit holzwürzigen Noten, rauchig, frischer Rhabarber, Kirschkern, Kräuter. Zeigt am Gaumen gute Substanz, geht druckvoll nach vorne, weiche Anteile in der Gaumenmitte, reifer Gerbstoff in intensiver Menge, betont trocken, mineralisch. Wird reifen. 13,5 Vol.-%, DV, €€

94 2022 »Steingasse« Königswinter Drachenfels Riesling Kabinett
Sehr feiner Duft, roter Apfel, Zitronenschale, etwas Mandarine, dazu Minze und feine Kräuterwürze. Am Gaumen mit lebendiger Säure, fein austariert, schöne, schmelzende Süße, griffige Phenole, viel Saft und Substanz, sehr erwachsener Kabinett, gute Länge. 8,5 Vol.-%, DV, €€

91 2022 »Domkaule« Rhöndorf Riesling tr.
91 2022 Königswinter Drachenfels Chardonnay Barrique trocken
90+ 2022 »Rüdenet« Königswinter Drachenfels Riesling trocken
89+ 2022 Königswinter Drachenfels Grüner Veltliner trocken
91+ 2022 Königswinter Drachenfels Riesling Spätlese
91 2022 Rhöndorf Drachenfels Ehrenfelser Spätlese
91 2022 Königswinter Drachenlay Riesling Kabinett

92+ 2022 »Septimontium« Königswinter Drachenfels Riesling trocken
Vielschichtig im Duft, holzwürzig, kräuterig, reifer Pfirsich, Nektarine, heller Pfeifentabak, etwas Kümmel. Druckvoll und mit gut dosierter Stoffigkeit, lebendige und präzise Säureader, gelbfruchtige und zitrische Noten, mineralische Grundierung, konsistent. 12 Vol.-%, DV, €€

★★★★

WEINGUT RATZENBERGER

Blücherstraße 167, 55422 Bacharach
T: +49 6743 1337, weingut-ratzenberger@t-online.de
weingut-ratzenberger.de

Ab-Hof-Verkauf: nach Vereinbarung
Kellermeister: Jochen Ratzenberger
Ansprechpartner: Jochen Ratzenberger
Hektar: 20 ha

Jochen Ratzenberger führt das in den 1950er-Jahren mit zwei Hektar Rebland gegründete Weingut in dritter Generation und hat es zu einem absoluten Vorzeigebetrieb gemacht. Stets hat er an das große Potenzial der Lagen am Mittelrhein geglaubt, was sich nicht zuletzt in der Übernahme von zehn Hektar Rebland im Jahr 2017 zeigte – der Riesling aus dem dazugekommenen Gewann Schloss Fürstenberg macht sich inzwischen hervorragend und bietet sehr viel Wein fürs Geld. Stark sind ebenfalls die pointiert-geschliffenen Großen Gewächse sowie der griffig-anregende Sekt.

92+ 2022 Steeg St. Jost Riesling GG
Mittleres Goldgelb, Aromen von getrockneter Zitronenschale, Kafirlimettenblätter mit leicht süßen Anklängen, tropische Frucht. Am Gaumen mit einer lebendigen, gut integrierten Säure, Zitrusaromen, auch mineralische Töne, feine Würze, balanciert und lang. 12,5 Vol.-%, NK, €€€

91+ 2022 Bacharach Wolfshöhle Riesling GG
Von Schiefernwürze geprägter Duft, gelbe Früchte, Aprikose, reife Mandarine, eine Spur Honig. Am Gaumen mit gut integrierter Säure, gelber Apfel, Grapefruit, etwas Kerbel, dazu kommen Würze und geschliffene Mineralität, druckvoll und mit schöner Länge. 12,5 Vol.-%, NK, €€€

90 2022 Schloss Fürstenberg Riesling Erste Lage trocken
In der Nase mit einer feinen Mineralität, dazu Aromen von reifen, gelben Früchten sowie ein Hauch Grapefruit. Am Gaumen dann mit einer gut eingebundenen Säure, Aromen von getrockneten Kräutern kommen dazu, erneut Zitrusfrüchte, frisch, guter Trinkfluss. 11 Vol.-%, NK, €€

90 2022 Schloss Fürstenberg Riesling Erste Lage halbtrocken
Duft nach kandierter Salzzitrone, dazu Aprikose und Pfirsich, ergänzt von einer leichten Kräutrigkeit. Am Gaumen mit einer schönen Balance zwischen Frische und Süße, reife Grapefruit, zarte bitter-herbe Nuancen, getrocknete Kräuter, guter Trinkfluss. 10,5 Vol.-%, NK, €€

89+ 2022 Bacharach Riesling Kabinett feinherb

91+ 2018 Bacharach Riesling brut
Duft nach Brioche, Zitrusfrucht mit Zitronenschale, dazu eine feine Mineralität sowie Anklänge von Honig. Am Gaumen mit einem feinen Mousseux, die Säure ist wunderbar frisch, ein Hauch von charmanter Phenolik, erneut Zitrusfrüchte, griffig und anregend. 12,5 Vol.-%, NK, €€

★

WEINGUT SCHEIDGEN

Hauptstraße 10, 56598 Hammerstein
T: +49 2635 2329, winzer@weingut-scheidgen.de
weingut-scheidgen.de

Ab-Hof-Verkauf: Mo bis Sa 8–19 Uhr, So 9.30–18 Uhr
Kellermeister: Georg Scheidgen
Ansprechpartner: Georg Scheidgen
Flaschen/Hektar: 187.000 (80 % weiß, 5 % rot, 5 % Rosé, 5 % süß, 5 % Schaumwein)/25 ha

Die wenigsten Weinnerds setzen zu Freudensprüngen an, wenn ein trockener Gewürztraminer entkorkt wird. Die Vorurteile gegen die Rebsorte kann der Gewürztraminer von Georg Scheidgen mit Substanz und eleganter Lebendigkeit entkräften. Das idyllisch unterhalb der Burgruine Hammerstein gelegene Weingut hat neben der raren Spezialität Riesling im Fokus, ergänzt durch Burgundersorten. Die Auslese aus dem Gartenlay setzt den Maßstab, was Delikatesse angeht, das »Meisterstück« – unsere Empfehlung – besticht durch Eleganz. Da fehlt nicht viel bis zum zweiten Stern.

91 2022 Leutesdorf Gartenlay Gewürztraminer Spätlese trocken
Blasses Goldgelb. Sortentypischer, intensiver Duft, Litschi, Rose, Grapefruit, Orangenschalen und glasierter Mandarine. Am Gaumen folgen Mango und Ingwer. Erkennbare Struktur und Substanz. Lebendige Säure führt in den guten Nachhall. Auch so kann Gewürztraminer sein! 12,5 Vol.-%, DV, €€€

89+ 2022 »Edition« Hammerstein Burg Hammerstein Chardonnay trocken
Brillant in der Farbgebung. Intensiv in der Nase. Holzwürze, Vanille, reife gelbe Frucht, Honigmelone, Ananas und auch eine leichte Kräuternote. Am Gaumen schmelzig, süßfruchtig-würzig und auch reiffruchtig, alles getragen von guter Säure. Gut balanciert. 12,5 Vol.-%, DV, €

89+ 2022 »Editon« Leutesdorf Gartenlay Weißer Burgunder trocken
Blasses Zitronengelb. Leichte Viskosität, gefolgt von einem Duft von reifem Pfirsich und gelber Birne. Am Gaumen auch Marzipanmandel, Zitronenschale und Apfel. Von lebendiger Säure getragen. Bereits heute ein saftiger Speisenbegleiter mit guter Struktur und Substanz. 12,5 Vol.-%, DV, €

92+ 2022 Leutesdorf Gartenlay Riesling Auslese
Duft nach süßen Früchten, reifer Pfirsich, Mango, kandierte Orangenschale, feine Würze, heißer Stein, Minze. Am Gaumen mit frischer Säure, zupackend, süße Frucht, Kräuterwürze, etwas Honig, frisch und elegant bleibend, delikater Stil, gute Länge, schöne Trinkigkeit. 7,5 Vol.-%, DV, €€

89 2022 »Edition« Rheinbrohl Monte Jupp Grauer Burgunder trocken

90+ 2022 »Meisterstück« Hammerstein In den Layfelsen Riesling trocken
Zitronengelb, intensiv im Duft. Aromen von nassem Stein, Zitronenzeste, Aprikose, Weinbergpfirsich und Geißblatt. Am Gaumen balanciert eine reife Säure die reife Frucht und gibt dabei Struktur. Mittelgewichtig im Körper und lang im Nachhall. Elegant. 13 Vol.-%, DV, €€

★★★

WEINGUT MARTIN STURM

Im Rosenberg 3, 56599 Leutesdorf
T: +49 151 26714118, info@sturm-weingut.de
http://sturm-weingut.de

Ab-Hof-Verkauf: nach Vereinbarung
Kellermeister: Martin Sturm
Ansprechpartner: Martin Sturm
Flaschen/Hektar: 24.000 (75 % weiß, 20 % rot, 5 % süß, 5 % Schaumwein)/4 ha
Anbauweise: Bio

Martin Sturm gehört zu jenen Winzern, die sich jeden Quadratzentimeter Weinberg selbst erarbeitet haben: Der ehemalige Wirtschaftsjournalist fügte planvoll Ausbildungsschritt an Ausbildungsschritt – und ließ sich 2011 in Leutesdorf nieder, um auf anderthalb Hektar Bioweinbau in der Steillage zu betreiben. Nur eine Dekade später stellt der Mittfünfziger von vier Hektar Weine auf den Tisch, die ein komplett neues Bild vom Mittelrhein entwerfen: Bei den Burgundern geht richtig die Post ab und mit Syrah denkt der Winzer bereits an und in die Zukunft. Überzeugend!

94 2021 »Reserve« Chardonnay trocken
Helles Goldgelb. Eine feine erste Reife, zitrisch, auch etwas weiße Schokolade. Feuchter Stein. Im Mund ein wahrer Brecher, knackige Säure in einem feisten Körper. Alles ein dichtes Amalgam. Ein Muskelpaket, authentisch und fast schon urtümlich in seiner Kraft. 12 Vol.-%, NK, €€€

92 2021 »Remember Tbilisi« Riesling trocken
Ein helles Goldgelb in der Farbe. Darjeelingtee, Fallobst, Minze im Duft, auch Aprikose und balsamische Noten. Im Mund hat der Wein einen straffen Phenolgehalt, die Gerbstoffe wirken kultiviert und reif, trotz ihrer Dichte verdrängen sie nicht die gute Aromendecke. Potenzial. 11 Vol.-%, NK, €€€

94+ 2020 »Reserve du Patron« Pinot Noir trocken
Im Duft Mandel, Schiefer, dunkelbeerige Noten, im Mund voll, dicht, mit körnigem, handwerklich wirkendem Tannin. Da ist eine Assmannshausen-Ähnlichkeit in der aromatischen Fülle, dazu eine deutliche Schiefertypizität, mit Anlagen zu großer aromatischer Komplexität. 12,5 Vol.-%, NK, €€€

93+ 2020 »Reserve« Syrah trocken
Dezentes Holz, Blaubeere, Sauerkirsche, kräuterwürzige Noten von Eukalyptus und Menthol. Der Gaumen greift mit einer dichten Menge feinkörnigem Gerbstoff an, eine Prise Vegetales steigert die Spannung, kräftig mineralische Noten begleiten den langen Abgang. 12,5 Vol.-%, NK, €€€€

92 ❸ 2020 »Fortunatus Grande Reserve« brut nature PN/RR
91+ 2022 »Kurve« Riesling Kabinett
91 2022 Chardonnay trocken
90+ 2022 Riesling Kabinett trocken
91 2020 »Reserve für H.« Leutesdorf Pinot Noir trocken
90+ 2021 Syrah trocken
90+ 2021 Pinot Noir trocken

90 2022 »vom Schiefer« Leutesdorf Riesling trocken
Zurückhaltend im Duft. Etwas Bergamotte, Zitrone. Auch Feuerstein. Im Mund ist der Wein saftig, kompakt, er hat eine gute Dichte, die Restsüße harmoniert mit der lebendigen Säure. Ein inhaltsreicher Riesling, der seinem Namen vollauf gerecht wird. 11,5 Vol.-%, DV, €€

★★★

WEINGUT WEINGART

Peterspay 1, 56322 Spay
T: +49 2628 8735, mail@weingut-weingart.de
weingut-weingart.de

Ab-Hof-Verkauf: Mo bis Fr 14–18.30 Uhr, Sa 11–18.30 Uhr
Kellermeister: Florian Weingart
Ansprechpartner: Ulrike und Florian Weingart
Flaschen/Hektar: 40.000 (69 % weiß, 4 % rot, 8 % Rosé, 15 % süß, 4 % Schaumwein)/6 ha

Florian Weingart macht vieles anders als andere: So hat er beispielsweise den Betrieb verkleinert, um sich auf die besten Parzellen und die Handarbeit in den den Steillagen konzentrieren zu können. Als Kellerneubau nützt er – effizient und ressourcenschonend – ein in den Hang gesetztes Landwirtschaftssilo. Das Wichtigste aber ist die Weinqualität: Weingart keltert stoffige Rieslinge, die gerade auch in ihren feinherben und fruchtigen Spielarten überzeugen. Ein Geheimtipp ist der wunderschöne Picknickplatz beim Keller mit Blick in den Weinberg.

94 2022 »Mittelrhein – kleine Anarchie« Riesling
Ein Spätleseduft mit intensiver Schieferkomponente, Spontangärungsnoten, Kräutern und Zitrus, Gelbfrucht. Im Mund mineralischer Extrakt, fast adstringierend in der stoffigen Komponente, aber auch geschmeidig, zart süß unterlegt und mit lebendigem Säurerückgrat. Packende Tiefe!
9,5 Vol.-%, DIAM, €

92+ 2022 Boppard Hamm Ohlenberg Riesling Spätlese feinherb
Eine Spätlesefrucht mit Aromen von Ananas und reifem gelbem Pfirsich, auch Fruchttrester. Im Mund zeigt sich der Wein cremig, mit mittelgewichtigem Extrakt, einer Prise Mineralik und mit einer Restsüße, die die Frucht verstärkt. Eine wirkliche Spätlese! 10,5 Vol.-%, DIAM, €€

92 2022 »Mittelrhein« Riesling feinherb
Viel Schiefer im Duft, zitrisch, frisch im Duft und spannungsvoll am Gaumen, sehr mineralisch, dicht, viel Saft, die knackige Säure hält lange an, bleibt dennoch elegant und fein, die Süße schafft Balance, ohne alleine zu stehen. Brillant in allen Komponenten und mit hervorragender Länge.
10,5 Vol.-%, DIAM, €

92+ 2020 Spay In der Zech Spätburgunder trocken
Süßmandel, rotbeerig, Tabak, ganz leicht buttrig. Im Mund setzt der Wein mit feinkörnigem Tannin geschmeidig an, er hat viel Saft und einen getragenen, weiten, aber auch mineralisch grundierten Bau und bleibt trotz einer gewissen Körpersüße bis zuletzt elegant. 14 Vol.-%, NK, €€€

92 2022 Boppard Hamm Engelstein Am Weißen Wacke Riesling Spätlese trocken

94 2022 Spay In der Zech Riesling Kabinett
Schieferwürze, balsamische Noten, Kräuter, Zitrus. Im Mund erweist sich der Wein als mittelgewichtiger Kabinett, aber dabei komplett mineralisch geprägt, saftig, spannungsvoll, lang, mit hoch eleganter, fast adstringierend wirkender, aber dennoch elegant und fein bleibender Säure. 7,5 Vol.-%, DIAM, €€

Burg Pfalzgrafenstein bei Kaub

MITTELRHEIN

GASTGEBER AUS LEIDENSCHAFT

Gemeinsam mit den Winzern der Region –
als uneingeschränkten Experten, was das leibliche Wohl anbelangt –
hat Falstaff die besten Genussadressen in Sachen Kulinarik
sorgfältig ausgewählt und zusammengestellt.

55422 Bacharach

Altkölnischer Hof

Das beeindruckende historische Fachwerkhaus besticht nicht nur durch sein Äußeres, sondern auch durch seine Innenräume mit Holzvertäfelungen und Kunstobjekten. Die hochgelobte Küche bietet als besondere Spezialität Sauerbraten.

Blücherstraße 2
+49 (6743) 947780
altkoelnischer-hof.de

€€

Empfohlen von: Falstaff-Redaktion

55422 Bacharach

Stübers

Dort, wo das Rheintal besonders romantisch ist, hat Andreas Stüber sein Restaurant mit Blick auf den Fluss. Hier kocht er einfallsreich und mit einem kulinarischen Augenzwinkern regionale Spezialitäten. Vom Feinsten!

Langstraße 50
+49 (6743) 1243
rhein-hotel-bacharach.de

P €€

Empfohlen von: Weingut Toni Jost – Hahnenhof

Foto: beigestellt

Oelsberg bei Oberwesel

53557 Bad Hönningen

Bistro Florian

In idealer Lage in der Fußgängerzone liegt das Restaurant mit herausragender Küche, die weit über Bistrogerichte hinausgeht. Die kleine, sorgfältig ausgewählte Karte reicht von Steaks bis Schnitzeln – alles perfekt zubereitet.

Hauptstraße 99
+49 (2635) 2431

€€

Empfohlen von: Weingut Scheidgen

56154 Boppard

Eiserner Ritter

Kalb und Schwein aus nächster Umgebung, Wild aus nahen Wäldern, Obst und Gemüse von heimischen Erzeugern: Küchenchef René Klütsch entwickelt daraus klassische Gerichte mit modernem, kreativem Twist.

Zur Peterskirche 10
+49 (6742) 93000, eiserner-ritter.de

€€

Empfohlen von: Weingut Weingart, Wein- und Sektgut Goswin Lambrich

56068 Koblenz

Gerhards Genussgesellschaft

Unter einem alten Bogengewölbe serviert Georg Gerhard wöchentlich wechselnde Gerichte mit saisonalem Bezug, klassisch und international angehaucht. Man speist stilvoll und fein unweit des Deutschen Ecks.

Danziger Freiheit 3
+49 (261) 91499133
gerhards-genussgesellschaft.de

€€

Empfohlen von: Falstaff-Redaktion

56072 Koblenz

Landgang

Großartiger Blick auf die Mosel bei erstklassiger Traditionsküche von Frank Seyfried, die in jedem Gericht einen Schlenker durch die Gourmetabteilung macht, ohne dabei an Bodenhaftung zu verlieren.

An der Fähre 3
+49 (261) 20171900
faehr.haus

P €€

Empfohlen von: Falstaff-Redaktion

Fotos: beigestellt

56068 Koblenz

Verbene

Nur wenige Plätze hat das versteckt liegende Restaurant, auch die Auswahl an Gerichten ist klein. Aber die haben es in sich: aromatische Kunstwerke, gekonnt arrangiert und geschmacklich inszeniert.

Brunnenhof/Königspfalz 1
+49 (261) 10046221
restaurant-verbene.de

€€€

Empfohlen von: Weingut Martin Sturm

55430 Oberwesel

Auf Schönburg

Im Burgrestaurant speist man wie Könige und Ritter seinerzeit. Mittelalterliche und moderne Gerichte stehen auf der kleinen Karte, auch ein Bistro gibt es. Jeder Raum mit historischem Ambiente: Ritterstube, Knappenstube und mehr.

Auf Schönburg 1
+49 (6744) 93930, hotel-schoenburg.com

€€

Empfohlen von: Weingüter Lanius-Knab, Weingart, Wein- und Sektgut Goswin Lambrich

55430 Oberwesel

Zum Kronprinzen

Vor der Tür die Rheinromantik, dahinter ein gemütlich-stilvolles Restaurant. Mastermind und Fernsehkoch Markus Oppermann kredenzt hier regionale Küche und achtet stets auf Qualität und Saison. Stimmige Spitzenweine inklusive.

Rheinhöhenstraße 45
+49 (6744) 94319
hotel-kronprinzen.de

P €€

Empfohlen von: Wein- und Sektgut Goswin Lambrich

55413 Trechtingshausen

Puricelli

Eine grandiose Kulisse, in deren historischem Gemäuer modern aufgetischt wird. Die Küche orientiert sich an internationalen Klassikern, inspiriert von der französischen und italienischen Kochkunst.

Burgweg 24
+49 (6721) 6117, burg-reichenstein.com

P €€

Empfohlen von: Weingut Lanius-Knab, Weingut Hemmes

53572 Unkel

Zur Traube

Wine not? Schon der kunstvolle Ausleger in Traubenform vor dem Fachwerkhaus zeigt, dass man an der richtigen Adresse ist. Die Liebe zum Wein spiegelt sich im Speise- und Getränkeangebot und in allen Räumlichkeiten wider.

Lühlingsgasse 5
+49 (2224) 3315
traubeunkel.de

P €€

Empfohlen von: Weingut Scheidgen

Burg Thurant bei Alken

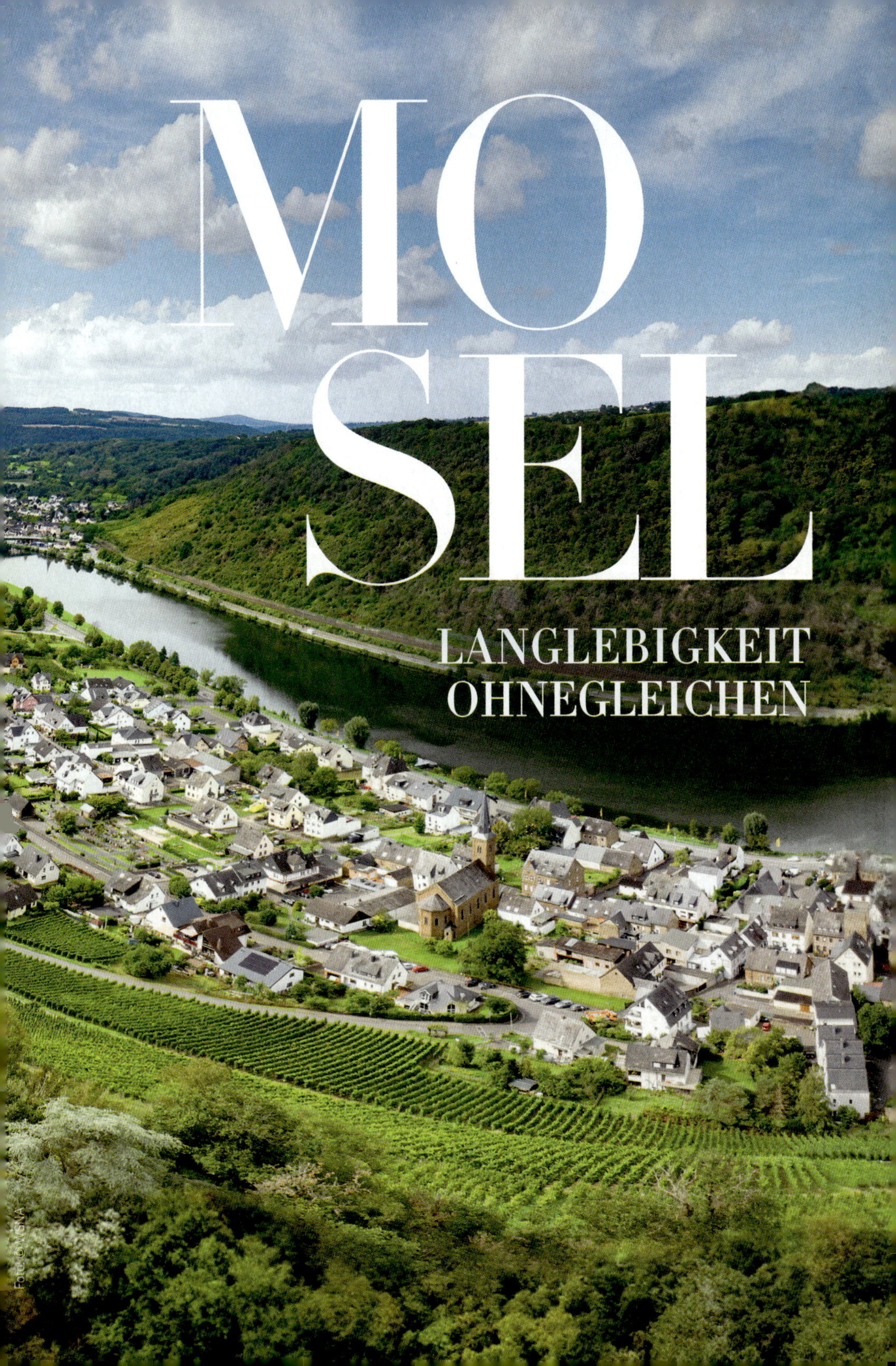

MOSEL

LANGLEBIGKEIT OHNEGLEICHEN

KLASSIK UND DAUERHAFTIGKEIT

Von Winningen flussaufwärts bis nach Perl an der Obermosel und entlang der Nebenflüsse Saar und Ruwer herrschen alles andere als einheitliche Bedingungen. Und doch ist es kristallklar, wofür der Moselwein steht: für den tiefsten möglichen Riesling in seiner leichtest möglichen Form. Und für eine Langlebigkeit ohnegleichen.

TEXT ULRICH SAUTTER

Die Begeisterung des Winzers ist durchs Telefon zu hören: »Wir pressen gerade den Scharzhofberg«, ruft Roman Niewodniczanski an diesem 11. Oktober 2023 in sein Handy, um die Arbeitsgeräusche im Keller zu übertönen, »ich hab noch nie so schöne Trauben gesehen. Aber ohne unendlich viel Fleiß im Sommer wär das nicht möglich gewesen. Wer in 2023 nicht extrem konsequent gearbeitet hat, ist gescheitert.«

Wie es scheint, konnten die Mosel und ihre Nebenflüsse im Herbst 2023 wieder einmal davon profitieren, dass sie Gebiete mit besonders später Traubenreife sind. Andernorts, wo die Trauben schon Anfang oder Mitte September reif wurden, fiel die Lese in eine Phase feuchtwarmer Witterung. Die Moselwinzer aber konnten das schöne Wetter in der zweiten Hälfte des Herbstes voll ausreizen.

Reife ist indes auch noch in einem zweiten Sinn ein wichtiges Motiv für den Weinbau des Moseltals. Denn die Reifefähigkeit hochkarätiger Rieslingweine ist bestens bekannt. Da die meisten Flaschen trotzdem viel zu früh getrunken werden – lange bevor sie ihre volle aromatische Komplexität entfaltet haben und bevor sich im Mundgefühl jenes einzigartige Amalgam aus Süße, Säure und Mineralität eingestellt hat –, suchen die Winzer nach neuen Wegen, um einen Teil ihrer Weine auch in der Dimension der Flaschenreife anbieten zu können. So hat Niewodniczanski beim Bau seines neuen, 2019 eingeweihten Weinguts gleich auch einen

Fotos: beigestellt, WSNA, © Weingut Busch, Sandra Fehr/Heroes of Riesling

Reifekeller tief in die Erde setzen lassen: ein wabenförmig angeordnetes Lager aus dickwandigen Edelstahltanks, etwa 30 an der Zahl, jeweils mit einem Fassungsvermögen von einem, zwei oder drei Fudern. Was liegt da inzwischen alles drin? »Aktuell 20 Weine«, so Niewodniczanski, »der älteste aus 2013, und dann nachfolgende Jahrgänge, alles nur Große Lagen, Gottesfuß, Altenberg, die Weine aus dem Ertrag der ältesten Reben, und das in trocken und Kabinett.« Die Pipeline ist also prall und verheißungsvoll gefüllt.

Erni Loosen aus Bernkastel kam schon in den 1980er-Jahren auf eine ähnliche Idee. In einem Buch über Wein zu Zeiten Goethes, das er in der Bibliothek seines Großvaters gefunden hatte, las er, dass Rieslinge von Rhein und Mosel damals 20 oder sogar 30 Jahre lang auf der Hefe im Fass gelagert wurden. Als ihm sein Vater 1981 ein trocken vergorenes Fass Wehlener Sonnenuhr überließ, stand der Plan fest, den Wein so reifen zu lassen, wie es in dem Buch beschrieben war. Dieser Plan fand dann erst 2008 seinen vorläufigen Abschluss, als der Wein nach 27 Jahren auf Flaschen gezogen wurde. Die ersten 100 Magnums dieses

Clemens, Johannes & Rita Busch
Weingut Clemens Busch, Pünderich

Weines namens »Indutiomarus« wurden erst weitere 13 Jahre später, im Jahr 2021 der Öffentlichkeit vorgestellt und auf den Markt gebracht. Auf solche extreme Art hat Loosen das (bislang) nicht wiederholt, doch in den vergangenen Jahren seien einige Weine vor der Abfüllung drei, fünf oder auch acht Jahre im Fass geblieben, berichtet Désirée Schröder, National Director of Sales and Marketing des Weinguts. »Diese

Weingüter Wegeler
Kelterhalle Mosel, Bernkastel-Kues

WEINBAUGEBIET MOSEL

Anbaufläche ca. 8.800 Hektar
Aufteilung 524 Einzellagen
Wichtigste Rebsorten
Riesling, Weißburgunder, Spätburgunder

Verbände
Mosel-Wein e. V., Gartenfeldstraße 12a,
54295 Trier, www.weinland-mosel.de
Bernkasteler Ring e. V., Auf der Trift 29,
54470 Bernkastel-Kues,
www.bernkasteler-ring.de

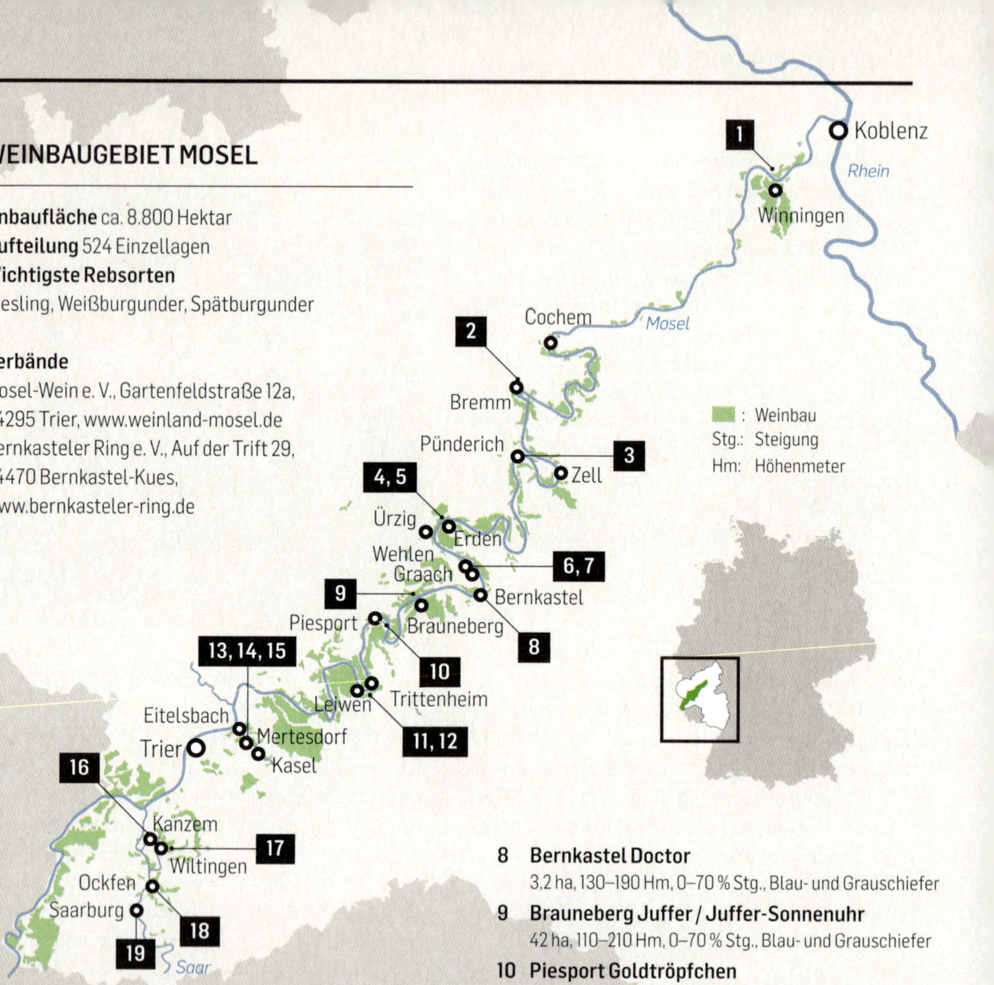

PRIVILEGIERTE WEINLAGEN

1 **Winningen Uhlen**
7 ha, 75–210 Hm, 50–70 % Stg., grauer und blauer Schiefer

2 **Bremm Calmont**
33 ha, 120–380 Hm, 0–65 % Stg., Tonschiefer-Verwitterungsgestein

3 **Pünderich Marienburg**
18 ha, 110–190 Hm, 50–70 % Stg., Grau-, Blau- und Rotschiefer

4 **Erden Prälat**
1,5 ha, 110–220 Hm, 0–65 % Stg., verwitterter roter Tonschiefer

5 **Ürzig Würzgarten**
53 ha, 110–220 Hm, 0–65 % Stg., Vulkan- und Schieferboden

6 **Wehlen Sonnenuhr**
44 ha, 110–320 Hm, 0–70 % Stg., grauer Devonschiefer

7 **Graach Himmelreich**
57 ha, 110–325 Hm, 45–65 % Stg., Blau- und Grauschiefer

8 **Bernkastel Doctor**
3,2 ha, 130–190 Hm, 0–70 % Stg., Blau- und Grauschiefer

9 **Brauneberg Juffer / Juffer-Sonnenuhr**
42 ha, 110–210 Hm, 0–70 % Stg., Blau- und Grauschiefer

10 **Piesport Goldtröpfchen**
70 ha, 120–200 Hm, 40–90 % Stg., Devonschiefer

11 **Trittenheim Apotheke**
72 ha, 150–200 Hm, 40–60 % Stg., Devonschiefer

12 **Leiwen Laurentiuslay**
35 ha, 130–180 Hm, 40–80 % Stg., grauer Devonschiefer

13 **Maximin Grünhaus Abtsberg**
13,9 ha, 150–250 Hm, 50–70 % Stg., blauer Devonschiefer

14 **Eitelsbach Karthäuserhofberg**
19 ha, 160–275 Hm, 0–45 % Stg., Devonschiefer

15 **Kasel Nies'chen**
16,8 ha, 195–260 Hm, 40–57 % Stg., Blau- und Buntschiefer

16 **Kanzem Altenberg**
18,7 ha, 145–260 Hm, 50–85 % Stg., Schiefer verschiedener Farben

17 **Wiltingen Scharzhofberg**
28 ha, 190–310 Hm, 30–70 % Stg., Grauschiefer

18 **Ockfen Bockstein**
60 ha, 180–320 Hm, 38–80 % Stg., Devonschiefer

19 **Saarburg Rausch**
12 ha, 160–295 Hm, 35–75 % Stg., Devonschiefer

Weinlage Trittenheimer Apotheke

Partien liegen aber alle noch im Keller, denn wir wollen vor dem Verkauf nicht nur die lange Zeit im Fass, sondern zusätzlich auch die Flaschenreife.« Eine dieser zukünftigen Late-Release-Linien trägt bereits den Namen »Tradition«: »Das sind fruchtsüße Weine der alten Art, Kabinett, Spätlese, Auslese, alle nicht so hoch im Zucker, im Stil der Fünfziger- und Sechzigerjahre, als Kabis noch mit 20 bis 25 Gramm Restzucker ausgebaut wurden. Der erste Jahrgang, der in den Verkauf kommen wird, wird 2012 sein. Aber wir wissen noch gar nicht wann. Anfangs dachten wir, wir bringen den 2012er nach zehn Jahren, aber Erni hat sich umentschieden. Vielleicht werden es 15 oder 20 Jahre. Letztlich entscheidet es der Wein selbst.«

Während also noch etwas Geduld vonnöten sein wird, bis diese Weine im Falstaff Weinguide bewertet werden, gibt es auch jetzt schon Weingüter, die immer wieder reife Flaschen auf ihre Preisliste setzen. Weine, die zwar nur eine »normale« Lagerzeit im Fass verbrachten, aber dann immerhin im Keller des Weinguts unter besten Bedingungen weiter reifen konnten. Das Weingut Pauly-Bergweiler beispielsweise hat die letzten Jahre stets reife Jahrgänge mit zur Verkostung für diesen Guide eingeschickt, dieses Jahr eine 2010er Auslese von der Alten Badstube am Doctorberg. Nicht minder regelmäßig stellen Annette und Nick Köwerich für diesen Guide reife Weine vor, ihre furiose, feinherbe Laurentiuslay-Spätlese aus 2012 kann ein Augenöffner dafür sein, dass es keiner immens hohen Zuckerwerte bedarf, damit ein Moselriesling sich nicht nur hält, sondern nach zehn Jahren (oder mehr) ein wahres

Önologe Mathieu Kauffmann
Weingut Karthäuserhof, Trier-Eitelsbach

Fotos: beigestellt, © Weingut Karthäuserhof

Betriebsleiter Norbert Breit
Weingut Wegeler, Bernkastel-Kues

Geschmacksfeuerwerk abbrennt. Und viele andere Betriebe freuen sich über Nachfragen von Kundinnen und Kunden, Bestände an gereiften Flaschen gibt es fast überall. Das Weingut Dr. Wegeler beispielsweise führt eine eigene Raritätenliste, die »Vintage Collection« mit gereiften Weinen. »Mit der ›Vintage Collection‹ haben wir in den Neunzigerjahren die alte Familientradition der Weinhändler Wegeler aufgenommen, die schon vor Generationen immer eigene Weine auf die Seite gelegt hatten«, erklärt Geschäftsführer Richard Grosche. »Heute können wir seit 1992 lückenlos aus jedem Jahr Weine anbieten.« Da der Fundus schier unerschöpflich ist, hat Grosche entschieden, die Liste übersichtlich zu halten, indem sie jedes Jahr verändert wird: Verfügbar sind immer die Weine mit einer runden Anzahl von Reifejahren: also 10, 15, 20, 25, 30 Jahre. Nach zwölf Monaten verschwinden die betreffenden Jahrgänge wieder von der Liste, um erst fünf Jahre später das nächste Mal angeboten zu werden (sofern noch was da ist). »Die Weine aus der ›Vintage Collection‹ sind ein wunderbares Werkzeug, um Vertrauen zu schaffen«, hat Grosche beobachtet, »und um den Weg abzukürzen, wenn Leute Wegeler nicht kennen.« Oder auch, um Weinfreundinnen und -freunden ganz allgemein vor Augen zu führen, welch oft gänzlich unerwartetes Genusspotenzial in einer Flasche Moselriesling schlummert, wenn man dem Wein nur die Zeit gibt, sich zu entfalten.

Nähere Informationen über den Autor finden Sie im Kapitel »Verkostungsteam« auf S. 16.

Alexander Loersch
Weingut Loersch, Leiwen

Fotos: beigestellt, © Sandra Fehr/Heroes of Riesling, Weingut Loersch

★

BIOWEINGUT BECK-WINTER

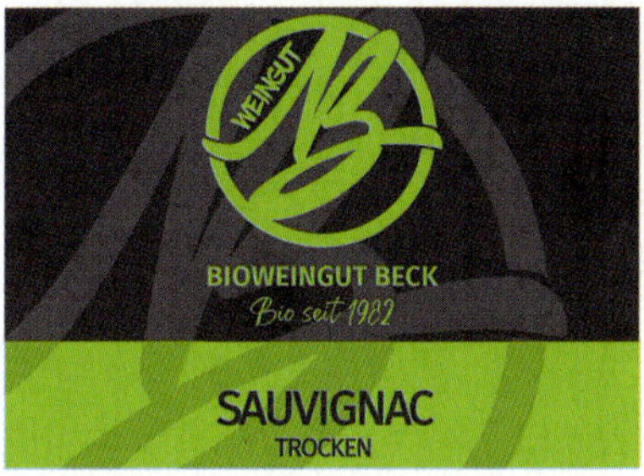

Im Stolzenwingert 27a, 54453 Nittel
T: +49 170 7752851, weingut@beck-winter.de
beck-winter.de

Ab-Hof-Verkauf: Ja
Kellermeister: Daniel Beck
Ansprechpartner: Hans-Walter und Daniel Beck
Hektar: 6 ha
Anbauweise: Bio

Bereits in fünfter Generation führt Daniel Beck das Weingut, das sein Vater Hans-Walter bereits 1982 auf biologischen Anbau umgestellt hat. Damit gehörte dieser definitiv zu den Pionieren an der Mosel. Zum Bioanbau passt, dass Daniel Beck intensiv mit pilzresistenten Neuzüchtungen arbeitet, die deutlich weniger gespritzt werden müssen. Die Ergebnisse sind dabei ermutigend und interessant und spiegeln das Ziel wider, das der Winzer ausgibt: Er möchte gut zugängliche, trinkige Weine keltern, die Spaß machen. Und genau das gelingt ihm.

89+ ❶ NV »Crémant XO« brut
Mittleres Goldgelb, reifer Pfirsich, kandierte Nektarine, butterig, etwas sonnenverwöhnte Kamille. Zeigt sich am Gaumen weich und leicht süß, zurückhaltendes Mousseux, Schmelz und charmante Gelbfrucht, etwas Marzipan, kleiner Wonneproppen, der auch Sonntagnachmittag schmeckt. 12,5 Vol.-%, NK, €

90 2022 Souvignier Gris feinherb
Duft nach grünem Apfel, Johannisbeere, Mirabelle, eine Spur Schattenmorelle, Wiesenkräuter. Am Gaumen zupackend, Apfelschale, Quitte, griffige Phenole, lebendige Säure, gut balancierte Süße, schöner Schmelz, aparter, etwas rauer Charme, individuell. 12 Vol.-%, DV, €

89 2022 Sauvignac feinherb
Salzig-würziger Duft, Quitte, Apfelschale, Aprikosenkern, Kräuterwürze, dahinter zarte Hagebutte, vielschichtig. Am Gaumen schmelzend, Birnensaft, reifer, roter Apfel, eine Spur Holunder, eher verhaltene Säure, reif und vollmundig, interessant, trinkig. 10 Vol.-%, DV, €

89 2022 Muscaris feinherb
Feiner Duft nach Muskatblüte und Rosenblatt, dazu kandierte Mandarinenschale, etwas Quitte, roter Apfel. Am Gaumen mit griffigen Phenolen, erneut Muskatblüte, Rosenwasser, Orangenblüte, aromatisch, eher dezente Säure, schön zu einem Stück Guglhupf. 10,5 Vol.-%, DV, €

89 2022 Pinotin feinherb
Feingliedriger Duft nach Sauerkirsche, etwas Schlehe, dahinter feine Himbeere und gekochte Walderdbeere. Am Gaumen mit feinen, roten Früchten, Himbeere und Erdbeere dominieren, eher dezente Säure, balanciert, sehr zugänglich und durchaus charmant. 10 Vol.-%, DV, €

89+ ❶ 2021 Souvignier Gris brut
Reife Fruchtnoten, Papaya, Maracuja, getrocknete Mangospalten, Birne, Schwarze Johannisbeere, auch Ananas. Vollmundig am Gaumen mit weichem Mousseux, füllig und auch mit merklicher Süße, die lebendige Säure schafft Balance, auch zum Essen eine gute Wahl. 12,5 Vol.-%, NK, €€

★★★

WEINGUT ERBEN VON BEULWITZ

Eitelsbacher Weg 4, 54318 Mertesdorf
T: +49 651 95610, info@von-beulwitz.de
von-beulwitz.de

Ab-Hof-Verkauf: täglich 8–20 Uhr
Kellermeister: Herbert Weis
Ansprechpartner: Herbert Weis
Flaschen/Hektar: 55.000 (80 % weiß, 10 % rot, 5 % süß, 5 % Schaumwein)/8,5 ha

Wenn ein Weingut den Namen »Erben von Beulwitz« trägt, dann erstaunt es nicht, dass Tradition eine große Rolle spielt: Seit gut 150 Jahren wird hier exzellenter Wein gemacht, seit über 40 Jahren unter der Regie von Herbert Weis, der erneut eine sehr gute Kollektion vorgelegt hat. Das gilt sowohl für die trockenen als auch für die edelsüßen Rieslinge, die ausnahmslos durch Balance und Tiefgründigkeit gefallen und dabei ihre Terroirs widerspiegeln. Immer wieder besonders spannend sind auch die feinherben Varianten, die tolle Speisenbegleiter sind, wenn es mal pikant wird.

92 2022 »Nr. 12« Kasel Nies'chen Auf den Mauern Riesling trocken
Mineralischer Duft, dahinter Limonenschale, Mandarine und pikante Südfrüchte, auch reife Birne, Minze. Am Gaumen zupackende Säure, Schmelz, feine Mineralik, sehr lebendig, satte Zitrusfrucht, gute, dicht gewobene Struktur, zarte Süße. Dicht und potenzialreich. 13 Vol.-%, NK, €€€

92 2022 »Nr. 13« Kasel Nies'chen Im Taubenberg Riesling trocken
Mineralisch geprägter Duft, Feuerstein, reife Zitrusfrucht, Mandarine, kandierte Limonenschale, Mango. Am Gaumen satt und fließend, gelbe Früchte, unterlegt mit einem feinen, mineralischen Unterton, delikate Säure, gute Struktur, lang, elegant, zum Schluss eine feine Spur Süße. 13 Vol.-%, NK, €€€

92 2022 »Nr. 5 Alte Reben« Kasel Nies'chen Riesling Auslese
Zarter Duft nach etwas Flieder, Veilchen, dazu süße Zitrusfrucht, reife Limone, etwas Blütenhonig. Am Gaumen schmelzende Süße, reife Frucht, Papaya, Melone, cremig und dicht, lebendige Säure, guter Zug, insgesamt dicht gewoben und lang. Wird gut reifen. Auch toll zum Dessert. 7,5 Vol.-%, NK, €€€

92 2022 »Nr. 6 Alte Reben« Kasel Nies'chen Riesling Spätlese
Würziger Duft mit Anklängen von Honig, kandiertem Pfirsich, süßer Orange und sehr reifer Südfrucht, voll und würzig. Am Gaumen voll, lebendige Süße sorgt für Spannung, Cremigkeit, schöne Phenolik, harmonisch und gediegen, gemacht für die Reife. Klassisch. 8 Vol.-%, NK,

91+ 2022 »Nr. 11« Kasel Nies'chen Riesling Kabinett feinherb
90+ 2022 »Nr. 16« Kasel Kehrnagel Riesling tr.
90 2022 »Nr. 15« Kasel Nies'chen Im Steingarten Riesling trocken
92 2022 »Nr. 4 Alte Reben« Kasel Nies'chen Riesling Auslese
92 2022 »Nr. 9« Kasel Nies'chen Riesling Kabinett
91+ 2022 »Nr. 7 Alte Reben« Kasel Nies'chen Riesling Kabinett
91 2022 »Nr. 8 Alte Reben« Kasel Nies'chen Riesling Kabinett

91 2022 »Nr. 10 Alte Reben« Kasel Nies'chen Riesling Kabinett feinherb
Im Duft: Apfel, Mandarine, Weinbergpfirsich und Zitronenzeste, auch Kräuterwürze mit Salbei und Minze, Schiefer. Am Gaumen saftig, griffig, feine Phenole, etwas Blütenhonig, reife gelbe Frucht, mineralische Würze, feines Süße-Säure-Spiel, dicht, gute Länge, toll zu pikanten Speisen. 11 Vol.-%, DV, €€

★★

WEINGUT RICHARD BÖCKING

Schottstraße 12–14, 56841 Traben-Trarbach
T: +49 6541 9385, riesling@weingut-boecking.de
weingut-boecking.de

Ab-Hof-Verkauf: Mo bis Fr 8.30–12.30 Uhr
Kellermeister: Philipp Buchkremer
Ansprechpartner: Sandra Weber-Westphal
Flaschen/Hektar: 20.000 (95 % weiß, 5 % Rosé)/4,5 ha

Das Weingut Böcking blickt als ältestes Weingut der Stadt auf eine sehr imposante Geschichte zurück. Nach einer schwierigen Phase übernahmen Nachfahren der Familie im Jahr 2012 das Gut und haben es seitdem wieder zum Leben erweckt. Angesichts der exzellenten Lagen im Portfolio ist das Potenzial groß und wird nach und nach freigelegt. Philipp Buchkremer, der für die 4,5 Hektar Reben sowie den Keller verantwortlich ist, keltert finessenreiche Weine, die vom Schiefer geprägt und wunderbar frisch sind. Wir freuen uns auf die weitere Entwicklung des Gutes!

91 2021 Traben-Trarbach Ungsberg Riesling trocken
Tiefe Aromatik nach gelben und hellen Früchten, auch Zitrusaromen, dazu Minze und eine leichte Rauchigkeit, feine Komplexität. Am Gaumen mit einer sehr präsenten Säure, klar und mineralisch, druckvoll und charakterstark, reife Früchte, schöne Finesse, gute Länge. 10,5 Vol.-%, NK, €€

91 2021 Traben-Trarbach Schlossberg Riesling feinherb
Ein würzig-frischer Rieslingduft: Grapefruit, Limette, Melisse und Schiefernoten. Im Mund hat der Wein viel Saftigkeit, guten Extrakt, eine am »trockenen« Ende des feinherben Spektrums angesiedelte Balance und ein kompaktes Finish mit knackigem Säurezug. 9,5 Vol.-%, NK, €€

90 2021 »Devon« Traben-Trarbach Riesling trocken
Ruhende, nicht überbordende, herkunftstypische Aromatik mit Kräutern und feinen zitrischen Anklängen. Am Gaumen mit feiner Frucht und gutem Extrakt, leicht phenolisch, schöne Salzigkeit, belebende Säure bei moderaten 10,5 Prozent Alkohol, frischer Ausklang. 10,5 Vol.-%, DV, €€

89 2021 Traben-Trarbach Burgberg Riesling trocken
Würziger Duft nach reifen Zitrusfrüchten, Limette, Steinobst, dazu etwas Pfirsich. Am Gaumen mit reifer Säure, zupackend, mineralisch geprägt, Zitrusfrüchte und helle Früchte, saftig mit schönem Schmelz, balanciert, endet frisch, vielseitig einsetzbar. 10 Vol.-%, NK, €€

89 2021 »Böcking« Traben-Trarbach Riesling feinherb

91 2021 »M« Traben-Trarbach Ungsberg Riesling Kabinett
Zart würziger Duft nach Schiefer, nasser, heißer Stein, Jod, Limettenabrieb, frische Minze, pikant. Am Gaumen mit saftiger heller Frucht, Pfirsich, Birne, lebendige Säure, etwas Mandarine kommt dazu, schöner Zug, griffig, sehr trinkanimierend, endet frisch. 8 Vol.-%, NK, €€

★★

WEINGUT BOLLIG²

Moselweinstraße 86, 54349 Trittenheim
T: +49 6507 9989112, info@bollighoch2.de
bollighoch2.de

Ab-Hof-Verkauf: Mo bis Fr 8–18 Uhr, Sa 9–16 Uhr, So 10–13 Uhr, Voranmeldung erbeten
Kellermeister: Lukas Bollig
Ansprechpartner: Moritz & Lukas Bollig
Hektar: 15 ha

Erst zum zweiten Mal legten Lukas und Moritz Bollig, die als Bollig² zusammenarbeiten, ihre Weine vor: Es ist verblüffend, wie souverän sie agieren, seit sie 2021 den elterlichen Lukashof übernommen haben. Das Spiel mit Säure, Spannung und Mineralik liegt den Brüdern, ob beim charmanten Riesling Kabinett oder dem fulminanten »GG« aus der Trittenheimer Apotheke; auch die Weißburgunder sind gekonnt vinifiziert. Wir vergeben den zweiten Stern und nominieren Bollig² als »Newcomer des Jahres« (ein Porträt der Brüder finden Sie weiter vorne im Buch). Dafür Applaus!

92+ 2021 »Reserve« Weißburgunder trocken
Reduktiv, Kastanie, Grapefruit, Mandarinenschale, Honigmelone, kandierter, heller Apfel, Herbstbirne, etwas Heu. Am Gaumen saftig und auch cremig, ganz feine, leicht salzig konnotierte Säure, der Extrakt entfaltet sich spielerisch, mineralisch, gute Spannung. 12 Vol.-%, NK, €€

91+ 2022 Dhron Riesling trocken
Steinig, mineralisch, Noten von Spontanvergärung, kräuterig, Apfel, auch Aprikose zeigt sich, floral, hell, Richtung Eisenkraut, Lorbeer. Am Gaumen knackige Aprikose, die sich lange hält, für einen Ortswein viel Dichte und Substanz, mineralisch, saftig, druckvoll. 11,5 Vol.-%, DV, €

91 2022 Trittenheim Riesling feinherb
Waldmeister im Duft, Pfirsich, Aprikose, Schieferwürze, Schalen von Zitrusfrucht, gelbes Geißblatt. Im Stil eines Kabinetts, reifes Steinobst, elegant, etwas Herbe zur feinen Süße, saftig, sehr animierend. Ein Riesling wie ein charmantes Lächeln, zeigt viel Mosel. 10 Vol.-%, DV, €

92 2022 Trittenheim Riesling Kabinett
Im Duft geprägt von Fuderfass und Spontangärung, auch mit würzigen Noten von Kardamom, Piment und Kreuzkümmel. Der Gaumen setzt mit kräftiger Süße an, die Säure hält mit relativ guter Kraft dagegen, vor allem aber kleidet eine gepflegte Phenolik den Gaumen aus. Spannende Stilistik! 8,5 Vol.-%, DV, €

90+ 2022 Weißburgunder trocken

94+ 2021 »GG« Trittenheim Apotheke Riesling trocken
Rauchiger Schieferton, Mineralik, etwas Firne. Am Gaumen mit Kraft und doch einer verblüffenden Leichtigkeit, würzig, mineralisch, ernsthaft, trotzdem verspielt. Gebündelter Extrakt, nussig, rauchig, fulminante Säure, bleibt lange am Gaumen, öffnet sich erst langsam.
11,5 Vol.-%, NK, €€

★

SAARWEINGUT PETER BURENS

SaarWeinGut
PETER BURENS
Das Garagenweingut in Saarburg

Graf-Siegfried-Straße 47, 54439 Saarburg
T: +49 176 55614844, info@saarweingut-burens.de
saarweingut-burens.de

Ab-Hof-Verkauf: Ja
Kellermeister: Peter Burens
Ansprechpartner: Peter Burens
Flaschen/Hektar: 5.000 (100 % weiß, 25 % süß)/1 ha

Mit dem Begriff »Garagenweingut« wird unter Winzern gerne kokettiert, bei Peter Burens trifft er punktgenau: Sein Wein entsteht seit 2015 mitten in Saarburg in einer überschaubaren Garage, alle Flaschen werden mit unterschiedlichen Etikettenfarben gekennzeichnet (GelbKopf steht für trocken, GrünKopf für feinherb, RotKopf für fruchtig), damit man seinen Lieblingswein auch noch zur späten Stunde erkennt. Die »Réserve«-Rieslinge überzeugen mit eher weichen Zügen, der »GelbKopf« aus 2022 – unser Tipp – mit saartypischer Stahligkeit. Eine Bereicherung für den Guide!

91+ 2020 »GelbKopf Unfiltriert Réserve« Niedermennig Herrenberg Riesling tr.
Puderzucker, gelbes Steinobst, Pfirsich, Aprikose, etwas Mango, kräuterige Noten, auch Earl-Grey-Tee. Im Mund mit guter Spannung, ergänzendes Wechselspiel von Frische und weichen, cremigen Elementen, gut eingewobene Säure, mineralische Tönung, gute Länge. 12 Vol.-%, DV, €€

91+ 2021 »GelbKopf Unfiltriert Réserve« Niedermennig Herrenberg Riesling tr.
Noten von Spontangärung, Kräuter, Apfelschale, feiner Kümmel, etwas Schwarztee, Pfirsich, Aprikose. Setzt am Gaumen auf weichem, entspanntem Fond saftig an, cremig, ausgewogene Säure, gelber und grüner Apfel, Pfirsich, feine Zitrik, mineralisch, gute Balance. 12,5 Vol.-%, DV, €€

90+ 2022 »GrünKopf« Saarburg Auf Schonfels Riesling Kabinett feinherb
Fein ziselierter Duft mit Pfirsichblüte, etwas Orangenabrieb, dazu zarte Kräuterwürze, mineralischer Zug. Am Gaumen mit lebendiger Säure, schön austarierte, fließende Säure, schöne Phenolik, griffig, Zitrusfrüchte dominieren, puristisch und elegant, gute Länge. 9,5 Vol.-%, DV, €€

91+ 2022 »RotKopf« Saarburg Auf Schonfels Riesling Kabinett
Würziger Duft, etwas Blütenhonig, kandierte Orangenschale, Papaya, mineralisch unterlegt, heißer Stein, elegant. Am Gaumen mit viel Saft und Schmelz, sehr balanciert, reife, lebendige Säure, schöne Phenolik, reife Frucht zeigt sich, Orangenblüte, dicht, gute Länge. 7,5 Vol.-%, DV, €€

89+ 2022 »MuschelKalk« Grauburgunder tr.

91 2022 »GelbKopf Filtriert« Niedermennig Herrenberg Riesling trocken
Aprikose, Pfirsich, auch Apfel, kräuterige Noten, Schieferwürze. Filigran strukturierter Riesling, fein balanciert, mit typischer Saar-Säure, stahlig und lebendig, zitrische Noten, Limettensaft, auch Grapefruit, die aparte Süße fügt sich ein. Elegant, stilvoll. 11,5 Vol.-%, DV, €€

★★★★★

WEINGUT CLEMENS BUSCH

Hauptstraße 3, 56862 Pünderich
T: +49 6542 1814023, weingut@clemens-busch.de
clemens-busch.de

Ab-Hof-Verkauf: nach Vereinbarung
Kellermeister: Johannes und Clemens Busch
Ansprechpartner: Clemens Busch
Flaschen/Hektar: 120.000 (100 % weiß)/18 ha
Anbauweise: Biodynamisch

Clemens und Johannes Busch halten auch dieses Jahr mit ihren Weinen ein unfassbar hohes Niveau. Wenigen anderen Betrieben gelingt es so konstant, aromatischen Reichtum, Dichte und Fülle ins Glas zu bringen – und den Weinen zugleich eine Art heiterer Eleganz mitzugeben, die nicht den geringsten Anflug von Schwere aufkommen lässt. Dabei erstreckt sich unsere Begeisterung auf gleich drei Jahrgänge: auf die mineralischen Basisweine und GGs aus 2022, auf die sensationell strukturierten 2021er »Raffes« und »Felsterrasse« und auf die packend phenolischen »Reserven« aus 2020.

98 2021 Pünderich Marienburg Raffes Riesling trocken
Fantastische Balance, Dichte und Komplexität. Ein hoch präzises Säuregerüst gibt Struktur. Schiefer, Tabak, Blüten, Limetten, Grapefruit, Pfirsich und Weißdorn. Insgesamt noch verschlossen und reduktiv. Dabei superkompakt am Gaumen mit einer großartigen Salzigkeit und gekonnten Phenolik. 12,5 Vol.-%, NK, €€€€

97+ 2021 »Felsterrasse« Pünderich Marienburg Riesling trocken
Die kristallklare Säure bildet hier den Rahmen für ein wirkliches Kunstwerk. Feine, dichte Frucht geprägt von Zitrone, Aprikose und Apfelschnitz mit Anklängen von Wiesenkräutern, Lupinen und Sellerie. Elegante Schieferwürze setzt Kontraste. Präzise, dicht und unglaublich vielschichtig im Glas. Schier endlos am Gaumen. 12 Vol.-%, NK, €€€€

96 2020 »Reserve« Pünderich Marienburg Fahrlay Riesling trocken
Elegant und druckvoll zugleich. Finessenreich mit Noten von Zitronen, Aprikosen, Steinobst, weißen Blüten und dezentem Honig. Exzellente Schieferwürze. Lange und präzise am Gaumen mit einer gelungenen Phenolik. Braucht noch viel Zeit. Klasse Leistung! 12 Vol.-%, NK, €€€€

96 2020 »Reserve« Pünderich Marienburg Rothenpfad Riesling trocken
Unfassbar dicht und kompakt. Zitronen, Birnen, getrocknete Aprikosen, etwas Malz. Sehr verschlossen und fordernd mit einer fantastischen Textur. Dichter Extrakt, der nie anstrengend wirkt. Elegante Phenolik, großartige Mineralik, Salzigkeit, langes Finish. 12 Vol.-%, NK, €€€€

95 2022 Pünderich Marienburg Rothenpfad Riesling GG
94+ 2022 Pünderich Marienburg Riesling GG
92 2022 »vom grauen Schiefer« Riesling tr.
91 2022 »vom blauen Schiefer« Riesling tr.
95+ 2022 Pünderich Marienburg Riesling Spätlese Versteigerung Fass 2282
94 2022 »Goldkapsel« Pünderich Marienburg Riesling Spätlese
93 2022 Pünderich Marienburg Riesling Kabinett Versteigerung

92 2022 »vom roten Schiefer« Riesling tr.
Schlanke Struktur, finessenreich und im Finish lange anhaltend. Sehr feine Würznoten in der Nase unterlegen saftigen Pfirsich, Kumquats und Honig. Salzig, dicht und sehr lange am Gaumen. Feine Phenolik, noch verschlossen und mit viel Potenzial. 11 Vol.-%, NK, €€

★★★

WEINGUT CASPARI-KAPPEL

Am Steffenberg 29, 56850 Enkirch
T: +49 6541 6348, info@caspariwein.de
caspariwein.de

Ab-Hof-Verkauf: Mo bis Fr 8–12.30 Uhr und 14–18 Uhr
Kellermeister: Uwe Jostock
Ansprechpartner: Nico Caspari und Uwe Jostock
Flaschen/Hektar: 65.000 (90 % weiß, 10 % rot)/10 ha
Anbauweise: Bio

Die von Nico Caspari und Kellermeister Uwe Jostock gekelterten Weine präsentieren sich auch in diesem Jahr auf hohem Qualitätsniveau und bieten einen sehr schönen Terroirausdruck, was angesichts der exzellenten Lagen des Weinguts hocherfreulich ist. Dabei sind sie wunderbar zugänglich und beherrschen das elegante Spiel zwischen lebendiger Säure und einer Spur Süße perfekt. Das gilt nicht nur für die trockenen, sondern auch für die feinherb ausgebauten Weine. Eine Empfehlung ist die Spätlese, die in ihrer delikaten Art enorm viel Trinkspaß vermittelt.

92 2022 »von alten Reben« Enkirch Ellergrub Riesling trocken
Attraktiver, fruchtiger Duft mit reifer Zitrusfrucht, Pfirsich, Papaya, mineralisch geprägt, nasser Stein, feine Herbe ist dabei. Am Gaumen mit lebendiger, reifer Säure, gelbem Apfel und gereiftem Weinbergpfirsich, dezente Moselsüße, feine Mineralik, langer Abgang. 12 Vol.-%, DIAM, €€

91 2022 Burg Schlossberg Weißer Burgunder trocken
Im Duft würzig und und von feiner Frucht getragen, reifer Apfel, Mandel. Am Gaumem von gelben Früchten geprägt, leichte Würze bei guter Textur und einer lebendigen Säure, dezente Fruchtsüße, gute Struktur, vermittelt schönen Trinkfluss, guter Speisenbegleiter. 12,5 Vol.-%, NK, €€

91 2022 »von alten Reben« Enkirch Zeppwingert Riesling feinherb
Würziger Duft, viele Kräuter mit Minze und Thymian, dazu nasser Stein, kandierte Mandarinenschale, Aprikose. Am Gaumen mit reifer, packender Säure, direkt und mit viel Zug, Zitrusfrucht, mineralische Untertöne, Schiefergestein, Spannung, gute Struktur und Länge. 11 Vol.-%, DIAM, €€

90 2022 Sauvignon Blanc trocken
Blass in der Farbe und intensiv im modern-sortentypischen Duft mit Aromen von Cassis, junger Stachelbeere, grünem Paprika, Mango, Honigmelone sowie Grapefruit. Am Gaumen herrlich saftig und unkompliziert, reife, schöne Säure, dazu ein Hauch attraktive Süße. 12 Vol.-%, DV, €€

89+ 2022 Enkirch Riesling feinherb

92+ 2022 »von alten Reben« Traben-Trarbach Gaispfad Riesling Spätlese
Duft nach getrockneten Früchten, Blütenhonig, kandierter Zitronenschale, Kräuterwürze, Schale von einem reifen Apfel und etwas Birne. Am Gaumen mit schönem Volumen, lebendige, reife Säure, gut balancierte Süße, reife, helle Früchte, delikat und feinsinnig, lang. 7 Vol.-%, NK, €€

★★★★

WEINGUT ANSGAR CLÜSSERATH

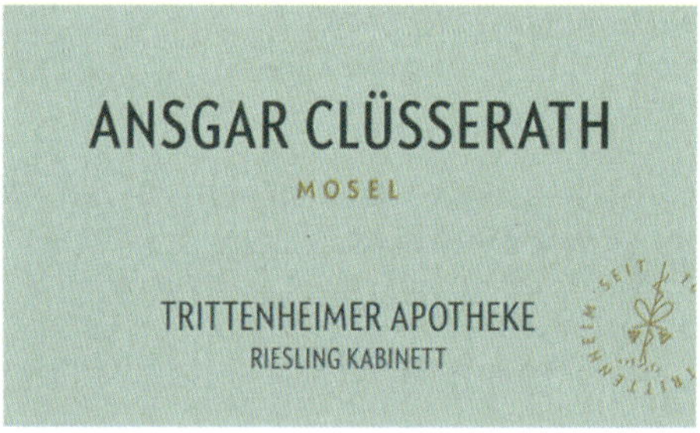

Spielesstraße 4, 54349 Trittenheim
T: +49 6507 2290, weingut@ansgar-cluesserath.de
ansgar-cluesserath.de

Ab-Hof-Verkauf: nach Vereinbarung
Kellermeister: Eva Clüsserath-Wittmann
Ansprechpartner: Eva Clüsserath-Wittmann
Hektar: 5,5 ha

Das von Eva Clüsserath-Wittmann geleitete Weingut in Trittenheim macht uns bereits seit geraumer Zeit große Freude, weil hier Rieslinge mit enormer stilistischer Souveränität entstehen, die Mineralität mit Eleganz und Dichte vereinen. Und zwar auf eine Art und Weise, wie sie fast nur an der Mosel möglich ist. Diese schwebende Kraft ist einfach bezaubernd. Erneut sind sowohl die trockenen wie auch die restsüßen Weine sehr gut gelungen, wobei es uns der unheimlich lebendige, trinkfreudige Kabinett besonders angetan hat. Ein Wein zum Verlieben!

93 2022 Trittenheim Apotheke Riesling trocken
Tiefgründig-mineralischer Duft, viel Schiefer, dazu Limettenschale, Grapefruit, auch Zündholz kommt dazu. Am Gaumen mit viel gebündelter Kraft, packende Säure, sehr auf die Mineralik fokussiert, schöne Phenole, dicht gewoben, lang, hat weiteres Potenzial. 11,5 Vol.-%, NK, €€€

92 2022 »Steinreich« Trittenheim Riesling trocken
Mineralisch-feiner Duft, würzige Kräuter, Limettenschale, nasser, heißer Stein, etwas Zündholz. Am Gaumen mit Saft und tiefer mineralischer Prägung, feine Phenole, packend, konzentriert, belebende Säure, schöne Spannung, charmante Kargheit, gute Länge. 11 Vol.-%, NK, €€

95 2022 Trittenheim Apotheke Riesling Auslese
Delikater Duft nach kandierten Zitrusfrüchten, Orangenschale, heißem Stein, Mandarine und etwas Honig, feine Würze, mineralisch geprägt. Am Gaumen mit feinem Schmelz, lebendige Säure, griffig, Papayasaft, Orangenblüte, Minze, sehr dicht gewoben, komplex und lang, Potenzial.
8 Vol.-%, NK, €€€

93 2022 Trittenheim Apotheke Riesling Spätlese
Duft nach reifen Zitrusfrüchten, kandierter Limettenschale, etwas Zündplättchen, reifer Mandarine, schöner Würze, heißem Stein und einer Spur Blütenhonig. Am Gaumen mit dichtem, feinen Schmelz, lebendige Säure, feine Mineralik, getragen von eleganter Säure, perfekt balanciert, edel.
8 Vol.-%, NK, €€€

90 2022 »Vom Schiefer« Riesling trocken

92 2022 Trittenheim Apotheke Riesling Kabinett
Duft nach prägnanter Schieferwürze, Zündholz, heißer Stein, Kräuterwürze, dazu reife Zitrusfrucht und tropische Früchte. Am Gaumen mit packender Mineralität, Würze, zitrische Aromen, frische Säure, phenolische Elemente, dicht und elegant, lebendiges, langes Finale.
8 Vol.-%, DV, €€

★★

WEINGUT CLÜSSERATH-WEILER

Brückenstraße 9, 54349 Trittenheim
T: +49 6507 5011, info@cluesserath-weiler.de
cluesserath-weiler.de

Ab-Hof-Verkauf: Mai bis Okt. Mo bis Fr 10–12 Uhr und 14–18 Uhr, Sa und So 10–12 Uhr
Kellermeister: Helmut und Verena Clüsserath
Ansprechpartner: Familie Clüsserath
Flaschen/Hektar: 47.000 (100 % weiß, 10 % Schaumwein)/6,5 ha

Seit mehr als 300 Jahren baut die Familie ausschließlich Riesling auf steilsten Schieferlagen an und keltert daraus mineralisch-würzige, elegante Weine. 2015 übernahm Verena Clüsserath die Leitung. Auch dieses Jahr haben uns ihre Weine überzeugt – etwa der Trittenheimer Altärchen Kabinett, der den stilistischen Inbegriff dieses Prädikats exakt trifft. Wir setzen das Weingut auf die Watchlist zum dritten Stern. Tipp: Im Gästehaus mit Blick auf Weinberge und Mosel gibt Ehemann Raphael Ianniello seine Erfahrungen aus der Sterneküche in Kochkursen weiter.

93 2022 »Terra Rossa« Mehring Zellerberg Riesling trocken
Duftet nach einem exotischem Früchtekorb mit vielfältiger Aromatik von Passionsfrucht, Grapefruit und Limetten. Begleitet von Pfirsicharomen bei anklingendem Schmelz. Harmonisch ausbalanciertes Säurespiel bei vorhandener Mineralität und mittelkräftigem Abgang. 12 Vol.-%, NK, €€

92 2022 »Primus GG« Trittenheim Apotheke Riesling trocken
Stachelbeerduft, begleitet von reifer Kiwifrucht, dabei frisch und klar am Gaumen, eine aparte Terpenherbe und mineralische Noten verbinden sich mit lebhafter Fruchtsäure, angenehmer Trinkfluss, dabei nachhaltig und stimmig, rund und saftig im Finish. 12,5 Vol.-%, NK, €€€

94 2022 Trittenheim Apotheke Riesling Auslese
Im Duft feine Botrytis, Apfel und Honig, Schiefer und ein Hautgout von Red-Boat-Sauce. Der Gaumen setzt viskos an und mündet in einen strammen Säurenerv. Der weit gefasste Körper, die präsente Süße und der gute Extraktreichtum garantieren 30 Jahre Lebenserwartung. 7,5 Vol.-%, NK, €€€

93+ 2021 Trittenheim Apotheke Riesling Eiswein
Getrocknete Feige, kandierter Pfirsich, Zitronenmelisse, Rosine. Im Mund hat der Wein eine straffe Eisweinsäure, eine eher defensive Süße, eine zart mineralische Tönung unterstreicht die eleganten Seiten des Weins, die Länge ist gut. 6,5 Vol.-%, NK, €€€€

91+ 2022 Trittenheim Apotheke Riesling trocken

93 2022 Trittenheim Altärchen Riesling Kabinett
Die Nase ist von schieferwürzigen Aromen dominiert. Im Mund zeigt sich ein gehaltvoller, terpengetragener, dennoch aber im Alkohol leichter Wein. Der Wein hat eine schöne Frische und ein Süße-Säure-Spiel auf der klassischen, nicht im Übermaß süßen Seite des Kabinettspektrums. 8,5 Vol.-%, DV, €€

★★★

WEINGUT MARTIN CONRAD

Moselweinstraße 133, 54472 Brauneberg
T: +49 6534 93980, info@martinconrad.de
martinconrad.de

Ab-Hof-Verkauf: nach Vereinbarung
Kellermeister: Martin Conrad
Ansprechpartner: Martin Conrad
Flaschen/Hektar: 35.000 (100 % weiß, 10 % süß, 5 % Schaumwein)/5,7 ha
Anbauweise: Bio

Martin Conrad ist ein Winzer, der sich viele Gedanken macht und weit über den eigenen Tellerrand hinausblickt. »Profitgier, Machtbesessenheit, Karrierewahn, Missgunst, Lügen, Korruption oder Empathielosigkeit« hätten ihn sehr nachdenklich gemacht, schrieb er in seinem Newsletter. Es macht die Welt nicht besser, wenn man sich mit seinen Weinen beschäftigt, aber es hilft ganz sicher, die Dinge gelassener zu sehen. Aus einer Reihe von gekonnt balancierten Rieslingen ragt die »Goldkapsel« aus dem Brauneberger Juffer hervor, jedes Glas beste Medizin gegen den Weltschmerz.

92+ 2021 »GG« Brauneberg Juffer Riesling trocken
Schieferwürze, ziemlich reife Aprikose, kräuterig, etwas Kandiszucker, Zitronenmelisse, Verbene. Verbindet am Gaumen Komplexität mit Mosel-Finesse, dicht, mit feiner, phenolischer Schichtung, weiche Säure, salin, terpenwürzig, mineralisch, gute Länge. 12,5 Vol.-%, NK, €€€

91+ 2021 »Alte Reben« Veldenz Kirchberg Riesling trocken
Duft nach reifem Steinobst, nicht zu extrovertiert, schieferige Würze, auch Zitronenmelisse. Am Gaumen mit mittlerer Spannung, eher entspannt fließend, saftige Aprikose, eingewobene Säure, dunkle, mineralische Würze, auch Grapefruit, die leicht herb ins Finish führt. 12,5 Vol.-%, NK, €€€

92 2022 Brauneberg Juffer Riesling Auslese
Reifer, vom Schiefer geprägter Duft, sehr reife Zitrusfrucht, süße Limette, dahinter etwas Anis, Mandarinenschale, eine Spur von hellem Honig. Am Gaumen mit elegantem Schmelz, süße Früchte, Pfirsich, Aprikose, fein austarierte Säure, griffig, delikat, gute Länge. 7,5 Vol.-%, NK, €€€

91 2022 Brauneberg Juffer Riesling Kabinett
Würzig-reifer Duft, Limettenschale, kandierte Orange, etwas Minze, Zitronenmelisse, mineralischer Zug, nasser, heißer Stein. Fein strukturiert am Gaumen mit frischer Säure, reifer Zitrusfrucht, Pfirsich und Aprikose, delikate Süße, fließend, gute Länge. 8 Vol.-%, NK, €€

91 2022 Brauneberg Juffer Riesling feinherb

93+ 2022 »Goldkapsel« Brauneberg Juffer Riesling trocken
Der Duft fängt den Weinberg mit markanter, schieferiger Würze, reifem Pfirsich, Mandarinenschale und Kräutern ein. Am Gaumen zunächst saftig zugänglich, entwickelt auf hintergründige Art Spannung und Tiefe, lebendig-raffinierte Säure, schiefrige Würze, lang und talentiert. 12,5 Vol.-%, NK, €€€

★

WEINGUT KLOSTER EBERNACH

Sehler Anlagen 36, 56812 Cochem
T: +49 2671 2324255, info@weingut-ebernach.de
weingut-ebernach.de

Ab-Hof-Verkauf: Jan.–März Mo u. Do bis Fr 9–17 Uhr, Mi 9–13 Uhr, Apr.–Okt. Mo u. Mi bis Fr 9–17 Uhr, Di u. Sa 11–17 Uhr
Kellermeister: Christian Kruft
Ansprechpartner: Heinz-Rudolf Zenzen
Flaschen/Hektar: 60.000 (87 % weiß, 4 % rot, 5 % Rosé, 4 % Schaumwein)/8 ha

Der Weinbaubetrieb mitsamt seines Kellers liegt innerhalb der Klosteranlage der Franziskanerbrüder vom Heiligen Kreuz. Die Mönche bauten hier bereits im 17. Jahrhundert Wein an, heute bewirtschaftet die Familie Zenzen die Monopollagen Bischofsstuhl und Sonnenberg. Auch für Gäste könne das Weingut ein Ort der Besinnung, zum Rückzug oder für Feste, Feiern und Kultur sein, schreibt uns Betriebsleiter Heinz-Rudolf Zenzen. Überdies stellen wir fest, dass es auch ein Hort der Experimentierfreude ist, wie unter anderem der gelungene Barrique-Riesling belegt.

91 2022 Valwig Schwarzenberg Riesling Spätlese trocken
Ein glockenklarer, mustergültig frischer Rieslingduft mit Aromen von Pfirsich, Blutorange, Melisse, Zitronenthymian. Im Mund zeigt der Wein guten Extrakt, einen ausgewogenen Bau mit reifer Säure und zurückhaltend dosierter Restsüße und einen pointierten Abgang guter Länge. 11 Vol.-%, DV, €€

90+ 2021 Pommern Riesling Barrique trocken
Ein kräftiger Holzton dominiert den Duft. Würzige Aromen von Piment, Lavendel und Kreuzkümmel treten hinzu. Im Mund hat der Wein Kernigkeit und Stoff, der Holzton ist bereits besser integriert als im Duft. Bei schlankem Alkohol ist das ein ungewöhnlicher, aber durchaus stringenter Wein. 10,5 Vol.-%, NK, €€€

90 2022 Cochem Sonnenberg Riesling Kabinett feinherb
Eine würzige und zugleich fruchtige Nase: Pfirsich und Aprikose, aber auch rauchige Schiefernoten. Im Mund zeigt sich der Wein saftig und leichtgewichtig, mit lebendigem Säurerückgrat und einer Süße, die die Leichtigkeit nicht schmälert. Flintige Abgangsaromen. 9 Vol.-%, DV, €€

89+ 2022 Riesling & Weißburgunder Cuvée RR/WB
Duft nach tropischen Früchten, Mango, Ananas, Papaya, dahinter reifer, roter Apfel und Birnenschale. Am Gaumen mit feiner, schmelzender Süße, griffige Säure, etwas rote Grapefruit, Papaya, lebendige Säure, griffig, balanciert, macht Spaß, gute Länge. 8,5 Vol.-%, DV, €

88 2022 Cochemer Klostergarten Weißburgunder feinherb

89+ 2022 »Pink« Riesling & Pinot Noir Rotling feinherb RR/PN
Pastellfarben wie ein Rosé von den Côtes de Provence. Der Duft zeigt sich zurückhaltend, aber klar: Noten von Apfelgelee, Himbeere, Zitronengras. Die Gaumenstruktur ist rund und geschmeidig, aber auch säurefrisch und saftig, trotz der präsenten Süße wirkt sie nicht pappig. Erfrischend! 9,5 Vol.-%, DV, €

★★

WEINGUT CHRISTOPH EIFEL

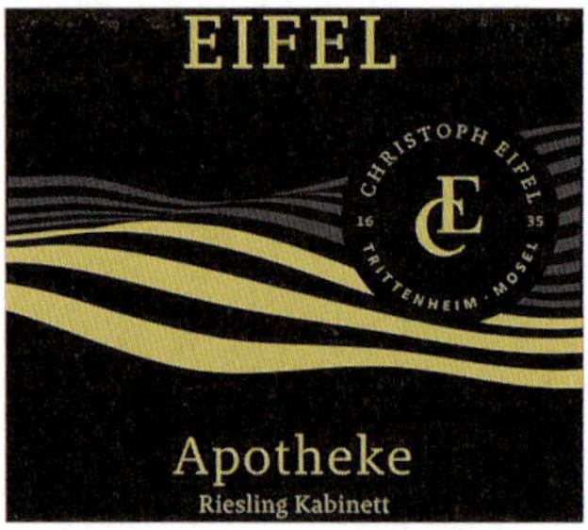

Johannes-Tithemius-Straße 21, 54349 Trittenheim
T: +49 6507 2632, info@weinguteifel.de
weinguteifel.de

Ab-Hof-Verkauf: nach Vereinbarung
Kellermeister: Christoph Eifel
Ansprechpartner: Christoph Eifel
Hektar: 7 ha

Sie sehen richtig, geschätzte Leserinnen und Leser, auf dieser Seite finden Sie keine einzige in grüner Farbe gedruckte Bewertung. Christoph Eifel, der das elterliche Weingut 2021 übernommen hat, setzt ganz und gar auf frucht- und edelüße Weine. Das tut er mit ebenso viel kulturellem Bewusstsein für die Stärken der Mosel wie mit stilistischem Raffinement: Eifel gibt selbst den Botrytisweinen eine Prise Phenolik mit auf ihren Lebensweg. Mehr über den 32-Jährigen und seine Motivation, so zu arbeiten, finden Sie weiter vorne im Buch bei der Vorstellung unserer Newcomer.

95 2022 »Leopold« Trittenheim Apotheke Riesling Trockenbeerenauslese
Intensiver Duft nach Waldhonig, sehr reifer Aprikose, getrockneten Früchten und kandierter Ananas, vielschichtig und klar. Am Gaumen sehr viskos, mit zupackender, lebhafter Säure, zarter Phenolik, dann erneut tropischen Früchten. Individuell, sehr dicht, tolle Länge. 8 Vol.-%, NK, €€€€

94 2022 »Alte Reben« Trittenheim Apotheke Riesling Spätlese
Duft nach reifen tropischen Früchten mit Ananas und Papaya, dazu etwas Blütenhonig, feine Schieferwürze dahinter, etwas Rauch und Minze. Am Gaumen mit schmelzender Süße, dicht, würziger, reifer Pfirsich, Aprikose, packende Säure, griffig, viel Spannung, lang, Potenzial. 7,5 Vol.-%, NK, €€

94 2022 Dhron Hofberg Riesling Beerenauslese***
Nektarine, Pfirsichschnitz, auch etwas Champignon, Kräuter, Anis. Im Mund hat der Wein eine intensive Stoffigkeit, geradezu eine phenolische Struktur, ein leichtes Übergewicht der Süße über die Säure. Der Clou ist hier die Gerbstoffstruktur in einem Süßwein! 8 Vol.-%, NK, €€€

93+ 2022 Trittenheim Apotheke Riesling Auslese
Üppiger Duft nach reifen, tropischen Früchten, dazu süße Orange, Blütenhonig, Mango, Schieferwürze, getrocknete Aprikose, vielschichtig. Am Gaumen mit schmelzender Süße, pikante Säure, frisch und druckvoll, reife Zitrusfrucht, Limonentarte, Honigwürze, dicht und lang, Potenzial.
8 Vol.-%, NK, €€

93+ 2022 Dhron Hofberg Riesling Kabinett
Intensiver, von der Schieferwürze geprägter Duft, nasser, heißer Stein, kandierte Zitrusfrüchte mit Orange und Limone, delikat. Am Gaumen saftig und druckvoll, lebendige Säure, viel Spannung, süße Zitrusfrüchte, Papaya, mineralisch geprägt, dicht und elegant, lang. 7,5 Vol.-%, NK, €€

★

WEINGUT EIFEL-PFEIFFER

Moselweinstraße 70, 54349 Trittenheim
T: +49 6507 926214, info@eifel-pfeiffer.de
eifel-pfeiffer.de

Ab-Hof-Verkauf: Ja
Kellermeister: Anne Eifel-Spohr
Ansprechpartner: Tanja Görgen-Eifel
Hektar: 9 ha

Trittenheimer Apotheke, Bernkasteler Badstube, Wehlener Sonnenuhr – es sind Lagen mit großen Namen, über die das Familienweingut verfügt. Und da sind drei Frauen am Steuer. Mia, die jüngste, Enkelin von Senior Heinz Eifel, studiert gerade noch Önologie und hat nun ihren zweiten eigenen Wein vorgelegt: einen Kabinett aus der Lage Trittenheimer Altärchen, der eine Werbung für das feinherbe Genre ist – so mineralisch, so unverkitscht und verheißungsvoll für die Flaschenreife. Da auch die anderen Weine überzeugten, sehen wir am Firmament bereits den zweiten Stern aufsteigen.

92 2022 »Der Wurzelechte« Graach Domprobst Riesling trocken
Mittleres Zitronengelb. Ein feiner Duft von Schieferwürze, Weinbergpfirsich, grünem Apfel und auch Aprikose. Am Gaumen attraktiv kräuterig, auch Limettenzeste. Dabei feingliederig, bei lange anhaltendem Säurefaden. Gute Spannung im Nachhall. 12 Vol.-%, NK, €€

91+ 2022 Trittenheim Apotheke Riesling trocken
Zitronengelb in der Farbe. Ein Duft von gelbem Apfel, Pfirsich, Gesteinsmehl und Johannisbeerblatt. Am Gaumen etwas rauchig, feine Zitrusfrucht, feine Phenolik, in einem eher schlanken Körper von sehr guter Säure balanciert. Gute Länge. 12 Vol.-%, NK, €€

91+ 2022 Trittenheim Apotheke Riesling Spätlese
Schiefer-würziger Duft mit Pfirsichblüte, Mango, etwas Blütenhonig und Orangenschale, delikat. Am Gaumen mit schönem Schmelz, druckvoll, gut integrierte Säure, dicht, Aprikose, tropische Früchte, auch etwas Süßholz, gute Struktur, endet lang und würzig. 7,5 Vol.-%, NK, €€

91 2022 Wehlen Sonnenuhr Riesling Spätlese
Duft nach reifen Zitrusfrüchten, Orangenschale, dazu Papaya und Mango, Kräuterwürze, mineralischer Zug. Am Gaumen mit lebendiger Säure, fließend integrierte Süße, schöner Schmelz, etwas Pfirsich und Aprikosengelee, schöne Würze, gute Struktur und Länge. 8 Vol.-%, NK, €€

90+ 2022 Graach Himmelreich Riesling Kabinett feinherb

91+ 2022 »Mia« Trittenheim Altärchen Riesling Kabinett feinherb
Würziger Duft, der vom Schiefer geprägt ist, heißer, nasser Stein, Wiesenkräuter, Pfirsich, Aprikose, Mandarinenschale. Am Gaumen filigran und tänzelnd, zarter Schmelz, feines Süße-Säure-Spiel, griffig, phenolische Noten, wieder Würze, sehr trinkig, elegant. 10,5 Vol.-%, NK, €€

★★★★

WEINGUT FORSTMEISTER GELTZ-ZILLIKEN

Heckingstraße 20, 54439 Saarburg
T: +49 6581 2456, info@zilliken-vdp.de
zilliken-vdp.de

Ab-Hof-Verkauf: nach Vereinbarung
Kellermeister: Hans-Joachim und Philipp Zilliken
Ansprechpartner: Dorothee Zilliken
Flaschen/Hektar: 100.000 (100 % weiß)/13,6 ha

Es gibt nicht viele Weingüter, die über Generationen – hier seit mehr als 270 Jahren – einen so unverkennbaren Hausstil entwickelt haben wie Geltz-Zilliken. Das ist zum einen der Großen Lage Saarburger Rausch geschuldet, zu dem die Familie ein enges, symbiotisches Verhältnis unterhält. Zum anderen aber auch dem Ausbau in traditionellen Fuderfässern im kühlen, feuchten Keller und einer in den Genen festgeschriebenen Sorgfalt und Leidenschaft. Das Resultat sind trockene, feinherbe oder süße Rieslinge, denen man nicht widerstehen kann. Jawohl, es darf noch mehr sein.

93+ 2022 Saarburg Rausch Riesling GG
Duftig in der Nase, weiße Blüten, Weinbergpfirsich, Zitrone, Wiesenkräuter, Brennnessel, Klee, Ingwer, Sesam, Schieferwürze. Am Gaumen saftig und gut ausbalanciert, mineralische Würze, salzig, dezent in der Frucht, Zitrus, weißer Pfirsich. Bereits jetzt trinkbar. 12 Vol.-%, NK, €€€

93 2022 Ockfen Bockstein Riesling GG
Dezent im Duft, viel Rauch, frische Aprikosen, Zitronenzeste, getrocknete Kräuter, Gesteinsmehl. Am Gaumen noch jugendlich, karg in der Frucht, Zitrusfrucht, lebendige Säure mit Zug, spannungsgeladen, viel mineralische Würze, salzig, schlank im Alkohol, Reifepotenzial. 12 Vol.-%, NK, €€€

95 2022 Saarburg Rausch Riesling Auslese Versteigerung
Intensiver Duft, Blütenhonig, Limettenschale, getrocknete Aprikose, reifer Pfirsich, Kräuter, heißer Stein, ganz zarte Rose, komplex. Am Gaumen mit schmelzender Süße, Pfirsich, Orange, Honig, ganz fein dosierte Säure, kraftvoll und wunderbar elegant, lang, Potenzial. 8 Vol.-%, NK

92+ 2022 Saarburg Rausch Riesling Kabinett AP 2/23 (Versteigerung)
Im Duft: Grapefruit, kühl in der ersten Anmutung, aber auch balsamisch, nuanciert mineralisch. Auch im Mund ist der Wein fein ziseliert, die Säure hat Frische, ohne allzu pikant zu werden, die Abgangsaromatik erfreut mit subtiler Frucht, der Abklang ist geschmeidig und reich. 8,5 Vol.-%, NK,

92 2022 »Alte Reben« Saarburg Riesling trocken
91 2022 »Butterfly« Riesling feinherb
90+ 2022 Saarburg Riesling feinherb
90 2022 »Zilliken« Riesling trocken
91+ 2022 Saarburg Rausch Riesling Kabinett
91 2022 Ockfen Bockstein Riesling Kabinett
91 2022 Saarburg Riesling Kabinett

92 2022 Saarburg Riesling trocken
Noch dezent im Duft, Zitrusfrüchte, Weinbergpfirsich. Am Gaumen frisch, saftig und geschmeidig, lebendige Säure mit Zug, zitrische Frucht, mineralische Würze, schöne Dichte, schlank im Körper, gut im Extrakt, trinkanimierend. Schön! 11,5 Vol.-%, NK, €€

★

WEINGUT MARKUS FRIES

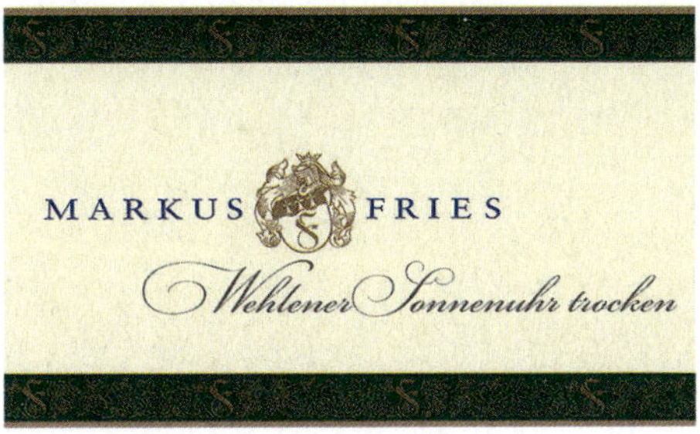

Zum Brauneberg 16, 54484 Maring-Noviand
T: +49 6535 493, direkt@markus-fries.de
markus-fries.de

Ab-Hof-Verkauf: Ja
Kellermeister: Markus Fries
Ansprechpartner: Markus Fries
Flaschen/Hektar: 40.000 (76 % weiß, 2 % rot, 20 % süß, 2 % Schaumwein)/6 ha
Anbauweise: Biodynamisch

Im biodynamischen Weinbaubetrieb von Markus Fries liegt der Schwerpunkt der Arbeit eindeutig auf qualitativen Verbesserungen im Weinberg. Ein Teil der sechs Hektar großen Fläche ist mit wurzelechten Reben bestockt, die häufig auf den von Fries bevorzugten Steillagen stehen. Im Keller verzichtet der Winzer hingegen weitgehend auf Eingriffe und lässt der Natur ihren guten Lauf. Die Weine sind durchweg mineralisch grundiert und bestechen durch einen festen Kern. Besonders gelungen ist in diesem Jahr die schmelzende Auslese von der Sonnenuhr – ein echter Festtagswein.

90+ 2022 »GG« Wehlen Sonnenuhr Riesling trocken
Duft nach reifen gelben Früchten, etwas Honigwabe, stark mineralisch geprägt, nasser Stein, Apfelschale zeigt sich. Am Gaumen mit viel Schmelz und Druck, lebendige Säure, präsente Phenole, griffig und fest, hat ordentlich Zug, endet frisch, gute Länge. 12 Vol.-%, NK, €€€

89+ 2022 Maring-Noviand Auf der Schwarzen Lay Riesling trocken
Würzig-mineralischer Duft, etwas kandierte Limettenschale, dazu Steinfrucht, ein wenig Mango. Am Gaumen mit lebendiger Säure, Zitrusfrüchte dominieren, dazu Kräuteraromen, zart mineralisch geprägt, charmante Struktur, endet frisch, gut geeignet bei Tisch. 12 Vol.-%, NK, €€

92 2021 Wehlen Sonnenuhr Riesling Auslese
Feinwürziger Duft, mineralisch unterlegt, Blütenhonig, etwas kandierte Orange, süße Hagebutte, minzige Frische. Am Gaumen mit schönem Schmelz, Honig, getrocknete Südfrüchte, Birnensaft, lebendige Säure, dicht und cremig, dabei fein bleibend, gute Länge. 8,5 Vol.-%, NK, €€€

90 2021 Maring Honigberg Riesling Spätlese
Goldgelb, duftet nach Honigwabe, kandierten Zitrusfrüchten, reifer Birne, etwas Apfelschale und zartem Petrol. Am Gaumen mit feiner Süße, gut integrierte Säure, kräuterige Elemente, dazu Orangenkonfekt, reifer Apfel, cremiger Fond, zugänglich, gute Länge. 8,5 Vol.-%, NK, €€

89 2022 »Blauschiefer« Riesling trocken

90 2020 Spätburgunder trocken
Duft nach reifen, roten Beeren, Sauerkirsche, Brombeere, etwas Schlehe, hat eine pikante Note. Am Gaumen mit ausgeruhten Gerbstoffen, feine, gut integrierte Säure, rote Früchte dominieren, erneut Kirsche, angenehm griffig, in sich stimmig, gute Länge. 13,5 Vol.-%, NK, €€

★★

WEINGUT GEHLEN-CORNELIUS

Weingartenstraße 33, 54472 Brauneberg
T: +49 6534 496, mail@gehlen-cornelius.de
gehlen-cornelius.de

Ab-Hof-Verkauf: Apr. bis Okt. täglich 8–18 Uhr und nach Vereinbarung
Kellermeister: Daniel Gehlen
Hektar: 24 ha

Es ist nicht alltäglich, dass auf einem Mosel-Weingut die Rotweine die höchsten Bewertungen abräumen. Doch um das Ungewöhnliche noch zu steigern, ist es bei Daniel Gehlen nicht etwa der Spätburgunder, der mit den Lagenrieslingen wetteifert, sondern es sind Blaufränkisch und Syrah. Letztere, im Jahrgang 2020 von uns mit sensationellen 94 Punkten bewertet, zeigt sich im kühleren 2021er Jahrgang zwar nicht ganz mit derselben Saftigkeit und Fülle wie im Vorjahr. Doch sie ist immer noch hervorragend gelungen. Ganz eindeutig: Die Sorte passt zu Winzer und Weinberg!

91+ 2022 Brauneberg Juffer Riesling trocken
Schiefermineralisch im Duft, brenzlig, Gesteinsmehl und zitrische Frucht. Im Mund hat der Wein viel Saftigkeit, eine reife Säure, einigen Schmelz im Hintergrund, die Wärme der Lage ist in extraktgetragene Fülle umgesetzt, die Stoffigkeit garantiert ein langes Leben. 12,5 Vol.-%, DV, €€

92+ 2021 Syrah trocken
Etwas Neuholz, Leder, Karamell, Mokka, Sauerkirsche, Wacholder, schwarzer Pfeffer, ein Hauch balsamischer Töne. Im Mund hat der Wein einen fleischigen Gerbstoff und eine leichte Fruchtsüße auf viskosem Fond, die Intensität der Gaumenfrucht und der lebendige Säurebogen halten den kraftvollen Bau in Balance, der Wein endet saftig und mit intensiver Gaumenfrucht. 14 Vol.-%, DV, €€€

91 2021 Blaufränkisch trocken
Kräftiges Neuholz im Duft, dazu eine Frucht zwischen Sauer- und Schwarzkirsche. Auch pfefferige, leicht vegetale Untertöne. Im Mund hat der Wein ein dichtes, feinkörniges Tanningerüst, der Säurenerv verstärkt den Eindruck der Sehnigkeit, der Wein hat durchaus Perspektive. 13,5 Vol.-%, DV, €€

91 2022 Wintrich Ohligsberg Riesling Spätlese
Frisch-würziger Duft, Zitrusfrucht, Kräuterwürze, Gesteinsmehl, großzügig dimensioniert. Am Gaumen mit viel Schmelz, spürbare Süße ist von feiner Säure balanciert, reife Südfrucht, Mango, kandierte Mandarine, hat viel Saft, gute Struktur und Länge, toll zur Apfeltarte. 7,5 Vol.-%, DV, €€

90 2022 Wintrich Ohligsberg Riesling trocken

90 2022 Sauvignon Blanc trocken
Ein reduktiver Sortenduft: pfefferige Töne, etwas Paprika, Passionsfrucht. Der Gaumen hat Druck, Frische, eine gute Struktur mit reifer Säure und einer Prise die Frucht unterstützender Süße. Ein kraftvoller und ausgewogener Sortentyp. 13 Vol.-%, DV, €

★★★★

WEINGUT GRANS-FASSIAN

Römerstraße 28, 54340 Leiwen
T: +49 6507 3170, weingut@grans-fassian.de
grans-fassian.de

Ab-Hof-Verkauf: nach Vereinbarung
Kellermeister: Catherina Grans
Ansprechpartner: Catherina Grans
Hektar: 13 ha

Bereits im vergangenen Jahr konnten wir nur Gutes über die exzellente Arbeit von Catherina Crans berichten – dieses Jahr dürfen wir uns wiederholen. Auf dem großartigem Mosel-Terroir versteht es die Winzerin meisterhaft, Saft und Kraft mit Eleganz und Feinheit zu vereinen, das gilt für die trockenen Weine wie für die edelsüßen. Auch wenn man in dieser tollen Kollektion jeden Wein herausheben könnte, so möchten wir doch die Auslese von der Trittenheimer Apotheke explizit erwähnen. Mit seiner Kombination aus Tiefe, Schmelz und Griffigkeit bietet der Wein enormen Genuss.

94+ 2022 Trittenheim Apotheke Riesling GG
Würzig-mineralischer Duft, heißer Schiefer, reife Zitrusfrucht mit Limonensaft, Zitronenmelisse, englische Minze, vielschichtig. Am Gaumen cremig ansetzend, reife, belebende Säure, Südfrüchte zeigen sich, etwas Papaya, dicht gewoben, tolle Balance, gute Länge, viel Potenzial.
12,5 Vol.-%, NK, €€€

93+ 2022 Dhron Hofberg Riesling GG
Reife Zitrusfrucht im Duft, kandierte Limonenschale, Mandarinensaft, etwas Blütenhonig, Pfirsichblüte. Am Gaumen mit prägnanter Säure, zupackend, griffig, geschliffene Phenole, pikant, Zitrusfrucht, ausgeprägte Mineralität, viel Zug und Dynamik, in sich ruhend, dicht und lang. 12,5 Vol.-%, NK, €€€

93 2022 Piesport Goldtröpfchen Riesling GG
Mineralisch geprägter Duft, Gesteinsmehl, Schiefer, dazu reife Zitrusfrucht, auch Südfrüchte mit Mango und Papaya. Am Gaumen mit reifer, schmelzender Säure, pikant, griffig, reife Zitrusfrucht, feine Mineralik, dicht gewoben, feine Phenole, gute Länge. 12,5 Vol.-%, NK, €€€

92 2022 Trittenheimer Apotheke Riesling Kabinett
Würziger Duft nach exotischen Früchten, Papaya und kandierter Orange, ganz viel Kräuterwürze, Minze, nasser, heißer Stein, vielschichtig. Am Gaumen mit lebendiger Säure, viel Zug, fein ziselierte Aromatik mit dominierenden Zitrusfrüchten, elegant, schlank und würzig. 8,5 Vol.-%, NK, €€€

92 2022 Leiwen Laurentiuslay Riesling GG

95 2022 Trittenheim Apotheke Riesling Auslese
Balsamisch-getragener Duft, Honigwürze und Schiefernoten, dazu kandierte Orangenschale, sehr dicht, strahlend. Am Gaumen voller Saft und Kraft, lebendige Säure, fließende Süße, Zitrusfrucht, Pfirsich, mineralisch unterlegt, maximal griffig und präsent, dicht und lang.
8 Vol.-%, NK, €€€

★

C.A. HAUSSMANN

Bernkasteler Weg 15, 56841 Traben-Trarbach
T: +49 6541 1543, weingut@ca-haussmann.de
ca-haussmann.de

Kellermeister: Karsten Schwaab
Ansprechpartner: Stefan Stassen
Hektar: 6 ha

Das Weingut C.A. Haussmann gehört zu den traditionsreichsten Häusern an der Mittelmosel, die Ursprünge gehen bis in das Jahr 1559 zurück. Vor knapp einem Jahrzehnt hat Stefan Stassen, der bereits seine Winzerlehre in dem Betrieb absolviert hat und selbst aus einer Weinbaufamilie vom Mittelrhein stammt, das Weingut übernommen und setzt seitdem die vom Streben nach Qualität geprägte Philosophie der Familie Haussmann fort. Neben den trocken ausgebauten Rieslingen hat uns dieses Mal auch die überaus trinkige Spätlese sehr gut gefallen.

90 2022 »Schieferjuwel« Riesling Spätlese trocken

Noch eher verschlossen im Duft, florale Noten, Jasminbüte, reifer Apfel, sogar Apfelschale, reifer Weinbergpfirsich, Gesteinsnoten, kräuterige Würze. Am Gaumen schlank im Körper, cremiger Fond, reifer Säure und zarter Süße, balanciert, schöner Trinkfluss. 11 Vol.-%, DV, €€

89+ 2022 »Schieferjuwel« Riesling trocken

Kräutrig-würziger Duft, viel Gesteinsmehl und getrocknete Kräuter, dahinter dezent Zitrusfrucht, grüner Apfel. Am Gaumen schlank gebaut, salzig, frische knackige Frucht, Zitronen, Äpfel, Weinbergpfirsich mit dezenter Süße, lebendige und gut integrierte Säure, trinkanimierend. 12 Vol.-%, DV, €

89+ 2022 »Schieferjuwel« Riesling feinherb

Zarte sonnenverwöhnte Aprikosen und Pfirsich im Duft, Wiesenkräuter, nasses Gestein, weiße Blüten, dezent pfefferig. Am Gaumen saftig, dicht, reife Frucht wird getragen von feiner Süße, reife, gut integrierte Säure, mineralische Würze, gute Länge, Spaßbringer für gesellige Runden.
10,5 Vol.-%, DV, €

89 2022 »Alte Rebe« Traben-Trarbach Würzgarten Kayser Wingert Riesling Kabinett trocken

Feinduftig in der Nase, Gesteinsnoten, reifer Apfel, reife Birnen, Aprikosen, Brennnessel, Wiesenkräuter. Am Gaumen schlank gebaut, saftige Frucht von Pfirsich, Aprikosen, Zitronen, mit dezenter Süße, dazu lebendige Säure, macht Lust auf das nächste Glas. 11 Vol.-%, DV, €

89 2022 Grauburgunder trocken

90 2022 Traben-Trarbach Würzgarten Riesling Spätlese

Duft nach reifen Zitrusfrüchten, dazu minzige Noten, etwas Gesteinsmehl, kandierte Limettenschale. Am Gaumen mit schmelzender Süße, Ananas, Birnensaft, roter Apfel, lebendige Säure, würzig unterlegt, sehr trinkige Spätlese, perfekt zu pikanten Gerichten. 7,5 Vol.-%, DV, €€

★★

WEINGUT HEINRICHSHOF

Chur-Kölner-Straße 23, 54492 Zeltingen-Rachtig
T: +49 6532 3151, mosel@weingut-heinrichshof.de
weingut-heinrichshof.de

Ab-Hof-Verkauf: Di bis Sa 14–19 Uhr
Kellermeister: Peter und Ulrich Griebeler
Ansprechpartner: Peter Griebeler
Flaschen/Hektar: 93.300 (90 % weiß, 10 % rot)/8 ha

Hier stehen trockene Weine im Zentrum: Rieslinge aus Fuder, Tonneau und Zulast (einer Art Halbstück) sowie Spätburgunder – wie an der Mosel üblich, stets aus Schiefersteillagen. Die Brüder Griebeler führen das Weingut seit 2014, dabei haben sie eine Arbeitsweise ohne Schönungsmittel perfektioniert. Uns haben die Weine durch die feine Art gefallen, mit der sie ihren Extraktreichtum in Szene setzen. Wo Abrundung im Spiel ist, etwa durch neues Holz oder Restsüße, bleiben die Weine dennoch frisch. Wir setzen das Weingut auf die Watchlist für den dritten Stern.

93+ 2022 »GG« Piesport Goldtröpfchen Riesling trocken
Ein raffinierter Duft: dezentes Holz und die typischen Gesteinsmehlaromen der Lage, dazu eine zitrische Frucht. Im Mund wirkt der Wein gleichermaßen dicht wie leichtfüßig, sehr feine Phenole machen Druck, eine kultivierte Säure und mineralischer Extrakt geben Spannung. Lang und potenzialreich! 13 Vol.-%, NK, €€€

93 2022 »Zulast Réserve« Zeltingen Schlossberg Riesling trocken
Ein Duft von Kumquat, rosa Grapefruit und stückiger Orangenkonfitüre. Und ein Anflug von Fuder. Der Gaumen zeigt sich sehr dicht mit sehr feinen Phenolen besetzt, der Wein macht viel Druck und bleibt dennoch nuanciert, mit feiner Extraktsüße und lebendigem Säurenerv. 12,5 Vol.-%, DV, €€€

92+ 2022 »GG« Zeltingen Sonnenuhr Rotlay Riesling trocken
Zitrische und dezent gelbfruchtige Aromen werden von mineralischer Würze ergänzt. Im Mund beginnt der Wein mit Geschmeidigkeit und einer feinen Textur, die phenolische Komponente ist ganz und gar in den Schmelz integriert, Säure und (kräftige) Mineralität geben Frische.
12,5 Vol.-%, NK, €€€

92+ 2022 »GG« Zeltingen Sonnenuhr Riesling tr.
Der Ausbau im Holz liefert rauchig-würzige Aromen, etwas Senfkraut, Steinobst zeigt sich verhalten, Aprikose, Mirabelle. Geschmeidig am Gaumen mit weicher Textur, aber auch getragen von unaufgeregter Energie, feine Säure, leicht saline Mineralik, raffiniert, lang. 12,5 Vol.-%, NK, €€€

90 2022 »Pet Nat« brut
91 2022 »Réserve« Zeltingen Himmelreich Weißburgunder trocken
90+ 2022 Zeltingen Schlossberg Riesling tr.
89+ 2022 »Römische Kapelle« Zeltingen Riesling trocken
91+ 2021 »Réserve« Zeltingen Himmelreich Spätburgunder trocken
89+ 2022 Zeltingen Spätburgunder trocken
89+ 2022 Zeltingen Himmelreich Riesling Kabinett

92+ 2022 »Tonneau« Zeltingen Riesling tr.
Im Duft ist der Wein stärker zitrusfruchtig als holzgeprägt: Blutorange und Amalfizitrone. Im Mund hat er eine dichte und dennoch nicht herbe Struktur, die Phenole haben griffige Struktur, sind aber auch von Geschmeidigkeit und Extraktsüße weich eingebunden. 12 Vol.-%, NK, €€

★★★★

WEINGUT VON HÖVEL

Agritiusstraße 5–6, 54329 Konz-Oberemmel
T: +49 6501 15384, info@weingut-vonhoevel.de
weingut-vonhoevel.de

Ab-Hof-Verkauf: Mo bis Sa nach Vereinbarung
Kellermeister: Maximilian von Kunow & Wolfgang Mertes
Ansprechpartner: Maximilian von Kunow
Flaschen/Hektar: 160.000 (95 % weiß, 1 % rot, 2 % Rosé, 2 % Schaumwein)/20 ha

Max von Kunow brennt für den Saar-Riesling. Als siebte Generation seiner Familie kann er auf gefestigte Vorstellungen zurückgreifen, wie ein Scharzhofberger Kabinett oder eine Hütte Auslese zu schmecken hat. Doch von Kunow vermeidet das Erstarren eines zu engen Traditionsbegriffs – er weiß, dass jede Generation alles neu erarbeiten muss. So hat er zuletzt jeden Stein umgedreht, um trotz Klimawandel das große Erbe der Saar forttragen zu können. Seine herausragenden 2022er zeichnen wir als »Kollektion des Jahres« aus (siehe auch weiter vorne im Buch). Gratulation!

96 2022 Wiltingen Scharzhofberg Riesling GG
Balsamische Schieferwürze dominiert den Duft, dazu kommen Noten von Apfel, Kümmel, Lakritze. Im Mund hat der Wein beträchtliche Tiefe, eine fordernde Phenolstruktur, konzentrierte Säure und eine sehr gute taktil-mineralische Komponente. Große Zukunft! 10,5 Vol.-%, NK, €€€

95 2022 Wiltingen Scharzhofberg Riesling Große Lage feinherb
Schieferwürzig und lagentypisch balsamisch, auch Blutorange und Kräuter. Sogar Cassis. Im Mund ist der Wein sehr dicht, mit dezenter Phenolik, mit reifer, aber fester Säure und einem von der Süße geschmeidig gemachten Übergang zum Abgang. Zuletzt kompakt, pointiert. Länge!
10,5 Vol.-%, NK, €€€

95+ 2022 Wiltingen Scharzhofberg Riesling Kabinett Versteigerung
Noch verschlossen, aber die balsamische Würze der Lage teilt sich bereits mit. Im Mund hat der Wein eine unmittelbar stoffige, stahlige Präsenz, durchdringende Mineralität erfüllt den Gaumen. Das warme Jahr zeigt sich in einem Plus an Extrakt, aber der Reifegrad ist perfekt getroffen. 7,5 Vol.-%, NK

95+ 2022 Oberemmel Hütte Riesling Auslese
Eher Passerillage als Botrytis – aber allerfeinst in den Trockenfruchtaromen und mineralischen Untertönen. Im Mund wirkt das schwerelos und reich zugleich, Säure und Mineralität geben Spannung. Eine Saar-Auslese 2.0 – kompakt, mineralisch, frisch, mit großem Potenzial. 7,5 Vol.-%, NK, €€€

94 2022 Oberemmel Hütte Riesling GG
93+ 2022 Kanzem Hörecker Riesling GG
92 2022 Niedermennig Riesling trocken
91+ 2022 Oberemmel Riesling trocken
91 2022 Krettnach Riesling trocken
94 2022 Oberemmel Hütte Riesling Kabinett
93+ 2022 Oberemmel Hütte Riesling Spätlese

92+ 2022 Wiltingen Riesling feinherb
Der Wein ist sehr aromatisch im Duft mit der typischen Scharzhofberger Würzigkeit. Im Mund beginnt der Wein mit Druck, dann mit einer saftigen Säure, die Süße gibt Balance im verspielten Stil der Saar, intensive Mineralität leitet in ein langes Finish. 11 Vol.-%, DV, €€

★★

CLASSISCHES WEINGUT HOFFRANZEN

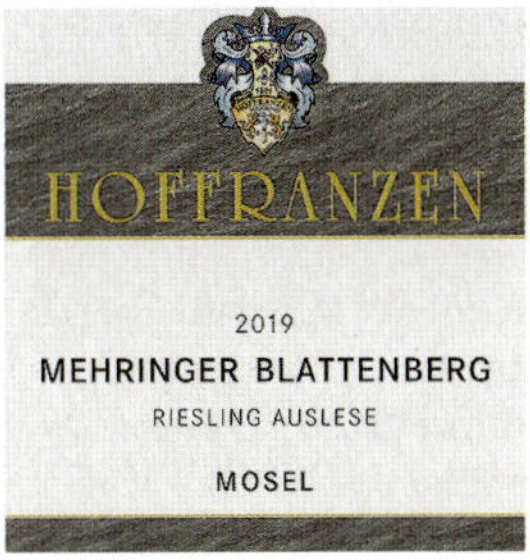

Schulstraße 22, 54346 Mehring
T: +49 6502 8441, info@weingut-hoffranzen.com
weingut-hoffranzen.com

Ab-Hof-Verkauf: nach Vereinbarung
Kellermeister: Carolin Hoffranzen, Martin Schu-Hoffranzen, Hans Hoffranzen
Ansprechpartner: Carolin Hoffranzen
Hektar: 10 ha

Eine unserer Verkosterinnen schwärmte, dass die Rieslinge des Classischen Weinguts Hoffranzen sie an Schmetterlinge erinnerten, die anmutig über eine bunte, gut ausstaffierte Blumenwiese schweben: Das ist ein poetisches Bild, das den Charakter der Weine, die alle mühelos balanciert wirken, gut umschreibt, der »Contur« etwa bringt Finesse, Komplexität und Länge auf verspielte Art zusammen. Auch die feine Fruchtsüße wirkt nie deplatziert oder gar aufdringlich im Zusammenspiel der Elemente, sie fügt sich ein, um etwas Charme zum Gesamtbild zu stiften. Schön!

91+ 2021 »Contur« Riesling feinherb
Spannende Nase, würzig, zitrisch und kräuterig, auch salzig. Weiche Textur am Gaumen, die von einer aktiven Säure belebt wird und mit der feinen Restsüße für charmanten Trinkfluss sorgt, würzige Schiefermineralik, wirkt mühelos balanciert, langer Nachhall. 12 Vol.-%, NK, €€

91 2021 Mehring Layterrassen Layet Riesling
Die Farbe spielt ins Goldgelb, würzig im Duft, karamellisierter Pfirsich, gebrannte Mandeln, Guave, steinig, floral. Saftig im Mund, geschmeidig, weicher, filigraner Säurefaden, gute Dichte, vielschichtig, erdig, mineralisch-phenolisch begleiteter Ausklang. 12 Vol.-%, NK, €€

89+ 2022 Mehring Riesling trocken
Würziger und auch nuancenreicher Duft mit Apfel, Pfirsich, getrockneter Limettenschale, Zwiebelschale und Schieferwürze. Filigraner Bau am Gaumen, saftig und mit feinem Schmelz, Apfel, Aprikose und auch Meyer-Zitrone, aparte Fruchtsüße, feine Mineralik, gepflegt. 11,5 Vol.-%, DV, €

91 2022 »Caro« Mehring Blattenberg Riesling Spätlese
Im Duft dominieren Noten von Kandiszucker, Zuckerstange, daneben kommt eine Frucht auf wie von Pfirsichkompott und Pflaumenmus. Im Mund trifft ein lebendiger Säurenerv auf Spätlesesüße, was die Anmutung des Weines schlank und elegant hält. Stilvoll. 7,5 Vol.-%, DV, €€

89 2022 Grauburgunder trocken

90 2022 »Alte Reben« Mehring Blattenberg Riesling trocken
Prägnanter Duft, gemahlene Korianderkörner, getrockneter Lorbeer, Apfel, Aprikose, schiefrig, gelbes Curry. Gering im Alkoholgehalt, durchaus gehaltvoll am Gaumen, weicher Fond, fein ziselierte Säureader, flankiert von charmanter Fruchtsüße, mineralisch, würzig-herb endend. 11 Vol.-%, DV, €€

★★★

WEINGUT IMMICH-BATTERIEBERG

Im Alten Tal 2, 56850 Enkirch
T: +49 6541 815907, info@batterieberg.com
batterieberg.com

Ab-Hof-Verkauf: Ja
Kellermeister: Gernot Kollmann
Ansprechpartner: Gernot Kollmann
Flaschen/Hektar: 50.000 (95 % weiß, 1 % rot, 1 % Rosé, 3 % Schaumwein)/13 ha
Anbauweise: Bio

Wir schätzen das Engagement von Gernot Kollmann, der Immich-Batterieberg zu einem Musterbetrieb der Mosel entwickelt hat. Ein Charakteristikum der emblematischen Rieslinge ist ihre Gelassenheit in Verbindung mit mineralischer Tiefe und korrespondierender Fruchtsüße. Dieser Aggregatzustand wurde am Verkostungstisch als »Energie im Meditationsmodus« umschrieben. Aber der Kellermeister kann auch ganz anders: Die »Detonation« zirkelt die Energie in unwiderstehliche lineare Bahnen, auch der spannungsreiche »Escheburg« zeigt neue stilistische Nuancen. Stark.

93+ 2022 Enkirch Batterieberg Riesling trocken
Leicht rauchiges Ambiente, delikate Pfirsich- und Aprikosenote, schiefrige Würze, feine Botrytis. Saftig und vollmundig am Gaumen mit fruchtsüßer Delikatesse, unaufgeregt zeigt die Mineralik Spannung und Größe, beschäftigt den Gaumen, elegant, tief, jung, groß. 13,5 Vol.-%, NK, €€€€

93+ 2022 Enkirch Zeppwingert Riesling trocken
Kräftiges Goldgelb. Reife, sehr fein nuancierte Gelbfrucht, reife Aprikose, Pfirsich, Mineralik, Kandiszucker. Setzt sehr entspannt am Gaumen an, Energie im Meditationsmodus, trotzdem tragend, gediegene Säure, burgundisch tief, mineralisch, für das ganz große Glas. NK, €€€€

93 2022 Enkirch Escheburg Riesling trocken
Mittleres Goldgelb. Würzig-floraler Einstieg, Lorbeerblatt, Schiefer, auch Maracuja, kräuterig, Hibiskustee. Schlanker, filigraner Bau, der keine Breite und Schwere zulässt, die quicklebendige Säure wird durch etwas Restsüße abgefedert, dicht, mineralisch, spannend. 11 Vol.-%, DV, €€€

93 2022 Enkirch Ellergrub Riesling trocken
Mittleres Goldgelb. Sommerliche Kamille mit feiner Holzwürze und reifem Steinobst, nussig, erdig, würzig. Am Gaumen saftig und auch cremig, gute Balance von Säure und Fruchtsüße, elegant, feinwürzig und mineralisch, mit einer Komplexität, die nie zu fordernd wird. 12,5 Vol.-%, NK, €€€

92+ 2022 Traben Zollturm Riesling trocken

91 2022 »Detonation« Riesling trocken
Etwas reduktiv, reifer Pfirsich mit schiefriger Würze, auch Passionsfrucht kommt dazu. Am Gaumen in einer straffen, filigranen Struktur mit Energie, die lebendige Säure lässt die »Detonation« trocken und salzig wirken, linear, zielstrebig und animierend. 11 Vol.-%, DV, €€

★★★★

WEINGUT KARTHÄUSERHOF

Karthäuserhof 1, 54292 Trier
T: +49 651 5121, mail@karthaeuserhof.com
karthaeuserhof.com

Ab-Hof-Verkauf: Mo bis Fr 8.30–17 Uhr
Kellermeister: Mathieu Kauffmann
Flaschen/Hektar: 149.000 (100 % weiß)/29 ha
Anbauweise: in Umstellung

Mathieu Kauffmann, der ehemals bei Champagne Bollinger und in der Pfalz bei von Buhl tätig war, hat uns dieses Jahr von den »Alten Reben« und vom Kabinett jeweils ein Pärchen aus den Jahrgängen 2021 und 2022 geschickt. Deren Verkostung belegt die aufsteigende Formkurve: War der Karthäuserhof nach dem Ausscheiden des legendären Christoph Tyrell im Jahr 2012 in unstetes Wasser geraten, so sind nun mit der Verpflichtung von Kauffmann 2020 und von Betriebsleiter Dominik Völk (ehemals Van Volxem) 2022 die Weichen für ein Wiederanknüpfen an den einstigen Ruhm gestellt.

92+ 2022 »Alte Reben« Eitelsbach Riesling trocken
Zunächst hefewürzig, dann kommen mehr und mehr Kräuter zum Vorschein, Melisse, Borretsch, auch getrocknete Zitronenschale, Apfel. Den Gaumen strukturieren Stoff und eine pfeilgerade Säure, der Wein ist gleichermaßen leicht, dicht und mineralisch – stilistisch à point. 12 Vol.-%, NK, €€€

91+ 2021 »Alte Reben« Eitelsbach Riesling trocken
Blumige Noten treten neben einen Hauch Überreife, Karamell und Honigbonbon. Im Mund ist der Wein schlank und bissig, die Säure integriert leichte Grüntöne, die mittelgewichtige bis gute Substanz am Gaumen legt einen großen Spannungsbogen an. 11 Vol.-%, NK, €€

92 2022 Eitelsbach Karthäuserhofberg Riesling Spätlese
Fein mineralisch grundierter Duft, Schiefer, schöne Kräuterwürze mit Minze und Rosmarin. Am Gaumen mit lebendiger Säure, schöner Zug, feine Phenolik, getragene Süße, tropische Früchte, Maracuja, Mango, Mineralik, gute Struktur und gute Länge. 7,5 Vol.-%, NK, €€€

91+ 2022 Eitelsbach Karthäuserhofberg Riesling Kabinett
Würzig-frischer Duft, Zitrusfrüchte und Schiefergestein, fein ziseliert, Limonenschale, Aprikose und Minze. Am Gaumen mit frischer Säure, fein eingebundene Süße, zupackend mit mineralischen Noten, elegant und im Abgang immer trockener werdend. 9 Vol.-%, NK, €€€

91 2021 Eitelsbach Karthäuserhofberg Riesling Kabinett

90 2021 »Schieferkristall« Riesling trocken
Mineralisch-würzige Aromen dominieren den Duft. Im Mund hat der Wein mittelgewichtigen Extrakt, eine Schicht von Cremigkeit, die einen kleinen Anteil Überreife im Lesegut erkennen lässt, viel Saft und Nerv und eine positive Adstringenz im Abklang. 11 Vol.-%, NK, €€

★★★

REICHSGRAF VON KESSELSTATT

Schlossgut Marienlay, 54317 Morscheid
T: +49 6500 91690, info@kesselstatt.de
kesselstatt.com

Ab-Hof-Verkauf: Mo bis Do 8–16.45 Uhr, Fr 8–13 Uhr
Kellermeister: Lukas Bollig
Ansprechpartner: Dr. Karsten Weyand
Flaschen/Hektar: 300.000 (98 % weiß, 2 % rot)/46 ha

Sieben Jahre sind bereits seit dem Tod der unvergessenen Annegret Reh-Gartner vergangen. In diesen Jahren ist das ruhmreiche Morscheider Weingut durch etwas wechselhafte Zeiten gegangen. Doch der Lagenbesitz an allen drei Flüssen ist immer noch derselbe – und Weine wie der feinherbe Scharzhofberger aus 2022 zeigen, dass im Weingut immer noch ein enormes Potenzial schlummert. Wir drücken die Daumen, dass das neue Team um Dr. Karsten Weyand und Lukas Bollig den Anschluss an die großen alten Zeiten schafft, die Zeichen dafür stehen nicht schlecht.

93 2022 Wiltingen Scharzhofberg Riesling Kabinett feinherb

Im Duft auf archetypische Weise mineralisch-würzig, Zitrus, Kräuter. Im Mund setzt der Wein mit feiner Geschmeidigkeit an, spielt dann schön mit reifer Säure und zurückhaltend gesetzter Süße, Prädikat und Lage erhalten einen anmutigen, frischen Ausdruck. 10 Vol.-%, NK, €€

93 2021 »Monopol« Graach Josephshöfer Riesling GG

Der Duft zeigt sich bereits vergleichsweise reif: mit Aromen von Lavendel, Apfelkompott und Blütenhonig und auch hefige Spontangärungsnoten sind noch da. Der Gaumen eröffnet mit einer kernigen Säure, dann enfalten sich Schmelz und Fülle, die einen kräftigen Kontrast zur Säure und ebenso zur recht kräftigen, taktil-mineralischen Komponente bilden. 13 Vol.-%, NK, €€€

91 2022 »Schloss Marienlay Alte Reben« Riesling trocken

Ein frischer Duft von kandierter Zitrone, grünem Apfel und ein klein wenig auch nach Schiefer entströmt dem Glas. Der Gaumen eröffnet kernig, mit durchdringender Säure und einer zusätzlich Pikanz und Herbe bringenden Phenolik. Der Wein hat eine gute Dichte und wird von Flaschenreife profitieren. 12 Vol.-%, DV, €€

91 2022 Piesport Goldtröpfchen Riesling Kabinett

Kandierte Zitronenschale, Bergamotte und rauchige Schiefernoten. Der Gaumeneindruck beginnt mit vergleichsweise großzügig dosierter Süße, reife Säure und ölige Terpene sorgen dafür, dass der runde Eindruck im ganzen Gaumenverlauf erhalten bleibt. 10 Vol.-%, NK, €€

91 2022 Kasel Nies'chen Riesling Spätlese

90+ 2022 Wiltingen Riesling trocken

Der Wein zeigt sich noch verschlossen im Duft, weist aber auch die lagentypischen balsamisch-mineralischen Noten auf. Im Mund zeigt sich ein von der Süße spielerisch ausbalancierter, leichtgewichtiger Bau, etwas Kohlensäure erfrischt zusätzlich zu Nerv und mineralischer Komponente. 12 Vol.-%, DV, €€

★★★

WEINGUT NIKOLAUS KÖWERICH

Maximinstraße 11, 54340 Leiwen
T: +49 6507 4282, info@weingutkoewerich.de
weingutkoewerich.de

Ab-Hof-Verkauf: nach Vereinbarung
Kellermeister: Nick Köwerich
Ansprechpartner: Nick und Annette Köwerich
Flaschen/Hektar: 100.000 (97 % weiß, 3 % süß)/10 ha

Im Selbstverständnis der Familie Köwerich verbinden sich das Vertrauen in die Gaben der Natur mit Genussfreude. Passenderweise haben sie sich den Psalmenvers »... der Wein erfreue des Menschen Herz« als Leitspruch gewählt. Er benennt auch eine Tatsache: Die feinherbe Laurentiuslay-Spätlese von 2012 hat uns erfreut, und ja, sogar begeistert. Eine Freude ist es auch, dass Annette und Nick Köwerich ihrer Tradition treu geblieben sind, uns einen gereiften Wein mitzuschicken. So bekommen wir einen Vorgeschmack davon, wie die 2022er in zehn Jahren schmecken werden.

93+ 2012 Leiwen Laurentiuslay Riesling Spätlese feinherb
Hoch attraktiv im reifen Duft. Dicht und faszinierend komplex in den Fruchtaromen, die von einer ultrafeinen Würze begleitet werden. Am Gaumen reintönig, Aprikosen, getrocknete Apfelringe bei idealem Säurezug. Spielerisch und tänzelnd, mit einer fein gewobenen Struktur. Kompliment. 11,5 Vol.-%, NK, €€€

94 2022 Leiwen Laurentiuslay Riesling Beerenauslese
Würziger, tiefgründiger Duft, kandierte Zitrusfrüchte, getrocknete Aprikose, Honig, tiefe Mineralität, heißer, nasser Stein, Minze, Zitronenmelisse. Am Gaumen mit viel Druck, schmelzende Süße, süße Frucht, Birnensaft, Mandarinengelee, lebendige Säure, lang, Potenzial. 8 Vol.-%, DV, €€€€

93 2022 Leiwen Laurentiuslay Riesling Auslese
Duft nach getrockneten Früchten, Aprikose, Pfirsich, dazu Blütenhonig, süße, kandierte Zitrusfrucht, Orangenmarmelade, Quittengelee, würzig. Am Gaumen mit schmelzender Süße, druckvoll und dicht, Honigwürze, Pfirsichlikör, dicht, lebendige Säure, lang, weiteres Potenzial.
8 Vol.-%, DV, €€€€

92+ 2022 Köwerich Laurentiuslay Riesling Spätlese
Feinwürziger Duft, pikante Minze, geriebene, süße Orangenschale, animierende Mineralität, Schiefer, heißer Stein. Am Gaumen mit Schmelz und Druck, fein dosierte Säure, würzige Süße, etwas Blütenhonig, Mangosaft, elegante Phenole, viel Zug und Spannung, lang, Potenzial. 8 Vol.-%, DV, €€€

92 2022 »Für Träumer und Helden« Leiwen Laurentiuslay Riesling Spätlese

90+ 2022 »Fräulein Mosel« Köwerich Laurentiuslay Riesling Kabinett
Wunderbar blumig-frischer Duft, Veilchen, Minze, Orangenblüte, ganz zarter Pfirsich. Am Gaumen mit schöner, lebendiger Säure, frisch und klar, reife Zitrusfrucht, Mandarinensaft, gut eingepasste Süße, balanciert, schöne Spannung, guter Trinkfluss. 8 Vol.-%, DV, €€

★★

SCHLOSSGUT LIEBIEG

Krainstraße 5, 54340 Klüsserath
T: +49 6507 99115, info@schlossgut-liebieg.de
schlossgut-liebieg.de

Ab-Hof-Verkauf: Ja
Kellermeister: Bernhard Kirsten
Ansprechpartner: Bernhard Kirsten
Hektar: 30 ha
Anbauweise: Bio

Beachtliche 30 Hektar bewirtschaften Bernhard Kirsten und sein Team. Dabei scheint das Schlossgut den Weinen aus unterschiedlichen Flussabschnitten mit stilistischem Ideenreichtum zu begegnen: Hier wird ganz offenkundig nicht nach 08/15-Methoden vinifiziert. Der gehaltvolle Lagenwein aus dem Winninger Brückstück darf in 500-Liter-Fässern reifen, das Pendant aus der Trittenheimer Apotheke hingegen im Granitfass – was der Feingliedrigkeit dieses Weins entgegenkommt. Gelungen ist beides. Auch die anderen Weine unterstreichen ein gutes Debüt in unserem Guide.

92+ 2021 Trittenheim Apotheke Riesling trocken
Der Wein ist leicht reduktiv im Duft, öffnet sich dann in florale, leicht schieferwürzige und kandiert-zitrische Aromen. Im Mund zeigt sich ein eleganter Wein, leichtgewichtig im Alkohol, gut mit Extrakt dotiert, mit feinem Säurefaden und mineralischem Ausklang. 12,5 Vol.-%, NK, €€€

92+ 2021 Winningen Brückstück Riesling trocken
Florale Noten dominieren den Duft, Lavendel, Muskat, auch ein Anflug von Wachs ist da. Der Gaumen setzt kraftvoll an, zeigt eine hochwertige Phenolik, lebendige Säure und zurückhaltend dosierte Süße, im Abgang wird der Holzeinfluss merklich, ist aber gut integriert. Lang! 12,5 Vol.-%, NK, €€€

91+ 2021 »Pur« Klüsserath Bruderschaft Riesling trocken
Mittleres Goldgelb in der Farbe. Im Duft Aprikose, Wachs, Rosine. Im Mund entfaltet sich einige Wucht, der Körper wird säurefrisch und stoffig gekontert, der Abgang ist noch kompakt, lässt aber eine komplexe Entfaltung (und auch einen Hauch Holzeinsatz) erahnen. 13 Vol.-%, NK, €€

91 2021 »Herzstück« Klüsserath Bruderschaft Riesling trocken
Banane, Ananas, ein von reifer und klarer Frucht bestimmter Duft. Im Mund hat der Wein eine seidige Textur, ein feines Säuregerüst, das dem Körper Spannung gibt, die Süße rundet den stoffigen und terpenherben Abklang ab. Ein gehaltvoller, aber nicht untypischer Moselwein. 12,5 Vol.-%, NK, €€

89+ 2021 »Vierpass« Klüsserath Riesling trocken

91 ➊ NV Blanc des Blancs brut
Brioche und gelbe Blüten im Duft, feine Autolysenoten, Apfel, Aprikose und Birne, nussig, geröstete Walnüsse. Einnehmend am Gaumen, vollmundig, körperreich, feinwürzig, mittleres Mousseux und präzise, lebendige Säure, wirkt trocken bei geringer Restsüße. Burgunderhaft.
12 Vol.-%, NK, €€

★★★★★

WEINGUT SCHLOSS LIESER

Am Markt 1, 54470 Lieser
T: +49 6531 6431, info@weingut-schloss-lieser.de
weingut-schloss-lieser.de

Ab-Hof-Verkauf: Mo, Di, Do und Fr 10–17 Uhr, Sa 11–15 Uhr
Kellermeister: Thomas Haag
Ansprechpartner: Thomas Haag
Hektar: 26 ha

Das von Thomas Haag mit großem Ehrgeiz und dem Wunsch nach stetiger Verbesserung geleitete Top-Weingut präsentiert eine großartige Kollektion nach der nächsten. Egal, ob mit Restsüße oder trocken ausgebaut, die Rieslinge von Schloss Lieser gehören zur absoluten Spitze – an der Mosel, in Deutschland und – das kann man ohne große Übertreibung sagen – auch weltweit. Das gilt insbesondere für die hier eingereichten Versteigerungsweine, die unglaublich hohe Konzentration mit geschliffener Eleganz und den Anlagen für ein fast ewiges Leben verbinden.

94+ 2022 Lieser Niederberg Helden Riesling GG
Würzig im Duft, nasses Gestein, Brennnessel, Lorbeer, frische Zitronen, Orangenzesten, dezent malzig. Am Gaumen dicht, stoffig, dennoch elegant, viel mineralische Würze, cremiger Fond, geradlinige Säureader, saftige Rieslingfrucht, lange am Gaumen, salzig im Nachhall. 12,5 Vol.-%, NK, €€€

94 2022 Graach Himmelreich Riesling GG
Noch verschlossen im Duft, kräuterige Würze, reife Frucht von Weinbergpfirsich, kandierter Zitrone und Ingwer. Am Gaumen geschmeidig, mineralische Würze, feine Frucht, geradlinig und elegant, feingliedrige Säure, feine Phenolik, guter Extrakt, noch jugendlich. 12,5 Vol.-%, NK, €€€

96+ 2022 »Goldkapsel« Lieser Niederberg Helden Riesling Auslese
Mineralisch-würziger Duft, Melange aus Schiefer, Feuerstein, Zündholz, Honigwürze und kandierter Zitrusfrucht. Am Gaumen dicht, kraftvoll und voller Eleganz, feine Säure, bei aller Kraft elegant bleibend, süße, schmelzende Frucht, sehr komplex, enorme Länge, groß. 7 Vol.-%, NK, €€€

95 2022 Bernkastel Doctor Riesling Spätlese Versteigerung
Im Duft dominieren die mineralischen Elemente, Feuerstein, Schiefer, Zündholz ist mit dabei, dahinter balsamische Würze, etwas Honig. Am Gaumen cremig und dicht, perfekt eingepasste Säure, Schmelz, Honigwürze, süße Aprikose, mineralisch getragen, komplex, griffig, lang. 7 Vol.-%, NK, €€€€

93+ 2022 Graach Domprobst Riesling Kabinett Versteigerung

90+ 2022 Lieser Niederberg Helden Riesling feinherb
Zitrusfrucht im Duft, rosa Grapefruit, Blutorangen, Orangenzeste, kandierte Zitronen, Wiesenkräuter, Gesteinsnoten. Am Gaumen von saftiger Frucht getragen, dezente Süße, Schmelz, lebendige Säure und angenehm herbe Würze, wunderbar pikant, trinkanimierend.
10,5 Vol.-%, NK, €€

★★★

WEINGUT LOERSCH

Tannenweg 11, 54340 Leiwen-Zummethöhe
T: +49 6507 3229, info@weingut-loersch.de
weingut-loersch.de

Ab-Hof-Verkauf: nach Vereinbarung
Kellermeister: Alexander Loersch
Ansprechpartner: Alexander Loersch
Flaschen/Hektar: 67.000 (94 % weiß, 2 % rot, 4 % Rosé, 25 % süß, 5 % Schaumwein)/8,1 ha

Der Weinbau der Familie Loersch lässt sich bis ins Jahr 1640 zurückverfolgen. Alexander Loersch übernahm 2002 die Verantwortung für den Keller mit klaren Vorstellungen: Terroirgeprägt sollten seine Weine sein, jahrgangstypisch und langlebig. Dafür arbeitet er mit selektiver Handlese, Spontanvergärung sowie Geduld. Sein 2020er Piesporter Goldtröpfchen gewann 2021 die Falstaff Kabinett Trophy, der 2022er Kabinett aus der Trittenheimer Apotheke steht jenem kaum nach. Das Weingut verfügt über ein sehr schönes, hoch über der Mosel gelegenes Gästehaus.

94 2022 »Devon-Terrassen GG« Trittenheim Apotheke Riesling trocken
Eindrucksvolle, tolle Nase! Rauch, mineralisch, dicht gewoben, Kräuter wie Thymian und auch Giersch. Voluminös am Gaumen, große Saftigkeit, positiver Druck, sehr ausgewogenes Säurespiel, Aromen von gelben Pflaumen und Brioche, hoch elegant und erwachsen! 12 Vol.-%, NK, €€

93 2022 »Jungheld GG« Trittenheim Apotheke Riesling trocken
Herrliches Farbenspiel im Glas, goldene Reflexe. In der Nase duftiges Blütenaroma, Heu, blond gebrannter Zucker, Zitronenmelisse. Am Gaumen elegant kühl und frisch, sehr saftig, auch leichte Rauchnoten und im Nachhall mollig und animierend. 12 Vol.-%, NK, €€€

91+ 2022 »Fels-Terrassen« Trittenheim Apotheke Riesling feinherb
Duftige Nase nach Weinbergpfirsich, zarte Kräuternoten und leicht Jasmin. Eine kernige, ungemein saftige Säure harmoniert gekonnt mit feiner Frische. Der mittelgewichtige Nachhall schmälert nicht den guten Eindruck, der Wein macht richtig viel Spaß. 10,5 Vol.-%, NK, €€

95 2022 Dhron Hofberg Riesling Beerenauslese
Goldgelb, intensiver Duft nach getrockneten Früchten wie Dattel und Aprikose, schöne Honigwürze, Apfelringe, vielschichtig. Am Gaumen mit druckvoll-satter Süße, schmelzend, Honig, Kräuterwürze, süße Orange, delikate Säure, sehr dicht gewoben, griffig, hat Zug, lang, viel Potenzial. 7,5 Vol.-%, NK, €€€€

91 2022 »Vogelsang« Trittenheim Apotheke Riesling trocken

93+ 2022 Trittenheim Apotheke Riesling Kabinett
Dem Glas entströmen Rauch, Flintstein, Steinobst und auch Kräuter. Am Gaumen eine frische und köstliche, elegante Süße, harmonisch abgeholt von gekonnter Säure, die dem Wein eine hervorragende Balance liefert. Saftiger Nachhall, sehr animierend, toller Speisenbegleiter. 8,5 Vol.-%, DV, €€

★★★★

WEINGUT CARL LOEWEN

Matthiasstraße 30, 54340 Leiwen
T: +49 6507 3094, mail@weingut-loewen.de
weingut-loewen.de

Ab-Hof-Verkauf: Sa 13–18 Uhr und nach Vereinbarung
Kellermeister: Karl Josef und Christopher Loewen
Ansprechpartner: Christopher Loewen
Flaschen/Hektar: 187.000 (100 % weiß)/17 ha

Das Ziel von Karl Josef und Christopher Loewen ist es, filigrane Rieslinge von alten, teils wurzelechten Reben mit spontaner Gärung zu erzeugen. Und genau das tun die beiden auf ganz formidabe Art und Weise. Ihre Rieslinge zeichnen sich dabei durch Komplexität, Mineralität und Tiefe aus. Was besonders beeindruckt: Die Qualität der Weine ist über das gesamte vorgestellte Portfolio gleichbleibend hoch. Wer sich etwas ganz Besonderes gönnen möchte, der greift zur epischen Beerenauslese, die jetzt bereits eine große Wonne ist, aber ein wohl fast ewiges Leben vor sich hat.

94+ 2022 »1896« Longuich Maximin Herrenberg Riesling
Die fast 130 Jahre alten Reben, die schonende Pressung und der Ausbau im alten Holzfass führen zu einem Wein, der in der Nase mit ruhiger Eleganz glänzt. Am Gaumen wird es expressiver, enorm saftig, extraktreich, tief und sehr lang, zarte Süße, individuell und groß. 12,5 Vol.-%, NK, €€€€

93 2022 »GG« Longuich Maximin Herrenberg Riesling trocken
Duft nach zarten Pfirsichnoten, Zitrusfrüchte, Ligusterblüte und ein wenig zerstoßene Korianderkörner. Der Gaumen ist von viel attraktiver Saftigkeit geprägt, dazu lebendige Säure, mineralisch geprägt, druckvoll, bereits jetzt zugänglich, weiteres Potenzial. 12,5 Vol.-%, NK, €€€

96+ 2021 Thörnich Ritsch Riesling Beerenauslese
Sehr würziger Duft, Waldhonig, konzentriert, getrocknete Feigen, reife Aprikose und getrocknete Birne, ein Hauch Minze. Am Gaumen lebendige Säure, fließend, dicht, getrocknete Früchte, dicht gewoben, dabei elegant bleibend, mineralisch unterlegt, enorme Länge, tolles Potenzial.
7,5 Vol.-%, NK, €€€€

93 2022 Thörnich Ritsch Im Schneidersberg Riesling Kabinett
Schieferwürziger Duft, reife Mandarine, süße Melone, dahinter sehr frische Kräuter mit englischer Minze und Zitronenmelisse, komplex. Am Gaumen mit exzellentem Süße-Säure-Spiel, vibrierend, feine, reife Zitrusfrucht, Mineralik zeigt sich, dicht und lang. 9 Vol.-%, NK, €€€

92+ 2022 »GG« Thörnich Ritsch Riesling trocken

91 2022 »Alte Reben« Leiwen Riesling
Ganz knapp nur in den feinherben Bereich hinein lugen dieses Jahr die »Alten Reben«. Dezent in der Nase mit Noten von Apfel und Anis, bleibt der Wein sensorisch im Mund dank der pikant entgegenstehenden Säure harmonisch trocken. Bietet viel Moseltypizität! 12,5 Vol.-%, DIAM, €€

★★★★★

WEINGUT DR. LOOSEN

St.-Johannishof 1, 54470 Bernkastel-Kues
T: +49 6531 3426, info@drloosen.de
drloosen.de

Ab-Hof-Verkauf: nach Vereinbarung
Kellermeister: Bernhard Schug
Ansprechpartner: Ernst F. Loosen
Flaschen/Hektar: 400.000 (100 % weiß)/55 ha

Das Weingut Dr. Loosen ist und bleibt eine Referenz an der Mosel, das gilt sowohl für die trockenen als auch für die restsüßen Weine – in beiden Kategorien überzeugt der Betrieb von Ernst Loosen komplett. Vor allem die präzise Balance zwischen Mineralität, Säure und Süße sind immer wieder aufs Neue beeindruckend – und natürlich diese wunderbare Eleganz. Besonders hervorheben möchten wir dieses Jahr die Spätlese aus dem Treppchen. Gerade diese Prädikatsstufe hat es unterhalb der beeindruckenden Auslesen nicht immer leicht. Hier zeigt sie mit Schmelz und Frische ihr großes Potenzial.

94 2022 »Alte Reben« Erden Treppchen Riesling GG
Der Duft eine schöne Frische: Amalfizitrone, Bergamotte, Melisse, auch Basilikum und Kresse. Im Mund zeigt der Wein eine hochaufgelöste, seidige Textur, edle Phenole und einen lebendigen Säurenerv. Sehr viel Finesse und Extrakt für lange Jahre der Flaschenreife. 12,5 Vol.-%, NK, €€€

93+ 2022 »Alte Reben« Wehlen Sonnenuhr Riesling GG
Kräuterwürzig und zitrisch im Duft, bereits recht offen und strahlend. Der Gaumen hat Körperkraft, webt einen stabilen Säurenerv, eine passende, nicht im Übermaß feste Phenolik und zarte Süße ineinander. Der saftige, mineralisch getönte Abklang beschließt den lagentypischen Bau.
12,5 Vol.-%, NK, €€€

95 2022 »Goldkapsel« Erden Prälat Riesling Auslese
Mineralisch-würzige Nase, fein aufgegliedert, Schiefer, feine Kräuterwürze, Blumenwiese, Rauch, süße Zitrusfrucht, frisch und tiefgründig, ganz zarter Blütenhonig. Am Gaumen mit immenser Dynamik, klare, frische Frucht, Zug, extrem saftig, dicht und elegant, einfach ein Monument.
8 Vol.-%, NK, €€€

94 2022 Ürzig Würzgarten Riesling Auslese
Anfangs noch eher verhalten im Duft, dann viel Würze, Kräuter, nasser Stein, dahinter pikant-süße Zitrusfrucht, Limonenzeste. Am Gaumen dicht und satt, aber gleichzeitig wunderbar frisch und anregend, Zitrusaromen, kultivierte Mineralik, elegant und kraftvoll, tolle Länge, Potenzial.
8 Vol.-%, NK, €€€

93 2022 »Alte Reben« Ürzig Würzgarten Riesling GG
92+ 2022 »Alte Reben« Graach Himmelreich Riesling GG
92 2022 Graach Riesling trocken
91 2022 »Blauschiefer« Riesling trocken
93 2022 Ürzig Würzgarten Riesling Spätlese
92 2022 Ürzig Würzgarten Riesling Kabinett
90+ 2022 Erden Treppchen Riesling Kabinett

93+ 2022 Erden Treppchen Riesling Spätlese
Feinwürziger Duft mit frischen Kräutern, Mandarine, Honigmelone und Mirabelle. Geschliffene Süße und stimmige Fruchtsäure prägen das Geschmacksbild. Ausgesprochen reintönig und frisch am Gaumen, perfekt balanciert, lange anhaltend, weiteres Potenzial. 8 Vol.-%, NK, €€€

★★

WEINGUT LORENZ

Neustraße 6, 54340 Detzem
T: +49 6507 3802, info@lorenz-weine.com
lorenz-weine.com

Ab-Hof-Verkauf: Mo bis Sa 11–18 Uhr
Kellermeister: Tobias Lorenz
Ansprechpartner: Tobias Lorenz
Hektar: 10 ha

Auf dem 200 Jahre alten Familienweingut dominieren alte Rieslingstöcke, die meisten sind älter als 50 Jahre. Aus dieser Quelle schöpft Tobias Lorenz und keltert Weine, die seinem Ideal entsprechen: handgemacht zu sein und die Herkunft zum Ausdruck zu bringen. Die verkosteten 2021er gehen in die Tiefe und zeigen sich komplex und würzig. Zum Einstieg in diesen Stil ist der federleichte 2022er »Grauschiefer« unser Tipp. Zuletzt baut Lorenz auch Burgundersorten an – der Chardonnay aus dem Tonneau steht den Rieslingen nicht nach. Wir sind gespannt, wie es hier weitergeht.

92 2021 »Alte Reben GG« Pölich Held Riesling trocken
Recht hochfarben für einen trockenen Moselaner, entsprechend auch nicht frisch und primärfruchtig in der Nase, sondern von mineralischer Würze und vom mäßigenden Einfluss des Holzfasses geprägt. Sehr reif, ruhig, gelbfruchtig, von souveräner Länge. 12,5 Vol.-%, NK, €€

92 2021 »Tonneau Alte Reben« Chardonnay trocken
In der Nase Lindenblüte, Apfel und Mandel, das Tonneau liefert ein paar Nugattöne dazu. Im Mund fräst sich die wunderbar reife Säure durchs Moselgestein, feingliedrig, feinblütig, alles fügt sich zu einem spielerisch anmutenden Stil. Anmut trifft auf Mineralik, wie schön! 12,5 Vol.-%, NK, €€

93+ 2021 Detzem Würzgarten Riesling Eiswein
Duft nach reifer, konzentrierter Zitrusfrucht, dazu auch Papaya und Mango, feine mineralische Würze, Schiefer, Limettenschale, Minze. Am Gaumen mit klarer, präsenter, reifer Frucht, Mandarinensaft, Waldhonig, lebendige Säure, sehr viel Zug, tolle Dynamik, lang und dicht, Potenzial.
10 Vol.-%, NK, €€€

92 2022 Trittenheim Riesling Kabinett
Im Duft Schieferwürze, Zündholz, reife Zitrusfrüchte, kandierte Südfrucht, Zitronenmelisse, Limonenabrieb. Am Gaumen mit Schmelz und viel Saft, reife, straffe Säure, schmelzende Süße, feine Phenolik, Zitrusfrüchte und Mineralik, dicht gewoben, gute Länge. 7 Vol.-%, DV, €

91 2021 »Alte Reben« Detzem Maximiner Klosterlay Riesling feinherb

91 2022 »Grauschiefer« Detzem Maximiner Klosterlay Riesling trocken
Moseltypische Rieslingnase mit Anis, Kümmel, Schiefermineralik und einem leichten Reduktionston. Im Mund ist der Wein sehr frisch ausgelegt, leichtfüßig, mit feinen Apfelnoten. Ein wunderbares Beispiel dafür, wie nah Anspruch und Spaß an der Mosel zusammenstehen können.
11,5 Vol.-%, DV, €€

★

WEINGUT MARING-PRIGGE

Konstantinstraße 3, 54347 Neumagen-Dhron
T: +49 6507 992100, info@maring-prigge.de
maring-prigge.de

Ab-Hof-Verkauf: nach Vereinbarung
Kellermeister: Corvin Prigge
Ansprechpartner: Corvin Prigge
Flaschen/Hektar: 40.000 (90 % weiß, 5 % rot, 3 % Rosé, 1 % süß, 1 % Schaumwein)/2,2 ha

Florian Maring und Corvin Prigge, zwei »echte Hamburger Nordlichter«, die sich als »Unternehmensberater, BWLer und ITler« auch zu Weinliebhabern entwickelten, übernahmen im Sommer 2021 als Quereinsteiger ein Traditionsweingut an der Mosel und »sprangen einfach ins kalte Wasser«. Sie haben sich erstaunlich schnell freigeschwommen, ihre Rieslinge und Weißburgunder überzeugen auf Anhieb mit Saft, Mineralik und Balance. Zwei der Rieslinge sind den Metropolen Hamburg und Shanghai gewidmet, wo die Winzer lebten und arbeiteten. Ein starkes Debüt!

91+ 2022 »500« Dhron Hofberg Riesling trocken

Im Duft, würzig, nussig, feiner Rauch, dazu Pfirsich, Aprikose, Stachelbeere, ein wenig Pfefferminze. Schlanker, straffer Bau, raffinierte, fein ziselierte Säure, gute Ausgewogenheit zwischen saftiger, cremiger Fülle, Frische und mineralischer, feinsalziger Würze. 11,5 Vol.-%, DV, €€

91 2022 Dhron Hofberg Riesling trocken

Attraktiver Duft mit Pfirsich, getrockneter Limettenschale und gelbem Apfel sowie schiefriger Würze. Filigrane Struktur am Gaumen, saftig und zugänglich mit ausgewogener, gut eingewobener Säure, ein Schuss Meyer-Zitrone, feine Fruchtsüße, würzige Mineralik. Stilvoll. 11,5 Vol.-%, DV, €€

91 2022 »500« Weißer Burgunder trocken

Feiner Rauch, etwas Popcorn, Flachs, Mandelcreme, Aprikose, Birne und auch Quitte, feiner Kümmel. Kombiniert am Gaumen Substanz, Dichte und auch Fülle in guter Dosierung, saftig, trocken ausgebaut, kompetenter Holzeinsatz, im Hintergrund mineralische Würze. 12,5 Vol.-%, DV, €€

90 2022 »Shanghai« Cuvée trocken RR/GM

Aprikose, Pfirsich, Aprikosentarte und Honigwabe, reifes, süßliches Duftbild, auch anklingende Mineralik. Setzt in der filigran gebauten Struktur weich und füllig an mit merklicher, schmeichelnder Restsüße, verspielte, tänzelnde Säure, delikates Steinobst. 10,5 Vol.-%, DV, €

89+ 2022 Weißer Burgunder trocken

90+ 2022 »Hamburg« Riesling trocken

Fein nuancierte Nase mit Pfirsich, Mirabelle, Apfel, würzige, steinige Mineralik, frische Pfefferminze. Am Gaumen frisch und nach vorne strebend mit lebendiger Säure, gute Dichte, die moderate Süße sorgt für Charme und etwas Fülle, klingt mineralisch-würzig aus. 12 Vol.-%, DV, €

★★★★★

MAXIMIN GRÜNHAUS WEINGUT DER FAMILIE VON SCHUBERT

Maximin Grünhaus 1, 54318 Mertesdorf
T: +49 651 5111, info@maximingruenhaus.de
maximingruenhaus.de

Ab-Hof-Verkauf: Apr. bis Nov. Mo bis Sa 10–17 Uhr
Kellermeister: Stefan Kraml
Ansprechpartner: Maximin von Schubert
Flaschen/Hektar: 150.000 (96 % weiß, 4 % rot)/34 ha

Im vergangenen Jahr haben wir aufgrund von gleich drei eingereichten Weißburgundern von Maximin Grünhaus noch neckisch gefragt, ob die Ruwer etwa das neue Burgund sei. Das Weingut der Familie von Schubert kann Burgunder, aber an der Spitzenposition von König Riesling muss niemand zweifeln, wie die diesjährige Verkostung eindrücklich bestätigt hat. Von den großartigen Großen Gewächsen (Herrenberg!) über die lustvollen Kabinettweine bis hin zur delikaten, mineralisch fundierten Spätlese offenbaren sich alle Facetten und Vorzüge dieser Rebsorte. Tusch, Applaus.

94 2021 Maximin Grünhaus Herrenberg Riesling GG
Guave, Aprikose, Pfirsich, vielschichtig, Kräuter, dunkle Würze. Im Mund mit Substanz und gutem Extrakt, die sich einem schlank gehaltenen Format entfalten. Präsente Säure, fein zitrisch und salin unterlegt, dunkle schiefrige Würze, druckvoll bis ins lange Finale. 12 Vol.-%, NK, €€€

93+ 2021 Maximin Grünhaus Abtsberg Riesling GG
Kandiszucker, etwas Fuder, leicht kräuterig, feine Hefe, reife Maracuja, Cassis. Am Gaumen dicht und extraktgetragen, präsente, selbstbewusste Säure, würzige, salzige Mineralik, kräuterige Noten, Yuzu, feine, dunkle Würze, konsistent, lang und mit Nachhall. 12 Vol.-%, NK, €€€

93+ 2022 Maximin Grünhaus Abtsberg Riesling Superior
Fuderwürze, kräuterig, feines Malz, süßer Pfirsich, Schwarze Johannisbeere. Am Gaumen mit dichtem, engmaschigem Extrakt, phenolisch gestützt, geschmeidig, beinahe ölig, prägende, schiefrige Mineralik, die Restsüße verschwindet beinahe hinter Säure und Saftigkeit. 11,5 Vol.-%, NK, €€€

94 2022 Maximin Grünhaus Herrenberg Riesling Spätlese
Noch verschlossen, Gesteinsmehl, Limone, viel Kräuterwürze, Rosmarin, Minze, tief, komplex. Am Gaumen mit frischer, reifer Säure, schmelzende Süße, delikate Cremigkeit, zarte Phenole, reife Zitrusfrucht, Papaya, mineralisch grundiert, fein gewoben, lang und elegant, jung. 8 Vol.-%, NK, €€€

92+ 2022 »Grünhäuser« Riesling feinherb
92+ 2022 Maximin Grünhaus Herrenberg Riesling Kabinett
91+ 2022 »Grünhäuser 1G« Riesling trocken
91+ 2022 »Schloss« Maximin Grünhaus Riesling Kabinett
90+ 2020 »Réserve« Pinot Blanc trocken
90 2022 »Schloss« Riesling trocken
92+ 2022 Maximin Grünhaus Abtsberg Riesling Kabinett

90+ 2022 »Maximin« Riesling feinherb
Duftig, feine Blüten, Apfel, Schwarze Johannisbeere, florale und auch steinige Anklänge, etwas Efeu. Am Gaumen übernimmt die herrlich stahlige Säure die Regie, saftig und cremig, mit würziger Mineralik als Kontrast, Aprikose, weißer Pfirsich, macht Freude. 12 Vol.-%, DV, €

★★★★★

WEINGUT MARKUS MOLITOR

Haus Klosterberg, 54470 Bernkastel-Wehlen
T: +49 6532 954000, info@markusmolitor.com
markusmolitor.com

Ab-Hof-Verkauf: täglich 10–17 Uhr, Voranmeldung erbeten
Kellermeister: Markus Molitor
Ansprechpartner: Markus Molitor
Flaschen/Hektar: 467.000 (97 % weiß, 3 % rot)/120 ha

Um durch Markus Molitors Weinkosmos zu navigieren, muss man wissen: Alle Weine mit weißer Kapsel sind trocken, alle mit grüner sind feinherb, alle mit goldener sind frucht- und edelsüß. Ebenso typisch für Molitor ist, dass eine trockene Spätlese wie die vom Ockfener Bockstein ebenso brilliert wie eine Goldkapsel aus dem Ürziger Würzgarten: Die üblichen Kriterien für besser oder schlechter laufen geradezu ins Leere, es geht um Typizität. Gespannt warten wir auf die ersten Weine der von Molitor übernommenen Domäne Serrig, die zum Zeitpunkt unserer Proben noch nicht freigegeben waren.

94 2022 »Weiße Kapsel« Ockfen Bockstein Riesling Spätlese

Blasses Goldgelb. Ein feinwürziger, kühler Duft mit authentischem Spiel von reifer Gelbfrucht und Mineralität. Am Gaumen zum einen üppig, saftig, kraftvoll und zum anderen fein in Phenolik und Säurebogen. Nachhaltiger, von Salzigkeit begleiteter Abgang. Viel Potenzial. 11 Vol.-%, NK, €€

93 2022 »Grüne Kapsel« Graach Himmelreich Riesling Auslese*

Intensiv und zugleich präzise im Duft. Ein Bukett von Zitronenzeste, rosa Pfirsich wie auch reifem gelbem Apfel. Am Gaumen gewichtig wirkend und dennoch filigran durch die substanzielle, balancierende Säure. Straff und gut strukturiert bei animierendem Nachhall. 10,5 Vol.-%, NK, €€€

94+ 2022 »Goldene Kapsel« Zeltingen Sonnenuhr Riesling Auslese**

Duft nach kandierter Orangenschale, Spur Rauch, Feuerstein, getrocknete Aprikose im Hintergrund, dann ganz viel Würze, zarter Waldhonig. Am Gaumen satt, dicht, lebendige Säure, würzige Süße, Salzkaramell, fein bleibend, elegant trotz der Kraft, mineralisch grundiert, lang. 7,5 Vol.-%, NK, €€€

94 2022 »Goldene Kapsel« Ürzig Würzgarten Riesling Spätlese goldene Kapsel

Intensiver Duft, mineralisch geprägt, Rauch, Feuerstein, Funkenflug, dahinter kühle Würze, kandierte Zitrusfrucht, ein Hauch Blütenhonig, komplex. Am Gaumen sehr dicht, satte, reife Säure, lebendige Süße, viel reife Zitrusfrucht, Honig, toller Schmelz, fein bleibend, lang, Potenzial. 7,5 Vol.-%, NK, €€€

93 2022 »Grüne Kapsel« Bernkastel Badstube Riesling Spätlese
92 2022 »Weiße Kapsel« Zeltingen Sonnenuhr Riesling Spätlese
91+ 2022 »Grüne Kapsel« Zeltingen Himmelreich Riesling Kabinett
90 2022 »Weiße Kapsel« Graach Domprobst Riesling Kabinett
93 2022 »Goldene Kapsel« Kinheim Rosenberg Riesling Spätlese
92+ 2022 »Goldene Kapsel« Wehlen Sonnenuhr Riesling Kabinett

91 2021 »Fuder 6« Zeltingen Sonnenuhr Riesling Kabinett trocken

Reife Steinobstaromen in der Nase. Ebenfalls junger Pfirsich sowie eine Duftmelange von Schieferaromen. Am Gaumen eher üppig angelegt, dabei dicht, gut strukturiert mit präzise balancierender Säure. Vital, mineralisch und trinkanimierend im guten Nachhall. 10,5 Vol.-%, NK, €€€

★

WEIN+GUT OSTER

Bachstraße 11, 56814 Ediger-Eller
T: +49 2675 220, info@weingut-oster.de
weingut-oster.de

Ab-Hof-Verkauf: nach Vereinbarung
Kellermeister: Daniel Oster
Ansprechpartner: Daniel Oster
Hektar: 5 ha

Wann das mit dem Weinbau anfing, weiß in der Familie Oster niemand mehr so genau. Aber das alte Winzerhaus steht immerhin seit dem 18. Jahrhundert in den engen Gässchen von Eller. Kathrin und Daniel Oster führen das Weingut, bei ihnen kommt zusammen, was zusammen gehört: altes Wissen, junge Ideen, traditionelle Verfahren und innovative Ansätze. Das Resultat sind Weine mit Charakter, Substanz und Trinkfluss, manchmal auch mit etwas Eigensinn – gefällig können schließlich alle. Neben den Rieslingen imponiert der kulinarisch geeichte Auxerrois. Ausprobieren!

90 2021 Ediger-Eller Calmont Riesling trocken
Der Ellerer Calmont schließt sich direkt an den Bremmer Calmont, den steilsten deutschen Weinberg, an. Verblüffend reif und mit einer hellen Honignase besticht das Ellerer Exemplar. Dennoch hat der Jahrgang im Mund eine grüne Kante mitgegeben – ein schöner Kontrapunkt. 12 Vol.-%, KK, €€

90 2022 »Fine« Ediger-Eller Riesling feinherb
Zitrisch im Duft, Grapefruit, frische Zitronen, Brennnesseln, Aprikosen, kandierter Ingwer. Am Gaumen viel Schmelz, reife gut integrierte Säure, saftige Frucht mit merklicher Süße, feine Würze, rund, gut ausbalanciert, unaufgeregt, harmonisch, für gesellige Runden. 11,5 Vol.-%, DV, €

89 2022 »Paul« Riesling trocken
Fruchtbetont in der Nase mit viel Klarapfel und Pfirsichnoten. Am Gaumen lässt die spürbare Phenolik den warmen Jahrgang erahnen. Dennoch sind wir hier nicht am Kaiserstuhl. Harmonisch trocken und mit einer feinen Bitternote beendet »Paul« seinen Auftritt. 12 Vol.-%, DV, €

90 2022 Ediger-Eller Pfirsichgarten Riesling
Dezenter Rauch, Wiesenkräuter, gelber Apfel, reife Aprikosen, saftiger Pfirsich, frische Zitronen. Am Gaumen saftiger Pfirsich, Aprikose mit merklicher Süße, gut integrierte Säure, feine Würze, salzig, kräuterige Noten, feine Phenolik, schöne Länge, trinkanimierend. 10,5 Vol.-%, KK, €

89 2022 »Vereinte Vielfalt« Ediger-Eller Gemischter Satz trocken RR/WB/MT

90+ 2022 Eller Auxerrois trocken
Hefegeprägt im Duft, Apferschale, nussige Noten, Cantaloupe-Melonen, Kräuterwürze, florale Noten. Am Gaumen schwungvoll und vollmundig, saftige, reife Äpfel, Honigmelone, Süße und Würze im feinen Spiel, gut integrierte Säure, schöne Länge, vielseitiger Speisenbegleiter. 12,5 Vol.-%, DV, €

★★★★

WEINGUT VON OTHEGRAVEN

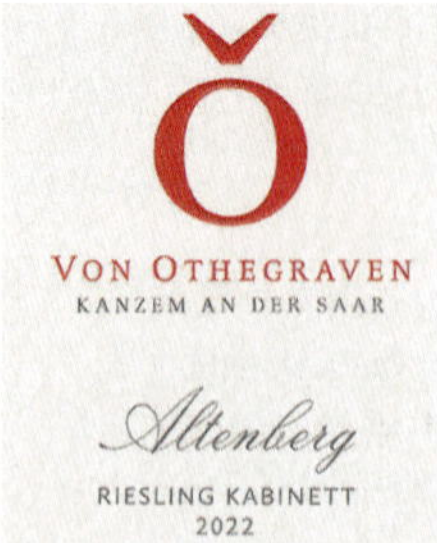

Weinstraße 1, 54441 Kanzem
T: +49 6501 150042, info@von-othegraven.de
von-othegraven.de

Ab-Hof-Verkauf: Ja
Kellermeister: Swen Klinger
Ansprechpartner: Grit Schedlinski
Flaschen/Hektar: 100.000 (100 % weiß)/16 ha

Vergangenes Jahr mutmaßten wir bereits, dass Günther Jauch und sein Team um Kellermeister Swen Klinger vermehrt auf klassische Saar-Süße setzen. Dieses Jahr durften wir nun einen Feinherben, drei Spätlesen und fünf Kabinette verkosten. Wir haben es mit großer Freude getan! Vor allem die Bandbreite der durchweg stilsicher gelungenen Kabinettweine bereitet enormen Genuss, alle vom Terroir geprägt, mal mit ordentlich Saft und Druck wie der Altenberg, mal von federnder Eleganz wie der Kabi vom Großen Herrenberg. Dazu die betörenden Versteigerungsweine – eine tolle Kollektion!

93 2021 Kanzem Altenberg Riesling GG
Anfangs noch verschlossen im Duft, etwas Zündholz, Rauch, nasser Stein, tiefe Mineralität, nach Belüftung eine von Überreife bereicherte Frucht. Am Gaumen dicht und konzentriert, auch hier ein Zweiklang aus Cremigkeit und steiniger Mineralität, gute Säure, wird sehr gut reifen. 12,5 Vol.-%, NK, €€€

93 2021 Ockfen Bockstein Riesling GG
Würziger Duft, feine Mineralik, nasser Schiefer, Limonenabrieb, Grapefruit, etwas Minze, pikant. Am Gaumen eine fließende, frische Säure, die schön zupackt, frische Zitrusfrucht mit Zitrone, dahinter liegt edle Schieferwürze, dicht gewoben, lang, hat Potenzial. 12 Vol.-%, NK, €€€

94+ 2022 Ockfen Bockstein Riesling Spätlese Versteigerung
Duft nach Blütenhonig und kandierten Früchten, Orangeat, getrocknete Aprikose, tiefgründig, Maracuja und Papaya. Am Gaumen dicht und gehaltvoll, lebendige Säure, ganz viel Spannung, feine Phenole, Honig, Schieferwürze, extrem dicht, ganz am Anfang der Entwicklung, sehr lang.
7,5 Vol.-%, NK, €€€

93+ 2022 Kanzem Altenberg Riesling Kabinett Versteigerung
Noch eher verhaltener Duft, feine mineralische Grundierung, Schiefer, Gesteinsmehl, Limonenabrieb, vielschichtig. Am Gaumen enorm saftig und balanciert, ganz viel Zug, geschliffene Phenole, Zitrusfrüchte, vor allem aber pikante Mineralik, eng gewoben, lang, großer, eleganter Kabinett.
8 Vol.-%, NK, €€€

90+ 2022 Kabinett Riesling feinherb
90 2021 »Max« Riesling trocken
93 2022 Ockfen Bockstein Riesling Spätlese
92+ 2022 Kanzem Altenberg Riesling Spätlese
92 2020 Wiltingen Kupp Riesling Kabinett
91+ 2022 Ockfen Bockstein Riesling Kabinett
91 2022 Wawern Großer Herrenberg Riesling Kabinett

92 2022 Kanzem Altenberg Riesling Kabinett
Mineralisch-rauchiger Duft, Feuerstein, reife Zitrusfrucht, viel Würze mit Minze und Johannisbeerblatt, Pfirsichblüte. Am Gaumen komplex und voller Saft, lebendige Säure, fein eingepasste Süße, Schmelz tropische Früchte und Gesteinsmehl, dicht und delikat. 8 Vol.-%, NK, €€

★★

WEINGUT PAULINSHOF

Paulinstraße 14, 54518 Kesten
T: +49 6535 544, info@paulinshof.de
paulinshof.de

Ab-Hof-Verkauf: Mo bis Fr 9–18 Uhr, Sa 9–17 Uhr
Kellermeister: Oliver Jüngling
Ansprechpartner: Familie Jüngling
Flaschen/Hektar: 70.000 (95 % weiß, 5 % Schaumwein)/9 ha

Bis in die 1960er-Jahre verband die Moseltalbahn die Weinorte von Trier bis Bullay. Im ehemaligen Bahnhof von Trittenheim befindet sich heute die Vinothek des Paulinshofs. Dessen Hauptsitz ist ein ehemaliger, schon im Jahr 936 im Zusammenhang mit Weinbau erwähnter Stiftshof. Große Lagen und Expertise beim Ausbau zeitigen heute solch bewundernswerte Weine wie die Versteigerungs-Spätlesen aus der Brauneberger Juffer. Bei der Auktion des Bernkasteler Rings im September 2023 erhielt der 2022er für 22 Euro den Zuschlag – für diese Qualität nicht wirklich teuer!

92+ 2021 »GG« Brauneberg Kammer Riesling trocken
Rauchig-schieferwürzig im Duft, roter Apfel, Aprikose. Im Mund offenbart der Wein viel Saftigkeit und Spannung, eine lebendige Säure trägt die (Spätlese-)Frucht, salzige und mineralische Noten beschließen den noch jugendlichen, kompakten Abgang. 12,5 Vol.-%, NK, €€€

94+ 2022 Brauneberg Juffer Riesling Beerenauslese
Polierte, klare Frucht, reife Zitrusfrüchte mit süßer Limone und Mandarine, Rosinen, Lindenblüten, Holunder, vielschichtig. Am Gaumen mit feiner Viskosität, sehr dicht, cremiger Fond, mineralisch durchzogen, lebendige Säure, exotische Früchte, süße Aprikose, dicht und lang, fein balanciert, exzellent. 6,5 Vol.-%, NK, €€€

94+ 2019 Brauneberg Juffer Riesling Spätlese Versteigerung
Sattes Gelb. Intensiver Duft nach getrockneten Zitrusfrüchten, kandierte Limone, Blütenhonig, feine Würze, Kräuter, mineralisch unterlegt. Am Gaumen satt und geschliffen, feine Säure, enormer Zug und Druck, Dörrobst, getrocknete Aprikose, Waldhonig, dichte Spätlese, lang, viel Potenzial. 9 Vol.-%, NK

94+ 2022 Brauneberg Juffer Riesling Spätlese Versteigerung
Sattes Gelb. Würziger Duft nach reifen Zitrusfrüchten, kandierte Mandarinenschale, Honigwürze, heißer Stein, Papaya, komplex. Am Gaumen fast viskos, dicht, reichhaltig, kandierte Zitrusfrucht, Orangenmarmelade, lebendige Säure, viel Schmelz und Druck, lang, viel Potenzial. 7 Vol.-%, NK,

90+ 2020 Brauneberg Kammer Riesling Spätlese feinherb

90 2022 Brauneberg Juffer Kabinett Riesling trocken
Ein feinwürziger, balsamischer Duft mit viel Mineralität und einer frischen, traubigen Sortenfrucht. Im Mund ist der Wein geradlinig gebaut, die lebendige Säure trägt den mit etwas Süße, deutlicher Frucht und einer Prise Phenolik spielenden Gaumen. 11,5 Vol.-%, DV, €€

★★★

WEINGUT AXEL PAULY

Hochstraße 80, 54470 Lieser
T: +49 6531 6143, info@wein-pauly.de
wein-pauly.de

Ab-Hof-Verkauf: nach Vereinbarung
Kellermeister: Axel Pauly
Ansprechpartner: Axel Pauly
Flaschen/Hektar: 187.000/10 ha

Der Weinbau wurde in der Familie Pauly lange im Nebenerwerb betrieben, das Geld verdiente man als Mosel-Fischer. Für Axel Pauly dreht sich alles um Wein und die Steillagen in und um Lieser, seit er 2009 das Weingut übernahm. »Ich will den Menschen Weine mit Identität bieten. Moseltypisch, von meinen Erfahrungen und der Auseinandersetzung mit der Tradition meiner Familie geprägt«, sagt der Winzer, der ein faszinierendes Spektrum an Rieslingen vorlegt. Aber er kann auch Burgunder, die er mit Verstand und Augenmaß vinifiziert: Der dritte Stern ist wohlverdient.

92+ 2020 »Reserve« Bernkastel-Kues Kardinalsberg Weißburgunder trocken
Nussige Aromen, etwas grüne Walnuss, Birne, Karamell, Melone. Kräftig gebaut, klar gezeichnete Kontur, sehr fein am Gaumen mit delikater Frucht, feiner Würze und eng anliegender Säure, mineralisch, gefühlvolle Balance, auch im gekonnten Holzeinsatz, zeigt viel. 13 Vol.-%, NK, €€€

92 2022 »Helden« Lieser Niederberg-Helden Riesling trocken
Die Farbe spielt ins Goldgelb, intensiv mit reifer Aprikose, Weinbergpfirsich und Maracuja. Gute, extraktgetragene Substanz am Gaumen mit süßer, reifer Frucht, pointiert durch lebendige Säure, unterlegt von schiefriger Mineralik. Lang, jung und talentiert. 12,5 Vol.-%, DV, €€

93 2020 »GG« Lieser Niederberg-Helden Spätburgunder Versteigerung trocken
Im Duft burgundisch anmutender Pinot Noir mit Himbeer- und Erdbeeraromen, auch Hagebutte kommt dazu. Am Gaumen jugendlich frisch bei deutlich wahrnehmbarer Säure, dadurch lebendig, spielerisch und spannend bis zum mittelkräftigen Finale. Stilvoller Pinot. 13 Vol.-%, NK, €€€

92+ 2022 Lieser Niederberg-Helden Bärlay Riesling Auslese Versteigerung
Markanter, vom Schiefer geprägter Duft nach heißem nassem Stein, reifer Zitrusfrucht, Orangenabrieb und etwas Minze, frisch bleibend. Am Gaumen balanciert, schmelzende Süße und lebendige Säure Hand in Hand, erneut reife Zitrusfrucht, dazu Papaya, delikat, elegante Auslese.
7,5 Vol.-%, DV, €€€

90+ 2022 »Steinerd« Bernkastel-Kues Kardinalsberg Riesling feinherb
90 2022 Lieser Niederberg-Helden Riesling Kabinett
89+ 2022 »Tres Naris« Riesling trocken
89+ 2022 »Generations« Riesling feinherb
92 2021 »Reserve« Lieser Niederberg-Helden Frühburgunder trocken
91 2022 Lieser Niederberg-Helden Riesling Spätlese
91+ 2022 Lieser Niederberg-Helden Bärlay Riesling Kabinett Versteigerung

90 2022 »purist« Lieser Riesling trocken
Grüner Apfel, Limette und Orangenschale im tatsächlich puristischen Duft, kräuterig, auch pfefferig. Schlank und straff gebaut, auch da wird der Name zum Programm, betont trocken mit raffinierter, eher weichen Säure, guter Zug, feine Grapefruit, da fehlt nichts. 11 Vol.-%, DV, €

★★★

WEINGUT DR. PAULY-BERGWEILER

Gestade 15, 54470 Bernkastel-Kues
T: +49 6531 3002, info@pauly-bergweiler.com
pauly-bergweiler.com

Ab-Hof-Verkauf: Mo bis Sa 14–18 Uhr
Kellermeister: Carl Debus
Ansprechpartner: Stefan Pauly
Flaschen/Hektar: 130.000 (99 % weiß, 1 % rot)/16 ha

An der Mittelmosel spielen gemäßigte Temperaturen, Schieferböden und Steilhänge perfekt zusammen. Das uralte, bis aufs 16. Jahrhundert zurückgehende Weingut weiß die Bedingungen auf seinen 16 Hektar mit großer Zuverlässigkeit zu nutzen. Das Familienunternehmen erzeugt klassische Moselrieslinge und bespielt dabei das gesamte Spektrum von trockenen über Kabinett- und feinherben bis zu edelsüßen Weinen. Wie bei der 2010er Auslese von der Alten Badstube am Doctorberg bereitet es uns immer wieder Freude, die Reifefähigkeit dieser Weine zu erleben.

92 2022 »GG« Ürzig Goldwingert Riesling trocken
Duftet nach Orangenblüten, Minze und Mandarinen, gutes Volumen mit ausgeprägtem Fruchtspiel, vielfältig. Mineralität, Saftigkeit und lebendiges Säurespiel sind im Einklang, langes, ausgewogenes Finish bei vorhandener Eleganz. 12,5 Vol.-%, DV, €€€

92 2022 »GG« Brauneberger Juffer Sonnenuhr Riesling trocken
Üppiger Duft nach Orangenschale, reifem Pfirsich, Aprikose, warmer Aprikosenhaut und heißem Schieferweinberg, Würze. Zeigt in einem klar definierten, schlank gehaltenen Format die Raffinesse und Großzügigkeit der Lage, saftig, würzig, mineralisch, elegant. 12 Vol.-%, DV, €€€

91+ 2022 Wehlen Klosterberg Riesling feinherb
Duftet nach Orangenblüte und grünem Apfel. Zarte, aristokratische Aromatik bei herb-süßlichem Auftakt am Gaumen, dabei spielerisch mit Noten von Weinbergpfirsich und Stachelbeere. Geradlinig, mit gutem Trinkfluss und angenehmem Nachhall. 11 Vol.-%, DV, €€

94+ 2010 Bernkastel Alte Badstube am Doctorberg Riesling Auslese
Goldgelbe Farbe mit grünlichen Reflexen. Der Duft zeigt angenehme Reifemerkmale und mineralische Noten sowie Aromen von kandierten Zitrusfrüchten, Stachelbeere und Quittengelee. Die edle Süße am Gaumen lässt an Honig und 7,5 Vol.-%, DV, €€€

91 2022 Erden Treppchen Riesling feinherb
90+ 2022 Ürzig Würzgarten Riesling trocken
91 2022 Bernkastel Badstube Riesling Auslese
90 2022 Graach Himmelreich Riesling Kabinett
90 2022 Wehlen Sonnenuhr Riesling Spätlese
90 2022 Bernkastel Badstube Riesling Spätlese

90+ 2022 Bernkastel Badstube Riesling Kabinett
Reife tropische Früchte, Ananas, Papaya, kandierte Grapefruitschale, Minze, Holunderblüten, mineralisch unterlegt. Am Gaumen griffig, lebendige Säure, schöne, fruchtige Süße, Pfirsich, Aprikose, auch Gartenkräuter, mineralischer Faden, toll zu pikanten Speisen. 9 Vol.-%, DV, €€

WEINGUT
ÖKONOMIERAT PETGEN-DAHM

Winzerstraße 3–7, 66706 Perl-Sehndorf
T: +49 6867 309, info@petgen-dahm.de
petgen-dahm.de

Ab-Hof-Verkauf: Ja
Kellermeister: Ökonomierat Ralf Petgen
Ansprechpartner: Ökonomierat Ralf Petgen
Flaschen/Hektar: 120.000 (70 % weiß, 10 % rot, 10 % Rosé, 1 % süß, 10 % Schaumwein)/17 ha

Stillstand ist Rückschritt – ein Motto, das sie beim Weingut Ökonomierat Petgen-Dahm verinnerlicht haben. Ein Ausdruck davon sind die cremigen Burgunderweine, die hier an der Mosel gekeltert werden – im ursprünglich reinen Rieslinggebiet. Aber natürlich gedeihen auf den Kalkterrassen der Obermosel auch andere Sorten großartig. Mit seiner feinen Geschmeidigkeit hat es uns der Graue Burgunder im Ausleseformat besonders angetan, die typische Moselfrische macht ihn zum perfekten Speisebegleiter. Aber natürlich geht es nicht ganz ohne Riesling. Die »Goldkapsel« wird fantastisch reifen!

90 2019 Riesling Crémant brut
Im Duft Melisse, Kräuter, Mandarine und Karamell. Im Mund hat der Wein eine schöne Balance, Säure und Mousseux geben einen Frischekick, die Süße ist im Rahmen des insgesamt eher süßen Hausstils eher moderat gesetzt, der Abgang unterlegt die Frische mit Geschmeidigkeit und Würze.
12,5 Vol.-%, NK, €€

90+ 2021 »Alte Reben« Grauer Burgunder Auslese trocken
Im Duft Haselnuss, reife Birne, zarte Kräuter, reifer Apfel, etwas Aprikose, reichhaltig. Am Gaumen mit viel Saft und Geschmeidigkeit, die lebendige Säure verleiht Frische, reife helle Frucht, dicht gewoben, zarte Buttrigkeit, gute Struktur und Länge, perfekt zu hellem Fleisch mit Sauce.
12,5 Vol.-%, NK, €€

90 2021 »Tradition 1720« Auxerrois Barrique trocken
Duft nach Butternuss, reifer Birne, geriebenem Apfel, Rauch und zarter Vanille. Am Gaumen mit frischer Säure und feiner Phenolik, angenehm zupackend, erneut Birne, Mandel, geschmeidig, mittlere Struktur und Länge, gelungener Holzeinsatz, leichte Süße im Abgang, harmonisch.
12,5 Vol.-%, NK, €€€

91+ 2020 »Goldkapsel« Ayl Kupp Riesling Auslese
Duft nach Quittengelee, Blütenhonig, kandierten Zitrusfrüchten und Orangeat, mineralisch unterlegt, Kräuterwürze. Am Gaumen mit süßer Melone, Mandarinensaft, Mango, spürbare Süße, gut austarierte Säure, griffig, feine Phenole, sehr saftig, hat Kraft und Struktur, endet auf süßlicher Frucht, gutes Reifepotenzial. 8,5 Vol.-%, NK, €€€

90 2021 »Grande Réserve« Chardonnay Barrique

91+ 2021 Riesling Eiswein
Duft nach reifen, würzigen Zitrusfrüchten, kandierter Limettenschale, auch reifer Pfirsich, Apfelschale und Quitte. Am Gaumen mit pikanter Säure, sehr präsent, zitrische Aromen, Mandarinensaft, überaus lebendig, zarte Mineralik, gute Struktur und Länge. 10,5 Vol.-%, NK, €€€€

★★★

WEINGUT S. A. PRÜM

Uferallee 25–26, 54470 Bernkastel-Wehlen
T: +49 6531 3110, info@sapruem.com
sapruem.com

Ab-Hof-Verkauf: Mo bis Fr 8–12 Uhr und 13–17 Uhr, Sa 10–16 Uhr
Ansprechpartner: Saskia A. Prüm
Flaschen/Hektar: 100.000 (100 % weiß)/13 ha

Die Familie Prüm besaß schon im 12. Jahrhundert Weinberge an der Mittelmosel. So trägt Saskia Andrea Prüm einen Namen mit historischem Klang – mit denselben Initialen überdies wie der Vorfahre und Firmengründer Sebastian Alois Prüm. In der über 200-jährigen Geschichte führt die Winzerin als erste Frau das Weingut. Der Fokus liegt nach wie vor auf Riesling, dessen Rebstöcke auf 13 Hektar bester Steillagen stehen. Die Weinqualität entwickelt sich positiv, etwa beim Wehlener Ortsriesling, den man blind für einen Lagenwein aus der Wehlener Sonnenuhr halten könnte.

92 2022 »N° 26« Bernkastel Lay Riesling Auslese

Feiner Duft nach Blütenhonig und kandierten Zitrusfrüchten, Orangenschale, auch etwas getrocknete Aprikose, dahinter Schieferwürze. Am Gaumen mit viel Schmelz und Charme, Aprikosengelee, Pfirsichsaft, süße Limone, mineralischer Faden, würzig, endet lang und frisch. 7,5 Vol.-%, NK, €€€

91+ 2022 Wehlen Sonnenuhr Riesling Spätlese

Duft nach reifen, hellen Früchte, Birne, Pfirsich, aber auch kandierte Orangenschale, dahinter etwas Minze. Am Gaumen mit viel Schmelz und Charme, üppige, süße Frucht, gut integrierte Säure, druckvoll, Aprikosengelee zeigt sich, schöne Länge, Potenzial. 7 Vol.-%, DV, €€€

91 2022 Wehlen Sonnenuhr Riesling Kabinett

In der fein gewobenen Nase zeigen sich Kräuter, gelber Apfel und Pfirsich, auch etwas Hefe und die charakteristische Schieferwürze. Auf einem weichen, saftigen Fond kommen klare, delikate Fruchtnoten mit feiner Würze und mineralischem Ausdruck zusammen, im Vordergrund agiert die süße Frucht, im Hintergrund die etwas dunkle Mineralik. 8,5 Vol.-%, DV, €€

91 2022 Graach Himmelreich Riesling Spätlese

Schieferwürziger Duft, unterlegt von reifen Zitrusfrüchten und Papaya, süßer Pfirsich, duftende Gartenkräuter. Am Gaumen elegant und feingliedrig, erneut reife Früchte, Birne ist dabei, Mandarine, sehr balanciert, lebendige Säure, bereitet viel Trinkspaß. 8 Vol.-%, DV, €€

90 2022 »Blue« Riesling trocken

91+ 2022 Wehlen Riesling trocken

Steinobst, Wiesenkräuter, Gesteinsmehl sowie Zitrusaromen entwickeln sich im Glas. Am Gaumen attraktive, saftige, reife Frucht, ergänzt von feiner Mineralität, Pfirsichschalen und dezenter Kräuternote bei idealem Säurebogen. Ein eleganter Repräsentant der Region mit viel Qualität. 12 Vol.-%, NK, €€

★★★

WEINGUT F. J. REGNERY

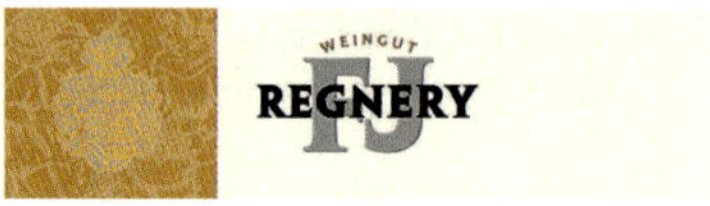

Mittelstraße 39, 54340 Klüsserath
T: +49 6507 4636, mail@weingut-regnery.de
weingut-regnery.de

Ab-Hof-Verkauf: Sa 10–18 Uhr und nach Vereinbarung
Kellermeister: Peter Regnery
Ansprechpartner: Peter Regnery
Flaschen/Hektar: 53.000 (58 % weiß, 38 % rot, 2 % Rosé, 2 % Schaumwein)/8,5 ha

Unter den großartigen Parzellen, die die Familie Regnery in der Klüsserather Bruderschaft besitzt, ragen manche fast senkrecht auf. Hier stehen sehr alte Rieslingstöcke, die elegante und würzige Weine hervorbringen. Aber hier wächst auch ein ungewöhnlich hoher Prozentsatz roter Sorten: Pinot Noir, Syrah, Cabernet Sauvignon – insgesamt fast 40 Prozent der Fläche. Für Spätburgunder hatte Peter Regnery schon immer ein Faible, jetzt wendet er sich auch mit Erfolg der Rhônesorte Syrah zu: Die zeigt sich in seiner Obhut auch an der Mosel pfefferig und attraktiv fruchtgetragen.

92+ 2021 »Großes Gewächs« Klüsserath Bruderschaft Riesling trocken
Blasses Goldgelb. Konzentrierter Duft von gelbem Apfel, Mandarinenschale, Limette und Wiesenkräutern. Am Gaumen mit hoch attraktiver, komplexer Fruchtsüße, die von authentischer Moselsäure und Schieferwürze ideal balanciert wird. Schlank und saftig mit gutem Nachhall.
11,5 Vol.-%, NK, €€€

92 2022 »Alte Reben« Klüsserath Bruderschaft Riesling trocken
Zitronengelb in der Farbe und fruchtwürzig im Duft. Feines Bukett von zarten Pfirsichnoten, Schieferwürze, Ananas und Veilchen. Am Gaumen dicht, mineralisch, präzise Frucht, feinstes Extrakt, balanciert von reifer Säure. Ein Klassiker, der viel Trinkfreude bereiten wird. 12 Vol.-%, NK, €€

92 2020 Klüsserath Bruderschaft Pinot Noir im Barrique gereift trocken
Mittleres Rubin. Klassisch im ersten Duft. Holzwürze, Cranberry und dunkelrote Beeren. Am Gaumen Aromen von Schieferwürze, subtile Kirsche als auch Holunderbeere, von guter Säure balanciert. Kompakt im Nachhall bei geschmeidiger Grundierung, mit Potenzial. 13,5 Vol.-%, NK, €€

91+ 2021 Klüsserath Bruderschaft Syrah trocken
Rubin in der Farbgebung. Feines Bukett mit sortentypischem Duft von grünem Pfeffer, Pflaume, Heidelbeere und Schokolade. Am Gaumen intensiv in der Frucht, junger Gerbstoff von guter Säure getragen. Im Mittelbau eher linear mit attraktivem, gutem Nachhall. 13,5 Vol.-%, NK, €€€

90+ 2020 Klüsserath Bruderschaft Riesling brut

91+ 2022 »Edition Michelskirch« Klüsserath Bruderschaft Riesling feinherb
Zitronengeld in der Farbgebung. Ein Duft von Zitronenmelisse, Aprikose, reifem Pfirsich und Wachs. Am Gaumen balanciert die gute Säure die mollige Süße und die cremige Textur. Leichte Mineralität begleitet den Nachhall. Bereits im Trinkfenster. 11 Vol.-%, DV, €€

★★

WEINGUT REH

Weierbachstraße 12, 54340 Schleich
T: +49 6507 99110, weingut-reh@t-online.de
weingut-reh.de

Ab-Hof-Verkauf: Do und Fr 13–18 Uhr, Sa 10–17 Uhr und nach Vereinbarung
Kellermeister: Lukas Reh
Ansprechpartner: Lukas Reh
Hektar: 10,5 ha

Das Weingut liegt, von Weinbergen umgeben, im Dorf Schleich direkt an der Mosel. Rund die Hälfte seiner Rebfläche sind Steil- und Steilstlagen, besonders stolz ist die Familie auf ihre Terrassen des Gewanns Layet im Mehringer Blattenberg, auf der wurzelechte Rebstöcke aus dem Pflanzjahr 1900 stehen. Wer echte Moselklassik sucht, kommt bei solchen Rieslingen voll auf seine Kosten. Die Weine sind vom Fuder beeinflusst und zeigen den Schiefer deutlich. Besonders gepunktet hat dieses Jahr der trockene Wein aus der Lage Layet. Gratulation zum zweiten Stern!

92 2022 Mehring Blattenberg Layet Riesling trocken

Hellgelb mit grünen Reflexen. In der Nase frische Noten nach Weißen Johannisbeeren, Limettenabrieb, leicht Kokosnuss. Am Gaumen kräftig mit ausdrucksstarkem Säurespiel, viel Saft und Struktur, Tiefe. Noten von exotischen Früchten wie Mango, sehr animierend! 11,5 Vol.-%, DIAM, €€

91+ 2022 »Schieferterrassen« Mehring Riesling halbtrocken

Kräuter, gelbe Mirabellen, Aprikosen, eine feine Nase! Am Gaumen schön frisch, gute Balance zwischen Säure und Restsüße, zarte Honignoten, saftige Weiße Johannisbeeren, ein idealer Speisenbegleiter. 10,5 Vol.-%, DV, €

91+ 2022 Pölich Held Riesling Kabinett

Der Wein ist noch deutlich hefegeprägt im Duft, dazu kommen Aromen von Bienenwachs, getrockneter Zitronenschale, Korianderkorn und Fuderfass. Im Mund hat der Wein einen saftigen Auftakt, etwas Kohlensäure unterstützt das elegante Süße-Säure-Spiel. Der Abgang ist schieferwürzig. Fein! 8,5 Vol.-%, DV, €

91 2022 Mehring Zellerberg Riesling Spätlese

Duft nach reifer Zitrusfrucht, etwas Rauch, nasser Stein, kandierte Orangenschale, feine Würze. Am Gaumen mit spürbarer Süße, lebendige Säure, zitrische Aromen dominieren, Ananas, dazu etwas Mango und Papaya, schöner Schmelz, griffig, zugänglich. 8 Vol.-%, DIAM, €€

91 2022 »Alte Reben« Mehring Zellerberg Riesling Spätlese feinherb

90 2022 »Schieferterrassen« Mehring Riesling trocken

Kräftige Nase nach dunklem Gestein und Rauch, auch Meeresduft nach Tang und Teer, würzige Kräuter, leichter Ozonton. Am Gaumen eine schmackhafte Säure, auch frisch geriebener Apfel. Im Nachhall eher schlank, die elegante Saftigkeit macht Lust aufs nächste Glas. 11 Vol.-%, DV, €

★★

RINKE WEINE

Hauptstraße 4, 54318 Mertesdorf
T: +49 151 18305335, info@rinke-weine.com
rinke-weine.com

Ab-Hof-Verkauf: Fr 15–19, Sa 14–18 Uhr u. n. Vereinbarung
Kellermeister: Dr. Marion Rinke, Alexander Rinke
Ansprechpartner: Alexander Rinke
Flaschen/Hektar: 30.000 (58 % weiß, 10 % rot, 10 % Rosé, 2 % süß, 20 % Schaumwein)/4,9 ha
Anbauweise: in Umstellung

Eines können wir versprechen: Mit den Rinke-Weinen kommt nie Langeweile auf, ganz im Gegenteil, einige sorgen in jeder Runde für Diskussionen und Kontroversen. Es sind sehr individuelle Weine, der Pinot Blanc »Schiefergestein« wurde als »undomestiziert« beschrieben, und das trifft auf einige zu. Trotzdem überzeugen sie mit Struktur, Extrakt und Mineralik, vor allem sind die Weine echt und unverfälscht, auch wenn ihr Duft zuweilen irritieren kann. Aber wer sich darauf einlässt und den Weinen etwas Luft gibt, wird belohnt. Ein Grund, hier den zweiten Stern zu verleihen!

91+ 2020 »S« Langsur Brüderberg Chardonnay trocken CH/PG/WB/VI
Tannennadeln, ätherische Note, Rauch, Würze, Hefe, etwas Heu, Aprikose und Birne, auch kräuterige Noten, Rosmarinöl. Weiche, geschmeidige Textur am Gaumen, elegant, schlanke Struktur, die Restsüße rundet ab, die Mineralik sorgt für Würze und Grip, zeigt auch Tiefe. 11,5 Vol.-%, NK, €€€

91+ 2020 »S Réserve« Langsur Brüderberg Cuvée trocken CH/WB/PG/TR/GM
Holzwürze, leichte Röstaromen, rauchig, weiße Mandeln mit kräuterigen Noten, getrockneter Rosmarin, auch mineralisch. Schlank gebaut mit weichem, charmantem Hintergrund und merklicher Restsüße, feine Säureader, unaufgeregt mineralisch definiert, Langstreckenläufer. 11,5 Vol.-%, NK, €€€

91 2022 »Muschelkalk« Langsur Brüderberg Cuvée trocken CH/WB/PG/VI
Reduktive Nase, noch verschlossen, leicht ätherisch, auch gelbfruchtig, Aprikose, Birne, auch rauchig-würzige Komponenten. Am Gaumen geschmeidig mit weichem Fond, reife Säure, saftige Birne, die hintergründige Muschelkalk-Mineralik führt im Hintergrund, burgundisch. 12 Vol.-%, DV, €€

92 2020 »Réserve Vom Schiefer« Pinot Noir trocken
Anziehender Duft mit etwas Rauch, getrockneten Kräutern, Lebkuchen, Pinotaromen, Waldhimbeere, rote Kirsche, feine Laktik. Setzt am Gaumen mit reifer Säure weich und stoffig an, die Gerbstoffe sind zugänglich und geben Kontur, reif, schieferig-mineralisch, anhaltend. 12,5 Vol.-%, NK, €€

91 2022 »Alte Reben« Wiltingen Klosterberg Riesling feinherb
90+ 2022 »Fumé« Sauvignon Blanc trocken
90 2022 »Schiefergestein« Pinot Blanc trocken
90 2018 »PassionSaar« Riesling extra brut
89+ 2021 »Schiefergestein« Pinot Gris trocken
89 2022 »Muschelkalk« Rosé trocken
90 2022 »Alte Reben« Oberemmel Altenberg Riesling Spätlese

90+ 2021 »Wild auf Schiefer« Riesling Kabinett trocken
Noch verschlossen, reduktiv, hefig, kräuterig, Schieferwürze meldet sich. Primärfrucht klopft noch schüchtern an. Filigraner Bau, recht forsche, stahlige Säure, die von herbem Apfel begleitet wird, viel Zug, animierend, leicht salzig, ungeschliffen, schön. 10,5 Vol.-%, DV, €€

★★

WEINGUT RÖMERHOF

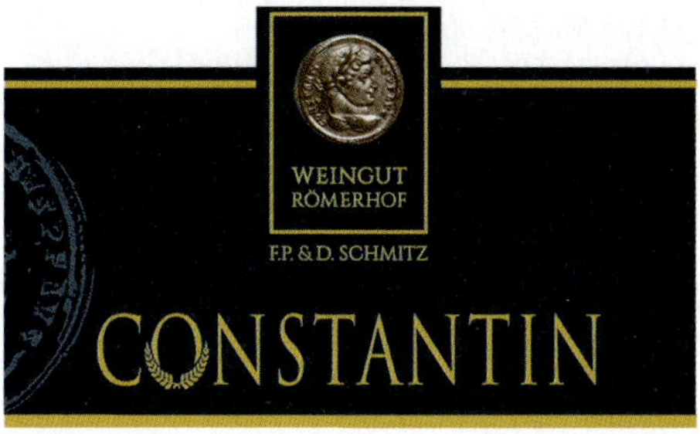

Burgstraße 2, 54340 Riol
T: +49 6502 2189, mail@weingut-roemerhof.de
weingut-roemerhof.de

Ab-Hof-Verkauf: Jan. bis März Sa 10–17 Uhr, Apr. bis Dez. Fr 13–18 Uhr, Sa 10–17 Uhr
Kellermeister: Franz-Peter und Daniel Schmitz
Ansprechpartner: Franz-Peter und Daniel Schmitz
Flaschen/Hektar: 100.000 (80 % weiß, 20 % rot)/11 ha

Die mineralischen Rieslinge aus Steillagen lassen beim Trinken Bilder von der Mosel entstehen, es sind beeindruckende Miniaturen dieser beeindruckenden Landschaft, gerade der hintergründige »Constantin« regt die visuelle Fantasie an. Inhaber und Kellermeister Daniel Schmitz versteht sich auch gekonnt auf den Ausbau von Burgundersorten im Holz, wie die »Réserve« vom Pinot Blanc zeigt. Es lohnt sich allemal, die Weine in der neuen, im Frühjahr 2020 fertiggestellten Römerhof-Vinothek in Riol zu verkosten, die den passenden architektonischen Rahmen bietet.

92 2022 »Constantin« Mehring Zellerberg Riesling Spätlese trocken
Gebündelter Duft mit reifem Weinbergpfirsich, etwas Hefe, Apfel, rauchig-würzige Noten vom Holzausbau. Dicht gebündelt am Gaumen, straffe, schlanke Struktur, gut tragende Säure, die Restsüße fügt sich ein, mineralisch, leicht salzig, auch tiefgründig, Potenzial. 11,5 Vol.-%, NK, €€

91+ 2021 »Réserve« Pinot Blanc trocken
Im Duft noch vom Barrique-Einsatz geprägt, rauchig, würzig, Kürbisschale, reifer Apfel, Aprikose, etwas Lakritze. Für eine »Réserve« erstaunlich filigran gebaut, keine Wuchtbrumme, agile Säure, schmeichelnde Restsüße, reife Gerbstoffe, schlank proportionierte Substanz. 11,5 Vol.-%, NK, €€

90+ 2022 »Felsenterrasse« Mehring Zellerberg Riesling halbtrocken
Würzig, Anis, Fenchel, Kümmel, Limettenschale, geriebener Apfel, Quitte. Am Gaumen mit frischer Säure, Pfirsich, Mandarine, sehr griffig, feine Phenole, zugänglich und trinkig, endet frisch und belebend. Auch zum Essen sehr gut, wenn es scharf gewürzt ist. 10,5 Vol.-%, DIAM, €€

91+ 2022 »No.1« Riesling
Duft nach reifer Zitrusfrucht, dazu auch etwas Papaya, Aprikose, Pfirsich, zarter Blütenhonig. Am Gaumen mit schmelzender, feiner Süße, rote Grapefruit, Mandarinensaft, würzig, lebendige Säure, saftig, sehr ausgewogen und zugänglich, schöne Länge. 7 Vol.-%, DIAM, €€

90 2022 »vom grauen Tonschiefer« Riesling feinherb

91 2022 »Alte Reben« Riesling trocken
Weinbergpfirsich und Pfirsich, roter Apfel, kräuterige Noten, schieferige Noten. Am Gaumen straff und filigran gebaut mit gutem Zug, die quirlige Säure und die merkliche Phenolik lassen den Wein trockener erscheinen, als er ist. Mineralische Spannung und Würze. 11 Vol.-%, DIAM, €€

★★★

WEINGUT SCHLOSS SAARSTEIN

Schloss Saarstein, 54455 Serrig
T: +49 6581 2324, weingut@saarstein.de
saarstein.de

Ab-Hof-Verkauf: nach Vereinbarung
Kellermeister: Christian Ebert
Ansprechpartner: Christian Ebert
Hektar: 10 ha

Christian Ebert pflegt sein Schloss Saarstein mit Hingabe, das merkt man seinen tiefgründigen Weinen an. Die nach Süd- und Südwest ausgerichteten, vom Grauschiefer dominierten Lagen erwärmen sich schnell und speichern die Hitze des Tages – perfekte Voraussetzungen für den Anbau von Riesling, der mehr als 90 Prozent der Rebfläche ausmacht. Neben dem trockenen, extrem viel Trinkfreude vermittelnden Schloss Saarsteiner GG haben uns die beiden Auslesen aus gleicher Lage beeindruckt: Beide sind frisch und griffig, die »Goldkapsel« noch mineralischer und vielschichtiger.

93+ 2022 Serrig Schloss Saarsteiner Riesling GG
Zitrusfrüchte, weiße Blüten, Spur Karamell, heller Tabak, Dillblüten, eine zart cremige Nase. Am Gaumen dann herrlich frisch, Zitrusfrüchte, packende Säure, viel Dynamik, Limette, sehr saftig, dicht gewoben, sehr langer Nachhall, vermittelt köstliche Trinkfreude. 12 Vol.-%, NK, €€€

91+ 2022 Schloss Saarstein Pinot Gris trocken
Glitzernde Reflexe im Glas, Duft nach weißem Leinen, kühl, Apfel, etwas Birne, zart blumig und kräuterig. Am Gaumen feine Frucht, eine Spur Vanille, aber auch Anis und bittere Mandeln, das alles mit viel Zug und Grip, vollsaftiger, griffiger Trinkgenuss. 12,5 Vol.-%, DV, €€

94 2022 »Goldkapsel« Serrig Schloss Saarsteiner Auslese Versteigerung
Konzentrierter Duft nach Blütenhonig, kandierten Zitrusfrüchten und getrockneter Aprikose, feine Würze, heißer Stein. Am Gaumen satt und schmelzend, griffig, lebendige Säure, reife Früchte, Birnensaft, Aprikosengelee, guter Trinkfluss, lang, Potenzial. 7 Vol.-%, NK, €€€€

92+ 2022 Serrig Schloss Saarsteiner Auslese
Feinwürziger Duft, kandierte Orangenschale, delikate Schiefernoten, roter Apfel, etwas Quitte, Minze. Am Gaumen druckvoll und präsent, lebendige Säure, viel Zug und Volumen, bleibt frisch, griffig, dicht, gute Struktur und Länge, viel Potenzial. 7 Vol.-%, NK, €€€

91+ 2022 »Alte Reben« Serrig Schloss Saarsteiner Riesling trocken
90+ 2022 Schloss Saarstein Grauschiefer tr.
90 2022 Schloss Saarstein Kabinett feinherb
90 2022 Schloss Saarstein Riesling tr. Liter
90 2022 Schloss Saarstein Pinot Blanc tr.
89 2022 Schloss Saarstein Riesling trocken
92 2022 Serrig Schloss Saarsteiner Riesling Spätlese

90+ 2022 Serrig Schloss Saarsteiner Riesling Kabinett
Duft nach reifer Zitrusfrucht, dazu Papaya, Mango, Mandarinenschale, unterlegt von geschliffener Mineralität, animierend. Am Gaumen mit feiner Süße und lebendiger Säure, balanciert, reife Zitrusfrüchte, Mandarinensaft, etwas Minze, gute Struktur, schöne Länge. 7,5 Vol.-%, NK, €€

★★

WEINGUT VON SCHLEINITZ

Kirchstraße 15–17, 56330 Kobern-Gondorf
T: +49 2607 972020, info@vonschleinitz.de
vonschleinitz.de

Ab-Hof-Verkauf: nach Vereinbarung
Kellermeister: Martin Gerlach
Ansprechpartner: Martin Gerlach
Flaschen/Hektar: 130.000 (80 % weiß, 20 % rot)/20 ha

Freiherren und Burgfräulein sind bei jenen von Schleinitz schon lange nicht mehr unterwegs. Vielmehr befindet sich das Weingut im Besitz der Familie Reufels, Betriebsleiter ist seit einigen Jahren Küfermeister Martin Gerlach. Die 20 Hektar Rebfläche haben Anteil an den wahrhaft spektakulären Terrassensteillagen von Uhlen und Weißenberg. Die kleine Kollektion, die uns vorgelegt wurde, steht unter zwei Prämissen: Leichtigkeit und Harmonie. Die Rieslinge gefallen mit klar herausgearbeiteter Frucht. Und unser Tipp ist der geschmeidige Blanc de Noir.

90+ 2022 »R« Kobern Uhlen Riesling feinherb
Lugt nur leicht in den feinherben Bereich hinein. In der Nase interessanterweise weniger fruchtbetont als die trockene Version, mit mehr Gewürznoten nach Anis und zerstoßenen Korianderkörnern. Am Gaumen dann hellsaftig, Weinbergpfirsich, nahtlos gleitend. 11 Vol.-%, NK,DV, €€

90 2022 Kobern Uhlen Riesling trocken
Gelber Apfel und Pfirsich in der Nase, fruchtbetont, aber nicht überschwänglich. Am Gaumen leichtfüßig, feingliedrig und mit leicht gerbiger Phenolik. Die Aromen erzählen dafür von den Steilhängen der Terrassenmosel, Pfirsich, Mandarinenschale – der zarte Süden. 11 Vol.-%, DV, €€

89 2022 Grauburgunder trocken
Feine Frucht in der Nase mit Walnuss, Apfel und etwas Senfmehl. Am Gaumen ist der Grauburgunder schmelzig angelegt mit einer recht dichten Mitte und einer spürbaren Phenolik. Da sticht nichts, da eckt nichts an, das ist ein Wein, der nach Essen verlangt. 12 Vol.-%, DV, €

89 2022 Riesling feinherb
Sehr feiner Apfel in der Nase, etwas Kräutereinschlag, leicht Lindenblüte. Am Gaumen ist der feinherbe Wein geprägt von der Spannung zwischen Säure und Fruchtsüße, der Apfel wird gelber und nimmt ein wenig Weinbergpfirsich mit. Kann gern auch kalt getrunken werden. 10 Vol.-%, DV, €

88+ 2022 Weißburgunder feinherb

89+ 2022 Pinot Noir Blanc de Noir trocken
Blasses Zitronengelb mit vielleicht einem winzigen Rosareflex. In der Nase noch ein bisschen hefegeprägt, ganz zart Birne. Ruhig gehalten am Gaumen, die Frucht geht in Richtung Erdbeer-Rhabarber, aber es ist vor allem die trockene Geschmeidigkeit, die punktet. 11 Vol.-%, DV, €

★

WEINGUT SCHNEIDERS-MORITZ

Zehnthofstraße 8, 56829 Pommern
T: +49 2672 93660, info@schneiders-moritz.de
schneiders-moritz-wein.de

Ab-Hof-Verkauf: Mo bis Fr 8–18 Uhr
Kellermeister: Kilian Moritz
Ansprechpartner: Kilian Moritz
Flaschen/Hektar: 93.000 (90 % weiß, 5 % rot, 5 % Rosé, 5 % süß, 5 % Schaumwein)/9,5 ha

Das Familienweingut verfügt mit dem Pommerner Rosenberg über einen Schatz: Der Weinberg ist eine Terrassensteillage am Südhang der Mosel, teils noch mit wurzelechtem Riesling bestockt. Von diesen 1860 gepflanzten Reben stammt die würzige, gut balancierte 2021er »Alte Reben«-Abfüllung. Die Kollektion ist insgesamt mehr als solide – und bietet bereits in der preislichen Mittelklasse Highlights, etwa den Gutsriesling und den Pommerner Ortsriesling. Oder den feinherben Gewürztraminer, der unser Tipp ist und dem Verkostungsteam Appetit auf Munster-Käse machte.

89+ ❺ 2019 Riesling brut
Feine Hefe und auch etwas steinige, schieferige Noten, reifer Weinbergpfirsich, Aprikose, Apfel und Zitrusfrucht, etwas gerösteter Sesam. Legt am Gaumen mit einer knackigen Säure und lebendigem Mousseux straff los, die fruchtige Süße liefert den charmanten Anteil des Vergnügens.
12,5 Vol.-%, NK, €€

91+ 2022 Pommern Riesling trocken
Feinduftig in der Nase, Aprikosen, weißer Pfirsich, Pomelo, grüner Apfel, nasses Gestein, Klee, Brennnessel. Am Gaumen mit Zug, lebendige Säure, salzig, saftige Zitrusfrüchte, tänzelt elegant den Gaumen entlang, schlank gebaut, gut im Extrakt, trinkanimierend. 12,5 Vol.-%, DV, €€

91 2021 »Alte Reben« Pommern Rosenberg Riesling trocken
Hefegeprägt im Duft, Apfelschale, Brotrinde, Zitronenzeste, Wiesenkräuter, Weinbergpfirsich, dezent malzig und Gesteinsmehl. Am Gaumen sehr saftig und mit gutem Trinkfluss, würzig, feingliedrige Säure, cremiger Kern, mineralisch salzig, sehr ausbalanciert. 13,5 Vol.-%, NK, €€

91 2021 Klotten Brauneberg Riesling Kabinett
Noch verschlossen im Duft, Apfelschale, Brioche, Pfirsich, Mirabellen, Akazienblüte, kräuterige Würze, Salbei, dezent Honig. Am Gaumen süße, saftige Frucht, verwoben mit reifer Säure, feine Würze, salzig im Finish, feine Phenolik, alles dicht beieinander, schöne Länge. 9 Vol.-%, NK, €€

89+ 2022 Riesling

90+ 2022 Gewürztraminer feinherb
Sortentypisch, aber nicht zu laut im Duft, Mango, Litschi, frischer Ingwer, Muskatblüten, Rosenblüten, Lavendel, dezent Honigwabe. Am Gaumen mit Schmelz und Würze, lebendige Säure im Spiel mit feiner Süße, schöner Tagesausklang zu einer Käseplatte auf der Terrasse.
11,5 Vol.-%, NK, €€

★★★

SORENTBERG

Fischelstraße 26, 56861 Reil
T: +49 173 6541352, info@sorentberg-riesling.de
sorentberg-riesling.de

Ab-Hof-Verkauf: Ja
Kellermeister: Tobias Treis
Ansprechpartner: Tobias Treis und Ivan Giovanett
Flaschen/Hektar: 16.000 (100 % weiß)/3,5 ha

Die Geschichte der beiden Macher von Sorentberg ist so interessant, man muss sie immer wieder erzählen: Die Studienfreunde Tobias Treis und Ivan Giovanett befreiten vor etwa zehn Jahren die jahrzehntelang brach gelegene Einzellage Reiler Sorentberg von Büschen und pflanzten wieder Reben. Überdies konnten sie etwa 20 Ar uralte Reben rekultivieren. Seither keltern sie spannende – und mit steigendem Alter der jungen Reben immer spannendere – Rieslinge, denen der steile Südhang mit rotem Wissenbach-Schiefer Würze und Reifepotenzial verleiht. Wir gratulieren zum dritten Stern.

93+ 2020 »Von 1000 Alten Reben« Riesling feinherb

Zitronengelb. Vielschichtig im Duft mit Mirabellenkompott, Mandarinenschale, reifem gelbem Apfel und Zitronenmelisse. Am Gaumen eine attraktive Mischung aus Phenolik und reifer, süßer Frucht, die von sehr kulitivierter Säure getragen wird. Feine Mineralik im langen Nachhall.
12,5 Vol.-%, NK, €€€€

93 2018 »Rotschiefer« Riesling Auslese

Feine Reife im Duft, Eukalyptus, Blütenhonig, Minze, kandierte Ananas, tropische Früchte, reichhaltig. Am Gaumen sehr erwachsen, feine, schmelzende Süße mit reifer Orange, Papaya, Aprikosengelee, dazu lebendige Säure, tolle Würze, Waldhonig, dicht und lang. 7,5 Vol.-%, NK, €€€

91+ 2020 »Rotschiefer« Riesling Kabinett

Fein mineralischer Duft, nasser Stein, dazu Grapefruit, kandierte Limonenschale, Orange, delikat. Am Gaumen mit sehr viel Würze, pikant, feine Phenolik, zupackend und fest, lebendige Säure, wieder Zitrusfrüchte, dicht gewoben, Kabinett mit viel Charakter. 9 Vol.-%, NK, €€

92 2021 »Rotschiefer« Riesling feinherb

In der Nase entwickelt sich ein Duft von Orangenzeste, grünem Apfel, Bienenwachs sowie einer leichten, aparten Petrolnote. Am Gaumen herrlich saftig bei feiner Phenolik und attraktiver Süße, alles von einem guten Säurerückgrat balanciert. Elegant und leichtfüßig. 12 Vol.-%, NK, €€

WEINGUT JULIUS TREIS

Fischelstraße 24–26, 56861 Reil
T: +49 6542 900200, weingut@julius-treis.de
julius-treis.de

Ab-Hof-Verkauf: Mo bis Sa 9–18 Uhr, So 10–14 Uhr
Kellermeister: Tobias Treis
Ansprechpartner: Tobias Treis
Flaschen/Hektar: 49.000 (80 % weiß, 10 % rot, 10 % Rosé)/6,5 ha

Das Weingut Julius Treis liegt in Reil an der Mittelmosel und blickt auf eine schon 1684 beginnende Weinbautradition zurück. Seit 2008 führt Tobias Treis das Weingut, dabei berücksichtigt er das über Generationen gesammelte Wissen über Terroir und die Eigenarten der beinahe sieben Hektar Steil- und Steilstlagen. Natürlich spielt der Riesling die erste Geige im Orchester der Rebsorten mit Weißburgunder, Müller-Thurgau, Spätburgunder und Dornfelder. Bei seinem Debüt im Guide überzeugt der Winzer mit gekonnt balancierten Rieslingen. Guter Auftritt!

92 2022 »GG« Pünderich Marienburg Riesling trocken
Bereits komplex im ersten Duft. Zitrusfrüchte, insbesondere Limettenmelisse, gefolgt von einer Melange aus Steinobst und tropischer Frucht. Am Gaumen ausgewogen mit erkennbarer Fruchtsüße und leichter Phenolik, von guter Säure und leichter Mineralik balanciert. 12 Vol.-%, NK, €€€

90 2022 Gewürztraminer trocken
Blasses Goldgelb. Ein vielschichtiger Duft von Haselnuss, Litschi, Grapefruit, Mandarine und Rosenwasser. Am Gaumen auch ein Hauch Ingwer, bei sehr gutem Säurezug und guter Süße. Mittelgewichtig im Körper und authentisch im Typ. Ein spannender Wein. 13 Vol.-%, DV, €€

89+ 2021 »Holzfass« Weißburgunder trocken
Klar in der Farbgebung. Zunächst Holzwürze im Duft, dann folgen gelbe Birne, süßer Pfirsich, rohe Mandel und auch Limettenschale. Am Gaumen sortentypisch und harmonisch. Gute Textur und gut abgestimmte, lebendige Säure begleitet den guten Nachhall. 12,5 Vol.-%, NK, €€

90+ 2022 Reil Goldlay Riesling Kabinett
Frischer Rieslingduft, der Süße erahnen lässt, erinnert dabei an Boskop-Äpfel und einen Touch von Amalfizitrone. Deutlich präsente Fruchtsüße am Gaumen mit Noten kandierter Apfelsinen. Angenehme Leichtigkeit bei vorhandener Sortentypizität, nachhaltig. 8,5 Vol.-%, DV, €

89 2022 Riesling trocken

91 2021 »Alte Rebe« Riesling trocken
Attraktiv im Duft. Im Glas entwickelt sich ein Bukett von Bienenhonig, Litschi, gelbem Apfel und Gesteinsmehl. Am Gaumen folgen feine Mineralik sowie ein feines Spiel aus guter Säure und gut dosierter Fruchtsüße. Ein Wein mit Potenzial. 12 Vol.-%, NK, €€

★★

WEINGUT MICHAEL TROSSEN

Jesuitenhofstraße 42, 54536 Kröv
T: +49 6541 812005, mt@das-weingut.com
das-weingut.com

Ab-Hof-Verkauf: Mo bis Sa 14–18 Uhr
Kellermeister: Michael Trossen
Ansprechpartner: Michael Trossen
Flaschen/Hektar: 37.000 (88 % weiß, 6 % rot, 6 % Rosé, 6 % süß, 4 % Schaumwein)/4,1 ha

»Wir legen großen Wert auf die Herausarbeitung der unterschiedlichen Riesling-Einzellagen rund um Kröv«, schreibt uns das Weingut – und ja, das ist keine bloße Behauptung: Die Unterschiede zwischen Letterlay, Kirchlay und Steffensberg sind deutlich zu schmecken. Auch die Prädikate und Geschmacksrichtungen finden wir gut getroffen – was wir verkosten konnten, sind durch die Bank aromatische, saftige Rieslinge, die Charme mit Tiefe und Zugänglichkeit mit Reifevermögen verbinden. Zum Weingut gehört auch das brandneue, 2019 eröffnete Hotel »Riesling-Quartier«.

92 2020 »SL365« Kröv Steffensberg Riesling Spätlese feinherb
Duftig: Mandarine, Kumquat, etwas Wachs, und balsamische Untertöne. Der Gaumen eröffnet weich und getragen, setzt ganz rund und geschmeidig fort, ehe dichter Extrakt und konzentrierte Frucht in den Abgang tragen. Ein stilvoller Wein mit erster Reife. 12 Vol.-%, NK, €€

91+ 2022 Kröv Kirchlay Riesling Spätlese feinherb
Der Duft zeigt reife, »süße« Gelbfrucht und rauchig-schieferwürzige Töne. Im Mund hat der Wein viel Stoff, eine feste Säure und eine gut balancierende, der Gaumenmitte Volumen gebende Süße. Derzeit noch verschlossen, der Wein wird in drei bis fünf Jahren voll entfaltet sein. 11 Vol.-%, DV, €€

91+ 2021 »SL365« Kröv Letterlay Riesling Spätlese trocken
Im Duft schieferwürzige Noten, etwas Bienenwachs, Maulbeere, Piment. Im Mund ist der Wein seidig texturiert, zeigt konzentrierte Gelbfrucht bei lebendigem Säurerückgrat, der geschmeidige Auftakt bleibt lange präsent, bis in den Abklang, dem die Säure Akzent gibt und Pikanz verleiht. 12 Vol.-%, NK, €€

90 2022 Kröv Kirchlay Riesling Spätlese
Würzig-mineralischer Duft, Schiefer ist spürbar, dazu tropische Früchte, Ananas, reife Orange, süße Melone. Am Gaumen mit spürbarer Fruchtsüße, griffig, lebendige Säure sorgt für Spannung, viel exotische Frucht, Mango, gute Struktur, bereits gut zugänglich. 7,5 Vol.-%, DV, €€

90 2022 Kröv Kirchlay Riesling Kabinett trocken

91 2022 Kröv Letterlay Riesling Kabinett feinherb
Balsamisch-würzig im Duft, getrocknete Zitronenschale, Schiefer, Orangenzeste. Ausgesprochen fein! Auch der Gaumen zeigt sich lebendig und aromatisch, eher auf der süßen Seite des feinherben Spektrums, aber zugleich auch saftig und mit mineralischer Eleganz. 10 Vol.-%, DV, €

★★★★★

VAN VOLXEM

Zum Schlossberg 347, 54459 Wiltingen
T: +49 6501 802290, office@vanvolxem.com
vanvolxem.com

Ab-Hof-Verkauf: Di bis So 11–18 Uhr
Kellermeister: Christoph Friedrich, Felix Rossbach
Ansprechpartner: Roman Niewodniczanski (Inhaber), Christian Valk (Geschäftsführer)
Hektar: 80 ha

Furios, was Roman Niewodniczanski und sein Team an 2022ern im Keller haben! Insgesamt produziert das Weingut inzwischen acht GGs, und die fünf, die wir für diesen Guide verkostet haben, bringen ausnahmslos großes Handwerk ins Glas. Doch auch eine Preisklasse darunter hat das Weingut viel zu bieten: etwa den Saarburger Ortswein, der auf idealtypische Weise die florale, feine Art der Herkunft zeigt, die »Alten Reben«, die Frucht, Mineralität und Phenolik in Komplexität und Tiefgang verwandeln, oder der präzise »Saar«-Riesling, der genau das ist und nichts weniger.

96 2022 Wiltingen Scharzhofberger Pergentsknopp Riesling GG
Balsamisch im Duft, gemahlener Schiefer, Spontangärung, getrocknete Zitronenschale und Piment. Im Mund ist der Wein hoch verdichtet, wirkt dennoch im Volumen nachgerade schmal, eine fordernde Phenolik und kräftige taktile Mineralität verleihen großes Reifepotenzial.
12,5 Vol.-%, NK, €€€€

94 2022 Kanzem Altenberg Riesling GG
Ein Duft von frischem Zitrusabrieb, auch rauchig-steinige, schieferwürzige Aromen. Der Gaumen entfaltet viel Spannung, wirkt gebündelt, ist dicht mit Mineralität und feiner Phenolik bepackt und zeigt eine straffe Säure. Ein gehaltvoller Altenberg für die Langstrecke! 12,5 Vol.-%, NK, €€€

94 2022 Ockfen Bockstein Riesling GG
Leicht balsamisch im Duft, schieferwürzig, Hagebutte, Rosenholz, gelbe Pflaume. Im Mund hat der Wein einen feingliedrigen, fast schon subtilen Bau, präsenten mineralischen Extrakt und feinen Säurefaden sowie eine zurückhaltend gesetzte Süße. Die Lage Bockstein von ihrer delikaten (aber sicher nicht minder reifefähigen) Seite. Tolle Länge.
12,5 Vol.-%, NK, €€€

93+ 2022 Wiltingen Volz Riesling GG
Anfangs sehr verschlossen im Duft, dann öffnend: Traubenzucker, Cassis, grüner Apfel. Der Gaumen eröffnet geschmeidig, dann rollt langsam eine saftige, sich fortlaufend konzentrierende Säure an, der Abgang wirkt pikant, fest und nachgerade adstringierend, mit leichten Tresternoten und mineralischen Untertönen. 12,5 Vol.-%, NK, €€€

93 2022 Ayl Schonfels Riesling GG
91+ 2022 »Alte Reben« Riesling trocken
91 2022 Saarburg Riesling trocken
90 2022 »VV« Riesling feinherb
90 2022 »VV Cuvée« trocken WB/CH/PG/AU
92+ 2022 »Goldkapsel« Ockfen Geisberg Riesling Kabinett

90+ 2022 »Saar« Riesling trocken
Authentisch und ein wenig wild im Duft. Schieferwürze, Zitronenzeste, Weinbergkräuter, grüner Apfel und Grapefruit. Am Gaumen auch Mandarinenschale bei guter innerer Spannung. Intensive Frucht und feine Phenolik werden von straffer Säure getragen. Präzise und puristisch. Kompliment. 12 Vol.-%, DV, €€

★★★★

WEINGUT DR. HEINZ WAGNER

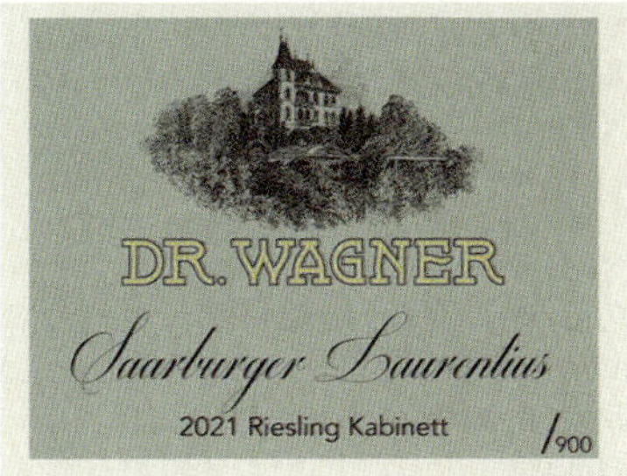

Bahnhofstraße 3, 54439 Saarburg
T: +49 6581 2457, info@weingutdrwagner.de
weingutdrwagner.de

Ab-Hof-Verkauf: Mo–Fr 9.30–12 u. 13.30–17, Sa 9.30–13 Uhr
Kellermeister: Christiane Wagner
Ansprechpartner: Christiane Wagner
Flaschen/Hektar: 53.000 (95 % weiß, 5 % Schaumwein)/8 ha
Anbauweise: in Umstellung

Schonende und traditionelle Bewirtschaftung der Weinberge – das Gut wird als erstes an der Saar biodynamisch bewirtschaftet – ist beim Weingut Dr. Heinz Wagner die Grundlage für wunderbar elegante, fast schwebende Rieslinge, die vom Schieferboden auf das Feinste geprägt sind. Christiane Wagner überzeugt auch in diesem Jahr mit brillant-klaren Weinen, die enorme Trinkfreude vermitteln. Ganz besonders begeistert hat uns die Auslese aus der Rausch in Saarburg, die neben einer exzellenten, ausgefeilten Aromatik auch großartigen Zug vermittelt. Bravo!

90 2022 »Generation V« Riesling feinherb

Mineralischer Duft, dazu viel Kräuterwürze, Minze, Melisse, auch etwas Limonenschale, etwas Lakritze. Am Gaumen mit lebendiger Säure und einer feinen, dezenten Süße, Zitrusfrüchte plus etwas Mango, sehr frisch und tänzelnd, macht viel Freude. 11 Vol.-%, NK, €€

93+ 2022 Saarburg Rausch Riesling Auslese

Duft nach getrockneten Früchten, Aprikose, kandierte Orangenschale, etwas süßer Anis, Blütenhonig, Rauch, feine Mineralität und Minze. Am Gaumen mit viel Schmelz und klarer, reifer Frucht, feine Säure, griffig, dicht, süße Zitrusfrucht, elegant und druckvoll, gute Länge. 7 Vol.-%, NK,DIAM, €€€

92 2022 »Josef Heinrich« Saarburg Rausch Riesling Spätlese

Sehr duftige Nase, reifer Pfirsich, kandierte Orange, etwas Ananas, Papaya und Mango, feine Kräuterwürze. Am Gaumen mit reifer Frucht, zupackende Säure, viel Spannung, griffige Phenole, eher verhaltene Süße, perfekt zu einem scharf gewürzten Gericht, dicht. 8,5 Vol.-%, NK,DIAM, €€

92 2022 Ockfen Bockstein Riesling Kabinett

Würziger Duft mit mineralischem Unterton, reife Zitrusfrucht, etwas Papaya und Mango, nasser, heißer Stein. Am Gaumen mit schönem Schmelz, griffig, lebendige Säure, süße Orange, Pfirsich, gehaltvoll für einen Kabinett, sehr balanciert, schöne Spannung, gelungen. 8 Vol.-%, DIAM, €€

89+ 2022 »Saar« Riesling trocken

91 2022 Saarburg Kupp Riesling Kabinett feinherb

Von Schieferwürze und frischen Zitrusfrüchten geprägter Duft, Limonenschale, englische Minze, Orangenblüte. Am Gaumen mit lebendiger Säure, viel Zug, griffig, zarte Phenole, reife Zitrusfrüchte, fester Kern, perfekt integrierte Süße, gute Struktur und Länge. 10 Vol.-%, DIAM, €€

★★★★

WEINGÜTER WEGELER GUTSHAUS MOSEL

Martertal 2, 54470 Bernkastel-Kues
T: +49 6531 2493, info@wegeler.com
wegeler.com

Ab-Hof-Verkauf: nach Vereinbarung
Kellermeister: Norbert Breit
Ansprechpartner: Richard Grosche
Flaschen/Hektar: 80.000 (100 % weiß)/13 ha

Das Gutshaus Bernkastel ist das kleinere der beiden Schwesterweingüter des Hauses Wegeler – aber was für Lagen befinden sich in den 13 Hektar! Der Bernkasteler Doctor war im Jahr 1900, als Julius Wegeler ihn erwarb, der teuerste Weinberg Deutschlands. Und auch heute noch sind die Weine eine Bank. Ein noch größeres Alleinstellungsmerkmal ist nur der Fundus an reifen Weinen, über den Wegeler verfügt: Die Weine aus der »Vintage Collection« sind Delikatessen und Kulturdenkmäler zugleich. Unser Votum: Kaufen! Oder neue Jahrgänge selber weglegen. Am besten beides.

96 2021 Bernkastel Doctor Riesling GG
Der Duft ist traubig mit einer Anmutung von »wurzelechter« Frucht, etwas rauchiger Schiefer im Hintergrund. Der Gaumen zeigt sich immens dicht und immens fein, wirkt derzeit noch völlig in sich gekehrt, verspricht aber kommende Vielschichtigkeit – und hat jetzt schon Druck und Größe.
12 Vol.-%, NK, €€€€

95 2003 »Vintage Collection« Bernkastel Doctor Riesling Auslese
Sattes Gold mit zarten grünlichen Reflexen. Terpenwürziger Duft, trotz der Reife frisch, Kiefernadeln, Limettenschale, tropische Früchte, würzig, ein Hauch Waldhonig. Feiner, eleganter Schmelz, Süße und Säure sind vereint, Honig, Holundergelee, Kräuterwürze, pikant, exzellent gereift, gute Länge. 8 Vol.-%, NK, €€€€

94+ 2022 Bernkastel Doctor Riesling Spätlese
Duft nach Blütenhonig, reifer Mango, kandierter Limone, reifer Birne und gerösteter Mandel, dazu ein mineralischer Zug, vielschichtig. Am Gaumen mit viel Zug und Dynamik, herrlich saftig, exzellentes Süße-Säure-Spiel, Pfirsich, Papaya, schmelzend, dicht und lang, tolles Potenzial.
8 Vol.-%, NK, €€€€

93+ 1993 »Vintage Collection« Wehlen Sonnenuhr Riesling Auslese
Zartes Bernstein. Waldhonig, Kiefernnadeln, kandierte Limonenzeste, Rosine, nasser Stein, Unterholz, delikat gereift. Am Gaumen: lebendige Säure, viel Zug, Waldhonig, Quittensaft, aparte Phenolik, dicht, sehr individuell, lang, jetzt auf dem Punkt, kaum noch »süß« wirkend. 9 Vol.-%, NK, €€€€

93 2021 Wehlen Sonnenuhr Riesling GG
91+ 2022 Bernkastel Riesling Kabinett feinherb
89+ 2022 »Slate« Riesling trocken
89+ 2022 »Mosel« Riesling feinherb
93+ 2022 Bernkastel Doctor Riesling Kabinett
92 2022 Bernkastel Badstube Riesling Kabinett
91+ 2022 Wehlen Sonnenuhr Riesling Kabinett

91 2022 Bernkastel Riesling trocken
Eine reduktive und auch leicht balsamische Würze entsteigt dem Glas. Dazu frische Noten von geriebener Zitronenschale. Im Mund hat der Wein eine seidige Textur und eine feste Säure bei defensiver Süße und einem kräftig terpenherben Extrakt. Gehaltvoller Ortswein.
12 Vol.-%, DV, €€

★★★★

WEINGUT NIK WEIS ST. URBANS-HOF

Urbanusstraße 16, 54340 Leiwen
T: +49 6507 93770, info@nikweis.com
nikweis.com

Ab-Hof-Verkauf: Mo bis Fr 8–12 Uhr und 13–17 Uhr, Sa nach Vereinbarung
Kellermeister: Kai Hausen
Ansprechpartner: Nik Weis
Flaschen/Hektar: 400.000 (95 % weiß)/45 ha

Nik Weis versteht sich bestens auf Riesling in all seinen Schattierungen – und zwar sowohl an der Mosel als auch an der Saar. Seine Weine sind stets vom Terroir, von Tiefe und wunderbarer Vielschichtigkeit geprägt. Angesichts seines breiten Angebotsspektrums bleibt kaum ein Wunsch offen. Wir waren erneut besonders von einem Kabinett angetan, dem Bockstein. Ein Wein, der fast idealtypisch die Stärken dieser Prädikatsstufe verbindet: die elegante Leichtigkeit mit dem festen Kern. Dazu kommt noch eine mineralische Tiefe, die beeindruckt. Ein Genuss!

94 2021 Leiwen Laurentiuslay Riesling GG
Ein recht präsenter, Vielschichtigkeit andeutender Duft: Traube, Angelika, Senfmehl, Zitrusfrüchte, alles tiefer und erdig angelegt. Hohe Intensität am Gaumen, satter Extrakt, Zitrone, etwas Koriander, vor allem aber eine feine Würze in Richtung Ingwer. Und ein wunderbarer Zug!
12 Vol.-%, NK, €€€

93+ 2021 Mehring Layet Riesling GG
In der Nase gibt sich der Wein noch zurückhaltend und präsentiert derzeit vor allem kräuterige Noten und etwas Grapefruit. Am Gaumen imponiert eine dichte, mit Nachdruck extrahierte Materie, Körper und Säure halten in ihrer Intensität mit – ein Idealtyp aus »klassischem« Jahrgang.
12,5 Vol.-%, NK, €€€

93 2021 Ockfen Bockstein Riesling GG
In der Nase besticht der Bockstein mit einer feinen Frucht und mineralischen Noten, etwas floral, Pfirsich, Weiße Johannisbeere, Karamell, elegant und vielversprechend. Auch am Gaumen überzeugend auf eine für die Lage klassische, eher kraftvolle Weise. Feinwürzig, nachhaltig – stark!
12,5 Vol.-%, NK, €€€

93 2022 Ockfen Bockstein Riesling Spätlese
Duft nach reifen Zitrusfrüchten, dazu Papaya und Melone, unterlegt mit schöner Würze, mineralisch grundiert, Schiefer. Am Gaumen mit viel Zug bei großer Eleganz, lebendige Säure, süße Früchte, Aprikose, Pfirsich, dicht, aber elegant bleibend, würzig, gute Länge. 7,5 Vol.-%, NK, €€€

92 2021 Piesport Goldtröpfchen Riesling GG
91 2021 Ockfen Riesling trocken
90 2022 »Saar« Riesling feinherb
89+ 2022 »Alte Reben« Wiltingen Riesling feinherb
89+ 2022 »Mosel« Riesling trocken
89+ 2022 »Alte Reben« Mehring Riesling trocken
89 2022 »Schiefer« Riesling feinherb

93 2022 Ockfen Bockstein Riesling Kabinett
Duft nach Zündholz und nassem Stein, reduktiver Ausbau, Schieferwürze, zitrische Noten, noch etwas verschlossen. Am Gaumen mit sehr lebendiger Säure, zupackend, vibrierend, elegant, feingliedrig, Limone, Orange, trotz der Leichtigkeit mit festem Kern, gute Länge. 7 Vol.-%, NK, €€

WEINGUT WEY

Moselstraße 49, 54518 Rivenich
T: +49 6508 9193235, info@wey-weine.de
wey-weine.de

Ab-Hof-Verkauf: Ja
Kellermeister: Tim Wey
Ansprechpartner: Susanne & Tim Wey
Hektar: 30 ha

Bei Susanne und Tim Wey vom Weingut Wey weiß man, was man bekommt: Sie wollen »unkomplizierte und authentische Weine für jeden Anlass« erzeugen, von immerhin 30 Hektar Reben, die vor allem auf Rotschieferböden stehen. Neben Riesling zählen auch Kerner, Grau-, Weiß- und Spätburgunder zum Rebsortenspiegel. Die Winzerfamilie betreibt Weinbau schon seit 1795 und bezeichnet sich zu Recht als »wurzelechte Moselkinder«. Am besten gefallen haben uns die »Alten Reben« vom Riesling, der die genannten Attribute mit seinem mineralischen Profil übertrifft.

89+ NV Weißburgunder brut
Honignoten zur ziemlich reifen Frucht, Aprikose, getrocknete Aprikose, Dörrobst und gebrannte Mandeln. Auch am Gaumen großzügig mit Schmelz und merklicher Fruchtsüße, begleitet von einer stabilen Säure und unaufgeregtem Mousseux. Weniger Aperitif als Speisenbegleiter.
12,5 Vol.-%, NK, €€

89 2022 Kerner feinherb
Zitrisch-frischer Duft mit würzigen Noten, etwas Muskatblüte, Johannisbeerblatt, kandierte Limonenschale. Am Gaumen mit feiner Säure, schöner Grip, reife Zitrusfrucht, etwas Ananas, ein wenig Blütenhonig, harmonisch und ausgewogen, mittlere Struktur und Länge. 10 Vol.-%, DV, €

89 2022 Spätburgunder Blanc de Noir feinherb
Erdbeere und Himbeere, Mirabelle, auch Erdbeerkuchen mit Guss, feine Würze, florale Noten, Tomatenrispe. Filigrane Struktur am Gaumen, der von der merklichen, rotbeerigen Fruchtsüße bestimmt wird, viel reife Erdbeere. Die aufgeweckte Säure hält dagegen. Passt. 11,5 Vol.-%, DV, €

88+ 2022 Grauburgunder feinherb
Duft nach Haselnuss und frischer Birne, reifer, roter Apfel, Gartenkräuter. Am Gaumen mit gut integrierter, eher milder Säure, griffig, feiner Schmelz, Apfelschale und Nuss, eine spürbare, aber gut eingebaute Süße, sehr zugänglich, für den direkten Konsum. 11,5 Vol.-%, DV, €€

90+ 2022 »Alte Reben« Rivenich Riesling trocken
Reifes Steinobst wie Weinbergpfirsich und Mango trifft auf feinwürzige Schiefernoten, auch kräuterig, floral. Am Gaumen mit klar gefasster, schlanker Kontur, druckvoll mit lebendiger, eng anliegender Säure, mineralisch, zitrisch, Guave, zeigt Tiefe und Stil. 12 Vol.-%, DV, €€

★

WEINGUT UDO WILLEMS

Am Großschock 6, 54329 Konz
T: +49 6501 18933, u.willems@willemshof.de
willemshof.de

Ab-Hof-Verkauf: nach Vereinbarung
Kellermeister: Udo & Martin Willems
Ansprechpartner: Fam. Willems
Flaschen/Hektar: 45.000/10 ha

Die Freude am Verkostungstisch steigt verlässlich, wenn der Grüne Veltliner aus dem Weingut Willems, das von Udo Willems und Sohn Martin geleitet wird, in die Gläser fließt. Schließlich ist diese Rebsorte an der Saar eine absolute Rarität und ein »Unikat«. Der Veltliner zeigt rebsortentypische Eigenschaften wie Würze und Pfeffrigkeit, aber auch die Bedingungen und Möglichkeiten im Konzer Tälchen mit saftiger Frische und Mineralik. Die Freude in der Runde lässt freilich nicht nach, wenn die Rieslinge eingeschenkt werden. Unser Tipp ist die elegante, feinherbe Spätlese.

89+ 2022 »Saar Unikat« Grüner Veltliner tr.
Reife Mirabelle, gelber Apfel, Zitrusfrucht, etwas Kumquats, feine Würze, kurz getrocknetes Heu. Zeigt in kompakt gebauter Struktur die Eigenschaften der Rebsorten im Saar-Ambiente: Würzig, saftig, mineralisch, auch pfeffrig, präsente Säure, ausgewogen abgerundet. 12,5 Vol.-%, DV, €

89+ 2022 »Saar Devonschiefer« Riesling tr.
Quittenschale, Apfel und schiefrig-mineralische Würze, auch Aprikose, Nektarine, weißer Pfirsich. Schlanker, filigraner Bau am Gaumen mit Saar-typischer lebendiger und stahliger Säure, die aufgenommen wird von Fruchtsüße, zitrisch, etwas Bergamotte, passt gut. 11,5 Vol.-%, DV, €

89 2022 »Saar MW No.5« Riesling feinherb
Duft nach Zitrusfrüchten, Limette, Grapefruit, zarten Kräutern, etwas Pfirsich und Zitronenmelisse. Am Gaumen mit lebendiger Säure, gut integrierte, verhaltene Süße, zarte, aparte Herbe, erneut Zitrusfrucht, griffig, gute Trinkigkeit, schön zu pikanten Gerichten. 11 Vol.-%, DV, €

89 2022 »Saar MW« Niedermennig Herrenberg Riesling Kabinett
Duft nach reifen, hellen Früchten, Pfirsich, Aprikose, Ananas, eine Spur Mango sowie rote Grapefruit. Am Gaumen dann mit einem schönen Schmelz, feine Süße, Zitronentarte, Mandarinensaft, kräuterige Aromen kommen dazu, mittlere Struktur und Länge. 10 Vol.-%, DV, €

88+ 2022 »Saar« Weißburgunder trocken

90 2022 »Saar« Riesling Spätlese feinherb
Feiner Duft nach reifen, hellen Früchten, dazu Kräuterwürze, Minze, etwas Ananas, feiner mineralischer Zug. Am Gaumen balanciert, feine Süße, lebendige Säure, reife Fruchtaromen von Steinobst bilden einen cremigen Fond, elegant, vermittelt viel Trinkfreude. 10,5 Vol.-%, DV, €

★★★

WEINGUT WILLEMS-WILLEMS

Mühlenstraße 13, 54329 Konz-Oberemmel
T: +49 6501 15816, info@weingut-willems.de
schiefer-trifft-muschelkalk.de

Ab-Hof-Verkauf: Mo bis Sa 9–17 Uhr
Kellermeister: Miguel Louro
Ansprechpartner: Carolin Hofmann
Flaschen/Hektar: 73.000 (90 % weiß, 10 % rot, 20 % süß)/7 ha
Anbauweise: Bio

Carolin Hofmann und ihr Mann Jürgen führen zwei Weingüter, eins an der Saar und eins in Rheinhessen, deshalb hat sich das umtriebige Paar das Motto »Schiefer trifft Muschelkalk« gegeben. An der Saar sind wir im Schiefer-Epizentrum, und das ist stets spürbar. Das gilt sowohl für die trockenen, aber auch für die wunderbar schmelzenden, fruchtigen Gewächse, von denen wir dieses Jahr gleich vier sehr gelungene Kabinettweine verkosten durften. Eine besondere Empfehlung ist dabei der maximal trinkige, feinherbe Kabinett. Restsüße steht der Saar eben fantastisch!

92+ 2022 Oberemmel Altenberg Riesling trocken
Im Duft Apfel, Zitrusfrüchte, Angelika und auch etwas Anis, klassisch für Saarriesling, dazu eine feinwürzige Komponente. Am Gaumen sehr saftig, erneut mit Zitrusfrüchten, dazu etwas Lindenblüte, feine Säure, abgerundete Geschmeidigkeit, gute Länge. 11 Vol.-%, NK, €€€

92 2022 Oberemmel Karlsberg Riesling trocken
Apfel und Engelwurz beherrschen den Duft, dazu Mandel und lebendige Zitrusfrucht, würzig. Am Gaumen ist der Karlsberg von einer brillanten, reifen Säure geprägt, dazu Zitrusarmonen mit Grapefruit und Zitrone, ruhige, geitende Textur, geschmeidig und strahlend. 11 Vol.-%, NK, €€

92+ 2022 Niedermennig Herrenberg Riesling Kabinett
Animierend-würzige Nase, Duft nach reifen Zitrusfrüchten, Mango, Limonenschale, ganz viel Schieferwürze. Am Gaumen wunderbar packend und saftig, kristallklare Zitrusfrucht, Limonensaft, dazu etwas Pfirsich, ganz viel Zug, hohe Dynamik, gute Struktur, lang. 7,5 Vol.-%, DV, €€

91+ 2022 »La Liaison« Krettnach Euchariusberg Kabinett
Feiner, würziger Duft, Grapefruitschale, nasser, heißer Stein, Kräuterwürze, Johannisbeerblatt. Am Gaumen mit packender, reifer Säure, lebendige Zitrusaromen, Limone, hat einen schönen Schmelz, feine Mineralik, gute Struktur und Länge, trinkanimierend. 8,5 Vol.-%, DV, €€

91+ 2022 Oberemmel Altenberg Riesling Kabinett

91 2022 Riesling Kabinett feinherb
Im Duft viel Apfel, ausgeprägte mineralische Noten, aber auch hellblütige Nuancen, fein. Am Gaumen dominieren weiterhin die hellen, offenen Noten mit Klarapfel und Zitrone. Das alles erscheint mit viel Saft im Mund, dazu eine lebendige Säure, macht viel Spaß. 10 Vol.-%, DV, €

★★

WEINGUT WÜRTZBERG

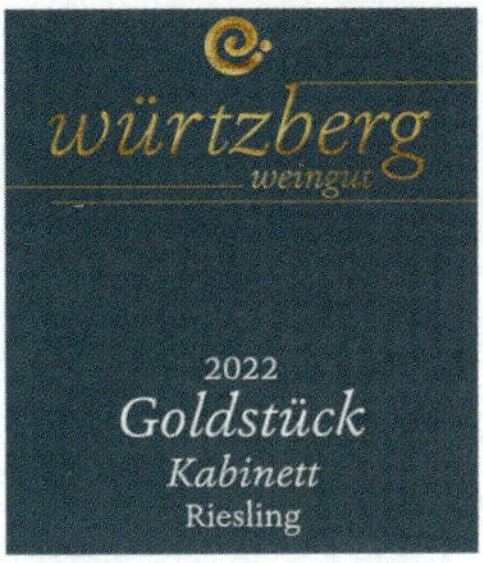

Würtzberg 1, 54455 Serrig
T: +49 6581 9200992, office@weingut-wuertzberg.de
weingut-wuertzberg.de

Ab-Hof-Verkauf: Mo bis Fr 13–17 Uhr, Sa 11–17 Uhr
Kellermeister: Felix Heimes
Ansprechpartner: Felix Heimes
Flaschen/Hektar: 80.000 (95 % weiß, 4 % rot, 1 % Schaumwein)/17 ha

Felix Heimes, der zusammen mit seiner Schwester Annalena und seiner Mutter Dorothee das vormalige Weingut Dr. Siemens bewirtschaftet, hat im Weinberg und im Keller ehrgeizige Ziele. Der Geisenheim-Absolvent aus dem Jahr 2018 setzt dabei bewusst und mit sehr großem Geschick gerade bei den uns vorgestellten Rieslingen auf eine Balance zwischen lebendiger Säure, dezenter Süße und einem dicht gewobenen mineralischen Faden. Allerdings sind ihm auch die trockenen Rieslinge exzellent gelungen. Ein imposant gelegenes Weingut, dessen Weine wirklich Spaß machen!

92+ 2022 »Goldstück« Riesling Kabinett
Im Duft aktuell noch etwas verschlossen, frische Minze, Zitronenmelisse, Limettenabrieb, grüner Apfel, viel Schiefer, eine Spur Rauch. Am Gaumen mit schönem Extrakt, dicht, griffig, lebendige Säure, dicht gewoben, feine Phenole, zarte Süße, reife Zitrusfrucht, viel Spannung. 9 Vol.-%, DV, €€

91+ 2022 Ockfen Bockstein Riesling trocken
In der Nase mit Aromen von Gesteinsmehl, weißer Grapefruit, Zitrone, knackigem Apfel und etwas grüner Banane. Am Gaumen mit einer feinen Fruchtigkeit, erneut Zitrusaromen, schöne Mineralität, balanciert, ganz feine Süße, angenehme Salzigkeit, gute Länge. 12 Vol.-%, DV, €€

91 2022 »Rotschiefer« Serrig Riesling trocken
Duft nach reifen Zitrusfrüchten, etwas Honigwabe, Schiefer, dazu Sternfrucht und Apfel. Am Gaumen mit einer lebendigen Säure, Aromen von Kräutern, Steinobst und Zitrone dominieren, dazu mineralisch unterlegt und mit typischer Schieferwürze, gute Länge. 12 Vol.-%, DV, €€

90+ 2022 »Alte Reben« Riesling Kabinett feinherb
Würzige Nase mit knackigen Zitrusfrüchten, Limone, dazu Minze und Melisse, dahinter mineralische Elemente, etwas Zündholz. Am Gaumen mit frischer Säure, schönem Zug, feingliedrige Aromatik, Mandarine, Gartenkräuter, dezente Restsüße, elegant und trinkig. 9 Vol.-%, NK, €€

90+ 2022 »Scivaro« Riesling feinherb

92 2022 Serrig Herrenberg Riesling Spätlese
Würziger Duft nach nassem, heißem Stein, Schiefer, etwas Zündholz, kandierte Mandarinenschale, reifer Pfirsich. Am Gaumen mit schönem Schmelz, dicht, aber feingliedrig bleibend, griffig, balanciert, lebendige Säure, würzig, etwas Mango, gute Struktur und Länge. 8 Vol.-%, NK, €€

Burg Metternich, Beilstein

MOSEL

GASTGEBER AUS LEIDENSCHAFT

Gemeinsam mit den Winzern der Region –
als uneingeschränkten Experten, was das leibliche Wohl anbelangt –
hat Falstaff die besten Genussadressen in Sachen Kulinarik
sorgfältig ausgewählt und zusammengestellt.

54441 Ayl

Linden

Großzügig belegte Flammkuchen, Wiener Schnitzel und herzhafte Wildgerichte mit Spätzle oder Knödel. Das Gasthaus an der Saar trumpft gekonnt herzhaft auf. Plus: Weine, die vor der Haustüre wachsen.

Neustraße 2
+49 (6581) 4105
pension-linden.de

€€

Empfohlen von: Weingut Würtzberg

54470 Bernkastel-Kues

Graacher Tor – Leckerbissen Restaurant

Hier kann man die Mosel kulinarisch erleben! Besonders empfohlen: Bernkasteler Saumagen mit Gräwes (Kartoffelstampf mit Sauerkraut) – eine hauseigene Spezialität. Auch für Vegetarier gibt es vielfältige Optionen.

Graacher Straße 3
+49 (6531) 4659
graacher-tor.de

€€

Empfohlen von: Weingut F. J. Regnery

Fotos: beigestellt

54413 Bescheid

Zur Malerklause

Kurz und knapp: perfekt gegart, sei es Fisch, Lamm oder andere Köstlichkeiten. Feines aus dem Wasser und von der Weide, garniert mit edlen Zutaten wie Trüffel und Co. Also Fine Dining, charmant im Gasthaus-Stil präsentiert.

Im Hofecken 2
+49 (6509) 558
malerklause.de

€€€

Empfohlen von: Weingut Lorenz

56812 Cochem

Moselromantik Hotel Weißmühle

Im Ferienland Cochem im Moseltal hat man die Wahl zwischen der gemütlichen Müllerstube und dem lichtdurchfluteten »Sommerrestaurant«. Die Spezialität des Hauses sind fangfrische Forellen aus den eigenen Teichen.

Wilde Endert 2
+49 (2671) 8955
hotel-weissmuehle.de

€€

Empfohlen von: Weingut Kloster Ebernach

54647 Dudeldorf

Torschänke

Familiär speisen im Wohnzimmerambiente. Die Gäste fühlen sich hier richtig wohl, was natürlich auch an der weltläufig-attraktiven Speisekarte liegt, die kaum einen bodenständigen Klassiker auslässt.

Philippsheimer Straße 1
+49 (6565) 2024, torschaenke-dudeldorf.de

€€

Empfohlen von: Weingut Nikolaus Köwerich, Weingut Wey

56814 Ediger-Eller

Wein+Raum

Von Mai bis August öffnet der »Wein+Raum« (Donnerstag bis Samstag) seine Tore und bietet eine Auswahl feinster Weine sowie hausgemachter Köstlichkeiten. Man mag es herzhaft mit Schnitzel, Spätzle oder einer zünftigen Jause.

Bachstraße 11
+49 (2675) 220
weingut-oster.de

€

Empfohlen von: Falstaff-Redaktion

54340 Leiwen

vierzehn85

Im schönen Fachwerkhotel wird mit viel Ambition gekocht. Serviert wird eine kreative und regional basierte Saisonküche, die mit viel Gefühl auf die Weine der örtlichen Moselwinzer abgestimmt ist.

Euchariusstraße 10–12
+49 (6507) 9393901, vierzehn85.de

€€

Empfohlen von: Weingüter Carl Loewen, Loersch, Paulinshof, Reh, Clüsserath-Weiler, Lorenz, Grans-Fassian

54486 Mülheim an der Mosel

Richtershof 1809

In einem Weinromantikhotel gehört Genuss zweifelsohne dazu. Im Restaurant »Culinarium« (der Name ist Programm) treffen innovative Kochkunst und traditionelle Küche aufeinander und die Mitarbeiter sind echte »Weinprofis«.

Hauptstraße 81
+49 (6534) 9480, weinromantikhotel.com

P €€

Empfohlen von: Weingut Martin Conrad, Weingut Nikolaus Köwerich

54426 Naurath

Rüssels Landhaus

Was sich hinter der »Neuen deutschen Küche« verbirgt, zeigt Harald Rüssel seinen Gästen im gemütlich-schicken Restaurant. Eine Gourmetliaison aus heimischen und internationalen Produkten, geradlinig zubereitet.

Büdlicherbrück 1
+49 (6509) 91400, ruessels-landhaus.de

P €€€

Empfohlen von: Weingüter Ansgar Clüsserath, Loersch, Clüsserath-Weiler, Nik Weis – St. Urbans-Hof

66620 Nonnweiler

Paulus

Slow Food at its best. In der ländlichen Gourmetküche ist alles hausgemacht und das meiste regional. Das loben die Gäste und freuen sich über die umfangreiche Weinkarte mit Spitzengewächsen aus aller Welt.

Prälat-Faber-Straße 2–4
+49 (6873) 91011
landgasthof-paulus.de

P €€

Empfohlen von: Schlossgut Liebieg

54498 Piesport

Schanz

Zeitgemäß, ohne kurzlebig zu sein, klassisch französisch ohne Stillstand. Thomas Schanz' Küche ist geschmacklich dem Himmel nah, raffiniert und balanciert. Kurz: ein Gaumenerlebnis auf höchstem Niveau.

Bahnhofstraße 8a
+49 (6507) 92520, schanz-restaurant.de

P €€€

Empfohlen von: Weingut Loersch, Weingut Clüsserath-Weiler, Schlossgut Liebieg

Fotos: beigestellt, © Susanne Schlug

56861 Reil

Heim's Restaurant im Hotel Reiler Hof

Alles dreht sich um frische saisonale Produkte und Zutaten. Aus denen kocht Christoph Heim seine unkomplizierten Gerichte, herzhaft-lecker, aber immer um raffinierte Akzente bereichert. Einfach gut!

Moselstraße 27
+49 (6542) 2629, reiler-hof.de

€€€

Empfohlen von: Weingut Julius Treis, Weingut Axel Pauly, Weingut Clemens Busch

54518 Rivenich

Landgasthof Wey

Natascha und Sebastian Wagner sind leidenschaftliche Gastgeber. Gemeinsam leben sie sich kulinarisch aus: Die Speisekarte deckt alle Wünsche ab, von Fisch über Fleisch bis vegetarisch. Auch das »Süße Glück« lässt sich hier finden.

Moselstraße 47
+49 (6508) 9999 111
wey-landgasthof.de

P €€

Empfohlen von: Weingut F. J. Regnery

54439 Saarburg

Villa Keller – Restaurant

Das Alleinstellungsmerkmal der Region ist wohl die außergewöhnlich schöne Lage direkt am Saarufer. Der Ausblick auf die malerische Altstadt und die Burg bei schönem Wetter sind ein absolutes Highlight. Zudem ein Gourmeterlebnis.

Brückenstraße 1
+49 (6581) 92910, villa-keller.de

P €€

Empfohlen von: Weingut Schloss Saarstein, Weingut Dr. Heinz Wagner

56841 Traben-Trarbach

Belle Epoque

Einzigartiges Jugendstilambiente mit Moselblick. Dazu achtet Küchenchef Matthias Meurer darauf, dass neben den Menüs und Feinschmeckerklassikern auch Speisen für den kleinen Hunger angeboten werden.

An der Mosel 11
+49 (6541) 7030
bellevue-hotel.de

€€€

Empfohlen von: Weingut Clemens Busch

56841 Traben-Trarbach

Die Mosel

Die sonnige Terrasse zeichnet sich durch einen herrlichen Blick über die Mosel und das Stadtpanorama aus. Die Vinothek stellt hohe Ansprüche an Wein und verkostet nach dem Sharing-Prinzip mit regionalen Tapas und Antipasti.

Rißbacher Straße 13
+49 (6541) 8127688, diemosel.wine

€€

Empfohlen von: Weingut Immich-Batterieberg, Weingut Clemens Busch

54290 Trier

Das Weinhaus

Viel von Rang und Namen steht auf der umfassenden Weinkarte. Die Küche ist klassisch ausgerichtet und bietet vom Flammkuchen bis zum Rumpsteak alles, was sich zu einem Schoppen trinken lässt.

Brückenstraße 7
+49 (651) 1704924
weinhaus-trier.de

€

Empfohlen von: Weingut Römerhof

54290 Trier

Schlemmereule

Die guten kulinarischen Ideen gehen dem ambitionierten Team des Restaurants nie aus. Inspiriert von Luxemburg und Frankreich, sind exquisite Gerichte wie Jakobsmuscheln oder Barbarie-Ente zu bekommen.

Domfreihof 1b
+49 (651) 73616
schlemmereule.com

€€

Empfohlen von: Schlossgut Liebieg

Weinwirtschaft Friedrich Wilhelm

54290 Trier

Bodenständige Küche trifft auf mediterrane und orientalische Genüsse, dank Küchenchef Ali Boussi. Die vielfältigen Tapasvariationen spiegeln diese bunte kulinarische Reise wider. Dazu gibt es passende Weine aus der Vinothek.

Weberbach 75
+49 (651) 99474800
weinwirtschaft-fw.de

P €€

Empfohlen von: Rinke Weine

Fotos: beigestellt

54349 Trittenheim

Wein- und Tafelhaus

Mit Blick auf die Rebberge punktet das ländlich gestaltete Restaurant. Die Küche geht einen Schritt weiter und verfeinert gekonnt ihre Landküche mit Gourmeteinflüssen und aromatischen Ausrufezeichen.

Moselpromenade 4
+49 (6507) 702803, wein-tafelhaus.de

P €€€

Empfohlen von: Weingüter Eifel-Pfeiffer, Grans-Fassian, Nikolaus Köwerich, Clüsserath-Weiler

54487 Wintrich

Altes Kelterhaus

Spitzenkoch Markus Plein schöpft aus internationaler Erfahrung, die er nun in seiner Küchenkunst einbringt. Vom Amuse-Gueule bis zum Dessert – ein gelungener Mix aus globaler Raffinesse und lokaler Verbundenheit.

Am Martinergarten 13
+49 (6534) 949667, altes-kelterhaus.de

€€

Empfohlen von: Weingüter Gehlen-Cornelius, Martin Conrad, Reh, F. J. Regnery, Axel Pauly

54487 Wintrich

Straußwirtschaft Matthiashof

Weingut, Gästehaus und Straußwirtschaft – hier wird man rundum verwöhnt. Der Familienbetrieb wird bereits in vierter Generation geführt und bietet zu den gutseigenen Weinen deftige Spezialitäten wie Winzersteak oder Flammkuchen.

Bergstraße 12–13
+49 (6534) 93250
matthiashof.de

€

Empfohlen von: Falstaff-Redaktion

54492 Zeltingen

Zeltinger Hof

Der Weinkeller im Traditionshaus ist gut gefüllt, die Küche bestens aufgestellt. »Gutbürgerlich, regional und bodenständig« lautet die Devise. Je nach Jagdsaison werden auch Wildgerichte angeboten.

Kurfürstenstraße 76
+49 (6532) 93820, zeltinger-hof.de

P €€

Empfohlen von: Weingut S. A. Prüm, Weingut Axel Pauly

Rotenfels vor Norheim und Traisen

NAHE

HERZKAMMER FÜR SPITZENWEINE

Foto: WSNA

Die Traiser Bastei an der Nahe bei Bad Münster am Stein-Ebernburg

RIESLING FÜR EXPERTEN, NICHTS ZUM KUSCHELN

Nach dem schwierigen, aber hervorragend gelungenen 2021er Jahrgang haben die Winzerinnen und Winzer an der Nahe auch 2022 mit Bravour geliefert: Und das in einem ebenfalls nicht einfachen Jahr. Diesmal war es vor allem der trockene Sommer, der ihnen zu schaffen machte.

TEXT THOMAS CURTIUS

Die Nahe war lange so etwas wie der Frank Stallone der deutschen Weinszene: ambitioniert, aber doch stets im Schatten der berühmteren Verwandtschaft. Hier war es nicht der Bruder Sylvester, sondern die Nachbarn Rheingau und Mosel, die die Aufmerksamkeit des Publikums auf sich zogen. Doch das war einmal. Inzwischen hat sich die Region vom belächelten »Probierstübchen Deutschlands« zu einer seiner Herzkammern für Spitzenweine emanzipiert. Wie genial diese bereits in der Basis ausfallen können, ist mir Anfang des Jahres bei einer Flasche feinherben Gutsrieslings von Cornelius Dönnhoff am anderen Ende der Welt wieder einmal klar geworden. Der Ort: die trendige Bibo Weinbar in Sydneys gefragtem Double-Bay-Distrikt. Der Inhalt: frisch, fein mineralisch, die elegante Säure und feine Restsüße gekonnt balanciert. Natürlich kann die Nahe auch komplex und vielschichtig. Wir sprechen hier schließlich von über 180 Bodenarten, 300 Einzellagen und unzähligen Mikroklimata, die sich über 4150 Hektar verteilen. Die besondere Güte der Spitzenlagen erkannten schon preußische Steuerbeamten, die diese bereits vor über 120 Jahren in einer Klassifikations-Karte dokumentierten. Selbst wenn Burgundersorten hier ebenfalls brillieren, ist es immer wieder der Riesling, der mich packt. So

Fotos: WSNA, beigestellt, © Weingut Schäfer-Fröhlich, Peter Bender

zählen etwa Dönnhoffs Große Gewächse aus der Hermannshöhle, der Brücke und dem Dellchen in ihren 2021er und 2022er Versionen für mich zu den feinsten Essenzen, die dieses Land aktuell zu bieten hat. Nicht zu vergessen die großartigen Weine aus Bastei, Kupfergrube, Felsenberg von Produzenten wie Crusius, Schönleber und Gut Hermannsberg, Gleiches gilt für die von Blauschiefer und Quarzit geprägten Weine der oberen Nahe wie die GGs aus dem Halenberg und Frühlingsplätzchen von Tim Fröhlich und Frank Schönleber. Extrem spannend auch Weine vom Unterlauf des Flusses, wie die von Caroline Diel – allen voran aus dem Goldloch und dem Pittermännchen. Und auch wenn die trockenen Weine heute vielfach im Fokus des Interesses stehen, strahlen die edelsüßen Rieslinge ebenfalls. Ein Beispiel ist Rebecca Crusius' elegante und zugleich dichte Beerenauslese aus der Bastei, die sie auf der Vorprobe zur VDP-Versteigerung in Wiesbaden vorstellte. Organgenblüte, Mango, Honig und Bienenwachs – ein Traum. Nach großartigen Rieslingen aus dem regnerischen und kühleren Jahrgang 2021 hat die Nahe auch im so gegensätzlichen 2022er wieder Hervorragendes geliefert. Viel Substanz, kühle und feine Frucht sowie eine

Tim Fröhlich
Weingut Schaefer-Fröhlich, Bockenau

präsente, gut eingebundene Säure zeichnen viele Top-Rieslinge aus. Und das, obwohl Wärme und Wassermangel im Sommer Reben und Menschen gefordert hat. »So eine extreme Trockenheit brauchen wir wirklich nicht wieder«, so Karsten Peter, Geschäftsführer und Kellermeister von Gut Hermannsberg. Gerade in gut drainierten Lagen und jungen Anlagen wie denen im oberen Teil der Kupfergrube am Wald machte die anhaltende Trockenheit strikte Ertragsreduktion und Selektion sowie kurze Mai-

Sebastain Schäfer
Weingut Johann Baptist Schäfer, Rümmelsheim

WEINBAUGEBIET NAHE

Anbaufläche ca. 4.150 Hektar
Aufteilung 310 Einzellagen
Wichtigste Rebsorten
Riesling, Weißburgunder, Spätburgunder
Verband
Weinland Nahe e. V.
Burgenlandstraße 7
55543 Bad Kreuznach
www.weinland-nahe.de

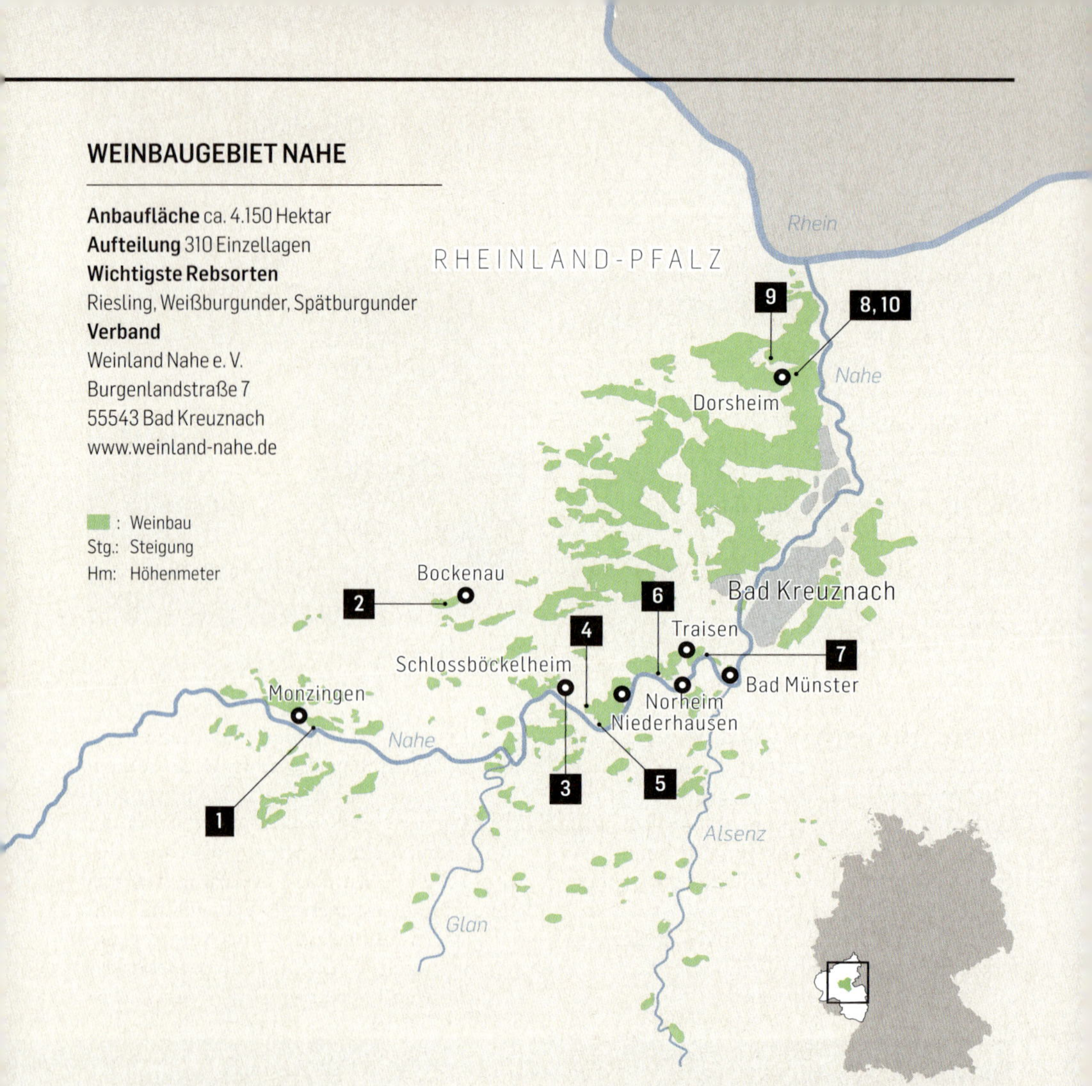

PRIVILEGIERTE WEINLAGEN

1 **Monzingen Halenberg**
7,7 ha, 160–240 Hm, 20–70 % Stg., grauer Schiefer, Quarzit, Kies

2 **Bockenau Felseneck**
8,8 ha, 250–310 Hm, 30–70 % Stg., Devonschiefer, Quarzit

3 **Schlossböckelheim Felsenberg**
10 ha, 25–200 Hm, 45–60 % Stg., Melaphyr, vulkanischer Porphyr

4 **Schlossböckelheim Kupfergrube**
13 ha, 140–265 Hm, 30–60 % Stg., vulkanische Porphyr- und Melaphyrverwitterung

5 **Niederhausen Hermannshöhle**
8 ha, 130–175 Hm, 0–60 % Stg., gesteinsreicher Schieferboden

6 **Norheim Dellchen**
2,6 ha, 140–220 Hm, 50–70 % Stg., Schieferboden

7 **Traisen Bastei**
1,5 ha, 120–140 Hm, 40–60 % Stg., Rhyolith

8 **Dorsheim Goldloch**
12 ha, 140–210 Hm, 15–55 % Stg., Kiesel, Lehmschicht

9 **Dorsheim Pittermännchen**
6 ha, 150–290 Hm, 40–55 % Stg., Tonschiefer, Kiesel

10 **Dorsheim Burgberg**
4 ha, 190–290 Hm, 0–60 % Stg., Schiefergeröll, Taunusquarzit, Kieseln, hoher Lehmanteil

Hermannshöhle, Niederhausen an der Nahe

schestandzeiten notwendig, um ungewünschte Phenolik zu vermeiden. Außerdem habe sich ausgezahlt, dass sie den Boden seit Jahren mit Kompost und Stroh gezielt aufgebaut haben. Und schließlich half auch die Natur selbst. Der Regen nach der Trockenphase habe dann dazu beigetragen, dass »wir eine gute Frische in die Weine bekommen haben«.

Henning Mathern vom Weingut Mathern, Niederhausen, zählt zu den jungen Talenten an der Nahe

Fotos: beigestellt, © Weingut Mathern

Caroline Diel betont ebenfalls die Vorzüge des vergangenen Jahres, auch wenn die Erträge sehr niedrig lagen – in ihren Spitzenlagen bei 30 Hektolitern und darunter. »2022 ist an der Nahe ein Jahrgang, der sehr viel Zug und eine tolle Fruchtausprägung hat, sowie sehr viel Mineralik ins Glas bringt«, beschreibt sie. Aber die Ergebnisse seien gerade in der Jugend fordernd: »Weine für Experten, nichts zum Kuscheln«. Für sie war es ebenfalls essenziell, Trockenschäden akribisch auszusortieren. Außerdem arbeitet auch sie daran, den Boden weiter zu verbessern. Beispielsweise durch Grünschnittkompost, der Struktur gibt und den Wasserhaushalt besser zu regulieren hilft.

Eines ist klar: Der Klimawandel fordert auch an der Nahe zugleich langfristiges Denken und Flexibilität. »Schema X« reiche eben nicht, so Karsten Peter, der ebenfalls auf regenerative Landwirtschaft setzt. Aber Schema X passt ohnehin nicht zur Nahe – einer Region, die sich längst selbst in kein enges Schema mehr fügen lässt.

Nähere Informationen über den Autor finden Sie im Kapitel »Verkostungsteam« auf S. 17.

★★★

WEINGUT CHRISTIAN BAMBERGER STEINHARDTER HOF

Kreuznacher Straße 2, 55566 Bad Sobernheim-Steinhardt
T: +49 6751 6048, info@cb-wein.de
cb-wein.de

Ab-Hof-Verkauf: Mo bis Fr 10–12 Uhr und 14–17 Uhr, Sa 10–14 Uhr und nach Vereinbarung
Kellermeister: Christian Bamberger
Ansprechpartner: Christian Bamberger
Flaschen/Hektar: 200.000 (60 % weiß, 30 % rot, 10 % Rosé)/21 ha

Nur wenige Winzer entwickeln so viel Fantasie für eingängige Markennamen wie Christian Bamberger: Was Christoph Hammel und Emil Bauer für die Pfalz sind, ist er für die Nahe. »Fräulein Müller aus dem Rosengarten« heißt der neue Sommerwein, und Slogans wie »Die Nahe ist rot« belegen, dass Christian Bamberger eigene Wege geht. Er versteht es, seine Weine ins rechte Licht zu rücken, ein neuer Webauftritt zeigt die Schlossböckelheimer Vulkangesteinslagen mit interaktiver 360-Grad-Aufnahme. Und wer im enorm vielfältigen Sortiment nicht auf seine Kosten kommt, wird nirgendwo fündig.

91 2021 »Vulkangestein« Schlossböckelheim Grauburgunder trocken
Rauch im Duft, Holzwürze, sonnenverwöhnte Frucht, Äpfel, Birnen, Quitten, geröstete Haselnuss, Maronenpüree. Am Gaumen viel Schmelz, reife Frucht, feingliedrige, reife Säure, feine Phenolik, Holzwürze, salzig im Nachhall, gehaltvoll, saftig, lange am Gaumen. 13,5 Vol.-%, NK, €€

91 2021 »Fumé« Schlossböckelheim Sauvignon Blanc trocken
Viel warmer Rauch im Duft, gegrillter gelber Paprika, Stachelbeeren, Mango, Kamillenblüten, Curry, Safran, gerösteter Sesam. Am Gaumen geschmeidig, kompakt, saftiger Kern aus gelber Frucht, gut integrierte, reife Säure, feine Würze, salzig, pfeffrig, lange am Gaumen. 13 Vol.-%, NK, €€

92 2021 »R Réserve« Cuvée tr. CS/CC/CD
Schwarze Johannisbeeren, Brombeere, gegrillter roter Paprika, ätherische Noten, Eukalyptus, schwarze Oliven, Holzwürze. Am Gaumen kraftvoll, stoffig, gut integrierte Säure, fleischig, würzig, samtiges Tannin, zu Speisen oder an kalten Tagen als Solist am Kamin. 14 Vol.-%, NK, €€€

91+ 2021 »QX« Spätburgunder trocken
Holzwürze und erdige Noten, dunkle Nugatschokolade, Nelken, Hagebutten, Schwarze Johannisbeeren, getrocknete Kräuter, Minze, Rosmarin. Am Gaumen geschmeidig, mit Kraft, saftige, frische Frucht, lebendige Säure, Holzwürze, feinkörniges Tannin, gute Länge, jugendlich. 13,5 Vol.-%, NK, €€€

89+ 2022 »Sorgenfrei« trocken RR/WB
89 2022 Sauvignon Blanc trocken
88+ 2022 Merlot Blanc de Noir trocken
88 2022 »Fräulein Müller aus dem Rosengarten« trocken MT/SB
90+ 2021 »Vulkangestein« Schlossböckelheim Spätburgunder trocken
89+ 2021 »Machtlust« trocken CD/ME/CC
89 2021 Spätburgunder trocken

90+ 2022 »Ü30 Alte Reben« Silvaner trocken
Mit Würze im Duft, Wiesenkräuter, Brennnessel, Klee, Löwenzahn, Holunderblüten, reifer Apfel, Orangenzeste, Heu. Am Gaumen saftig, vollmundig, Grapefruit, Salzzitronen, grüner Apfel, lebendige Säure erfrischt mit feiner mineralischer Würze, Trinkfluss. Gut! 13 Vol.-%, DV, €

★★★

WEIN- UND SEKTGUT BAMBERGER

Römerstraße 10, 55566 Meddersheim
T: +49 6751 2624, kontakt@weingut-bamberger.de
weingut-bamberger.de

Ab-Hof-Verkauf: Mo bis Fr 8–12 Uhr und 14–18 Uhr, Sa 9–16 Uhr
Kellermeister: Heiko Bamberger
Ansprechpartner: Familie Bamberger
Flaschen/Hektar: 133.000 (58 % weiß, 10 % rot, 10 % Rosé, 2 % süß, 20 % Schaumwein)/15 ha

Im modernen, stilvoll eingerichteten Probierraum im Wein- und Sektgut Bamburger in Meddersheim lässt es sich hervorragend aushalten, wenn Ute Bamberger mit Blick auf die Reben ihre Sekte und Weine ausschenkt. Nach langen Jahren des Aufbaus und des Ausprobierens können Heiko und Ute Bamberger inzwischen aus dem Vollen schöpfen. Jahrelang reiften ihre Schaumweine der Perfektion entgegen – wie die »Grande Réserve Decade« aus 2012, die am Verkostungstisch zu euphorischen Regungen führte. Aber die Bambergers können auch trocken, rot und edelsüß. Und wie!

94 2012 »Grande Réserve Decade« Riesling brut nature
Sehr standhafte Perlage, toller Duft nach Heu, knackig, jung und frisch, feine rosa Grapefruit, die sich am Gaumen fortsetzt, ebenso das Heu, auch Holunderblüten. Großartig, elegant, sehr ungewöhnlich und positiv eigenständig. Man mag das Alter kaum glauben, großer Wurf! 13 Vol.-%, NK, €€€€

92+ 2017 »Prestige« Riesling brut nature
Ein nuancierter, würziger Duft: Bergamotte, Apfelschale. Im Mund geradeaus gebaut, das Mousseux harmoniert in seiner sehr feinen und zurückhaltenden Art bestens mit der eher reifen Säure. Der Sekt zeigt einen zugänglichen und dennoch auch charaktervollen Sortentyp. 12 Vol.-%, NK, €€€

93 2018 Meddersheim Altenberg Riesling Beerenauslese
Würzig-intensiver Duft, getrockneter Apfel, Quitte, Waldhonig, etwas Minze, fein gereift. Am Gaumen mit sehr viel Schmelz, Karamell, Birnensaft, packend, sehr viel Saft, Würze kommt durch, Waldmeister, gute Strukur, Kraft, gute Länge, perfekt zur Gänseleberpastete. 8 Vol.-%, NK, €€€

92+ 2022 Monzingen Frühlingsplätzchen Riesling Spätlese
Duft nach spätgelesenen Trauben. Heimische und exotische Frucht, Noten von Ananas, gelbem Pfirsich und reifen Äpfeln dominieren dabei. Überbordende Saftigkeit, gepaart mit edler Süße machen das Geschmackserlebnis zum großen Spaßfaktor. Tolle Länge! 7,5 Vol.-%, DV, €€

91+ 2022 »Réserve« Monzingen Frühlingsplätzchen Riesling trocken
91 2022 »Réserve« Meddersheim Altenberg Riesling trocken
90 2022 Monzingen Frühlingsplätzchen Riesling trocken
90 2022 »Fumé« Meddersheim Rheingrafenberg Pinot Gris trocken
91 2020 »Tradition« Blanc & Noir brut PN/WB
91 2018 »Prestige« Pinot Rosé brut nature PN/WB/FB
90+ 2019 Meddersheim Altenberg Spätburgunder trocken

92+ 2013 »Grande Réserve Grand Pinot« brut nature PN/WB/PG
Gold- bis Safrangelb. Im Duft delikate tertiäre Aromen, Apfelschale, Dattel, Beeren, heller Blütenhonig. Sehr feines Mousseux, reife, nahtlos mit dem saftigen Bau verschmolzene Säure, zarte Salzigkeit, die Abgangsaromen sind »très Pinot«. Für Liebhaber gereifter Schaumweine! 13 Vol.-%, NK, €€€

★★

WEINGUT BICKING & BICKING

Hauptstraße 33, 55595 Wallhausen
T: +49 6706 279, weingut@bickingundbicking.de
bickingundbicking.com

Ab-Hof-Verkauf: Mo bis Fr 9–11 Uhr und 13–17 Uhr, Sa 11–17 Uhr
Kellermeister: Lukas Bicking
Ansprechpartner: Achim und Lukas Bicking
Hektar: 10 ha
Anbauweise: in Umstellung

Auch wenn sich bei manchem Riesling schon feine Reifenoten zeigten, ist es die Rebsorte, mit der Achim und Lukas Bicking einen atemberaubenden Aufstieg hinlegten. In wenigen Jahren haben sie an der Nahe ihren Betrieb mit zehn Hektar Weinbergen aufgebaut, die sich in Umstellung auf biologischen Weinbau befinden. Die Rieslinge von Pastorenberg und Felseneck aus dem Jahrgang 2020 sind komplex und demonstrieren das mineralische Potenzial der Lagen. Aber die beiden können auch rot, wie das »Bruderherz« belegt. Aus Wallhausen ist noch einiges zu erwarten.

93+ 2020 Wallhausen Pastorenberg Riesling trocken
In der Nase sind schon die ersten reifen Aromen zu finden: Petrol, Honig, reife Früchte von Aprikose und Zitronenzeste. Am Gaumen wiederum hat der Wein eine sehr frische Säure, einen komplexen Körper, wirkt noch sehr jugendlich mit einem hohen Reifepotenzial. 12,5 Vol.-%, NK, €€€

93 2020 Wallhausen Felseneck Riesling trocken
Helles Zitronengelb mit grünen Reflexen. Aromen von Honigwabe, Ananas und Papaya mit einem leichten mineralischen Touch. Am Gaumen hat das »Felseneck« eine lebendige Säure, Aromen von der Nase zeigen sich auch am Gaumen mit einer rauchigen Mineralität im Abgang.
12 Vol.-%, NK, €€€

91 2021 »Blanc de Blanc« trocken SB/PG/WB
Feine rauchig-würzige Noten mit gut eingebundener Frucht, Schwarze Johannisbeere, Aprikose, Birne und auch getrockneter Limettenschale. Zeigt ganz entspannt am Gaumen seine Kraft und Substanz, gut gebündelt, ohne zu komplex zu werden, stoffig, würzig, mineralisch.
13 Vol.-%, NK, €€

90 2022 Grauburgunder trocken
In der Nase Aromen von Quitte und Granny-Smith-Apfel, auch eine feine Salzigkeit und etwas grüne Mandel. Am Gaumen Aromen von reifen Steinobstfrüchten wie Birne, auch nussig und kräuterig, gut integrierte Säure, würziger Körper und süffiger Abgang. 12,5 Vol.-%, DV, €

89+ 2021 »Alte Reben« Riesling trocken
89+ 2022 Sauvignon Blanc trocken
89+ 2022 »Brüderchen« Cuvée trocken BC/RR/MT/GS
89+ 2022 Weißburgunder trocken
89 2021 »vom Schiefer« Riesling trocken
89 2022 Riesling trocken
89 2022 Riesling feinherb

90 2022 »Bruderherz« Cuvée tr. PN/DF
Helles Rot von Walderdbeeren. Rotfruchtige Nase mit Johannisbeere, helle Pflaume, Erdbeere und etwas Pfeffer. Am Gaumen gefällt das »Bruderherz« mit toller Balance zwischen Süße, Säure und Frucht. Himbeere und leicht kräuterige Noten ergänzen das Finish. 11,5 Vol.-%, DV, €

★★★★

WEINGUT DR. CRUSIUS

Hauptstraße 2, 55595 Traisen
T: +49 671 33953, info@weingut-crusius.de
weingut-crusius.de

Ab-Hof-Verkauf: Mo bis Sa 9–12 Uhr und 13.30–17 Uhr nach Vereinbarung
Kellermeister: Rebecca Crusius
Ansprechpartner: Peter, Birgitta und Rebecca Crusius
Flaschen/Hektar: 180.000 (95 % weiß, 5 % rot)/30 ha

Über den Weinberg, aus dem dieses Jahr der am höchsten bewertete Riesling des Weinguts stammt, schreibt uns Rebecca Crusius: »Nichts ist fordernder als unser raues, extremes Terrain und nirgends wird das deutlicher als in der spektakulärsten Einzellage der Welt, der Traiser Bastei. Es ist schlichtweg verrückt, Wein in einem derart widrigen Umfeld anzupflanzen. Zu felsig, zu trocken, zu heiß, zu steil, zu wenig Erde – es gibt viele Gründe es nicht zu versuchen.« Welch ein Glück, dass die Familie – die bereits in 14. Generation Weinbau betreibt – es dennoch tut!

96 2022 Traisen Bastei Riesling GG
Fruchtgetragen im Duft: kandierte Orangenschale, Blutorange, Mandarine. Aber auch schiefermineralische Würze. Im Mund zeigt sich ein Wein, der mit feinen Mitteln Druck und Volumen aufbaut: Sehr reife, feine Phenole und mineralischer Extrakt geben Fülle und Länge, reife Säure stützt. Wird groß! 13 Vol.-%, NK, €€€

95 2022 Schlossböckelheim Felsenberg Riesling GG
Verschlossen im Duft, etwas Grapefruit, rauchig-terroirwürzige Töne, weißer Pfeffer. Der Gaumen vereint Biss und Balance: Er zeigt sich phenolisch getragen und intensiv taktil-mineralisch, ein ebenso lebendiger wie zivilisierter Säurenerv bildet das Rückgrat und gibt Länge. 12,5 Vol.-%, NK, €€€

94 2022 Schlossböckelheim Kupfergrube Riesling GG
Zitrische und lieblich-spätleseartige Aromen ergänzen sich im Duft: Amalfizitrone, Mandarine, balsamisch-würzige Aromen und ein Hauch von Karamell. Im Mund zeigt sich der Wein saftig und hoch verdichtet, eine lebendige Säure und feine Phenole geben Länge. Frischer, cleaner Abgang. 13 Vol.-%, NK, €€€

94 2022 Traisen Steinberg Riesling GG
Eine »warme«, steinige Würze steigt aus dem Glas, mineralisch mit rauchigen Untertönen. Der Gaumen hat viel Gewicht, entfaltet auf leicht viskosem Fond eine feine Phenolik, eine straffe Säure und kräftige taktile Mineralität. Substanz und Zukunft! 13 Vol.-%, NK, €€€

93 2022 Traisen Mühlberg Riesling GG
92 2022 »Top of the Rock« Riesling trocken
91+ 2022 »Kaffel« Weißburgunder trocken
91+ 2022 Norheim in der Kirschheck Riesling Erste Lage trocken
90+ 2022 »RC« Weißburgunder & Chardonnay trocken WB/CH
90 2022 »Vom Fels« Riesling trocken
92+ 2022 Norheim Kirschheck Riesling Auslese

91+ 2022 Traisen Rotenfels Riesling Erste Lage trocken
Dezent im Duft, Weinbergpfirsich, Zitronen, getrocknete Kräuter, Thymian, Oregano, Lindenblüten, Apfelschalen, Gesteinsmehl, dezent Rauch. Am Gaumen elegant, lebendige Säure, saftige, zitrische Frucht, salzig im Nachhall, feine Phenolik, schöne Länge. 13 Vol.-%, NK, €€

★★★★★

SCHLOSSGUT DIEL

Burg Layen 16, 55452 Rümmelsheim
T: +49 6721 96950, info@diel.eu
diel.eu

Ab-Hof-Verkauf: Mo bis Do 8–17 Uhr, Fr 8–14 Uhr
Kellermeister: Caroline Diel und Marcel Will
Ansprechpartner: Familie Diel
Flaschen/Hektar: 180.000 (90 % weiß, 10 % rot)/25 ha

Caroline Diel ist vor allem berühmt für Riesling und für Sekt, doch dieses Jahr brillierten (in Abwesenheit der Riesling-GGs) die Burgunder. Das Falstaff-Team hat lange diskutiert, ob die »Cuvée Victor« oder die »Pinot Gris Réserve« die höhere Bewertung verdient. Zuletzt haben wir uns für den »verschmitzten« und enorm konzentrierten Pinot Gris entschieden. Aber sicher gibt es Gelegenheiten – etwa bei Tisch –, bei denen »Victor« mit seiner großen Feinheit triumphiert. Bei der Verkostung des Pinot Noir »Caroline« fühlten wir uns nach Burgund versetzt. Chapeau!

94 2018 »Réserve« Pinot Gris trocken
Furioser Auftakt mit geradezu burgundischer Aromatik. Fein verwoben, kräuterig, gelbfruchtig und komplex. Pointierter Holzeinsatz. Schmelz, dezente Würze und viel Zug. Zum Abschied winkt der Grauburgunder dann noch einmal verschmitzt mit seiner Saftigkeit. Groß. 14 Vol.-%, NK, €€€

93 2018 »Cuvée Victor« trocken WB/PG
Im Duft vertraute heimische Früchte, Äpfel und Birnen. Leichte Reduktion. Und etwas Holz. Im Mund ein fein ziselierter Auftakt. Intensiv, aber nicht wuchtig. Burgundische Akzente in seiner Würzigkeit und Eleganz. Salin, cremig, würzig. Von breiter Statur, aber keinesfalls warm.
13,5 Vol.-%, NK, €€€

92 2021 Burg Layen Schlossberg Riesling trocken
Steiniger, würziger Auftakt. Birne, Stachelbeere, unreifer Pfirsich. Kühl, elegant, erhaben. Der erste Schluck fügt sich ein: ruhig, zarter Schmelz, salzig. Ein komplexer Leisetreter, der im Laufe des Genusses immer mehr von sich preisgibt.
12 Vol.-%, NK, €€€

94 2020 »Caroline« Pinot Noir trocken
Ein Duft von dunklen Beeren, Holunder, schwarzer Kirsche und Schwarze Johannisbeere. Waldbeere und ein Hauch Gewürznelke. Am Gaumen Kreide, viel Substanz und Druck, junges, feines Tannin, konzentrierte Frucht bei idealem Säurebogen. Ein bisschen Morey-Saint-Denis im Glas ? Viel Potenzial. 12,5 Vol.-%, NK, €€€€

91 2021 »Eierfels« Dorsheim Riesling trocken

92 2021 Burg Layen Johannisberg Riesling Kabinett
Würziger Duft, Schiefer, aber auch etwas Zündholz, dazu Limettenschale, feine Minze, schöne Reife. Am Gaumen mit viel Spannung und Druck, saftig, lebendige Säure, reife Früchte, Zitrus, kräuterige Aromen, mineralisch grundiert, vielschichtig und lang. 9 Vol.-%, NK, €€

★★

WEINGUT DISIBODENBERG

Am Disibodenberg, 55571 Odernheim
T: +49 6755 319, mail@weingut-disibodenberg.de
weingut-disibodenberg.de

Ab-Hof-Verkauf: Mi bis Sa 11–18 Uhr, So 9–16 Uhr
Kellermeister: Thomas Zenz
Ansprechpartner: Christian Patsch
Flaschen/Hektar: 147.000 (75 % weiß, 25 % rot)/22 ha

Vor einigen Jahren konnte das ehemalige Weingut Klostermühle eine der besten Rieslinglagen Deutschlands erwerben: Rebflächen am Disibodenberg. Und weil im gleichnamigen Kloster einst Hildegard von Bingen ihre wichtigsten Werke verfasste, entschied man sich zur Umbenennung des Weinguts sowie einer stärkeren Ausrichtung auf Riesling. Doch auch die weißen und roten Burgunder überzeugen uns, die Weine verbinden Mineralität mit Kraft und zeigen einen ganz und gar abgerundeten Stil. Als unser Tipp bringt der »G'22« für weniger als 10 Euro viel Grauburgunderspaß ins Glas.

90+ 2019 »Monopol Held« Odernheim Pinot brut
Glitzert goldgelb mit schöner Perlage im Glas, frische duftige Nase nach weißen Beeren und Zitronenmelisse. Im Mund molliger als erwartet, mit schönem Mousseux und erfrischendem Säurespiel, angenehm runder Nachhall!
13 Vol.-%, NK, €€

91+ 2021 »Alte Reben« Odernheim Kloster Disibodenberg Riesling trocken
Elegant und dezent im Duft, kühl, grüner Apfel, weißer Pfirsich, Zitronenzeste, kräuterige Würze von Zitronenmelisse, Gesteinsmehl. Am Gaumen Dicht und mit feiner Eleganz, saftige gelbe Frucht, mineralisch salzig, angenehm herb im Nachhall, gut ausbalanciert, schöne Länge.
12,5 Vol.-%, NK, €€

91 2021 Odernheim Montfort Chardonnay & Weißburgunder trocken CH/WB
Gehaltvoll in der Nase, geröstete Mandeln, Vanille, Orangen, kandierte Zitronen, Brennnessel, Minze, nasses Gestein. Schwungvoller Gaumen, reife Ananas, Mandarinen, reife Säurestruktur, feine Phenolik und eine gute Portion Würze machen diese Cuvée aus Chardonnay und Weißburgunder zum vielseitigen Speisenbegleiter. 12,5 Vol.-%, NK, €€

92+ 2020 Odernheim Montfort Spätburgunder trocken
Viel Holzaromatik im Duft, untermalt von feiner Himbeerfrucht, insgesamt etwas dezent, aber fein. Deutliche Holzwürze auch am Gaumen bei stimmigem Süße-Säure-Spiel. Reicher Extrakt im Abgang, dadurch sehr nachhaltig.
13,5 Vol.-%, NK, €€

90+ 2021 Odernheim Kapellenberg Grauburgunder trocken

89+ 2022 »G'22« Odernheim Grauburgunder trocken
Sortentypisch im Duft, intensiv Birnen, roter Apfel, Pfirsich, Wiesenkräuter, Heu, dezent Vanille und nussige Töne. Am Gaumen saftig und geschmeidig, fruchtgetragen und von dezenter Süße, mit lebendiger Säurestruktur, feine Würze, Nachgerade trinkanimierend. 12,5 Vol.-%, DV, €

★★★★★

WEINGUT DÖNNHOFF

Bahnhofstraße 11, 55585 Oberhausen an der Nahe
T: +49 6755 263, weingut@doennhoff.com
doennhoff.com

Ab-Hof-Verkauf: Mo bis Fr 8.30–12 Uhr und 13.30–17 Uhr, Sa nach Vereinbarung
Kellermeister: Cornelius Dönnhoff
Ansprechpartner: Cornelius Dönnhoff
Hektar: 28 ha

Über das Weingut Dönnhoff zu schreiben, bedeutet über den Olymp des deutschen Rieslings zu räsonnieren. Natürlich kann man den von verschiedenen Positionen beleuchten, aber der Befund bleibt sich gleich: Höher und besser geht es kaum. Natürlich müssen sich auch Cornelius und Hermann Dönnhoff mit den Launen der Natur arrangieren und Jahrgangsunterschiede sind schließlich auch die Farbtupfer in der Weingeschichte. 2022 zählte sicher zu den nicht ganz einfachen Aufgaben, aber die wurden mit Bravour gelöst. Anders kennt man es nicht auf dem Olymp.

96+ 2022 Norheim Dellchen Riesling GG
Blumig im Duft: Wildrose, aber auch Zitronenblüte, Blutorange, sogar Himbeere. Der Gaumen setzt geschmeidig an, fügt dann einen dichten, feinkörnigen und mineralisch texturierten Extrakt in den gebündelten Bau, klingt terpengetragen und kompakt ab. Superb! 13 Vol.-%, NK, €€€€

95+ 2022 Schloßböckelheim Felsenberg Riesling GG
Mandarine und Blutorange im Duft, etwas Bergamotte, duftig, auf halbem Weg zur Entfaltung. Im Gaumen mit getragenem, seidigem Fond, sehr viel mineralischer Extrakt, der ganz fein aufgelöst und nahtlos mit Säurenerv und (mittelkräftigem) Körper verschmolzen ist. 13 Vol.-%, NK, €€€€

94+ 2022 Niederhausen Hermannshöhle Riesling Spätlese
Mit deutlicher Mineralität und heimisch geprägter Frucht ausgestatteter Riesling. Schmeckt nach Pfirsich, Aprikose, Apfel und Quittenfrucht. Gekonnte Abstimmung von Süße und Säure bei vorhandener jugendlicher Frische. Sehr elegant und spielerisch im Abgang. 8 Vol.-%, NK, €€€

94 2022 »Monopol« Oberhausen Brücke Riesling Auslese
Fein ziselierter Duft nach reifem Pfirsich, reifer Aprikose, Orangenzeste, Mango, etwas Zündholz und Ananas. Am Gaumen mit feiner, schmelzender Süße, lebendige Säure, feine Phenole, reife Früchte, Aprikosenmarmelade, dicht gewoben, delikat, lang, mineralisch grundiert. 7,5 Vol.-%, NK, €€€

94 2022 Niederhausen Hermannshöhle Riesling GG
93+ 2022 »S« Chardonnay trocken
91 2022 Roxheim Höllenpfad Riesling Erste Lage trocken
91 2022 Bad Kreuznach Kahlenberg Riesling Erste Lage trocken
91 2022 »S« Grauburgunder trocken
94 2022 »Monopol« Oberhausen Brücke Riesling Spätlese
91 2022 Oberhausen Leistenberg Riesling Kabinett

92 2022 Niederhausen Klamm Riesling Kabinett
Feingliedrige Aromatik von Pfirsich, Aprikose, Apfel und Stachelbeere in der Nase, sehr stimmig. Ausgewogene Restsüße am Gaumen, gepaart mit reichlich Frucht bei sehr guter Abstimmung der Säure. Am Gaumen lange anhaltend. Fein gearbeitet, sehr stilvoll. 8,5 Vol.-%, DV, €€

★★

WEINGUT FORSTER

Burg-Layer-Straße 20, 55452 Rümmelsheim
T: +49 6721 45123, mail@weingutforster.de
weingutforster.de

Ab-Hof-Verkauf: Do und Fr 14–18 Uhr, Sa 10–15 Uhr
Kellermeister: Johannes Forster
Ansprechpartner: Georg, Margit und Johannes Forster
Hektar: 25 ha
Anbauweise: Bio

Den geistigen Überbau kann man sich schenken, wenn es unter den Füßen nicht stimmt: Das könnte die Devise im Weingut Forster sein, einem der wenigen Biobetriebe im Nahetal – und aufgepasst: Das schon seit 1994! Ein möglichst gesunder Boden spielt in diesem ökologischen Vorzeigebetrieb die elementare Rolle, schließlich ist er die Grundlage für das, was am Rebstock wächst und im Keller reift. Dafür erzeugt die Winzerfamilie auch ihren eigenen Kompost. Kellermeister Johannes Forster versteht sein Handwerk, wie ein Blick auf die Noten zeigt. Starke Kollektion!

91 2021 »Réserve« Grauburgunder trocken
Hefegeprägt im Duft, viel roter Apfel, Quitten, Heu, Gesteinsnoten, frisch gemahlene Haselnuss, dezent Vanille und Blütenhonig. Am Gaumen stoffig und mit Kraft, geschmeidiger, cremiger Fond, gut integrierte, reife Säure, mineralische Würze, hält auch kräftigen Speisen stand. 13,5 Vol.-%, NK, €€

91 2021 »vom roten Schiefer« Riesling trocken
Würzig im Duft, Schießpulver, Gesteinsnoten, Wiesenkräuter, dezent in der Frucht, weißer Pfirsich, grüner Apfel, Mirabellen. Am Gaumen geradlinig mit Zug, lebendige Säure, mineralische Würze, Aprikosen, Zitronen, Äpfel, dicht und schöne Länge, gerne ein zweites Glas. 12,5 Vol.-%, NK, €€

90+ 2021 »vom Kies« Riesling trocken
Weiße Blüten im Duft, Jasminblüten, gelbe, saftige Frucht, Aprikosen, Quitten, Orangen, steinige Noten, getrocknete Kräuter. Am Gaumen dicht und in sich stimmig, saftiger fruchtiger Kern, Würze, gut integrierte Säure, lange am Gaumen, vielseitiger Speisenbegleiter. 12 Vol.-%, NK, €€

90 2021 Burg Layen Johannisberg Frühburgunder trocken
Würzig, Rauch, Speck, Cassis, dunkle Waldbeeren, ätherische und balsamische Noten, Holzwürze, Nugatschokolade. Am Gaumen vollmundig, stoffig, saftige dunkle Frucht, feinkörniges Tannin, lebendige Säure mit Schwung, Holzwürze. Zu Geschmortem und an kalten Tagen. 15 Vol.-%, NK, €€

90 2022 »KABInett« Riesling

90 2022 Weißburgunder trocken
Zitrisch im Duft, Zitronen, Grapefruit, Apfel, weißer Pfirsich, Aprikosen, Wiesenkräuer, florale Töne. Am Gaumen mit Schmelz, cremiger Kern, gut integrierte Säure, saftige Frucht, Aprikosen, Birnen, Äpfel, feine Würze, gut ausbalanciert, viel Wein für den Preis. 12,5 Vol.-%, DV, €

★★★★

GUT HERMANNSBERG

Ehemalige Weinbaudomäne, 55585 Niederhausen
T: +49 6758 92500, info@gut-hermannsberg.de
gut-hermannsberg.de

Ab-Hof-Verkauf: Di bis Fr 10–18 Uhr, Sa und So 12–18 Uhr
Kellermeister: Karsten Peter
Ansprechpartner: Achim Kirchner
Flaschen/Hektar: 150.000 (100 % weiß, 5 % süß, 10 % Schaumwein)/30 ha

Wer schon einmal erlebt hat, mit wie viel Engagement und Umsicht Karsten Peter, Betriebsleiter und Kellermeister im Gut Hermannsberg, die Abläufe im 30-Hektar-Betrieb mit weitläufig verteilten Spitzenlagen organisiert und anschiebt, den wundert es nicht, dass die Rieslinge weltweit nachgefragt werden. Auch wenn der Jahrgang 2022 nicht wie gewohnt brillieren konnte, unterstrichen die Großen Gewächse »Reserve«, warum sie schon Kultstatus besitzen – bei einem Potenzial, das zwei Jahrzehnte Reife garantieren sollte: Das ist die Nahe von ihrer allerbesten Seite.

94+ 2018 »Reserve« Schlossböckelheim Kupfergrube Riesling GG
Leicht petrolig im Duft, Heidelbeere, konfierte Cherrytomate, Blütenhonig. Der Gaumen ist dicht mit phenolischem und mineralischem Extrakt gefüllt, das ist fein aufgelöst, dennoch intensiv und gaumenfüllend, saftig mit elegantem Säurespiel, bei aller Reife dennoch frisch. 12,5 Vol.-%, NK, €€€€

93 2018 »Reserve« Niederhausen Hermannsberg Riesling GG
Recht reif im Duft, petrolig, Pflaume, Rumtopf, Mandel und Fuder, Earl-Grey-Tee. Die Gaumenstruktur ist ein rundes Amalgam aus merklicher Süße, geschmolzenen Phenolen, reifer Süße und einem geschmeidigen Körperbau. Sehr charmant. Im Abgang ein Ton von Bittermandel.
12,5 Vol.-%, NK, €€€€

93 2022 Niederhausen Steinberg Riesling GG
Etwas Holz, viel Feuerstein, grüne Walnuss, Bergamotte und Blütenhonig. Im Mund hat der Wein eine burgunderhaft runde Anlage, geschmeidig grundiert, mit einer dichten, feinkörnigen Phenolik als Füllung, ein lebendiger Säurenerv leitet ins noch kompakte Finish. 11,5 Vol.-%, NK, €€€

93 2022 Altenbamberg Rotenberg Riesling Kabinett
Im Duft anfangs hefig, kräuterwürzige Aromen hinter dem Spontangärungs-Holzfass-Komplex. Im Mund toll gebündelt, straff, mit energiereicher Säure und zurückhaltend eingesetzter Süße. Durch und durch mineralisch geprägt, noch sehr verschlossen, mit besten Perspektiven.
8,5 Vol.-%, NK, €€

92+ 2022 Schlossböckelheim Felsenberg Riesling GG
92+ 2021 Traisen Bastei Riesling GG
92+ 2022 »Vom Schiefer« Riesling trocken
91+ 2022 Altenbamberg Rotenberg Riesling GG
91+ 2022 »Steinterrassen« Riesling trocken
91 2022 »Vom Vulkan« Schlossböckelheim Riesling trocken
89 2022 »Just« Riesling trocken

91+ 2022 »7 Terroirs« Riesling trocken
Sensationell authentisch im Duft. Schotter, Gesteinsmehl, Limette, junger grüner Apfel, Limette sowie Johannisbeerblatt. Am Gaumen eine bedeutende innere Spannung, feinstes Extrakt, kühle reduktive Steinfrucht, sehr gut integrierte Säure und langer Nachhall. 11 Vol.-%, NK, €€

★

WEINGUT SCHLOSSMÜHLE DR. HÖFER

Naheweinstraße 2, 55452 Rümmelsheim
T: +49 6721 45000, jana.muench@weingut-hoefer.de
weingut-hoefer.de

Ab-Hof-Verkauf: Mo bis Fr 9–16 Uhr
Kellermeister: Dr. Thomas Höfer
Ansprechpartner: Dr. Thomas Höfer, Jana Münch
Hektar: 12,5 ha

Das traditionsreiche Weingut von Dr. Thomas Höfer, das seit Ende des 18. Jahrhunderts in Familienbesitz ist, hat in diesem Jahr vorwiegend restsüße Weine vorgestellt, die sich an Genießerinnen und Genießer richten, die einen sehr harmonischen Weinstil bevorzugen. Ganz besonders gelungen ist die Riesling-Auslese aus dem Jahr 2017, die das Reifepotenzial dieser Weine eindrucksvoll belegt. Mit ihrem Schmelz und ihrem straffen Körper ist sie für die nächsten Jahre gerüstet. Das Weingut bietet auch Übernachtungen, Wochenend-Komplettprogramme und Events an.

89+ 2020 Bretzenheim Pastorei Weißer Riesling Spätlese trocken
Im klaren Duft nimmt man Aromen von reifem Steinobst mit zitrusfruchtigen Untertönen wahr. Im Mund setzt der Wein geschmeidig an, eine reife Säure trägt den runden, auf zurückhaltende Weise mit Restsüße gepufferten Bau. Ein runder, gehaltvoller Riesling. 12,5 Vol.-%, DV, €€

92 2017 »Symphonie« Bretzenheim Pastorei Weißer Riesling Auslese
Duft nach getrockneten Früchten (Aprikose, Dattel), etwas Waldhonig, dazu schöne Würze, kandierte Orange. Am Gaumen mit einem zarten Petrolton, kandierte Zitrusfrucht, pikante Limette, lebendige Säure, dynamischer Zug, wieder Waldhonig, balanciert, gute Länge. 8,5 Vol.-%, NK, €€

91+ 2020 »Edition S« Dorsheim Goldloch Weißer Riesling Auslese
Eine dezente Botrytis gibt sich mit leichten Honigaromen zu erkennen, dazu eine Frucht von Nektarine und Mango. Der Gaumen eröffnet saftig, ein schöner Säurezug hält die Süße in Schach, der Wein bleibt schlank und trinkbar in der Anmutung und mischt mineralische Töne in den Abgang.
8,5 Vol.-%, DV, €€€

89 2022 Spätburgunder Blanc de Noir trocken
Leicht hellgoldener Schimmer, Duft nach Apfel, frischer Birne, etwas Traubensaft und einem Hauch von Litschi. Am Gaumen mit süßer, heller Frucht, Mandarinensaft, etwas Kirsche, Pfirsich, lebendige Säure, griffig am Gaumen, hat eine gute Struktur, saftig, gute Länge. 12,5 Vol.-%, DV, €€

88 2022 Spätburgunder Rosé Spätlese halbtrocken

90 2022 »Villa von Layen« Cuvée SL/DF/RE
Sehr reife rote Frucht, Schwarzkirsche, Brombeere, auch etwas Pflaume, gekochte Waldbeeren. Am Gaumen mit reifen, feinen Gerbstoffen, milder Säure und opulenter Süße, erneut rote Früchte, Kirschgelee, gute Dichte, sehr individuell, gute Länge, zum Dessert. 7,5 Vol.-%, DV, €€

• Rotwein • Roséwein • Weißwein • Orange Wine • Süßwein

falstaff-Tipp

★

WEINGUT LORENZ & SÖHNE

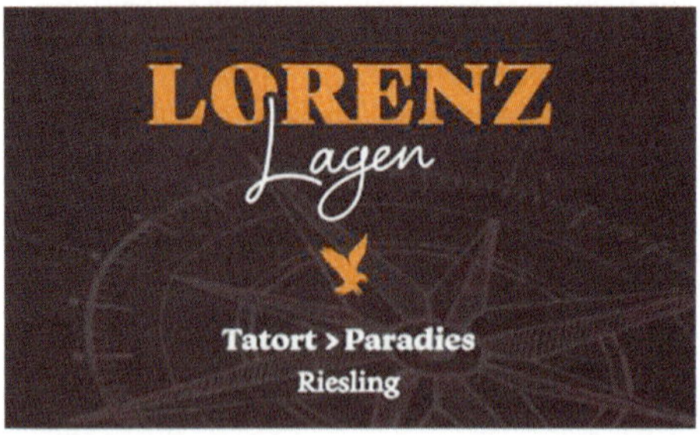

Rheinhessenstraße 87, 55545 Bad Kreuznach
T: +49 671 65563, info@lorenzwein.de
lorenzwein.de

Ab-Hof-Verkauf: nach Vereinbarung
Kellermeister: Ulrich Lorenz
Ansprechpartner: Johanna Lorenz
Flaschen/Hektar: 333.000 (55 % weiß, 15 % rot, 15 % Rosé, 10 % süß, 5 % Schaumwein)/50 ha

Stattliche 50 Hektar hält das Weingut Lorenz & Söhne an der Nahe. Diese »vielfältige Anbaufläche bietet nicht nur Platz für eine Vielzahl an Rebsorten, sondern weist auch die enorme Bodenvielfalt der Naheregion auf«, weiß Kellermeister und Juniorchef Ulrich Lorenz. Die Spitzen im Sortiment stellen die »Tatort«-Weine, die neben ausgewogener Balance auch mineralische Noten transportieren wie unser Tipp: der Riesling aus dem Roxheimer Höllenpfad. Auch die anderen »Tatort«-Weine zeigen Format und kündigen auch an, was hier noch möglich ist. Gutes Debüt.

90+ 2021 »Tatort« Bad Kreuzbach Vogelsang Chardonnay trocken
Birne, Quitte, Honigmelone mit Aprikose, Mandarine, rauchige Holzwürze, getrocknete Kräuter. Würzig und saftig am Gaumen mit guter Substanz, süßlicher Extrakt, dabei trocken ausgebaut, reife Phenole, reife Ananas, wartet auf kulinarische Begleitung. 13,5 Vol.-%, DV, €€

90 2021 »Tatort« Bad Kreuznach Forst Sauvignon Blanc trocken
Im rauchigen Ambiente reife Stachelbeere, Schwarze Johannisbeere, Muskatnuss, Kardamom und gelber Paprika. Kräftige und auch feste Struktur am Gaumen mit feinen Gerbstoffen und schöner Würze, eingewobene Säure, leicht salzig, relativ trocken, zeigt Profil. 13 Vol.-%, DV, €€

90 2021 »Tatort« Bosenheim Paradies Riesling trocken
Reifer Pfirsich mit Aprikose und auch Mango und Ananas, würzig, auch rauchig, florale Noten, getrocknete Blüten. Überzeugt am Gaumen mit einem guten Gleichgewicht von Saft, Geschmeidigkeit, Fülle und auch Stil, ausgewogene Säure, Mineralik, feine Süße. 12,5 Vol.-%, NK, €€

89 2022 Chardonnay trocken
Ananas, Birne, Honigmelone mit kräuterigen und floralen Noten, Tomatenrispe, feine Würze. Saftig, würzig, vollmundig und auch leicht stoffig mit weicher Textur, mittlere Struktur, ausgewogen balanciert am mittleren Gaumen, milde Säure, auch zum Essen. 13 Vol.-%, DV, €

89 2022 Sauvignon Blanc trocken

90+ 2021 »Tatort« Roxheim Höllenpfad Riesling trocken
Leicht rauchige, steinige, mineralische Anklänge mit reifem Pfirsich, Kiwi, Passionsfrucht, Orangenöl, etwas Lavendel. Zeigt am Gaumen Lagencharakter mit salziger Mineralik, mittelgewichtig im Extrakt, reife, gut tragende Säure, ein »Tatort«, den man gerne verfolgt.
13 Vol.-%, NK, €€

★★

WEINGUT MARX

Im Setzling 6, 55452 Windesheim
T: +49 6707 316, info@weingutmarx.com
weingutmarx.com

Ab-Hof-Verkauf: nach Vereinbarung
Kellermeister: Rainer Marx
Ansprechpartner: Rainer Marx
Flaschen/Hektar: 93.000 (70 % weiß, 20 % rot, 10 % Rosé, 5 % süß, 3 % Schaumwein)/10 ha

Familie Marx betreibt seit über 300 Jahren Weinbau an der Nahe, Rainer Marx führt das Weingut seit 2005. Man merkt es seinen Weinen an, dass er bestens mit den lokalen Verhältnissen und dem vielfältigen geologischen Profil vertraut ist. Der Winzer versteht sich gleichermaßen auf Riesling und Burgundersorten: Der Graue Burgunder »S« – unser Falstaff-Tipp – gibt den genussvollen Beleg dafür ab und erzeugt Freude auf die nächste Mahlzeit. Der im Halbstück ausgebaute weiße Burgunder wird sein Potenzial ebenso ausreizen wie der gekonnt balancierte Riesling »R«. Gut!

91+ 2021 »R« Windesheim Fels Riesling trocken
Leichtes Goldgelb, reifer gelber Pfirsich, Apfel, steinig-mineralische Noten, leicht rauchig unterlegte Firne. Am Gaumen mit reifem, süßem Pfirsich und Aprikose, elegant und gekonnt balanciert, gute Spannung, der Extrakt entfaltet sich geschmeidig, mineralisch. 12 Vol.-%, NK, €€

91 2021 »R Halbstück« Windesheim Rosenberg Weißer Burgunder trocken
Mittleres Goldgelb, leicht rauchig, Karamell und nussige Aromen, reife Aprikose, Orangenschale, Quitte. Kräftige und feste Struktur am Gaumen, kräftige Phenole, etwas grüne Walnuss, eingewobene Säure, leicht salin, wird sich weiter verfeinern, Potenzial. 13 Vol.-%, NK, €€

89+ 2022 »S« Windesheim Sonnenmorgen Riesling trocken
Apfel, Mirabelle und weißer Pfirsich mit zitrischer Begleitung, Zitronen- und Orangenschale, auch kräuterig. Eröffnet am Gaumen mit Frische, zu der auch etwas Kohlensäure beiträgt, mittlere Struktur und Dichte, Grapefruit und Pfirsich, elegantes Süße-Säure-Spiel. 12 Vol.-%, DV, €€

89 2022 »S« Weißer Burgunder trocken
Helle Blüten, florale Noten, Blattgrün, Mandarine und Aprikose, etwas Birne, gemahlene Mandeln. Ausgewogener Weißburgunder mit mittlerer Struktur und Komplexität, stellt die Frische und Saftigkeit in den Vordergrund, Birne, Limette und Aprikose, auch zum Essen. 13 Vol.-%, DV, €€

89 2022 Spätburgunder Blanc de Noir trocken

89+ 2022 »S« Windesheim Rosenberg Grauer Burgunder trocken
Quitte und Birne liefern sortentypische Aromen, auch reife Honigmelone kommt dazu. Nussige Aromen, Nussmus. Am Gaumen mit mittlerer Struktur, zeigt Schmelz, Saft, Würze und Frische, gut balanciert, kulinarisch, gehobener Burgunder der preislichen Mittelklasse. 13 Vol.-%, DV, €€

★★

WEINGUT MATHERN

Winzerstraße 5–7, 55585 Niederhausen
T: +49 6758 6714, info@weingut-mathern.de
weingut-mathern.de

Ab-Hof-Verkauf: nach Vereinbarung
Kellermeister: Henning Mathern
Ansprechpartner: Gloria Mathern
Flaschen/Hektar: 70.000 (70 % weiß, 10 % rot, 10 % Rosé, 5 % süß, 5 % Schaumwein)/13 ha

Wir sind gespannt auf die Zukunft: Im vergangenen Jahr waren wir schon angetan von der Entwicklung im Weingut Mathern, das von Gloria Mathern und ihrem Sohn Henning, der für den Ausbau der Weine verantwortlich ist, geführt wird. Und was das Mutter-Sohn-Duo aus dem Jahr 2022 präsentiert, ist gerade im Lagenbereich noch mal eine deutliche Steigerung: Der salzig-mineralische Riesling aus der Hermannshöhle streckt sich bis ins Top-Segment der Nahe, auch das delikate, gekonnt ausbalancierte Dellchen unterstreicht die Ambitionen: Da entsteht etwas mit Format.

93+ 2022 Niederhausen Hermannshöhle Riesling trocken
Ziemlich rauchig, vulkanisch, sehr mineralisch, kräuterig, zitrisch, Blutorange. Dicht am Gaumen mit druckvollem Extrakt, stoffig, salzige Mineralik, fermentierte schwarze Limonen, etwas Lavendel, kandierte weiße Frucht, lang, hallt am Gaumen nach, charaktervoll. 12,5 Vol.-%, NK, €€

92+ 2022 Norheim Dellchen Riesling trocken
Apfelmark, weißer Pfirsich, würzig, steinig, ziemlich rauchig, feine Kräuter, Steinöl. Am Gaumen cremig und saftig-präsent mit guter, eingewobener Säure und einer ausgeprägten Mineralik. Appetitanregend, gut ausbalanciert, delikate Tiefe, feiner Charakter. 12,5 Vol.-%, NK, €€

91+ 2022 Schlossböckelheim Felsenberg Riesling trocken
Steinige Aromen, weißer Pfirsich, Birnenmark, sizilianische Cedro, Mirabelle, Stroh, Sonnenblumenfelder, leicht rauchig. Am Gaumen gute Spannung, vom Extrakt getragen, beinahe Spätlesecharakter, süßliche Aprikose, auch zitrisch, mineralische Grundierung. 12,5 Vol.-%, NK, €€

90+ 2022 »Von Mir. Der Trockenste.« Niederhausen Rosenheck Riesling tr.
Leicht hefig, kräuterig, Apfel, Anflug von Calvados, weißer Pfirsich, auch Zitrus, Lorbeerblatt, Grapefruit, leicht floral, auch erdig. Relativ straff am Gaumen, zitrisch, Grapefruit, relativ forsche Säure, schöne Cremigkeit, geradlinig bis ins Finish. 12 Vol.-%, DV, €€

89+ 2022 »Von Mir. Der. Erste.« Niederhausen Felsensteyer Riesling feinherb

91+ 2022 »Vom Rotliegenden« Riesling trocken
Im Duft feine Würze, etwas rauchig, Pfirsich, Kardamom, roter Apfel und rote Birne. Bei filigranem Bau vollmundig und saftig am Gaumen, harmonisch-raffinierte Säure, feine, aparte Adstringenz, ein wenig Honig, mineralisch, leicht salzig und würzig im Ausklang. Spannend. 11,5 Vol.-%, DV, €

★

WEINGUT MEES

Hackenheimer Straße 21, 55545 Bad Kreuznach
T: +49 671 73244, info@weingut-mees.de
weingut-mees.de

Ab-Hof-Verkauf: nach Vereinbarung
Kellermeister: Roland und Lukas Mees
Ansprechpartner: Dagmar Mees
Hektar: 15 ha

Die Familie Mees bewirtschaftet an der unteren Nahe Reben auf Terrassenkies im Kreuznacher Rosenberg und auf Muschelkalk und Tonmergel im Kreuznacher Paradies. Ihre Palette an Rebsorten ist breit gefächert, sie umfasst Burgunder und Bukettsorten, doch flächenmäßig dominiert der Riesling. Am Ausbau der Weine ist die gesamte Familie als Team beteiligt. Verantwortlich ist allerdings Jungwinzer Lukas Mees, der einige der weißen und roten Sorten im Barrique ausbaut. Wir fanden nicht zuletzt die – äußerst fair bepreisten – Rotweine sehr ansprechend.

89+ 2022 Kreuznach Rosenberg Grauburgunder trocken
Hefe im Duft, süße Beeren, Esskastanienpüree. Die Gaumenstruktur setzt eine leichte Phenolik auf einen geschmeidigen (aber nicht im Übermaß opulenten) Hintergrund, die eher reife Säure behindert nicht den Eindruck der Rundheit, der sich mit Flaschenreife noch verstärken wird. 12 Vol.-%, DV, €

89 2022 »Blanc de Blanc« trocken WB/SB
Im Duft nimmt man Nektarine, Pfirsich, aber auch weiße Blüten wahr. Im Mund fließt der Wein rund und mild, die reife Säure und eine vergleichsweise präsente Restsüße verleihen dem Wein Charme und Zugänglichkeit. 12 Vol.-%, DV, €

91+ 2020 »Réserve« Kreuznach Paradies Spätburgunder trocken
Erdige Noten, Mandel, mit Luftkontakt auch Kirsche. Im Mund hat der Wein viel Volumen, leichte Viskosität, eine gut integrierte Säure bei kräftigem Alkohol und feinkörnigem Tannin, trotz der Wucht bleibt der Wein aber irgendwie fein und im Abgang gut mineralisch definiert. 14,5 Vol.-%, NK, €€

89+ 2020 »Noir de Noir« trocken PN/DU
Im Duft Blaubeerkompott, Rosine und Halbbitterschokolade. Am Gaumen hat der Wein guten Extrakt, die schon im Duft vorhandene pralle Frucht setzt sich fort und wird sogar noch von leichter Süße verstärkt, eine lebendige Säure und eine Prise Grünlichkeit geben dem Wein trotz seiner Fülle eine Anmutung der Frische. 13 Vol.-%, DV, €

89 2022 Riesling trocken

91 2020 Kreuznach Rosenberg Spätburgunder trocken
Im Duft Hagebutte, Herzkirsche, Blut und Süßmandel, dezentes Holz. Im Mund hat der Wein viel Saftigkeit, einen reifen, mengenmäßig wie in der Qualität sehr gut extrahierten Gerbstoff, die Gaumenfrucht wirkt natürlich und leitet in ein mineralisch getöntes Finale guter Länge.
14,5 Vol.-%, NK, €€

★★

WEINGUT MEINHARD

Kirchstraße 13, 55545 Bad Kreuznach
T: +49 671 43030, info@weingut-meinhard.de
weingut-meinhard.de

Ab-Hof-Verkauf: Mo bis Fr 8–17 Uhr, Sa 10–13 Uhr
Kellermeister: Steffen Meinhard & Matthias Schabler
Ansprechpartner: Steffen Meinhard
Flaschen/Hektar: 160.000/15,5 ha

Leben für besondere Weine und Gastfreundschaft«, das ist die Devise im Weingut Meinhard, die mit viel Engagement umgesetzt wird: Zum Bad Kreuznacher Weingut gehört auch eine Gastronomie, die von David Meinhard geführt wird, dem Sohn von Angela und Steffen Meinhard, die den Betrieb mit ihrem Neffen Matthias Schabler leiten. Die Weine sollen Balance, Harmonie, Fülle, Eigenständigkeit und Trinkfreude verbinden, dieses Ideal setzt der Riesling »Roter Sandstein S« mit würziger Mineralik eindrucksvoll um – sehr empfehlenswert wie auch der frische, saftige Sekt »TripleX«.

89+ 2022 »S« Bretzenheim Pastorei Riesling trocken
Attraktiver Duft nach saftigem Weinbergpfirsich, rotem Apfel, Nektarine, steinigen Noten und einem Hauch Kresse. Am Gaumen nimmt die reife und doch lebendige Säure Tempo auf, füllig, cremig und würzig, mineralisch. Mittlere Struktur, die feine Restsüße sorgt für Volumen. 12 Vol.-%, DV, €

89+ 2022 »S« Winzenheim Berg Grauburgunder trocken
Würziger, rebsortentypischer Duft nach Quitte und reifer süßer Birne, Birnenkompott, etwas Kardamom. Kulinarischer Zuschnitt: Breit angelegt am Gaumen, weiche Textur, milde Säure, feine Fruchtsüße, schöne Würze und reife Phenolik. Gemacht für den gedeckten Tisch. 13 Vol.-%, DV, €

91 S 2016 »TripleX« Cuvée brut CH/WB/PG
Goldgelb mit schönen grünen Reflexen im Glas, in der Nase dann weiße Beeren, auch etwas Rauch, reife Aprikosen,ein kühler Eindruck. Am Gaumen frisch und saftig mit cremigen Noten, feine aromatische Säure, die mit angenehm herbem Nachhall für Trinkfluss sorgt. 12 Vol.-%, DIAM, €€

89+ 2020 »S« Bretzenheim Pastorei Spätburgunder trocken
Dezenter Sortentyp im Duft mit Noten von Erdbeere, Hagebutte und Kräutertee. Kräftige Struktur, kraftvoll und zupackend im Auftakt am Gaumen bei reichlich vorhandener Beerenfrucht. Kräftige, reife Gerbstoffe, feinherbe Bitternote im angenehmen Finish. 13,5 Vol.-%, NK,DIAM, €

89 2022 »S« Winzenheim Berg Weißburgunder trocken

91 2020 »Roter Sandstein S« Riesling trocken
Dichter, vielschichtiger Duft mit reifem Weinbergpfirsich, warme Aprikosenhaut, würzig-steinige Noten. Am Gaumen mit guter Balance, der angemessen dosierte Extrakt sorgt für genügend Druck, die reife, präsente Säure lenkt, die würzige Mineralik setzt die Akzente. 12 Vol.-%, NK, €€

★★★

WEINGUT SASCHA MONTIGNY

Weidenpfad 46, 55452 Laubenheim
T: +49 6704 1468, sascha.montigny@montigny.de
montigny.de

Ab-Hof-Verkauf: Mo bis Fr 14–18 Uhr, Sa 10–14 Uhr
Kellermeister: Frank Knoth
Ansprechpartner: Sascha Montigny
Flaschen/Hektar: 55.000 (50 % weiß, 30 % rot, 10 % Rosé, 10 % Schaumwein)/8 ha

Die Montignys veredelten Reben, bevor sie 1960 ihren ersten Weinberg erwarben und im Laufe der Zeit die Rebfläche auf acht Hektar ausdehnten. Spätburgunder pflanzten sie bereits in den 1970er-Jahren. Dafür ist Sascha Montigny heute ein Experte. Und auch im eher kühlen Jahr 2021 liegt der Pinot vorn, übertroffen nur vom – man staunt – Merlot. Bei den Weißen gefällt uns der schmelzige Viognier sogar nochmal eine Idee besser als im vergangenen Jahr. Viel Genuss für 13 Euro, für die Sie in Condrieu an der Rhône vielleicht ein halbes Fläschchen bekommen würden.

92 2022 Laubenheim Karthäuser Grauburgunder trocken
Im Duft gibt ein dezenter Holzton der Sortenfrucht von kandierter Orange und Honigmelone Rückhalt. Im Mund zeigt sich eine feine Phenolik, die dem tendenziell fülligen Körper Struktur verleiht. Nerv und Mineralität geben zusätzlich Halt. Jung und mit bester Perspektive. 13,5 Vol.-%, NK, €€

93 2021 Laubenheim Merlot trocken
Ein intensiver Duft nach Amarenakirsche mit kräuterigen Untertönen, Thymian und schwarzem Pfeffer. Der Gaumen ist sehr dicht mit festem, feinkörnigem, reifem Tannin besetzt, die Säure ist nahtlos integriert. Ein Roter aus einem Guss mit sehr gutem Potenzial. 13,5 Vol.-%, NK, €€

92+ 2021 Laubenheim Krone Spätburgunder trocken
Ein beginnend reifer Duft entströmt dem Glas von Schokotrüffeln, frischer Feige und Granatapfelkernen. Der Gaumen hält eine schöne Balance aus festem Gerbstoff, cremigen Motiven, Mineralität, Säure und Frucht. Vor allem strukturell hat der Wein eine große Länge. 13,5 Vol.-%, NK, €€€

92 2021 »Cuvée Mariage« Laubenheim tr. PN/SL/DU
Eine feine Frucht im Duft, Schwarze Johannisbeere, Holunder, Sandelholz und Wacholder, auch Schwarzkirsche und Kirschlikör. Im Mund zeigt sich ein salziger Wein mit mürbem, reifem Gerbstoff in passender mittlerer Menge. Die gut eingebundene Säure unterstreicht die Frucht.
13,5 Vol.-%, NK, €€€

90 ❺ 2021 Riesling brut
90 ❺ 2016 Pinot Noir Blanc de noir brut
90+ 2022 Laubenheim Karthäuser Riesling trocken
90 2022 Laubenheim Spätburgunder Blanc de Noir trocken
89+ 2022 Laubenheim Weißburgunder tr.
92 2021 »R« Laubenheim Krone Saint Laurent trocken
91 2021 Laubenheim Krone Frühburgunder trocken

92 2022 Laubenheim Viognier trocken
Ein feine Würze steigt aus dem Glas: Aprikose mit rauchigen Untertönen, florale Aromen. Im Mund setzt der Wein seidig und geschmeidig an, fließt ganz rund und bleibt dabei frisch und ziseliert, mit intensiver, aber unaufdringlicher Aromatik im langen Abklang. 12,5 Vol.-%, NK, €€

★★

REICHSGRAF VON PLETTENBERG

Im Wingert 2, 55545 Bad Kreuznach
T: +49 671 2251, falk@weingutplettenberg.de
weingutplettenberg.de

Ab-Hof-Verkauf: nach Vereinbarung
Kellermeister: Falk Albrecht Graf von Plettenberg
Ansprechpartner: Falk Albrecht Graf von Plettenberg
Hektar: 30 ha

Vermutlich gibt es nur wenige Kellermeister mit einem so wohlklingenden Namen wie Falk Albrecht Reichsgraf von Plettenberg. Genau, Sie haben richtig gelesen: Der Eigentümer des Bad Kreuznacher Weinguts kümmert sich auch eigenhändig um den Ausbau der Weine und das mit Geschick und Augenmaß: Seine Weine zielen nicht darauf ab zu polarisieren, bei ihnen stehen Frucht, Süße und Säure im besten Einvernehmen und in geeigneter Proportion, der Charakter der Bad Kreuznacher Lagen sorgt für Profil. Die Rieslingspätlese – unser Tipp – ist das beste Beispiel dafür.

90 2021 Bad Kreuznach Hinkelstein Riesling Auslese trocken
Etwas bedeckt im Duft, reife gelbe Frucht, Pfirsich, gelbe Pflaume, auch Ananas, ein Hauch Firne. Zeigt sich am Gaumen zugänglich und lebendig, filigrane Struktur, wirkt durch die pointierte Säure trockener als er ist, würzige, zitrische und auch florale Noten. 11,5 Vol.-%, DV, €€

90 2021 Bad Kreuznach Narrenkappe Weißburgunder Spätlese trocken
Im Duft leicht bedeckt, reife Mirabelle, weißer Pfirsich und Aprikose, floral, getrocknete Disteln. Am Gaumen zugänglich und mit fruchtig-süßem Charme, nicht ganz trocken, milde Säure, feine Würze, neben gelber Frucht auch leicht vegetale Anklänge, feine Phenolik. 12,5 Vol.-%, DV, €€

89 2022 Grauburgunder trocken
Rebsortentypische Aromatik nach Nüssen und Birnen, Karamell, auch floral, Kräuter, etwas Trockenblumen. Sehr klar am Gaumen mit feiner, süßlicher Birnenfrucht, mittlere Struktur, saftig, vollmundig, geschmeidig abgerundet in der Gaumenmitte, feine Würze. Allrounder. 13 Vol.-%, DV, €

89 2022 Rosé trocken CS/ME/DF
Kräftiges Lachsrosa. Himbeeren, Brombeeren, Kirschen und Johannisbeeren, florale Würze. Kompakt gebaut, saftig und fruchtig am Gaumen mit frischer Säure und abrundender Fruchtsüße, rote Kirsche, die griffigen Gerbstoffe sorgen für Profil. Gerne zu Vorspeisen. 12 Vol.-%, DV, €

88+ 2022 Weißburgunder trocken

90+ 2022 Bad Kreuznach Narrenkappe Riesling Spätlese trocken
Duftig mit Blüten, Pfirsich und Aprikose, kandierte Limettenschale, auch Apfel mischt mit. Schlankes, kompaktes Format am Gaumen, eleganter Riesling mit guter Balance von Frucht, lebendiger Säure und charmanter Restsüße, zitrische Noten, Würze, Lagencharakter. 12 Vol.-%, DV, €€

★★★★

WEINGUT JOH. BAPT. SCHÄFER

Burg Layen 8, 55452 Rümmelsheim
T: +49 6721 43552, schaefer@jbs-wein.de
jbs-wein.de

Ab-Hof-Verkauf: nach Vereinbarung
Kellermeister: Sebastian Schäfer
Ansprechpartner: Sebastian Schäfer
Flaschen/Hektar: 60.000 (95 % weiß, 5 % Rosé)/8 ha

Sebastian Schäfer vom Weingut Joh. Bapt. Schäfer ist es im Jahrgang 2022 noch gelungen, das großartige Rieslingjahr 2021 zu übertreffen. Egal, ob die famosen Großen Gewächse aus Goldloch und Pittermännchen, die Ersten Lagen wie Schlossberg oder die Ortsweine: Der zurückhaltende Winzer hat mit Sorgfalt und Können jedem seiner Etiketten eine Lebendigkeit bei perfekt dosierter Substanz mitgegeben, sodass schon jetzt großer Genuss, aber auch die Entwicklung in der Schatzkammer angelegt sind. Das ist hohe Winzerkunst: die Gegenwart auf die Zukunft zu verpflichten.

94+ 2022 Dorsheim Goldloch Riesling GG
Auf zurückhaltende Weise blumig, leicht holzbeeinflusst: Noten von Rosenholz und Orangenblüte, auch Passionsfrucht, Stachelbeere, Feuerstein. Im Mund zeigt sich ein getragener, sehr zivilisierter Bau mit geschmeidigem Fond, dezenter Phenolik und feinem Säurespiel. 12,5 Vol.-%, NK, €€€

93+ 2022 Dorsheim Pittermännchen Riesling GG
Blumig und terpenwürzig im Duft: Rosmarinblüte, Melisse, ein Hauch von Reduktion. Im Mund hat der Wein ein straffes Säuregerüst und kräftige, körnige (aber reife) Phenole. Der kompakte Bau ist für die Flaschenreife gemacht, die Prognosen sind sehr gut. 12,5 Vol.-%, NK, €€€

93 2022 Burg Layen Schlossberg Riesling trocken
Duft von Gesteinsmehl, Weihrauch, Zitronenzeste, Steinobst und Wiesenkräutern. Am Gaumen setzt die lebendige Säure ein Statement, balanciert in idealer Weise die leicht herbe weiße Frucht. Feine Phenolik, gutes Extrakt und auch Komplexität begleiten den guten Nachhall. 12,5 Vol.-%, NK, €€€

93 2022 Dorsheim Pittermännchen Riesling Kabinett
Tiefgründig-mineralischer Duft, Feuerstein, Zündplättchen, Limonenschale, Grapefruit, animierend. Am Gaumen mit zupackender Säure, griffig, dicht, Terroir und Zitrusfrucht, Minze kommt dazu, viel Spannung, dicht gewoben, exzellente Länge, Potenzial. 8 Vol.-%, NK, €€

91+ 2022 »Kieselstein« Rümmelsheim Riesling trocken

91+ 2022 Dorsheim Riesling trocken
Brillant in der Farbgebung. Ein komplexes Bukett aus Steinobst, Gesteinsmehl und feinen Wiesenkräutern entwickelt sich. Am Gaumen würzig und akzentuiert in der Frucht bei attraktiver, lebendiger Säure. Insgesamt ein hohes Niveau und repäsentativ für die Region. 12,5 Vol.-%, DV, €€

★★★★★

WEINGUT SCHÄFER-FRÖHLICH

Schulstraße 6, 55595 Bockenau
T: +49 6758 6521, info@weingut-schaefer-froehlich.de
weingut-schaefer-froehlich.de

Ab-Hof-Verkauf: nach Vereinbarung
Kellermeister: Tim Fröhlich
Ansprechpartner: Familie Fröhlich
Flaschen/Hektar: 120.000 (99 % weiß, 1 % rot)/21 ha

Wir werten es als Zeichen der Souveranität, dass Tim Fröhlich nicht mehr so stark auf Reduktionstöne und flintige Schießpulvernoten setzt, wie er es plakativ getan hat: Der langjährige Agent Provocateur des reduktiv ausgebauten deutschen Rieslings lässt in seinen Weinen mehr Frucht und auch Volumen zu, über das GG »Frühlingsplätzchen« schreibt eine Verkosterin, dass es »mit etwas mehr Geschmeidigkeit beginnt, als man es von diesem Betrieb kennt«. Der Lagendifferenzierung tut dies freilich keinen Abbruch, Tim Fröhlich ist und bleibt ein Ausnahmewinzer und Rieslingvirtuose.

95 2022 Schlossböckelheim Felsenberg Riesling GG
Brenzlige Aromen dominieren im Duft, etwas Zitrusfrucht. Im Mund kompakt und markant kernig gebaut, alle Komponenten sind jedoch reif, selbst die saftige Säure spielt nur ein klein wenig mit Grünlichkeit, was gut mit einer Schicht von Terpenöligkeit kontrastiert. 12,5 Vol.-%, NK, €€€€

94 2022 Schlossböckelheim Kupfergrube Riesling GG
Etwas reduktiv im Duft, aber auch mineralwürzige Untertöne sind bereits da, Schiefer, frisch geriebene Zitronenschale. Im Mund hat der Wein eine straffe, geradlinige Stuktur: feste Säure, kräftige, aber reife Phenole und ein mineralisches Rückgrat. Sehr gute Länge. 12,5 Vol.-%, NK, €€€€

93+ 2022 Bockenau Felseneck Riesling GG
Balsamisch-würzig im Duft, gekörnte Brühe, traubige und florale Noten, sogar etwas Karamell. Der Gaumen baut aus feinen, mehligen Phenolen eine hohe Dichte auf, dabei wirkt er kompakt, in sich ruhend, die eher reife Säure trägt gut, beste Anlagen zu Verfeinerung. 12,5 Vol.-%, NK, €€€€

94+ 2022 »Goldkapsel« Bockenau Felseneck Riesling Spätlese
Feiner Duft nach Gesteinsmehl, Zündplättchen, reduktiv, mit Luft Limonenschale, nasser, heißer Stein, mineralisch geprägt. Am Gaumen mit geschliffener, druckvoller Säure, fest, griffige Phenole, elegant, Zitrusfrüchte, mineralischer Grundzug dominiert, ziemlich groß. 7,5 Vol.-%, NK, €€€

93+ 2022 Bockenau Stromberg Riesling GG
93 2022 Monzingen Frühlingsplätzchen Riesling GG
93 2022 Monzingen Halenberg Riesling GG
92 2022 »R« Chardonnay trocken
91+ 2022 »Vulkangestein« Riesling trocken
91 2022 »S« Weißer Burgunder trocken
92 2022 Bockenau Felseneck Riesling Kabinett

92+ 2022 »Schiefergestein« Bockenau Riesling trocken
Feuerstein, nasses Gestein, Weinbergpfirsich, grüner Apfel, Orangeat, Würze, Salbei, Estragon, Minze, Jasminbüten. Am Gaumen schwungvoll, lebendige Säure, Zitrusfrucht, reife Aprikosen, schlank im Körper, gut im Extrakt, tänzelt spannungsgeladen die Kehle entlang. 12 Vol.-%, NK, €€€

★

WEINGUT SCHILD

Klosterstraße 7, 55595 Sankt Katharinen
T: +49 6706 447, info@schild-weingut.de
schild-weingut.de

Ab-Hof-Verkauf: Ja
Kellermeister: Johannes & Thomas Schild
Ansprechpartner: Johannes Schild
Flaschen/Hektar: 93.000 (50 % weiß, 25 % rot, 15 % Rosé, 10 % süß, 10 % Schaumwein)/12 ha

Dem Zufall überlassen Thomas Schild und Sohn Johannes nichts. Sie kümmern sich persönlich um jeden ihrer Rebstöcke: Das sind bei zwölf Hektar immerhin 48.000 Exemplare. Der bewusste Umgang mit Ressourcen liegt ihnen besonders am Herzen, es wird mit Solarenergie gearbeitet, zum ersten Mal wurde Souvignier Gris gefüllt – in solchen pilzwiderstandsfähigen Reben soll die Zukunft des Betriebes liegen. Die substanzreichen und gut balancierten Weine sind erstaunlich fair kalkuliert: Wir nehmen das Weingut auf unsere Watchlist für den zweiten Stern.

90 2022 Bad Kreuznach Hofgarten Riesling trocken
Pfirsich, Stachelbeere und Grapefruit, schöne Würze, etwas Anis, mineralische Noten. Filigraner Bau, fließt elegant über den Gaumen mit gut getakteter, fein ziselierter Säure, die sich auf die merkliche Restsüße als Partnerin verlassen kann. Mineralisch grundiert. 11,5 Vol.-%, DV, €

90 2022 »Knochentrocken« Riesling trocken
Der »Knochentrockene« trägt ein Parfum mit Zitrusnoten, Grapefruit, Limettenschale und grünem Apfel, auch duftig, blumig. Schlank gebaut, mit zitrischen Noten, Limette, grüner Apfel, reife, breit laufende Säure, die betont trockene Art steht ihm gut. Animierend. 11 Vol.-%, DV, €

89 2022 »Drei Morgen« Grauburgunder tr.
Reife Birne, Quitte, Walnusspaste, geschmolzener brauner Zucker, Kräuter. Kräftig gebaute Struktur am Gaumen, saftig mit süßlicher Birnenfrucht und Honigmelone, präsente Säure, feine Mineralik, ausgewogener Sortentyp, der sich über kulinarische Begleitung freut. 13 Vol.-%, DV, €

89 2022 »vom Buntsandstein« Riesling feinherb
Duft nach frischen Zitrusfrüchten, dazu Pfirsich, etwas Aprikose und ein Hauch Minze. Am Gaumen mit lebendiger Säure, dazu erneut zitrische Aromen mit Grapefruit und Mandarine, gut eingepasste Süße, griffig und direkt, Riesling für den Sommerabend auf der Terrasse. 11 Vol.-%, DV, €

89 2022 Sauvignon Blanc trocken

90 2022 Souvignier Gris trocken
Würzig, zitrisch, Limettenschale, Grapefruit, kräuterig, Lorbeerblatt, auch Birne, gelbfruchtig. Kräftiger, kompakter Bau am Gaumen, gehaltvoll, saftig, würzig mit geschmeidiger Unterstützung von etwas Restsüße, charmant, nie belanglos, mit klarem Ausdruck. 13,1 Vol.-%, DV, €

★★

WEINGUT UDO WEBER

Soonwaldstraße 41, 55569 Monzingen
T: +49 6751 3278, info@weingut-udo-weber.de
weingut-udo-weber.de

Ab-Hof-Verkauf: täglich 8–12.30 Uhr und 13.30–19 Uhr
Kellermeister: Laura Weber
Ansprechpartner: Laura & Sabine Weber
Hektar: 15 ha

Lieber wenig Menge und sauber definierte Handschrift der Parzellen«, schreibt uns Laura Weber, die die Herkunft ihrer Weine immer kleinräumiger und enger definiert auf die Flaschen schreibt. Gemeinsam mit ihrem Team arbeitet die mutige und engagierte Winzerin zudem daran, die Biodiversität im Weinberg zu steigern. Kürzlich ist sie der Gruppe »Zukunftsweine« beigetreten, die mit PiWi-Sorten nachhaltigen Anbau betreibt. Im Keller setzt sie bei den Lagenweinen Spontangärung im Holz ein. Ihr diesjähriges Sortiment ist eine beachtenswert starke Vorstellung!

93 2022 »Großer Genuss« Monzingen Halenberg Riesling trocken
Eine leichte Spontangärungsnase, Würze, Mineralität, grasige Noten, Galiamelone und grüne Kiwi. Am Gaumen ist der Wein auf der mineralischen Seite, betont nicht die Frucht. Er hat eine lebendige, gut eingebundene Säure und einen mineralischen, würzigen Körper mit leichter Phenolik.
12 Vol.-%, NK, €€

92+ 2022 »Auf der Ley« Monzingen Frühlingsplätzchen Riesling trocken
Aromen von reifen Früchten, gelber, Apfel, Aprikose, Zitronenzeste und einer kargen Mineralität, leichte Anklänge von Honig sind mit dabei. Eine komplexe Nase. Am Gaumen eine lebendige Säure, füllender Körper mit einer tollen Balance. Leichte Phenolik mit einem würzigen Abgang.
12 Vol.-%, NK, €€€

90+ 2022 »No. 5« Monzingen Frühlingsplätzchen Chardonnay trocken
Aromen von gelben Früchten, Aprikose und gelbem Apfel, aber auch ein exotischer Touch ist wahrnehmbar. Gut eingebundenes Holz mit einer leicht buttrigen Würze in der Nase. Am Gaumen eine lebendige Säure und einen saftigen Körper. Der Wein hat eine schöne Balance zwischen Holz und Fruchtigkeit. 13 Vol.-%, DV, €€

91+ 2022 »Bienengärtchen« Monzingen Rosenberg Roter Riesling trocken
Ein Duft von frisch gekochtem Apfelkompott, von Schiefer und getrockneter Zitronenschale. Im Mund hat der Wein einen straffen, aber auch eleganten Säurenerv, eine ganz zarte Schicht Phenole und eine ausgezeichnete Länge. Pikant und saftig! 12 Vol.-%, NK, €€

89 2022 »Duo Surprise No.1« Scheurebe & Sauvignon Blanc trocken SÄ/SB

91 2022 »vom Grünschiefer« Weiler Heiligenberg Riesling trocken
In der Nase Aromen von Sternfrucht, Weinbergpfirsich, Grapefruit und eine leichte Kräuterigkeit. Am Gaumen ist der Wein saftig mit einer steinigen Mineralität. Eine lebendige Säure, die gut eingebunden ist, gefolgt von einem würzigem Abgang. 12 Vol.-%, DV, €

★★★

WEINGUT IN DEN ZEHN MORGEN

In den Zehn Morgen 41, 55559 Bretzenheim
T: +49 671 48313040, info@indenzehnmorgen.de
indenzehnmorgen.de

Ab-Hof-Verkauf: Mo bis Fr 8–17 Uhr & nach Vereinbarung
Kellermeister: Stefan Schmidt
Ansprechpartner: Steffen Montigny
Hektar: 42 ha
Anbauweise: Bio

Von Jahrgang zu Jahrgang schmeckt man den Weinen an, dass das Team um Steffen Montigny und Kellermeister Stefan Schmidt an stilistischer Souveränität gewinnt und es versteht, das großartige Potenzial der Lagen mit Filetstücken wie Aufm Schlossberg, Krötenpfuhl oder Steinberg, die lange Zeit zum Portfolio des Weinguts Ökonomierat August E. Anheuser gehörten, zu erschließen. Einige der Weinberge wurden schon in der preußischen Lagenklassifikation von 1901 zu den besten Lagen an der Nahe gezählt. Wir sind überzeugt: Diese Reise ist noch lange nicht zu Ende.

93 2021 Bad Kreuznach Aufm Schlossberg Riesling trocken
Kalkige Kühle, Gesteinsmehl, Salzzitronen, Weinbergpfirsich, Honigwabe, Bergkräuter, Anis. Am Gaumen dicht, straff, vielschichtig und elegant, viel mineralische Würze, feine Phenolik, reife Säure, dezent in der Frucht, Zitronen, Grapefruit, gut im Extrakt. Potenzial. 12,5 Vol.-%, NK, €€€

93 2021 Bad Kreuznach Krötenpfuhl Riesling trocken
Hefegeprägt, salziges Popcorn, Kümmel, gerösteter Sesam, Steinobst, frische Zitronen, kräuterige Würze. Am Gaumen kompakt, dicht, lebendige Säure mit Zug, merkliche, gut integrierte Phenolik, saftige, gelbe Frucht, kräuterige Würze, schöne Länge, spannungsgeladen, jung. 12,5 Vol.-%, NK, €€€

92 2020 Bretzenheim Pastorei Chardonnay trocken
Im Duft Austernschale, reduktiv-würzige Noten, Orangeat, Karamell. Im Mund hat der Wein viel Saftigkeit, mehlige Phenole, eine eher breite Anlage, dennoch einen kräftigen Säurekern, der derzeit noch ein klein wenig isoliert neben dem kräftigen Körper steht. 13 Vol.-%, NK, €€€

91+ 2020 Bad Kreuznach Hofgarten Pinot Noir trocken
Rauchig, reduktiv und hefig, mit etwas Luft zeigt sich ein reizvoller Pinotduft mit roter Kirsche und Johannisbeere. Kraftvoll am Gaumen mit gutem Extrakt und auch Spannung auf entspanntem Hintergrund, schöne Würze und präzise Säure, mittlere Komplexität, elegant. 12 Vol.-%, NK, €€€

92 2021 »Monopol« Bad Kreuznach Steinberg Riesling trocken
91+ 2022 Bretzenheim Rosenheck Riesling Kabinett feinherb
91 2022 Bad Kreuznach Riesling trocken
91 2021 »Von den Grossen Lagen« Riesling trocken
91 2022 Bad Kreuznach Grauer Burgunder trocken
90 2022 »vom Sandstein« Bad Kreuznach Weißer Burgunder trocken
90+ 2020 Bad Kreuznach Pinot Noir trocken

91 2022 »vom Kalkstein« Bretzenheim Chardonnay trocken
Fein im Duft, Hefe, reifer Apfel, Birnen, Quitten, frischer Mais, gemahlene Haselnuss, Gesteinsmehl. Am Gaumen saftig, frisch mit Zug, lebendige Säure, schmelziger Kern, mineralische Würze, salzig, angenehm herb, saftige Frucht, trinkanimierend, schöne Länge. 12,5 Vol.-%, DV, €€

Ebernburg in Bad Kreuznach

NAHE

GASTGEBER AUS LEIDENSCHAFT

Gemeinsam mit den Winzern der Region – als uneingeschränkten Experten, was das leibliche Wohl anbelangt – hat Falstaff die besten Genussadressen in Sachen Kulinarik sorgfältig ausgewählt und zusammengestellt.

55545 Bad Kreuznach

Im Gütchen

Seit vielen Jahren die beste kulinarische Adresse in Bad Kreuznach. Jan Treutles Küche ist verlässlich gut, abwechslungsreich und hat auch für Vegetarier durchdachte Gerichte auf der Speisekarte.

Hüffelsheimer Straße 1
+49 (671) 42626, im-guetchen.com

P €€€

Empfohlen von: Weingut Sascha Montigny, Weingut Joh. Bapt. Schäfer

55545 Bad Kreuznach

Im Kittchen

Die Tagesempfehlungen aus der Küche stehen auf der großen Wandtafel der gemütlichen Weinstube. Immer eine gute Wahl ist das Überraschungsmenü im Tapasformat, ideal mit der kompetenten Weinbegleitung.

Alte Poststraße 2
+49 (671) 9200811, imkittchen.de

€€

Empfohlen von: Weingüter Forster, Sascha Montigny, Joh. Bapt. Schäfer, Hemmes

Foto: beigestellt

55543 Bad Kreuznach

La Cave

Das Restaurant vereint mediterrane und regionale Küche stets mit besten Zutaten. Eyecatcher ist der acht Meter lange, klimatisierte Glasweinschrank in der Mitte des Raums, der rund 600 internationale Rotweine beherbergt.

Otto-Meffert-Straße 1
+49 (671) 97003333
lacave-restaurant.de

€€

Empfohlen von: Weingut Meinhard

55583 Bad Münster am Stein-Ebernburg

Schneider

In diesem Familienbetrieb – sowohl Weingut, Hotel als auch Restaurant – spiegelt sich die persönliche Handschrift in jedem Detail wider und in der Küche der Familie finden ausschließlich die besten regionalen Produkte ihren Platz.

Gartenweg 2
+49 (6708) 2043
weinhotel-schneider.jimdosite.com

€

Empfohlen von: Weingut Mathern

55566 Bad Sobernheim

Hermannshof

Spa-Wellness wird hier großgeschrieben, auch die Gaumenfreuden gehören zum Verwöhnprogramm. Im urigen Gewölbe werden deswegen fein gemachte, herzhafte, bodenständige Gerichte aufgetischt. Einfach gut!

Felkestraße 100
+49 (6751) 93390, bollants.de

€€

Empfohlen von:
Weingut Christian Bamberger - Steinhardter Hof

55566 Bad Sobernheim

Jungborn

In Sachen Gourmetküche haben Philipp Helzle und sein Team richtig was drauf: Ihre Gerichte sind perfekt ausgewogen und abwechslungsreich. Klassisch fundierte und modern interpretierte Gourmetküche!

Felkestraße 100
+49 (6751) 93390, bollants.de

€€€

Empfohlen von:
Weingut Christian Bamberger - Steinhardter Hof

55566 Bad Sobernheim

Kupferkanne

Altbewährte Gerichte und bodenständige Klassiker sind im urigen Restaurant von Familie Wahl die Favoriten der Gäste. Frisch zubereitet, werden die herzhaften Speisen in handfesten Portionen serviert.

Berliner Straße 2
+49 (6751) 2858
restaurant-kupferkanne.de

€€

Empfohlen von: Falstaff-Redaktion

55546 Biebelsheim

Nickls Speisekammer

Chefin Monika Nickl leitet den Service, während Chefkoch Frank Nickl sicherstellt, dass jedes Gericht perfekt auf den Teller kommt. Das monatlich wechselnde Amuse-Gueule-Menü kann man sich nach Belieben selbst zusammenstellen.

Hauptstraße 4–6
+49 (6701) 4289823
nickls-speisekammer.de

€€

Empfohlen von: Falstaff-Redaktion

55743 Idar-Oberstein

Manzi's

Traditionelle Gerichte aus erstklassigen regionalen Zutaten gesellen sich zu mediterranen Speisen: klassisch italienische Vorspeisen und sogar hausgemachte Pasta und Pizza. Die Karte wird der Saison angepasst!

Hauptstraße 185
+49 (6781) 5090
parkhotel-idaroberstein.de

€€

Empfohlen von: Falstaff-Redaktion

55606 Kirn

Kyrburg

Liebevoll »Whisky Burg« genannt, können echte Burgherren nicht nur gehaltvollen Whisky, sondern auch feine Kulinarik genießen. Neben dem Restaurant gibt es auch ein Pub. Der Whisky wird sogar in den Gerichten verarbeitet.

Auf der Kyrburg 1
+49 (6752) 91190
kyrburg.de

P €€

Empfohlen von: Falstaff-Redaktion

55590 Meisenheim

Meisenheimer Hof

Im historischen Gemäuer präsentiert Markus Pape eine zeitgenössische, weltoffene Küche, deren Wurzeln in der französischen Kochkunst liegen. Auch regionale Klassiker sind auf der Speisekarte zu finden.

Obergasse 33
+49 (6753) 1237780
meisenheimer-hof.de

P €€€

Empfohlen von: Weingut Disibodenberg

55585 Niederhausen

Hermannshöhle

Mit einem klassisch zusammengestellten Menü von Küchenchef Wigbert Weck fährt man immer gut. Die sorgfältig zubereiteten und hübsch arrangierten Gerichte haben einen gekonnten Touch von Gourmetküche.

Hermannshöhle 1
+49 (6758) 6486, hermannshoehle-weck.de

P €€

Empfohlen von: Weingut Joh. Bapt. Schäfer, Weingut Dr. Crusius, Weingut Sascha Montigny

Foto: beigestellt

Burgdorf Neuleiningen unweit von Grünstadt

PFALZ
LEGENDÄRE WEINBERGE
Foto: ©/VSNA

Deidesheimer Hohenmorgen

ZUR RICHTIGEN ZEIT AM RICHTIGEN ORT

Einige der heute tonangebenden Pfälzer Weingüter haben ihre Wurzeln in einer Versteigerung des Jahres 1804 – nur in diesem einen kurzen Moment nach der Zwangsenteignung von Adel und Klerus nahmen die Weinberglegenden der Mittelhaardt den Status käuflicher Objekte an.

TEXT RICHARD UTZ

Zum Einsteige werd net geklingelt, 's Lebe spielt kä Erkennungsmelodie, deshalb Ohre und Auge offehalte, dass die Gelegenheite, wann sie kumme, aach packe und dann was draus mache kannscht …« Diese Lebensmaxime des unbekannten Mohre Hoiner, eines waschechten und lebensklugen, großherzigen und beinharten Pfälzers aus Ludwigshafen, teilte dieser gewiss mit einem anderen, weltweit bekannten Pfälzer: mit dem verstorbenen Alt-Bundeskanzler Helmut Kohl aus dem Ludwigshafener Stadtteil Friesenheim; beide liebten den pfälzischen Wein und die regionale Küche. Wie der anarchische Mohre Hoiner in seinem beruflichen und privaten Wirkungskreis hörte Helmut Kohl doch wohl das Klingelzeichen der Weltgeschichte und erkannte die weltpolitisch einmalige Gelegenheit zur Wiedervereinigung der beiden deutschen Staaten, und »als es geklingelt hott, is er eingestiege und hot uns all mitgenumme«. Und dieser Sinn für die günstigen Gelegenheiten hängt gewiss auch mit der Pfälzer Liebe zum Wein zusammen, da das Beste im Wein »das Beste derer, die ihn trinken, zum Vorschein bringt«, wie der englische Philosoph Roger Scruton wusste.

Mit einiger Berechtigung lässt sich diese initiative Mentalität des zugreifenden Handelns als Wahlspruch über die Geschichte der pfälzischen Weinkultur schreiben, die für die weinwirtschaftliche Entwicklung der Region von Grünstadt und dem Zellertal im Norden bis nach Schweigen an der französisch-elsässischen Grenze im Süden von entscheidender Bedeutung war. So kann man beim Besuch eines der zahlreichen Weinfeste, ob beim Gimmeldinger Mandelblütenfest im März oder beim Bad Dürkheimer „Worschtmarkt" im September, in einem der gastlichen Weingüter immer mal wieder eine Geschichte hören, in der eines dieser besonderen Klingelzeichen auch der Weinbaugeschichte ertönte und den Pfälzer Winzern die günstige Gelegenheit zum initiativen Handeln bot. Sicher wird die Laune zum Erzählen und Zuhören von einem oder zwei Glas frischen Rieslings angeregt sein, die passend zum Genuss eines der pfälzischen Traditionsgerichte wie »Fleschknepp in Meerrettichsoß« oder »Saumage, Brotworscht und Lewwerknödel« getrunken werden.

Und die Geschichte geht so: Im bitterkalten Dezember des Jahres 1804 ließ Napoleon, der die linksrheinische Weinpfalz der Grande Nation Ende des 18. Jahrhunderts als Departement Tonnere einverleibt hatte,

Johannes Jülg
Weingut Jülg, Schweigen-Rechtenbach

zu einer Auktion nach Mainz einladen. Dort kamen wertvollste Weinlagen der Haardt und Mittelhaardt unter den Hammer, die sich vormals im Besitz der adeligen Grundherren und der Kirche befanden. Dazu zählten Weingärten und Grundbesitz im Gebiet von Deidesheim und Ruppertsberg, Forst und Wachenheim, namhafte Lagen und ansehnliche Gebäude. Ein extrem seltenes Angebot also, das nur durch die Zwangsenteignung möglich war und

Weingut Knipser, Laumersheim

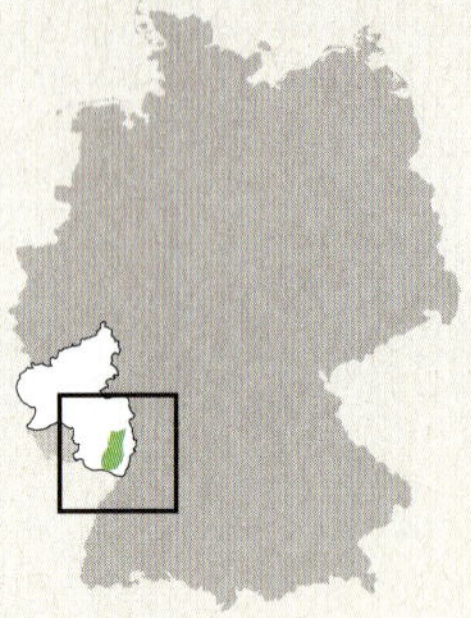

: Weinbau
Stg.: Steigung

WEINBAUGEBIET PFALZ

Anbaufläche ca. 23.400 Hektar
Aufteilung 323 Einzellagen
Wichtigste Rebsorten Riesling, Weißburgunder, Spätburgunder
Verband Pfalzwein e. V., Martin-Luther-Straße 69
67433 Neustadt an der Weinstraße
www.pfalz.de

PRIVILEGIERTE WEINLAGEN

1 **Zell Schwarzer Herrgott**
11,04 ha, 40 % Stg., Kalkmergel, Kalkfels, toniger Kalk

2 **Laumersheim Steinbuckel**
35 ha, 10–15 % Stg., Löss, Lösslehm über Kalkfels

3 **Laumersheim Kirschgarten**
48 ha, 10–15 % Stg., Lösslehm über Kalkfels, Kalkmergel

4 **Kallstadt Saumagen**
40,2 ha, 10–25 % Stg., Kalkmergel

5 **Forst Pechstein**
18 ha, 10–15 % Stg., lehmiger Sand, Basalt

6 **Forst Jesuitengarten**
7 ha, 5–15 % Stg., sandiger Lehm, Sandsteingeröll

7 **Forst Kirchenstück**
3,7 ha, 5–15 % Stg., mit Ton gebundener Gesteinsmix, Kalkbank in zwei Metern Tiefe

8 **Forst Ungeheuer**
32 ha, 5–10 %Stg., Buntsandstein, Kalk

9 **Deidesheim Kalkofen**
5 ha, 7–15 % Stg., Sand, Lehm mit Kalkmergel

10 **Deidesheim Grainhübel**
5 ha, 0–4 % Stg., sandiger Lehm

11 **Königsbach Idig**
18 ha, 10–25 % Stg., Kalkmergel

12 **Burrweiler Schäwer**
7,2 ha, Schiefer

13 **Birkweiler Kastanienbusch**
63,8 ha, 15–40 % Stg., Rotliegend

14 **Ilbesheim Kalmit**
112 ha, Kalkgestein, Landschneckenkalk

15 **Schweigen Sonnenberg Rädling**
8 ha, Kalkmergel, Kalkfels (franz. Staatsgebiet)

16 **Schweigen Sonnenberg Kammerberg**
4 ha, 10–30 % Stg., Kalkmergel (franz. Staatsgebiet)

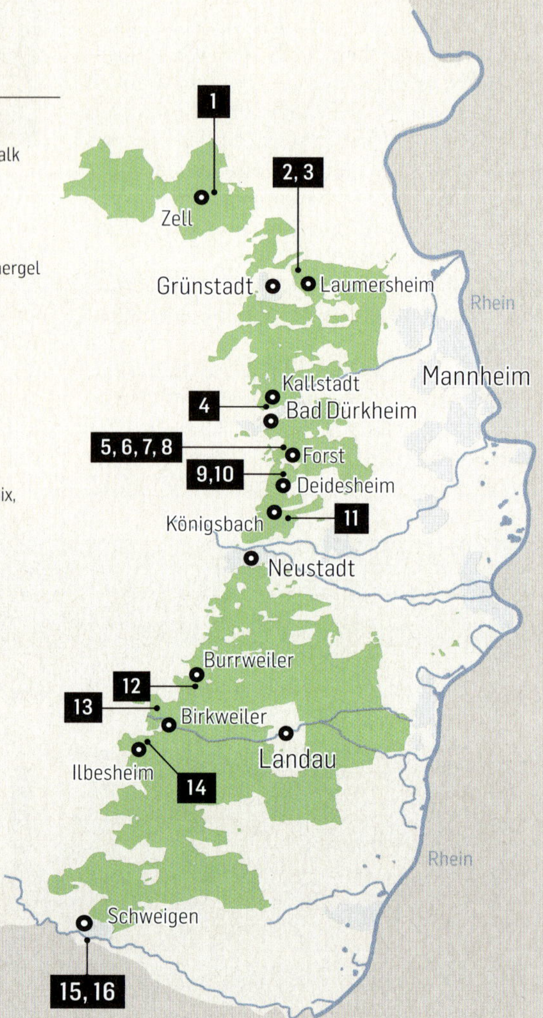

Forst, Kirchenstück

auf diese Weise für einen kurzen Moment den Status eines käuflichen Objekts annehmen konnte.

Ist die Erzählung bis hierher gediehen und die Spannung am höchsten, wollen die Zuhörer natürlich wissen, wer die Glücklichen waren, die sich diese Filetstücke der pfälzischen Weinlagen schnappten. Dann fallen die Namen traditionsreicher Winzerfamilien, die auch heute noch genannt werden, wenn es um die bekanntesten Adressen in der Weinpfalz geht, Weingüter in Wachenheim, Forst und Deidesheim. Aber wie war ihnen das gelungen? Ja, lautet dann die Antwort der Eingeweihten: »Es war doch harter Winter, klirrender Frost, uff Pälzisch: ›eisischkalt‹, ›arschkalt‹.« Und so gossen sie ihren Konkurrenten reichlich

David Golitko, Carolin und Rainer Bergdolt
Weingut Bergdolt, Neustadt-Duttweiler

Fotos: beigestellt, © Food Stock, Weingut Bergdolt

Philipp Kuhn,
Weingut Philipp Kuhn, Laumersheim

Wasser vor die Tore. Das gefror rasch zu Eis. Die Pferdeschlitten und Fuhrwerke rutschten hilflos hin und her und man musste erst das Eis aufhacken, um losfahren zu können. So kamen sie nicht zeitig, sondern stark verspätet zur Versteigerung in Mainz an und »Do war die Beer schunn gschält!«. Die märchenhafte Geschichte mit dem unlauteren Wettbewerb lässt sich zwar nicht belegen, wohl aber, dass ein Andreas Jordan, geschäftstüchtiger Vertreter der späteren Familie Bassermann-Jordan, größere Anteile des fürstbischöflichen Schlossgutes in Deidesheim, »trois hectaires vingt« zum Preis von 9200 Franken ersteigerte. Damit war einer der wichtigen Grundsteine für die weitere Entwicklung der bürgerlichen Weinwirtschaft und -kultur gelegt, die die Rebenpflege im Wingert und den Ausbau im Keller zugunsten von qualitativ hochstehenden Weinen fortlaufend modernisierte, ohne darüber die Tradition zu vergessen.

Diese zugreifende Mentalität des Handelns lässt sich bis heute an der Innovationsfreude ablesen, die eine große Vielfalt an Rebsorten in Weiß wie Rot hervorbringt, sortenrein nach Lagen oder experimentierfreudig als Cuvée kultiviert – nicht zu vergessen der Erfindungsreichtum bezüglich Etikettengestaltung und Namensgebung, der neue Kreationen auf nie gehörte Namen wie »Kaitu« oder altbewährte Gewächse auf traditionelle wie »Himmelreich« tauft.

Den geneigten Lesern sei hiermit »zum Einsteige geklingelt – kommt all' in die Palz, bevor's dort zu arg wimmelt!«

Richard Utz ist Professor für Soziologie an der Hochschule Mannheim. Mit der Geschichte des Pfälzer Weinbürgertums befasst er sich nicht ausschließlich aus wissenschaftlichem Interesse.

Sabine Mosbacher-Düringer,
Weingut Georg Mosbacher, Forst

Fotos: beigestellt, © Weingut Philipp Kuhn, Weingut Mosbacher

★

ALTES SCHLÖSSCHEN

Maikammerer Straße 7, 67487 Sankt Martin
T: +49 6323 94300, info@altes-schloesschen.com
altes-schloesschen.com

Ab-Hof-Verkauf: Mo bis Fr 10–18 Uhr, Sa 10–17 Uhr, So 10–12 Uhr
Kellermeister: Markus Schneider
Ansprechpartner: Ralf Schneider
Flaschen/Hektar: 853.300 (60 % weiß, 21 % rot, 14 % Rosé, 5 % Schaumwein)/72 ha

Wer wäre nicht gerne König und residierte in einem »Alten Schlösschen«? Markus und Ralf Schneider leben beinahe so – zwar ohne Zepter und Untertanen, aber immerhin in einem denkmalgeschützten Gebäude, das zwischen 1587 und 1604 errichtet wurde. Wie es sich für ein Schloss – und selbst für ein Schlösschen – gehört, ist der Keller reich bestückt mit Rotweinen wie der »Königs-Cuvée«, die man erst einmal geduldig sich selbst überlassen sollte, ehe man sie zur Tafel trägt. Und mit Weißweinen – etwa dem Riesling »Turm« –, die schon jetzt große Trinkfreude verbreiten.

90 2021 »Alte Reben« Edenkoben Kastaniengarten Riesling trocken
Der Duft ist fruchtbetont: Apfelsine, gelbe Pflaume und Aprikosenkonfitüre. Die Gaumenstruktur ist kraftvoll, Säure und Phenole halten den Alkohol in Schach, der Abgang nimmt die Fruchtigkeit des Dufts wieder auf, mit an Traubenzucker erinnernden Aromen. 13 Vol.-%, NK, €€

89+ 2022 »Turm« Grauburgunder trocken
Sehr offen im Duft, fast schon opulent: Honigmelone, Apfelmus und Kastanienpüree. Der Gaumen hat ebenfalls Power, auch einige Süße, wird jedoch von einer markanten Säure, von einer Prise Phenolik und von etwas Kohlensäure verschlankt. Ein Speisenbegleiter zu deftigen Pfälzer Gerichten wie Saumagen. 13,5 Vol.-%, DV, €

89+ 2021 »König« Weißburgunder trocken
Reif und reich im Duft: ein Anflug von Honig, etwas Holz, Heidelbeere. Im Mund ist der Wein geschmeidig grundiert, der eher kräftige Alkohol und die lebendige Säure sind gut ineinander integriert, eine präsente Süße leitet in den Abgang, der mittleren bis mittelhohen Extrakt und eine gute Länge aufweist. 13 Vol.-%, NK, €€

89+ 2020 »König« Spätburgunder trocken
Holunder, Brombeere und Wildkräuter im Duft, ein würziger Burgunder mit dezentem Holzeintrag. Am Gaumen zeigt sich ein körniger, leicht rauer Gerbstoff in kräftiger Menge, die Gaumenfrucht bleibt in der Defensive, der kräftige Alkohol macht den Abgang trocken. 14,5 Vol.-%, NK, €€

89+ 2020 »Königs-Cuvée« trocken CD/PN/DF

90 2022 »Turm« Riesling trocken
Sehr blumig im Duft, Zitronenmelisse, Lavendel und Blutorange. Im Mund zeigt sich ein straffer, kerniger Bau, der gut aromatisch dotiert ist, klar und frisch in den Aromen. Die von der Säure eingebrachte Energie macht den Wein zu einem hochwertigen Trinkspaß. 12,5 Vol.-%, DV, €

★★★

WEINGUT MICHAEL ANDRES

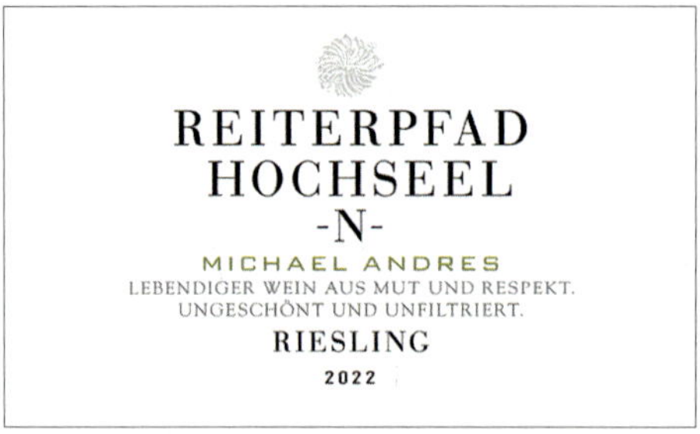

Hauptstraße 33a, 67152 Ruppertsberg
T: +49 6326 8667, info@andres-wein.de
andres-wein.de

Ab-Hof-Verkauf: nach Vereinbarung
Kellermeister: Michael Andres
Ansprechpartner: Michael Andres, Elena Andres
Flaschen/Hektar: 53.300 (85 % weiß, 15 % rot)/7,3 ha
Anbauweise: Biodynamisch

Große Worte braucht es im Weingut Michael Andres nicht, um das eigene Handeln zu erklären: »Wir stehen noch selbst hinter allen Arbeiten im Weingut«, heißt es mit viel Understatement. Denn der handwerkliche Aufwand hinter den Weinen ist enorm: Die Weinberge werden biodynamisch kultiviert, die Weine im Holzfass und Tonneau ausgebaut, mit viel Ruhe und Geduld. So entstehen Weine, die nicht auf Primärfrucht und schnelle Effekte abzielen, sondern auf Ausgeglichenheit, Struktur und unaufgeregte Tiefe: Qualitäten, die man auch bei Tisch nicht hoch genug schätzen kann.

92+ 2022 »N-Linie« Ruppertsberg Reiterpfad Hochseel Riesling trocken
Gelbfruchtige Aromen, Pfirsich, würzige, Apfelschale, kräuterig, gemahlener Koriander. Setzt entspannt am Gaumen an, um dann mit engmaschigem Extrakt auch Spannung aufzubauen, reife, anliegende Säure, herber Apfel, mineralische Definierung, gutes Potenzial. 12,5 Vol.-%, NK, €€€

92+ 2022 »N-Linie« Deidesheim Kieselberg Riesling trocken
Würzig, rauchig und zitrisch, Limettenschale, Lorbeerblatt, steinig, mineralisch, Aprikose, grüner Apfel. Der eher weiche Gaumen bekommt durch den Holzausbau eine straffe Note, gut strukturierende Gerbstoffe, Substanz, mineralische Grundierung, Potenzial. 12,5 Vol.-%, NK, €€

91+ 2022 Deidesheim Mäushöhle am Kirchenberg Riesling trocken
Etwas grüner Apfel, kandierte Zitronenzeste, rosa Grapefruit, etwas Puderzucker, auch Himbeere, kräuterig. Zupackend am Gaumen mit lebendiger Säure, salzig konnotiert, knochentrocken und auch fordernd, straffe, feste Struktur, feinmaschig, mineralisch. 12 Vol.-%, DV, €€

91+ 2022 »N-Linie« Grauburgunder trocken
Reifer, karamelliger Duft, etwas Holzwürze, Birne, gelbe Pflaume, nussig, alles gut dosiert, heller Tabak. Saftig und mit schöner Würze, entspannt und dabei auch zupackend in der Struktur, reife Säure, steinige Noten, verbindet Fülle mit Lebendigkeit. 12,5 Vol.-%, NK, €€

89+ 2022 Chardonnay Auxerrois trocken CH/AU

91+ 2022 »N-Linie« Chardonnay trocken
Apfel, rohe Mandel, Mirabelle, feine Holzwürze, kräuterig, Birnenschale, auch Toast. Stoffig und weich am Gaumen, saftig, reife Birne, feine Würze und Gerbstoffe, knochentrocken, betont die aromatische Stärke der Rebsorte, auch Tiefe. Zum Essen ein Gedicht. 12,5 Vol.-%, NK, €€

★★★

WEINGUT ANDRES

Weinstraße 6, 67146 Deidesheim
T: +49 6326 7708, info@andres-deidesheim.de
andres-deidesheim.de

Ab-Hof-Verkauf: Mo bis Fr 9.30–12.30 Uhr und 14–18.30 Uhr, Sa 9–16 Uhr, So 9–12 Uhr
Kellermeister: Michael Andres
Ansprechpartner: Michael und Thomas Andres
Flaschen/Hektar: 120.000/22 ha

Dass Deidesheim und die Mittelhaardt sich nicht im Status quo ausruhen, dafür sorgen Weingüter wie das von Michael und Thomas Andres, die ihren Betrieb 2015 übernahmen und seitdem an der Qualität feilen. Es sind genau diese ambitionierten Winzer, die zunächst im Hintergrund für Spannung und Druck und dann mit ihren Weinen für Aufmerksamkeit sorgen. Das Brüderpaar repräsentiert die junge, aufgeschlossene Mittelhaardt, die bereit ist Konventionen zu hinterfragen. Die beiden Winzer bestätigen den im letzten Jahr verliehenen dritten Stern mit Nachdruck.

93+ 2021 Forst Ungeheuer Riesling trocken
Weiße Blüten im Duft, gelber Apfel, frische Zitronen, Kumquats, balsamische Noten, Kiefer, Efeu, Wachs. Am Gaumen dicht, geschmeidiger Fond, feingliedrige Säure mit Zug, saftige gelbe Frucht, feine Phenolik, salzig wie ein Schluck Meerwasser, schöne Länge. Potenzial. 12,5 Vol.-%, NK, €€€

92+ 2021 Königsbach Ölberg Riesling trocken
Sonnenverwöhnte Frucht im Duft, Aprikosen, Mirabellen, Pfirsich, Würze, dezent Kümmel, weißer Pfeffer, Gesteinsmehl. Am Gaumen schlank tänzelnd bei mittelgewichtigem Körper, saftige Frucht von Aprikosen und gelben Äpfeln, reife, gut integrierte Säure, salzig im Nachhall.
12,5 Vol.-%, NK, €€€

92 2021 Deidesheim Kieselberg Riesling trocken
Würzig im Duft, Brennnessel, Minze, gelbe Früchte, knackige Aprikosen, frische Zitronen, reifer gelber Apfel. Am Gaumen elegant, feine Säurestruktur, dezent in der Frucht, Zitrusfrucht, viel mineralische Würze, salzig-maritim, geschmeidiger Kern, trinkanimierend. 12,5 Vol.-%, NK, €€€

91 2022 Deidesheim Riesling trocken
Blutorangen, Limettenabrieb, grüner Apfel, Orangenöl, Menthol, Wiesenkräuter. Am Gaumen saftig, frisch, cremiger Kern, umspielt von lebendiger Säure mit Zug, mineralische Würze, Mirabellen, Weinbergpfirsich, Zitrusfrucht, fließt ohne Widerstand die Kehle hinab. 12,5 Vol.-%, NK, €€

91 2022 Haardt Chardonnay trocken

91+ 2022 Deidesheim Sauvignon Blanc tr.
Sortentypisch im Duft, nicht zu laut, Stachelbeeren, Schwarze Johannisbeeren, frisches Gras. Am Gaumen umspielt pfefferige Würze den fruchtigen Kern, saftig, reife Säure, geschmeidig, gut ausbalanciert, ohne Fettpölsterchen bei gutem Extrakt, lang am Gaumen.
12,5 Vol.-%, NK, €€

★★★

WEINGUT SANKT ANNABERG

St.-Anna-Straße 203, 76835 Burrweiler
T: +49 6323 949260, v.lergenmueller@lergenmueller.de
sankt-annaberg.com

Ab-Hof-Verkauf: Di bis Sa 11–18 Uhr und nach Vereinbarung
Kellermeister: Victoria Lergenmüller
Ansprechpartner: Victoria Lergenmüller
Flaschen/Hektar: 32.000 (98 % weiß, 2 % rot)/7 ha
Anbauweise: Bio

Victoria Lergenmüller aus der bekannten Pfälzer Weinfamilie hat einen ausgezeichneten, qualitativ sehr konstanten Jahrgang 2022 in den Keller gebracht. Sicher war es in diesem warmen Jahr hilfreich, dass sich die Weinberge am St. Annaberg bis auf 355 Meter NHN in die Höhe ziehen. Aber auch Kalmit, Schäwer und Hölle zeigen ihre jeweiligen Herkünfte mit Saftigkeit und Eleganz. »Auf dem St. Annaberg zu sein ist, als hätte man auf einen Pausenknopf gedrückt. Die Hektik des Alltags bleibt am Fuße des Bergs zurück«, schreibt uns die Winzerin. Entschleunigter Genuss!

92+ 2022 Ilbesheim Kalmit Riesling trocken
Eher leisere Nase mit viel kräuterigen Anmutungen, Anis, Brennnessel. Am Gaumen folgt eine hohe Eleganz, Mandel, Birne, gleichzeitig auf eine faszinierende Art kühl und mit unterschwelliger heller Kraft. Möglicherweise der Langlebigere der beiden Lagenweine. 12,5 Vol.-%, DIAM, €€€

92+ 2022 »Dreck&Speck« Riesling trocken
Wer für eine Cuvée namens »Dreck & Speck« 27 Euro verlangt, weiß warum. Hier gibt es in der Nase erst einmal wenig Frucht, dafür Anis und Kümmel. Am Gaumen viel elegante Substanz, Zimt, Zitronenzeste, Saft, brillant wie Phönix dem Dreck entstiegen. Das Risiko hat sich gelohnt.
12,5 Vol.-%, DIAM, €€€

92 2022 Burrweiler Schäwer Riesling trocken
Gedämpfte Frucht in der Nase, etwas Anis und zerstoßene Korianderkörner. Am Gaumen dann faszinierend anders als die im Holz ausgebauten Rieslinge. Viel pfefferige Würze, ungebremster Fruchtausdruck, nicht mit der gleitenden Eleganz der Holzfassausbauten, aber mit viel Power.
13,5 Vol.-%, DIAM, €€€

92 2022 »Edition Johanniskreuz« Riesling trocken
Eine Lagencuvée, ausgebaut im Pfälzer Tonneau. Das Holzfass zeigt sich in der Nase nur insofern, als es eine allzu vorlaute Primärfruchtigkeit schlicht unterbindet. Am Gaumen mit der gutstypischen Saftigkeit, eher Nashibirne als Zitrone, elegant gehalten. 12,5 Vol.-%, DIAM, €€€

91+ 2022 »Alte Reben« Gleisweiler Hölle Riesling trocken

90+ 2022 »355 NN« Burrweiler Sankt Annaberg Riesling feinherb
Würzig-mineralischer Duft, Limettenschale, Grapefruit, etwas Feuerstein, Minze, Gesteinsmehl. Am Gaumen druckvoll und griffig, lebhafte Säure, dezente Süße, Zitrusfrüchte dominieren, pikant und balanciert, saftig, gute Struktur und Länge, macht Spaß. 11,5 Vol.-%, DV, €€

★★

WEINGUT GEBRÜDER BART

Kaiserslauterer Straße 42, 67098 Bad Dürkheim
T: +49 6322 1854, info@weingut-bart.de
weingut-bart.de

Ab-Hof-Verkauf: Ja
Kellermeister: Jannik Bart
Ansprechpartner: Jannik Bart
Flaschen/Hektar: 66.700 (55 % weiß, 35 % rot, 5 % Rosé, 5 % Schaumwein)/11,5 ha
Anbauweise: Biodynamisch

Das Weingut Gebrüder Bart liegt am Fuße des Haardtrandes in Bad Dürkheim, der Weinkeller wurde vor 250 Jahren von Hand tief in den Sandsteinfels geschlagen. Jannik Bart steht für die siebte Generation, er kultiviert die Reben nach biodynamischen Prinzipien und ist auch für den Ausbau der Weine zuständig. »Vom Boden über den Rebstock bis zur Flasche leben wir Handwerkskunst und veredeln damit die Aromen der Natur zu ganz besonderen Weinen«, sagt der junge Winzer. Dem können wir uns nur anschließen: eine echte Entdeckung, die wir auf Anhieb mit zwei Sternen honorieren!

91+ 2021 Ungstein Herrenberg Riesling trocken
Etwas Rauch, Feuerstein, würzig, süßlich-herb, Kardamom, Pfirsich, Mirabelle. Am Gaumen geschmeidig mit weicher Textur und reifer Säure, die delikate Restsüße geht über in die kalkige Mineralik, die für Energie und Spannung sorgt. Charakter muss nicht laut sein. 13 Vol.-%, DIAM, €€

92+ 2020 »Naturtalent Gewurz N« Bad Dürkheim Gewürztraminer trocken
Goldgelb. Feiner Duft nach Rosenblättern, Muskatnuss, Apfelschale und einen Hauch Quitte, intensiv. Am Gaumen mit lebendiger Säure, sehr griffig, feine Phenole, sehr feine Würze, erneut Apfel, sehr schöne Taktilität, komplett trocken, eleganter Gewürztraminer, gute Länge.
11,5 Vol.-%, DIAM, €€€

92+ 2019 Bad Dürkheim Steinberg Spätburgunder trocken
Dezenter Holzeinsatz trifft auf vorrangig kräuterwürzige und reiffruchtige, leicht pflaumige Aromen. Im Mund geschmeidige Entfaltung mit seidenweichem Gerbstoff, fließt ganz nuanciert und fein und rund, lässt hintergründig Kalkmineralität anklingen. Fein! 14,5 Vol.-%, DIAM, €€€

91+ 2020 Bad Dürkheim Steinberg Spätburgunder trocken
Im Duft feine rote Kirsche und auch Schlehe, etwas Orangenschale, Rote Bete, feiner Rauch. Mit Verstand und Gefühl vinifiziert mit gekonnter Balance von Substanz, feiner Säure, Würze und behutsam extrahierten Gerbstoffen. Die saftige, süße Kirsche erfreut bis zuletzt. 13 Vol.-%, DIAM, €€

90+ 2022 Schwarzriesling Rosé trocken

92 2022 Bad Dürkheim Michelsberg Riesling trocken
Kräuterig, würzig mit Weinbergpfirsich, Limettenzesten und getrocknetem Salbei. Kompakter Bau, am Gaumen mit feiner Würze, saftige Säure, kalkige Mineralik, gut eingebettet in eine weiche, füllige Textur, die feine Süße sorgt für Volumen, gute Spannung. 12,5 Vol.-%, DIAM, €€

★★★

WEINGUT EMIL BAUER UND SÖHNE

Walsheimer Straße 18, 76829 Landau-Nußdorf
T: +49 6341 61754, info@bauerwein.de
bauerwein.de

Ab-Hof-Verkauf: Mo bis Fr 9–12.30 Uhr und 14–17 Uhr, Sa 10–16 Uhr
Kellermeister: Alexander Bauer & Stefan Jung
Ansprechpartner: Martin Bauer
Flaschen/Hektar: 400.000/42 ha

Die Brüder Martin und Alexander Bauer mausern sich immer mehr zu Experten beim Thema Rotwein-Cuvée – mit dem Duo »Servator« (aus Nebbiolo und Barbera) und »Amator« (aus Rhônesorten) belegen sie auch dieses Jahr wieder, dass sie die Kunst der Konzeptarbeit im Weinberg und des abschließenden Cuvetierens im Keller beherrschen. Dieses Jahr möchten wir das Scheinwerferlicht jedoch auch auf einen anderen Wein richten: Der Riesling »Kastanienbusch« war schon in den vergangenen Jahren immer spannend, aber die Version 2022 ist ein qualitativer Quantensprung. Bravo!

92 2022 »beachball« Nussdorf Herrenberg Viognier trocken
Etwas Holz und anfangs auch etwas reduktive, lauchige Noten. Dann kommt die Sortenwürze stärker auf, Anis, hochreife Aprikose, und geröstete Haselnuss vom Holz. Am Gaumen dominieren Saftigkeit und Spannung, dies ist kein barocker, sondern eher ein protestantischer Viognier.
13 Vol.-%, DV, €€€

91+ 2022 »sky & sand« Chardonnay Birkweiler Mandelberg trocken
Popcorn und buttrige Noten bestimmen den Duft. Der Gaumen hat eine gewisse Fülle, aber auch eine straffe Phenolik und einen festen mineralischen Hintergund mit kalkwürzigen, pfeffrigen Tönen. Unbedingt noch ein, zwei Jahre liegen lassen! 13,5 Vol.-%, DV, €€€

93 2019 »Servator« Cuvée trocken NE/BA
Die kräuterwürzige Nase wirkt »kühl« und sehnig, es zeigen sich Aromen von Menthol und Pfefferminze, von Trockenfleisch, Preiselbeere und Herzkirsche. Im Mund zeigt der Wein eine gutmütige Form der Adstringenz, der Gerbstoff dominiert, ist aber nicht hart oder trocken. Potenzial!
14,5 Vol.-%, NK, €€€

92 2019 »Amator« Cuvée trocken GN/SY
Halbbitterschokolade und Nuss-Nugat-Noten im Duft. Auch Blaubeere. Der Gaumen zeigt sich homogen und druckvoll, der Gerbstoff ist reif und feinkörnig, der ganze Bau gut ausgewogen mit feinem Säurenerv und einer Fülle, die ein gutes Aromenpotenzial einschließt. 14,5 Vol.-%, NK, €€€

91+ 2022 »insomnia« Walsheim Silberberg Sauvignon Blanc trocken
90+ 2022 »wonderful days« Weißburgunder Birkweiler Mandelberg trocken
91 2022 »Emilio Réserve« Nussdorf Rosé trocken
91 2019 »Cultor« Merlot trocken

93+ 2022 »out of space« Riesling Birkweiler Kastanienbusch trocken
Der komplexe Duft vereint brenzlig-mineralische Töne, Noten von frisch gekochtem Apfelkompott und einen Touch Spontangärung. Der Gaumen greift fest an, die dichte Phenolik ist taktil-mineralisch und von kultivierter Säure begleitet – ein Wein für die Langstrecke. 12,5 Vol.-%, DV, €€€

★★★★★

WEINGUT FRIEDRICH BECKER

Hauptstraße 29, 76889 Schweigen-Rechtenbach
T: +49 6342 290, wein@friedrichbecker.de
friedrichbecker.de

Ab-Hof-Verkauf: Fr 14–16 Uhr, Sa 12–16 Uhr
Kellermeister: Friedrich Wilhelm Becker
Ansprechpartner: Friedrich Wilhelm Becker
Hektar: 29 ha

Es ist schwierig, über den Betrieb von Friedrich Wilhelm Becker Neues zu sagen – und das ist angesichts des Niveaus, auf dem hier vor allem die Burgundersorten stehen, eine gute Nachricht. Die Spätburgunder »Heydenreich« und »Sankt Paul« rivalisieren um den ersten Platz im gutseigenen Wettbewerb, welcher Pinot am meisten Kalk zeigt, der Chardonnay »Mineral« hat eine so furiose Spannung, dass er so manchen Puligny Montrachet in den Schatten stellt, und die Mittelklasse mit »Muschelkalk«, »Kalkmergel« und »Kalkgestein« ist die ideale Einführung in den Becker-Kosmos.

96 2021 »Mineral« Chardonnay trocken
Das zunächst dezente Bukett entwickelt sich zu bedeutender Komplexität. Changierende Düfte aus Kräuterwürze, Zitronenmelisse, Kalk, Feuerstein und Steinfrucht. Am Gaumen von reifer, aber durchdringender Säure balanciert, dicht stoffig, mit großer mineralischer Spannung. 13,5 Vol.-%, DV, €€€

97+ 2020 Schweigen Heydenreich Pinot Noir GG
Leicht mentholisch begleitete reife Kirsche mit Holzwürze, vollmundig am Gaumen mit weichem Ansatz und einer salzigen Säureader, immense Konzentration in der Gaumenmitte mit mächtiger Tanninstruktur, fordernd, mit geradezu elektrisierender, kalkiger Mineralik. Großes Potenzial.
13,5 Vol.-%, NK, €€€€

97 2020 Schweigen Sankt Paul Pinot Noir GG
Florale Nase, Veilchen, Rosenblätter, rauchig in feiner Dosis, Kirsche, Johannisbeere, dicht, vielversprechend. Viel Druck am Gaumen mit pointierter Säure, gut extrahiert, würzig, karg, mineralisch, beinahe anstrengend intensiv, der Knoten wird sich erst nach Jahren lösen, Kalk pur, groß.
13,5 Vol.-%, NK, €€€€

96 2020 »KB« Schweigen Pinot Noir GG
Etwas Wildkirsche und rauchige Noten, eindringlicher Duft nach schwarzer und roter Kirsche, Mineralik, kalkig. Kraftvoll, vollmundig und einnehmend am Gaumen auf eine ebenso intensive Art, geballte Mineralik, noch fordernd, packend, große Länge, jung. 13,5 Vol.-%, NK, €€€€

92 2022 »Kalkmergel« Schweigen-Rechtenbach Grauburgunder trocken
91 2022 »Muschelkalk« Riesling trocken
90 2022 Riesling trocken

92 2022 »Kalkgestein« Weißer Burgunder trocken
Blasses Goldgelb. Ein feiner Duft von schwarzem Johannisbeerblatt, Zitronenzeste, Aprikose, Pfirsich und Meersalz. Am Gaumen saftig, mineralisch unterlegt, bei viel Grip und Spannung. Viel Trinkfluss und eine ausgewogene Struktur bei gutem Nachhall. 13 Vol.-%, DV, €€

★★★★

WEINGUT BERGDOLT KLOSTERGUT ST. LAMPRECHT

Dudostraße 17, 67435 Neustadt an der Weinstraße
T: +49 6327 5027, info@weingut-bergdolt.de
weingut-bergdolt.de

Ab-Hof-Verkauf: Mo bis Fr 8–12 & 14–18, Sa 10–16 Uhr
Kellermeister: Carolin Bergdolt
Ansprechpartner: Carolin und Rainer Bergdolt, David Golitko
Hektar: 24 ha
Anbauweise: Bio

Wir wissen nicht, ob wir einem Wein für 12,80 Euro schon einmal 93+ Punkte gegeben haben. Genau dies aber ist die Bewertung für den Weißburgunder-Ortswein aus dem Duttweiler Familienbetrieb, der schon immer für seine Weißburgunder berühmt ist. Und in der Tat legt das GG noch eine Schippe drauf. Doch es gibt noch eine weitere Sensation – und die liegt in der Breite der Spitze: Carolin Bergdolt punktet auf gleichem Niveau auch mit Sekt, Riesling und Spätburgunder. Das ist auch in der an Multitalenten nicht armen Pfalz außergewöhnlich. Wir gratulieren!

95 2015 »Fluxus« brut nature CH/PN
Ein Hauch tertiärer Noten. Pinotbeeren, Brioche, Blütenhonig. Das Mundgefühl ist kühl und kreidig, wird von einem dynamischen, gut anhaltenden Mousseux getragen, eine zivilisierte Säure und merkliche Extraktsüße geben Tiefe und Länge. Würziger, mineralischer Nachhall. Groß! 12,5 Vol.-%, DIAM, €€€

95 2022 Ruppertsberg Reiterpfad Achtmorgen Riesling GG
Zurückhaltend und subtil im Duft, wenig Primäfrucht, etwas Kamille, Kiwi, auch Pfirsich, feine Holzwürze und Mineralik. Am Gaumen imposant mit einer gekonnten Balance, die verfolgt, was große Rieslinge ausmacht: Extrakt, Säure und Mineralik, hier delikat verwoben, reife Phenole, bleibt lange am Gaumen. 13 Vol.-%, DIAM, €€€

95 2022 Kirrweiler Mandelberg Weißburgunder GG
Kompakt verwobenes Duftbild mit reifer Birne, Aprikose und Mandelmehl, leicht reduktiv und rauchig, auch floral, Brennnesselblüte. Dichter, strukturfüllender Extrakt, mürbe Phenolik, kalkig und mit feiner Würze, monumental, ohne behäbig zu sein, lang und potenzialreich. 13,5 Vol.-%, DIAM, €€€

94 2020 Duttweiler Kalkberg Spätburgunder GG
Reife Himbeere, dosierter Holzwürze, etwas Pflaume und rote Kirsche, getrocknete Kräuter und etwas Ätherik. Stoffig am Gaumen und auch druckvoll mit einer reifen, gut tragenden Säure, die etwas salzige Anklänge im Schlepptau hat, kalkige Mineralik, kreidig, die Gerbstoffe sind reif und strukturgebend, hallt lange nach, jung, 13 Vol.-%, DIAM, €€€

93+ 2017 Blanc de Blanc brut nature
92 2019 Weißburgunder extra brut
92+ 2022 Deidesheim Maushöhle Riesling Erste Lage trocken
92+ 2022 Duttweiler Mandelberg Weißburgunder Erste Lage trocken
92 2021 Chenin Blanc trocken
92 2022 »Kalkmergel« Duttweiler Riesling trocken
91 2020 »Kalkmergel« Spätburgunder tr.

93+ 2022 »Mineral« Kirrweiler Weißburgunder trocken
Duftiger Einstieg: Kräuter, blühende Wiese, auch leicht rauchig, etwas Jod, Meeresbrise und Austernschalen, Weiße Johannisbeeren. Im Mund dann molliger als in der Nase, viel Extrakt am Gaumen, saftige Fülle und gute Säure im Nachhall. 13 Vol.-%, DV, €€

★★

WEINGUT J.J. BERIZZI

Schanzstraße 21, 67480 Edenkoben
T: +49 6323 5568, hallo@berizziweine.de
berizziweine.de

Ab-Hof-Verkauf: Ja
Kellermeister: Julius Berizzi & Felix Bourquin
Ansprechpartner: Julius & Janina Berizzi
Hektar: 19,9 ha
Anbauweise: Bio

Am Verkostungstisch wurde aus Neugier schnell Erstaunen und steigerte sich gar zur Begeisterung, als die Weine des Weinguts J.J. Berizzi nach und nach in die Gläser flossen. J.J. steht für Janina und Julius, das Winzerpaar betrat erst 2019 die Weinbühne – und wie! Julius Berizzi ist für den Ausbau der Weine zuständig, seine Frau Janina ist Gastgeberin aus Überzeugung und zieht die organisatorischen Fäden. Jeder der eingereichten Weine konnte mit Eigenständigkeit und Stil überzeugen. Vielversprechendes Debüt, das wir auf Anhieb mit zwei Sternen honorieren!

92+ 2021 Edenkoben Mühlberg Riesling trocken
Kristallklar in der Farbgebung. Ein fast intensiver Duft von Stroh, gelbem Apfel, junger Birne und Meyer-Zitrone. Am Gaumen leicht salzig, cremig, wieder zitrisch, auch ein Hauch Süße aus der Frucht. Gute Säure und attraktiver Nachhall. Riesling von Format. 12,5 Vol.-%, DIAM, €€€

92 2021 Rhodt Klosterpfad Weißburgunder trocken
Goldgelb in der Farbe. Ein saftiger Duft von gelben Äpfeln, Mangos, Mirabellen, gelben Pflaumen, Ananas, Grapefruit und Veilchen. Alles von ideal eingebundener Säure begleitet. Dabei sehr elegant im eher schlanken Körper. Toller Wein zum direkten Genuss. 12,5 Vol.-%, DIAM, €€€

91 2021 Frankweiler Käfernberg Riesling trocken
Zitronengelb in der Farbe und sehr präzise in der Frucht. Zitronenmelisse, Organgenabrieb, grüner Apfel und auch Gesteinsmehl. Am Gaumen balanciert die gute Säure den Extrakt und gibt Struktur. Hier auch feine Würze. Ein attraktiver Wein mit Nachhall. 12,5 Vol.-%, DIAM, €€€

91 2021 Frankweiler Biengarten Sauvignon Blanc trocken
Holzwürze, Feuerstein, Rauch, Popcorn, reife gelbe Frucht, Aprikose, Mango, Pfirsich. Kompakte, feste Struktur am Gaumen, guter Extrakt, präzise Säure, leicht salzig, reife, prägende Phenole und Gerbstoffe, betont trocken, mittlere Spannung, mit Schmelz und Charme. 12,5 Vol.-%, DIAM, €€€

90 2022 Edenkoben Chardonnay trocken

91+ 2021 Spätburgunder trocken
Mittleres Rubinrot. Ein Duft von Brombeere, dunkler Kirsche, Hibiskus, Cranberry und Gewürznelke. Am Gaumen folgt eine attraktive Holzwürze, reifer guter Gerbstoff, dunkelrote Frucht, alles von guter Säure balanciert. Guter Nachhall mit Potenzial. Stilvoll! 12,5 Vol.-%, DIAM, €€

★★★★

WEINGUT BERNHART

Hauptstraße 8, 76889 Schweigen-Rechtenbach
T: +49 6342 7202, info@weingut-bernhart.de
weingut-bernhart.de

Ab-Hof-Verkauf: Mo bis Fr 9–12.30 & 14–17 , Sa 10–16 Uhr
Kellermeister: Gerd Bernhart
Ansprechpartner: Gerd Bernhart
Flaschen/Hektar: 173.300 (60 % weiß, 30 % rot, 10 % Schaumwein)/21 ha
Anbauweise: Bio

Letztendlich dreht sich alles um Geschmack. Das weiß auch Gert Bernhart, einer der Hauptdarsteller im Kalk-Eldorado Schweigen: »Geschmack entwickelt sich, vorausgesetzt man übt. Die Freude am Genuss ist uns von Natur aus eigen. Hier im Süden der Pfalz pflegen und hegen wir beides«, sagt der Winzer, der seine Reben auf Kalkmergel stehen hat. Gert Bernhart hat uns einmal mehr begeistert mit seinen unaufgeregten und zugleich packenden Weinen in Weiß und Rot, die von Kalkmineralik definiert sind: Über diesen Geschmack lässt sich garantiert nicht streiten. Wetten?

94 2021 »Reservé« Chardonnay trocken
Etwas Brioche im Duft, dezentes Holz, dann Lindenblüte. Sesam. Im Mund hat der Wein eine gepflegte Phenolik, einen sehr fein nuancierten Extrakt, eine schöne Kalkfrische, die Säure ist perfekt eingebunden, der Wein ist nicht laut und dennoch ausdrucksstark. 13 Vol.-%, NK, €€€

93+ 2022 »RG« Schweigen Sonnenberg Rädling Weißburgunder GG
Feiner Rauch, erkaltende Grillkohle, Mandeln, gelbe Pflaume, Birne, Quitte, Aprikose, nasser Kalk. Am Gaumen mit kräftigem Format, zeigt Substanz und Kraft, die von dicht gewobenem Extrakt getragen wird, knochentrocken, kreidig, mineralisch, salzig, lang mit Nachhall. 13,5 Vol.-%, NK, €€€

94 2020 »RG« Schweigen Sonnenberg Rädling Spätburgunder GG
Intensiv, Hefe, dunkles Miso, kräuterig, Röstkaffee, dunkle Kirsche, Pflaume, etwas Lakritze. Ein kleines Kraftpaket, das sich linear und puristisch entwickelt mit straffer Säure, dichter Extrakt, feste Gerbstoffstruktur, kalkmineralischer Kern. Langstreckenläufer. 13 Vol.-%, NK, €€€

94 2020 »KT« Schweigen Sonnenberg Spätburgunder GG
Rote Kirsche, Maulbeere, rauchige, hefige, erdige Noten, Rote Bete, kreidig. Kraftvoll am Gaumen, Energie, die getragen wird von dichtem Extrakt, weicher Hintergrund, präsente Säure, feinmaschige Tanninstruktur, puristisch trocken, die Kalkmineralik betonend. 13 Vol.-%, NK, €€€

92+ 2022 »WB« Schweigen Sonnenberg Weißburgunder Erste Lage trocken

92+ 2022 »FG« Schweigen Sonnenberg Finstergasse Grauburgunder Erste Lage trocken
Goldgelb wird von roten Farbpixeln unterlegt. Rauchig, Maronenpüree, Birne und Birnenschale, etwas Quitte, auch nussig. Kräftiger, ausgewachsener Burgunder mit guter Substanz, weiche Textur, reife Phenole, würzig, mineralisch unterlegt, salzig, gute Länge. 13,5 Vol.-%, DIAM, €€€

★★★

WEINGUT BREMER

Brückenstraße 2, 67308 Zellertal
T: +49 6355 8639166, m.g.acker@weingutbremer.de
weingutbremer.de

Ab-Hof-Verkauf: Mi bis Fr 14–18 Uhr, Sa 11–17 Uhr und nach Vereinbarung
Kellermeister: Michael Acker
Ansprechpartner: Rebecca Bremer, Brigitte Acker
Flaschen/Hektar: 60.000 (60 % weiß, 40 % rot)/15 ha
Anbauweise: Biodynamisch

Auf den Rosé wird hier immer besondere Aufmerksamkeit gerichtet, denn Betriebsgründerin Cornelia Bremer schätzt diesen Weintyp, aber nur in der trockenen, seriösen Spielart – wir schließen uns an und empfehlen die »Selection Madame«. Die Weißweine aus 2022 sind dem erfahrenen Kellermeister Michael Acker hervorragend gelungen, der Riesling aus dem Schwarzen Herrgott sprüht vor kalkmineralischer Energie und bewegt sich fast auf Vier-Sterne-Niveau – und das zum erstaunlich günstigen Tarif. Die Pinot Noirs aus 2021 veredeln eine starke Kollektion. Kompliment.

93+ 2022 Zell Schwarzer Herrgott Riesling trocken

Eng verwobene, würzige Nase, kalkig, Quittenschale, getrocknete Limettenschale, Apfel, Blutorange, Tamarindenpaste. Am Gaumen straff gebaut, druckvoll, engmaschig geschichteter Extrakt, saftig, changiert zwischen füllig und präzise, kühl, kalkmineralisch. Mit Perspektive.
12,5 Vol.-%, NK, €€€

93 2022 Zell Kreuzberg Chardonnay trocken

Rauchig, würzig, Quitte, Melone, Birne, etwas gebratener Mais, Popcorn, gelbe Pflaume. Kräftig gebaut und breit angelegt am Gaumen mit guter Substanz und Dichte, leicht süßlicher Extrakt, feine Würze, reife Phenole, kalkige Mineralik, aromatische Abgangsfrucht. 13,5 Vol.-%, NK, €€€

93 2021 Niefernheim Apotheker Pinot Noir trocken

Aparte Ätherik, Tannennadeln, Kiefernöl, Rauch, Waldboden, kandierte Kirschen. Straff und kräftig gebaut, linear, keine horizontalen Ausuferungen, präzise, delikate Säure, fein extrahierter Gerbstoff mit Reserve, die kalkmineralische Würze gibt den Kick, lang. 12,5 Vol.-%, NK, €€€

92+ 2021 Zell Kreuzberg Pinot Noir trocken

Himbeere, Kirsche, begleitende florale Noten, Rosenblätter, Veilchen, Hagebutte, Hibiskus, feiner Rauch, Holzwürze. Setzt getragen am Gaumen an, weiche Textur, auch eine ausgewogene, eingewobene Säure, weicher, geschmolzener Gerbstoff, feine mineralische Pikanz. 13 Vol.-%, NK, €€€

91+ 2022 Zell Kreuzberg Weißburgunder trocken

89+ 2022 »Selection Madame« Rosé trocken

Kein quietschig-fruchtiger Duft, etwas Rote Johannisbeere und Himbeere, auch Mirabelle, feine Gewürze wie Piment. Straff gebaut am Gaumen mit lebendiger Säure und saftiger Frische, recht trocken, seriös verspielt, animiert auch immer zu der Frage: Was essen wir dazu?
11,5 Vol.-%, DV, €€

★★

WEINGUT BÜHLER

Backhausgasse 2, 67169 Kallstadt
T: +49 6322 61261, weingut@buehler-pfalz.de
buehler-pfalz.de

Ab-Hof-Verkauf: Mo bis Fr 10–12 Uhr und 13–17 Uhr, Sa und So 13–17 Uhr
Kellermeister: Jens Bühler
Ansprechpartner: Sarah Bühler
Flaschen/Hektar: 120.000 (70 % weiß, 30 % rot)/20 ha

Wenn ein Wein »Der Chef« heißt, dann sollte er liefern und etwas darstellen. Genau das macht der im Barrique gereifte, druckvolle Sauvignon Blanc, er ist auch der Anführer in einem gutklassigen Sortiment des Weinguts Bühler. 1992 von Werner und Pia Bühler gegründet, wird es seit einigen Jahren von Jens Bühler geleitet und umfasst heute rund 20 Hektar, auch in bekannten Lagen wie dem Kallstadter Saumagen. Nicht nur »Der Chef«, auch der füllige, substanzreiche Syrah und der mineralische Riesling aus dem Saumagen unterstreichen die weiteren Perspektiven des Kallstadter Guts.

91+ 2022 »Der Chef« Sauvignon Blanc im Barrique gereift trocken

Der Barrique-Ausbau zeigt sich noch im Duft, Cassis, reife Mango und Maracuja, keine grünliche Aromatik. Kräftig gebaut am Gaumen, druckvoll mit gutem Extrakt, saftig, mit Schmelz, betont trocken und auch mineralisch. Vielschichtig und auch tiefgründig, jung. 13,5 Vol.-%, NK, €€

89+ 2022 »S« Grauburgunder trocken

Neben feiner Holzwürze auch reife Birne und gelbfruchtige Noten, Aprikose und gelbe Blüten, auch duftig floral. Mittlere Struktur am Gaumen mit zugänglichem Charakter, harmonisch abgestimmt, weiche Säure, wieder Birne und würzige Untertöne, kulinarisch geeignet. 13 Vol.-%, NK, €

89 2022 Weißburgunder trocken

Beerige Burgunderfrucht, Aprikose, Heidelbeere, auch Blumenwiese und ein wenig Heu, Artischockenboden. Am Gaumen zugänglich mit Saft, Schmelz und merklicher Restsüße, feine Würze kommt dazu, balancierende Säure, harmonisch abgerundet, fruchtig im Ausklang. 12,5 Vol.-%, DV, €

91 2020 Syrah im Barrique gereift trocken

Kräftig im Duft, Holzwürze, Schwarze Johannisbeere, Brombeere, etwas Leder und auch Pfeffer, recht sortentypisch. Am Gaumen substanzvoll, füllig mit reifem Gerbstoff, auch mit balancierender Säure und schöner Würze, dunkle Schokolade, etwas Schlehe, gute Länge. 13,5 Vol.-%, NK, €€

88+ 2022 »Saignée« Rosé trocken PN/ME/SL

90 2022 Kallstadt Saumagen Riesling Spätlese trocken

Da zeigt sich neben gelbfruchtiger Aromatik mit Aprikose und Weinbergpfirsich auch der Lagenausdruck mit erdigen und kalkmineralischen Noten. Straff gebaut und geradlinig im Mund mit lebendiger Säure und guter Spannung, charmante Fruchtsüße, mineralische Grundierung. 12,5 Vol.-%, NK, €€

★★★★

WEINGUT REICHSRAT VON BUHL

2021 PECHSTEIN RIESLING GG

Weinstraße 18–24, 67146 Deidesheim
T: +49 6326 96500, info@von-buhl.de
von-buhl.de

Ab-Hof-Verkauf: Mo bis So 10–19 Uhr
Kellermeister: Simone Frigerio
Ansprechpartner: Monika Schmid
Flaschen/Hektar: 533.300 (80 % weiß, 20 % rot)/56 ha
Anbauweise: Bio

Die Deidesheimer Weingutslegende ging zuletzt durch eine unstete Phase – und wir fragten uns bei der Verkostung mit großer Neugier, ob das nun ausgestanden ist. Die Antwort scheint uns ein »Jein« zu sein. Den Lagentyp zeigen die aktuellen Rieslinge durchaus, der Pechstein etwa besticht mit tuffigen und floralen Untertönen. In den Gaumenstrukturen haben indes selbst Spitzenlagen wie Kirchenstück und Jesuitengarten eine eher karge Anmutung. Ist es der Jahrgangstyp 2021? Wird mit Flaschenreife alles gut? Man wird sehen – wir sind gespannt auf die Weine des Jahrgangs 2022.

93 ⊖ 2015 »Suez Vintage« Riesling brut nature
Goldgelb in der Farbe. Eine reife Rieslingwürze im Duft, Bergamotte, rotes Curry, Apfelschale, mineralische Noten. Im Mund hat der Wein einen straffen Säurezug, ist ganz vertikal gebaut und mineralisch-frisch, feingliedrig nachgerade, mit einem cleanen, pointierten und langen Abklang.
12,5 Vol.-%, NK, €€€

93 2021 Forst Kirchenstück Riesling GG
Etwas Überreife im Duft und auch erste entwickelt wirkende, leicht petrolige Töne. Auch zitrische Aromen von Orangenschale. Im Mund hat der Wein mittleren Extrakt mit etwas trockenen Phenolen, einer reifen Säure und auch deutlich Mineralität. Im Abklang wird der Alkohol merklich.
12,5 Vol.-%, NK, €€€€

93 2021 Forst Pechstein Riesling GG
Leicht floral im Duft, auch ein Aroma von Schwarzer Johannisbeere. Ein Hauch Überreife. Im Mund beginnt der Wein überraschend leichtfüßig, die Säure verbindet Eleganz und Festigkeit, eine Schicht feiner Phenole kleidet den mittellangen, mineralisch getönten Abgang aus.
12,5 Vol.-%, NK, €€€€

92+ 2021 Forst Ungeheuer Riesling GG
Grapefruit, Zitrus, auch hefige und leicht krautige Untertöne. Im Mund hat der Wein ein strammes Säuregerüst, er ist linear gebaut und zieht mit hoher Intensität und mittlerer Komplexität in den Abgang. Die taktile Mineralität ist intensiv.
12,5 Vol.-%, NK, €€€

92 ⊖ NV »Blanc de Blancs Prestige« brut
92+ 2021 Forst Jesuitengarten Riesling GG
92+ 2021 Deidesheim Kieselberg Riesling GG
91 2021 Deidesheim Leinhöhle Riesling tr.
91 2021 Forst Musenhang Riesling trocken
90 2022 Riesling trocken
90 2022 Forst Riesling trocken

91+ 2021 Deidesheim Herrgottsacker Riesling trocken
Der zurückhaltende Duft zeigt Pfirsich und Wiesenkräuter, fast etwas Menthol und Kümmel. Der Gaumen entfaltet einen schönen, seidigen Fluss, die Säure ist gut eingebunden, die Länge mittelgewichtig. Ein solider, gut strukturierter Lagenwein. 12,5 Vol.-%, NK, €€

★★

WINZERVEREIN DEIDESHEIM

Prinz-Rupprecht-Straße 8, 67146 Deidesheim
T: +49 6326 9688, info@winzervereindeidesheim.de
winzervereindeidesheim.de

Ab-Hof-Verkauf: Mo bis Sa 9–18 Uhr, So 10–18 Uhr
Kellermeister: Sebastian Gerecke
Ansprechpartner: Steven Kärgel
Flaschen/Hektar: 1.600.000 (70 % weiß, 20 % rot, 5 % Rosé, 5 % Schaumwein)/150 ha
Anbauweise: Bio

Als ältester Winzerverein der Pfalz mit über 125 Jahren Erfahrung bleibt der Winzerverein Deidesheim nicht stehen und geht voran: Ein Teil der 150 Hektar Rebfläche in renommierten Lagen rund um Deidesheim und Forst wird inzwischen biologisch bewirtschaftet. Obwohl im Jahr circa 1,5 Millionen Liter Wein erzeugt werden, fallen die Resultate der »Genossenschaft mit Weinguts-Charakter« erstaunlich individuell aus: Gerade die Rieslinge der Linie »Edition« müssen sich in der mit Attraktionen reichlich gesegneten Pfälzer Weinszene wahrlich nicht verstecken. Stark!

91+ 2020 »Edition« Deidesheim Grainhübel Riesling trocken
Würzige Nase, kräuterig, dürfte Sponti sein, Hefe, Apfelschale, Malz, Kümmel, auch Zitrusfrucht und etwas Puderzucker. Zeigt am Gaumen unaufgeregt seine Qualitäten: ausgewogene, tragende Säure, der Extrakt entfaltet sich geschmeidig, mineralische Grundierung. 12,5 Vol.-%, DV, €€

91 2021 »Edition« Deidesheim Paradiesgarten Riesling trocken
Würzige und kräuterige Noten, Hefe, vermutlich Spontangärung, dezente Frucht, Apfel, etwas dunkle Würze. Am Gaumen filigrane Struktur mit geschmeidigem Hintergrund, saftig, Pampelmuse mit Apfel und auch Pfirsich, fein mineralisch, reife Säure, endet würzig. 12 Vol.-%, DV, €€

90+ 2021 »Edition« Deidesheim Chardonnay trocken
Im Duft noch leicht vom Barrique-Ausbau geprägt, feine Röstaromen, nussig, Melone, Kürbisschale, Birne. Am Gaumen mit fester, kompakter Struktur, weicher Fond mit feiner Fruchtsüße, Birne und Quitte, strukturgebende Phenole, gute Länge, kann reifen, zum Essen. 12,5 Vol.-%, DV, €€

90 2020 »Edition« Pinot Noir trocken
Würzig, dunkelfruchtig, Schwarzkirsche, Schwarze Johannisbeere, Brombeere, dunkler Tabak, Tinte. Am Gaumen satte Frucht, feine Würze, gute Substanz, die Gerbstoffe sind reif und tragen die Struktur. Pinot, der sich auch vor einem Cabernet Sauvignon nicht fürchten muss. 13 Vol.-%, NK, €€

89+ 2021 »Jubiläums-Edition« Deidesheim Riesling brut
89 2022 Goldmuskateller feinherb
89 2022 Gewürztraminer Kabinett
89 2022 Deidesheim Leinhöhle Riesling trocken
88+ 2022 Deidesheim Herrgottsacker Riesling trocken
88+ 2022 Deidesheim Hofstück Riesling trocken
89 2020 Cabernet Sauvignon trocken

91+ 2020 »Edition« Deidesheim Kieselberg Riesling trocken
Weniger die Primärfrucht, sondern der Lagenausdruck wird dargestellt, steinige Noten, leicht rauchig. Am Gaumen kompakt und linear gebaut mit saftig-cremiger Textur, abrundender Süße und der würzigen Mineralik des Kieselbergs, Mandarine, passender Extrakt, gute Länge. 12,5 Vol.-%, DV, €€

★★★

WEINGUT DENGLER-SEYLER

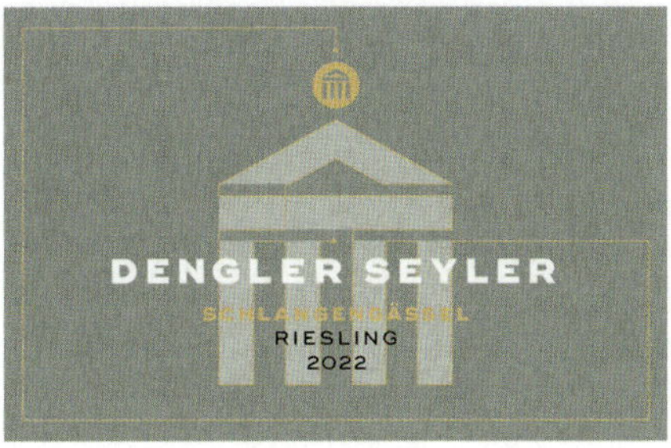

Weinstraße Süd 6, 67487 Maikammer
T: +49 6321 5103, info@dengler-seyler.de
dengler-seyler.de

Ab-Hof-Verkauf: Mo bis Fr 9–12 & 13–18 Uhr, Sa 9–17 Uhr
Kellermeister: Matthias Seyler
Ansprechpartner: Eva Seyler
Flaschen/Hektar: 133.300 (60 % weiß, 15 % rot, 20 % Rosé, 5 % Schaumwein)/18 ha
Anbauweise: Bio

Im vergangenen Jahr haben wir Eva und Matthias Seyler vom Weingut Dengler-Seyler den dritten Stern verliehen, den sie mit ihrer aktuellen Kollektion vollauf bestätigen: Es sind drei hochwertige Lagenrieslinge dabei, die im Jahrgang 2022 bis auf das »Schlangelgässel« merkliche Restsüße mitbringen – die Mineralik der Lagen und die tragenden Säuren sorgen da für Balance. Der Spätburgunder aus dem Jahrgang 2021 weiß mit Struktur, Extraktdichte und Würze zu gefallen, der Chardonnay, ein erwachsener Wein mit Handschrift und Profil, ist unser Falstaff-Tipp.

92 2022 Maikammer Heiligenberg Im Obern Weinsper Riesling trocken
Mittleres Goldgelb, reife Aprikose, kandierter Pfirsich, ein wenig Pfirsich Melba. Auch kräuterig, mineralisch. Der Gaumen wird belebt von einer lebendigen Säure, die leicht salzig konnotiert ist, saftig, die Restsüße ist eingebunden, die Mineralik schafft Profil. 13 Vol.-%, NK, €€€

91+ 2022 Maikammer Heiligenberg Schlangengässel Riesling trocken
Reife Aromatik, Weinbergpfirsich, Aprikose, kräuterig, auch etwas dunkle Aromatik, leicht ätherischer Ton, öffnet sich. Kompakt und fest gebaut am Gaumen, klassischer Rieslingstil mit reifer Frucht, tragender Säure und auch der Mineralik der Lage. Trocken, elegant. 13 Vol.-%, NK, €€€

91+ 2022 Maikammer Heiligenberg Am Heiligen Berg Riesling trocken
Reifer Weinbergpfirsich, Aprikose, einladende Fruchtaromatik, etwas Aprikosenmarmelade, ein Hauch Earl-Grey-Tee. Kräftiger Bau, durchaus vielschichtig am Gaumen mit Spannung und Extrakt, tragende Säure, relativ süß abgestimmt, gute Balance, Mineralik und Länge. 13 Vol.-%, NK, €€€

91 2021 Maikammer Spätburgunder trocken
Kräftig mit Holzwürze, dunkler, roter Frucht, Schwarzkirsche, Cassis, Maulbeere, getrocknete Kräuter. Die kräftige, fest gebaute Struktur wird von einer fein ziselierten Säure durchzogen, extraktgetragen, weicher Fond, reifer Gerbstoff, würzig bis ins Finale. 13 Vol.-%, NK, €€

90 2022 Kirrweiler Weißburgunder trocken

90+ 2022 Maikammer Chardonnay trocken
Birne und Melone, kräuterig, rebsortentypisch im Duft, aber auch mit eigenständigem Ausdruck. Bietet was am Gaumen, kräftig gebaut, Saft, Schmelz und auch Kraft, ausgewogen abgestimmt mit feiner Fruchtsüße. Erwachsener Chardonnay mit Handschrift und Profil. 13,5 Vol.-%, DV, €€

★★

WEINGUT ANDREAS DIEHL

Eisenbahnstraße 3a, 67483 Edesheim
T: +49 6323 938930, info@diehl-wein.de
diehl-wein.de

Ab-Hof-Verkauf: Mo und Di 8–16 Uhr, Mi 8–12 Uhr, Do und Fr 8–18 Uhr, Sa 10–14 Uhr
Kellermeister: Andreas Diehl
Ansprechpartner: Andreas und Alexandra Diehl
Flaschen/Hektar: 400.000 (75 % weiß, 25 % rot)/45 ha

In der Südpfalz produziert das Weingut auf vielen Einzellagen mit unterschiedlichsten Mikroklimata und Bodenarten ein Sortiment, das von Sekt bis zu Destillaten reicht. Aber der Fokus von Alexandra und Andreas Diehl liegt auf zugänglichen Weißweinen und gehaltvollen Roten – die sich in drei Qualitäten gliedern: sorten- und herkunftsreinen »eins zu eins«-Premiumwein, »superior« mit Holzeinsatz; und die »drei zu eins«-Cuvée aus Scheurebe, Riesling und Muskateller, die uns des frischen, animierenden Dufts wegen besonders überzeugt hat.

91 2020 Blanc de Blancs extra brut
Feine Perlage. Attraktiv kühl im ersten Duft: Nori-Blatt, junger Pfirsich, Zitronenschale, junge Aprikose. Saubere Frucht, gut eingebundene Säure bei fein cremiger Mousse und langem Nachhall. 12 Vol.-%, NK, €€

90+ 2020 »Superior« Edeshem Mandelhang Sauvignon Blanc trocken
Eine relativ kräftige Farbe. Etwas Neuholz, würzige Sortenaromen wie Stachelbeere und reife Nektarine. Im Mund zeigt der Wein Cremigkeit, einen reifen und im Zusammenspiel mit einer Schicht Phenole gut Halt gebenden Nerv sowie eine feine Abgangsfrucht. 13,5 Vol.-%, DV, €€

89+ 2022 »Superior« Burrweiler Altenforst Riesling trocken
Der kräftige Holzton erinnert an Sägespäne. Dahinter zeigen sich reife, würzige Rieslingaromen. Im Mund hat der Wein einen kräftigen Bau mit eher reifer Säure, trockenen Phenolen und würzigen Terpenen im Abklang.
12 Vol.-%, DV, €€

90+ 2018 »Superior« Walsheim Silberberg Cabernet Sauvignon trocken
Halbbitterschokolade, Karamell, buttrige Noten, Dörrbohne, knapp reife Holunderbeeren. Der Gaumen eröffnet geschmeidig und füllt den Körperrahmen mit körnigem Gerbstoff, reifer Säure und salzigen Wahrnehmungen. Ein robuster Cabernet, der Flaschenreife benötigt. 13,5 Vol.-%, DV, €€

89+ 2020 »Pinot« brut WB/PG/PN
89+ 2022 »Croco Diehl blanc« Cabernet Blanc trocken
89+ 2022 »eins zu eins« Auxerrois feinherb
89+ 2022 »eins zu eins« Riesling trocken
89 2022 »eins zu eins« Weißer Burgunder trocken
89 2022 »Croco« Cabernet Sauvignon Rosé trocken
89 2020 »eins zu eins« St. Laurent trocken

89+ 2022 »Cuvée 3/1« trocken RR/GM/SÄ
Der Duft zeigt sich frisch und zitrisch, mit einem Anflug von Muskat, aber auch mit Noten von Grapefruit und Holunderblüte. Im Mund hat der Wein mittlere Dichte, einen stämmigen Bau mit leichter Süße, fester Säure und herben Terpennoten im Abklang. 12,5 Vol.-%, DV, €

★

WEINGUT ECHTER.WEIN

Eistalstraße 3, 67269 Grünstadt-Asselheim
T: +49 6359 2289, mail@wein-echter.de
wein-echter.de

Ab-Hof-Verkauf: Mo bis Fr 9–12 & 13–18 Uhr, Sa 9–12 Uhr
Kellermeister: Miro & Matthias Echter
Ansprechpartner: Miro & Matthias Echter
Flaschen/Hektar: 133.300 (60 % weiß, 15 % rot, 20 % Rosé, 5 % Schaumwein)/12 ha

Hatte uns Matthias Echter im letzten Jahr mit einem Pinot Noir und einem Orange Wine vom Silvaner überrascht, so sind es dieses Mal der im Barrique ausgebaute Rosé (bei dem man reflexartig an die nächste Mahlzeit denkt) und der erstaunlich griffige Merlot mit gutem Zug. Auch der angenehm trockene Schaumwein vom Chardonnay aus 2018 zeigt Qualitäten wie alle angestellten Weine aus dem zuverlässigen Sortiment. Matthias Echter wird inzwischen von Sohn Miro im Keller unterstützt, die nächste Generation steht in den Startlöchern und bringt frische Ideen ein.

90 ❶ 2018 Chardonnay extra brut
Blasses Gold und zunächst kühl im Duft. Intensive Aromen von schwarzem Johannisbeerblatt, Zitronenzeste, Mandarinenschale und auch gelbem Apfel. Am Gaumen auch Haselnuss, Brioche, Grapefruit, Ananas bei feinem Mousse. Angenehm trocken bei gutem Nachhall. 12,5 Vol.-%, NK, €€

89+ 2022 Grauer Burgunder trocken
Mittleres Goldgelb. Sortentypischer Duft nach Birne, Apfel und karamellisierten Walnüssen. Saftig am Gaumen mit süßlicher Birnenfrucht, klar im Ausdruck, kompakter Bau, präsente, gut balancierende Säure, feine Würze. Patenter kulinarischer Begleiter. 12,5 Vol.-%, DV, €

90 2022 Merlot trocken
Ziemlich würzige Nase mit Pflaume, Schwarzkirsche, Maulbeere, dunkler Schokolade, gerösteten Kaffeebohnen und Holzwürze. Kräftig und straff gebaut mit Zug und erfreulich trocken ausgebaut, griffige und reife Tanninstruktur, rot- und dunkelfruchtig, aus einem Guss. 13 Vol.-%, DV, €

89+ 2022 Muscaris
Der Wein duftet überströmend nach Muskat, Lavendel und Jasmin, auch Aprikose kommt dazu. Der Gaumen ist von der Süße geprägt, eine lebendige Säure balanciert, Würze und Geschmeidigkeit leiten in einen mittellangen Abklang über. Gepflegt. 10 Vol.-%, DV, €

89 2021 Chardonnay trocken

90 2021 Rosé Barrique trocken PN/ME/RE
Hagebuttenrosa. Der Barriqueausbau zeigt sich rauchig, holzwürzig, Waldbeeren, Himbeere, Erdbeere, Kräuterlikör. Schlank und fest gebaut am Gaumen, guter Extrakt, kräftige, reife Gerbstoffe und Phenole, Waldhimbeere, die feine Süße rundet ab. Kulinarisch gedacht. 12 Vol.-%, DV, €

★★

WEINGUT ECK

Leinsweiler Straße 31, 76831 Ilbesheim
T: +49 6341 32046, info@weingut-eck.de
weingut-eck.de

Ab-Hof-Verkauf: Mo bis Sa nach Vereinbarung
Kellermeister: Jasmin und Jürgen Eck
Ansprechpartner: Jasmin Eck
Hektar: 13,5 ha

Die Familie Eck betrieb lange Zeit eine gemischte Landwirtschaft und produzierte dabei auch Trauben, die sie an die Genossenschaft ablieferte. Heute führt ein Vater-Tochter-Duo das reine Weingut: Bei unterschiedlichen Zuständigkeiten arbeiten Winzermeister Jürgen Eck und die studierte Önologin Jasmin Eck im Keller doch gemeinsam. In diesem Jahr haben sie uns leider keine Rotweine vorgestellt. Aber die Lage Kalmit, die wie ein Kalkriff in der Südpfälzer Landschaft steht, zeigt ihre Reichtümer auch bei den terroirgeprägten weißen Sorten.

89 2020 Ilbesheim Rittersberg Chardonnay brut
Hefe und krautige Noten im Duft, auch buttrige Töne. Das Mousseux ist dynamisch, wird von einer kernigen Säure unterstrichen, die von einer vergleichsweise präsenten Süße in Balance gehalten wird. Ein herzhafter und zugleich harmonisch abgerundeter Aperitif. 12,5 Vol.-%, NK, €€

90 2022 Grüner Silvaner trocken
Der Duft zeigt nussige Noten, etwas Kräuter. Der Gaumen hat ein festes Säuregrüst, eine Spur Süße, eine Spur straffe Phenole. Die Frische des Weines ist sehr gut, ein Hauch von sortentypischer Bitternis gibt dem Wein etwas Apartes. 13 Vol.-%, DV, €

89+ 2022 Ilbesheim Kalmit Riesling trocken
Intensiv fruchtig im Duft: nach Steinobst, Mirabelle und gelber Pflaume. Im Mund ist der Wein schlanker, als der Duft erwarten ließe. Spritzig und frisch spielt sich die Säure in den Vordergrund, Extraktsüße gibt dem Wein Volumen und Länge. 12,5 Vol.-%, DV, €€

89 2022 Ilbesheim Rittersberg Chardonnay trocken
Banane im Duft, im Mund hat der Wein kräftigen Alkohol und eine straffe, etwas trockene Phenolik, die Säure trägt den Körper, der Wein wirkt insgesamt etwas spröde und endet mit leichter Süße. Braucht sehr viel Zeit, um sich zu harmonisieren. 13 Vol.-%, DV, €€

88 2022 Sauvignon Blanc trocken

90+ 2022 Ilbesheim Kalmit Weißer Burgunder trocken
Im Mund: Kleeblüte, etwas Holz, hefige Noten, Heu. Am Gaumen hat der Wein einen sehr kräftigen Körper, straffe Phenole, die Säure ist gut eingebunden, im Abgang zeigen sich Aromen von gelbem Apfel. 13 Vol.-%, DV, €€

★

WEINGUT ESTELMANN

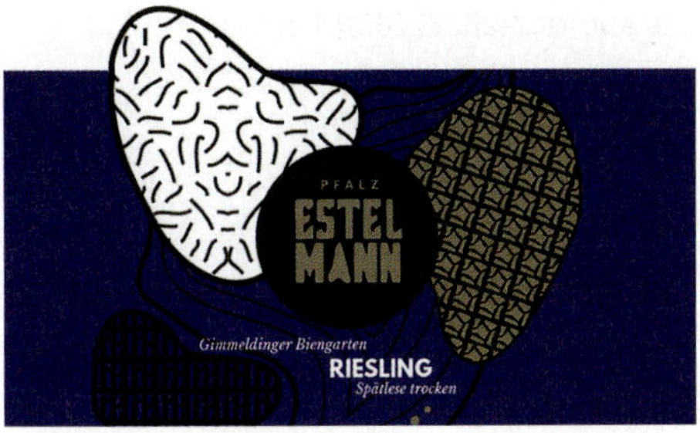

Kurpfalzstraße 76, 67435 Neustadt-Gimmeldingen
T: +49 6321 6173, info@weingut-estelmann.de
weingut-estelmann.de

Ab-Hof-Verkauf: Mo bis Mi und Fr 10–12 & 14–18 Uhr, Sa 10–12 Uhr und 13–16 Uhr und nach Anmeldung
Kellermeister: Felix Estelmann
Ansprechpartner: Felix Estelmann
Anbauweise: in Umstellung

Felix Estelmann gab im vergangenen Jahr sein äußerst gelungenes Debüt. Der Jungwinzer bewirtschaftet gemeinsam mit seinen Eltern Weinberge in exzellenten Lagen der Mittelhaardt und ist beim Ausbau federführend – auch im Gewölbekeller des über 400 Jahre alten Gutshauses. Die Bandbreite reicht vom Gutswein bis zu den sämtlich spontan vergorenen Lagenweinen. Stark treten der Riesling »Ölberg« und der Chardonnay »Glockenzehnt« auf. Diese Top-Weine lassen das Potenzial erkennen. Deshalb nehmen wir das Weingut auf unsere Watchlist für den zweiten Stern.

92 2021 Mußbach Glockenzehnt Chardonnay trocken
Duft aktuell noch stark vom Barrique geprägt, Haselnuss, Apfel, Rauch, Gesteinsmehl, etwas Zündholz, auch Kräuterwürze. Am Gaumen mit viel Grip, gut integrierte Säure, Quitte, Minze, schöner Schmelz, fließend, dicht gewoben, gute Länge, hat Potenzial. 13 Vol.-%, NK, €€

91 2021 Königsbach Ölberg Riesling trocken
Feiner, würziger Duft mit etwas Thymian, Mandarine, etwas Mango, zarte Mineralität. Am Gaumen mit lebhafter Säure, dann griffige Zitrusfrüchte, reife Melone, schöner mineralischer Faden, Gesteinsmehl, toller Trinkfluss, gute Struktur und Länge. 12,5 Vol.-%, NK, €

90+ 2021 Gimmeldingen Biengarten Riesling trocken
Kompakte, mineralisch-würzige Nase, Minze, Limettenschale, Grapefruit, animierend, dicht. Am Gaumen mit lebhafter, packender Säure, Zitrusfrüchte, mineralisch geprägt, Gesteinsmehl, hat viel Dynamik, gute Struktur und Länge, endet frisch auf Zitrusaromen. 12,5 Vol.-%, NK, €€

90+ 2020 Gimmeldingen Biengarten Spätburgunder trocken
Dunkle Früchte, feiner Rauch, Kirsche, Schlehe, schwarzer Pfeffer, Brombeere, einladend. Am Gaumen mit lebhafter Säure, feine Gerbstoffe, gut eingebunden, rote Früchte kommen dazu, wieder Kirsche, etwas Marzipan, gute Struktur, mittlere Länge. 13 Vol.-%, NK, €€

88+ 2022 Grauburgunder trocken

89 2022 Chardonnay trocken
Reifer Apfel, Birne, auch eine Spur Vanille ist dabei, dabei eine schöne Würze, angenehm. Am Gaumen mit reifen, hellen Früchten, auch etwas Pfirsich kommt dazu, gut integrierte Säure, harmonisch abgestimmt, mittlere Struktur und Länge. 12,5 Vol.-%, DV, €

★★

WEINGUT FADER

Theresienstraße 62, 76835 Rhodt unter Rietburg
T: +49 6323 5193, info@wein-fader.de
wein-fader.de

Ab-Hof-Verkauf: Mo bis Sa 8–12 Uhr und 13–18 Uhr
Kellermeister: Knut Fader
Ansprechpartner: Knut Fader
Hektar: 16,5 ha

Der Familienbetrieb von Knut Fader liegt in Rhodt unter Rietburg – einer der malerischsten Weinbaugemeinden der Pfalz. Faders Weine sind ähnlich aufgeräumt wie das Ortsbild – und sie haben ebenfalls Farbtupfer und im übertragenen Sinn Blumen vor jedem Haus: Ganz wörtlich gilt dies für den Gewürztraminer aus der Lage Rosengarten (!), der die florale Würze der Sorte von der sonnigsten Seite zeigt. Harmonisch und gut abgestimmt sind auch die anderen Weißweine, ein besonderer Tipp sind aber die Rotweine aus dem Jahrgang 2020: aromatisch, saftig, gekonnt extrahiert.

90 2022 »Alte Reben« Rhodt Schlossberg Riesling trocken
Ein recht klarer, frischer Duft nach gelbem Pfirsich, Mirabelle, auch Limette und Zitronenschale. Der Gaumen hat Stoff und Druck, wird von der Süße-Säure-Spannung belebt, bleibt gebündelt und recht kompakt sowie frisch bis in den Abgang. 12,5 Vol.-%, DV, €

90 2022 »Réserve« Rhodt Rosengarten Gewürztraminer trocken
Brotrinde und Rose, Veilchenpastille, ein recht opulenter, barocker Duft. Auch im Mund hat der Wein einige Fülle, er wirkt trotz einer lebendigen Säure vergleichsweise süß, hält aber seine würzige Aromatik auf klare und homogene Weise bis in den langen Abgang hinein. 13,5 Vol.-%, DV, €€

89+ 2022 »Réserve« Rhodt Rosengarten Grauer Burgunder trocken
Ein helles Goldgelb in der Farbe. Im Duft Esskastanie, Honigmelone, Orangenkonfitüre, zurückhaltendes Holz. Der Gaumen eröffnet vergleichsweise süß, die Säure ist nahtlos in den seidigen Körper integriert. Der Wein hat die Weite der Sorte, ohne zu breit zu werden. 13,5 Vol.-%, DV, €€

91 2020 »Réserve« Godramstein Münzberg Pinot Noir trocken
Etwas Holz, Zwetschge, Milchschokolade. Der Gaumen zeigt sich saftig und feinnervig, der Gerbstoff ist reif und liegt in vorsichtig extrahierter Menge vor, begleitet von zarter taktiler Mineralität. Stilvoll! 13,5 Vol.-%, NK, €€

89 2022 »Réserve« Rhodt Chardonnay & Weißer Burgunder trocken CH/WB

90+ 2020 Rhodt Klosterpfad Cabernet Sauvignon trocken
Schwarze Johannisbeere, Johannisbeerblättertee und Menthol, Schoko-Minz-Plättchen. Im Mund hat der Wein eine klare, intensive und saftige Frucht, reifen, mürben Gerbstoff in mittelhoher Menge, eine gut integrierte Säure und etwas Süße im Abgang. 14 Vol.-%, NK, €€

★

WEINGUT STEFAN FISCHER

Kirchstraße 2, 76889 Schweighofen
T: +49 6342 7197, info@stefan-fischer-weingut.de
stefan-fischer-weingut.de

Ab-Hof-Verkauf: Di bis Fr 13–19 Uhr, Sa und So 10–18 Uhr und nach Vereinbarung
Kellermeister: Stefan Fischer
Ansprechpartner: Birgit Fischer
Hektar: 40 ha

Ganz im Süden der Pfalz, an der Grenze zu Frankreich, bauen Stefan und Birgit Fischer auf 40 Hektar Obst für ihre Destillerie und vor allem Rebstöcke an. Der Familienbetrieb erzeugt zwei Drittel Weißweine und ein Drittel Rotweine, die sie selbst als »unkompliziert, aufgeschlossen und gesellig« bezeichnen. Es sind duftige Weine mit viel Frucht und Frische – und das zu ausgesprochen günstigen Preisen; es dürfte sehr schwierig sein, andernorts einen so kompletten Pinot Noir, wie wir ihn in diesem Jahr verkosteten, für weniger als 7 Euro zu finden.

89+ 2022 Sauvignon Blanc trocken
Sehr intensiv der Duft bei reichlich Stachelbeere und Maracujafrucht. Sehr ausdrucksvoll auch die Aromatik am Gaumen, die erstaunlich gerundet die Geschmacksnerven verwöhnt. Hier ist Frucht und auch Mineralität beinahe überschwänglich vorhanden. 14,5 Vol.-%, DV, €

89+ 2022 »Edition S« Riesling trocken
Der Riesling aus der »Edition S« riecht ausgeprägt nach reifem Boskopapfel und Grapefruit. Die Ansprache am Gaumen zeigt daneben auch deutlich Ananas und Zitrusanmutung. Durch die lebhafte Säure vibriert der Wein im Mund und erreicht dadurch ein spannendes Mundgefühl. 13 Vol.-%, DV, €

89 2022 Weißburgunder trocken
Hier riecht es nach Frühlingswiese und weißen Blüten bei anklingender Apfelfrucht. Spielerisch, jedoch prägnant die Säurestruktur, die an grüne Äpfel denken lässt. Dabei spürt man ein dezentes Prickeln, das dem Wein eine angenehme Frische verleiht. Mittelkräftig das Finale. 13,5 Vol.-%, DV, €

89 2020 Pinot Noir trocken
Deutliche Sauerkirschnoten, Johannisbeere und etwas Granatapfel kann man riechen. Dazu gesellt sich eine leichte Röstaromatik am Gaumen, nachhaltig. Und die in den Böden der Pfalz angelegte Mineralität findet sich auch in diesem Vertreter von Sorte und Region. 14 Vol.-%, DIAM, €

88+ 2022 »Luminos« Cuvée trocken CH/PG/WB

90+ 2022 Blanc de Noir trocken
Dezent steigen die floralen Aromen aus dem Glas und vermählen sich dabei angenehm mit dem Aroma reifer Aprikosen. Sehr angenehm die auskleidende Fülle am Gaumen bei perfekt integrierter Säure. Nachhaltig spielerisch auch der mittelkräftige Abgang. 13 Vol.-%, DV, €

★★★

WEINGUT FITZ-RITTER

Weinstraße Nord 51, 67098 Bad Dürkheim
T: +49 6322 5389, johann.fitz@fitz-ritter.de
fitz-ritter.de

Ab-Hof-Verkauf: Mo bis Fr 9–18 Uhr, Sa und So 11–17 Uhr
Kellermeister: Jochen Fleischmann
Ansprechpartner: Johann Fitz & Jochen Fleischmann
Hektar: 25 ha
Anbauweise: Bio

Das Jahrhunderte alte Weingut beherbergt die älteste Sektkellerei in Rheinland-Pfalz. Seine Weinberge werden seit 2009 ökologisch bewirtschaftet. Damit gelingen Johann Fitz und seinem Team Kollektionen auf dauerhaft hohem Niveau. Die aktuelle hat uns besonders überzeugt: Der Aufschwung der letzten Jahre setzt sich fort, der exzellente Chardonnay-Sekt ist unser Tipp. Das Weingut bietet noch etwas Besonderes an: Interessenten können bis zu 25 Jahre lang die Pacht für einen Biorebstock übernehmen. So werden sie alljährlich mit einer Flasche persönlichen Weines versorgt.

93+ 2021 Bad Dürkheim Herrenberg Riesling GG
Feinkräuterig, keine überladene Frucht, weißer Pfirsich, Weinbergpfirsich, Aprikose. Im Mund mit gewisser Fülle, die von Energie getragen wird, tragende Säure, mineralischer Unterbau, feinsalzige, zitrische Anklänge, Grapefruit, präzise dem Finale entgegensteuernd. 13 Vol.-%, NK, €€€

93 2021 Bad Dürkheim Michelsberg Riesling GG
Feiner Rauch, Würze, Pfirsich, Apfel, getrocknete Minze, Kräuter. Straff und dicht gebaut am Gaumen mit zielgerader Säure, die eng am Körper liegt, dicht im Extrakt, engmaschig verwoben, gute Spannung, phenolisch gestützt, mineralisch unterlegt, gute Länge und Perspektive. 12 Vol.-%, NK, €€€

94 2021 Bad Dürkheim Hochbenn Riesling Eiswein
Feine Frucht, reife Zitrusfrüchte dominieren, kandierte Orangenzesten, dazu delikate Kräuterwürze, mineralisch unterlegt, vielschichtig. Am Gaumen balanciert zwischen schmelzender Süße und lebendiger Säure, süße Limone, delikat und kraftvoll, endet lang und frisch. 7 Vol.-%, NK, €€€€

92 2021 Bad Dürkheim Abtsfronhof Gewürztraminer Spätlese
Duft nach Rosenblatt, Muskatwürze, Litschi, reifer gelber Frucht und etwas kandierter Orangenschale. Am Gaumen druckvoll und dicht, saftig, Rosenwasser, etwas Waldhonig, verhaltene Säure, sehr griffig. Dicht gewoben, endet lang und würzig, schöner Sortentyp. Kraftvoll. 10 Vol.-%, DV, €€

92 2022 Bad Dürkheim Fuchsmantel Riesling trocken
90 2022 Bad Dürkheim Spielberg Chardonnay trocken
90 2022 Bad Dürkheim Sauvignon Blanc trocken
89+ 2022 »RebArena« Bad Dürkheim Riesling trocken
89 2022 Wachenheim Grauer Burgunder trocken
91+ 2018 »Revoluzzer« Cuvée trocken ME/CF/CS
90+ 2021 Pinot Noir trocken

92 ❺ 2022 »Prestige« Chardonnay brut nature
Feine Hefenoten, Brioche, Apfelschale, gelber Apfel, Anisbrötchen, Aprikose. Direkt am Gaumen mit animierender Säure und gutem Zug, unterfüttert von schmelziger Fülle, leicht zitrische und saline Untertöne, beschäftigt den Gaumen genussvoll, mehr als ein Aperitif. 12 Vol.-%, NK, €€

★

WEINGUT AM FÜRSTWEG

Hauptstraße 2, 76831 Heuchelheim-Klingen
T: +49 63 493232, info@weingut-am-fuerstweg.de
weingut-am-fuerstweg.de

Ab-Hof-Verkauf: Ja
Kellermeister: Volker Kuhn
Ansprechpartner: Volker Kuhn
Flaschen/Hektar: 66.700 (60 % weiß, 20 % rot, 15 % Rosé, 5 % Schaumwein)/11 ha

Mitten in der Pfalz, an der südlichen Weinstraße mit mildem Klima und fruchtbaren Böden, liegt das Weingut am Fürstweg, das 2006 von Winzermeister Volker Kuhn übernommen wurde und elf Hektar Weinberge bewirtschaftet. Zum Team zählen seine Frau Ulla und Sohn Leon, der gerade Weinbau studiert. Den Weinen merkt man an, dass hier mit viel Handarbeit und Sorgfalt gearbeitet wird, sie sind gehaltvoll mit voller Struktur und guter Substanz wie der würzige Sauvignon Blanc. Zum Weingut gehört auch ein Gästehaus mit Sonnenterrasse. Ein Neuzugang mit Profil.

89 2022 »Cuvée White« trocken CH/WB
Pfirsich, gelber Apfel, Mandarine, reife Zitronenschale, Bergamotte, etwas Fruchtbonbon. Kompakter Bau am Gaumen mit mittlerer Struktur, reife, stabile Säure, feine zitrische Begleitung, saftig, grüner Apfel, relativ trocken abgestimmt, Aperitif und zum Essen. 12,5 Vol.-%, DV, €

89+ 2022 Heuchelheim Herrenpfad Weißer Burgunder trocken
Helle Blüten, Mandarine, weißer Pfirsich, Pfirsichblüte, helle Mandelcreme, florale Noten, getrocknete Kräuter. Setzt am Gaumen mit reifer, breit fließender Säure breit an, feine Würze, feinsalzig, reife Phenole, mittelgewichtiger Extrakt, harmonisch abgerundet. 13 Vol.-%, DV, €

90 2019 »Cuvée Black« trocken PN/DU/DF
Im Duft Rote und Schwarze Johannisbeere, Sauerkirsche, Hefe. Im Mund mit Augenmaß extrahiertes Tannin, viel Saftigkeit, feiner Nerv und eine natürliche Frucht. Dies ist eine sympathisch abgestimmte Cuvée, in Frankreich würde man sagen: ein Typ »entr' amis«. 13 Vol.-%, DV, €

90+ 2022 Heuchelheim Herrenpfad Gewürztraminer
Duft nach Rosenblatt, Muskatwürze, etwas Litschi und süße Zitrusfrucht. Am Gaumen mit viel Schmelz, feiner Säure und schmelzender Süße, druckvoll, balanciert, Rose dominiert, dazu Mandarine und Papaya, gute Struktur und Länge, schön zu Gebäck. 11 Vol.-%, DV, €

89 2022 Gelber Muskateller trocken

90 2022 Appenhofen Steingebiss Sauvignon Blanc trocken
Intensiver Duft nach Cassis, reifer Passionsfrucht, Stachelbeere, Paprika und Rosenblättern, feine Würze. Auf weichem Hintergrund zeigen sich am Gaumen eine einprägsame Würze und reife Säure, vollmundig, mittlere Struktur, leichte, kräuterige Herbe, anklingende Mineralik. 13 Vol.-%, DV, €

★★

DER GLÜCKSJÄGER

Raiffeisenstraße 5, 67482 Venningen
T: +49 6323 5505, info@derguecksjaeger.de
derglucksjaeger.de

Ab-Hof-Verkauf: nach Vereinbarung
Kellermeister: Andreas Pfaffmann-Wiedemann
Ansprechpartner: Andreas Pfaffmann-Wiedemann
Flaschen/Hektar: 20.000 (70 % weiß, 30 % rot)/4 ha

Auf seinem Vier-Hektar-Weingut verzichtet Andreas Pfaffmann-Wiedemann auf alles Künstliche. Seine alten Reben pflegt er im Weinberg traditionell in Handarbeit, im Keller arbeitet er mit möglichst geringen Eingriffen. Dort setzt er auf Spontanvergärung ohne Hilfsmittel oder Filtration und baut die Weine natürlich nicht in Edelstahl, sondern in Halbstück- und Barriquefässern aus. So gelingen ihm nonkonformistische Weine im besten Sinn, die definitiv nicht für Menschen gemacht sind, die nach Easy Drinking Ausschau halten. Vin Naturel auf hohem Niveau!

92+ 2022 »Reserve« Sauvignon Blanc trocken
Tropische Früchte im Duft, Ananas, Mango, gelbe Stachelbeere, Bananenmus, Vanille, Heu. Am Gaumen Schmelz, lebendige gut integrierte Säure, feine Würze, feine Phenolik, gut ausbalanciert, trinkanimierend, fließt ohne Widerstand die Kehle entlang, schöne Länge. Reifepotenzial.
13 Vol.-%, DIAM, €€€

92 2022 »Reserve« Chardonnay trocken
Braucht Luft, anfangs verschlossener Duft, Anis, Jod, Apfelschale, Apfelmus, Kamille, Kräuterwürze, Butternusskürbis, grüne Walnuss. Am Gaumen cremiger Schmelz, saftige Frucht, feine Phenolik, lebendige Säure gut integriert, mit Kraft dennoch elegant, schöne Länge. 13 Vol.-%, DIAM, €€€

91+ 2022 »Reserve« Riesling trocken
Blumenstrauß im Duft, Jasminblüte, Hyazinthen, Steinobst, Weinbergpfirsich, Aprikosen, Wiesenkräuter, kandierte Orangen, frische Zitronen, Limettenzeste. Am Gaumen umspielt lebendige Säure einen cremigen Fond, feine Phenolik, mineralische Würze, dezent in der Frucht, Zitronen, Grapefruit, Limetten, saftig und trinkanimierend.
12,5 Vol.-%, DIAM, €€€

90+ 2022 Riesling trocken
Vielschichtig im Duft, reifer Apfel, frische Zitronen, weiße Blüten, Jasminblüten, Aprikosen, kandierter Ingwer, Orangenzeste, Wiesenkräuter. Am Gaumen rund, gut ausbalanciert, saftige frische Frucht, Limetten, Weinbergpfirsich, feine Säurestruktur, cremiger Kern, mineralische Würze, Hefenoten, trinkanimierend. 12,5 Vol.-%, DIAM, €€

89 2022 Grüner Veltliner trocken

92 2022 »Fumé« Sauvignon Blanc trocken
Dezent im Duft, traubig, gelbe Stachelbeeren, Birnen, Apfelschale, Mango, Brennnessel, Brioche, Rauch. Am Gaumen spannungsgeladen, mineralische Würze, salzig, dezent pfeffrig, viel Saft, gut integrierte, lebendige Säure umspielt cremigen Kern, feine Phenolik, lange am Gaumen. Bringt jetzt schon Freude, aber auch in ein paar Jahren.
13 Vol.-%, DIAM, €€

★

GRAPE GARAGE 32A

Längelsstraße 32a, 76889 Schweigen-Rechtenbach
T: +49 6342 9227614, info@grapegarage.de
grapegarage.de

Ab-Hof-Verkauf: Ja
Kellermeister: Alexander Grimm
Ansprechpartner: Alexander Grimm
Flaschen/Hektar: 8.000 (85 % weiß, 15 % rot)/2 ha

Alexander Grimm ist gelernter Industriemechaniker. Mit den verbliebenen Parzellen des ehemaligen Weinguts seines Großvaters – insgesamt zwei Hektar – verwirklicht er sich seit 2014 einen Traum: Die Grape Garage 32a. Die Weine entstehen mit »Respekt vor der Natur und einem schonenden Umgang mit ihr«, im Keller erfolgt der Ausbau schonend und ohne Schönung. Dass ihm mit dem Spätburgunder Sonnenberg ein großer Coup gelungen ist, ist freilich alles andere als ein Zufall: Schließlich ist Schweigen das Kalk-Eldorado für große Pinot Noirs. Bitte mehr davon!

90+ 2022 Schweigen Riesling trocken

Gelbes Steinobst, Aprikose und Pfirsich, auch Apfel, im Hintergrund getrocknete Kräuter, nasser Stein. Im Mund trifft eine feinnervige Säure auf Apfel und feine Zitrusnoten, kalkmineralische Noten, die für Spannung sorgen. Elegant und aus einem Guss. 12,5 Vol.-%, DV, €

90 2022 Schweigen Sonnenberg Riesling Kabinett

Wenig Primärfrucht, florale, würzige Noten, warmer Weinberg, steinige Noten, Apfel, Aprikose, etwas Jasmin. Trotz filigraner Struktur mit guter Dichte am Gaumen, süßer Pfirsich, Apfel und etwas Grapefruit, die lebendige Säure führt Regie, zitrisch, mineralisch. 8 Vol.-%, DV, €€

89+ 2022 Grauburgunder trocken

Rauchig, florale, würzige Nase, etwas Heu, Birne, gelbe Pflaume, Quittenschale, Maronen. Am Gaumen mit mittlerer Struktur und Komplexität, saftig, geschmeidig, feine Würze und mineralische Noten, abgerundet durch feine Restsüße, elegant, auch kulinarisch gedacht.
12,5 Vol.-%, DV, €

89+ 2022 Rosé trocken FB/PN

Mittleres Lachsrosa. Verhaltener Duft, feines Pinot-Parfum, mit Himbeere, Erdbeere, und auch Pfirsich. Vollmundig und mit gut dosierter Stoffigkeit am Gaumen, kompakter Bau, saftig, mit klarer, süßer Frucht, Erdbeere und rote Kirsche, ausgewogene Säure, Würze. 12,5 Vol.-%, DV, €

89+ 2022 Gelber Muskateller

93+ 2021 Schweigen Sonnenberg Spätburgunder trocken

Hefig, reduktiv, leichte Holzlaktik, Kirsche, etwas Pflaume und Kalk, würzig. Am Gaumen druckvoll, mit gutem Extrakt, pointierter Säure, dosiert stoffiger Hintergrund, knackiges, feinkörniges Tannin, ausgeprägte Kalkmineralik, lange am Gaumen. Potenzial. Stark. 12,5 Vol.-%, NK, €€

★

WEINGUT HAGENBUCH

Weinstraße 63, 76835 Hainfeld
T: +49 6323 2770, info@weinguthagenbuch.de
weinguthagenbuch.de

Ab-Hof-Verkauf: nach Vereinbarung
Kellermeister: Stefan Hagenbuch
Ansprechpartner: Tobias Hagenbuch
Hektar: 25 ha

Die Weine der beiden Brüder Stefan und Tobias Hagenbuch sind so preisgünstig, dass eigentlich alle sechs verkosteten Weine als Falstaff-Tipp infrage kommen. Am Ende haben wir uns für den Sauvignon Blanc entschieden, der die pralle Frucht der Sorte mit jahrgangstypischer Fülle präsentiert: Liebhaberinnen und Liebhaber der Sorte können in ihren Lieblingsaromen schwelgen. Aber auch alle anderen Weine erfreuen durch die Klarheit ihres aromatischen Ausdrucks und durch eine mit Augenmaß vorgenommene Abrundung, die den Weinen viel Appeal gibt.

89+ 2022 Böchingen Rosenkranz Grauer Burgunder Spätlese trocken

Im Duft: Charentaismelone, Heidelbeere, weißfleischige Nektarine. Der Gaumen ist weich grundiert, hat Schmelz und eine zarte Süße, aber auch eine feinnervige, aromatische Gaumenmitte und einen die Körperkraft bündelnden Abgang. 13,5 Vol.-%, DV, €

89+ 2022 Blanc de Noir Merlot trocken

Eine helle Weißweinfarbe. Im Duft nimmt man Aromen von Cocktailkirsche und Traubenzucker wahr, der Gaumen fließt linear und frisch mit recht lebendigem Säurenerv und dezenter Süße. Eine erfrischend andere Facette des Merlot. 12,5 Vol.-%, DV, €

89+ 2022 Chardonnay trocken

Ein zurückhaltender Duft, etwas Hefe, Popcorn, roter Apfel. Der Gaumen beginnt mit ausgeprägter Geschmeidigkeit, zeigt dann etwas Stoffigkeit und einen kräftigen Säurekern. Der ganze Bau wirkt noch sehr kompakt und kann sich noch zu Vielschichtigkeit entwickeln. 12,5 Vol.-%, DV, €

89+ 2022 Scheurebe

Duft nach süßer Schwarzer Johannisbeere, Orangenabrieb, feine Muskatwürze, eine Spur Blütenhonig, würzig. Am Gaumen mit frischer Säure, präsente, gut integrierte Süße, reife Zitrusfrucht, Mango, Holundersaft, schöne Dichte, gute Länge, zu pikanten Speisen. 11 Vol.-%, DV, €

89 2022 Weißburgunder trocken

90 2022 Sauvignon Blanc trocken

Der Wein zeigt tropische Aromen im Duft, Mango, rote Stachelbeere, Pfirsich. Der Gaumen ist rund und hat eine schöne, fruchtgetragene Fülle, reife Säure und eine Prise Salzigkeit im Abgang. Ein attraktiver Sauvignon mit Charme, ein Wonneproppen. 12 Vol.-%, DV, €

★

WEINHAUS FRANZ HAHN

Kirchstraße 16, 76857 Albersweiler
T: +49 6345 3421, info@weinhaus-franzhahn.de
weinhaus-franzhahn.de

Ab-Hof-Verkauf: Mo bis Fr 7.30–17 Uhr
Kellermeister: Martin Hochdörffer
Ansprechpartner: Martin Hochdörffer
Flaschen/Hektar: 400.000 (60 % weiß, 40 % rot)

Die Bezeichnung »Weinhaus« im Namen des Betriebs ist Programm: Martin Hochdörffer bewirtschaftet keine eigenen Weinberge, sondern er kauft Trauben von Bekannten und Verwandten. Schließlich sind wir in der Pfalz, und es gibt in jedem Freundeskreis und in jeder Familie mindestens einen, meist mehrere Winzer. Hochdörffer möchte sich auf das konzentrieren, was er am besten kann: Wein machen. Und das Konzept geht auf, wie die aktuellen Weine beweisen, von der saftigen trockenen Riesling-Spätlese mit ihrem klirrenden Süße-Säure-Spiel bis zum exzellent extrahierten Spätburgunder.

90 2021 Riesling Spätlese trocken
Zitronengelb in der Farbe. Im Duft zeigen sich erste karamellartige Reifenoten, aber auch Noten von Guave und Pomelo. Im Mund dominiert ein erfrischender Säurezug, gewürzt von einer Prise feiner Phenole und einer nahtlos integrierten Süße. Ein saftiger, fast kabinettartig spielender Bau.
13 Vol.-%, DV, €

90 2021 Chardonnay Spätlese trocken
Ein recht vielschichtiges Duftbild: etwas Flachs, Strohblumen, buttrige Töne, gebratene Polenta. Eine feste Phenolik hält den Gaumen unter Spannung, unterstützt von lebendiger Säure. Durch deren Strahlkraft integriert der schlanke, gebündelte Bau die vorhandene Restsüße ohne Mühe.
12,5 Vol.-%, DV, €

89+ 2021 Weißburgunder Spätlese trocken
Der Duft verbindet buttrige mit floralen Noten. Im Mund zeigt sich ein eleganter, leichter Wein mit lebendigem Säurenerv und guter Stoffigkeit im Rahmen eines mittelgewichtigen Baus. Hat eine geradlinige, frische, kulinarische Anmutung. 12,5 Vol.-%, DV, €

89+ 2020 »Linemops« Cuvée trocken CS/ME/SY
Rauchige Töne, Haselnuss, etwas Pflaume und schwarzer Pfeffer. Auch Holunder. Der Gaumen verbindet feinkörnigen Gerbstoffdruck mit lebendigem Säurenerv und einiger Süße. Die Gaumenfrucht ist präsent und weitgehend reif, der Abgang lässt eine cremige Abrundung aufblitzen.
13 Vol.-%, DV, €

88+ 2022 Rosé trocken SY/CS/ME

90+ 2020 Spätburgunder Spätlese trocken
Sauerkirsche im Duft, ein Hauch Anis, Minze. Der Gaumen zeigt sich fleischig-stoffig mit passender Säurebegleitung, das Tannin ist reif und strahlt Kraft aus, hat eine gutmütige Körnigkeit und ist von ausreichend Gaumenfrucht begleitet, um nicht isoliert zu stehen. 13 Vol.-%, DV, €

★★★

WEINGUT HAMMEL

Weinstraße Süd 4, 67281 Kirchheim
T: +49 6359 86401, info@weinhammel.de
weinhammel.de

Ab-Hof-Verkauf: Mo bis Fr 8–18.30, Sa 9–18, So 13–16 Uhr
Kellermeister: M. Nordhorn, T. Rothenberger, Ph. Merk
Ansprechpartner: Ch. Hammel, M. Nordhorn, A. Lorenz
Flaschen/Hektar: 1.066.700 (45 % weiß, 20 % rot, 30 % Rosé, 2 % süß, 3 % Schaumwein)/45 ha

Tradition wird im Jahr 1723 in Kirchheim an der Weinstraße gegründeten Weingut großgeschrieben – und gleichzeitig die Macht der Innovation nicht vernachlässigt. Eine sehr gute Kombination! Christoph Hammel leitet als Vertreter der zehnten Generation den ambitionierten Betrieb, zu dem auch ein Pferdehof gehört, weshalb die Weinberge mit selbst kompostiertem Kompost aus Trestern und Pferdemist gedüngt werden – vorbildlich. Die Weine des Charakterkopfs sind voller Schmelz und vermitteln große Trinkfreude, das gilt für die Weißen ebenso wie für die Roten.

91 2022 Dirmsteiner Mandelpfad Riesling
Feiner Duft nach reifer Zitrusfrucht, Mandarine, Grapefruit, etwas Papaya, dahinter feine Mineralik. Am Gaumen mit frischer, zupackender Säure, direkt, etwas exotische Frucht, Birne, balanciert und trocken, mineralisch grundiert, gute Struktur und Länge. 13 Vol.-%, DV, €€

91 2022 »Retter & Hammel 2 Herzen« Grüner Veltliner trocken
Frischer Duft nach Zitrusfrüchten, etwas Birne, Kräuterwürze und zartem Pfeffer, apart und appetitlich. Am Gaumen zupackend und frisch, klare helle Frucht, lebendige Säure, erfrischend und direkt, feine Phenolik, konsequent trocken, mittlere Länge. 13 Vol.-%, DV, €€

91 2022 »Vom Steinacker« Kirchheim Steinacker Chardonnay trocken
Duft nach rotem Apfel, etwas Birne und einer Spur Rauch, dazu kommen Haselnuss sowie Kräuterwürze. Am Gaumen dann erneut Birne, eine Spur Vanille, reife helle Früchte zeigen sich, feine Säure, balanciert-frischer Chardonnay, prima zum Essen. 13 Vol.-%, DV, €€

90+ 2022 »Vom Goldberg« Bissersheim Goldberg Sauvignon Blanc trocken
Duft nach reifer Zitrusfrucht, Mandarine, reife Schwarze Johannisbeere, voll und satt, ein Hauch Mineralik. Am Gaumen mit lebendiger Säure, druckvoll, reife Zitrusfrüchte, feine Mineralik, schöner Schmelz, vollmundiger Sauvignon Blanc mit guter Länge. 12,5 Vol.-%, DV, €€

90+ 2022 »Weegmüller & Hammel 2 Herzen« Scheurebe trocken
90 2022 »Tag am Meer« Sauvignon Blanc trocken
90 2022 »Jubiläumscuvée« trocken RR/GS/GV/GM/TR
89+ 2022 »Fumé« Gewürztraminer trocken
89+ 2022 »Tage wie diese« Riesling trocken
89+ 2022 »Von der Senn« Kleinkarlbach Senn Rosé trocken PN/CS
89+ 2019 »Tonneau« Portugieser trocken

91 2020 »Vom Mandelpfad« Dirmstein Mandelpfad Cabernet Sauvignon tr.
Duft nach reifer Schwarzer Johannisbeere, Schwarzkirsche, dazu feine Würze mit Zimt und Nelke, Brombeere. Am Gaumen mit reifen, schön eingebundenen Gerbstoffen, feiner Säurefaden, erneut rote Früchte, schöne Würze, gute Struktur und Länge, toll zum Steak. 14,5 Vol.-%, DV, €€

★★★

WEINGUT HANEWALD-SCHWERDT

Pochelstraße 37, 67098 Bad Dürkheim
T: +49 6322 63206, info@hanewald-schwerdt.de
hanewald-schwerdt.de

Ab-Hof-Verkauf: Mo bis Fr 9–12 Uhr und 13–18 Uhr, Sa 9–17 Uhr und nach Vereinbarung
Kellermeister: Thomas Hanewald & Stephan Schwerdt
Ansprechpartner: Stephan Schwerdt
Hektar: 27 ha
Anbauweise: in Umstellung

Die Cousins Thomas Hanewald und Stephan Schwerdt haben das Bad Dürkheimer Familienweingut in der letzten Dekade immer weiter nach vorn gebracht: Unter den eigenständigen, charaktervollen Weinen, die sie erzeugen, fallen die Rieslinge durch ihre Eleganz auf. Wunderbar nuanciert und transparent ist etwa der »Ruppertsberger Reiterpfad«, der im Kontext der Mittelhaardt zudem ein preiswerter Kauf ist. Die Roten zielen eher auf die Kraft: auf sehr überzeugende Weise beim Cabernet Sauvignon, kalkmineralisch beim »Kalkriff«, ausladend stoffig beim »Kalkofen«.

91 2021 »Alte Reben« Bad Dürkheim Weißburgunder 2021 trocken
Blumig im Duft, Hyazinthe, auch Mandarine, getrocknete Orangenschale. Im Mund hat der Wein einen ausgewogenen Bau, ist im Alkohol mittelgewichtig, im Extrakt kräftig, mit einem lebendigen Säurerückgrat, das den Wein zur Speisenbegleitung prädestiniert. Sehr dezentes Holz.
13 Vol.-%, DV, €€€

92+ 2015 »Zweihänder« Cuvée trocken CS/ME
Etwas Holz und eine pikante Frucht von Trockenfleisch, Pflaume, Tomatenmark und gequetschter Chilischote. Der Gaumen ist dicht mit körnigem Gerbstoff besetzt, Alkohol und Säure sind gut integriert, der Wein hat noch viele Jahre vor sich. 14 Vol.-%, NK, €€€

92 2019 »Kalkriff« Spätburgunder trocken
Etwas Holz: Kokosraspel. Süßkirsche, Himbeere. Im Mund hat der Wein einen fleischigen, festen, beginnend reif werdenden Gerbstoff, die taktile Wahrnehmung signalisiert deutlich kalkmineralische Komponenten. Im noch kompakten Abgang kommen Tabakaromen auf. 13,5 Vol.-%, NK, €€

91+ 2020 Leistadt Kalkofen Spätburgunder trocken
Ganz leicht gereifte Farbe an den Rändern. Im Duft Kakao und Kaffee, kandierte Kirsche, Rote Johannisbeere, Malz. Im Mund setzt der Wein geschmeidig an, fast ölig, die Gerbstoffe haben ein trockenes Korn und liegen in mittelhoher Menge vor, der Abgang wirkt noch sehr kompakt.
13,5 Vol.-%, NK, €€€

90 2020 Bad Dürkheim Hochbenn Riesling trocken

91+ 2021 Ruppertsberg Reiterpfad Riesling trocken
Komplex im Duft, leicht floral, Apfelblüte, weißer Pfirsich, Zitrone. Die Gaumenstruktur hat Delikatesse, ohne der Saftigkeit zu ermangeln. Eine zarte Schicht Phenole grundiert den Bau, die Säure ist frisch und pikant, hält lange an, ist aber auch nahtlos integriert. Fein! 13 Vol.-%, DV, €€

★

WEINGUT HELLMER

Meckenheimer Straße 1, 67435 Neustadt/Weinstraße
T: +49 6321 66027, info@weingut-hellmer.de
hellmer-wein.de

Ab-Hof-Verkauf: Ja
Kellermeister: Tim Hellmer
Ansprechpartner: Tim Ortlieb
Flaschen/Hektar: 106.700 (65 % weiß, 30 % rot, 10 % Rosé)/10 ha
Anbauweise: in Umstellung

Im Weingut Hellmer hat 2020 der Generationswechsel begonnen, seitdem ist Tim Hellmer für den Keller verantwortlich. Sein Fokus liegt auf Rieslingen und Burgundern, die Spitzenweine werden im Holz ausgebaut. Das Weingut verfügt über Weinberge in Top-Lagen wie dem Königsbacher Ölberg und Idig, dem Ruppertsberger Nußbien oder der Mußbacher Eselshaut. Seit 2022 wird die Rebfläche auf biologischen Weinbau umgestellt. Zum Weingut gehört auch das Restaurant »Elwetritsche Stubb«, bei den Hellmers weiß man eben, worauf es ankommt. Da ist der zweite Stern nicht weit entfernt.

91 2021 »Réserve« Mußbach Kurfürst Chardonnay trocken

Feine Holzwürze und Rauch verbinden sich mit Ananas und Melone, auch Aprikose, keine überbordende Aromatik. Kräftiger Bau am Gaumen mit guter Substanz und klar definierter Muskulatur, zeigt Fülle, aber auch Spannung, etwas grüne Walnuss, mineralische Grundierung. 13 Vol.-%, NK, €€

91 2021 Ruppertsberg Nußbien Riesling trocken

Noch vom Holzausbau bestimmt, würzig und rauchig, feiner Weihrauch, dazu gelbfruchtige Anklänge. Am Gaumen straff und fest gebaut mit eingewobenen Gerbstoffen und Phenolen, eher weiche, saftige Säure, etwas süße Aprikose und Ananas. Würzig ausklingend. Potenzial. 12,5 Vol.-%, NK, €€

89 2020 Mußbach Eselshaut Pinot Noir trocken

Duft nach Schwarzkirsche, Brombeere und Rauch, etwas Schlehe und Thymian. Am Gaumen mit zupackenden Gerbstoffen und lebendiger Säure, erneut Kirsche, dazu Holunderbeere und etwas Milchschokolade, sehr direkt im Ausdruck, griffig, gut als Speisenbegleiter. 13 Vol.-%, NK, €€

90 2022 Königsbach Riesling Kabinett

Duft nach Pfirsichkompott und reifer Aprikose, dazu viel Kräuterwürze, nach Belüftung Limonenabrieb. Am Gaumen viel Saft und Schmelz, feines Süße-Säure-Spiel, reife Zitrusfrucht, dazu Maracuja, sehr zugänglich und trinkig, Kabinett, der Freude macht. 8,5 Vol.-%, DV, €

89 2022 Grauburgunder trocken

90 2022 Mußbach Weißburgunder & Chardonnay trocken WB/CH

Klare und auch präzise Aromatik mit gelben Blüten, Apfel und frischer Ananas, feine Holzwürze, auch etwas Minze. Am Gaumen mit klar gefasster Kontur, recht lebendige Säure und wieder reife gelbe Frucht, feine Gerbstoffe, würzig, betont trocken, interessant. 12,5 Vol.-%, DV, €

★

WEINGUT HOLZ-WEISBRODT

Leistadter Straße 25, 67273 Weisenheim am Berg
T: +49 6353 93610, info@holz-weisbrodt.de
holz-weisbrodt.de

Ab-Hof-Verkauf: Vinothek Artrium So 11 bis 19 Uhr
Kellermeister: Sebastian Weisbrodt
Ansprechpartner: Sebastian Weisbrodt
Hektar: 90 ha

Auf stattlichen 90 Hektar Weinbergen baut das Weingut Holz-Weisbrodt Reben an, es wird in vierter Generation von den Brüdern Christian und Sebastian Weisbrodt geleitet. Die enge Verbindung von Wein und Gastlichkeit war schon immer das Fundament des Guts, das heute ein »Genussort für alle Sinne« sein möchte. Neben dem Stammhaus in Weisenheim am Berg stehen die Vinothek »Atrium« und die »Secco-Hütte«, wo hauseigene Weine wie der kräftige, mineralische Riesling »Vadder«, der pfefferig-würzige, großzügige Syrah oder der rare Goldmuskateller ausgeschenkt werden.

90 2020 »Vadder« Freinsheim Musikantenbuckel Riesling trocken
Mittleres bis kräftiges Goldgelb, Reife und Holzwürze, kandierter Pfirsich, Aprikosenpüree, Dotterblume, Anisbrötchen. Kräftige, klar gefasste Struktur, saftig, würzig, mit gutem Extrakt und auch Mineralik, tragende Säure, die Restsüße fügt sich ein, intensiv. 13 Vol.-%, NK, €€

88+ 2021 »Cuvée Pinopina« trocken CH/WB
Das satte Gelb lässt auf sehr reifes Lesegut schließen, kandierte Ananas, Honigmelone, Banane, nussige Aromen. Auch der Gaumen ist trotz einer relativ schlanken Struktur von Reife geprägt, ausgewogene Säure, intensive Würze, merkliche Restsüße. Wonneproppen. 12,5 Vol.-%, DV, €

91 2019 Weisenheim Vogelsang Syrah trocken
Würzig, tief in der Aromatik, reife Brombeeren, reife Himbeeren, pfefferig, auch Vanille und Holzwürze. Opulent und großzügig am Gaumen, breit angelegte Struktur, weicher Fond, schöne, pfeffrige Würze, trocken, leicht süßlicher Extrakt, gute Spannung und Länge. 14,5 Vol.-%, NK, €€

89+ 2020 Cabernet Sauvignon trocken
Cassis, merkliche Holzwürze, Rauch, nasser Waldboden, Schwarzkirsche, gerösteter Paprika, geröstete Kaffeebohnen. Am Gaumen zugänglich und bei aller Kraft auch geschmeidig und weich, mit süßlichem Extrakt, reifer Gerbstoff, feine Würze, ausgewogen abgestimmt.
14 Vol.-%, NK, €€

88+ 2022 Chardonnay trocken

89+ 2022 Goldmuskateller trocken
Goldgelb, duftet nach reifer Mango, Schwarzer Johannisbeere, Litschi, Honigmelone und Rosenblättern. Vollmundig, saftig und auch würzig mit etwas Muskatnuss, saftig, süß in angenehmer Dosierung, die Säure regelt die Verhältnisse, Süße und Säure verstehen sich. 12 Vol.-%, DV, €

★★

WEINGUT SCHLOSS JANSON

Schlossweg 8, 67278 Bockenheim an der Weinstraße
T: +49 6359 4148, info@schloss-janson.de
schloss-janson.de

Ab-Hof-Verkauf: Mo & Di 8–12, Mi bis Fr 8–17, Sa 10–17 Uhr
Kellermeister: Kurt Janson
Ansprechpartner: Kurt Janson
Flaschen/Hektar: 133.300 (60 % weiß, 20 % rot, 19 % Rosé, 1 % Schaumwein)/25 ha
Anbauweise: in Umstellung

Kurt Janson hat ein Händchen dafür, experimentelle Motive so einzusetzen, dass das Ergebnis auch konventionell ausgerichtete Weintrinker nicht vor den Kopf stößt. Beispielhaft ist der Auxerrois, der mit Vin-Nature-Stilelementen spielt, dabei aber nicht den würzigen Sortentyp verwischt. Leichter verständliche Kost ist der blitzsaubere Blanc de Noir vom Cabernet Sauvignon. Der helle, leichte Bockenheim Spätburgunder wiederum ist so retro, dass es schon wieder modern ist. Und der salzige Weißburgunder hat uns letztlich überzeugt: Hier ist der zweite Stern angebracht.

91 2021 »aus dem Vogelsang« Bockenheim Weißburgunder trocken
Anfangs ein verschlossener, hefiger Duft. Mit sehr viel Luftzufuhr kommen Aromen von Wiesenkräutern und weißen Blüten auf, auch etwas Apfel und Birne und Spontangärungsnoten. Im Mund imponiert eine starke Salzigkeit bei seidigem Fluss, mittlerer Dichte und elegantem Säurespiel. 11 Vol.-%, DV, €€

90 2022 Bockenheim Chardonnay trocken
Im Duft nimmt man Aromen wie Hagebutte und salziges Popcorn wahr, dazu einen Anflug von Holz. Im Mund erweist sich der Wein als jugendlich-spannungsvoll, eine saftige Säure und forsche, leicht adstringierende Phenole geben dem Wein Lebendigkeit und Potenzial. 12,5 Vol.-%, DV, €

89+ 2022 Bockenheim Blanc de Noir Cabernet Sauvignon trocken
Strohgelb in der Farbe mit einer Ahnung von rötlichen Nuancen. Der Duft (Minze und Rote Johannisbeere) ist erfreulich klar. Der Gaumen flankiert eine knackige Hallo-wach-Säure mit dezenter Süße, bei leichtem Alkoholgehalt und mittlerem Extrakt endet er frisch und pointiert. 12 Vol.-%, DV, €

90+ 2021 Bockenheim Spätburgunder trocken
Eine vergleichsweise helle, aber eben auch typische Spätburgunderfarbe. Duftig: Süßmandel, Minze, rote Beeren, Wacholder. Der Gaumen hat eine saftige Anlage mit feinkörnigem Tannin in mitteltiefer Menge. Der Wein mutet leicht und elegant an, hat aber durchaus Substanz. 13 Vol.-%, DV, €€

89+ 2021 »aus der Klosterschaffnerei« Bockenheim Silvaner trocken

90+ 2022 Bockenheim Auxerrois trocken
Eine Vin-Nature-Nase, Birnenkompott, Spontangärungsaromen, süße Blüten. Im Mund hat der Wein Saftigkeit und eine lebendige Säure, mehlige Phenole geben dem Bau Griffigkeit und Länge, der Wein klingt aromatisch und mit guter Länge ab. 12 Vol.-%, DV, €

★

WEINGUT JOHLER

Heustraße 159, 67363 Lustadt
T: +49 170 4968441, info@wein-johler.de
wein-johler.de

Ab-Hof-Verkauf: nach Vereinbarung
Kellermeister: Patrick Johler
Ansprechpartner: Patrick und Gerd Johler
Hektar: 16 ha

Vater und Sohn Johler bilden ein gutes Gespann: Während sich Gerd Johler um die Bewirtschaftung der Weinberge kümmert, folgt Patrick Johler seiner Leidenschaft für den Ausbau der Weine. Und weil die beiden Fruchtigkeit mit dem rechten Grad Säure und Restsüße schätzen, kommen aus dem Keller Weine, die sich eher auf der süßen Seite des Spektrums bewegen, dabei aber gut balanciert sind. Das Sortiment zeichnet sich durch nonchalante Vielfalt aus und reicht vom trockenen Dornfelder über halbtrockenen Müller-Thurgau bis zum Perlwein »Bella ciao«.

89+ 2022 Grauburgunder trocken
Der Grauburgunder verspricht in der Nase einiges. Da riecht man zunächst Quittenfrucht, reife Birne, Walnuss und vollreife Aprikose. Das Volumen am Gaumen ist bemerkenswert bei guter Textur, die auch noch ausgesprochen frisch flankiert wird. Mittelkräftiges Finish. 12 Vol.-%, DV, €

88 2022 Blanc de Noir feinherb
Schon die Farbe zeigt, dass hier rote Trauben weiß gekeltert wurden. Zart duftet die reife Hagebutte aus dem Glas mit etwas Himbeerfrucht. Etwas restsüß zunächst der Eindruck am Gaumen, wobei die Süße daneben auch an beerige Aromen denken lässt. 12 Vol.-%, DV, €

88+ NV Cabernet Sauvignon Rosé
Interessant der Duft, der etwas nach schwarzem Tee und getrockneten Wildkräutern riecht. Hinzu gesellen sich am Gaumen Aromen, die an Blätter der Schwarzen Johannisbeere und und an Gelee von weiteren Beerenfrüchten denken lassen. Ein Wein für Liebhaber der lieblich-süßen Fraktion. 9 Vol.-%, DV, €

89 2021 Dornfelder trocken
Deutlichst dominieren bei diesem Dornfelder dunkle Beerenfrüchte, wie etwa Brombeeren, Pflaumen und getrocknete Feigen. Herb-fruchtig der Auftritt im Mund bei sehr guter Substanz. Im Geschmack gesellen sich neben der Frucht auch Pfeffer und Lorbeerblatt dazu. Insgesamt vielschichtig und lang. 12,5 Vol.-%, DV, €

88 2022 Portugieser Rosé halbtrocken

89 2022 Riesling feinherb
Dezente, angenehm duftende Rieslingaromen strömen aus dem Glas. Neben Apfel- und Grapefruit lassen sich auch frische Kräuter riechen. Der Gaumen schmeckt zunächst etwas nach Honig bei perfekt eingebundener Süße und Säure. Insgesamt ein schönes Gerüst. Mittelkräftig das Finale. 10,5 Vol.-%, DV, €

★★★★

WEINGUT JÜLG

Hauptstraße 1, 76889 Schweigen-Rechtenbach
T: +49 6342 919090, info@weingut-juelg.de
weingut-juelg.de

Ab-Hof-Verkauf: Mo bis Fr 10–12 & 13–17 Uhr, Sa 10–15 Uhr
Kellermeister: Johannes Jülg und Sören Söllner
Ansprechpartner: Werner und Johannes Jülg
Flaschen/Hektar: 200.000 (65 % weiß, 35 % rot)/23 ha
Anbauweise: in Umstellung

Ein paar Jahre lang arbeitete Johannes Jülg im Windschatten der renommierten Schweigener Weingüter Fritz Becker und Gert Bernhart an seinem Weinideal. Der Rolle des hoch talentierten Zauberlehrlings ist er längst entwachsen, der ehrgeizige VDP-Winzer setzt nun selbst Maßstäbe als versierter Grenzgänger zwischen Pfälzer und burgundischen Stilelementen. Mit den nicht ganz einfachen Jahren 2021 und 2022 ist er bravourös zurechtgekommen. Im Herbst 2023 soll ein Kelleranbau eingeweiht werden, Johannes Jülg hat noch einiges vor: Und wir sind gerne dabei.

94 2022 Schweigen Sonnenberg Weißburgunder GG

Komplex, mineralisch, raffinierter Holzeinsatz, Walnuss, Sellerie, etwas Senfmehl, leise mitschwingende Blütigkeit. Am Gaumen kommt der Ausbau stärker zum Tragen, salzige Pikanz, reife Extraktsüße, auf seidigem Fond, delikate Würze, kalkige Mineralik, lang, raffiniert. 13 Vol.-%, NK, €€€

93 2022 »Opus-Oskar« Chardonnay trocken

Feine Holzwürze im Duft, leicht balsamisch. Gelbfruchtige Noten. Im Mund ist der Wein sehr konzentriert, hinter dem kräftigen Säurestrang zeigen sich Extraktsüße, eine gewisse Salzigkeit und Noten von Austernschale. Wirkt trotz der Dichte nie beschwerlich. 13 Vol.-%, NK, €€€€

95 2021 »KB« Schweigen Sonnenberg Spätburgunder GG

Im Vergleich zum »WB« deutlich balsamischer in der Nase. Der »KB« besticht mit spürbarer Tiefe und einer Art burgundischer Edelmürbe. Am Gaumen setzt sich das konsequent fort: Gleichzeitig extrem ausgewogen, fein, hochelegant und dennoch mit salziger Spannung. Groß! 13 Vol.-%, NK, €€€€

94 2021 »WB« Sonnenberg Spätburgunder tr.

In der Nase Holunder, sowohl rote als auch schwarze Beeren und etwas Wacholder, würzige Note. Am Gaumen beeindruckt der recht hellfarbige Wein mit Pfeffer und Gewürznelke, dicht gewirkt, fast kühl, griffige Gerbstoffe. Großes Harmonisierungs- und Reifepotenzial. 13 Vol.-%, NK, €€€

92 2022 Rechtenbach Pfarrwingert Weißburgunder Erste Lage trocken

93+ 2022 Rechtenbach Pfarrwingert Chardonnay trocken

Leicht rauchig in der Nase, Zitronenschale, Sellerie, recht fest gefügt. Am Gaumen mit hoher Ausgewogenheit zwischen der Pikanz flächiger Säure und der durchaus dichten Textur. Elegant, präzise und mit etwas mehr Pep als der Weißburgunder in diesem heißen Jahr. 13 Vol.-%, NK, €€€

★★

WINZERGENOSSENSCHAFT KALLSTADT

Weinstraße 126, 67169 Kallstadt
T: +49 6322 97 97 97, info@wg-kallstadt.de
wg-kallstadt.de

Ab-Hof-Verkauf: Mo bis Fr 8–18 Uhr, Sa 9–18 Uhr, So 10–18 Uhr
Kellermeister: Joachim Janß-Schaad
Ansprechpartner: Joachim Janß-Schaad
Flaschen/Hektar: 1.733.300 (54 % weiß, 30 % rot, 10 % Rosé, 1 % süß, 5 % Schaumwein)/250 ha

War uns die Kallstadter Kooperative schon länger als eine Quelle solider Saumagen-Rieslinge bekannt, so punktet die Genossenschaft dieses Jahr mit den Rotweinen: Dabei möchten wir den Syrah hervorheben, der für etwas mehr als einen Zehner pro Flasche die ganze Würze und die wilde Stoffigkeit dieser Rhônesorte ins Glas bringt – und ein Reifepotenzial, das man sonst eher bei Weinen findet, die das Dreifache kosten. Über solch einer Leistung ist zu verschmerzen, dass manche Weißweine in 2022 etwas süßer wirken als sonst. In Summe: Alle Achtung!

90+ 2020 »Edition« Kallstadt Saumagen Riesling Spätlese trocken
Die zitronengelbe Farbe zeigt erste Reife an, der Duft wartet mit Noten von Mirabelle und gelbem Pfirsich sowie mit einem balsamischen Unterton auf. Im Mund hat der Wein Fülle und Süße, aber auch Kern – und stoffige Reserven für weitere Flaschenreife. 13 Vol.-%, DV, €€

89+ 2022 Kallstadt Kobnert Grauburgunder tr.
Ein reichhaltiger Duft, der Honignoten und Beerentöne miteinander verbindet. Im Mund hat der Wein eine zarte Phenolik, die die Süße des Körpers gut balanciert. Ein abgerundeter Grauburgunder, der die aromatische Fülle schön ins Szene setzt und dabei im Alkohol moderat bleibt. 12,5 Vol.-%, DV, €

89+ 2022 Kallstadt Kobnert Chardonnay Spätlese trocken
Im Duft zeigen sich Sortenaromen wie Flachs, Heu, Popcorn. Auch ein würziger, fast muskatartiger Unterton ist da. Im Mund zeigt sich ein kraftvoller Wein mit straffer Säure und präsenter Süße als Gegengewicht, eine Prise Kalkmineralik würzt den Bau. 12,5 Vol.-%, DV, €

90+ 2019 »Adonis« Cuvée trocken CU/CS/CD/DU
Ein undurchdringliches Dunkelrubin in der Farbe. Bitterschokolade im Duft, Thymian, Beifuß und Brombeere. Im Mund zeigt sich ein fleischiger Gerbstoff, kräftig in der Menge, reif in der Qualität, kalkmineralisch begleitet. Ein stoffiger Roter für drei bis fünf Jahre Reife. 13 Vol.-%, DV, €

89 2022 Kallstadt Kobnert Weißburgunder trocken
88+ 2022 Kallstadt Kobnert Blanc de Noir Spätburgunder trocken
89+ 2022 »Sommerliebe« Dornfelder Rosé
88 2021 Kallstadt Kobnert Spätburgunder Rosé Spätlese
88 2020 Kallstadt Kobnert Regent trocken
89+ 2021 Kallstadt Kobnert Riesling Spätlese
88+ 2021 Kallstadt Kobnert Muskateller

91 2020 »Edition« Kallstadt Kobnert Syrah trocken
Eine Mandelnote und auch Aromen vom Ausbau im großen Holzfass. Weißer Pfeffer. Menthol und Eukalyptus. Pflaume. Recht komplex! Am Gaumen zeigt sich die Sorte von ihrer sehnigen Seite, straffes Tannin, lebendige Säure und Saftigkeit geben Drive. Hat Reifepotenzial. 14 Vol.-%, NK, €€

★★

WEINGUT KASSNER-SIMON

Am Musikantenbuckel 7, 67251 Freinsheim
T: +49 6353 989320, info@kassner-simon.de
kassner-simon.de

Ab-Hof-Verkauf: Mo bis Sa 14–18 Uhr, So 10–12 Uhr und nach tel. Vereinbarung
Kellermeister: Thomas Simon
Ansprechpartner: Thomas Simon
Flaschen/Hektar: 133.300 (70 % weiß, 10 % rot, 10 % Rosé, 1 % süß, 9 % Schaumwein)/21 ha

Sehr erfreulich, was Thomas Simon uns vorgestellt hat – die Rieslinge haben noch selten in solcher Eleganz erstrahlt. Da passt alles zusammen und wirkt aus einem Guss mit einem Drall zur Trinkfreude beim »Oschelskopf«, der unser Falstaff-Tipp ist, und in einem etwas getrageneren, auf die Flaschenreife zielenden Stil bei der Variante aus der Lage »auf dem vorderen Groß«. Auch dem Sauvignon ist die in Weinberg und Keller klug operierende Hand anzuschmecken. Die Rotweine schaffen eine gute Balance aus Frucht und Gerbstoff – ein Vergnügen, das Niveau besitzt!

92 2021 Freinsheim Auf dem vorderen Groß Riesling Spätlese trocken
Pfirsich und Aprikose im Duft, Minze, dazu kommen flintige, nachgerade jodige Aromen, Safran. Im Mund hat der Wein eine feine phenolische Textur, eine gute Weite sowie eine reife, aber gut tragende Säure. Die Proportionen sind sehr gelungen und die Länge ist hervorragend. 13 Vol.-%, NK, €€

91 2022 »Fumé« Sauvignon Blanc trocken
Ein reifer, intensiver Spätleseduft, Marajuca, rote Stachelbeere, reife Kiwi. Der Gaumen beginnt geschmeidig, entfaltet dann eine herzhafte Säure und leitet dann über in einen Abgang mit konzentrierter Frucht und einen delikat eingesetzten Anflug von Fassholz. 14,5 Vol.-%, DV, €€

91+ 2020 »Kostbar« Cuvée trocken ME/CF/CS
Den Duft dominieren Noten von würzigem Holz und Bitterschokolade, dann kommen auch Noten von Kräuterbitter, Thymian und Blaubeere auf. Im Mund hat der Wein viel Saftigkeit, feinkörniges Tannin und eine strahlende Gaumenfrucht. Ein Roter, der Frucht und Struktur verbindet.
14 Vol.-%, NK, €€

90+ 2020 Freinsheim Im Tal Spätburgunder tr.
Das Holz zeigt sich mit Noten von Milchschokolade, Zimt und Gewürznelke, dazu kommen Aromen von Süßkirsche und Pflaume. Der Gaumen ist von drahtiger Eleganz, saftig, mit feinkörnigem Tannin und schlankmachendem Säurenerv. Zuletzt eine gute Länge mit mineralischen Untertönen.
13,5 Vol.-%, NK, €€

89+ 2022 Chardonnay & Weißburgunder trocken CH/WB

91 2022 Freinsheim Oschelskopf Riesling trocken
Ein fruchtgetragener Duft: Orangenkonfitüre, Mirabellenkonfitüre, etwas schwarzer Pfeffer. Am Gaumen hat der Wein eine lebendige, saftige Säure, die gut zum eleganten, mittelgewichtigen Körper und zur dezent eingesetzten Restsüße passt. Ein eleganter Lagenwein.
12,5 Vol.-%, DV, €€

★★★

WEIN & SEKTHAUS ALOIS KIEFER

Mühlstraße 2, 67487 Sankt Martin
T: +49 6323 2099, weinundsekthaus@aloiskiefer.de
aloisiushof.de

Ab-Hof-Verkauf: täglich 10–17 Uhr
Kellermeister: Philipp Kiefer
Ansprechpartner: Philipp Kiefer
Flaschen/Hektar: 200.000 (50 % weiß, 20 % rot, 10 % Rosé, 5 % süß, 15 % Schaumwein)/20 ha

Vor gut zehn Jahren nahm Familie Kiefer über dem Dorf Sankt Martin zwei historische, verwilderte Lagen in ihre Obhut: Aus einem alten Weinberg mit wurzelechten Rieslingstöcken wurden Reiser geschnitten, mit denen ein Teil der von Grund auf rekultivierten und mit Querterrassen versehenen Neuanlage bestockt wurde. Aus diesem Weinberg verkosteten wir einen Spätburgunder mit straffem, in die Zukunft gedachtem Gerbstoff. Der Merlot aus der Lage Baron kombiniert Fülle mit Frische, den markanten Riesling aus dem Guckucksberg sehen wir als Speisenbegleiter.

90 ⓢ 2018 »Prestige« St. Martin Riesling extra brut

Rauchige Nase, leicht Feuerstein, etwas Petrol, nicht fruchtig. Am Gaumen sorgt das eindrucksvolle Mousseux für einen positiven Effekt, die Säure ist saftig und frisch, das Mundgefühl kühl und aromatisch, der Nachhall lange anhaltend. Gute Begleitung zum Essen! 12 Vol.-%, NK, €€

91 2021 St. Martin Am Guckuckberg Riesling trocken

In der Nase Aromen von Sternfrucht, Kiwi, Limettenschale und ein paar mediterrane Kräuter. Am Gaumen wirkt der Wein sehr ausbalanciert, leichte Noten von Karamell, eine zurückhaltende, gut integrierte Säure mit einem kraftvollen Körper. Eher ein Speisenbegleiter. 13 Vol.-%, NK, €€€

91+ 2019 »Réserve« St. Martin Baron Merlot trocken

Reife dunkle Beeren, etwas Kräuterwürze, Salbei und Thymian, Bitterschokolade, Holz. Der Gaumen hat Wucht und Druck, trotz der Dichte des leicht körnigen Gerbstoffs wirkt der Gaumen saftig, rund und nachgerade mild, der Abgang zeigt eine schöne Frischfruchtigkeit. 14,5 Vol.-%, NK, €€€

91 2020 St. Martin Kirchberg Pinot Noir trocken

Im Duft Sauerkirsche und Rhabarber, Rote Johannisbeere und Malz, etwas Neuholz. Im Mund ist der Wein straff extrahiert, er zeigt eine stattliche Menge an feinkörnigem, leicht bissigem Gerbstoff, eine frische Säure und gute Saftigkeit verleihen Drive und Eleganz. 14,5 Vol.-%, NK, €€

88 2022 »vom Löss« St. Martin Grauer Burgunder trocken

90 2022 »vom Buntsandstein« St. Martin Riesling trocken

In der Nase reifer Weinbergpfirsich, Aprikose, aber auch leicht florale Noten von Orangenblüte. Am Gaumen hat der Wein eine karge Mineralität, gefolgt von einer gut integrierten Säure und einen süffigen Körper mit einem saftigen Abgang. 12 Vol.-%, DV, €

★★

WEINGUT ÖKONOMIERAT JOHANNES KLEINMANN

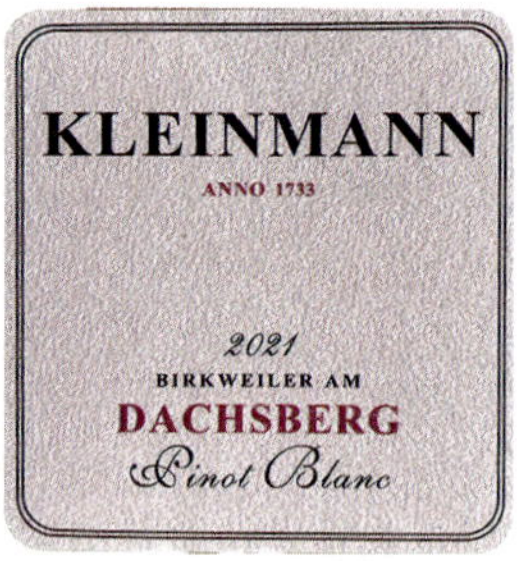

Hauptstraße 17, 76831 Birkweiler
T: +49 6345 3547, info@weingut-kleinmann.de
weingut-kleinmann.de

Ab-Hof-Verkauf: Mo, Di, Do und Fr 9–12 Uhr und 14–18 Uhr, Sa 10–16 Uhr
Kellermeister: Mathias Kleinmann
Ansprechpartner: Edith Kleinmann
Hektar: 17 ha

Das vergangene Jahr erlebte Mathias Kleinmann als Wende. Er habe sich neu ausgerichtet, konzentriere sich jetzt noch mehr auf Burgunderweine und einen frankophilen Geschmackstyp, so der Winzer, der das Weingut mit seinen kleinen Einzelparzellen in Spitzenlagen wie Birkweiler Kastanienbusch und Mandelberg in vierter Generation führt. Selbstbewusst sagt er: »Wir machen nur noch, was wir lieben.« Passend dazu gibt es ein neues, puristisches Etikettendesign. Wir sind gespannt, in welche Richtung sich die Weinstilistik der fassgereiften Burgunder entwickeln wird.

92 2021 Birkweiler am Dachsberg Pinot Blanc trocken
Dezent in der Nase, feingliedrig im Duft. Weiße Blüten, Mandelblüten, Pfirsich, Aprikosen, Zitronenzesten, Wiesenkräuter, mineralische Würze, dezent Vanille. Am Gaumen geschmeidig beginnend, Schmelz, stoffig, kraftvoll, dicht, lebendige Säure mit Zug, mineralische Würze im langen Nachhall. Reifepotenzial. 14 Vol.-%, NK, €€€

91 2021 Birkweiler am Dachsberg Chardonnay trocken
Duftige Nase, florale Noten, saftige Orangen, Aprikosen, getrocknete Kräuer, Nussbutter, feine Holzwürze, Vanille. Am Gaumen kraftvoll, stoffig, cremiger Schmelz, lebendige Säure puffert die Extraktsüße, saftige gelbe Frucht, Aprikosen, Apfel, dezente mineralische Würze sowie Holzwürze, lange am Gaumen. 13 Vol.-%, NK, €€€

91 2021 »Réserve« Birkweiler Mandelberg Pinot Blanc trocken
Duftige Nase, florale Noten, feine Würze, saftige Aprikosen, Honigmelonen, gelber Apfel, Wiesenkräuter, Gesteinsmehl. Am Gaumen saftige Frucht mit Fruchtsüße, cremiger Schmelz, gut integrierte Säure, feine Würze, kraftvoll, hält auch kräftigeren Speisen stand. 13 Vol.-%, NK, €€€

90+ 2022 »Signatur« Birkweiler Mandelberg Weißburgunder trocken
Dezent Rauch in der Nase, Walnuss und auch Walnussschale, Honigmelonen, grüner Apfel, Aprikosen, Zitronenzesten, kräuterige Noten. Am Gaumen saftig, frisch, mittelgewichtig im Körper, merkliche Restsüße gut ausbalanciert durch lebendige Säure, saftige gelbe Frucht, Aprikosen, Apfel, cremiger Kern, gute Länge. Vielseitiger Speisenbegleiter. 13 Vol.-%, NK, €€

89+ 2022 »Muschelkalk« Birkweiler Mandelberg Weißburgunder trocken

92+ 2021 Siebeldingen im Sonnenschein Chardonnay trocken
Duftig im Geruch, vielschichtig, englische Orangenkonfitüre, Salbei, gelbe Früchte, Würze, Gesteinsmehl, Hefenoten, Apfelschale und Gebäck. Am Gaumen saftig, frisch, cremiger Kern wird von lebendiger Säure und feiner Würze umspielt, gute Phenolik, lange und extraktreich am Gaumen. 14 Vol.-%, NK, €€€

★

WEINGUT KNEISEL

Weinstraße 50, 67269 Grünstadt
T: +49 6359 3951, kontakt@weingut-kneisel.de
weingut-kneisel.de

Ab-Hof-Verkauf: Mo bis Fr 8–12 & 13–18 Uhr, Sa 9–16 Uhr
Kellermeister: Stephan Kneisel & Tobias Brodrecht
Ansprechpartner: Stephan Kneisel
Flaschen/Hektar: 360.000 (50 % weiß, 30 % rot, 15 % Rosé, 5 % Schaumwein)/28 ha

Stephan Kneisel führt das Weingut, das seine Eltern in Grünstadt am Eisbach aufgebaut haben, in die Zukunft. Er sieht sich als »Weinhandwerker mit großer Leidenschaft«, mit der er auch die 28 Hektar Weinberge bewirtschaftet. Im Fokus des Winzers stehen die roten und weißen Burgundersorten sowie die Rieslinge, aber auch Chardonnay und Sauvignon Blanc finden sich im Repertoire. Die Ambitionen von Stephan Kneisel zeigen sich in Weinen wie dem mineralischen Lagenweißburgunder, der roten Burgundercuvée und dem feinwürzigen Chardonnay. Da geht noch was.

90 2019 Asselheim Goldberg Weißburgunder trocken
Rauch, merkliche Holzwürze, etwas Vanille mit Dotterblume, reife Ananas, etwas Anis. Am Gaumen griffig mit leicht zitrisch begleiteter Säure, mittlere Struktur, feine Mineralität und Salzigkeit, die Gerbstoffe wirken noch griffig, betont trocken. Jung. 12,5 Vol.-%, NK, €€

89 2020 Asselheim Riesling trocken
Florale Anklänge treffen auf reifes Steinobst, Aprikose, Apfel, weißer Pfirsich, auch etwas Ananas und Grapefruit. Schlank gebaut mit ziemlich lebendiger Säure, mittlere Struktur, etwas Pampelmuse, würzig und bis zum Ausklang auf der leichten, unkomplizierten Seite. 12 Vol.-%, DV, €

89 2022 Riesling Kabinett feinherb
Duft nach tropischen Früchten, Mango, Maracuja, aber auch reife Zitrusfrucht, ausladend, mit Belüftung auch etwas Feuerstein. Am Gaumen mit lebhafter Säure, schönes Spiel mit der Süße, knackige Zitrusfrucht, Kräuterwürze, gute Struktur und Länge. 12 Vol.-%, DV, €

90 2020 Mühlheim »Cuvée Rouge« tr. PN/FB
Halbbitterschokolade, Thymian, Lakritze, getrocknete Tomate. Der Gaumen fügt ein feinkörniges, frisches Tannin in einen vom Holz abgerundeten Körper, die alkoholische Wucht ist gut versteckt, kalkmineralische Noten geben Spannung, Burgunder-Cuvée mit Ambition. 15 Vol.-%, NK, €€

88+ 2022 Sauvignon Blanc trocken

90 2020 Asselheim Chardonnay trocken
Üppig in der Aromatk mit frischen und reifen Motiven, feine Holzwürze, Apfel, Mango, etwas Mais und Ananas. Kräftig gebaut am Gaumen mit weichem Fond, reife Ananas und Aprikose, auch grüne Walnuss, präsente und gelassene Säure, würzig, mineralische Anklänge. 13,5 Vol.-%, DV, €

★★★★★

WEINGUT KNIPSER

Hauptstraße 47, 67229 Laumersheim
T: +49 6238 742, mail@weingut-knipser.de
weingut-knipser.de

Ab-Hof-Verkauf: Mo bis Fr 10–12 & 14–18 Uhr, Sa 10–16 Uhr
Kellermeister: Stephan Knipser und Cathrin Daut
Ansprechpartner: Familie Knipser
Flaschen/Hektar: 666.700 (50 % weiß, 50 % rot)/90 ha

Knipser« – das ist geradezu eine Marke, und jeder, der schon mal in Laumersheim vor Ort war, kennt den Markenkern: Lebensfreude. Das sollte indes nicht darüber hinwegtäuschen, dass hier auch richtig hart gearbeitet wird. Die Expertise, die Werner Knipser in 50 Jahren beim Spätburgunder aufgebaut und an Bruder Volker und Sohn Stephan vermittelt hat, ist auch das Ergebnis von zähem Ringen, von Trial and Error, von Schweiß und – nein, von Tränen nicht, aber sicher von der einen oder anderen gerunzelten Stirn. Aktuelles Ergebnis: eine meisterliche Kollektion!

94 2017 »Réserve« Chardonnay** trocken**
Röstig, gelber Tabak, vollreife Trauben, etwas Honig, Mango. Am Gaumen legen sich dichte Phenole wie ein feiner Schleier über die Birnenfrucht, dicht im Extrakt, tragende Säure, gutes Konzentrat, viel Substanz, die noch nicht erschlossen ist, wird weiter zulegen. 13,5 Vol.-%, NK, €€€

93 2018 Chardonnay* trocken**
Feine Holzwürze im Duft, rauchige Hefe, salziges Popcorn. Im Mund konterkariert der Wein die Erwartungen an den warmen Jahrgang 2018 mit frischem Nerv und feiner Phenolik. Das Jahr zeigt sich in der Konzentration der Abgangsfrucht. Und im Potenzial! 14 Vol.-%, NK, €€€

97 2018 »RdP« Spätburgunder trocken
In dem insgesamt noch verschlossenen Duft nimmt man Noten von Herzkirsche, Preiselbeere und dezentem Neuholz (Vanille, Karamell) wahr. Der Gaumen hat einen furiosen Zug, Säure, Stoff, und taktile Kalkmineralität legen am Gaumen Starkstrom an, das ist dicht und saftig, mit gigantischem Potenzial. 13 Vol.-%, NK, €€€€

95 2019 Großkarlbach Im Grossen Garten Spätburgunder GG
Etwas Leder, Minze, Wacholder und Halbbitterschokolade. Der Gaumen hat eine schöne Spannung, der Gerbstoff ist reif, aber nicht zu weich, die saftige Auflösung gibt den Blick auf taktil-mineralische Komponenten frei, die den Wein in den langen, aromatisch noch verschlossenen Abgang tragen. 13,5 Vol.-%, NK, €€€€

93 2019 »Cuvée X« trocken ME/CS/CF

91 2022 Sauvignon Blanc trocken
Im Duft nimmt man Aromen von Stachelbeere und sehr reifer Nektarine wahr. Der Gaumen hat viel Saftigkeit, einen frischen Säurenerv, die Kraft des Jahrgangs ist gut in die Flasche gebracht – und bei aller aromatischen Fülle bleibt auch die Frische gewahrt. 12,5 Vol.-%, DV, €€

★

WEINGUT KNÖLL & VOGEL

Klingweg 3, 76887 Bad Bergzabern
T: +49 6343 1246, weingut@knoell-vogel.de
knoell-vogel.de

Ab-Hof-Verkauf: Mo bis Do 9–12 Uhr und 14–18 Uhr, Fr 9–18 Uhr, Sa 9–13 Uhr
Kellermeister: Sandra Vogel
Ansprechpartner: Nicole und Sandra Vogel
Flaschen/Hektar: 1.000.000/80 ha

Sandra Vogel pflegt einen ungewöhnlichen, aber durchaus reizvollen Stil: Die Weine, die wir dieses Jahr verkosten durften, haben für Pfälzer Verhältnisse ungewöhnlich viel Restsüße, aber sie schmecken trotzdem nicht pappig, weil die grundehrlichen Säuren so viel Frische ins Spiel bringen. Beim Chardonnay haben wir hin- und herdiskutiert: Passt die süßsaure Anlage zur Burgundersorte? Vielleicht hängt die Antwort davon ab, was man dazu isst. Ganz bestimmt passt dieser Stil zum Muskateller, dessen Gaumenstruktur etwas geradezu Moselhaftes hat.

90 2022 Bad Bergzabern Altenberg Grauer Burgunder trocken

Im zurückhaltenden Bukett findet man Aromen von reifer Charentaismelone und leicht nussige Aromen. Im Mund ist der Wein linear gebaut, mit Stoffigkeit und Säurenerv in Harmonie, ein, zwei Jahre Reife werden dem Wein noch zusätzlich Fülle und Abrundung geben. 13 Vol.-%, DV, €

89+ 2022 »Fumé« Bad Bergzabern Altenberg Chardonnay trocken

Dezentes Holz. Mais- und Heuaromen. Insgesamt noch verschlossen. Und eigentlich recht wenig rauchig (»fumé«). Im Mund hat der Wein eine straffe, spannungsreiche Textur, dichte Stoffigkeit trifft auf eine Spur Süße. Kreidige Abgangsnoten. 12,5 Vol.-%, DV, €€

89 2022 »Fumé« Bad Bergzabern Wonneberg Sauvignon Blanc trocken

Goldgelb in der Farbe. Holz, rote Stachelbeere. Vollreif und opulent. Im Mund hat der Wein einiges Volumen, aber auch eine konzentrierte Säure, mittlere Dichte und eine sehr gute Länge. Eine ungewöhnliche Stilistik, die aber ihre Liebhaber finden wird. 12 Vol.-%, DV, €€

89 2020 »Sagenhaft« Cuvée trocken CS/ME/PN/CI

Im Duft findet man neben schokoladigen und kräuterwürzigen Aromen auch solche von Tomatenkraut und Paprika. Der Gaumen beginnt weich, flankiert die mürben Gerbstoffe mit etwas Süße, der Abgang stellt neben einem feinen Säurenerv die saftige Frucht in den Vordergrund. 13 Vol.-%, DV, €

89 2022 Spätburgunder Rosé trocken

90 2022 Gelber Muskateller trocken

Ein sehr frischer Zitrusduft, frische Zitronenschale, Zitronenmelisse. Ein Hauch Muskat. Im Mund hat der Wein fast eine Kabinettstruktur, mit saftigem Nerv und einer Würze, die den spielerischen Charakter des Weines nicht schmälert. 12 Vol.-%, DV, €

★★★★

WEINGUT KRANZ

Mörzheimer Straße 2, 76831 Ilbesheim
T: +49 6341 939206, info@weingut-kranz.de
weingut-kranz.de

Ab-Hof-Verkauf: Mo bis Mi 8–12 Uhr, Do und Fr 8–12 Uhr und 14–18 Uhr, Sa 9–16 Uhr
Kellermeister & Ansprechpartner: Boris Kranz
Flaschen/Hektar: 120.000 (70 % weiß, 25 % rot, 3 % Schaumwein)/25 ha
Anbauweise: Bio

Die Ilbesheimer Kalmit ist die Lage, die Boris Kranz ganz besonders am Herzen liegt. Er war einer der ersten Winzer, die das gewaltige Potenzial der 272 Meter hohen Erhebung mit ihrem prägnanten Landschnecken-Kalk erkannten. Boris Kranz setzte sich auch mit viel Energie dafür ein, dass die beinahe 19 Hektar umfassende Kalmit als Große Lage anerkannt wurde, in der er Riesling, Weiß- und Spätburgunder anbaut. Naheliegend, dass seine besten Weine aus der Kalmit kommen, wahrlich Große Gewächse mit kalkmineralischer Signatur wie der monumentale weiße Burgunder. Groß!

95 2022 Ilbesheim Kalmit Weißer Burgunder GG
Reifer, würziger Duft nach gelben Blüten, Aprikose, Melone, grünen Mandeln, Safran, Austernschale und feinem Rauch. Setzt am Gaumen mit dichtem Extrakt kraftvoll an, von fein geschichteten, reifen Phenolen gestützt, lebendige, eingewobene Säure, würzig, mineralisch, gute Länge.
13,5 Vol.-%, DIAM, €€€

93+ 2022 Ilbesheim Kalmit Riesling GG
Im attraktiven Duftbild Zitrusnoten, Zitrone, weiße Grapefruit, gepaart mit feiner Salzigkeit und kräuterigen Anklängen. Am Gaumen mit toller Balance, lebendige, gut integrierte Säure, fein gewobener Extrakt, kalkiger, mineralischer Abgang. Großes Gewächs mit Format. 12,5 Vol.-%, DIAM, €€€

92 2022 Ranschbach Seligmacher Riesling trocken
Mittleres Goldgelb in der Farbgebung. In der Nase Aromen von reifen gelben Früchten, getrockneten Kräutern und floralen Noten, Kamille. Am Gaumen ein treffliches Zusammenspiel von lebendiger Säure, schöner Fruchtaromatik und feiner Phenolik, trefflich ausbalanciert.
12,5 Vol.-%, DIAM, €€€

93+ 2020 Ilbesheim Kalmit Spätburgunder GG
In der Nase noch ein wenig verhalten, Aromen von roten Früchten, Kirsche, Pflaume, Rote Johannisbeere, frischer Tabak, gepaart mit einer leichten Rauchigkeit. Verbindet am Gaumen Kraft und Eleganz. Feinkörnige Tannine, frische Säure, würziger, mineralischer Ausklang. 12,5 Vol.-%, DIAM, €€€

91+ 2021 »RF« Arzheim Chardonnay trocken

93 ❸ NV Blanc de Noirs brut nature
Brioche, rote Früchte wie Johannisbeere, reifer Apfel, Walnuss, leicht erdige Nuance in der attraktiven Nase. Am Gaumen mit feiner Perlage und lebendiger, gut integrierter Säure. Eleganter Blanc de Noirs mit schöner Komplexität, packend, salziges Finish. Entkorken! 12 Vol.-%, NK, €€

★★★

WEINGUT KREBS

Großkarlbacher Straße 10, 67251 Freinsheim
T: +49 6353 3149, info@weingut-krebs.eu
weingut-krebs.eu

Ab-Hof-Verkauf: Mo bis Fr 10–12 Uhr und 14–18 Uhr, Sa 10–16 Uhr
Kellermeister: Jürgen Krebs
Ansprechpartner: Jürgen Krebs
Flaschen/Hektar: 120.000 (50 % weiß, 50 % rot)/20 ha
Anbauweise: Bio

Das Weingut Krebs befindet sich nur wenige Kilometer vom nördlichen Ende des Pfälzer Waldes entfernt. Erst jüngst haben einige Weingüter bewiesen, welch gute Rotweine hier entstehen können, und Jürgen Krebs schließt da nahtlos an. Zunächst oft ein bisschen streng in der Nase, zeigen die Pinots dank gekonnten Ausbaus wunderbare samtige Züge. Der »Glimmer« begeistert auch diejenigen, die weniger als 20 Euro für einen guten Roten ausgeben wollen – und auf das Himmelreich warten können. Äußerst gelungen auch die beiden Lagenrieslinge und natürlich der Viognier, unser Tipp.

93 2022 Herxheim Himmelreich Riesling trocken

Der große Riesling des Weinguts besitzt auch dank des Ausbaus eine wenig primärfruchtige Nase, die strukturelle Dichte erahnen lässt. Am Gaumen ruhig und sehr elegant gehalten, Extrakt und Frische in perfekter Ausgewogenheit, dazu noch viel Saft. Was will man mehr? 13 Vol.-%, DIAM, €€€

92+ 2022 Freinsheim Oschelskopf Auf dem mittleren Gross Riesling tr.

Der Wein mit der präzisen Lagenbezeichnung in der Flur zwischen Freinsheim, Herxheim und Kallstadt bietet eine verblüffend orangenblütige Nase an. Im Mund begeistert die elegante Säure, der Wein ist gleichzeitig saftig und spannungsgeladen. Sehr stark! 12,5 Vol.-%, DIAM, €€

93 2021 Herxheim Himmelreich Spätburgunder trocken

Eher herb und wenig schmeichelnd in der Nase gehalten, Kirschkern, Holunder, etwas Rote Bete – weit weg von der Vanille-Fraktion. Dann viel Saft im Mund, Sauerkirsche, etwas Himbeere, hat durchaus Biss, besitzt gleichzeitig aber ein seidiges Tannin. So geht 2021 bei Krebs! 13 Vol.-%, DIAM, €€€

92 2020 »Glimmer« Freinsheim Spätburgunder trocken

Ganz leicht reduktive Holzkohle in der Nase, dazu Holundermark – eher der erdige als der duftige Typus. Am Gaumen kommt enorm viel New-Pinot-Feeling fürs Geld: kernig gehalten in den Aromen mit weiter Holunder und Sauerkirsche, aber begleitet von samtigen Tanninen. 13 Vol.-%, DIAM, €€

90 2022 »Kalkfels« Herxheim Riesling trocken

92+ 2021 »Réserve« Viognier trocken

Rauchig-reduktive Nase ohne Fruchtkomponente. Am Gaumen ergänzen sich Holzeinfluss, hefigere Noten, eine nicht zu viskose Materie und eine für Viognier-Verhältnisse geradezu überraschende Frische. Mit anderen Worten: viel Komplexität im Glas, und ja, auch viel Potenzial! 13 Vol.-%, DIAM, €€

★

KATHARINA KRIEGER WEINE

Theresienstraße 22, 76835 Rhodt unter Rietburg
T: +49 6323 81372, info@katharina-krieger.de
katharina-krieger.de

Kellermeister: Katharina Krieger
Ansprechpartner: Katharina Krieger
Hektar: 40 ha

Im vergangenen Jahr konnten wir Katharina Kriegers Weine zum ersten Mal für diesen Guide verkosten, dieses Jahr bestätigt sich der gute Eindruck. Im Verkostungsteam konnten wir gar nicht aufhören, die drei Rieslinge »Kalkstein«, »Buntsandstein« und »Schiefer« zu vergleichen. Mit dem Ergebnis, dass es von der persönlichen Vorliebe abhängt, welches Etikett man bevorzugt. Da die Winzerin die Terroirs so klar ins Glas bringt und zudem auch Chardonnay und Spätburgunder überzeugen, setzen wir den Betrieb auf die Watchlist zum zweiten Stern.

91+ 2021 Rhodt Rosengarten Chardonnay trocken
Nussige Noten im Duft, gemahlene Haselnuss, Kumquats, reife Birnen, Vanille, Orangenzeste, Gesteinsmehl, dezent Rauch. Am Gaumen mit viel Schmelz, dicht und vollmundig, dennoch elegant, mineralische Würze, reife Säurestruktur, lange am Gaumen. Reifepotenzial. 12,5 Vol.-%, NK, €€

91 2022 »Kalkstein« Riesling trocken
Kühl im Duft, Kreide, weiße Grapefruit, Aprikosenkern, Zitronenzeste, weiße Blüten, Apfelblüten, Artischocke, Salbei. Am Gaumen mit Zug, fest gebaut, kernige Säure umspielt cremigen Fond, saftige Körpermitte, mineralische Würze, salzig, Trinkfluss. 12,5 Vol.-%, DV, €€

91 2022 »Buntsandstein« Riesling trocken
Obstkorb im Duft, reife Aprikosen, Pfirsich, Mango, gelber Apfel, kräuterige Würze, Klee, Brennnessel. Am Gaumen elegant und saftig, Mirabellen, Pfirsich, feingliedrige Säure, dezente Würze, gut ausbalanciert, dennoch mit Spannung, pfeffrig im Nachhall, trinkanimierend. 12,5 Vol.-%, DV, €€

91+ 2020 Rhodt Rosengarten Spätburgunder trocken
Würzig im feinen Duft, Zimt, dezent schwarzer Pfeffer, Herbstlaub, Hagebutte, Waldbeeren, dunkle Nugatschokolade. Am Gaumen geschmeidig, elegant, feinkörniges Tannin, feingliedrige Säure, saftige Frucht, bringt jetzt schon Freude, aber auch in einigen Jahren. 13 Vol.-%, NK, €€

89 2022 Spätburgunder Rosé trocken

91+ 2022 »Schiefer« Riesling trocken
Schieferwürze im Duft, nasses Gestein, Limettenzeste, Wiesenkräuter, weißer Pfirsich, Pomelo. Am Gaumen deutlich schiefergeprägt, straff, mineralisch, füllig, dicht, zitrische Frucht, die lebendige Säure ist gut integriert, feine Phenolik, bringt schon jetzt, aber auch in ein paar Jahren Trinkfreude. 12 Vol.-%, DV, €€

★★★★★

WEINGUT PHILIPP KUHN

Großkarlbacher Straße 20, 67229 Laumersheim
T: +49 6238 656, info@weingut-Philipp-Kuhn.de
weingut-philipp-kuhn.de

Ab-Hof-Verkauf: Mo bis Fr 10–12 Uhr und 13.30–17 Uhr, Sa 10–12 Uhr und 13.30–16 Uhr
Kellermeister: Philipp Kuhn
Ansprechpartner: Lars Lander und Philipp Kuhn
Flaschen/Hektar: 266.700 (50 % weiß, 50 % rot)/38 ha
Anbauweise: in Umstellung

Philipp Kuhns Kollektion ist erneut nicht nur makellos, sie ist überragend. Seitdem er im Alter von 20 Jahren die Verantwortung im elterlichen Weingut übernommen hat, entwickelt sich der Laumersheimer stetig weiter. Dieses Jahr sind der mineralisch-vibrierende Riesling aus dem Schwarzen Herrgott und der druckvolle Pinot Noir vom Steinbuckel für uns die besten Weine. Doch alles andere folgt auf dem Fuß. Kuhns Weine haben ein so hohes Niveau erreicht, dass kaum vorstellbar ist, welche Steigerungen noch möglich wären. Daher gratulieren wir sehr herzlich zum fünften Stern.

95+ 2022 Zell Schwarzer Herrgott Riesling GG
Duft nach Zündholz und heißem, nassem Stein, pure Mineralik, direkt und beeindruckend, dazu etwas Limonenabrieb, Mandarine, Koriandersamen, delikat. Am Gaumen mit enormem Zug, Druck und mineralischer Tiefe, messerscharfe Säure, immense Spannung, dicht gewoben, lang, extrem viel Potenzial. 12,5 Vol.-%, DIAM, €€€

95 2022 Kallstadt Saumagen Riesling GG
Duft nach Feuerstein, stramme Kalkmineralität, Feuerstein, weißer Pfeffer, dann Orangenblüte und Mandarine, beeindruckend. Am Gaumen mit packender Säure, aber wunderbar warm grundiert, exzellente Phenolik, dicht gewoben, sehr lang, wird exzellent reifen. 12,5 Vol.-%, DIAM, €€€

95+ 2019 Laumersheim Steinbuckel Pinot Noir GG
Sehr würziger Duft, Sauerkirsche, Schlehe, etwas Gewürznelke, Rauch, sehr dicht, mineralisch. Zupackende Gerbstoffe, lebendige Säure, dicht und schmelzend, enorm druckvoll und dicht gewoben, tiefe Mineralik, ein Monument, das noch Zeit braucht, enormes Potenzial. 13,5 Vol.-%, NK, €€€

94 2019 Laumersheim Kirschgarten Pinot Noir GG
Delikater Duft nach roten Früchten, Sauerkirsche dominiert, Brombeere, dazu Rauch und eine mineralische Grundierung. Am Gaumen mit sehr satten, temperamentvollen Gerbstoffen, lebendige Säure, rote Frucht, sehr viel Druck und Zug, eng gewoben, lang, sehr viel Potenzial. 13,5 Vol.-%, NK, €€€

94 2022 Laumersheim Kirschgarten Riesling GG

96 2021 »Réserve – 1G« Laumersheim Kapellenberg Chardonnay Erste Lage trocken
Reduktiv, flintig, Holz, Eukalyptus, Tannenzapfen, Minze, Melisse, frische gelbe Frucht. Setzt am Gaumen weich an, dann gute Dynamik, elegante, seidige Süße, wie ein Film, der verschiedene Phasen durchläuft, mineralisch, elegant, spannend. Langstreckenläufer. 13 Vol.-%, DIAM, €€€

★★★

WEINGUT LANGENWALTER

Bahnhofstraße 45, 67256 Weisenheim am Sand
T: +49 6353 7390, info@weingut-langenwalter.de
weingut-langenwalter.de

Ab-Hof-Verkauf: Mo bis Di und Fr 10–12 Uhr & 14–18 Uhr, Sa 10–15 Uhr
Kellermeister: Thorsten Langenwalter
Ansprechpartner: Thorsten Langenwalter
Flaschen/Hektar: 200.000 (55 % weiß, 36 % rot, 4 % Rosé, 5 % Schaumwein)/30 ha

Der Weinbau hat bei Familie Langenwalter eine lange Tradition, die bis ins 17. Jahrhundert zurückreicht und in schöner Regelmäßigkeit von Generation zu Generation weitergetragen wird. Aktuell leitet Thorsten Langenwalter den Betrieb, unterstützt von seinen Eltern und seiner Frau Daniela. Die Familie hat erneut eine sehr ausgewogene und sehr gute Kollektion vorgelegt, bei dem uns ein Wein besonders aufgefallen ist: der trockene Weisenheimer Gewürztraminer, der eine tolle Interpretation dieser oft verkannten Rebsorte zeigt. Unbedingt probieren!

91+ 2022 Weisenheim am Sand Burgweg Riesling trocken
Duft nach reifer Zitrusfrucht, Limettenschale, Orangenabrieb, dazu feine Kräuterwürze, mit Belüftung kommt Papaya dazu. Am Gaumen mit zupackender Säure, dicht und fest, mineralischer Zug, schöne Phenole, saftig und würzig, gute Struktur, endet lang und frisch. 12,5 Vol.-%, NK, €€

91 2021 Weisenheim am Sand Hahnen Weißer Burgunder trocken
Duft nach Apfelschale, Kräutern, Eukalyptus, zarter Vanille und Mirabelle, etwas Rauch kommt dazu. Am Gaumen griffig mit lebendiger Säure und feiner Würze, zupackend, grüner Apfel, aber auch Kiefernnadeln, gute Struktur und Länge, zum hellen Fleisch mit Sauce. 13,5 Vol.-%, NK, €€

91 2020 Freinsheim Schwarzes Kreuz St. Laurent trocken
Ein Bukett von Herbstlaub, Kräuterwürze, wilden dunklen Beeren, Sauerkirsche und Holunder. Am Gaumen auch Bitterschokolade und Gewürznelke, jugendliches Tannin, alles von guter Säure getragen. Gelungener Holzausbau, guter Nachhall bei viel Trinkfreude. 13,5 Vol.-%, NK, €€€

90+ 2020 Weisenheim am Sand auf dem Kalkstein Spätburgunder trocken
Mittleres Rubin in der Farbe. Klassische, eher kühle Pinotfrucht in der Nase. Ein Duft von Kirsche, Himbeere, dunklen Beeren und Zeder. Am Gaumen mit subtiler Kraft, Kirsche, Waldbeere, Kräuter und auch Tabakblatt, reifes Tannin bei frischer, knackiger Säure. 13,5 Vol.-%, NK, €€€

90 2022 »Auf dem Kalkstein« Weißer Burgunder trocken

92 2022 Weisenheim am Sand Burgweg Gewürztraminer trocken
Duft nach Rose, Litschi, Muskatwürze und etwas Pfirsich, sortentypisch und pikant. Am Gaumen mit feiner Säure, schönem Schmelz und einer feinen Rosenaromatik, dazu Sandelholz und Aprikose, schöne Phenole, sehr spannende Interpretation der Rebsorte. 13,5 Vol.-%, DV, €€

★★

WEINGUT LERGENMÜLLER

Weinstraße 16, 76835 Hainfeld
T: +49 6323 949260, info@lergenmueller.de
lergenmueller.com

Ab-Hof-Verkauf: nach Vereinbarung
Kellermeister: Jürgen Lergenmüller
Ansprechpartner: Stefan und Jürgen Lergenmüller
Flaschen/Hektar: 750.000 (50 % weiß, 50 % rot)/85 ha

Am Rande des Pfälzer Waldes betreibt die Familie Lergenmüller seit 15 Generationen Weinbau. Ihre Weine sind Musterbeispiele an Pfälzer Kraft und Struktur. Unserer Verkostungsjury hat in diesem Jahr das »Black Ox«-Duo Bewunderung abgerungen: Diese Roten beeindrucken zunächst mit wuchtigen Flaschen, dann aber noch weit mehr durch deren Inhalt – Weine, die bei aller Schwere doch stets die Balance wahren. Verlässlich wie eh und je sind die Etiketten der »Terroir«-Reihe à la »Muschelkalk« und »Feuerstein«: Nicht zuletzt sind das vielseitige Speisenbegleiter.

90+ 2022 »Pur Mineral« Chardonnay trocken
Brillantes Goldgelb. Komplex und sortentypisch im Duft von Quitte, gelbem Apfel, Ananas, weißen Blüten und Bourbonvanille. Am Gaumen etwas linearer mit leichter Süße, die von guter, lebendiger Säure balanciert wird. Saftig und mineralisch im Nachhall. 12,5 Vol.-%, NK, €€

90 2022 »Feuerstein« Sauvignon Blanc tr.
Sortentypischer Sauvignon Blanc im Duft. Aromen von reifer Stachelbeere, grüner Paprika, Honigmelone und Grapefruit. Am Gaumen ein gut definierter Körper bei leichter Restsüße, die von gut eingebundener Säure balanciert wird. Trinkig, mit gutem Nachhall. 12,5 Vol.-%, NK, €€

93 2018 »Black OX Blood Edition« Merlot trocken
Blutrot in der Farbgebung. Ein intensiver Duft aus Cassis, Schwarzkirsche, Boysenbeere und Zartbitterschokolade. Am Gaumen opulent und vollmundig, maximale Frucht, Extrakt und Konzentration, die Tannine sind raumgreifend. Ein bedeutender Nachhall mit Fruchtdominanz.
15,5 Vol.-%, NK, €€€

92 2021 »Black OX« Cuvée trocken CS/TE/DF
Purpur in der Farbe und intensiv im Duft. Holunderbeere, Pflaume, Schwarze Johannisbeere und Schokolade. Am Gaumen viel Körper mit attraktiver, intensiver, extraktreicher Frucht, die von sehr gut dosierter Säure getragen wird. Ein toller Speisenbegleiter. 14,5 Vol.-%, NK, €€

89 2019 »Urgestein« Sankt Laurent trocken

92 2022 »Muschelkalk« Weißer Burgunder trocken
Brillantes, blasses Goldgelb. Ein Duft von Muschelkalk, roher Mandel, Limettenmelisse, Birne und weißem Pfirsich. Am Gaumen sensorisch trocken, dabei herrlich saftig und auch mineralisch. Gute Struktur und langer Nachhall.
12,5 Vol.-%, NK, €€

★★★

WEINGUT MARGARETHENHOF

Wiesenweg 4, 67147 Forst an der Weinstraße
T: +49 6326 8302, info@margarethenhof-forst.de
margarethenhof-forst.de

Ab-Hof-Verkauf: Mo, Mi bis Sa 9–12 und 14–18 Uhr
Kellermeister: Martin Lucas und Yvonne Libelli
Ansprechpartner: Yvonne Libelli
Flaschen/Hektar: 146.700 (83 % weiß, 2 % rot, 12 % Rosé, 3 % Schaumwein)/17 ha
Anbauweise: in Umstellung

Yvonne Liebelli ist eine junge Winzerin, die weiß, was sie will und ihre Ideen auch umzusetzen versteht. Gemeinsam mit ihrem Bruder Martin Lucas hat sie den Margarethenhof nach vorne gebracht: Die Weine haben an Präzision und Strahlkraft gewonnen, der Lagencharakter wird deutlich herausgestellt. Inzwischen befindet sich das Weingut in Umstellung auf biologischen Weinbau. Auch dieses Mal wollen wir auf den kleinen, aber feinen Wohnmobilstellplatz hinweisen: Wer hier übernachtet, die Weine und Gastfreundschaft im Margarethenhof genossen hat, kommt wieder.

94 2021 »Große Lage« Forst Pechstein tr.
Kühler Duft, Feuerstein, Gesteinmehl, frische Zitronen, frische Aprikosen, Weinbergpfirsich, Zitronenmelisse, Minze. Am Gaumen stoffig, saftig mit Zug, frische Zitrusfrucht, knackiger Pfirsich, lebendige Säure, gut im Extrakt, feine mineralische Würze, schöne Länge. 13,5 Vol.-%, DV, €€€

93+ 2021 »Große Lage« Forst Jesuitengarten Riesling trocken
Quitten, Aprikosen, Pfirsich, Limetten, kandierte Zitronen, Wiesenkräuter, nussig. Am Gaumen dicht, mit Kraft, dennoch elegant, saftiger Pfirsich, Aprikosen, Zitrusfrucht, lebendige, eingewobene Säure, feine Würze, schöne Länge. Bietet schon jetzt Trinkgenuss, mit Potenzial. 13 Vol.-%, DV, €€€

92+ 2021 »Große Lage« Forst Ungeheuer Riesling trocken
Im Duft Wiesenkräuter, Zitronenmelisse, Grapefruit, Weinbergpfirsich, Aprikosen, Gesteinsmehl. Am Gaumen stoffig, dicht, viel Schmelz, lebendige Säure, mineralische Würze, salzig, dezent pfeffrig, reife Zitronen, Pfirsich, angenehm dezente Phenolik, schöne Länge. 13 Vol.-%, DV, €€€

91 2022 »Erste Lage« Forst Stift Riesling tr.
Feinduftig, roter Apfel, Aprikosen, Mirabellen, Honigmelonen, Wiesenkräuter, Zitronenmelisse, Basilikum, weiße Blüten. Am Gaumen rund und ausgewogen, saftig, Grapefruit, Blutorangen, reife, lebendige Säure, salzig im Nachhall, schöne Länge, viel Trinkfluss, animierend. 12 Vol.-%, DIAM, €€

90 2022 Forst Riesling trocken

91 2022 »Erste Lage« Deidesheim Herrgottsacker Riesling trocken
Im Duft sonnenverwöhne Mirabellen, Aprikosen, gelber Apfel, kandierte Zitronenschalen und Kräuterwürze. Am Gaumen geschmeidig und gut ausbalanciert, saftige Frucht, zitrische Noten, mineralische Würze, Schmelz, gut integrierte, lebendige Säure, trinkanimierend. 12,5 Vol.-%, DIAM, €€

★

WEINGUT MARTIN

Hauptstraße 16, 76865 Insheim
T: +49 6341 85385, info@weingutmartin.de
weingutmartin.de

Ab-Hof-Verkauf: Ja
Kellermeister: Sebastian Martin
Flaschen/Hektar: 60.000 (65 % weiß, 20 % rot, 10 % Rosé, 5 % Schaumwein)/18 ha
Anbauweise: Bio

Karlfried und Sebastian Martin führen das Familienweingut im südpfälzischen Insheim, das auf 18 Hektar Weinbergen, in denen Löss-und Lehmböden überwiegen, vor allem Riesling anbaut, aber auch Rebsorten wie Cabernet Blanc oder Spätburgunder. Sebastian Martin repräsentiert die dritte Generation, er stellte von konventionellem auf ökologischen Weinbau um. Der Kellermeister hat auch ein Faible für Cuvées, wir können die Weine mit natürlicher Ausstrahlung empfehlen. Mit diesem gelungenen Debüt ist das Bioweingut Martin eine Bereicherung für diesen Weinguide!

89+ 2021 Cabernet Blanc brut

Paprika, Grasschnitt und Hefe im Duft. Im Mund beginnt der Wein mit einer süß unterstützen, recht vollen Würze, die Säure ist jahrgangstypisch fest, bleibt aber dennoch dezent im Hintergrund, die intensive Aromatik und die leichte Süße halten den Wein zugänglich. 12,5 Vol.-%, NK, €€

89 2022 Sauvignon Blanc trocken

Sortentypischer Duft nach Schwarzen Johannisbeeren, Kiwi, Stachelbeeren und frisch geschnittenem Gras, auch Mango. Am Gaumen saftig und mit feiner Würze, mundfüllend und mit Schmelz bei gut integrierter Säure, feine zitrische Fruchtnoten. Gut balanciert. 12,5 Vol.-%, DV, €

88+ 2022 Grauburgunder trocken

Sortentypische Aromatik: Reife, süßliche Birnenfrucht, nussige Noten, Walnuss, reife Melone. Stoffiger und umgänglicher Typus am Gaumen mit Schmelz, reifer Säure und süßlicher Frucht (wieder Birne im Vordergrund), ausgewogen balanciert, nicht zu kompliziert, zum Essen.
12,5 Vol.-%, DV, €

88 2022 »Green« Cuvée trocken GM/MO/RR

Sehr aromatisch in der Nase, Muskatblüte, Pfirsich, Apfel und Birne. Schlank gebaut, mit Schmelz, Saft und feiner Würze im Mund, ausgewogene Säure bei merklicher Restsüße, Birne und auch etwas Quitte mit leichter Bitternote zeigen sich. Eignet sich gut als Aperitif. 12 Vol.-%, DV, €

88 2022 Blanc de Noir halbtrocken

89+ 2022 »Phi« Cuvée trocken PG/WB

Birne und etwas herber Apfel, helle Blüten und feine Kräuter, ein Hauch gelber Curry. Mittlerer Körper, mit gut dosierter Fülle und Stoffigkeit, präsente, saftige Säure, Würze grundiert den Gaumen, Birne und Melone, reife Phenolik. Stimmige Cuvée mit natürlicher Ausstrahlung.
13 Vol.-%, DV, €€

★★★★

WEINGUT HERBERT MESSMER

Gaisbergstraße 5, 76835 Burrweiler
T: +49 6345 2770, messmer@weingut-messmer.de
weingut-messmer.de

Ab-Hof-Verkauf: Mo bis Do 9–18, Fr 9–14, Sa 10–13 Uhr
Kellermeister: Jonas Bosch, Bernd Henninger
Ansprechpartner: Martin Meßmer
Flaschen/Hektar: 170.000 (70 % weiß, 20 % rot, 2 % Rosé, 1 % süß, 7 % Schaumwein)/30 ha
Anbauweise: Bio

Die Neuausrichtung eines Weinguts sollte nicht nach kurzer Zeit beurteilt werden. Özlem und Martin Meßmer übernahmen 2019 die Leitung des »Familienweinguts mit Tradition«, mit Jonas Bosch kam ein neuer Betriebsleiter dazu und eine runderneuerte Weinstilistik. Die 30 Hektar Weinberge werden biologisch bewirtschaftet nach der Devise »Traue keinem Weinberg, in dem kein Unkraut wächst«. Die Weine wirken insgesamt straffer und lebendiger, den Großen Gewächsen aus 2021 hat die Reifezeit gutgetan, vor allem dem Riesling Schäwer. Es tut sich was in Burrweiler.

93 2021 Burrweiler Schäwer Riesling GG
Apfel, Pfirsich, grüne Kiwi, kräuterig, Holzwürze. Zeigt sich mit guter Dichte, frischer, moselhafter Säure, griffiger Phenolik und schieferwürziger Mineralik, die sich tiefgründig mit feiner Salzigkeit entfaltet. Etwas Grüntee, straff, vermeidet Üppigkeit. 12 Vol.-%, NK, €€€

92+ 2021 Weyher Michelsberg Riesling GG
Wirkt im Duft reifer als am Gaumen, konzentriertes Steinobst mit Würze und Mineralik, florale Noten. Schlank und straff gebaut mit engmaschigem Extrakt sowie reifer und gut tragender Säure, saftig, würzig, raffiniert, feine Zitrik, Substanz, Spannung und Lagencharakter. 12 Vol.-%, NK, €€€

92+ 2021 Burrweiler Altenforst Riesling trocken
Duftet nach saftigem, auf den Punkt gereiftem Weinbergpfirsich, Aprikose, ein wenig Honigwabe. Die Saftigkeit der süßen Frucht zeigt sich auch am Gaumen, wird da aber von einer quicklebendigen Säure kontrastiert, mineralisch, feinsalzig, geradlinig und mit Spannung. 12,5 Vol.-%, DV, €€

92 2022 Böchingen Rosenkranz Riesling trocken
Ein ausgeprägt zitrischer Duft mit Noten vom Blutorange und kandierter Zitronenschale. Der Gaumen zeigt sich straff und kernig, mit einem frischen, lange anhaltenden Säuregerüst und zurückgenommener Süße. Eine herbe, aber auch vielschichtige und mineralische Erfrischung.
12,5 Vol.-%, NK, €€

91+ 2021 Gleisweiler Hölle Grauburgunder trocken

91+ 2021 »Schiefer« Burrweiler Riesling trocken
Feine Holzwürze, etwas Rauch, kräuterig, fast pfefferig, Aprikose und Pfirsich, steinige, würzige Noten. Im Mund mit pointierter, lebendiger Säure, schlanker, klar definierter Bau, gute Dynamik, schiefrige Mineralik, saftig, etwas Grapefruit, betont trocken. 12 Vol.-%, NK, €€

★★★

WEINGUT STEFAN MEYER

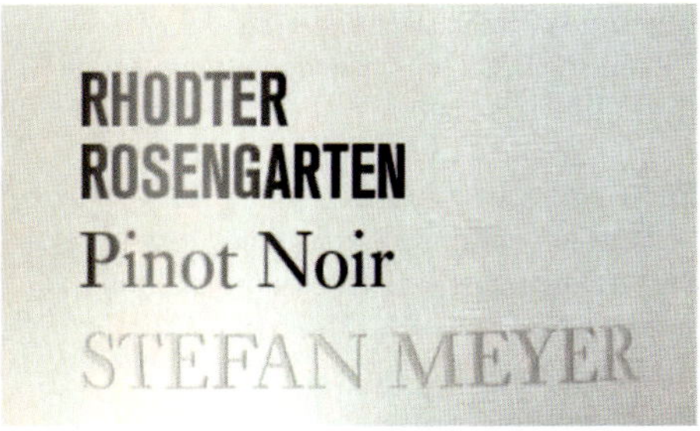

Edesheimer Straße 17, 76835 Rhodt unter Rietburg
T: +49 6323 2348, weingut@meyer-rhodt.de
meyer-rhodt.de

Ab-Hof-Verkauf: Mo bis Fr 13–18 Uhr, Sa 10–16 Uhr
Kellermeister: Stefan Meyer
Ansprechpartner: Stefan Meyer
Flaschen/Hektar: 133.300 (50 % weiß, 50 % rot)/29 ha
Anbauweise: Bio

Aus seinem Mund sind die Wörter »Herkunft« und »Terroir« keine Floskel – Stefan Meyer spricht dabei einfach von der »Bedingung, die einem Wein zu Einzigartigkeit verhilft«. An der Verfeinerung dieser Kunst arbeitet der Winzer nicht nur, aber ganz besonders bei seinen gehobenen Weinen. Diese Weine haben wieder eine Dichte, einen Zug, dass es eine Freude ist. Ein ganz starker Auftritt! Die spektakuläre Syrah versetzte uns gedanklich wie sinnlich aus der Südpfalz an die Nordrhône. In dieser Form sehen wir das Weingut auf dem Weg zum vierten Stern.

92 2021 Rhodt Rosengarten Weißer Burgunder trocken
Reife Frucht, Aprikose, gelbe Stachelbeere, Birne, ganz feiner Rauch schwebt darüber, leicht nussige Aromen, weiße Mandel. Kräftig gebaut am Gaumen und stoffig in der Substanz, kräftiges, reifes Phenolgerüst, stabile, gute tragende Säure, feine Restsüße und mit dem Versprechen auf einige Jahre Reife. 13,5 Vol.-%, NK, €€

94 2021 Edenkoben Schwarzer Letten Pinot Noir trocken
Erdige Noten, Berglorbeer und Mandel. Mit Luft auch mineralische Noten. Im Mund entfaltet sich ein seidiger Gerbstoff von guter Dichte und frischer Ausstrahlung. Die Säure ist aufs Innigste mit dem Körper verwoben und gibt dem Wein eine unwiderstehliche Eleganz, zumal auch Frucht und holzbedingte Cremigkeit diesen Eindruck unterstützen.
13,5 Vol.-%, NK, €€€

93 2021 Rhodt Rosengarten Pinot Noir trocken
Duftig und – wie der Lagenname nahelegt – wirklich auch floral: Hagebutte, Kirschblüte, auch Kirschkern, ein Hauch Malz und Eisen. Im Mund zeigt sich eine geschmeidige Grundierung, feines Tannin, der Wein wuchert mit Saftigkeit und Eleganz – im Stil des Jahrgangs, voller Anmut.
13,5 Vol.-%, NK, €€€

93 2020 Rhodt Klosterpfad Syrah trocken
Dunkel in der Farbe, buttrig im Duft, röstig, kräuterwürzig, Trockenfleisch. Nach Luftkontakt auch Sauerkirsche, Heidelbeere, Leder. Der Gaumen wird von feinem Gerbstoff ausgekleidet, der Wein hat viel Saftigkeit, eine lebendige Säure und eine Nordrhône-Ausstrahlung. Gute Länge, gutes mittleres Potenzial. 13,5 Vol.-%, NK, €€€

91 2021 »Aus Rhodt« Pinot Noir trocken

92 2022 »Aus Rhodt« Chardonnay trocken
Verschlossen mit einem Diam10 deutet der Chardonnay an, welches Reifepotenzial ihm der Winzer selbst zutraut. Völlig zu Recht. Leicht reduktives Schießpulver in der Nase, Gewürznelke und Apfel am Gaumen, straff, puristisch und gleichzeitig elegant gehalten. 13 Vol.-%, NK, €€

★★★★

WEINGUT THEO MINGES

Bachstraße 11, 76835 Flemlingen
T: +49 6323 93350, info@weingut-minges.com
weingut-minges.com

Ab-Hof-Verkauf: Mo bis Fr 9–12 & 13–17, Sa 10–17 Uhr
Kellermeister: Theo und Regine Minges, Fritz Hohlreiter
Ansprechpartner: Theo und Regine Minges
Flaschen/Hektar: 180.000 (60 % weiß, 30 % rot, 10 % Schaumwein)/25 ha
Anbauweise: Bio

Dieses Mal haben Theo Minges und seine Tochter Regine in ihrer maischevergorenen »Wurzelfieber«-Reihe einen Goldmuskateller interpretiert – auf absolut überzeugende Weise: Mit seiner saftigen Fruchtigkeit, Konzentration in der Gaumenmitte und der großartigen, feinen Phenolik dürfte er auch klassisch geschulte Gaumen elektrisieren. Kaum verwunderlich, dass der Riesling Schäwer mit seiner Dichte, Würze und Mineralik wieder die interne Hitliste anführt, gefolgt von den anderen beiden GGs. Der Chardonnay »Kalkmergel« ist eine Wucht, und das zum kleinen Preis. Probieren!

94+ 2022 Burrweiler Schäwer Riesling GG
Wie man es vom Schäwer erwartet, mit würzig-schiefriger Mineralik, daneben reifer Pfirsich, kräuterig. Zeigt am Gaumen gleich, wer bei den Großen Gewächsen vorne steht: Druckvoll, viel Substanz und mineralische Energie, auch die Phenolik zielt auf Entwicklung ab. 13,5 Vol.-%, NK, €€€

93 2022 Gleisweiler Hölle Unterer Faulenberg Riesling GG
Im kräftigen, würzigen Duft neben fruchtigen Noten von Steinobst und reifem Apfel auch mineralische Noten. Kraftvoll am Gaumen mit gutem Extrakt und strukturtragender Phenolik, leicht kernig, tragende Säureader, die in das lange, mineralisch-würzige Finale führt. 12,5 Vol.-%, NK, €€€

93 2022 Böchingen Rosenkranz Im untern Kreuz Weißburgunder GG
Dichter, auch frischer Duft nach Aprikose, Minze, Mandarine, Himbeere, etwas Birne, gemähte Wiese. Entwickelt am Gaumen ganz unaufgeregt und souverän Substanz und Länge, angeschoben von feinmaschigem Extrakt und eng anliegender Säure, würzig. Entwickelt sich. 13 Vol.-%, NK, €€€

92+ 2022 »Wurzelfieber« Goldmuskateller trocken
Eher dezent in der Farbe mit einladendem Duftbild: Muskat, reifer Pfirsich, Mango, etwas Cassis. Filigrane Struktur, am Gaumen mit beschwingter Säure, feine Salzigkeit, baut Spannung mit einer merklichen Phenolschicht auf. Raffiniert. Ungewöhnliche Interpretation. 11,5 Vol.-%, NK, €€

92 2018 Merlot trocken

92 2022 »Kalkmergel« Chardonnay trocken
Duftig, leicht brenzlig, gelbe Blüten, Birne und Aprikose, feine Holzwürze, leicht salziges Karamell. Bewegt sich am Gaumen in einem schönen Aggregatzustand zwischen entspannt und druckvoll, sehr präsent, natürlich, kalkmineralisch geeicht, feine Würze, echt. 13 Vol.-%, NK, €€

★★★★

WEINGUT GEORG MOSBACHER

Weinstraße 27, 67147 Forst an der Weinstraße
T: +49 6326 329, info@georg-mosbacher.de
georg-mosbacher.de

Ab-Hof-Verkauf: Mo bis Fr 9–12 Uhr und 13.30–18 Uhr, Jan. bis März Sa 10–13 Uhr, Apr. bis Dez. Sa 10–16 Uhr
Kellermeister: Jürgen Düringer
Ansprechpartner: Sabine Mosbacher-Düringer
Hektar: 22 ha
Anbauweise: Bio

Sabine Mosbacher-Düringer und Jürgen Düringer haben den warmen und trockenen Jahrgang 2022 gut gemeistert: Im Kieselberg-GG notierten wir eine »finessenreiche Kühle«, im Ungeheuer »frische Energie«. Die Säuren sind in diesem Jahrgang etwas reifer und braver als etwa bei den Jahrgangsvorgängern aus 2021. Dank der guten Extrakte ist die Balance der Weine jedoch makellos. Eine besondere Erwähnung verdient sich der Riesling »Basalt« aus Forst: Das ist eine Werbung für den Ortswein – ein kleiner Bruder des »Pechstein« mit deutlicher Familienähnlichkeit.

93+ 2022 Forst Ungeheuer Riesling GG
Intensiver Duft mit reifem Steinobst, duftige, leicht brenzlige Noten, Rosmarinöl, kandierte Orangenschale. Am Gaumen mit frischer Energie, zitrisch, Limettensaft, saftig, anregend und animierend, auch durch die präsente Säure und salzige Mineralik, eindrucksvoll. 12,5 Vol.-%, NK, €€€

93 2022 Deidesheim Kieselberg Riesling GG
Gepflegte Spontangärungsaromatik, kräuterig, weißer Pfeffer, zum Steinobst auch mineralische Noten. Am Gaumen mit einer tragenden, breit angelegten Säurespur, die Mineralik sorgt für eine finessenreiche Kühle, gut dosierte, saftige Stoffigkeit, balanciert. 12,5 Vol.-%, NK, €€€

92+ 2022 Wachenheim Gerümpel Riesling Erste Lage trocken
Blasses Goldgelb. Zunächst dezent im Duft. Junger Pfirsich, Johannisbeerblatt, nasser Stein und grüner Apfel. Am Gaumen ein tolles Spiel von feinem Extrakt und reifer Säure in einem eher schlanken Körper. Eleganz begeitet den sehr guten Abgang. 12,5 Vol.-%, NK, €€

92 2022 Deidesheim Leinhöhle Riesling Erste Lage trocken
Goldgelb im Farbton und reif im ersten Duft. Aromen von gelbem Apfel, rosa Pfirsich, Aprikose und Gesteinsmehl strömen in die Nase. Am Gaumen auch zitrisch, kräuterig und mineralisch. Ein attraktiver Säurebogen führt in den guten Nachhall. Ein Wein mit klarer Kontur. 12,5 Vol.-%, NK, €€

92 2021 »macération« Grauburgunder trocken

93 2022 »Basalt« Forst Riesling trocken
Im Glas zunächst leichte Holzwürze, danach Zitronenmelisse, Mandarine und gelber Apfel. Am Gaumen herrlich saftig, sehr feine terroirtypische Frucht. Dabei viel Substanz bei idealer Balance. Ein sehr attraktiver Wein mit viel Trinkfluss und Potenzial. 12,5 Vol.-%, NK, €€

★★★

WEINGUT EUGEN MÜLLER

Weinstraße 34a, 67147 Forst an der Weinstraße
T: +49 6326 330, kontakt@weingut-eugen-mueller.de
weingut-eugen-mueller.de

Ab-Hof-Verkauf: Mo bis Fr 8–12 Uhr und 13.30–18 Uhr
Kellermeister: Stephan Müller, Andreas Hammerstein, Alexander Rupp & Nicklas Joseph
Ansprechpartner: Stephan Müller
Flaschen/Hektar: 145.000 (90 % weiß, 10 % rot)/17 ha

Das unübersehbar an der Bundesstraße gelegene Weingut bleibt eine zuverlässige Quelle für Weine, die die außergewöhnliche Güte der Forster Lagen auf zugängliche Weise ins Glas bringen. Die beiden nominell größten Weine – der Riesling Kirchenstück und das »Große Lage«-Exemplar aus dem Jesuitengarten – fehlten dieses Jahr zwar bei der Verkostung, doch ein tiefgründiger Pechstein und die »Réserve« aus dem Ungeheuer füllen die Lücke aufs Beste. Stephan Müller stellt auch in den aktuellen Weinen die pralle Frucht des Rieslings ins Zentrum.

94 2021 »GL Réserve« Forst Ungeheuer Riesling trocken

Farbkräftig, und auch im Duft recht satt: konzentrierte zitrische Aromen, Grapefruit, Mandel und Marzipan. Präsenter Holzeinfluss. Im Mund rivalisieren konzentrierte Frucht, elegante Säure und Holznoten um die Vorrangstellung. Das wird sich zu einem komplexen Amalgam zusammenfügen.
12,5 Vol.-%, NK, €€€

93+ 2021 »GL« Forst Pechstein Riesling trocken

Grapefruit und marine Noten, Seetang, Salz. Im Mund hat der Wein eine schöne Weite und einen ganz ruhigen, ausgeglichenen Fluss, seidige Phenole kleiden den Gaumen aus, eine zivilisierte Säure gibt Frische und Spannung, die Aromen wirken noch jugendlich-verschlossen, haben aber bereits Länge.
13 Vol.-%, NK, €€€

92+ 2021 »GL« Forst Ungeheuer Ziegler Riesling trocken

Etwas Hefe, Limettenschale und Grapefruittrester im Duft. Am Gaumen zeigt sich der Wein seidig, gut aromatisch dotiert, mit fester, reifer Säure und zarter Süße sowie mit ausgewogenen, fruchtigen und würzigen Komponenten im Abklang. Weiteres Potenzial! 12,5 Vol.-%, NK, €€€

90+ 2020 »Alte Reben« Spätburgunder trocken

Vergleichsweise kräftiges Neuholz, und eine dichte Frucht von Sauerkirsche und dunklen Beeren. Im Mund zeigt sich der Wein saftig, mit mittlerer Konzentration und feinem, sandigem Gerbstoff. Etwas taktile Mineralität zeigt Terroir.
12,5 Vol.-%, NK, €€€

90+ 2022 »Alte Reben« Sauvignon Blanc trocken

91 2022 Forst Jesuitengarten Riesling trocken

Im Duft zeigt sich der Wein von einer opulenten Seite: florale Noten und Tropenfrucht, Mirabelle, Aprikosenmark. Im Mund ist er dann schlanker, als man erwarten würde: mit fester Säure, einem Anflug von Terpenherbe und mit einer vergleichsweise präsenten Süße. 13 Vol.-%, DV, €€

★★★★

WEINGUT MÜNZBERG

Böchinger Straße 51, 76829 Landau-Godramstein
T: +49 6341 60935, wein@weingut-muenzberg.de
weingut-muenzberg.de

Ab-Hof-Verkauf: Mo bis Fr 8–12 & 14–18 Uhr, Sa 10–15 Uhr
Kellermeister: Nico Keßler und Friedrich Keßler
Ansprechpartner: Gunter Keßler
Flaschen/Hektar: 120.000 (69 % weiß, 18 % rot, 5 % Rosé, 2 % süß, 6 % Schaumwein)/18 ha
Anbauweise: in Umstellung

Das Weingut Münzberg überzeugt Jahr für Jahr mit sehr regelmäßiger und in der Spitze herausragender Qualität. Mittlerweile befindet sich der Betrieb in Umstellung auf biologische Erzeugung, was unter Umständen noch einmal einen kleinen Schub geben könnte. Wobei die Familie Keßler bereits mit ihrer aktuellen Kollektion wieder wunderbare Weine präsentiert. Erneut ganz oben auf unserer Favoritenliste stehen die Gewächse aus der Lage »Schlangenpfiff«, aber auch der 2020er Pinot-brut-Sekt ist hervorragend gelungen und eignet sich sogar als Speisenbegleiter.

93+ 2021 Godramstein Stahlbühl Chardonnay tr.
Vielschichtig im Duft, Kamille, reifer saftiger Pfirsich, saftige Aprikosen, süße Ananas, kräutrige Würze, Salbei, Estragon, Zitronenmelisse, Karamell. Am Gaumen mit Kraft und Saft, Schmelz, lebendige Säure mit Zug, Holzwürze ist gut eingebunden, schöne Länge, Reifepotenzial. 13,5 Vol.-%, NK, €€€€

93 2021 »Schlangenpfiff« Godramstein Münzberg Weißer Burgunder GG
Feinduftig in der Nase, frische Zitronen, Zitronenabrieb, weiße Blüten, nussige Noten, Wiesenkräuter, Gesteinsmehl. Am Gaumen elegant, cremiger Kern, lebendige Säure, schöne Würze, gut im Extrakt, lang am Gaumen. Bringt jetzt schon viel Trinkfreude, wird auch gut reifen. 13 Vol.-%, NK, €€€

93+ 2020 »Schlangenpfiff« Godramstein Münzberg Spätburgunder GG
Komplex, zugleich elegant im Duft. Melange aus Weihrauch, Cranberry, Tomatenblatt und Himbeere. Am Gaumen auch rote Kirsche und Gewürznelke. Dichter Bau, reifes Tannin in hoher Menge, dennoch elegant. Ein feiner Säurenerv führt in den langen Nachhall. 14 Vol.-%, NK, €€€

93 2020 Godramstein Affolter Spätburgunder trocken
Fruchtig-würziges Bukett mit Schwarzkirschen, Himbeeren, Walderdbeeren, Holzwürze, Gewürznelken, Eukalyptus und etwas Nugat. Am Gaumen mit reifer Säure und fein extrahierten Gerbstoffen, gute Spannung, der Extrakt wird von würziger Mineralik unterlegt. 14 Vol.-%, DIAM, €€€

91+ 2022 »Kalkgestein« Godramstein Weißer Burgunder trocken
91 2022 »Kalkgestein« Godramstein Chardonnay trocken
91 2022 »Löß-Lehm« Godramstein Weißer Burgunder trocken
91 2022 »Kalkmergel« Godramstein Chardonnay trocken
90 2022 Weißer Burgunder trocken
90 2022 »Kalkmergel« Godramstein Grauer Burgunder trocken
90 2020 »Kalkgestein« Godramstein Spätburgunder trocken

91+ ❶ 2020 Pinot brut WB/PN
Rosagolden in der Farbe, duftige, würzige Nase nach Kräutern und Wald, reife Birnen, fast erdig. Im Mund elegant mit deutlicher und animierender Säure, viel Saft und Tiefe, köstlich frisch und mit viel Zug, eignet sich auch als toller Speisenbegleiter! 12 Vol.-%, NK, €€€

★★

WEINGUT MUSSLER

Am Goldberg 6, 67281 Bissersheim
T: +49 6359 2490, info@weingut-mussler.de
weingut-mussler.de

Ab-Hof-Verkauf: Mo bis Fr 8–12 & 13–18 Uhr, Sa 10–17 Uhr
Kellermeister: Steffen Mickley
Ansprechpartner: Sabine Mussler
Flaschen/Hektar: 666.700 (50 % weiß, 50 % rot)/55 ha

Laumersheim in der Nordpfalz ist ein wahres Dorado für Weinliebhaber, mit großartigen Lagen wie Kirschgarten und Steinbuckel. Renommierte Weingüter von internationaler Bedeutung haben hier ihre Reben. Und zugleich gibt es noch Entdeckungen zu machen – wie das Weingut Mussler. Zwar betreibt die Familie seit 1831 Weinbau, der Durchbruch kam allerdings erst im letzten Jahrzehnt unter Tobias Mussler. Seine Handschrift wirkt auch nach seinem viel zu frühen Ableben fort, etwa in der großzügigen 2019er Cuvée »Tuvijah Hommage« oder dem animierenden Sauvignon Blanc.

92 2020 Laumersheim Kirschgarten Riesling trocken
Kräftiges Goldgelb, üppiger, würziger Duft nach reifem Pfirsich, Aprikose, Passionsfrucht, auch Brennnesseln. Kompakter Bau, dicht und vielschichtig am Gaumen, die Substanz und der Extrakt werden von einer präsenten Säure mitgetragen, saftig, mineralisch, leicht salzig, lang.
12,5 Vol.-%, NK, €€€

91 2021 Laumersheim Steinbuckel Chardonnay trocken
Kräftiges Goldgelb, Kokosnuss in der Nase, auch Vanille und Rauch, reife Aprikose, Birne und Ananas, etwas Weihrauch. Schlank gebaut, entfaltet sich üppig mit Schmelz und reifer Frucht, aber auch druckvoll mit extraktgetragener Spannung, harmonisch abgerundet. 12,5 Vol.-%, NK, €€€

92 2019 »Tuvijah Hommage« Laumersheim Steinbuckel trocken CS/CF
Blickdicht im Glas, zu reifen Cabernetnoten Holzwürze, Tabak, Zedernholz, Schwarzkirsche, Cassis, dunkle Schokolade. Ambitionierter Entwurf, kräftige Struktur, weiche Textur, kraftvoll mit stimmigem Extrakt, mittelkörniges Tannin, großzügig, würzig, gute Länge. 14 Vol.-%, NK, €€€

91+ 2020 Laumersheim Kirschgarten Spätburgunder trocken
Würzig, Brombeere, schwarze Kirsche, Rauch, dunkler Tabak, Wacholderbeere, etwas Unterholz. Kompakter Bau am Gaumen, die präsente Säure übernimmt die Regie, gute Substanz, griffiger Gerbstoff, mittlerer Extrakt, zeigt das Potenzial der Lage, trocken, mineralisch. 12,5 Vol.-%, NK, €€€

89+ 2022 Weißer Burgunder trocken

90 2022 Sauvignon Blanc trocken
Sortentypische Aromen im Duft: Cassis, reife Mango, auch Zitronengras, grüner Paprika und frischer Rasenschnitt. Eröffnet im Mund mit klarer Frucht, Mango, Stachel- und Johannisbeere, lebhafte Säure und auch Kohlensäure, verbindet Substanz mit Trinkfluss. 12,5 Vol.-%, DV, €

★★

WEINGUT NAUERTH-GNÄGY

Müllerstraße 5, 76889 Schweigen-Rechtenbach
T: +49 6342 919042, info@nauerth-gnaegy.de
nauerth-gnaegy.de

Ab-Hof-Verkauf: Sa 9–17 Uhr, Mo bis Fr nach Vereinbarung
Kellermeister: Michael Gnägy und Mareen Nauerth
Ansprechpartner: Nauerth-Gnägy
Flaschen/Hektar: 180.000 (58 % weiß, 30 % rot, 9 % Rosé, 3 % Schaumwein)/29,5 ha
Anbauweise: Bio

Das Bioweingut Nauerth-Gnägy hat sich neben prominenten Namen wie Fritz Becker, Johannes Jülg oder Gert Bernhart im Kalkstein-Eldorado Schweigen einen Namen gemacht. Absolut verlässlich zeigen sich Jahr für Jahr die Weißweine, ob Rieslinge, Burgunder oder Sylvaner – sie nähren auch immer die kulinarische Vorstellungskraft. Die Rotweine toppen dieses Niveau noch, die beiden Spätburgunder aus 2018 zeigen ganz unverstellt das kalkmineralische Potenzial des Schweigener Terroirs. Wenn sich dieser Eindruck weiter verfestigt, recken wir die Tafel mit den drei Sternen in die Höhe.

91 2021 »ng.3« Schweigen-Rechtenbach Herrenwingert Riesling trocken
Würzig, konzentriert, auch duftig, reifer Pfirsich, Passionsfrucht, kalkmineralisch, auch rauchig. Kompakt gebaut, mit fester Struktur am Gaumen, auch druckvoll mit gutem Extrakt, saftig und mineralisch, mit eingebundener Säure, endet mit salzigen Anklängen. Jung. 12,5 Vol.-%, DV, €€

92+ 2018 »ng.3« Schweigen-Rechtenbach Eisenbart Spätburgunder trocken
Würzig und reif, der Duft zeigt den warmen Jahrgang, Tabak, Wacholderbeere, Kirsche und Pflaume. Macht mit seiner Substanz, Kraft und Würze Eindruck am Gaumen, trocken, mineralisches Rückgrat, die Gerbstoffe sind reif in großer Dosierung, lang und noch jung. 13,5 Vol.-%, NK, €€€

91+ 2018 »ng.3« Schweigen-Rechtenbach Sonnenberg Spätburgunder trocken
Etwas getragen im Duft, feiner Rauch und edle Würze liegen über roter Kirsche und Mineralik. Lässt am Gaumen bei kraftvoller Struktur und guter Substanz die Lage sprechen: minimalistisch trocken und kalkmineralisch, Sauerkirsche als Fruchtbeitrag. Lang und mit Zukunft. 13,5 Vol.-%, NK, €€

91+ 2020 »ng.3« Schweigen-Rechtenbach Sonnenberg Blaufränkisch trocken
Attraktiver Duft, Pflaume, Kirsche mit feiner Holzwürze, Waldbeeren und getrocknete Kräuter, etwas Rauchfleisch. Kein überladener Schmeichler am Gaumen, betont trocken und ungeschminkt, mineralisch, schöne Frische bei guter Substanz, reifes und griffiges Tannin. 13,5 Vol.-%, NK, €€

90 2022 »ng.2« Rechtenbach Weißer Burgunder trocken

90+ 2022 »ng.2« Rechtenbach Sylvaner trocken
Neben rebsortentypischen Aromen wie Apfel, Birne und gelber Pflaume auch florale und kalkmineralische Anklänge. Kraftvoll und stoffig am Gaumen mit guter Substanz, betont trocken, trotzdem mit Schmelz und Saft. Weiche Säure, prägendes mineralisches Rückgrat. 13,5 Vol.-%, DV, €

★★

WEINGUT NEHB

Im Auweg 44, 67269 Grünstadt-Asselheim
T: +49 6359 6437, info@weingut-nehb.de
weingut-nehb.de

Ab-Hof-Verkauf: Mo bis Sa 8–12 Uhr und 13–18 Uhr
Kellermeister: Sascha Nehb
Ansprechpartner: Sascha Nehb
Flaschen/Hektar: 133.300 (50 % weiß, 50 % rot)/15 ha

Sascha Nehb hat uns dieses Jahr den Top-Schwarzriesling »Terrain calcaire« nicht vorgestellt – dafür springt der kleine Bruder als Falstaff-Tipp in die Bresche, der laut unseren Informationen gerade einmal 6,30 Euro kostet. Gut investiertes Geld für alle, die die fruchtige Eleganz des Pinot Meunier in Reinkultur erleben möchten. Wer im Roten eher Farbe und Power sucht, greift zum Barrique-Dornfelder. Und wer noch nie die in den Siebzigern populäre Neuzüchtung Optima im Glas hatte, findet sie hier in Form eines geschmacklich recht eigenständigen süßen Kabinetts.

89+ 2022 Mühlheim Gräfenstück Chardonnay trocken
Ein vergleichsweise fruchtiger Duft für Chardonnay: Weinbergpfirsich, Honigbonbon, Sesamschnitte. Der Gaumen hat einen straffen Bau, viel Saft und Nerv, eine gute Balance aus weichen und kernigen Motiven, eine Spur Süße tut der Frische keinen Abbruch. 13 Vol.-%, DV, €

88+ 2022 Mühlheim Grafenstück Grauer Burgunder trocken
Sehr offen im Duft, »süß«, Blütenhonig, Eisbonbon. Der Gaumen hat einen schlanken Ansatz, Nerv und Kohlensäure lassen den Bau zusätzlich schlank wirken, eine knackige Säure und etwas Süße suchen im Abgang ihr Gleichgewicht. 12 Vol.-%, DV, €

89+ 2021 St. Laurent trocken
Helles Erdbeerrot mit hellen Rändern. Pfirsich und Reneklode im Duft, auch Himbeerbonbon und Apfelgelee. Im Mund hat der Wein eine saftige, feingliedrige Struktur, die Säure ist gut integriert, der Abgang mischt in die Beerenfrucht Noten von feuchtem Kalk und gesüßtem Schwarztee. 12,5 Vol.-%, DV, €

89 2022 Asselheim St. Stephan Optima Kabinett
Duft nach reifer Zitrusfrucht, Mandarinenschale, rote Grapefruit, etwas Pfirsich und Minze. Am Gaumen mit gut integrierter Säure, feine, helle Früchte, etwas Papaya, gut austarierte Süße, sehr zugänglich und frisch, in sich stimmig, macht Spaß. 10 Vol.-%, DV, €

88+ 2018 Asselheim Goldberg Dornfelder Barrique trocken

90 2022 Asselheim Goldberg Schwarzriesling trocken
Pikant beerig im Duft: rote Grütze mit einem Touch Vanille, auch eine Note von Birkenblättertee und Minze. Im Mund zeigt sich die ganze Eleganz der Sorte mit Saftigkeit und einem milden, aber dennoch Struktur gebenden Gerbstoff und mit einer delikaten, sehr klaren Abgangsfrucht. 13 Vol.-%, DV, €

★★★

WEINGUT NEISS

Hauptstraße 91, 67271 Kindenheim
T: +49 6359 4327, info@weingut-neiss.de
weingut-neiss.de

Ab-Hof-Verkauf: Ja
Kellermeister: Hendrik Bitsch
Ansprechpartner: Axel Neiss
Flaschen/Hektar: 380.000 (39 % weiß, 20 % rot, 17 % Rosé, 1 % süß, 1 % Schaumwein)/47 ha

Die Kalklagen der Nordpfalz sind das Terrain von Axel Neiss. Hier strebt der erfahrene Winzer stoffige Weiß- und Rotweine an, die die Gunst der Böden und des oft kühlen Mikroklimas in stoffige Weine umsetzen. Wie gut diese Kelterungen reifen, belegt die Spätburgunder-»Réserve« aus dem Jahrgang 2016, die nach sieben Jahren eine komplexe, typisch »deutsche« Würze zeigt und sie mit saftiger Spannung flankiert. Aus dem Jahrgang 2018 stammt eine Chardonnay-»Réserve«, die Pfälzer Power durchscheinen lässt und trotzdem ungemein elegant wirkt. Sehr beachtlich!

93 2018 »Réserve« Bockenheim Schlossberg Chardonnay trocken
Holz und erste Reifearomen bestimmen den Duft: etwas Karamell, Quitte, frische Fassbutter, eine Prise schwarzer Pfeffer. Der Gaumen hat Fülle und Volumen und ist dicht mit feinem Extrakt gefüllt: mit reifen Phenolen, die in Schmelz verpackt sind, ohne breit zu wirken. 13,5 Vol.-%, NK, €€€

92+ 2021 Zell Schwarzer Herrgott Riesling tr.
Eine balsamische Kalkwürze strömt aus dem Glas. Dazu reife Zitrusfrucht: Mandarine, Kumquat. Am Gaumen baut sich ein homogener, seidiger bis feinkörniger Druck auf, die Säure hat Schliff, Hefenoten begleiten die Struktur in einen sehr guten Abgang. Potenzial! 13 Vol.-%, NK, €€€

91+ Ⓢ NV Blanc de Blancs brut nature
Zitronengelb in der Farbe bei feiner Perlage. Kühl und zitrisch im ersten Duft. Es folgen Nuancen von weißen Blüten, Rauch und ein Hauch Haselnuss. Am Gaumen wiederum Limette und junge Ananas. Balanciert von markanter Säure. Pur und mineralisch im Nachhall. 11,5 Vol.-%, NK, €€

92 2016 »Réserve« Kindenheim Glockenspiel Spätburgunder trocken
Im Farbkern purpur, zu den Rändern heller und ziegelrot. Im Duft würzig und »süß«: Assamtee mit Kandis, abgefahrener Reifen, Lorbeer. Im Mund zeigt sich der Wein körnig und spannungsvoll, die Säure hat Zug, der Abgang hallt würzig, aber noch kompakt nach. 13,5 Vol.-%, NK, €€€

91+ 2018 Kindenheim Burgweg Weißburgunder trocken
91 2021 Bockenheim Schlossberg Chardonnay trocken
91 2021 »Alte Reben« Bockenheim Schlossberg Weißburgunder trocken
90+ 2021 Kindenheim Burgweg Riesling trocken
91+ 2019 Bockenheim Vogelsang Frühburgunder trocken
91 2019 Bockenheim Sonnenberg Cabernet Franc trocken
90 2022 Bockenheim Sonnenberg Riesling Kabinett

90+ 2018 Bockenheim Spätburgunder tr.
Ein feingliedriger, aber auch frischer und vielschichtiger Duft: Rote Johannisbeere, Cranberry, Granatapfel. Der Gaumen beginnt saftig und geschmeidig, ein mit Augenmaß extrahierter Gerbstoff mittlerer Dichte gibt Struktur, die Säure ist gut eingebunden, die aromatische Länge ist sehr gut. 13 Vol.-%, NK, €€

★★★

WEINGUT AM NIL

Neugasse 21, 67169 Kallstadt
T: +49 6322 95791000, info@weingutamnil.de
weingutamnil.de

Ab-Hof-Verkauf: Mi bis Fr 10–12 Uhr und 13–17 Uhr, Sa und So 12–18 Uhr
Kellermeister: Till Tempel
Ansprechpartner: Christine Ludt
Flaschen/Hektar: 320.000 (75 % weiß, 25 % rot)/34 ha

Als Christine Ludt 2020 die Geschäftsführung übernahm, war es ihr erklärtes Ziel, das Weingut am Nil in der Hierarchie der Pfälzer Betriebe weiter oben zu platzieren. Sie stellte ein junges, ehrgeiziges Team zusammen und beförderte Till Tempel zum verantwortlichen Kellermeister. Diese mutigen Entscheidungen zahlen sich langsam aus, die Weine transportieren nun die großen Möglichkeiten famoser Lagen wie dem vom Kalk geprägten Kallstadter Saumagen, in dem das Gut stolze 3,8 Hektar Reben besitzt. Gerade Riesling und Spätburgunder bestätigen den Trend nach oben!

93+ 2021 Kallstadt Saumagen Riesling trocken
Zitronengelb. Komplex und im Duft. Eine terroirtypische Melange von nassem Stein, Salz, Aprikose, Limettenmelisse, gelbem Apfel sowie eine florale Note. Am Gaumen von feiner Säure balanciert. Dabei dicht mit Struktur und Tiefe. Langer Nachhall. Gutes Potenzial. 12,5 Vol.-%, NK, €€€

92 2021 Ungstein Herrenberg Riesling trocken
Zitronengelb. Ein Bukett von Zitronenzeste, Weinbergpfirsich, Mandarine, grünem Apfel und Gesteinsmehl. Am Gaumen kreidig-kalkig, eleganter Extrakt, leichte Phenolik bei prägnanter Säure. Guter Zug und Grip führen in den langen Nachhall. Potenzial. 12,5 Vol.-%, NK, €€€

91+ 2021 Ungstein Weilberg Riesling trocken
Zunächst bedeckt in der Nase. Aromen von jungem Apfel, Gesteinsmehl, Zitronenzeste und Kiwi. Am Gaumen ein Hauch von schwarzem Johannisbeerblatt bei feiner Textur, leichter Mineralik, balancierender Säure und guter Saftigkeit in einem mittleren Körper. Guter Nachhall. 13 Vol.-%, NK, €€€

93+ 2019 Kallstadt Saumagen Spätburgunder trocken
Kompakt und zugleich komplex. Aromen von dunkelroter Frucht, Zartbitterschokolade sowie schwarzem Johannisbeerblatt. Am Gaumen kalkmineralisch bei feinkörnigem Gerbstoff und gut integrierter Säure sowie viel Substanz in einem mittelgewichtigem Körper. Viel Lagerpotenzial. 13,5 Vol.-%, NK, €€€

89+ 2022 Kallstadt Chardonnay trocken

90 2021 Kallstadt Riesling trocken
Zitronengelb in der Farbe. Reif und sortentypisch im Duft. Aromen von Pfirsich und gelbem Apfel. Am Gaumen auch Meyer-Zitrone und feine Mineralik. Attraktiv saftig, feiner Schmelz und herrlich trinkig. Lebendige Säure trägt den guten Abgang. 12,5 Vol.-%, DV, €€

★★

GUT OBERCARLENBACH – WEINGUT BERND & ANNETTE MECKEL

Hauptstraße 23, 67271 Kleinkarlbach
T: +49 176 23447014, Bernd@Obercarlenbach.de
obercarlenbach.de

Ab-Hof-Verkauf: Mi 15–18 Uhr, Sa 11.30–17 Uhr
Kellermeister: Bernd Meckel
Ansprechpartner: Bernd Meckel
Hektar: 4 ha

In dem von Bernd und Annette Meckel betriebenen Gut Obercarlenbach in Kleinkarlbach wird sogar der Rosé »Rose d'Or« in die Burgunderflasche gefüllt – aus gutem Grund: Knochentrocken und mit fester Struktur hat er – wie alle Weine – eine klare kulinarische Bestimmung. Die sind durchaus auch auf Reife angelegt, was erklärt, dass der Jahrgang 2022 noch im Keller liegt. Wie der mineralische Riesling oder der Pinot Noir aus dem Kleinkarlbacher Kieselberg, dem der Kalk aus jeder Zelle und Pore rinnt, entfalten sie ihre Reize in einem großen Glas. Très intéressant.

91+ 2021 Kleinkarlbach Herrenberg Riesling trocken
Feine Holzwürze mit sommerlicher Kamille, getrocknete Minze, Pfirsich, etwas Kandiszucker. Kraftvoll und mit guter Energie am Gaumen, dichter Extrakt, die Gerbstoffe sind auf Entwicklung angelegt, straffe Säure, zitronig, mineralisch. Wer dem Wein Zeit gibt, wird belohnt. 13 Vol.-%, NK, €€

90 2021 Weißburgunder trocken
Reife Kamille und Holzwürze, feiner Kaminrauch, Birnenschale, Apfel, grüne Walnuss. Geschmeidig am Gaumen ansetzend, weicher Hintergrund, reife, gut tragende Säure, gepflegter Holzeinsatz, schöne Würze, grüne Walnuss, Mineralik, salzig. Schnell den Tisch decken. 13 Vol.-%, NK, €€

92 2019 Kleinkarlbach Kieselberg Pinot Noir trocken
Würziges Duftbild, Holzpatina. Rote und dunkle Kirsche, Rote Johannisbeere, kräuterige Noten, getrockneter Rosmarin, Unterholz. Kräftig gebaut und auch im Format eher breit angelegt, weicher Fond, betont trocken, gibt den Blick frei auf die kalkige Mineralik. 13 Vol.-%, NK, €€

91+ 2019 »Réserve Laurentius« St. Laurent trocken
Dichter, würziger Duft, Nelke, Wacholderbeere, viel Cassis, Brombeere und Schwarzkirsche, Pfeifentabak, dunkle Schokolade. Kräftige Struktur mit guter Substanz und gut korrespondierender, reifer Säure, mürbes Tannin in guter Menge, aparte Herbe, lang. 13 Vol.-%, NK, €€

89+ 2019 »Cesário« Portugieser trocken

90 2021 »Rose d´Or« Rosé trocken PN/SL
Leicht cremefarben. Würzige Holznoten vom Barriqueausbau, Pinotfrucht, Himbeere, rote Kirsche, Heidelbeere, Waldbeeren. Feste Struktur am Gaumen mit geschmeidigem Inhalt, weiche Textur, eingebundene Säure, feiner Gerbstoff, ungekünstelt, zuckerarm, kulinarisch.
12,5 Vol.-%, NK, €€

★★

WEINGUT OBERHOFER

Am Linsenberg 1, 67483 Edesheim
T: +49 6323 944911, pascal@weingutoberhofer.de
weingutoberhofer.de

Ab-Hof-Verkauf: Vinothek Di bis Fr 13–20 Uhr, Sa 12–20 Uhr, So 12–19 Uhr
Kellermeister: Pascal Oberhofer
Ansprechpartner: Pascal Oberhofer
Hektar: 26 ha
Anbauweise: Bio

Der Edesheimer Biobetrieb hat uns wieder viel Freude bereitet: Zwar sind die Spätburgunder aus 2021 etwas sehniger und kerniger als sonst, aber mit etwas Flaschenreife werden diese Weine sehr angenehme Speisenbegleiter sein. Für den Chardonnay war die Säurefrische des Jahrgangs eine Steilvorlage – hin zu einem saftig-eleganten Typus von Chardonnay, der nicht sättigt und gerade bei Tisch enorm vielseitig ist. Unser Falstaff-Tipp ist eine Bukettsorte: So schön kann Gewürztraminer sein! Probieren Sie diesen frischen Vertreter der Sorte mal als belebenden Aperitif!

92 2021 Edesheim Mandelhang Chardonnay trocken
Röstiges Neuholz, jodige Aromen, eine Note von Flachs. Im Mund zeigt sich ein knackiger, kerniger Bau, mehlige Phenole und eine präsente Säure schaffen eine fordernde Struktur, die mit dem passenden Gericht auf dem Tisch aufblühen wird. Gute Länge. 13 Vol.-%, NK, €€€

91+ 2021 Edesheim Chardonnay trocken
Ein Duft nach frischer Süßrahmbutter und salzigem Popcorn entsteigt dem Glas. Im Mund ist der Wein frisch und saftig, mit lebendigem Säurekern, dezenter Phenolik und mittlerer Länge und Tiefe. Ein vielseitiger, unaufdringlicher Speisenbegleiter. 12,5 Vol.-%, NK, €€

90+ 2021 Edesheim Rosengarten Spätburgunder trocken
Im Duft findet man: rauchiges Neuholz, Sauerkirsche, Trockenfleisch. Der Gaumen setzt weich an, entfaltet sich dann saftig und mit feinkörnigem, vergleichsweise reifem Gerbstoff, die Struktur ist mittelgewichtig im Extrakt und in ihrer sehnigen Art durchaus potenzialreich. 12,5 Vol.-%, NK, €€€

89+ 2021 Edesheim Spätburgunder trocken
Eine furiose Würze steigt aus dem Glas: mit Aromen von Schokolade, Wildpflaume und schwarzem Pfeffer, aber auch einer animalisch-wildwürzigen Note. Im Mund zeigt sich ein Wein von mittlerer Dichte, der sehnige Gerbstoff dominiert die Gaumenstruktur, saftig, feinnervig flankiert. 12,5 Vol.-%, NK, €€

89+ 2021 Dierbach Spätburgunder trocken

91 2022 Edesheim Forst Gewürztraminer trocken
Ein zugleich würziger und frischer Duft: Rose und Blutorange, auch rauchige Untertöne. Der Gaumen zeigt sich ebenfalls frisch und sehr saftig, gebündelt mit feinem Säurenerv und etwas Kohlensäure, mit viel Schliff und einem langen, aromatischen Abklang. 12,5 Vol.-%, DV, €€

★★

WEINGUT KARL PFAFFMANN ERBEN

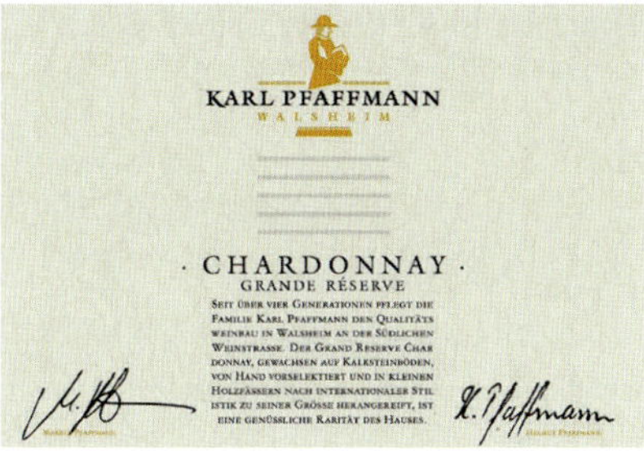

Allmendstraße 1, 76833 Walsheim
T: +49 6341 969130, info@karl-pfaffmann.de
karl-pfaffmann.de

Ab-Hof-Verkauf: Mo bis Fr 8–12 Uhr und 13–18 Uhr, Sa 10–16 Uhr
Kellermeister: Markus Pfaffmann
Ansprechpartner: Markus Pfaffmann
Flaschen/Hektar: 400.000 (75 % weiß, 25 % rot)/60 ha

Bei der Familie Pfaffmann steht der Wein im Zentrum – und die Teamarbeit. Markus Pfaffmann leitet das Weingut in dritter Generation, sein Großvater Karl Pfaffmann hatte es gegründet. Auf einem hochwertigen Terroir, das von Lössböden mit Kalkanteilen geprägt ist, entstehen in Walsheim wunderbar zugängliche und überaus sortentypische Weine, die sich exzellent bei Tisch eignen. Paradebeispiele dafür sind unter anderem die »Réserve«-Weine aus Chardonnay und Grauburgunder. Auf keinen Fall verpassen sollte man einen Besuch in der schönen Vinothek des Weinguts!

91 2020 »Grande Réserve« Walsheim Silberberg Chardonnay trocken
Leichtes Goldgelb, feine Holznoten liegen noch über der Frucht im Duft, grüne Walnuss, Birne, reife Melone. Setzt in einer breit angelegten Struktur druckvoll am Gaumen an, reife Säure, würzig unterlegt, feiner Gerbstoff, trocken in der Anmutung, geht mit schöner Würze ins Finale.
13,5 Vol.-%, NK, €€€

91 2022 »Selection« Walsheim Silberberg Riesling trocken
Blasses Zitronengelb. Zunächst verhalten im Duft. Es folgen Aromen von Apfel, reifem rosafarbenem Pfirsich, Zitrusfrüchten sowie Gesteinsmehl. Am Gaumen ein kräftiger Extrakt mit milder Grundierung und feiner Süße, abgefedert von guter Säure. Ein jahrgangstypischer Vertreter.
13,5 Vol.-%, DV, €

90 2022 »Selection« Knöringen Hohenrain Weißburgunder trocken
Klares Zironengelb, sauber im Duft mit feinen Aromen von Birne, Weinbergpfirsich, Limettenschale, aber auch etwas Schotter. Am Gaumen wird die Fruchtsüße von lebendiger Säure balanciert. Ein Hauch Phenolik und attraktiv-herbe Frucht begleitet den Nachhall. 13,5 Vol.-%, DV, €

89+ 2022 »Selection« Nußdorf Herrenberg Riesling trocken
Brillant in der Farbe und zunächst jugendlich verschlossen im Duft, nach Belüftung Zitrusfrüchte. Am Gaumen folgen Aromen von reifen Mirabellen, gelbem Pfirsich sowie Zitronenmelisse. Die süße Fruchtkonzentration wird von guter und lebendiger Säure getragen. Vollmundig. Guter Abgang.
13,5 Vol.-%, DV, €

89+ 2022 »Selection« Walsheim Silberberg Grauburgunder trocken

91 2021 »Réserve Pauline« Nußdorf Herrenberg Grauburgunder trocken
Zitronengelb. In der Nase zeigt sich eine offene, gelbe Frucht: Ananas, gelbe Äpfel, Birnen, Mirabellen und Zitronen sowie reife Mandel. Am Gaumen mittelgewichtig bei gut abfedernder Säure, charmante Cremigkeit, saftig und mit schönem Grip. Gutes Reifepotenzial.
13,5 Vol.-%, NK, €€

★★

WEIN. GUT. PAN THOMAS PFAFFMANN

Lindenbergstraße 36, 76829 Landau in der Pfalz
T: +49 6341 969187, info@vinopan.de
vinopan.de

Ab-Hof-Verkauf: Mo bis Fr 9–12 Uhr und 14–18 Uhr, Sa 9–18 Uhr
Kellermeister: Thomas Pfaffmann
Ansprechpartner: Thomas und Theobald Pfaffmann
Hektar: 16 ha

Thomas Pfaffman zählt mit seinem Wein. Gut. PAN zu den Individualisten der Pfälzer Weinszene, und das verstehen wir durchaus als ernst gemeintes Kompliment. Konformismus, Trends und Moden scheinen spurlos an ihm vorüberzuziehen, seinen Weinen lässt er die nötige Zeit, um sich zu entfalten, wie etwa den beiden formidablen Schaumweinen aus dem Jahrgang 2015, von denen uns der erfreulich gering dosierte »PAN Pinot« noch einen Ticken besser gefällt als sein Pendant in Rosé. Beim Pinot Noir aus dem Jahr 2020 stellt der Landauer Winzer sein Stilbewusstsein unter Beweis – unsere Empfehlung.

92+ 2015 »PAN Pinot« brut WB/PN
Denzent hefig, Kräutertöne, Zitrus. Im Mund fließt der Wein seidig, zart texturiert mit feinem Mousseux und gepflegter Säurestruktur. Erfreulich gering dosiert – ein stilvoller Aperitif oder auch ein Sekt zur (gehaltvollen) Speisenbegleitung. Sehr gute Länge. 12,5 Vol.-%, DIAM, €€€

91+ 2021 Nussdorf Kaiserberg Riesling trocken
Goldgelb in der Farbgebung und eine komplexe Aromatik im Duft. Aromen von Birnenschale, Quitte, Limette, Mineralik und hellem Gesteinsmehl. Der Gaumen brilliert durch viel Harmonie und Trinkfluss. Der Nachhall wird von leichter Phenolik begleitet. 12 Vol.-%, NK, €€€

91 2015 »PAN Rosé« brut PN/SW
Hefige, balsamisch-würzige Noten neben Burgunderfrucht. Straffer Bau, frisches Mousseux gibt Dynamik, die recht präsente Phenolik wird von geschmeidigen Motiven kontrastiert, die zurückhaltende Säure überlässt extraktsüßen, körperbetonten und leicht laktischen Motiven die Bühne. 12,5 Vol.-%, DIAM, €€€

91+ 2019 »PAN Noir« Cuvée trocken CS/CF/ME
Feine Holznote zu Cassis, Waldbeeren, Brombeeren, auch Schwarzkirschen, Pflaumen. Bringt am Gaumen die würzigen Noten von Cabernet und die sanfte Fülle des Merlots zusammen, würzig, fruchtig, zugänglich und mit der nötigen Tiefgründigkeit, straffes Tanningerüst. 13,5 Vol.-%, NK, €€€

90 2021 Nussdorf Kaiserberg Weißer Burgunder trocken

92 2020 Pinot Noir trocken
Im Glas entwickelt sich ein attraktives Bukett von dunkler Kirsche, Tomatenblatt, Himbeere, Gewürznelke, etwas Rauch. Am Gaumen mit mittelgewichtigem Körper, reifem Tannin als auch feiner Frucht, die durch gute Säure balanciert werden. Stilvoller Pinot! 13,5 Vol.-%, NK, €€€

★★★★

WEINGUT PFEFFINGEN

Pfeffingen 2, 67098 Bad Dürkheim
T: +49 6322 8607, info@pfeffingen.de
pfeffingen.de

Ab-Hof-Verkauf: Mo bis Fr 8–12 Uhr und 13–18 Uhr, Sa 9–12 und 13–16 Uhr
Kellermeister: Rainer Gabel
Ansprechpartner: Jan Eymael
Flaschen/Hektar: 133.300 (80 % weiß, 20 % rot)/17 ha

Herzblut und Leidenschaft – diese beide Eigenschaften zeichneten ihre Arbeit aus, meinen Doris Eymael und ihr Sohn Jan, die das traditionsreiche Familienweingut leiten. Das ist bestimmt richtig, allerdings sollten unbedingt noch ein paar weitere Eigenschaften zugefügt werden: beispielsweise das kompromisslose Streben nach Qualität und das exzellente Wissen um Terroir und Weinbau. Egal, ob Riesling, Scheurebe oder Burgunder – die Weine des Betriebs präsentieren sich in makelloser Verfassung und glänzen mit Struktur sowie Eleganz und vermitteln viel Trinkfreude.

94 2022 Ungstein Weilberg Riesling GG
Brillantes Zitronengelb. Wunderbar reintönig im Duft mit Aromen von Limettenmelisse, grünem Apfel und junger Aprikose. Am Gaumen mit straffem Gerüst und markanter Säure, die durch eine Kombination von Steinobst und Zitrusfrucht geprägt ist, langer Nachhall. 13 Vol.-%, NK, €€€

93+ 2022 Ungstein Herrenberg Riesling GG
Brillantes Goldgelb. Intensiv und komplex im Duft mit reifem Pfirsich, Aprikose, Nektarine, Meyer-Zitrone und Blütenhonig. Am Gaumen herrlich saftig, eng gewoben. Die reife Frucht wird von linearer Säure begleitet. Endet mit einem langen, mineralischen Nachhall. 13 Vol.-%, NK, €€€

93 2022 Ungstein Herrenberg Weißburgunder GG
Sortentypisch im Duft mit Aromen von Pfirsich, Birne, Zitronenzeste, roher Mandel und etwas Gesteinsmehl. Am Gaumen mit präziser Frucht, dicht gewobene Struktur, gute innere Spannung. Exzellent integrierte Säure, mineralisch grundiert, lang und fein. 13,5 Vol.-%, NK, €€€

91+ 2021 »SP« Ungstein Spätburgunder trocken
Süßlich-herber, fruchtbetonter Duft mit Cranberry, Himbeere. Erdbeere, Rauch und Johannisbeerblatt. Am Gaumen mit guter Struktur und reifem Gerbstoff, gut integrierte Säure, rote und dunkle Frucht zeigen sich, sehr saftig, gute Länge. 13,5 Vol.-%, NK, €€€

91 2022 »O« Scheurebe trocken

91+ 2022 »SP« Ungstein Scheurebe trocken
Attraktiver Duft nach Passionsfrucht, Limettenmelisse und reifer Stachelbeere, dazu ein Hauch von Schwarzer Johannisbeere. Am Gaumen herrlich saftig, lebendige Säure, viel Zug, feine Phenolik, eng gewobene Struktur. Wein, der viel Spaß macht und gut zugänglich ist. 13,5 Vol.-%, NK, €€

★★

WEINGUT REINHARDT

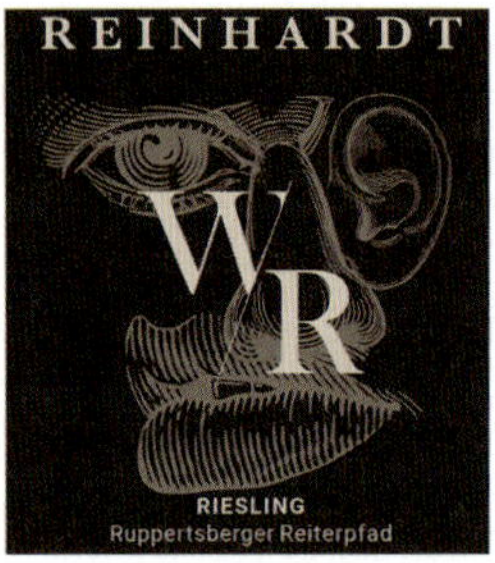

Hof am Deidesheimer Weg, 67152 Ruppertsberg
T: +49 6326 8372, info@weingut-reinhardt.de
weingut-reinhardt.de

Ab-Hof-Verkauf: Ja
Kellermeister: Lukas Reinhardt
Ansprechpartner: Lukas Reinhardt
Hektar: 17 ha
Anbauweise: Bio

Der Generationswechsel im Weingut Reinhardt ist reibungslos verlaufen: Lukas Reinhardt bewirtschaftet die biologisch bewirtschafteten Weinberge in bekannten Lagen der Mittelhaardt wie dem Ruppertsberger Reiterpfad und kümmert sich um den Keller, seine Schwester Anna um Vertrieb und Kommunikation. Die Weine sind mit viel Geschick und Augenmaß vinifiziert, gerade die Rieslinge zeigen Proportion, Finesse und Komplexität, die Schaumweine können wir uneingeschränkt empfehlen. Wenn diese reife Leistung im nächsten Jahr bestätigt wird, ist eine Aufwertung fällig.

93 2021 Deidesheim in der Petershöhle Riesling trocken

Attraktiv eigenständig im Duft. Eine Kombination aus Oxidation und zugleich marginaler Reduktion. Gelber Apfel, Tabak, Limettenmelisse, nasser Stein und Florhefe. Am Gaumen herrlich saftig, dabei geschmeidig und doch so komplex. Ein besonderer Wein. 12 Vol.-%, NK, €€€

92+ 2021 Deidesheim Nonnenstück Weißer Burgunder trocken

Mittleres Goldgelb. Im Duft ein Hauch von roher Mandel, Birne, Weinbergpfirsich, Holunderblüte sowie leichte Holzwürze. Am Gaumen feinste Steinfruchtaromen, Mineralität, gut eingebundene Säure und langer Abgang. Nachhaltig und druckvoll. Ein toller Speisenbegleiter. 13,5 Vol.-%, NK, €€€

92+ ❺ 2017 »Réserve« Chardonnay brut nature

Goldgelb im Glas. Feine Perlage. Ein Duft von Brioche und reifem gelbem Apfel, leichte Röstaromen. Am Gaumen eine mundfüllende Mousse, dabei würzig, reifer Apfel, Zitronenzeste, Vanille und feines Gebäck. Eine feine Säure führt in den guten Nachhall. 12 Vol.-%, NK, €€€

92 2021 Ruppertsberg Reiterpfad Riesling trocken

Goldgelb und gelbfruchtig und reif im ersten Duft. Es folgen feines Gesteinsmehl, Geißblatt, Veilchen sowie Zitrusfrucht. Am Gaumen ebenso komplex, dabei auch etwas herb-phenolischer, dichter Extrakt, alles von guter Säure getragen mit viel Nachhaltigkeit. 13 Vol.-%, NK, €€€

91+ 2020 Ruppertsberg Nußbien Spätburgunder trocken

93 ❺ 2017 »Rosé Prestige« brut nature WB/PN

Lachsrosa in der Farbe. Feine Perlage. Fast kühl im ersten Duft. Es folgen Aromen von Orangenzeste, Quitte, Holunder, Erdbeere und dunkelroter Kirsche. Am Gaumen attraktive Phenolik, sehr saubere rote Frucht als auch Steinobst vom Weißburgunder. Ein toller Schaumwein.
12 Vol.-%, NK, €€€

★★

WEINGUT RINCK

Klingbachstraße 11, 76831 Heuchelheim-Klingen
T: +49 6349 8542, info@weingut-richard-rinck.de
weingut-richard-rinck.de

Ab-Hof-Verkauf: Mo bis Fr 9–12 Uhr und 14–18 Uhr, Sa 9–16 Uhr
Kellermeister: Niko Leonhard & Annette Rinck
Ansprechpartner: Niko Leonhard & Annette Rinck
Hektar: 13,5 ha

Das Weingut des jungen und ambitionierten Niko Leonhard und dessen Mutter Annette Rinck kann die letztjährige Aufwertung auf zwei Sterne mit einer überzeugenden Kollektion bestätigen. Zum ersten Mal geben wir einem Wein 92 Punkte, es ist der maischvergorene Sylvaner »Unter den Bäumen«, der stilistisch Anleihen am Vin Naturel nimmt, ohne dabei die Sortentypizität der Rebsorte zu verlieren: Er zeigt auch, dass die Entwicklung in vollem Gang ist. Überhaupt die Sylvaner: Gleich drei Verteter stellt das Weingut vor, neben denen sich aber die anderen Weine nicht zu verstecken brauchen.

92 2021 »Unter den Bäumen« Sylvaner trocken
Sattes Goldgelb, leicht rauchiges Ambiente, reife Aprikose, Apfelschale, Salbei, Wermutkraut und Malz. Der Gaumen steht in einem gewissen Kontrast zur Nase, straffer Bau, frische Säureader, reife Phenolik stützt die Struktur, radikal trocken, mineralisch, mit guter Spannung. 12 Vol.-%, DIAM, €€

91+ 2021 Klingen Herrenpfad Riesling trocken
Reifer Pfirsich, kandierte Aprikose, Himbeere, etwas Ananas, Kräuter und feines Holz. Kräftiger Bau am Gaumen, feste Struktur, saftig und mit feinem Schmelz, weiche, stabile Säure, etwas Apfel, Zitrus- und Gelbfrucht, reife Phenole, mineralische Tönung und gute Länge. 13,5 Vol.-%, DV, €€

90+ 2022 »Alte Reben« Sylvaner trocken
Kräuterige Noten, feine Holzpatina, Apfel, Birne, auch Melone, nasses Laub. Aufgeräumt am Gaumen mit kompakter Struktur und einer für Silvaner eher lebendigen Säure, etwas Kohlensäure, feines Salz, Würze und mineralische Tönung, Silvaner mit Bodenhaftung. 12,5 Vol.-%, DV, €

90+ 2022 Mörzheim Pfaffenberg Grauburgunder trocken
Kräftiges Gelb mit rötlichen Pixeln, rauchige Noten, reife Birne und Quitte, ein wenig Marzipan, nussige Aromen. Kräftig gebauter und stoffiger Burgunder mit Kraft und Substanz, kein Leichtgewicht, in Balance, Saft, Schmelz und Würze, trocken, gute Länge, zum Essen. 13,5 Vol.-%, DV, €€

90+ 2022 Mörzheim Pfaffenberg Weißburgunder trocken

91 2021 »Herdstein« Klingen Sylvaner tr.
Rauchige Noten, feine Holzwürze, Aprikose, nussig und kräuterig, Kümmel, Apfelschale, etwas Anis. Kompakte Struktur mit klar definierten Konturen, griffiger Phenolik und lebendiger Säure, betont trocken und ungekünstelt, mineralisch unterlegt, endet leicht salzig. 12,5 Vol.-%, DV, €

★★★

SOPS DAMBACH

Hinterbergstraße 50, 67098 Bad Dürkheim
T: +49 6322 7909740, info@dambach-wein.de
dambach-wein.de

Ab-Hof-Verkauf: Ja
Kellermeister: Sven Ohlinger & Philipp Seeger
Ansprechpartner: Sven Ohlinger & Philipp Seeger
Flaschen/Hektar: 60.000 (72 % weiß, 14 % rot, 12 % Rosé, 2 % Schaumwein)/9 ha
Anbauweise: in Umstellung

Die Entwicklung in diesem erst 2018 gegründeten Bad Dürkheimer Weingut ist atemberaubend: Jahr für Jahr wird die stilistische Handschrift deutlicher, ist in ihrer Ästhetik feiner ausgearbeitet, komplexer. Ein Beispiel ist der Chardonnay, der komplett auf den Kalkstein fokussiert und alle anderen Elemente – Traubenreife, Holzfassausbau – diesem Ziel unterordnet. Mit stupendem Erfolg! Der Cabernet Franc zeigt das Talent der Sorte, pikante Frische mit opulenter Würze zu verbinden, in Höchstform. Wir honorieren das mit dem dritten Stern. Herzlichen Glückwunsch!

93+ 2021 Chardonnay trocken
Im Duft meint man, ein Stück feuchter Kalk liege im Glas. Im Mund wirkt der Wein nachgerade minimalistisch, auf Stoff und Mineralität fokussiert, frisch und trocken, mit nur genau so viel Geschmeidigkeit, wie es der stilistischen Idee zuträglich ist. 13 Vol.-%, NK, €€

91+ 2021 Großkarlbach Burgweg Riesling trocken
Im Duft Apfelkompott und ein Hauch von Überreifefrucht, aber auch pfefferige und nachgerade jodige (Terroir-)Töne. Im Mund hat der Wein Saftigkeit, reife Säure und einen feinen Phenolgehalt, der verhindert, dass der Körper zu voluminös wirkt. Gute Länge, gute Zukunft. 12,5 Vol.-%, NK, €€€

93 2020 Großkarlbach Burgweg Cabernet Franc trocken
Johannisbeerblätter, Tabak, Holundermark und After Eight. Im Mund hat der Wein einen kräftigen, körnigen, aber komplett reifen und nicht trockenen Gerbstoff, der Fassausbau hat etwas Cremigkeit unter die dichte Struktur gelegt, der Wein endet fruchtgetragen und saftig. 13,5 Vol.-%, NK, €€€

90 2019 »vom Kalk« Spätburgunder trocken
Dunkle Beeren, Sauerkirsche, Mandel und Lorbeer im Duft, am Gaumen zeigt sich ein saftiger Auftakt mit straffem, aber auch feinkörnigem Tannin und gut stützender Säure. Der Bau ist trotz seiner mittelgewichtigen Anlage für die Flaschenreife gemacht. 13,5 Vol.-%, DV, €€

89+ 2022 Sauvignon Blanc trocken

91 2022 »vom Kalk« Riesling trocken
Ein zitrusfrischer und tatsächlich auch etwas kalkwürziger Duft. Earl-Grey-Tee. Am Gaumen hat das Saftigkeit und Spiel, bei mittlerer Differenzierung erweist sich der Wein als stilvoll proportioniert, seine Frische und Präzision sind außergewöhnlich. 12 Vol.-%, DV, €€

★

WEINGUT ST. GEORGENHOF

Sankt Georgenhof 1, 76831 Billigheim-Ingenheim
T: +49 6349 6382, info@st-georgenhof.de
st-georgenhof.de

Kellermeister: Marcel Fischer
Ansprechpartner: Marcel Fischer

Marcel Schäfer zählt zu den Winzertalenten der Pfalz, er leitet das Weingut St. Georgenhof in Billigheim-Ingenheim an der Südlichen Weinstraße. Auf den Etiketten ist ein Ritter zu sehen, der einen Drachen tötet – eine Anspielung auf den heiligen Georg. Der Winzer überzeugt mit substanzvollen Weinen zu fairen Tarifen wie Riesling und Chardonnay, aber auch der ungewöhnlichen Cuvée »Springbok« aus Sauvignon Blanc und Chenin Blanc, einer Hommage an Vater Klaus und dessen großer Leidenschaft für Südafrika. Gute Premiere im Guide, wir sind gespannt, was noch kommt!

90+ 2022 »In den Lochäckern« Ingenheim Pfaffenberg Chardonnay trocken
Mittleres Goldgelb. Rauch, Röstaromen, Popcorn, etwas Flachs, Birne, Aprikose und Quitte. Bietet im Mund einiges, gute Substanz, Kraft und auch Volumen, guter Extrakt, reife Säure, Würze und Mineralik, die merkliche Restsüße kleidet den Ausklang geschmeidig aus. 13,5 Vol.-%, DV, €€

90 2022 »Springbok« Cuvée trocken SB/CB2
Der Duft ist fruchtig und würzig, bleibt unkitschig. Sauvignon Blanc stiftet Cassis und Mango, Chenin Blanc Würze. Kraftvoll am Gaumen ansetzend mit einer präsenten, gut integrierten Säure, maßvolle, elegante Fruchtsüße, feine Würze, gut proportioniert. 13 Vol.-%, DV, €€

89+ 2022 »Löss« Grauburgunder trocken
Kräftiges Goldgelb mit rötlichen Farbpixeln. Reife Birne, Aprikose, Quitte, Röstaromen, nussige Noten. Setzt stoffig an, auf weichem Fond entfaltet sich Substanz und Kraft, reife Säure, guter Extrakt, schöne Würze, die süßliche Birnenfrucht sorgt für Volumen. 13 Vol.-%, DV, €

89 2022 Chenin Blanc trocken
Das kräftige Gelb spielt ins Goldgelbe. Reife Birnen, gelbe Blüten, Quitten, grüne Apfelschale, kandierter Ingwer. Stoffig am Gaumen mit viel Würze und auch Substanz, reife, stabile Säure, die feine Fruchtsüße verstärkt die Geschmeidigkeit, viel Wein. 13 Vol.-%, DV, €

89 2022 Cabernet Sauvignon Rosé trocken

91 2022 »Im Käferflug« Appenhofen Steingebiss Riesling trocken
In der Nase mit reifer Frucht, Pfirsich, Mango, Ananas und Quitte, feine Mineralik, ein Anflug von Firne. Kräftiger, kompakter Bau mit druckvollem Extrakt, tragende, würzige Säure, Steinobst, Mineralik und Restsüße verbinden sich im gut balancierten Konglomerat. 13 Vol.-%, DV, €€

★★

WEINGUT FAMILIE SAUER

Aublickstraße 1, 76829 Landau-Nußdorf
T: +49 6341 61175, info@weingut-sauer.com
weingut-sauer.de

Ab-Hof-Verkauf: Mo bis Fr 9–18 Uhr, Sa 10–17 Uhr
Kellermeister: Heiner Sauer, Valentin Sauer und Felix Haertel
Ansprechpartner: Heiner Sauer
Flaschen/Hektar: 180.000 (70 % weiß, 30 % rot)/32 ha
Anbauweise: Bio

Das Weingut Sauer in Landau-Nußdorf, in dem Heiner Sauer von Sohn Valentin unterstützt wird, verfolgt Grundsätze, die man nicht hoch genug schätzen kann: Die Weine, seit über 35 Jahren in Bioqualität, sind absolut verlässlich, trotzen zeitgeistigen Modeerscheinungen und behalten immer eines im Blick: auch kulinarisch zu überzeugen. Der Grauburgunder »Farbton« imponiert mit seiner mineralischen Energie, der stilvolle Spätburgunder mit Frische und Geschmeidigkeit – zu verkosten in der neuen Vinothek. Am Horizont leuchten drei Sterne.

92 2021 »Farbton« Grauburgunder trocken
Mittleres Bernstein, Dörrobst, getrocknete Aprikosen, Datteln, Malz, Walnüsse, auch ein leicht ätherischer Ton. Setzt am Gaumen weich an und entwickelt unaufgeregt eine mineralische Energie, samtene Textur, reife und feine Phenolik, zieht würzig ins Finale. 12,5 Vol.-%, NK, €€€

91 2020 Gleisweiler Hölle Riesling trocken
Die Farbe zielt ins Goldgelb. Üppiger, reifer Duft, Steinobst, Pfirsich und Mango, rauchig-mineralische Noten, ein Hauch Firne. Am Gaumen mit Zug, getragen von mittlerem Extrakt und einer lebendigen Säure, die von Schiefermineralik unterfüttert wird, lagentypisch. 12 Vol.-%, DV, €€

91 2021 »Fumé« Böchingen Rosenkranz Sauvignon Blanc trocken
Feiner Rauch liegt über gelben Stachelbeeren, Birne und Ananas, auch etwas Holzwürze. Schlank und fest gebaut am Gaumen, mittlere Struktur, saftig, vollmundig mit ausgewogener Säure und feiner würziger Grundierung, wieder Birne, gut balanciert, elegant. 12 Vol.-%, NK, €€

92 2019 Nußdorf Kaiserberg Spätburgunder trocken
Im Duft Milchschokolade, Mandel und Süßkirsche. Im Mund ist der Wein dicht mit feinkörnigem Tannin besetzt, ein frischer Säurenerv sorgt für eine Anmutung der Leichtigkeit, auch wenn der Wein durchaus auch geschmeidige Motive und Körper besitzt. Stilvoll. 13 Vol.-%, NK, €€€

90+ 2021 Böchingen Rosenkranz Grünfränkisch trocken

91 2021 Godramstein Münzberg Weißburgunder trocken
Mittleres Goldgelb, etwas Marzipan und Mandelcreme, getrockene Aprikosen, Zitronenzesten, auch Birne und gelbe Blüten. Einnehmend am Gaumen mit schöner Würze auf weichem Hintergrund, reife, tragende Säure, stoffig, reife Phenolik, mineralisch getönt. Kulinarisch.
13 Vol.-%, NK, €€

★

WEINGUT SCHERR

Karl-Stein-Straße 9, 76835 Hainfeld
T: +49 6323 3777, mail@weingut-scherr.de
weingut-scherr.de

Ab-Hof-Verkauf: Mo bis Fr 9–12 & 13–18 Uhr, Sa 9–15 Uhr
Kellermeister: Andreas Scherr
Ansprechpartner: Andreas Scherr
Flaschen/Hektar: 333.300 (53 % weiß, 20 % rot, 30 % Rosé, 2 % süß, 5 % Schaumwein)/25 ha

»Licht, Luft und Erde sind uns von allem das Nächste«, schreiben Karin und Andreas Scherr, »im Zusammenspiel dieser Elemente entstehen unsere Weine – charaktervoll, naturnah und pfalztypisch.« In diesen Worten zeigt sich die Naturverbundenheit einer Familie, die das Winzerhandwerk seit 1782 ausübt. Kein Wunder, dass der Betrieb nach den Nachhaltigkeitskriterien von »Fair'n Green« arbeitet. Die Basisweißweine aus 2022 sind von einer aufgeweckten Säure getragen und haben kulinarisches Format, die im Barrique ausgebauten »Prestige«-Weine zeigen Substanz. Gut gelungen!

90+ 2021 »Prestige« Chardonnay trocken

Kräftiges Goldgelb, reife Birne und Melone, Honignoten, Popcorn, Mais, der Barrique-Ausbau liefert rauchige Aromen. Fest und kräftig strukturiert, zeigt Saft, Schmelz und Würze, etwas grüne Walnuss, aparter Bitterton, der Extrakt entfaltet sich geschmeidig, gute Länge, jung.
13 Vol.-%, DV, €€

89 2022 Scheurebe trocken

Schöne rebsortentypische Aromatik, Stachelbeere, Johannisbeere, Mango, Aprikose und Orangenschale, auch Grapefruit. Kompakte Struktur am Gaumen, saftig mit klarer, zugänglicher Frucht, Aprikose, ein Schuss Limette, frisch mit lebendiger Säure. Zugänglich und animierend.
13 Vol.-%, DV, €

88+ 2022 Weißer Burgunder trocken

Fruchtig und auch blumig im Duft, Mandarine, Mandarinenschale, gelbfruchtige Noten, Aprikose, Mirabelle, Birne. Ausgewogen balanciert am Gaumen mit etwas Restsüße und präsenter Säure, saftig, Apfel, Aprikose und etwas Zitrusfrucht, feine Würze im Hintergrund. 13 Vol.-%, DV, €

90+ 2020 »Prestige« Pinot Noir trocken

Dunkles Purpur. Kräftiger und auch würziger, vom Holzausbau geprägter Duft, Kirsche, Cassis und Zedernholz. Setzt am Gaumen stoffig an, kräftige Struktur, gute Substanz und eine gut dosierte Menge an reifen, feinkörnigen Gerbstoffen, zeigt seine Kraft, ohne plump zu wirken. 13,5 Vol.-%, NK, €€

88+ 2022 Grauer Burgunder trocken

89 2022 »vom Schiefer« Riesling feinherb

Apfel und gelbfruchtige Noten in der duftigen Nase, Pfirsich, auch etwas Zitrik, steinige, schieferige Anklänge. Schlank und straff gebaut am Gaumen, setzt auf das bewährte Duett von beschwingter Säure und korrespondierender Restsüße, feine Mineralik, etwas Grapefruit.
12,5 Vol.-%, DV, €

★★

WEINGUT SCHWARZTRAUBER

Lauterbachstraße 20, 67435 Neustadt an der Weinstraße
T: +49 6321 968561, weingut@schwarztrauber.com
schwarztrauber.com

Ab-Hof-Verkauf: Mo bis Do 8–12, Fr 8–18, Sa 11–16 Uhr
Kellermeister: Gerhard Schwarztrauber
Ansprechpartner: Frauke Mohr
Flaschen/Hektar: 200.000/20 ha
Anbauweise: Bio

Das Bioweingut Schwarztrauber will keine Weine der Kategorie »Jedermanns Liebling« erzeugen. Sie sollen durchaus polarisieren mit ihrer eigenständigen, unverfälschten und auch unkonventionellen Art wie der straffe Vin Naturel »Sauvage« vom Gewürztraminer mit punktgenau extrahierten Phenolen. Beim famosen, substanzvollen und auch mineralischen Chenin Blanc steht »Pfalz international« auf dem Rückenetikett. Hier verbinden sich Pfälzer Lokalkolorit mit dem Blick über den Tellerrand: Dafür vergeben wir gerne den zweiten Stern nach Neustadt an der Weinstraße.

91+ 2022 Mußbach Kurfürst Chardonnay trocken
Rauch, Röstaromen, auch Holzwürze, etwas grüne Walnuss und Kümmel, gelbe Fruchtnoten, Aprikose, Birne. Fester und straffer Bau am Gaumen, linear, gute Substanz, saftig, Birne, betont trocken, leicht salzige Noten, feine Gerbstoffe und Phenole. Kann reifen. 12 Vol.-%, NK, €€

91 2022 »Sauvage« Gewürztraminer trocken
Goldgelb, leicht trüb im Glas. Muskat, Ingwer und Rosenblätter, auch Orangeat, Malz und getrockneter Salbei. Schlank und straff am Gaumen, mit guter Energie, zielstrebiger Säure, mittlerer Extrakt, die Phenole sind griffig und auf dem Punkt, knochentrocken. Spannend. 11,5 Vol.-%, NK, €€

91 2021 »M rouge« Mußbach Glockenzehnt Merlot trocken
Getrocknete Kräuter, etwas Tinte, Rauchfleisch, Brombeere, Pflaume, Schwarzkirsche, Röstaromen. Füllig, vollmundig am Gaumen mit reifer Frucht, reifer Säure, kompromisslos trocken, mittlere Dichte, Schokolade, zugänglicher, nicht zu mürber Gerbstoff. Stimmig. 14 Vol.-%, NK, €€€

91 2021 »Red Opium« Cabernet Franc tr.
Sehr feiner Rauch und Holzwürze zu Cassis, Schwarzkirsche, etwas Tabak und auch Zigarrenkiste. Am Gaumen kräftige Struktur, die mit guter Substanz und dichtem Extrakt ausgefüllt wird, stoffig, würzig, feinnervige Säureader, feinkörniges, griffiges Tannin. 14 Vol.-%, NK, €€€

90+ 2022 »Edition Papillon« Muscaris

92+ 2022 Mußbach Eselshaut Chenin Blanc trocken
Mittleres Goldgelb, rauchige und holzwürzige Noten, viel Quitte, Birne und grüner Apfel, Orangenschale, auch Heu und getrocknete Blüten. Kräftig gebaut am Gaumen, kraftvoll mit guter Substanz, recht präsente Säure, saftig, feinsalzig, auch feine Zitrik. 13 Vol.-%, NK, €€

★★★

WEINGUT GEORG SIBEN ERBEN

Weinstraße 21, 67146 Deidesheim
T: +49 6326 989363, info@weingut-siben.de
weingut-siben.de

Ab-Hof-Verkauf: Di bis Sa 10–12 Uhr und 14–17 Uhr
Kellermeister: Andreas Siben
Ansprechpartner: Andreas und Nadine Siben
Flaschen/Hektar: 80.000 (95 % weiß, 5 % rot)/12 ha
Anbauweise: Bio

Im Konzert der Deidesheimer Spitzengüter gehört das Bioweingut zu den leiseren Stimmen. Dafür spielt es mit großer Virtuosität. Seine Rieslinge, von zurückhaltendem Ton und feinem Duft, zeigen sich als klare Lagencharaktere. In diesem Jahr erlebten wir den »Langenmorgen GG« als Primus inter Pares. Zum Betrieb gehört seit Kurzem auch das Restaurant »Siben's Gutsküche« mit saisonalen Gerichten und herzhafter Pfälzer Küche. In dem ehemaligen Pferdestall des seit mehr als 300 Jahren in Familienbesitz befindlichen Weinguts lassen sich nun die hauseigenen Weine probieren.

93+ 2022 Deidesheim Langenmorgen Riesling GG
Dezent im Duft mit viel Würze, Efeu, Kardamom, pfefferig, Zitronenmelisse, Klee, dahinter dezent in der Frucht, Mandarinen, Zitronen. Am Gaumen viel Frische, Zitrusfrüchte, grüner Apfel, kräuterige Würze, salzig, lebendige Säure mit Zug, viel Trinkfluss, auch hier lohnt sich Geduld. 12,5 Vol.-%, NK, €€€

93 2022 Deidesheim Kalkofen Riesling GG
Im Duft warm und würzig, Anis, zerstoßene Korianderkörner, Minze, Sesam, Zitronenmelisse, Curry, gelber Apfel. Am Gaumen mineralische Noten, leicht salzig, saftig, klare Frucht von Apfel, Weinbergpfirsich, Salzzitronen, lebendige Säure, feine Phenolik, dicht, lang am Gaumen, Reifepotenzial. 12,5 Vol.-%, NK, €€€

93 2022 Forst Ungeheuer Riesling GG
Fein im Duft, klare gelbe Frucht von Mirabellen, Aprikosen, Zitronenmelisse, frische Cashewnuss, Gesteinsmehl. Am Gaumen saftig, würzig, klare frische Frucht, Mirabellen, Äpfel, Zitronen, salzig, lebendige Säure umspielt cremigen Kern. 12,5 Vol.-%, NK, €€€

92+ 2022 Deidesheim Grainhübel Riesling GG
Reife Frucht im Duft, Aprikosen, Mirabellen, Zitronenzesten, Kräuterwürze, Estragon, Melisse, Kamillenblüten. Am Gaumen weich und rund, saftige gelbe Frucht, Pfirsich, Aprikosen, gut integrierte lebendige Säure, mittelgewichtig im Körper, sehr gute Länge, 12,5 Vol.-%, NK, €€€

92 2022 Deidesheim Kieselberg Riesling GG
91+ 2022 Deidesheim Paradiesgarten Riesling Erste Lage trocken
91+ 2022 Ruppertsberg Reiterpfad Riesling Erste Lage trocken
91 2022 Deidesheim Herrgottsacker Riesling Erste Lage trocken
91 2022 »Vom Kiesel« Riesling trocken
91 2022 »Vom Kalk« Riesling trocken
89 2022 Deidesheim Riesling trocken

91+ 2022 Deidesheim Leinhöhle Riesling Erste Lage trocken
Grüner sowie gelber Apfelduft in der Nase, Zitronenzeste, Kamillenblüte, Wiesenkräuter, dezent Kümmelwürze. Am Gaumen harmonisch, rund, saftige Apfelfrucht, ein wenig Grapefruit im Nachhall, angenehme Würze, lebendige Säure ist gut integriert, läuft ohne großen Widerstand die Kehle entlang. 12 Vol.-%, DV, €€

★

STEPP

Friedelsheimer Straße 15, 67098 Bad Dürkheim
T: +49 174 1679355, g_stepp@yahoo.de
weinwerk-stepp.de

Ab-Hof-Verkauf: Ja
Kellermeister: Gerd Stepp
Ansprechpartner: Gerd Stepp

Gerd Stepp hat als »Flying Winemaker« einiges von der Weinwelt gesehen, bevor er sich in der Pfalz niedergelassen hat und sein Weingut gründete. Stepp ist ein Winzer, der weder im Weinberg noch im Keller etwas dem Zufall überlässt, sein modernes Winemaking prägt auch den Stil seiner Weine, die nie schroff und kantig wirken, sondern geschmeidig mit polierten Gerbstoffen und Stil wie der elegante Pinot Noir »Buntsandstein« oder der mineralische Saumagen-Riesling. Beim Chardonnay stand eher die Bourgogne Pate: ein Anwärter auf den zweiten Stern.

92 2021 Chardonnay trocken
Mittleres Goldgelb. Holzwürzig, rauchig, mit reifer Birne und Ananas, Passionsfrucht, Quitte und auch Anis. Kräftiger Bau am Gaumen mit präsenter, leicht salzig konnotierter Säure, betont trocken, dezente Viskosität, frankophil in der Stilistik. Jung. 13,5 Vol.-%, DV, €€

91 2022 Bad Dürkheim Fuchsmantel Riesling trocken
Duftig, fruchtig, neben Pfirsich kräuterige Noten, Aprikose, auch ein wenig Schwarze Johannisbeere. Saftig und würzig am geschmeidig geformten Gaumen, zeigt Schmelz, ausgewogene Säure und die Mineralik der Lage, Limette, leicht pfefferig, mit Stil. 12,5 Vol.-%, DV, €€

91+ 2021 »Buntsandstein« Pinot Noir trocken
Pinotduft, Veilchen, reife Himbeere, Walderdbeere, rote Kirsche, schokoladig, auch Holzwürze. Betont am Gaumen die Vorzüge der Rebsorte, Eleganz und Frische mit feiner Würze und Mineralik, samtene Textur, mittelkörniges Tannin, Sauerkirsche, auch salin. 13 Vol.-%, DV, €€€

91 2020 Merlot trocken
Etwas reduktiv, zu rauchigen und holzwürzigen Noten jung geerntete Pflaume, Schwarze Johannisbeere. Gekonnt balancierter Merlot, der den schmalen Grat zwischen Kraft, Substanz und Eleganz schafft, stoffig, samtene Textur, tragende Säure, mittlere Komplexität. 13,5 Vol.-%, DV, €€

91 2020 Cabernet Franc trocken

91+ 2021 Kallstadt Saumagen Riesling trocken
Kräuterig, Verbene, rauchig, würzig, kalkig-steinige Noten, kreidig, reifer Pfirsich, auch Maracuja. Straff gebaut am Gaumen mit lebendiger Säure, saftig, gelbfruchtig und auch zitrisch, schönes Süße-Säure-Duett, mineralisch begleitet. Elegant, stilvoll. 12,5 Vol.-%, DV, €€

★★★

WEINGUT STERN

Hauptstraße 199, 76879 Hochstadt
T: +49 6347 700580, info@weingut-stern.de
weingut-stern.de

Ab-Hof-Verkauf: Mo bis Fr 9.30–12 und 13.30–18 Uhr, Sa 10–16 Uhr
Kellermeister: Dominic Stern
Ansprechpartner: Dominic und Anne-Sophie Stern
Flaschen/Hektar: 133.300 (40 % weiß, 30 % rot, 10 % Rosé, 10 % süß, 10 % Schaumwein)/12 ha

Das Weingut Stern ist Jahr für Jahr ein Garant für exzellente und zuverlässige Qualität. Das Familienweingut, das aktuell von Dominic Stern geleitet wird, nutzt seine herausragenden Terroirs eindrucksvoll. Dieses Jahr ganz oben in unserer Rangliste: der wunderbar spannungsgeladene Riesling aus dem Saumagen. Ihm steht der fantastische, dicht gewobene Pechstein aber kaum nach – beide Weine unterstreichen das große Potenzial des Familienguts. Das gilt ebenfalls für den sehr eleganten Riesling Reiterpfad, der uns ausgesprochen viel Freude gemacht hat.

93 2022 Kallstadt Saumagen Riesling tr.
Blasses Goldgelb, feiner Duft nach reifem Pfirsich, Mango, Zitronenmelisse und nassem Stein. Am Gaumen mit sehr fester Struktur, dicht, sehr attraktiver Säurebogen, viel Spannung, erneut Zitrusfrucht, dazu feine Mineralik, lang, Wein mit gutem Reifepotenzial. 13 Vol.-%, DV, €€€

92+ 2021 Forst Pechstein Riesling trocken
Blasses Zitronengelb, intensiver, sortentypischer Duft nach Limette, Pfirsich und feinem Gesteinsmehl. Am Gaumen mit lebendiger, reifer Säure, feine Textur, dicht gewoben, toller, animierender Trinkfluss. Lange im Nachhall, mit viel Potenzial für die Zukunft. 12,5 Vol.-%, DV, €€€

91 2022 »Réserve«* Hochstadt Chardonnay trocken**
Duft nach Zitronenschale, rotem Apfel, Quitte, grünen Birnen und Wiesenkräutern, dazu dezente Holzwürze mit etwas Vanille sowie zarter Rauch. Am Gaumen saftig mit lebendiger Säurestruktur, mittelgewichtig, cremiger Kern, klare helle Frucht, extraktreich, lang. 13,5 Vol.-%, DV, €€

91+ 2020 »Cuvée Josef« * trocken CS/CT/ME**
Purpurrot, Bukett mit Holunder, Cassis, Süßkirsche, schwarzem Pfeffer und junger Pflaume. Am Gaumen folgt Gewürzenelke, sehr balanciert, reifer Gerbstoff und lebendige Säure, eher mittelgewichtiger Körper, Wein mit schöner Trinkfreude, gute Länge. 14 Vol.-%, NK, €€

91 2022 Rieslaner* Spätlese**

92 2022 Ruppertsberg Reiterpfad Riesling trocken
Komplex und ebenso markant im Duft mit Aromen von gelbem Apfel, Birne, Zitronenzeste und nassem Stein. Am Gaumen balanciert die feine Säure den klar definierten, straffen Körper, alles sehr elegant und wunderbar dicht, tolle Spannung, langer Nachhall. 12,5 Vol.-%, DV, €€€

WEINGUT PETER STÜBINGER

Hauptstraße 12, 76829 Leinsweiler
T: +49 6345 1572, info@weingut-stuebinger.de
weingut-stuebinger.de

Ab-Hof-Verkauf: nach Vereinbarung
Kellermeister: Peter Stübinger
Ansprechpartner: Peter Stübinger
Hektar: 19 ha

Wiederholungen vermeiden wir, aber beim Weingut Peter Stübinger kommen wir nicht darum herum, noch einmal auf das ausgezeichnete Preis-Genuss-Verhältnis hinzuweisen! Auch wenn wir dieses Mal den Lagenweißburgunder aus dem Ilbesheimer Sonnenberg vermissten, sprangen die beiden Sekte eindrucksvoll in die Bresche. Auch die appetitliche Scheurebe »vom Löss« bringt die stilistischen Vorstellungen des Winzers mit Frucht, Frische und Fülle auf den Punkt. Zum 19-Hektar-Gut gehören auch eine Straußenwirtschaft und Ferienwohnungen, der Besuch lohnt sich!

90+ 2020 Pinot Blanc extra brut
Blumiger Duft, reife Frucht, Mirabelle, Reneklode, gelber Apfel, Hefenoten, etwas helles Miso und Würze. Die selbstbewusste Säure sorgt für Betrieb und ist gut eingebunden in einem weichen Ambiente, gepflegtes Mousseux, betont trocken und dabei doch großzügig. 12,5 Vol.-%, NK, €€

90 2020 Chardonnay brut
Hefige Noten, Brioche, Apfel, gelbfruchtig, Aprikose, Honigmelone, etwas Cidre und Malz, auch nussige Aromen. Der Gaumen wird von einer knackigen Säure gesteuert, gute Dynamik, gut korrespondierende Fruchtsüße mit reifem Pfirsich, stoffig, vollmundig, cremig, auch zum Essen. 12 Vol.-%, NK, €€

89+ 2022 Leinsweiler Sauvignon Blanc tr.
In der Aromatik nicht zurückhaltend, üppiger Duft nach Schwarzen Johannisbeeren, gelben Stachelbeeren und Passionsfrucht, auch Grapefruit und Paprika. Gute Balance am Gaumen mit fruchtigem Schmelz, Saftigkeit und Würze, ausgewogene Säure, etwas Zitrusfrucht. 12,5 Vol.-%, DV, €

89+ 2019 Cabernet Sauvignon trocken
Cassis, dunkle Waldbeeren, Brombeere, Holunder, auch Schlehe, dunkle, herbe Schokolade, kühler Rauch. Kräftig gebaut mit ordentlicher Substanz und fester Tanninstruktur, gute Säure, wirkt in der Fruchtausprägung etwas reduziert in der Gaumenmitte, zum Essen. 13,5 Vol.-%, NK, €€

89 2022 »Cuvée Mia« trocken RR/WB
89 2022 Ilbesheim Weißburgunder trocken
89 2022 Leinsweiler Grauburgunder trocken
89 2022 Muskateller feinherb
89 2022 »Summer Kiss« Rosé feinherb
87+ 2020 Leinsweiler Spätburgunder trocken

89+ 2022 »vom Löss« Scheurebe trocken
Voller Duft mit gelber Stachelbeere, Maracuja und Schwarzer Johannisbeere, rosa Grapefruit und etwas Pfeffer. Zeigt in einer kompakten Struktur Frische und eine appetitliche Saftigkeit mit gelben Fruchtnoten, mittlere Substanz und Fülle, mehr als ein Aperitif. 12,5 Vol.-%, DV, €

★

WEINGUT MICHAEL TRIEBEL

Weinstraße 6, 67269 Grünstadt
T: +49 6359 2956, info@michaeltriebel.de
michaeltriebel.de

Ab-Hof-Verkauf: Di und Do 10–18 Uhr, Sa 10–16 Uhr (um tel. Voranmeldung wird gebeten)
Kellermeister: Michael Triebel
Ansprechpartner: Michael Triebel
Hektar: 20 ha

Seit 2014 führt Michael Triebel das Weingut Gaul-Triebel in Grünstadt-Asselheim unter seinem Namen. »Meine Heimatliebe, die tiefe Verbundenheit mit der Natur und unserer wundervollen Landschaft machen dieses Fleckchen Erde für mich zum Mittelpunkt meiner Welt«, sagt der Winzer, der 20 Hektar Reben in den Asselheimer Lagen St. Stephan, Schloss, Goldberg und Sonnenberg auf lehm- und kalkhaltigen Böden stehen hat. Wir verkosteten kräftige, vollmundige Weine mit guter Balance, die wie etwa der saftige und geschmeidige Merlot viel bieten zum fairen Preis. Gut gelungen!

89+ 2021 Asselheim St. Stephan Chardonnay trocken
Etwas laktisch, feine Buttermilch, gelbe Blüten, reife Stachelbeere, Aprikose, Ananas und auch getrocknete Mangospalten. Am Gaumen breitet sich auf einem weichem Fond die breit laufende Säure aus, feine Würze, Saft und Süße stützen den vollmundigen Eindruck. 12 Vol.-%, DV, €

89+ 2022 Asselheim Goldberg Grauburgunder trocken
Fruchtig-würzige Aromatik, reife Birne, auch eingekochte Birne und Quitte, Quittenschale, nussig, kräuterig. Mittlere Struktur am Gaumen, die geschmeidig ausgefüllt wird mit Saft, reifer Säure und abrundender Süße, zeigt auch Lagencharakter, würzig ausklingend. 12,5 Vol.-%, DV, €

89 2022 Asselheim Goldberg Riesling trocken
Dezentes Goldgelb, reifer Pfirsich und Aprikose, etwas Ananas und auch ein Anflug von Firne. Kompakter Bau, am Gaumen mit guter Substanz und Würze, saftig, vollmundig, die Fruchtsüße stützt diesen Eindruck, nicht zu komplex und nuanciert, ehrlich, bodenständig. 12,5 Vol.-%, DV, €

89+ 2018 Asselheim Goldberg Spätburgunder trocken
Kräuterig, etwas verschlossen im Duft, feine Ätherik, Himbeere, feiner Rauch, getrockneter Rosmarin, erdig. Kräftig gebaut, stoffig baut sich Volumen auf, reife Säure, weiche, geschmolzene Tannine in guter Menge, trocken, etwas Etraktsüße. Kann kräftige Gerichte ab. 14 Vol.-%, DV, €

88+ 2022 Sauvignon Blanc trocken

90 2019 Asselheim Schloß Merlot trocken
Saftige rote und dunkle Frucht, Kirsche, Schwarze Johannisbeere, auch Pflaume, feiner Pfeifentabak, feiner Rauch. Geschmeidig und saftig ansetzend in einer kräftigen Struktur, leicht süßlicher Extrakt, mittlere Struktur, tragende Säure, feine Würze, viel Wein. 14 Vol.-%, DV, €

★

VIERMORGEN

Hauptstraße 23, 76889 Niederhorbach
T: +49 173 8875788, dr.b.peter@googlemail.com
viermorgen-wein.de

Ab-Hof-Verkauf: nach Vereinbarung
Kellermeister: Dr. Boris Peter
Ansprechpartner: Axel Becht und Dr. Boris Peter
Flaschen/Hektar: 10.000/1,4 ha

Vier Morgen sind wirklich nicht viel – das ist ein Hektar und entspricht einhundert mal einhundert Meter. Auf dieser für ein Weingut minimalen Fläche erzeugen die »Schrägeinsteiger«, wie sich Axel Becht und Dr. Boris Peter selbst nennen, mit ganz viel Liebe zum Detail seit 2011 ihren Wein. Und das mit großem Sachverstand und immer mehr Erfolg. Die aktuell vorgestellte Kollektion – für einen Hektar Rebfläche ist diese erstaunlich umfangreich! – ist in ihrer Klarheit und Ausgewohenheit so gut gelungen, dass der zweite Stern für das Gut nicht mehr weit ist.

90 2022 Gleiszellen-Gleishorbach Kirchberg Riesling trocken
Frisch im Duft, Zitronenmelisse, grüner Apfel, Weinbergpfirsich, weiße Blüten, Wiesenkräuter. Am Gaumen frisch, lebendige Säure puffert die Fruchtsüße, zitrische Frucht, Grapefruit, schlank im Körper, läuft wunderbar die Kehle entlang, trinkanimierend. 12 Vol.-%, DV, €

89+ 2022 »500« Klingenmünster Maria Magdalena Weißburgunder tr.
Würzig im Duft, sonnenverwöhnter Pfirsich, gelber Apfel, Aprikose, Wiesenkräuter, frisch gemahlene Mandeln. Am Gaumen saftige Frucht mit dezenter Süße, Schmelz, frische Säure gut integriert, angenehm herb, gut ausbalanciert, als Solist oder vielseitig zu Speisen. 12,5 Vol.-%, DV, €

91 2020 Gleiszellen-Gleishorbach Frühmess Spätburgunder trocken
Balsamisch im Duft, Blaubeeren, dunkle Pflaumen, Lorbeer, getrocknete Kräuter, schwarze Oliven, dunkle Schokolade. Am Gaumen saftige rote und dunkle Beeren, stoffig, erfrischende lebendige Säure, kraftvoll, gut integriertes, kerniges Tannin, lange am Gaumen. 13,5 Vol.-%, DV, €€

90 2020 »cuve no. 2« Cuvée trocken ME/SY/CF/PN
Würzig im Duft, Zimt, Nelke, dunkle Beeren, Brombeere, Cassis, Blaubeeren, Maulbeeren, Zwetschgen, getrocknete Kräuter, Minze, dunkle Schokolade. Am Gaumen mit Kraft, rund, saftige Frucht, gut integrierte Säure, reifes Tannin, viel Würze, schöne Länge. 13,5 Vol.-%, DV, €€

89+ 2022 »500« Niederhorbach Silberberg Chardonnay trocken

90 2022 Sauvignon Blanc trocken
Dezent im Duft, grüne Stachelbeere, Kiwi, Maracuja, dezent Blattgrün. Am Gaumen saftig, frisch, dicht, mittelgewichtig im Körper, gut ausbalanciert, saftige Frucht, Stachelbeeren, Kiwi, gut integrierte Säure, feine Phenolik, Trinkspaß, als Aperitif oder in geselliger Runde.
12,5 Vol.-%, DV, €

★★

WEINGUT VILLA HOCHDÖRFFER

Lindenbergstraße 79, 76829 Landau in der Pfalz
T: +49 6341 649630, info@weingut-villa.de
weingut-villa.de

Ab-Hof-Verkauf: Mo bis Sa 8–12 Uhr und 14–18.30 Uhr, So 9–12 Uhr
Kellermeister: David Hochdörffer
Ansprechpartner: Lieselotte Hahn-Hochdörffer
Hektar: 45 ha

Die Erfolgsgeschichte der Familie Hochdörffer geht weiter. Liselotte und Hans Hochdörffer ist es gelungen, binnen einer Generation ein veritables Weingut aufzubauen – Sohn David führt das Werk ebenso entschlossen wie kenntnisreich als Kellermeister fort. Auf mittlerweile gut 45 Hektar entstehen authentische Weine, die sich hervorragend als Speisenbegleiter eignen. Erneut exzellent gelungen ist die druckvolle, balancierte Rotwein-Cuvée »Applaus, Applaus« – ein Stück Bordeaux in der Pfalz. Die Burgunder und Rieslinge machen ebenfalls Freude.

91 2022 Nußdorf Kirchenstück Grauer Burgunder trocken
Mittleres Goldgelb. Im Duft weißer Pfirsich, Zitronenzeste, Vanille, reife, gelbe Frucht, dazu junge Mandel und etwas Gesteinsmehl. Am Gaumen herrlich saftig bei feiner Säure, leichter Phenolik und gut eingebundenem Holz. Ein Wein mit Potenzial. 13 Vol.-%, NK, €€

90+ 2022 Nußdorf Kaiserberg Weißer Burgunder trocken
Blasses Zirtronengelb. Duft von Wiesenkräutern, Birne, Apfel, jungem Pfirsich, Mandarine und roher Mandel. Am Gaumen balanciert dann eine reife Säure diese schöne Aromatik, eleganter, fester Bau, feine Cremigkeit, gut balanciert, bereitet viel Trinkspaß. 12 Vol.-%, DV, €€

90 2022 Godramstein Münzberg Chardonnay trocken
Brillantes Goldgelb. Im Duft zunächst floral, gefolgt von sortentypischen Eindrücken mit gelbem Apfel, Birne, Haselnuss, dazu etwas Vanille. Am Gaumen mit lebendiger Säure und zitrischen Elementen, druckvoll, mittelgewichtig, ideal als Speisenbegleiter. 13 Vol.-%, DV, €€

90 2022 »Löß« Scheurebe trocken
Blasses Goldgelb. Im Bukett eine Kombination aus rotbeeriger Frucht und tropischen Früchten mit Mango und Litschi. Am Gaumen wird diese Kombination von feiner Säure getragen. Cremigkeit und Mineralik führen in einen trinkanimierenden Nachhall. 11 Vol.-%, DV, €

89+ 2022 »Kalkstein« Riesling trocken

92+ 2021 »Applaus, Applaus« Cuvée trocken SY/ME/CS
Im Duft attraktive dunkle Frucht mit Brombeere, Heidelbeere, Cassis, ein Hauch grüner Pfeffer, Tabak sowie feine Holzwürze. Am Gaumen trägt die gute Säure den reifen Gerbstoff und den noblen Extrakt, guter Trinkfluss. Sehr gelungene Cuvée mit Reifepotenzial. 13 Vol.-%, NK, €€€

★★★★

WEINGUT WAGECK PFAFFMANN

Luitpoldstraße 1, 67281 Bissersheim
T: +49 6359 2216, info@wageck-weine.de
wageck-weine.de

Ab-Hof-Verkauf: nach Vereinbarung
Kellermeister: Thomas und Frank Pfaffmann
Ansprechpartner: Thomas Pfaffmann
Flaschen/Hektar: 350.000 (50 % weiß, 50 % rot)/39 ha

Das von Frank und Thomas Pfaffmann in vierter Generation geleitete Gut glänzt auch in diesem Jahr mit seinen feinen, sehr strukturierten Weinen, die fast durchweg über ein exzellentes Reifepotenzial verfügen. Den beiden Winzern gelingt es wunderbar, das Terroir rund um Bissersheim präzise hervorzuarbeiten, vor allem die großartige Kalkmineralität der Weine begeistert. Das gilt für die Basisweine übrigens genauso wie für die spektakulären Crus, unter denen der Pinot Noir aus dem Geißberg – zu erkennen an der Geiß auf dem Etikett – erneut hervorragt.

94 2010 Chardonnay extra brut
Zitronengelb in der Farbe. Ein opulenter Chardonnay im Duft: kandierte Cedratzitrone, champagnerhafte Hefenoten, ein Hauch von Holz, Lindenblüte. Im Mund hat der Wein einen großzügigen, dabei auch noch immer stoffigen Bau, das Mousseux ist eher dezent in seiner Dynamik, nachgerade cremig in der Textur, die Säure wirkt kernig, hält lange an und gibt dem Wein ein kompaktes, pointiertes Finish. Ein Schaumwein zum Essen! 12 Vol.-%, NK, €€€

93+ 2021 Bissersheim Am unteren Geisberg Chardonnay trocken
Orangenschalenbutter, recht ausgeprägte Holzwürze, auch helles Karamell. Setzt im Mund mit geschmeidiger Textur weich an, die Gerbstoffe wirken noch etwas griffig, die aktive Säure ist gut eingebunden, feine Salzigkeit. Besitzt genug Substanz, um gut zu reifen. 13,5 Vol.-%, DIAM, €€€

95 2020 Bissersheim Geisberg Pinot Noir trocken
Vielschichtiger Duft, würzige Kirsche, Rauch, Schlehe, Wacholderbeere, mineralisch grundiert. Am Gaumen sehr dicht, hohe Gerbstoffqualität, feine Säure, leuchtende Kalkmineralität, Minze, rote Frucht, Schokolade, ganz fester Kern, sehr lang, hat enormes Potenzial, großer Pinot Noir.
13,5 Vol.-%, DIAM, €€€€

93+ 2020 »Cuvée Wilhelm Réserve« trocken CS/CF/ME/PV
Dunkelbeerige Frucht in der Nase, schwarze Kirsche, Pflaume, etwas Cassis, Menthol, Rauch, würzig. Am Gaumen mit satten, reifen Gerbstoffen, viel Volumen, kraftvoll, elegante Säure, sehr dunkle Frucht, Bitterschokolade, mächtig und kraftvoll, gute Länge, braucht noch Zeit. 14,5 Vol.-%, DIAM, €€€

93 2022 »Fumé Réserve« Bissersheim Goldberg Sauvignon Blanc trocken
92+ 2021 Bissersheim Links am Sülzner Weg Chardonnay trocken
90 2022 »Tertiär« Grauer Burgunder trocken
93+ 2020 Bissersheim Goldberg Spätburgunder trocken
93+ 2015 »Epic Shit« St. Laurent trocken
93 2020 Großkarlbach Burgweg Spätburgunder trocken
90+ 2020 »Tertiär« Spätburgunder trocken

91+ 2021 »Kalkmergel« Weißer Burgunder tr.
Mineralisch geprägter Duft, Gesteinsmehl, dazu Mirabelle, Apfelschale, Zitronenmelisse. Am Gaumen mit reifer, fester Säure, Zug und Schmelz, helle Früchte dominieren, dazu kommt feine Mineralität, gute Struktur und Länge, endet harmonisch abgestimmt. 13,5 Vol.-%, DV, €€

★

WEINGUT WAMBSGANSS

Kirchhohl 10, 76829 Landau in der Pfalz
T: +49 6341 61990, info@eugen-wambsganss.de
eugen-wambsganss.de

Ab-Hof-Verkauf: Mo bis Fr 8–12 Uhr und 14–17 Uhr, Sa 9.30–12 Uhr und 14–14.15 Uhr
Kellermeister: Christian Estelmann
Ansprechpartner: Christian Estelmann
Flaschen/Hektar: 200.000 (70 % weiß, 15 % rot, 15 % Rosé, 15 % Schaumwein)/16,5 ha

Trends läuft Christian Estelmann, Inhaber und Kellermeister des Weinguts Wambsganss in Nußdorf bei Landau, ganz sicher nicht hinterher: »Jeden Tag etwas Neues, derlei Hektik bekommt einem Naturprodukt wie Wein nicht«, so lautet seine Devise. Da verbringt er lieber seine Zeit bei den Rebstöcken, »die es persönlich nehmen, wenn man sich nicht um sie kümmert«. Die einfacheren Qualitäten sind gelungene Exemplare Pfälzer Genusskultur, der Lagen-Riesling und die Rotweine wie der rare Blaue Gänsfüßer unterstreichen die Ambitionen. Da ist das Ende der Fahnenstange noch nicht erreicht!

91 2021 Godramstein Münzberg Riesling trocken

Ziemlich reife Nase, noch etwas verschleiert, gelbe Blüten, Birnenschale und Pfirsich. Stellt am Gaumen in einer straffen Struktur weniger die Frucht, als eine leicht karge, saline Note heraus. Präzise Säure, gute Bündelung in der Gaumenmitte, geht geradlinig in das lange Finish. Zeigt seine Herkunft. 12,5 Vol.-%, DV, €€

89 2022 Nußdorf Grauburgunder trocken

In der Nase feine Würze mit Aromen von Birne, Hasel- und Walnuss, auch süße Melone und leicht buttrige Noten. Legt im Mund mit viel Saft los, Birne, dazu würzige Noten und auch etwas süße Mandarine, kompakter Bau, nach vorne ausgerichtet, nicht zu süß, gute Balance hin zu einem Wein, den man gerne zum Essen trinkt. 12,5 Vol.-%, DV, €

91 2020 Nußdorf Herrenberg Spätburgunder trocken

Kräftiger, fruchtiger Duft nach schwarzen Kirschen und Maulbeeren, Cassis, Brombeeren, Tabak und feine Holzwürze. Setzt am Gaumen mit guter Spannung an, kirschfruchtig und elegant mit präziser Säure, mittlere Struktur, gute Balance, die Gerbstoffe sind behutsam extrahiert, feine mineralische Tönung, gerne zum Essen. 13,5 Vol.-%, NK, €€€

91 2021 Walsheim Silberberg Blauer Gänsfüßer trocken

Florale Noten im Duft, Rote Johannisbeere, rote Kirsche, auch Cassis, Brombeere, wilde Pflaume und auch käuterig, feine Holzwürze, auch etwas Rosenblätter. Kompakte Struktur am Gaumen, mittelgewichtig im Extrakt, mit guter Spannung und zielgenauer, gut eingebundener Säure. Noch leicht rustikal im Gerbstoff. Eigener Charakter einer sehr raren Rebsorte. 12,5 Vol.-%, NK, €€

89 2022 Nußdorf Rosé trocken

89 2022 Nußdorf Weißer Burgunder tr.

Die Nase strahlt mit gelbem Apfel, Aprikose, Gartenkräutern und geröstetem weißem Sesam Pfälzer Atmosphäre und Gelassenheit aus. Ein absolut verlässlicher Alltagswein auf gutem Niveau mit saftiger Frucht, ausgewogener Säure und feiner Würze, der wie gemacht ist zum Essen und nicht nur in der Pfalz überzeugt. 12 Vol.-%, DV, €

★★

WEINBIET MANUFAKTUR

An der Eselshaut 57, 67435 Neustadt an der Weinstraße
T: +49 6321 67970, info@weinbiet.de
weinbiet.de

Ab-Hof-Verkauf: Mo bis Fr 9–18 Uhr, Sa 10–16 Uhr
Kellermeister: Patrick Öttl
Ansprechpartner: Dr. Bastian Klohr
Flaschen/Hektar: 3.666.700 (67 % weiß, 33 % rot)/330 ha

Hut ab! Mit ihrem »Wurzelecht«-Riesling aus dem Jahrgang 2021 dringt die Neustädter Genossenschaft in den Top-Punktebereich vor. »Wurzelecht« – das heißt, dass die Reben vor langer Zeit nicht auf eine reblausresistente Unterlage gepfropft wurden. Vermutlich haben die Rebstöcke nur darum 80 Jahre lang überlebt, weil der Boden in dieser Parzelle besonders sandig und kiesig ist: Ein solches Substrat gefällt den Rebläusen nicht. Uns hingegen gefallen auch die anderen Weine: Der »Philipp Bassler«-Sauvignon etwa ist eine Stilübung, der »Eselshaut«-Riesling ein Schnäppchen.

92+ 2021 »Philipp Bassler Wurzelecht« Riesling trocken
Komplex im Duft: Mandarine, Baldrian, Minze, Menthol, Weinbergpfirsich. Der Gaumen beginnt geschmeidig, breitet dann eine milde, wirklich noble Phenolik aus, die Säure ist passgenau in den Körper integriert, der Abklang fasst alle Komponenten in bester Balance zusammen. 13 Vol.-%, NK, €€

91 2021 »Philipp Bassler Fumé« Sauvignon Blanc trocken
Im Duft verschmelzen ein sehr dezenter, leicht karamelliger Holzton und eine reife Spätlesefrucht nach Mango,. Stachelbeere und Schwarzer Johannisbeere. Ein rauchiger Nebenton löst die Versprechung des Namens ein. Im Mund ist der Wein cremig, dicht und wird von guter Säure belebt. 12,5 Vol.-%, NK, €€

90 2021 »Von Ersten Lagen« Weißburgunder & Chardonnay trocken WB/CH
Im Duft: buttrige Noten, etwas nussig, Haselnuss und Macadamia, auch weiße Blüten, ein nuanciertes Duftbild. Im Mund hat der Wein einen seidigen Fluss, die Säure bleibt im Hintergrund, der Restzucker ist erfreulich niedrig, was dem Wein eine sehr natürliche Harmonie gibt. Kulinarisch! 13 Vol.-%, DV, €

91 2020 »Gründerwein« Cabernet Sauvignon tr.
Schwarze Johannisbeere, Milchschokolade und roter Spitzpaprika im Duft, am Gaumen hat der Wein eine hohe Menge feinen Gerbstoffs, eine geschmeidige Grundierung mit deutlicher Extraktsüße im Hintergrund, frische Säure und einen fruchtgetragenen, eleganten Abgang. Eher New World als Bordeaux. 14,5 Vol.-%, NK, €€€

90 2021 »Philipp Bassler Grosses Gewächs« Riesling trocken
90 2021 »Philipp Bassler Grosses Gewächs« Chardonnay trocken
89 2021 Haardt Herrenletten Riesling trocken
89 2022 Muskateller feinherb
90 2020 »Philipp Bassler Grosses Gewächs« Spätburgunder trocken
90 2020 »Philipp Bassler Grosses Gewächs« Merlot trocken
89 2021 »Von Ersten Lagen« Merlot & Cabernet Sauvignon trocken ME/CS

89+ 2022 Mussbach Eselshaut Riesling tr.
Zitrisch im Duft, frisch, frischer Zitrusabrieb, sehr klar und mit der Vielschichtigkeit einer reifen Frucht. Im Mund ist der Wein geschmeidig im Ansatz, mit feinem Säurenerv und guter Dichte, nicht zu süß abgestimmt. Ein sehr appetitlicher Lagenriesling zu sehr fairem Tarif. 12 Vol.-%, DV, €

★★

WEINLAND WACHTENBURG

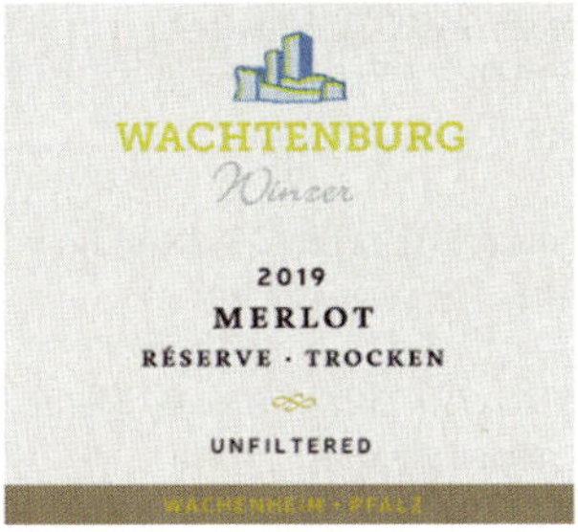

Weinstraße 2, 67157 Wachenheim an der Weinstraße
T: +49 6322 979820, info@weinland-wachtenburg.de
weinland-wachtenburg.de

Ab-Hof-Verkauf: Mo bis Fr 9–18, Sa 10–17, So 11–16 Uhr
Kellermeister: Theo Bassler
Ansprechpartner: Peter Zimmermann
Flaschen/Hektar: 2.666.700 (62 % weiß, 17 % rot, 16 % Rosé, 1 % süß, 4 % Schaumwein)/335 ha

Wachenheim an der Weinstraße ist unter den berühmten Weinbaugemeinden der Mittelhaardt diejenige, auf die die Welt am wenigsten intensiv blickt. Das hat den Vorteil, dass man hier noch Schnäppchen machen kann. Das gilt auch für die Weine der Genossenschaft Weinland Wachtenburg, die sich wieder als recht ansprechend erwiesen haben. Unser Tipp ist der saftige trockene Riesling aus der Lage Fuchsmantel – ein typisches Mittelhaardt-Terroir auf Buntsandstein. Auch der mit etwas Maischekontakt entstandene Grauburgunder macht richtig Spaß. Wir gratulieren zum zweiten Stern.

90+ 2022 »Edition SL« Grauburgunder trocken
Melonengelb in der Farbe. Ein leicht balsamischer Duft, Blütenhonig, Grafschafter Goldsaft, getrockneter Apfelring. Im Mund geschmeidig, voll, mit sortentypischer Fülle, aber auch mit einer konzentrierten Gaumenfrucht und einem gut stützenden Säurenerv. Lang! 13,5 Vol.-%, DV, €

89+ 2022 »Edition SL« Weißburgunder tr.
Ein Duft von Frühlingswiese, Kleeblüte und Heu. Im Mund zeigt sich der Wein geschmeidig, seidig texturiert, mit reifer, gut eingebundener Säure, ein ausgewogener, zugänglicher, solide gebauter Weißburgunder, der sich zur Speisenbegleitung empfiehlt. 13 Vol.-%, DV, €

89+ 2019 »Edition Premium Réserve unfiltered« Merlot trocken
Im Duft Amarenakirsche, Buttercremetorte, Schokolade. Im Mund beginnt der Wein mit dichtem Tannin und reifer Säure, hintergründig hat er viel Schmelz und Viskosität. Im Abgang wirken der kräftige Alkohol und der noch jugendlich-adstringierende Gerbstoff zusammen. Ein Amarone!
15 Vol.-%, NK, €€€

89 2020 »Edition Premium Cuvée Wachtenburg« trocken ME/CI/LMB/CF/CS
Im Duft Schwarze Johannisbeere, Vanillecreme und Dörrpflaume. Im Mund zeigt sich ein feingliedriger und dennoch auch präsenter Gerbstoff, der runde Fluss hat eine gut eingebundene Säurebegleitung, eine Spur Süße unterstützt die Gaumenfrucht, der Wein endet saftig und mit guter Länge.
13,5 Vol.-%, NK, €

88+ 2022 Chardonnay trocken

91 2022 Wachenheim Fuchsmantel Riesling Spätlese trocken
Zitrusfrucht im Duft, kandierte Orangenschale. Im Mund beginnt der Wein mit einem feinen Süße-Säure-Spiel, der Alkoholgehalt ist moderat, die Aromendecke des Weines und seine Länge sind aber dennoch ausgezeichnet, der Abgang endet saftig, salzig und frisch. 12 Vol.-%, DV, €

★★★

WEIN- UND SEKTGUT WILHELMSHOF

Queichstraße 1, 76833 Siebeldingen
T: +49 6345 919147, info@wilhelmshof.de
wilhelmshof.de

Ab-Hof-Verkauf: Mo bis Fr 8–12 & 13–18 Uhr, Sa 9–16 Uhr
Kellermeister: Thorsten Ochocki
Ansprechpartner: Familie Roth-Ochocki
Flaschen/Hektar: 74.000 (45 % weiß, 10 % rot, 3 % Rosé, 42 % Schaumwein)/18,6 ha
Anbauweise: Bio

Das jahrhundertealte Weingut hat sich in den 1970er-Jahren dem Sekt verschrieben, damit gehört der Familienbetrieb zu den deutschen Sektpionieren. Einmal Pionier, immer Pionier: Jüngst trat das biologisch wirtschaftende Weingut als erstes der Pfalz der Bewegung »Zukunftsweine« bei, die mit pilzwiderstandsfähigen Rebsorten einen klimafreundlichen Weinbau praktiziert. Bei den Stillweinen stehen Harmonie und Zugänglichkeit im Vordergrund. Und auch bei seinem Sekt, der in der Flasche vergoren wird, pflegt der Wilhelmshof einen auf Reife und Milde gerichteten Stil.

93 2017 »Pinot B Privé« brut PN/WB
Tiefe kräuterige Nase, dann weiße Beeren, Limettenabrieb, ein kühler Eindruck. Am Gaumen findet man ein zartperliges Mousseux, eine weiche, elegante Säure mit viel Saft und Zug, im Nachhall ist der Sekt positiv verspielt und animierend. 12,5 Vol.-%, NK, €€€

91 2020 Siebeldingen Königsgarten Blanc de Noirs Pinot brut
Fluffige Perlage, blassglitzernd und feine Nase nach weißen Birnen und Glaskirschen. Am Gaumen ungemein saftig, frisch, elegant prickelndes Mousseux, schönes Säurespiel, animierender Trinkfluss, gut gemacht! 12 Vol.-%, NK, €€

92+ 2020 »Wilhelm« Siebeldingen Im Sonnenschein Spätburgunder Spätlese tr.
Dunkles Rubinrot. Ein feiner Duft von dunkler Kirsche, Cranberry, Himbeere, Vanilleschote und auch schwarzes Johannisbeerblatt. Am Gaumen mit zartem Tanninbiss, tragender Säure und feiner Extraktsüße. Ein kraftvoller Wein mit Potenzial. Langer Nachhall. 14 Vol.-%, NK, €€€

91 2020 Siebeldingen Im Sonnenschein Spätburgunder Spätlese trocken
Dunkelrot in der Farbe und intensiv im Duft. Aromen von dunklen Beeren, Waldfrucht als auch Gewürznelke. Am Gaumen Kirschnoten, Vanille und auch leichte Holzwürze bei reifem Gerbstoff sowie guter Säure. Mittelgewichtiger Körper, durchaus elegant und lang im Nachhall. 14 Vol.-%, NK, €€€

89 2022 Frankweiler Petersbuckel Riesling Spätlese trocken

90 2022 »Muschelkalk« Siebeldingen Weißer Burgunder trocken
Brillantes Zitronengelb im Glas. In der Nase noch vom Füllen geprägt, gelbe Birne, Geißblatt, Grapefruit und Melone. Am Gaumen sortentypischer bei guter Säure, die die reife Frucht gut balanciert. Cremigkeit und Schmelz führen in den mittleren Nachhall. 13 Vol.-%, DV, €

★★★

WEINGUT KATRIN WIND

Nauweg 6, 76829 Arzheim
T: +49 6341 33339, info@weingut-wind.eu
weingut-wind.eu

Ab-Hof-Verkauf: Mo bis Fr 9–17 Uhr, Sa 9–14 Uhr
Kellermeister: Katrin Wind
Ansprechpartner: Katrin Wind
Flaschen/Hektar: 33.300 (70 % weiß, 10 % rot, 20 % Rosé)/7,5 ha
Anbauweise: in Umstellung

Der Große Kalmit ist mit 673 Metern der höchste Berg des Pfälzer Waldes, daneben erhebt sich die Kleine Kalmit mit 272 Metern Höhe, die auch die Gemeinden Ilbesheim und Arzheim verbindet. Kathrin Winds bester Riesling kommt aus der Lage, »es ist ein richtiger Kalksteinberg und mein größtes Kapital«, schwärmt die Winzerin, die ihre ersten Weine in der Garage der Eltern ausbaute. Heute bewirtschaftet sie über sieben Hektar Rebfläche, die auf biologischen Weinbau umgestellt wird. Wir schätzen die ungeschminkten Weine sehr, unser Tipp: der »NackteRiesling«.

93 2022 Arzheim Kalmit Riesling trocken

Eine hefige Spontinase, roter Apfel, Mandarine und frisch gepresster Orangensaft. Orangenaromen sind auch im Mund sofort präsent, sie begleiten ein festes Säurerückgrat, deutlich mineralische Wahrnehmungen, einen stoffigen Körper und eine Spur Süße. 12 Vol.-%, NK, €€€

94 2020 Frühburgunder trocken

Pikanter Duft nach roten Beeren, Walderdbeere, Rhabarber. Im Mund weich wie ein Seidentuch, mit viel Saft, feinem Säurespiel und mineralischen Untertönen. Ein dichter und zugleich eleganter Burgunder. Ausgezeichnete Länge (mit Beeren- und Tabaknoten). 12,5 Vol.-%, NK, €€€

93+ 2020 Arzheim Kalmit Spätburgunder trocken

Rauchig im Duft, dazu eine Frucht von Schwarz- und Sauerkirsche. Im Mund zeigt der Spätburgunder sandiges Tannin in hoher Dichte, eine »kühle« Frucht, eine am Gerbstoff eng geführte Säure und einen kräftigen, kalkmineralischen Abklang. Superber Bau, großes Potenzial! 12 Vol.-%, NK, €€€

92 2021 »vom Landschneckenkalk« Spätburgunder trocken

Im Duft rauchige Hefenoten, Sauerkirsche, etwas Hefe. Im Mund strahlt der Wein große Eleganz aus, der griffige Gerbstoff liegt in mittlerer, perfekt zum saftigen Bau passender Dichte vor, eine feste Säure und kalkmineralische Noten tragen in den langen Abgang. 12 Vol.-%, NK, €€€

91 2022 »vom Landschneckenkalk« Weißer Burgunder trocken

90+ 2022 »NackteRiesling« trocken

Melisse und Zitronenschale im feinen Duft, auch Bergamotte kommt dazu. Im Mund ist der »NackteRiesling« straff, kernig, trocken, schlank im Alkohol und dicht im Extrakt, fast schon muskulös. Kein bisschen geschminkt, sondern trinkig und sehr erfrischend. 11,5 Vol.-%, DV, €

★★★★★

WEINGUT VON WINNING

Weinstraße 10, 67146 Deidesheim
T: +49 6326 966870, weingut@von-winning.de
von-winning.de

Ab-Hof-Verkauf: Mo bis Fr 8–18 Uhr, Sa und So 10–18 Uhr
Kellermeister: Kurt Rathgeber
Ansprechpartner: Stephan Attmann
Hektar: 64 ha

Auch wenn uns das Weingut von Winning dieses Mal nicht mit Pinot Noir verwöhnte, hat das Team um Mastermind Stephan Attmann wieder eine absolut imposante Kollektion vorgelegt: Angeführt wird sie vom spannungsreichen, hintergründig raffinierten Riesling-GG aus dem Forster Kirchenstück, hinter dem sich eine ganze Reihe erstklassiger Weine drängeln – ob der Chardonnay »Imperiale« oder der Namensvetter vom Sauvignon Blanc, beide mit Energie und großartigem Holzeinsatz. Für viel Trinkfluss und Genuss garantiert schon unser Tipp, der Riesling »Win Win«.

95 2021 Forst Kirchenstück Riesling GG
Zunächst kühl im Duft mit Aromen von weißem Pfirsich, gelbem Apfel, Johannisbeerblatt, Aprikose und gelber Zitrusfrucht. Am Gaumen gekonnt balanciert, ausgewogen, hintergründig raffiniert, attratives Spiel von Säure und reifer Frucht. Viel Spannung, Mineralik und Perspektive. 13 Vol.-%, NK, €€€€

94+ 2021 Forst Ungeheuer Riesling GG
Im Duft elegant, Bourbonvanille, Aprikose, Weinbergpfirsich, junge Birne und eine Meeresbrise. Am Gaumen komplex, rein und dicht, etwas Brioche, feinste Phenolik. Durch reife Säure ideal balanciert. Elegante Konzentration der Frucht führt in den spektakulären Nachhall. 13 Vol.-%, NK, €€€

94 2021 »Imperiale« Chardonnay trocken
Im Duft kühl und auch gewichtig, Sternfrucht, Zitrusfrucht und Steinobst entwickeln Komplexität. Am Gaumen folgt feine Bourbonvanille, etwas Gesteinsmehl, dann wieder reife, elegante Frucht. Sehr gute Säure und feine Mineralität führen in einen bedeutenden Nachhall. 13 Vol.-%, NK, €€€

93+ 2021 Deidesheim Kalkofen Riesling GG
Blasses Goldgelb. Ein intensives Bukett von leichter Holzwürze, reifem Pfirsich, Limettenmelisse und Maracuja. Am Gaumen ist der Wein saftig und vollmundig, aber dennoch subtil. Mineralisch, salziger Nachhall. Mit Reife wird sich hier ein großer Wein entwickeln. 13,5 Vol.-%, NK, €€€

93 2021 »Imperiale« Sauvignon Blanc tr.
92 2022 Ruppertsberg Reiterpfad Riesling Erste Lage trocken
92 2022 Deidesheim Herrgottsacker Riesling Erste Lage trocken
91+ 2022 Deidesheim Leinhöhle Riesling Erste Lage trocken
91+ 2022 Deidesheim Mäushöhle Riesling Erste Lage trocken
91 2022 Forst Riesling trocken
90+ 2022 »II« Sauvignon Blanc trocken

90+ 2022 »Win Win« Riesling trocken
Feine, attraktive Aromen von Mandarine, Pfirsich, gelbem, reifem Apfel und Meyer-Zitrone im Duft. Am Gaumen dicht und dabei doch schlank. Die reife Frucht wird von vibrierender Säure balanciert und bringt sofort viel Trinkfluss und Genuss: »Good value for money«. 12 Vol.-%, DV, €€

★

WEINGUT WISSER

Herrengartenstraße 9, 76831 Billigheim-Ingenheim
T: +49 6349 1562, weingut.wisser@t-online.de
weingasthaus-wisser.de

Ab-Hof-Verkauf: Ja
Kellermeister: Michael Wisser
Ansprechpartner: Michael Wisser
Hektar: 20 ha

Wer nach Weinen sucht, die nicht zu verkopft und kompliziert sind, viel bieten für die sehr fair berechneten Preise und sich trefflich zur Begleitung täglicher Speisen anbieten, sollte sich beim Weingut Wisser umschauen. Inzwischen bewirtschaften Heike und Heiner Wisser rund zwanzig Hektar Rebfläche um Billigheim-Ingenheim, ihr talentierter Sohn Michael ist für die Vinifizierung der Weine verantwortlich, bei denen stets Frucht und Trinkfluss geachtet und im Vordergrund stehen. In der Weinstube kann man sich die Weine zu Pfälzer Spezialitäten schmecken lassen. Alla hopp.

90 🅢 2019 »geniestreich Pinot« brut WB/PN
Fast kühl, zugleich reichhaltig im Duft. Gelbfrucht, Pfirsich, auch Ananas. Am Gaumen präsentiert sich der Sekt dynamisch, leicht burschikoses Mousseux, abermals eine leicht süße Frucht und Phenolik, die von guter Säure balanciert werden. Guter Nachhall. 12 Vol.-%, NK, €€

89 2022 »geistesblitz« Chardonnay trocken
Gelbe Blüten, reife Aprikose, auch etwas Ananas, Birne, feine Würze und auch florale Noten. Weich und würzig am Gaumen, etwas pfeffrig, weiche, tragende Säure, in der Gaumenmitte harmonische Abrundung durch die Restsüße. Gut balanciert, mittlere Struktur. 12,5 Vol.-%, DV, €

89 2022 »geistesblitz« Rosé trocken
Mittleres Kirschrot, Pflaume, rote Kirschen, Walderdbeeren und Waldhimbeere, etwas Pfingstrose. Straff am Gaumen mit lebendiger Säure, die das Tempo vorgibt, begleitet von süßlicher rotbeeriger Frucht, wieder Pflaume und Himbeere, Aperitif und Appetitmacher. 12 Vol.-%, DV, €

89 2022 »geistesblitz« Spätburgunder trocken
Neben roter Kirsche auch reife Pflaume, dunkle Kirschen, Brombeeren, getrockneter Rosmarin. Weich am Gaumen mit milder Säure und geschmeidigen Gerbstoffen in eher geringer Dosis, fruchtig, Kirsche und Waldbeeren, präsente Säure und Restsüße, harmonisch abgerundet. 12,5 Vol.-%, DV, €

89 2022 »geistesblitz« Grauburgunder trocken

89+ 2022 »geistesblitz« Riesling trocken
Mittleres Goldgelb, reifer gelber Pfirsich, Aprikose und Passionsfrucht, florale Noten, Tomatenrispe. Am Gaumen treffen eine straffe Säure und eine feine Restsüße aufeinander, mittlere Struktur, auch feine saline Note, etwas Limette, saftig, mit Trinkfluss. 12,5 Vol.-%, DV, €

★★★

WEINGUT ZELT

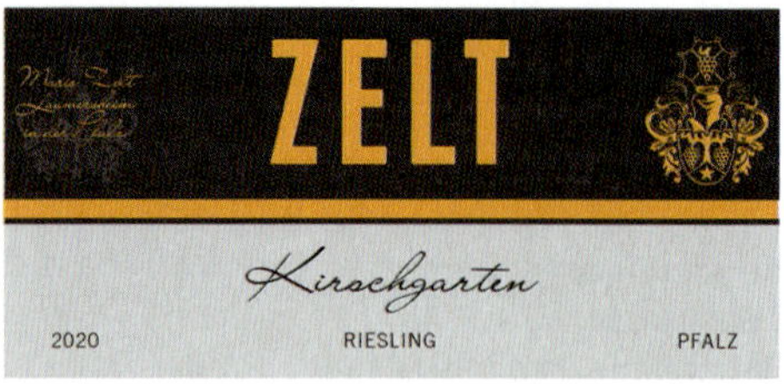

Binsenstraße 2, 67229 Laumersheim
T: +49 6238 3281, info@weingutzelt.de
weingutzelt.de

Ab-Hof-Verkauf: Mo, Di, Do und Fr 10–12 und 14–18 Uhr, Sa 10–16 Uhr
Kellermeister: Lotte Iglhaut
Ansprechpartner: Mario Zelt
Flaschen/Hektar: 133.300 (50 % weiß, 50 % rot)/20 ha

Bei den Weißweinen zeigt sich der stilistische Wandel, der im Weingut Zelt Einzug gehalten hat: Gerade die Rieslinge sind straffer, dichter und präziser, kommen mit geringerem Alkoholgehalt aus. »Die Pfälzer Pausbäckchen sind weg«, urteilte einer der Verkoster am Tisch. Die roten Burgunder aus dem Jahrgang 2020 fallen im Vergleich dagegen noch kräftiger und fülliger aus, überzeugen mit ihrer großartigen Würze und Fruchtausprägung. Unsere Empfehlung ist der geradlinige und mineralische Riesling »Kalkstein«. Wir sind gespannt, was sich in Laumersheim weiter tut.

92+ 2021 Laumersheim Kirschgarten Riesling trocken

Reduzierte Primärfrucht, kräuterige, florale und steinige Noten, Heublumen, Apfelschale, Pfirsich. Straff gefasst am Gaumen mit engmaschigem Extrakt und geradliniger, raffinierter Säure, zitrisch begleitet, Grapefruit, auch salzig, merkliche Mineralik, präzise. 12 Vol.-%, DIAM, €€€

93+ 2020 Laumersheim Kirschgarten Spätburgunder trocken

Würziger Duft, reife, pointierte Frucht, Kirsche, Schwarze Johannisbeere, rauchig und auch holzgetragen. Sehr großzügig in seiner würzigen Fruchtigkeit, dichter, leicht süßlicher Extrakt, gute Substanz, feinnervige Säure, mineralisch getönt, feinkörniges Tannin. Lang. 13,5 Vol.-%, DIAM, €€€

93 2020 Großkarlbach Burgweg Spätburgunder trocken

Rote Kirsche, Johannisbeere und Granatapfel mit gut dosierter Holzwürze, auch erdig. Am Gaumen mit guter Balance von Kraft, Stoffigkeit und auch den poetischen Seiten des Pinot Noirs, weiche, tragende Säure, delikate rote Frucht, Mineralik, gute Länge. 13,5 Vol.-%, DIAM, €€€

92+ 2020 Bissersheim Goldberg Frühburgunder trocken

Schwarzkirsche, Pflaume, Räucherspeck, kalte Asche, Pfeffer, Veilchen. Nicht allzu lang, beschäftigt den Gaumen mit seiner seriösen Frucht, Substanz, feinen Würze und auch Finesse genussvoll, die kräftigen Gerbstoffe sind auf dem Punkt und bieten weitere Perspektive. 13,5 Vol.-%, DIAM, €€€

92 2021 »Grande Réserve« Laumersheim Kirschgarten Chardonnay trocken

91 2022 »Kalkstein« Laumersheim Riesling trocken

Etwas Hefe, Pfirsich, Apfel, Limettenschale, frisches Lorbeerblatt und nasse Kreide. Feingliedriger Bau, überhaupt ein Riesling, der Ballast und Schwere meidet. Lebendige, präzise Säure, etwas Limette, grüner Apfel, kalkige Mineralik, macht leichtfüßig Betrieb am Gaumen.
12 Vol.-%, DV, €€

★★

WEINGUT OLIVER ZETER

Eichkehle 25, 67433 Neustadt an der Weinstraße
T: +49 6321 9700933, vinothek@oliver-zeter.de
oliver-zeter.de

Ab-Hof-Verkauf: Ja
Kellermeister: Felix Forster
Ansprechpartner: Oliver und Christian Zeter
Hektar: 25 ha

Nach 20 Jahren im Weinhandel kelterte Oliver Zeter im Alter von 40 Jahren seinen ersten eigenen Wein. Das war 2007. In den 16 Jahren, die seither vergangen sind, hat Zeter Tugenden unter Beweis gestellt, die man häufig bei Quereinsteigern findet: zum einen eine Unvereingenommenheit, die Mut zum Experiment mit sich bringt (siehe: Syrah, Chenin Blanc). Zum zweiten den Willen, eine klare stilistische Handschrift zu entwickeln, wofür bei Zeter – der sich einiges in Südafrika abgeschaut hat – vor allem der Fokus auf die reife Frucht steht. Eine Bereicherung der Pfälzer Weinwelt!

92+ 2021 »Fumé« Sauvignon Blanc trocken
Ausdrucksstark und komplex im Duft. Modern im Typ mit Aromen von Sternfrucht, Kiwi und reifer Birne. Leichte Reduktion. Am Gaumen folgen Stachelbeere, mineralische Würze, von lebendiger Säure ideal balanciert. Der Ausbau bringt eine attraktive Textur. Guter Nachhall.
13 Vol.-%, DV, €€

92 2021 Haardt Herzog Chenin Blanc trocken
Brillant in der Farbe. In der Nase ein Duft von Quitte, Mirabelle, Nashibirne und Orangenblüte. Am Gaumen herrlich kühl und mineralisch, dann konzentrierte Frucht, die von präziser Säure gut balanciert wird. Würzig, fruchtig im langen Nachhall. 13,5 Vol.-%, NK, €€€

92+ 2019 »La Syrah« Edenkoben-Rhodt Schwarzer Letten Syrah trocken
Purpur in der Farbe und konzentriert im Duft. Sortentypische Aromatik. Tabakblatt, grüner Pfeffer, Heidelbeere und Boysenbeere. Am Gaumen saftig und würzig, Garrique, Zitronenmelisse, reifes Tannin bei gut eingebundener Säure. Tiefe und Struktur begleiten den langen Nachhall.
13,5 Vol.-%, NK, €€€

92+ 2018 »Zahir« Cuvée trocken CS/CF/ME
Dunkles Rubin in der Farbgebung, intensiv im Duft. Aromen von Schwarzkirsche, Cassis, Zeder und etwas Tabak. Am Gaumen auch süße Kirsche und schwarzes Johannisbeerblatt, jugendliches Tannin, alles getragen von lebendiger Säure bei guter Struktur. Langer Nachhall.
14 Vol.-%, NK, €€€

91 2020 Ungstein Weilberg Riesling trocken

92 2021 »Mineral« Chardonnay trocken
Ein reifer Duft von Quitte, gelbem Apfel, Vanille, Ananas und Honigmelone. Am Gaumen herrlich saftig mit gutem Säurezug, der die nunmehr kühle, sortentypische Frucht sehr gut trägt. Viel Schmelz und Finesse bei langem, mineralischem Nachhall. Kompliment. 13,5 Vol.-%, NK, €€

★★★

WEINGUT ZIMMERMANN

Grabenstraße 5, 67157 Wachenheim an der Weinstraße
T: +49 6322 2384, info@wein-zimmermann.de
wein-zimmermann.de

Ab-Hof-Verkauf: nach Vereinbarung
Kellermeister: Jürgen Zimmermann
Ansprechpartner: Jürgen Zimmermann
Flaschen/Hektar: 80.000 (90 % weiß, 10 % rot)/13 ha

Nicht an der mondänen Weinstraße, sondern etwas versteckt in einem Wachenheimer Wohnquartier liegt eines der spannendesten Weingüter der Mittelhaart: Bei Jürgen Zimmermann findet man Weine aus besten Wachenheimer Lagen zu ausgesprochen fairen Preisen. Dabei ist die 2022er Version des Rieslings »Gerümpel« einer der besten Weine, die uns das Weingut bislang vorgestellt hat. Die anderen Lagenrieslinge stehen nicht nach. Unser Tipp aber gebührt dem cremigen und zugleich mineralisch-frischen Weißburgunder. Umwerfend viel Wein für weniger als zehn Euro!

93+ 2022 Wachenheim Gerümpel Riesling trocken
Pikante Zitrusaromen, kandierte Zitronenschale. Der Gaumen setzt weich und seidig an, setzt mit einer höchst feinen Stoffigkeit fort, der kräftige Extrakt ist ganz leichtfüßig in Szene gesetzt, der Wein endet saftig, mineralisch, mit dem klaren Ausdruck des Buntsandsteins. 12 Vol.-%, NK, €€€

92+ 2022 Wachenheim Fuchsmantel Riesling trocken
Ein helles Goldgelb. In der Nase noch ein wenig verschlossen. Aromen von Zitrone, gelbe Früchte, eine salzige Mineralität und leicht grasig. Am Gaumen wirkt der Wein sehr lebendig, ausgewogen, nicht mehr verschlossen, klar, mit einem schönen, mineralischen Abgang. 12 Vol.-%, NK, €€

92 2022 Wachenheim Altenburg Riesling trocken
Blutorange und Hefe im Duft, Amalfizitrone, auch eine dezent kräuterige Würze. Im Mund hat der Wein eine schöne Geschmeidigkeit, die durch eine feine Phenolstruktur zugleich saftig und spannungsreich wirkt. Der Abgang ist extrakt- und terpenreich, lang. Komplexer Lagencharakter.
12 Vol.-%, NK, €€€

91 2022 Wachenheim Luginsland Riesling trocken
Ein mittleres Zitronengelb. Aromen von Limette, weißer Blüte, Apfelschale und getrockneten Kräutern sind in der Nase. Am Gaumen reifer gelber Apfel und reife Orange, eine abgepufferte Säure und leicht erdige Aromen mit einem moderaten Alkoholgehalt. 11,5 Vol.-%, DV, €€

91 2022 Wachenheim Schloßberg Riesling trocken

91 2022 Weißburgunder trocken
Ein helles Goldgelb in der Farbe. In der Nase Aromen von reifen gelben Früchten, Mandel, ein Hauch Vanille ergänzt von etwas Sternanis. Am Gaumen hat der Wein eine lebendige Säure, einen cremigen Körper und etwas Extrakt und eine schöne Mineralität. 12,5 Vol.-%, DV, €

PFALZ

GASTGEBER AUS LEIDENSCHAFT

Gemeinsam mit den Winzern der Region –
als uneingeschränkten Experten, was das leibliche Wohl anbelangt –
hat Falstaff die besten Genussadressen in Sachen Kulinarik
sorgfältig ausgewählt und zusammengestellt.

67098 Bad Dürkheim

Weinstube Bach-Mayer

Ein fürstliches Jagdhaus ist das Refugium von Carsten di Lorenzi, der es versteht, regionale Spezialitäten modern aufzupeppen. Weine aus der Umgebung ergänzen die Gerichte. Freundlich-kompetenter Service.

Gerberstraße 13
+49 (6322) 92120, bach-mayer.de

€€

Empfohlen von: Weingut Pfeffingen,
Weingut Dengler-Seyler

76835 Burrweiler

Ritterhof zur Rose

In diesem Restaurant erlebt man Regionalküche in ihrer wahrsten Form: Sämtliche Spezialitäten werden selbst hergestellt und zubereitet. Beste Frischeprodukte und die Verarbeitung ganzer Tiere bilden dabei wichtige Eckpfeiler.

Weinstraße 6a
+49 (6345) 407328, ritterhofzurrose.de

P €€

Empfohlen von: Weingut Herbert Meßmer,
Weingut Scherr

Foto: beigestellt

Der Flaggenturm auf der Kuppe des Dürkheimer Fuchsmantels

67146 Deidesheim

Restaurant St. Urban

Zwar wurde der »Saumagen« in den gemütlichen Stuben nicht erfunden, aber dank der tollen Qualität zum Restaurantklassiker erhoben. Im Übrigen sind alle Gerichte bodenständig und außergewöhnlich gut.

Marktplatz 1
+49 (6326) 96870
deidesheimerhof.de

€€

Empfohlen von: Weingut Georg Mosbacher

67146 Deidesheim

Sushi B.

Küchenchef Piotr Suszek serviert im modernen, mit glamourösen asiatischen Details gestylten Ambiente seine mit Leidenschaft und Können frisch produzierten japanischen Klassiker in vielen Varianten.

Weinstraße 18
+49 (6326) 700077, sushi-b.de

P €€

Empfohlen von: Weingut von Winning, Weingut Reichsrat von Buhl

67483 Edesheim

Schloss Edesheim

Einfach romantisch: Das Gourmetrestaurant mit offenem Kamin und Wandmalereien wirkt wie eine historische Filmkulisse. Hier kann man à la carte wählen oder eine abgestimmte Menüfolge mit passender Weinbegleitung genießen.

Luitpoldstraße 9
+49 (6323) 94240
schloss-edesheim.de

P €€

Empfohlen von: Weingut Stefan Meyer

67147 Forst an der Weinstraße

Zum Schockelgaul

Ein galoppierendes Schaukelpferd über dem Eingang heißt Gäste aus aller Welt willkommen, denn jeder Gast ist gerne gesehen. Hier gibt es bodenständige Pfälzer Küche und ebensolche Weine. Das Cordon bleu ist besonders erwähnenswert!

Weinstraße 96
+49 (6326) 5669
schockelgaul.de

€

Empfohlen von: Weingut Margarethenhof

76833 Frankweiler

Weinstube Brand

Pfälzer Gastlichkeit in der unprätentiösen Weinstube. Favorit der vielen Stammgäste sind der Blut-Leberwurst-Strudel und das Rumpsteak, je nach Saison bietet Christian Knefler auch Wildgerichte an.

Weinstraße 19
+49 (6345) 959490
weinstube-brand.de

€€

Empfohlen von: Weingut Emil Bauer und Söhne

67251 Freinsheim

Atable im Amtshaus

Sybille und Swen Bultmann sind liebenswerte Gastgeber, ihr Restaurant ein gemütlicher Ort zum Genießen. Der Küchenstil ist klassisch französisch und wird hervorragend ergänzt von den dazu gereichten Weinen.

Hauptstraße 29
+49 (6353) 5019355, amtshaus-freinsheim.de

P €€

Empfohlen von: Weingut Pfeffingen, Weingut Krebs, Weingut Kassner-Simon, Weingut Kranz

67251 Freinsheim

Freinsheimer Hof

Ein restaurierter Winzerhof ist der schöne Rahmen des Gasthauses, in dem regionale Hausmannskost und mediterran inspirierte Speisen serviert werden. Eine schöne Veranstaltungslocation mit guten Weinen.

Breite Straße 7
+49 (6353) 5080410, freinsheimerhof.com

€€

Empfohlen von: Weingut Krebs, Weingut Kassner-Simon

76835 Hainfeld

Am Dorfbrunnen

Herzliche Pfälzer Gastlichkeit an der Deutschen Weinstraße, umgeben von malerischer Landidylle. Im ehemaligen Dorfschulhaus begeistert das Gasthaus mit vielfältiger regionaler Küche und erlesenen Weinen von lokalen Winzern.

Weinstraße 28
+49 (6323) 980734
dorfbrunnen-hainfeld.de

P €

Empfohlen von: Weingut Scherr

76831 Ilbesheim

Hubertushof

Ein Pfälzer Wirtshaus mit Kultstatus. Denn hier tauchen die Gäste in ein urgemütliches Ambiente ein, können zwischen regionalen und internationalen Gerichten wählen und bekommen dazu passende Weine.

Arzheimer Straße 5
+49 (6341) 930239
restaurant-hubertushof-ilbesheim.de

€€

Empfohlen von: Weingut Katrin Wind

67169 Kallstadt

Fleischmann

»Zimmer, Kuchl, (Wein-)Kabinett!« Eine breite Palette regionaler Spezialitäten, herzhafter Steaks und deftiger Gerichte harmoniert perfekt mit der erstklassigen Auswahl an Weinen und Edelbränden. Auch für Vegetarier ist viel dabei!

Weinstraße 123
+49 (6322) 2644
weinkabinett-fleischmann.de

€€

Empfohlen von: Winzergenossenschaft Kallstadt

67169 Kallstadt

Henninger

Familie Henninger bewahrt und zelebriert die pfälzische Kulinarik, Weintradition und das Lebensgefühl. Die Küche ist immer regional und saisonal geprägt – das Schnitzel mit lauwarmen Kartoffelsalat ist das ganze Jahr über ein Renner!

Weinstraße 93
+49 (6322) 2277, weinhaus-henninger.de

P €€

Empfohlen von: Weingut Bühler, Weingut Pfeffingen, Winzergenossenschaft Kallstadt

67169 Kallstadt

Winzerstuben Weick

Die Pfalz ist bekannt für ihre bodenständige Küche und der Saumagen ist hier ein integraler Teil der Tischkultur. Dieser kommt aus der hauseigenen Wurstküche und passende Weine aus der besten Lage Kallstadts, nämlich dem Saumagen.

Weinstraße 126
+49 (6322) 5300
weick-kallstadt.de

P €€

Empfohlen von: Winzergenossenschaft Kallstadt

67487 Maikammer

Zum Winzer

Dirk und Christina Albers servieren in ihrem Gasthaus mit südländischem Flair wechselnde saisonale und mediterrane Gerichte auf Basis regionaler Produkte. Ausgeschenkt werden gutseigene Weine.

Weinstraße Süd 8
+49 (6321) 5410
gasthaus-zum-winzer.de

€€

Empfohlen von: Weingut Dengler-Seyler

67271 Neuleiningen

H'manns

Hausgemacht wird bei den Hermanns großgeschrieben. Donnerstags werden exklusiv Tapas serviert, den Rest der Woche glänzt die Küche mit variantenreichen Gerichten aus dem internationalen Repertoire.

Am Goldberg 2
+49 (6359) 5341, hmanns.de

P €€

Empfohlen von: Gut Obercarlenbach – Weingut Bernd & Annette Meckel

Foto: beigestellt

67433 Neustadt an der Weinstraße

WeinGut Tapas

Die perfekte Kombination aus exquisiten Pfälzer Weinen und vielfältigen Tapas. Es gibt klassisch spanische Varianten, aber auch regionale wie Obazda oder Bratwurst. Klarerweise sollte man mehrere Häppchenteller ausprobieren.

Turmstraße 3
+49 (6321) 487 90 90
weingut-tapas.de

€€

Empfohlen von: Weingut Margarethenhof

67435 Neustadt an der Weinstraße

Winzerstube Mußbach

Auf dem Teller wird es nie langweilig. Stefan Schaichs Pfälzer Küche zeigt Vielfalt und präsentiert moderne Neukreationen. Wein spielt hier keine Nebenrolle, sondern ist der Hauptakteur und erhält volle Aufmerksamkeit.

An der Eselshaut 32a
+49 (6321) 68151
winzerstube-mussbach.de

P €€

Empfohlen von: Weinbiet Manufaktur

76835 Rhodt unter Rietburg

Rhodter Adler

Egal, ob Pfälzer Küche, Fleisch, Fisch oder vegane Speisen – alles ist von bester Qualität. Und wer kann schon bei hausgemachten Kuchen widerstehen? Die talentierte Zuckerbäckerin kreiert beinahe täglich himmlische Süßspeisen.

Weinstraße 10
+49 (6323) 9492770
rhodter-adler.de

€

Empfohlen von: Weingut Stefan Meyer

53572 Unkel

Weinhaus Im Lämmlein

Hauswein bis Premiumtropfen – alle Weine sind von herausragender Qualität. Die kulinarische Auswahl reicht von bodenständigen Gerichten bis hin zu feinen Delikatessen (z. B. gebeizter Caipirinha-Lachs). Zudem viel Vegetarisches!

Pützgasse 6
+49 2224 3179
im-laemmlein.de

€

Empfohlen von: Weingut Scheidgen

Foto: © WSNA

RHEIN GAU

UND HESSISCHE BERGSTRASSE

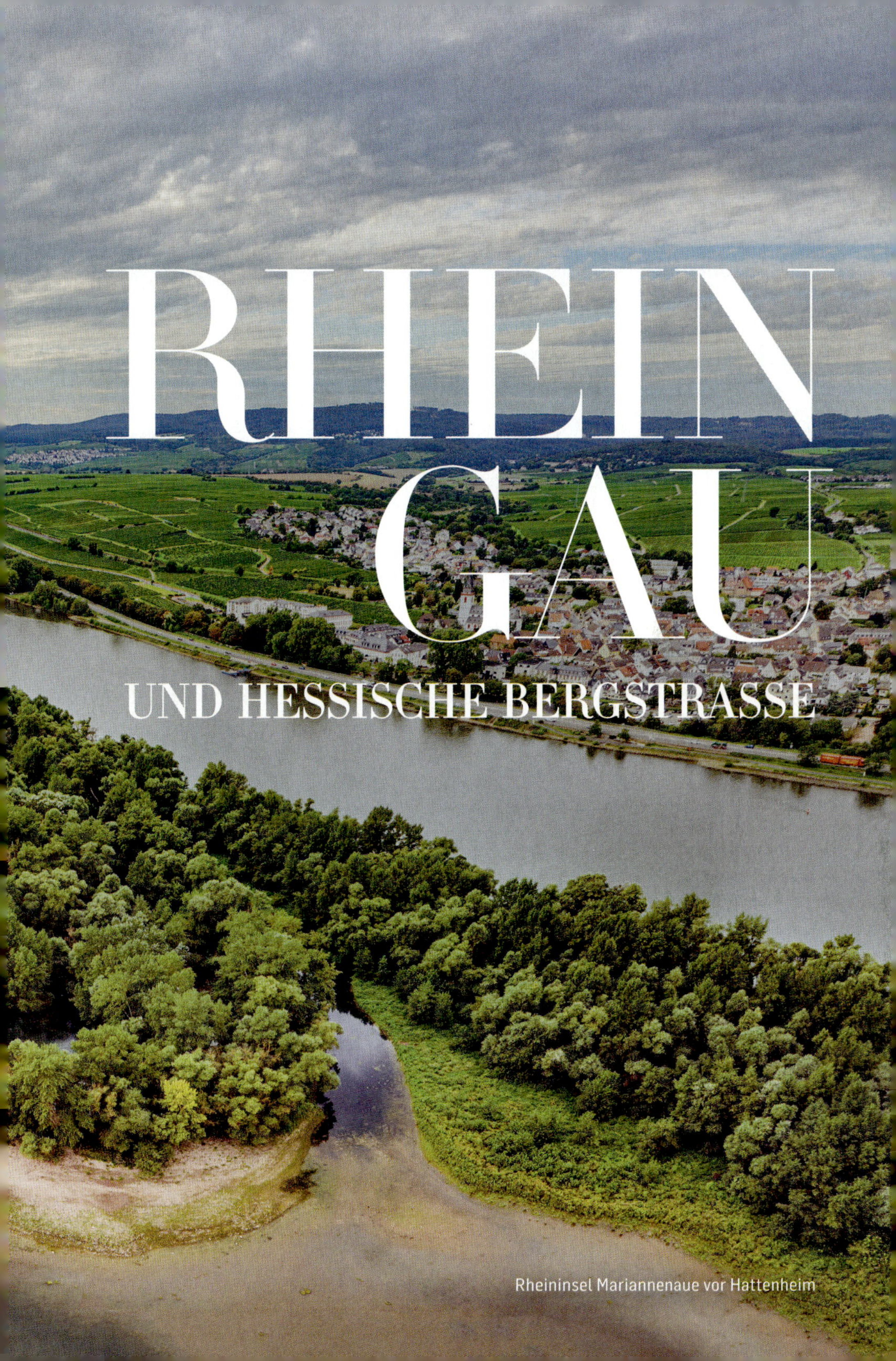

Rheininsel Mariannenaue vor Hattenheim

Schloss Johannisberg

DORNRÖSCHEN MIT STRAHLKRAFT

Was hat man nicht schon alles gehört: Der Rheingau sei statisch, altmodisch, starr und unbeweglich. Doch bahnbrechende Neuerungen gab und gibt es hier immer wieder – nur geschehen sie im Rheingau leise und mit wenig Getöse.

TEXT TOM DRIESEBERG

Als Michael Broadbent im Jahr 2006 eine 2005er Geisenheimer Rothenberg-TBA verkostete, zog er einen Vergleich zu Jeffersons Rheingau-Reise aus dem Jahr 1788 und stellte fest: »Two hundred thirty years later, little has changed.« (Decanter, Oct. 2006, S. 21)
So könnte man den Rheingau charakterisieren. Aus historischer Perspektive mutet es an, als befände sich die Region im Dornröschenschlaf. Im Jahr 813 wurde Schloss Johannisberg gegründet, 1136 entstand das Kloster Eberbach und im Jahr 1211 kaufte Emmircho Grifenclawa für das heutige Schloss Vollrads Weinberge. Diese Weingüter vinifizieren auch heute noch Weine von internationaler Strahlkraft.

Es zeigt sich, dass der Rheingau trotz aller Tradition und Beständigkeit im schnellen Takt seit jeher Neuerungen hervorgebracht hat, die gerade nicht von den nächsten Moden abgelöst wurden, sondern den Beginn neuer Traditionen markierten. Als mit dem Rheingauer Riesling »Geheimrat J« des Jahrgangs 1983 ein rassiger, trockener Grand Cru vorgestellt wurde, war die Mehrzahl der deutschen Weine eher billig, süß und wenig elegant. Mit der Vorstellung der »Ersten Gewächse« aus dem Jahrgang 1992 der Rheingauer Weingüter Breuer, Lang, Wegeler und Weil wurde der Grundstein der heutigen Auszeichnung »VDP.GROSSE LAGE®« gelegt. Seit der

VDP Deutschland in der Weiterentwicklung im Jahr 2012 die vierstufige Qualitätspyramide verabschiedet hat, haben trockene deutsche Weine einen Siegeszug sondersgleichen erfahren und sind von den großen Weinkarten der Welt nicht mehr wegzudenken. Manch Kritiker sagt dem Rheingau zwar eine Inflation der »Großen Lagen« nach, aber vielleicht liegt es einfach daran, dass dieser kleine, fast vollständig nach Süden ausgerichtete Landstrich durch seine Einbettung am Nordufer des Rheins auf natürliche Art und Weise ein fast einzigartiges Lagenpotenzial bereitstellt.

Leise und mit wenig Getöse verändert sich der Rheingau. Frauenpower findet sich hier in Form großartiger Weine von Theresa Breuer, Verena Schöttle vom Weingut Chat Sauvage, Sophie Egert oder Eva Fricke, um nur einige zu nennen Mit der Hochschule Geisenheim University findet man seit 150 Jahren eine internationale Kaderschmiede in Sachen Weinbau. Aktuell im Fokus stehen unter anderem die sogenannten pilzwiderstandsfähigen Reben (PiWis), die den Folgen des Klimawandels gerecht werden sollen, sowie die Herausforderungen in Verbindung mit alkoholreduzierten Weinen. Bei diesem Thema forscht die Hochschule weltweit an vorderster Front.

Verena Schöttle
Weingut Chat Sauvage, Geisenheim

Da sich mediale Aufmerksamkeit gerne auf Neues richtet, sei an dieser Stelle auf die bestehenden kleinen und großen Leuchttürme, die den Rheingau bekannt gemacht haben, hingewiesen. Die Weine

Wilhelm Weil
Weingut Robert Weil, Kiedrich

WEINBAUGEBIET RHEINGAU

Anbaufläche ca. 3100 Hektar
Aufteilung 129 Einzellagen
Wichtigste Rebsorten
Riesling, Spätburgunder
Verbände
Rheingauer Weinwerbung GmbH
Kloster Eberbach-Pfortenhaus
www.kulturland-rheingau.de

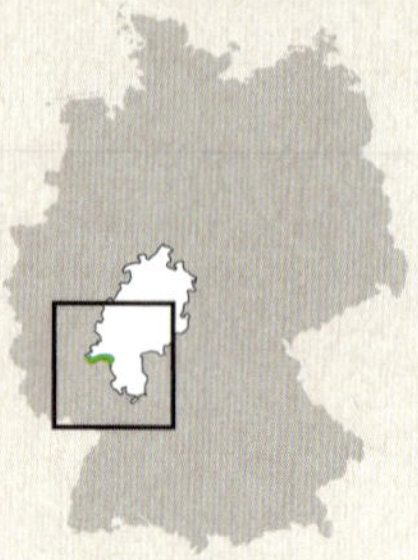

PRIVILEGIERTE WEINLAGEN

1 **Assmannshausen Höllenberg**
46 ha, 140–160 Hm, 30–60 % Stg., Ton- und Phyllitschiefer

2 **Rüdesheim Berg Schlossberg**
22 ha, 90–170 Hm, 0–70 % Stg., Quarzit und (teils roter) Schiefer

3 **Rüdesheim Berg Roseneck**
24 ha, 160–200 Hm, 0–60 % Stg., Schiefer, Taunusquarzit

4 **Rüdesheim Berg Rottland**
31 ha, 90–140 Hm, 0–33 % Stg., roter Schiefer, Quarzit

5 **Geisenheim Rothenberg**
20 ha, 135–145 Hm, 0–40 % Stg., Quarzit, Eisenoxid

6 **Schloss Johannisberg**
50 ha, 110–180 Hm, 0–45 % Stg., Schiefer, Quarzit

7 **Oestrich Doosberg**
100 ha, 110–130 Hm, 0–30 % Stg., karbonhaltiger Lösslehm

8 **Hattenheim Steinberg**
34 ha, 200–270 Hm, 20–60 % Stg., Ton, Schiefer

9 **Erbach Marcobrunn**
6,7 ha, 90–100 Hm, 0–25 % Stg., glimmerführender Mergel

10 **Kiedrich Gräfenberg**
11 ha, 120–160 Hm, 40–60 % Stg., Phyllitschiefer

11 **Rauenthal Baiken**
15 ha, 135–210 Hm, 0–20 % Stg., Phyllit, Quarzit, Lösslehm

12 **Rauenthal Nonnenberg**
6 ha, 110–180 Hm, 30–55 % Stg., Phyllitschiefer, Quarzit

13 **Hochheim Kirchenstück**
15,1 ha, 100–120 Hm, 0–30 % Stg., Kalk, Löss, Tonmergel

Eva Fricke
Weingut Eva Fricke, Eltville am Rhein

von Schloss Johannisberg, Schloss Vollrads und Kloster Eberbach gehören genauso dazu wie die Kreszenzen der Weingüter Barth, Krone, Kühn, Künstler und Prinz oder vom Johannisberger Sekthaus, die stellvertretend für eine Vielzahl großartiger Betriebe stehen.

Wer mehr über den Zauber des Rheingaus, seiner Landschaft, seiner Kultur und seiner Weine lesen möchte, dem empfehle ich das Büchlein »Rheingau« von Eva Demski. Oder einen Besuch in der RheinWeinWelt in Rüdesheim, in der über 150 Weine aus fünf deutschen Anbaugebieten ständig zur Verkostung bereitstehen.

Neues und Altes verbindet sich im Rheingau zu seiner einzigartigen Magie oder wie Thomas Mann durch seinen Protagonisten Felix Krull sagen lässt: »Der Rheingau hat mich hervorgebracht ... jener begünstigte Landstrich, welcher ... wohl zu den lieblichsten der bewohnten Erde gehört.«

Tom Drieseberg ist promovierter Marktforscher und Soziologe, er war einige Jahre in der Industrie tätig, zuletzt als Marketingmanager bei der Electrolux-Gruppe Deutschland. Von 1998 bis 2021 hat er die Weingüter Wegeler und ab 2007 auch das Weingut Krone Assmannshausen als geschäftsführender Gesellschafter geleitet. Dem Rheingauer Wein ist er heute immer noch verbunden, vor allem durch die Moderation von Veranstaltungen.

Rebflächen am Nonnenberg
Weingut Georg Breuer, Rüdesheim am Rhein

Fotos: © Anja Jahn, Weingut Georg Breuer

WEINBAUGEBIET HESSISCHE BERGSTRASSE

Anbaufläche ca. 463 Hektar
Aufteilung 23 Einzellagen
Wichtigste Rebsorten
Riesling, Grauburgunder
Verbände
Weinbauverband Hessische Bergstraße
Kettelerstraße 29, 64646 Heppenheim
www.bergstraesser-wein.de

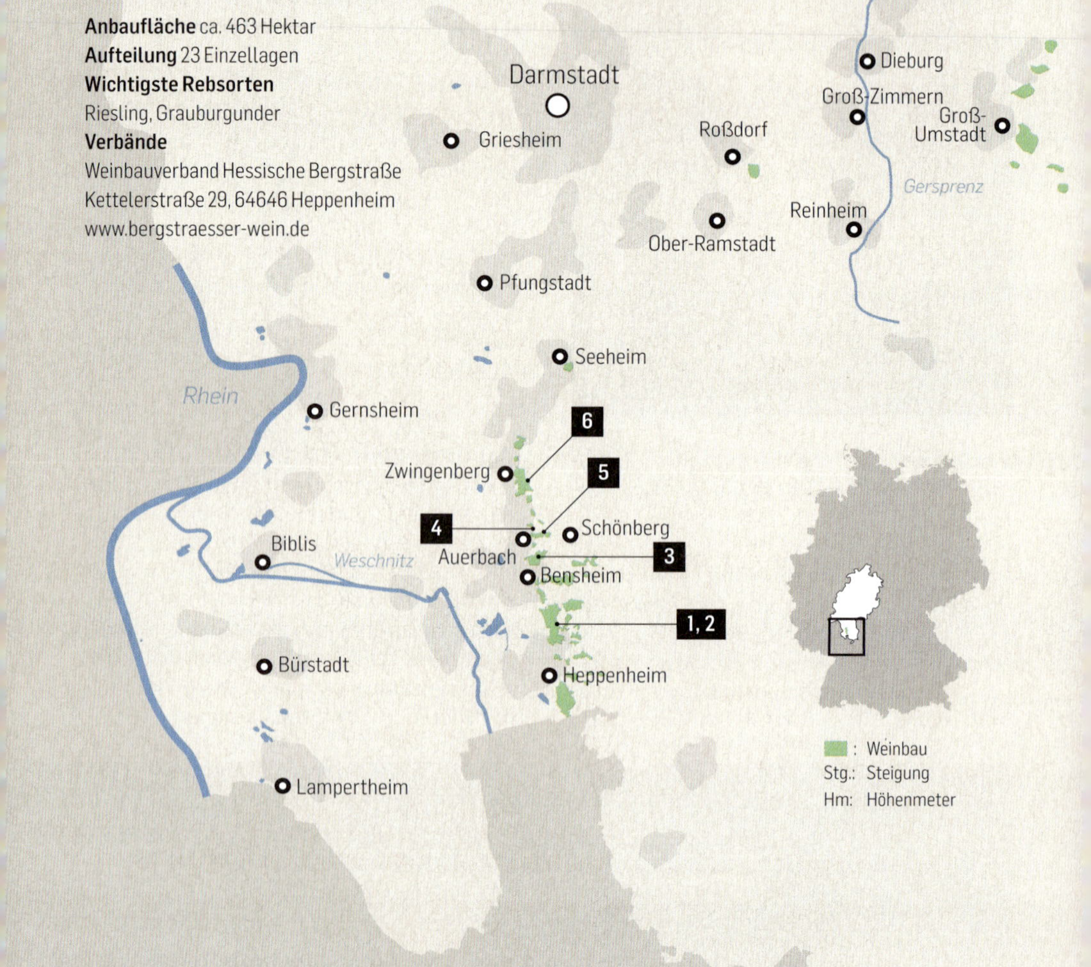

PRIVILEGIERTE WEINLAGEN

1 **Heppenheim Centgericht**
15,4 ha, 110–190 Hm, 7–20 % Stg., tiefgründiger Lösslehm, Flugsande und Sandlöss im unteren Teil

2 **Heppenheim Steinkopf**
16,6 ha, 110–200 Hm, 10–50 % Stg., Buntsandsteinverwitterungsboden, Felsgestein und Sandstein

3 **Bensheim Kalkgasse**
12,7 ha, 130–220 Hm, 4–30 % Stg., skelettreiche Granitverwitterungsböden, Kalkfelsen

4 **Auerbach Fürstenlager**
ca. 10 ha, 155–175 Hm, 6–23 % Stg., sandiger Lehm, Granitverwitterung, einige Lössschluchten

5 **Schönberg Herrenwingert**
8,5 ha, 190–228 Hm, 7–20 % Stg., tiefgründiger Lösslehm, Flugsand und Sandlöss

6 **Zwingenberg Steingeröll**
5,3 ha, 120–265 Hm, 10–40 % Stg., Lehm und Kies, mittel- bis tiefgründige Lösslehmböden mit geringem Kalkgehalt

★

WEINGUT 5 BALZER & HANSEL

Gotenstraße 5–7, 65929 Frankfurt am Main
T: +49 151 22938132, info@weingut5.de
weingut5.de

Ab-Hof-Verkauf: Ja
Kellermeister: Thomas Balzer & Andreas Hansel
Ansprechpartner: Thomas Balzer & Andreas Hansel
Flaschen/Hektar: 1.600 (100 % rot)/0,9 ha
Anbauweise: in Umstellung

Es ist beeindruckend und auch bewundernswert, wenn ein Weingut seine ganze Metamorphose auf den Tisch packt: Thomas Balzer und Andreas Hansel stellen mit 2014 ihr Frühwerk vor, über 2018, 2021 und eine Jahrgangscuvée geht es in das Jahr 2022, in dem sich die kontinuierliche Verfeinerung der Stilistik manifestiert: Vom noch etwas kernig extrahierten 2014er zu den stoffig ausgearbeiteten und markant mineralischen Pinots aus dem Jahrgang 2022. Der aktuelle Jahrgang liegt über einem Stern, aber wir lassen die Kirche erst mal im Dorf. Bis auf Weiteres.

93+ 2022 »bksf 22« Rüdesheim Berg Kaisersteinfels Pinot Noir trocken
Fleischiger, würziger Duft, Schwarzkirsche, Schwarze Johannisbeere, Port, Veilchen. Am Gaumen baut sich viel Substanz auf mit reifen, kräftigen Gerbstoffen und dichtem Extrakt, fleischig, dunkelbeerig, saftig, würzig, mit mineralischer Kante. Konsistent. Jugendlich. 13,19 Vol.-%, NK, €€€

93+ 2022 »ft 22« Pinot Noir trocken
Dicht im Duft, da wird viel geboten: Schwarzkirsche, Cassis, Nelke, schwarzer Pfeffer, auch etwas Rhabarber. Stoffig, nimmt den Gaumen ein mit satter, purer Schwarzkirsche, fein kontrastierende Säure, leicht salzig, etwas Sauerkirsche, würzige, tiefe Mineralik. 13,19 Vol.-%, NK, €€€

92+ 2018 »bksf18« Rüdesheim Berg Kaisersteinfels Pinot Noir trocken
Reife Brombeere, Zedernholz, Pflaume, etwas Tinte, dunkle Lakritze, Holzwürze, dunkle, herbe Schokolade, auch Port. Kraftvoll den Gaumen ausfüllend, der Extrakt ist dicht, ohne belastend zu sein, wuchtig, auf Reife angelegte Gerbstoffe, markante Mineralik, lang. 13,5 Vol.-%, NK, €€€

92 2018 »ft18« Assmannshausen Frankenthal Pinot Noir trocken
Tabak, ätherische Note, Schwarzkirsche, Cassis, Zwetschge, erdig, Fichtennadeln. Am Gaumen wuchtig und mit der jahrgangstypischen Substanz, kräftig im Alkohol, Kakaopulver, die Balance entsteht durch Mineralik und mürbe Gerbstoffe, feine Säure, gute Länge. 13,5 Vol.-%, NK, €€€

90+ 2014 »bksf14« Pinot Noir trocken

91+ NV »PN192021« Pinot Noir trocken
Leicht reduktiv, Brotrinde, Schiefer, rote und dunkle Beeren, würzig, Lakritze und dunkler Pfeifentabak, jodig. Mit Spannung und schöner Frische und Saft, mittlere Struktur, herbe Kräuterigkeit, ungekünstelt, Vin Naturel steht Pate, geht pfefferig-würzig ins Finish. 13 Vol.-%, NK, €€€

★★★

WEINGUT FAMILIE ALLENDORF

Kirchstraße 69, 65375 Oestrich-Winkel
T: +49 6723 91850, allendorf@allendorf.de
allendorf.de

Ab-Hof-Verkauf: täglich 10–16 Uhr
Kellermeister: Max Schönleber
Ansprechpartner: Familie Allendorf & Schönleber
Flaschen/Hektar: 500.000 (85 % weiß, 15 % rot)/75 ha

Hatten wir im Vorjahr noch geschrieben, dass das Weingut Allendorf »klassische Rheingauer« erzeugt, dann müssen wir das an dieser Stelle modifizieren: Es gibt durchaus Rieslinge, die diesem Genre zuzuordnen sind, aber die Stilistik hat sich um weitere Spielarten erweitert. Der Winkeler Ortsriesling etwa lässt die Klassik hinter sich mit seiner griffigen Phenolik und stilistischer Verbundenheit zum Vin Naturel, auch die Großen Gewächs vom Riesling aus dem Hasensprung und Jesuitengarten entsprechen nicht den althergebrachten Konventionen: spannende Kollektion!

93+ 2021 Winkel Hasensprung Riesling GG
Wenig Frucht, kühle, frische Aura, Rauch, Limettenabrieb, Bergamotte, geschmolzener weißer Zucker, Jasmintee. Straff gebaut und mit lebendiger Säure und Energie unterwegs, zitrisch, etwas Ponzu, grüner Apfel, griffige, Struktur gebende, kernige Phenole. Jung. 12,5 Vol.-%, DV, €€€

93+ 2021 Winkel Jesuitengarten Riesling GG
Entspannter, balsamischer Duft, kräuterig, Himbeere, nasser Kieselstein, Schwarztee, Pfirsich. Zeigt am Gaumen zum einen eine entspannte Ader, aber auch viel Energie, die sich bis zum Finale entfaltet, zitrisch, mineralisch, lang. Ungewöhnlicher Amphoren-Ausbau. 12,5 Vol.-%, DV, €€€

92 2018 »Cuvée Prestige« Rosé brut PN/SW
Hefe, feine Autolysenoten, Brioche mit Himbeere und roter Kirsche, Apfelschale und Blaubeere, auch Quitte. Packend am Gaumen mit lebendiger Säure und feinem Mousseux, kompromisslos trocken und doch mit saftig-cremiger Substanz, unkitschig, sehr klar in der Aromatik.
12,5 Vol.-%, NK, €€

92+ 2020 Assmannshausen Frankenthal Spätburgunder trocken
Rauch, Wildkirsche, rote Kirsche, Himbeere, auch Veilchen. Kein Leichtgewicht am Gaumen, viel Substanz, aber immer gegenwärtig durch die lebendige Säure, betont trocken, saftig, mineralisch, eine gute Portion reifer Gerbstoffe, die eine lange Zukunft garantiert. 14 Vol.-%, NK, €€€

90+ 2022 Roter Riesling trocken
90 2021 »Charta« Riesling feinherb
89+ 2022 Riesling trocken
89+ 2022 Rüdesheim Riesling feinherb
89 2022 »Cuvee Blanc« trocken MT/SBU/RR
91+ 2022 Spätburgunder Rosé trocken
91+ 2022 Riesling Kabinett

91 2022 Winkel Riesling trocken
Mittleres Gelb, weißer und gelber Pfirsich, Mirabelle, Aprikose, Apfelschale, ein wenig Vin Naturel, auch Minze und etwas Melisse. Dicht am Gaumen mit griffiger Phenolik und tragender Säure, dunkle Würze, auch pfefferig und mineralisch, unkonventionell. Schön. 12 Vol.-%, DV, €€

★★★

SEKTKELLEREI BARDONG

Bahnstraße 7, 65366 Geisenheim
T: +49 6722 47136, info@bardong.de
bardong.de

Ab-Hof-Verkauf: nach Vereinbarung
Kellermeister: Norbert Bardong
Ansprechpartner: Renate und Norbert Bardong

Das bestens etablierte Geisenheimer Sekthaus untermauert auch mit den aktuellen Weinen, wofür der Hausstil steht: vor allem für lange auf der Hefte gereifte Rieslingsekte aus besten Rheingauer Lagen. Der Marcobrunn aus 2015 ist eine Wucht: komplett »deutsch« in seiner Spätlesestilistik, aber dabei eben auch komplex und ganz eindeutig lagentreu. Einer ähnlichen Blaupause folgen die »kleinen Brüder« aus dem Erbacher Honigberg und der Hallgartener Jungfer. Der Assmannshäuser Rotsekt ist eine weitere Facette der Eigenständigkeit im Schaffen des Betriebs: eine Delikatesse für Kenner.

94 ❸ 2015 Erbach Marcobrunn Riesling extra brut
Hellgelb mit grünlichen Reflexen. Im reichhaltigen Duft findet man: Mandarine, kandierte Ananas, Basilikum, ein Hauch Blütenhonig. Im Mund zeigt sich der Wein voller Schmelz und Charme, das Mousseux ist cremig, die lagentypische Fülle geht einher mit reifer, aber gut Länge gebender Säure, mit markanter Stoffigkeit und mit einem cleanen, trotz der Dosage am oberen Rand von »extra brut« unbeschwerlichen Abgang. 12,5 Vol.-%, NK, €€€

93 ❸ 2016 Erbach Honigberg Riesling extra brut
Sortentypische Nase, etwas Honig, floral, rauchig, gebrannter Zucker. Am Gaumen auch Aprikosen, und Cassis, feine Cremigkeit bei animierender, lebendiger Säure, gutes Mousseux. Idealer Speisebegleiter zu geräuchertem Lachs als auch gegrilltem Geflügel. 12 Vol.-%, NK, €€

90 ❸ 2018 Chardonnay brut
Dezente Hefe, Mais, Haselnuss. Im Mund zeigt sich ein zurückhaltendes Mousseux, der erste Eindruck ist der einer gewissen Milde, der Säurenerv kommt spät auf und lässt der Dosage etwas Platz, ehe die Frische die Oberhand gewinnt. Ein dezenter Sekt im eher auf Harmonie als auf Kernigkeit abzielenden Blanc-de-Blancs-Genre. 12,5 Vol.-%, NK, €€€

91+ ❸ 2016 Assmannshausen Frankenthal Spätburgunder extra brut
Dunkles Granatrot, eine leicht süßliche Beerennase wie Holunder, Zwetschgen und reife Brombeeren, standhafte Perlage. Im Mund erdig, leicht animalisch, auch Wildbret, der Nachhall erinnert etwas an dunkle Schokolade und Unterholz, das Mousseux ist saftig und animierend. 12,5 Vol.-%, NK, €€€

90 ❸ 2017 Assmannshausen Hinterkirch Spätburgunder Blanc de Noir brut

91 ❸ 2017 Hallgarten Jungfer Riesling brut
Sattes Goldgelb und attraktive Perlage. Ein Duft von Mirabellensorbet und satter gelber Frucht. Am Gaumen auch gebackener süßer Apfel, Karamell und eine angenehme Rieslingwürze. Mittelgewichtig im Körper. Cremigkeit wird von lebendiger Säure getragen. 12,5 Vol.-%, NK, €€

★★★

WEIN- UND SEKTGUT BARTH

Bergweg 20, 65347 Eltville-Hattenheim
T: +49 6723 2514, mail@weingut-barth.de
weingut-barth.de

Ab-Hof-Verkauf: Mi bis Fr 14–18 Uhr, Sa 11–16 Uhr
Kellermeister: Mark Barth
Ansprechpartner: Mark Barth
Flaschen/Hektar: 267.000 (83 % weiß, 17 % rot, 30 % Schaumwein)/23 ha
Anbauweise: Bio

Das 1948 gegründete Hattenheimer Weingut fing bereits vor 30 Jahren an, sich neben den Lagenrieslingen aus Hattenheimer und Hallgartener Lagen auch der Erzeugung von Sekt zu verschreiben. Mit der Übernahme des Betriebs durch Mark und Christine Barth vor etwa zehn Jahren hat gerade im prickelnden Genre ein furioser Aufschwung eingesetzt. Mark Barth beherrscht es wie kaum ein Zweiter, Rieslingsekt als »Brut Nature« zu erzeugen: und zwar so, dass er trotz des Verzichts auf Süße harmonisch schmeckt und nicht herb. Ihre Meriten haben allerdings auch die Stillweine!

94 2018 Hattenheim Schützenhaus Riesling Erste Lage brut nature
Zitronengelb. Sehr feine Perlage. Elegant und sortentypisch im Duft. Aromen von Limettenzeste, Gebäck und Grapefruit. Am Gaumen eine Prise Meersalz, komplexe Rieslingfrucht, elegantes Mousseux bei fein ziselierter Säure. Lang und animierend im Nachhall. 12 Vol.-%, DIAM, €€€

93 2016 Hattenheim Hassel Riesling Grosse Lage brut nature
Rapsgelb in der Farbe. Würzige Hefe, Mandarine und Brioche. Der Gaumen hat eine dichte, weinige Struktur, das Mousseux wirkt fein und kultiviert, es bildet zusammen mit der Stoffigkeit des Weines und der festen Säure einen gleichermaßen intensiven wie vielschichtigen Dreiklang. Der Abklang wirkt noch kompakt und sehr jung. 12 Vol.-%, DIAM, €€€€

93 2021 Hattenheim Hassel Riesling GG
Hell blitzendes Grüngold im Glas, zarte Kräuternase, auch Zitrusnoten und frischer Joghurt, saftige, weißfleischige Birnen. Am Gaumen frische Säure mit beginnenden molligen Anklängen, rund und harmonisch, ohne stoffig zu wirken, fabelhafter Trinkfluss, modern! 12 Vol.-%, DV, €€€

92 2021 Hattenheim Wisselbrunnen Riesling GG
Feine cremige Aromen in der Nase, kühl und frisch, es duftet nach Fresien und Limettenabrieb, Jasmin und weißem Flieder. Am Gaumen viel mineralischer, gute Säure, Kieselstein, Sauerampfer. Der Wein wirkt jung, die Saftigkeit gibt ein gutes Gerüst, schöner Nachhall. 12 Vol.-%, DV, €€€

91+ 2021 Hallgarten Schönhell Riesling GG

93 2021 »Singularis fumé« Riesling trocken
Zuerst rauchige Noten, auch grüner und Rauchtee, blonder Pfeifentabak, dann Grünschnitt, Giersch, Renekloden. Am Gaumen frisch und spritzig, guter Druck, dicht gewoben, eleganter, cremiger, zarter, süßer Nachhall, ungemein fröhlich trinkig, klasse! 12,5 Vol.-%, DV, €€€

★★

WEINGUT HANS BAUSCH

Waldbachstraße 103, 65347 Hattenheim
T: +49 6723 999203, info@weingut-hans-bausch.de
weingut-hans-bausch.de

Ab-Hof-Verkauf: Mo bis Fr 9–17 Uhr, Sa 11–16 Uhr
Kellermeister: Katharina Bausch
Ansprechpartner: Hans Bausch
Flaschen/Hektar: 107.000 (84 % weiß, 4 % rot, 5 % Rosé, 5 % süß, 2 % Schaumwein)/17 ha

Der Generationenwechsel im Weingut Hans Bausch verläuft reibungslos und führt auch zu einer stilistischen Verfeinerung der Weine. Katharina Bausch ist nach Geisenheim-Studium für den Ausbau der Weine zuständig, ihr Bruder Maximilian kümmert sich mit Vater Hans um die Weinberge. Dort wird möglichst handwerklich gearbeitet, die Weinberge werden auch mit den drei Pferden Astano, Navico und Dusty »beackert«, sie liefern auch Mist für die Reben. Gerade das dynamische und mineralische »RGG« aus dem Gräfenberg zeigt das Potenzial der Lage und die neue Richtung an. Gerne mehr davon.

92 2021 »RGG« Kiedrich Gräfenberg Riesling trocken

Kräuterige Noten von der Spontangärung, neben Pfirsich auch dunklere Aromen, Hefe, etwas Malz, nasser Schiefer. Zeigt im Mund guten Zug und Dynamik, mittlerer Extrakt, straffe, kristalline Säure, die gut eingebunden ist, schiefrige Mineralik, die Profil beisteuert. 13 Vol.-%, DV, €€€

91 2021 »RGG« Hattenheim Engelmannsberg Riesling trocken

Mittleres Goldgelb, feine Holzwürze kommt zu reifem Weinbergpfirsich, Stachelbeere, Aprikose, auch Mineralik. Zeigt am Gaumen die Struktur und Vielschichtigkeit eines »RGGs«, kräftiger Bau, passende Dichte, schöne Würze, stahlige Mineralik und auch Länge. 13 Vol.-%, DV, €€€

90+ 2022 »einPS« Hattenheim Hassel Riesling feinherb

Apfelige Noten, roter und gelber Apfel, Apfelschale, Steinobst, weißer und gelber Pfirsich, Kräuter, Pfefferminzöl und auch etwas frischer Kümmel. Schlankes Format am Gaumen, stellt das Duett von Süße und Säure in den Mittelpunkt, lebendig, auch mineralisch. 11 Vol.-%, DV, €€

89+ 2022 Hattenheim Riesling trocken

Aprikose und süßlicher Weinbergpfirsich, auch etwas roter Apfel und Pfefferminze. Ist in einer schlanken, filigranen Struktur am Gaumen elegant und lebendig, klare Frucht, Maracuja und Pfirsich, lebendige, gut führende Säure und leicht stahlige Mineralik. 11,5 Vol.-%, DV, €

89 2020 Hattenheim Wisselbrunnen Riesling Spätlese

90+ 2022 Hattenheim Schützenhaus Riesling trocken

Mittleres Goldgelb, klassische, reife Rieslingfrucht mit Pfirsich und Aprikose, Honig und Mineralik. Schlank und kompakt gebaut, aber durchaus gehaltvoll und großzügig am Gaumen, guter Extrakt, wieder reife Gelbfrucht, mineralische Würze, ansprechende Länge. 12 Vol.-%, DV, €€

★★★

WEINGUT KONRAD BERG & SOHN

Niederwaldstraße 23, 65385 Assmannshausen
T: +49 6722 49990, info@altebauernschaenke.de
altebauernschaenke.de/de/bergs-weingut

Ab-Hof-Verkauf: nach Vereinbarung
Kellermeister: Peter Perabo
Ansprechpartner: Konrad Berg
Hektar: 2 ha

Das zum Hotel »Alte Bauernschänke« gehörige Weingut ist ein absoluter Geheimtipp im westlichen Rheingau: Aus Grands-Crus-Lagen in Rüdesheim, Assmannshausen und Lorch holen Konrad Berg und sein Önologe Peter Perabo Terroir-Unikate wie den Silvaner aus Lorch, der sich mit den besten Silvanern Frankens messen kann. Ein Statement ist es auch, wenn man aus dem Rüdesheimer Berg Schlossberg einen trockenen Riesling Kabinett erzeugt. Zuletzt steht hier ein dringendes Kaufvotum für den Höllenberg Spätburgunder aus 2020: Wo kriegt man so viel Höllenberg für 28 Euro?

92 2022 Rüdesheim Berg Schloßberg Riesling Kabinett trocken
Der Duft zeigt sich balsamisch und schieferwürzig. Im Mund ist der Wein schlank, feinnervig und dennoch auch kräftig phenolisch, die Spannung des Gaumens wird von Extrakt und Mineralität befeuert und gibt diesem sehr erwachsenen, trockenen Kabinett einen langen Nachhall. 11 Vol.-%, DV, €€

91+ 2022 Lorch Pfaffenwies Riesling Spätlese trocken
Im Duft: Grapefruit, Traubenzucker, Limette. Im Mund hat der Wein viel Saft und eine sehr feine, zarte Phenolik. Die Säurefrische und das mineralische Spiel geben dem Lorcher Riesling einen schönen Trinkfluss. Der Abgang ist frisch und clean. 11,5 Vol.-%, DV, €€

90+ 2022 »Rosanna« Spätburgunder Rosé trocken
Lachsrosa. Der Duft zeigt etwas Florales, aber auch Pfeffer, Hagebutte. Im Mund hat der Wein eine zarte Süße, einen feinen Säurenerv und eine strahlend intensive Gaumenfrucht. Ein zugänglicher, zugleich aber auch hochwertiger, purer Rosé mit deutlicher Pinot-DNA. 11,5 Vol.-%, DV, €€

93+ 2020 »S« Assmannshausen Höllenberg Spätburgunder trocken
Strahlend fruchtig im Duft: Himbeere, Karamell, Rose. Im Mund hat der Wein einen körnigen Gerbstoff in eher dezenter Menge, eine unwiderstehliche Saftigkeit bei eher reifer Säure und einen langen, taktil-mineralisch geprägten Abklang. Die pure Eleganz! 13 Vol.-%, NK, €€€

90+ 2022 »MyWay« Riesling Kabinett feinherb

91+ 2022 Lorch Krone Silvaner trocken
Der Duft ist zuerst rauchig-brenzlig-mineralisch, dann zeigt sich auch kräuteriger Silvaner. Die Gaumenstruktur ist dicht und gebündelt, rollt eine fast rieslinghafte Säure aus und belegt sehr gute Substanz. Prägnanter, kerniger Abklang. Terroir vom Feinsten. 10 Vol.-%, DV, €€

★★★★

BISCHÖFLICHES WEINGUT RÜDESHEIM

Marienthaler Straße 3, 65385 Rüdesheim am Rhein
T: +49 6722 910560, info@bischoefliches-weingut.de
bischoefliches-weingut.de

Ab-Hof-Verkauf: Mi bis Fr 13–16 Uhr & nach Vereinbarung
Kellermeister: Peter Perabo
Ansprechpartner: Peter Perabo, Elise Wieliczko
Flaschen/Hektar: 50.000 (75 % weiß, 25 % rot)/9,1 ha

Peter Perabo kelterte in den Neunziger- und Nullerjahren im Weingut Krone Assmannshausen legendäre Spätburgunder. Seitdem er in den Keller des Bischöflichen Weinguts Rüdesheim umgezogen ist, eilt auch dieser Betrieb von Erfolg zu Erfolg. Im Gewölbe aus dem 17. Jahrhundert – unter dem letzten erhaltenen Flügel des einstigen Klosters der Hildegard von Bingen – entstehen Spätburgunder, die die DNA der Assmannshäuser und Rüdesheimer Lagen transportieren, und das mit dem Versprechen großer Langlebigkeit. Superb fallen auch die Rieslinge aus: gleichermaßen fruchtgetragen und frisch.

94+ 2021 Rüdesheim Berg Schlossberg Katerloch Riesling trocken
Noch verschlossen, getrocknete Zitronenschale, etwas Hefe. Der Gaumen spielt süßsauer, zeigt eine kernige und kraftvoll mineralische Verdichtung, wirkt im Moment noch fast unscheinbar in seiner verschlossenen Art, hat es aber faustdick hinter den Ohren! 12,5 Vol.-%, NK, €€€

97 2020 »S« Assmannshausen Pinot Noir trocken
Überströmend im Duft: dunkle Beeren, Schiefer und Waldhonig. Der Gaumen hat ein stattliches Volumen, wirkt aber nicht breit: Der zum Kauen dichte, Respekt gebietende Gerbstoff lässt eine Flaschenreife erwarten, die langsam verlaufen und zu komplexer Würze führen wird.
13,5 Vol.-%, NK, €€€

96 2020 Assmannshausen Höllenberg Pinot Noir trocken
Ein intensiver Duft: würzig-balsamisch, Schiefer, konzentrierte dunkle Beeren, Holunder, Brombeere, auch getrocknete Orangenschale. Im Mund zeigt sich ein festes Tannin, sehr dicht, makellos reif, mit nahtlos integrierter Säure und fruchtgetragenem Abgang. Für die Langstrecke!
13,5 Vol.-%, NK, €€€

94 2021 »S« Rüdesheim Pinot Noir trocken
Deutliches Neuholz und eine intensive, nachgerade likörartige Kirschfrucht. Auch Holunder und Schwarze Johannisbeere, mineralische Töne. Im Mund ist der Wein straff und sehr trocken, die Gerbstoffe sind dominant: komplett verschlossen, mineralisch geprägt, braucht noch viel Zeit.
13,5 Vol.-%, NK, €€€

93+ 2021 »1960« Rüdesheim Berg Rottland Riesling trocken
93+ 2018 Rüdesheim Berg Rottland Riesling tr.
93 2018 »Arduus« Rüdesheim Riesling tr.
93 2019 Rüdesheim Berg Roseneck Riesling tr.
90 2022 »A Priori« Riesling trocken
89+ 2022 Rüdesheim Pinot Noir Rosé trocken

92 2022 »Laudate« Rüdesheim Riesling trocken
Ein frischer, sortentypischer Duft: Pfirsich, Zitronenzeste. Im Mund hat der Wein einen saftigen, trinkanimierenden Säurezug, der aber nicht isoliert steht, sondern auf nuancierte Weise aromatisch und mineralisch begleitet ist. Viel Riesling fürs Geld! 11,5 Vol.-%, DV, €€

★★★★★

WEINGUT GEORG BREUER

Grabenstraße 8, 65385 Rüdesheim am Rhein
T: +49 6722 1027, info@georg-breuer.com
georg-breuer.com

Ab-Hof-Verkauf: täglich 10–18 Uhr
Kellermeister: Hermann Schmoranz & Markus Lundén
Ansprechpartner: Theresa Breuer
Flaschen/Hektar: 267.000 (85 % weiß, 10 % rot, 3 % Rosé, 1 % süß, 1 % Schaumwein)/38,5 ha

Was man vom Weingut Breuer erwarten darf, ist seit Jahren klar: Theresa Breuer, Hermann Schmoranz und Thomas Lundén haben ein gesetteltes Stilbewusstsein (und auch ein Können), das für Entschleunigung steht und für den Wert der Nuance: Ihre Weine kommen ohne Geschmacksverstärker und ohne Lautsprecher aus und sind doch so reich. Die Weine des Jahrgangs 2022 machen keine Ausnahme. Vielleicht ist es keine Überraschung, dass wir im warmen Jahr 2022 den kühlen Rauenthaler »Estate«-Riesling idealtypisch auf dieser Linie sehen und zu unserem Tipp machen.

96 2022 Rauenthal Nonnenberg Riesling trocken

Im Duft findet man Hefewürze, brenzlig-schieferwürzige Noten, Aromen von Orangenkonfitüre und Langpfeffer. Der Gaumen hat eine mehlige, dichte Phenolik, ein intensives Säurerückgrat, eine kräftige balsamische Würze und einen langen, zugleich geschmeidigen und bissigen Abklang.
11,5 Vol.-%, DIAM, €€€€

95+ 2017 Rüdesheim Berg Roseneck Riesling trocken

Im Duft: hefige Noten, Zitronat, gelbes Curry, auch Blütenhonig. Im Mund ist der Wein straff gebündelt, hat ein festes Säuregerüst, feinkörnige Phenole, noch immer sehr viel Spannung in der Gaumenmitte und dann einen schmelzenden Übergang ins pointiert-mineralische Finale.
12 Vol.-%, NK, €€€€

93+ 2022 Lorch Pfaffenwies Riesling

Jugendlich im Duft und doch schon so komplex: Fuder, Melisse, getrocknete Orangenschale, Kresse, balsamische Obertöne. Der Gaumen eröffnet mit Süße, setzt mit ebenso differenzierter wie druckvoller Phenolik fort, endet mit einem Kontrast aus Geschmeidigkeit und »steinigen« Noten.
11,5 Vol.-%, DIAM, €€€€

93 2022 »Terra Montosa« Rheingau Riesling

Im verschlossenen Duft findet man Andeutungen von Grapefruit, Bitterorange und Schiefer. Im Mund hat der Wein eine große Laufruhe, zeigt sich rund und seidig mit einer Phenolik, die mild ansetzt und sich im Gaumenverlauf zu fester Griffigkeit steigert. Stabile Säure gibt Länge.
11,5 Vol.-%, DIAM, €€€

92 2022 »Estate« Rüdesheim Riesling

92 2022 »Estate« Rauenthal Riesling

Im Duft: eine delikate Schieferwürze über zitrischer Frucht. Im Mund: schlanke, pikante Eleganz, viel Saftigkeit, von Nerv und Mineralik eingefasst, nur ein ganz klein wenig Geschmeidigkeit als Erinnerung an das warme Jahr. Tolle Länge. Und so Rauenthal! 11,5 Vol.-%, DV, €€

★★★★★

WEINGUT CHAT SAUVAGE

Hohlweg 23, 65366 Johannisberg
T: +49 6722 9372586, pinot@chat-sauvage.de
chat-sauvage.de

Ab-Hof-Verkauf: Do bis So 12–17 Uhr & nach Vereinbarung
Kellermeister: Verena Schöttle
Ansprechpartner: Verena Schöttle
Flaschen/Hektar: 24.000 (20 % weiß, 80 % rot)/8 ha

Das Weingut Chat Sauvage ist eine Ausnahmeerscheinung: Denn im Herzen der Rheingauer Rieslingwelt ausschließlich Burgunder zu erzeugen – das ist schon ein Statement. Mit den aktuellen Weinen ist Verena Schöttle sich und dem Fünf-Sterne-Niveau treu geblieben: Der Pinot Noir aus Lorch ist jetzt schon wunderbar zu trinken, wird aber auch noch weiter zulegen. Die Rotweine aus den Lagen brillierten auf ganzer Linie. Und ganz vorn präsentierte sich die Kellerselektion »Le Schulz« mit burgundisch anmutender Aromatik, großer Komplexität und einem Potenzial für Dekaden.

92+ 2022 »Clos de Schulz« Chardonnay trocken
Brillant in der goldgelben Farbgebung. Ein Duft von reifem gelben Apfel, Limettenmelisse, Ananas und Bourbonvanille. Am Gaumen werden die saftige, reife Frucht und auch die Phenolik von sehr feiner Säure balanciert. Langer, von Mineralität begleiteter Nachhall. 13 Vol.-%, NK, €€€

96 2020 »Le Schulz« Pinot Noir trocken
Jugendlich im ersten Duft. Kurz darauf folgt dichte, reichhaltige, burgundisch anmutende Aromatik mit nobler Holzwürze. Am Gaumen konzentrierte, dunkelrote als auch schwarze Beeren, leichte Ätherik, etwas Rauch bei sehr gut eingebundener, feiner Säure. Finesse und Komplexität begleiten den langen Nachhall. Ein Wein für Dekaden.
14,5 Vol.-%, NK, €€€€

94 2020 Lorch Schlossberg Pinot Noir tr.
Purpur in der Farbe. Komplex im Duft mit einer Melange von Johannisbeere, Cranberry, schwarzem Johannisbeerblatt wie auch Gewürznelke. Am Gaumen dicht, leicht süßes Fruchtextrakt, feiner junger Gerbstoff bei sehr gut integrierter Säure. Präzision und gute Textur begleiten den bedeutenden Nachhall. 14 Vol.-%, NK, €€€€

93+ 2020 Rüdesheim Drachenstein Pinot Noir trocken
Purpur. Ein zunächst dezentes Bukett aus Thymian, dunkler Brombeerfrucht, Waldhimbeere und Gewürznelke. Am Gaumen kraftvoll, mineralisch grundiert bei präsentem Tannin, dicht, bei sehr gut tragendem Säurebogen. Anfangs breit angelegt, dann fein und präzise mit langem Nachhall endend.
14,5 Vol.-%, NK, €€€€

93 2020 Lorch Kapellenberg Pinot Noir trocken

92+ 2020 Lorch Pinot Noir trocken
Rubin in der Farbe. Warm und zugleich dunkel im ersten Duft. Aromen von Weinbergkräutern, Lorbeerblatt, dunkler Kirsche, junger Pflaume sowie Gesteinsmehl. Am Gaumen körperreich und komplex. Kompakte Frucht, griffiger Gerbstoff bei guter und reifer Säure. Langer Nachhall. Bereits im Trinkfenster. 14,5 Vol.-%, NK, €€€

★★★★

WEINGUT DR. CORVERS-KAUTER

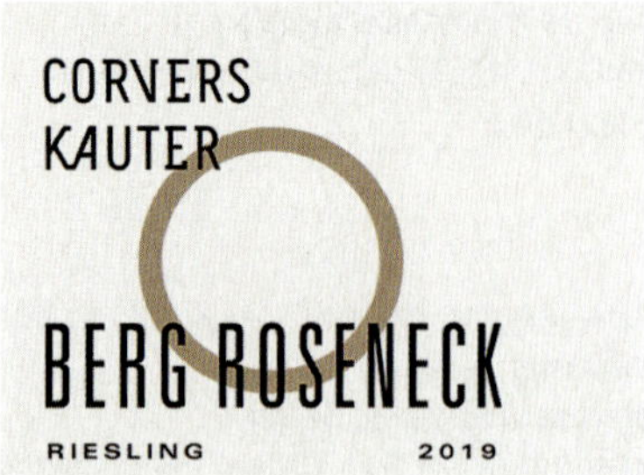

Rheingaustraße 129, 65375 Oestrich-Winkel
T: +49 6723 2614, info@corvers-kauter.de
corvers-kauter.de

Ab-Hof-Verkauf: Apr. bis Okt. Mi bis Fr 17–23 Uhr, Sa und So 15–23 Uhr
Kellermeister: Matthias Corvers
Ansprechpartner: Matthias und Brigitte Corvers
Flaschen/Hektar: 253.000 (85 % weiß, 15 % rot)/37 ha
Anbauweise: Bio

Matthias und Philipp Corvers lassen sich weder von einem nassen Jahrgang (2021) noch von einem trockenen (2022) davon abbringen, Kurs zu halten: Bei den 2022ern zeigt das am einprägsamsten der Vergleich der Lagenrieslinge aus Marcobrunn und Berg Schlossberg. Die trockenere Lage (Schlossberg) hat dennoch Biss, und der Marcobrunn spielt mit Großzügigkeit und Souveränität aus, dass die Lage (»…brunn«!!!) eine gesunde Wasserversorgung hat. Die Roten aus 2021 wiederum setzen das kühle und feuchte Jahr in Eleganz und einen vertikalen Bau mit guter Proportion um. Ausgezeichnet!

94+ 2022 Erbach Marcobrunn Riesling GG
Ein Oberton von Hefe und Blütenhonig, aber auch florale Aromen, Veilchenpastille, etwas Minze. Im Mund verbinden sich eine geschmeidige Grundierung und ein festes Säurerückgrat mit einer kreidigen, auch zart phenolisch untermalten Textur. Großzügigkeit verbunden mit vertikalen Motiven. 100 Prozent Marcobrunn. 12,5 Vol.-%, DV, €€€

94 2022 Rüdesheim Berg Schlossberg Riesling GG
Frisch gekochtes Apfelkompott, Hagebuttenkonfitüre, kandierte Orangenschale. Im Gaumen baut sich eine gewaltige Spannung auf, Phenole, Säurenerv und taktile Mineralität ergänzen sich zu leichter Adstringenz, im Abgang bereichern salzige Motive die gut konzentrierten, öligen Terpene. 12 Vol.-%, DV, €€€

93+ 2021 Assmannshausen Höllenberg Pinot noir trocken
Im Duft Mandel, Preiselbeere und Schieferwürze. Auch Poivre longue und Piment. Der Gaumen setzt cremig an und entfaltet dann ein feinkörniges Tannin in mittlerer bis mittelhoher Menge. Die Säure ist nahtlos mit Stoff und Weichteil verbunden, sie untermalt die mineralische Anmutung und behindert nicht den Eindruck von Rundheit und Fülle. 13 Vol.-%, NK, €€€

95 2022 Oestrich Doosberg Riesling Trockenbeerenauslese
Eine fein ausgelesene Botrytis, zarte Würze, aber auch florale und frischfruchtige Töne. Kandierte Orangenschale, Dörrfeige, Mandelmus, Tahin, auch etwas getrockneter Steinpilz. Im Mund hat der Wein hohe Intensität, lebendige Säure, zarte Cremigkeit und feine Süße, aber auch viel Saftigkeit, Mineralik, und fast schon eine Ausstrahlung der Trinkfreudigkeit. 6,5 Vol.-%, DV, €€€€

92+ 2022 Rüdesheim Berg Roseneck Riesling GG
92 2022 Rauenthal Baiken Riesling GG
93 2021 Rüdesheim Drachenstein Pinot noir trocken
91+ 2021 Assmannshausen Pinot noir trocken
93+ 2022 Hattenheim Nussbrunnen Riesling Beerenauslese

91+ 2022 »R3 Remastered« Rheingau Riesling trocken
Zitrisch und mineralisch im Duft, mit sehr guter Frische. Eine knackige Säure eröffnet den Gaumen, die Spannung intensiviert sich unter kräftigen taktil-mineralischen Noten, im Abgang komprimieren sich terpenführender Extrakt, mineralische Empfindungen und Süße. Braucht Zeit! 12 Vol.-%, DV, €

★★★

WEINGUT DIEFENHARDT

Hauptstraße 9–11, 65344 Eltville-Martinsthal
T: +49 6123 71490, weingut@diefenhardt.de
diefenhardt.com

Ab-Hof-Verkauf: Di bis Sa 10–12 Uhr und 14–18 Uhr
Kellermeister: Julia Seyffardt
Ansprechpartner: Julia Seyffardt
Flaschen/Hektar: 133.000 (85 % weiß, 15 % rot)/18 ha

Schon letztes Jahr deutete sich an, dass Julia Seyffardt dem namhaften Martinsthaler Familienbetrieb mehr und mehr den Stempel aufdrückt. Weine wie der »Alte-Reben«-Ortsriesling zeigen, dass Dichte und Spannkraft der Weine auf einem neuen Niveau stehen, auch die beiden Ersten Lagen fanden wir – in Abwesenheit der GGs – überzeugend. Bei alledem geht die 33-Jährige behutsam vor und vermeidet die Extreme. Beispielhaft: der Riesling »Wildesholz«, der die Sorte nicht in ein zu enges Holz- und Phenolkorsett zwängt und ihr dennoch einen Touch Burgund mitgibt. Super!

93 2022 »Wildesholz« Riesling trocken
Dezentes Boisée schafft einen burgunderhaften Duft, der allerdings mit floralen und traubigen Aromen doch wieder Riesling ins Gedächtnis ruft. Im Mund hat der Wein eine sehr feine, seidige Phenolik, einen feinen Säurenerv und eine ganz eigenständige Balance. Spannend! 12,5 Vol.-%, DV, €€

91+ 2022 Rauenthal Rothenberg Riesling Erste Lage trocken
Der Duft zeigt sich noch eher verschlossen, mit leicht mineralischer Färbung und mit Aromen von Grapefruit und Zitrustrester. Im Mund hat der Wein dichten Extrakt, der eine Prise Phenolik einschließt, die Säure wirkt natürlich und trägt den Bau. Potenzialreich! 12,5 Vol.-%, DV, €€

91 2022 Martinsthal Wildsau Riesling Erste Lage trocken
Im Duft: Hefe, roter Apfel und gelbe Pflaume. Am Gaumen hat der Wein Frische und Spannung, der Säurezug hält lange an und ist nur zurückhaltend von Süße gepuffert, was den von etwas Kohlensäure gesetzten Ton der schlanken Bündelung verstärkt. Saftig, schmatzig. 12,5 Vol.-%, DV, €€

91+ 2020 Martinsthal Schlenzenberg Spätburgunder GG
Dezentes Neuholz, Zimt, Piment, Kakao, aber auch Pflaume und Kräuterbitter. Im Mund machen sich zunächst der Alkohol und eine leichte Süße bemerkbar, der Gerbstoff strahlt Kraft aus und hat ein festes Korn, die Frucht wirkt reif gelesen. Ein Brocken von Wein! 13 Vol.-%, NK, €€€

90+ 2022 Spätburgunder Rosé trocken

91 2022 »Alte Reben« Martinsthal Riesling trocken
Ein recht aufgeräumtes Duftbild: florale Noten, Melisse, getrocknete Zitronenschale, etwas Mandel. Der Gaumen hat einen saftigen Säurezug, viel Spannung, eine passend gesetzte Süße und einen für Ortswein deutlich überdurchschnittlichen Extrakt. 12 Vol.-%, DV, €€

★★

WEINGUT DILLMANN

Langestraße 17a, 65366 Geisenheim
T: +49 6722 8162, info@weingut-dillmann.de
weingut-dillmann.de

Ab-Hof-Verkauf: Mo bis Fr 14–18 Uhr, Sa 11–16 Uhr
Kellermeister: Marcel Dillmann
Ansprechpartner: Marius Dillmann
Flaschen/Hektar: 133.000 (70 % weiß, 5 % rot, 20 % Rosé, 5 % Schaumwein)/14 ha
Anbauweise: in Umstellung

Ein beachtlicher Einstand, den die Familie Dillmann hier gibt: Die Lagenrieslinge sind so dicht in der Struktur wie durchdacht im Stil. Verantwortlich für die Weine des noch recht jungen Betriebs sind Karlo Dillmann und sein Sohn Marcel. Ihre Rebberge bewirtschaften sie nachhaltig, im Keller arbeiten sie bei den Lagenweinen mit Spontanvergärung und langem Hefelager – und erreichen ihr selbst gestecktes Ziel, die Eigenarten des jeweiligen Terroirs einzufangen: Die Weine vermitteln einen Sense of Place, und das auf eine wunderbar harmonische Weise.

92 2020 »Réserve« Geisenheim Kläuserweg Riesling trocken
Holzwürze im Duft, Karamell, weißer Nugat, sonnenverwöhnte Frucht, Mango, kandierte Ananas, Orangen, getrocknete Kräuter, Earl-Grey-Tee. Am Gaumen geschmeidig, dicht, saftiger Kern, feine Phenolik, feingliedrige Säurader, elegant, schöne Länge, Langstreckenläufer. 12,5 Vol.-%, NK, €€

91+ 2022 Winkel Hasensprung Riesling trocken
Feinduftige Nase, Salzzitronen, gelber Apfel, saftiger Pfirsich, Fenchelgrün, Minze, Klee, kandierte Orange, dezent jodige Noten. Am Gaumen mit Zug, saftiger Körper, umspielt von lebendiger Säure, feine mineralische Würze, salzig, dezent pfefferig, kernige Phenolik, Trinkfluss jetzt und auch noch in einigen Jahren. 12 Vol.-%, NK, €€

90 2019 »Réserve« Assmannshausen Höllenberg Spätburgunder trocken
Komplex im Duft, Rote Johannisbeeren, rote Kirschen, Zwetschgen, ätherische Noten von Fichtennadeln, frischer Waldboden, Nelken, Süßholz, dunkle Nugatschokoladen. Am Gaumen kraftvoll, feinkörniger Gerbstoff, lebendige Säure, rote und dunkle Frucht, mittlere Struktur, Würze im Nachhall. 14 Vol.-%, NK, €€€

93 2019 Geisenheim Kläuserweg Riesling Auslese
Eine gut ausgelesene Botrytis bringt Trockenfruchtaromen, etwas Apfelkompott und Dattel. Im Mund hat der Wein eine seidige Süße, gefällt mit rundem Schmelz und dennoch auch mit einem feinen Säurespiel. Der sehr gute Extrakt mündet in einen Abgang von guter Länge. 8 Vol.-%, NK, €€

89 2022 Grauer Burgunder trocken

90 2022 »Alte Reben« Riesling trocken
Zitrusfrucht in jeglicher Schattierung, rosa Grapefruit, Blutorangen, Zitronen, Limettenzeste, grüner Apfel, Gesteinsnoten. Auch am Gaumen. Zitrusfrucht, lebendige Säure, schlank und saftig gebaut, mit Spannung, salzig im Nachhall. Ein angenehmer Riesling für alle Lebenslagen. 12 Vol.-%, DV, €

★★★

DOMDECHANT WERNERSCHES WEINGUT

Rathausstraße 30, 65239 Hochheim
T: +49 6146 855037, mauritz@domdechantwerner.com
domdechantwerner.com

Ab-Hof-Verkauf: Mo bis Fr 8–16 Uhr und nach tel. Vereinbarung
Kellermeister: Michael Bott
Ansprechpartner: Franz Werner Michael
Hektar: 13 ha

Der Ort Hochheim hat es geschafft, im englischen Sprachraum als Synonym für »Rheingau-Riesling« angesehen zu werden, steht doch der Name »Hock« für diesen. Die »Hocks«, die Dr. Franz Werner Michel erzeugt, sind Textbuch-Rieslinge von diesem östlichen Abschnitt des Rheingaus: Sie haben stets jene durchdringende Säure, die jeden Riesling-Liebhaber begeistert. Zugleich zeigen die Weine aber auch jene aromatische Vielschichtigkeit, die aus den Löss- und Kalk-Terroirs hervorgeht – und das alles, mustergültig zu schmecken im Kirchenstück-GG, in Feinheit gewirkt.

93 2021 Hochheim Kirchenstück Im Stein Riesling GG
Ein würziger Riesling mit etwas Holz, Noten von Melisse, Korianderkorn, getrockneter Orangenblüte, seidiger Phenolik und taktil-mineralischem Abklang. Der Wein hat eine vornehme, diskrete Art und protzt nicht mit seinem Extrakt, das Potenzial ist sehr gut. 12,5 Vol.-%, DV, €€€

92 2021 Hochheim Hölle Im Neuenberg Riesling GG
Bereits offen im Duft, Noten von Bienenwachs, gemusten Mirabellen, gelbem Pfirsich und einem Hauch von Holzfass. Im Mund hat der Wein Hochheimer Fülle und auch dazu passende, präsente Süße, die Säure wirkt kernig und ist gut integriert. Ein klassischer Typus. 12,5 Vol.-%, DV, €€€

91 2022 Hochheim Kirchenstück Riesling Erste Lage trocken
Blumig im Duft, Weiße Johannisbeere, rosa Grapefruit, ein feiner Rieslingduft. Auch im Mund wirkt der Wein fein ziseliert, die Aromatik des Duftes kehrt im Gaumen wieder, die zivilisierte Säure ist von nur wenig Süße begleitet. Ein Riesling für Süßwasserfische wie den Saibling. 12,5 Vol.-%, DV, €€

90 2022 Hochheim Riesling trocken
Ein frischer Duft nach Zitrustrester und Grapefruit steigt aus dem Glas. Im Mund hat der Wein einen lebendigen Säurekern, aber auch eine gewisse Geschmeidigkeit, leicht mineralische Noten und ein passendes süßes Gegengewicht. Ein appetitlicher Ortsriesling. 12 Vol.-%, DV, €€

89 2022 Spätburgunder & Frühburgunder Rosé feinherb PN/FB

92 2022 Hochheim Domdechaney Riesling Erste Lage trocken
Im Duft: Ananas, Pfirsich, etwas Feuerstein. Im Mund wirkt der Wein fast schüchtern, vor allem aromatisch ist er noch verschlossen. Die Struktur (mit zarter Phenolik, delikatem Säurenerv und nur wenig Süße) hat es faustdick hinter den Ohren. Sehr elegant! 12,5 Vol.-%, DV, €€

★★★★

KLOSTER EBERBACH

Kloster Eberbach, 65346 Eltville
T: +49 6723 60460, weingut@kloster-eberbach.de
kloster-eberbach.de

Ab-Hof-Verkauf: Vinothek täglich 10–18 Uhr
Kellermeister: Kathrin Puff & Bruno Nagele
Ansprechpartner: Dieter Greiner & Dirk Sewe
Flaschen/Hektar: 2.300.000 (85 % weiß, 15 % rot)/238 ha

Ein junges Team in einem 900 Jahre alten Betrieb – in Kloster Eberbach ist das eine Erfolgsgeschichte. Chefönologin Kathrin Puff bestätigt mit den neuen Weinen den straffen, präzisen Stil der Vorjahre und schärft ihn sogar. Beispielhaft ist der Erste-Lage-Riesling aus dem Rauenthaler Baiken: Eine so gelungene Symbiose aus mineralischem Tiefgang und purer Trinkfreude ist rar – und wertvoller, als es eine Bewertung mit Punkten alleine ausdrücken kann. Ach ja, und dass mit Dieter Greiner als Geschäftsführer viel Erfahrung an Bord ist, ist sicher auch kein Schaden.

94 2021 Steinberg Goldener Becher Riesling GG
Der Duft ist noch nicht sehr offen, zeigt sich aber bereits vielschichtig: Orange, Wachs, Grapefruittrester, florale Noten. Der Gaumen beginnt weich und geschmeidig, entfaltet dann eine zarte Phenolik und deutliche taktile Mineralität. Für die Langstrecke! 13 Vol.-%, DV, €€€

91+ 2022 Steinberg Zehntstück Riesling Erste Lage trocken
Der Wein ist mineralisch-würzig im Duft, brenzlig-steinig, dazu kommt eine Frucht von Orangensaft und Orangenblüte. Der Gaumen erweist sich als straff und kernig, der bissige Säurebogen überspannt einen mittelgewichtigen Körper, die Mineralität des Duftes kehrt mit taktilen Komponenten wieder. 12 Vol.-%, DV, €€

93 2020 Assmannshausen Höllenberg Spätburgunder trocken
Reifer Farbrand. Im Duft offen – und delikat in seiner mineralisch angehauchten Beerenfrucht (erinnert fast an rote Grütze). Der Gaumen zeigt sich von mittlerer Dichte, der Gerbstoff wirkt reif, ist von mittlerem Korn, cremig unterlegt, ein eleganter Burgunder für die mittlere Reife.
13 Vol.-%, DV, €€€

91+ 2022 Rauenthal Baiken Riesling Spätlese
Eine würzige, in ihrer aromatischen Tönung leicht ins Ausleseprädikat spielende Nase, ein Anflug von Rosine, aber auch frischer Pfirsich. Im Mund verbindet der Wein Schmelz und Saftigkeit, er zeigt gute Stoffigkeit und Länge. Wird elegant und auf mittellange Sicht ausreifen. 8 Vol.-%, DV, €€

90 2022 Riesling trocken

92 2022 Rauenthal Baiken Riesling Erste Lage trocken
Eine würzige Nase mit Untertönen von Gesteinsmehl und einem gelbfruchtigen und zitrischen Vordergrund. Der Gaumen hat Saft und Spannung, einen knackigen, aber nicht aggressiven Säurenerv und ausgesprochen trinkfreudige Proportionen. Perfekter Stil im Genre der Ersten Lage!
12 Vol.-%, DV, €€

★

WEINGUT H.J. ERNST

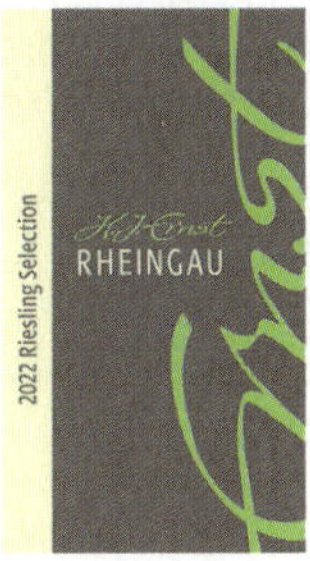

Holzstraße 40, 65343 Eltville
T: +49 6123 2363, info@weingut-ernst.de
weingut-ernst.de

Ab-Hof-Verkauf: Ja
Kellermeister: Johannes Ernst
Ansprechpartner: Katrin Ernst
Flaschen/Hektar: 373.000/40 ha

Die Lage Eltviller Sonnenberg, aus der die Weine des Weinguts Ernst stammen, hat zwar nicht den ganz großen Namen, doch Obacht: Wir sind im Herzen des Rheingaus und Böden und Kleinklima können sich mit den namhaften Nachbarlagen messen. Das beweist nicht nur die saftige, konzentrierte Auslese, das zeigen vor allem auch die beiden für die Flaschenreife gemachten feinherben Weine (Spätlese und »Selection«). Ergänzungsweine wie Sauvignon Blanc und Roter Riesling runden das auf die Harmonie und Zugänglichkeit der Weine abzielende Sortiment ab.

91+ 2022 »Selection« Eltville Sonnenberg Riesling feinherb

Ein Duft von kandierter Ananas und Ingwerstäbchen. Am Gaumen zeigt sich ein Wein mit Druck und Geschmeidigkeit, aber auch mit einem festen Kern, mineralischen Noten und einem Süße-Säure-Spiel, das zum trockenen Geschmacksbild neigt. Gute Stoffigkeit! 12,5 Vol.-%, DV, €€

91 2022 Eltville Sonnenberg Riesling Spätlese halbtrocken

Der Duft zeigt gelbfruchtige Aromen und eine Note wie von frisch gekochtem Apfelkompott. Im Mund hat der Wein eine saftige, speichelziehend intensive Säure, die aber von schöner Frucht und einer passend gesetzten Süße in Balance gehalten wird. Wird schön reifen! 12 Vol.-%, DV, €

89+ 2022 Roter Riesling trocken

Im Duft: Pfirsich und etwas Hefe, auch florale Noten. Bergamotte. Wachs. Im Mund hat der Wein einen straffen Bau, das lebendige Säurerückgrat wird von etwas Geschmeidigkeit und vom Reichtum des Jahrgangs gepuffert. Ein zugänglicher, gut ausgewogener Wein. 12 Vol.-%, DV, €

91 2022 Eltville Sonnenberg Riesling Auslese

Reife Nektarine, Pfirsich, Rhabarber, auch Spargel. Im Mund zeigt sich ein gut konzentrierter Wein mit mittelintensivem Botrytiseinfluss, die Säure ist knackig verdichtet und wird von etwas Viskosität und Süße umspielt. Der Wein endet saftig und hat eine gute Länge. 8 Vol.-%, DV, €€

89 2022 Sauvignon Blanc trocken

89+ 2022 »Kernstück« Cuvée trocken RR/SÄ/GM6/SB

Duftig: Holunderblüte, Schwarze Johannisbeere, Birnenkompott, ein Anflug von Blütenhonig. Im Mund zeigt sich ein eher schlanker Bau, saftig, in der Säure reif, im Restzucker so eingestellt, dass die Würze hervorgehoben wird und der Trinkfluss erhalten bleibt. 12,5 Vol.-%, DV, €

★★★

WEINGUT AUGUST ESER

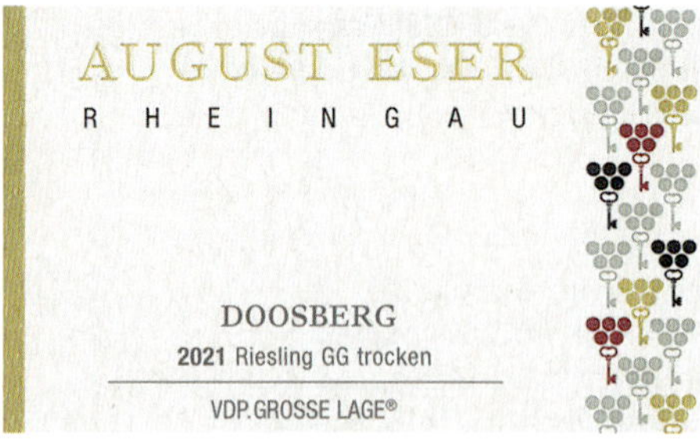

Friedensplatz 19, 65375 Oestrich-Winkel
T: +49 6723 5032, mail@eser-wein.de
eser-wein.de

Ab-Hof-Verkauf: Mo bis Fr 9–12 & 13–17 Uhr, Sa 9–12 Uhr
Kellermeister: Désirée Eser Freifrau zu Knyphausen
Ansprechpartner: Désirée Eser Freifrau zu Knyphausen und Dodo Freiherr zu Knyphausen
Flaschen/Hektar: 70.000 (90 % weiß, 10 % rot)/11 ha

Désirée Eser Freifrau zu Knyphausen und ihr Mann Dodo Freiherr zu Knyphausen bewirtschaften das Familienweingut der Esers in zehnter Generation. Beide haben an der Universität Geisenheim Weinbau studiert – also kein Wunder, dass sich hier Tradition und Moderne vortrefflich ergänzen. Die beiden pflegen einen wunderbar unaufgeregten Weinstil, bei dem sie die Lagen exzellent herausarbeiten. Der Riesling aus dem Doosberg ist brillant, genauso wie die Auslese aus dem Wisselbrunnen – große Freude bereitet auch das frisch-fröhliche »Schlüsselerlebnis«.

93 2021 Oestrich Doosberg Riesling GG
Feiner Duft nach reifen Zitrusfrüchten, Orange, dazu Mango und Papaya, reif und voll, vielschichtig. Am Gaumen mit viel Saft und Zug, druckvoll, lebendige Säure, zarter Schmelz, Zitrusfrüchte dominieren, mineralischer Faden, lang und dicht, hat weiteres Potenzial. 12 Vol.-%, DIAM, €€€

92 2021 Hattenheim Wisselbrunnen Riesling GG
Aktuell noch eher dezent im Duft, feine Mineralik, Kräuterwürze, Minze, Salbei. Am Gaumen mit knackig-lebendiger Säure, viel Zug und Spannung, klare, helle Frucht, Limone, etwas Gesteinsmehl, fein und ausgewogen, gute Struktur, endet lang und frisch. 12 Vol.-%, DIAM, €€€

91 2022 Rüdesheim Bischofsberg Riesling Erste Lage trocken
Duft nach reifer Aprikose, etwas Ananas, Mango und süße Zitrusfrucht, reif und würzig. Am Gaumen mit lebendiger, reifer Säure, pikante Zitrusfrucht wird von hellen Früchten umwoben, feine Phenolik, ganz zarte, balancierte Süße, gute Struktur und Länge. 11,5 Vol.-%, DV, €€

93 2021 Hattenheim Wisselbrunnen Riesling Auslese
Feiner Duft nach reifem Pfirsich, Mango, zarter Blütenhonig, reife Orange, dazu mineralische Würze, vielschichtig. Am Gaumen mit viel Schmelz und samtigem Druck, lebendige Säure, schmelzende Süße, reife Fruchtaromatik, mineralisch grundiert, eng gewoben, lang. Viel Potenzial.
9,5 Vol.-%, NK, €€€

90+ ❸ 2020 Riesling brut

89+ 2022 »Schlüsselerlebnis« Riesling feinherb
Duft nach Nektarine und Orangenabrieb, dazu feine Würze und ein mineralischer Faden, etwas Minze, sehr frisch. Am Gaumen mit tänzelnd-frischer Säure, zupackend, helle Früchte. Zitrone, ganz leicht und spielerisch, feiner, sommerlicher Aperitif. 11,5 Vol.-%, DV, €

★★★★

WEINGUT JOACHIM FLICK

Straßenmühle, 65439 Flörsheim am Main
T: +49 6145 7686, info@flick-wein.de
flick-wein.de

Ab-Hof-Verkauf: Mo bis Fr 8–13 Uhr, Sa 10–14 Uhr
Kellermeister: Katharina Flick
Ansprechpartner: Reiner Flick
Flaschen/Hektar: 207.000 (78 % weiß, 8 % rot, 10 % Rosé, 1 % süß, 3 % Schaumwein)/25 ha

Seine Eltern gaben Reiner Flick den Rat, besser etwas Anständiges zu lernen und bloß nicht Winzer zu werden. Für ihn war es aber klar, dass der Wein seine Berufung ist. 1992 übernahm er das Weingut, das er zu einem der besten Erzeuger im Rheingau entwickelte. Zum Gut zählen 25 Hektar Weinberge, darunter die berühmten Monopollagen Nonnberg und Victoriaberg. Tochter Katharina kümmert sich um den Ausbau der Weine, die Großen Gewächse aus 2021 strahlen mit Frucht, Frische, Mineralik und Eleganz. Was wir aus 2022 verkosten konnten, schließt nahtlos daran an.

93+ 2021 Hochheim Königin Victoriaberg Dechantenruhe Riesling GG
Dezent in der Farbe, attraktiv im Duft: Nasser Stein, Meyer-Zitrone, Jasmin, Limettenschale und grüner Apfel. Am Gaumen tief und dicht. Feine Aromen von Rosenholz, reifem Steinobst, extraktbetont bei ideal integrierter Säure. Langer Nachhall bei viel Potenzial. 12,5 Vol.-%, DV, €€€

93 2021 »Vier Morgen« Wicker Nonnberg Riesling GG
Goldgelb in der Farbgebung, verführerisch im Duft. Komplexe Aromatik, floral und auch von Steinobst und Zitrusfrüchten geprägt. Am Gaumen herrlich zitrisch, kräuterwürzig, auch mineralisch. Gute Säure und Eleganz. Bringt bereits Trinkfreude und hat Lagerpotenzial. 12,5 Vol.-%, DV, €€€

91 2022 Wick Nonnberg Riesling Erste Lage trocken
Zitronengelb in der Farbe. Intensiv im Duft von Aromen wie Wiesenkräuter, Weinbergpfirsich, Aprikose und gelbem Apfel. Am Gaumen präsentiert sich der Wein mit Grip, leichter Mineralik, Komplexität und guter, lebendiger Säure bei attraktivem Nachhall. 12,5 Vol.-%, DV, €€

89 2022 »F. vini et vita« Riesling trocken
Blass in der Farbe und jung im Duft. Dabei eine hoch attraktive, saubere Frucht von Limettenschalen, rosafarbenem Pfirsich, grünem Apfel und einer spannende Kräuternote. Am Gaumen balanciert die markante Säure die feine Fruchtsüße. Ein Wein mit direktem Trinkspaß. 12,5 Vol.-%, DV, €

89 2022 Wicker Riesling trocken

92 2022 Hochheim Königin Victoriaberg Riesling Erste Lage trocken
Zitronengelb. Aromen von gelbem Apfel, junger Birne, Wiesenkräutern und auch Gesteinsmehl. Am Gaumen entwickelt sich im mittelgewichtigen Körper eine sehr lebendige Säure, die sowohl die Süße als auch die reife Frucht gut trägt. Bedeutender Nachhall bei gutem Trinkfluss. 12,5 Vol.-%, DV, €€

★★

WEINGUT PETER FLICK

Holger-Crafoord-Straße 4, 65239 Hochheim
T: +49 6146 6590, info@wein-vom-flick.de
wein-vom-flick.com

Ab-Hof-Verkauf: nach Vereinbarung
Kellermeister: Peter Flick
Ansprechpartner: Peter Flick
Flaschen/Hektar: 113.000 (65 % weiß, 5 % rot, 15 % Rosé, 10 % süß, 5 % Schaumwein)/12 ha

Die Erfolgs- und Wachtstumsgeschichte des Weinguts Peter Flick geht weiter. Im Jahr 2023 hat der umtriebige Winzermeister seinen Betrieb um weitere 2,5 Hektar Rebfläche erweitert, demnächst wird er zum Ausbildungsbetrieb und es stehen Pflanzungen verschiedener Rebsorten wie Chardonnay, Sauvignon Blanc, Merlot und Cabernet Sauvignon an. Obendrein plant er den Neubau eines Flaschenlagers und die Hoffläche soll vergrößert werden. Also, wie immer viel los! Das Gute: Die Qualität der wirklich erschwinglichen Weine steigt weiter. Wir sind gespannt, was noch alles kommt!

92 2022 »Alte Reben« Hochheim Hölle Riesling trocken
Zarter Duft nach reifen Zitrusfrüchten, Apfel, Weinbergpfirsich und einer Spur von frischem Heu. Am Gaumen herrlich druckvoll und satt, dazu eine schön strukturierte Säure, Zitrusfrüchte, frisch, belebend, mineralisch geprägt, saftig, sehr langer Nachhall, macht Spaß. 13 Vol.-%, DV, €€

92 2022«Meisterstück« Hochheim Kirchenstück Riesling trocken
Eine frische Prise im Glas: Jod, Steinkiesel, leicht rauchig, auch Früchte wie Weiße Johannisbeeren, Augustapfel und Limette. Im Mund saftig und ungemein frisch, druckvoll, mineralisch durchzogen, wunderbar trinkig mit knackigem Nachhall, durchweg elegant! 13 Vol.-%, DV, €€

92 2022 Weißburgunder trocken
Feinduftig und leicht cremig in der Nase, frischer und kühler Eindruck, helle Früchte, etwas Mandel. Am Gaumen zarte Vanille, gelbes Steinobst wie Mirabellen und Aprikosen, gut integrierte Säure, cremiger Fond, sehr harmonisch, ein Weißburgunder zu Meeresfrüchten. 12,5 Vol.-%, DV, €

91 2022 Wicker Stein Riesling Spätlese
Zarte hellgrüne Reflexe im Glas, feinduftig in der Nase, weiße Blüten, Pfirsich, Mandarine, Zuckerwatte. Am Gaumen mit viel Saft und Frische, feine weiße Beeren, elegante Balance zwischen Süße und Säure, großer Trinkfluss, äußerst animierend, toll gemacht! 7,5 Vol.-%, DV, €

90+ 2022 Kostheim Weiss Erd Riesling trocken
90 2022 »Verflickst« Wicker Mönchsgewann Riesling trocken
89 2022 Wicker Riesling trocken
89 2022 Scheurebe trocken
89 2022 Hochheim Riesling trocken
89 2022 Spätburgunder Rosé feinherb
89+ 2022 Wicker Stein Riesling Kabinett

90 2022 Blanc de Noir Spätburgunder trocken
Hell glitzernder Kupferton im Glas, duftig frische Nase mit Aromen von Birne und etwas Kirsche. Am Gaumen mit saftiger Säure, schöne, zart cremige Textur, mineralisch grundiert, dazu helle Früchte, harmonisch, eleganter und ausdrucksstarker Nachhall. 12,5 Vol.-%, DV, €

★★★

WEINGUT EVA FRICKE

Elisabethenstraße 6, 65343 Eltville
T: +49 6123 703658, info@evafricke.com
evafricke.com

Ab-Hof-Verkauf: Mi bis Fr 12–17 Uhr
Kellermeister: Oliver Schmid
Ansprechpartner: Eva Fricke
Flaschen/Hektar: 107.000 (100 % weiß)/17 ha
Anbauweise: Bio

Die gebürtige Norddeutsche stieß eine Zeit lang auf Argwohn: als Frau, die zugezogen ist, und sich dann auch noch veganen Weinbau auf die Fahnen schreibt. Doch tatsächlich setzen Frickes Rieslinge seit Jahren Maßstäbe. Önologische Zusatzstoffe hat sie erfolgreich verbannt und ihr Credo, dass ökologisch und vegan erzeugte Weine mehr Sinneseindrücke vermitteln, ist glaubhaft. So schmeckt auch die aktuelle Kollektion: puristisch, mineralisch und zugleich fruchtbetont. Die Top-Lagenrieslinge sollte man auf keinen Fall zu früh öffnen, drei bis fünf Jahre Flaschenreife sind Pflicht.

94 2022 Lorch Krone Riesling trocken

Ein wenig verschlossen im Duft, hefegeprägt, nach Luft kühl, Meeresbrise am Morgen, helle klare Frucht, Weinbergpfirsich, frische Aprikosen, Salzzitronen, Wiesenkräuter. Am Gaumen saftig, mit Druck, tief und elegant, Röstnoten, salzig, feingliedrige Säure, noch sehr jugendlich, Geduld lohnt sich, unbedingt weglegen. NK, €€€€

93+ 2022 »Mélange« Riesling trocken

Reife, saftige Frucht im Duft, Mirabellen, Orangen, Aprikosen, Bratapfel, Mango, getrocknete Kräuter, aber auch frische Minze, Klee, Gesteinsnoten. Am Gaumen feiner Schmelz, Dicht, feine Würze und Phenolik, reife, feine Säureader, sonnenverwöhnte gelbe Frucht, gut im Extrakt. NK, €€€

92 2022 Kiedrich Riesling trocken

Feinduftige Frucht in der Nase, Kumquats, Orangenzeste, kandierte Zitronen, Wiesenkräuter, Brennnessel. Am Gaumen geschmeidig beginnend, reifer Säurezug, salzig, mineralisch würzig, cremiger Kern, feine Phenolik, alles dicht beieinander, lange am Gaumen. 12 Vol.-%, DV, €€€

93 2022 Lorch Schlossberg Riesling Spätlese

Feiner Duft nach reifen Zitrusfrüchten, reifer Birne, Pfirsich, etwas Mango, dahinter etwas Blütenhonig, feines Gestein. Am Gaumen mit schönem Schmelz, druckvoll und satt, dazu lebendige Säure, saftig-reife Frucht, schmelzende Süße, sehr balanciert, fein, tolle Trinkigkeit. 7,5 Vol.-%, NK, €€€

90 2022 »Verde« Riesling

91 2022 »Rheingau« Riesling trocken

Klares Rieslingbukett im Duft, saftiger Apfel, auch Apfelschale, frische Zitronen, reifer Weinbergpfirsich, kräuterige Würze. Am Gaumen mit Zug und gutem Trinkfluss, saftiger Kern, Apfel, Zitronen, weißer Pfirsich, mineralische Würze, salzig, schwungvolle Säure, schöne Länge. 12 Vol.-%, DV, €€

★★★

WEINGUT JÖRN GOZIEWSKI

Bahnstraße 2, 65366 Geisenheim
T: +49 172 4776942, wein@joernwein.de
joernweinshop.de

Ab-Hof-Verkauf: Ja
Kellermeister: Jörn Goziewski
Ansprechpartner: Jörn Goziewski
Flaschen/Hektar: 40.000 (75 % weiß, 22 % rot, 3 % Rosé)/1 ha
Anbauweise: in Umstellung

Jörn Goziewski ist auf verschiedenen Terroirs und in mehreren Regionen unterwegs. Er interpretiert berühmte Rheingauer Lagen wie den Rüdesheimer Schlossberg virtuos – der aus 2017 ist ein wahrer Grand Cru –, in Thüringen reifen raffinierte Weißburgunder und packende Rotweine, die Trauben für den »Cin Cin« stammen aus der Pfalz. Wir finden, dass das Wirken in verschiedenen Weinwelten die Künste des schillernden Winzers noch verfeinern, der auch in Saale-Unstrut mit dem Weingut Lützkendorf kooperiert: Unter seinen Händen scheint alles zu gelingen.

92+ 2022 Karsdorf Hohe Gräte Weißburgunder
Duftig, Mandarine, Mandelblüten, weiße Mandeln, Aprikose, Orangenzesten, feine ätherische Note. Setzt auf federweichem Hintergrund weich an, der feine, süßliche Saft fließt, Birne, reife, elegante Säureader, mineralische Raffinesse, mit Substanz, Tiefe und Länge. 13 Vol.-%, NK, €€

95 2017 Rüdesheim Schlossberg Riesling trocken
Amber. Dunkles Karamell, pfeffrig, Orangenschale, grüne Mandel, Schwarztee, feiner Sherry. Breit angelegter Entwurf, geschmeidiger Fond, betont trocken, Salicorne, dicht im Extrakt, packende Mineralik, Phenole der ganz feinen Art, im Stil eines großen Condrieus. 15,5 Vol.-%, NK, €€€

92+ 2018 Rüdesheim Berg Rottland Riesling trocken
Bernsteinfarben, attraktives Bukett, Dörrobst, Aprikose, Salbeipastillen, fermentierter Pfeffer, Karamell, fein ätherisch. Feinporig geschmeidig am Gaumen mit einer Lässigkeit, die Dynamik durchscheinen lässt. Würzige Mineralik, fein salzig, feine Phenolik. Raffiniert. 13 Vol.-%, DV, €€

90+ 2018 Zweigelt trocken
Leicht reduktiv, etwas Hefe, feine Kräuter, Wildpflaume, rote Kirsche, leicht rauchig. Am Gaumen mit mittlerer Struktur, klare, pure, rotbeerige Frucht, lebendige Säure, griffiger Gerbstoff, knochentrocken und fordernd, aninmierend, Zweigelt der besonderen Art. 14 Vol.-%, DV, €€

89+ 2021 »Cin Cin« Cuvée trocken SB/RR

91+ 2022 Karsdorf Hohe Gräte Weißburgunder trocken
Gelbe Blüten, reife Aprikosenhaut, Aprikose, Birne, leicht brenzlig, steinig-mineralische Anspielungen. Mit guter Substanz am Gaumen, kräftige, feste Kontur, saftig, fein ziselierte Säureader, gut mit Extrakt dotiert, mineralische Tönung, sehr feine Phenole. 12,5 Vol.-%, DV, €€

★★★

WEINGUT PRINZ VON HESSEN

Grund 1, 65366 Geisenheim-Johannisberg
T: +49 6722 409180, weingut@prinz-von-hessen.de
prinz-von-hessen.de

Ab-Hof-Verkauf: Mo bis Fr 10–16 Uhr, Sa 12–17 Uhr
Kellermeister: Sascha Huber
Ansprechpartner: Bärbel Weinert-Maurer
Flaschen/Hektar: 293.000 (95 % weiß, 5 % rot)/35 ha
Anbauweise: Bio

Das 1957 gegründete Weingut Prinz von Hessen bewirtschaftet Rebflächen an einem der namhaftesten Rieslingorte überhaupt: Johannisberg. Die Qualität der Weine hat zugelegt, seit Bärbel Weinert-Maurer den Betrieb leitet. Der traditionellen Weinherstellung hat die ehemalige Weinkönigin und studierte Geisenheimerin einen zeitgemäßen Ton gegeben, es gelingen typische Rheingauer Rieslinge mit Frische, saftiger Struktur und schönem Säurespiel. 2023 ist auch die Umstellung auf ökologischen Anbau abgeschlossen: Das Weingut ist nun zu 100 Prozent biologisch zertifiziert.

91 2021 »Dachsfilet« Riesling trocken

Schiefer, reife gelbe Früchte, ein wenig Bienenwachs, Limettenschale und weiße Blüten in der Nase. Trocken, frische spritzige Säure – was dem Jahrgang geschuldet ist –, aber gut integriert. Salziger, extraktreicher Körper mit einem eleganten Abgang. 12 Vol.-%, DV, €€€

90 2022 »Royal« Riesling Kabinett trocken

Zitrusfrüchte, Weiße Johannisbeere, grüner Apfel und mineralische Anklänge sind in der Nase zu finden.Trocken, salzig, mineralisch. Eine gut eingebundene, saftige Säure mit einem schlanken und eleganten Körper. Die Aromen der Nase spiegeln sich im Wein wider. 12 Vol.-%, DV, €€

89+ 2021 Rüdesheim Riesling trocken

In der Nase Aromen von Jasminblüte, frischem Heu, Ananas und Schiefer. Am Gaumen eine belebende Säure, Aromen von Schiefer, Limette und Grapefruit. Mittlerer Körper mit einem mittellangen, mineralischen Abgang. 12 Vol.-%, DV, €€

89 2022 »Steckenpferd« Riesling Spätlese

In der Nase Aromen von Bienenwachs, reife Birne und Limette. Am Gaumen hat der Wein eine feine Fruchtsüße, die von einer eleganten Säure getragen wird. Ein eher leichter Typ, den man auch ohne Essen genießen kann. 12 Vol.-%, DV, €€€

88 2022 Riesling trocken

90 2022 Johannisberg Riesling trocken

In der Nase findet man Aromen von Zitronenschale, rotem Apfel, Aprikose, Grapefruit und feine mineralische Noten. Am Gaumen ist der Wein saftig mit einer eleganten Säurestruktur und einer steinigen Mineralität. Die Aromen des Duftes kehren am Gaumen wieder. 12 Vol.-%, DV, €€

★★

WEINGUT HÖHN

Freudenbergstraße 200, 65201 Wiesbaden
T: +49 611 7168789, info@weinguthoehn.de
weinguthoehn.de

Ab-Hof-Verkauf: Mo bis Fr 17–19 Uhr, Sa 10–14 Uhr
Kellermeister: Jürgen Höhn
Ansprechpartner: Jürgen Höhn
Flaschen/Hektar: 130.000 (86 % weiß, 14 % rot)/20,5 ha

Das Sortiment von Jürgen Höhn ist ganz klar strukturiert: Die Gutsweine zeigen Saft und harmonisch abgestimmte Balance, die Ortsweine legen schon an Struktur und auch Mineralik zu, spannend sind die Experimente mit den beiden Rieslingen aus der Schiersteiner Hölle: Der im »Granitfass« ausgebaute zeigt sich mit kühler Aura stahlig-mineralisch, der im »Tonneau« gelagerte eine straffere, festere Struktur – beide werden weiter zulegen. Über den stilvollen edelsüßen Rieslingen zeigen die beiden »RGGs« an der Spitze gute Substanz, reife Phenolik und Mineralik. Gut!

92+ 2021 »RGG« Erbach Marcobrunn Riesling trocken
Die gelbe Frucht wird auf eine angenehme Art von einer leicht mentholischen Note begleitet, Pfefferminzöl, rauchig. Im Mund sorgt die lebendige Säure für Dynamik in einer kompakten Struktur, gute Substanz, reife Phenolik, ausgewogene Restsüße, gute Länge. 12,5 Vol.-%, DV, €€€

92 2021 »RGG« Hattenheim Mannberg Riesling trocken
Blumig, fruchtig, kräuterig, steinig, auch rauchige Noten. Pfirsich, Maracuja, auch ein wenig Dotterblume. Zeigt im Mund Komplexität und Tiefe, gute Substanz, feste Struktur, kraftvoll mit tragender Säure und mineralischem Hintergrund, auch gute Länge. 12 Vol.-%, DV, €€€

90+ 2022 »Granitfass« Schierstein Hölle Riesling trocken
Apfel, Mirabelle, Pfirsich, kein überladenener Duft, ein Hauch Minze und Malzbonbon, auch floral. Wirkt am Gaumen trotz der feinen Restsüße kühl in seiner Aura und stahlig-mineralisch, feine Würze, ausgewogene Säure, präsent, elegant und auch hintergründig. 13 Vol.-%, DV, €€

91+ 2022 Hattenheim Mannberg Riesling Auslese
Duftet nach kandierter Orangenschale und feinem Blütenhonig, reife Aprikose als Frucht, auch etwas gebrannte Haselnuss. Am Gaumen mit feiner Säure, schmelzende Süße, exotische Früchte, Mango und Papaya, ausladend und dicht, schön zur Apfeltarte. 7,8 Vol.-%, DV, €€€

90+ 2022 »Tonneau« Schierstein Hölle Riesling trocken
89 2022 Dotzheim Riesling trocken
89 2022 Eltville Sonnenberg Riesling Kabinett halbtrocken
88+ 2021 Chardonnay trocken
88+ 2022 Weißburgunder trocken
88+ 2022 Sauvignon Blanc feinherb
90 2021 Hattenheim Nussbrunnen Riesling Spätlese

89+ 2022 Hattenheim Riesling trocken
Einnehmender Duft mit zitrischen Noten, Zitronenmelisse, Zitronentarte, Pfirsich, Passionsfrucht und nassem Stein. Kompakter, schlank gehaltener Bau, hinter dem charmanten Süße-Säure-Spiel zeigt sich auch eine mineralische Seite, feine Würze, viel Wein fürs Geld. 12,5 Vol.-%, DV, €

★★★★

DOMÄNE SCHLOSS JOHANNISBERG

Schloss Johannisberg, 65366 Geisenheim-Johannisberg
T: +49 6722 70090, info@schloss-johannisberg.de
schloss-johannisberg.de

Ab-Hof-Verkauf: täglich 10–18 Uhr
Kellermeister: Gerd Ritter
Ansprechpartner: Stefan Doktor
Flaschen/Hektar: 320.000 (90 % weiß, 10 % süß)/50 ha
Anbauweise: in Umstellung

Im vergangenen Jahr erkoren wir die Weine von Schloss Johannisberg zur »Kollektion des Jahres«, und auch dieses Jahr ist es ein Pfund, was Gutsdirektor Stefan Doktor gemeinsam mit Kellermeister Gerd Ritter und Außenbetriebsleiter Michel Städter gelungen ist. Die Entscheidung darüber, ob unter den trockenen 2020ern »Goldlack« oder »Bibliotheca« die Krone davontragen, möchten wir vertagen: am besten bis etwa 2035. Dass fruchtige Spätlesen eine Spezialität des Schlosses sind, weiß man seit 1775. Die beiden Exemplare aus 2022 reihen sich mit Glanz und Glorie in solch historische Größe ein.

96+ 2020 »Goldlack« Schloss Johannisberg Riesling trocken
Terpenwürzig im Duft, Melisse, Aprikose, Rosmarin, dezenter Holzfasseinfluss. Im Mund hat der Wein eine geradezu burgunderhafte Fülle, die von mineralischem Extrakt und zarter Phenolik in Balance gehalten wird. Die Säure bleibt zurückhaltend. Ein hintergründiger Riesling mit tiefem Extrakt. 13 Vol.-%, NK, €€€€

96+ 2020 »Ex bibliotheca subterranea Fass 300« Riesling trocken
Ein vielschichtiger Duft: »wilde« Noten und etwas Holz, frisch geriebene Zitronenschale, rosa Grapefruit, Plattpfirsich. Der Gaumen setzt geschmeidig an, entfaltet Schmelz und eine noble, mehlige Phenolik. Die Säure untermalt den Körper auf unaufdringliche Weise. Für die Langstrecke gemacht. 13 Vol.-%, NK, €€€€

94+ 2021 »Silberlack« Schloss Johannisberg Riesling GG
Reifes Steinobst, dabei dennoch kühl im ersten Duft. Auch kräuterwürzig bei minimaler Reduktion. Am Gaumen folgen Veilchen, Zitronenschale, Wiesenkräuter wie auch Pfirsich und Ananas. Alles gut balanciert von reifer Säure, gefolgt von einem nicht endenden Nachhall. 13 Vol.-%, NK, €€€€

94+ 2022 »Grünlack Fass Nr. 364« Riesling Spätlese
Tiefgründiger Duft, mineralische Unterlegung, reife Zitrusfrüchte, Pfirsich, Orangenschale, sehr delikat. Am Gaumen mit lebendiger Säure, wunderbar frisch, aber doch extrem dicht gewoben, delikate Süße, enormer Zug, saftig, würzig und sehr lang, tolles Potenzial. 7,5 Vol.-%, NK, €€€€

91+ 2022 »Rotlack« Schloss Johannisberg Riesling Kabinett
90 2022 »Gelblack« Schloss Johannisberg Riesling trocken
90 2022 »Gelblack« Schloss Johannisberg Riesling feinherb
94 2022 »Rosalack« Schloss Johannisberg Riesling Auslese
94 2022 »Grünlack« Schloss Johannisberg Riesling Spätlese

92 2022 »Bronzelack« Schloss Johannisberg Riesling trocken
Mittleres Zitronengelb in der Farbgebung bei reintöniger, sortentypischer Aromatik. Anfangs zitrisch und kühl, gefolgt von reifer rötlicher und auch tropischer Frucht. Am Gaumen folgt eine attraktive Kräuterigkeit bei feiner Säure in einem eleganten Körper. 12,5 Vol.-%, NK, €€€

★★★

WEINGUT JAKOB JUNG

Eberbacher Straße 22, 65346 Erbach
T: +49 6123 900620, info@weingut-jakob-jung.de
weingut-jakob-jung.de

Ab-Hof-Verkauf: Mo bis Fr 13–18 Uhr, Sa 10–17 Uhr
Kellermeister: Alexander Jung
Ansprechpartner: Alexander Jung
Flaschen/Hektar: 160.000 (75 % weiß, 10 % rot, 10 % Rosé, 5 % Schaumwein)/20 ha

Alexander Jung war es ein Anliegen, dass auch der spät gefüllte Riesling »Charta« aus 2022 verkostet wird. Schließlich war schon sein Vater Ludwig an der Profilierung dieses 1984 eingeführten Rheingau-Klassikers beteiligt, der sich geschmacklich trocken, fruchtbetont und frisch zeigen und trefflich zum Essen kombinieren lassen soll. Es sind nur noch zwölf Betriebe, die an diesem Riesling-Ideal festhalten – das Warten jedenfalls hat sich allemal gelohnt. Getoppt werden die 2022er noch von den Großen Gewächsen aus 2021, die selten so gut in Form waren. Stark!

93+ 2021 Erbach Siegelsberg Riesling GG
Klassischer Rheingau-Rieslingduft wird erweitert um spannende würzige Komponenten wie Koriander und gemahlener Kreuzkümmel. Auch am Gaumen mit Komplexität und Tiefe, Saft wird durch Würze unterstützt, dichter Extrakt, gute Spannung, mineralische Würze, lang, mit Nachdruck. 12,5 Vol.-%, DV, €€€

93 2021 Erbach Hohenrain Riesling GG
Feine rauchige, nussige Noten, floral, kräuterig, etwas Rhabarber, reifes Steinobst, Weinbergpfirsich, Hanf. Straff und fest gebaut am Gaumen, der dichte Extrakt sorgt für Spannung mit der würzigen Mineralik und der präsenten, raffinierten Säure. Charaktervoll. 12,5 Vol.-%, DV, €€€

91 2022 Erbach Steinmorgen Riesling Erste Lage trocken
Pfirsich, Maracuja, zitrische Noten, Grapefruit, kräuterig, würzig, Johannisbeere. Klassischer Rheingau-Riesling mit Lagenprofil, saftig, geschmeidig, weicher Fond, auf dem sich Frucht, Säure, feine Süße und Mineralik im gegenseitigen Einklang entwickeln. 12,5 Vol.-%, DV, €€

90 2022 Erbach Riesling trocken
Im fruchtigen Duft duellieren Pfirsich und Maracuja mit würzigen und mineralischen Noten, etwas Birne. Verbindet im Mund Trinkspaß und -fluss mit Anspruch, den die Mineralik liefert. Saftig, gelbfruchtig, auch Limettensaft, lebendige Säure, begleitet von Fruchtsüße. 12,5 Vol.-%, DV, €€

89 2022 Riesling trocken

91 2022 »Charta« Riesling trocken
Kleine, fruchtige Charme-Attacke mit Pfirsich und Maracuja, Limettenschale, die abgelöst wird von steinigen Noten. Straffer Bau, am Gaumen mit guter Spannung und bewährtem Zusammenspiel von lebendiger Säure und präsenter Fruchtsüße, die Mineralik sorgt für Profil. 12 Vol.-%, DV, €€

★★

WEINGUT GRAF VON KANITZ

Rheinstraße 49, 65391 Lorch
T: +49 6726 346, info@weingut-kanitz.de
weingut-kanitz.de

Ab-Hof-Verkauf: Mo, Di und Do bis Sa 12–16 Uhr
Kellermeister: Marc Leitis
Ansprechpartner: Marc Leitis
Flaschen/Hektar: 67.000/14 ha
Anbauweise: Bio

Lange Jahre nahm Lorch nur eine undankbare Mitläuferrolle im Rheingau ein, das hat sich geändert, seit Weingüter wie Graf von Kanitz mit dem ambitionierten Betriebsleiter und Kellermeister Marc Leitis kräftig an der Qualitätschraube drehen. Was wir – noch in Abwesenheit der Großen Gewächse – bislang vom Jahrgang 2022 ins Verkostungsglas bekamen, bestätigt den Eindruck der Weiterentwicklung und Profilschärfung: Es sind animierende, spannungsvolle Rieslinge mit schiefriger Mineralik und Finesse. Der dritte Stern ist damit noch einmal ein Stück näher gerückt.

92+ 2021 Lorch Paffenwies Röder Riesling GG
Dezent in der Farbgebung und auch in der Nase, Zitronenmelisse, Wiesenkräuter, saftige Aprikose. Am Gaumen leichte Phenolik, die sich mit Luft einbindet, attraktiver Schmelz sowie etwas Mineralik im Hintergrund. Zarte Süße führt in den guten Nachhall. 12,5 Vol.-%, DV, €€€

92 2022 »Alte Reben« Lorch Krone Riesling Erste Lage trocken
Feines Zitronengelb, feine, sortentypische Aromatik im Glas. Zitronenmelisse, Birnenschale, Jasmin und auch Limette. Am Gaumen eine attraktive Melange aus Phenolik und Saftigkeit. Gut balancierende Säure und leichte Kräuterwürze führen in den spannenden Nachhall. 12,5 Vol.-%, DV, €€

91+ 2021 Lorch Kapellenberg Riesling GG
Brillant in der Farbgebung. Ein anfangs dezenter Duft von feinen Steinobstaromen, gefolgt von kräuterig-floralen Komponenten. Am Gaumen braucht das GG noch Zeit. Aktuell wird das feine Spiel aus Süße und Säure noch von Fenchelanklängen begleitet. Gute Länge. 12,5 Vol.-%, DV, €€€

91+ 2020 Lorch Schlossberg Spätburgunder Erste Lage trocken
Duft nach Heidelbeere, Kirsche, Mandel und Wacholder, etwas Hefe und Kräuterigkeit, schwarzer Pfeffer und auch Grafit. Straff und fokussiert am Gaumen mit kompakter Struktur, präzise Frucht, reifes, feinkörniges Tannin bei gut eingebundener Säure. 13 Vol.-%, DV, €€

91 2022 Lorch Pfaffenwies Riesling Erste Lage trocken

92 2022 Lorch Bodental Steinberg Riesling Erste Lage trocken
Brillant in der Farbgebung. Floral und zitrisch im ersten Duft. Es folgen sowohl Aromen von Steinobst, erneut Zitrusfrüchte und auch Schieferwürze am Gaumen. Wunderbar saftig und extraktreich, gute Säure und feine Mineralik. Unsere direkte Trinkempfehlung! 12,5 Vol.-%, DV, €€

★★★★★

WEINGUT AUGUST KESSELER

Lorcher Straße 16, 65385 Assmannshausen
T: +49 6722 9099200, info@august-kesseler.de
august-kesseler.de

Ab-Hof-Verkauf: nach Vereinbarung
Kellermeister: Max Himstedt
Ansprechpartner: August Kesseler, Simon Batarseh
Flaschen/Hektar: 32.000 (65 % weiß, 35 % rot)/38 ha

August Kesseler hat zwei Jahre in Folge keine Riesling-GGs erzeugt: Die 2021er gärten nicht durch und blieben feinherb – das dürfte in ein paar Jahren spannend zu probieren sein. Das trockene Jahr 2022 wiederum sieht Kesseler als »einen klassischen Kabinettjahrgang, leicht am Gaumen und leicht zu trinken, zum Verlieben schön!« Wir können das nach der Verkostung der 2022er aus Lorch, Lorchhausen und vom Rüdesheimer Bischofsberg bestätigen. Der als »Alte Reben Große Lage« abgestufte Berg Schlossberg aber setzt sich deutlich ab, wir sehen den Wein locker auf GG-Niveau!

93 2022 »Alte Reben« Lorchhausen Seligmacher Riesling feinherb

Sonnenverwöhnter Früchtekorb in der Nase, Pfirsich, Mirabellen, gelber Apfel, Mango, Orangenzesten, Wiesenkräuter, Schieferwürze, Karamell. Am Gaumen saftig, frisch, spannungsgeladen, elegant, dezente Süße, mineralische Würze, lebendige Säure mit Zug, salzig im langen Nachhall. Reifepotenzial. 12,5 Vol.-%, NK, €€€

92 2022 Riesling Rüdesheim Bischofsberg Riesling Erste Lage trocken

Traubiger Duft in der Nase, Aprikosen, Birnen, Melonen, weiße Blüten, Blütenhonig, Kräuterwürze, dezent Gesteinsnoten. Am Gaumen dicht, schöne Frucht, Kräuterwürze, schönes Süß-Säure-Spiel, feine Phenolik, trinkanimerend, saftig, frisch tänzelt er rasch die Kehle entlang. 12,5 Vol.-%, NK, €€€

91 2022 »Alte Reben« Lorch Schlossberg Riesling feinherb

In der Nase gelber Apfel, Apfelschalen, Ananas, Trockenaprikosen, kandierte Orangen, Fenchelgrün, Wiesenkräuter. Am Gaumen dicht, elegant, saftige Frucht, merkliche Süße, gut integrierte, reife Säure, viel mineralische Würze, salzig im Finish, lange am Gaumen. Bringt jetzt schon Trinkfreude, aber auch in ein paar Jahren. 12 Vol.-%, NK, €€€

94 2020 »Cuvée Max« Pinot Noir trocken

Komplex in der Nase, Rharbarber, Waldbeeren, Sauerkirschen, Rote Bete, Kräuterwürze, Thymian, Lorbeer, schwarze Oliven, dunkle Schokolade, dezent pfefferig. Am Gaumen kraftvoll, stoffig, saftige Frucht, kerniges Tanninn, lebendige Säure, lange am Gaumen. Reifepotenzial.
14,5 Vol.-%, NK, €€€€

90+ 2020 »Réserve« Pinot Noir trocken

95 2022 »Alte Reben Große Lage« Rüdesheim Berg Schlossberg Riesling

Vielschichtig duftig in der Nase, Weinbergpfirsich, frische Zitronen, Mirabellen, Wiesenkräuter, Kamille, weiße Blüten, Jasminblüten, dezent Blütenhonig sowie Gesteinsnoten. Am Gaumen druckvoll, dicht, lebendige Säure, Schieferwürze, klare Frucht, sehr elegant, schöne Länge.
12,5 Vol.-%, NK, €€€

★

WEINGUT KLEPPER

Georgstraße 14, 65201 Wiesbaden
T: +49 611 429958, tobias@weingut-klepper.de
weingut-klepper.de

Ab-Hof-Verkauf: Ja
Kellermeister: Tobias Klepper
Ansprechpartner: Tobias Klepper
Flaschen/Hektar: 87.000 (67 % weiß, 15 % rot, 10 % Rosé, 4 % süß, 4 % Schaumwein)/8,1 ha

Das Weingut Klepper liegt am Rand von Wiesbaden, der Gutsausschank, den die Familie seit vielen Jahren betreibt, tischt Deftiges auf und ist für seine Fleisch- und Wurstspezialitäten bekannt. Zu solchen Speisen kommen Rieslinge wie der trockene Riesling-Ortswein oder der feinherbe Gutswein wie gerufen: Die Eignung der kernigen Rheingausäure als Fettverbrenner ist ja bestens bekannt. Die Weine, die mit Maischekontakt entstehen – Spät- und Grauburgunder – legen die Latte noch etwas höher. Tobias Klepper – erst 26 Jahre alt – macht einen guten Job. Weiter so!

89 ⊖ 2020 Riesling brut
Mittleres Goldgelb, im Duft reife Noten, Honigwabe, Pfirsich, Aprikose, Honigmelone, etwas Fruchtbonbon. Kräftig und süß am Gaumen, fruchtig und cremig und mit gut balancierender Säure sowie weichem Mousseux. Ein Sekt, der als Aperitif und zum Essen besteht. 13 Vol.-%, DV, €€

89+ 2022 Riesling feinherb
Im Duft frisch geriebene Zitronenschale und Blutorange. Im Mund hat der Wein eine schöne, saftige Balance, lebendige Säure und gut gesetzte Süße spielen, die Intensität in der Gaumenmitte ist gut, die aromatische Länge mittel. Ein Durstlöscher für die Sommer 2024 und 2025. 11,5 Vol.-%, DV, €

89 2022 Frauenstein Herrnberg Riesling trocken
Pfirsich und Bergamotte im Duft, Limettenschale. Im Mund erscheint ein eher mittelgewichtiger Wein, die stahlige Säure und eine Prise Phenolik sorgen für einen vertikalen Bau, der nur zurückhaltend mit Süße gekontert wird. Ein herzhafter Wein für große Schlucke! 12 Vol.-%, DV, €

90+ 2018 »Red Sunshine« trocken
Hellrotorange in der Farbe. Williams Christbirne, etwas Apfel und ein Hauch von Karamell. Auch Estragon. Im Mund zeigt der Wein mehlige Phenole, eine lebendige, aber gut integrierte Säure und einen mittelgewichtigen Körper mit ausgewogener Balance. Sehr gute Länge. 12,5 Vol.-%, DV, €

88 2021 Frauenstein Herrnberg Roter Riesling feinherb

90 2020 Spätburgunder trocken
Der würzige Duft zeigt Aromen wie Wacholder, Berglorbeer, Piment, aber auch Himbeere und Zwetschge. Im Mund hat der Wein ein gutes Gerbstoffgerüst, das Tannin ist reif und haftet an, ohne zu adstringieren, der Abgang endet saftig mit guter Frucht. Viel Spätburgunder fürs Geld! 14 Vol.-%, DV, €

★★★★

WEINGUT KRONE ASSMANNSHAUSEN

Niederwaldstraße 2, 65385 Assmannshausen
T: +49 6722 2525, info@weingut-krone.de
weingut-krone.de

Ab-Hof-Verkauf: Fr 16–18 Uhr, Sa 14–18 Uhr, So 13–18 Uhr
Kellermeister: Michael Burgdorf und Team
Ansprechpartner: Michael Burgdorf
Flaschen/Hektar: 25.000 (14 % weiß, 80 % rot, 3 % Rosé, 2 % Schaumwein)/6 ha

Die Krone ist Legende. Mit ihrem Besitz an uralten Reben – sogar Burgundergenetik aus dem Chambertin soll darunter sein – steht das Weingut für den Assmannshäuser Pinottypus wie kaum ein anderes. Da diese Weine so enorm reifefähig und ebenso reifebedürftig sind, ist es eine Freude, dass jetzt Jahrgänge wie 2016 (bei der Lagencuvée »Juwel«) oder 2018 (beim Höllenberg-GG) im Angebot stehen. Es wird noch etwas dauern, bis der Einfluss der neuen Eigentümer sichtbar wird: Die Übernahme des Guts durch den Verleger Ralf Frenzel und seine Partner liegt gerade erst zwei Jahre zurück.

96 2016 »Juwel« Assmannshausen Spätburgunder trocken
Zunächst rauchig und rotbeerig. Es folgt eine Melange aus Schieferwürze, Schwarzer Johannisbeere und eine Nuance vom Wacholder. Am Gaumen mit definiertem Säurenerv, der sowohl die präzise Frucht als auch das feine Tannin ideal trägt. Langer, von Mineralität getragener Nachhall.
13,5 Vol.-%, NK, €€€€

93+ 2018 Assmannshausen Höllenberg Spätburgunder GG
Im Duft Johannisbeere, Preiselbeere, viel Schiefer. Im Mund seidig, eher mittelgewichtig im Extrakt, cremiger Fond, dezente Säure, aber dennoch gut in der taktil-mineralischen Komponente. Man merkt das warme Jahr. Endet noch sehr kompakt und derzeit auch noch etwas sperrig, jung!
13 Vol.-%, NK, €€€

92 2019 »EG« Assmannshausen Frankenthal Spätburgunder trocken
Blasses Rubin, intensiv im Duft. Feine Aromen von dunkelroter Frucht, Tabak und Tomatenblatt. Am Gaumen folgt eine sortentypische rote Frucht, eingebettet in feine Säure und reifen, feinen Gerbstoff. Attraktive Kühle, Extrakt und leichte Kräuterigkeit führen in einen langen Nachhall.
13 Vol.-%, NK, €€€

91 2019 Assmannshausen Spätburgunder trocken
Mittleres Rubin. Im Duft noch jung, eher dunkelrote Frucht, Geißblatt, Dill sowie schwarzes Johannisbeerblatt. Am Gaumen fast schlank, dabei elegant, nun hellrote Frucht, bei gutem Gerbstoff, delikater Säure und guter Struktur. Feine Würze im attraktiven Abgang. 12,5 Vol.-%, NK, €€€

89+ 2022 »Krone« Pinot Rosé trocken

90+ 2020 »Krone« Spätburgunder trocken
Rubin in der Farbgebung, kühl und attraktiv im Duft. Aromen von Cranberry, Hibiskus, Piment und Gewürznelke. Am Gaumen folgt Süßkirsche, die von delikater Säure balanciert wird. Gute Struktur bei feinem Gerbstoff. Grip und Saftigkeit führen in einen guten Nachhall.
12,5 Vol.-%, NK, €€

★★★★★

WEINGUT PETER JAKOB KÜHN

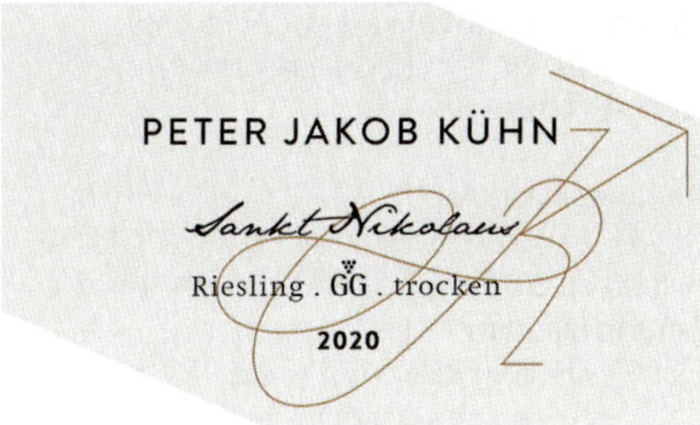

Mühlstraße 70, 65375 Oestrich-Winkel
T: +49 6723 2299, info@weingutpjkuehn.de
weingutpjkuehn.de

Ab-Hof-Verkauf: Mo bis Fr 9–12 & 13–17 Uhr, Sa 11–17 Uhr
Kellermeister: Peter Bernhard Kühn
Ansprechpartner: Peter Bernhard Kühn
Hektar: 20 ha
Anbauweise: Biodynamisch

Das biodynamisch bewirtschaftete Weingut gehört seit vielen Jahren zur absoluten Spitze im Rheingau und in Deutschland. Auch in diesem Jahr hat Kellermeister Peter Bernhard Kühn wieder eine großartige Kollektion vorgestellt, und zwar über das gesamte Spektrum vom Gutswein bis zu den Spitzengewächsen. Allen Weinen ist gemein, dass sie zwar in der Jugend großen Genuss bieten, sich aber erst über die Jahre voll entfalten. Es sind Langstreckenläufer, die Finesse und Kraft mit tiefer Mineralität verbinden – man könnte sagen: Es sind wunderschöne Rieslingkunstwerke.

97 2021 Mittelheim Sankt Nikolaus Riesling GG
Zitrisch, floral, getrocknete Orangenblüte, Hauch von Überreife, aber dennoch kühl und frisch. Der Gaumen setzt mit weichem Schmelz an, dann machen hochwertige Phenole Druck, feste Säure, ganz dicht gewoben, beeindruckende Mineralität, lange, völlig in sich ruhend. 12 Vol.-%, NK, €€€€

96 2021 Oestrich Doosberg Riesling GG
Feiner Duft nach Grapefruit, etwas Holz, Feuerstein, dazu auch kandierte Zitrone, noch etwas verschlossen. Am Gaumen sehr dicht gewoben, wahres Füllhorn von Kräuteraromen, dazu Zitrusfrüchte, kultivierte, reife Säure, dicht gewoben, druckvoll, mineralisch und sehr lang.
12 Vol.-%, NK, €€€€

93+ 2021 Hallgarten Hendelberg Riesling trocken
Sehr sauberer Duft nach reifem Steinobst, es folgen Limette und Zitrone, fein und edel. Am Gaumen mit etwas exotischer Frucht, mineralisch geprägt, nasser Stein, perfekt eingepasste, reife Säure, konzentriert und komplex, dicht, elegant, langer Nachhall. 12 Vol.-%, NK, €€€

92 2022 »Quarzit« Oestrich Riesling trocken
Feiner, sortentypischer Duft mit Zitrusfrüchten, Pfirsich, aber auch Apfel, Birne und ein wenig Quitte sind mit dabei. Am Gaumen wird die reife Frucht von gut integrierter Säure getragen, schöner Trinkfluss, zugänglich und vielschichtig, gute Länge. 11,5 Vol.-%, NK, €€€

91 2022 »Alte Reben« Hallgarten Riesling trocken

90 2022 »Jacobus« Riesling trocken
Im Duft mit feinen Aromen von gelber Birne, Quitte, Meyer-Zitrone, Weinbergpfirsich und Wiesenkräutern. Am Gaumen sorgt die markante Säure für viel Zug, dazu kommt eine reife Frucht, insgesamt sehr balanciert, mineralisch unterlegt, gute Struktur und Länge. 11,5 Vol.-%, NK, €€

★★★★★

WEINGUT KÜNSTLER

Geheimrat-Hummel-Platz 1a, 65239 Hochheim
T: +49 6146 83860, info@weingut-kuenstler.de
weingut-kuenstler.de

Ab-Hof-Verkauf: Mo bis Fr 8–12 Uhr und 13–18 Uhr, Sa 10–16 Uhr, So 11–16 Uhr
Kellermeister: Gunter Künstler, Rolf Schregel
Ansprechpartner: Monika Künstler
Flaschen/Hektar: 400.000 (75 % weiß, 15 % rot, 5 % Rosé, 2 % süß, 3 % Schaumwein)/60 ha

Das nennt man wohl eine durchweg gelungene Kollektion auf höchstem Niveau. Gunter Künstler, der das Weingut 1992 von seinem Vater übernommen und es seitdem großartig weiterentwickelt hat, gelingt es, die extrem hochwertigen Lagen in seinem Portfolio glänzend zur Geltung zu bringen und Weine voller Tiefe und Mineralität zu keltern. Neben den Spitzenweinen überzeugen unter anderem die Ersten Lagen sowie die restsüß ausgebauten Rieslinge, die bei aller Kraft und Wucht immer wunderbar trinkig bleiben, wie unser Tipp – die Spätlese – vortrefflich zeigt.

95+ 2021 Erbach Marcobrunn Riesling GG
Hochelegante Rieslingnase, Mineralik, dazu feine Duftnoten nach weißem Pfirsich, Zitrusfrüchten sowie eine zarte Andeutung von Petrol. Im Mund rauchig und dicht mit großem Volumen, erneut Zitrusfrüchte, mineralisch geprägt, großartiger, sehr langer Nachhall. 13 Vol.-%, DV, €€€€

94+ 2021 Hochheim Hölle Riesling GG
Stoffige und angenehm füllige Nase mit Zitrusaromen, dazu kommen Passionsfrucht und etwas Rauch. Am Gaumen sehr dicht gewoben, viel Kraft und Dynamik, sehr elegantes Säurespiel, Zitrusfrüchte, feine Mineralik, balanciert, sehr schöne Länge, großes Reifepotenzial. 12,5 Vol.-%, DV, €€€

94 2021 Hochheim Kirchenstück Riesling GG
Grüngoldene Reflexe. Herrlich frischer Duft nach Limettenabrieb, Grasschnitt, Pampelmuse und Orangenblüten. Dicht und extraktreich am Gaumen, kräftige, reife Säure, Zitrusfrüchte, mineralischer Unterton, durchweg balanciert, saftig, schöner Nachhall. 12,5 Vol.-%, DV, €€€

94 2022 Erbach Marcobrunn Riesling Auslese
Konzentrierter Duft nach Bienenwachs, getrockneten Früchten mit Aprikose und Birne, eine Spur Waldhonig. Am Gaumen mit schmelzender Süße, dicht, feine Säure, Limonentarte, Papayasaft, Honigwürze, eng gewoben, mit Kräuterwürze unterlegt, Pfirsich, schöne Triftigkeit, lang. 7 Vol.-%, DV, €€€

94 2021 »Monopol« Hattenheim Pfaffenberg Riesling GG
93+ 2021 Hochheim Im Falkenberg Sauvignon Blanc trocken
92+ 2022 Hochheim Hölle Im Neuenberg Riesling Erste Lage trocken
92 2022 Hochheim Im Falkenberg Chardonnay trocken
91+ 2022 »Alte Reben« Hochheim Stielweg Riesling Erste Lage trocken
91+ 2022 Flörsheim Herrnberg Riesling Erste Lage trocken
92+ 2019 Assmannshausen Höllenberg Spätburgunder GG

92+ 2021 »Monopol« Hattenheim Pfaffenberg Riesling Spätlese
Vielschichtiger Duft nach reifen Zitrusfrüchten, tropische Früchte, markanter, mineralischer Zug, kandierte Limonenschale, würzig. Am Gaumen mit viel Schmelz und Zug, dicht, tropische Früchte, packende Säure, Papaya, feine Mineralik, gute Struktur, lang. 8 Vol.-%, DV, €€

★★

WEINGUT LAQUAI

Gewerbepark Wispertal 2, 65391 Lorch
T: +49 6726 830838, kontakt@weingut-laquai.de
weingut-laquai.de

Ab-Hof-Verkauf: Mi bis Fr 8–18 & Sa 8–17 Uhr n. Anm.
Kellermeister: Gilbert Laquai
Ansprechpartner: Gundolf Laquai
Flaschen/Hektar: 100.000 (65 % weiß, 25 % rot, 4 % Rosé, 2 % süß, 4 % Schaumwein)/24 ha
Anbauweise: in Umstellung

Gundolf und Gilbert Laquai haben in den vergangenen Jahren viel darüber nachgedacht, wie der für die Weinqualität so förderliche Steillagenweinbau wirtschaftlich werden kann. Die neu angelegten Querterrassen gestatten ihnen, einen Schritt in die richtige Richtung zu tun. Da man in diesen mit einem kleinen Schlepper quer zur Hangrichtung fahren kann, lässt sich wenigstens ein Teil der Arbeiten mechanisieren. Die neue Kollektion hält einige Schmankerln bereit: Die Rieslinge sind dicht und mineralisch und hinter die Burgunder – weiß wie rot – setzen wir ein Ausrufezeichen.

90+ ⊖ 2020 Lorch Riesling brut
Duft nach Brioche, Apfelschale, Haselnuss, etwas Hefe, Birne, schöne Frische, animierend. Am Gaumen mit eleganter Säure, schönes Mousseux, griffig, grüner Apfel, schöne Cremigkeit, mit guter Struktur und Länge, leicht harmonisch abgestimmt, auch gut bei Tisch. 12,5 Vol.-%, NK, €€

93 2021 »RGG« Lorch Paffenwies Riesling tr.
Feiner mineralisch-würziger Duft, reife Zitrusfrucht, Limettenschale, Mandarine, dazu Kräuterwürze, heißer Stein, komplex. Am Gaumen mit lebhafter Säure, sehr viel Zug, tolle Würze, zarte Phenole, Extrakt, viel Zitrusfrucht, dicht gewoben, gute Länge, Potenzial. 12,5 Vol.-%, NK, €€€

91 2022 »vom Schiefer« Lorch Riesling tr.
Feiner Duft nach Schiefer, dazu Zitrusfrüchte, Limettenschale, Pfirsich, etwas Minze. Am Gaumen mit feiner, lebhafter Säure, Zitrusfrucht, Grapefruit, hat Schwung und Zug, sehr balanciert, mineralischer Faden, gute Struktur und Länge, pikant. 12 Vol.-%, DV, €

90+ 2019 »RGG« Lorch Bodental-Steinberg Spätburgunder trocken
Duft nach roten und dunklen Früchten, dazu etwas Malve, Schwarzkirschen, Gewürznelken, Holzwürze, dunkle Schokolade. Am Gaumen kraftvoll, saftige Beerenfrucht, merkliches, reifes Tannin, gut integrierte Säure, viel Extrakt und Würze, gut zu kräftigen Speisen oder vor dem Kamin. 13,5 Vol.-%, NK, €€€

90 2022 Lorch Kapellenberg Riesling Spätlese

92 2022 Lorch Bodental-Steinberg Weißer Burgunder trocken
Feiner, sortentypischer Duft, Blumenwiese, etwas Birne und Quitte, dazu Haselnuss. Am Gaumen mit frischer, gut integrierter Säure, erneut helle Früchte, alles fließend und fein, zarte Mineralität. Schmelz, wunderbar zugänglich, gute Struktur und Länge. 12 Vol.-%, DV, €

★★

WEINGUT LAMM-JUNG

Eberbacher Straße 50, 65346 Eltville
T: +49 6123 7059300, info@lammjung-wein.de
lammjung-wein.de

Ab-Hof-Verkauf: Ja
Kellermeister: Paul Will
Ansprechpartner: Paul Will
Hektar: 17 ha

Im Jahr 2016 übernahm der Quereinsteiger Günther Weisel das alteingesessene Weingut. Im Hauptberuf Geschäftsführer eines Unternehmens der Heizungs- und Sanitärbranche, teilt Weisel sein Verständnis soliden Handwerks mit dem jungen Betriebsleiter Paul Will, der vor seinem Engagement im neu aufgestellten Weingut Lamm-Jung schon bei Schloss Vaux und im Sektgut Solter tätig war. Diese Sektkompetenz ist deutlich schmeckbar, aber auch die Stillweine überzeugen uns: Sie zeigen ohne Chichi ihre Herkunft. Glückwunsch – das verdient sich den zweiten Stern.

92 2016 »Cuvée« brut RR/TR/MT/PG/WB
Feine Reife im Duft, Bienenwachs, roter Apfel und Pfirsich, gelbes Curry. Im Mund gibt ein sehr feines, nachgerade cremiges Mousseux gleichermaßen Frische und Volumen, geschmeidige Motive, feine Säure und taktile Mineralität ergeben das Bild eines recht kompletten Weines.
12,5 Vol.-%, NK, €€

92 2018 »Premium Steillage« Riesling trocken
Aus Rüdesheim und Lorch. Im Mund mit reifer Würze, Zitrustrester, schieferwürzig-rauchige Töne. Auch etwas Pfirsichkompott und Honig. Der Gaumen ist geschmeidig, setzt das warme Jahr in Schmelz und Fülle um, aber der Abgang ist auch saftig und von großer Lebendigkeit. 12,5 Vol.-%, DV, €€

91+ 2017 »Premium Steillage« Lorch Riesling trocken
Brotrinde, Pomelo, Grapefruit, Korianderkorn und erste reifebedingte Honignoten. Der Gaumen zeigt sich dicht stoffig, mit kerniger Säure und Extraktreserven für weitere Jahre der Flaschenreife. Der kompakte Abgang fokussiert auf die Mineralik. 12 Vol.-%, DV, €€

91+ 2016 »Premium Alte Reben« Erbach Riesling trocken
Aus der Magnum verkostet. Frischer Zitrusabrieb, getrocknete Orangenschale, Melisse, gelbe Pflaume und Rosmarinblüte. Ein sehr frisches Duftbild. Der Gaumen beginnt seidig, entfaltet dann eine kernige Säure und endet trocken und mit mineralischer Pikanz. 12,5 Vol.-%, DV, €€€€

91 2017 Riesling brut
91 2017 »Premium Alte Reben« Erbach Riesling trocken
89+ 2022 »Basis« Riesling feinherb
89 2021 Riesling & Chardonnay feinherb
89 2022 »Basis« Riesling trocken
90+ 2022 Spätburgunder Rosé feinherb
90+ 2018 »Premium Steillage« Assmannshausen Spätburgunder trocken

90+ 2022 »Meisterwein« Riesling feinherb
Im Duft nimmt man Blutorange und Zitrone wahr, dazu kommen pfeffrige (Terroir?)-Noten. Der Gaumen hat eine lebendige Säure, die von zurückhaltend eingesetzter Süße gepuffert wird, der gute Extrakt und die Saftigkeit des Weines garantieren eine positive Flaschenreife.
11 Vol.-%, DV, €€

★★★★

WEINGUT LEITZ

LEITZ
WEINGUT
TERRASSEN

Theodor-Heuss-Straße 5, 65385 Rüdesheim am Rhein
T: +49 6722 9999 100, johannes.leitz@leitz-wein.de
leitz-wein.de

Ab-Hof-Verkauf: Mo bis Fr 8–17 Uhr
Kellermeister: Johannes Leitz & Manuel Zuffer
Ansprechpartner: Johannes Leitz
Hektar: 160 ha

Mit 160 Hektar ist das Rüdesheimer Weingut Leitz sicher kein Boutique-Weingut – doch die qualitativen Spitzen sind ganz vorn mit dabei im Rheingau. Dabei gefällt es uns sehr, was Johannes Leitz aus dem 2021er Jahrgang an Großen Gewächsen vorstellt: Die Weine besitzen die luzide Säure des Jahres, aber sie sind auch unglaublich fein gewirkt – beispielhaft im Berg Schlossberg, der Extraktdichte und Langlebigkeit verkörpert, und das auf eine unwiderstehlich ziselierte Art. Unser Tipp ist der Rüdesheimer Ortsriesling – viel Sense of Place für vergleichsweise kleine Münze.

96+ 2021 Rüdesheim Berg Schlossberg Riesling GG

Verschlossen im Duft. Mineralische Töne, Hefe, Nugat, auch helle Kirsche und kandierte Orangenschale. Am Gaumen entfaltet der Wein mit sehr feinen Mitteln Druck, die Phenole sind ebenso dicht wie fein, der Extrakt löst saftig und feinnervig auf – superber Stil. 13 Vol.-%, NK, €€€€

94 2021 Rüdesheim Berg Kaisersteinfels Riesling GG

Noten von Gesteinsmehl verbinden sich mit würzigen Aromen, Piment, Lakritze und reifer Zitrusfrucht: Orangenkonfitüre. Der Gaumen beginnt »kühl« und kernig, eine präsente Süße und etwas Cremigkeit (aus Botrytistrauben?) setzen den Kontrast, der Abgang ist kompakt, salzig und lang. 13 Vol.-%, NK, €€€€

94 2021 Rüdesheim Berg Roseneck Rüdesheim Riesling GG

Eine ätherische Duftigkeit steigt aus dem Glas: Melisse, Zitronengras, etwas Hefe und feuchter Stein. Der Gaumen beginnt seidig und fein texturiert, ein delikater Säurefaden gliedert und unterstreicht die taktil-mineralischen Aspekte. Ein nuancenreiches GG! 13,4 Vol.-%, NK, €€€

93+ 2021 »Monopol« Rüdesheim Rosengarten Riesling GG

Der zu Beginn noch recht verschlossene Duft öffnet sich in Noten von Apfelkompott mit einem Unterton von Blütenhonig. Der Gaumen zeigt sich getragen mit weiter Anlage, geschmeidiger Grundierung, mehlig-griffigen Phenolen und einem festen Säurenerv. Ein Anteil Spontangärung? 13 Vol.-%, NK, €€€

93 2021 Rüdesheim Berg Rottland Riesling GG
91+ 2022 »Magic Mountain« Rüdesheim Riesling trocken
91 2022 »W.R.C.« Cuvée trocken WB/RR/CH
91 2022 Rüdesheim Riesling trocken
90 2022 »C« Chardonnay trocken
89+ 2022 »W« Weißburgunder trocken
89 2022 »Eins-Zwei-Dry« Sauvignon Blanc tr.

92+ 2018 Rüdesheim Drachenstein Riesling Auslese

Duft nach Blütenhonig und Bienenwachs, kandierte Früchte, getrocknete Aprikose, süße Limonenschale, würzig. Am Gaumen mit viel Würze und Schmelz, süße Zitrusfrucht, erneut heller Honig, lebendige Säure, fließende Süße, dicht gewoben, sehr schöne Länge. 7,4 Vol.-%, NK, €€€

★

MEHRLEIN

Rieslingstraße 49, 65375 Oestrich-Winkel
T: +49 6723 2934, info@weingut-mehrlein.de
weingut-mehrlein.de

Ab-Hof-Verkauf: nach Vereinbarung
Kellermeister: Thorsten Mehrlein
Ansprechpartner: Thorsten Mehrlein
Flaschen/Hektar: 1.133.000 (97 % weiß, 2 % rot, 1 % Rosé)/62 ha

Das Weingut Mehrlein ist eine Erfolgsgeschichte: In den 1960er-Jahren startete es mit zwei Hektar Rebfläche, inzwischen bewirtschaftet es 62 Hektar und zählt damit flächenmäßig zu den großen Betrieben im Rheingau. Im Mittelpunkt steht mit 97 Prozent Anteil natürlich unangefochten König Riesling, der hier – siehe Tipp – auch als charmanter »Gentleman« aufzutreten weiß. Die Weine bieten zu sehr moderaten Preisen viel Genuss, sie sind ausgewogen und zeigen Lagencharakter, ohne deswegen in einen Wettbewerb um den trockensten und dichtesten Rheingau-Riesling einzutreten.

90 2022 Winkel Hasensprung Riesling trocken
Blüten, feine Kräuter, Steinobst, Orangenöl, Grapefruit und die steinig-mineralischen Noten der Lage. Zeigt auch am Gaumen durchaus Lagencharakter und Vielschichtigkeit bei mittlerer Dichte und mittlerem Extrakt. Würzig, gelb- und zitrusfruchtig, mineralisch. 12 Vol.-%, DV, €

90 2022 »Blattgold Alte Reben« Riesling trocken
Riecht nach hellen Blüten, fein nach Weinbergpfirsich und Aprikose, Apfel und mineralische Anklänge, heller Kandiszucker. Elegant und saftig am Gaumen mit einer gut führenden, kristallinen Säure, deutet neben süßlicher Frucht Hintergründigkeit an.. 12 Vol.-%, DV, €

89+ 2022 »Quarzit« Riesling trocken
Noten von Apfel und Steinfrucht, Zitrusfrucht, Grapefruit, Limettenschale, steinige Anklänge. Kompakter, straffer Bau am Gaumen, saftig, feiner Schmelz, gute Balance von animierender Säure und merklicher Restsüße, feine Zitrik, Grapefruit, mineralischer Eintrag. 12 Vol.-%, DV, €

89 2022 Mittelheim Edelmann Riesling trocken
Recht floral, etwas gedämpft, zitrisch, Steinobst, aber auch nasse Blätter und steinige Noten. Kompakt gebaut am Gaumen mit präsenter, ausgewogener Säure und angenehmer Vollmundigkeit, saftig, feine phenolische Herbe, ausgewogen abgerundet, endet mit Zitrusnoten. 12 Vol.-%, DV, €

88+ 2022 Pinot Noir Rosé trocken

90+ 2022 »Gentleman« Riesling trocken
Reife, gelbe Frucht, Papaya, Pfirsich und gelber Apfel, steinige Noten kommen dazu. Auch florale Noten. Der »Gentleman« zeigt mittlere Substanz und natürlich auch Stil am Gaumen, pfiffige Säure zu süßlichem Extrakt, getragen und doch lebendig, feine Mineralik. 12 Vol.-%, DV, €€

★★★

WEINGUT GEORG MÜLLER STIFTUNG

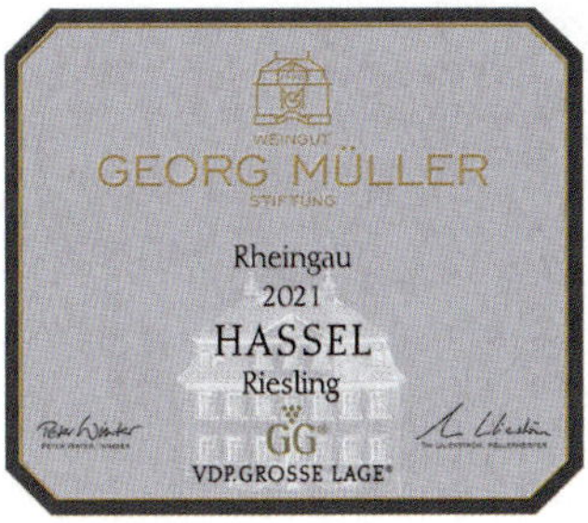

Eberbacher Straße 7–9, 65347 Hattenheim
T: +49 6723 2020, info@georg-mueller-stiftung.de
georg-mueller-stiftung.de

Ab-Hof-Verkauf: Mo bis Fr 9–12 Uhr und 14–17 Uhr
Kellermeister: Tim Lilienström
Ansprechpartner: Peter Winter
Flaschen/Hektar: 160.000 (75 % weiß, 20 % rot, 4 % Rosé, 10 % süß, 1 % Schaumwein)/20 ha

Das traditionsreiche Weingut aus Hattenheim, in dem Kellermeister Tim Lilienström exzellente Arbeit leistet, beschreitet gern mal ungewöhnliche Wege. So zum Beispiel mit dem eigenen Kunstkeller, in dem auf etwa 1000 Quadratmetern Fläche ein altes Weingemäuer zu einer beeindruckenden Ausstellungsfläche wurde und wo auch Events stattfinden. Oder mit der spektakulären Neuinterpretation der nur selten kultivierten Rebsorte Auxerrois, die in der hochwertigen »Hommage à Georges«-Variante individuellen Trinkgenuss weit abseits des Mainstreams bietet.

93+ 2021 »Hommage à George« Auxerrois tr.
Duft nach weißen Beeren, zarte Röstaromen, Lilien, dazu etwas Feuerstein, feine süßliche Aromen. Im Glas ein cremig-dichter Wein mit zarter Beerenfrucht und perfekt austarierter Säure, die tolle Frische vermittelt, bei aller Kraft sehr elegant, individuell und lang. 13 Vol.-%, NK, €€€€

93 2021 Hattenheim Hassel Riesling GG
Herrlich frische, duftige Nase mit Aromen von frischer Zitrusfrucht, etwas Jod, kühle Meeresbrise mit einem Hauch Jod. Am Gaumen mit einem knackigen Säurespiel, saftig und erfrischend, reife Zitrusfrucht, feine Fruchtsüße, Limettenabrieb, üppig animierender Trinkfluss! 12,5 Vol.-%, NK, €€€

93 2021 Hattenheim Nussbrunnen Riesling GG
Hellgrüne Reflexe, in der Nase mandelige Noten, Zitrusfrüchte, etwas rauchig, Mirabellen, Kräuterwürze. Am Gaumen mit einer gut eingebundenen, feinen Säure und frischen Apfelnoten, mineralisch unterlegt, zarte Fruchtsüße, toller Spannungsbogen, gute Länge. 12,5 Vol.-%, NK, €€€

93 2020 »Hommage à George« Pinot Noir trocken
Mittleres Rubin mit leichter Randaufhellung. Attraktiver Duft aus dunkler Kirsche, Weihrauch, Waldboden, dazu ein Hauch von Cranberry. Am Gaumen zunächst fast robust, dann zeigt sich Tiefe, gute Säure, noch junges, sattes Tannin, mittelgewichtiger Körper. Viel Potentzial.
13,5 Vol.-%, NK, €€€€

91+ 2020 »Artist Edition« Pinot Noir trocken

89 2022 Hattenheim Riesling trocken
Feiner, zarter Duft nach Zitrusfrüchten, Limettenabrieb, Jod ist dabei und auch noch eine Spur Hefe. Am Gaumen dann mit stimmigen Säurespiel, junger Apfel, Zitrus erneut, saftig und erfrischend, durchweg stimmig und zugänglich, der perfekte Terrassenwein. 12 Vol.-%, DV, €€

★★

WEINGUT HEINZ NIKOLAI

Ringstraße 16, 65346 Erbach
T: +49 6123 62708, weingut@heinz-nikolai.de
heinz-nikolai.de

Ab-Hof-Verkauf: Mo bis Sa 10–18 Uhr, So 10–14 Uhr
Kellermeister: Frank Nikolai und Andreas Dormann
Ansprechpartner: Katharina Nikolai
Flaschen/Hektar: 160.000 (75 % weiß, 10 % rot, 10 % Rosé, 5 % Schaumwein)/16 ha

Seit 1824 betreibt Familie Nikolai im Rheingau Weinbau – doch der Betrieb ruht sich nicht auf den Lorbeeren aus. Ganz im Gegenteil: Die aktuelle Kollektion gehört zu den besten, die wir bislang aus dem Erbacher Weingut verkostet haben. Das Riesling-GG aus dem Siegelsberg hat eine wundervolle Dichte und wird sich im Lauf der Flaschenreife zu genussreichem Reichtum entfalten. Das »Filetstück« aus der Michelmark mit seinem mineralischen Zuschnitt ist unser Falstaff-Tipp. Und der Spätburgunder löst mit seiner unaufdringlichen Tiefe das Versprechen »Alte Reben« mehr als ein.

93+ 2022 »Großes Gewächs« Erbach Siegelsberg Riesling trocken
Der Wein wirkt noch verschlossen. Er zeigt zitrische Noten, Bergamotte, auch einen Hauch Feuerstein. Im Mund hat der Wein einiges Gewicht, eine dichte Ladung Terpene und reife Säure geben Potenzial und Länge – sehr gut in Szene gesetzter Extrakt. 13 Vol.-%, DV, €€

92 2022 »Großes Gewächs« Erbach Steinmorgen Riesling trocken
Im Duft nimmt man Noten von Grapefruit wahr, aber auch reife zitrische Aromen, Mandarine, Orangeat. Im Gaumen spannen Süße, Säure und leichte Bitternis ein derzeit noch unverbundenes geschmackliches Dreieck auf, das sich aber noch harmonisieren wird. Leichte Salzigkeit zuletzt. 13 Vol.-%, DV, €€

90 2022 »Primus Maximus« Riesling trocken
Ein zurückhaltender, leicht mineralischer Duft entsteigt dem Glas. Mit Luftkontakt kommen blumige und zitrusfruchtige Noten hinzu. Im Mund hat der Wein Saftigkeit und Balance, die Süße dominiert ein klein wenig die Säure, doch die mineralische Tönung sorgt für Eleganz. 12,5 Vol.-%, DV, €€

92+ 2021 »Johann Jakob Alte Reben« Spätburgunder trocken
Dezenter Holzeintrag, dazu würzige Spätburgunderaromen: Mandel, Thymian, Beifuß, und Frucht: Himbeere. Der Gaumen ist cremig grundiert, ein feinkörniges Tannin zeichnet ein noch skizzenhaftes Bild, doch die Dichte und die Proportion des Weines belegen Potenzial. 13,5 Vol.-%, DIAM, €€

89+ 2022 Sauvignon Blanc trocken

90+ 2022 »Filetstück« Erbach Michelmark Riesling trocken
Würzig-mineralisch im Duft, auch Kräutertöne, Basilikum, Melisse. Im Mund zeigt sich der Wein straff und stoffig, mit fester Rheingausäure und einer nicht im Übermaß süßen Abstimmung. Der gehaltvolle Abgang zeigt Extraktreserven für mehrere Jahre der Reife. 12,5 Vol.-%, DV, €

★★★

WEINGUT BALTHASAR RESS

Rheinallee 7, 65347 Eltville-Hattenheim
T: +49 6723 91950, info@balthasar-ress.de
balthasar-ress.de

Ab-Hof-Verkauf: Mo bis Fr 9–18 Uhr, Sa und So 12–18 Uhr
Kellermeister: Stephan Sänger
Ansprechpartner: Christian Ress
Flaschen/Hektar: 330.000 (90 % weiß, 10 % rot)/55 ha
Anbauweise: Bio

Das Weingut mit seinem bedeutenden Lagenfundus befindet sich auch heute noch vollständig im Familienbesitz. Seitdem Markus Roll die Betriebsleitung übernommen hat, sehen wir eine sehr positive Tendenz in der Weinqualität. Beeindruckt haben uns bei der Verkostung der aktuellen Weine ganz besonders die Komplexität des Berg-Rottland-GGs aus 2021 sowie der 2022er aus der »Ersten Lage« Hendelberg, der die Höhe Hallgartens in kräuterige Würze und mineralischen Zug umgesetzt hat. Auch die anderen Weine erfüllen die Erwartungen vollauf. Wir sind gespannt, wie es hier weitergeht.

94 2021 Rüdesheim Berg Rottland Riesling GG
Zunächst rauchig, Holunderblüte, es folgen Quitte, Birne, junger Pfirsich wie auch Zitronenmelisse. Am Gaumen zunächst herb, dann eine dezente süße Frucht, balanciert durch den lange anhaltenden Säurebogen. Feine Phenolik und salzige Töne begleiten den langen Nachhall. 12,5 Vol.-%, DV, €€€

93+ 2021 Hattenheim Nussbrunnen Riesling GG
Zitronengelb in der Farbgebung. In der Nase Zitronenabrieb, reifer Apfel, gelber Pfirisch und auch Brunnenkresse. Am Gaumen ein Potpourri aus extraktreichem Kernobst, getragen von knackiger Säure. Feine Würze im langen Nachhall. Ein Wein mit Zukunft. 12,5 Vol.-%, DV, €€€

93 2022 Hallgarten Hendelberg Riesling Erste Lage trocken
Komplex und zugleich konzentriert im Duft. Zuerst Steinfrucht, dann leicht tropisch und abschließend kräuterig in der Nase. Am Gaumen mit viel Zug und Saft, dabei komplex im Aromenspektrum. Nasser Stein und feine Mineralität führen in den langen Nachhall. 12,5 Vol.-%, DV, €€€

92+ 2021 »Reserve« Riesling trocken
Attraktiv reduktiv und steinfruchtig im ersten Duft. Am Gaumen komplex durch eine Melange von Limettenschale, Haselnuss, Biskuit, Geißblatt, weißem Pfeffer und Holzwürze. Leichte Phenolik. Alles getragen von feiner Säure, die in einen bedeutenden Nachhall führt. 12,5 Vol.-%, DV, €€€

92 2021 Hattenheim Wisselbrunnen Riesling GG
91 2022 Hattenheim Engelmannsberg Riesling Erste Lage trocken
90+ 2022 Rüdesheim Riesling trocken
90 2022 »Von Unserem« Riesling trocken
91 2020 Assmannshausen Pinot Noir trocken
90 2020 »Von Unserm« Pinot Noir trocken
91+ 2022 »Monopole« Schloss Reichartshausen Riesling Spätlese

90+ 2022 Hattenheim Schützenhaus Riesling Kabinett
Duft nach frischen Kräutern, etwas Grapefruit, Pfirsichblüte, Limettenabrieb. Am Gaumen wunderbar fließend, lebendige Säure, perfekt eingepasste Süße, reife Zitrusfrucht, etwas Papaya, mineralisch grundiert, gute Länge und Struktur, sehr trinkig. 9 Vol.-%, DV, €€

★★

WEINGUT SCHREIBER

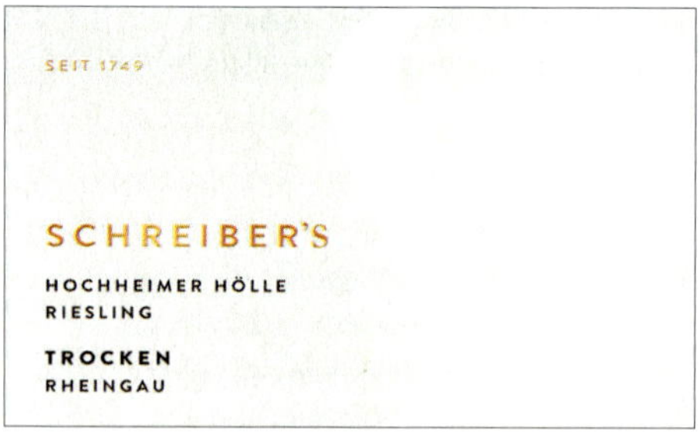

Johanneshof 2, 65239 Hochheim
T: +49 6146 9171, info@weingut-schreiber.de
weingut-schreiber.de

Ab-Hof-Verkauf: Di bis Fr 10–19 Uhr, Sa 10–16 Uhr
Kellermeister: Simon Schreiber
Ansprechpartner: Simon Schreiber
Flaschen/Hektar: 133.000 (75 % weiß, 5 % rot, 8 % Rosé, 2 % süß, 10 % Schaumwein)/14,5 ha
Anbauweise: Bio

Elf Generationen – das ist Ausdruck von Nachhaltigkeit, aber auch Verpflichtung: Das Bioweingut ist heute wieder komplett selbstversorgend. Das bedeutet Pflanzenvielfalt im Rebberg, auch Hege von Nützlingen, Kreislaufwirtschaft – ein gesundes Ökosystem für die Nutzpflanzen. Den Weinen, für deren Ausbau Simon Schreiber zuständig ist, kommt das sehr zugute. Überzeugen konnte der Winzer nicht nur mit den klassischen Hochheimer Rieslingtugenden, sondern auch mit Spätburgunder und – ja, tatsächlich – mit seinem Merlot. Wir gratulieren zur Verleihung des zweiten Sterns.

92 2022 »Alte Reben« Hochheim Reichestal Riesling trocken
Ein vielschichtiger Duft: Pfirsich und Pfirsichkern, Limette. Am Gaumen ist der Wein recht großzügig dimensioniert, die Tiefe der »Alten Reben« zeigt sich in feiner, reifer Phenolik, die Hochheimer Lage mit einer guten Integration von Körper und Kern. Terpengetragener Abklang. 13 Vol.-%, DV, €€

92 2022 »RGG« Hochheim Kirchenstück Riesling trocken
Fruchtig-würziger Duft mit reifem Steinobst, Weinbergpfirsich, Nektarine und Aprikose, steinige Anklänge. Setzt am Gaumen stoffig und druckvoll an, dichter, engmaschiger Extrakt, reife, kristalline Säure, würzige Mineralik am mittleren Gaumen, saftiges Finish. 13,5 Vol.-%, DV, €€

92 2020 Hochheim Hölle Merlot trocken
Kirsche, Herbstlaub, Kardamom und Unterholz – ein recht individueller, komplexer Sortentyp. Im Mund findet man auf einer geschmeidigen Grundierung einen fleischigen Gerbstoff vor, der reif wirkt und Kalkfrische ausstrahlt. Sehr gute Länge. Schon jetzt trinkbar, hat aber auch Potenzial.
13,5 Vol.-%, NK, €€

92 2021 Hochheim Reichestal Riesling Auslese
Sehr würzige Nase, Blütenhonig, Bienenwachs, kandierte Limone, etwas Orangeat, Thymian, Minze. Am Gaumen ergänzen sich die lebendige Säure und die feine Süße, erneut sehr würzig, dabei stets elegant bleibend, fließend, süße Zitrusfrucht, gute Struktur und Länge. 8 Vol.-%, DV, €€

89+ 2021 Riesling brut
91 2022 Hochheim Hölle Riesling trocken
89 2022 Hochheim Stein Weißburgunder tr.
89 2022 Hochheim Roter Riesling trocken
88+ 2022 »Unterm Storchennest« Cuvée trocken SOG/CBL
89 2022 Hochheim Spätburgunder Rosé feinherb
90 2022 Hochheim Spätburgunder trocken

89+ 2022 Hochheim Riesling trocken
Frischer Zitrusabrieb im Duft, Grapefruit. Am Gaumen hat der Wein eine gute Frische, einen intensiven, aber zivilisierten Säurenerv und eine passende Süße als Gegengewicht. Der Abgang ist saftig und pointiert mit guter Länge.
12 Vol.-%, DV, €

★★

WEINGUT SOHNS

Nothgottesstraße 33, 65366 Geisenheim
T: +49 6722 8940, info@weingut-sohns.de
weingut-sohns.de

Ab-Hof-Verkauf: Mo bis Fr 9–12 & 14–18 Uhr, Sa 10–15 Uhr
Kellermeister: Pascal Sohns
Ansprechpartner: Pascal Sohns
Flaschen/Hektar: 93.000 (65 % weiß, 15 % rot, 13 % Rosé, 3 % süß, 7 % Schaumwein)/10 ha
Anbauweise: in Umstellung

Das Weingut Sohns hat sich auf gutem Zwei-Sterne-Niveau eingependelt und der Blick geht nach oben. Pascal Sohns klettert mit seinen stilsicheren Rieslingen und kraftvollen Spätburgundern weiter. Da es dem Winzer wichtig ist, »alle Arbeitsschritte vom Weinanbau über die Vinifikation bis hin zum Verkauf selbst auszuführen«, soll der Betrieb mit zehn Hektar Rebfläche nicht weiter wachsen. Wir werden nicht müde, auf die Vinothek mit geräumiger Dachterrasse und famosem Blick auf den Rhein hinzuweisen. Da leert sich das Glas besonders schnell.

92+ 2021 »Rheingau Grosses Gewächs« Geisenheim Kläuserweg Riesling trocken
Etwas Bienenwachs und Petrol kommt zum reifen Pfirsich, gelbe Pflaume, Aprikose, etwas Bergamotte. Präsent und mit guter Energie am Gaumen, tragender, kristalliner Säurestrang, reifes Steinobst, auch herber Apfel, gepflegte, mürbe Phenolik, mineralische Würze. 12,5 Vol.-%, DV, €€€

91 2021 »Orange« Riesling trocken
Wie der Name, so die Farbe. Feine holzige und rauchige Töne, Dörrobst, getrocknete Apfelschalen und Aprikose, etwas Salbei, Wermutkraut. Fest und straff gebaut am Gaumen, betont trocken, auch fordernd, die Phenole wirken noch etwas jung, engmaschiger Extrakt, lang. 12,5 Vol.-%, NK, €€

91+ 2020 »M« Geisenheim Mäuerchen Spätburgunder trocken
Dunkle Holzwürze, Cassis, Schwarzkirsche, Pflaume, Kaffee, rauchig, röstig. Kräftiger Bau, mit guter Konzentration, auf weichem Fond zeigen sich dunkle Frucht und Mineralik, griffiger Gerbstoff in guter Dosis, auch feine Holzwürze, der Alkohol ist eingebunden. 14,5 Vol.-%, NK, €€

91+ 2020 Geisenheim Mönchspfad Spätburgunder trocken
Holzwürze mit reifer Frucht, Pflaume, Schwarzkirsche und Rote Johannisbeere, Maulbeere mit Tabaknoten und etwas Lakritze. Am Gaumen getragen und kraftvoll, kein Burgunder der leichtfüßigen Art, dichter Extrakt und kräftiges, reifes Tannin, mineralische Grundierung, jung und lang. 13,5 Vol.-%, NK, €€

90 ❸ 2018 »Cuvée Pascal« brut nature PN/WB/RR

92 2021 Lorchhausen Seligmacher Riesling trocken
Blumig, gelbe Blüten, auch Hibiskusblüten, zum reifen Pfirsich auch ein Hauch Petrol, Mineralik. Am Gaumen straff und kompakt gebaut, trocken ausgebaut, präzise Säure, etwas salzig konnotiert, feine phenolische Herbe, deutlich hinterlegte Mineralik. 12,5 Vol.-%, DV, €€

★★★★

SOLVEIGS

Rheinstraße 7c, 65366 Geisenheim
T: +49 6701 2024183, mail@solveigs.de
solveigs.info

Ab-Hof-Verkauf: nach Vereinbarung
Kellermeister: Jens Heinemeyer
Ansprechpartner: Jens Heinemeyer
Hektar: 2 ha
Anbauweise: Bio

Das Miniprojekt des önologischen Beraters Jens Heinemeyer bringt uns Jahr für Jahr Weine auf den Probentisch, die im Team Erstaunen und Begeisterung hervorrufen – zuweilen auch Diskussionen wegen der hohen Alkoholgrade. Aber die Schiefersteilhänge, die Heinemeyer in halber Wildnis zwischen Assmannshausen und Lorch bewirtschaftet, bringen nun einmal eher Sahne als Magerquark. Gut so – der Extrakt und die mineralischen Komponenten sorgen spielend für Balance. Und das Reifevermögen dieser Weine – dies zeigten vergangene Verkostungen – ist herausragend!

95+ 2020 »Present« Pinot Noir trocken
Im Duft Baumharz, Rote Johannisbeere und Schattenmorelle. Auch ein klein wenig Vanille. Brombeersaft. Der cremig grundierte Gaumen ist dicht mit sehr feinem Tannin besetzt, Säure und Mineralität geben Spannung, der kräftige Alkohol ist komplett abgedeckt mit Extrakt und Frucht.
14 Vol.-%, NK, €€€€

95 2020 »Micke« Pinot Noir trocken
Im Duft eine reife, fast likörartige Kirschfrucht, Schlehen, Thymian und Waldhonig. Die Gaumenstruktur zeigt großes Volumen, Schmelz und Fülle, Extraktsüße und einen dichten, mürben Gerbstoff. Im Abgang klingt der Schiefer mit kräftiger taktiler Mineralität an. Lang. 14 Vol.-%, NK, €€€€

94+ 2018 »Micke« Pinot Noir trocken
Mineralisch im Duft, aber auch intensiv fruchtig: Amarenakirsche, Brom- und Preiselbeere. Halbbitterschokolade. Im Mund hat der Wein einen kräftigen Alkoholgehalt, der aber auch von kräftigem Extrakt gepuffert wird, die Säure wirkt markant, der Gerbstoff hat Kraft für Jahrzehnte.
14,5 Vol.-%, NK, €€€€

93 2020 »Koloss« Frühburgunder trocken
Der Duft zeigt sich intensiv schokoladig, und auch mit Anzeichen beginnender oxidativer Reife: ein Hauch von Fino-Sherry, Trockenfrüchte, Cassata. Im Mund hat der Wein einen wuchtigen Auftritt: Da ist mächtiger Alkohol, ja – aber auch eine Öligkeit, die mit ätherischer Würze, feinem Tannin und intensiver Mineralität einhergeht. 15 Vol.-%, NK, €€€€

93 2020 »Steil« Pinot Noir trocken
Himbeere und Milchschokolade im Duft, etwas Kräuter. Im Mund beginnt der Wein geschmeidig, entfaltet dann einen dichten Gerbstoff, zeigt sehr gute Proportionen mit einer nahtlosen Integration der Säure in den Körper, der Abklang zeigt eine gute, taktile Mineralität. 13,5 Vol.-%, NK, €€€

★★★★

WEINGUT JOSEF SPREITZER

Rheingaustraße 86, 65375 Oestrich-Winkel
T: +49 6723 2625, info@weingut-spreitzer.de
weingut-spreitzer.de

Ab-Hof-Verkauf: Mo bis Fr 9–12 & 13.30 Uhr, Sa 10–16 Uhr
Kellermeister: Andreas Spreitzer
Ansprechpartner: Bernd Spreitzer
Flaschen/Hektar: 360.000 (80 % weiß, 5 % rot, 5 % Rosé, 5 % süß, 5 % Schaumwein)/35 ha

Die aktuelle Kollektion zeigt wieder einmal beispielhaft, warum Andreas und Bernd Spreitzer aus der Rheingauer Spitze nicht wegzudenken sind: Nur wenige Betriebe verstehen es, ein so komplettes Sortiment auf den Tisch zu stellen. Die Basisweine haben Niveau und die Mittelklasse mit den »Alten Reben« ist der Kauf der ökonomischen Vernunft. Die Großen Gewächse sind wirklich groß, der Wisselbrunnen ist ein Ausbund an Würze und der St. Nikolaus ein Texturwunder. Zuletzt loten die edelsüßen Spitzen das Maximum dessen aus, was an Süße, Extrakt und Reifefähigkeit möglich ist. Chapeau!

94 2022 Hattenheim Wisselbrunnen Riesling GG
Zitronenmelisse, Orangeat und Kräuter der Provence. Im Mund hat der Wein eine feine Salzigkeit, ein klein wenig Kohlensäure, einen wirklich stahligen Säurenerv und eine prägnante Stoffigkeit. Der zitrisch und von würzigen Monoterpenen geprägte Abklang wirkt animierend. Potenzial! 13 Vol.-%, NK, €€€

93+ 2022 Mittelheim St. Nikolaus Riesling GG
Ein Duft am Schnittpunkt von Frucht und Würze: Mandarine und Bratapfel, aber auch Kardamom, Piment. Der Gaumen greift weit aus und füll das Volumen mit Phenolen, die etwas körniger als nur »seidig« sind. Eine feste Säure unterstreicht den Extrakt- und Körperreichtum. Potenzial! 13 Vol.-%, NK, €€€

96 2022 »Goldkapsel« Hallgarten Würzgarten Riesling Eiswein
Sattes Goldgelb, Duft nach reifen Zitrusfrüchten, Ananas, Papaya, kandierter Limonenschale, Kräuterwürze und einer Spur Waldhonig. Am Gaumen Massen von Viskosität, dicht und druckvoll, nahtlos, rund, voller Saft, Honigwürze, wohldosierte Säure, enormer Schmelz, große Länge, großes Potenzial. 8,5 Vol.-%, DV, €€

95 2022 Oestrich Lenchen Eiserberg Riesling Trockenbeerenauslese
Goldgelb, würziger Duft, Braftapfel, getrocknete Quitte, getrocknete Aprikose, etwas Waldhonig, kandierte Limettenschale. Am Gaumen dichter Schmelz, viskos, Schwarze Johannisbeere, phenolische Elemente, wohldosierte Säure, großer Extrakt, enorme Dichte, große Länge, endet würzig, Potenzial. 6 Vol.-%, NK, €€€€

93 2022 Oestrich Rosengarten Riesling GG
91+ 2022 »Alte Reben« Oestrich Doosberg Riesling trocken
91 2022 »Muschelkalk« Oestrich Riesling tr.
91 2022 »Alte Reben« Winkel Jesuitengarten Riesling halbtrocken
90+ 2022 »Buntschiefer« Hallgarten Riesling tr.
93+ 2022 Hallgarten Würzgarten Riesling Eiswein
92+ 2022 »303« Oestrich Lenchen Eiserberg Riesling Spätlese

92+ 2022 »Alte Reben« Oestrich Klosterberg Erste Lage trocken
Pfefferig-fruchtige Nase, herrlich animierend! Es duftet nach kühler Meeresbrise, dann kommen weiße Blüten und zarte Tabaknoten dazu. Am Gaumen saftig und zitrusfrisch, feingliedriges Säurespiel mit knackigem Nachhall, köstliches, kleines, restsüßes Schwänzchen. 12,5 Vol.-%, NK, €€

★★★★

WEINGÜTER WEGELER GUTSHAUS RHEINGAU

Friedensplatz 9–11, 65375 Oestrich-Winkel
T: +49 6723 99090, info@wegeler.com
wegeler.com

Ab-Hof-Verkauf: Ja
Kellermeister: Michael Burgdorf, Andreas Holderrieth
Ansprechpartner: Richard Grosche
Hektar: 45 ha

Nachdem im vergangenen Jahr Ralf Frenzel als Flugkapitän und Richard Grosche als First Officer im Wegeler-Cockpit Platz genommen haben, wird ein präzisierter Flugplan erkennbar. Die ersten verkosteten 22er Weine zeigen, dass das Team ein (noch) höheres Fluglevel ansteuert. Für Schub im Steigflug sorgt Kontinuität: Mit »Late Release«-Weinen wie jenen aus dem Jahrgang 2013 (die der alte und neue Bordingenieur Michael Burgdorf gekeltert hat), untermauert Wegeler seine Stellung als Premium-Carrier der Weinkultur. »Ladies and Gentlemen, fasten your seat belts, please!«

95 2021 Geisenheim Rothenberg Riesling GG
Im verschlossenen Duft findet man Noten von Grapefruit, am Gaumen macht eine Schicht feiner Phenole viel Druck, die Säure ist durchdringend vital und gleichwohl sehr gut eingebunden – das ist eine Konzentration, die Eleganz und nicht Fülle zur Folge haben wird. Großartige Länge.
12,5 Vol.-%, NK, €€€€

94 2013 »Late Release« Geisenheim Rothenberg Riesling GG
Zitronengelb mit goldgelben Reflexen. Ein entfalteter, aber auch noch frischer Duft: mit Noten von gelbem Curry, Korianderkorn, kandierter Ananas und Bratpfel. Im Mund druckvoll, aber auch gebündelt, noch immer mit stoffigen Reserven, kompakt abklingend mit gutem Säurespiel.
13 Vol.-%, NK, €€€€

93+ 2013 »Late Release« Berg Rottland Riesling Spätlese
Komplexer Duft nach kandierten Früchten, Orangeat, Mandel, Blütenhonig, komplex und tiefgründig. Am Gaumen schmelzend und dicht, lebendige Säure, delikate Süße, reichhaltig für einen Kabinett, Minze, eingekochte Orange, Safran, balanciert und dicht, schönes Beispiel für das gute Reifepotenzial von Kabinett. 8 Vol.-%, NK, €€€

93+ 2022 Rüdesheim Berg Schlossberg Riesling Kabinett
Intensiver Duft nach reifen Zitrusfrüchten, Limettenschale, stark mineralisch unterlegt, süße exotische Früchte, zartes Zündholz, animierend. Am Gaumen zwischen schmelzender Süße und lebendiger Säure perfekt balanciert, mineralisch geprägt, dicht und elegant, dabei wunderbar federnd. Toll.
8,5 Vol.-%, DV, €€€

93 2021 »Geheimrat J« Riesling trocken
92+ 2021 Rüdesheim Berg Schlossberg Riesling GG
92+ 2022 Geisenheim Morschberg Riesling Kabinett
92 2022 Oestrich Riesling trocken
92 2022 Rüdesheim Riesling trocken
91+ 2022 Geisenheim Riesling Kabinett feinherb
91 2022 »Rheingau« Riesling feinherb

91+ 2022 »Löss« Riesling trocken
Zarte, hellgrüne Reflexe, frische, duftige Nase nach Kräutern und Lilienknospen, jungen Zitronenschale, weißen Beeren und Orangenblüten. Am Gaumen eine fein gewobene, kühle Säure, viel Saft, frisches Heu und leicht mandelig, etwas hefig im köstlich eleganten Nachhall. 12 Vol.-%, DV, €€

★★★★★

WEINGUT ROBERT WEIL

Mühlberg 5, 65399 Kiedrich
T: +49 6123 2308, info@weingut-robert-weil.com
weingut-robert-weil.com

Ab-Hof-Verkauf: Mo bis Fr 8–17.30 Uhr, Sa 10–17 Uhr, So 11–17 Uhr
Kellermeister: Christian Engel, Fabian Kretschmer
Ansprechpartner: Wilhelm Weil, Jochen Becker-Köhn
Flaschen/Hektar: 650.000 (100 % weiß)/90 ha
Anbauweise: in Umstellung

Perfektion trägt türkisfarbene Etiketten und den Namen Robert Weil. Wer wie das Kiedricher Weingut in einem trockenen Jahr wie 2022 Edelsüßes präsentieren kann und zugleich am anderen Ende der Preisskala einen Gutsriesling, der manch einen Lagenwein im Gebiet in den Schatten stellt, der muss über Fähigkeiten verfügen, die man nur bestaunen kann. In diesem Fall heißen sie wohl: große Erfahrung, Fleiß, Übersicht, Stilsicherheit, eingespieltes Team, großartige Weinbergslagen. Wir verneigen uns vor einer solch – auch im internationalen Maßstab – herausragenden Leistung.

97 2022 Kiedrich Gräfenberg Riesling GG
Mandarine, Lavendel, Orangenblüte – komplexer Duft, im Spektrum von »zitrisch« bis »floral«. Mit Luftkontakt kommt auch eine rauchig-schieferwürzige Komponente hinzu. Im Mund verbindet der Wein Großzügigkeit und Bündelung, der Stoff ist unglaublich fein in Szene gesetzt. Pure Delikatesse! 13 Vol.-%, NK, €€€€

100 2022 Kiedrich Gräfenberg Riesling Trockenbeerenauslese
Bernsteinfarben, sehr komplexer Duft, mineralisch geprägt, Rosinen, geröstete Nüsse, Waldhonig, kandierte Orange. Am Gaumen mit enormem Schmelz, lebhafte Säure, phenolisch, fordernd und druckvoll, Quittengelee, Zitrusfrüchte, mineralischer Unterton, enorme Dichte, ewig lang, Riesenpotenzial. 8 Vol.-%, NK, €€€€

99 2022 Kiedrich Turmberg Riesling Trockenbeerenauslese
Kräftiges Goldgelb, fast Bernstein. Kräftige Botrytis, Kamille, Melisse, Dattel, Rosine. Aber auch frische Noten von weißer Birne. Im Mund hat der Wein eine immense Konzentration, Stoffigkeit, Spannung und Frische, enorme Länge, fast schmerzhaft dicht. Wird ewig leben. 8 Vol.-%, NK, €€€€

98 2022 Kiedrich Gräfenberg Riesling Beerenauslese
Kräftige Farbe, viel Rosine im Duft, Kamille, Erdbeere, Walderdbeere, kandierte Orangenschale. Im Mund von packender Konzentration, Süße und Säure spielen, Gesteinsmehl, große Länge, Frische, wow. Purheit und Konzentration vereint. Großer Wein. 8,5 Vol.-%, NK, €€€€

96 2021 »Monte Vacano« Riesling trocken
94 2022 Kiedrich Turmberg Riesling Erste Lage trocken
93 2022 Kiedrich Klosterberg Riesling Erste Lage trocken
91+ 2022 Kiedrich Riesling trocken
95 2022 Kiedrich Gräfenberg Riesling Auslese
95 2022 Kiedrich Turmberg Riesling Beerenauslese
94+ 2022 Kiedrich Turmberg Riesling Auslese

91 2022 Riesling trocken
Ein kräuterwürziger Duft, Minze und Melisse, im Mund hat der Wein einen idealtypischen Bau mit lebendigem Säurenerv, einer Prise Kohlensäure, gutem Extrakt und einer zurückhaltend gesetzten Süßbalance. Durch den Bau irrlichtert auch eine Ahnung von Phyllit-Mineralität, ein ungewöhnlich differenzierter Gutsriesling. 12 Vol.-%, DV, €€

★

WINZER VON ERBACH

Ringstraße 28, 65346 Erbach
T: +49 6123 62414, info@winzer-von-erbach.de
winzer-von-erbach.de

Kellermeister: Steve Eberding
Ansprechpartner: Ronald Müller-Hagen
Hektar: 33 ha

Für diese Kollektion haben sich die 31 Mitgliedswinzer, die gemeinsam 33 Hektar in bekannten Rheingauer Lagen bearbeiten, und Kellermeister Steve Eberding mächtig ins Zeug gelegt: Aus dem Jahrgang 2021 gefällt uns der trockene und animierende Rieslingsekt sehr gut, von den Weinen des Jahrgangs 2022 sticht der saftige und elegante Riesling »Alte Reben vom Löss« mit gekonnter Balance und feiner Mineralik heraus. Der kraftvolle und dabei noble Spätburgunder aus 2020 rundet den gelungenen Auftritt ab: Wenn diese gute Leistung bestätigt wird, ist es nicht mehr weit zum zweiten Stern.

90+ ❸ 2021 Erbach Michelmark Riesling extra brut
Feine Hefe, Brioche, Limettenschale, Pfirsich und Passionsfrucht, etwas grüner Apfel. Schlank gebaut am Gaumen und mit einnehmender Frische, knackige Säure, die gut eingebettet ist in ein saftiges und fruchtiges Ambiente, mittleres Mousseux, trocken und animierend. 11,5 Vol.-%, NK, €€

89 2022 »Classic« Erbach Riesling feinherb
Reifer Weinbergpfirsich, Honig, kandierte Aprikose, getrocknete Mangospalten, Kandiszucker. Schlanker Bau, setzt gepflegt an mit süßer, reifer Frucht (Pfirsich, Aprikose und reifer Apfel) und einer eher weichen Säure, feine Mineralik. Ideal für den Sonntagnachmittag. 12 Vol.-%, DV, €

89 2022 Erbach Spätburgunder Weißherbst feinherb
Mittleres Lachsrosa, traubiger und würziger Pinotduft, Himbeere, Kirsche, Waldbeeren, etwas Brombeere. Wer es feinherb mag, kommt hier auf seine Kosten: cremiger Weißherbst mit merklicher Restsüße und klarem Fruchtausdruck (Himbeere und viel Erdbeere). Auch zum Nachtisch. 12 Vol.-%, DV, €

90 2020 Erbach Spätburgunder trocken
Feiner würziger Duft mit roter Kirsche, Herzkirsche, etwas Holzpatina, Pflaume, ein wenig Granatapfel, herber Tabak. Kräftig am Gaumen mit Substanz und Kraft, feinnervige Säureader, etwas Schattenmorelle, geschmeidiger Gerbstoff, wahrt immer die Noblesse der Rebsorte. 14 Vol.-%, DV, €

88+ 2022 Blanc de Noir Spätburgunder trocken

90+ 2022 »Alte Reben vom Löss« Riesling trocken
Duftig in der Nase, Aprikose, Pfirsich und Zitrusfrucht, Orangenschale, Papaya, auch etwas Veilchen. Kräftig gebauter Riesling im Stil einer Spätlese, mit Sustanz, gehaltvoll, stoffig, saftig und cremig, feine mineralische Grundierung, charmantes Süße-Säure-Spiel. 13,5 Vol.-%, DV, €

★★★

WEINGUT SCHLOSS SCHÖNBERG

Zwischen den Bächen 23–25, 64625 Bensheim
T: +49 151 21239484, info@schloss-schoenberg.com
schloss-schoenberg.com

Ab-Hof-Verkauf: Do und Fr 13.30–18 Uhr
Kellermeister: Julien Meissner
Ansprechpartner: Julien Meissner
Hektar: 15 ha

Betriebsleiterin Rabea Trautmann, die das Weingut Schloss Schönberg auf Kurs gebracht und an die Spitze der Hessischen Bergstraße geführt hat, wird inzwischen von Julien Meissner unterstützt, der zuvor die Weine im Ingelheimer VDP-Weingut J. Neus ausbaute. Was wir an Weißweinen aus dem Jahr 2022 verkosten konnten – etwa den großartigen Riesling »Im Langen Jakob« – lässt noch einiges erwarten. Die Spätburgunder aus dem nicht ganz einfachen Rotweinjahr 2021 bilden eine Klasse für sich, angeführt vom beeindruckend dichten und spannungsvollen Auerbacher Fürstenlager. Famos!

93 2022 Bensheim Im Langen Jakob Riesling trocken
Reduktion, wenig Primärfrucht, kräuterige Noten der Spontangärung, etwas Holz. Schlank, straff und fest in der Struktur, puristisch-trocken, trotzdem geschmeidig balanciert, die feine Phenolik ist integriert, präzise Säure, leicht salzig. Will Zeit, um sich zu entfalten. 12 Vol.-%, DIAM, €€€

93+ 2021 Auerbach Fürstenlager Spätburgunder trocken
Ordentlich Reduktion in der Nase, rauchig, hefig, auch flintig, Himbeere zeigt sich, Blaubeere, auch waldbeerig, Lorbeer. Am Gaumen beeindruckend dicht und spannungsvoll für den Jahrgang, festes, mittelkörniges Tannin, gute Länge und auch Potenzial. Kann viel. 13 Vol.-%, NK, €€€

92 2021 »vom Ranker« Auerbach Spätburgunder trocken
Reduktiv, Himbeere in rauchigem Ambiente, Maulbeere, Kirsche, Hagebutte, getrockneter Rosmarin. Am Gaumen geht es ohne Umschweife zur Sache, druckvoll, engmaschiger Extrakt, eingebundene und dabei zielstrebige Säure. Feinkörniges, griffiges Tannin, auch lang. 13 Vol.-%, NK, €€€

92 2021 »vom Granit« Auerbach Spätburgunder trocken
Rauchig, noch verschlossen, vom Barrique-Ausbau geprägt, etwas Kirsche und Waldhimbeere, Granatapfel. Packende Gaumenstruktur, fest und auch mit Zug, griffiger Gerbstoff, trocken und ohne Ballast, auf das Nötige reduziert, dabei nicht karg. Mineralisch. 12,5 Vol.-%, NK, €€€

91+ 2021 »Weißer Granit« Bensheim Silvaner trocken

90+ 2022 »vom Löss« Bensheim Riesling trocken
Leicht duftig und mit Noten der Spontangärung, kräuterig, etwas Hopfenblüte, Apfelschale, gerbiger Apfel, gelbfruchtig, Zitronenmelisse. Schlanke, klare Kontur, vollmundig und auch mit sich gut entwickelnder Dynamik, reife Phenolik, geschmeidig und auch spannend.
12 Vol.-%, DV, €€

Binger Mäuseturm vor der Burgruine Ehrenfels

RHEINGAU

GASTGEBER AUS LEIDENSCHAFT

Gemeinsam mit den Winzern der Region – als uneingeschränkten Experten, was das leibliche Wohl anbelangt – hat Falstaff die besten Genussadressen in Sachen Kulinarik sorgfältig ausgewählt und zusammengestellt.

65343 Eltville

Baiken

Der Blick von der Terrasse ins Rheintal macht das Gutsrestaurant zu einem beliebten Ausflugsziel. Außerdem hat Miguel Sattler ein Händchen für köstliche Fleischgerichte, die er mit hausgemachten Beilagen serviert.

Wiesweg 86
+49 (6123) 900345
baiken.de

P €€

Empfohlen von: Kloster Eberbach

65343 Eltville

Jean

Johannes »Jean« Frankenbach hat ein Faible für die klassische französische Gourmetküche, die er in der ehemaligen Weinstube des Familienhotels am Bahnhof gekonnt authentisch seinen Gästen anbietet. Und diese nehmen dankbar an.

Wilhelmstraße 13, +49 (6123) 9040
hotel-frankenbach.de

P €€€

Empfohlen von:
Weingut Chat Sauvage/Schulz & Schöttle

65343 Eltville am Rhein

Gelbes Haus

In die malerische Landschaft des Rheinufers eingebettet, liegt das Gelbe Haus zwischen Weinreben und den Touristen-Hotspots der Region. Ausgezeichnete Hausmannskost und außergewöhnliche Weine sind ein Versprechen.

Burgstraße 3
+49 (6123) 5170
weinstube-gelbeshaus.de

€

Empfohlen von: Weingut Hans Bausch

60311 Frankfurt am Main

Heimat | Essen & Weine

Die Speisekarte des schlicht designten Restaurants ist klein, aber umfasst nationale und internationale Gerichte. Großstädtischer Brasserie-Style und doch heimatlich. Dazu die passenden Weine aus Europa.

Berliner Straße 70
+49 (69) 29725994
heimat-restaurant.de

€€€

Empfohlen von: Georg Gustav Huff

65366 Geisenheim

Burgrestaurant Schwarzenstein

Romantische Eleganz bestimmt das Restaurant im historischen Gemäuer. Küchenchef Marco Stenger verwöhnt seine Gäste mit Rinderroulade, Lammrücken, Kalbsleber und Sauerbraten, aber auch mit vegetarischen Gerichten.

Rosengasse 32
+49 (6722) 99500
burg-schwarzenstein.de

€€€

Empfohlen von: Falstaff-Redaktion

65347 Hattenheim

Die Adler Wirtschaft

Ein Wirtshaus wie aus dem Bilderbuch mit klassisch-bodenständiger Küche. Familie Keller tischt Fleisch vom eigenen Hof auf, alle Zutaten sind ausschließlich nach Qualität ausgesucht. Tolle Weinkarte.

Hauptstraße 31
+49 (6723) 7982, franzkeller.de

P €€

Empfohlen von: Weingüter Hans Bausch, Chat Sauvage/Schulz & Schöttle, Wein- und Sektgut Barth

65347 Hattenheim

Zum Krug

Hinter der Fachwerkfassade verbirgt sich ein nahezu idealtypisches Gasthaus. Die Küche glänzt mit gutbürgerlichen Gerichten, durchweg hausgemacht und von bester Qualität. Tolle Weinkarte mit Raritäten.

Hauptstraße 34
+49 (6723) 99680, zum-krug-rheingau.de

P €€

Empfohlen von: Weingut Leitz, Bischöfliches Weingut Rüdesheim, Wein- und Sektgut Barth u. a.

65399 Kiedrich

Weinschänke Schloss Groenesteyn

Dirk Schröer liegt die gehobene Küche besonders am Herzen, in den gemütlich-holzvertäfelten Gaststuben seiner Weinschänke wird entsprechend aufwendig und qualitätsbewusst aufgetischt. Tolle Weinkarte.

Oberstraße 36
+49 (6123) 1533, groenesteyn.net

P €€

Empfohlen von: Weingut Sohns, Weingut Chat Sauvage/Schulz & Schöttle

Das Niederwalddenkmal vor Rüdesheim am Rhein

65391 Lorch

Weinwirtschaft Laquai

Familie Laquai betreibt schon seit rund 300 Jahren Weinbau, in ihrer gemütlichen Wirtschaft werden die Eigengewächse zu herzhaften kleinen Speisen eingeschenkt. Bei gutem Wetter auch im lauschigen Garten!

Schwalbacher Straße 20
+49 (6726) 839213
weingut-laquai.de

P €

Empfohlen von: Falstaff-Redaktion

65375 Oestrich-Winkel

Kleines Gasthaus

In Oestrich-Winkel isst man gut und gerne! Traditionelle Familienrezepte verschmelzen mit frischen kulinarischen Ideen und formen unkompliziert neue Gerichte. Familie Jahn verkörpert grenzenlose Gastfreundschaft – das ist spürbar!

Rheingaustraße 18
+49 (6723) 913433
kleinesgasthaus-oestrich.de

€€

Empfohlen von: Weingut Hans Bausch

65385 Rüdesheim am Rhein

Bees Restaurant

Die Speisekarte ist nach Geschmacksrichtungen geordnet, das Ambiente modern, der Service freundlich. Das Restaurant auf dem ehemaligen Asbach-Gelände ist der neue gastronomische Hotspot im Rheingau.

Am Rottland 6
+49 (6722) 4191916
beesrestaurant.de

€€€

Empfohlen von: Weingut Dillmann, Weingut Sohns

65396 Walluf

Zur Schlupp

Familie Erhardt führt ihr kleines Restaurant mit Leidenschaft. Der Fokus der Küche liegt auf frischen, saisonalen und regionalen Qualitätsprodukten, die mit Können zu feinen Gerichten komponiert werden.

Hauptstraße 25
+49 (6123) 72638, gasthauszurschlupp.de

€€

Empfohlen von:
Weingut Chat Sauvage/Schulz & Schöttle

Fotos: beigestellt

65199 Wiesbaden

Forsthaus Rheinblick

Landhausküche mit Pfiff. Beliebte Klassiker sind Wildsülze mit knusprigen Bratkartoffeln, hausgemachte Grüne Soße mit Ei und Salzkartoffeln und natürlich das legendäre Kotelett in knuspriger Panade.

Frauensteiner Straße 117
+49 (611) 429171
forsthaus-rheinblick.net

Empfohlen von: Falstaff-Redaktion

65195 Wiesbaden

Landhaus Diedert

Mitten im Grünen gelegen, bietet das gediegene Landhaus eine ebensolche Küche, für die Nicolas Sieberling verantwortlich ist. Gerichte mit fangfrischem Fisch sind eindeutig die Favoriten der zahlreichen Stammgäste.

Am Kloster Klarenthal 9
+49 (611) 1846600
landhaus-diedert.de

Empfohlen von: Falstaff-Redaktion

65193 Wiesbaden

Linner

Das Restaurant zählt nachweislich zu den besten Lokalen Wiesbadens. Die À-la-carte-Küche überrascht mit einer bunt gefächerten, saisonalen Karte, die zu jeder Tageszeit das Richtige bereithält. Elegant, aber sehr gemütlich!

Platter Straße 2
+49 (611) 1882 0
hotel-oranien.de

Empfohlen von: Weingut Klepper

RHEINHESSEN

TERROIRS VON ALLERERSTER GÜTE

Der Bismarckturm am Nordausläufer des Westerbergs vor Ingelheim am Rhein

Bergkirche St. Kilian in Nierstein

DER ARCHIPEL

Rheinhessen ist Deutschlands größtes Anbaugebiet – und vielleicht auch das am schwersten zu greifende. Denn die Bedingungen im Dreieck zwischen Bingen, Mainz und Worms sind so unterschiedlich wie kaum irgendwo sonst: Alle paar Kilometer stößt man auf weinbaulich selbstständige Inseln in einem Rebenmeer.

TEXT ULRICH SAUTTER

Am 26. August 2023 hatte das Weingut Wagner-Stempel zu einer Vertikalverkostung von 20 Jahrgängen seines Rieslings Heerkretz nach Siefersheim geladen, und viel Weinprominenz aus dem In- und Ausland hatte sich in dem schmucken, aber auch wirklich abgelegenen Winzerdorf am Westrand Rheinhessens eingefunden. Mit von der Partie, und das mit kleineren Vertikalen eigener Weine, waren auch Philipp Wittmann, Carolin und H.O. Spanier sowie Christian und Matthias Runkel vom Weingut Bischel. Dieser Umstand ist beispielhaft für die Feststellung, die man auch bei anderen Gelegenheiten machen kann: Der Zusammenhalt innerhalb Rheinhessens ist ungewöhnlich stark.

Das hat vielleicht auch damit zu tun, dass sich die Rheinhessen geographisch etwas in die Zange genommen fühlen vom übermächtigen Rheingau am anderen Rheinufer, von der fetten Pfalz im Süden und im Westen von der Nahe mit ihrem internationalen Anspruch. Um nicht missverstanden zu werden: Der Aufschwung des rheinhessischen Weins, der noch vor 25 Jahren allzu oft mit Liebfrauenmilch gleichgesetzt wurde, ist die vermutlich größte Erfolgsgeschichte, die sich in den letzten Dekaden in Deutschland zugetragen hat. Doch der Markenkern Rheinhessens ist auch heute noch eher einer, der auf die Innovationskraft der Betriebe (und zuweilen auch auf das günstige Preis-Leistungs-Verhältnis) ab-

hebt als auf Herkunftsidentitäten, die fest im Bewusstsein der Weintrinker verankert wären wie etwa der »Marcobrunner« oder der »Steinwein«.
Dabei hat Rheinhessen Terroirs von allererster Güte, sogar in großer Zahl. Auf der Website von Rheinhessenwein e.V. und Rheinhessen Tourismus kann man – mustergültig aufbereitet – die Vielfalt der Böden Revue passieren lassen (rheinhessen.de/boeden), 18 Bodentypen insgesamt. Dabei sind fünf der Böden solche aus Löss, und auch wenn man auf die Übersichtskarte des geologischen Landesamts Rheinland-Pfalz schaut, ist fast ganz Rheinhessen mit der gelben Farbe des Lösses markiert. Nun gibt es durchaus weinbaulich spannende, weil kalkhaltige Formen dieses während der Eiszeiten aus dem Alpenraum angewehten Flugsands: Die Dominanz des Löss erklärt aber dennoch vor allem, warum es viel Fasswein in Rheinhessen gibt. Böden aus Löss und Lösslehm sind in der Regel wüchsig und gestatten hohe Erträge.
Die hochklassigen Weine wachsen überwiegend auf anderen Böden – an Orten, an denen sehr viel ältere geologische Formationen zutage treten. Der Rote Hang mit Nackenheim und Nierstein etwa hat Böden aus rotem Tonstein, Ingelheim tertiären Kalkstein, Bingen Quarzit, Siefernheim Vulkanböden aus Rhyolith, die Kette Westhofen, Dalsheim bis hinein ins Zellertal tertiären Kalkstein und Kalkmergel, in Worms finden sich rund um die Liebfrauenkirche die berühmten Flusssedimente aus dem Quartär. Der Kalk tritt immer

Christopher Full
Weingut Full, Mölsheim

Gesine Roll
Weingut Weedenborn, Monzernheim

WEINBAUGEBIET RHEINHESSEN

Anbaufläche ca. 26.500 Hektar
Aufteilung 414 Einzellagen
Wichtigste Rebsorten
Riesling, Silvaner, Weißburgunder, Spätburgunder
Verband
Rheinhessenwein e. V.
Otto-Lilienthal-Straße 4
55232 Alzey
www.rheinhessenwein.de

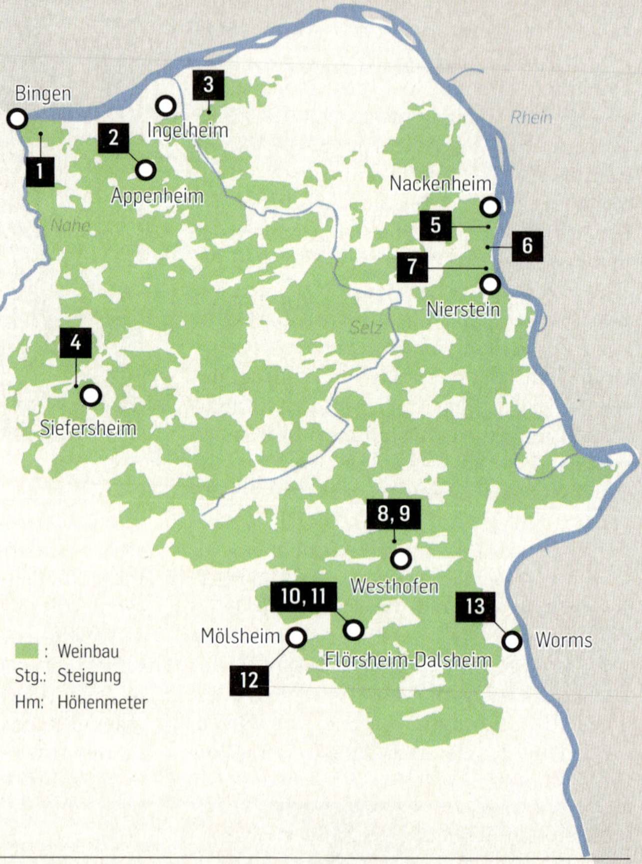

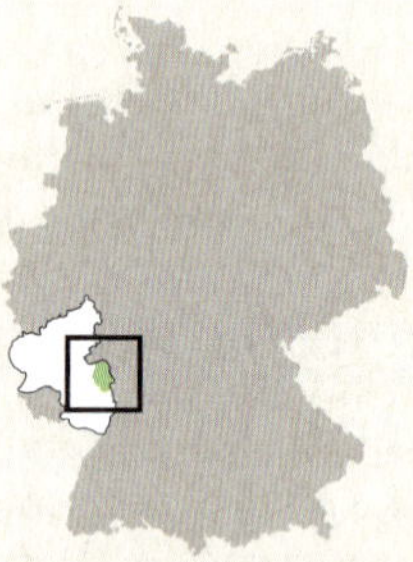

PRIVILEGIERTE WEINLAGEN

1 **Bingen Scharlachberg**
25 ha, 110–200 Hm, 0–60 % Stg., Schieferverwitterungsböden mit signifikantem Eisenoxidanteil

2 **Appenheim Hundertgulden**
26,3 ha, 160–235 Hm, 20–38 % Stg., tertiärer Kalkstein mit Kalkmergel- und Tonmergel-Auflage

3 **Ingelheim Pares**
10 ha, 127–185 Hm, 0–20 % Stg., Kalkstein

4 **Siefersheim Heerkretz**
56 ha, 160–280 Hm, 20–80 % Stg., Rhyolith

5 **Nackenheim Rothenberg**
16 ha, 80–140 Hm, 0–75 % Stg., roter Tonschiefer

6 **Nierstein Pettenthal**
31 ha, 50–170 Hm, 0–70 % Stg., roter Tonschiefer, Sandstein, Lehm und Ton

7 **Nierstein Hipping**
23 ha, 80–170 Hm, 30–60 % Stg., roter Schiefer

8 **Westhofen Morstein**
144 ha, 140–280 Hm, 0–20 % Stg., Kalkstein, Tonmergel

9 **Westhofen Brunnenhäuschen**
31 ha, 180–240 Hm, Tonmergel, Kalkstein, hoher Eisenanteil

10 **Flörsheim-Dalsheim Bürgel**
84 ha, 150–260 Hm, 20–35 % Stg., Muschelkalk

11 **Flörsheim-Dalsheim Hubacker**
35 ha, 190–220 Hm, 25–30 % Stg., skelettreicher Löss, Tonmergel, Kalksteinfels, sandiger Lehm

12 **Mölsheim Zellerweg am Schwarzen Herrgott**
56 ha, 100–275 Hm, 0–50 % Stg., Kalkstein

13 **Worms Liebfrauenstift-Kirchenstück**
13 ha, 95–100 Hm, kiesiger Lehm

H.O. Spanier und Carolin Spanier-Gilot
Weingüter Battenfeld-Spanier und Kühling-Gillot

wieder in Erscheinung, nicht von ungefähr nennen die Geologen ein Meeresbecken aus der Zeit des Tertiär das »Mainzer Becken«. Beginnend vor etwa 40 Millionen Jahren und über einen Zeitraum von etwa 25 Millionen Jahren andauernd setzen sich am Grund dieses Meers Sedimente ab. Das ist der Kalk, der heute in ganz Rheinhessen punktuell zutage tritt, und der auch dafür sorgt, dass wir immer wieder Weinberge als Gunstlagen entdecken, die zumindest überregional zuvor kaum bekannt waren. Wer kannte vor 15 Jahren etwa den Gundersheimer Höllenbrand oder den Appenheimer Hundertgulden?

Oder wer hätte gedacht, dass in Monzernheim oberhalb Westhofens im Weingut Weedenborn eine Sorte wie der Sauvignon Blanc zur Hochblüte gelangen würde? Gesine Roll sieht aber auch genau das als typisch Rheinhessen an: »Da Rheinhessen so groß ist, war es schon immer für Vielfalt. Und heute ist es zum Glück qualitative Vielfalt!«. Auch Johannes Hasselbach, als Vorsitzender des VDP Rheinhessen eine Integrationsfigur ersten Ranges, sieht die Vielfalt als Vorteil: »Wir arbeiten eh' so verrückt kleinparzelliert, auch in den berühmten GG-Lagen hat es nochmal Parzellen, die anders sind und andere Weine bringen. Trotzdem sind wir alle geeint in der Idee, mit der wir arbeiten.«

Zurück in den Verkostungsraum des Weinguts Wagner-Stempel und zum 26. August. H.O. Spanier und Gemahlin Carolin kommen erst am Ende des Vormit-

Kai Schätzel,
Weingut Schätzel, Nierstein am Rhein

Fotos: © @lucie.greiner, Peter Bender

Worms, Liebfrauenkirche

tags und sind sichtlich aufgewühlt, denn während der Nacht hat es in Hohen-Sülzen gehagelt. »Die Pinots sahen so gut aus«, klagt H.O. Spanier, und der Schreck steht ihm ins Gesicht geschrieben, »um die tut's mir weh, und geile Chardonnays, die muss man nachher mit der Nagelscher' lese.« Die Kollegen bilden einen Halbkreis um das Ehepaar und spenden Trost. Man ist nicht nur geeint in der Idee, wie man arbeitet. Sondern man steht auch zusammen in Rheinhessen. Und das ist eine Gemeinsamkeit, die sicher noch wertvoller ist als Böden, die eine griffige und einheitliche Terroir-Identität gestatten.

Weitere Infos über den Autor finden Sie im Kapitel »Verkostungsteam« auf S. 16.

Johannes Hasselbach
Weingut Gunderloch, Nackenheim

★★★★

ADAMSWEIN

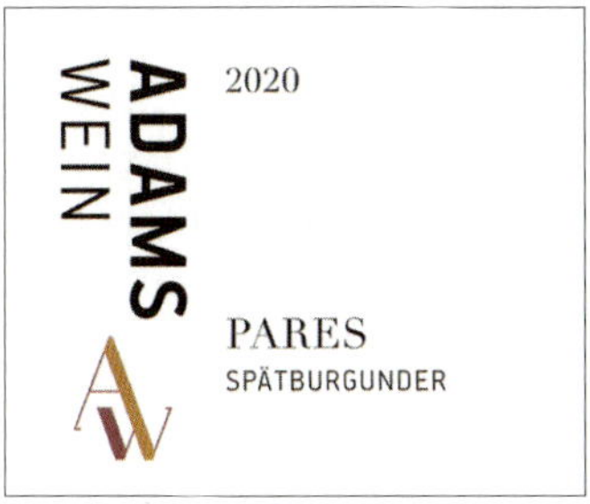

Altegasse 28, 55218 Ingelheim am Rhein
T: +49 6132 790800, info@adamswein.de
adamswein.de

Ab-Hof-Verkauf: nach Vereinbarung
Kellermeister: Simone Adams
Ansprechpartner: Simone Adams
Flaschen/Hektar: 45.000 (30 % weiß, 60 % rot, 10 % Rosé)/10 ha
Anbauweise: Biodynamisch

Vermutlich ist es noch zu früh, Bilanz zu ziehen, was Simone Adams alles erreicht hat, seit sie 2010 Hals über Kopf den Betrieb übernehmen musste. Sie hat nicht nur ein neues Selbstverständnis als Winzerin definiert, mit ihrem »empathischen Weinbau« entlockt sie den kalkigen Böden in Ingelheim am Rhein die kühle Mineralik und Energie, die ihre Weine definieren, die roten Lagenburgunder lässt sie zu 100 Prozent mit Stiel und Stängel vergären – was ihnen zusätzlich Griffigkeit und Struktur verleiht: Es ist auf alle Fälle Zeit für den vierten Stern.

94+ 2021 Ingelheim Lohpfad Chardonnay trocken

Dezent kalkig im Duft, hefig, zitrisch, Nugat. Im Mund beginnt der Wein nachgerade schmal, unscheinbar, entfaltet dann eine feste, aber dennoch auch integrierte Säure, die Phenole sind trotz des straffen Baus geschmeidig balanciert, der Abgang ist clean und crisp. 12,5 Vol.-%, NK, €€€

94 2020 Ingelheim Pares Spätburgunder trocken

Würzigkeit und dunkle Frucht im reizvollen Zweikampf. Alles recht tief, präsent, nicht laut. Fein ziseliert und sehr komplex. Am Gaumen eine wohltuende Saftigkeit, mehliges Tannin. Wirkt jugendlich und präsent. Feige, Rosine, Himbeere, Unterholz, mit subtiler Dichte. 12,5 Vol.-%, NK, €€€€

94 2020 Ingelheim Auf dem Haun Spätburgunder trocken

Facettenreiche Aromatik nach dunklen Kirschen, Waldbeeren, Pflaumen und etwas Sultaninen. Alles untermalt von finesser Würzigkeit. Am Gaumen weich, saftig und mit feinem, sorgfältig extrahiertem Tannin. Komplex, dicht und mit unaufgeregter Natürlichkeit. 13 Vol.-%, NK, €€€

93+ 2020 Ingelheim Horn Spätburgunder trocken

Duftet nach Schwarzen Johannisbeeren, Brombeeren, Pfeffer und Wacholder. Auch etwas rauchig und leicht speckig. Kurzum: komplex. Weder leise noch besonders laut. Am Gaumen seidig, mit feinkörnigen Gerbstoffen. Alles hervorragend verwoben und in Balance. 12,5 Vol.-%, NK, €€€€

91+ 2020 Ingelheim Spätburgunder trocken

91+ 2021 Ingelheim Weißburgunder trocken

Wohltuend wenig Frucht im Duft: Heu, Wiese etwas Kamille, unreife Birne, auch hefige Noten. Am Gaumen wieder Wiesenkräuter, etwas Steinobst und Apfel. Weich, mit apartem, aber unaufdringlichem Schmelz. Zeigt Tiefe und dennoch Leichtigkeit. Toller Stil! 12,5 Vol.-%, DIAM, €€

★★★★

WEINGUT ST. ANTONY

Wilhelmstraße 4, 55283 Nierstein
T: +49 6133 509110, info@st-antony.de
st-antony.de

Ab-Hof-Verkauf: Mo bis Fr 10–12 & 13–18, Sa & So 11–18 Uhr
Kellermeister: Robert Borenstein
Ansprechpartner: Dirk Würtz
Flaschen/Hektar: 267.000 (60 % weiß, 10 % rot, 30 % Rosé)/60 ha
Anbauweise: Biodynamisch

Wenn stattliche 60 Hektar nach Demeter-Zertifizierung bewirtschaftet werden – 15 Hektar Steillagen sogar ohne Maschinen –, dann ist Weinbau zwingend Mannschaftssport. St. Antony leistet ihn mit Bravour: Unter der Leitung von Dirk Würtz und Kellermeister Robert Borenstein entstehen die Weine spontan vergoren und »minimalinvasiv«. Das Terroir soll sich ausprägen – und tut es: Die Reihe GGs vom Roten Hang ist stattlich, Pettenthal diesmal der Primus inter Pares, der Niersteiner Ortsriesling ein idealer – und budgetfreundlicher – Einstieg in die St.-Antony-Welt.

93+ 2022 Nierstein Pettenthal Riesling GG
Brenzlig-mineralische Noten, Mandarine, sehr reife Pflaume. Im Mund hat der Wein einen kräftigen Körper, der (Alkohol-)Rahmen ist gut mit Inhalt gefüllt: mit feinkörnigen Phenolen, reifer Säure, einer Schicht Geschmeidigkeit und Süße, zuletzt mit einem fruchtigen Abklang. 12 Vol.-%, DV, €€€

93 2022 Nierstein Zehnmorgen Riesling GG
Im Duft ist der Wein blumig: mit einem Aroma von Rosenholz; balsamisch-schieferwürzig und fruchtig: Blutorange. Im Gaumen zeigt sich ein dichter, aber auch feiner Bau, der von lebendiger Säure und zarter Süße getragen wird. Der terpengetragene Abgang verspricht beste Entfaltung.
13 Vol.-%, DV, €€€

92+ 2022 Nierstein Hipping Riesling GG
Feinduftig und vielschichtig im Duft, frisches Zitronensorbet, Blutorangen, kandierte Ananas, Zitronen, Brennnessel, Gesteinsmehl. Am Gaumen saftig, geschmeidig, cremiger Kern, lebendige Säure, feine Phenolik, dezente Süße, pfefferige Würze im Nachhall, lange am Gaumen, Reifepotenzial.
12 Vol.-%, DV, €€€

93 2021 Nierstein Paterberg Pinot Noir GG
Feiner Duft von roten Kirschen, Hagebutten, Cranberrys, ätherische Noten von Menthol, dezent Pfeffer, Laub. Am Gaumen saftige Gaumenfrucht, sehr elegant, mineralisch untermauert, mittelgewichtig im Körper, samtiges Tannin, guter Trinkfluss, jetzt und auch in ein paar Jahren.
13 Vol.-%, NK, €€€

92 2022 Nierstein Brudersberg Riesling GG

90 2022 Nierstein Riesling trocken
Sehr fruchtiger Duft mit Aromen von reifem Pfirsich, Aprikose, dazu reife Zitrusfrucht, rote Grapefruit. Am Gaumen mit schönem Druck, reifer Frucht und lebendiger Säure, erneut Zitrusaromen, feine Würze, kompakt, saftig und mit guter Länge. 11,5 Vol.-%, DV, €€

★★★★★

WEINGUT BATTENFELD-SPANIER

Bahnhofstraße 33, 67591 Hohen-Sülzen
T: +49 6243 906515, kontakt@battenfeld-spanier.de
battenfeld-spanier.de

Kellermeister: Hans Oliver Spanier, Axel Thieme und Christopher Full
Ansprechpartner: Hans Oliver Spanier und Carolin Spanier-Gillot
Hektar: 45 ha
Anbauweise: Biodynamisch

Hans Oliver Spanier ist ein leidenschaftlicher und empathischer Winzer. Wer ihn erlebt hat, wie er nach einem Unwetter leidet, weil seine Reben Schaden genommen haben, der weiß, dass der Hohen-Sülzener Biodynamiker keine halben Sachen kennt und macht. Mit dem Perfektionismus, der ihn antreibt, hat »H.O.« auch den neuen Reifekeller konzipiert, in dem die Weine ihr ganzes Potenzial entwickeln können. Wir freuen uns auf das, was heranreift, so lange können wir die aktuelle Kollektion mit markanten Rieslingcharakteren wie Zellertal und Schwarzer Herrgott empfehlen.

95 2022 Zellertal Riesling trocken
Leichte Reduktion, balsamische Würze, getrocknete Limettenschale, rauchig, flintig. Druckvoll mit fein fließendem Saft, herber Apfel, engmaschig gebauter Extrakt, weich texturiert, feine phenolische Auskleidung, knackige, delikate Säure, mineralisch, kühl. Raffiniert. 12,5 Vol.-%, NK, €€€

94+ 2022 Mölsheim Zellerweg am Schwarzen Herrgott Riesling GG
Etwas schwarzer Pfeffer, Rauch und auch Sojasauce, frischer Kümmel, steinig, kalkige Noten, nasser Kalkstein. Am Gaumen zunächst relativ zurückhaltend mit einer würzigen, reifen Säure, maritim begleitet, die Kalkmineralik sorgt für das eindeutige Profil. 12,5 Vol.-%, NK, €€€€

93+ 2022 Nieder-Flörsheim Frauenberg Riesling GG
Etwas verschlossen und von Spontangärung geprägt, Apfelblüte, rauchig, auch hefig, sich öffnende Gelbfrucht. Auf einem weichen und eleganten Hintergrund agiert die salzig begleitete Säureader, guter Extrakt, geschmeidig entfaltet, mit gelbem Steinobst im Ausklang. 12,5 Vol.-%, NK, €€€€

93+ 2022 Hohen-Sülzen Kirchenstück Riesling GG
Expressive Würze und Kräuterigkeit, reduktiv, verschlossen, Apfelschale, feiner Kümmel, Apfel, etwas Steinobst. Im Mund mit Zug und Frische, die Säure ist lebendig, knochentrocken, mineralisch grundiert, phenolische Schichtung, mittlere Komplexität und Länge. 12,5 Vol.-%, NK, €€€€

91 2022 »Aus Ersten Lagen« Hohen-Sülzen Riesling trocken

92 2022 »Aus Ersten Lagen« Mölsheim Riesling trocken
Feine Reduktion, Spontangärungsaromen, kräuterig, balsamische Würze, Pfirsich, Nektarine, Bergamotte. Entwickelt mittleren Druck am Gaumen, geschmeidiger Bau, viel Saft, etwas Blutorange, eingewobene, fein ziselierte Säure, mineralische Akzente, großzügig, elegant.
12 Vol.-%, NK, €€€

★★

WEINGUT BAUM-BARTH

Obentrautstraße 46, 55218 Ingelheim am Rhein
T: +49 151 58 07 18 75, info@weingut-baum-barth.de
weingut-baum-barth.de

Kellermeister: Christoph & Thomas Baum-Barth
Ansprechpartner: Christoph & Thomas Baum-Barth
Hektar: 15 ha

Es sei ihrer gemeinsamen Leidenschaft für Spätburgunder geschuldet, dass die Brüder Christoph und Thomas Baum-Barth 2020 das Familienweingut neu und konsequent auf Qualität ausrichteten. Dazu gehörten Ertragsreduktion und die ausschließliche Lese per Hand. Im Zuge einer nachhaltigen Produktion arbeiten sie derzeit auf einen rein biodynamischen Anbau hin. Für uns ist das Weingut im Pinot-Hotspot Ingelheim eine Neuentdeckung: Die gepflegt-schwebenden Spätburgunder zeigen ebenso wie der preiswürdige Chardonnay eine schöne, leichte und dennoch ausdrucksstarke Stilistik.

90 2022 Weißburgunder trocken
Aktuell noch dezenter Duft, etwas Mandelblüte, Apfelschale, frische Birne, delikat. Am Gaumen sehr ausgewogen, wohldosierte Säure, feiner Schmelz, etwas Apfel, zarte Vanille, in sich ruhend, vielseitig einsetzbar, gute Struktur, endet fein und mineralisch. 12 Vol.-%, DIAM, €€

93 2021 Ingelheim Spätburgunder trocken
Duft nach reifen roten Früchten, Sauerkirsche und Cranberry, Grafit, zarter Rauch, schwebend. Am Gaumen mit delikaten Gerbstoffen, wohldosierte Säure, feine rote Früchte, tänzelnd, ganz auf Eleganz aus, Kalk ist spürbar, feiner Pfeffer, pikant, gute Struktur und Länge.
12,5 Vol.-%, NK, €€€

92+ 2021 Ingelheim Frühburgunder trocken
Würziger, pikanter Duft, Sauerkirsche, Cranberry, aber auch schwarzer Pfeffer, etwas Wacholderbeere, individuell. Am Gaumen mit griffigen, feinen Gerbstoffen, wohldosierte Säure, feine rote Früchte, Sauerkirsche, pikant, gute Struktur und Länge, individuell. 12,5 Vol.-%, NK, €€€

91+ 2021 Spätburgunder trocken
Würzige Sauerkirschfrucht im Duft, etwas Schlehe, zarter Rauch, heller Tabak, etwas Kräuterduft. Am Gaumen mit frischer Säure, reifes, feinkörniges Tannin, erneut rote Früchte mit Kirsche, zarte Kalkmineralität, balanciert, in sich ruhend, gute Struktur und Länge. 12,5 Vol.-%, DIAM, €€

89 2021 Riesling trocken

92+ 2022 Chardonnay trocken
Duft nach Rauch, etwas Zündholz, grüner Apfel, Rauch, Spur Vanille, vom Fassausbau geprägt. Am Gaumen mit lebhafter Säure, zupackend, fester Kern, etwas grüner Apfel, Holz gut integriert, schöne Spannung, gute Struktur und Länge, hat Potenzial. 13 Vol.-%, DIAM, €€

★

WEINGUT BECKER

Hauptstraße 10, 67582 Mettenheim
T: +49 6242 2845, info@beckerwein.de
beckerwein.de

Ab-Hof-Verkauf: Ja
Kellermeister: Amadeus Becker
Ansprechpartner: Amadeus Becker
Flaschen/Hektar: 67.000 (65 % weiß, 30 % rot, 3 % Rosé, 1 % süß, 1 % Schaumwein)/67 ha
Anbauweise: in Umstellung

Im Familienweingut übernehmen die Töchter allmählich das Steuer. Jungwinzerin Sabrina Becker führt dabei sämtliche Arbeiten im und um den Weinberg selbst aus. Das ermögliche ihr, alle Prozesse von der Pflege des Rebstocks bis zur Abfüllung zu gestalten und den Weinen ihre eigene Handschrift zu verleihen. Ihr Schwerpunkt liegt dabei auf Riesling, Burgunder, Silvaner und Besonderheiten wie der Scheurebe. Der tolle Chardonnay-Sekt ist preiswürdig. Derzeit befindet sich das Weingut noch in der Umstellung, 2025 wird der erste biozertifizierte Jahrgang sein.

90+ 2022 Scheurebe trocken

So muss Scheurebe duften! Betörende Aromen von schwarzen Johannisbeerblättern und Johannisbeerfrüchten zeigen eindrucksvoll, welche Aromatik diese Sorte zu bieten hat. Großartige Saftigkeit bei ausgesprochen trockenem Ausbau dominieren den Geschmack. Sortentypizität bis zum Schluss! 11 Vol.-%, DV, €

90 2022 Grauburgunder trocken

Goldgelb mit zart rötlichem Stich, zeigt dieser Grauburgunder, dass er aus vollreifen Trauben vinifiziert wurde. Frische Ananas, Haselnuss und gut gereifte Birnen dominieren im Duft. Ein feines, jedoch zupackendes Säuregerüst bestimmt den Auftakt am Gaumen. Bis zum nachhaltigen Finish ist alles gut abgestimmt. 13,5 Vol.-%, DV, €

90 2022 Riesling trocken

Sofort riecht man die feine Mineralität dieses Rieslings, der daneben mit Pfirsichduft, grünen Apfelaromen und vegetabilen Noten im Duft aufwartet. Wie die Aromen erwarten lassen, dominiert am Gaumen Saftigkeit, ehe der Wein weich und harmonisch abklingt. 12 Vol.-%, DV, €

90 2022 Riesling Auslese

Dezent präsentiert sich diese Rieslingauslese im Duft. Hier riecht man grüne Stachelbeere, gelbes Steinobst und Golden-Delicious-Äpfel in der Nase. Die edle Süße dieser Auslese hat Charme, überlädt den Wein aber nicht, er ist gut abgestimmt und nachhaltig. 7 Vol.-%, DV, €

88+ 2022 Spätburgunder Blanc de Noirs trocken

91+ ❸ NV Mettenheim Chardonnay trocken

Der blumige Duft erinnnert an Frühlingswiese und Heu, hat auch Anklänge von Quitte und vollreifen Mirabellen. Dezent zeigt sich eine feine Holzaromatik. Am Gaumen spürt man bei feinem Mousseux ein umfangreiches Volumen. Der Nachhall ist lange und kraftvoll. 13 Vol.-%, NK, €€

★★★★

WEINGUT BISCHEL

Sonnenhof 15, 55437 Appenheim
T: +49 6725 2683, info@weingut-bischel.de
weingut-bischel.de

Ab-Hof-Verkauf: Mo bis Sa 9–18 Uhr
Kellermeister: Matthias und Christian Runkel
Ansprechpartner: Matthias und Christian Runkel
Flaschen/Hektar: 167.000 (80 % weiß, 18 % rot, 2 % süß)/25 ha
Anbauweise: Bio

Vergangenes Jahr stuften wir die tatkräftigen Brüder Christian und Matthias Runkel vom Weingut Bischel auf vier Sterne hoch. Sie bestätigen diese Aufwertung mit hervorragenden Weinen, die sie fest in der rheinhessischen Spitzengruppe verankern. Allein die drei Großen Gewächse vom Riesling mit mineralischer Spannung und gekonnt eingewobener Phenolik (alle mit mind. 94 Punkten): Die Lagenunterschiede werden auf dem Silbertablett präsentiert. Die dichte, substanzreiche »Réserve« Pinot Noir aus 2020 belegt, dass man das Brüderpaar auch als Rotweinwinzer ziemlich ernst nehmen sollte. Chapeau!

94+ 2022 Bingen Scharlachberg Riesling GG
Kräuterig, feine balsamische Würze, gelbfruchtig, Pfirsich, Aprikose, Apfel, Limettenabrieb. Im Mund sorgt eine delikate, lebendige Säure für Betrieb, gut abgedeckt von Extrakt und Pfirsich mit etwas Zitrusfrucht. Gleitet von feiner Phenolik ummantelt ins Finale. 13 Vol.-%, NK, €€€

94+ 2022 Appenheim Hundertgulden Riesling GG
Noch verschlossen, etwas Hefe, kräuterig, nicht zu reifes, gelbes Steinobst, Aprikose, feiner Pfirsich, auch Zitrus und Stein. Am Gaumen saftig mit kristallin fließender Säure, herber Apfel, Limette, kompakte Struktur mit filigranen Elementen, mineralisch. 13 Vol.-%, NK, €€€

94 2022 Siefersheim Heerkretz Riesling GG
Steinig-zitrischer Duft, noch reduktiv, helle Schuhcreme, Limette, Aprikose und Duft nach warmem Steinbruch. Zeigt auf eine sich nach und nach entwickelnde Art Größe, eher getragen im Naturell, weich in der Textur und doch mit hintergründiger, mineralischer Energie. 13 Vol.-%, NK, €€€

93+ 2020 »Réserve« Pinot Noir trocken
Würzige Aromatik, Schwarzkirsche, etwas Zedernholz, dicht im Duft, Cassis, fein dosierte Holzwürze. Substanzvoll am Gaumen, füllig, mit dichtem Extrakt, reifem Gerbstoff und markanter mineralischer Grundierung, würzig, Kalk, präsente Säure, gutes Potenzial. 13,5 Vol.-%, NK, €€€

92+ 2021 »Réserve« Chardonnay trocken

91 2022 »1G« Appenheim Riesling trocken
Verhaltene zitrische Aromatik, etwas Zeste und grüner Apfel. Mit etwas Zeit gewinnt er an Dynamik. Nasser Stein und leichte Exotik, schon jetzt eine gut eingebundene Säure, angenehmer Schmelz. Alles gut verwoben und balanciert. Etwas Mandeln im Nachklang. Spannend.
12,5 Vol.-%, DV, €€€

★★

WEINGUT ERNST BRETZ

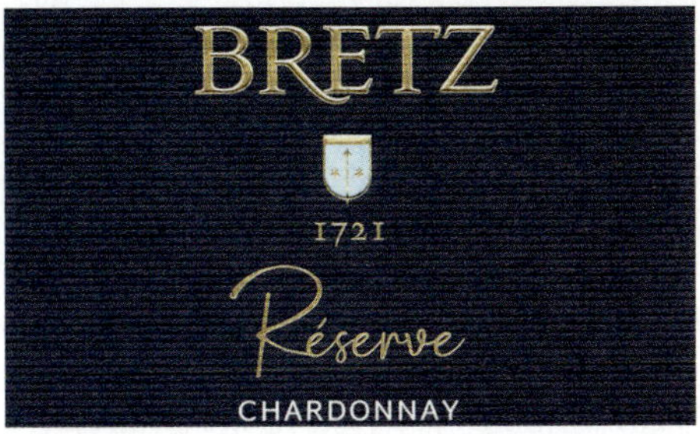

Langgasse 35, 55234 Bechtolsheim
T: +49 6733 356, info@weingutbretz.de
weingutbretz.de

Ab-Hof-Verkauf: Mo bis Fr 8–12 Uhr und 13–18 Uhr, Sa 10–17 Uhr
Kellermeister: Harald Bretz
Ansprechpartner: Horst Bretz
Hektar: 40 ha

Wie viele andere Familien auch betrieb Familie Bretz lange Zeit einen landwirtschaftlichen Gemischtbetrieb. Erst seit einem knappen Jahrhundert konzentriert sie sich ganz auf ihre Reben in Einzellagen um den Bechtolsheimer Petersberg. Heute sind das stattliche 40 Hektar. Derzeit entsteht sogar eine Weinbar im Grünen mit Blick auf den Hausberg. Mit Victoria Bretz startet gerade die zehnte Generation. Die Burgundersorten, die teilweise in Barriques und Tonneaux ausgebaut werden, seien das Steckenpferd der Familie – das merkt man den kraftvollen, stimmigen Weinen auch an.

92 2021 Bechtolsheim Petersberg Chardonnay trocken
Goldgelb glänzend präsentiert sich dieser Chardonnay im Glas. In der Nase viel frisches Eichenholz, daneben Noten von Heu, Vanille und exotischen Früchten, anklingend auch etwas Buttercreme, kräftig ausgeprägt und vielfältig auch die Aromatik am Gaumen. Ausgezeichnet und lang das Finale. 12,5 Vol.-%, DV, €€

92 2021 »Réserve« Bechtolsheim Petersberg Riesling trocken
Reiche Aromatik im Duft: Boskop-Apfel, auch etwas Anis und Kräuter. Am Gaumen macht sich ein dezenter Holzfasseinfluss bemerkbar bei viel Kraft und schmeichelnder Cremigkeit. Auch im Abgang mit lebendiger Säurestruktur ist der Boskop-Apfel deutlich schmeckbar, perfekte Länge. 12,5 Vol.-%, DV, €€

92 2018 »Réserve« Bechtolsheim Petersberg Spätburgunder trocken
Betörende Reife mit viel Beerenfrucht dunkler und roter Früchte, bei gut integrierter Holznote. Im Mund zeigt der Wein einiges Volumen und Schmelz, die reife Frucht lässt auch ein wenig an Rumtopffrüchte denken. Nachhaltig und rund im Finale. 13,5 Vol.-%, NK, €€€

94+ 2018 Scheurebe Trockenbeerenauslese
Zartes Bernstein. Duft nach Dörrobst, Früchtebrot, getrockneten Datteln und Feigen, Waldhonig, kandierter Limone und Rumrosinen. Am Gaumen mit schmelzender Süße, sehr dicht und kompakt, etwas Johannisbeersirup, erneut Honig, wohldosierte Säure, druckvoll, balanciert, lang, viel Potenzial. 8 Vol.-%, NK, €€€

89+ 2022 »Réserve« Bechtolsheim Petersberg Chardonnay trocken
89 2022 Bechtolsheim Petersberg Weißer Burgunder trocken
88 2022 Bechtolsheim Petersberg Riesling tr.
89 2022 Bechtolsheim Petersberg Cabernet Sauvignon Rosé trocken
91+ 2020 »Linie B« Spätburgunder trocken
91 2018 Bechtolsheim Petersberg Cabernet Sauvignon & Merlot trocken
90+ 2018 »Réserve« Bechtolsheim Petersberg Frühburgunder trocken

90 2022 Bechtolsheim Petersberg Sauvignon Blanc trocken
Die Stachelbeere mit ihren herben Aromen lässt grüßen, dabei ein wenig Buchsbaum, der würzige Noten hinzufügt. Frische, Eleganz und Fruchtigkeit ergänzen sich am Gaumen zu einem gelungenen Ganzen. Ein angenehmer Feierabendschluck mit viel Trinkvergnügen! 12 Vol.-%, DV, €

★★★

WEINGUT BUNN STREBEL

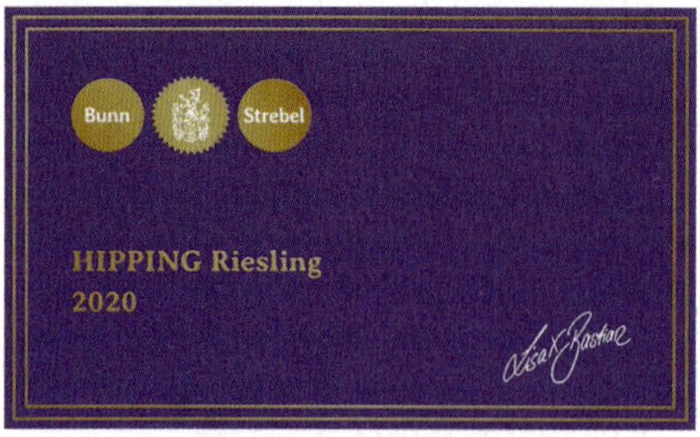

Mainzer Straße 86, 55283 Nierstein
T: +49 6133 59290, info@weingut-bunn.de
bunn-strebel.de

Ab-Hof-Verkauf: Di bis Fr 13–17 Uhr, Sa 11–16 Uhr
Kellermeister: Lisa Bunn, Bastian Strebel
Ansprechpartner: Lisa Bunn
Flaschen/Hektar: 120.000 (65 % weiß, 35 % rot)/21 ha

Lisa Bunn und ihr Mann Bastian Strebel sind längst eine feste Größe in der nationalen Weinszene. Durch die Zusammenlegung ihrer Betriebe und den gemeinsamen Keller wurden die Kräfte und Ressourcen gebündelt, was den Weinen zugutekommt. Die sind nicht darauf ausgerichtet, schnell zu erblühen und zu ermüden: Durch den Ausbau im Holz erhalten auch die Rieslinge genügend Struktur, um das Potenzial der Lagen lange tragen und entfalten zu können. Wohin die lange Reise gehen kann, zeigt der Spätburgunder aus 2011, ein sinnliches, wahr gewordenes Versprechen.

93 2022 Nierstein Oelberg Riesling trocken
Blasses Zitronengelb. Ein Duft von Apfelschale, Zitronenmelisse, Grapefruit sowie eine feine Kräuternote. Am Gaumen mit deutlichem Säurenerv bei zitrischen als auch gelbfruchtige Aromen. Viel Zug. Ein Wein, der bei viel Potenzial Freude bereitet. 11,5 Vol.-%, NK, €€€

92 2022 Nierstein Orbel Riesling trocken
Klare gelbe Frucht im Duft, gelber Apfel, Aprikosen, Quitten, frische Zitronen, Wiesenkräuter, nasses Gestein. Am Gaumen geschmeidig ansetzend, pointierte Säurestruktur, mineralische Würze, pfefferig, klare frische Frucht, Zitronen, Grapefruit, Aprikosen, angenehm herb.
11,5 Vol.-%, NK, €€€

92+ 2019 »Réserve« Spätburgunder trocken
Würzig, leicht fleischig im ersten Duft. Es folgen Aromen von Erdbeeren, Himbeeren, reifer Sauerkirsche und der Hauch einer Gewürznelke. Am Gaumen federt die gute Säure die eher hellrote Frucht wunderbar ab. Der gute Nachhall wird von feiner Kräuterigkeit begleitet. 13 Vol.-%, NK, €€€

92+ 2011 »Wie alles begann« Spätburgunder trocken
In der Farbgebung noch dunkelrot mit Randaufhellung. Ein Duft von dunkler Kirsche, schwarzen Beeren, Dörrpflaume, Rauch und Bitterschokolade. Am Gaumen wird ein reifes Tannin, dunkelrote Frucht sowie Bitterschokolade von guter reifer Säure abgefedert. 13 Vol.-%, NK, €€€€

91+ 2022 Nierstein Hipping Riesling trocken
91+ 2022 »Fumé« Sauvignon Blanc trocken
91 2020 »Réserve« Dienheim Tafelstein Chardonnay trocken
91 2022 Dienheim Tafelstein Riesling trocken
90+ 2022 Wintersheim Riesling trocken
92 2019 »Réserve« Merlot trocken
91 2019 »Réserve« Portugieser trocken

91 2022 »vom Rotliegenden« Nierstein Riesling trocken
Apfel und Mandarine im Duft, steinige Noten, Mandel, etwas Holzfass. Der Gaumen hat viel Saftigkeit und einen vergleichsweise stattlichen Bau, die Säure bleibt jahrgangstypisch eher zurückhaltend, ohne aber spannungsarm zu sein. Feiner, salziger Abklang. 11,5 Vol.-%, DV, €€

★★

CISTERZIENSER WEINGUT

Dalbergstraße 28, 67596 Dittelsheim-Heßloch
T: +49 6244 4921, info@cisterzienser-weingut.de
cisterzienser-weingut.de

Ab-Hof-Verkauf: Ja
Kellermeister: Ulrich Michel
Ansprechpartner: Karen und Ulrich Michel
Hektar: 30 ha
Anbauweise: Bio

Es gibt spannende Neuigkeiten aus dem Dittelsheimer Familienbetrieb: Der Bioanbau ist jetzt zertifiziert und selbst erzeugter Kompost half im Sommer 2022 den Reben dabei, der anhaltenden Trockenheit zu trotzen. Nur für die Junganlagen, die noch keine ausreichend tiefen Wurzeln haben, wurde Tröpfchenbewässerung eingesetzt. Im Keller setzt Ulrich Michel immer häufiger auf Spontangärung. Die Aufbauarbeit macht sich in den Weinen mit sehr komplexem Aromenspiel und ungewöhnlich guter Länge bemerkbar. Wir sind sehr gespannt auf die nächsten Jahre.

92 2021 »unfiltered« Bechtheim Hasensprung Riesling trocken
Reif und etwas barock duftet dieser Riesling nach geriebenem Apfel mit zusätzlichen Anklängen von Weinbergpfirsich. Sehr schön und gelungen auch der Einsatz vom Eichenholzfass, der sich eindrucksvoll mit dem Fruchtaromen verbindet. Sehr lang im Abgang. 13,5 Vol.-%, NK, €€

91+ 2022 Westhofen Morstein Riesling trocken
Sehr viel frische Kräuter im Duft, der von Mineralität flankiert wird. Auch einen Touch von Anissaat nimmt man wahr. Am Gaumen ist der Wein vollmundig, schmelzig und harmonisch. Die gute Abstimmung dieses Rieslingweines aus bester Lage bestimmt das Gesamtbild. 13 Vol.-%, NK, €€

92 2018 Hessloch Frühburgunder trocken
Jugendlich und sortentypisch präsentiert sich dieser Frühburgunder, dessen Duft an gekochte rote und dunkle Beeren erinnert. Insgesamt sehr tiefgründig im Duft – und beinahe weihnachtlich am Gaumen, mit den Gewürzen der Weihnachtszeit aus dem Holzfassausbau. Ausgezeichnete Länge. 13,5 Vol.-%, NK, €€

91+ 2018 Cabernet Sauvignon & Merlot tr.
Der Duft erinnert an getrocknete Wildkräuter aus dem Süden Frankreichs. Hinzu kommen Noten von Schwarzer Johannisbeere und dunkler Schokolade. Das »warm« anmutende Aroma trifft am Gaumen auf eine gekonnte Allianz von Tannin und Fruchtsäure, der Abgang ist ausladend. 14 Vol.-%, NK, €€

89+ 2022 Hessloch Chardonnay trocken

91 2021 »Maßwerk« Hessloch Edle Weingärten Grauburgunder trocken
Würzig ausgeprägt dominiert hier die Mineralität mit floralen Komponenten, dabei etwas Marille und Cavaillonmelone, die das Geschmacksbild abrundet. Komplex und rund das Spiel am Gaumen, aristokratisch und gediegen. Kräftig im Abgang. 14,5 Vol.-%, NK, €€

★★

WEINGUT EPPELMANN

Kirchgasse 10, 55271 Stadecken-Elsheim
T: +49 6136 2778, info@eppelmann.de
eppelmann.de

Ab-Hof-Verkauf: Di bis Fr 13–18 Uhr, Sa 10–17 Uhr
Kellermeister: Timo, Christian und Corinna Eppelmann
Ansprechpartner: Simone und Timo Eppelmann
Flaschen/Hektar: 160.000 (65 % weiß, 20 % rot, 10 % Rosé, 5 % Schaumwein)/20 ha
Anbauweise: Bio

Das Selztal im Norden Rheinhessens ist die Heimat von Corinna und Christian Eppelmann. Gemeinsam mit ihren Eltern Simone und Timo begreifen die Youngster den Kalk der Region als Steilvorlage für Chardonnay und Pinot Noir. Im Jahr 2021 konnte die Umstellung auf Bioweinbau abgeschlossen werden, seither scheinen uns die Weine nochmal einen kräftigen Sprung gemacht zu haben. Oberhalb der sehr guten Weine der preislichen Mittelklasse wird es bei den Lagenweinen beeindruckend ernsthaft und nuancenreich. Wir setzen das Weingut auf unsere Watchlist für den dritten Stern!

94 2021 Elsheim Blume Chardonnay trocken
Rauchige Bâtonnagenoten. Quitte, grüner Apfel. Im Mund sehr still, subtil holzbeeinflusst, still und nachgerade unscheinbar. Das straffe Säuregerüst und eine passende Prise Phenole erwecken Fantasie für die Flaschenreife. Die Aromatik ist noch komplett verschlossen. 12,5 Vol.-%, NK, €€€

94 2020 Elsheim Bockstein Spätburgunder trocken
Hefig und rauchig im Duft. Etwas Neuholz. Himbeere, florale Noten. Der Gaumen verbindet eine fast adstringierende Textur mit besonders geschmeidigem Hintergrund, integrierter Alkohol, sehr intensive taktile Mineralität.
12,5 Vol.-%, NK, €€€€

93 2020 »Alte Reben« Elsheim Spätburgunder trocken
Rauchig, einige Hefe, dunkle Himbeere, eine schöne Pinotfrucht. Im Mund beginnt der Wein cremig und geschmeidig, dann greift eine feste, kräftig mineralische, auch säurereiche Struktur, der Gerbstoff ist feinkörnig, sehr gut integriert, reife, reiche Frucht bereichert den Abklang.
12,5 Vol.-%, NK, €€€

90+ 2020 »Terra F« Spätburgunder trocken
Rauchig im Duft, viel Hefe, dunkelbeeriger Hintergrund, auch etwas Pflaume. Im Mund hat der Wein eine gute Saftigkeit und einen prägnanten Säurenerv, da sind auch Frucht und Cremigkeit als Balance zur Säure, viel Intensität und Länge, die Verfeinerung muss noch kommen. 12,5 Vol.-%, DIAM, €€

90+ 2022 Elsheim Bockstein Riesling trocken

93 2021 »Terra F« Elsheim Chardonnay trocken
Eine Karamellnote kündet vom Holzeinsatz, Kokos, dazu kommen nussige Töne und eine reife, »süße« Pfirsichfrucht. Im Mund hat der Wein mittleres Gewicht, eine dichte Textur, Griffigkeit und eine gut integrierte Säure. Toller Speisenbegleiter. 12,5 Vol.-%, DIAM, €€

★

WEINGUT FINKENAUER-FRANZ

Außerhalb 7, 55270 Bubenheim
T: +49 6130 944206, info@finkenauer.de
finkenauer.de

Ab-Hof-Verkauf: nach Vereinbarung
Ansprechpartner: Yvonne Finkenauer
Hektar: 22 ha
Anbauweise: in Umstellung

Yvonne Finkenauer hat die Verantwortung im Familienweingut übernommen. Die leidenschaftliche Winzerin versteht es, die bewährte Tradition weiterzuführen und gleichzeitig eigene Akzente zu setzen und etwa charaktervolle Ortsweine zu kreieren. Die Innovation tritt am deutlichsten in der »Meilenstein«-Serie zutage, die ihr buchstäblich mit Siebenmeilenstiefeln zu hohen Bewertungen verhilft. Ecken und Kanten sollen ihre Weine haben und das Terroir widerspiegeln – das gelingt: schön, wie die Weine Sorten- und Lagentypizität in sich vereinen.

91+ 2022 »Meilenstein« Schwabenheim Schlossberg Riesling trocken
Mineralische Würze im Duft, Austernschale, Salzzitronen, grüner Apfel, sonnenverwöhnte Aprikosen und Pfirsich, Wiesenkräuter. Viel Frische am Gaumen, frische Zitrone, Grapefruit, saftiger Pfirsich, lebendige Säure mit Zug umspielt saftigen Kern, salzig im langen Nachhall, trinkanimierend.
13 Vol.-%, DV, €€€

90+ 2022 »Meilenstein« Bubenheim Kallenberg Sauvignon Blanc trocken
Dezent im Duft, Rauch, gelbe Stachelbeeren, frische Zitronen, frische Mango, dezent Vanille. Am Gaumen mit großer Saftigkeit, Zitrusfrucht, Stachelbeeren, Mango, cremiger Schmelz, lebendige Säure, viel Würze, salzig und dezent pfefferig, dicht und stoffig, lange am Gaumen 13 Vol.-%, DV, €€€

90+ 2021 »Meilenstein« Bubenheim Honigberg Chardonnay trocken
Feinduftig in der Nase, dezent Röstnoten, gelber Apfel, Honigmelonen, reife saftige Birnen, Zitronenmelissen, gemahlene Mandeln. Am Gaumen mit Kraft und Schwung, viel saftiger Frucht, feiner Holzwürze, gut integrierter Säure und schöner Länge, gut ausbalanciert und guter Trinkfluss.
13 Vol.-%, DV, €€€

88+ 2022 Bubenheim Sauvignon Blanc tr.
Intensiv und sortentypisch im Duft, gelbe Stachelbeere, Kiwi, Holunderblüten, Buchsbaum, grüner Paprika, Zitronenabrieb. Am Gaumen mit viel Saft, Frucht getragen von dezenter Süße, schwungvoll mit gut integrierter Säure, trinkanimierend und in sich stimmig. 12,5 Vol.-%, DV, €

88+ 2022 Bubenheim Weißer Burgunder tr.

89 2022 »vom Löss« Bubenheim Riesling trocken
Sortentypisch und duftig, reifer Weinbergpfirsich, Ananas, Zitronenschale, Brennnessel, Gesteinsnoten. Am Gaumen nimmt man saftige Frucht wahr, Zitrusfrucht, Steinobst, eine lebendige, gut integrierte Säure. Der Wein wirkt ausbalanciert und stimmig für viele Gelegenheiten.
12,5 Vol.-%, DV, €

WEINGUT FISCHBORN-SCHENK

Weingasse 2, 55546 Biebelsheim
T: +49 6701 1214, hw.schenk@t-online.de
schenkwein.de

Ab-Hof-Verkauf: Mo bis Fr 9–17 Uhr, Sa 9–16 Uhr
Kellermeister: Hans-Werner Schenk
Ansprechpartner: Hans-Werner Schenk
Hektar: 13,5 ha

Das Weingut liegt an der Grenze Rheinhessens zur Region Nahe, wo sich auch ein Drittel seiner Weinberge befindet. So können Hans-Werner und Martina Schenk sowohl Rheinhessen- als auch Naheweine anbieten. Von der Rebe bis zum fertigen Wein führen sie sämtliche Arbeitsschritte selbst aus, ihre Etiketten tragen die Bezeichnung »Gutsabfüllung« – und darauf sind sie stolz. Der Gutsriesling hat unsere Jury mit seiner knackfrischen Art bezaubert – und er bekam eine Bewertung, die nur sehr wenigen Weinen zu diesem günstigen Preis zuteilwird.

89+ 2022 Biebelsheim Kieselberg Riesling trocken
Frische und gekochte weiße und gelbfleischige Apfelfrucht im Glas mit dezenten Noten von Weinbergpfirsich im Duft. Der Geschmack wird dominiert von Zitrusfrucht und Apfelaroma. Alles gehaltvoll mit gut integrierter Säure. Mittelkräftig im Abgang. 12 Vol.-%, DIAM, €

89+ 2022 Grauer Burgunder trocken
Dezent riecht man exotische Früchte, die von nussigen Noten flankiert werden. Mango, Passionsfrucht und anklingend auch Zitrusfrüchte kann man dabei neben den Nussaromen wahrnehmen. Sehr gediegen und rund zeigt sich der Wein am Gaumen, alles schmelzig und ausgewogen. 13 Vol.-%, DIAM, €

89+ 2022 Weißer Burgunder trocken
Etwas Gärungskohlensäure steigt aus dem Glas, dabei riecht man dezente Hefearomen, die an Bäckerhefe erinnern. Daneben Anklänge von Eisbonbon und Birnenfrucht. Der Gaumen wird umspielt von einer guten, mittelkräftigen Struktur, die insgesamt sehr gut abgestimmt ist. 13 Vol.-%, DIAM, €

89 2022 Saint Laurent Rosé trocken
Der Duft zeigt hefige Noten, etwas Eisbonbon und anklingende Birnenfrucht. Aber auch mineralische Noten (Feuerstein) sind da. Am Gaumen ist der Wein spritzig, aber auch abgerundet bei erfrischender Säure. Von schöner aromatischer Klarheit ist der mittelkräftige Abgang. 12,5 Vol.-%, DIAM, €

88+ 2022 Riesling feinherb

90 2022 Riesling trocken
Aufsteigende Bläschen zeigen, dass der Wein noch etwas Gärungskohlensäure besitzt. Im Duft (Apfel, Aprikose und Limette) dominieren Frische und Jugendlichkeit. Auch der saftige Gaumenauftritt mit präsenter Säure unterstreicht die spannungsvolle, geradezu erfrischende Anmutung. 12 Vol.-%, VK, €

★

WEINGUT FLEISCHMANN

Kloppgasse 8, 55435 Gau-Algesheim
T: +49 6725 3276, weingut-fleischmann@t-online.de
Fleischmann-Weine.de

Ab-Hof-Verkauf: Mo bis Fr 10.30–13 Uhr und 14.30–18 Uhr, Sa 9.30–16 Uhr und nach Vereinbarung
Kellermeister: Quirin und Fabian Fleischmann
Ansprechpartner: Stephanie Fleischmann
Hektar: 17 ha

Die Winzerfamilie Fleischmann hat eine Handschrift entwickelt, die sich Jahr für Jahr bewährt. Seit über 25 Jahren führen Quirin und Stephanie Fleischmann das schmucke, mediterrane Anwesen in Gau-Algesheim, Geisenheim-Absolvent Fabian Fleischmann verantwortet zusammen mit seinem Vater den Keller. Der vollmundige Frühburgunder weckt auch unsere kulinarische Fantasie, der elegante und charmante Riesling ist die gelungene »Ouvertüre« in das Schaffen der wein- und musikbegeisterten Familie. Nicht unterschlagen wollen wir die fruchtige Kerner Spätlese, die viel bietet fürs Geld.

89+ 2022 »Ouvertüre« Gau-Algesheim Steinert Riesling trocken
Die »Ouvertüre« eröffnet mit Pfirsich und Zitrusfrucht, Limettenschale und Grapefruit. Startet auch zitrisch am Gaumen, etwas Limettensaft und Grapefruit mit Pfirsich, schlanker Bau, fein ziselierte Säure, geradlinig, eleganter Riesling mit charmantem Süße-Säure-Spiel. 12,5 Vol.-%, DV, €

89 2022 »S« Gau-Algesheim Grauer Burgunder trocken
Reife, süße Birne, Aprikose, kräuterige und nussige Anklänge, etwas dunkles Karamell. Süße Birnenfrucht am Gaumen, unterlegt von präsenter Säure mit zitrischen Noten, die merkliche Restsüße fügt sich gut ein, mittelgewichtiger Körper, zugänglicher, kulinarischer Sortentyp. 13 Vol.-%, DV, €

89 2022 »Crescendo« Gau-Algesheim Spätburgunder Blanc de Noirs trocken
Cremefarben. Riecht nach Himbeere und Walderdbeere, Mirabelle und Aprikose, feine Würze. Saftig und cremig am Gaumen mit lebendiger, eingebundener Säure, die ein patentes Zusammenspiel mit der fruchtigen Süße eingeht. Harmonisch abgestimmt, feine Zitrusnoten im Ausklang.
12,5 Vol.-%, DV, €

89+ 2022 Gau-Algesheim Kerner Spätlese
Duft nach Schwarzer Johannisbeere, Brombeerstrauch, Limone, dazu etwas Minze. Am Gaumen kernig, eher verhaltene Säure, spürbare Süße, griffig und gut zugänglich, reife Zitrusfrucht, etwas Orange, dazu eine Spur Muskatnuss, mittlere Struktur, viel Wein fürs Geld. 8 Vol.-%, DV, €

88+ 2022 Gau-Algesheim Spätburgunder Blanc de Noirs halbtrocken

89+ 2022 »S« Gau-Algesheim Frühburgunder trocken
Kirsche, Pflaume, Aroniabeere, Blutorange und dunkle Schokolade im Duft. Stoffig und weich am Gaumen ansetzend mit milder Säure und feiner Würze, klar interpretiert, die feine Restsüße stärkt den runden, vollmundigen Eindruck, mittlere Länge, in sich stimmig. 13,5 Vol.-%, DIAM, €

★★★

WEINGUT ALEXANDER FLICK

Brückesgasse 15, 55234 Bechtolsheim
T: +49 6733 6814, info@weingut-flick.de
weingut-flick.de

Ab-Hof-Verkauf: Do und Fr 13–18 Uhr, Sa 10–18 Uhr
Kellermeister: Alexander Flick
Ansprechpartner: Alexander Flick
Flaschen/Hektar: 167.000 (60 % weiß, 20 % rot, 15 % Rosé, 2 % süß, 3 % Schaumwein)/24 ha

Alexander Flick nimmt uns mit seinen aktuellen Weinen wieder mit auf eine Reise durch die Weinbergslagen und Bodentypen Rheinhessens. Ganz vorn: der Morstein Riesling vom Kalk der berühmten Westhofener Lage. Fein im Holz abgerundet der Bechtolsheimer Klosterberg Chardonnay vom Kalkmergel. Zuletzt würde man in diesem Teil Rheinhessens nicht unbedingt eine süße Spätlese in einer Qualität erwarten, wie sie der Wein aus dem Gundersheimer Königsstuhl beweist. Umso nachdrücklicher sprechen wir unsere Empfehlung aus. Einen Besuch lohnt auch die moderne Vinothek des Weinguts.

92+ 2022 Westhofen Morstein Riesling trocken
Wo Aprikose, Pfirsich und Apfel so verführerisch duften, ist der Grundstein für einen ausdrucksvollen Riesling gegeben. Sehr viel Spannung und Kraft auch am Gaumen bei vorhandenem Schmelz. Die Mineralität dieser Einzellage rundet den perfekten Gesamteindruck ab. Sehr lange am Gaumen.
12,5 Vol.-%, DV, €€€

90 2022 »Alexander« Bechtolsheim Klosterberg Chardonnay trocken
Sehr sortentypischer, würziger Auftritt im Duft, etwas vollreife Banane, Mango und Birne runden das Aromenspektrum ab. Ein Kuss vom Holz spielt am Gaumen mit den bereits genannten Früchten. Der gesamte Auftritt dieses Chardonnays ist weich und rund, mittelkräftig das Finale.
12,5 Vol.-%, DV, €€

90 2022 »Réserve« Grauer Burgunder tr.
Frische Aromen von Birnen, grünen Äpfeln und Stachelbeeren, begleitet von Briochenoten, umspielen die Nase. Deutliche Saftigkeit im Mund, zeigt das gute Volumen bei gut integrierter Säure und gerundeter Abstimmung. Die Mineralität setzt das i-Tüpfelchen im Abgang. 12,5 Vol.-%, DV, €€

89+ 2022 Gau-Odernheim Chardonnay trocken
Pampelmuse und gelbfleischiger Apfel bestimmen den Duft. Dazu etwas kräuterige Aromen aus dem heimischen Garten. Gut strukturiert ist das Aroma am Gaumen, wo sich Pampelmuse und Apfelnoten wiederfinden, ein kleiner Touch Kräuterigkeit rundet den Geschmackseindruck ab. Nachhaltiges Finish. 12,5 Vol.-%, DV, €

89+ NV »Christina« Pinot Rosé brut

92+ 2022 Gundersheim Königstuhl Riesling Spätlese
Deutlich nach reifem Boskop-Apfel und gelbem Pfirsich duftet diese Riesling-Spätlese vom Königstuhl. Bereits in der Nase spürt man, dass hier vollreifes Lesegut das Aroma dominiert. Saftige Süße am Gaumen, die von einer Vielzahl heller heimischer Früchte umspielt wird. Der Nachhall ist beeindruckend. 9 Vol.-%, DV, €

★★★

FULL.MINANT CHRISTOPHER FULL

Hauptstraße 21, 67591 Mölsheim
T: +49 162 9701685, kontakt@christopher-full.de
christopher-full.de

Ab-Hof-Verkauf: Mo bis Do 9–17 Uhr, Fr 9–19.30 Uhr, Sa 9–19 Uhr, So 11–19.30 Uhr
Kellermeister: Christopher Full
Ansprechpartner: Christopher Full
Flaschen/Hektar: 27.000 (90 % weiß, 5 % rot, 5 % Rosé)/12,5 ha

Das nennt man einen Durchmarsch: Christopher Full ist erst zum dritten Jahr im Guide vertreten und erhält schon den dritten Stern! Sein Riesling aus dem Schwarzen Herrgott zählt zu den besten in Rheinhessen, »Full of Rage« ist der Prototyp des gepflegten Naturweins. Und wer bekommt etwas ab von den maximal 100 Barriques, die er erzeugt? Zehn Fässer gehen nach Berlin, acht nach Mainz, jeweils sechs nach Frankfurt, Leipzig und Gießen, fünf nach Norwegen, je vier Fässer nach Mannheim, Bamberg, Großbritannien und Dänemark. Glückwunsch nach Mölsheim!

95+ 2022 Mölsheim Zellerweg Am Schwarzen Herrgott Riesling trocken
Komplex, zugleich angenehm kühl im Bukett. Aromen von Zitronenzeste, junger Birne, Gesteinsmehl, Weinbergpfirsich und changierenden Wiesenkräutern. Am Gaumen herrlich saftig, sehr komplex, feinstes Extrakt wird von perfekter Säure getragen. Bedeutend im Nachhall.
12,5 Vol.-%, DIAM, €€€

93 2022 Mölsheim Silberberg Riesling tr.
Zitronengelb in der Farbe, zunächst zitrisch im Duft. Kühl, kalkig, dann präzise Frucht und feine Kräuterigkeit. Am Gaumen balanciert der ideale Säurezug sowohl die attraktive Phenolik als auch den reifen Extrakt. Schmelz und zugleich Tiefe begleiten den guten Nachhall.
13 Vol.-%, DIAM, €€€

91 2022 »Réserve« Grauburgunder trocken
In der Nase entwickelt sich ein Duft von Reneklode, weißem Pfirsich, junger Mandel, Zitronenmelisse und Gesteinsmehl. Am Gaumen angenehm saftig und fruchtig. Ein guter Säurenbogen führt in den attraktiven Trinkfluss. Auch ein guter Speisebegleiter! 12,5 Vol.-%, DV, €€

90 2022 »Réserve« Sauvignon Blanc trocken
Blass in der Farbgebung und sehr sortentypisch im Duft. Aromen von grünem Paprika, Stachelbeere, Honigmelone, gelber Pfirsich und Kiwi. Am Gaumen balanciert die knackige Säure diese Frucht. Gute Mineralik begleitet den frischen und lebendigen Abgang. 12,5 Vol.-%, DV, €€

89 2022 »Réserve« Weißburgunder & Chardonnay trocken

93 2022 »Full of Rage« Grauburgunder tr.
Ziegelrot. Kühler Duft, Hagebutte, Orangenschale, Hibiskus, nussig, rotbeerig, reifes Steinobst. Am Gaumen saftig, gute innere Spannung, merklicher Gerbstoff, mürbe Phenole, Aromen von Bienenwachs und Orangenzeste. Würzig, eigenständig, mit Trinkfluss und Potenzial.
12 Vol.-%, DIAM, €€

★

WEINGUT GEBERT

Sandgasse 6, 55599 Siefersheim
T: +49 6703 8352201, info@weingut-gebert.de
weingut-gebert.de

Ab-Hof-Verkauf: Mo bis Sa 14–19 Uhr
Kellermeister: Paul Krahl
Ansprechpartner: Anne Gebert
Flaschen/Hektar: 80.000 (80 % weiß, 8 % rot, 9 % Rosé, 1 % süß, 2 % Schaumwein)/10 ha

Im Weingut Gebert arbeitet seit 2020 ein Team aus bewährten und neuen Kräften zusammen, das gemeinsam erst die dritte Ernte gekeltert hat. Dass dabei mit den Herausforderungen der unterschiedlichen Jahrgängen noch die Feinabstimmung und die Nuancen austariert werden müssen, liegt auf der Hand: Beim Riesling aus der Heerkretz wird die markante Mineralik der Lage durch die merkliche Restsüße etwas aufgefangen. Der dichte, fokussierte Regent »Teamwork R« aus 2020 unterstreicht die Möglichkeiten des Weinguts, dem wir noch eine ganze Menge zutrauen.

90+ 2021 Siefersheim Heerkretz Riesling

Kräuterig, würzig, mit gelbfruchtigen Noten, Pfirsich und Aprikose, auch Apfel, mineralische Anklänge, Gesteinsmehl. Feste, kompakte Struktur am Gaumen, engmaschiger Extrakt, die merkliche Fruchtsüße wird von lebendiger Säure aufgenommen, mineralisch, gute Perspektive.
12,5 Vol.-%, NK, €€

90+ 2021 Siefersheim Heerkretz Weißer Burgunder trocken

Mandarinenschale, Mirabelle, Nektarine und Apfel, helle Blüten, feine Würze, mineralische Noten. Mit Zug und auch Frische am Gaumen, meidet die Breite, saftig, mit Schmelz, animierender Zitrik, Limettensaft, trocken, präsente Säure, mineralischer Hintergrund. 12,5 Vol.-%, VL, €€

89 2021 Siefersheim Heerkretz Riesling Crémant brut nature

Zitronengelb. Mittlere Perlage. Im Glas entwickelt sich ein Duft von Zitronenmelisse, grünem Apfel, jungem Pfirsich und hellem Toast. Am Gaumen eher mostig und herb mit linearen Aromen aus gelber Frucht, die von lebendiger Säure balanciert werden. 11,5 Vol.-%, NK, €€€

91+ 2020 »Teamwork R« Siefersheim Goldenes Horn Regent trocken

Rote Kirschen, Holundersaft, Brombeere und Schlehe in der fruchtigen, puren Nase, auch feine Kräuterigkeit. Am Gaumen kräftig gebaut, stoffig, vollmundig, eingebundene Säure, dicht, auch im Gerbstoff, Schlehe, Holunder, saftig, trocken ausgebaut, mineralisch. 13 Vol.-%, NK, €€

88+ 2021 »Teamwork« Weißer Burgunder & Chardonnay trocken

89+ 2021 Riesling trocken

Apfel, weißer Pfirsich und Aprikose mit Limettenzesten, Wiesenkräutern, Tomatenrispe und auch etwas Gesteinsmehl. Zieht am Gaumen seinen Reiz aus dem Zusammenspiel von frischer Säure, zitrischer Frucht, Fruchtsüße und mineralischen Noten, animierend, elegant. 12 Vol.-%, DV, €

★★★

WEINGUT GEHRING

Außerhalb 17, 55283 Nierstein
T: +49 6133 5470, info@weingut-gehring.com
weingut-gehring.com

Ab-Hof-Verkauf: nach Vereinbarung
Kellermeister: Theo Gehring
Ansprechpartner: Theo Gehring
Flaschen/Hektar: 150.000 (88 % weiß, 12 % rot)/11,5 ha

Der Rote Hang gehört zu den privilegiertesten Weinbaubereichen – nicht nur in Rheinhessen, sondern in ganz Deutschland. Die Familie Gehring hat das Glück, auf diesem Spitzenterroir sehr gut vertreten zu sein. Um auf das Wesentliche zu kommen: Die Rieslinge aus Pettenthal und Hipping sind sehr gut gelungen – und ganz wie nebenbei zeigen Theo und Diana Gehring, dass man in diesen Lagen auch Weine zu erschwinglichen Preisen keltern kann. Vielen Dank dafür! Ansonsten gilt unsere weitere Empfehlung dem wunderbar schmelzigen Gelben Muskateller, der sich zum Dessert empfiehlt.

93 ❸ 2017 Riesling brut nature
Im Duft würzig, Apfel, etwas Kümmel, aber auch Honig. Am Gaumen mit viel Spannung, feines, dynamisches Mousseux, die Abstimmung ohne Dosage hebt die mineralwürzigen Seiten des Sekts hervor, die kernige Säure erfrischt, guter Extrakt, macht viel Spaß. 12 Vol.-%, NK, €€

93 2021 Nierstein Pettenthal Riesling trocken
Brillantes Zitronengelb. In der kräftigen Nase ein Duft von reifem Apfel und Birne, auch Pfirsich sowie duftig-blumige Noten, mineralische Grundierung. Am Gaumen mit viel Substanz, saftig, reife, tragende Säure, auch salzige Noten sowie leichte Phenolik, sehr lang. 13,5 Vol.-%, DV, €€€

92 2021 Nierstein Hipping Riesling trocken
Blasses Goldgelb. Anfangs moderat im Duft, etwas Zitronenzeste, junger weißer Pfirsich, schwarzes Johannisbeerblatt. Am Gaumen mit lebendiger Säure, konzentrierte, feine, weißgelbe Frucht, aber auch etwas Nuss und Gesteinsmehl. Gute Struktur und Länge. 13 Vol.-%, DV, €€€

91+ 2020 Nierstein Bildstock Spätburgunder trocken
Blasses Granatrot, attraktiver Duft von schwarzer Kirsche, Himbeere, Cranberry, Gewürznelke und etwas Piment. Am Gaumen auch röstige Aromen, ein Hauch dunkle Schokolade sowie Fenchel bei reifer Säure, feinkörnigem Tannin und einem gutem Nachhall. 13 Vol.-%, DV, €€

91 2021 »Alte Reben« Nierstein Bildstock Grauer Burgunder trocken
91 2022 Riesling Kabinett
90+ 2022 »Roter Hang« Riesling trocken
90 2022 Frühburgunder Blanc de Noir tr.
89+ 2022 Grauer Burgunder trocken
89+ 2022 Spätburgunder Rosé trocken

90 2022 Gelber Muskateller
Duft nach frischem Traubensaft, Muskatwürze, Zitronenschale, Holunderblüte, etwas Rosmarin. Am Gaumen mit viel Schmelz, griffig, angenehm frische Säure, Muskatnoten und reife Zitrusfrucht, gut gebaut, endet würzig, spürbare (Spätlese-)Süße, schöner Sortentyp, spannend zum Dessert. 9 Vol.-%, DV, €

★★★

WEINGUT OEKONOMIERAT JOHANN GEIL I. ERBEN

Kuhpfortenstraße 11, 67595 Bechtheim
T: +49 6242 1546, info@weingut-geil.de
weingut-geil.de

Ab-Hof-Verkauf: Mo bis Fr 8–11.30 Uhr und 13–17 Uhr, Sa 9–11.30 Uhr und 13–16 Uhr
Kellermeister: Johannes Geil-Bierschenk
Ansprechpartner: Elisabeth Geil-Bierschenk
Flaschen/Hektar: 300.000 (70 % weiß, 25 % rot, 1 % Rosé, 4 % süß, 3 % Schaumwein)/35 ha

Dass sich Johannes Geil-Bierschenk auf ausdrucksstarke, gekonnt balancierte Rieslinge und Spätburgunder versteht, haben wir schon betont. Die zeigen auch in der aktuellen Kollektion mit den Jahrgängen 2022 und 2021 zuverlässig ihre Qualitäten. Knapp übertroffen wurden sie von dem mit sehr viel Fingerspitzengefühl vinifizierten Weißen Burgunder »Reserve«, der trotz seiner Jugendlichkeit schon treffliche Anlagen und viel Talent zeigt und sich weiter entfalten wird. Aus diesem Weingut kann man getrost jedes Etikett empfehlen – gibt es ein schöneres Kompliment?

92+ 2022 »Reserve« Bechtheim Weißer Burgunder trocken
Merkliches Neuholz, nussig, geröstete Kastanien, auch grüne Walnuss, reife Aprikose, Quittenschale. Feste, kräftige Struktur am Gaumen, saftig, stoffig, mit dichtem Extrakt, das Holz ist gut integriert, nahtlos eingebundene Säure, würzige Gaumenaromen, gute Perspektive. 13,5 Vol.-%, NK, €€€

92 2022 Bechtheim Geyersberg Riesling trocken
Intensiv nach reifem Pfirsich, gelbem Apfel, Papaya, Grapefruit, steinige Noten. Am Gaumen kompakt gebaut, geht nicht in die Breite, gegenwärtiges Säurerückgrat, sich elegant entfaltender Extrakt, feine Würze, mineralische Verfeinerung, hat Format, Länge und Stil. 12,5 Vol.-%, NK, €€€

91+ 2022 Bechtheim Rosengarten Riesling trocken
Mittleres Goldgelb. Reife Aprikose, Weinbergpfirsich, Blütenhonig, auch Honigwaffel, würzig, floral. Kräftiger Bau mit guter Substanz am Gaumen, gutes Verhältnis von Extrakt, ausgewogener Säure, reifem, süßlichem Steinobst und Mineralik, feine Phenolik. 13 Vol.-%, NK, €€€

92 2021 Bechtheim Stein Spätburgunder trocken
Kräftig beeriger Duft, rauchig, reife Brombeere, Schwarzkirsche, Tannenharz, Unterlaub. Saftig, würzig und füllig am Gaumen mit dichtem, süßlichem Extrakt, mürber Gerbstoff in guter Dosierung, tragende Säureader, Kraft und Alkohol binden sich ein. Kamin-Burgunder. 14 Vol.-%, NK, €€€

90 2021 Bechtheim Spätburgunder trocken

89+ 2022 Bechtheim Riesling trocken
Neben reifem Pfirsich auch Apfel und Zitrusfrucht, animierender Duft. Auch am Gaumen animierend und saftig mit einer lebendigen, eingebundenen Säure und gut darauf abgestimmtem Gehalt an Restsüße, klarer Ausdruck, feine mineralische Tönung, gute Balance. 12,5 Vol.-%, DV, €€

★★

GEILS SEKT- UND WEINGUT

Zeller Straße 8, 67593 Bermersheim
T: +49 6244 4413, mail@geils.de
geils.de

Ab-Hof-Verkauf: nach Vereinbarung
Kellermeister: Florian Rudolf Geil
Ansprechpartner: Florian Rudolf Geil
Flaschen/Hektar: 133.000 (65 % weiß, 15 % rot, 10 % Rosé, 2 % süß, 8 % Schaumwein)/14 ha

Erneut kann Florian Rudolf Geil mit seinen Spätburgundern begeistern, die in Rheinhessen zum Besten zählen, was aktuell aus dieser Rebsorte gekeltert wird: Der aus dem Bürgel ist bestens proportioniert, der feinkörnige Gerbstoff ist behutsam extrahiert, die Kalkmineralik tritt aus jeder Pore des Weines. Auch die Schaumweine zeigen Klasse, Zug und Finesse, der spannungsreiche, mineralisch unterlegte Riesling aus dem Frauenberg unterstreicht, dass es bis zum dritten Stern nicht mehr allzu weit ist. Ein spannender Betrieb auf dem Weg nach oben.

92+ 2021 Nieder-Flörsheim Frauenberg Riesling trocken
Verwobener Duft, Steinobst, Zitrusfrucht, Würze, Mineralik. Weinbergpfirsich, Aprikose. Kräftig und fest gebaut am Gaumen mit guter Spannung, Substanz und dem Extrakt eines Lagenweines, raffinierte Säure, die bis ins lange Finale trägt, salzig-mineralisch unterlegt. 13 Vol.-%, NK, €€€

92+ 2017 »Pinot 3« brut nature PN/WB/PG
Zu Beginn hefewürzig im Duft. Im Mund entfaltet der Wein einen straffen Bau, ein feinkörniges, frisches Mousseux, deutlich salzige Töne, er wirkt insgesamt noch recht verschlossen und dürfte von Lagerung (oder einem späterem Degorgement) enorm profitieren. 12,5 Vol.-%, NK, €€€

93+ 2020 Dalsheim Bürgel Spätburgunder trocken
Kirsche, Waldhimbeere, Schwarze Johannisbeere, feine Holzwürze, Lorbeerblatt, Blutorange. Sehr gefühlvoll proportioniert, saftig, betont trocken, etwas Sauerkirsche und Rhabarber, feinkörniger Gerbstoff, Mut zur Säure, vielschichtig, sehr viel Kalk, großes Potenzial. 13,5 Vol.-%, NK, €€€

91+ 2020 »S« Dalsheim Spätburgunder trocken
Kräuterig, würzig, rote Kirschen, Johannisbeere, Kirschkern, feuchte Erde. Kräftiger Bau am Gaumen, klar definierte Muskulatur, knochentrocken, ungekünstelt, feinkörniger, griffiger Gerbstoff, eng anliegende Säure, Kirsche, Schattenmorelle, gut balanciert. 13,5 Vol.-%, NK, €€

91+ 2020 Dalsheim Chardonnay trocken
89+ 2022 Chardonnay trocken
89 2022 Riesling trocken
89 2022 Weißer Burgunder trocken
91 2019 Blanc de Noirs brut SW/PN
91+ 2020 »Frühwerk« Spätburgunder trocken
90+ 2019 »Nocturne« trocken PN/ME/CS/DF

91+ 2020 »S« Nieder-Flörsheim Riesling tr.
Leichtes Goldgelb. Reife Aprikose, weißer Pfirsich und Mirabellen. Feine Würze, auch steinig-mineralisch. Zeigt sich mit einem weiteren Jahr Reife sehr präsent mit feinmaschig gebauter Substanz, Frische, Schmelz und würziger Mineralik, reife Pampelmuse, hallt nach. 12,5 Vol.-%, NK, €€

★★

WEINGUT GOLDSCHMIDT

Enzingerstraße 27–31, 67551 Worms
T: +49 6247 7044, weingut.goldschmidt@t-online.de
wein-goldschmidt.de

Ab-Hof-Verkauf: Fr 13–18 Uhr, Sa 8–12 Uhr & 13–18 Uhr
Kellermeister: Jonas Goldschmidt
Ansprechpartner: Uli, Elke und Jonas Goldschmidt
Flaschen/Hektar: 173.000 (72 % weiß, 25 % rot, 2 % Rosé, 1 % Schaumwein)/18 ha
Anbauweise: Bio

Uli Goldschmidt hat den Betrieb 2002 auf ökologischen Anbau umgestellt, das Weingut ist seither Mitglied beim Verband »Bioland«. Die Leitung teilt er sich nun mit seinem Sohn Jonas, der mit viel Leidenschaft den Ausbau der Weine im Keller gestaltet. Der 26-Jährige macht seine Sache richtig gut. Schon im vergangenen Jahr konnten wir feststellen, dass die gesamte Kollektion sehr natürlich wirkt. Die Weine, die wir nun verkosteten, haben klare, ausdrucksstarke Aromen, am Gaumen sind sie proportioniert, zielen auf den Genuss und nicht auf die Power. Gut so!

90+ 2022 Dalsheim Hubacker Riesling trocken
Sehr schöne, typische Fruchtaromatik im Duft, erinnert an gelbfleischige Pfirsiche und reife Äpfel, am Gaumen vibrierende Säurestruktur bei ausgeprägter Saftigkeit, in der Gaumenmitte Aromen von Boskop-Apfel und Weinbergpfirsich, ausgesprochen gute Nachhaltigkeit. 12 Vol.-%, DV, €

89+ 2022 »Jeanette« Scheurebe trocken
Aromatischer, sortentypischer Duft nach dunklen Johannisbeeren, am Gaumen vergleichsweise süß anmutend bei solider, handwerklich wirkender Vinifizierung, ausgewogen und stimmig. Mittelkräftig das fruchtbetonte Finale. 12 Vol.-%, DV, €

90 2020 Dalsheim Bürgel Spätburgunder trocken
Tiefgründiger, sortentypischer Duft mit regionaltypischer Ausprägung, riecht nach roten und dunklen Beerenfrüchten bei anklingender Süßkirsche, daneben etwas Mineralität, kräftig am Gaumen bei lebhafter, spürbarer Säure, gute Länge. 13,5 Vol.-%, NK, €€

90 2020 Dalsheim Steig Cabernet Sauvignon trocken
Sortentypische Cabernetnase mit deutlich hervortretender Aromatik von Schwarzer Johannisbeere, daneben auch ein Aroma von grüner Paprikaschote. Erstaunlich kraftvoll am Gaumen bei viel Frucht und Saftigkeit bei hintergründiger Pfeffrigkeit. Ein guter Speisenbegleiter. 13,5 Vol.-%, NK, €

89+ 2022 Pfeddersheim Chardonnay trocken

90 2022 Osthofen Liebenberg Grünfränkisch trocken
Die sehr alte Rebsorte aus dem Donautal mit dem Namen Grünfränkisch bietet im Duft viel frische Apfelfrucht, vor allem von grünen Äpfeln. Am Gaumen ist der Wein ausgesprochen rund und saftig, alles wirkt weich und geschliffen bei guter Länge. Eigenständig! 12,5 Vol.-%, DV, €

★★★

WEINGUT ECKEHART GRÖHL

Uelversheimer Straße 4, 55278 Weinolsheim
T: +49 6249 809000, info@weingut-groehl.de
weingut-groehl.de

Ab-Hof-Verkauf: Mo bis Fr 8–12.30 Uhr und 14–17 Uhr, Sa 10–16 Uhr
Kellermeister: Eckehart Gröhl und Johannes Gröhl
Ansprechpartner: Eckehart Gröhl
Hektar: 25 ha

Johannes Gröhl – Markenzeichen der kecke Schnauzbart – ist ein forscher und reflektierter Winzer. Der 25-Jährige keltert jedes Jahr einen Naturwein wie den Silvaner »Wurzelecht« von 82 Jahre alten Reben, um seine Erfahrungen auf die ganze Kollektion anwenden zu können. Er wolle etwas lernen und sei nicht Winzer geworden, »um Traktor zu fahren«. Seine Lagenrieslinge aus dem »prädestinierten Jahr« 2021 fallen nicht zu reif und gelbfruchtig aus, die knackige Säure und Mineralik verleihen ihnen die Signatur. Vom talentierten Johannes Gröhl kann man noch einiges erwarten.

94 2021 Nierstein Pettenthal Riesling trocken
Kräuterige Würze im Duft, Brennnessel, Kresse, Gesteinsmehl, Jasminblüten, roter Apfel, Zitronenzesten, balsamische Noten. Am Gaumen saftig, dicht, schlank im Körper, gut im Extrakt, Zitrusfrüchte, Weinbergpfirsich, mineralische salzige Würze. Geduld lohnt sich. 12 Vol.-%, NK, €€€

93 2021 Oppenheim Sackträger Riesling tr.
Schießpulver im Duft, braucht Luft, Hefenoten, Apfelschale, Marzipan, Sesam, Senfkörner, Kalkgestein, knackiger Weinbergpfirsich, Salbei. Am Gaumen straff mit Zug, kalkige Würze, lebendige Säure, gut integriert, feine Phenolik, cremiger Kern, dicht, elegant, schöne Länge. 12,5 Vol.-%, NK, €€€

92+ 2022 »Roter Hang« Nierstein Riesling Kabinett
Verschlossen im Duft, mit Andeutungen von balsamischer Roter-Hang-Würze und etwas Fuderfass. Der Gaumen zeigt sich spannungsreich und von guter Dichte, taktile Mineralität und Säure bilden einen handfesten Strukturteil, die Süße gibt Hintergrund, ohne zu dominieren. 7,5 Vol.-%, NK, €€

92+ 2020 Oppenheim Herrenberg Pinot Noir trocken
Feine Waldbeeren, Sauerkirschen, schwarze Oliven, dezent Rote Bete, getrocknete Kräuter, dunkle Nugatschokolade. Am Gaumen frisch, saftig, rote Beeren, Sauerkirsche, lebendige Säure, weiches Tannin, pfeffrige Würze, mittelgewichtig im Körper, elegant, guter Trinkfluss. 12,5 Vol.-%, NK, €€

92+ 2021 Nierstein Ölberg Riesling trocken
92 2021 Nierstein Hölle Weißer Burgunder trocken
91 2022 »Kalkstein« Oppenheim Riesling trocken
90+ 2022 »Kalkstein« Nierstein Weißer Burgunder trocken
89+ 2022 Scheurebe trocken
91+ 2021 »Wurzelecht« Silvaner trocken
91+ 2020 Nierstein Hölle Pinot Noir trocken

91 2022 »Roter Hang« Nierstein Riesling trocken
Salzzitronen im Duft, feine Kräuterwürze, Aprikosen, Mirabellen und Weinbergpfirsich, dezent Rauch. Am Gaumen elegant, schlank, saftige Zitrusfrucht, weißer Pfirsich, mineralische Würze, salzig und dezent pfeffrig, lebendige Säure, läuft schwungvoll die Kehle entlang. 12 Vol.-%, DV, €

★★★★★

WEINGUT GUNDERLOCH

Carl-Gunderloch-Platz 1, 55299 Nackenheim
T: +49 6135 2341, info@gunderloch.de
gunderloch.de

Ab-Hof-Verkauf: Mo bis Fr 9–16 Uhr, Sa 11–14 Uhr
Kellermeister: Johannes Hasselbach & Heiner Maleton
Ansprechpartner: Johannes Hasselbach
Hektar: 29 ha
Anbauweise: Bio

Im Weingut Gunderloch fügen sich einzelne Komponenten immer besser zu einem komplexen Gesamtkonzept zusammen: 2022 ist der erste Jahrgang mit Biozertifikat, die Weine erscheinen dadurch noch purer und energiegetragener, im Keller kann der reflektierte Johannes Hasselbach auf die Expertise des erfahrenen Heiner Maleton setzen. Das Resultat sind Rieslinge, die auch über Rheinhessen hinaus zur Spitze zählen. Angeführt werden sie vom dichten, druckvollen Rothenberg, vom dem ein Verkoster schwärmte, dass man allein über den Duft »ein Gedicht schreiben könnte«. Groß!

96 2022 Nackenheim Rothenberg Riesling GG
Ein Duft, über den man ein Gedicht schreiben könnte: Austernschale, Flintstein, Hagebuttenschale, Rauch, balsamische Würze, Hopfenblüte. Auch der Gaumen wäre zwei Strophen wert: Dichter Extrakt, engmaschig vorgetragen, superbe Säure, druckvoll, mineralisch, lang. Groß.
12 Vol.-%, DIAM, €€€

95 2022 Nierstein Pettenthal Riesling GG
Für Pettenthal erstaunlich diskret im Duft, Aprikose, Pfirsichblüte, feine Kräuterigkeit. Im Gaumen linear ausgerichtet mit einer messerscharfen Säure und einer erstaunlich geschmeidigen Bündelung, da werden Kraft und Substanz beinahe feinstofflich inszeniert. 12 Vol.-%, DIAM, €€€

93 2022 »Aus Ersten Lagen« Nierstein Riesling trocken
Blasses Zitronengelb. Ein erster Duft von purer Mineralik und Terroir. Es folgen Aromen von tropischer Frucht, ebenfalls Grapefruit, Pfirsich und auch Limettenmelisse. Am Gaumen ein Spiel aus nassem Stein, Steinobstextrakt und feiner Säure. Rassig im Nachhall. 12,5 Vol.-%, DV, €€€

92 2022 »Jean Baptiste« Riesling Kabinett feinherb
Blass in der Farbe und zart im Duft. Feine Aromen von Steinobst, Zitrusfrüchten und auch frischem Heu. Am Gaumen das klassische Spiel aus motivierender Säure und klassischer Fruchtsüße. Die Hommage an »Jean Baptiste« brilliert auch in diesem Jahrgang. 10,5 Vol.-%, DV, €€

92 2022 »Aus ersten Lagen« Nackenheim Riesling trocken

92 2022 »vom Roten Schiefer« Riesling trocken
Attraktiv kühl, vegetabil und würzig im anfänglichen Duft. Es folgen Zitronenzeste, gelber Apfel sowie Mandarine. Am Gaumen schlank und dabei komplex. Die feine Säure balanciert die warme, pure Frucht und gibt Struktur. Idealer Speisenbegleiter. Kompliment. 11,5 Vol.-%, DV, €€

★★

GUTGALLÉ RHEINHESSEN

Langgasse 69, 55237 Flonheim
T: +49 6734 8961, info@gutgalle.de
gutgalle.de

Ab-Hof-Verkauf: Ja
Kellermeister: Klaus Gallé und Jonathan Gallé
Ansprechpartner: Klaus, Ortrud und Jonathan Gallé
Hektar: 16 ha
Anbauweise: in Umstellung

Den ersten Wein, den Jonathan Gallé 2015 mit 18 Jahren kelterte, war ein Silvaner. Die Leidenschaft für die Rebsorte hat sich der 26-Jährige, der als Kellermeister im Gutgallé angestellt ist, erhalten. Der Silvaner aus dem Rotenpfad, einer Lage mit Basalt, Sandstein und Lehmton, zeigt seinen Standort mit feinwürzigem, mineralischem Timbre: ein Plädoyer für die Rebsorte. Auch der 19-jährige Bruder Johannes bringt sich inzwischen im Weingut seiner Eltern Ortrud und Klaus Gallé in Flonheim ein: Da muss man sich nicht um die Zukunft sorgen. Gelungener Auftritt!

91 2022 »Johannes Gallé« Sauvignon Blanc trocken
Attraktiver Duft, der Rebsortentypizität auf elegante Art vermittelt, Schwarze Johannisbeere, Mango, feine Würze. Zeigt sich am Gaumen mit schlanker Struktur, lebendige Säure, betont trocken, so bekommt auch die Mineralik ihre Bühne, engmaschiger Extrakt, individuell. 11,5 Vol.-%, VL, €€

90+ 2022 Flonheim Weißburgunder trocken
Reife Mirabelle, gelber Apfel, Aprikose, gelbe Blüten, Mandarinenschale, Wiesenkräuter, feine Würze. Am Gaumen schlank und straff gebaut, saftig mit präsenter, ausgewogener Säure, feine Phenolik stützt die Struktur, dichter, cremiger Kern, feine Süße und Würze. 12,5 Vol.-%, DV, €€

90+ 2020 Flonheim Spätburgunder trocken
Reife rote Kirschen und auch Pflaume mit feiner Holzwürze in der Nase, kräuterig, nasser Waldboden. Am Gaumen mit Substanz und auch Kraft, füllig, mit weicher Textur, ausgewogene Säure, die Restsüße unterstreicht den getragenen Charakter, reifer Gerbstoff, viel Wein. 13,5 Vol.-%, DV, €€

89+ 2020 »Furioso« Cuvée trocken CS/CI/DF
Beerig-fruchtiger Duft, Rote Johannisbeere, dunkle Kirsche, Kirschkern, Waldbeeren, auch Holunder. Am Gaumen mit präsenter Säure, die Fruchtsüße rundet harmonisch ab, feinkörniger Gerbstoff in mittlerer Menge, leicht adstringierend, mittlere Struktur, zugänglich. 12,5 Vol.-%, DV, €€

89 2022 »Rosato Identität« trocken

92+ 2022 Flonheim Rotenpfad Silvaner trocken
Gelber Apfel, nussige Noten, gelbe Pflaume, Birnenschale, feine balsamische Würze, etwas Rauch. Weiche Textur, die von maritimen Noten unterlegte Säure führt geschickt Regie, betont trocken, feiner Schmelz, gepflegte Phenolik, druckvoll, dicht, würzige Mineralik. 13 Vol.-%, VL, €€

★★

WEINGUT HAUCK

Albigerstraße 15 Sonnenhof
55234 Bermersheim vor der Höhe
T: +49 6731 1272, vinum@weingut-hauck.de
weingut-hauck.de

Ab-Hof-Verkauf: nach Vereinbarung
Kellermeister: Heinz-Günter und Jana Hauck
Ansprechpartner: Familie Hauck
Hektar: 30 ha

Nördlich von Alzey, in Bermersheim vor der Höhe, liegt das Weingut Hauck mit immerhin 30 Hektar Weingärten, in denen die Burgundersorten am stärksten vertreten sind. Jana Hauck und ihr Vater Heinz-Günter teilen sich die Verantwortung, auch bei der Kellerarbeit. Die Tradition wird in diesem Betrieb geachtet, neue Ideen lassen erst gar keinen Stillstand aufkommen, so scheint sich der seltene Albariño in Rheinhessen inzwischen sehr wohlzufühlen. Die Preise sind nach wie vor sehr fair kalkuliert, wo bekommt man sonst so viel Riesling fürs Geld? Unsere Empfehlung.

91+ 2021 »Réserve« Bermersheim Klosterberg Chardonnay trocken
Die Frucht versteckt sich noch etwas hinter den dunklen Aromen vom Holzausbau. Birne und Quitte heben die Köpfe. Am Gaumen ein ambitionierter Entwurf mit Substanz und eingebundenem Alkohol, süßliche Birne, großzügig, dicht im Extrakt und mit guter Länge. 14 Vol.-%, DV, €€

91 2022 Albariño trocken
Würzig, reife Aprikose, Orangenschale und Pfefferminze, etwas Earl-Grey-Tee im Hintergrund. Einnehmend am Gaumen mit guter Substanz, schöner Würze, die Restsüße wird von der stabilen Säure gut balanciert, Kumquats und Grapefruit, konsistent, bleibt lange am Gaumen. 13,5 Vol.-%, DV, €€

90+ 2022 Bermersheim Hildegardisberg Grauer Burgunder Spätlese trocken
Getragen, etwas Rauch, Birne, Melone, Puderzucker, nussige, kräuterige Noten, Holzwürze. Kräftig gebaut am Gaumen, breit angelegt mit guter Substanz, saftig, auch cremig und würzig, klassischer Grauburgundertyp, der unbedingt an den gedeckten Tisch will. 13 Vol.-%, DV, €

91 2020 »976« Ensheim Kachelberg Spätburgunder trocken
Duftet nach viel Sonne, Cassis, Schwarzkirsche, dunkler Tabak, Gewürznelke, Holzwürze, etwas Lakritze. Schafft am Gaumen den Spagat zwischen Reife, Substanz und extraktgetragener Dynamik, reife Tanninstruktur, der Alkohol ist eingebunden, gute Länge. 14 Vol.-%, DIAM, €€

89 2022 »kunststück« Weißer Burgunder & Auxerrois trocken

90+ 2022 »Alte Reben« Bermersheim Klosterberg Riesling trocken
Reifer Pfirsich, Aprikose, etwas Birne, steinig-mineralische Note. Schlank und straff strukturierter Riesling, der mit einer geradlinigen, leicht salzig konnotierten Säure Tempo aufnimmt, etwas Grapefruit, würzig, mineralisch. Sehr viel Wein fürs Geld. 11,5 Vol.-%, DV, €

★★

WEINGUT HEILIGENBLUT

Hauptstraße 114, 55232 Alzey
T: +49 176 45804433, info@heiligenblut-wein.de
heiligenblut-wein.de

Ab-Hof-Verkauf: nach Vereinbarung
Kellermeister: Christian und Martin Hannemann
Ansprechpartner: Christian und Martin Hannemann
Hektar: 16 ha
Anbauweise: in Umstellung

Dass die Hunnen hier Mönche ermordeten, deren Blut die Erde tränkte, gehört zum Lokalmythos von Alzey. Gewiss ist, dass seit dem 8. Jahrhundert Rebstöcke im heiligen Blutberg wurzeln. Den Weinen der Brüder Christian und Martin Hannemann, die heute die Monopollage bewirtschaften, verhilft vor allem das im Berg verborgene schwarze Vulkangestein Melaphyr und Kalk zu ihrer Würze. Mit der Natur zu arbeiten und Terroir ins Glas zu bringen ist ihr erklärtes Ziel. Dabei gelingen ihnen nicht zuletzt bemerkenswerte Silvaner, die dasselbe Niveau wie ihre Rieslinge erreichen.

93+ 2021 »H« Silvaner trocken
Schöne goldgelbe Reflexe im Glas, in der Nase Rauch und Jod, Austernschalen, heller Zigarillo. Im Mund eine zitronenfrische Säure, hoch animierend vor Saft strotzend. Knackig junge Gerbstoffe warten noch ihre Zeit ab, meerige Noten erfreuen aber jetzt schon! 11,5 Vol.-%, NK, €€

92 2021 Weinheim Kapellenberg Riesling trocken
Reif, dicht mit großartiger Stoffigkeit am Gaumen. Pfirsich, Mango, Blutorange, Quittengelee und Mandarine. Spannende Phenolik sowie eine delikate Mineralik und Salzigkeit im Finish. Entwickelt sich im Glas. Perfekt als Speisenbegleiter. 10,5 Vol.-%, NK, €€€

92 2021 Weinheim Heiliger Blutberg Riesling trocken
Reif, dicht mit großartiger Stoffigkeit am Gaumen. Pfirsich, Mango, Blutorange, Quittengelee und Mandarine. Spannende Phenolik und eine delikate Mineralik und Salzigkeit im Finish. Entwickelt sich im Glas. Perfekt als Speisenbegleiter. 12 Vol.-%, NK, €€€

92 2021 »Melaphyr« Weinheim Riesling trocken
Elegante Nase, duftig und cremig, rauchig, warm, aber auch noch verschlossen. Am Gaumen zarte Blütennoten, frisches Heu, zitronenfrische Säure auch hier. Saftiger Trinkfluss, sehr animierend, Aromen von jungen Äpfeln, sehr mineralisch, Flintstein. 11,5 Vol.-%, DV, €€

89 2022 Scheurebe Kabinett

91 2022 Silvaner trocken
Feine kräuterige Nase nach Anis und Honig, Thymian und Lavendel. Am Gaumen dann stoffig und dicht, die Säure eher zart, aber präsent, sehr langer, molliger Nachhall, fast ein bisschen sättigend, was dem Wein aber steht, denn der saftige Zug animiert trotzdem! 12 Vol.-%, DV, €

★★

WEINGUT HEMMES

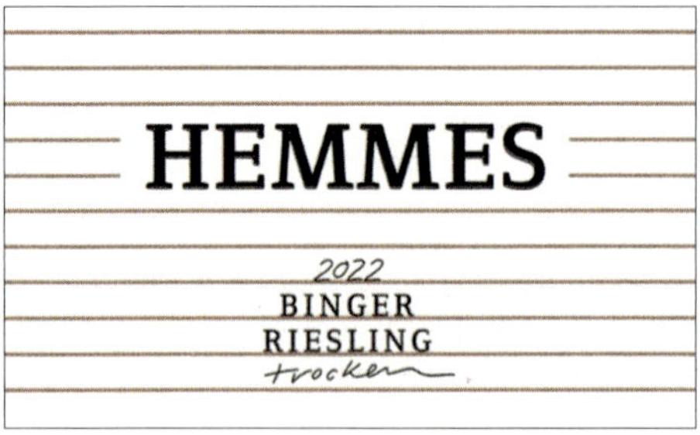

Grabenstraße 13 & 34, 55411 Bingen am Rhein
T: +49 6721 1 24 20, info@weingut-hemmes.de
weingut-hemmes.de

Ab-Hof-Verkauf: Mo bis Fr 10–12 Uhr und 14–18 Uhr, Sa 10–16 Uhr
Kellermeister: Frank und Felix Hemmes
Ansprechpartner: Frank Hemmes
Flaschen/Hektar: 173.000 (65 % weiß, 20 % rot, 10 % Rosé, 2 % süß, 3 % Schaumwein)/20 ha

Viognier gedeiht besonders gut in Flussnähe, aber es muss nicht die Rhône sein, wie Frank und Felix Hemmes unter Beweis stellen – auch der Rhein bietet eine ideale Kulisse für die Rebsorte. Die Rieslinge – in allen Gewichtsklassen und Ausprägungen – sind auch in 2022 trefflich gelungen, das mineralische Potenzial des Scharlachbergs wird vom Vater-Sohn-Duo gekonnt aufgezeigt. Was man keineswegs unterschlagen sollte: Auch der Pinot Noir kann hier seine Stärken und mineralische Raffinesse ausspielen. So wird das Weingut immer mehr zu einem Leitbetrieb in Bingen.

91+ 2022 Bingen Scharlachberg Riesling trocken
Duftet nach rotem Apfel und gelbem Steinobst, Pfirsich, Aprikose, helles Karamell, etwas flintig, rauchig. Saftig am Gaumen auf einem entspannten Fond, füllig, weich, ausgewogene, kristalline Säure, reife Aprikose, etwas Limette, mineralisch bis ins Finale. 12 Vol.-%, DV, €€

91+ 2022 Bingen Viognier trocken
Intensives Aromenbukett nach Honigmelone, Ananas, Grapefruit, Litschi, röstige Aromen, getrocknete Disteln. Weich am Gaumen wie Federn, aber mit gutem Volumen und auch Kraft, ziemlich präsente Säure, schöne Würze, charmante Restsüße, mineralisch grundiert, elegant. 12,5 Vol.-%, DV, €€

91+ 2020 Bingen Kirchberg Pinot Noir trocken
Sehr würzig im Duft, intensive Fruchtigkeit, Johannisbeere, Kirsche, balsamische Würze, Gewürznelke, leicht ätherisch. Geschmeidig am Gaumen mit süßlicher Frucht, schöner Würze, Tabak, reife, mürbe Gerbstoffe, feinfühlige Säure, mineralische Raffinesse, ausgiebig. 13,5 Vol.-%, NK, €€

93+ 2021 Bingen Scharlachberg Riesling Beerenauslese
Eine feine, würzige Botrytis, zitrische Noten, kandierte Zitronenschale, Blütenhonig, Birne, Hagebutte. Im Mund hat der Wein eine intensive Stoffigkeit, eine Schicht Viskosität, seidige Süße, ein lebendiges Säurerückgrat. Recht erfrischend. 8 Vol.-%, DV, €€€

91 ❸ 2022 »Chamund« brut nature CH/PN
90 2022 Riesling Kabinett
89 2022 Riesling trocken
89 2022 »I sell« Riesling trocken
88+ 2022 Blanc de Noir trocken
89 2022 Spätburgunder trocken
91 2022 Bingen Scharlachberg Riesling Kabinett

90 2022 Bingen Riesling trocken
Eine recht komplexe Nase für einen Ortswein: Limette, kandierte Orangenschale, auch Pfirsich und Mineralik. Auch am Gaumen mit Profil und Ausdruck, lebendige Säure, die mit der feinen Restsüße Hand in Hand geht, würzig, mineralisch, mittlerer Extrakt. 12,5 Vol.-%, DV, €€

★★★

WEINGUT HIESTAND

Nordhöferstraße 19, 67583 Guntersblum
T: +49 6249 2266, info@hiestand-weingut.de
hiestand-weingut.de

Ab-Hof-Verkauf: Mo bis Fr 13–18 Uhr, Sa 10–16 Uhr
Kellermeister: Gunther Hiestand
Ansprechpartner: Gunther Hiestand
Anbauweise: Bio

Biowinzer Gunther Hiestand lässt sich auf keine Kompromisse ein, wenn es um die Qualität seiner Weine geht: Er gibt ihnen die Zeit, die sie benötigen, um ihr inneres Gleichgewicht zu finden. Die Ortsweine werden erst 18 Monate und die Lagenweine sogar erst 30 Monate nach der Ernte in den Verkauf gebracht. Diese Geduld macht sich bezahlt, wie die beiden Weißweine aus 2020 belegen – etwa der dichte Riesling mit geschmeidigem Kern und ausgeglichenem Naturell. Die Ortsweine aus 2021 haben ebenfalls vom Laisser-faire profitiert: Unser Tipp ist der würzige Sylvaner!

92+ 2020 Guntersblum Kreuzkapelle Kreuz Riesling trocken

Saftige reife Quitten, Orangen, Kräuterwürze, Salbei, Zitronenmelisse, Sesam, Lindenblüten, dezent Rauch, Akazienhonig. Am Gaumen stoffig und dicht, geschmeidiger Kern, saftige Frucht, feine Würze, angenehme Herbe, gut integrierte, reife Säure, schöne Länge. 12,5 Vol.-%, NK, €€€

92 2020 Guntersblum Kachelberg Weißer Burgunder trocken

Feiner Duft, Gesteinsmehl, Quitten, frische Zitronen, Apfelschale, Wiesenkräuter, Heu, frisch gemahlene Mandeln, dezent Karamell. Am Gaumen vollmundig, viel Schmelz, saftige reife Frucht mit dezenter Extraktsüße, reife Säure, salzige Würze, feine Phenolik, gute Länge. 13,5 Vol.-%, NK, €€€

90+ 2021 Guntersblum Gewürztraminer tr.

Sortentypisch im Duft, Rosenblätter, Litschi, kandierte Zitronen, Limettenabrieb, frisches Heu, Ingwer. Am Gaumen angenehm herb, feine Phenolik, saftiger Kern, Schmelz, tragende Säureader, vollmundig und gut ausbalanciert, guter Begleiter zu Speisen mit Würze. 13 Vol.-%, DV, €€

91 2019 Albig Hammerstein Portugieser tr.

Duftig, Cassis, Zwetschgen, Sauerkirschen, balsamische Noten, Menthol, schwarze Oliventapenade, Holunderblüten, Nelke, Grafit, Holzwürze, Vanille. Am Gaumen stoffig, saftige Frucht, Waldbeeren, gut eingepasste Säure, feiner Gerbstoff, vielseitiger Speisenbegleiter. 14 Vol.-%, NK, €€€

90 2021 Guntersblum Riesling trocken

91+ 2021 Guntersblum Sylvaner trocken

Im Duft hefegeprägt, laktisch, saftige Mango, Pfirsich, Mirabellen, Orangenzesten, Kamillenblüten, Estragon, Waldblütenhonig, Kümmel. Am Gaumen elegant, geschmeidig, viel Würze, die lebendige Säure umspielt den cremigen Kern, saftige Frucht, lang am Gaumen. 12,5 Vol.-%, DV, €€

★

WEINGUT DR. HINKEL

Kirchstraße 53, 55234 Framersheim
T: +49 6733 368, weingut.dr.hinkel@t-online.de
weingut-dr-hinkel.de

Ab-Hof-Verkauf: Mo bis Fr 8–12 Uhr und 14–18 Uhr, Sa 10–17 Uhr
Kellermeister: Dr. Roland Hinkel
Ansprechpartner: Dr. Roland Hinkel
Flaschen/Hektar: 200.000 (50 % weiß, 28 % rot, 10 % Rosé, 10 % süß, 2 % Schaumwein)/34 ha

Sage und schreibe seit 18 Generationen keltert die Familie Hinkel Wein. Von diesem Erfahrungsschatz profitiert Dr. Roland Hinkel, der das Weingut führt; doch er hat auch die Erkenntnisse seiner Promotion in die Tat umgesetzt: mit einem nachhaltigen Gesamtkonzept, das Ertragsreduzierung, viel Handarbeit, natürliche Begrünung der Rebfläche und Verzicht auf Insekten- und Pflanzengifte umfasst. Nun erfolgt die Übergabe an Sohn Peter. Und dieser setzt den vom Vater begonnenen Weg fort, etwa durch den Einsatz erneuerbarer Energien und die Verwendung von Flaschen aus Recyclingglas.

88 NV »Dri.Ver! – Sparkling«
Goldgelb und prickelnd steht der »Dri.Ver!« im Glas. Dieser alkoholfreie Schaumwein ist Ausdruck einer gesellschaftlichen Veränderung, die ganz bewusst beim Lenken eines Fahrzeuges auf jeglichen Alkohol verzichtet. Noten von Rhabarber und gekochtem Gemüse prägen den Gesamteindruck. 0,05 Vol.-%, NK, €€

88 2021 Riesling trocken
Würziger Duft weißer und gelbfleischiger Früchte bei anklingender floraler Aromatik. Sehr schön auch die zusätzliche Quittenpräsenz am Gaumen, die eine markante Säure etwas abpuffert. Ein ausgesprochen typischer Rheinhessen-Riesling. 12 Vol.-%, DV, €

90 2022 »Orange« trocken
Deutlich orangefarben steht der Grauburgunder im Glas – Folge der Maischegärung, die dem Wein auch eine kräftige Prise Tannin mitgegeben hat. Der Duft ist geprägt von Teearomen, Apfel, getrockneten Wildkräutern und nussigen Aromen. Ein gelungenes Experiment. 11,5 Vol.-%, DV, €

88 2022 »Du gehörst zu mir« Cuvée trocken CS/DF/BP/SY
Dieser Rote gehört den vielen Weinfreunden, die einen aromatisch-würzigen, deutschen Spätburgunder schätzen. Viel Beerenfrucht und etwas Räucherspeck dominieren im Geruch und Geschmack bei süßlich anmutendem Finish. 12,5 Vol.-%, DV, €€

88 2022 Shiraz Rosé trocken

90 2022 »Hinkel.Stone!« trocken RR/SB
Steinig-mineralisch macht dieser »Hinkel.Stone« im Duft auf sich aufmerksam. Der Wein wurde sicher spontan vergoren. Auch am Gaumen zeigt er Individualität, etwa mit einem leicht phenolischen Anflug und der lebendigen, für Länge sorgenden Säurestruktur. 11,5 Vol.-%, DV, €€

★★

HISTORISCHE REBSORTEN

Rebschule (K39), 67599 Gundheim
T: +49 6244 803, u.martin@historische-rebsorten.de
historische-rebsorten.de

Kellermeister: Ulrich Martin
Ansprechpartner: Ulrich Martin

Ulrich Martin ist Winzer und Inhaber der Rebschule Martin. Neben der Rebenvermehrung bewirtschaftet er auch eigene Weinberge, die er als Muttergarten für die Rebenherstellung nutzt. Er erzeugt Weine von Ursorten wie Grüner Adelfränkisch oder Schwarzurban, die vom Aussterben bedroht sind und in ihrer jahrtausendealten Geschichte erstmals sortenrein ausgebaut werden. Besonders angetan sind wir vom Fränkischen Burgunder, der mit Substanz, Wucht, saftiger Frucht und pfeffriger Würze imponiert. Alle Weine sind auch schmeckbare Geschichte, faszinierend.

91+ 2021 Grüner Adelfränkisch trocken
Zitronenkefir, frischer Salbei, reifer gelber Apfel, auch grüne Birne, kräuterig, frisches Lorbeerblatt. Füllig am Gaumen mit reifer Säure und merklicher Restsüße, mit einem Spritzer Zitronensaft und auch Kumquats, dicht in der Struktur und mit Länge. 13 Vol.-%, DV, €€

93+ 2020 Fränkischer Burgunder trocken
Opulenter und würziger Duft mit reifer Schwarzkirsche und Brombeere, gerösteten Kaffeebohnen, Brombeersirup, Holzwürze. Kraftvoller, mächtiger Burgunder, der den Jahrgang zeigt, mit Substanz und Wucht, sehr würzig und mit Ausdruck, pfeffrig, feine Säureader. Zu Wild.
14,5 Vol.-%, NK, €€€

92+ 2019 Fränkischer Burgunder trocken
Etwas reduktiv und wild im Duft, Hefe, dunkle Kirsche, Wildpflaumen, Maulbeere, Holzwürze. Kräftiger, fester Bau am Gaumen, knochentrocken und mit feiner Herbe, fordernd, animierend, reife Säure, dichter Extrakt, reifes, elegantes Tannin, pfefferig, lang. 13 Vol.-%, NK, €€€

91+ 2020 Schwarzurban trocken
Beinahe blickdicht. Veilchen, dunkle Kirschen, Kirschkern, holzwürzig. Am Gaumen mit guter Substanz und Kraft, leicht viskos, recht lebhafte Säure, die Gleichgewicht in den Verhältnissen schafft. Süßlicher Extrakt, fruchtig, zugänglicher Gerbstoff, geschmeidig. 13,5 Vol.-%, NK, €€

91 2020 Süßschwarz trocken

92+ 2021 Grünfränkisch trocken
Reifer, würziger Duft, frischer Salbei, Mirabelle, Aprikose, weißer Pfirsich, Johannisbeere, Jod. Saftig, stoffig, mit feiner Würze, reife Säure, der Duft spiegelt sich am Gaumen, entspannt im Temperament, aber durchaus mit inneren Werten, hochwertige Phenolik, dicht. 12,5 Vol.-%, DV, €€

★★★★

WEINGUT HOFMANN

Vor dem Klopp 4, 55437 Appenheim
T: +49 6725 300063, info@schiefer-trifft-muschelkalk.de
schiefer-trifft-muschelkalk.de

Ab-Hof-Verkauf: Mo bis Fr 9–12 & 13–18, Sa 9–12 & 13–17 Uhr
Kellermeister: Jürgen Hofmann
Ansprechpartner: Carolin Hofmann
Flaschen/Hektar: 360.000 (91 % weiß, 4 % rot, 5 % Rosé)/26 ha
Anbauweise: Bio

Jürgen Hofmann, geprägt durch Aufenthalte in Australien, Südafrika und Kalifornien, war einer der ersten Sauvignon-Blanc-Virtuosen in Rheinhessen und darüber hinaus. Damit setzte er einen starken internationalen Akzent in einer Region, die sich lange Zeit selbst genügte. Die Interpretation aus dem »Lieblingsei« zeugt vom großen Verständnis der Rebsorte. Aber Jürgen Hofmann legt auch vier packende Rieslinge vor, Lagenweine aus 2021 – von denen der »Hundertgulden« brilliert – und Guts- und Ortswein aus 2022. Das ist der erste Jahrgang mit Biolabel. Wir sind sehr gespannt, was noch kommt!

93+ 2021 Appenheim Hundertgulden Riesling trocken
Attraktiv im Duft. Junger Blütenhonig, reife gelbe Früchte, reifes Steinobst und Pfeffer. Im anderen Gewand am Gaumen mit ultraknackiger, messerscharfer Säure, dichter Struktur, dabei leicht herb und mineralisch. Sehr vielversprechender Hundertgulden-Vertreter. 12,5 Vol.-%, NK, €€€

92 2021 Gau-Algesheim Rothenberg Riesling trocken
In der Nase ein nicht alltäglicher Duft, zunächst kräuterig-frisch, dann grüner Apfel, Basilikum und auch junger Paprika. Am Gaumen dicht und extraktreich bei gut tragender Säure und ordentlichem Nachdruck im guten Abgang. Ein Wein mit Potenzial. 12,5 Vol.-%, NK, €€€

92 2021 »Lieblingsei« Gau-Algesheim Laurenzikapelle Sauvignon Blanc trocken
Zitronengelb mit grünlichen Reflexen. Der Duft zeigt sich rauchig-hefig im Duft, auch blumig, noch wenig entfaltet. Der Gaumen beeindruckt mit Salzigkeit und einer geschmeidigen Abrundung, die einen feinen Säurenerv und dezente Phenolik integriert und dabei eine schöne Frische zeigt. 14 Vol.-%, NK, €€€

90+ 2021 »Reserve« Chardonnay trocken
In der Nase komplex, Holzwürze, Aprikose, Honigmelone, gelbe Birne. Am Gaumen balanciert die gute Säure die cremige Textur und reife Steinfrucht, ein Hauch von Brioche. Der lange Nachhall wird von einem mineralischem Touch begleitet. Wahre »Reserve« mit Potenzial. 13 Vol.-%, NK, €€€

90+ 2022 Riesling trocken

91 2022 »vom Muschelkalk« Appenheim Riesling trocken
Blasses Zitronengelb. Sortentypisch und rein im Duft. Feine Aromen von Limette, reifer Birne, Geißblatt und auch rosa Pfirsich. Am Gaumen herrlich saftig, trocken, saubere, pure Frucht, getragen von idealer Säure. Toller Speisenbegleiter mit Potenzial! 12,5 Vol.-%, DV, €€

★★★

WEINGUT FRITZ EKKEHARD HUFF

Hauptstraße 90, 55283 Nierstein
T: +49 6133 58003, info@weingut-huff.de
weingut-huff.de

Ab-Hof-Verkauf: nach Vereinbarung
Kellermeister: Christine Huff und Jeremy Bird-Huff
Ansprechpartner: Christine und Doris Huff
Flaschen/Hektar: 5.600 (75 % weiß, 25 % rot)/9,5 ha

Mit ihren Rieslingen aus 2022 zeigen Christine Huff und ihr Mann Jeremy Bird-Huff eine neue Facette: Sie stellen die kühle Mineralik der Lagen in den Mittelpunkt wie beim würzigen »Rabenturm« oder dem durch seine mineralische Zuspitzung imponierenden Pettenthal – wobei die Weine ohne die brillante Säure aus 2021 auskommen müssen. Was Extraktdichte angeht, setzt der Sauvignon Gris Akzente, der Sauvignon Blanc »Yellow Bird« schafft lässig den Spagat zwischen Neuer Welt und Rheinhessen. Unsere Empfehlung ist der animierende Riesling Schwabsburg. Gute Kollektion!

92+ 2022 »Rabenturm« Nierstein Schloss Schwabsburg Riesling trocken
Neben attraktiven fruchtigen Komponenten, Pfirsich und Aprikose, würzig-mineralische Noten. Saftig und würzig mit mineralischer Tiefe am Gaumen, kompaktes, schlank gehaltenes Format, mittelgewichtiger Extrakt, eingewobene, etwas saline Säure, zitrisch endend. 12 Vol.-%, NK, €€€

92+ 2022 Nierstein Pettenthal Riesling trocken
Vielschichtige Nase, würzig, rauchig, auch brenzlig, zeigt den Charakter der Lage, reifes Steinobst. Straffer, kompakter Bau, engmaschiger Extrakt, eng anliegende Säure, etwas zurückhaltend in der Frische, saftig, mineralische Zuspitzung, charaktervoll, jung. 12 Vol.-%, NK, €€€

92+ 2022 »Réserve« Nierstein Findling Sauvignon Gris trocken
Merkliches Neuholz im Duft, rauchig, hefig, intensive Würze, Quitte, Quittenschale, Birne, Birnenschale. Am Gaumen mit dichter Substanz und etwas Extrakt- und Fruchtsüße, feste Struktur, saftig, würzig, auch mineralisch, fein ziselierte Säure, jung, gute Anlagen. 12,5 Vol.-%, NK,DV, €€

90+ 2022 Nierstein Orbel Riesling trocken
Im attraktiven Duft reifer Pfirsich, Grapefruit, Zitronentarte, auch Pomelo, feine Kräuterigkeit. Schlank gehaltene Struktur am Gaumen, eröffnet saftig, auf weichem Fond, eher verhaltene Säure, feine Salzigkeit, elegant, feine Phenolik, schöne Mineralität. 12 Vol.-%, DV, €€

89+ 2022 »Yellow Bird« Sauvignon Blanc tr.

89+ 2022 Schwabsburg Riesling trocken
Würzig, duftig, helle Blüten, rauchige Mineralik, gelbes Steinobst, Aprikose, Pfirsich, fermentierte Limette. Filigraner Bau, mittlere Struktur am Gaumen mit recht lebhafter Säure, kühl und auch mineralisch im Ausdruck mit zitrisch-würzigen Noten, animierend. 11,5 Vol.-%, DV, €€

★★★

GEORG GUSTAV HUFF

Woogstraße 1, 55283 Nierstein-Schwabsburg
T: +49 6133 50514, info@weingut-huff.com
weingut-huff.com

Ab-Hof-Verkauf: Mo bis Fr 8–12 Uhr und 13.30–18 Uhr, Sa 9–17 Uhr, So 10–12 Uhr
Kellermeister: Stefan und Daniel Huff
Ansprechpartner: Familie Huff
Flaschen/Hektar: 293.000 (70 % weiß, 14 % rot, 9 % Rosé, 4 % süß, 3 % Schaumwein)/29 ha

Bei einem Weingut am Roten Hang würde man vermuten, dass der Riesling die erste Geige spielt. Aber im Niersteiner Weingut Georg Gustav Huff steht die Rebsorte nur in einem guten Drittel der Rebfläche, denn Daniel und Stefan Huff verstehen sich auch auf Burgundersorten. Der maischevergorene Pinot Gris bezirzt den Gaumen mit feiner, griffiger Phenolik, der Spätburgunder verbindet saftige Frucht mit pfeffriger Würze und reifem Gerbstoff. Die Rieslinge sind wie gewohnt ohne Fehl und Tadel, gekonnt balanciert mit attraktiver Säure und der Mineralik des Roten Hangs. Formidabel!

92 2022 Nierstein Rehbacher Steig Sommerseite Riesling trocken
Blasses Goldgelb. Duft von nassem Stein, Zitronenmelisse, reifem gelbem Apfel und Johannisbeerblatt. Am Gaumen umringt der attraktive Säurebogen die leichte Fruchtsüße und führt gemeinsam mit mineralischer Würze in einen attraktiven Trinkfluss. 12 Vol.-%, NK, €€€

91+ 2021 »Réserve« Pinot Gris trocken
Orange in der Farbgebung und attraktiv phenolisch im ersten Duft. Nicht alltägliche, aber feine Aromen von Hagebuttentee, Orangenzeste, gelber Birne und etwas Vegetabilem. Viel Trinkfluss am Gaumen, feine Säure, gute Phenolik und auch rotbeerige Aromen. Guter Nachhall. 13 Vol.-%, NK, €€

92+ 2020 Nierstein Rosenberg Spätburgunder trocken
Rauch, etwas Hefe, dunkles Miso, getrocknete Kräuter, rote Kirschen, Waldhimbeere, würzig-mineralische Anklänge. Setzt auf weichem Hintergrund kraftvoll am Gaumen an, saftiger, reifer Gerbstoff in guter Dosierung, mineralisch, würzig, leicht pfeffrig, lang. 13 Vol.-%, NK, €€€

91+ 2022 Nierstein Schloss Schwabsburg Riesling Auslese
Duft nach reifen tropischen Früchten und Dörrobst mit Aprikose, dazu Honigwürze, kandierte Orangenschale, etwas Ananas. Am Gaumen mit lebendiger Säure, zupackend, gut integrierte Süße, frisch bleibend, pikante Zitrusfrucht, dicht und balanciert, zugänglich. 7 Vol.-%, DV, €€

90 2022 Riesling Kabinett feinherb

92 2022 »Alte Reben« Nierstein Riesling Hipping trocken
Zitronengelb in der Farbe. Ein Duft von Pfirsich, Aprikose, Limette und einer leichten Kräuternote. Am Gaumen mit einem Spiel von Extrakt und guter, lebendiger Säure sowie reifer Frucht. Im Nachhall leichte Mineralik, Zitrusnoten bei viel Trinkfluss. Facettenreich. 12 Vol.-%, NK, €€€

★

WEINGUT HUNGERMÜLLER

Friedhofstraße 10, 67596 Dittelsheim-Heßloch
T: +49 6244 6949400, info@hungermueller.de
hungermueller.de

Ab-Hof-Verkauf: Ja
Kellermeister: Heike Hungermüller
Ansprechpartner: Heike Hungermüller
Flaschen/Hektar: 11.000 (76 % weiß, 12 % rot, 12 % Rosé)/5 ha

Ein junges Weingut mit einer ungewöhnlichen Erfolgsgeschichte: Heike und Ralf Hungermüller, beide stammen aus Winzerfamilien, arbeiteten zunächst als Informatiker, als sie beschlossen, ein eigenes Weingut zu gründen. Vor drei Jahren füllten sie erstmals den eigenen Wein in Flaschen ab. Schon 2021 überraschte das Paar, das seine Rebfläche naturnah bewirtschaftet, mit dem zweiten Platz bei der »Falstaff Müller-Thurgau Trophy«. Dieses Jahr bekamen wir den Müller-Thurgau in prickelnder Form bemustert. Am besten gefallen hat uns diesmal aber der fein nuancierte Grauburgunder.

88+ 2022 »Müllerchen« Secco trocken

Prickelnd zeigt sich das »Müllerchen« im Glas. Floral duftet er nach Holunderblüten und Zitronenschale bei erfrischender Anmutung. Spürbar schäumend der Auftakt am Gaumen, gestützt von Ananasfrucht. Grapefruit und frischen Kräutern. Sehr erfrischend der Nachhall. 12,5 Vol.-%, DV, €

90 2022 Dittelsheim-Heßloch Grauburgunder trocken

Goldgelb mit zart rötlichem Stich präsentiert sich dieser Grauburgunder im Aussehen. Er duftet dabei dezent nach Melone, Birne und auch etwas nach Banane. Angenehme Cremigkeit spürt man am Gaumen bei gut eingebundener Säurestruktur. Gute Länge. 10 Vol.-%, DV, €

88+ 2022 Dittelsheim-Heßloch Weißburgunder trocken

Der Wein duftet ausgesprochen jugendlich im Glas. Mandeln und Haselnüsse liefern die Aromatik für diesen Wein, der auch etwas nach Weißen Johannisbeeren duftet. Fruchtsüße dominiert im Auftakt bei schmelziger Finesse. Mittellang der Nachhall. 11 Vol.-%, DV, €

89+ 2022 Rosé Secco brut

Aufschäumend fließt der Rosé aus der Flasche und zeigt dabei seine leuchtende Lachsfarbe. Orangenschale, Mandarine und Orangenblüten dominieren im Duft. Das Mundgefühl wird verwöhnt mit fruchtigem Prickeln und lebendiger Frische. Nachhaltig das Finale. 12,5 Vol.-%, DV, €

★★★★

WEINGUT KNEWITZ

Rheinblick 13, 55437 Appenheim
T: +49 6725 2949, info@weingut-knewitz.de
weingut-knewitz.de

Ab-Hof-Verkauf: nach Vereinbarung
Kellermeister: Tobias und Björn Knewitz
Ansprechpartner: Familie Knewitz
Flaschen/Hektar: 150.000 (90 % weiß, 10 % rot)/25 ha
Anbauweise: Bio

Tobias Knewitz ist im Schnelldurchlauf durch die Etappen vom frühreifen Ausnahmetalent zum gestandenen VDP-Winzer galoppiert, mit seinem Bruder Björn führt er das Weingut mit 25 Hektar biologisch kultivierter Rebfläche. Das Duo hat nicht nur den Appenheimer Hundertgulden zu einer großen Rieslingmarke entwickelt, auch aus den Nieder-Hilbersheimer Lagen kommen Charaktere im typischen Knewitz-Style: straff, puristisch, mineralisch. Die Chardonnay »Réserve« zählt mit ihren Ecken und Kanten zu den besten ihrer Art, der Gutsriesling ist schlicht eine Wucht!

95 2022 Appenheim Hundertgulden Riesling GG
Duft noch etwas verschlossen, roter Apfel, etwas Cidre, Pfirsich, kräuterige und steinige Anklänge. Klar gefasst am Gaumen, druckvoll und linear mit dichtem Extrakt, der für Schub sorgt. Lebendige Säure mit Noten von herbem Apfel, mineralisch unterlegt, feine Phenolik. 13 Vol.-%, NK, €€€

94+ 2021 »Réserve« Chardonnay trocken
Reduktiv, Kümmel, steinige Anklänge, feine Grillnoten, geschmortes Obst, etwas Aubergine, kräuterig. Am Gaumen cremig, druckvoll, hat Ecken und Kanten, die für Profil sorgen und fordern, ohne zu irritieren; mineralisch, gute Proportionen, endet lang, ziemlich salin. 13 Vol.-%, NK, €€€

94 2022 Nieder-Hilbersheim Steinacker Riesling GG
Kühler, zitrisch dominierter Duft, erdig-steinige Noten, kräuterig, gepflegte Reduktionsnote, dunkle Hefe. Zeigt sich auch am Gaumen zitrisch und kräuterig, straff gebaut, betont trocken und puristisch, merkliche Mineralik, saftige, geradlinige Säure, lebendig. 13 Vol.-%, NK, €€€

92+ 2022 »HB« Nieder-Hilbersheim Honigberg Riesling trocken
Blasse Farbe korrespondiert mit anfänglichen Reduktionsnoten. Ein Duft aus Wiesenkräutern, Zitronenzeste, gelber Frucht, Steinobst. Am Gaumen ungemein präzise in der Frucht, attraktiver Säurebogen. Viel Mineralik und feine Phenolik begleiten den sehr langen Nachhall. 13 Vol.-%, NK, €€€

92 2022 »1G« Gau-Algesheim Goldberg Riesling trocken

91 2022 Riesling trocken
Im Duft eine Melange aus frischen Kräutern, Zitronenmelisse, jungem Steinobst und auch der Würze des Terroirs. Am Gaumen fast puristisch und dennoch von viel Harmonie geprägt. Der attraktive Nachhall wird von feiner Säure und leichtem Extrakt geprägt. Stark! 12 Vol.-%, DV, €€

★

WEINGUT KÖSTER-WOLF

Langgasse 62, 55234 Albig
T: +49 6731 2538, mail@koester-wolf-weingut.de
koester-wolf-weingut.de

Ab-Hof-Verkauf: Mo bis Do 8–12 Uhr und 13–17 Uhr, Fr 8–13 Uhr
Kellermeister: Claus Wolf
Ansprechpartner: Bärbel Wolf
Flaschen/Hektar: 267.000 (65 % weiß, 15 % rot, 5 % Rosé, 14 % süß, 1 % Schaumwein)/35 ha

Als bei Bauarbeiten ein mittelalterliches Brunnenrad zum Vorschein kam, hatte die Familie ihr Signet gefunden, das heute alle ihre Flaschen ziert. Ganz so alt ist das Weingut nicht, doch Bärbel und Claus Wolf führen es immerhin bereits in elfter Generation. Dem Paar ist eine deutliche Qualitätssteigerung zu verdanken – und ein exzellentes Preis-Genuss-Verhältnis noch dazu. Der trockene Muskateller, unser Tipp, löste beim Verkostungsteam Begeisterung aus: Hier wurde der Lesezeitpunkt exakt getroffen. Präzisionsarbeit zum Vorzugspreis ist möglich!

90+ 2022 Albig Spätburgunder Blanc de Noir trocken

Ein weiß gekelterter, kalt vergorener Spätburgunder: Der Duft zeigt Aromen von Sternfrucht, Zitronenmelisse, Kiwifrucht und einen Touch von Ananas. Ein perfektes Erlebnis am Gaumen, voller Fruchtigkeit und belebender Frische, Kompliment! 12 Vol.-%, DV, €

90 2022 Weißer Burgunder trocken

Gehaltvoll präsentiert sich die Aromatik bereits im Duft. Dabei stehen florale Duftnoten im Vordergrund, die an Frühlingswiese denken lassen. Dazu ein Touch von Birne und frisch aufgeschnittenem Apfel. Herb-fruchtig der Auftakt am Gaumen mit guter Säureunterstützung. Lange im Abgang. 12,5 Vol.-%, DV, €

90 2022 Albig Hundskopf Chardonnay trocken

Im Duft erinnert der Wein an gut gereifte Trauben, weiße und gelbfleischige Südfrüchte. Dazu gesellen sich dezent nussige Aromen. Bei aller Fülle ist der Gaumeneindruck gut ausbalanciert, die Anmutung von Saftigkeit und Frische bleibt bis in den Abgang erhalten. 13 Vol.-%, DV, €

91 2021 Albig Hundskopf Spätburgunder trocken

Ein Duft gut gereifter Kirschen und Brombeeren bestimmt die Aromatik in der Nase. Dezent und fein auch der Holzeinsatz. Perfekte Abstimmung am Gaumen, bei reintöniger Aromatik: Milchschokolade, Kirschpralinen. Gute Länge. 13,5 Vol.-%, NK, €

90 2022 Grauer Burgunder trocken

92 2022 Alzey Römerberg Gelber Muskateller trocken

Welch ein ausladender Duft! Hier wurde der Zeitpunkt der Traubenlese perfekt getroffen. Eine reiche Aromatik durchströmt die Nase. Ganz viel Rosenduft von gelben Teerosen und Muskatblüte, flankiert von Maracujafrucht bereiten dem Gaumen viel Spaß. Sicher der letzte Kick zu asiatischen Gerichten. Sehr lang. 12,5 Vol.-%, DV, €

★★

KREBS-GRODE

Hauptstraße 16, 55278 Eimsheim
T: +49 6249 908050, service@krebs-grode.de
krebs-grode.de

Ab-Hof-Verkauf: Mo bis Fr 8–17 Uhr
Kellermeister: Hubertus und Annette Krebs
Ansprechpartner: Hubertus und Annette Krebs
Hektar: 28 ha
Anbauweise: Biodynamisch

»Wir haben die Erde von unseren Nachkommen geliehen« ist das Motto des Ehepaars Krebs und seiner drei Söhne. Die Winzerfamilie in sechster Generation bewirtschaftet ihre uralten Weinbergslagen von rund 28 Hektar ausschließlich biodynamisch. Die Arbeit mit den Reben – so betonen sie – bedeute für sie eine Lebenseinstellung. Auf diese Weise glücken ihnen zuverlässig sortentypisch solide Weinqualitäten. Naturgemäß zeigt sich der 2022er Jahrgang etwas kraftvoller als der 2021er. Der Frühburgunder besitzt nun eine schöne erste Trinkreife.

90 2022 Spätburgunder Blanc de Noirs trocken

Sehr jugendlicher, frischer Duft nach Roten Johannisbeeren mit Anklängen von Stachelbeere und Kiwifrucht. Am Gaumen ist der Wein sommerlich leicht bei intensiver Beerenfrucht und erfrischender Säure, alle Komponenten wirken sehr aufgeräumt. 12 Vol.-%, DV, €

89+ 2022 Gewürztraminer trocken

Zurückhaltender, aber typischer Duft nach voll erblühten Wildrosen mit anklingender Teeblätteraromatik, gediegen der Eindruck am Gaumen bei regionaltypischer Stilistik, gute Trinkreife bei ausgewogenem Geschmacksbild, nachhaltiges Finish. 12 Vol.-%, DV, €

89+ 2020 »Schwarzerde« Eimsheim Sonnenhang Grauburgunder trocken

Goldgelb mit altgoldfarbenen Reflexen zeigt sich die »Schwarzerde« im Glas. Die Rebsortenaromatik wird flankiert von Vanillenoten und gekochten weißen, heimischen Fruchtaromen. Sehr weich und geschmeidig der Auftritt am Gaumen, schmelzig nachklingend im Abgang. Ein opulenter Sortentyp. 14 Vol.-%, DV, €€

91 2018 »Tonerde« Gau-Odernheim Oelberg Frühburgunder

Intensiver, sortentypischer Duft mit reicher Beerenfrucht. Riecht nach roten und dunklen Waldbeeren bei vorherrschenden Brombeer- und Schlehennoten mit gut ausbalanciertem Holzeinsatz. Mittelgewichtig bis kraftvoll am Gaumen, bindet der Körper Frucht und Eichenholz ein, gute Länge im Abgang. 13,5 Vol.-%, DV, €€

89 2021 Guntersblum Weißer Burgunder trocken

90 2022 Guntersblum Sauvignon Blanc tr.

Vielschichtiger, feiner Rebsortenduft, der an grünen Paprika und frischen Grasschnitt erinnert. Auch Gaumenauftritt und Geschmack fallen typisch aus: Straffe Säure und Frucht prägen den Geschmackseindruck, dabei wirkt der Wein bodenständig, lange anhaltend im Abgang. 12,5 Vol.-%, DV, €

★

WEINGUT KRUPPENBACHER

Außerhalb 9, 55270 Jugenheim
T: +49 6130 2074564
kruppenbacher.de

Ab-Hof-Verkauf: Ja
Kellermeister: Jan Kristof Schmidt
Ansprechpartner: Marcel von den Benken
Hektar: 15 ha

Das Weingut liegt zwischen Mainz, Bingen und Bad Kreuznach in Jugenheim. Ein Bogen des Rheines umschließt die Gegend mit ihren sanft geschwungenen Rebhügeln. Kellermeister Jan Kristof Schmidt baut die Weine als klare und ausgewogen abgestimmte Rebsortentypen aus, die auch immer der Kulinarik Raum neben sich lassen. Ambitionen zeigt unser Tipp, der schwungvolle Riesling »Kalkmeer«. Eigentümer des Weinguts ist der Pfälzer Johannes Kruppenbacher, Dr. med. im Hauptberuf, über den man munkelt, dass er neun Leben habe. Liegt es am Ende auch an seinen zuträglichen Weinen?

89+ 2022 »Kalkmeer« Riesling trocken
Kräftiges Gelb, kräftige Aromen von Steinobst, Pfirsich und Aprikose, auch erste Reifenoten, Petrol. Am Gaumen richtet die lebendige Säure das Gleichgewicht zwischen Fülle, merklicher Restsüße und auch anklingender kalkiger Mineralik, die auch das Finish trägt. 12 Vol.-%, DV, €

89+ 2022 »Urgestein« Grauburgunder trocken
Ziemlich reife und auch würzige Nase, reife und auch kandierte Birne, im Rückraum Pfirsich und gelbe Pflaume, auch Dörrobst. Baut am Gaumen eine gute Verbindung zwischen reifer Frucht und einer Lebendigkeit auf, die merkliche Süße sorgt für Geschmeidigkeit und Fülle. 12 Vol.-%, DV, €

89 2022 »Eiszeit« Chardonnay trocken
Die »Eiszeit« mag es in der Aromatik ziemlich üppig mit Aromen von reifer Ananas und Maracuja, auch weißem Pfirsich und Birne. Am Gaumen wird die satte Sortenaromatik von einer Fülle getragen, die sich auch aus harmonischer Restsüße speist, zugänglich. 12,5 Vol.-%, DV, €

89+ 2022 Cabernet Sauvignon Rosé trocken
Schwarze Johannisbeere, Schwarzkirsche und Brombeere im Duft, auch etwas Gelbfrucht, Pfirsich. Am Gaumen schwungvoll-leicht und doch seriös, da gehen Trinkfreude mit Substanz zusammen, abrundende Fruchtsüße, eingewobene Säure, endet mit schöner Himbeerfrucht. 12 Vol.-%, DV, €

89 2022 Grauburgunder trocken
88+ 2022 »Kreidezeit« Weißburgunder feinherb
88+ 2022 Riesling trocken
88+ 2022 Rivaner trocken
88 2022 Weißburgunder trocken
88 2022 »Cuvée weiß Liter« trocken WB/MT/RR
88 2022 Rosé feinherb DF/PN/CS

90+ 2022 »Kalkmeer« Riesling feinherb
Im Duft eine reife, leicht petrolige Note, reifer Pfirsich, reife Ananas, würzige, steinige Noten. Am Gaumen mit gutem, mitreißendem Schwung, kalkmineralisch, selbstbewusste, delikate Säure, die mit der passenden Fruchtsüße für Vernügen am Gaumen sorgt: Macht Spaß!
11,5 Vol.-%, DV, €

★★★★★

WEINGUT KÜHLING-GILLOT

Ölmühlstraße 25, 55294 Bodenheim
T: +49 6135 2333, info@kuehlingandbattenfeld.com
kuehlingandbattenfeld.com

Ab-Hof-Verkauf: Mo bis Fr 9–17 Uhr
Kellermeister: H. O. Spanier, Axel Thieme, Christopher Full
Ansprechpartner: Carolin Spanier-Gillot und Hans Oliver Spanier
Hektar: 25 ha
Anbauweise: Bio

Beim Weingut Kühling-Gillot sind es nicht nur die formidablen Großen Gewächse, die für Furore sorgen, sondern schon die Ersten Lagen, die so viel Struktur, Bündelung und Balance mitbringen, dass sie an so manches GG aus anderen Häusern heranreichen. Das spricht für die rigide Qualitätsstrategie, die keinerlei Kompromisse duldet, wenn es darum geht, die besonderen Eigenschaften der Lagen am Roten Hang einzufangen. Der »wurzelechte« Rothenberg und der Pettenthal zählen für uns wieder zu den besten Rieslingen im Land, expressiv, mit erhabener Phenolik und Mineralik.

96 2022 »wurzelecht« Nackenheim Rothenberg Riesling GG
Vielschichtiges Duftbild mit Pfirsich, Orangenschale, mineralisch, feine Reduktion. Feiner Saft am Gaumen, extrem feine, noble Säure, die sich in der geschmeidigen Textur auffächert, aparte Würze, hintergründige Mineralik, feine Phenolik, erhaben und noch jung. 12,5 Vol.-%, NK, €€€€

95 2022 Nierstein Pettenthal Riesling GG
Ist fordernd in der Nase mit brenzligen, reduktiven und kräuterigen Noten, heißer Weinberg, erdig, mineralisch. Auch expressiv am Gaumen, straffe Textur, druckvoller Extrakt, lebendige, delikate Säure, mineralische Grundierung, intensive Würze, sehr gute Balance. 12,5 Vol.-%, NK, €€€€

93+ 2022 Nierstein Hipping Riesling GG
Reduktive Noten, hefig, kräuterig, Apfelschale, feiner Kümmel, hinter dem Schleier gelbes Steinobst. Interpretiert die manchmal etwas lethargisch auftretende Lage auf aufregende Art mit belebender Säure und schöner Würze sowie Mineralik, nicht zu lang, aber spannend.
12,5 Vol.-%, NK, €€€€

93+ 2022 Nierstein Ölberg Riesling GG
Feine Reduktion im Duft, hefig, kräuterig, auf der gelbfruchtigen Seite, Weinbergpfirsich, auch Aprikose. In der Textur weich und beinahe etwas ölig, die präsente ausgewogene Säure, Mineralik und auch die reifen Phenole bilden den Kontrastpunkt, feines Salz im Finish. 12,5 Vol.-%, NK, €€€€

91+ 2022 »Aus Ersten Lagen« Nackenheim Riesling trocken

92+ 2022 »Aus Ersten Lagen« Nierstein Riesling trocken
Mittleres Goldgelb. Satter Duft, gepflegte Note von Spontangärung, saftiges Steinobst, schiefrige Würze. Ziemlich erwachsen am Gaumen mit viel Saft und reifer Säure, die weiß, was sie will. Reife Phenole, tiefgründig, mineralisch, gute Bündelung und Balance. 12 Vol.-%, NK, €€€

★★

WEINGUT LAMBERTH

Kirchstraße 20, 55278 Ludwigshöhe
T: +49 6249 8611, info@weingut-lamberth.de
weingut-lamberth.de

Ab-Hof-Verkauf: nach Voranmeldung Mo bis Fr 8–12 Uhr und 14–18 Uhr, Sa nach Vereinbarung
Kellermeister: Carsten Lamberth
Ansprechpartner: Carsten Lamberth
Hektar: 19 ha

Auf sonnigen Terrassen in Nähe des Rheins bewirtschaftet das Weingut 40 verschiedene Parzellen. »Vielseitigkeit« ist das Wort, das am besten auf die Leistung von Carsten Lamberth zutrifft. Die unterschiedlichen Rebsorten sind sämtlich gelungen, vom trockenen Silvaner über Merlot in Réserve-Qualität bis zu den ausgezeichnet balancierten fruchtsüßen Spätlesen. Besonders fein fanden wir, wie die Rotweine reifes Tannin mit Präzision beim Holzfassausbau verknüpfen: Der feinfruchtige und zart mineralische Cabernet Franc empfiehlt sich für höhere Weihen.

91 2021 Guntersblum Authental Riesling trocken
Im Duft Limette, Zitrone und etwas Mandarinenschale, auch mineralische Noten. Am Gaumen hat der Wein ein gutes Volumen bei lebhafter Säure – ein herkunftstypischer Riesling. Die Frucht ist das Herzstück dieses Rheinhessenweines mit guter Länge. 12,5 Vol.-%, NK, €€

91+ 2018 Guntersblum Steig-Terrassen Cabernet Franc trocken
Schwarze Johannisbeere, Traubenzucker, leicht floral, ein klein wenig Holz. Im Mund hat der Wein eine saftige, frische Art, feinkörniges Tannin, eine frische, gute Gaumenfrucht, sogar leicht mineralische Nebentöne, ein bemerkenswert feiner und stilvoller Cabernet Franc. 13,5 Vol.-%, NK, €€

91 2022 »Alte Reben« Riesling Spätlese
Schon der intensive Duft deutet den guten Extrakt an: Melone, gereifte Ananas und dezente Honignoten. Edle Süße, sehr stimmig und rund bei gut ausbalanciertem Süße-Säure-Verhältnis verwöhnen den Gaumen. Das wird wunderbar zu asiatischen Gerichten passen! 7,5 Vol.-%, DV, €

90+ 2022 Gewürztraminer Spätlese
Zart duftet der Gewürztraminer nach erblühten Rosen und auch etwas nach Litschifrüchten. Am Gaumen ist das Spiel von Süße und Säure bei gutem Volumen sehr angenehm. Der Wein ist von nachgerade aristokratischer Anmutung bei insgesamt stimmigem Auftritt auch im Finale. 9 Vol.-%, DV, €

89+ 2022 »Kalkstein« Riesling trocken
89 2022 Sauvignon Blanc trocken
88+ 2022 »Sun Fun« feinherb SÄ/SB/GS
88 2021 »Kalkstein« Chardonnay & Weißburgunder trocken
89+ 2022 Blanc de Noir trocken CS/ME
88 2022 »Cuvée Rosé« trocken CS/ME/CF
90 2018 »R« Guntersblum Himmelthal Merlot trocken

89+ 2022 Silvaner trocken
Schon der Duft zeigt überdeutlich, dass hier ein perfekter Speisenbegleiter eingeschenkt wurde. Reife Williams Christbirne und gelbfleischiger Apfel umschmeicheln die Nase. Dazu ergänzend feine Kräuterigkeit am Gaumen bei frischem Auftritt. Nachhaltiges Finish. 11,5 Vol.-%, DV, €

★

WEINGUT LUFF

Hauptstraße 16, 55459 Aspisheim
T: +49 6727 5893, info@weingut-luff.de
weingut-luff.de

Ab-Hof-Verkauf: nach Vereinbarung
Kellermeister: Christian Luff
Ansprechpartner: Christian Luff
Hektar: 23 ha

Es gibt Winzer, die machen gute Weine, tun sich aber schwer damit, ihre Produkte anzupreisen. Christian Luff aus Aspisheim im rheinhessischen Hügelland kann beides. Was er macht, hat Hand und Fuß, wenn auch auf eine etwas plakative Art: Die meisten seiner Weine zeigen gerne eine zugängliche Seite mit etwas Restsüße, sind aber immer originell genug, um nicht ins Banale abzugleiten. Und wenn auf den Etiketten steht: »Enthält Sulfite und ein bisschen Revolte«, dann nimmt man ihm das sogar ab. Unser Probiertipp: der Riesling mit quietschgrünem Etikett.

90 2022 »GB #Barrique« trocken
Etwas Sortenwürze mit reifer Birne, Quitte, auch merklicher Holzeinfluss. Stoffig und ausladend mit guter Substanz, feste Struktur mit reifen Holztanninen, merkliche Würze als Grundierung, gute Balance, auch Länge. Burgunder, der gerne den gedeckten Tisch sieht. 13,5 Vol.-%, DV, €€

89 2022 Grauburgunder trocken
Kräftiger Duft mit reifen Birnenaromen, Melone, auch Quitte. Konzentriert und stoffig am Gaumen mit süßlichem Extrakt, reifer, leicht salin unterlegter Säure. Bringt genug Struktur und Konsistenz mit, um kräftige Gerichte patent zu begleiten. Viel Wein fürs Geld. 13,5 Vol.-%, DV, €

88+ 2022 »X« Rosé BP/PN
Helles Ziegelrot, reife Erdbeere und Himbeere, etwas Erdbeerbowle und Himbeerbonbon. Nichts für Trockentrinker, aber einen Versuch wäre es allemal wert: Die Restsüße verbreitet Ausgewogenheit und Charme, feiner Gerbstoff-Grip. Kalt trinken und in Partylaune kommen. 10,5 Vol.-%, DV, €

89 2022 »Sweet Explosion« BC/KR/RR
Kerniger Duft mit etwas Muskatnuss, Traubensaft, dazu eine Spur Grapefruit und Mandarine. Am Gaumen mit verhaltener Säure, griffig, etwas Schwarze Johannisbeere, zarte Phenolik, Süße ist sehr gut eingebunden, mittlere Struktur, endet würzig. Sehr individuell. 9,5 Vol.-%, DV, €

88+ 2022 Weißburgunder halbtrocken

89 2022 Riesling trocken
Reifer Pfirsich, Papaya und Aprikose, Grapefruit, auch nasse Kieselsteine. Schlanke Struktur, schwungvoll am Gaumen mit lebendiger Säure, die von etwas Limette begleitet wird. Wirkt durch die Frische trockener, als er ist, die Fruchtsüße fügt sich ein. Sehr stimmig balanciert. 12 Vol.-%, DV, €

★★★

WEINGUT MANZ

Mühlweg 18, 55278 Weinolsheim
T: +49 6249 803008, weingut@manz-weinolsheim.de
manz-weinolsheim.de

Ab-Hof-Verkauf: Mo bis Fr 8.30–15.30 Uhr, Sa 10–14.30 Uhr
Kellermeister: Erich und Eric Manz
Ansprechpartner: Eric Manz
Flaschen/Hektar: 333.000 (60 % weiß, 40 % rot)/35 ha

Bei dieser vielseitigen und facettenreichen Kollektion mit Weinen aus den Jahrgängen 2022, 2021 und 2020 hat man wirklich die Qual der Wahl – und das ist in diesem Fall ein Luxus und Genuss. Eric Manz legt dichte, mineralische Rieslinge wie den aus dem Niersteiner Pettenthal vor, mit seinen kräftigen, die Struktur betonenden »Réserve«-Weinen kurbelt er die kulinarische Fantasie an, für den Spätburgunder aus dem Oppenheimer Herrenberg legt man gerne noch mal Kaminholz auf. Abgeholt hat er uns mit dem charmanten und feincremigen Riesling Kabinett, unserem Tipp!

92+ 2022 Nierstein Pettenthal Riesling trocken
Würzig und steinig im Duft, nasses, in der Sonne trocknendes Gestein, gelber Apfel, Weinbergpfirsich, Aprikosen, Zitronenmelisse, Minze. Am Gaumen dicht, stoffig, cremiger Kern, feingliedrige Säure, mineralisch-kräuterige Würze, feine Phenolik, saftig, trinkanimierend. 12,5 Vol.-%, NK, €€€

91+ 2022 »100« Oppenheim Herrenberg Riesling trocken
Saftiger Pfirsich, Aprikosen, gelber Apfel, Apfelschale, frische Kräuter, Zitronenmelisse, Basilikum, Rosmarin, Gesteinsmehl. Am Gaumen saftiger Apfel, Birnen, reife Säure umspielt dezente Süße, mineralisch salzig im Nachhall, mittelgewichtig im Körper, schöne Länge. 13 Vol.-%, NK, €€

91+ 2021 »Réserve« Weißburgunder trocken
Reife Ananas, Apfelschale, Brioche, frisches Lorbeer, Macadamianuss, frisch gemahlene Mandeln, dezente Holzwürze. Am Gaumen stoffig, saftig, lebendige Säure, feine mineralische Würze, cremiger Schmelz, sonnenverwöhnte gelbe Frucht, gut ausbalanciert, lange am Gaumen. 13 Vol.-%, NK, €€

91 2022 »Réserve« Chardonnay trocken
Reife Birnen und saftiger Pfirsich im Duft, Kumquats, frische Zitronen, in Butter geschwenkter Mais, Karamell, Gesteine. Am Gaumen mollig rund, cremiger Schmelz, ausbalanciert von reifer Säure und Würze, saftige gelbe Frucht, dicht, lange am Gaumen, Reifepotenzial. 13,5 Vol.-%, NK, €€

91 2021 »Réserve« Grauburgunder trocken
91 2022 Weinolsheim Kehr Riesling trocken
90 2022 »Kalkstein« Sauvignon Blanc tr.
90 2022 »Alte Reben« Guntersblum Riesling trocken
89+ 2022 »Alte Reben« Dienheim Grauburgunder trocken
90+ 2020 »Réserve« Oppenheim Herrenberg Spätburgunder trocken
91 2021 Weinolsheim Kehr Riesling Spätlese

91+ 2021 Nierstein Heiligenbaum Riesling Kabinett
Dezent Rauch, nasses Gestein, Weinbergpfirsich, Quitten, Zitronenabrieb, kräuterige Würze, Zitronenmelisse, Brennnessel. Am Gaumen dicht, cremiger Schmelz, feine Säureader, saftiger Pfirsich, Aprikosen mit feiner Süße, angenehm herb im Nachhall, schöne Länge. 8,5 Vol.-%, DV, €€

★

WEINGUT MARTINSHOF

Außerhalb 1, 55276 Dienheim
T: +49 6133 2280, info@wein-martinshof.de
wein-martinshof.de

Ab-Hof-Verkauf: Ja
Kellermeister: Achim Martin
Ansprechpartner: Achim Martin
Flaschen/Hektar: 333.000 (70 % weiß, 17 % rot, 10 % Rosé, 1 % süß, 2 % Schaumwein)/30 ha

»Meine Passion – Mein Leben – Mein Wein«: Das ist der Leitspruch von Achim Martin, der mit seiner Frau Anke das Weingut in Dienheim leitet, an der Peripherie des Roten Hangs. Zum Martinshof gehören 30 Hektar Weinberge, darunter Lagen wie Oppenheimer Sackträger und Kreuz. Riesling und Spätburgunder stehen im Zentrum des Schaffens, die Weine sind gehaltvoll, aus reifem, gesundem Lesegut gewonnen und bieten viel zum fair berechneten Tarif wie der strukturgeprägte Riesling »Magister« und das Pendant aus dem Sackträger. Imposant auch der mächtige Spätburgunder.

91+ 2015 »Magister« Oppenheim Herrenberg Riesling trocken
Tiefes Goldgelb, bernsteinfarbene Anklänge. Trockenobst, Aprikose, Datteln, Steinpilz, leicht ätherischer Ton. Kräftig gebaut mit cremig-öliger Konsistenz, die raffinierte Säure entfächert sich, mindestens Spätlesecharakter, opulent, kulinarisch interessant. 13,5 Vol.-%, NK, €€

89 2022 Dienheim Weißer Burgunder trocken
Kräftiges Duftbild mit reifer Aprikose, auch getrockneter Aprikose und Mango sowie Ananas, feine Würze. Am Gaumen stoffig und saftig, das Lesegut muss reif gewesen sein, die frische Säure sorgt für Balance, feine Würze und anklingende Mineralik, in sich stimmig. 13 Vol.-%, DV, €

89 2022 Dienheim Spätburgunder Weißherbst trocken
Mittleres Lachsrosa. Reife Erdbeere, Walderdbeere, Himbeere und rote Kirsche, auch etwas Erdbeerbonbon. Saftig am Gaumen mit lebendiger Säure, würzig, auch cremig, wieder rote, süßliche Frucht, vor allem Erdbeere, die merkliche Restsüße sorgt für Harmonie. 12,5 Vol.-%, DV, €

91 2018 Oppenheim Kreuz Spätburgunder trocken
Kräftiger, balsamisch-würziger Duft mit reifen dunklen und roten Kirschen, Pflaumen Pfeifentabak, Röstaromen, auch leicht ätherisch. Kräftig gebaut und auch ausladend am Gaumen, viel Substanz, reife, mürbe Gerbstoffe, mineralische Untertöne, lang, ausdauernd. 15 Vol.-%, DIAM, €€

88+ 2022 Dienheim Scheurebe feinherb

90+ 2021 Oppenheim Sackträger Riesling trocken
Farbe spielt ins Goldgelbe. Kamille, reifer Pfirsich und Aprikose, auch etwas Passionsfrucht, gediegenes Duftbild. Straff gebaut am Gaumen mit weicher, beinahe öliger Konsistenz, guter Extrakt, fein ziselierte Säureader, die sich auffächert, mineralisch, balanciert. 12,5 Vol.-%, DV, €

★★

WEINGUT METT & WEIDENBACH

Mainzer Straße 31, 55218 Ingelheim am Rhein
T: +49 6132 2682, info@mett-wein.de
mettwein.de

Ab-Hof-Verkauf: Ja
Kellermeister: Jürgen Mett
Ansprechpartner: Jürgen Mett
Flaschen/Hektar: 133.000 (40 % weiß, 29 % rot, 15 % Rosé, 1 % süß, 15 % Schaumwein)/14 ha
Anbauweise: in Umstellung

Schon seit 1842 bewirtschaftet die Winzerfamilie Mett Weinberge rund um Ingelheim in Lagen wie Pares, Höllenberg und Unft. Die 14 Hektar Rebfläche befinden sich in Umstellung zum biologischen Weinbau. Jürgen Mett hat ein feines Händchen für rote Burgundersorten, die alle mit delikater Frucht, behutsam extrahierten Gerbstoffen und Terroirausdruck überzeugen, allen voran der »Höllenweg«, der, wie einer unserer Verkoster anmerkte, eher duftet als sei er »auf dem Weg in den Himmel«. Auch die Weißweine befinden sich auf gutem Niveau, Glückwunsch zum zweiten Stern!

91 2022 Ingelheim Chardonnay trocken
Gut gereiftes Lesegut präsentiert sich aromatisch, der Duft von Heu und exotischen Früchten begleitet das Aroma. Am Gaumen wird die erfrischende Säurestruktur von Schmelz kontrastiert und von Kalkmineralität unterstrichen. Mittlere Dichte, gute Länge. 13 Vol.-%, DV, €€

93+ 2020 Ingelheim Höllenweg Spätburgunder trocken
Hinter der Holzwürze kommen Aromen von Hagebutte, Johannisbeere, dunkler Kirsche, Lorbeerblatt, Nelke und auch Pfeffer zum Vorschein. Der Gaumen ist weit gespannt und druckvoll, dichter Extrakt, reife Säure, Kontur gebende Gerbstoffe und prägnante Kalkmineralik. 13,5 Vol.-%, NK, €€€

92 2020 Ingelheim Pares Spätburgunder trocken
Die dezente, frische Frucht wird dominiert von roter und dunkler Beerenfrucht, mit Anklängen von würziger Vanilleschote. Schön auch der Terroircharakter von Pares bei erstaunlichem Körperreichtum und vielfältiger Saftigkeit. Weich der anhaltende Nachhall. 13,5 Vol.-%, NK, €€

91 2021 Ingelheim Pares Frühburgunder trocken
Eine feine Sauerkirschnote dominiert im Duft, flankiert von aromatischen reifen Brombeeren. Weich, geschmeidig und rund, insgesamt sehr typisch zeigt sich der Frühburgunder am Gaumen. Das ist Sortentypizität par excellence! Lang auch der würzige Nachhall. 13 Vol.-%, NK, €€€

89 2022 Ingelheim Gelber Muskateller tr.

90 2022 Ingelheim Unft Riesling trocken
Unglaublich frisch und verführerisch duften die Marille, der gelbfleischige Apfel und die Mirabelle aus dem Glas. Dazu gesellt sich am Gaumen eine feingliedrige Mineralität, die den Riesling sehr stimmig abrundet. Schön auch die Säurefrische im langen Finish. 12,5 Vol.-%, DV, €€

★★

WEINGUT MÜLLER – DR. BECKER

Vordergasse 14, 67592 Flörsheim-Dalsheim
T: +49 6243 5524, info@mueller-dr-becker.de
mueller-dr-becker.de

Ab-Hof-Verkauf: nach Vereinbarung
Kellermeister: Jochen Becker
Ansprechpartner: Jochen Becker
Flaschen/Hektar: 160.000 (60 % weiß, 20 % rot, 15 % Rosé, 5 % Schaumwein)/16 ha

Generationen dieser Familie waren aufs Engste mit Dalsheim verbunden – schon seit 400 Jahren. Kein Wunder, dass die heute aktive Müller-Dr.-Becker-Crew auf Weinberge in den besten Lagen des Ortes zurückgreifen kann. Jochen Becker, der den Betrieb leitet, widmet sich vor allem den klassischen Rebsorten Riesling, Silvaner und den Burgundern (sowie Verwandten). Mit sortenreinem Ausbau arbeitet er Typizität und Herkunft heraus. »Wein aus Leidenschaft«, schreibt Becker – was Wunder, wenn das Resultat seiner Arbeit ein solcher Saint Laurent aus der Toplage Bürgel ist.

90+ 2021 Dalsheim Bürgel Chardonnay tr.
Ein zurückhaltender Duft, der sich langsam öffnet, prägt den Auftakt in der Nase. Dabei Honigmelone, heimische gelbe Früchte und anklingende Würze. Die klare Frucht wird im Mund begleitet von frischer zupackender Säure, die dem Wein viel Leben einhaucht, mittelkräftiges Finale. 13 Vol.-%, NK, €€

89+ 2021 »Alte Reben« Dalsheim Steig Weißer Burgunder trocken
Der Wein zeigt im Duft eine perfekte Rebsortentypizität bei deutlich floraler Präsenz. Sehr schön ausgewogen ist auch die Gaumenstruktur bei viel Saft und belebender Frische. Die anklingende Salzigkeit gibt dem Nachklang etwas Apartes. 12,5 Vol.-%, NK, €€

91+ 2019 »MDCXXV« Dalsheim Bürgel Saint Laurent trocken
Sehr schön die vorhandene Würze bei Anklänge von Tabak und voll ausgereiften Trauben. Die Reife des Leseguts zeigt sich auch im geschmeidigen, vollen Auftakt, das Ganze flankiert von einer Würze, die an getrocknete Wildkräuter erinnert. Sehr nachhaltig im Abgang. 14 Vol.-%, NK, €€

90 2021 »Die Wildsau« Dalsheim Sauloch Frühburgunder trocken
Rauchige Noten, die an Schwarzwälder Schinken denken lassen, flankieren die dunklen Beerenfruchtaromen. Fruchtig und rauchig auch die Aromen am Gaumen bei recht lebendiger Fruchtsäure. Mittelgewichtig bis kräftig präsentiert sich auch der Nachklang. 14 Vol.-%, NK, €€

88 2022 »Arras« Rosé trocken DF/ME/DU

90+ 2022 »Vom Brummelochsenboden« Dalsheim Sauloch Riesling trocken
Das Terroir dieser Einzellage gibt sich bei diesem Riesling bereits eindrucksvoll im Duft zu erkennen, dazu kommt eine Apfelaromatik mit Anklängen von Zitronenschale. Im Mund findet man eine stimmige Säure und kräftige Frucht. Auch der Abgang ist frisch und knackig. 12,5 Vol.-%, NK, €€

★★

WEINGUT MÜNZENBERGER

Lindenplatz 9, 55270 Zornheim
T: +49 6136 44573, info@weingut-muenzenberger.de
weingut-muenzenberger.de

Ab-Hof-Verkauf: nach Vereinbarung
Kellermeister: Andreas Münzenberger
Ansprechpartner: Andreas Münzenberger
Hektar: 18 ha
Anbauweise: in Umstellung

Auffällige Weinnamen wie »Shadows of the dying sun« schillerten in der Vergangenheit manchmal ein klein wenig mehr als der Inhalt mancher Flasche. Aber wir beobachten mit Wohlgefallen, dass die Weine aus dem Zornheimer Weingut Münzenberger weiter an Qualität zulegen und das Vater-Sohn-Duo Andreas und Dominik Münzenberger seine Anstrengungen weiter intensiviert: Das Weingut befindet sich in Umstellung auf biologischen Weinbau. Dem Mix aus klassischen Weinen wie dem Chardonnay »Chronos« und dem Orange Wine dürfte das zusätzlichen Reiz verleihen.

91+ 2020 »Chronos Reserve« Selzen Gottesgarten Chardonnay trocken
Mittleres Goldgelb. Etwas Kokosnuss, Flachs, Popcorn im getragenen, leicht rauchigen Duft, reife Birne, Quitte. Ambitionierter und breit angelegter Entwurf am Gaumen mit gut proportioniertem Extrakt, Fülle, Kraft und Würze, reife Phenole, mit gutem Potenzial. 13,5 Vol.-%, DV, €€€

89+ 2021 »Decoded poetry« Zornheim Riesling trocken
Zeigt Würze und rauchige Firne im Duft, reifer Weinbergpfirsich, Aprikose, Maracuja, Ananas. Setzt saftig und mit feiner Würze am Gaumen an, kompakter, schlanker Bau, mittlere Struktur, lebendige, eingebundene Säure, leicht maritime Noten, Grapefruit, elegant. 12,5 Vol.-%, DV, €€

89+ 2021 »As embers turn to dust« Zornheim Gelber Muskateller trocken
Fruchtig-expressiver Duft nach reifer Mango, Maracuja und Schwarzer Johannisbeere, feine Würze, heller Tabak. Schlank und filigran gebaut, steht mit zehn Volumenprozent Alkohol auf der leichten Seite, lebendig, animierend, fruchtig und würzig, in sich stimmig. 10 Vol.-%, DV, €€

91 2022 »Shadows of the dying sun« Grauer Burgunder trocken
Dunkles Bernstein, Mate-Tee, gedörrte Aprikose, Mangospalten, Orangenschale, fermentierter grüner Pfeffer. Straff gebaut am Gaumen, kultivierte Form des Orange Wines, weiche Textur, feine Phenole, eingebundene Säure, saftig frisch, würzig, leicht salzig, individuell. 12 Vol.-%, DV, €€

89 2022 »Horizon effect« Chardonnay & Weißer Burgunder trocken

91+ 2021 »Beyond the matrix« Zornheim Guldenmorgen Riesling trocken
Attraktiver Duft, feine Noten von Pfirsich, Mirabelle und Aprikose im steinig-mineralischen Ambiente. Die präzise Säure aus 2021 gibt am Gaumen den Rhythmus vor, elegantes Steinobst mit feinwürziger Mineralik, feinmaschig gewobener Extrakt. Unaufdringliche Raffinesse. 12,5 Vol.-%, DV, €€

★★

WEINGUT NEEF-EMMICH

Alzeyer Straße 15, 67593 Bermersheim
T: +49 6244 905254, info@neef-emmich.de
neef-emmich.de

Ab-Hof-Verkauf: nach Vereinbarung
Kellermeister: Dirk Emmich
Ansprechpartner: Dirk Emmich
Hektar: 22 ha

Die Wahrheit soll ins Glas«, schreibt Dirk Emmich, der das Familienweingut bei Bermersheim führt. Das heißt für den Winzer: bodenständige Arbeit und ehrliches Handwerk. In den vergangenen Jahrgängen hat er uns mit klaren authentischen Rieslingen und duftig-kräuterigem Silvaner erfreut. Sehr gut auch die aktuelle Vorstellung – und spannend der Vergleich der beiden Lagenrieslinge: Der Hundskopf ist der momentan harmonischere, vollere, aber der Höllenbrand mit seiner straffen Struktur wird möglicherweise auf lange Sicht die Oberhand gewinnen.

92 2022 Albig Hundskopf Riesling trocken

Im Vordergrund des Dufts steht das Aroma von gelbfleischigem Pfirsich, das von einer deutlichen Mineralität begleitet ist. Die Honignote mit Fruchtnoten von Aprikose und Ananas ist am Gaumen sehr präsent. Ein lebhaftes Säurespiel begleitet das Finale. 12 Vol.-%, NK, €€

92 2022 Gundersheim Höllenbrand Riesling trocken

Dezent in der Nase, zeigt er trotzdem eine breit gefächerte Rieslingaromatik, die grünen Apfel, Pfirsich, Stachelbeeren sowie Weiße Johannisbeeren bereithält. Von markanter Fruchtsäure ist der knackige Auftritt am Gaumen geprägt. Ein Riesling mit Spannung und Pikanz. 12 Vol.-%, NK, €€€

91+ 2022 Westhofen Rotenstein Weißer Burgunder trocken

Beinahe schon voluminös präsentiert sich dieser Rotenstein im Duft. Frisch gebackene Brioche, Akazien- und Weißdornblüten lassen sich riechen. Ein gutes Volumen am Gaumen wird begleitet von einer vibrierenden Saftigkeit. Hier schmeckt man Steinfrüchte und Zitrusnoten. Die Länge ist beachtlich. 12,5 Vol.-%, NK, €€

91 2021 Albig St. Laurent trocken

Vielschichtig und fein duftet dieser St. Laurent bei anklingender Kräuterwürze. Diese wird am Gaumen von Süßholznoten und Schwarzkirsche ergänzt. Würzigkeit bestimmt weiterhin den Trinkfluss, wobei auch Piment und Nelke wahrnehmbar sind. Schöne Harmonie bei sehr guter Länge.
13 Vol.-%, NK, €€

90 2022 Bermersheim Silvaner trocken

90+ 2022 Westhofen Weißer Burgunder tr.

Glasklar in den Aromen und frisch steht dieser weiße Burgunder im Glas, Folge der reduktiven Vinifikation. Florale Noten überwiegen. Am Gaumen umspielt lebhafte Säure die vorhandene Fülle und fruchtige Aromen. Der Nachhall ist von ausgezeichneter Länge. 12,5 Vol.-%, DV, €€

★

WEINGUT NEUMER

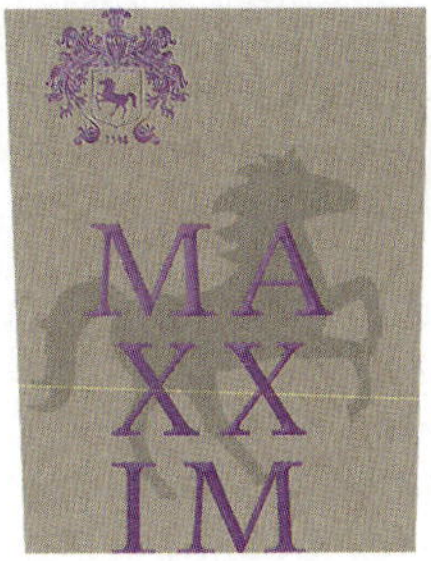

Guntersblumer Straße 52–56, 55278 Uelversheim
T: +49 6249 8258, kontakt@weingut-neumer.de
weingut-neumer.de

Ab-Hof-Verkauf: Mo bis Fr 8–17 Uhr
Kellermeister: Theo Weinmann
Ansprechpartner: Theo Weinmann
Flaschen/Hektar: 800.000 (75 % weiß, 5 % rot, 20 % Rosé)/60 ha
Anbauweise: Biodynamisch

Da dreht die ganze Familie ein großes Rad: Theo Weinmann, Kellermeister im Weingut Neumer, bewirtschaftet mit seinen Brüdern Paul und Theo 60 Hektar Weinberge nach biodynamischen Richtlinien. Es müssen reife und gesunde Trauben verarbeitet worden sein, alle Weine zeigen eine klare Aromatik, viel Sortentypizität mit einer guten Dosis Charme. Die »Maxxim«-Weine werden in einer auffälligen, gestauchten Flasche präsentiert, die weiße Variante hat uns – neben dem substanzreichen Pinot Noir – mit feinem Extrakt am meisten imponiert: Bioqualität zu fairen Preisen!

90 2022 »Maxxim« Sauvignon Blanc & Chardonnay trocken
Reife, gelbfruchtige und feinwürzige Aromatik. Aprikose, gelbe Pflaumen, Mango und etwas Cassis, ein wenig Anis, feine Würze. »Maxxim« zeigt in einer mittleren Struktur klare gelbe Frucht und Eleganz, saftige und cremige Elemente werden von einer präzisen Säure unterlegt. Gut balanciert, der Extrakt entfaltet sich unaufgeregt, feine Würze im Ausklang. 12,5 Vol.-%, NK, €€

89 2021 Gau-Odernheim Weißburgunder trocken
Riecht nach reifer Reneklode, Aprikose und gelber Stachelbeere, schwarzer Tee, auch etwas laktisch, Joghurt, gelbe Blüten. Am Gaumen saftig und unverstellt im Ausdruck, die Noten von reifer, gelber Frucht kehren wieder, der schlanke Bau stützt die elegante Seite, reife Säure, dezente, charmante Fruchtsüße. Passt. 12,5 Vol.-%, DV, €

89+ 2022 »Maxxim« Rosé trocken PN/CS
Mittleres Lachsrosa in der Farbe, duftet nach reifen Himbeeren, Erdbeeren, gelben Stachelbeeren und Mirabellen. Schlanker Bau, der erste saftige und geschmeidige Eindruck wird von der präsenten Säure pointiert, etwas Kohlensäure verstärkt den frischen Eindruck, mittlere Struktur, feinmaschiger Extrakt, gerne auch zum Essen. 12 Vol.-%, NK, €€

90+ 2020 Dienheim Tafelstein Pinot Noir trocken
Würziger Duft mit reifen dunklen Beeren, etwas Minze und auch Menthol, Kirsche, Pflaume, auch ein wenig Pflaumenlikör und Räucherkammer. Kräftig und den Gaumen ausfüllend mit guter Substanz und Fülle, der – nicht zu gering dotierte – Alkohol ist in der Struktur gut eingebunden, die noch leicht rustikalen Gerbstoffe in guter Menge sind selbstbewusst. Lang und noch jung. 14 Vol.-%, NK, €€€

88+ 2022 Sauvignon Blanc trocken

89 2022 Herrnsheim Riesling trocken
Pfirsich und Mirabellen im feinfruchtigen Duft mit hellen Blüten und Wiesenkräutern, auch Grapefruit, Mandarine und Mandarinenschale. Schlanker Bau, saftig und geschmeidig in der Entfaltung, reife, tragende Säure, die etwas zitrisch unterlegt ist, die feine Restsüße fügt sich gut ein in das stimmige, kultivierte Gesamtbild. 12 Vol.-%, DV, €

★★★★

WEINGUT J. NEUS

Banhofstraße 96, 55218 Ingelheim am Rhein
T: +49 6132 73003, info@weingut-neus.de
weingut-neus.de

Ab-Hof-Verkauf: Di bis Fr 9–18 Uhr
Kellermeister: Toni Frank
Ansprechpartner: Simon Kissmann
Flaschen/Hektar: 60.000 (20 % weiß, 80 % rot)/13 ha
Anbauweise: in Umstellung

Das Weingut J. Neus hat sich personell neu orientiert, nachdem der langjährige Kellermeister Julien Meissner an die Hessische Bergstraße gewechselt ist und Toni Frank innerhalb Ingelheims vom VDP-Gut Schloss Westerhaus in die Bahnhofstraße zog und den Keller übernahm. Die Neuausrichtung sorgt auch für neue Impulse, der saftige Weißburgunder mit feinem Extrakt ist unsere Empfehlung, der erstklassige Chardonnay imponiert mit Dichte, Kraft und kalkiger Mineralik, die auch den gewohnt starken Spätburgundern ihre Prägung gibt. Souveräne Performance!

94+ 2021 »Aus ersten Lagen« Ingelheim Chardonnay trocken
Unaufdringlicher, zurückhaltender Duft, etwas Bananenschale, helles Miso, Hefe und auch Bittermandel, kräuterig. Am Gaumen mit Zug, Substanz, Dichte und Kraft, geradlinig und linear in der Bewegung, zitrisch, präzise Säure, dichte Kühle, noch sehr jung. 12,5 Vol.-%, NK, €€€

93 2021 Ingelheim Pares Spätburgunder GG
Der Duft ist noch verschlossen: Hefe, kalkwürzige Noten, etwas Himbeere. Auch Blattgrün. Der Gaumen hat trotz der eher mittelgewichtigen Anlage einige Strahlkraft, zeigt sich kalkmineralisch und sehr frisch, der saftige Abgang bündelt gut die Frucht. 12,5 Vol.-%, NK, €€€€

92+ 2021 Ingelheim Horn Spätburgunder GG
Süßkirsche und Hefe im Duft, auch kalkwürzig-pfefferige Aromen und leicht »süßes« Neuholz. Der Gaumen ist mit guter Proportion gebaut: Der reife, in mittlerer Menge vorliegende Gerbstoff überfordert Frucht und Weichteil nicht, der Abklang endet fruchtgetragen und harmonisch.
12,5 Vol.-%, NK, €€€

90+ 2021 »Alte Reben« Ingelheim Spätburgunder trocken
Im Duft ein eher dunkles, sortentypisches Aromenspektrum des Pinot Noir, ergänzt um feine Kräuternoten und ein wenig Reduktion. Am Gaumen gut balanciert, junger, feiner Gerbstoff, reife Säure, dunkle Frucht, attraktiv saftig bei guter Struktur und langem Abgang. 12,5 Vol.-%, NK, €€€

90 2021 »Muschelkalk« Spätburgunder tr.

90 2022 Ingelheim Weißburgunder trocken
Goldgelb in der Farbgebung und kühl im Duft. Aromen von Zitronenzeste, gelbem Apfel, Pfirsich, reifer Birne und Haselnuss. Am Gaumen viel Schmelz, dabei dicht und saftig. Feines Extrakt und gut dosierte mineralische Säure begleiten den langen Nachhall. 12,5 Vol.-%, NK, €€

★★★

NEVERLAND VINEYARDS

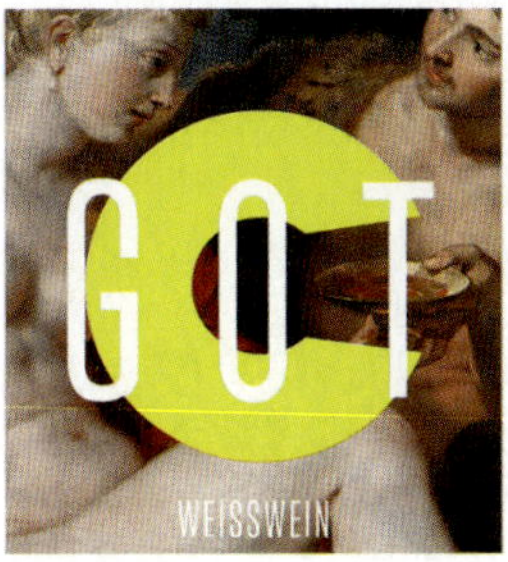

Außerhalb 2, 55578 Vendersheim
T: +49 6732 277 57 58, info@neverland-wine.de
neverland-wine.de

Ab-Hof-Verkauf: Ja
Kellermeister: Marcel Class
Ansprechpartner: Sebastian Class
Flaschen/Hektar: 80.000 (60 % weiß, 30 % rot, 10 % Rosé)/20 ha
Anbauweise: Bio

Die unkonventionellen Weinnamen deuten vielleicht in eine andere Richtung – doch Marcel und Sebastian Class hatten nie vor, mit der Tradition zu brechen. Es geht ihnen vielmehr um neue, verblüffende Interpretationen rheinhessischer Weinkultur. Dabei konzentrieren sie sich nicht nur auf die Burgundersorten; sie befassen sich sehr bewusst auch mit Rebsorten wie Bacchus, Huxel- und Scheurebe. Fantastisch sollen sie duften und schmecken – das gelingt. So ungewöhnlich die Namen ihrer Weine, so individuell deren Stil, der sich am besten in einem großen Glas zeigt.

93 2021 »Neverland Blanc« trocken
Zunächst überwiegen die lauten Aromen: Melone, Banane, auch etwas Exotik. Etwas später tritt Ruhe ein. Orangenzeste, Würzigkeit und Rauchigkeit tritt hervor. Am Gaumen Körper, Schmelz, geschmackliche Informationen. Dekantieren oder viel einkaufen und zurücklegen. 13 Vol.-%, NK, €€€

92+ 2020 »Eden« Sauvignon Blanc trocken
Eher ein Fumé als ein grasiger Neuseeländer. Gar nicht vordergründige Aromatik, rauchig, mürber Apfel, eher leise. Dennoch sehr selbstbewusst. Am Gaumen herrlich vielschichtig, würzig auskleidend, schöne Gerbstoffe. Auch für Burgunderliebhaber von Reiz. 12,5 Vol.-%, NK, €€€

92 2021 »Opus K Cuvée Prestige« trocken CH/WB/PG
Im Duft betont nach Chardonnay, aber die Frucht von Grau- und Weißburgunder schaut mutig hervor. Etwas Birne, Vanille, Pfingstrose und Rauchigkeit laden ein. Am Gaumen körperreich, ausladend mit Nussigkeit und leicht braunen, karamelligen Elementen und Mineralität. Sehr präsent. 13,5 Vol.-%, DIAM, €€€

91 2020 Vendersheim Pinot Noir trocken
Dunkle Früchte: Zwetschgen, Brombeeren, erdig, rauchig. Ein wenig Buchsbaum, leicht reif und vegetabil. Am Gaumen dreht der Wein auf, wirkt sehr lebendig, Johannisbeere, Sauerkirsche, seidige Textur, charmante Säure. 12,5 Vol.-%, NK, €€€

91 2021 »Vom Kalkmergel Class A« Grauburgunder trocken
90 2022 »Jurassic Sands« Sauvignon Blanc trocken
90 2021 »GOT Good Old Times« Cuvée trocken SÄ/BC/HX/SB/TR
90 2022 Wolfsheim Riesling trocken
90 2022 »Estate« Riesling trocken
90 2021 »Vom Kalkriff Class A« Grauburgunder trocken
88 2022 »Femme Fatale« Wolfsheim Riesling feinherb

91 2021 Vendersheim Riesling trocken
Die Aromatik startet angenehm ungewöhnlich: Bienenwachs, etwas reife gelbe Früchte, eine Prise Meersalz, helle Mandeln. Auch am Gaumen vielschichtig, mit angenehmer Viskosität, Würzigkeit und ausbalancierter Säure. Kein Ortswein, eher ein Stadtwein. 12,5 Vol.-%, NK, €€

★

WEINGUT J.G. ORB

Am Markt 9–13, 67593 Westhofen
T: +49 6244 828, kontakt@weingut-orb.de
weingut-orb.de

Ab-Hof-Verkauf: Mo bis Fr 9–12 Uhr und 14–18 Uhr, Sa 9–12 Uhr
Kellermeister: Jan G. und Jens G. Orb
Ansprechpartner: Jan G. und Jens G. Orb
Flaschen/Hektar: 87.000 (80 % weiß, 5 % rot, 15 % Rosé, 12 % süß)/12 ha

Die beiden Brüder Jan G. und Jens G. Orb sollte man auf dem Radar haben, wenn man an den Weinbau im Wonnegau denkt. Sie arbeiten sich Schritt für Schritt an die Leitbetriebe heran und scheuen dabei keine Mühe: Mit dem Jahrgang 2022 setzen sie zum ersten Mal vollständig auf den Einsatz von Hefen aus den Weinbergen. Dafür wurden sogar Obstbäume gepflanzt, die eine Nährstoffquelle für die Hefen vor der Traubenreife bieten. Die Lagenweine aus 2020 haben sich gut entwickelt, wir warten noch die aktuellen Füllungen ab, bevor wir über den zweiten Stern entscheiden.

92+ 2020 Westhofen Kirchspiel Riesling trocken
Attraktives, vielschichtiges Duftbild, Limettenschale, Zitronenöl, Aprikose, Mango, Himbeere, steinige Noten. Kräftiger Bau am Gaumen, weicher Fond, eng gewobener Extrakt, der sich elegant entfaltet, zarte Süße, selbstbewusste Säure, mineralisch grundiert. 13 Vol.-%, DIAM, €€€

91 2020 Westhofen Morstein Grauburgunder trocken
Feiner Rauch, nussige Aromen, Maronen, Melone, reife Birnenschale, auch steinige, kalkige Anklänge. Großzügig am Gaumen, verbindet Kraft und Schmelz, weiche Textur, reife Phenole, kalkige Mineralik, die merkliche Restsüße leitet über in einen geschmeidigen Ausklang. 13 Vol.-%, DIAM, €€€

89+ 2021 »1464« Westhofen Riesling trocken
Fein nuancierter Duft mit Pfirsich und leicht kandierter Zitronenschale, Mango, Nektarine, feine Würze. Schlanker, filigraner Bau, saftig mit weicher Textur und einer aufgeweckten, fein ziselierten Säure, leichte Salzigkeit wird von Fruchtsüße begleitet, elegant. 11,5 Vol.-%, DIAM, €

89+ 2022 Westhofen Riesling Kabinett
Duft nach reifer Zitrusfrucht, Orange, Mandarine, dazu nasser, heißer Stein, schöne Würze. Am Gaumen mit schmelzender Süße, gut integrierte Säure, Pfirsich, Birne, süße Kräuter, charmant und für einen Kabinett sehr gehaltvoll, druckvoll und lang. 7 Vol.-%, DIAM, €

89+ 2022 Westhofen Grauburgunder trocken

90 2022 Westhofen Chardonnay trocken
Popcorn, nussig, feiner Flachs, zurückhaltend in der Frucht, Birne und Mirabelle. Geschmeidig am Gaumen, mit gut aufeinander abgestimmten Proportionen, mittlere Struktur, saftig, feiner Schmelz, frisch mit kristalliner Säure, mit dezenter Fülle, elegantes Finish. 12 Vol.-%, DIAM, €€

★★

WEINGUT PAUSER

Im Baumfeld 40, 55237 Flonheim
T: +49 6734 8764, info@weingut-pauser.de
weingut-pauser.de

Ab-Hof-Verkauf: Mo bis Sa 9–12 Uhr und 13–18 Uhr
Kellermeister: Friedrich Pauser, Eva Pauser-Brand und Matthias Schanz
Ansprechpartner: Familie Pauser
Flaschen/Hektar: 200.000 (50 % weiß, 40 % rot, 10 % Rosé)/33 ha

Bei der Familie Pauser wird familiärer Zusammenhalt und Teamwork großgeschrieben – ebenso die Liebe zum Detail, mit der sie kontinuierlich daran arbeiten, die Qualität der Weine weiter zu verbessern. Das ist ihnen auch im aktuellen Jahrgang wieder sehr gut gelungen. Besonders erfreulich: Pausers erzeugen prima Weine zu attraktiven Preisen! Dieses Jahr hat uns der Graue Burgunder aus dem Flonheimer Geisterberg, der wunderbar homogen und trinkfreudig ist, besonders gefallen. Sehr gut auch der balancierte Spätburgunder aus dem Bingener Berg.

90+ 2021 Flonheim Geisterberg Grauer Burgunder trocken
Blasses Zitronengelb, Duft nach Zitronenmelisse, weißem Pfirsich und Haselnuss. Am Gaumen kommen weiße Blüten, reife Birne und Stachelbeere dazu. Eine lebendige Säure und eine reife Frucht verleihen dem Wein einen schönen Trinkfluss, gute Länge, jetzt genießen. 13,5 Vol.-%, DV, €

90+ 2021 Flonheim Klostergarten Riesling trocken
In der Nase dominieren grüner Apfel, Mirabelle, Aprikose, Limette und nasser Stein. Der Gaumen ist mineralisch geprägt, dazu Apfel, Aprikose und Zitrone, alles von einer lebendigen Säure getragen, mittlerer Körper, im Nachhall saftig und druckvoll. Wunderbar zugänglich. 13,5 Vol.-%, DV, €

90 2019 »Réserve« Flonheim Binger Berg Spätburgunder trocken
Mittleres Rubin. In der Nase entwickelt sich ein Duft von Gewürznelke, Wildbret, Sauerkirsche, Cranberry und Tomatenblatt. Am Gaumen folgen Himbeere und ein Hauch von Piment. Balanciert mit lebendiger Säure, eher moderater Gerbstoff. Guter Nachhall. 13,5 Vol.-%, DV, €

90 2018 »Réserve« Flonheim Geisterberg Syrah trocken
Ein attraktiver Duft mit Sauerkirsche, Heidelbeere, Pflaume, Tabak und grünem Pfeffer. Am Gaumen präsentiert sich ein sortentypischer Wein mit guter Säure, eher moderatem Gerbstoff und gut integriertem Alkohol, gute Länge. Macht bereits jetzt Freude. 13 Vol.-%, DV, €

88+ 2022 »Chillig« Rosé trocken SY/ME

89 2021 Flonheim Geisterberg Chardonnay trocken
Blasses Goldgelb. Duft von gelbem Apfel, Zitronenschale, Ananas und etwas Bourbonvanille. Am Gaumen folgen reife Honigmelone, weißer Pfirsich und Haselnuss, guter Säurebogen, der den durchau gewichtigen Körper und das reife Extrakt gut trägt. Sehr gut bei Tisch. 13,5 Vol.-%, DV, €

★★★★

SEKTHAUS RAUMLAND

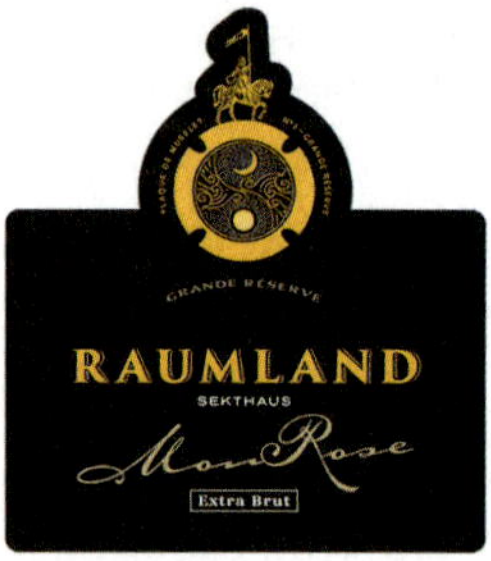

Alzeyer Straße 123c, 67592 Flörsheim-Dalsheim
T: +49 6243 908070, info@raumland.de
raumland.de

Ab-Hof-Verkauf: Mo bis Fr 8.30–17 Uhr, Sa 10–13 Uhr
Kellermeister: Volker Raumland
Ansprechpartner: Volker Raumland
Flaschen/Hektar: 107.000 (100 % Schaumwein)/9,9 ha
Anbauweise: Bio

Es ist schwer, über Volker Raumland etwas Neues zu sagen: Mit der visionären Aufbauarbeit, die er in mehr als 30 Jahren geleistet hat, hat er schon jetzt deutsche Weinbaugeschichte geschrieben. Zweifellos sagt es ja auch etwas aus, dass der VDP zum ersten Mal einen reinen Sekterzeuger als Mitglied aufgenommen hat. Raumland tüftelt aber weiter am besten deutschen Schaumwein, inzwischen unterstützt von den Töchtern Katharina und Marie-Louise. Mit 2014 und 2018 standen in diesem Jahr keine einfachen Jahrgänge auf dem Probentisch. Doch die Sekte sind von herausragender Stilsicherheit!

93+ 2014 »Réserve« Hohen-Sülzen Kirchenstück Pinot brut nature
Degorgiert 01/23. Der Duft zeigt ein offenes, »süßes« Beerenbukett: gezuckerte Rote Johannisbeere, aber auch feuchter Kalkstein und traubige Noten. Der Gaumen entfaltet ein vergleichsweise dezentes Mousseux, die Säure ist fest, aber auch reif, ein Hauch von Phenolen lädt zum Kauen ein, der Abgang zeigt viel Pinot und auch eine delikate Reifewürze. 12 Vol.-%, NK, €€€

93 2014 »XIV. Triumvirat Grande Cuvée« brut PN/PM/CH
Degorgiert 02/2023. In der Nase: Brioche, Hefe, Heu, gelbe reife Früchte und ein wenig karamellisierte Nuss. Am Gaumen zeigt sich der Schaumwein mit einem cremigen Mousseux und einer lebendigen Säure. Der Abgang ist frisch und betont die Frucht. 12 Vol.-%, NK, €€€€

92 2018 »Cuvée Katharina« brut nature PN/PM
Degorgiert 01/23. Ein traubiger Duft, Rote Johannisbeere, erstaunlich wenig Hefebeteiligung. Im Mund wirkt der Wein gut im Fokus, das warme Jahr zeigt sich in einer vergleichsweise reifen Säure, die aber dennoch gut Spannung und Eleganz gibt, der mittelgewichtige Extrakt und das feine Mousseux tragen das ihre dazu bei, um dies zu einem delikaten, auf die Trinkfreude zielenden Sekt zu machen. 12 Vol.-%, NK, €€€

94 2014 »Réserve« Rosé brut PN/WB
Degorgiert 04/2023. Hellrosa in der Farbe. Aromen von Walderdbeere, Himbeere, getrockneten Kräutern, Brioche und Karamell. Am Gaumen hat der Sekt eine cremige Perlage mit einer lebendigen, erfrischenden Säure und feinen Phenolik. Ausgewogen mit schöner Länge. 12 Vol.-%, NK, €€€

92+ 2014 »Réserve« Chardonnay brut

93 2018 »Cuvée Marie-Luise« brut
Degorgiert 04/23. Viel Pinot im Duft, dezente Hefe, auch etwas Apfel. Im Mund hat der Wein einen geradlinigen Bau, das Mousseux ist ohne jede Aggressivität frisch, die gut eingebundene Säure trägt, die Stoffigkeit des Weines macht den Abgang auf elegante Art griffig. Der Sekt wirkt fein und ausgewogen, ist nur dezent dosiert und dennoch pikant. 12 Vol.-%, NK, €€€

★★★★

WEINGUT RIFFEL

Mühlweg 14a, 55411 Bingen-Büdesheim
T: +49 6721 994690, service@weingut-riffel.de
weingut-riffel.de

Ab-Hof-Verkauf: Mo bis Fr 10–12 & 14–18 Uhr, Sa 10–16 Uhr
Kellermeister: Erik Riffel
Ansprechpartner: Erik und Carolin Riffel
Flaschen/Hektar: 133.000 (83 % weiß, 10 % rot, 3 % Rosé, 2 % süß, 2 % Schaumwein)/18 ha
Anbauweise: Bio

Carolin und Erik Riffel wurden im vergangenen Jahr mit dem wohlverdienten vierten Stern dekoriert und mit den Weinen aus dem Jahrgang 2022 können sie diese Aufwertung eindrücklich bestätigen. Mit dem Aufstieg verbunden sind Bingener Lagen wie Scharlachberg und Kirchberg mit ihrem unverwechselbaren Quarzitterroir, das vom Winzerpaar in den letzten zwei Jahrzehnten immer exakter ausgelotet und in den Rieslingen transportiert wurde: Es ist die Wiederentdeckung großer Lagen. Ob trocken oder fruchtig, das ist eine imposante Leistungsschau! Applaus!

93+ 2022 Bingen Scharlachberg Riesling trocken
Der Duft gibt einiges her: reifer Pfirsich, getrocknete Limettenschale, Mango, Guave, flintig. Die stabile Säure führt am Gaumen durch den kräftigen Bau, viel Würze und Mineralik, gut dotiert im Extrakt, gelbfruchtig, zitrisch, am Anfang der Entwicklung. 13 Vol.-%, NK, €€€

93 2022 Bingen Kirchberg Riesling trocken
Duftig, etwas Veilchen, Melisse, reifer Pfirsich, Aprikose, Nektarine, getrocknete Limettenschale. Am Gaumen öffnet sich auf geschmeidiger Textur ein großes Format mit Substanz, Weite und Länge, raffinierte Säure, mineralisches Rückgrat, langer Nachhall. 13 Vol.-%, NK, €€€

93 2022 Bingen Osterberg Riesling trocken
Pfirsichblüte, Pfirsich, Quitte, Quittengelee, Passionsfrucht, auch ein wenig Kandiszucker, kräuterig. Kräftiger Bau, präsente, maritim konnotierte Säure, druckvoller Extrakt, füllig, würzig, mineralisch, feine Phenolik, mit dem Potenzial zur weiteren Entfaltung. 13 Vol.-%, NK, €€€

93 2022 Bingen Scharlachberg Riesling Kabinett
Mineralisch-würzige Nase, Duft nach Feuerstein, kandierten Limonenschalen, reifen Zitrusnoten und Orangenblüten. Am Gaumen mit knackiger Säure, viel Dynamik und Zug, eher dezente Süße, elegant, Orange, Mandarine, Kräuterwürze und geschliffene Mineralik, gute Länge. 8 Vol.-%, DV, €€

91+ 🅢 2022 »Pet Nat« brut WB/SÄ

92+ 2022 Bingen Kirchberg Riesling Kabinett
Würziger Duft, Feuerstein, Pfirsich, Minze und Melisse, feine Mineralik, Aprikose, etwas Ananas und Mango. Am Gaumen mit sehr viel Schmelz und Grip, lebendige, perfekt integrierte Säure, saftige, frische Frucht, tolle Mineralik, feine Kräuterwürze, lang. 8,5 Vol.-%, DV, €€

★

WEINGUT RUPPERT-DEGINTHER

Kämmerergasse 8, 67596 Dittelsheim-Heßloch
T: +49 6244 292, kontakt@ruppert-deginther.de
ruppert-deginther.de

Ab-Hof-Verkauf: Ja
Ansprechpartner: Justus Ruppert
Hektar: 28 ha

Seit vielen Generationen ist das Weingut ein echter Familienbetrieb, in dem sich die Mitglieder ergänzen. Karl-Joachim Ruppert sorgte dafür, dass sich das Unternehmen ganz auf den Weinbau konzentriert. Sohn Justus ist heute für den Keller mitverantwortlich. Dort reift unter anderem eine stattliche Reihe von Rotweinen, die vom Holzfass geprägt sind: heimischer Spätburgunder und die beiden aus dem Bordelais bekannten Cabernetspielarten. Die ungewöhnliche weiße Cuvée aus Sauvignon Blanc, Silvaner und weißem Burgunder ist unser Falstaff-Tipp.

89+ 2021 Hessloch Liebfrauenberg Auxerrois trocken
Nicht nur in Luxemburg und im Elsass findet man diese Traditionssorte mit pfefferig-kräuteriger Präsenz. Dazu gesellt sich erfrischende Säure, die an Papaya und Ananas denken lässt. Die Extraktsüße umspielt den vorhandenen Alkoholgehalt perfekt. Ein guter Begleiter zu zahlreichen Gerichten. 13,5 Vol.-%, NK, €€

91 2019 Hessloch Liebfrauenberg Cabernet Sauvignon trocken
Warme Frucht gekochter roter und dunkler Früchte lassen sich riechen, hinzu kommen Aromen dunkler Schokolade, ein Touch von Kirschpraline und Minze gesellen sich dazu. Der Gaumen zeigt eine noch jugendliche Tanninstruktur, die einer Lagerung sicher dienlich ist. Die Länge ist sehr gut. 13,5 Vol.-%, NK, €€€

90+ 2019 Bechtheim Hasensprung Cabernet Franc trocken
Sehr viel Eichenholz, rauchige Noten und Rumtopffruchtaroma bestimmen den ausladenden Duft, daneben sind auch etwas Brotrinde und frische Kräuter wahrnehmbar. Ausladend auch die Präsenz am Gaumen. Deutlich vom Holz geprägt zeigt er viel Kraft, wobei Tannine Eichenholz und Würze sehr präsent sind. Lange am Gaumen. 13,5 Vol.-%, NK, €€€

90 2020 Hessloch Edle Weingärten Spätburgunder trocken
Zarte Holzaromatik umspielt die vorhandene Frucht, die viel Beerenfruchtaroma mit sich bringt. Ein Spätburgunder, der durch die Vermählung mit dem Eichenholz eine eigene Note erhält. Alles stimmig und ausgewogen, auch die Länge im Abgang. 14 Vol.-%, NK, €€€

89+ 2021 Hessloch Edle Weingärten Riesling trocken

89+ 2021 »Cuvée blanc« trocken SB/CH/WB
Gekonnt veredelt zeigt sich diese Cuveé im Duft bei ausdrucksvoller Aromatik, die an Passionsfrucht, Grapefruit und Fruchtgelee erinnert. Ein dezentes Säuremanagement macht den Wein am Gaumen zugänglich rund und harmonisch. Das Volumen im Abgang ist stimmig. 13,5 Vol.-%, NK, €€

★

WEINGUT VOLKER SCHÄFER

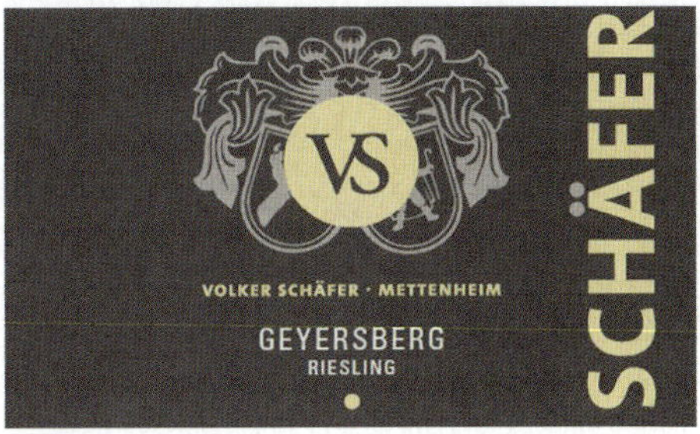

Bahnhofstraße 26, 67582 Mettenheim
T: +49 6242 2364, info@wein-schaefer.de
wein-schaefer.de

Ab-Hof-Verkauf: Ja
Kellermeister: Volker Schäfer & Philipp Schäfer
Ansprechpartner: Volker Schäfer & Friederike Schäfer
Flaschen/Hektar: 213.000 (76 % weiß, 25 % rot, 3 % Rosé, 3 % süß, 2 % Schaumwein)/24 ha
Anbauweise: Bio

Weinbau hat bei Familie Schäfer eine lange Tradition, die bis auf das Jahr 1709 zurückgeht. 2001 übernahm Volker Schäfer das Weingut, die bewirtschaftete Fläche ist auf 24 Hektar gewachsen, seit 2015 ist der Betrieb ökologisch zertifiziert. Der Fokus bei den spontan vergorenen, saftig und natürlich wirkenden Weine liegt auf den Burgundersorten. Man riecht und schmeckt, dass den Schäfers Weinbau im engen Zusammenspiel mit der Natur ein echtes Anliegen ist. Mit Sohn Philipp Schäfer ist auch die nächste Generation schon am Start. Sehr stimmiges Debüt im Guide!

91 2021 Bechtheim Geyersberg Riesling trocken
Etwas Holzwürze durch den Ausbau im Tonneau, warmes Sonnenblumenfeld, Pfirsich, auch Maracuja. Ein eher strukturgeprägter Riesling, fester Bau, saftig, feine Würze, herber Apfel, auch etwas süßes Steinobst, die Säure ist reif und auch weich, kann weiter zulegen. 13 Vol.-%, NK, €€

90+ 2020 Mettenheim Schlossberg Chardonnay trocken
Mittleres Goldgelb, merkliches Neuholz, Rauch, auch etwas Kokosnuss, Birne, Quitte und Flachs, auch Mais kommt dazu. Setzt breit am Gaumen an, geschmeidiger Fond, auf dem sich Substanz und Würze entfalten, passender Extrakt, reife Säure, saftig, feine Restsüße. 13 Vol.-%, NK, €€

89 2022 Mettenheim Weißburgunder trocken
Apfel, zitrische Anklänge im feinfruchtigen, würzigen Duft, Aprikose, etwas Limettenschale. Straff gebaut, saftig und mit feiner Würze, klare, reife Säureader, Apfel, herber Apfel und auch Grapefruit. Eignet sich mit seiner ausgeglichenen Art auch als Tischwein. 12,5 Vol.-%, DV, €

90+ 2019 »Unfiltered« Mettenheim Schlossberg Merlot trocken
Feine Holzlaktik, Milchschokolade, Schwarzkirsche, dezente Ätherik, etwas Kokosnuss, schön verwobener Duft. Am Gaumen kräftig gebaut, mit feiner, salzig konnotierter Säure, saftig, würzig, mittlere Substanz, feinkörnige Gerbstoffe in mittlerer Menge, balanciert. 13,5 Vol.-%, NK, €€

89 2022 Mettenheim Weißburgunder & Chardonnay trocken

90 2022 »Réserve« Grauer Burgunder tr.
Würzige und auch florale Noten, nussig, Walnuss und etwas getrocknetes Gras, als Fruchtbeitrag Birne, Apfel. Sehr saftig am Gaumen, als ob man in einen leicht herben Apfel beißen würde, auch süße Birne, guter Extrakt, feine, reife Phenolik, kulinarisch bestimmt. 12,5 Vol.-%, DV, €

★★★★

WEINGUT SCHÄTZEL

Oberdorfstraße 34, 55283 Nierstein
T: +49 6133 5512, weingut@schaetzel.de
schaetzel.de

Ab-Hof-Verkauf: Mo bis Fr 9–16 Uhr
Kellermeister: Kai Schätzel
Ansprechpartner: Kai Schätzel
Flaschen/Hektar: 107.000 (100 % weiß)/15 ha
Anbauweise: Bio

Es gibt wohl keinen Winzer, der so viel Individualismus pflegt und dabei doch das große Ganze im Blick behält wie Kai Schätzel, der sich ausgerechnet als Vorstandsmitglied des VDP Rheinhessen der Erzeugung von Naturweinen verschrieben hat – und das mit seltener Kompetenz: Die griffige und doch seidige Phenolik ist beispielhaft. Seinen »Steiner« vinifiziert er im Solera-Verfahren, der letzte enthält Rieslinge von 2017 bis 2022. Der Niersteiner ist zum Prototypen des antiautoritären Winzers und Weinmachers gereift, der eine leise, aber wirksame Revolution angezettelt hat.

94 2020 »Fuchs« Riesling trocken
Naturtrüb. Florhefe, Sherry, balsamisch, Mandeln, Apfelschale, Aprikose, Birne, steinig. Am Gaumen schlank und entspannt mit immanenter Kraft, fein proportioniert, weiche Textur, komplex, mineralisch, sehr kultivierte Phenolik, zeigt die Größe der Lage unkonventionell. NK, €€€€

94 2021 Nierstein Ölberg Riesling GG
Zitronenschale, Aprikose, weißer Pfirsich, rauchig, steinig. Filigraner Bau, vom Mundgefühl eher wie ein Burgunder, weiche Textur, noble Phenolik, mit fein ziselierter, salzig konnotierter Säureader, feinmaschig inszenierte Kraft, Spannung, mineralische Energie. 11,5 Vol.-%, DV, €€€

92+ NV »Steiner« Riesling trocken
Naturtrüb. Hefe, Anisbrötchen, Orangenblüte, Apfelschale, Cidre. Filigrane Struktur, guter Zug, präzise Säureader, salzig am Gaumen, wie wenn man an einem Salzstein leckt, mineralisch, knochentrocken, mit reifer Phenolik. Engmaschig gestrickter Extrakt, eigenwillig. 10,5 Vol.-%, NK, €€€

91+ 2022 Nierstein Riesling Kabinett
Würziger Duft, nasser, heißer Stein, etwas Zündholz, feine Kräuter, kandierte Zitronenschale, Ananas, appetitlich. Am Gaumen dicht und griffig, schöne Balance, lebendige Säure, schmelzende Süße, reife Zitrusfrucht, Kräuter, mineralischer Faden, endet frisch. 7 Vol.-%, DV, €€€

90 2022 Riesling Kabinett

91 2022 »naturweiss« Cuvée trocken
Riecht nach herbem Apfel, Birne, Mandeln, kräuterig, Malz. Am Gaumen knochentrocken, mit Phenolen, die wie feines Schmiergelpapier den Gaumen massieren, saftig, Apfel, Quitte, zieht seinen Reiz aus animierender Herbe und saliner Mineralik, getragen von frischer Säure. 11 Vol.-%, DV, €€

★★

WEINGUT SCHERNER-KLEINHANSS

Alzeyer Straße 10, 67592 Flörsheim-Dalsheim
T: +49 6243 435, info@scherner-kleinhanss.de
scherner-kleinhanss.de

Ab-Hof-Verkauf: nach Vereinbarung
Kellermeister: Team Weingut Scherner-Kleinhanß
Ansprechpartner: Monika, Sonia und Julia Scherner
Flaschen/Hektar: 70.000 (65 % weiß, 35 % rot, 15 % Rosé, 1 % süß, 5 % Schaumwein)/13 ha

Unser guter Eindruck aus dem Vorjahr wurde dieses Jahr bekräftigt: Monika Bank-Scherner und ihre Töchter Sonia und Julia füllen die Lücke, die Klaus Scherner hinterlassen hat, mit Bravour. Wer den Flörsheimer Winzer kannte, wusste, wie sehr ihm die Klarheit der Frucht am Herzen lag. Keine Frage, Weine wie der geradezu »aristokratisch feine« Grauburgunder oder der verspielte Rosé aus 2022 hätten ihm gefallen. Jetzt gehört der zehnten Generation die Zukunft im 1726 gegründeten Weingut. Auf der Website lesen wir, dass das ein Auftrag ist – aber auch eine Passion.

91+ ❶ 2021 Pinot Blanc de Blancs brut nature
Der Sekt zeigt eine nuancierte, beerige Burgundernote im Duft und einen dezenten Hefeton. Im Mund strahlt der Wein eine unforcierte Spannung aus, das Mousseux ist fein und nachgerade cremig, die Säure trägt in einen langen Abgang. Erfrischend mit Anspruch. 12,5 Vol.-%, NK, €€

90 2022 Spätburgunder Rosé trocken
Spielerisch leicht erreicht die floral-fruchtige Aromatik die Nase. Noten weißer Blüten und Erdbeeraromen umspielen den Geruch. Ein saftig-frischer Geschmack und spritzige Säure erfrischen den Gaumen. So macht der Sommer Spaß! 12,5 Vol.-%, DV, €

90 2022 Grauer Burgunder trocken
Der Duft ist verhalten, hat aber auch eine geradezu aristokratische Feinheit: mit Aromen von reifer Birne, Honigmelone und Haselnuss. Erfreulich auch die ausgeprägte Gaumenfrucht: gelbe Pflaumen, gut gereifte Äpfel und Weiße Johannisbeeren. Mittelkräftig der Nachhall. 12 Vol.-%, DV, €

89 2022 »Lössterrassen« Weißer Burgunder trocken
Anfangs noch etwas verschlossen, präsentiert dieser weiße Burgunder doch recht typisch die Aromatik von weißen Blüten, Birnen, Apfel und Holunderblüte. Schmelzig und rund der Eindruck am Gaumen bei gut eingebundener Fruchtsäure, auch die Länge ist gut. 12 Vol.-%, DV, €

91+ 2020 »Cuvée J« trocken CS/PN/CI
Der Wein imponiert sofort durch einen ausgeprägten Duft, der an schwarze Beerenfrüchte und Kirschfrucht erinnert, daneben Noten von Unterholz, dunklem Tabak, gebratenen Steinpilzen und Trockenkräutern. Alles sehr komplex bei noch jungem Tannin. Sehr lang im Nachhall. 13 Vol.-%, NK, €€

★★★

STRAUCH SEKTMANUFAKTUR

Dalbergstraße 14–18, 67574 Osthofen
T: +49 6242 913000, info@strauch-sektmanufaktur.de
strauch-sektmanufaktur.de

Ab-Hof-Verkauf: Mo bis Mi 8–13 Uhr,
Do und Fr 13–18 Uhr, Sa 10–14 Uhr
Kellermeister: Tim Weißbach
Ansprechpartner: Isabel Strauch-Weißbach
Flaschen/Hektar: 53.000 (100 % Schaumwein)/25 ha
Anbauweise: Bio

Redet man über die Architekten des deutschen Schaumwein-Wunders, dann darf man die Strauch Sektmanufaktur von Isabel Strauch-Weißbach und Tim Weißbach keinesfalls vergessen. Erst 2011 aus der Sektkellerei Dalberger Hof entstanden, hat sie sich mit edlen Schaumweinen in Bioqualität an der Spitze der deutschen Prickel-Branche festgesetzt. Die Sekte wie die »Grande Réserve« aus dem Jahrgang 2012 überzeugen einmal mehr mit ihrer puristischen Eleganz und reifen Noblesse. Unser Tipp ist der pinotduftige Rosé »Prestige« mit adretter Kräuternote. Cheers!

93+ NV »Prestige« Pinot brut nature
Brillantes mittleres Goldgelb. Attraktive Perlage. Komplexes Bukett aus Zitronenmelisse, Grapefruit, Brioche sowie einem Hauch von roher Mandel. Am Gaumen feines Mousseux, finessenreich, viel Harmonie von guter Säure und gelber Fruchtmelange. Langer Nachhall. 11,5 Vol.-%, NK, €€

92+ NV »Prestige« Riesling extra brut
Blasses Zitronengelb. Feine Perlage. Ein Duft von eher dunkler, sehr präziser Frucht sowie einer Briochenote. Am Gaumen eine attraktive, florale Note, feines Spiel aus markanter Säure und sehr gutem Extrakt. Viel Struktur. Komplexer, langer Nachhall. 11,5 Vol.-%, NK, €€€

92 2012 »Grande Réserve« brut nature PN/CH/PM
Goldgelb in der Farbe. Ein Duft von Holunderblüten, Brioche, Veilchen, reifer gelber Frucht und auch Apfelschale, Apfel, etwas Heu, ebenso Efeu. Am Gaumen vollmundig, milde Säure, mittlere Länge, stilvoll, charmant gereift und in einem guten Trinkfenster. 12 Vol.-%, NK, €€€€

91 NV Pinot Blanc brut
Blasses Goldgelb in der Farbgebung. Ein Duft von Brioche, weißen Blüten, Pfirsich und Zitronenzeste. Am Gaumen folgt Bananenbrot, Birnenschale und auch Pfirsichsorbet bei gut integrierter Säure. Schmelz und weiße Frucht begleiten den Nachhall. 11,5 Vol.-%, NK, €€

90 NV »Crémant« Chardonnay extra brut

91 NV »Prestige« Rosé brut
Brillantes Lachsrosa. Feine Perlage. Sortentypischer Duft der Pinot-Noir-Traube, dazu Rote Johannisbeere und eine adrette Kräuternote. Alles von gut integrierter Säure getragen. Gutes Mousseux und mittlere Struktur. Viel Trinkfluss bei gutem Nachhall. 11,5 Vol.-%, NK, €€

★★★★

WEINGUT THÖRLE

Am Norenberg 0, 55291 Saulheim
T: +49 6732 5443, info@thoerle-wein.de
thoerle-wein.de

Ab-Hof-Verkauf: Mo bis Fr 9–12.30 Uhr und 14–18 Uhr, Sa 9–17 Uhr
Kellermeister: Christoph & Johannes Thörle
Ansprechpartner: Christoph & Johannes Thörle
Hektar: 25 ha
Anbauweise: Bio

Das Weingut Thörle gibt den Takt vor in Saulheim, das eingebettet in die Hügellandschaft Rheinhessens liegt. Was Christoph und Johannes Thörle hier aufgebaut haben, ist aller Ehren wert: Sie bewirtschaften 25 Hektar Rebfläche biologisch, darunter bevorzugte Lagen wie Saulheimer Hölle und Probstey. Ihr neues Gutsgebäude wurde mit Architekturpreisen ausgezeichnet, mit ihrem Silvaner machen sie den Kollegen in Franken Konkurrenz, Rieslinge und Burgunder strotzen vor Saft, Frucht, Volumen und Vitalität, unser Tipp: »Kalk & Kreide«, einnehmend gut!

94 2022 Saulheim Hölle Riesling trocken
Reiches Fruchtspektrum im Duft, exotische Zitrusfrüchte, Ananas und Mango, Quitte, Mirabelle und Apfelsorten von Streuobstwiesen. Saftiger, voluminöser Auftakt am Gaumen bei feingliedrigem Säurespiel und großer Aromenvielfalt. Sehr langer Nachhall am Gaumen. 12,5 Vol.-%, NK, €€€

94 2022 Saulheim Probstey Silvaner trocken
Ausladende Silvaneraromatik mit frischen Kräutern bei perfektem Holzeinsatz. Präsentiert sich opulent am Gaumen bei einem gelungenen Spiel von Kräuternoten und frischem Eichenholz, besonders finessenreich. Belebende Säure, vibrierend bis ins lange anhaltende Finale. 12,5 Vol.-%, NK, €€€

93+ 2021 Saulheim Hölle Spätburgunder tr.
Etwas Milchschokolade, pikante Beerenfrucht, Rote Johannisbeere, Granatapfel, Holunder. Der Gaumen zeigt sich trocken und gerbstoffbetont, leicht rappig und durchaus fordernd. Dichte und Aromendecke sind ausgezeichnet, ebenso die taktile Kalkkomponente. Hat Potenzial!
13 Vol.-%, DIAM, €€€€

92+ 2021 Saulheim Probstey Spätburgunder trocken
Intensiv fruchtiger Duft, dem es aber auch nicht an Tiefe mangelt: Wildkirsche, Salbei, Thymian und Beifuß, Preiselbeere, Hibiskus. Im Mund ist der Wein rund und geschmeidig angelegt, die Gerbstoffe sind feinkörnig und mürb, geben im Abgang viel Saftigkeit frei. 13 Vol.-%, DIAM, €€€€

91+ 2022 »Kalkstein« Saulheim Riesling trocken

92 2022 »Kalk & Kreide« Saulheim Cuvée trocken CH/WB
Von Blütenduft und Apfel, Honigmelone, Birne und Weißer Johannisbeere geprägt. Zusätzlich ausgestattet mit feiner Holzaromatik, dezenten Rauchnoten bei vorhandener Mineralität. Vollmundig am Gaumen bei rassiger Säurestruktur, elegantes, kraftvolles Finish. 12,5 Vol.-%, DIAM, €€

★

WEINGUT TISCHLEDER

Rheinhessenstraße 41, 55411 Bingen am Rhein
T: +49 6725 2639, info@weingut-tischleder.de
weingut-tischleder.de

Ab-Hof-Verkauf: nach Vereinbarung
Kellermeister: Christoph Tischleder
Ansprechpartner: Christoph Tischleder
Flaschen/Hektar: 40.000 (70 % weiß, 20 % rot, 6 % Rosé, 4 % Schaumwein)/4 ha

Hier spielt die Musik: Christoph Tischleder hegt nicht nur eine Leidenschaft für klassische Musik, er pflegt auch einen klassischen Weinstil. Das beginnt damit, dass er alten Sorten wie Silvaner und Portugieser die Treue hält, setzt sich bei den stimmig proportionierten Geschmacksbildern der Weine fort: Die trockenen Weißen sind nicht zu süß und die Süßen wie die Scheurebe im rechten Maß. Auf der Website des Weinguts sieht man den Winzer im Smoking und mit Horn zwischen den Stahltanks stehen: Nach Feierabend ist er Hornist des Sinfonieorchesters Rhein-Main!

90+ 2022 Dromersheim Chardonnay trocken
Lindenblütenblätter und Kräuterwürze bestimmen den Duft, dazu etwas gelbe Stachelbeere und Banane. Gute Fülle am Gaumen, auch Mineralität. Sehr gut integriert präsentiert sich die Säure, die diesem Chardonnay auch im Finale Gesellschaft leistet und den Wein zur Speisenbegleitung prädestiniert. 13,5 Vol.-%, DV, €

90 2022 Dromersheim Silvaner trocken
Ausgesprochen reintönig im Duft, präsentiert sich diese heute wiederentdeckte Rebsorte im Glas. Noten von Brioche, Bäckerhefe und Akazienblüte kann man riechen. Auskleidend zeigt er sich am Gaumen mit würzigen Aromen bei viel Eigenständigkeit. Gute Länge. 12,5 Vol.-%, DV, €

89 2022 Dromersheim Weißburgunder tr.
Im Bukett ausgeprägt floral, zeigt er nur anklingend etwas Frucht. Dabei lässt er an Weinbergpfirsich und mineralisch duftendes Gestein denken. Herb-fruchtig, bei präsenter Säure schmeckt er jugendlich und frisch. Gut die Länge mit reichhaltigem Nachhall. 12,5 Vol.-%, DV, €

91 2022 Scheurebe
Sehr ausgeprägter, sortentypischer Duft, der die Schwarze Johannisbeere mit ihren duftenden Blättern ins Rampenlicht stellt. Am Gaumen opulente Frucht, die perfekt zur vorhandenen Restsüße passt. Alles klingt lange nach und ist dabei sehr stimmig. 10 Vol.-%, DV, €

88 2022 Portugieser Rosé feinherb

90+ 2020 Portugieser trocken
Wow, Portugieser mit ausgeprägtem Duft! Neben der dunklen Kirschfrucht riecht man auch feuchtes Unterholz und positive Pilznoten. Sehr gut das Volumen am Gaumen mit kirschiger Präsenz, daneben anklingende Mineralität und Würze, die an Wacholderbeeren denken lässt. Sehr gute Länge. 12 Vol.-%, DV, €

★

VELIS VINEYARDS

Am Pfortengarten, 67592 Flörsheim-Dalsheim
T: +49 2253 9323094, sales@velis-vineyards.com
velis-vineyards.com

Ab-Hof-Verkauf: Do bis Sa 17–22 Uhr, So 11.30–22 Uhr
Kellermeister: Clemens Engel
Ansprechpartner: Michael Zehe
Hektar: 3,8 ha

Wäre dies ein Weinführer für Bulgarien, dann würde Velis Vineyards mit nahezu 40 Hektar und zahlreichen hoch bewerteten Rotweinen gelistet. In Deutschland hegt das Weingut von Velichka und Michael Zehe allerdings nur 3,8 Hektar – ein kleines, aber feines Nebenprojekt. In unserer Verkostung zeigten die Basisweine Struktur und Dichte, der Lagenriesling aus dem Nieder-Flörsheimer Frauenberg deutet an, dass die Ambition auch im heimischen Rheinhessen nicht hinter derjenigen zurücksteht, mit der das Team in Bulgarien unterwegs ist. Wir sehen den zweiten Stern bereits in Griffweite.

93 2022 Nieder-Flörsheim Frauenberg Riesling trocken
Kräuterwürzige und kreidige Aromen deuten einen hochwertigen Lagentyp an. Im Mund eröffnet der Wein getragen und weit, eine dichte, aber auch feine Phenolik bildet zusammen mit öligen Terpenen die (verschlossen wirkende) Gaumenmitte, reife Säure gibt Balance. Potenzial! 12 Vol.-%, NK, €€€

90+ 2022 Riesling trocken
Im Duft findet man Aromen von Pfirsich und Pfirsichkern sowie einen erster Anflug von Petrol. Im Mund hat der Wein einen saftigen, knackigen Bau, das feste Säurerückgrat trägt einen gut gebündelten Körper mit eindringlicher Frucht und guter Saftigkeit. 12 Vol.-%, DV, €€

90 2022 Riesling feinherb
Im Duft nimmt man etwas Petrol wahr, aber auch Rosmarin, Zitronenmelisse, rauchige Noten. Im Mund hat der Wein einen saftigen Säurezug, der spielerisch mit Süße gepuffert ist, das ist eine Balance, die mit Saftigkeit und guter Frische einhergeht. Gute Länge! 11,5 Vol.-%, DV, €€

89+ 2022 Chardonnay trocken
Dezente Hefe, leicht röstige Noten, Popcorn, gehackte Haselnuss. Der Gaumen eröffnet mit merklicher Süße und kontrastiert das mit einer frischen Säure. Der mittelgewichtige, recht lineare Bau wirkt harmonisch, die Länge ist kompakt und gut. 12,5 Vol.-%, NK, €€

90+ 2022 Roter Riesling trocken
Der Duft zeigt sich zuallererst kalkwürzig, dann kommt auch eine Frucht wie von gelber Pflaume auf. Im Mund setzt der Wein geschmeidig an, dann entfaltet sich ein feiner Säurenerv, flankiert von Saft und Mineralität. Ein kompakter, gut in sich ruhender Bau. 12 Vol.-%, DV, €€

★

WEINGUT WEBER

Herrbornstraße 26, 55435 Gau-Algesheim
T: +49 6725 2263, info@weber-weine.de
weber-weine.de

Ab-Hof-Verkauf: Ja
Kellermeister: Hermann Weber
Ansprechpartner: Hermann und Martina Weber
Hektar: 15 ha

Rund 15 Hektar Weinberge bei Gau-Algesheim und Ingelheim im Rheinland-Pfälzer Osten bewirtschaften Martina und Hermann Weber. Zugänglich sind ihre Weine, sie haben einen schönen Trinkfluss und eine gute Substanz. Bei den Rebsorten zeigen sie Talent auch für Seltenheiten wie Blauen Silvaner, Schwarzriesling oder die PiWi-Sorte Saphira. Ihr Wein »Mythos« stammt von der neu gezüchteten Rebsorte Cabernet Mitos – wer hätte gedacht, dass diese Kreuzung von Blaufränkisch und Teinturier du Cher aus dem fernen Weinsberg gerade in Gau-Algesheim zu solcher Blüte gelangt?

89 2021 »vom Kalkmergel S«* Gau-Algesheim Goldberg Riesling trocken
Ein tolles, fruchtbetontes Bukett zeigt hier viel Pfirsich- Apfel- und Aprikosenaromen. Daneben Holunderblüte, Akazie und Lindenblüten. Zart bis mittelkräftig präsentieren sich diese Aromen am Gaumen bei einer ausgewogenen Säurestruktur, dazu etwas Mineralität. 12 Vol.-%, VL, €

88+ 2022 »S«* Gau-Algesheim Goldberg Chardonnay feinherb
In der Nase ein angenehmer Sortentyp, der an Heu und herbstliche Wiesen erinnert. Dazu gesellen sich Birne und Zitronenmelisse. In sich stimmig die dezente Restsüße am Gaumen, die der Struktur insgesamt Ausgewogenheit verleiht. Gutes Volumen, gutes Finale. 12 Vol.-%, VL, €

91 2020 »Mythos« Gau-Algesheim Johannisberg trocken
Tintig schwarz und dicht steht die Weinsberger Neuzüchtung im Glas. Der tiefgründig nach dunklen Beerenfrüchten riechende Duft lässt einen kraftvollen Rotwein erwarten. Der Gaumen zeigt wirklich südländische Opulenz mit Aromen von Brombeere, Cassis und süßer Schwarzkirsche.
14,5 Vol.-%, VL, €€

90 2019 Gau-Algesheim Steinert Cabernet Sauvignon trocken
Typische Cabernet-Sauvignon-Nase mit viel Schwarzer Johannisbeere und grünem Paprika. Der Auftakt ist geprägt von einem kraftvollen Tanningerüst bei begleitender Johannisbeerfrucht. Insgesamt noch recht jugendlich mit Ecken und Kanten bei gutem Potenzial. Sehr gute Länge.
14 Vol.-%, VL, €€

87+ 2022 Gau-Algesheim Steinert Cabernet Sauvignon Rosé trocken

90+ 2022 Gau-Algesheim Johannisberg Saphira
Die pilzwiderstandsfähige Neuzüchtung »Saphira« aus der Forschungsanstalt Geisenheim präsentiert sich hier ausgesprochen fruchtig mit Aromen, die an Pfirsichlikör erinnern. Gut eingesetzt ist die Restsüße, die am Gaumen die Pfirsichfrucht perfekt begleitet. 9,5 Vol.-%, VL, €

★★★★

WEINGUT WEEDENBORN

Am Römer 4–6, 55234 Monzernheim
T: +49 6244 387, weingut@weedenborn.de
weedenborn.de

Ab-Hof-Verkauf: Mo bis Fr nach Vereinbarung
Kellermeister: Gesine Roll
Ansprechpartner: Gesine Roll
Hektar: 20 ha

Wenn aus einem Mitglied unseres Verkostungsteams die Formulierungen nur so heraussprudeln, dann sagt das viel aus über die Qualität des gerade zu beschreibenden Weines. So ging es beispielsweise bei Gesine Rolls »Grande Réserve«, die zwei Rebsorten perfekt ineinander verzahnt und die man nur selten als Cuvée findet: Chardonnay und Sauvignon Blanc. Doch wenn es das Resultat ist, dass »sofortiger Trinkbefehl ins Gehirn gefunkt wird«, dann hat die Winzerin alles richtig gemacht. Auch die anderen Weedenborn-Weine stehen für eine herausragende Kollektion.

94+ 2020 »Grande Réserve trocken SB/CH
Komplexe, rauchige Nase mit Popcorn, Mangokonfit und Walnuss, mit Blütenaromen und Eisenmineralik. Am Gaumen ist der Wein auf Anhieb spektakulär, durchdringend und energiegeladen. Dabei geradlinig, dicht und behende. Die Bukett-traube Sauvignon Blanc gliedert sich wunderbar ein in den Chardonnay und funkt sofortigen Trinkbefehl ins Hirn.
13 Vol.-%, NK, €€€€

93+ 2021 »Réserve« Sauvigon Blanc trocken
In der Nase zunächst Aprikosenstreusel, mit etwas Luft dann Stachelbeere und grüner Spargel. Am Gaumen intensiv, fein ziseliert mit fester Säure und Karamell. Nie kitschig und von der Steinmineralität geprägt. Der spürbare Holzeinsatz dominiert nicht den Feuerstein. 12,5 Vol.-%, NK, €€€

93+ 2021 »Réserve« Chardonnay trocken
Nobler Duft nach Kalk, nassem Stein und Karamell. Am Gaumen weicht die Zurückhaltung und er wird sofort packend, anpackend und extraktvoll. Die Finesse und Harmonie sind durchgängig bei sicherem Reifepotenzial.
12,5 Vol.-%, NK, €€€

92 2022 Westhofen Kirchspiel Riesling tr.
Eine Nase mit betörendem Marillenduft – man will gar nicht aufhören zu riechen. Zitrone. Am Gaumen zunächst geballt und karg, entfaltet er sich geschmeidig. Aprikose auch im Mund mit einer mittleren Länge. Immer von der Mineralität geprägt. 12,5 Vol.-%, NK, €€€

91 2022 Westhofen Chardonnay trocken

93 2022 »Terra Rossa« Sauvignon Blanc tr.
Vielschichtige Nase mit Aromen von Zitrone, Zitronengras und Lorbeerblatt, auch etwas Mandarine. Für die Beschreibung des Gaumens braucht man nur vier Wörter: Kalkstein in your Face! Das ist so ungemein karg, geradlinig und präzise. 12,5 Vol.-%, DV, €€€

★★★

WEINGUT WERTHER-WINDISCH

Schulstraße 3, 55278 Mommenheim
T: +49 6138 9417665, info@werther-windisch.de
werther-windisch.de

Ab-Hof-Verkauf: nach Vereinbarung
Kellermeister: Jens Windisch
Ansprechpartner: Jens Windisch
Hektar: 14 ha
Anbauweise: Bio

Jens Windisch ist ein Winzer mit Prinzipien, der immer daran arbeitet, voranzukommen: Unter der Devise »Freiheit des Hinterlandes« gab er mit dem Jahrgang 2022 »unseren Werten, unserem Denken und Handeln und dem Auftritt unserer Weine ein neues und passendes Gesicht«. Die Etiketten wurden runderneuert, das Profil des Weinguts geschärft, die Weinberge werden jetzt biologisch bewirtschaftet. Damit will Jens Windisch gerade den Charakter seiner Einzellagen Schloßberg und Lieth herausstellen. Da tut sich was: Lang lebe die Freiheit des Hinterlandes!

93 2022 Harxheim Lieth Silvaner trocken
Birne in der Nase mit gelbem Apfel und auch Aprikose, mineralische Anklänge, Gesteinsmehl. Am Gaumen stoffig, mit Substanz, guter Dichte und Spannung, fein herausgestellte Phenolik und erdige Noten, mineralisch, trocken, natürlich, gute Länge und Perspektive. 12 Vol.-%, DV, €€€

92+ 2022 Harxheim Schloßberg Riesling trocken
Reifes Steinobst, Pfirsich und Maracuja, Mandarinenschale, kräuterig, mineralische Note, ein Hauch Firne. Am Gaumen mit lebendiger, delikater Säure in fester, kompakter Struktur, dicht, mit Spannung, zitrisch, würzig, mineralisch, salzig, gute Länge. 12 Vol.-%, DV, €€€

91+ 2022 »vom Kalk« Silvaner trocken
Kräuterige Noten mit Apfel und auch gelbfruchtigen Noten, Mirabelle, kreidige Noten, feiner Kümmel. Wenn Jens Windisch »vom Kalk« spricht, dann liefert er ihn auch, mineralisch, würzig und mit guter Spannung, straff und sich linear entfaltend, trocken. 12 Vol.-%, DV, €€

92 2022 Riesling Auslese
Duft nach frischen, süßen Früchten, Zitrone, Mandarine, etwas Honigwürze, dahinter Apfelschale, eine Spur Quitte. Am Gaumen mit lebendiger Säure, frische Zitrusfrucht, feine Süße, viel Dynamik, balanciert, mit schönem Trinkfluss, gute Länge, Potenzial. 7,5 Vol.-%, DV, €€

90+ 2022 Weißburgunder trocken

91 2021 Spätburgunder trocken
Veilchen, Waldhimbeere, rote, schwarze Kirsche, frisch, Kirschkern, floral, würzig, attraktives Pinot-Parfum. Kompakt gebaut am Gaumen mit druckvollem Extrakt und lebendiger Säure, betont trocken und ungekünstelt, mit viel Trinkfluss und Pinot-Stil. Probieren! 12,5 Vol.-%, DV, €

★★★★★

WEINGUT WITTMANN

Mainzer Straße 19, 67593 Westhofen
T: +49 6244 905036, info@wittmannweingut.com
weingutwittmann.de

Ab-Hof-Verkauf: Mo bis Fr 9–17 Uhr, Sa 11–15 Uhr, Voranmeldung erbeten
Kellermeister: Philipp Wittmann und Georg Rieser
Ansprechpartner: Philipp Wittmann
Hektar: 30 ha
Anbauweise: Biodynamisch

Wenn irgendwer noch bezweifeln sollte, dass biodynamisches Arbeiten im Weinberg einen positiven Effekt hat, dann sind Philipp Wittmanns Weine schwergewichtige Gegenargumente. Wie die Lagenweine ihren Boden mit maritimen Aromen von »Austernwasser« durchschimmern lassen und zugleich das aromatische Potenzial der Rebsorte Riesling durch alle Kategorien des Aromenrads hindurch deklinieren – das ist ein phänomenales Geschmackserlebnis. Die Ortsweine aus Ersten Lagen und der Gutsriesling gestatten zu vergleichsweise erschwinglichem Tarif eine Annäherung an diesen Stil.

96+ 2022 Westhofen Morstein Riesling GG
Etwas maskiert, Spontangärung, kräuterig, Apfel, Fenchel, Kümmelsaat, dahinter zeichnet sich das große Ganze ab. Am Gaumen mit einer pfeilgeraden Säure, die maritime Noten transportiert, salzig, etwas Austernwasser, engmaschiger Extrakt, feine Phenolk, lang, sehr jung. 13 Vol.-%, NK, €€€€

95 2022 Westhofen Kirchspiel Riesling GG
Noch verschlossen, Spontangärung, leichte Reduktion, Hefe, Apfelschale, etwas Malz und Miso, auch Waldmeister. Am Gaumen mit einer forschen Säure, die aufs Ganze geht, ziemlich maritim, Austernwasser, dicht im Extrakt, auch elegant und verspielt mit mineralischer Raffinesse.
12,5 Vol.-%, NK, €€€€

94+ 2022 Westhofen Brunnenhäuschen Riesling GG
Der Wein ist kalkwürzig im Duft, pfefferig, auch hefig. Er zeigt so gut wie keine Frucht! Im Mund ist der Wein druckvoll, kernig, stoffig, etwas robust in der Anmutung, aber mit viel Energie, mineralisch fundiert und mit sehr guter Zukunft.
12,5 Vol.-%, NK, €€€€

92+ 2022 »Aus Ersten Lagen« Nierstein Riesling trocken
Fokussierte Aromatik. Nicht so sehr in die Breite, sondern in die Tiefe gehend. Würzig zeigt er seine Herkunft. Etwas Phenolik, die seidig am Gaumen entlangrinnt. Sehr gut balanciert, hat er eine tänzelnde Konzentration. Lange anhaltend, facettenreich und lebendig. 12,5 Vol.-%, NK, €€€

92 2022 »Aus Ersten Lagen« Westhofen Riesling trocken

91 2022 »vom Kalkstein« Riesling trocken
Sachte Komplexität nach Kräutern, leichter Blütenduft, dunkle gelbe Früchte, etwas Brotkruste und Popcorn. Nicht laut, sondern fein ziseliert. Cremiges Mundgefühl, der Geschmack von Kräutern setzt sich fort. Die im Titel versprochene Mineralität ist präsent und die Flasche schnell geleert. 12,5 Vol.-%, NK, €€

★

WEINGUT ZINK DIE WEINSCHMIEDE

Vordergasse 13, 67592 Flörsheim-Dalsheim
T: +49 6243 7622, info@weingut-zink.de
weingut-zink.de

Ab-Hof-Verkauf: Mo bis Fr 9–18 Uhr, Sa 9–16 Uhr
Kellermeister: Matthias Zink
Ansprechpartner: Sybille Hofstätter-Zink

Über Generationen lebte die Familie von der Hufschmiede, den Anbau von Reben betrieb sie als schönen Nebenerwerb – der stetig mehr Raum einnahm und in das Weingut von heute mündete. Das bewirtschaftet der Winzer Matthias Zink mit seiner Frau Sybille und den Kindern nachhaltig. Ihre Herkunft würdigen sie mit drei traditionellen Symbolen des Schmiedehandwerks: Das Hufeisen steht für Gutsweine, der Amboss für komplexere Weine, der Hammer kennzeichnet besonders kraftvolle und zugleich filigrane Weine. Der trinkanimierende Grauburgunder ist unser Tipp.

90+ 2022 Dalsheim Hubacker Riesling Spätlese trocken
Verhaltener Sortenduft mit Noten von Orangenschale und weißen Blüten, daneben Anklänge von Äpfeln und Pfirsich. Herb-fruchtig der Auftakt am Gaumen bei präsenter Säure und Mineralität. Gut strukturierte Gaumenmitte mit feinen Zitrusaromen, nachhaltig. 12 Vol.-%, DIAM, €€

90+ 2022 Dalsheim Steig Chardonnay Barrique trocken
Trotz Barriqefasslagerung zeigt der Wein im Glas viel Kohlensäure, die das Aromenspektrum an die Oberfläche transportiert. Hier riecht man: Banane, Akazienblüten, Weißdorn und Honigaromen. Im Geschmack deutliche Opulenz mit ausgeprägter Barriquenote und breitem Fruchtspektrum. Sehr lange am Gaumen. 13,5 Vol.-%, NK, €€

89 2022 »Alte Reben« Bacchus trocken
Pure Exotik im Duft mit einem reichen Spektrum von Südfrüchten. Hier riecht man zum Beispiel Passionsfrucht, Mango, Papaya, Guave und Ananas. Der Gaumen wird verwöhnt mit den Fruchtaromen der Karibik und Lateinamerikas. Dieser Wein wird den Ansprüchen der Bacchusrebe in allen Punkten gerecht. 12,5 Vol.-%, DV, €

90+ 2021 »Werkstück« Cuvée trocken PN/DF
Das »Werkstück« des Weingutes Zink zeigt als Rotweincuvée eine Vielfalt rotweintypischer Aromen. Dazu gesellt sich eine dazu passende Holzaromatik. In der Nase riecht man etwa Holunderbeeren, Brombeeren, Hagebutten und Heidelbeeren. Süßlich schmeckende Frucht umspielt den Gaumen mit jugendlichem Tannin. Sehr nachhaltig. 13,5 Vol.-%, DIAM, €€

88+ 2022 Dalsheim Steig Gewürztraminer trocken

91 2022 Grauer Burgunder trocken
Der Wein startet im Duft mit einer beeindruckenden Aromatik, die Melone, Birne und viel Frische vereint. Spielerisch präsentiert er sich im Mund bei einer perfekt abgestimmten Säurestruktur. Alles saftig und frisch bei belebender Frucht. Guter Nachhall. 12,5 Vol.-%, DV, €

Wallfahrtskirche St.-Rochus-Kapelle bei Bingen am Rhein

RHEINHESSEN

GASTGEBER AUS LEIDENSCHAFT

Gemeinsam mit den Winzern der Region – als uneingeschränkten Experten, was das leibliche Wohl anbelangt – hat Falstaff die besten Genussadressen in Sachen Kulinarik sorgfältig ausgewählt und zusammengestellt.

55437 Appenheim

Hundertguldenmühle

Eva Eppard ist die Chefin in der historischen Mühle vor den Toren von Mainz. Die Küche bringt eine Mischung aus rustikal bis fein auf den Teller. Sonntags ist nur für geschlossene Gesellschaften geöffnet.

Mühle 2, +49 (6725) 9990210
100guldenmuehle.de

P €€

Empfohlen von: Weingut Knewitz, Weingut Finkenauer-Franz, Weingut Bischel

55411 Bingen am Rhein

Das Bootshaus

Nils Henkel legt im modern-legeren Hotelrestaurant den Schwerpunkt auf Fisch und Gemüse und vereint gekonnt regionale und internationale Küche. Mittags à la carte, täglich wechselnde Dinnermenüs am Abend.

Hafenstaße 47, +49 (6721) 35010
paparheinhotel.de

P €€

Empfohlen von: Weingut Sascha Montigny, Weingut Chat Sauvage/Schulz & Schöttle

Foto: beigestellt

67278 Bockenheim

Bockenheimer Weinstube

Inmitten der Weinberge an der Deutschen Weinstraße warten nordpfälzische Spezialitäten – Kenner lieben die Weinstubenbrotzeit. Küchenchef Christian Saul und Daniel Hinz setzen auf traditionelle Pfälzer Küche mit modernen Akzenten.

Weinstraße 91, +49 (6359) 4090050
bockenheimerweinstube.de

€

Empfohlen von:
Weingut Neiss, Weingut Schloss Janson

67269 Grünstadt

Pfalzhotel Asselheim

Es bietet sich an, die Weinbergschnecken nach elsässischer Art von der Asselheimer Schneckenfarm zu kosten. Für diejenigen, die solide Kost bevorzugen, gibt es eine Auswahl an Fleisch, Fisch und vegetarischen Gerichten.

Holzweg 6–8
+49 (6359) 80030
pfalzhotel.de

P €€

Empfohlen von: Weingut Kneisel

55116 Mainz

Bellpepper

Ob im modern gestylten Restaurant oder – bei gutem Wetter – auf der Terrasse direkt am Rheinufer: Saftige Steaks, gut belegte Burger und klassische Flammkuchen sind die Favoriten auf der Speisekarte.

Templerstraße 6
+49 (6131) 731234
bellpepper.de

€€

Empfohlen von: GUTGALLÉ Rheinhessen

55116 Mainz

Bluhm

In der urigen Weinstube rücken die Gäste immer eng zusammen. Das ist guter alter Brauch, genauso wie Meenzer Fleischwurst, Handkäs, Hackbraten und französische Fischsuppe, die hier serviert werden.

Badergasse 1
+49 (6131) 4906343
weinhaus-bluhm.de

€

Empfohlen von: Falstaff-Redaktion

55116 Mainz

Bootshaus

Für Flussliebhaber der Place to be! Hier sitzt man entspannt, im Sommer auch mal gerne im Liegestuhl vor dem Eingang, schaut auf den Rhein und genießt Küchenklassiker und vorwiegend rheinhessische Weine.

Victor-Hugo-Ufer 1
+49 (6131) 1438700
bootshausmainz.de

€€

Empfohlen von: Falstaff-Redaktion

55131 Mainz

Favorite

Im elegant eingerichteten Hotelrestaurant serviert der talentierte Tobias Schmitt raffinierte Menüs, die er entweder klassisch oder modern interpretiert. Spezielle Kreationen für Vegetarier, mittags Lunch-Menüs.

Karl-Weiser Straße 1
+49 (6131) 80150
favorite-mainz.de

P €€€

Empfohlen von: Weingut Battenfeld-Spanier

Foto: beigestellt

Der Scharlachberg über Bingen

55126 Mainz

Genusswerkstatt

Das charmante Serviceteam um Chef Carl Grünewald serviert ein einheitliches Zehn-Gänge-Menü, nach vorheriger Absprache auch vegetarisch. Sehr puristisch, im Fokus steht das Produkt. Gutes Weinangebot.

Flugplatzstraße 44
+49 (6131) 4910
atrium-mainz.de

P €€

Empfohlen von: Falstaff-Redaktion

55130 Mainz

Hofgut Laubenheimer Höhe

Ausflugsziel, Feierlocation oder einfach nur ein Ort, um bei herzhaften, bodenständigen Gerichten, regionalen Klassikern, rustikalen Kleinigkeiten und/oder einem Glas Wein die Seele baumeln zu lassen.

Auf der Laubenheimer Höhe 1–3
+49 (6131) 622260
hofgut-laubenheimer-hoehe.de

€€

Empfohlen von: Falstaff-Redaktion

55126 Mainz

Steins Traube

Mit viel Geschmack wurde das Interieur aufgepeppt und die Gastwirtschaft zum schicken Gourmetrestaurant umgestaltet. Raffinierte, modern interpretierte Klassiker sind Philipp Steins Stärke. Chapeau!

Poststraße 4
+49 (6131) 40249, steins-traube.de

€€€

Empfohlen von: Weingut J. Neus, Georg Gustav Huff, Weingut Kühling-Gillot

55116 Mainz

Wilhelmi

In der Weinstube von Christina Schickert treffen sich Gott, die Welt und Einheimische. Denn im urigen Ambiente gibt es Meenzer Fleischwurst, Handkäs, Spundekäs, hausgemachten Hackbraten und Rumpsteak.

Rheinstraße 53
+49 (6131) 224949
weinhaus-wilhelmi.de

€

Empfohlen von: Falstaff-Redaktion

Trullo im Westhofener Kirchspiel

55268 Nieder-Olm

Das Crass

Geboten wird eine breite Auswahl rheinhessischer Weinspezialitäten von regionalen Winzern und liebevoll zubereitete Speisen einer ambitionierten Landhausküche. Auf der Terrasse findet sich immer ein schönes Plätzchen!

Pariser Straße 129
+49 (6136) 814480
das-crass.de

P €

Empfohlen von: Weingut Weber

55270 Ober-Olm

Benzoliver

Ob vielfältiges Abendmenü oder bodenständige Mittagsküche – hier verschmelzen alte und neue kulinarische Ideen. Dazu: erlesenes Weinangebot und frisches Rheinhessen-Bräu. Inga und Oliver Benz beherrschen ihr Handwerk meisterhaft.

Lannerstraße 16a
+49 (6136) 9224414
benzoliver.de

€€

Empfohlen von: Weingut Alexander Flick

67574 Osthofen

Landhaus Dubs

Allein wegen der hausgemachten Gänsestopfleber kommen Gäste zu Wolfgang Dubs, der französische Haute Cuisine aus dem Effeff beherrscht. Ein Altmeister der authentischen Traditionsküche in Bestform.

Am Mühlpfad 10
+49 (6242) 9125205, dubs.de

P €€

Empfohlen von:
Weingut Oekonomierat Johann Geil I. Erben

67574 Osthofen

Vis à Vis

Unterm Kreuzgewölbe herrschen rheinhessische Gemütlichkeit und familiäre Atmosphäre. Die Speisekarte ist überschaubar und bietet traditionelle Gerichte, handwerklich gut und geschmackvoll zubereitet.

Friedrich-Ebert-Straße 53
+49 (6242) 5012973
spiess-osthofen.de

Empfohlen von: Falstaff-Redaktion

55291 Saulheim

mundart

Der herausgeputzte Gasthof ist das Refugium von Markus Hebestreit, der im gemütlichen Landhausambiente klassisch französische und mediterran inspirierte Küche auftischt – immer mit einer Portion Pep.

Weedengasse 8, +49 (6732) 9322966
mundart-restaurant.de

Empfohlen von: Weingut Thörle, Weingut Bischel, Weingut Battenfeld-Spanier

55278 Selzen

Kaupers Kapellenhof

Marktfrische Produkte sind das Küchencredo von Sebastian Kauper, je nach Angebot wird die Speisekarte geschrieben. Attraktiv ist sie immer, und alles »Gourmet-like« zubereitet bis ins kleinste Detail.

Kirschgartenstraße 13
+49 (6737) 8325, kaupers-kapellenhof.de

Empfohlen von:
Weingut Hiestand, Weingut Battenfeld-Spanier

67593 Westhofen

Gut Leben am Morstein

Egal, ob im charmanten Schlösschen oder im idyllischen Weingarten, Liebhaber gehobener Küche werden hier verwöhnt. Das Fine-Dining-Menü vereint Regionales mit exotischen Zutaten und die Location selbst ist beeindruckend.

Mainzer Straße 8
+49 (624) 49186772
am-morstein.de

Empfohlen von: Weingut J.G. Orb

55270 Zornheim

Zornheimer Weinstuben

Hier weht frischer kulinarischer Wind in altehrwürdigem Gemäuer. Rheinhessische Gastfreundschaft und bodenständige Küche in perfekter Liaison. Zu saftigem Rumpsteak gibt's Großmutters Bratkartoffeln.

Röhrbrunnenplatz 1
+49 (6136) 45616
zornheimer-weinstuben.de

Empfohlen von: Weingut Münzenberger

Spitzenlage Goldener Wagen in Radebeul, Sachsen

Foto: © Weingut Karl Friedrich Aust

SAALE-UNSTRUT, SACHSEN,

BRANDENBURG, MECKLENBURG-VORPOMMERN UND THÜRINGEN

Weinbau am Großräschener See im Westen des Lausitzer Seenlandes in Brandenburg

SANIERER UND PIONIERE

Im Osten und im Norden Deutschlands liegen einige der dynamischsten Weinbauregionen der Republik. Überraschend ist das 33 Jahre nach dem Fall der Mauer und in Zeiten der Erderwärmung nicht mehr. Aber begeisternd schon.

TEXT ULRICH VAN STIPRIAAN

Klein angefangen haben hier fast alle – oft nur mit 1000 Quadratmetern oder einem halben Hektar. Denn die oft beschworene tausendjährige Tradition, die Weintrinker gerne zitieren, hatte im Osten Deutschlands eine Delle namens DDR und Volkswirtschaft. Also ging's für viele Winzer erst nach der Wende so richtig los – und wenn jemand da schon Weinbau in der zweiten Generation betrieb, dann war die erste Generation zumeist eher im Hobbybereich tätig. Mancher Wein schmeckte dann auch so: trinkbar, aber nicht merkenswert (was im Übrigen ganz sicher auch eine gute Beschreibung für die Weine am Anfang der tausendjährigen Tradition ist, und das nicht nur im Osten Deutschlands ...).

33 Jahre später sieht das anders aus und mit der Professionalisierung hat sich auch die Qualität der Weine enorm verbessert. In den beiden Qualitätswein-Anbaugebieten Saale-Unstrut und Sachsen sowie bei Landweinen aus Brandenburg und Mecklenburg-Vorpommern findet man immer häufiger überraschend Gutes.

Wobei das mit der Überraschung etwas ist, mit dem die Winzer hier fremdeln: Wein, von dem kaum einer so recht was weiß, kann noch so gut sein: Er wird nicht zur Kenntnis genommen. »Vor allem im Topbereich können wir mithalten«, sagt Martin Schwarz, einer der Spitzenwinzer in Sachsen. Das sei zwar eines der kleinsten Anbaugebiete Deutschlands, aber dass es »für viele Sachsen als Weinland gar nicht existiert«, müsse ja nicht sein. »Der Wein hat seine Berechtigung und seinen Reiz – das wollen und können wir zeigen!«, sagt

Fotos: beigestellt, © Weingut Hohmann, Annika Nagel

der Winzer, der 1996 bei Prinz zur Lippe auf Schloss Proschwitz als Kellermeister anfing und dort 16 Jahre die geschmackliche Richtung von Sachsens größtem Privatweingut maßgeblich geprägt hat.
2003 machte er sich, zuerst neben dem Job beim Prinzen, als Winzer selbstständig, seit 2012 ist er zusammen mit seiner Partnerin Grit Geißler Haupterwerbswinzer – einer von nur 37 in Sachsen. Vor allem im Rotweinbereich zeigt Schwarz, was machbar ist – mit Einsatz von Barrique und Trauben, die man hier nicht vermutet: seine Pinot Noirs und ein Nebbiolo vom Friedstein lässt die Herkunft nicht vermuten. Der Friedstein ist mittlerweile eine VDP. Große Lage – vor zehn Jahren war's noch ein ehemaliger Weinberg mit Wald und Gebüsch, der hundert Jahre lang Zeit hatte zu verwildern.
Einer, der ganz klein angefangen hat und mittlerweile zur Spitze des Gebiets Saale-Unstrut zählt, ist Bernard Pawis. Was in den 1970er-Jahren mit 1440 Quadratmetern der Eltern in den Ehraubergen bei Freyburg an der Unstrut und dem unter damaligen Verhältnissen nicht ganz legalen (aber nichtsdestoweniger sehr beliebten) eigenen Anbau von etwas beiseite gelegtem

Simone Hantke, Weingut Hohmann auf Rügen
Lancken-Granitz, Mecklenburg-Vorpommern

und selbst gekeltertem Müller-Thurgau losging, hat sich zu einem 16,5-Hektar-Betrieb ausgeweitet. Pawis ist seit 2001 im VDP – als einer von sechsen im Bereich der beiden Anbaugebiete Saale-Unstrut und Sachsen.
»Wir müssen erfolgreich sein durch Fleiß, Akribie und ein gutes Produkt«, lautet die Devise von Bernard Pawis. Zielstrebig hat er sich von der Kleinstkellerei in einer Doppelgarage zum jetzigen Weingut in ei-

Weingut Böhme & Töchter, Gleina an der Unstrut: Sandro Sperk – und die beiden »Böhme-Töchter« Marika Sperk und Toska Grabowski

ÜBERBLICK

Anbaufläche Mecklenburg-Vorpommern: 90 Hektar
Anbaufläche Brandenburg: 35 Hektar
Anbaufläche Sachsen-Anhalt: 700 Hektar
Anbaufläche Sachsen: 490 Hektar
Anbaufläche Thüringen: 120 Hektar

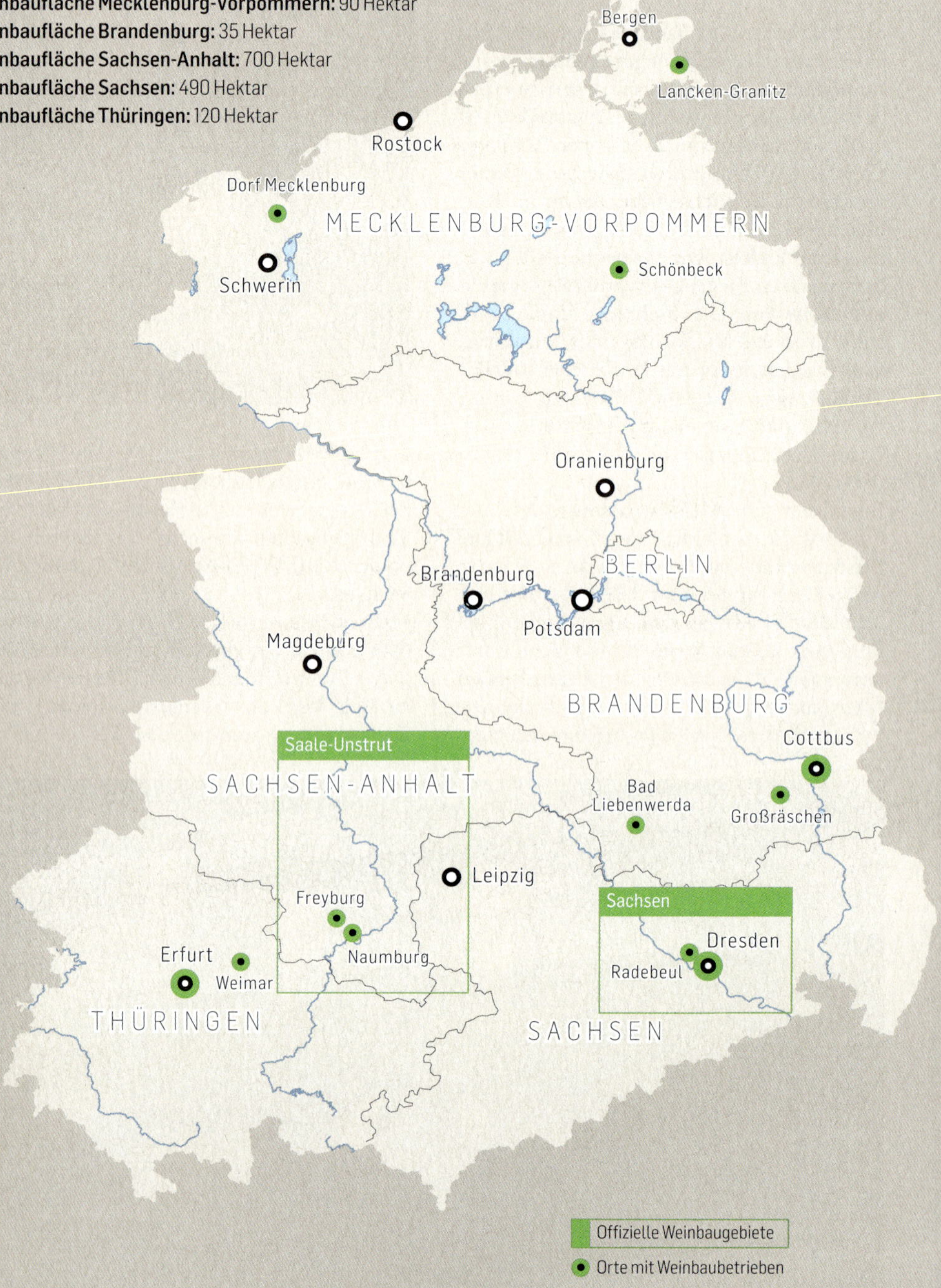

nem ruinös übernommenen und mustergültig sanierten Klostergut auf der Anhöhe des Zscheiplitzer Martinsberges hochgearbeitet. Dort hat der Perfektionist die Möglichkeit, die Weine ganz nach seinem Gusto auszubauen: aromatisch, die Mineralität des für die Gegend typischen Muschelkalks voll ausreizend. Mittlerweile ist Sohn Christian mit im Betrieb – die dritte Generation steht also in den Startlöchern. Bei Böhme & Töchter haben die Töchter bereits von Vater Frank, einem Urgestein der Weinbauszene im Saale-Unstrut-Gebiet, übernommen. Seit 2017 sind Marika und Sandro Sperk für die Weinbereitung zuständig – und profitieren natürlich davon, dass schon der Herr Papa als einer der Ersten in der Region einen Chardonnay gepflanzt hat (in diesem Guide steht er mit 93 Punkten).

Noch besser war da nur der Breitengrad-Traminer (94 Punkte) – keine neue Variante des Traminer, sondern benannt nach der Winzervereinigung Breitengrad 51. Die derzeit acht Mitgliedsbetriebe hatten sich 2012 (in teils anderer Konstellation) zusammengetan, um die Qualität der eigenen Weine zu fördern – und um den Wein, der

Stefan Schmidt, Weingut Schloß Rattey Schönbeck, Mecklenburg-Vorpommern

hier rund um den 51. Breitengrad wächst, bekannter zu machen. Das Weingut Böhme & Töchter ist wie auch Matthias Hey (dessen Rieslinge auch in diesem Jahr stark wie immer waren) Gründungsmitglied – und es ist kein Zufall, dass beide auch im VDP vertreten sind.

Aber man muss ja nicht im VDP sein, um guten Wein zu machen – und damit zurück nach Sachsen. Karl Friedrich Aust hat sei-

Weinbau Dr. Lindicke Werder (Havel), Brandenburg

Fotos: beigestellt, © Henning Wegener, Michael Horchler

WEINBAUGEBIET SAALE-UNSTRUT

Anbaufläche ca. 750 Hektar
Aufteilung 34 Einzellagen
Wichtigste Rebsorten
Weißburgunder, Riesling
Verbände
Gebietsweinwerbung Saale-Unstrut
Querfurter Straße 10
06632 Freyburg
www.natuerlich-saale-unstrut.de

PRIVILEGIERTE WEINLAGEN

1 **Naumburg Steinmeister**
37 ha, 20–40 % Stg., lehmhaltiger, verwitterter Muschelkalk

2 **Freyburg Edelacker**
14 ha, 115–220 Hm, 0–45 % Stg., Muschelkalk

3 **Bad Kösen Saalhäuser**
7,5 ha, 0–40 % Stg., verwitterter Muschelkalk

Matthias Hey
Weingut Hey, Naumburg, Saale-Unstrut

nen neuen Weinkeller endlich fertiggestellt und zeigt ihn voller Stolz den Besuchern seines Weinguts am Goldenen Wagen. Aus gutem Grund: »Wir können die Weine schonender verarbeiten, die Trauben fallen behutsam über die Maischen oder als Ganztraubenpressung von oben in die Traubenpresse«, sagt Aust und stellt auch für sich und sein Team Verbesserungen fest: »Mit den neuen kurzen Wegen können wir auch für uns viel kraftsparender arbeiten, man nimmt sich einfach mehr Zeit für die Weine!« Wir konnten beim Verkosten die Theorie bestätigen: Die Weine der Spitzenlage Goldener Wagen haben deutlich an Präzision gewonnen, ob Riesling, Traminer (je 94 Punkte) oder Spätburgunder (93 Punkte).

Auch wenn der neue Keller Ansporn ist und ihm neue Möglichkeiten eröffnete, holt Aust gerne mal eine gereifte Flasche Wein aus dem Bestand. Als er im Falstaff 2021 für seinen Spätburgunder 98 Punkte bekam, war der Wein schon 14 Jahre alt – das gibt's in Sachsen nicht so oft, zeigt aber, was machbar ist. »Gute Rotweine konnten wir also auch schon im alten Holzfasskeller! « sagt der Winzer – der die alten Gewölbe und den neuen Keller übrigens mit unterirdischen Leitungen verbunden hat. »Die Keller«, sagt er, „sprechen sozusagen miteinander.«

Während die Betriebe in den Qualitätsweinanbaugebieten (ein Lob der deutschen Sprache für die Möglichkeit, Begriffe beliebig lange aneinanderzureihen!) über Berge

Dr. Andreas Wobar
Weinbau Dr. Wobar, Großräschen, Brandenburg

WEINBAUGEBIET SACHSEN

Anbaufläche ca. 490 Hektar
Aufteilung 17 Einzellagen
Wichtigste Rebsorten Riesling, Weißburgunder, Grauburgunder, Kerner, Traminer
Verbände
Weinbauverband Sachsen e. V.
Fabrikstraße 16, 01662 Meißen
www.weinbauverband-sachsen.de

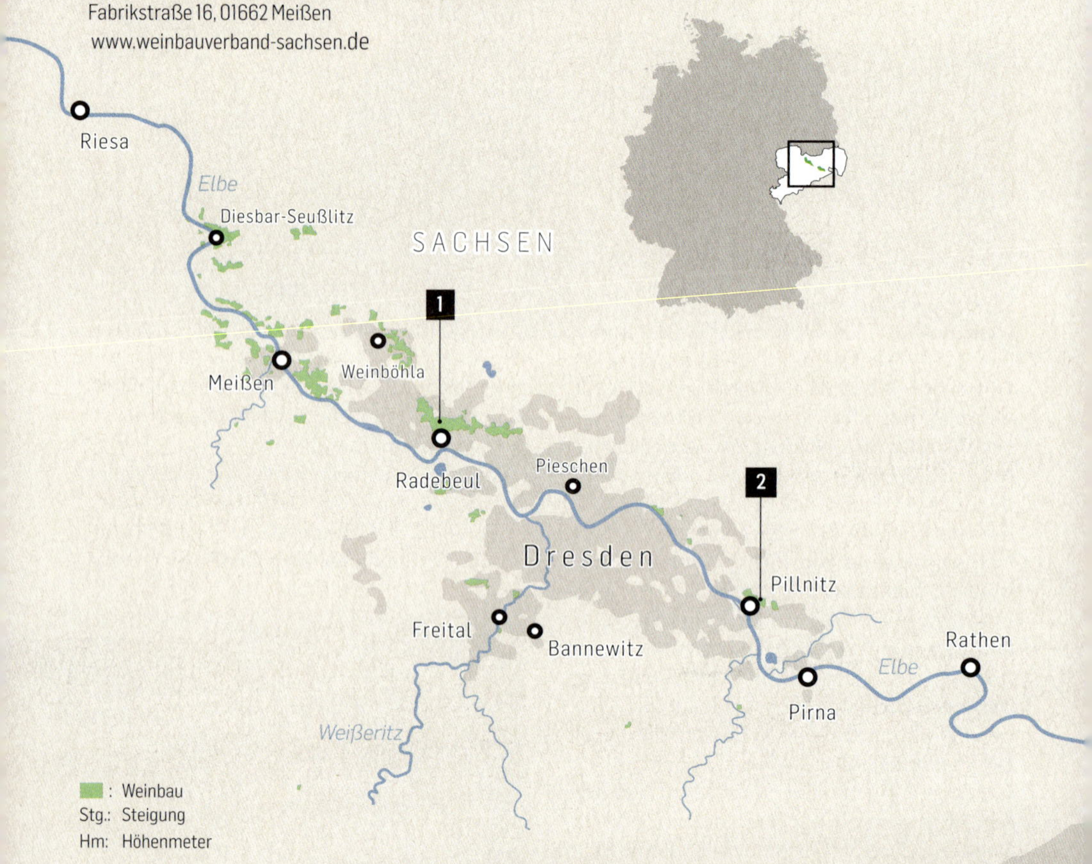

PRIVILEGIERTE WEINLAGEN

1 **Radebeul Goldener Wagen**
27 ha, 170–240 Hm, Vulkangestein, verwitterter Syenit

2 **Pillnitz Königlicher Weinberg**
7 ha, 125–180 Hm, 0–40 % Stg., Granitverwitterung

Dr. Georg Prinz zur Lippe
Weingut Schloss Proschwitz, Sachsen

und Flüsse und lediglich reblausgebrochenen Weinanbau schauen können, sind es in den nördlicheren Regionen Menschen mit Pioniergeist. Rund um Schloss Rattey gibt's seit 1991 Weinbau, und auf den mittlerweile 35 Hektar rund um Norddeutschlands größtes Weingut entsteht ein eigenständiger Mecklenburger Landwein. Der Klimawandel und die PiWis machen's möglich – und die Winzer hier zeigen, dass eine ernsthafte Auseinandersetzung mit den neuen Rebsorten wie Solaris und Pinotin auch zu ernst zu nehmenden Qualitäten führen kann.

Der gebürtige Ostfriese **Ulrich van Stipriaan** ist studierter Anglist und gelernter Journalist. Er lebt in Dresden, betreibt unter anderem die Website stipvisiten.de und den Podcast »Auf ein Glas …«.

Schloss Wackerbarth, Sachsen

★

WEINGUT HOHMANN RÜGEN

Dorfstraße 16E, 18586 Lancken-Granitz
T: +49 38303 956622, hohmann@weingut-ruegen.com
weingut-ruegen.com

Ab-Hof-Verkauf: nach Vereinbarung
Kellermeister: Philip Apel
Ansprechpartner: Mario Hohmann
Flaschen/Hektar: 4.700 (100 % weiß)/0,85 ha

Wenn es in Deutschland irgendwo einen Boden gibt, der dem der Champagne ähnelt, dann wäre das wo? Tatsächlich, auf der Insel Rügen! Als Mario Hohmann vor einigen Jahren die Winzerfamilie Apel in Nittel an der Mosel besuchte, entstand im Laufe eines Abends die Idee für diesen Weinberg auf Rügen. Die ersten Ernten (seit 2019) zeigen, dass es sich um eine wahre Wein- und keine Schnapsidee handelt. Die pilzresistenten Souvignier-Gris-Reben haben in 2020 der Trockenheit und 2021 dem Mehltau getrotzt, in 2022 waren Wind und Wetter der Aromatik sehr förderlich. Bitte mehr davon!

90 2022 Souvignier Gris trocken
Der Duft lässt reifes Lesegut erkennen: Mirabelle, rote Stachelbeere, aber auch einen Hauch Paprika. Im Mund hat der Wein Saftigkeit und eine gute Dichte, das Süße-Säure-Spiel steht unter Führung der knackigen Säure und erinnert daran, dass der Wein an der Mosel vinifiziert wurde. Und eine leichte Salzigkeit ruft ins Gedächtnis, dass wir auf der Insel Rügen und nahe an der Kreide sind. 12,5 Vol.-%, DV, €€€

★

WEINBAU DR. LINDICKE

Am Plessower Eck 2, 14542 Werder (Havel)
T: +49 3327 741410, weinbau@lindicke.de
weinbau-lindicke.de

Ab-Hof-Verkauf: Ja
Kellermeister: Katharina Lindicke
Ansprechpartner: Katharina Lindicke
Flaschen/Hektar: 66.700 (45 % weiß, 30 % rot, 20 % Rosé, 5 % Schaumwein)/7,6 ha

Schwer zu glauben, aber Weinbau zählt in Werder an der Havel mit der Fischerei zu den ältesten Gewerben überhaupt. Und der Werderaner Wachtelberg ist eine brandenburgische Rebfläche mit Tradition. Er wurde nach 100-jährigem Dornröschenschlaf 1985 wieder zum Leben erweckt und wird heute neben dem Galgenberg von der Familie Lindicke bewirtschaftet – Pioniere in Werder, schon vor 30 Jahren galten ihre Weine als Raritäten, von denen man (nicht nur) in Berlin sprach. Der Sauvignon vom Wachtelberg zeigt, dass sich die anspruchsvolle Loire-Sorte auch im märkischen Sand wohlfühlt.

90 2022 Werder Wachtelberg Sauvignon Blanc trocken
Roter und grüner Paprika, grüne Stachelbeere, Minze, Pfeffer. Im Mund zeigt sich ein animierend saftiger, gut gebündelter Wein mit elegantem Säurefaden, dichter Gaumenfrucht und einem pointierten, frischen Abklang. Die Süßebalance passt – ein rundum gelungener Sortentyp. 13 Vol.-%, DV, €€

89 2022 Werder Cabernet Blanc feinherb
Im Duft dominiert eine Frucht von Schwarzer Johannisbeere über die typischen grünen Paprikanoten der Sorte. Im Mund zeigt sich ein harmonisch ausbalancierter Wein, der der Süße etwas Übergewicht über die reife Säure einräumt. Der Körper ist mittel, die Aromatik bleibt lange präsent. 12,5 Vol.-%, DV, €€

90 2022 Werder Rotling feinherb MS/DF
Pastellfarben wie ein Rosé aus der Provence. Ein intensiver Muskatduft entströmt dem Glas, Apfel und Erdbeere. Der Gaumen hat eine gute Spannung, Frische und Nerv dominieren die Süße, der Wein hat Ausdruck und Stil – eine Konkurrenz für den Muskattrollinger aus Württemberg! 12,5 Vol.-%, DV, €€

88 NV »Velvet« Cuvée trocken
Im Duft eine dunkelbeerige Frucht, Noten von Zwetschge und Schattenmorelle, auch buttrige Töne. Im Mund hat der Wein einen recht vertikalen, straffen, mittelgewichtigen Bau, der noch etwas bissige Gerbstoff muss sich im Laufe der Flaschenreife harmonisieren. 12 Vol.-%, DV, €€

90 2022 Rosé trocken RE/DF/PNT
Helles Lachsrosa. Im Duft Süßkirsche und Himbeerbonbon. Auch am Gaumen besitzt die feine, recht klare Frucht eine gute Präsenz, die lebendige, aber reife Säure ist gut eingebunden, etwas Süße gibt der Frucht Volumen. Ein frischer und dabei auch inhaltsreicher Rosé. 12 Vol.-%, DV, €€

WEINGUT SCHLOSS RATTEY

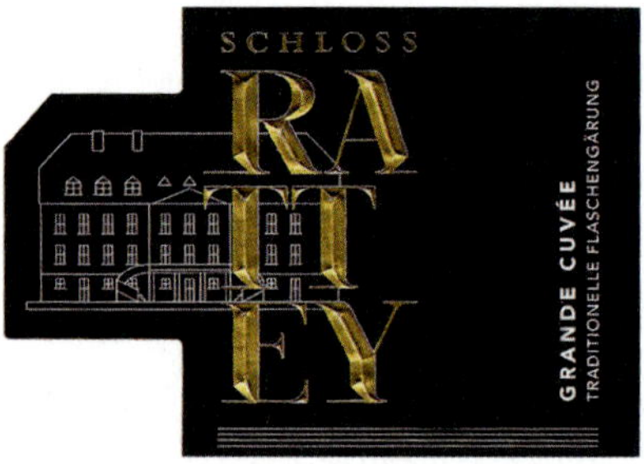

Schlossplatz 1, 17349 Schönbeck
T: +49 3968 25500, s.schmidt@schlossrattey.de
schlossrattey.de

Ab-Hof-Verkauf: Ja
Kellermeister: Stefan Schmidt
Ansprechpartner: Stefan Schmidt
Flaschen/Hektar: 80.000 (63 % weiß, 30 % rot, 5 % Rosé, 2 % Schaumwein)/34 ha

Als im Jahr 2005 die Landweinregion »Stargarder Land« anerkannt wurde, hat wohl kaum jemand damit gerechnet, dass es dort nicht einmal 20 Jahre später ein stark expansives 30-Hektar-Weingut geben würde. Doch genau so kam es, seit dem Einstieg der Inselmühle Usedom 2019 geht es Schlag auf Schlag: Die 2022er konnten in einem brandneuen Keller vinifiziert werden, es gibt Einrichtungen für die Sektproduktion und für die Erzeugung alkoholfreier Weine. Garant für die hohe Qualität ist Betriebsleiter Stefan Schmidt, der jahrzehntelange Erfahrung mit dem Weinbau im Norden besitzt.

91 2022 Solaris trocken
Im Duft findet man Aromen von Honigbonbon, Weinbergpfirsich und einen kräuterigen Ton wie von Kresse. Im Mund hat der Wein einen straffen Bau mit erfrischendem Säurezug, einer Prise Restsüße zur Abrundung und einer frischen, lange anhaltenden Gaumenfrucht. 12 Vol.-%, DV, €€

90 2022 Solaris Maischegärung trocken
Goldgelb in der Farbe. Im Duft zeigen sich Noten von Blütenhonig, Aprikose, auch würzige Untertöne von Piment und Apfel. Im Mund zeigt sich eine seidige Phenolik, ruhig und getragen, mit eher milder Säure und einem Abklang, der eine Spur Restsüße in den Bau integriert. 11,5 Vol.-%, DV, €€

90+ 2022 »Achtzehnnullsechs« Cuvée trocken RE/CC
Lachsorange in der Farbe. Der Duft zeigt sich intensiv fruchtig: kandierte Süßkirsche, Blutorange, Klarapfel. Im Mund hat der Wein ein erfrischendes Säurerückgrat bei schlankem Alkohol, der gute Extrakt gibt dem Trinkgenuss Struktur – auch bei der Speisenbegleitung. 11 Vol.-%, DV, €€

90+ 2021 »Gutseiche« Cuvée tr. RE/RD/CC
Dezent schokoladiges Holz hinter einer kräftigen Beerenfrucht: Brombeere und Holunder, frische Schwarze Johannisbeere, Tabak. Im Mund hat der Wein Volumen und auch eine gewisse Fülle, der Gerbstoff ist feinkörnig und integriert eine Prise Grüntöne. Saftiger, eleganter Abklang. 12 Vol.-%, NK, €€

89 2020 »Grande Cuvée« Brut
90 2022 Souvignier Gris trocken
90 2022 »Neunundneunzig« Cuvée feinherb /SO/BLM
89 2022 Secco blanc trocken /MS/SO/HIB
89 2022 Secco Rosé trocken MON/RE
89+ 2022 Monarch Rosé feinherb
89 2022 Monarch feinherb

91 2022 Regent trocken
Ein intensiv fruchtiger und dabei frischer Duft nach Pflaume und Waldbeeren. Im Mund hat der Wein einen schlanken, eleganten Bau, sehr fein extrahiertes, seidiges Tannin und einen saftigen, die süße Frucht des Dufts wiederaufnehmenden Abklang. 11,5 Vol.-%, NK, €€

★★

WEINBAU DR. WOBAR

Seestraße 100, 01983 Großräschen
T: +49 151 11622315, info@weinbauwobar.de
weinbauwobar.de

Ab-Hof-Verkauf: nach Vereinbarung
Kellermeister: Alexey Ryabov
Ansprechpartner: Dr. Andreas und Dr. Cornelia Wobar
Flaschen/Hektar: 10.000 (69 % weiß, 31 % rot)/1,4 ha

Ja, auch im Südosten Brandenburgs wird Weinbau betrieben – gerade erst hat die EU die g.g.A. (Landwein-Herkunft) »Großräschener See« anerkannt. »Neue Geschmackswelten und Qualität werden den unvoreingenommenen Weinfreund begeistern«, schreiben uns die beiden Doktores Cornelia und Andreas Wobar. Aus dieser Aussage hören wir heraus, dass sich das Paar hin und wieder erklären muss, weil PiWis im Weinberg stehen: pilzwiderstandsfähige Rebsorten, die kaum gespritzt werden müssen. Doch Vorbehalte sind unangebracht: Hier sorgen Solaris, Pinotin und Co für niveauvollen Trinkgenuss.

90 2020 »Chapeau!« brut nature
Blasses Goldgelb in der Farbgebung. Ein spannender, »kühler« Duft aus frischen Wiesenkräutern, Zitronenmelisse, Birnenschale und Haselnuss. Am Gaumen findet man eher dunkle Fruchtaromen, bei cremigem Mousseux, guter Säure und einem insgesamt herb-trockenen Charakter.
12 Vol.-%, NK, €€

89+ 2021 Johanniter trocken
Im Geruch erinnert der Wein an exotische Früchte wie Grapefruit und Ananas. Der säurebetonte Auftakt am Gaumen legt einen Vergleich mit Riesling nahe. Insgesamt ist der komplett trockene Wein gut strukturiert bei mittelkräftigem Körper und nachhaltigem Abgang. 11,5 Vol.-%, DV, €€

90+ 2019 Pinotin im Eichenholzfass gereift tr.
Erinnert im Duft ein wenig an Spätburgunder bei gekonntem Holzmanagement, animierend und aromatisch zugleich. Am Gaumen noch recht jugendlich bei stimmiger Barriquenote und Aromen von dunklen, gut gereiften Waldbeeren. Lange im Abgang. 13 Vol.-%, DV, €€

90 2019 Pinotin trocken
Farbintensiv. Duftet nach vollreifen Brombeeren und einem Touch Holunderbeere. Am Gaumen erstaunlich kraftvoll bei prägnanter Beerenfrucht. Anklingend salzig-mineralisches Finale. Die pilzwiderstandsfähige Sorte scheint sich wohlzufühlen in Brandenburg. 13 Vol.-%, DV, €€

89+ 2022 Cabernet Blanc trocken

90 2022 Solaris trocken
Angenehm nach Pfirsich, Aprikose und Stachelbeeren duftend bei ausgesprochen frischem Charakter. Der Gaumen schmeckt saftig und ausgewogen bei schlankem bis mittelkräftigem Körper. Fruchtbetont auch im Abgang, lange anhaltend. Ein kompletter Weißwein. 13 Vol.-%, DV, €€

★★★

WEINGUT BÖHME & TÖCHTER

Ölgasse 11, 06632 Gleina
T: +49 34462 22043, info@boehme-toechter.de
boehme-toechter.de

Ab-Hof-Verkauf: Mo bis Fr 8–16 Uhr, Sa 10–16 Uhr, So 10–13 Uhr
Kellermeister: Sandro und Marika Sperk
Ansprechpartner: Marika Sperk
Flaschen/Hektar: 43.000 (60 % weiß, 20 % rot, 10 % Rosé, 10 % Schaumwein)/6 ha

Im vergangenen Jahr wurde das Weingut von Marika und Sandro Sperk in den VDP aufgenommen, und nach Verkostung der Weine können wir anerkennend sagen: verdientermaßen. Es ist erfrischend, wie schon der Zscheiplitzer Weißburgunder Ortswein die Muschelkalkböden des Weinbergs ins Glas bringt. Das zeigt hohes Niveau und nicht zuletzt Stilsicherheit bereits in der preislichen Mittelklasse. Mit den Weinen aus Erster Lage und den »Breitengrad51«-Abfüllungen geht es Stufe um Stufe noch höher auf der Bewertungsskala: Der Rote Traminer aus 2022 ist ein Monument.

94 2022 »Breitengrad51« Freyburg Schweigenberg Roter Traminer trocken

Ein üppiger, aber durch seine Vielschichtigkeit kein bisschen penetranter Duft: Rose, Blutorange, kandierte Ananas. Der Gaumen hat viel Volumen, nachgerade Öligkeit, Kalkmineralik und Stoff bauen eine Spannung auf, die dem Wein eine lange, sehr lange Lebensstrecke garantiert. 14 Vol.-%, NK, €€€

93+ 2022 Freyburg Chardonnay trocken

Sehr feines Holz, Mais, zitrische Noten, nicht zu neutral. Im Mund geschmeidig, stoffig, kreidig, der Alkohol ist kräftig, aber integriert, die kreidige Textur dominiert, der Abgang endet mit rauchigen Aromen, sehr mineralisch. Beeindruckend. 13 Vol.-%, DV, €€€

93 2022 Zscheiplitz Himmelreich Weißburgunder Erste Lage trocken

Traubig, beerig im Duft, Noten von Heidelbeere. Im Mund hat der Wein eine feine, trockene Phenolik, einen kräftigen, stoffig geprägten Körperbau und eine stabile Säure. Im Abgang deutet eine kreidige Textur die hintergründige Mineralität des Weines an. Noch sehr jung! 13 Vol.-%, NK, €€€

93 2021 »S37« Freyburg Schweigenberg Riesling trocken

Eine erste Würze im Duft, Zitronenmelisse, gelber Pfirsich. Im Mund treten schon früh die Kalkaromen des Muschelkalks zutage, dann entfaltet sich eine dicht mit feinen Phenolen besetzte, säurefrische Gaumenstruktur. Der Abklang hat trotz der komplett trockenen Abstimmung nichts Karges. 13 Vol.-%, NK, €€€

90+ 2020 »Breitengrad51« Freyburg Schweigenberg Spätburgunder trocken

91+ 2022 Zscheiplitz Weißburgunder tr.

Der Duft exponiert einen Dreiklang aus pfeffrigen Kalknoten, Gelbfrucht und floralen Untertönen – klar und direkt. Der Gaumen spielt mit saftigem Nerv und extraktsüßem Körper, im Abgang kehrt die Terroirnote des Duftes wieder. Ein Ortswein mit deutlichem Herkunftscharakter. 12 Vol.-%, DV, €€

★

WEINGUT FRÖLICH-HAKE

Am Leihdenberg 11, 06618 Naumburg OT Roßbach
T: +49 3445 266800, weingut@froelich-hake.de
froelich-hake.de

Ab-Hof-Verkauf: Mo bis Fr 11–18 Uhr, Sa 10–16 Uhr
Kellermeister: Volker Frölich
Ansprechpartner: Sandra Frölich
Flaschen/Hektar: 67.000 (80 % weiß, 5 % rot, 10 % Rosé, 5 % Schaumwein)/10 ha

Sandra und Volker Frölich verstehen sich als »weinbegeisterte Genussliebhaber, weltoffen und doch heimatbesonnen«, 1997 gründeten sie ihr Weingut. Die Weine sind feinfühlig vinifiziert mit handwerklichem Können und viel Verständnis für die angemessenen Proportionen. Feine Fruchtsüße sorgt bei den meisten Weinen für Charme. Aber das Weingut kann auch ganz anders, wie der knochentrockene Grauburgunder Edelacker belegt – unser Tipp. Mit ihrem gelungenen Einstand in diesem Guide lassen die Frölichs erwarten, dass der erste Stern nur eine Zwischenstation sein wird.

91+ 2022 Naumburg Steinmeister Weißburgunder trocken
Helle Blüten, Aprikose, Nektarine, Aprikosenschale, etwas Mandarine, Birne und Quitte. Sehr elegant und mit feinen Proportionen am Gaumen, ganz fein gewobener Extrakt, federweicher Fond, ausgewogene Säure, feine Fruchtsüße, Mineralik, Stil ist der Gradmesser. 13 Vol.-%, NK, €€

91+ 2022 »Breitengrad51« Naumburg Steinmeister Grauburgunder trocken
Warme, leicht würzige Nase, reife Birne, gelbe Pflaume, kräuterig, floral, etwas Laub, nussig. Am Gaumen saftig und einnehmend mit merklicher Fruchtsüße, ausgewogene Säure und Balance, gute Substanz, Mineralik, auch Kraft, für ein mittleres Reifespektrum bestimmt. 13,5 Vol.-%, NK, €€

91 2022 Dorndorf Rappental Riesling trocken
Eng verwobene Aromatik mit rotem Apfel, kräuterig, auch gelbes Steinobst, weißer Pfirsich. Kompaktes Format am Gaumen mit elegant sich entfaltendem Extrakt, die merkliche Restsüße überlagert etwas die Mineralik und Würze, feine Phenolik, eloquent, stilvoll. 12,5 Vol.-%, NK, €€

90 2022 »Muschelkalk« Riesling trocken
Intensiver Duft nach Apfel, Birne und weißem Pfirsich, reife Aprikosenhaut, auch Quitte. Schlanker Bau am Gaumen mit präziser, lebendiger Säure auf einem federweichen Fond, etwas maritim, Austernwasser, auch feine Fruchtsüße von Aprikose, stilsicher, elegant. 12,5 Vol.-%, DV, €€

89+ 2022 »Roter Ton« Riesling trocken

92 2022 Freyburg Edelacker Grauburgunder trocken
Recht offensiver Duft mit Birne, Aprikose und Quitte mit nussigen Aromen, Walnuss, blumig, gelbe Blüten. Kompakter Bau am Gaumen mit Saft und gut dosierter Fülle, eine für die Rebsorte recht aktive Säure, trocken in der Anmutung, mineralisch, gepflegte Stilistik. 13 Vol.-%, NK, €€

★★

WEINGUT GROBER FEETZ

Mühlstraße 32, 06632 Freyburg
T: +49 179 7460967, weinhaus-groberfeetz@web.de
grober-feetz.de

Ab-Hof-Verkauf: nach Vereinbarung
Kellermeister: Stephanie Grober-Feetz
Ansprechpartner: Stephanie Grober-Feetz
Flaschen/Hektar: 18.000 (75 % weiß, 20 % rot, 5 % Rosé)/2,16 ha

Respekt! Stephanie Grober-Feetz hat ausgezeichnete Weine im Keller. Der Grauburgunder erfreut mit Salzigkeit, die Muskateller-Scheurebe-Cuvée animiert zum Trinken, der Riesling zeigt Biss – alles, wie man es haben will. Der Gutedel wiederum bringt einem den Tiefgang 80-jähriger Reben ins Glas. Und er durchmisst sogar noch mehr Historie: Benannt ist er nach Urahn Ambrosius, der 1148 eben dieses Land samt zugehörigem Rittergut zum Lehen bekam. Auch die Rotweine stehen nicht zurück – mit ihrer Dichte und ihrem makellos extrahierten Tannin setzen sie der Kollektion die Krone auf.

90 2022 »Muschelkalk« Freyburg Riesling trocken
Ein Duft von gelbfleischigem Pfirsich kündigt einen Wein von nuancierter Frucht an, und der Gaumen erfüllt die Erwartung: Die saftige Säure schafft guten Kontrast zu feiner Süße und einer Rieslingfrucht, die im Abgang abermals Pfirsich anklingen lässt, Grapefruit und Apfel. 12 Vol.-%, KK, €€

90 2022 »Muschelkalk« Freyburg Grauburgunder trocken
Ein Duft von Granny-Smith-Apfel mit kräuterwürzigen und rauchig-kalkigen Untertönen entströmt dem Glas. Im Mund hat der Wein einen feinnervigen, merklich salzigen Ansatz, in der Gaumenmitte zeigt sich kräftige Süße, ehe der Abgang wieder mineralisch geprägt ist. 12,5 Vol.-%, KK, €€

92+ NV »Mühlengang« Cuvée trocken
Der Duft exponiert ein Potpourri an dunklen Beeren: Brombeere, Holunder, Schwarze Johannisbeere. Im Mund hat der Wein einen dichten, saftigen Bau. Die Gerbstoffe wirken griffig und frisch, die Balance aus Frucht, Stoff und Mineralik garantiert ein langes Leben mit würziger Entfaltung.
11,5 Vol.-%, KK, €€

91 2021 »Muschelkalk« Freyburg Portugieser trocken
Der Duft erinnert an dunkle Schokolade mit Rumrosinen. Im Mund zeigt sich ein Wein von ausgezeichneter Dichte, der Gerbstoff wirkt reif, fährt aber durchaus auch Krallen aus und lässt eine Fantasie von Reifefähigkeit aufkommen. Die satte Kirschfrucht im Abklang bestätigt das.
11,5 Vol.-%, KK, €€

89+ 2022 »Klingers Muse« Großjena Cuvée halbtrocken GM/SÄ

90+ 2022 »Ambrosius Grober – Buntsandstein« Großjena Gutedel tr.
Hefige Noten gehen mit Luftzufuhr in terroirwürzige Noten von warmem Ziegelstein und brenzlige Töne über. Im Mund besitzt der Wein die Gutmütigkeit des Gutedels, aber auch Dichte und sogar Fülle, eine aparte Bitternote leitet in den Abklang. Ein charakterstarker Wein. 12 Vol.-%, KK, €€

★★★★

WEINGUT HEY

Weinberge 1d, 06618 Naumburg
T: +49 3445 6774165, kontakt@weinguthey.de
weinguthey.de

Ab-Hof-Verkauf: März bis Dez. Fr und Sa 12–18.30 Uhr
Kellermeister: Matthias Hey
Ansprechpartner: Matthias Hey
Hektar: 7,5 ha

Wir konnten Matthias Hey letztes Jahr zum vierten Stern gratulieren und die neuen Weine haben auch in Abwesenheit der Großen Gewächse diese Bewertung bestätigt. Heys Weingut liegt am Fuß des »Steinmeister« genannten Muschelkalk-Steilhangs bei Naumburg. Die von hier kommenden Weine haben Muskeln und sind für ein langes Leben gemacht. Mit der Ersten Lage Sonneck, nahe der Mündung der Unstrut in die Saale gelegen, steht Hey zudem ein zweites Terroir zur Verfügung: Die Weine vom dortigen Buntsandstein fallen etwas leichter aus. Ein Genuss sind sie beide!

93 2022 Naumburg Sonneck Riesling Erste Lage trocken
Balsamisch im Duft, leicht brenzlig-mineralisch, Nivea, nussige Töne. Eine knackige Säureattacke eröffnet die Gaumenstruktur, die Gaumenmitte exponiert Saftigkeit und Mineralität, Frucht, Würze und eine Spur Süße statten die straffe Struktur mit Fülle aus. Tolle Balance! 12 Vol.-%, DV, €€€

92 2022 Weischütz Traminer trocken
Ein duftiger, nachgerade filigraner Traminerduft: eher Rosenholz als Rosenblüte, Cassata. Im Mund zeigt sich ein straffer Bau, frisch, mit lebendiger Säure und deutlicher Phenolik, beinahe mit einer Spur Bitternis durch den intensiven Terpengehalt. Dicht und lang. 12,5 Vol.-%, DV, €€

91+ 2022 Naumburg Sonneck Grauburgunder Erste Lage trocken
Der üppige Duft zeigt Aromen von türkischem Honig, Orangeat und gezuckerten Heidelbeeren. Im Mund zeigt sich der Wein deutlich weniger opulent, als es der Duft erwarten ließe, eine Prise Phenolik und mineralische Komponenten geben Biss und Prägnanz. 12 Vol.-%, DV, €€

93 2022 Naumburg Steinmeister Riesling Auslese
Noch etwas verschlossen im Duft mit nobler Zitrusfrucht, kühl, fein, etwas Pfirsich, Gesteinsmehl, getrocknete Zitronenschale. Am Gaumen mit schmelzender Süße, zarte Phenolik, lebendige Säure, sehr dicht, etwas Honig, würzig-mineralisch grundiert, elegant, ganz am Beginn.
8,5 Vol.-%, DV, €€€

90+ 2022 Weischütz Riesling trocken

92 2022 Naumburg Riesling trocken
Frischer gelber Pfirsich mit Härchen auf der Haut, Zitrone, Limette. Im Mund zeigt der Wein eine gute Stoffigkeit, kräftige Mineralik, den Druck einer Steillage (Steinmeister) und einen terpengetragenen Abgang, der sich mit Flaschenreife zur Würze zu entwickeln verspricht. 12,5 Vol.-%, DV, €€

★★★

WEINGUT KARL FRIEDRICH AUST

Weinbergstraße 10, 01445 Radebeul
T: +49 351 89390100, kontakt@weingut-aust.de
weingut-aust.de

Ab-Hof-Verkauf: Mi bis So 11–19 Uhr
Kellermeister: Karl Friedrich Aust
Ansprechpartner: Karl Friedrich Aust
Flaschen/Hektar: 53.300 (70 % weiß, 25 % rot, 5 % Rosé)/6,5 ha

Seine Familie, schreibt uns Karl Friedrich Aust, habe einen »Hang zur Lebensfreude«. Nach Verkostung der aktuellen Weine lässt sich anfügen, dass es sich auch um »Genussmenschen« handeln muss – so heißt ja auch einer der Spätburgunder. Die Weißweine, zuvörderst der Traminer, lassen einen in Frucht und Würze schwelgen. Aust hat die 2022er erstmals im neuen Gebäude gekeltert, das sich in vornehmer Zurückhaltung ins Panorama vor dem Steilhang des Goldenen Wagen einfügt. Und die Weine wirken jetzt nochmals feiner und präziser. Wir setzen den Betrieb auf die Watchlist zum vierten Stern.

94 2022 Radebeul Goldener Wagen Traminer feinherb

Eine intensive Würze im Duft: Rose und Brotrinde, aber auch Piment, Rauch und sogar gelbfruchtige Noten, Mispel, Mirabelle. Im Mund schafft der Wein große Eleganz mit feiner Textur, homogen anhaltender Würze und einem delikaten, süß-sauren Spiel. 12 Vol.-%, NK, €€€

94 2022 Radebeul Goldener Wagen Riesling trocken

Eine pralle, reife Rieslingfrucht: Weinbergpfirsich, Orangenzeste und Wachs, dazu mineralische Töne von warmem Stein und Gesteinsmehl. Im Mund fließt der Wein geschmeidig und dennoch auch saftig, mit delikater Säure, einer ultrapuren Frucht und großer Länge. 12,5 Vol.-%, NK, €€€

92 2022 Radebeul Goldener Wagen Scheurebe trocken

Im Duft Grapefruit und Schwarze Johannisbeere, mit brenzligen, mineralwürzigen Untertönen. Im Mund besitzt der Wein eine gute Proportion, Dichte, feste Säure und geschmeidiger Reichtum schaffen Kontrast, bei aller Kraft strahlt der Wein auch Frische aus. 11,5 Vol.-%, NK, €€€

93 2022 »Terrasse« Radebeul Goldener Wagen Spätburgunder tr.

Komplex und reiffruchtig im Duft, die Wärme in den Steilterrassen anzeigend: Wildpflaume, Dattel, Rosine, Nugat, Amarenakirsche. Der Gaumen setzt geschmeidig an, fast ölig, dann macht ein sehr feines Tannin Druck. Reife Säure, saftiger Abklang. Opulent mit Zukunft. 12,5 Vol.-%, NK, €€€

91 2022 Radebeul Steinrücken Auxerrois trocken

91+ 2022 »Genussmensch Rot« Spätburgunder trocken

Hellrot in der Farbe und intensiv fruchtig im Duft: kandierte Herzkirsche, Zuckerbäckerei. Im Mund hat der Wein eine entwaffnende Eleganz, der Gerbstoff ist fein, strahlt aber große Festigkeit aus, eine sehr zivilisierte Säure unterstreicht den würzigen Abklang. 13 Vol.-%, NK, €€

★★

WEINGUT DREI HERREN

Weinbergstraße 34, 01445 Radebeul
T: +49 351 7956099, info@weingutdreiherren.de
dreiherren.de

Ab-Hof-Verkauf: Mo bis Mi 10–18 Uhr, Do bis Sa 15–21 Uhr, So 12–21 Uhr
Kellermeister: Wenzel Alexander Ebermann
Ansprechpartner: Prof. Dr. Rainer Beck
Hektar: 5 ha

Das kunstsinnige Weingut in professoralen Händen liegt traumhaft am Fuß des majestätischen Terrassenweinbergs »Goldener Wagen«. Doch nicht nur die aus vulkanischen Syenitsteinen geschichtete »steinerne Schnecke« oder die Kunstausstellung im Obergeschoss des Gutshofs lohnen einen Besuch, sondern ebenso das in der Saison von Donnerstag bis Sonntag geöffnete Gutsrestaurant, das bürgerliche Küche serviert. Und natürlich gutseigene Weine, von denen uns dieses Jahr wieder einmal der Traminer – die sächsische Kernkompetenz schlechthin – am meisten überzeugt hat.

91 2022 Traminer trocken
Duftet angenehm nach Rosenblüten und frischem Heu, bei deutlicher Sortenausprägung. Erinnert im Geschmack auch an Zwetschgen und Aprikosen. Insgesamt harmonisch und aromatisch. Ausgewogen und lange im Abgang.
11 Vol.-%, DV, €€

90 2020 Sörnewitz Boselberg Riesling Spätlese trocken
Rieslingtypischer, reiner Duft, erinnert an Schiefergestein, Boskop-Äpfel und Weinbergpfirsiche bei leichter, angenehmer Petrolnote. Insgesamt gut gereifte Aromatik bei vorhandener Mineralität. Stimmiger Nachhall.
12 Vol.-%, DV, €€

90+ 2020 Spätburgunder Barrique trocken
Die Nase ist geprägt von Eichenholz und Frucht bei deutlicher Sortentypizität, daneben erinnernd an Vanille, Beerenfrüchte und Wildkräutern. Am Gaumen spürbar säurebetont, jedoch insgesamt gut eingebunden, nachhaltig. Gute Länge im Abgang. 13 Vol.-%, DV, €€€

92 2021 Muskateller Auslese
Zu Beginn dominiert Hefe den Duft, doch mit Luftzufuhr treten pfeffrige Bodentöne zutage, Gesteinsstaub, feuchter Asphalt. Die typische Sortenwürze von Muskat und Zitrone bleibt dezent im Hintergrund. Im Mund hat der Wein eine saftige Säure, schlanke Verdichtung, und moderate Süße. 9 Vol.-%, DV, €€€

88+ 2021 Sörnewitz Boselberg Riesling trocken
88+ 2021 Grauburgunder trocken
88+ 2021 Weißburgunder trocken
88 2022 Rosé trocken
89+ 2020 »Eigensinn« Cabernet Franc Barrique trocken
89 2020 »Stückfass« Spätburgunder trocken

89 2022 »Drei Herren« Cuvée trocken MT/SO/RR/WB/PG
Duftet deutlich nach Aromarebsorten: eine ausgesprochen intensive Nase, die an Nelken, welkende Rosenblüten und reife Stachelbeeren erinnert. Aussdrucksstark am Gaumen bei kräftiger Säurestruktur und mittelkräftigem Körper, auch im Abgang sehr würzig. 12,17 Vol.-%, DV, €€

★★★

WEINGUT SCHLOSS PROSCHWITZ PRINZ ZUR LIPPE

Heiliger Grund 2, 01662 Meissen OT Proschwitz
T: +49 3521 4767922, weingut@schloss-proschwitz.de
schloss-proschwitz.de

Ab-Hof-Verkauf: täglich 10–18 Uhr
Kellermeister: Alexey Ryabov
Ansprechpartner: Björn Probst
Flaschen/Hektar: 507.000 (72 % weiß, 28 % rot)/72 ha
Anbauweise: in Umstellung

Die Erfolgsgeschichte des Weinguts Schloss Proschwitz, das 1990 durch den Inhaber Dr. Georg Prinz zur Lippe wiedergegründet wurde und heute rund 70 Hektar Weinberge in und um Meißen bewirtschaftet, geht weiter. Aktuell befindet sich das Gut im dritten Jahr der Umstellung auf biologischen Weinbau. Ziel ist es, durch gesunde und vitale Reben einzigartige, von Granit und Zyanit geprägte Terroirweine zu erzeugen. Auf diesem Weg ist das Gut bereits jetzt schon gut vorangekommen, wie die sehr ausgewogene und stimmige Kollektion des aktuellen Jahrgangs zeigt.

91 2022 Kloster Heilig Kreuz Weißburgunder Erste Lage trocken
In der Nase zeigt sich der Wein anfangs verhalten mit Aromen von gelben und weißen Früchten sowie Vanille und einer feinen Kräutrigkeit. Am Gaumen dann mit schöner Cremigkeit, reife weiße Frucht ist dabei, gut balanciert mit gut eingebundener Säure, vielseitig einsetzbar. 12,5 Vol.-%, NK, €€€

91 2022 Riesling feinherb
In der Nase mit Aromen von Zitronenzeste, Orangenblüte und grünem Apfel, ergänzt von einer feinen Mineralität sowie etwas Earl-Grey-Tee. Am Gaumen hat der Wein eine lebendige Säure und eine feine Süße, reife Zitrusaromen scheinen durch, tolle Balance. 11,5 Vol.-%, DV, €€

94 2020 Schloss Proschwitz Spätburgunder GG
Duft nach reifer Himbeere, Sauerkirsche, etwas Rauch, Hagebuttenmus und Erdbeere, vielschichtig. Am Gaumen eine stimmige Allianz von Holzeinsatz und roter, reifer Frucht, dicht gewoben, nachhaltig mit burgundischem Unterton bei anklingender Extraktsüße. 14 Vol.-%, NK, €€€

91 2020 Kloster Heilig Kreuz Spätburgunder Erste Lage trocken
Duft nach reifen Beeren, Himbeere, Süßkirsche, Erdbeere, daneben aromatisch-elegant mit etwas Rauch und grünem Pfeffer. Mittelkräftig am Gaumen, schöne Gerbstoffe, filigrane Säure, ausgewogen und sortentypisch, lange im Nachhall, toll zum Essen. 14 Vol.-%, NK, €€€

89 ❸ 2020 Pinot Madeleine brut
91 2022 Weißburgunder trocken
90+ 2022 Kloster Heilig Kreuz Grauburgunder Erste Lage trocken
90 2022 Grauburgunder trocken
90 2022 Elbling trocken
90 2022 Scheurebe feinherb
90+ 2019 »Cuvée Moritz« trocken DF/PN/RE

90 2022 Meißen Traminer trocken
In der Nase Aromen von Mandarine, Gewürznelke, Rosenblüte und Muskatnuss. Am Gaumen ist der Wein trocken mit einer lebendigen Säurestruktur. Ausgeprägte Aromen auch am Gaumen: Rose, Lavendel und Honig. Eine leichte Phenolik trägt den Körper. 12 Vol.-%, DV, €€

★★★★

SÄCHSISCHES STAATSWEINGUT SCHLOSS WACKERBARTH

Wackerbarthstraße 1, 01445 Radebeul
T: +49 351 89550, kontakt@schloss-wackerbarth.de
schloss-wackerbarth.de

Ab-Hof-Verkauf: Mo bis Sa 10–19 Uhr, So 11–19 Uhr
Kellermeister: Jürgen Aumüller
Ansprechpartner: Andreas Stuhl
Flaschen/Hektar: 600.000 (82 % weiß, 18 % rot)/90 ha

Wo früher Grafen residierten und schon der sächsische Hof rauschende Feste feierte, wird heute exzellenter Wein gemacht – und im Erlebnisweingut Wackerbarth entsprechend präsentiert. Das Ensemble aus barocker Anlage, malerischen Weinbergen und moderner Manufaktur ist durchaus beeindruckend. Gleiches gilt auch für die feinen »Cool Climate«-Weine, die uns auch dieses Jahr wieder begeistert haben. Alle voran erneut der »Gemischte Satz« aus der Paradelage Goldener Wagen, der mit seiner Vielschichtigkeit und seinem Schmelz heraussticht.

92+ 2019 Laubach Thonberg Riesling brut nature
Glitzernd hellgrün im Glas, duftige Nase mit Aromen von weißen Beeren, frischem Heu und Augustäpfeln. Am Gaumen dann eine ungemein saftige und animierende Säure, das feine Mousseux unterstreicht den knackigen Eindruck, helle Früchte, etwas Limette, animierend. 10 Vol.-%, NK, €€€€

93+ 2021 »Alte Reben« Radebeul Goldener Wagen Gemischter Satz trocken
Intensiver Duft, der die spannungsreiche Vielfalt des gemischten Satzes bereits zeigt: Rosen, Zitronenmelisse, Pfirsich, Quitte, Tabak und Kurkuma. Am Gaumen eine tolle mineralische Würze, schöne Cremigkeit, griffige Phenolik. Gebaut für die Langdistanz. 12 Vol.-%, NK, €€€€

93+ 2021 »Protze« Radebeul Goldener Wagen Riesling trocken
Das Terroir drückt sich hier unmittelbar aus: sehr druckvoller, konzentrierter Riesling mit viel Schmelz und Potenzial. Zitrus, Pfirsich, dezente Honignoten und eine kreidige Mineralik. Die frische Säure sorgt für Spannung. Sehr stoffig auch im salzigen Finish. 12,5 Vol.-%, NK, €€€

94 2021 Radebeul Paradies Riesling Eiswein
Pfirsich und Pfirsichkompott, kandierte Mandarine, Salzmandel, Melisse. Mit Luft Funken und Feuerstein. Der Gaumen wird von einer knackigen Säure unter Starkstrom gesetzt. Der Extrakt adstringiert geradezu, es ist auch viel Süße da, im Abgang kandierte Zitrusfrucht, druckvoll.
9 Vol.-%, NK, €€€€

90 2020 Traminer Sekt trocken
92 2021 »Terrasse« Radebeul Goldener Wagen Riesling trocken
89+ 2021 Radebeul Wackerbarthberg Riesling Kabinett
89 2021 Radebeul Wackerbarthberg Riesling trocken
89 2022 Weißburgunder trocken
89 2022 Scheurebe trocken
89 2021 Radebeul Paradies Riesling Spätlese

90+ 2021 Radebeul Goldener Wagen Riesling Spätlese
Würziger Duft nach reifen, hellen Früchten, Limettenschale, rote Grapefruit, etwas Ingwer, pikant, Zitronenmelisse. Am Gaumen mit lebendiger Säure, griffig, gut eingepasste Säure, Zitrusaromen dominieren, verhaltene Süße, toll zu pikanten Gerichten. 10,5 Vol.-%, NK, €€€

Goldener Wagen, Radebeul

SAALE-UNSTRUT, SACHSEN UND NORDOSTEN

GASTGEBER AUS LEIDENSCHAFT

Gemeinsam mit den Winzern der Region – als uneingeschränkten Experten, was das leibliche Wohl anbelangt – hat Falstaff die besten Genussadressen in Sachen Kulinarik sorgfältig ausgewählt und zusammengestellt.

18609 Binz

Canteen

»Natürlich feine Kost« beschreibt den Küchenstil des Restaurants treffend. Erlesene Zutaten und bodenständige Rezepte verwandeln sich mit Kreativität in gehobene Gerichte. Für mehrere Gänge sollte genug Zeit eingeplant werden.

Zeppelinstraße 8
+49 (38393) 50444
freustil.de

€€

Empfohlen von: Weingut Hohmann Rügen

18609 Binz

Freustil

Küchenchef Ralf Haug adaptiert die skandinavische Küche für die Region und serviert im gemütlich-legeren Hotelrestaurant in Binz puristische und aromenstarke Gerichte unter dem Label »natürlich feine Kost«.

Zeppelinstraße 8
+49 (38393) 50444
freustil.de

€€€

Empfohlen von: Weingut Hohmann Rügen

Foto: © Martin Förster, Dresden Marketing

08451 Crimmitschau

Fischerhof

Nachhaltigkeit ist hier kein Fremdwort, 18 Teiche bewirtschaftet Familie Lokotsch. Da haben es die Fische nicht weit zum Restaurant im denkmalgeschützten Vierseithof. Nicht verpassen: Karpfen und Sushi-Abende!

Am Torteich 29
+49 (36608) 20640
gasthaus-fischerhof.de

P €€

Empfohlen von: Falstaff-Redaktion

01097 Dresden

Caroussel Nouvelle

Im schicken Ambiente trifft unkomplizierter Bistro-Style auf finessenreiche Gourmetküche – ganz nach dem eigenen Geschmack. Der Spagat gelingt bestens, dazu gibt es eine gute internationale Weinauswahl.

Königstraße 14
+49 (351) 80030
buelow-palais.de

P €€€

Empfohlen von: Falstaff-Redaktion

01324 Dresden

Heiderand

Frisch, regional und ein Hauch von schlesischer Küche auf Gourmetniveau: Martin Walther hat in vierter Generation den Heiderand kulinarisch umgekrempelt. Beim Sharing-Menü geht es besonders entspannt zu.

Ullersdorfer Platz 4
+49 (351) 2683166
heiderand.restaurant

P €€€

Empfohlen von: Falstaff-Redaktion

03238 Finsterwalde

Goldener Hahn

Frank und Iris Schreiber sind regional bestens verankert, aber agieren immer mit dem Blick über den Tellerrand hinaus. Sie zelebrieren gekonnt die »Neue Lausitzer Küche« ebenso wie die klassisch französische.

Bahnhofstraße 3
+49 (3531) 2214
goldenerhahn.com

€€€

Empfohlen von: Falstaff-Redaktion

01731 Kreischa

Rosenschänke

Vieles dreht sich hier um Rosen und um Kräuter – das macht die regional geprägte Landhausküche besonders geschmackvoll. Familienfeiern und spezielle Themenabende werden seit Jahren liebevoll gestaltet.

Baumschulenstraße 17
+49 (35206) 21870
landhotel-rosenschaenke.de

P €€

Empfohlen von: Falstaff-Redaktion

04416 Markkleeberg

Weinbeißerei

Weine vornehmlich aus Saale-Unstrut und Sachsen sowie Deutschland und Österreich stehen hier im Mittelpunkt. Dazu genießt man Gerichte wie Entenleber, Lammkeule oder Steinbeißerfilet! Prima Lage am See.

Seeblick 4
+49 (341) 3366608
weinbeisserei.de

€€

Empfohlen von: Falstaff-Redaktion

06618 Naumburg

Zufriedenheit

Der Name ist Programm, denn Alexander Frömel kocht klassisch und international – immer zur Zufriedenheit seiner Gäste. Gerichte gibt es à la carte oder als mehrgängiges Menü, auch in vegetarischer Variante. Gute Weinauswahl.

Steinweg 26
+49 (3445) 7912051, gasthof-zufriedenheit.de

€€

Empfohlen von:
Weingut Frölich-Hake, Weingut Hey

17033 Neubrandenburg

Badehaus

Die einstige Badeanstalt am Tollensesee erstrahlt heute als familiäres Hotel mit erstklassigem Restaurant. Neben abwechslungsreicher Küche lässt sich der Nachmittag auf der Sonnenterrasse bei hausgemachtem Kuchen genießen.

Parkstraße 3
+49 (395) 5719240
badehaus-am-see.de

€€

Empfohlen von: Weingut Schloss Rattey

14467 Potsdam

Villa Kellermann

Die Lage ist grandios, die Villa ebenso. Zum Topniveau der Location passt die hohe Qualität der Speisen. Blutwurst, Klops und Gulasch werden von Küchenchef Christopher Wecker gekonnt neu interpretiert.

Mangerstraße 34
+49 (331) 20046540
villakellermann.de

€€€

Empfohlen von: Falstaff-Redaktion

01445 Radebeul

Atelier Sanssouci

Mit Marcus Langer verwöhnt hier ein talentierter und ambitionierter Koch die Gäste in traumhaftem Ambiente. Klassisch französisch ist sein Stil, gekocht wird vorwiegend mit regionalen Zutaten. Tolle Weinkarte.

Augustusweg 48
+49 (351) 7956660
hotel-villa-sorgenfrei.de

€€€

Empfohlen von: Falstaff-Redaktion

01445 Radebeul

Schloss Wackerbarth

Am Fuße der Weinberge gibt es im Erlebnisweingut Schloss Wackerbarth zu den hauseigenen Sekten und Weinen das passende Essen, meist aus regionalen Zutaten. Auf der Weinkarte stehen auch ältere Jahrgänge.

Wackerbarthstraße 1
+49 (351) 8955310
schloss-wackerbarth.de

€

Empfohlen von: Falstaff-Redaktion

Fotos: beigestellt

14712 Rathenow

Hasenpfeffer

Köstliche regionale und internationale Gerichte stehen auf der attraktiven Speisekarte des im idyllischen Golfresort gelegenen Restaurants. Mit Blick auf den Golfplatz lässt es sich hier trefflich genießen und verweilen.

Ferchesarer Straße 8B
+49 (3385) 5540
golfresort-semlin.de

€€€

Empfohlen von: Falstaff-Redaktion

18586 Sellin

Gasthof Drei Linden

Hier kommt Urlaubsfeeling auf! Inmitten der traumhaften Seewelt liegt das Landgasthaus mit Schwerpunkt auf Fischspezialitäten der Region. Mit den maritimen Accessoires und dem Dekor fühlt man sich wie im Inneren eines Bootes.

Seedorf 7
+49 38303 87241

€€

Empfohlen von: Weingut Hohmann Rügen

18439 Stralsund

Speicher 8

Der alte Türmchenspeicher in der Hafenstraße 8 zählt zu den schönsten Speichern in der Hansestadt Stralsund. Der Küchenstil ist mediterran-maritim – besonders die Fischsuppe »Speicher 8 Art« hat sich einen Namen gemacht.

Hafenstraße 8
+49 (3831) 288 28 98
speicher8.de

€€

Empfohlen von: Weingut Hohmann Rügen

14542 Werder (Havel)

Zum Rittmeister

Es gibt hausgemachtes Bier und dazu das passende Essen. Herzhaft brandenburgisch-preußisch wie hausgemachte Eisbeinsülze, Königsberger Klopse und Klassiker, zu denen auch Wein gut passt.

Seestraße 9
+49 (3327) 4646
zum-rittmeister.de

€

Empfohlen von: Weinbau Dr. Lindicke

Die Felsengärten vor Hessigheim und Mundelsheim

WÜRTTEMBERG

HERKUNFT GROSSER WEINE

Foto: WSNA

HÖHENLUFT

Das kleine, bis zu 400 Metern hoch gelegene Remstal ist die Heimat einer großen Anzahl ambitionierter Weingüter. Die Region könnte eine Blaupause für den künftigen Weltruhm des Württemberger Weins sein.

TEXT MATTHIAS NESKE

Württemberg, das ist natürlich der Neckar, das ist die Landeshauptstadt Stuttgart, das ist das Unterland mit Heilbronn. Überall stehen Reben, 11.330 Hektar insgesamt, was Württemberg noch vor der Mosel zur viertgrößten deutschen Anbauregion macht. Eine Unterregion gibt es dabei, die vor allem in qualitativer Hinsicht im letzten Jahrzehnt von sich reden gemacht hat: das Remstal. Als Fluss erscheint die Rems mit ihren lediglich 78 Kilometern Länge dabei nicht sonderlich beeindruckend. Zusätzlich ist alles weintechnisch Bedeutende noch einmal beschränkt auf ein Quadrat von gerade einmal 15 Kilometern Kantenlänge. Dafür spielt hier wahrhaftig die Musik. Die VDP-Mitglieder Beurer, Karl Haidle und Jürgen Ellwanger haben in diesem Planquadrat ihren Sitz, andere VDP-Betriebe wie Schnaitmann, Heid oder Aldinger besitzen Parzellen dort. Auch jenseits des VDP gibt es spannende Betriebe mit hochwertigen Weinen wie Zimmerle, Klopfer, Knauß oder Bernhard Ellwanger, um nur eine kleine Auswahl zu nennen. Was sind aber nun die Charakteristika, die das Remstal so interessant machen? Yvonne Ellwanger, die gemeinsam mit ihrem Bruder Sven das Weingut Bernhard Ellwanger in Großheppach leitet, führt zunächst einmal die Höhenlage an. »Unsere Weinberge liegen hier zwischen 380 und 400 Metern Höhe, ein ganz eigenes Kleinklima, eine kühle Nische. Dieser Cool-Climate-Aspekt ist auf jeden Fall eines unserer Markenzeichen.« Tatsächlich darf man die Höhenla-

Fotos: beigestellt, WSNA, © Sandra Fehr/Heroes of Riesling, Weingut Ellwanger

ge nicht unterschätzen. 300 Meter Höhenunterschied bedeuten in der Theorie einen klimatischen Unterschied wie zwischen Frankfurt und Lyon.

»Das Remstal hat durch die Ost-West-Ausrichtung schon natürlicherweise zwei sehr unterschiedliche Seiten«, erklärt Jochen Beurer vom gleichnamigen Weingut. Im Norden, in Korb, Großheppach oder Geradstetten, sind die Weinberge zum großen Teil nach Süden ausgerichtet. Zwar prägt auch hier die von Yvonne Ellwanger angesprochene Höhenlage vom Talgrund bis zur Waldkuppe das Mikroklima, aber grundsätzlich ist dies eher eine Rotweingegend. Auf der Südseite des Tals zeigen die Hänge jedoch nach Norden, schwierig also für den Weinbau. Erst in den drei Seitentälern Richtung Schnait, Strümpfelbach und Stetten finden sich wieder Hänge, die nach Süden blicken – allerdings erst in größerer Höhe.

»Grundsätzlich ist Stetten eine Rieslinggemeinde«, sagt Jochen Beurer, »und das eigentlich schon immer.« Zu kühl waren die hohen Lagen, um den Lemberger wirklich so reif zu bekommen wie auf der anderen Seite des Remstals. Mittlerweile

Moritz Haidle
Weingut Karl Haidle, Kernen im Remstal

ist Reife jedoch kein grundsätzliches Problem mehr. Das liegt natürlich an den sich wandelnden klimatischen Verhältnissen, aber nicht ausschließlich. Beurer und ebenso Moritz Haidle pflegen ihre Weinberge biodynamisch und legen viel Wert auf eine phenolische Reife, nicht auf den schnellen Zuckergewinn. So bleiben die Roten zwar grundsätzlich kühl, aber ausgereift und strukturiert.

Sven Ellwanger und
Yvonne Ellwanger,
Weingut Ellwanger, Winterbach

WEINBAUGEBIET WÜRTTEMBERG

Anbaufläche ca. 11.400 Hektar
Aufteilung 210 Einzellagen
Wichtigste Rebsorten
Kerner, Lemberger, Riesling, Trollinger, Schwarzriesling, Spätburgunder
Verband
Weinbauverband Württemberg e. V.
Hirschbergstraße 2,
74189 Weinsberg
www.wvwue.de

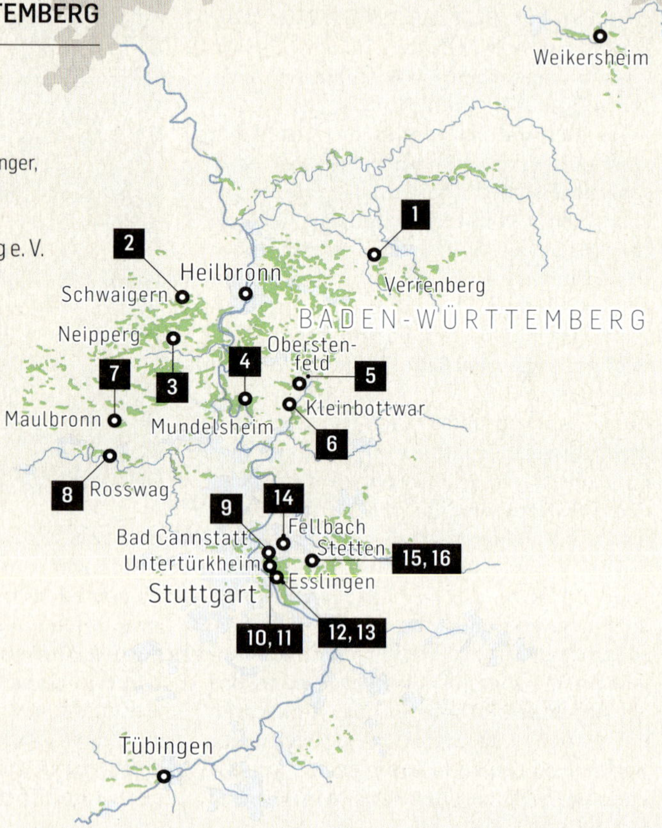

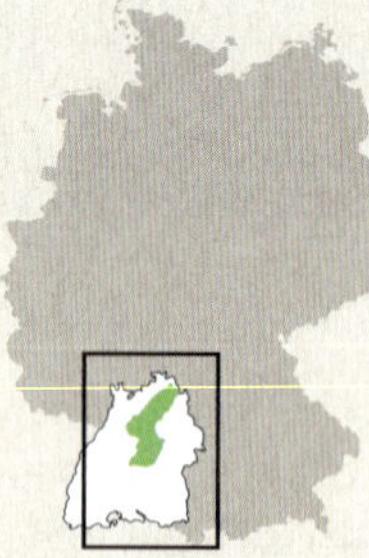

: Weinbau
Stg.: Steigung
Hm: Höhenmeter

PRIVILEGIERTE WEINLAGEN

1 **Verrenberg Verrenberg**
16 ha, 260–310 Hm, 0–45 % Stg., Gipskeuper

2 **Schwaigern Ruthe**
7 ha, 240–300 Hm, 0–45 % Stg., Keuper

3 **Neipperg Schlossberg**
24,5 ha, 230–310 Hm, 20–80 Stg., Schilfsandstein

4 **Mundelsheim Käsberg**
14,5 ha, 190–280 Hm, Muschelkalk

5 **Oberstenfeld Forstberg**
25 ha, 320–360 Hm, bunter Mergel

6 **Kleinbottwar Süßmund**
5,5 ha, 230–290 Hm, 35–60 % Stg., Gipskeuper, Buntmergel

7 **Maulbronn Eilfingerberg**
15 ha, 260–320 Hm, 15–50 % Stg., Gipskeuper

8 **Rosswag Halde**
90 ha, 200–300 Hm, 10–70% Stg., Muschelkalk, Letten

9 **Bad Cannstatt Zuckerle**
30 ha, 190–300 Hm, 50–70 % Stg., Kalkverwitterung

10 **Untertürkheim Gips**
7 ha, 240–320 Hm, Gipskeuper

11 **Untertürkheim Herzogenberg**
20 ha, 250–280 Hm, 0–40 % Stg., Gipskeuper

12 **Esslingen Schenkenberg**
81 ha, 25–70 % Stg., Sandstein, kalkhaltiger Mergel

13 **Esslingen Neckarhalde**
0,9 ha, 290–310 Hm, 0–15 & Stg., Mergel, Gipskeuper

14 **Fellbach Lämmler**
61, 3 ha, 240–380 Hm, 30–70 % Stg., Mergel, Schilfsandstein

15 **Stetten Pulvermächer**
35 ha, 330–360 Hm, 0–50 % Stg., Keuper-Verwitterungsgestein

16 **Stetten Brotwasser**
2 ha, 300–340 Hm, 15–60 % Stg., Keuper

Andreas Knauß und Dr. Rainer Scholz
Parfum der Erde, Weinstadt

Wer sich mit den Namen der großen Weine beschäftigt, wird oft über singuläre Bezeichnungen stolpern. ›Berge‹ und ›Gehrnhalde‹ heißen die Lemberger-GGs von Moritz Haidle, ›Schalksberg‹ und ›Öde Halde‹ jene von Jochen Beurer. Vor wenigen Jahren war das noch völlig anders. »Ja, unsere Vergangenheit …«, sinniert Haidle. Die Flurbereinigung einstmals winziger Terrassen und die Dominanz der Genossenschaften sei gleichzeitig Fluch und Segen gewesen. »Die Genossenschaft hat zum Beispiel durchgesetzt, dass im gesamten Stettener Tal alle Weißweine ›Pulvermächer‹ und alle Rotweine ›Mönchberg‹ heißen sollen.« Aus Vermarktungsgründen natürlich nachvollziehbar, aus Sicht der Terroiristen jedoch verfehlt.
»Wenn du oben an die Waldkante stehst, wo ich meinen Riesling ›Junges Schwaben‹ herhole, dann strömt da plötzlich so eine Kaltluft aus dem Wald. Es sind diese speziellen Kleinigkeiten, die unsere Lagen ausmachen«, freut sich Beurer. Apropos ›Junges Schwaben‹: Auch wenn das 2002 gegründete Winzerquintett nur noch mittelbar als jung durchgehen mag, ist es weiterhin quicklebendig. »Mit Sven Ellwanger bin ich seitdem nicht nur gut befreundet«, sagt Jochen Beurer, »wir machen auch die ProWein zusammen und tauschen uns viel aus.« Yvonne Ellwanger bestätigt das: »Die Kontakte im Remstal sind sehr gut und kollegial. Auch wenn die einen mehr Rot und die anderen mehr Weiß machen, gibt es viel mehr Gemeinsamkeiten als Unterschiede. Es ist halt immer noch ein Tal.«

Fasskeller und Verkostungsraum
Weingut Escher, Schwaikheim

Rieslingreben des Weinguts Haidle in der Lage Pulvermächer, früher Rittersberg

Von der Qualität der Remstaler Gewächse zeugen jedenfalls die Ergebnisse der diesjährigen Verkostungen für den Weinguide. Moritz Haidle brilliert dabei in Rot wie in Weiß. Drei 2021er Rieslinge aus Ersten Lagen hat er angestellt, alle zwar jahrgangstypisch straff, aber mit faszinierenden internen Unterschieden. Das GG Pulvermächer setzt dem Ganzen die Krone auf mit seiner Komplexität. Dasselbe in Rot gibt es bei den Lembergern: die ‚Berge' mit dosierter Kraft, die ‚Gehrnhalde' im Herzen kühl. Sven und Yvonne Ellwanger begeistern hingegen auch mit anderen Rebsorten – und großer Langlebigkeit. Dicht ihr Syrah aus der Großheppacher Wanne, wirklich rauchig und elegant der Sauvignon Blanc ‚Junges Schwaben'.

Auch jenseits der bekanntesten Lagen gibt es viel zu entdecken. ‚Parfum der Erde', das Projekt des Hamburgers Dr. Rainer Scholz und des Strümpfelbacher Winzers Andi Knauß, schafft beeindruckende Weine aus ungeliebten Rebsorten wie Müller-Thurgau und Regent. In Schwaikheim stellt das Weingut Escher Weine vor, die Zeit und Luft brauchen. Die Brüder Siegloch aus Winnenden schließlich geben eine neue, wildere Linie vor, die so gar keine altdeutsche Behäbigkeit ausstrahlt. Kurzum: Wenn das Remstal ein Anzeiger dafür sein sollte, was in Württemberg alles möglich ist, der Weltruhm läge nicht mehr fern.

Nähere Infos über den Autor finden Sie im Kapitel »Verkostungsteam« auf S. 19.

David und Markus Siegloch
Weingut Siegloch, Winnenden

★★★★

WEINGUT GRAF ADELMANN

Burg Schaubeck, 71711 Steinheim-Kleinbottwar
T: +49 7148 921220, weingut@graf-adelmann.com
graf-adelmann.com

Ab-Hof-Verkauf: Mo bis Fr 14–18 Uhr, Sa 10–14 Uhr
Kellermeister: Ruben Röder
Ansprechpartner: Felix Graf Adelmann
Flaschen/Hektar: 173.000 (39 % weiß, 57 % rot, 3 % Rosé, 1 % Schaumwein)/28 ha
Anbauweise: Bio

Viel mehr weinbauliche Tradition geht einfach nicht: Bereits seit 1297 wird auf Burg Schaubeck Wein angebaut. Felix Graf Adelmann und sein Team verstehen es, die pralle Geschichte des Ortes mit der Zukunft zu vermählen und glänzen auch in diesem Jahr mit exzellenten Weinen. Besonders herausgestochen ist dabei der wunderbar gereifte und sehr komplexe Riesling »Das Lied von der Erde«. Es lohnt sich eben, großen Weinen ein paar Jahre zu gönnen – toll, dass Felix Graf Adelmann bei dem GG und bei anderen Weinen diese Reifezeit für seine Kunden übernimmt.

93+ 2018 »Das Lied von der Erde« Kleinbottwar Süssmund Riesling GG***
Goldgelb. Komplex im Duft mit Steinfrucht, Zitrusfrüchten und einem Hauch Exotik, dazu feine Mineralik sowie ein kleiner Hauch Petrol. Am Gaumen reife Frucht, Gesteinsmehl, sehr gute Säure, tolle Saftigkeit und feine Phenolik. Dicht gewoben und lang, bereits gut zugänglich. 13 Vol.-%, NK, €€€

90 2022 Weißburgunder trocken
Brillantes, helles Gold. Ein Bukett von gelber Birne, Pfirsich, etwas Apfel und junger Haselnuss. Am Gaumen balanciert und sortentypisch, erneut etwas Apfel, dazu eine Spur Mirabelle. Lebendige Säure, sehr schöner Trinkfluss, guter Speisenbegleiter. 12 Vol.-%, DV, €€

93 2019 »Der Schwarze Löwe« Kleinbottwar Oberer Berg Lemberger GG
Im Glas entwickelt sich ein intensiver Duft von Wiesenkräutern, dunkler Kirsche, Cranberry und weißem Pfeffer. Am Gaumen ein Hauch von Schokolade, dabei attraktiv trocken, feiner, junger Gerbstoff, eleganter Säurenerv in einem straff gebauten Körper, gute Länge. 12,5 Vol.-%, NK, €€€

92+ 2020 »Carpe Diem H.A.D.E.S.« Cuvée trocken ME/CS
Mittleres Purpur. Im Duft dicht und zugleich elegant. Anis, Kirsche, Brombeerstrauch und Piment. Am Gaumen cremiger Fond, satter, junger Gerbstoff, Röstnoten, kräftige dunkle Frucht, sehr gut dosierte Säure. Dunkelbeerig und lang im Abgang, viel Potenzial. 13,5 Vol.-%, NK, €€€

91 2018 »Herbst im Park« Cuvée trocken PN/LMB/CS/CD

90 2022 Grüner Veltliner trocken
Blasses Gold. Ein Duft nach gelbem Apfel, grüner Birne, Gesteinsmehl plus ein Hauch Veilchen. Am Gaumen folgt dann weißer Pfeffer und junge Mirabelle. Sehr balanciert und delikat, nicht zu laute Frucht bei moderater Säure. Jung und frisch, schöner Trinkfluss. 13 Vol.-%, DV, €€

★★★★★

WEINGUT ALDINGER

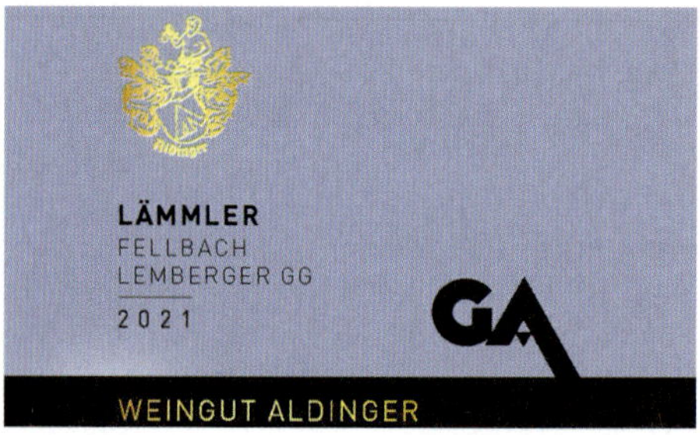

Schmerstraße 25, 70734 Fellbach
T: +49 711 581417, info@weingut-aldinger.de
weingut-aldinger.de

Ab-Hof-Verkauf: Mo bis Fr 9–12 u. 14–18 Uhr, Sa 9–13 Uhr
Kellermeister: Matthias Aldinger
Ansprechpartner: Matthias Aldinger
Flaschen/Hektar: 267.000 (60 % weiß, 33 % rot, 5 % Rosé, 2 % Schaumwein)/32 ha
Anbauweise: in Umstellung

Das haben wir in den letzten Jahren bereits gelernt: Matthias und Hansjörg Aldinger sind immer für eine neue Pointe und eine Überraschung gut. Vor sieben Jahren zogen sie zu jedermanns Überraschung den Brut-Nature-Sekt als As aus dem Ärmel, dann kam der ebenso kuriose wie spektakuläre fassgereifte Trollinger Blanc de Noir und dieses Jahr präsentieren die Brüder einen terroirwürzigen, ultrapräzise anmutenden Riesling Eiswein aus dem Gips. Man vergisst über all diesen weinbaulichen und önologischen Wundern fast zu erwähnen, wie gut auch die »normalen« GGs sind.

95 ❶ 2016 »Aldinger« brut nature CH/PM/PN
Ein Hauch von Reifepatina und auch noch eine Spur Barrique. Nugat. Kleine rote Beeren, aber auch Strohblumen, Chili, Piment. Der Gaumen ist puristisch karg und straff gehalten, die Säure fest, das Mousseux dynamisch. Im Abgang hat man viel Pinot. Stilistisch auf den Punkt gesetzt. Frisch, komplex, lang. 12 Vol.-%, NK, €€€€

94+ 2021 Stetten Pulvermächer Riesling GG
Komplexe Nase, noch reduktiv, tropische Frucht, Papaya, überreifer Apfel, auch erdig, Hefe, aber auch florale Noten. Am Gaumen mit einer lebendigen und auch delikaten Säure, voller, saftiger Körper, Kraft und Würze mit einer hohen Dichte und Intensität, jugendlich. 12,5 Vol.-%, NK, €€€

94 2021 Fellbach Lämmler Kaiser Spätburgunder GG
Zunächst deutliche Reduktion im Duft. Darunter liegt hellrote Frucht und auch etwas Gewürznelke. Am Gaumen folgt komplexe Frucht, noch junger, etwas adstringierender Gerbstoff, gute Säure, feiner Extrakt. Alles noch jung und auf dem Weg zu einem großen Burgunder. 13 Vol.-%, NK, €€€

97+ 2021 Untertürkheim Gips Marienglas Riesling Eiswein
Zuallererst balsamisch-kalkwürzig, dann zitrusfruchtig: kandierte Zitronenschale, rauchige Noten. Im Mund sehr kompakt, hintergründig, straffe Phenole, eine knackige, aber nicht grobe Säure, ein hoch präziser Eiswein mit großer Länge. 7 Vol.-%, NK, €€€€

94 2021 Untertürkheim Gips Chardonnay Erste Lage trocken
93+ 2021 «Ovum« Sauvignon Blanc trocken
94 2021 Untertürkheim Gips Trollinger Rosé Erste Lage trocken
94 2018 »GJA Reserve« Cuvée trocken CS/ME
93 2021 Fellbach Lämmler Lemberger GG
93+ 2021 Untertürkheim Gips Marienglas Spätburgunder GG

93 2022 Uhlbach Götzenberg Riesling Kabinett
Gelbe Früchte, mineralisch, Fenchel, Honigwabe und Eukalyptus in der Nase. Am Gaumen hat der Wein eine tolle Balance zwischen Süße und Säure. Deutlich mineralisch und mit feiner Phenolik. Ein sehr guter Speisenbegleiter – aber auch mit Lagerpotenzial. 7 Vol.-%, DV, €€

★★

WEINGUT WOLFGANG ALT

Schwaigerner Straße 1, 74336 Brackenheim
T: +49 7135 936514, info@wolfgangalt-weingut.de
wolfgangalt-weingut.de

Kellermeister: Wolfgang Alt
Ansprechpartner: Wolfgang Alt
Hektar: 3 ha

Wolfgang Alts Reben, 80 Prozent davon sind mit der Rebsorte Lemberger bepflanzt, stehen im Brackenheimer Zweifelberg und Neipperger Steingrube auf Keuperböden mit Tonanteil. Die markanten, kräftigen Lemberger werden auf der Maische vergoren und im Holzfass ausgebaut, sie sind auf wohltuende Art ungekünstelt: »Sie sollen ihre Heimat widerspiegeln«, sagt der charakterstarke Winzer mit der Baskenmütze. Schon vor einigen Jahren hat er auch Nebbiolo angebaut, der mit seiner kernigen Art auch ein Schwabe sein könnte. Saubr gschafft!

94 2020 »S« Neipperg Steingrube Lemberger trocken
Im Duft Brombeeren, Cassis, Walderdbeeren, erdige Noten, Rote Bete, dunkle Nugatschokolade, Unterholz. Am Gaumen geschmeidig, vollmundig, samtiger Gerbstoff, dicht verwobene Säurestruktur, dunkle Frucht, elegant und tief, in sich ruhend, viel Potenzial. 13,5 Vol.-%, NK, €€€

93 2019 »S« Neipperg Steingrube Lemberger trocken
Duftige Nase, Waldbeeren, Holundermark, dunkle Pflaumen, schwarze Oliven, Wacholder, dezent pfefferig. Am Gaumen lebendig, griffig, druckvoll, viel Saft, kerniger, reifer Gerbstoff, mineralisch grundiert, viel Würze, pfeffrig, lebendiger Säurefluss, schöne Länge. 13,5 Vol.-%, NK, €€€

93 2020 »S« Nebbiolo trocken
Sauerkirsche im Duft, Rauch, dezent pfeffrig, Rharbarber, Walderdbeeren, Granatapfel, florale Noten, Veilchen, Süßholz. Am Gaumen elegante Kernigkeit, lebendige Säure, feingliedriges Tannin, sehr saftig, mit Zug, rote Frucht, Holundermark, viel Trinkfluss, Potenzial. 13 Vol.-%, NK, €€€

90 2021 »G« Rosé trocken
Dezent im Duft, Rote Johannisbeeren, frische, knackige Himbeeren, getrocknete Kräuter, Thymian, Zitronenmelisse. Am Gaumen saftig, schlank gebaut, reife Säure, geradlinig, frische Frucht, unkitschig, trocken, seriöser Aperitif oder zu leichten Speisen. 12,5 Vol.-%, NK, €€

★★

WEINGUT DR. BAUMANN

Am Ordensschloss 15–21, 74182 Obersulm
T: +49 7130 47440, info@weingut-dr-baumann.de
weingut-dr-baumann.de

Ab-Hof-Verkauf: Mo bis Fr 9–12 Uhr und 13–17 Uhr, Sa 9–13 Uhr
Kellermeister: Tanja Baumann, Markus Kehrer
Ansprechpartner: Tanja Baumann
Hektar: 40 ha

Der Lemberger aus 2020 zählt zu den besten Weinen, die wir bislang vom Weingut Dr. Baumann verkostet haben, das in vierter Generation von Tanja Baumann geführt wird. Er imponiert mit Saft, Substanz und Würze und unterstreicht die Ambitionen und Möglichkeiten, die das Obersulmer Gut hat, dessen 40 Hektar Reben überwiegend auf Keuperböden stehen. Neben dem Lemberger fanden wir Gefallen am vornehm-zurückhaltenden Sauvignon Blanc und an den beiden Schaumweinen, die mit ihrer feinen Süße jeden Sonntagnachmittag veredeln können. Spannende Kollektion!

91 2020 Chardonnay Barrique trocken
Mittleres Goldgelb. Feine Holzwürze, Rauch, Kamille, ein Anflug von Räuchernoten, reife und getrocknete Aprikose, Mango. Ambitionierter Entwurf mit kräftiger, fester Struktur und guter, extraktgetragener Substanz, feine Gerbstoffe, viel saftige Würze, gute Länge. 13,5 Vol.-%, NK, €€

90+ NV »Impuls« Muskattrollinger Sekt extra trocken
Mittleres Lachsrosa. Duftige Nase, nicht extrovertiert, Rose, Veilchen, Himbeere, Hagebutte. Am Gaumen mit noblem Mousseux, sinnlich balancierte Melange aus Frische, Fruchtigkeit und merklicher Süße, die im würzigen Ausklang an Bedeutung verliert. Schöner Aperitif. 11,5 Vol.-%, NK, €€

92+ 2020 Lemberger im Barrique gereift tr.
Reife Brombeere, Schwarzkische, dunkler Pfeifentabak, schwarzer Pfeffer, Zedernholz. Am Gaumen intensiv, großzügig, breit angelegt, weiche Textur, viel Substanz, Saft, Würze, reife Gerbstoffe in guter Menge, trägt seine fruchtig-würzige Intensität ins lange Finale. 14 Vol.-%, NK, €€€

91 2020 Pinot Noir trocken
Kräftige, dunkelbeerige Nase, fein eingepasste Holzwürze, Schwarzkirsche, Rote Johannisbeere, Brombeere. Eröffnet am Gaumen mit purer, süßlicher Waldbeerfrucht, kräftig gebaut, stoffig, reife, tragende Säure, mürber Gerbstoff in mittlerer Menge, in sich stimmig. 13,5 Vol.-%, NK, €€

90 2022 Muskateller trocken
90 2021 Weißburgunder trocken
90 NV »Impuls« Muskateller Sekt trocken
89+ 2022 Rosé trocken PN/MTR/SW
90 2019 »Cuvée Cabernet« trocken CS/CU/CC

90+ 2020 Sauvignon Blanc trocken
Etwas Minze und Pfefferminze in der Nase, Stachelbeere, kein klischeehafter Duft, feine Holzwürze. Feste und kräftige Struktur am Gaumen, reife Säure und ausgeprägte Würze, saftig, füllig, aber auch mit extraktgetragener Energie, leicht zitrisch, viel Wein. 13 Vol.-%, NK, €€

★★

WEINGUT BERTHOLD

Reutweg 4, 74172 Neckarsulm
T: +49 7132 37117, weingut-berthold@t-online.de
weingut-berthold.de

Ab-Hof-Verkauf: Di bis Do 14–18.30 Uhr, Fr 10–18.30 Uhr, Sa 9–14 Uhr und nach Vereinbarung
Kellermeister: Ludwig Berthold
Ansprechpartner: Ludwig Berthold
Hektar: 11 ha

Am Scheuerberg, auf dicken Keuperschichten und Muschelkalkböden, reifen die Trauben für die stoffigen Rotweine und die gehaltvollen Grauburgunder des Familienweinguts. Wie der Cabernet Blanc zeigt, versteht sich Ludwig Berthold überdies auch gut auf die pilzwiderstandsfähigen Sorten. Seinen Familienbetrieb baute der Winzer neben seiner Arbeit im Keller des Staatsweinguts Weinsberg auf. Dazu gehört auch eine Besenwirtschaft, die seine Ehefrau Brigitte leitet. Den Ausbau der Weine hat unlängst Sohn Ludwig vom Vater übernommen. Ein spannender Neuzugang in diesem Guide!

92 2021 »Fass Nr. 5« Grauburgunder trocken
Butterscotch, Karamell, feine Holznoten und ein Touch Brioche dominieren im Duft. Der Gaumen zeigt sich ausladend opulent und cremig. Die Säure ist gut in diesen fülligen Bau eingebunden, das wirkt handwerklich gekonnt und meisterlich umgesetzt. Ein Bilderbuch-Grauburgunder.
13 Vol.-%, NK, €€€

91 2022 Neckarsulm Gottesacker Grauburgunder trocken
Ein aromatischer Klassiker duftet aus dem Glas und zeigt dabei Aromen von frischer Brotrinde, Quitte und Walnusskernen. Am Gaumen nimmt man bei stabiler Säure und guter Stoffigkeit ein gutes Volumen wahr. Frucht und Säure umspielen sich im langen Finish. 13,5 Vol.-%, DV, €€

93 2021 Neckarsulm Hag Lemberger trocken
Im intensiven Duft spielen Eichenholz und dunkle Beerenfrucht zusammen. Mundfüllend fruchtig ist auch der Auftakt am Gaumen. Da schmeckt man Schwarze Johannisbeere, Süßkirsche und Wacholderbeeren. Reifer, gut extrahierter Gerbstoff, langer Abklang. 13,5 Vol.-%, DV, €€

92+ 2020 »Fass Nr. 5 Cuvée Cabernet« trocken CU/CD/CI
Geradezu schwarz im Glas. Ein beeindruckendes Beerenaroma mit einem Touch Kräuterwürze und Leder entsteigt dem Glas. Der Gaumen offenbart einige Wucht und körniges Tannin, im Abgang kommt wieder dunkle Beerenfrucht zum Vorschein. Ein Powerhouse aus dem »Ländle«.
15 Vol.-%, NK, €€€

91 2021 Neckarsulm Lemberger trocken

91 2022 Neckarsulm Cabernet Blanc tr.
Ein betörender Duft: Weißdornblüten, Stachelbeeren und ein bunter Strauß von Zitrusfrüchten. Auch am Gaumen ist dieser aromatische Reichtum präsent. Im langen Abgang sind Körper und Säure stimmig aufeinander bezogen. Eine Werbung für die PiWi-Sorten! 13,5 Vol.-%, DV, €

★★

BIOWEINGUT BRUKER

Kleinaspacher Straße 18, 71723 Großbottwar
T: +49 7148 1639406, info@weingut-bruker.de
weingut-bruker.de

Ab-Hof-Verkauf: Do und Fr 16–19 Uhr, Sa 10.15–13 Uhr
Kellermeister: Markus Bruker
Ansprechpartner: Markus Bruker
Flaschen/Hektar: 80.000 (55 % weiß, 40 % rot, 5 % Rosé)/12,4 ha
Anbauweise: Bio

Nachdem er 2005 die Leitung im Großbottwarer Familienbetrieb übernahm, hat Markus Bruker das Familiengut auf biologischen Weinbau umgestellt. Der Winzer setzt auf Feinarbeit: Alle Trauben, die in den weitverstreuten Parzellen reifen, werden per Hand geerntet. Im Keller versteht es Bruker, den Trauben ihr ganzes Aroma zu entlocken. Die Ergebnisse beweisen, wie sehr sich die ehemalige »Trollingerrepublik« Württemberg gewandelt hat – inzwischen ist hier sogar die Rhônesorte Syrah heimisch. Und auch der schön gereifte Spätburgunder hat uns nachhaltig beeindruckt.

90 2022 Großbottwar Weißburgunder tr.
Man meint im Duft den Keuper des Bottwartals zu riechen, dazu kommen Aromen von exotischen Früchten und gelbfleischigem Apfel. Der Gaumen ist von erstaunlicher Säurefrische umspielt, den mittelkräftigen Abgang prägen Aromen von reifer Ananas und Amalfizitrone. 12,5 Vol.-%, DIAM, €€

90+ 2018 »Réserve« Spätburgunder trocken
Mit der ersten Flaschenreife duftet dieser Spätburgunder nach dunkler Schokolade und eingelegten dunklen Beerenfrüchten, auch ein wenig nach Rumtopf. Am Gaumen dann reichlich Tannin und viel Kräuterwürze bei markanter Säure. Lang und nachhaltig das Finish. 14 Vol.-%, DIAM, €€€

90 2018 »Réserve« Syrah trocken
Im Glas tiefschwarz – Trollinger war gestern! Beerengelee und gekochte dunkle Früchte lassen in der Nase an hochreifes Lesegut denken. Eine geheimnisvolle Würze prägt den Gaumen, die auch Noten von Lakritze und sehr reifen, dunklen Früchten beinhaltet. 14,5 Vol.-%, DIAM, €€€

89 2022 Großbottwar Riesling Kabinett
Dezent aber fein präsentiert sich dieser sommerlich leichte Kabinettriesling. Geriebener Apfel, Birne und Weinbergpfirsich lassen sich riechen. Ein angenehmes Spiel von Süße und Säure präsentiert sich am Gaumen bei anklingender erster Reife. Gute Länge. 9 Vol.-%, DV, €

89 2022 »Gretchen« Cuvée trocken RR/PG/CH/MT/SB

89+ 2022 Sauvignon Blanc trocken
Der Duft präsentieren sich Aromen von Cassis, frisch geschnittenem Gras und grünem Paprika. Auch am Gaumen ist der Wein ausladend aromatisch, vor allem fruchtig mit Noten von Maracuja und Stachelbeere. Sehr gute Länge. 14,5 Vol.-%, DV, €€

★★

WEINGÄRTNER CLEEBRONN & GÜGLINGEN

Ranspacher Straße 1, 74389 Cleebronn
T: +49 7135 98030, info@cg-winzer.de
cg-winzer.de

Ab-Hof-Verkauf: Mo bis Fr 8–18 Uhr, Sa 9–13 Uhr, So 11–14 Uhr
Kellermeister: Max Kusic
Ansprechpartner: Axel Gerst
Flaschen/Hektar: 1.900.000 (30 % weiß, 70 % rot)/300 ha

Die Weingärtner aus Cleebronn & Güglingen machen ihre Sache Jahr für Jahr sehr gut, immer weiter zeigt der Qualitätspfeil nach oben. Die etwa 520 Mitglieder bewirtschaften eine Ertragsrebfläche von nur gut 300 Hektar, das zeigt, dass hier sehr viele im Nebenerwerb aktiv sind, was aber ihren Ehrgeiz in keinster Weise zu schmälern scheint! Die vorgestellte Kollektion überzeugt in allen Bereichen, das gilt für klassischen Riesling genauso wie für Cabernet Franc und die etwas exotische Cuvée aus der an der Rhône beheimateten Viognier-Traube und dem Chardonnay.

90+ 2021 »Emotion CG« Riesling trocken
Duft nach Pfirsich, Aprikosen, Maracuja, Schwarzen Johannisbeeren, frischen Zitronen, Äpfeln, Wiesenkräutern, Gesteinsmehl. Am Gaumen viel Zitrusfrucht, Grapefruit, Blutorangen, reifer Pfirsich, geschmeidig, gut integrierte Säure, feine Würze, gut ausbalanciert. 13 Vol.-%, NK, €€

90 2022 »Herzog C« Chardonnay trocken
Feinduftig in der Nase mit frischen Zitronen, Salzzitronen, rotem Apfel, Bananenmus, Quitten, Honigmelonen und frischer Haselnuss. Am Gaumen druckvoll, saftige Frucht, lebendige Säure, cremiger Kern, viel Würze, schöne Länge, trinkanimierend, macht Spaß. 13,5 Vol.-%, DV, €€

91 2020 »Emotion CG« Cabernet Franc tr.
Röstnoten in der Nase, würzig mit Minze, Wacholder, Zedernholz, Schwarze Johannisbeeren, Brombeeren und Nugat, dezent pfeffrig. Am Gaumen mit Kraft, geschmeidig, dicht, gut integrierte Säure, kerniger Gerbstoff saftige, dunkle Frucht, viel Würze, schöne Länge, Potenzial. 14 Vol.-%, NK, €€€

89+ 2020 »Emotion CG« Cabernet Sauvignon tr.
Duftig und gehaltvoll in der Nase, dunkle Beeren, Cassis, dunkle Pflaumen, Nugat, Schokolade, Zedernholz, schwarzer Pfeffer. Am Gaumen kraftvoll, geschmeidig, dunkle Frucht mit dezenter Fruchtsüße, gut integrierte, reife Säure, kerniges Tannin, eher Speisenbegleiter als Solist.
14 Vol.-%, NK, €€€

89 2021 »Emotion CG« Chardonnay & Viognier trocken CH/VI

90 2022 »Herzog C« Sauvignon Blanc tr.
Sortentypisch im Duft mit Stachelbeere, Maracuja, Cassis, etwas grüner Paprika, Holunderblüten, Brennnessel, dezent pfeffrig. Am Gaumen saftig, frisch, elegant, rosa Grapefruit, Salzzitronen, eine Spur Maracuja, lebendige Säure, cremiger Kern, balanciert, schöne Länge.
13 Vol.-%, DV, €€

★★

COLLEGIUM WIRTEMBERG

Württembergstraße 230, 70327 Stuttgart
T: +49 711 32777580, info@collegium-wirtemberg.de
collegium-wirtemberg.de

Ab-Hof-Verkauf: Mo bis Fr 9.30–18 Uhr, Sa 9–16 Uhr
Kellermeister: Thomas Eckard
Ansprechpartner: Philipp Kollmar
Flaschen/Hektar: 1.600.000 (30 % weiß, 58 % rot, 6 % Rosé, 2 % süß, 4 % Schaumwein)/155 ha

Begrünte Weinberge mit hoher Biodiversität, Mitgliedschaft im Biotop-Verbund: Die Stuttgarter Genossenschaft mit dem wohlklingenden Namen nimmt ihre ökologische Verantwortung ernst. Dabei produziert sie nach allen Regeln der Kunst zuverlässig Weine auf hohem Niveau. Ihr Riesling ist seit langen Jahren eine Bank. Und mit den Rotweincuvées mischt das Collegium gar in Schwabens Spitzenklasse mit. Wohin der neue Geschäftsführer Philipp Kollmar, der zuvor beim Kloster Pforta an der Saale gute Arbeit geleistet hat, das Collegium führt – darauf sind wir gespannt!

92 2021 »Réserve« Riesling trocken
Kandierte Zitronenschale, rauchige Noten, Kräuter, Kresse und Basilikum, Majoran. Komplex! Die Gaumenstruktur vereint stoffige Dichte mit Balance: Süße und Extraktsüße gehen Hand in Hand, Säure und Salzigkeit sorgen für Eleganz. Der terpengetragene Extrakt steht für Potenzial.
13 Vol.-%, NK, €€€

93+ 2019 »Grande Cuvée« trocken CF/LMB/SY
Ein komplexer Duft: getrocknete Tomate, Schwarze Johannisbeere, Kräuterbonbon, Holz. Am Gaumen trifft eine hohe Menge mürben Gerbstoffs auf eine noch jugendlich verschlossene, doch sehr potenzialreiche Frucht, taktile Mineralität und Säure passen sich nahtlos in den Bau ein.
14 Vol.-%, NK, €€€

91+ 2019 »Réserve« Lemberger trocken
Schwarzkirsche und viel Neuholz im Duft. Im Mund hat der Wein eine straffe, dichte Gerbstoffstruktur, der Hintergrund wirkt geschmeidig, ist gut fruchtdotiert, allerdings auch alkoholkräftig. Der Wein braucht unbedingt noch weitere Flaschenreife – und hat auch das Potenzial dafür.
14 Vol.-%, NK, €€€

91 2019 »Réserve« Syrah trocken
Würzig nicht nur vom Holz, sondern auch von der Sorte: Wildkräuter, Teer, Röstkaffee. Im Mund hat der Wein einen cremigen Fond und reifen Stoff, die hohe Dichte verhindert nicht eine gewisse Saftigkeit, der Sortentyp ist bei mittlerer Länge und Differenzierung gut erkennbar. 14 Vol.-%, NK, €€€

88+ 2022 Chardonnay trocken

92 2019 »Réserve« Spätburgunder trocken
Milchschokolade und Dörrfeige, Erdbeerkonfitüre. Der Gaumen beginnt saftig und baut mit feinkörnigem Gerbstoff kräftig Druck auf. Eine feste, perfekt zum Körper stehende Säure gibt Halt, der Wein ist bereits antrinkbar, wird sich aber jahrelang weiter entfalten. 14 Vol.-%, NK, €€€

★★★★

WEINGUT DAUTEL

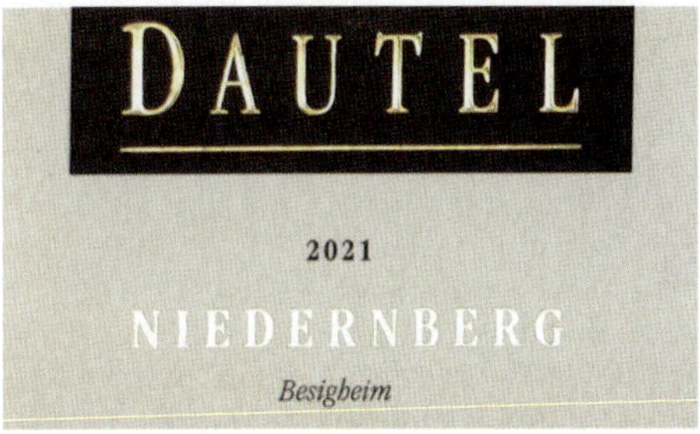

Lauerweg 55, 74357 Bönnigheim
T: +49 7143 870326, info@weingut-dautel.de
weingut-dautel.de

Ab-Hof-Verkauf: Mo bis Fr 10–12 u. 14–18 Uhr, Sa 10–16 Uhr
Kellermeister: Christian Dautel
Ansprechpartner: Christian Dautel
Flaschen/Hektar: 107.000 (50 % weiß, 45 % rot, 3 % Rosé, 2 % Schaumwein)/16 ha
Anbauweise: in Umstellung

Der Falstaff Winzer des Jahres 2023 ist ein Meister des önologischen Zehnkampfs: Ob Riesling, Weißburgunder oder Chardonnay, ob Lemberger oder Spätburgunder, ob Großes Gewächs oder Ortswein: Die Kelterungen überzeugen alle, und sie bieten immer noch ein bisschen mehr, als man zu erwarten wagt. Superbe Beispiele aus der aktuellen Kollektion sind die Erste-Lage-Weine, die für die 20-Euro-Liga unerhört viel Charakter und Verfeinerung bieten. Allerdings darf man den »Zehnkampf« nicht zu wörtlich nehmen: Hier wirkt nichts erkämpft und erzwungen, alles locker hingeworfen.

93+ 2021 Bönnigheim Steingrüben Riesling GG
Appetitlicher Honigkuchen, Malzbonbon, florale, würzige Noten zum reifen Steinobst, auch Maracuja. Die Opulenz im Duft wird am Gaumen mit einer straffen Säure gekontert, leicht zitrisch und zeitgemäß salzig, saftig, würzig und mit eleganter Gelbfrucht. Schön. 12,5 Vol.-%, NK, €€€

93+ 2021 Besigheim Niedernberg Chardonnay trocken
Etwas flintig, Holzwürze, noch ziemlich verschlossen, harzig, gerösteter Sesam. Vollmundig und cremig am Gaumen mit reifer Ananas, die pointierte Säure sorgt für Belebung und Trinkfluss, baut gute Substanz auf und endet mit langem Finale, leicht salin begleitet. 12,5 Vol.-%, NK, €€€

94 2020 Bönnigheim Schupen Spätburgunder GG
Noten von Roter und Schwarzer Johannisbeere, Brombeere, etwas Hefe und Piment. Im Mund zeigt sich ein druckvoller Wein, auf geschmeidigem Fond entfaltet sich ein sehr dichter, makellos reifer, fleischiger Gerbstoff. Die Frucht hat Frische und Volumen. Sehr gute Länge. 13 Vol.-%, NK, €€€

93 2021 »S« Weißburgunder trocken
Röstiges Holz und florale Noten, die eine erste Entfaltung der Aromatik andeuten.Der Gaumen beginnt mit Geschmeidigkeit, rollt dann eine gepflegte Phneolik und einen festen Säurenerv aus, etwas Extraktsüße trägt in den prägnanten, frischen, den Extrakt konzentrierenden Abklang.
12,5 Vol.-%, NK, €€€

92+ 2021 Besigheim Wurmberg Riesling Erstes Gewächs trocken
91 2021 Bönnigheim Sonnenberg Chardonnay Erstes Gewächs trocken
90+ 2022 Bönnigheim Weißburgunder trocken
93+ 2020 Oberstenfeld Forstberg Spätburgunder GG
92+ 2020 Cleebronn Michaelsberg Lemberger GG
92 2020 Bönnigheim Sonnenberg Lemberger Erstes Gewächs trocken
91 2021 Bönnigheim Lemberger »Gipskeuper« trocken

92+ 2020 Bönnigheim Sonnenberg Spätburgunder Erstes Gewächs trocken
Süßmandel, Lorbeer, Kirschkern, leicht rauchig-hefige Aromen im Hintergrund. Im Mund ist der Wein kompakt gebaut, der Gerbstoff ist fest, saftet aber gut ab, die Säure ist perfekt integriert, der Wein verspricht eine auf disziplinierte Weise füllige Entfaltung. 13 Vol.-%, NK, €€€

★★★

WEINGUT HEDWIG UND HELMUT DOLDE

Beurener Straße 16, 72636 Frickenhausen-Linsenhofen
T: +49 7025 4982, info@doldewein.de
doldewein.de

Ab-Hof-Verkauf: Do 16–19 Uhr, Sa 10–13 Uhr und nach tel. Vereinbarung
Kellermeister: Helmut Dolde
Ansprechpartner: Hedwig und Helmut Dolde
Flaschen/Hektar: 13.000 (75 % weiß, 20 % rot, 5 % Rosé, 2 % Schaumwein)/2 ha

And now for something completely different. Helmut Dolde ist pensionierter Gymnasiallehrer und erschafft mit seiner Frau Hedwig am Rand der Schwäbischen Alb Weine, die sich außerhalb von Zeit und Wettbewerb bewegen. Alle Weine der Doldes sind Charakterköpfe, sie lassen das jeweilige Terroir sprechen, zeigen immer neue Nuancen. Probiert man sie nebeneinander, regen sie – wie bei unserem Tasting geschehen – zu Diskussionen an, über Vorlieben, auch über ihre legendäre Haltbarkeit trotz bescheidener Ausstattung. Ein Phänomen? Ja, irgendwie schon …

92 2022 »Alte Reben« Silvaner trocken
Die »Alten Reben« besitzen in der Nase noch einen hefigen Touch, der sich mit kräuterigen Noten nach zerstoßenen Korianderkörnern, nach Kümmel und auch etwas Efeu paart. Im Mund derzeit der saftigste der drei Silvaner, konsequent in der Säurestruktur, langlebig. 12 Vol.-%, DV, €

91+ 2022 »Vulkan« Linsenhofen Silvaner tr.
In der Nase hellbirniger als der »Weiße Jura«, Mandelanklang, mineralisch, aus der Luft gleich auf den Fels gerichtet. Am Gaumen präsent mit einem erstaunlichen Zug, säurestraff, gar nicht fruchtorientiert. Cremigkeit trifft auf Skandinavien, ein Wink an die Küche. 12 Vol.-%, DV, €

92+ 2019 »Fass 2« Linsenhofen Spätburgunder trocken
Sehr expressiv in der Nase mit einer dunklen Ätherik nach Wacholder, Gewürznelke, fast ein wenig Anklänge der Macchia. Am Gaumen beeindruckt zunächst die saftige, holunderige Tiefe, im zweiten Moment gesellen sich Würze und Gerbstoffe dazu. Sehr ernsthaft. 13 Vol.-%, DIAM, €€

91+ 2020 »Fass 1« Linsenhofen Spätburgunder trocken
Sehr hellfarbig fließt der »Einser« ins Glas, bewahrt aber bereits in seinem Duft davor, unterschätzt zu werden. Sehr ätherisch, Lorbeer, Wacholder, Pflaume, dazu Earl-Grey-Tee – und alles fein verwoben. Am Gaumen reif und von einer faszinierenden, leichtfüßigen Mürbheit. 13 Vol.-%, DIAM, €€

90+ 2022 »Brauner Jura« Linsenhofen Riesling trocken

91 2022 »Weißer Jura« Neuffen Silvaner trocken
Gelber Apfel in der Nase, leicht Birne, hohe Sortentypizität, dabei völlig entspannt. Am Gaumen etwas gebackene Sellerieknolle, Fruchtreife und Würze, aber alles auf einem Algenbett präsentiert. Gewinnt trotz wenig Protz bei Preis und Ausstattung ungemein mit Luft. 12 Vol.-%, DV, €

★★★

WEINGUT DOREAS

Ernst-Heinkel-Straße 85, 73630 Remshalden-Grunbach
T: +49 7151 75569, info@doreas.de
doreas.de

Ab-Hof-Verkauf: Do und Fr 16–18.30 Uhr, Sa 9.30–14 Uhr
Kellermeister: Andreas Ellwanger
Ansprechpartner: Dorothee Wagner-Ellwanger
Flaschen/Hektar: 40.000 (30 % weiß, 45 % rot, 18 % Rosé, 2 % süß, 5 % Schaumwein)/10 ha
Anbauweise: Bio

Im vergangenen Jahr waren wir begeistert vom roten »Choral« des Weinguts Doreas aus 2018, auf den Spitzenwein mussten wir dieses Mal verzichten. Dafür sprangen zwei andere, sehr gefühlvoll vinifizierte Rotweine in die Bresche: Sowohl beim Spätburgunder und Zweigelt, beide aus der Grunbacher Berghalde und aus dem Jahr 2019, wird die saftige, charmante Fruchtaromatik hoch geachtet und es imponieren die behutsam extrahierten Gerbstoffe. Die Beerenauslese Kerner ist das süße Glanzstück einer wieder vollauf überzeugenden Kollektion. Unser Tipp: der animierende Riesling Kabinett!

90 2022 Sauvitage trocken
Eine reife Frucht: rote Stachelbeere, Mango, Nekatrine, aber auch zitrische, an Muskateller erinnernde Aromen. Im Mund entfaltet der Wein einige Wucht, er weist bei reifer Säure eine trockene Phenolik auf, die eine würzige, vollmundige Entfaltung im Laufe der Flaschenreife nahelegt. 13,5 Vol.-%, DV, €€

91+ 2019 Grunbach Berghalde Spätburgunder trocken
Feines Pinot-Parfum, rote Kirsche, etwas Sauerkirsche, Blaubeere, frisches Lorbeerblatt, kühler Rauch. Stellt am Gaumen in einer kräftigen Struktur die elegante und fruchtgetragene Finesse heraus, feinfühlig extrahierter Gerbstoff, saftig, mittlere Komplexität. 13 Vol.-%, VL, €€

91+ 2019 Grunbach Berghalde Zweigelt trocken
Feiner, attraktiver und nuancierter Duft, elegantes Holzparfum, Tabak, Schwarzkirsche, Pflaume, Maulbeere, auch Tinte. Elegant am Gaumen, mit viel Gefühl vinifiziert, die Kraft ist in einem weichen, samtigen Ambiente verwoben, sehr feines Tannin. Wildpflaume im Finish. 13,5 Vol.-%, VL, €€

92 2022 Hebsack Lichtenberg Kerner Beerenauslese
Duft nach getrockneter Orangenschale, etwas Honig, gebrannte Haselnuss, kandierte Zitrusfrucht, noch etwas verschlossen. Am Gaumen mit druckvoller Süße, schmelzend, gut integrierte Säure, süße Limette, Kräuterwürze, viel Schmelz und Druck, braucht noch etwas Zeit. 9 Vol.-%, VL, €€€

89 2020 »Schillerwein« brut RR/TL

90 2022 Grunbach Riesling Kabinett
Zarter Duft nach Aprikose, Pfirsich und reifer Zitrusfrucht mit Mandarine und Orange, dazu etwas Muskatnuss. Am Gaumen mit saftiger, heller Frucht, Aprikose, Pfirsich, Mandarine, gute Balance von Süße und Säure, sehr trinkanimierend, macht Spaß. 8,5 Vol.-%, DV, €€

★★

WEINGUT EISELE

Steinbeisweg 1, 74394 Hessigheim
T: +49 7143 272399, info@weingut-eisele.de
weingut-eisele.de

Ab-Hof-Verkauf: Fr 16–18 Uhr, Sa 10–12 Uhr und 13–16 Uhr
Kellermeister: Alexander Eisele
Ansprechpartner: Alexander Eisele
Hektar: 9 ha
Anbauweise: Bio

Alexander Eisele zählt im von Genossenschaften dominierten Hessigheim gemeinsam mit Siggi Mayer sowie dem Winzerpaar Stefanie und Fabian Lassak zu den Nonkonformisten, die unbeirrt ihren eigenen Weg gehen. Eisele hat 20 Prozent seiner Reben in Steillagen am Neckar stehen, deren Bearbeitung eine schweißtreibende Plackerei ist. Der bärtige Winzer lässt sich vom Vin Naturel inspirieren, er schwefelt wenig, seine Weine sind von animierender Natürlichkeit. »Menschen wie wir trinken Landwein am Lagerfeuer«, sagt Alexander Eisele. Wir setzen uns gerne dazu!

91+ 2021 »Muschelkalk Goldkapsel» Chardonnay trocken
Frisch, dicht mit viel Zug am Gaumen. Die kristallklare Säure gibt Struktur und animiert zum zweiten Glas. Zitrone, Blutorange, Birne und Tabak in der Nase und am Gaumen. Tolle Phenolik mit ordentlich Substanz am Gaumen. Gesteinsmehl und Kalk prägen das Finish. 12 Vol.-%, NK, €€€

91+ 2021 »Muschelkalk Goldkapsel« Riesling trocken
Steinig-mineralisch, spannend am Gaumen, gute Säurestruktur, Zitronenkuchen, Orange, gelbe Früchte, Austernschalen, Anis, Kreuzkümmel. Öffnet sich im Glas weiter. Interessante Phenolik. Salziges, langes Finish. Stoffig mit Entwicklungspotenzial. 12 Vol.-%, NK, €€€

92 2021 »Goldkapsel« Lemberger trocken
Sehr feinfruchtig und geschmeidig, Kirschen, Brombeeren. Straffe Säure, dunkle Früchte und ein spielerisches, pfefferiges Finish prägen hier den Charakter. Mittelgewichtig, mit einem wunderbaren Trinkfluss. Ein echter Charmeur im besten Sinne. Mittlere Länge. Top! 12 Vol.-%, NK, €€€

91+ 2021 »Muschelkalk Goldkapsel« Lemberger trocken
Reduktive Nase, die von schwarzen Beeren, Kirschen, Veilchen, Lavendel und balsamisch-würzigen Noten geprägt ist. Der frische, saftige Gaumen hat eine schlanke, fokussierte Ausrichtung. Feinkörniges Tannin, sehr gute Länge. Ein Wein, der jetzt schon Spaß macht. 12 Vol.-%, NK, €€€

89+ 2021 »Muschelkalk Silberkapsel» Trollinger trocken

90 2021 »Muschelkalk Silberkapsel« Lemberger trocken
Würzig und unkompliziert in der Nase und am Gaumen. Amarenakirschen, Brombeeren, Blaubeeren, Veilchen, Nelken, Pfeffer und Wacholder. Straffe Säure, griffige Gerbstoffe und die schlanke Statur sind die Grundlagen für die wunderbare Trinkfreudigkeit. 12 Vol.-%, DIAM, €€

★★★★

WEINGUT BERNHARD ELLWANGER

Rebenstraße 9, 71384 Weinstadt-Großheppach
T: +49 7151 62131, info@weingut-ellwanger.com
weingut-ellwanger.com
Ab-Hof-Verkauf: Mo, Di, Do und Fr 10–12 Uhr und 14–18.30 Uhr, Sa 9.30–14 Uhr
Kellermeister: Sven Ellwanger
Ansprechpartner: Yvonne Ellwanger
Flaschen/Hektar: 240.000 (42 % weiß, 36 % rot, 16 % Rosé, 1 % süß, 5 % Schaumwein)/33 ha
Anbauweise: in Umstellung

Die Geschwister Yvonne und Sven Ellwanger haben ihren Stil komplett gefunden, er zieht sich durch das gesamte Sortiment. Die Weißen setzen überhaupt nicht auf Primärfrucht, sondern zeigen auf faszinierende Weise das Spiel mit Hefe und Holz, Ausdruck ihrer Anlage auf Langlebigkeit. Bei den Roten gibt es ebenfalls viel Dichte und präsente, seidige Gerbstoffe. Nichts ist vordringlich, alles wirkt überlegt und auf Nachhaltigkeit ausgerichtet. Dazu passt die Zertifizierung als CO_2-neutrales Weingut – und selbstverständlich unser Tipp, der Dauerbrenner Trollinger.

93+ 2021 »Junges Schwaben« Sauvignon Blanc trocken
Der »Fumé« macht seinem Namen alle Ehre. Spürbar rauchig, aber die Frucht wird nicht zugedeckt, sondern vor allem Stachelbeere scheint fein durch. Am Gaumen kommt der Fruchtcharakter noch stärker zum Tragen, elegante Säurelinie, gewisser Hefeeinfluss, pikant und lang. 13 Vol.-%, NK, €€€

93 2021 »SL« Großheppach Steingrüble Riesling trocken
Der Ellwanger-Topriesling bietet eine sehr komplexe Nase an, geprägt von gelbwürzigen Noten wie Ingwer, Senfmehl, Kurkuma, kandierter Zitrone und Spuren des Ausbaus. Hefe und sehr feines Holz sind auch am Gaumen spürbar, dazu elegante Säure, viel Würze, viel Potenzial. 12,5 Vol.-%, VL, €€€

94 2020 »SL« Großheppach Wanne Klingenberg Syrah trocken
Kaffee, Leder, Bitterschokolade – schon in der Nase zeigt der Wein an, dass es hier nicht um Gefälligkeit geht. Im Mund dunkle Frucht mit Noten nach Brombeere und reifer Schwarzkirsche. Wirkt primär aber über Strukturdichte und ungemein zivilisierte Gerbstoffe. Reif und elegant. 13,5 Vol.-%, NK, €€€

93+ 2020 »SL« Großheppach Steingrüble Spätburgunder trocken
Dunkle Nase nach Schwarzkirsche, ein wenig Brombeere, dazu edles Holz. Am Gaumen dicht in der Textur, aber leichtfüßig im Körpergefühl. Waldige Würze nach Lorbeer und Wacholder. Geht mit seiner spürbaren Gerbstoffstruktur fast in Richtung eines Pommard – absoluter Lagerwein! 13 Vol.-%, NK, €€€

91+ 2021 Geradstetten Lichtenberg Oberholz Riesling trocken
91+ 2019 Grunbach Klingle Osterberg Riesling trocken
91+ 2021 Geradstetten Lichtenberg Chardonnay trocken
92+ 2020 »SL« Großheppach Wanne Lemberger trocken
91 2020 Lemberger & Syrah trocken LMB/SY
90+ 2020 »vom Bunten Mergel« Spätburgunder trocken
92 2022 »SL« Großheppach Steingrüble Riesling Auslese

90 2020 »GT« Trollinger trocken
Trollinger, für zwölf Monate im Holzfass, unfiltriert abgefüllt, mit Flaschenreife angestellt – das hat Stil! Hellfarbig im Glas, in der Nase Pflaume, Wacholder, herbstkompatibel. Am Gaumen federleicht, duftig, feiner Gerbstoff und absolut ernst zu nehmen. 12,5 Vol.-%, NK, €€

★★★★

WEINGUT JÜRGEN ELLWANGER

Bachstraße 27, 73650 Winterbach
T: +49 7181 44525, info@weingut-ellwanger.de
weingut-ellwanger.de

Ab-Hof-Verkauf: Di bis Fr 9–12 Uhr und 15–19 Uhr, Sa 9–15 Uhr
Kellermeister: Jörg Ellwanger
Ansprechpartner: Felix Ellwanger
Flaschen/Hektar: 200.000 (35 % weiß, 65 % rot)/26 ha

Im traditionsreichen Weingut Jürgen Ellwanger – die Familie blickt auf über 500 Jahre Tradition zurück – ist immer viel in Bewegung. Und gleichzeitig werden die alten Werte gepflegt und gehegt. Eine tolle Kombination, die uns in diesem Jahr neben klassisch-großartigen Weinen aus den in Württemberg beheimateten Rebsorten auch einen sehr spannenden Zweigelt auf dem Verkostungstisch beschert hat. Dennoch: Am Lemberger führt in diesem Jahr kaum ein Weg vorbei, das GG aus dem Hebsack beindruckt mit Tiefe und Potenzial – ein toller Wein aus einem tollen Weingut.

92+ 2021 Schnait Altenberg Riesling GG
Brillantes Zitronengelb. Ein Duft von Mango, Honigmelone, Mandarine, Zitronenzeste und Birnenschale. Am Gaumen leichte Phenolik, saubere Steinfrucht, zitrische Elemente sind mit dabei. Die Extraktsüße wird von feiner Säure getragen. Ein eindrucksvoller Riesling mit gutem Potenzial.
12,5 Vol.-%, NK, €€€

92 2021 Winterbach Hungerberg Weißburgunder GG
Reichhaltiger, komplexer Duft mit Aromen von Piment, Golden-Delicious-Apfel, Aprikose, roher Mandel und feuchtem Stein, auch balsamische Töne. Am Gaumen konzentriert und dicht, seidig, leicht viskos. Gute integrierte Säure. Toller Speisebegleiter, bereits im Trinkfenster. 13 Vol.-%, NK, €€€

93+ 2021 Hebsack Berg Lemberger GG
Blasses Purpur. Intensiv im Duft. Rote Grütze, Herzkirsche, Piment und Gewürznelke. Am Gaumen herrlich saftig, sehr feines und dabei dichtes Tannin, Aromen von Schwarzkirsche, Brombeerstrauch, dunkle Schokolade. Merklicher Holzeinfluss im Abgang. Gute Länge – und gutes Potenzial!
13 Vol.-%, NK, €€€

92+ 2019 »H.A.D.E.S. Nikodemus« Cuvée trocken ME/CS/LMB
Tiefes Rubin. Ein intensives Bukett mit Aromen von Zartbitterschokolade, dunkler Pflaume, Kirsche, getrockneten Kräutern und Waldbeeren. Am Gaumen körperreich, rauchig, dunkle und schwarze Frucht, gutes, junges Tannin, balanciert von lebendiger Säure. Braucht noch Zeit.
14 Vol.-%, NK, €€€

91+ 2020 »H.A.D.E.S« Zweigelt-Rebe trocken

92 2019 »H.A.D.E.S.« Lemberger trocken
Tiefes Rubin, komplexer Duft nach Schwarzer Johannisbeere, dunkler Kirsche, Tomatenblatt, Gewürznelke, auch etwas Unterholz. Am Gaumen leicht süßlich-würzige Frucht, feiner Gerbstoff bei prägnanter, gut balancierender Säure. Ein Statement für den Lemberger.
13 Vol.-%, NK, €€€

★★★

WEINGUT ESCHER

Seestraße 4, 71409 Schwaikheim
T: +49 7195 57256, info@wein-escher.de
wein-escher.de

Ab-Hof-Verkauf: Di bis Fr 16.30–18.30 Uhr, Sa 9–14 Uhr
Kellermeister: Christian Escher
Ansprechpartner: Christian Escher
Flaschen/Hektar: 103.000 (47 % weiß, 40 % rot, 11 % Rosé, 2 % Schaumwein)/15 ha

Wow, das ist wohl die beste Vorstellung von Christian Escher mit Weinen aus vier Jahrgängen. Überzeugte uns der Schwaikheimer Winzer bislang vor allem mit mächtigen, voluminösen und würzigen Rotweinen, so unterstreicht die dichte und beinahe schlank wirkende »Reserve« vom Chardonnay, dass er sich auch bestens auf Weißweine versteht, der elegante Riesling – unser Falstaff-Tipp – ist ein weiteres Argument dafür. Bei den Roten wirkt es, als ob Christian Escher seine Stilistik exakter justiert hat und neben Kraft und Wärme auch Kühle und Frische zulässt. Spannend!

93 2021 »Reserve« Chardonnay
Ein kräftiger Holzton mit Noten von Vanille und Karamell dominiert den Duft. Der Gaumen ist viel sehniger, als der Duft erwarten ließe, eine kernige Säure und dichte Phenole geben dem Wein eine fast schon schlanke Anmutung. Extrakt und Länge sind sehr gut. 13 Vol.-%, NK, €€€

93 2019 »Wunderwerk« Cuvée trocken CF/ME/CS
Pflaumenkompott im Duft, etwas Rumtopf, Rhône-Assoziationen. Im Mund ein sehr dicht mit feinkörnigem Gerbstoff besetzter Bau, auf geschmeidigem Fond findet man ein Maximum an Extrakt und einen feinen Säurefaden, auch mineralische Noten und einen pointierten Abklang.
14 Vol.-%, NK, €€€

92 2019 »Höchste Lage« Korb Berg Lemberger trocken
Einiges Neuholz und konzentrierte Schwarzkirschfrucht. Der Gaumen spielt mit Kühle und Wärme, der Wein hat Volumen und Körperkraft, aber auch straffen Gerbstoff, Saftigkeit und eine intensive und sowohl in der Würze als auch taktil präsente Keupermineralik im Abgang. 14 Vol.-%, NK, €€€

91+ 2020 Korb Sommerhalde Cabernet Franc trocken
Im Duft nimmt man Schokolade und Rumrosinen wahr. Der Gaumen setzt für einen kurzen Moment sehr geschmeidig an, dann greift ein festes, ein klein wenig trockenes Tannin, der Abklang ist noch sehr kompakt, zeigt aber fruchtiges Entfaltungspotenzial. 14 Vol.-%, NK, €€€

90+ 2020 »Meisterwerk« Cuvée trocken CS/CF/ME/LMB

91+ 2022 »Goldlage« Stetten Pulvermächer Riesling trocken
Im Duft Noten von Zitrus und feuchtem Ziegelstein, im Mund hat er Saftigkeit und einen zivilisierten Säurenerv, die Süße ist erfreulich zurückhaltend eingesetzt, sodass die mineralische Definition der Lage erhalten bleibt. Ein eleganter, feingliedriger Lagenriesling. 12,5 Vol.-%, DV, €€

★★

FELLBACHER WEINGÄRTNER

Kappelbergstraße 48, 70734 Fellbach
T: +49 711 5788030, info@fellbacher-weine.de
fellbacher-weine.de

Ab-Hof-Verkauf: Mo bis Sa 9–18.30 Uhr
Kellermeister: Tobias Single
Ansprechpartner: Christoph Gögel
Hektar: 190 ha

Die Fellbacher Weingärtner sind eine der ältesten Genossenschaften Württembergs. Das Spektrum an Rebsorten und Weintypen ist breit gefächert. Mit den besten Weinen, meist gewonnen aus der Spitzenlage Lämmler, ist die Genossenschaft den namhaften Fellbacher VDP-Betrieben eng auf den Fersen. Unser Tipp ist diesmal die urschwäbische Rebsorte Kerner, die 1929 vom Rebenzüchter August Herold in Lauffen aus Trollinger und Riesling gekreuzt wurde und die bedauerlicherweise in der öffentlichen Wahrnehmung zuletzt etwas in Vergessenheit geriet. Aber in Fellbach hält man ihr die Treue!

92 2019 »next generation« brut nature PN/CH/SW
Feinwürzig, Brioche, Walnüsse, auch karamellisiert, Aprikose, reifer Apfel, Birne. Stoffig, vielschichtig am Gaumen, recht breit angelegt, weicher, seidiger Fond, der die Grundlage für die balancierende Frische mit lebendiger Säure und recht feinem Mousseux liefert. Lang. 13 Vol.-%, NK, €€€

90+ 2021 »P« Fellbacher Lämmler Chardonnay im Barrique gereift tr.
Der Duft ist sehr gut abgestimmt: Banane und Vanilleschote mit fruchtiger Exotik dominieren – eine perfekte Balance von Holz und Frucht. Am Gaumen hat der Wein ein reiches Volumen, eine präsente Säure und viel Frische. Wuchtig und dicht das Finish. 13 Vol.-%, NK, €€€

91+ 2019 Fellbacher Lämmler »Großes Gewächs« Lemberger im Barrique gereift trocken
Pfefferig, kräuterwürzig und geschliffen holzig im Duft. Hier wurde gekonnt Frucht und Eichenholz vermählt. Ausdrucksvolle Präsenz am Gaumen, die neben der Beerenfrucht auch an Bitterschokolade bei gut eingebundenen Tanninen denken lässt. Länge und Zukunft! 13,5 Vol.-%, NK, €€€

93 2021 Fellbach Goldberg Riesling Eiswein
Klarer Duft nach reifen Zitrusfrüchten, Mandarinenschale, Papaya, aparte Kräuterwürze, mineralisch unterlegt. Am Gaumen balanciert mit lebendiger Säure und delikater Süße, herb-frische Zitrusfrucht, zupackend, sogar Minze ist dabei, eleganter Eiswein, gute Länge. 8,5 Vol.-%, DV, €€€

90 2022 »S« Sauvignon Blanc trocken
89 2021 »P« Fellbacher Lämmler Riesling tr.
88 2022 »S« Syrah Rosé trocken
90+ 2020 »P« Fellbacher Lämmler Merlot tr.
90 2020 »P« Fellbach Lämmler Spätburgunder im Barrique gereift tr.
90 2019 »Amandus« Fellbacher Lämmler im Barrique gereift trocken CU/ME/LMB
89 2020 »P« Fellbach Lämmler Trollinger tr.

90 2020 »Justinus K. S« Kerner trocken
Welch ein Kerner, der als württembergische Neuzüchtung im Ländle seine angestammte Heimat hat. Sehr viel Exotik lässt sich riechen mit deutlichen Zitrusnoten, daneben Litschifrucht, Mango und auch noch weiße Blüten. Der volle Gaumen verwöhnt mit opulenter Frucht und Länge. 13,5 Vol.-%, DV, €

★★

WEIN & GUT FRANK

Bönnigheimer Straße 29, 74336 Brackenheim
T: +49 7135 9361281, info@weingutfrank.de
weingutfrank.de

Ab-Hof-Verkauf: Fr 14–19 Uhr, Sa 10–16 Uhr
Kellermeister: Florian Frank
Ansprechpartner: Florian Frank
Flaschen/Hektar: 29.000 (60 % weiß, 40 % rot)/3,5 ha

Es war ein mutiger Schritt, den Manuela und Florian Frank 2009 wagten: Sie machten sich selbstständig und begannen, ihre eigenen Weine auszubauen, vorher wurden die Trauben an die Genossenschaft geliefert. Der Sprung ins »kalte Wasser war die beste Erfrischung«, erinnert sich das Winzerpaar, das mit bodenständigem Handwerk Weine mit Charakter und schwäbischer Seele keltert. Der im Barrique ausgebaute Lemberger mit Substanz, Würze und gekonntem Holzeinsatz führt eine rundum gelungene Kollektion an, der kulinarisch gedachte Grauburgunder ist unser Tipp!

89+ 2022 Sauvignon Blanc** trocken
Würziger Duft, reife Stachelbeere, Schwarze Johannisbeere, Mango, Brennnesselblüten, auch Litschi. Gut gebaut am Gaumen, stoffig und füllig, mit reifer, ausgeruhter Säure und gut korrespondierender Restsüße, würzig, konsistent, kein lauter, internationaler Stil. 13 Vol.-%, DV, €€

90 2020 »Ackersegen«** Pinot Meunier brut nature
Der Duft zeigt etwas Schwarzriesling-Beerigkeit, Kirsche und Schwarze Johannisbeere, Hefe und auch einen Anflug von Honig. Im Mund erfreut zunächst das sehr feine Mousseux, die schlanke Anlage und der feine Säurenerv unterstreichen den frischen Eindruck zusätzlich. 12 Vol.-%, NK, €€

92 2020 Lemberger*** trocken
Deutlich vom Holz geprägt mit Aromen von roten und dunklen Beerenfrüchten. Sehr gut eingebunden präsentieren sich zusätzlich rauchige und würzige Noten. Kräftig bis opulent am Gaumen bei gekonnter Vermählung von Holz und Frucht. Viel Volumen im langen Abgang. 14 Vol.-%, DV, €€

90 NV »Herzensruhe«** Cuvée trocken
Rote und dunkle Beeren wie Pflaume, Schwarzkirsche, etwas Holzwürze und Süßholz. Weiche Textur am Gaumen mit reifem Gerbstoff in mittlerer Menge, süßlicher Extrakt in ansprechendem Maß, nicht zu kompliziert, mit der Lizenz zur kulinarischen Begleitung. 13,5 Vol.-%, DV, €€

89 2021 »Alte Reben«** Portugieser trocken

90+ 2022 Grauburgunder*** trocken
Feine Würze, auch vom Holzausbau, Birne und Quitte, auch reifer Apfel, gelbe Pflaume. Am Gaumen kompakt gebaut, weiche Textur, saftig und klar im Ausdruck, reife phenolische Pixel, stoffig verdichtet in der Gaumenmitte, eleganter, kulinarischer Burgunder. 12 Vol.-%, DV, €€

★★

WEINGUT GAUFER

Mariannenstraße 24, 74653 Ingelfingen
T: +49 7940 57373, info@weingut-gaufer.de
weingut-gaufer.de

Ab-Hof-Verkauf: Mi bis Fr 14–19 Uhr,
Sa 9–14 Uhr und nach Vereinbarung
Kellermeister: Susanne Schmezer, Gerrit Schmezer
Ansprechpartner: Susanne Schmezer
Flaschen/Hektar: 67.000 (45 % weiß, 35 % rot,
15 % Rosé, 5 % Schaumwein)/11 ha

Als Susanne Schmezer, geborene Gaufer, 1991 das jahrhundertealte Familiengut übernahm, beließ die Winzerin den traditionsreichen Namen, eine Geste der Achtung ihrer Ahnenreihe. Für den Ausbau der Trauben, die auf Muschelkalkhängen an der Kocher wachsen, ist mittlerweile Sohn Gerrit verantwortlich. Die neue Kollektion zeigt keinerlei Schwächen, besonders gut fanden wir die regionaltypischen Sorten: Die Silvaner brillieren mit Mineralität, die Rotweine mit wohldosierter Stoffigkeit, die Raum für Zwischentöne lässt. Gratulation zum zweiten Stern!

91 2020 »Erlesenes« Ingelfinger Hoher Berg Silvaner trocken
Schon die Nase kündet von der Mineralität, daneben findet man an Kokos und Banane erinnernde Aromen, ergänzt durch rauchige Noten vom Muschelkalk. Gut ausbalanciertes Säurespiel mit betontem Schmelz. Kräftig und nachhaltig im Abgang bei sehr guter Länge. 13 Vol.-%, DV, €€

90 2022 »Geschmackvolles« Ingelfingen Hoher Berg Weißburgunder trocken
Verhaltener Duft nach weißen Blüten, Rhabarber, Stachelbeere und Ananas. Eine elegante Ausprägung der Sortenaromatik. Am Gaumen findet man eine betonte Harmonie von Süße und Säure, insgesamt gut strukturiert bei mittelkräftigem Körper und guter Länge. 12,5 Vol.-%, DV, €

92+ 2018 »Erlesenes« Ingelfingen Hoher Berg Rotwein Cuvée trocken PN/SW/CD
Farbintensiver Rotwein mit reicher Fruchtaromatik nach Süßkirsche und Cassis. Auch der Gaumen besitzt Intensität in den Aromen von dunkler Schokolade, Trockenfrüchten und Rumtopf. Die Gaumenstruktur ist stimmig, zeigt weiteres Potenzial – und sehr gute Länge. 14 Vol.-%, DV, €€

92 »Erlesenes« Ingelfinger Hoher Berg Spätburgunder trocken
Im Duft nimmt man eine feinfruchtige Burgundernase wahr mit Noten roter und dunkler Beerenfrüchte, Himbeere, reife Heidelbeere und auch Kirsche. Ein Wein mit Substanz und Struktur, sehr gut geeignet auch als Speisenbegleiter. Langer, präsenter Abgang. 12,5 Vol.-%, DV, €€

89 2021 Geschmackvolles Silvaner trocken

91 2022 »Geschmackvolles« Ingelfingen Hoher Berg Grauburgunder trocken
Duftet nach Brioche und reifen Quitten. Erkennbarerweise aus gut ausgereiften, gesunden Trauben vinifizierter Burgunder, regionaltypisch, dabei gehaltvoll, intensiv und harmonisch ausbalanciert. Schmelzig und vollmundig bis hin zum langen Finale. 13 Vol.-%, DV, €

★

WEINGUT HABERKERN-BETZ

Friedenstraße 26, 74235 Erlenbach
T: +49 7132 6214, info@haberkern-betz.de
haberkern-betz.de

Ab-Hof-Verkauf: Di bis Do 17–19 Uhr, Fr 9–19 Uhr, Sa 9–14 Uhr und nach Vereinbarung
Kellermeister: Manuel Betz
Ansprechpartner: Manuel Betz
Hektar: 9 ha

Das Weingut Haberkern-Betz liegt im nördlichen Teil Württembergs, neun Hektar Reben stehen rund um den Erlenbacher Kayberg auf Löss-, Keuper- und Schilfsandsteinböden. Dem Lemberger gilt die größte Aufmerksamkeit, auch Riesling, Grauburgunder, Trollinger und Muskateller gehören zum Portfolio. Kellermeister Manuel Betz verarbeitet die Trauben zu Weinen mit Saft, Frucht und klarem Ausdruck, unser Tipp ist der gekonnt balancierte Lemberger. Sie können auch in der dazugehörigen Weinstube »Goldener Besen« genossen werden. Vielversprechendes Debüt im Weinguide!

90 2021 »vom Löss« Grauburgunder trocken
Mittleres Goldgelb. Nussige, leicht rauchige, würzige Noten, reife Birne, Quittenchutney, etwas Muskatnuss. Am Gaumen saftig und würzig, mit reifer, tragender Säure, mittlere Struktur und Extrakt, reife Gerbstoffpixel, trocken, mit kulinarischer Präferenz. 12 Vol.-%, DV, €€

89+ 2021 »Schilfsandstein« Riesling trocken
Apfel, Mirabelle, Grapefruit, weißer Pfirsich, mineralische Anflüge. Saftig am Gaumen mit eingebundener Säure und adretter Zitrik, Grapefruit, Pomelo, die schlank gehaltene Struktur unterstützt die elegante, cremige und lebendige Art, mineralisch, aus einem Guss. 12,5 Vol.-%, DV, €

89 2022 »Gutswein Cuvée« trocken MT/KR
Duftig, gelbe Blüten, reifer gelber Apfel, reife Aprikose, Passionsfrucht, etwas Kandiszucker, großzügiger Duft, auch kräuterig. Am Gaumen saftig mit gelber Frucht, Aprikose, auch Apfel, ausgewogene Säure, dezente, gut angepasste Fruchtsüße, feine Würze. 13 Vol.-%, DV, €

89+ 2021 »Schultheiss« Spätburgunder tr.
Duftig, Kirsche, Himbeere, Erdbeere, auch Blaubeeren, feine Holzwürze, Rauch, etwas Veilchen. Wirkt am Gaumen karger als im Duft, straffer Bau, gute Frische und agile Säure, betont trocken, griffiger Gerbstoff, saftig, salzig, Kirsche, Wildpflaume. Nicht zu komplex. 12 Vol.-%, NK, €

88+ 2022 Spätburgunder Weißherbst trocken

91 2019 »Junge Reben« Lemberger trocken
Pure Brombeere und Schwarzkirsche mit Rauch und auch dunklem Tabak, Schwarztee und etwas Wacholder. Kräftig gebaut mit guter Substanz und recht lebendiger Säure, stoffig, saftig, feinkörniger, griffiger Gerbstoff in mittlerer Menge, klar im Ausdruck. 13 Vol.-%, NK, €€

★★★★

WEINGUT KARL HAIDLE

Hindenburgstraße 21, 71394 Kernen-Stetten
T: +49 7151 949110, info@weingut-karl-haidle.de
weingut-karl-haidle.de

Ab-Hof-Verkauf: Mo bis Fr 8–12 Uhr und 13–18 Uhr, Sa 9–15 Uhr
Kellermeister: Moritz Haidle
Ansprechpartner: Moritz Haidle
Flaschen/Hektar: 133.000 (70 % weiß, 30 % rot)/20 ha
Anbauweise: Biodynamisch

Die Grundmuster von Moritz Haidles Weinstilistik wurden schon angelegt, als er sich mit der Kunstform und Ästhetik von Hip-Hop und Street-Art beschäftigte, die Vibes, Dubs, Beats und Tags meint man auch in den Rhythmen seiner Weine zu spüren, die mit vibrierender Spannung, energischer Präzision und auch einer Prise augenzwinkender Lässigkeit nach vorne streben. Die Extraktion seiner Rieslinge und Lemberger ist knackig, ohne jemals ungeschliffen zu sein: Moritz Haidle ist dabei, einige Grundkoordinaten des Württemberger Weins neu einzustellen. »Ritzling« kann's.

95 2021 Stetten Pulvermächer Riesling GG
Der Pulvermächer wirkt sehr pur in seinem Nasenbild, mineralisch fokussiert, nicht abgelenkt von Primärfuchtaromen. Am Gaumen mit Stoffigkeit und Dichte, die Säure im Zaum, gelbe Töne nach Ingwer, Senfmehl, gar Safran scheinen hervor. Beginnende Eleganz. 12,5 Vol.-%, NK, €€€

93+ 2021 Stetten Stäudlen Riesling Erste Lage trocken
Erst zum zweiten Mal überhaupt wurde der Riesling aus diesem kühlen Gewann getrennt ausgebaut. Große Frischeanmutung schon in der Nase, Grapefruit und Limette, viel Säurepower im Mund, geradezu speichelziehend kernig, packend, spannungsreich, mit dichtem Extrakt.
12,5 Vol.-%, DV, €€€

96 2021 Stetten Gehrnhalde Lemberger GG
Sortentypisch mit Brombeernoten, aber auch etwas Blaubeere und Wacholder. Enorm dicht verwobene Frucht am Gaumen, dazu ein fleischiger, leicht trockener, für ein langes Leben gemachter Gerbstoff. Im Prinzip richtig kühl gehalten, aber vollkommen ohne Herbheit. 13 Vol.-%, NK, €€€€

95 2021 Stetten Berge Lemberger GG
Sauer- und Schwarzkirsche im Duft, ein Hauch von würzigem Holz und zitrische Töne: Zitronenmelisse. Am Gaumen sind die Berge würzig und aromatisch reich, aber auch mit einem enorm feinen, geschliffenen Tannin ausgestattet. Wunderbar dosierte Kraft im eher kühlen Jahr. 13,5 Vol.-%, NK, €€€

92+ 2021 Stetten Lindhälder Riesling Erste Lage trocken
92 2022 Stetten Riesling trocken
90+ 2022 »Ritzling« Riesling trocken
92 2021 Stetten Häder Lemberger trocken
91+ 2021 Stetten Lemberger trocken
90 2022 »Kalk & Ton« Lemberger trocken
92+ 2022 Stetten Pulvermächer Riesling Spätlese

93 2021 Stetten Häder Riesling Erste Lage trocken
Präzise Apfelnoten in der Nase, recht kühl wirkend. Am Gaumen bestätigt sich das, allerdings auf verblüffende Weise. Sehr stark präsente, flächige Säure, dazu feiner Holzeinfluss und eine ungemein geschmeidige Textur. Könnte mit den Jahren richtig groß werden.
12,5 Vol.-%, NK, €€€

★

WEINGUT HAUG

Kellereiweg 19, 88131 Lindau (Bodensee)
T: +49 8382 5466, info@weingut-haug.de
weingut-haug.de

Ab-Hof-Verkauf: Ja
Kellermeister: Diana Rach/Claudius Haug
Ansprechpartner: Claudius Haug
Flaschen/Hektar: 56.000 (50 % weiß, 30 % rot, 15 % Rosé, 5 % Schaumwein)/7,5 ha
Anbauweise: Bio

Den Lindauer Lagen sieht man schon von Weitem an, dass hier charismatische Weine wachsen: Eingebettet zwischen Endmoräne, Bodensee und Alpen liegt das Obst- und Weinparadies der Familie Haug direkt am bayerischen Bodensee. Die satte Vegetation, das milde Seeklima und der einzigartige Boden sorgen für charakterstarke Weine in Bioqualität. Janine und Claudius Haug bauen neben traditionellen Sorten auch PiWis wie Cabernet Blanc, Johanniter und Souvignier Gris an. Nach starkem Debüt wieder eine Leistung, die über den zweiten Stern nachdenken lässt.

91 2020 »Der Lindauer« Sekt zero dosage
Zitronengelb bei feiner Perlage im Glas. Ein Duft von Limettenmelisse, reifem Pfirsich, Mirabelle und auch Brioche. Am Gaumen feine Cremigkeit, attraktive Präzision in der reifen Frucht, die von guter Säure begleitet wird. Guter Nachhall mit Substanz. 12,5 Vol.-%, NK, €€€

90+ 2022 »PetNat« brut nature
Fein im Duft, reifer Apfel, reife Zitronen, Mirabellen, Hefenoten von Apfelschale, dezent Brioche, kräuterige Würze. Vollmundig am Gaumen, reife, saftige Früchte mit dezenter Süße, cremig, feines Mousseux, angenehm herb, als Solist oder auch als Speisenbegleiter. 11,5 Vol.-%, VK, €€

91 2021 »RB« trocken CB/SOG
Duftige Nase, gelbe Früchte, Quitten, Honigmelonen, in Butter geschwenkter Mais, roter Apfel, weiße Blüten, Heu, Vanille. Am Gaumen saftig, cremiger Kern, gut eingebundene Säure, feine Würze, kräftig im Körper, gut ausbalanciert, lange am Gaumen. Auch bei Tisch. 12,5 Vol.-%, NK, €€€

90+ 2020 Lindau Spätburgunder trocken
Waldspaziergang im Duft, Waldbeeren, Süßkirschen, Herbstlaub, Unterholz, getrocknete Kräuter, Darjeelingtee, Milchschokolade. Am Gaumen weich, rund, geschmeidig, feine Säureader, samtiges Tannin, saftige, rote Frucht, feine Würze, gut ausbalanciert, elegant. 13 Vol.-%, NK, €€

90 2021 Lindau Johanniter trocken

90 2022 Muscaris
Duftige Nase, reifer Pfirsich, Aprikose, kandierte Zitrone, Litschi, Birne, Rosenblüten, Muskatblüten. Am Gaumen viel Saft, sonnenverwöhnte Frucht, erfrischende, gut integrierte Säure, vollmundig, dennoch leicht, schöne Länge, trinkanimierend und durstlöschend. 13 Vol.-%, DV, €€

★★★

WEINGUT HEID

Cannstatter Straße 13/2, 70734 Fellbach
T: +49 7115 84112, info@weingut-heid.de
weingut-heid.de

Ab-Hof-Verkauf: Mo bis Fr 17–19 Uhr, Sa 9–13 Uhr und nach Vereinbarung
Kellermeister: Markus Heid
Ansprechpartner: Markus Heid
Hektar: 10 ha
Anbauweise: Bio

Dieses Mal hat uns Markus Heid das volle Programm zukommen lassen, es ist ein facettenreiches Weinensemble, an dem man sich delektieren kann. Der Fellbacher Winzer hat sich vor allem mit seinen Rotweinen einen Namen gemacht, der großzügige, hochwürzige Lemberger aus 2019 unterstreicht diese Kompetenz – während die aus 2021 jahrgangsbedingt etwas strenger ausfallen. Die Weißweine zeigen sich in bester Form, allen voran der drahtige 2021er Chardonnay »Melchisedec«, die bislang vorgestellten aus 2022 wie der Riesling »Steinmergel« lassen noch einiges erwarten!

92+ 2021 »Melchisedec« Chardonnay trocken
Ein einziges Halbstückfass, zehn Monate Hefelager – genau das präsentiert der »Melchisedec« in der Nase: eher vanillige Noten, samtig, ein wenig Karamell. Am Gaumen gibt der Jahrgang seine hohe Säurepikanz dazu und fertig ist der noch etwas Unfertige. Großes Potenzial! 13 Vol.-%, NK, €€€

92 2020 Stetten Pulvermächer Riesling GG
Leichte Reifespuren zeigt das GG bereits in der Nase, der rieslingtypische Petrolton scheint fein durch, die zitronige Frucht beherrscht jedoch die Szenerie. Am Gaumen als einziger der drei Rieslinge mit ein wenig Fruchtsüße, milder und dichter, spannender Kontrast. 13 Vol.-%, DV, €€€

93+ 2019 Fellbach Lämmler Lemberger GG
In der Nase sortentypische Brombeer- und Holundernoten mit spürbarem, aber edlem Holz. Wunderbar samtige Textur am Gaumen, die fast vergessen lässt, dass die Aromen mit hochwürziger Pikanz hineinrauschen. Reife und Struktur – das bedeutet hohes Potenzial! 13 Vol.-%, NK, €€€

92+ 2021 Fellbach Lämmler Spätburgunder GG
Rauchig-würzig mit schwarzem Pfeffer, rote Kirsche, feine Holzpatina, grüne Mandeln. Die Frucht hält sich am kompakt gebauten Gaumen, Sauerkirsche, lebendige Säure, knochentrocken, griffiger, leicht adstringierender Gerbstoff, feinmaschiger Extrakt schiebt ins Finale. 13,4 Vol.-%, NK, €€€

91+ 2022 Fellbach Goldberg Riesling trocken
91 2022 Fellbach Goldberg Sauvignon Blanc trocken
90 2022 »Grau Weiß Steinmergel« Grauburgunder & Weißburgunder trocken
89+ 2022 »Steinmergel« Silvaner trocken
91 2021 »Melchisedec« Syrah trocken
91 2021 Fellbach Goldberg Lemberger tr.
89+ 2022 »Tadellos« Trollinger trocken

91 2022 »Steinmergel« Riesling trocken
Wer mit der Wortkombination »florale Erdigkeit« etwas anfangen kann, hat den württembergischen Riesling verstanden. Lindenblüte, Ingwer und Gesteinsmehl in der Nase, am Gaumen perfekt trocken mit einer apfelwürzigen Zusatzdimension. Schon ganz schön gut, der Kleine!
12,5 Vol.-%, DV, €€

★★★

WEINGUT G. A. HEINRICH

Riedstraße 29, 74076 Heilbronn
T: +49 7131 175948, info@weingut-heinrich.de
weingut-heinrich.de

Ab-Hof-Verkauf: Mo bis Fr 9–12 Uhr und 13.30–18 Uhr, Sa 10–14 Uhr
Kellermeister: Tobias Heinrich
Ansprechpartner: Björn Heinrich
Flaschen/Hektar: 100.000 (45 % weiß, 40 % rot, 10 % Rosé, 5 % Schaumwein)/15 ha

Tobias und Björn Heinrich blicken auf eine Weinbautradition zurück, die in ihrer Familie bis zum Jahr 1545 zurückreicht. Die Brüder beleben und erneuern die Tradition, indem sie beispielsweise auf Herbizide, Insektizide und Botrytizide verzichten. Von ihrem Vater haben sie überdies gelernt, beim Rotweinausbau geduldig zu sein und erst zu schwefeln, nachdem sich die Frucht entfaltet hat. So sind auch in den jetzt verkosteten Jahrgängen von 2017 bis 2020 Top-Lemberger und Spätburgunder entstanden. Der Weißburgunder wiederum wird Köchinnen und Köche begeistern.

91 2021 Heilbronn Hinterer Hundsberg Weißer Burgunder trocken

Röstige Noten im Duft, Salzmandel, dazu reife florale Noten, Lindenblüte, etwas Blütenhonig. Im Mund hat der Wein eine kulinarische Anlage: Keine der Komponenten überwiegt oder drängt sich in den Vordergrund, Saft, Stoff und Nerv schaffen einen eleganten Bau. 12,5 Vol.-%, NK, €€€

93 2017 Heilbronn Vorderer Hundsberg Lemberger trocken

Man findet rotbeerige Aromen und Süßkirsche im Duft, ein Hauch oxidativer Untertöne (Feige, Cassata) zeigt den behutsamen Umgang mit Schwefel an. Der Gaumen entfaltet Spannung: Der Gerbstoff ist straff und frisch, die Säure lebendig, der Abgang noch kompakt und nachgerade jugendlich. 13 Vol.-%, NK, €€€

92+ 2020 Heilbronn Löwenherz Spätburgunder trocken

Karamell, Himbeere und Herzkirsche im Duft, ein feiner, nuancierter Pinot. Auch am Gaumen hat der Wein eine differenzierte Anlage, der Gerbstoff ist reif und liegt in mittlerer Menge vor, der Abklang zeigt viel Saftigkeit, eine gut integrierte Säure und eine klare Frucht. 12,5 Vol.-%, NK, €€€

92 2019 Heilbronn Löwenherz Lemberger trocken

Dezentes Holz, Kakaopulver, Walderdbeere, getrocknete Tomate, aber auch Herzkirsche und sogar Himbeere. Im Mund hat der Wein einen ausgeglichenen Bau, mürben Gerbstoff in mittelhoher Dichte und mineralische Komponenten im Übergang zum saftigen Abklang. 13 Vol.-%, NK, €€€

91 2020 »G.A.« Heilbronn Stiftsberg Spätburgunder trocken

91+ 2020 »G.A.« Heilbronn Stiftsberg Lemberger trocken

Ein Duft wie von Preiselbeerkompott, auch leicht rauchige Noten sind da. Im Mund zeigt sich ein sehniger Bau, der eine saftige Säure, mittelgewichtigen, etwas trockenen Gerbstoff und eine adrette, saftige Frucht zusammenführt. Sehr animierend! 12,5 Vol.-%, NK, €€

★

HENDRIKS + FÜRST WEINE

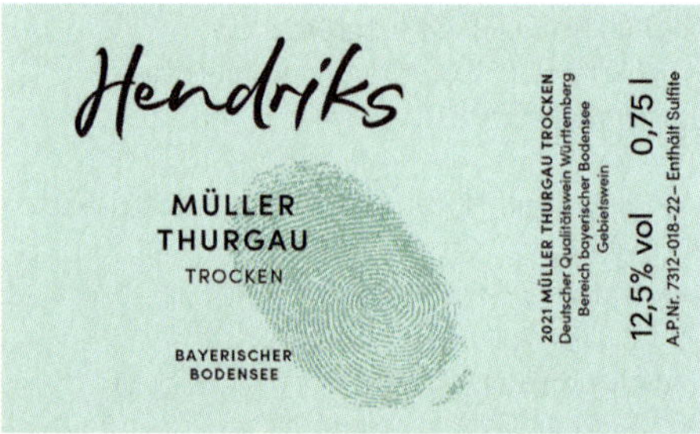

Mauthausstraße 1, 88149 Nonnenhorn
T: +49 8382 8228, info@hendriks-weine.de
hendriks-weine.de

Ab-Hof-Verkauf: Ja
Kellermeister: Clemens Hendriks
Ansprechpartner: Clemens Hendriks
Flaschen/Hektar: 100.000 (60 % weiß, 20 % rot, 15 % Rosé, 5 % Schaumwein)/5 ha

Clemens Hendriks zählt zu den Winzern um Simon Hornstein, Jonas Kurek, Benjamin Lanz, Claudius Haug oder Sebastian Schmidt, die den zu Württemberg zählenden bayerischen Bodensee zu der derzeit wohl lebendigsten und spannendsten Weinregion machen. Fünf Hektar Reben bewirtschaftet der Winzer aus Leidenschaft in Nonnenhorn, Wasserburg und Kressbronn. Seine Weine baut er knochentrocken aus, ohne jegliches Zugeständnis an den Mainstream. Wenn Clemens Hendriks sich auf diesem Niveau beständig einrichtet, ist der zweite Stern nur eine Frage der Zeit.

92+ 2021 Nonnenhorn Chardonnay trocken
Rauchig, hefig in der Nase, feine Reduktionsnote, als Fruchtbeitrag Birne, Melone und Quitte. Kräftig und fest gebaut am Gaumen mit guter Substanz, merklicher, reifer Phenolik und eingebundener Säure. Knochentrocken, mineralisch, grüne Walnuss, Charakterdarsteller. 13 Vol.-%, NK, €€

90+ 2022 Sauvignon Blanc trocken
Grüner Paprika im frischen, würzigen Duft, Schwarze Johannisbeere, Holunderblüten, Rhabarber, geschnittenes Gras. Feste Struktur am Gaumen, stoffig, würzig, mit reifen, eng geschichteten Phenolen, ausgewogene, eher weiche Säure, aparter Bitterton, Salzzitrone, individuell. 12,5 Vol.-%, DV, €€

90+ 2022 Müller-Thurgau trocken
Hefig, kräuterig, Mirabelle, gelber Apfel, grüne Zwetschge, Wiesenkräuter, Birnenschale. Frisch im Mund und mit festem Säurezug, eine Prise Kohlensäure belebt zusätzlich, eingebettet in eine feste Textur, die von reifer Phenolik gestützt wird. Betont trocken, mineralisch. 12 Vol.-%, DV, €

91+ 2021 Nonnenhorn Seehalde Spätburgunder trocken
Würzige Noten, leicht balsamisch, feine Hefe in der Obernote, Kirschkern, rote Kirsche, Schokolade, Rauch. Straffe Struktur mit lebendiger Säure und schöner Saftigkeit, griffiger, feinkörniger Gerbstoff, pure Kirschfrucht, auch etwas Sauerkirsche, puristisch klar. 12,5 Vol.-%, NK, €€€

90 2020 Nonnenhorn Spätburgunder trocken

90+ 2022 Wasserburg Scheurebe trocken
Fruchtig im Duft, ohne überzuperformen: reife Mango und Schwarze Johannisbeere, Grapefruit, feine Hefe. Betont trocken am Gaumen und auch fordernd, keine fruchtbeladene, zugängliche Hab-mich-lieb-Scheurebe, merkliche Phenolik, leicht salzig, aparte Herbe, eigenwillig. 12 Vol.-%, DV, €€

★★★

WEINGUT HERZOG VON WÜRTTEMBERG

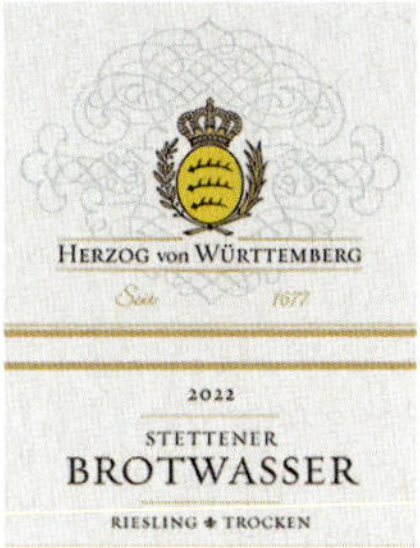

Schloss Monrepos, 71634 Ludwigsburg
T: +49 7141 221060, j.fischer@hofkammer.de
weingut-wuerttemberg.de

Ab-Hof-Verkauf: Mo bis Fr 10–12 Uhr und 13–18 Uhr, Sa 10–16 Uhr
Kellermeister: Joachim Fischer
Ansprechpartner: Claudia Krügele
Flaschen/Hektar: 240.000 (52 % weiß, 38 % rot, 10 % Rosé)/40 ha

Ein Barockschloss mit Parkanlage und See, dazu ein Viersternehotel und eine Golfanlage – das Weingut Herzog von Württemberg hat Erholungssuchenden einiges zu bieten. Dazu ist es das größte private Weingut im Anbaugebiet. Lagen wie Eilfingerberg unweit des Klosters Maulbronn sind Legende. Vom Stettener Brotwasser, wo direkt unterhalb der Ruine »Y-Burg« ebenfalls exzellenter Riesling gedeiht, kommt unser Tipp. Diese Ersten Lagen sind besonderer Aufmerksamkeit wert, bieten sie doch wunderbar saftigen Rieslingspaß im mittleren Preissegment.

91+ 2022 Maulbronn Eilfingerberg Riesling Erste Lage trocken
Pfirsich und Orange mit kräuterwürzigen Untertönen, Majoran. Im Mund hat der Wein einen straffen Säurezug, eine gute Frische, die Balance zur dezenten Süße ist gut, der Abgang gießt ein wahres Füllhorn von Aromen aus: Ananas, Mandarine, Schwarze Johannisbeere. 12 Vol.-%, DV, €€

90 2022 Gündelbach Steinbachhof Sauvignon Blanc Erste Lage trocken
Im Duft findet man Honigbonbon, Stachelbeere, Mango, reiffruchtige Aromen. Der Gaumen eröffnet mit Süße, entfaltet einige Körperkraft auf dem Hintergrund eines lebendigen Säurerückgrats, endet saftig und abermals etwas süß, eher fruchtig als würzig. 13 Vol.-%, DV, €€

91 2022 »Attempto« Rosé trocken
Helles Lachsrosa. Im Duft Himbeere, Rote Johannisbeere und auch Kräutertöne. Am Gaumen hat der Wein eine ganz natürlich wirkende Harmonie, reife Säure, eine feine Schicht Phenole, viel Saftigkeit im Abgang und eine sehr gute Länge. Erwachsen und gut für die Speisenbegleitung.
12,5 Vol.-%, DV, €€

92 2019 »Ducissa« Cuvée trocken LMB/ME/CS
Reifer Duft, erinnert dabei an dunkle Schokolade, eingelegte Amarenakirsche und Trockenkräuter. Im Mund ist der Wein von samtigem Tannin umhüllt, gekonnter Fassausbau. Der auf den Punkt gereifte »Ducissa« hat noch ein ordentliches Potenzial und zeigt dies in einem langen, angenehmen Finish. 14 Vol.-%, NK, €€€

89+ 2022 Maulbronn Eilfingerberg Weißburgunder Erste Lage trocken

92 2022 Stetten Brotwasser Riesling Erste Lage trocken
Zitrone im Duft, Orangenblüte, Blutorange, auch mineralisch-würzige Untertöne. Im Mund hat der Wein einen saftigen Bau mit lebendiger Säure, zurückhaltender Süße und einem gehaltvollen Abklang, dessen Terpene hohes Aromenpotenzial für die Flaschenreife versprechen.
12 Vol.-%, DV, €€

★★

WEIN & SEKTGUT HIRSCHMÜLLER

Am Römerhof 1, 74348 Lauffen am Neckar
T: +49 173 3763603, info@weingut-hirschmueller.de
weingut-hirschmueller.de

Ab-Hof-Verkauf: Fr 16–18 Uhr, Sa 10–13 Uhr
Kellermeister: Wiebke und Tobias Hirschmüller
Ansprechpartner: Wiebke und Tobias Hirschmüller
Flaschen/Hektar: 80.000 (50 % weiß, 30 % rot, 10 % Rosé, 10 % Schaumwein)/12 ha
Anbauweise: in Umstellung

Wiebke und Tobias Hirschmüller, die beide in Geisenheim Weinbau studierten, haben Neuigkeiten zu berichten: 2021 begannen sie mit dem Bau des neuen Weingutes inmitten der Lauffener Weinberge über dem Neckar, inzwischen leben und arbeiten sie dort und empfangen auch gerne Gäste. 2020 wurden die zwölf Hektar Weinberge auf biologischen Weinbau umgestellt, mit der Ernte im Herbst 2023 sind die Weine auch biologisch zertifiziert. Wir verkosteten eine rundum überzeugende Kollektion mit zwei stilvollen Sekten – der saftige, frische Rosé ist auch unsere Empfehlung!

91+ 2021 »Reserve« Grauburgunder trocken
Würzige, reife Nase mit Aromen von Birne, Quitte, Vanille, einer leichten Rauchigkeit und leicht erdigen Aromen. Am Gaumen mit lebendiger Säure, das Holz ist spürbar, aber gut eingebunden, süßlicher Extrakt mit einer feinen Würze. Kraftvolle, konsistente »Reserve«. 13 Vol.-%, DV, €€

91 2016 »Perlage Reserve« Chardonnay Blanc de Blancs brut nature
Die Perlage bleibt auffallend lange gut sichtbar im Glas. In der Nase dann ein Duft wie gebrannte Milch, Eiscreme und weiße Blüten, auch Renekloden. Im Mund sehr saftig und frisch, harmonisches Mousseux ohne zu viel Druck, nicht zu fruchtbetont, elegant (degoriert Nov. 2021).
12,5 Vol.-%, NK, €€€

93 2020 »Reserve« Cabernet Franc trocken
Ein tiefes Rubinrot mit leicht violetten Reflexen. Aromen von rotem Paprika, Pfeffer, reifer Brombeere und roter Kirsche. Am Gaumen frische Säure, reifer, kraftvoller Gerbstoff mit einem kraftvollen und eleganten Abgang. Eine »Reserve« mit viel Potenzial. 14 Vol.-%, NK, €€€

92+ 2019 »Reserve« Lemberger trocken
Aromen von dunklen Früchten, Pflaume, Maulbeere, aber auch Schokolade und Tabakblätter und etwas Rauch sind zu finden. Am Gaumen mit lebendiger Säure, präsenten, aber reifen Tanninen, die ebenso wie der Alkohol gut eingebunden sind. Kräftiger und eleganter Lemberger. 13,5 Vol.-%, NK, €€

89+ 2022 Weißburgunder trocken

91 Perlage Rosé brut nature
Wunderschöne Wildlachsfarbe, fluffige Perlage, frische duftige Nase nach Weißen Johannisbeeren und Heu, auch etwas Erdbeere. Am Gaumen saftiges Mousseux, leichter Rauch mit viel Frische, rote Beeren und im Nachhall dann eine verhaltene und saftige Süße. 12,5 Vol.-%, NK, €€

★★

WEINGUT HIRTH

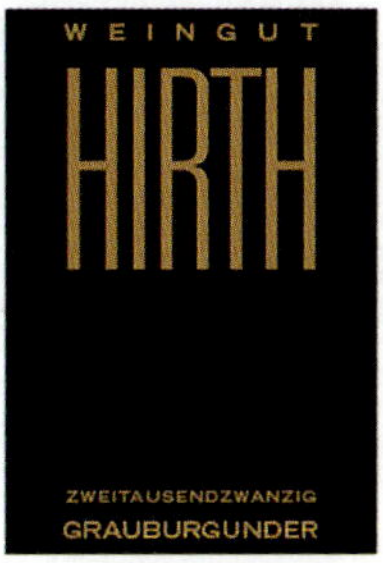

Rotenberg 1, 74348 Lauffen am Neckar
T: +49 7133 14206, info@weinguthirth.de
weinguthirth.de

Ab-Hof-Verkauf: nach Vereinbarung
Kellermeister: Thorsten Klimek
Ansprechpartner: Gebhard Steng
Flaschen/Hektar: 47.000 (35 % weiß, 65 % rot)/7 ha
Anbauweise: Bio

Das Weingut Hirth aus Lauffen schafft einen bemerkenswerten Spagat: Da wird schon im Basisbereich und im mittleren Segment eine immer auch kulinarisch wertvolle Qualität geschaffen, die nie zu verkopft ist und die Freude am alltäglichen Weingenuss fördert – und das auf langjährig bewährtem Bioniveau. Auch bei den Rotweinen hat Kellermeister Thorsten Klimek die Handbremse gelöst und sie in eine animierende Richtung mit klarer Fruchtaromatik bugsiert. Lediglich der Tempranillo verbindet sonnengeschaffene Kraft mit erdig-schwäbischem Naturell. Sauber gschafft.

90+ 2022 Riesling trocken
Frischer Duft nach Limettenschale und Guave, Mirabelle und Pfirsich zeigen sich, auch Apfel, kräuterig, leicht hefig. Auch am Gaumen mit einnehmender Frische und gutem Zug, aparte Pikanz durch zitrische Noten, Limettensaft, trocken gehalten, pur und direkt. 12 Vol.-%, DV, €

90 2022 Sauvitage trocken
Würzig, floral, grüne Kiwi, Maracuja, Muskatnuss, Schwarze Johannisbeere, ein Hauch frisches Bohnenkraut. Sehr saftig und einnehmend am Gaumen mit süßer Frucht (Maracuja, Stachelbeere), gute Balance von Süße, Würze und Frische, nicht zu komplex, schwungvoll, eigen. 12,5 Vol.-%, DV, €€

92 2020 Tempranillo trocken
Holzwürze, Waldboden, feuchtes Laub, schwarze Kirschen, Brombeeren, leicht ätherischer Ton. Stoffig und kraftvoll am Gaumen mit Substanz und auch Druck, süßlicher Extrakt, betont trocken, mit mürben Gerbstoffen in guter Dosierung. Schwäbisch gestrickter Tempranillo. 15 Vol.-%, NK, €€€

90+ NV Lemberger trocken
Neben reifer Brombeere, Schwarzkirsche und Pflaume etwas Holzpatina, leicht röstig, Grillkohle, getrockneter Rosmarin. Kräftig gebaut am Gaumen, der süßliche Extrakt füllt aus, trocken mit feiner Säure und etwas Sauerkirsche, mürbes Tannin in mittlerer Menge. 13,5 Vol.-%, DV, €€

89+ 2022 Chardonnay trocken
89+ 2022 Auxerrois trocken
89 2022 Weißburgunder trocken
89 2022 Grauburgunder trocken
89+ 2022 Rosé trocken LMB/AC
89+ 2020 Merlot trocken

90+ 2018 »Kairos« Cuvée trocken LMB/PN/CU
Getragenes, würziges Bukett mit Dörrpflaume, Schwarzkirsche, Zigarrenkiste, getrocknete Kräuter, etwas Kokosnuss. Verbindet am Gaumen weiche, würzige und auch frische Momente, mittlere Struktur, fein ziselierte Säureader, reifer Gerbstoff, mittlere Körnung. Kann was. 13,5 Vol.-%, DV, €€

★★★

WEINGUT FÜRST HOHENLOHE OEHRINGEN

Wiesenkelter, 74613 Öhringen-Verrenberg
T: +49 7941 94910, info@verrenberg.de
verrenberg.de

Ab-Hof-Verkauf: Mo bis Fr 9–18 Uhr, Sa 10–14 Uhr
Kellermeister: Benjamin Frank
Ansprechpartner: Carl-Julius Cromme
Flaschen/Hektar: 213.000 (60 % weiß, 30 % rot, 5 % Rosé, 5 % Schaumwein)/29,5 ha
Anbauweise: Bio

Große Veränderungen im einem der traditionsreichsten Weingüter der Republik: Betriebsleiter und Kellermeister Joachim Brand zog es nach 15 Jahrgängen nach Franken, neuer Betriebsleiter ist Carl-Julius Cromme, den Keller übernimmt Benjamin Frank. Für die sehr ansprechende aktuelle Kollektion war noch sein verdienter Vorgänger verantwortlich, gerade die Rotweine aus dem Jahr 2021 überzeugen mit fruchtiger und würziger Eleganz, der mineralisch definierte Lemberger zählt wieder zur Gebietsspitze. Wir sind gespannt, wie es am Verrenberg weitergeht.

92+ 2022 Verrenberg Verrenberg Riesling GG
Duftig, gelbe Blüten, klassischer Rieslingduft, Pfirsich, Aprikosenschale mit reifem Steinobst und etwas Zitronenöl. Zeigt sich am Gaumen zurückhaltend mit feiner Noblesse, wie man es aus dem Hause kennt. Pure, reife Aprikose, weiche Säure, fein fließend. 13 Vol.-%, DV, €€€

93+ 2021 Verrenberg Verrenberg Lemberger GG
Ein fruchtgetragener Duft von Wildpflaume, Sauerkirsche und Blaubeere. Dazu ein zurückhaltend gesetzter, schokoladiger Holzton. Der Gaumen wirkt mit Augenmaß gebaut: Er ist geschmeidig grundiert und mit festem, leicht anhaftendem Gerbstoff gefüllt, endet mit taktiler Mineralität. 13 Vol.-%, NK, €€€

93 2021 »Ex flammis orior H.A.D.E.S.« trocken LMB/CF/ME
Württemberg denkt an Bordelais, feiner Rauch, Brombeeren, Cassis, Schwarzkirsche, Süßholz, etwas Paprika. Kräftige, aber auch klar gefasste Kontur mit Substanz, Kraft, aber auch fruchtiger und würziger Eleganz, reifer, nicht zu mürber Gerbstoff, lang, jung. 14 Vol.-%, NK, €€€

92+ 2021 »In senio H.A.D.E.S.« trocken CF/ME/MA/CS
Würziger Duft nach Cabernet, Pfeffer, Cassis, Waldbeeren, Maulbeere, etwas Zedernholz. Zeigt sich bei aller Kraft am Gaumen geschmeidig und entspannt, mit reifen, eleganten Gerbstoffen und feiner, anliegender Säure, elaborierter Entwurf mit Format und Länge. 14 Vol.-%, NK, €€€

91+ 2021 Verrenberg Riesling trocken

91+ 2022 Verrenberg Sauvignon Blanc tr.
Stachelbeere, Schwarze Johannisbeere, Mango mit würzigen, floralen Noten, Tomatenrispe. Gut balancierter Sauvignon mit dosierter Kraft und schöner Saftigkeit, Würze und Frische, präsente, gut eingewobene Säure, delikate Mango und Johannisbeere, feine Mineralik. 13 Vol.-%, DV, €€

WEINGUT HORNSTEIN

Sonnenbichlstraße 5–7, 88149 Nonnenhorn
T: +49 8382 887570, josef@hornstein.wine
hornstein.wine

Ab-Hof-Verkauf: Mo bis Sa 8.30–18.30 Uhr, So 9.30–12.30 Uhr
Kellermeister: Josef Hornstein
Ansprechpartner: Josef Hornstein
Hektar: 17 ha

Von seinen Weinbergen aus hat Josef Hornstein einen famosen Blick über den Bodensee bis in die Schweizer Berge. Der Winzer bewirtschaftet 17 Hektar Rebfläche, darunter kurioserweise auch einen Weinberg im österreichischen Vorarlberg. Seine handwerklich gearbeiteten Weine füllt er in die bauchige Burgunderflasche und das wird ihrer Stilistik gerecht: Sie zeigen Substanz und Fülle und stehen in einer absolut stimmigen, ausgewogenen Balance – was sie auch allesamt zu kulinarisch wertvollen Begleitern macht. So ist der Name Hornstein ein Garant für Qualität in Nonnenhorn und am Bodensee.

91 2021 »Grand Cuvée Edition Löwentraut« trocken PG/AU/RR
Getragene und reife Nase mit gelben Blüten, Aprikose und Mango, Birne, Macadamianüssen und Orangenzesten. Breit und kräftig angelegter Entwurf am Gaumen mit guter Substanz, Dichte, Saft, Schmelz, Restsüße und Würze. Reife, tragende Phenolik, die Säure ist reif und stabil, burgunderhaft in seiner Anmutung, mit gutem Potenzial und kulinarischer Perspektive. 13 Vol.-%, DV, €€€

89+ 2021 Weißburgunder trocken
Zurückhaltend im Duft, Heu und Artischocke zeigen sich etwas schüchtern mit Apfelnoten, auch noch Hefe. In einer schlank gehaltenen Struktur wird die Fruchtsüße patent von der lebendigen Säure aufgenommen und getragen, feine Würze und Saftigkeit. Entwickelt im Glas auch eine gewisse Komplexität, die ihm auch bei Tisch zugutekommt. 12,5 Vol.-%, DV, €€

89+ 2022 Bregenz Spätburgunder Rosé halbtr.
Kräftiges Lachsrosa in der Farbe. Auch im Duft ausgeprägt mit reifen Aromen von Erdbeere, roten Kirschen und Himbeere, auch etwas gekochte Erdbeere. Kein Aperitif-Erfrischungs-Rosé, ein ausgewachsener Wein mit kräftiger Struktur und Fülle, der sich am Gaumen getragen vorwärtsbewegt. Restsüße und präsente Säure verstehen sich als Einheit, zum Essen. 13,5 Vol.-%, DV, €€

91 2010 Pinot Noir trocken
Würzige und auch holzwürzige Nase, ziemlich reife Noten, Kirsche, Sanddorn, Trockenkräuter, Rauch, kalte Räucherkammer, Waldboden, Tannennadeln, auch etwas Kirschlikör. Zeigt die reifen Aspekte mit ordentlich Alkohol auch am Gaumen, bringt ebenso eine stabile Säure mit, die es versteht, ein patentes Gleichgewicht zu schaffen. Die Tannine sind mürbe, trägt badische und auch burgundische Züge. Schöne Würze. 14 Vol.-%, NK, €€€

89 2022 Bregenz Grüner Veltliner

89+ 2022 Elbling trocken
Helle Blüten, grüner und reifer gelber Apfel in der Nase, auch nussige Anklänge, Erdnussschale, reife Aprikose, ein Hauch Marzipan. Kein Elbling, der nur auf Frische und Geradlinigkeit setzt, in einer schlanken Struktur durchaus füllig und mit Schmelz, gut balancierende Säure und integrierte Fruchtsüße, schöne Würzigkeit im Ausklang, kulinarische Eignung. 11,5 Vol.-%, DV, €

★★★

HORNSTEIN AM SEE

Conrad-Forster-Straße 50, 88149 Nonnenhorn
T: +49 8382 98780, simon@hornstein-am-see.de
hornstein-am-see.de

Ab-Hof-Verkauf: Mo bis Sa 10–12 Uhr und 14–18 Uhr
Ansprechpartner: Simon Hornstein
Hektar: 6,5 ha

Wenn ein junger Winzer wie Simon Hornstein zum »Newcomer des Jahres« gekürt wird, sind die Erwartungen an die folgende Kollektion groß: Der ehrgeizige Nonnenhorner erfüllt sie alle und zeigt, dass seine Weine noch einmal an Format dazu gewonnen haben. Schon der knochentrockene Müller-Thurgau zeigt das große handwerkliche Können, der Spätburgunder erinnert mit superbem Trinkfluss an einen Villages aus der Bourgogne, mit seinen famosen Lagen-Chardonnays aus Sonnenbichl und Seehalde erklimmt der Winzer gar die nächste Stufe: Das ist uns den dritten Stern wert.

93+ 2021 Nonnenhorn Sonnenbichl Chardonnay trocken
Sehr gepflegte Reduktionsnote in der Nase, feiner Rauch, etwas Kümmelsaat, Birnenschale, Birne, Melone, feine Kräuter, ein wenig Anis. Fest in der Struktur, engmaschig in der Textur mit griffiger und reifer Phenolik, weit in der Ausrichtung und im Horizont, mit Tiefe und Substanz für einige Jahre. 12,5 Vol.-%, NK, €€€

93 2021 Nonnenhorn Seehalde Chardonnay trocken
Verschlossener und komplexer Duft, Hefe, reduktiv, Streichholz, Spontinoten, kräuterig, dunkelwürzig. Am Gaumen engmaschig im Extrakt, öffnet sich mit Schichten von kalkiger Mineralik, trocken, fordernd, packend in seiner phenolisch getakteten Struktur, ziemlich lang. Grand Cru aus Nonnenhorn. 12,5 Vol.-%, NK, €€€

92 2021 Nonnenhorn Chardonnay trocken
Noch jugendlich, Hefe, Noten von Spontangärung, gerösteter weißer Sesam, Aprikose, Kümmelsaat. Kompakt und straff in der Struktur, saftig, mit schöner Würze, eher weichem Fond und salinem Touch, die Alpen und der Bodensee lassen grüßen, reife phenolische Strukturelemente, endet zitrisch-salzig. 12,5 Vol.-%, NK, €€

92+ 2021 Nonnenhorn Seehalde Spätburgunder trocken
Hell in der Farbe, hefig in der Nase, rote Kirsche, Sanddorn, etwas Preiselbeere, auch Neuholz, Lorbeer. Saftig am Gaumen mit automatischem Schluckreflex, feine, klare Kirschfrucht, feinkörniges, griffiges Tannin, etwas Schwarztee, präzise, delikate Säure, fester, engmaschiger Extrakt, wird weiter zulegen. 12,5 Vol.-%, NK, €€€

91+ 2021 Nonnenhorn Spätburgunder trocken

90 2022 Müller-Thurgau trocken
Reduktiv, hefigwürzige Noten, Spontiaromen, kräuterig, Apfelschale, feines Malz, etwas Muskatblüte. Bündelt in einer schlanken Struktur den Reiz der Rebsorte und des Bodensees: geradlinig, kompakt, aber auch lässig, phenolisch untermauert, trocken bis zum Gehtnichtmehr, kein Wein für Tagestouristen. 11,5 Vol.-%, DV, €€

★★★

WEINGUT KISTENMACHER & HENGERER

Eugen-Nägele-Straße 23–25, 74074 Heilbronn
T: +49 7131 172354, info@kistenmacher-hengerer.de
kistenmacher-hengerer.de

Ab-Hof-Verkauf: Mo bis Fr 16–18.30 Uhr,
Sa 9–11 Uhr und 13–16 Uhr
Kellermeister: Hans Hengerer
Ansprechpartner: Hans Hengerer
Flaschen/Hektar: 75.000 (40 % weiß, 50 % rot,
5 % Rosé, 5 % Schaumwein)/12 ha

Wenn »Josephine« Pink oder Orange trägt, lässt das zumindest die aufgeschlossene Weingemeinde nicht kalt: »Josephine« ist die experimentelle Weinlinie von Hans Hengerer, dem findigen Kopf des Weinguts Kistenmacher & Hengerer in Heilbronn. Die pinke »Josephine« ist ein ungewöhnlicher, im Barrique ausgebauter Rosé, die »Orange«-Variante ein charaktervoller Kerner im Vin-Naturel-Stil. Auch die konventionelleren Typen sind Hans Hengerer wieder gut gelungen mit Chardonnay, Weißem Riesling oder Lemberger. Es sind alles handwerklich erzeugte Weine ohne Showeffekte.

91+ 2021 Heilbronn Stiftsberg Chardonnay trocken
Mittleres Goldgelb, Rauch, gelbe Blüten, Kokosmakronen, Aprikose, Honigmelone, Mango und Birne. In der kräftigen Struktur entfaltet sich gute Substanz, bei gleichzeitig belebender Frische, stoffig, reife, stützende Phenolik, würzig, salzig, mineralisch, jung. 13 Vol.-%, NK, €€€

91+ 2021 »Theresa« Heilbronn Weißer Riesling trocken
Reifer Pfirsich, Mandarine, Aprikose und auch Passionsfrucht, etwas Kaffir-Limette. Zeigt am Gaumen Qualität mit Frische, Eleganz, Extrakt und Spannung, schöne, süßliche Frucht, weißer und gelber Pfirsich, etwas Limettensaft, trocken, auch mineralisch. 12,5 Vol.-%, DIAM, €€

91+ 2020 »Josephine trägt Orange« Kerner trocken
Mittleres Bernstein. Eher verhalten im Duft, etwas Dörrobst, Aprikose, geschmolzener, brauner Zucker, Malz. Getragen, mit Volumen, Kraft und Substanz am Gaumen, mürbe Phenolik, fein ziselierte Säureader, eigenwillig und dabei doch kultiviert, gutes Potenzial. 14,5 Vol.-%, DIAM, €€

91+ 2018 Heilbronn Stiftsberg Lemberger trocken
Etwas Holzwürze, reife rote und dunkle Frucht mit pfefferigen Noten, Schwarzkirsche, Brombeere, Maulbeere. Kräftige und klar gefasste Kontur am Gaumen mit tragenden, griffigen Gerbstoffen in guter Menge, ausgewogene Säure, süßlicher Extrakt, fokussiert. 13 Vol.-%, NK, €€

90 2021 Heilbronn Gelber Muskateller tr.

90 2022 »Josephine trägt Pink« Cuvée tr. ME/CF
Tiefes Hagebuttenrosa. Ungewöhnliches Duftspektrum: rauchig, würzig mit getrocknetem Lorbeerblatt, reife Himbeere, Erdbeere. Breit angelegte Struktur am Gaumen, weicher Fond, saftig, reife Säure, etwas zitrisch und salzig. Pink steht Josephine ziemlich gut. 14,5 Vol.-%, DIAM, €

★★

WEINGUT KLOPFER

Gundelsbacher Straße 1
71384 Weinstadt-Großheppach
T: +49 7151 603848, info@weingut-klopfer.de
weingut-klopfer.de

Ab-Hof-Verkauf: Di bis Fr 16–19 Uhr, Sa 9–16 Uhr
Kellermeister: Christoph Klopfer
Ansprechpartner: Christoph Klopfer
Flaschen/Hektar: 65.000 (35 % weiß, 65 % rot)/18 ha

Christoph Klopfer vom Großheppacher Bioweingut macht sich viele Gedanken, zum Beispiel über Anbaubedingungen, Klimawandel, Nachhaltigkeit, Weinzukunft. Zum Glück für uns haben seine Überlegungen auch dazu geführt, seine Weine in diesem Jahr erstmals in unserem Guide zu präsentieren. Und die Bandbreite, die sechs Weine darzustellen vermögen, hat er wahrhaftig ausgenutzt! Da ist zum einen unser Tipp, der Pet-Nat-Goldmuskateller, ein wunderbarer Spaßwein. Da sind aber auch die ernsthaften Roten, sowohl schwäbisch als auch international. Starkes Debüt!

91+ 2019 Cuvée brut nature CH/PN/SW

In der Nase verhalten nach gelbem Apfel, Nelke mit einem Hauch Muskat und etwas Curry. Das Mousseux trifft elegant, aber auch energetisch den Gaumen. Sehr fein ziseliert und ausgewogen. Etwas Rauch. Mittlere Länge
12,5 Vol.-%, NK, €€

91+ 2021 Großheppach Steingrüble Weißburgunder trocken

Ein kraftvoller Ausdruck bereits in der Nase. Leichte Holzlaktik, etwas Rauch, nur ganz im Hintergrund ist birnige Frucht zu spüren. Im Gaumen trifft die weiche, cremige Materie auf die frische Säure des Jahrgangs, eine ausgezeichnete Kombination, die Reifepotenzial verspricht. 13,5 Vol.-%, NK, €€

92+ 2020 Kleinheppach Greiner Lemberger trocken

Die Württemberger Nationalsorte besticht mit einer vielschichtigen Nase nach Veilchen, Wacholder und Holundermark. Das florale Element bleibt auch am Gaumen bestehen und wird von einem dichten Fruchtkern und samtigen Tanninen ergänzt. Kein Powertyp, sondern sehr präzise.
13 Vol.-%, NK, €€€

92 2019 »Modus K« Cuvée trocken CS/ME/SY ME/CS/SY

Zu gleichen Teilen stecken die Bordelaiser Rebsorten in dieser Cuvée, ergänzt durch Syrah. Rotfruchtigkeit in der Nase mit genau dem richtigen Reifegefühl. Ausgewogenheit bestimmt auch den Gaumen, präsentes, aber elegantes Tannin, Kirsche, tolles Potenzial. 13,5 Vol.-%, NK, €€€

90+ 2022 Gundelsbach Sauvignon Blanc trocken

91 2022 »pétillant naturel« Goldmuskateller feinherb

Honiggoldene Farbe, natürlich zart trüb, fabelhaft duftige Nase nach Holler- und Bodhiblüten sowie Litschifrüchten. Am Gaumen dicht und kräftig mit guter Säure und stringentem Nachhall, das Mousseux unterstützt fein das sehr lange positive Mundgefühl! 11,5 Vol.-%, NK, €€

★★★

WEINGUT KUREK

Sonnenbichlstraße 47, 88149 Nonnenhorn
T: +49 8382 8685, info@weingut-kurek.de
weingut-kurek.de

Ab-Hof-Verkauf: Mo bis Sa 9–12 Uhr und 15.30–18 Uhr
Kellermeister: Jonas Kurek
Ansprechpartner: Jonas Kurek
Flaschen/Hektar: 18.000 (65 % weiß, 30 % rot, 5 % Schaumwein)/6 ha

Jonas Kurek ist einer der Motoren des Weinwunders vom bayerischen Bodensee. Mit seinem 2019er Seehalde-Spätburgunder »Einzelfassabfüllung« gewann er im Sommer 2023 die Falstaff U30 Trophy für Winzer, die das 30. Lebensjahr noch nicht vollendet haben. Und auch die aktuellen Weine zeigen mit ihrer Dichte ungemein viel weinbaulichen Fleiß und mit ihrer frischen, perfekt vom Holzeinsatz profitierenden Anlage eine erstaunliche Stilsicherheit. Wir honorieren den önologischen Mut und die Kompetenz des jungen Winzers mit dem dritten Stern. Herzlichen Glückwunsch!

94 2021 Nonnenhorn Sonnenbichl Chardonnay trocken
Blutorange, Zitrus, duftig bereits mit erster Öffnung. Im Mund hat der Wein eine knackige Säure, viel Kraft und eine gute Stoffigkeit. Die Spannung ist auf gekonnte Weise in Szene gesetzt, der Abgang ist leicht salzig, hat das Holz unauffällig eingebaut. 13,5 Vol.-%, NK, €€€

94 2021 Nonnenhorn Seehalde Chardonnay trocken
Blasses Goldgelb. Fein, dicht und zugleich komplex im Duft. Aromen von Limettenmelisse, Karamellbonbon, gelbem Apfel und Ananas. Am Gaumen ebenfalls dicht, elegant und konzentriert bei ideal abgestimmter feiner Säure. Saftig und attraktiv im guten Nachhall. 13,5 Vol.-%, NK, €€€

92 2021 Nonnenhorn Seehalde Weißburgunder trocken
Goldgelb in der Farbe und gelbfruchtig im ersten Duft. Es folgt feine Bourbonvanille vom Ausbau. Am Gaumen mit mittlerem Körper und gutem Säurenbogen, der die durchaus intensive, reife Frucht gut balanciert. Feiner Extrakt und attraktive Saftigkeit begleiten den guten Nachhall.
13,5 Vol.-%, NK, €€€

92+ 2021 Nonnenhorn Seehalde Spätburgunder trocken
Ein Duft aus feinen Wiesenkräutern, Cranberry, Sauerkirsche, weißem Pfeffer und Piment. Am Gaumen balanciert die gute Säure die komplexe Frucht, die erkennbare Ausbaunote wie auch das jugendliche und dennoch reife Tannin. Ein Wein mit langem Nachhall und Reifepotenzial.
13,5 Vol.-%, DV, €€€

91 2021 »Blanc« Nonnenhorn trocken CH/PG/WB

91+ 2021 Nonnenhorn Spätburgunder tr.
Erdig und kräuterig im ersten Duft. Es folgen Aromen von dunkler Kirsche, Walderdbeeren, Gewürznelke sowie eine leicht balsamische Note. Am Gaumen herrlich saftig, reifer Gerbstoff, feine Phenolik, getragen von guter Säure. Mineralik und innere Spannung begleiten den guten Nachhall.
13,5 Vol.-%, DV, €€

★★★★

WEINGUT KUSTERER

Untere Beutau 44, 73728 Esslingen
T: +49 711 357909,
weinwelt.hmkusterer@weingut-kusterer.de
weingut-kusterer.de

Ab-Hof-Verkauf: Di 16–19 Uhr,
Sa 11–15 Uhr und nach tel. Vereinbarung
Kellermeister: Maximilian Kusterer
Ansprechpartner: Maximilian Kusterer
Flaschen/Hektar: 40.000 (30 % weiß, 70 % rot)/6 ha

Natürlich verfolgen wir genau und mit großem Interesse, was Maximilian Kusterer in Esslingen bewirkt, schließlich war er unser Newcomer im Jahr 2019. Er verfeinert kontinuierlich seine Weinstilistik und schärft das Profil des Weinguts, gerade die Rotweine sind ein besonderes Faible von ihm: Der Spätburgunder aus der Monopollage Neckarhalde, der kleinsten Einzellage Württembergs, zeigt für 2021 gute Dichte, feine Säurepikanz und Länge – ein Vorzeigeburgunder aus Schwaben. Die Bordeaux-Cuvée »Mélac« steht ihm kaum nach, eine gelungene Vorstellung!

93 2021 Esslingen Neckarhalde Spätburgunder trocken
Der Spätburgunder aus Kusterers Monopollage über dem Neckar zeigt sich angenehm fruchtorientiert in der Nase mit Noten von Pflaume und eingelegter Kirsche. Am Gaumen mit dichtem Fruchtkern, schöner Säurepikanz, kaum merklichen Ausbauspuren und einem langen Abgang. 13 Vol.-%, DV, €€€

92+ 2018 »Mélac« Cuvée trocken ME/CF
Je zur Hälfte sind die beiden Bordelaiser Rebsorten in dieser Cuvée enthalten. Blickdicht bereits in der Farbe, kraftvoller Ausdruck auch in der Nase mit sehr reifer Brombeere und Unterholznoten. Hochreifes Lesegut, pflaumig, raffiniertes Tannin, sehr dicht. 14,5 Vol.-%, DV, €€€

91 2019 »Steillage« Blaufränkisch trocken
Holunder, Schwarzkirsche und Brombeere in der Nase, leicht ätherische Töne, sehr sortentypisch und ansprechend. Am Gaumen dicht gewirkt und mit einer überraschend präsenten Gerbstoffstruktur. Hat nicht ganz die raffinierte Länge, bietet aber sehr viel Wein fürs Geld. 13,5 Vol.-%, DV, €€

91 2021 Esslingen Spätburgunder trocken
Duftig präsentiert sich der Ortswein in der Nase, viel Holundermark, etwas Wacholder, dazu florale Töne. Am Gaumen eher hell ausgelegt, etwas Granatapfel, Früchtetee, noch sehr jung, feine Adstringenz. Ein Wein, der auch mit kalter Küche viel anfangen kann. 13 Vol.-%, DV, €€

90+ 2022 Esslingen Chardonnay trocken

90+ 2022 »Steillage« Grauburgunder tr.
Walnuss und Apfel in der Nase, aber abgemildert, elegant, nicht vorstechend. Am kompakt gebauten Gaumen gibt es gleichzeitig Saft und eine feine Phenolik, die Grauburgunder-»Steillage« zeigt sich salzig und persistent. Sehr guter Speisenbegleiter, durchaus individuell. 12,5 Vol.-%, DV, €€

★★

WEINGUT LANZ

2021

Lanz

LINDAUER

Sonnenbichlstraße 8, 88149 Nonnenhorn
T: +49 8382 888579, info@lanzwein.de
lanzwein.de

Ab-Hof-Verkauf: nach Vereinbarung
Kellermeister: Benjamin Lanz
Ansprechpartner: Benjamin Lanz
Hektar: 7 ha
Anbauweise: Bio

Benjamin Lanz ist ein Vorreiter im Weinbau am bayerischen Bodensee: Er keltert ausschließlich Weine aus pilzwiderstandsfähigen Reben und zeigt, was mit PiWis zu erreichen ist. Auf sehr kiesigen, kargen Endmoränen-Verwitterungsböden betreibt er auf sieben Hektar Bioweinbau, seine Reben stehen auf einer luftigen Höhe von bis zu 550 Metern. Mit Weinen wie dem würzigen, extraktgetragenen »EB« weist Benjamin Lanz nach, dass PiWis genauso gut den Standort und das Terroir zeigen können wie traditionelle Reben: Das schaffen bislang nicht viele Winzer.

92 2021 «EB« trocken JO/SOG
Reife Noten, gelbe Blüten, Apfel, Litschi, Mandarine, Kapstachelbeere, etwas Wachs und auch Holz. Schlanker, kompakter Bau, saftig am Gaumen, auf einem weichen Fond zeigt sich schöne, stilprägende Würze mit leichter, adretter Pikanz. Gute Dichte, eng gewobener Extrakt. 12 Vol.-%, NK, €€€

91 2021 «Lindauer« Cuvée trocken JO/SOG
Kräftiges Gelb mit goldgelben Reflexen, feine Würze, herber, grüner Apfel und Apfelschale, Birne und helle Mandeln. Betont trocken am Gaumen, mit feiner, grundierender Würze, reife, gut eingewobene Säure, feine, aparte Herbe, dezente Stoffigkeit, natürlicher Ausdruck. 12,5 Vol.-%, DV, €€

91+ 2021 «Wasserburger« trocken
Würziger Duft mit reifer Schwarzer Johannisbeere und etwas Sojasauce, ein Hauch Maggikraut und Buchsbaum. Kräftige und feste Struktur am Gaumen mit ordentlich Würze, die Gerbstoffe sind griffig und tragen die Struktur, noch leicht grünliche Reflexe im Ausklang, konsistent und jung.
13,5 Vol.-%, NK, €€

91+ 2021 »Nonnenhorner« trocken
Fruchtig-würziger Duft, Schwarze Johannisbeere und Buchsbaum, dunkle Schokolade. Kräftig gebaute Gaumenstruktur mit schöner Würze und reifen und dabei noch griffigen Gerbstoffen, dunkle, herbe Schokolade, präsente Fruchtsäure und Noten von Cassis. Gute Substanz und Länge.
13,5 Vol.-%, NK, €€

89 2022 «Kalimbula« Cuvée trocken SO/SOG/JO

90 2022 «Bayerischer Bodensee« Spätburgunder Rosé trocken
Traubiger Pinotduft mit Himbeere und roten Kirschen, auch Erdbeere, feine Kräuternoten. Saftig am Gaumen mit klarer Kirsche und auch Stachelbeere, schlankes, kompaktes Format, reintönig, präsente und stabile Säure, feiner Gerbstoff, schöne Frische und auch Würze.
12 Vol.-%, DV, €€

★

WEINGUT LUCKERT

Bachstraße 2/1, 71364 Winnenden
T: +49 7195 910069, info@weingut-luckert.com
weingut-luckert.com

Ab-Hof-Verkauf: Do 15–18 Uhr, So 9–12.30 Uhr
Kellermeister: Hartmut Luckert
Ansprechpartner: Hartmut Luckert
Flaschen/Hektar: 41.000/6 ha

Der Wengerter-Stammbaum reicht im Wein- und Obstbaubetrieb Luckert bis ins Jahr 1611 zurück, doch erst mit dem Jahrgang 1994 wagte die Familie den Sprung zur Selbstvermarktung und gründete ihr Weingut. Im Januar 1995 wurde erstmals auch die Tür der Besenwirtschaft geöffnet, die seitdem nicht mehr wegzudenken ist. Da kann man auch die sorgfältig ausgebauten Weine genießen, die viel bieten fürs Geld: Stoff, Würze und Balance, sie fordern immer auch dazu auf, die nächste Mahlzeit ins Visier zu nehmen. An »Guada Abbedid«: ein gutes und sehr sympathisches Debüt!

91 2022 Winnenden Haselstein Sauvignon Blanc* trocken**

Mittleres Goldgelb, intensiv würzig, Schwarze Johannisbeere, Stachelbeermarmelade, auch Mango und Passionsfrucht. Am Gaumen stoffig, kräftige Struktur, guter, dichter Extrakt, wieder viel Würze, Muskatnuss, etwas Kardamom, zeigt Charakter und Länge. 14 Vol.-%, DV, €€

90 2022 Winnenden Haselstein Chardonnay trocken**

Üppige Nase, reife Ananas, gelbe Blüten, Dotterblume, Litschi, Birne, Mandelstifte. Kräftig gebaut mit Substanz und Volumen, weicher Fond, auf dem sich Kraft, reife Frucht und Würze präsentieren, süßlicher Extrakt, tragende Säure, viel Saft und Schmelz. Viel Wein. 13,5 Vol.-%, DV, €

91 2021 Winnenden Holzenberg Lemberger trocken**

Himbeere und Johannisbeere dominieren in der fruchtigen und leicht würzigen Nase. Insgesamt sehr stimmig und angenehm. Frische, saftige Frucht am Gaumen, ergänzt durch weitere Aromen von Maulbeere, Holunder, Cassis und ein wenig Lakritze. Gute Länge. 12,5 Vol.-%, DV, €

90 2020 Winnenden Holzenberg Pinot Noir* trocken**

Riecht nach Roter Johannisbeere und reifen Schattenmorellen mit dezenter Kräuternote, dabei ist der Liebstöckel vorherrschend. Kräftiger Bau, kraftvoller Auftakt am Gaumen mit würzigen Noten wie Lakritze und Eukalyptus. Ätherisches, langes Finish. 14 Vol.-%, DV, €€

88+ 2022 Winnenden Holzenberg Muskat-Trollinger Weißherbst

91 2022 Winnenden Haselstein Riesling trocken**

Vollreifes, gelbes Steinobst, Pfirsich, auch Maracuja und etwas Guave, dazu Kandiszucker. Die lebhafte Säure sorgt am Gaumen dafür, dass die reife Frucht und der gute Extrakt in Szene gesetzt werden, mundfüllend, feine Salzigkeit, trocken, balanciert. 13 Vol.-%, DV, €

★★

WEINGUT MÖDINGER

Waldstraße 27, 71384 Weinstadt
T: +49 7151 9440859, info@moedinger-weingut.de
moedinger-weingut.de

Ab-Hof-Verkauf: Fr 16–19 Uhr, Sa 10–13 Uhr
Kellermeister: Sven Mödinger
Ansprechpartner: Sven Mödinger
Flaschen/Hektar: 53.000 (45 % weiß, 30 % rot, 15 % Rosé, 10 % Schaumwein)/5 ha
Anbauweise: in Umstellung

Der kleine Familienbetrieb baut auf beinahe fünf Hektar auf sonnigen, aber zugleich auch kühleren Lagen vorwiegend Traditionssorten an und arbeitet nachhaltig, mit biologischem Dünger und reiner Handlese. Die offizielle Biozertifizierung ist auf den Weg gebracht. Auch die Vermarktung erfolgt in Eigenregie: Die Weine werden zum größten Teil ab Hof verkauft. Dort gibt es eine traditionelle Besenwirtschaft und seit Kurzem auch das »Kelterhaus« für Speis und Trank. Das passt: Weine wie der trockene Chardonnay lassen sofort an die kulinarische Verwendung denken.

90+ 2022 Chardonnay trocken
Der Duft ist noch bedeckt und benötigt etwas Luft, um seine mineralischen Töne sowie Noten von frisch aufgeschnittenem Kürbis, Mandeln und Birne zu entfalten. Gut ausgewogen und geschmeidig zeigt der Gaumen im Mund eine schöne Vielschichtigkeit und einen würzigen Abklang.
13 Vol.-%, NK, €€

90 2021 Strümpfelbach Gastenklinge Riesling trocken
Sehr reife Aromatik im Duft, die an Mandarinenschale, geriebenen Apfel und Zitrusnoten denken lässt. Auch der Gaumen zeigt Reifenoten bei hoher Konzentration und kräftiger Fülle. Fordernd und präsent die Säurestruktur, auch im lange anhaltenden Finale. 13 Vol.-%, DV, €€

88+ 2022 Chardonnay feinherb
Aprikose, Pfirsich, aufgeschnittener Apfel und Honigmelone prägen den Duft. Hier spürt man sofort den konservativen Ausbau dieses Chardonnays, der mit seiner dezenten Süße kokettiert. Neben Reifemerkmalen zeigt der Wein eine feste Substanz, die auch den Abgang dominiert. 12,5 Vol.-%, DV, €

89 2021 »Diego« Riesling trocken
In barocker Vielfalt zeigt dieser Riesling einen breiten Fächer unterschiedlichster Aromen. Zunächst dominiert Mineralität, die fast an Schiefergestein denken lässt. Daneben ein Strauß von Früchten, etwa Banane, Melone, Stachelbeere und gekochte gelbfleischige Früchte. Markant die Säure im Nachklang. 12,5 Vol.-%, DV, €

★★★★★

WEINGUT GRAF NEIPPERG

Schlossstraße 12, 74193 Schwaigern
T: +49 7138 941400, info@graf-neipperg.de
graf-neipperg.de

Ab-Hof-Verkauf: Mo bis Fr 8–12 Uhr und 13–16 Uhr
Kellermeister: Bernd Supp
Ansprechpartner: Erbgraf zu Neipperg
Flaschen/Hektar: 180.000 (40 % weiß, 60 % rot)/32 ha

Das gräfliche Weingut in Schwaigern ist seit eh und je eine Bastion der Eleganz. Philipp Graf Neipperg scheint diesem Stil nun den einen oder anderen moderneren Akzent zu geben, etwa mit etwas merklicherem, aber durchaus potenzialreichem Holzeinsatz beim Sauvignon Blanc »Kapellenkeller« oder mit einer Extraportion Druck und Stoffigkeit beim furiosen Spätburgunder Ruthe. Wir sind gespannt, wie der neue Stil zwischen Skylla und Charybdis hindurchsegelt, haben aber nicht die geringsten Zweifel, dass das Ziel der Navigation unverändert lautet: große Weinkultur.

93 2022 Neipperg Schloßberg Riesling GG
Krokusblüte, Mandeln, auch Blattgrün, auch warme Noten, Waldkräuterhonig, etwas Ingwer. Zeigt seine Qualität mit noblem Understatement, fein ziselierte Säure auf weichem, fast samtenem Hintergrund, Mineralik und Phenolik vornehm, trotzdem druckvoll. Feiner Genuss.
12,5 Vol.-%, NK, €€€

96 2020 Schwaigern Ruthe Spätburgunder GG
Eine intensive Frucht von Sauerkirsche steigt aus dem Glas. Dazu einiges Neuholz. Der Gaumen hat Kraft und Feuer, aber auch eine sehr dichte Gerbstofffüllung. Die Gaumenfrucht ist, wiewohl noch verschlossen, dennoch bereits in ihrer Intensität erkennbar. Die Statur eines Grand Cru!
14,5 Vol.-%, NK, €€€

93+ 2021 Neipperg Schloßberg Lemberger GG
Eine sehr pure Nase von frischer Herzkirsche,, Waldheidelbeere, auch Milchschokolade. Die Gaumenstruktur füllt griffigen, reifen Gerbstoff in einen geschmeidigen, von guter Frucht untermalten Fond. Da ist viel Saftigkeit hinter dem Extrakt und auch taktile Mineralität. 13,5 Vol.-%, NK, €€€

95+ 2022 Neipperg Schlossberg Muskateller Auslese
Glockenklar im Duft, Amalfizitrone, Orangeat und Lavendel. Im Mund führt der Wein Auslese-Viskosität mit einer höchst eleganten, lange anhaltenden Säure zusammen und komplexe Würze mit Frische. Stilistisch auf den Punkt gesetzt, superbe Länge. 9 Vol.-%, NK, €€

92 2022 Neipperg Schlossberg Weißburgunder GG
92 2021 »Fumé Blanc Kapellenkeller« Sauvignon Blanc trocken
90 2022 Neipperg Sauvignon Blanc trocken
89+ 2022 Neipperg Weißburgunder trocken
89+ 2022 «P.+P. Weiss« Cuvée trocken MT/SB/GM/TR/RR/WB
93+ 2021 Neipperg Schloßberg Spätburgunder GG
91 2019 Schwaigern Lemberger trocken

91 2022 Muskateller trocken
Ein üppiger Duft: Zitronenmelisse, Muskat und Lavendelöl. Der Gaumen ist prall gefüllt mit den öligen, aromatischen Monoterpenen aus der Muskatellertraube, bleibt aber zugleich saftig und fast schlank in seiner Anmutung. Ein herrlicher Aperitif. 12,5 Vol.-%, DV, €

★

WEINGUT KURT UND DIETMAR OTT

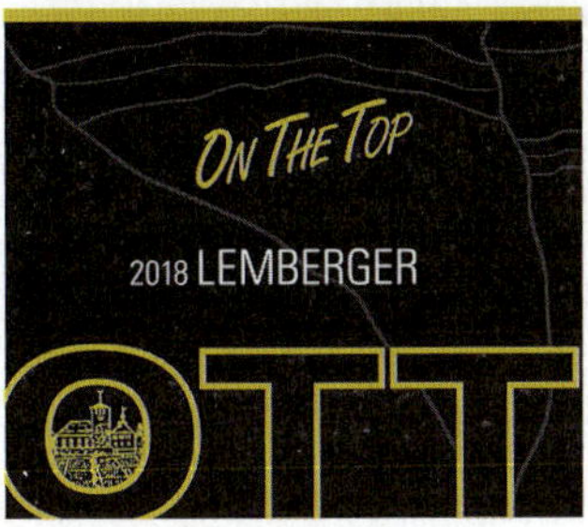

Kirchstraße 4–6, 74343 Sachsenheim-Hohenhaslach
T: +49 7147 924063, kontakt@weingut-dietmar-ott.de
weingut-dietmar-ott.de

Ab-Hof-Verkauf: Do und Fr 9–18 Uhr, Sa 9–17 Uhr
Kellermeister: Dietmar Ott
Ansprechpartner: Dietmar Ott
Flaschen: 20.000 (20 % weiß, 70 % rot, 10 % Rosé)

Die Weine, die Dietmar Ott vorgestellt hat, sind alle von dichter Struktur und intensivem Aroma. Das zieht sich von einem Rivaner im trockenen Spätlesestil über den mundfüllenden Pinot Crémant und einen wuchtigen Weißburgunder bis zu den Rotweinen, bei denen wir die gelungene Balance von Frucht und Holz hervorheben können. Der Drei-Sterne-Rosé ist ein gefährlicher Sommerwein: unglaublich animierend, aber auch gehaltvoll! Die junge Generation steht auch schon in den Startblöcken im Familienbetrieb: Junior Benjamin hat den Master für Önologie in der Tasche. Glückwunsch!

90 NV Hohenhaslach Kirchberg Crémant Pinot brut
Zitronengelb bei feiner Perlage. Ein Duft von Haselnuss, Veilchen, Zitronenzeste und auch junge Himbeere. Am Gaumen ein prägnanter Säurezug, der die gelbruchtige Aromatik wie auch die moderat gewählte Dosage sehr gut balanciert. Mundfüllendes Mousseux bei gutem Nachhall.
12 Vol.-%, NK, €€

91 2021 Hohenhaslach Kirchberg Weißburgunder** trocken**
Etwas Neuholz, Karamellbonbon, Vanille und Kokosraspel. Auch blumige Sortenaromen. Der Gaumen ist stämmig gebaut und strahlt Wuchtigkeit aus, der Extrakt ist gut und wird von leichter Süße eingebunden. Der Wein braucht etwas Reife – und Essen. 13,5 Vol.-%, NK, €€

89+ 2021 Hohenhaslach Kirchberg Rivaner trocken**
Sehr würzig im Duft, Muskat, Lavendel, auch etwas Hefe und trockenes Gras. Im Mund hat der Wein einen vergleichsweise gehaltvollen Körper, eine präsente Süße gibt Volumen, etwas Kohlensäure Frische. Ein Spätlesetypus mit guter Länge. 12,5 Vol.-%, DV, €

90+ 2021 Hohenhaslach Kirchberg Cabernet Dorsa** trocken**
Duftet angenehm nach Lakritze, Süßholz und reifen Brombeeren, sehr sortentypisch. Viel Frucht am Gaumen: Holunderbeeren und Maulbeeren. Sehr gekonnt ausgebaut, stimmiges Säurespiel und viel Primärfruchtaroma, lange anhaltend. 13 Vol.-%, NK, €€

89 2018 »Genus(s)«** Hohenhaslach Kirchberg Cuvée trocken PN/CD/LMB**

89+ 2022 Hohenhaslach Kirchberg Rosé* trocken**
Ein helles Lachsrosa in der Farbe. Ein intensiv beeriger Duft strömt aus dem Glas: Erdbeere, Himbeere, Süßkirsche. Der Gaumen eröffnet mit fruchtiger Süße, zeigt dann viel Schmelz und den Kontrast eines festen Säurerückgrats, im Abgang entfaltet der Wein einige Wucht. 12,5 Vol.-%, DV, €

★★★

PARFUM DER ERDE

Nolten 8, 71384 Weinstadt
T: +49 170 5659118, info@parfum-der-erde.de
parfum-der-erde.de

Kellermeister: Andi Knauß
Ansprechpartner: Rainer Scholz
Flaschen/Hektar: 7.000 (40 % weiß, 40 % rot, 10 % Schaumwein)/2 ha
Anbauweise: Bio

Les Mal-Aimés«, »die Ungeliebten«, das sind im Französischen die Rebsorten, von denen geschmäcklerische Weinzirkel glauben, dass man aus ihnen nichts Hochwertiges herstellen kann. Andi Knauß und Dr. Rainer Scholz scheinen im württembergischen Remstal angetreten zu sein, das Gegenteil zu beweisen. Zwar haben sie nicht Gros Plant Nantais oder Aramon auf Lager, dafür aber Müller-Thurgau und Regent. Gerade Ersterer schlägt mit Dichte, Frische und burgundischem Timbre dem sprichwörtlichen Fass den Boden aus. Nicht minder überzeugend fallen die Klassiker aus: Riesling und Pinot Noir.

93 2020 Strümpfelbach Nonnenberg Riesling trocken

Ein Riesling in der Philosophie des Hauses. Leise in der Nase, kaum Primärfrucht, ganz feine Holznote. Im Mund entfaltet sich der Wein entsprechend langsam, die Rieslingfrucht scheint mit Zitronenzeste fein durch. Schöne Phenolik, flächige Säure, dichte Struktur – langer Atem.
12 Vol.-%, NK, €€€

92 2018 Rosé Pinot Noir brut

Hellorange in der Farbe. Im Duft mischen sich Aromen von gebackener Quitte, Karamell und Apfelgelee, auch buttrige Noten sind erkennbar und eine Frucht von reifer Erdbeere. Im Mund entfaltet sich ein feines, cremiges Mousseux, reife Säure und deutlich mineralische Töne sorgen für Trinkspaß.
12,5 Vol.-%, NK, €€€€

93 2020 Schnait Sonnenberg Pinot Noir trocken

Leicht im Alkohol und dezent in der Nase zeigt sich der Pinot Noir. Man spürt Holundermark, etwas Wacholder, eine leichte Rauchigkeit. Auch im Mund ist das alles andere als ein üppiger Vertreter, feingliedrig, ein zarter johannisbeeriger Biss, pfeffrige Noten, sehr schön. 12,5 Vol.-%, NK, €€€

92 2020 Regent trocken

Dunkles Purpur gleitet ins Glas mit konsistent dunklen Beerennoten in der Nase, dazu etwas herbe Kräuter. Am Gaumen ist der Regent dicht ausgefüllt mit Aromenmolekülen, dabei aber gleichzeitig kühl. Sauerkirsche, etwas Schlehe, hochwertige Gerbstoffe – super Lagerwein. 13 Vol.-%, NK, €€€

93 2020 Schnait Sonnenberg Müller-Thurgau trocken

Von vornherein hochwertig konzipierte Müller sind extrem selten, und dies stellt eventuell die Spitze des Möglichen dar. Dezent in den Aromen, nichts Vordringliches, perfekt eingebundenes Holz. Auf Strukturdichte ausgelegt, cremig gleitend, dennoch frische, präzise Säure – top!
12 Vol.-%, NK, €€€

★

WEINGUT ROTH

Gottlieb-Härle-Straße 6, 74232 Happenbach
T: +49 172 6312557, info@weingut-roth-happenbach.de
weingut-roth-happenbach.de

Ab-Hof-Verkauf: nach Vereinbarung
Kellermeister: Sabrina Roth
Ansprechpartner: Sabrina Roth
Flaschen/Hektar: 75.000 (60 % weiß, 25 % rot, 15 % Rosé)/7,5 ha

Familie Roth ist seit 1867 in Happenbach und im Weinbau verwurzelt, Anfang der 2000er-Jahre übernahm Sabrina Roth die Verantwortung im Weingut, sie »kombiniert Fortschritt mit traditionellen Werten und modernem Wissen«. Die ausgewogenen Basisweißweine zeigen viel Rebsortentypizität, die Lagenweine wie der Riesling Substanz, Spannung und Mineralität. Die beiden großzügigen Blaufränkischen verbinden Volumen, Kraft und Würze, der aus dem Sommerberg reizt dabei seine Möglichkeiten aus, den kleineren Bruder empfehlen wir auch bei Tisch. Gute Kollektion!

91 2022 Happenbach Rote Steige Riesling trocken

Im Duft treffen Rieslingaromen wie Pfirsich, Aprikose und Nektarine auf feine Würze und Rauch. Am Gaumen mit fester, kräftiger Struktur, guter Substanz und auch Spannung, stabile, gut tragende Säure, etwas Süße sorgt für Volumen, würzig-mineralisch ausklingend. 13 Vol.-%, NK, €€€

90+ 2022 Happenbach Kautenwald Weißburgunder trocken

Helle Blüten, weißer Pfirsich, Mandarine, weiße Mandeln und auch nussige Noten, feine röstige Aromen. Kräftige Substanz, Fülle, Würze und Eleganz sind die ersten Eindrücke im Mund, präsente, reife Säureader, saftige Aprikose und Mandarine, vollmundig, ausgewogen. 13 Vol.-%, NK, €€€

89 2022 Grauburgunder trocken

Honigmelone und Birne in der klaren, rebsortentypischen Nase, auch kräuterig, frisches Heu, nussig. Am zugänglichen Gaumen mit saftiger Fülle, weicher Säure und abrundender Süße. Die Substanz weckt das kulinarische Interesse, mit würzig-eleganter Abgangsaromatik. 13 Vol.-%, DV, €

92 2021 Unterheinriet Sommerberg Blaufränkisch trocken

Satte Frucht, Schwarzkirsche, schwarze Johannisbeere, Maulbeere mit feiner Holzwürze. Ziemlich kräftiges und breit angelegtes Format, das aufs Ganze geht: viel Volumen, Kraft und auch Alkohol, saftig, würzig, mit mürbem, lange tragendem Tannin. Kaminwein. 14,5 Vol.-%, NK, €€€

89 2022 Muskateller trocken

90 2022 Blaufränkisch trocken

Feine Schwarzkirsche, Brombeere, schwarze Johannisbeere, Blaubeere, feine kräuterige Würze, etwas Grafit. Da wird am Gaumen in einer kräftigen Struktur einiges geboten, saftig, würzig, animierend mit Substanz, süßlichem Extrakt, auch kulinarisch wertvoll. 14 Vol.-%, DV, €

★★★

SCHMIDT AM BODENSEE

Hattnau 62, 88142 Wasserburg
T: +49 8382 9432174,
weingut@schmidt-am-bodensee.de
schmidt-am-bodensee.de

Ab-Hof-Verkauf: Mo bis Fr 14–18 Uhr, Sa 14–16 Uhr
Kellermeister: Sebastian Schmidt
Ansprechpartner: Fam. Schmidt
Hektar: 14 ha

Das Weingut Schmidt am Bodensee bewarb sich mit den im letzten Jahr angestellten Weinen eindrucksvoll um den dritten Stern. Diese Bewerbung wurde nun fortgesetzt mit Argumenten, denen wir uns nicht länger verschließen wollen: Kellermeister Sebastian Schmidt setzt die lokalen Verhältnisse in Einklang mit im Burgund erworbener Expertise. Familie Schmidt gehört seit einigen Jahren zu den Schrittmachern einer Entwicklung am Bodensee, die diese kleine Weinregion zu einer der aufregendsten hierzulande werden ließ. Gratulation zum dritten Stern nach Wasserburg!

93+ 2020 »Réserve« Wasserburg Zwirken Grauburgunder trocken
Ausladender Duft nach Eichenholz, reifen Birnen und Haselnüssen bei perfekter Abstimmung, erinnert an weiße Klassiker aus Burgund. Opulent am Gaumen bei guter Balance von Holz und Frucht, sehr schmelzig bei bereits erreichter Trinkreife und noch vorhandenem Potenzial. 13 Vol.-%, DIAM, €€€

93 2020 »Réserve« Wasserburg Zwirken Chardonnay trocken
Duft von internationalem Format bei guter Balance von Holz, Frucht und weiteren Aromen: Frisches Eichenholz wird flankiert von exotischer Frucht, vorherrschend Litschi und etwas Banane. Kraftvoll bis opulent am Gaumen bei gutem Schmelz, langer Nachhall. Jung. 12,5 Vol.-%, DIAM, €€€

92+ ❸ NV »Prestige« Cuvée brut
Recht komplexes Duftbild: Hefe, Heu, Haferflocke, Pinotbeeren. Im Mund mit sehr cremigem Mousseux, fließt ganz lebendig und zugleich charmant, eine feinnervige Seesäure und zart mineralische Noten geben Schwung und lassen den Wein saftig und elegant abklingen. 12,5 Vol.-%, DIAM, €€€

91 ❸ 2021 Rosé brut
Zart lachsrosa in der Farbe. Duftet fruchtig nach Erdbeere, Schwarzer Johannisbeere und Rhabarber. Das Mousseux greift recht forsch an, die kernige Säure wird von etwas Süße gepuffert, endet mit beerigen Fruchtaromen, einem Anflug von Würze und pikantem Säurezug. 12,5 Vol.-%, DIAM, €€

91 2021 Wasserburg Sauvignon Blanc tr.
91 2021 Wasserburg Grauburgunder trocken
91 2021 Wasserburg Weißburgunder trocken
91 ❸ 2021 Blanc de Blanc extra brut
89+ 2022 Wasserburg Müller-Thurgau trocken
89 2022 »Über-Flieger« Cuvée trocken CH/WB/MT/PG
90 2021 Bermatingen Spätburgunder trocken

92 2021 Wasserburg Chardonnay trocken
Animierender Duft nach Honigmelone bei anklingender Vanillearomatik. Am Gaumen ausgesprochen sortentypisch und schmelzig bei fein gewobener Hefenote, insgesamt sehr rund durch gekonnten Holzeinsatz, ausgestattet mit viel Trinkspaß, guter Nachhall! 13 Vol.-%, DIAM, €€

★★★★★

WEINGUT SCHNAITMANN

Untertürkheimer Straße 4, 70734 Fellbach
T: +49 711 574616, info@weingut-schnaitmann.de
weingut-schnaitmann.de

Ab-Hof-Verkauf: Mo bis Fr 14–18 Uhr,
Sa 9–13 Uhr und nach Vereinbarung
Kellermeister: Rainer Schnaitmann
Ansprechpartner: Rainer Schnaitmann
Flaschen/Hektar: 160.000 (50 % weiß, 50 % rot)/26 ha
Anbauweise: Biodynamisch

Rainer Schnaitmann ist ein Monument im württembergischen Weinbau, weil er seit Jahrzehnten wichtige Impulse zur Verbesserung der Qualität gibt. Und er ist obendrein ein permanenter Erneuerer, der probiert und noch einmal anders vinfiziert – meistens gehen seine Ideen auf. Das zeichnet die Großen aus! Auch wenn seine tollen GGs natürlich an der Spitze stehen – einer der Lieblinge in der Verkostung war der wunderbar spannungsreiche Trollinger aus »Alten Reben«, der zeigt, was für schöne Alltagsweine aus der oft gescholtenen Rebsorte gekeltert werden können.

93+ 2018 »Réserve Meunier Blanc de Noir« brut nature
Kristallklar bei feinster Perlage. Komplexer Duft von jungen Erdbeeren, Zitrusfrüchten, Holunderblüten und Brioche. Am Gaumen mineralisch-salin, zugleich fein eingebundener Extrakt, erneut etwas Brioche, dicht, perfekt-straffe Säure. Ein großartiger Schaumwein. 12 Vol.-%, DIAM, €€€

94 2021 Uhlbach Götzenberg Riesling GG
Blasses Goldgelb. Vielschichtiger Duft mit Noten von Feuerstein und Zündholz, später kommen tropische Früchte dazu, auch reifer Pfirsich und Limette. Am Gaumen mit knackiger Säure, komplett mineralisch geprägt, zugleich cremige Grundierung. Balanciert und komplex, ganz viel Potenzial. 13 Vol.-%, NK, €€€

94 2022 »Réserve« Sauvignon Blanc trocken
Blasses Goldgelb. Leicht reduktiver, komplexer Duft mit Zündholz, zartem Rauch, Haselnuss, Passionsfrucht, Limette, Vanille und weißem Pfirsich. Am Gaumen sehr dicht und wunderbar balanciert mit ideal eingebundener Säure. Feine Mineralik und schöner Extrakt, langer Nachhall. 14 Vol.-%, NK, €€€€

94+ 2021 Fellbach Lämmler Spätburgunder GG
Ein Hauch von Hefe im Duft, dann pürierte Himbeere, Cranberry, Hibiskus und Holunderblüte, komplex. Am Gaumen spannungsgeladen, nervig, kräuterwürzig, lebendiger Gerbstoff, reife rote Frucht, dabei herrlich saftig bei gutem Grip. Ein Hauch Gesteinsmehl führt in den langen Abgang. 13 Vol.-%, NK, €€€€

94 2021 Fellbach Lämmler Riesling GG
92+ 2021 Fellbach Lämmler Grauburgunder GG
92 2022 Fellbach Goldberg Lemberger Rosé trocken
93+ 2021 Fellbach Lämmler Lemberger GG
92+ 2021 »Simonroth« Spätburgunder trocken
92 2021 »Simonroth« Lemberger trocken
91+ 2022 »Anders Nat'Cool« Cuvée trocken TL/LMB

90 2022 »Alte Reben« Trollinger trocken
Duft von junger Zwetschge, Sauerkirsche, Himbeere und ein Hauch von balsamischen Noten. Am Gaumen entwickelt sich eine zarte Frucht, geschliffene, feine Gerbstoffe, lebendige Säure, wunderbare Leichtigkeit, trinkig, dabei seriös. Toller Repräsentant der Sorte. 11 Vol.-%, NK, €€

• Rotwein • Roséwein • Weißwein • Orange Wine • Süßwein   falstaff-Tipp

★

WEINGUT SCHÖNBRUNN

Petersrain 1, 74235 Erlenbach
T: +49 7132 951600, info@weingut-schoenbrunn.de
weingut-schoenbrunn.de

Ab-Hof-Verkauf: Di bis Do 17–19 Uhr, Fr 12–19 Uhr, Sa 10–14 Uhr und nach tel. Vereinbarung
Kellermeister: Johannes Schönbrunn
Ansprechpartner: Johannes Schönbrunn
Hektar: 8 ha

Wir waren ganz schön erstaunt, als das uns bis dahin unbekannte Weingut Schönbrunn bei der Sauvignon Blanc Trophy mit seinem »Passion« reüssierte. Diesen guten Eindruck kann Johannes Schönbrunn, der im Weingut Fürst zu Hohenlohe ausgebildet wurde und auch Erfahrungen in Südafrika sammelte, mit seiner Kollektion überaus überzeugend bestätigen. »Einfach gute, charaktervolle Weine machen«, so lautet sein unkompliziert klingendes Credo. Dahinter steckt freilich eine ganze Menge Feingefühl und handwerkliches Können. Eine echte Entdeckung in Württemberg!

90 2022 »Alte Reben« Riesling trocken
Duftet nach reifer Aprikose und gelbem, auch weißem Pfirsich, etwas Birne und Johannisbeere. Kombiniert am Gaumen Trinkfreude mit Eleganz, Würze und Mineralik, mittlerer Extrakt, fein ziselierte präsente Säure, eine Prise Meyer-Zitrone belebt, durchaus elaboriert. 12,5 Vol.-%, DV, €

89 2022 Muskateller trocken
Traubiger Duft nach knackiger Aprikose, Mandarine, Muskatblüte und Muskatnuss, auch Grapefruit. Eleganter und schwungvoller Muskateller mit schlanker Struktur, lebendige Säure, linearer Verlauf, zieht mit süßlicher Gelbfrucht und Zitrus ins Finale. Animierend. 12,5 Vol.-%, DV, €

92 2020 »Passion« Merlot trocken
Feine Holzwürze zu Schwarzkirsche, Schwarzer Johannisbeere und Pflaume, im Hintergrund etwas dunkle Schokolade und Mokka, feines Karamell. Erwachsener und patent balancierter Merlot, der es schafft, Substanz und Kraft in Eleganz, Fülle und Würze umzusetzen. 14 Vol.-%, DV, €€

90 2020 »Deep Purple Passion« Cuvée trocken ME/CF
Üppiger, würziger Duft nach reifer, dunkler Kirsche, Pflaume und Cassis, Sandelholz, feiner Tabak. Setzt das warme Jahr 2020 um in Format, Körper und Substanz, breit angelegt, wuchtig, reifer, mürber Gerbstoff, Würze, Konsistenz. Zu kräftigen Gerichten. 14 Vol.-%, DV, €€

88+ 2022 Grauburgunder trocken

92+ 2022 »Passion« Sauvigon Blanc trocken
Intensiv im Duft, nicht vorlaut. Rote Johannisbeere, Kiwi, Birne, Mango, auch Zitrusnoten. Kräftig gebaut am Gaumen, gekonnte Balance aus Spannung, Würze und Eleganz, der feinmaschige Extrakt zeigt sich geschmeidig, animierende, saftige Säure. Aus einem Guss, stilvoll.
13 Vol.-%, DV, €€

★★★★★

WEINGUT ALBRECHT SCHWEGLER

Steinstraße 37, 71404 Korb
T: +49 7151 3040137, weingut@albrecht-schwegler.de
albrecht-schwegler.de

Ab-Hof-Verkauf: Fr 16–18 Uhr, Sa 11–14 Uhr
Kellermeister: Aaron Schwegler
Ansprechpartner: Julia Schwegler
Flaschen/Hektar: 60.000 (26 % weiß, 74 % rot)/15 ha
Anbauweise: Bio

Julia und Aaron Schwegler führen das Werk des Firmengründers Albrecht Schwegler mit einer gesunden Mischung aus Kontinuität und neuen Akzenten weiter. Für die Kontinuität stehen natürlich vor allem die roten Cuvées, unter denen sich der 2019er »Granat« sehr wahrscheinlich unter die besten in 33 Jahren erzeugten Weine einreihen wird. Es ist schon furios, wie hier Frische und Würze, Komplexität und Bündelung auf einen Nenner gebracht sind. Unter den neuen Akzenten des Weinguts verdient sich dieses Jahr die weiße Basiscuvée »von den Parzellen« ein Sonderlob.

95+ 2021 »Réserve« Chardonnay trocken
Zuerst duftarm, etwas Hefe. Mit Luft dann immer mehr Kalkwürze. Der Wein beginnt straff, aber auch ausgewogen und unscheinbar, hat sehr viel Extrakt, ist ganz in sich ruhend, auf den Punkt gesetzt, begeistert bei jedem Wiederprobieren mehr. Braucht Reife! Mineralisch und lang.
13 Vol.-%, NK, €€€

96+ 2019 »Granat« Cuvée trocken BZ/CS/ME/LMB
Der Duft ist noch nicht sehr offen. Er deutet eine Frucht von Pflaume, Cassis und Brombeere und eine Würze von schwarzem Pfeffer an. Der Gaumen ist auf geschmeidigem Fond immens dicht mit sehr feinem, frischem Tannin gefüllt, das ist ein feiner Brocken von Wein mit großem Potenzial.
14 Vol.-%, NK, €€€€

93 2020 »Réserve« Lemberger trocken
Sehr würzig im Duft, Minzpastillen, konzentrierte dunkle Beeren, Rauch, Thymian und Menthol. Der Gaumen exponiert einen mehligen, feinkörnigen Gerbstoff, der im Gaumenverlauf immer fester zupackt und schließlich sogar adstringiert. Die Gaumenfrucht wirkt (noch?) etwas defensiv.
14 Vol.-%, NK, €€€

92+ 2019 »Beryll« Cuvée trocken BZ/CF/LMB/CT/ME
Ein intensiver Duft auf dem Schnittpunkt von Frischfruchtigkeit und würziger Reife strömt aus dem Glas: Holunder und Rote Bete, Zibärtle, Reneklode, Mokka, Schokotrüffel, Thymian. Im Mund macht ein feinkörniger Gerbstoff viel Druck, Saft und Frucht geben Volumen und Länge. 14 Vol.-%, NK, €€€

90 NV »Rot von den Parzellen« Cuvée trocken

91 2021 »Weiss von den Parzellen« Cuvée trocken RR/PG/CH
Eine fruchtiger Duft: Aprikose, Nektarine, Pfirsich, ein klein wenig Holz und eine Note von frischer Butter. Im Mund ist der Wein gut mit Extrakt dotiert, er zeigt sich frisch und mit lebendigem, aber eingebundenem Säurenerv, der Abgang fügt der Frucht Kräuternoten hinzu. 12 Vol.-%, DV, €€

★

WEINGUT SEYFFER

Schwabstraße 4, 74189 Weinsberg
T: +49 7134 6439, info@weingut-seyffer.de
weingut-seyffer.de

Ab-Hof-Verkauf: Mo bis Fr 10–12 Uhr und 16–18.30 Uhr, Sa 10–14 Uhr
Kellermeister: Thomas Seyffer
Ansprechpartner: Thomas Seyffer
Flaschen/Hektar: 120.000 (60 % weiß, 20 % rot, 10 % Rosé, 10 % Schaumwein)/12 ha

Im Weingut Seyffer sind »drei aktive Generationen auf der Jagd nach Top-Qualitäten«. Gegründet vom heute 72-jährigen Karl Seyffer, legen längst auch dessen Sohn Thomas und Enkel Christian Hand an, um die zwölf Hektar Rebfläche zu bewirtschaften und die vollmundigen und zupackenden Weine zu erzeugen. Den substanzvollen Grauburgunder empfehlen wir auch zu kräftigen Gerichten, die trockene Auslese vom Spätburgunder – eine beinahe ausgestorbene Spezies – überzeugt mit Bündelung und Kraft. Geisenheim-Absolvent Christian Seyffer bringt neue Ideen ein. Ansprechendes Debüt im Weinguide!

89 2021 Weinsberg Riesling brut
Reifer Pfirsich und getrocknete Kamille, Anisbrötchen und angetrocknete Aprikose. Die Reife der Frucht findet sich auch am Gaumen, wo sie belebt wird von lebendiger, beinahe etwas kantiger Säure. Zurückhaltendes Mousseux, verbindet reife Elemente mit stahliger Frische. 12,5 Vol.-%, VK, €€

89+ 2022 »Camero« Weinsberg Rosé trocken ME/CU
Kräftiger Duft mit Noten von Schwarzer Johannisbeere und Waldfrüchten, auch Hagebutte. Am Gaumen straff gebaut, stoffig und füllig mit merklichen Gerbstoffen, die »Camero« gut zu Gesicht stehen. Natürlicher Ausdruck, wirkt ungekünstelt und macht auch bei Tisch eine gute Figur. 12,5 Vol.-%, DV, €€

89+ 2020 »Rebenglut« Weinsberg Lemberger trocken
Würzig, Brombeere, schwarze Kirschen und Johannisbeeren, feine Holzpatina, Rauch. Am Gaumen mit Substanz und Opulenz, breit angelegt, weicher Hintergrund, auf dem sich schöne Würze zeigt, griffiges Tannin mit leicht grünlichen Reflexen, kompromisslos trocken, feine Säureader. Gute Länge. 14 Vol.-%, DV, €€

91+ 2020 »Pfarrwengert« Weinsberg Ohrberg Spätburgunder Auslese trocken
Üppige Aromatik mit reifer, dunkler Frucht, Kaffee, Malz und Tinte. Am Gaumen mächtig und einnehmend, der Alkohol ist sehr gut eingebunden, dicht im Extrakt, der sich süßlich entfaltet, gute Bündelung der Elemente mit feiner Säure, viel Würze, die Gerbstoffe sind mürbe und reif, lang und jung. 15,5 Vol.-%, NK, €€

89 2022 »Höhenduft« Weinsberg Sauvignon Blanc trocken

90 2022 Weinsberg Affenberg Grauburgunder trocken
Mittleres Goldgelb mit rötlich schimmernden Pixeln. Quitte und reife Birne, Walnuss, leicht ätherische Note. Kräftig, vollmundig und zupackend am Gaumen mit Fülle und Substanz, leicht süßlicher Extrakt, reife Säure, feine Würze, gute Länge. Bringt alles mit, um kräftige Gerichte patent zu begleiten. 13,5 Vol.-%, DV, €€

★★★

WEINGUT SIEGLOCH

Albertviller Straße 51, 71364 Winnenden
T: +49 7195 177120, info@weingut-siegloch.de
weingut-siegloch.de

Ab-Hof-Verkauf: Do und Fr 16–18.30 Uhr, Sa 9–13.00 Uhr
Kellermeister: David Siegloch, Markus Siegloch
Ansprechpartner: David Siegloch
Flaschen/Hektar: 73.000 (40 % weiß, 30 % rot, 20 % Rosé, 10 % Schaumwein)/10,5 ha

Man möchte David und Markus Siegloch nicht mehr wegdenken aus der württembergischen Weinszene; sie verstehen es, mit unkonventionellen, aber nie verstörenden Weinen auch konventionellen Konsumenten den Reiz der Vin-Naturel-Stilistik nahezubringen. Ihre Weine werden spontan vergoren, werden ungeschönt, meist unfiltriert gefülllt und gering oder gar nicht geschwefelt. Es spricht für handwerkliches Können, Weine wie die »Réserve« vom Sauvignon Blanc mit Strukturdichte, Spannung und Lebendigkeit auszustatten, die auch Jura-Fans begeistern können. Astrein!

93 2020 »Réserve vogelfrei« Sauvignon Blanc trocken
Kräftiges Goldgelb. In der Nase ist die Primärfrucht wenig zu spüren (manche sagen: Gott sei Dank), aber auch das Holz zeigt sich super eingebunden. Mehr als für die Aromatik sorgt die Rebsorte hier für resche Säure, der Ausbau für Strukturdichte – auch für Jura-Fans! 13 Vol.-%, DIAM, €€€

91+ 2021 »vogelfrei« Weißburgunder trocken
Walnussnoten in der Nase, unterstützt von einem feinen Holzeinfluss, dank zwölf Monaten im Tonneau. Im Mund ist zunächst einmal die schöne Traubenreife zu spüren, das Holz bleibt aromatisch präsent, unterstützt aber auch die Struktur. Eine sehr wertige Erscheinung! 12,5 Vol.-%, DIAM, €€

92 2021 »Sandhase« Riesling trocken
Kräftiges Zitronengelb, deutlich dunkler als das »Baby«. In der Nase Noten nach Apfelmost, feuchtem Stroh, getrockneten Kräutern, sehr komplex. Auch im Mund dicht in der Textur, die Säure flächig, die Gerbstoffe begleiten dadurch nur. Äußerst erwachsener Naturalwein! 11,5 Vol.-%, DIAM, €€

91+ 2019 »Réserve vogelfrei« Cabernet Franc trocken
Ziemlich reife Nase, Wacholderbeere, Holzwürze, Schwarze Johannisbeere, Brombeere, etwas Pflaumenmus. Am Gaumen kräftig gebaut mit viel Substanz und Dichte, vollmundig, weiche Textur, wieder Pflaume, schöne Würze, mineralisch mit Fleur de Sel, Kaminwein. 13,5 Vol.-%, DIAM, €€€

90 2021 »DNA« trocken LMB/ME/TL

90+ 2022 »Baby Sandhase« Riesling trocken
Die Flasche kurz geschwenkt – schon fließt der gewünschte, leicht trübe Saft ins Glas. Zart hefig, etwas Apfelschale, im Mund dann mit schöner Säure, gar zitronenfrischer Frucht. Alles wird eingehegt von einer feinen Gerbstoffstruktur. Präzise, sehr gelungen. 11,5 Vol.-%, DV, €

WEINGUT STEINBACHHOF

Hofgut Steinbachhof 1
71665 Vaihingen/Enz-Gündelbach
T: +49 7042 370587, ulrich.eissler@steinbachhof.de
steinbachhof.de

Ab-Hof-Verkauf: jeder erste Sa im Monat 10–12 Uhr
Kellermeister: Ulrich Eißler
Ansprechpartner: Ulrich Eißler
Hektar: 5 ha

Wir freuen uns, dass der idyllische Steinbachhof nach einer längeren Pause wieder seine Weine anstellt. Auf fünf Hektar Fläche werden Lemberger, Riesling, Schwarzriesling, Spätburgunder, Trollinger, Weißburgunder und Chardonnay angebaut. Im Keller hat Eigentümer Ulrich Eißler wieder die Verantwortung übernommen, alle Weine sind mit viel Fingerspitzengefühl vinifiziert und überzeugen mit Balance und Finesse wie der Riesling Klosterberg. Wir starten die Neubewertung des Weinguts mit einem Stern, sind aber überzeugt, dass das noch nicht das Ende der Fahnenstange ist.

89+ 2022 Ensingen Schanzreiter Riesling* feinherb
Etwas blumig im Duft, Jasminblüten, reifer Pfirsich, Mango und Aprikose, auch ein Anflug von Melisse. Filigrane Struktur am Gaumen, gefühlvoll balanciert mit purer, süßlicher Frucht, wieder Pfirsich, Aprikose und Mango, adrettes Spiel von Süße und Säure, charmant. 12 Vol.-%, DV, €

89 2022 Horrheim Klosterberg Chardonnay trocken
Gelbe Blüten, auch leicht brenzlig, Aprikose, Birnenchutney, Mango, Passionsfrucht. Am Gaumen mit mittlerer Struktur, der Inhalt ist charmant und zugänglich aufbereitet: pure Aprikose und Mango, merkliche Fruchtsüße wird von der präsenter Säure transportiert. 12,5 Vol.-%, DV, €

89+ 2022 Gündelbach Steinbachhof Pinot Meunier Blanc de Noirs feinherb**
In der fein nuancierten Nase Himbeere, Johannisbeere, Cranberry, auch etwas knackige Heidelbeere. Filigraner Bau, linearer Verlauf, quicklebendige Säure, die Süße sorgt für Charme und Volumen, die reine, intensive Frucht hält sich lange. Aperitif mit Idee und Niveau. 12 Vol.-%, DV, €

90+ NV Lemberger Cuvée trocken
Weiche Nase mit Kirschen, Kirschkern, Pflaumen und Kräutern, Salbei, auch Sanddorn, etwas Holzwürze. Saftig und würzig am Gaumen in einer straffen, schlanken Struktur, saftig rotfruchtig, präsente Säure, feinkörniger Gerbstoff, viel Würze, nicht zu süß abgestimmt. 12 Vol.-%, DV, €

89 2022 Trollinger Blanc de Noirs feinherb

90+ 2022 Horrheim Klosterberg Riesling trocken**
Fein nuanciert im Duft, neben reifem Steinobst steinig-mineralische Anklänge, Aprikose, Aprikosenhaut, weißer Pfirsich. Schlanker Bau, am Gaumen elegant mit lebendiger Säure und korrespondierender Fruchtsüße, feine Mineralik, zielt auf Finesse und nicht auf Kraft ab.
12,5 Vol.-%, DV, €€

★★

WEINGUT STERNEISEN

Mühlstraße 10, 73630 Remshalden
T: +49 176 38641541, info@weingut-sterneisen.de
weingut-sterneisen.de

Ab-Hof-Verkauf: nach Vereinbarung
Kellermeister: Claudia Dorn
Ansprechpartner: Claudia Dorn
Flaschen/Hektar: 20.000/3,5 ha
Anbauweise: in Umstellung

Vor sechs Jahren startete Claudia Dorn ihr Herzensprojekt und kelterte in der Garage Trauben von ihrem ersten halben Hektar. Die Winzertochter kann es. In kürzester Zeit machte sie sich mit sehr natürlichen, gut balancierten Rot-, Rosé und Weißweinen in der Region einen Namen. Heute ist ihr eigenes kleines Weingut auf 3,5 Hektar gewachsen. Ihr Rotwein »Zukunft« trägt einen treffenden Namen: Dieser Syrah (!) besitzt ausgeprägtes Reifevermögen. Und auch, dass sie mit der Loire-Sorte Chenin Blanc ein »Wagnis« eingegangen ist, war die richtige Entscheidung.

91 2022 »Wagnis – Blue Label« Chenin Blanc trocken
Zarter Birnenduft mit feiner Kräuteraromatik in der Nase. Schmeckt sortentypisch nach Chenin Blanc. Vibrierende Säure und rauchige Anklänge begleiten den kraftvollen Auftritt am Gaumen. Der Abgang besitzt eine sehr gute Länge. 14 Vol.-%, DV, €€

90 2022 »Abendglut« Grauburgunder tr.
Ein recht komplexes Duftbild: hefige Noten nach Sauerteig und frisch gebackenem Brot, daneben auch Anklänge von Mirabellen und Küchenkräutern. Im Mund zeigt sich der Wein kräftig und bei präsenter Säure doch gut ausgewogen mit einer Spur Phenolik. 13 Vol.-%, DV, €

89 2022 »Brücke« Rosé trocken
Frischer, sehr klarer Duft mit Noten von Kräutern wie Basilikum, Petersilie und Zitronengras, daneben findet man Aromen von roten heimischen Früchten. Insgesamt leicht und ausgewogen bei herb anmutender Fruchtsäure, mittelkräftig im Abgang. 13 Vol.-%, DV, €

91 2021 »Zukunft – Blue Label« Syrah tr.
Dieser Rote gehört mit seinem Format zur gehobenen Klasse der Württemberger Weine. Bereits in der Nase erfreuen die warm anmutenden würzig-mediterranen Komponenten. Wuchtig und sicher sowie langlebig präsentiert er sich auch am Gaumen mit einer beachtlichen Konzentration. 13,5 Vol.-%, NK, €€

89 2021 »Dickhäuter« Cuvée trocken ZW/SY/LMB/CF

90 2022 »Herkunft« Riesling trocken
Duftet nach Weinbergpfirsich und Weißer Johannisbeere, dazu kommen mineralische Töne. Die remstaltypische Säurestruktur ist von deutlichen Zitrusaromen begleitet. Dabei bleibt der Wein bis hinein in einen Abgang von guter Länge erfrischend und belebend. 13 Vol.-%, DV, €

★★★

WEINGUT DER STADT STUTTGART

Breite Straße 4, 70173 Stuttgart
T: +49 711 21657507, weingut@stuttgart.de
weingutstuttgart.de

Ab-Hof-Verkauf: Di und Mi 10–17 Uhr, Do und Fr 10–18 Uhr, Sa 10–14 Uhr
Kellermeister: Frank Haller
Ansprechpartner: Timo Saier
Flaschen/Hektar: 100.000 (50 % weiß, 50 % rot)/16 ha
Anbauweise: Bio

Es gibt gute Gründe, in Stuttgart leben zu wollen, gleich sechs davon wurden uns für den diesjährigen Guide eingeschickt. Was das Team um Timo Saier und Kellermeister Frank Haller hier vorgelegt hat, ist eine stadtinterne Beförderung wert. Die Rieslinge besitzen Stoff und Struktur, während Lemberger und vor allem Syrah das Potenzial der absoluten Innenstadtlage Mönchhalde aufzeigen. Und der rote Stadtwein ist für alle – preiswert, frisch und dennoch wertig. Um die Stuttgötter gnädig zu stimmen, wird das Ganze bereits biologisch bewirtschaftet. Daumen hoch!

92 2019 »KB« Obertürkheim Kirchberg Riesling trocken
Der »KB«, vielmehr »Kirchbuggl«, zeigt viel Farbe im Glas, in der Nase viel Reife, Hefe, Holz – und es ist ein Riesling! Am Gaumen vermählen sich eine konsequente Säureader mit einer ordentlichen Stoffigkeit und cremigen Würze. Schlicht: richtig stark. 13 Vol.-%, DV, €€

91 2022 Bad Cannstatt Halde Chardonnay trocken
Erste Überraschung in der Nase: ein Chardonnay, der im ersten Moment eher an Silvaner erinnert, dazu ein wirklich feiner Holztouch. Zweite Überraschung im Mund: ungemein dicht, viskos, von einer gleitenden Kraft geprägt, gelbfruchtig. Ein Charakterkopf, ganz ohne Zweifel. 13 Vol.-%, DV, €€

92 2020 Stuttgart Mönchhalde Syrah trocken
Veilchen in der Nase, dazu reife, fast etwas angetrocknete Brombeere, Wacholder, etwas Lakritze – ja, so etwas entsteht mitten in Stuttgart. Am Gaumen viel pfefferige Würze, eher gedeckte Frucht, in Gewürze eingebunden. Sehr attraktiv gemacht – und ein exzellenter Steakwein!
13 Vol.-%, DV, €€

91+ 2020 Stuttgart Mönchhalde Lemberger trocken
Feine Noten in der Nase, nichts Vordringliches. Brombeere kommt vor, auch etwas Holundermark. Am Gaumen scheint die Mönchhalde erst texturell leicht, auch dank der Säure, aber das feine Süßegefühl an der Zungenspitze beweist die beachtliche Reife. Nicht unterschätzen! 13,5 Vol.-%, DV, €

90+ 2021 Bad Cannstatt Zuckerle Riesling trocken

90 2021 »Stadtwein Rot« trocken SL/PN
Was dürfte ein preisgünstiger, roter Stuttgarter enthalten? Trollinger? Nein, 90 Prozent Sankt Laurent! Gar nicht harmlos in der Nase, dichte Him- und Brombeere, Holzeinfluss. Am Gaumen weiter Beerenfrüchte, frische Säure, sogar feine Gerbstoffe. Für 6,90 Euro. Uff. 13 Vol.-%, DV, €

★

TEAMWERK ESSLINGEN

Lerchenbergstraße 16, 73733 Esslingen-Mettingen
T: +49 711 9189620
jochen.clauss@teamwerk-esslingen.de
teamwerk-esslingen.de

Ab-Hof-Verkauf: Mo bis Fr 10–18 Uhr, Sa 9–16 Uhr, So 12–16 Uhr
Kellermeister: Jochen Clauß
Ansprechpartner: Ramona Fischer
Hektar: 72 ha

Aus den Weingärtnern Esslingen entstand im April 2022 das Teamwerk Esslingen, das den Gedanken der Genossenschaft modern interpretiert. Die Wengerter vom Teamwerk bewirtschaften eine Rebfläche von rund 72 Hektar, davon 26 Hektar terrassierte Steillagen, in denen neben Lemberger und Trollinger auch Cabernet Sauvignon, Merlot und Syrah wachsen. Kellermeister Jochen Clauß keltert die Trauben zu durchaus eigenständigen Weinen wie dem auf schlanke Art verdichteten Sauvignon Blanc »Stufe 8« oder dem dunkelwürzigen, imposanten Syrah. Dieses Teamwerk überzeugt auf ganzer Linie!

89+ 2022 »Ebene 3« Riesling Kabinett
Feiner Duft nach Pfirsichblüte, Apfel, Zitronenmelisse und Gesteinsmehl. Am Gaumen saftig und frisch mit einem gut ausbalancierten Spiel zwischen Süße und Säure, reife Zitrusfrucht, Mandarine, würzig, griffig, gute Struktur und Länge, sehr trinkig, macht Freude als Aperitif. 10,5 Vol.-%, DV, €

88+ 2022 »Ebene 3« Muskateller trocken
Ausgeprägtes Sortenbukett mit Muskatblüte und Muskatnuss, Litschi und Maracuja, frisch, fruchtig. Filigrane Struktur am Gaumen, geradlinig mit frischer Säure und korrespondierender Fruchtsüße, feine Würze, Muskatnoten finden sich auch im Mund, saftig, klar im Ausdruck. Als Aperitif.
11,5 Vol.-%, DV, €

91 2019 Esslingen Burg Syrah trocken
Mächtig, würzig und dunkel. Schwarze Kirschen, Cassis, herbe, dunkle Schokolade, dunkler Tabak, Holzwürze, schwarzer Pfeffer. Konzentriert am Gaumen mit guter Substanz, dunkelwürzig mit schwarzen Kirschen, Cassis und dunklen Waldbeeren, die Tannine sind reif, halten Reserven bereit.
13,5 Vol.-%, NK, €€€

90 2021 »Stufe 8« Merlot trocken
Viel Würze im Duft, reife Pflaumen und dunkle Kirschen, dunkler Tabak, feine Röstaromen. Stoffig und würzig am Gaumen, da wird einiges geboten, die fein ziselierte Säure sorgt für Balance, mittlerer Extrakt, die Gerbstoffe haben Grip genug, um die Spannung hochzuhalten.
13,5 Vol.-%, DV, €€

88+ 2022 »Ebene 3« Muskat-Trollinger Rosé feinherb

90 2022 »Stufe 8« Sauvignon Blanc trocken
Prägnanter, fokussierter Duft mit Cassis, Mango und Maracuja, auch etwas Artischocke. Auch im Mund prägnant und auf schlanke Art verdichtet und konzentriert, die lebendige Säure sorgt für Schwung, würzige und auch leicht saline Noten, kräuterig, aparte Bitterkeit, individuell.
12,5 Vol.-%, DV, €€

★★

WEINGUT UNGERER

Harsberger Straße 15, 74629 Pfedelbach
T: +49 7949 940690, info@weingut-ungerer.de
weingut-ungerer.de

Ab-Hof-Verkauf: Mo bis Do 17.30–19 Uhr, Fr 14–19 Uhr, Sa 8–13 Uhr
Kellermeister: Karlheinz Ungerer
Ansprechpartner: Karlheinz Ungerer
Flaschen/Hektar: 70.000 (45 % weiß, 55 % rot)/8 ha

Es war 1993, als Karlheinz Ungerer das Weingut gründete – sein Vater hatte die Trauben aus dem Trollingerweinberg der Familie noch an die Genossenschaft abgeliefert. Heute ist das Weingut auf eine Größe von acht Hektar gewachsen und es werden sage und schreibe 20 Sorten angebaut. An mehreren Wochen im Jahr lädt die Besenwirtschaft zu Speis und Trank ein. Zur deftigen Hausmannskost dürfte ein Wein wie der Lemberger »Edition Q« sehr gut passen. Wer eher »Sehnsucht« nach einem Glas Weißwein hat, ist mit dem gleichnamigen Sauvignon Blanc ebenfalls bestens versorgt.

89+ 2021 »Große Tradition« Gewürztraminer trocken
Sortentypisch duftig in der Nase, Litschi, reife Aprikosen, Rosenblätter, dezent Honig, Vanille. Am Gaumen cremiger Schmelz, reife Säure, reifer Früchtekorb mit merklicher Süße, voluminös, ein Wein für würzige Speisen mit Kraft oder anstatt eines Desserts. 13 Vol.-%, NK, €€

89 2022 »Sehnsucht« Sauvignon Blanc trocken
Intensiv im Duft, Brennnessel, grüner Paprika, grüne Stachelbeeren, Kiwi, Maracuja, Buchsbaum, dezent Rauch und weißer Pfeffer. Am Gaumen geschmeidig, cremiger Kern, gut integrierte reife Säure, saftige Frucht mit dezenter Süße und schöner Länge, in sich stimmig und vielseitiger Speisenbegleiter. 13,5 Vol.-%, DV, €€

90 2021 »Unglaublich« Cuveé trocken BF/AC/DF
Duftige Nase, Schwarze Johannisbeeren, Zwetschgen, Süßkirschen, getrocknete Kräuter, balsamische Noten, Holzwürze, Nugatschokolade, dezent Rauch. Am Gaumen viel Saft, frische Frucht, feine Würze, samtiges Tannin, lebendige, reife Säurestruktur, schöne Länge, Trinkfluss. 13,5 Vol.-%, NK, €€

90 2019 Cabernet Franc trocken
Intensiv im Duft, saftige Frucht, gepaart mit Würze, rote sowie dunkle Beeren, Schwarzkirschen, Pfeffer, Röstnoten, Veilchen, Minze. Am Gaumen mit Kraft, dicht, Holzwürze, samtiges Tannin, gut integrierte reife Säure, im langen Nachhall saftige Frucht, lange am Gaumen. 13,5 Vol.-%, NK, €€

89 2022 Chardonnay Spätlese trocken

89+ 2020 »Edition Q« Lemberger trocken
Duftig, würzig in der Nase, Zimt, Nelken, Süßkirschen, Himbeeren, Brombeeren, Pflaumen, Anis, dezent pfefferig. Am Gaumen saftige Beerenfrucht, Pflaumen, Kirschen, samtiges Tannin, gut integrierte Säure, ausbalanciert, ein schöner Begleiter zur Vesper oder an einem Grillabend. 13,5 Vol.-%, DV, €€

★★★★

WEINGUT WACHTSTETTER

Michelbacher Straße 8, 74397 Pfaffenhofen
T: +49 7046 329, info@wachtstetter.de
wachtstetter.de

Ab-Hof-Verkauf: Do und Fr 9–12 Uhr und 13.30–18 Uhr, Sa 9–16 Uhr und nach Vereinbarung
Kellermeister: Rainer Wachtstetter
Ansprechpartner: Rainer Wachtstetter
Flaschen/Hektar: 130.000 (35 % weiß, 65 % rot)/20 ha
Anbauweise: in Umstellung

Wir würden gerne mal schreiben, dass Rainer Wachtstetter mit die besten Rieslinge in Württemberg macht. Die sind zweifelsohne sehr gut und müssen sich keineswegs verstecken, aber sein großes Können zeigt sich vor allem bei seiner liebsten Rebsorte, dem Lemberger. Da zieht der Pfaffenhofener Winzer alle Register, angefangen beim leider nicht angestellten Sekt bis zum dichten, saftigen und würzigen Großen Gewächs, gefolgt von der Variante »Junges Schwaben«. Unsere Empfehlung, die frankophil angehauchte Cuvée »Ernst Combé« imponiert mit Dynamik und Stilsicherheit.

92+ 2021 Pfaffenhofen Mühlberg Riesling GG
Brillant in der Farbe, vielschichtig im Duft. Aromen von Weinbergpfirsich, grünem Apfel, Gesteinsmehl und Rauch. Am Gaumen weiche Säure, viel Extrakt, leichte Phenolik und Kräuterwürze. Alles von guter Säure balanciert. Benötigt noch Zeit für sein Potenzial. 12,5 Vol.-%, NK, €€€

91 2021 Pfaffenhofen Hohenberg Riesling trocken
Zitronengelb in der Farbgebung und zunächst reif im Duft. Aromen von Maracuja, gelbem Pfirsich, gelbem Apfel und Mirabelle. Am Gaumen balanciert eine gute Säure die reife Frucht und bringt zugleich Zug und Grip. Ebenso ein guter Speisenbegleiter. 12,5 Vol.-%, DV, €€

94 2019 Pfaffenhofen Spitzenberg Lemberger GG
Ein Duft von Wiesenkräutern, Zartbitterschokolade, schwarzer Kirsche, Brombeere und auch Holunderblüte. Am Gaumen viel Substanz und Tiefe, dabei saftig und trinkig durch gute Säure und einen vibrierenden Spannungsbogen. Feiner Gerbstoff hoher Güte bei langem Nachhall.
13,5 Vol.-%, NK, €€€

93 2020 »Junges Schwaben« Pfaffenhofen Hohenberg Lemberger Erste Lage trocken
Purpur in der Farbe. Ein Duft von weißem Pfeffer, Blaubeere, Schwarzkirsche, rotem Paprika und Vanille. Am Gaumen körperreich mit attraktivem Gerbstoff und fein eingebundener Säure. Stoffig, lang und saftig mit Struktur und Tiefe. Toller Vertreter dieser Rebsorte. 13,5 Vol.-%, NK, €€€

91 2022 Pfaffenhofen Hohenberg Grauburgunder Erste Lage trocken

93+ 2019 »Cuvée Ernst Combé Reserve« tr. LMB/ME/CF
Würzig und körperreich im Duft. Aromen von schwarzer Kirsche, Brombeere, Cassis und Piment. Druckvoll und mit guter Dynamik am Gaumen, gute Säure, die das griffige, feines Tannin und die präsente Frucht balanciert. Stilsichere Cuvée mit viel Potenzial. 13,5 Vol.-%, NK, €€€

WEINGUT WEIHBRECHT

Hauptstraße 20, 74626 Bretzfeld-Schwabbach
T: +49 7946 2788, info@weingut-weihbrecht.de
weingut-weihbrecht.de

Ab-Hof-Verkauf: nach Vereinbarung
Kellermeister: Simon Weihbrecht
Ansprechpartner: Regina Weihbrecht
Hektar: 7 ha
Anbauweise: in Umstellung

Schlachtplatte, Bratwürste und Sauerkraut, Steaks, Schnitzel, Maultaschen, Kartoffelsalat und Spätzle, Vesperteller und Käsespezialitäten: Das ist nur ein Auszug aus der Speisekarte, die das Weingut Weihbrecht in ihrer Besenwirtschaft anbietet. Dazu werden substanzvolle und mit Gefühl vinifizierte Weine serviert, die darauf angelegt sind, den Genuss zu erhöhen. Danach sollte man bei den Weihbrechts im Hohenloher Land übernachten. Mit ihrem »Primus S« ist Simon Weihbrecht übrigens in einer guten Kollektion ein hervorragender Rotwein gelungen. Mehr davon!

90+ NV »Ceres« Riesling trocken
Bernsteinfarben. Viel Reife und Würze im intensiven Duft, Rauch, getrocknete Aprikose, Feige, Orangeat, Malz, Kräuterlikör. Am Gaumen stoffig, mit Dichte, kräftig, auch im Alkohol, tragende, würzige Säure, eine Menge reifer Phenole, ein ganz schöner Brocken. 13,5 Vol.-%, NK, €€

89+ 2021 »S« Chardonnay trocken
Kräftiges Goldgelb, röstige Aromen, reife Ananas, Honigmelone und gelbe Pflaumen, auch etwas Kalk. Kompakter, fester Bau am Gaumen, saftige Ouvertüre im Mund, hat Fülle, Substanz, Würze und Schmelz, tragende Säure, im Finale mit feiner Zitrik. Kulinarisch wertvoll. 12 Vol.-%, DV, €

89 2022 Sauvignon Blanc trocken
Kräftiges Goldgelb. Reife Spätlesefrucht im Duft, gelbe Stachelbeere, Mango, Papaya, Konfitüre von Schwarzer Johannisbeere. Am Gaumen mit Saft und Fülle bei einem geringen Alkoholgehalt, recht frische Säure, die mit etwas Zitronensaft für einen Kontrast sorgt. Hallt nach. 11,5 Vol.-%, DV, €

89 2022 Muscaris
Intensiver Duft nach Muskatblüten, etwas Rosenwasser, schöne Würze, dazu reifer Pfirsich, intensiv. Am Gaumen mit süßem, stimmigem Schmelz, gut austarierte Säure sorgt für Frische, Rose und Muskatnuss, druckvoll und griffig, viel Würze, gute Länge. 11 Vol.-%, DV, €

89 2020 »S« Merlot trocken

92 2017 »Primus S« Cuvée trocken ME/LMB
Dezenter, feiner Duft nach roten und dunklen Früchten, Bühler Zwetschge, reife, dunkle Süßkirsche, Heidelbeere und etwas Holunder. Stimmiger Holzeinsatz, reif und rund am Gaumen bei robustem Tanningerüst. Nachhaltig im Abgang, Wein mit gutem Potenzial. 14 Vol.-%, NK, €€

★★

WEINFACTUM

Rommelstraße 20, 70376 Stuttgart
T: +49 711 542266, info@weinfactum.de
weinfactum.de

Ab-Hof-Verkauf: Mo bis Fr 9–18 Uhr, Sa 9–14 Uhr
Ansprechpartner: Beate Nowak

Der Ursprung von Weinfactum liegt in der 1923 gegründeten Cannstatter Weingärtnergenossenschaft. Hundert Jahre später keltert der Betrieb Trauben aus einem deutlich weiteren Einzugsbereich, die Steillagen in der Cannstatter Lage Zuckerle reichen schon lange nicht mehr aus, um die Nachfrage der Kenner und Genießer zu befriedigen. Dieses Jahr hat uns die Kooperative bei den Weißweinen drei Bukettsorten geschickt: Der fein nuancierte Gewürztraminer ist unser Tipp. Bei den Rotweinen erweist sich die »Edition 1923« als würdiger Jubiläumswein: butterweicher Auftakt und dennoch viel Kraft.

89+ 2021 Muskateller Sekt trocken
Duft nach frisch geriebener Muskatnuss, dazu Orangenblüte und etwas rote Grapefruit, zarte Rose, sehr aromatisch. Am Gaumen mit feinem Mousseux, erneut Muskatnuss, dazu reife Zitrusfrüchte, gut integrierte Säure, zarte Süße, harmonisch, schöner Aperitif. 10,5 Vol.-%, NK, €

89+ 2022 Sauvignon Blanc trocken**
Im Duft: Brennnessel, Paprika, grüne Stachelbeere. Im Mund eröffnet der Wein mit lebendiger Säure, er wird von feiner Phenolik und intensiver Saftigkeit getragen, eine Prise Kohlensäure gibt Frische. Ein angenehmer Sortentyp. 12,5 Vol.-%, DV, €

91 2019 »Edition 1923*« Cuvée trocken LMB/ME/CS**
Kräftiges Neuholz und Schwarze Johannisbeere, auch dunkle Schokolade. Im Mund beginnt der Wein ausladend weich, sehr cremig, die Gaumenmitte ist dicht mit feinkörnigem Tannin besetzt, die Fülle geht einher mit milder Säure, der Alkohol ist sehr gut integriert. 13 Vol.-%, NK, €€€

90 2019 Lemberger* trocken**
Im Duft Rumrosine, Feige, getrocknete Schwarzkirsche, Schokopulver, Vanille. Der Gaumen beginnt sehr weich, ist in der Gaumenmitte von körnigem Gerbstoff (auch Holztannin) bestimmt, der Weine endet mit einem leichten Hang zur Breite. 13,5 Vol.-%, DV, €€

89 NV »Travertin« Cuvée trocken**

90 2022 Gewürztraminer trocken**
Ein recht klarer und würziger Duft: Rose und Rosenholz, Lavendel, kandierte Früchte, Nougat de Montélimar. Im Mund zeigt sich ein kraftvoller Wein, mit merklicher Süße bei markanter Säure und guter Länge. Lässt sich sicher sehr gut zu pikanten Currys genießen. 12,5 Vol.-%, DV, €

★★

WEINKONVENT DÜRRENZIMMERN

Meimsheimer Straße 11, 74336 Brackenheim
T: +49 7135 95150,
info@weinkonvent-duerrenzimmern.de
weinkonvent-duerrenzimmern.de

Ab-Hof-Verkauf: Mo bis Fr 10–12.30 Uhr und 13.30–18 Uhr, Sa 9–13 Uhr
Kellermeister: Miguel Essig
Ansprechpartner: Mirko Semmler-Lins
Flaschen/Hektar: 1.800.000 (30 % weiß, 70 % rot)/180 ha

Brackenheim ist deutschlandweit bekannt als Geburtsort von »Papa« Theodor Heuss, dem ersten Bundespräsidenten der Bundesrepublik Deutschland. Es ist natürlich Spekulation darüber nachzusinnen, ob der große Liberale, lebte er heute, statt der Flasche Lemberger, die er nach eigener Aussage zum Schreiben einer Rede benötigte, auch eine Flasche Cabernet Franc akzeptiert hätte. Aber die Zeit ist nicht stehen geblieben und Brackenheims dynamische Genossenschaft dekliniert die roten Sorten durch Vergangenheit (Portugieser!) und Zukunft, dass es eine Freude ist.

91+ 2020 »Divinus« Spätburgunder trocken
Hier wurde ein Spätburgunder perfekt mit dem Eichenholz vermählt. Noten von Räucherspeck Noten und Kräuterwürze dominieren im Duft bei anklingender Himbeeraromatik. Kraftvoll der Auftritt am Gaumen bei guter Säurestruktur, das ganze begleitet von körnigem Tannin. Kraftvoll auch der Nachhall. 14 Vol.-%, NK, €€€

91+ 2020 »Divinus« Portugieser trocken
Noten von Weihrauch, Eichenholz, Kaffeenoten und Rumtopffrucht dominieren kraftvoll den Duft. Der erste Geschmackseindruck ist ausladend bei kräftigem Alkohol. Dann sorgt der reife Gerbstoff für Balance. Eingelegte Sauerkirschen, Brombeeren und Schlehen im langen Abgang, dazu viel Holzpower! 14 Vol.-%, NK, €€€

90+ 2019 »Divinus« Cabernet Franc trocken
Trockene Pflaumen, Cassis und getrocknete Wildkräuter bei viel Holzduft lassen einen kraftvollen Wein erahnen. Schmelzige Alkoholsüße wird flankiert von einem kräftigen Tanningerüst. Schier endlos die Rumtopfaromatik, die den Geschmack dominiert. Zu Wildgerichten! 13,5 Vol.-%, NK, €€€

90 2020 »Cellarius Benedictus« Cuvée tr. LMB/CD/BP/CS/SY
Tiefdunkel der Auftritt im Glas, nahezu schwarz. Im Duft intensive Beerenaromatik mit gut eingebundener Holznote. Am Gaumen viel Sauerkirsche, die diesen von seinem Volumen geprägten Wein saftig ergänzt. Lang im Abklang. 14 Vol.-%, DV, €€

89+ 2020 »Divinus« Merlot trocken

89+ 2022 »Cellarius Exclusiv« Grauburgunder trocken
Die typische Burgunderaromatik im Duft. Auch Bäckerhefe und frische Kräuter lassen sich riechen. Am Gaumen dann etwas frisch geriebene Muskatnuss und dezente Noten von Pfirsich. Schmelzig und gediegen der gesamte Auftritt bei lebhafter Säure, mittelkräftig der Nachhall. 13 Vol.-%, DV, €

★

WEINMANUFAKTUR INGELFINGER FASS

Schlossstraße 14, 74653 Ingelfingen
T: +49 7940 91650, info@schlosshotel-ingelfingen.de
schloss-hotel-ingelfingen.de

Ab-Hof-Verkauf: Ja
Kellermeister: Dominik Weisser
Ansprechpartner: Jürgen Kerl
Flaschen/Hektar: 13.300 (47 % weiß, 41 % rot, 9 % Rosé, 3 % Schaumwein)/3,2 ha
Anbauweise: in Umstellung

Die Weinmanufaktur Ingelfinger Fass besitzt keine eigene Kellerwirtschaft, der Ausbau der Weine erfolgt im bekannten VDP-Weingut Fürst Hohenlohe Öhringen. Aber sie besitzt eigene Weinberge unterhalb der Ruine Lichteneck mit Silvaner und Riesling, der Hohe Berg zählt zu der besten und steilsten Lagen im Kochertal – wie auch unser Falstaff-Tipp und die lebendigen, mineralisch grundierten Rieslinge nachweisen. Im Herbst 2023 wurde der erste Jahrgang in Bioqualität geerntet, die Umstellung auf biologischen Weinbau dürfte das Profil der Weine weiter schärfen. Wir sind gespannt.

90+ 2022 Ingelfingen Hoher Berg Riesling Spätlese feinherb
Würzig-mineralischer Duft, Limonenschale, Mandarine, rote Grapefruit, dahinter feine Kräuter mit Minze. Am Gaumen mit viel Schmelz und Zug, lebendige Säure, satte, zitrische Aromen, zupackend, dicht gewoben, mineralisch geprägt, dezente Süße, gute Länge. 11 Vol.-%, DV, €€

90 2022 Ingelfingen Hoher Berg Riesling feinherb
Rauchig-würziger Duft, feine Mineralik, Limettenschale, nasser, heißer Stein, kreidig. Am Gaumen mit schönem Druck, lebendige Säure, ganz verhaltene Süße, zitrische Aromen überwiegen, dazu etwas Minze und Thymian, mineralisch grundiert, gute Länge. 12 Vol.-%, DV, €

89 2022 Ingelfingen Hoher Berg Schwarzriesling trocken
Fruchtig-süße Waldbeeren wie Himbeere und reife Brombeere, dunkle Kirschen, etwas Holunder und Schlehe. Auch am Gaumen steht die pure Frucht im Vordergrund, saftig, der feinkörnige Gerbstoff in geringer Menge ist nicht strukturbildend, der Trinkfluss dominiert. 13 Vol.-%, DV, €

89 2022 »Fass No 2« Ingelfingen Cuvée tr. BP/AC/PN/ME
Fruchtig-würzige und zugängliche Nase, rote und auch dunkle Kirschen, Brombeere und Zwetschge. Auch am Gaumen mit einer Balance, die auf Zugänglichkeit und Geschmeidigkeit abzielt, mit weicher Säure und mildem Gerbstoff, nicht zu kompliziert, trinkig. 13 Vol.-%, NK, €

88+ 2022 »Fass No 1« Ingelfingen Cuvée tr. GS/RR/MT

90 2022 Ingelfingen Hoher Berg Silvaner trocken
Schon im Duft zeigt sich feine kalkmineralische Würze zu reifer Apfelfrucht, auch Birne, Honig, Wiesenkräuter, ein Hauch Sternanis. Kompakt gebaut am Körper, saftig, würzig, mit cremiger Fülle, die präsente Säure belebt, die würzige Mineralik sorgt für Profil. 12,5 Vol.-%, DV, €

★★★

WEINMANUFAKTUR UNTERTÜRKHEIM

WEINMANUFAKTUR
UNTERTÜRKHEIM

Strümpfelbacher Straße 47, 70327 Stuttgart
T: +49 711 3363810, info@weinmanufaktur.de
weinmanufaktur.de

Ab-Hof-Verkauf: Mo bis Fr 9–12.30 Uhr und 13.30–18 Uhr, Sa 9–14 Uhr
Kellermeister: Jürgen Off
Ansprechpartner: Saskia Wörthwein
Flaschen/Hektar: 650.000 (37 % weiß, 55 % rot, 5 % Rosé, 3 % Schaumwein)/95 ha

Die Untertürkheimer Kooperative besitzt einen hervorragenden Ruf – zum einen, weil die Mitgliedswinzer gute Lagen besitzen und fleißig sind. Zum anderen auch, weil Kellermeister Jürgen Off mit seinem weiten Horizont ein Garant dafür ist, dass die Weine sowohl im preislichen Basissegement als auch bei den extravaganteren Kelterungen Hand und Fuß haben. Aus der preislich zugänglichen Kategorie machen wir dieses Jahr den Grauburgunder zum Tipp, der Weinnovizen und -kenner gleichermaßen abholt. Die Toprotweine brauchen eigentlich nur eines: noch etwas Zeit.

90 2022 Viognier** trocken

Im Duft könnte der Sortentyp nicht besser getroffen sein: Aprikose, Aprikosenhaut, ein Anflug floraler Töne, und etwas Rauchiges fast wie von Traminer. Im Mund hat der Wein einen stabilen Säurekern, mittlere Stoffigkeit und einen kitschfreien, straighten Abklang. 13 Vol.-%, DV, €€

92 2021 Untertürkheim Mönchberg Spätburgunder*** trocken

Sauerkirsche im Duft, Rote Johannisbeere, Granatapfel, etwas Minze und Thymian, dezentes Holz. Am Gaumen zeigt sich ein gut gebauter, mittelgewichtiger Wein, jahrgangstypisch sehnig, aber mit integrierter Säure, mit guter Saftigkeit und sehr guter Länge. 13 Vol.-%, NK, €€€

91+ 2020 Untertürkheim Mönchberg Lemberger*** trocken

Würziges Holz, Lebkuchen, Sauerkirsche, etwas Vanille. Im Mund zeigt sich ein reifes, leicht anhaftendes Tannin, dicht, ein wenig körnig, mit guter Säurebegleitung und einer adretten Abgangsfrucht. Ein gehaltvoller Lemberger mit gutem Potenzial für eine würzige Entfaltung. 13,5 Vol.-%, NK, €€€

90+ 2020 Untertürkheim Altenberg Merlot*** trocken

Ein dichtes Duftbild: Rauch und Holunder, dunkle Schokolade, dunkle Beeren. Im Mund hat der Wein Spannung und ein dichtes Gerbstoffgerüst, ein Anflug von Rappigkeit ist ebenso wie der kräftige Alkohol weitgehend integriert. Ist noch sehr jung, braucht Zeit. 14 Vol.-%, NK, €€€

89 2021 »Mönch Berthold«** trocken LMB/CF/SY/ME/CU

90 2022 Grauer Burgunder** trocken

Ein sortentypischer Duft im Spätleseformat: Aromen von gesüßten Heidelbeeren, Esskastanie und rotem Apfel. Am Gaumen hat der Wein einen mittelgewichtigen Bau, eine mineralische Tönung, saftige Säure und dezente Süße, der Abklang ist pointiert und frisch. 13 Vol.-%, DV, €€

★★★

STAATSWEINGUT WEINSBERG

Traubenplatz 5, 74189 Weinsberg
T: +49 7134 504167, florian.solymari@lvwo.bwl.de
staatsweingut-weinsberg.de

Ab-Hof-Verkauf: Mo bis Fr 10–18 Uhr, Sa 10–16 Uhr
Kellermeister: Florian Solymari
Ansprechpartner: Florian Solymari
Flaschen/Hektar: 267.000 (44 % weiß, 57 % rot, 4 % Rosé, 1 % süß, 4 % Schaumwein)/40 ha

Unter den Weingütern der staatlichen Versuchsbetriebe hierzulande hatten die Weine aus Weinsberg schon lange einen besonders guten Ruf. Jetzt überrascht uns das Staatsweingut mit einem Riesling-GG, das offenbar spontan im Holzfass vergoren wurde. In Weinsberg forscht man an Neuem, gibt aber auch uralten Traditionen eine neue Chance. Beides findet unseren Applaus. Aus der Kollektion ragt der Lemberger vom Schemelsberg heraus, wir möchten aber auch den in die Zukunft gedachten Sangiovese (O-Ton aus der Probennotiz: »eher Maremma als Chianti«) nicht unerwähnt lassen.

91+ ● 2019 »Grande Cuvée 1868« brut PM/PN/WB
Stabile Perlage, feine goldgelbe Reflexe im Glas, deutliche Nase nach Hefe und Grafit, am Gaumen fein cremig und dicht mit ausbalancierter Säure, nicht fruchtbetont, dafür würzig mit zartem Raucharoma. Fülliger, aber dennoch eleganter Nachhall, animierend! 13,5 Vol.-%, NK, €€

93 2021 Burg Wildeck Herrschaftsberg Riesling GG
Wachs und Kräuter im Duft, auch eine Prise Holzeinfluss und Spontangärung. Orangeat. Lavendel. Der Gaumen beginnt rund und geschmeidig, mit feinem Phenoldruck und zurückhaltender Säure sowie mit einem Abgang, der neben hefigen Noten auch würzige Terpenaromen aufweist.
12,5 Vol.-%, NK, €€€

94 2020 Weinsberg Schemelsberg Lemberger GG
Eine pfefferig unterlegte Kirschfrucht strömt aus dem Glas, auch Aromen von Lebkuchen und Halbbitterschokolade. Der Gaumen macht einen mächtigen Tannindruck auf, dabei sind die Gerbstoffe feinkörnig, frisch und saftig, die Frucht ist dicht – das hat ein Riesenpotenzial! 13,5 Vol.-%, NK, €€€

92+ 2019 Gundelsheim Himmelreich Spätburgunder GG
Der Wein ist rauchig, hat fast Specknoten, aber auch Kirschfrucht. Im Mund zeigt sich ein dichtes, festes Gerbstoffgerüst, das auch nach vier Jahren Reife noch dominant auftritt. Die gute Aromendecke und der geschmeidige Hintergrund garantieren eine harmonische Entfaltung. 12,5 Vol.-%, NK, €€€

92+ 2020 »H.A.D.E.S« Chardonnay trocken
90 2022 Abstatt Riesling trocken
90 2022 Muskateller trocken
92 2019 »Grande Réserve H.A.D.E.S« Cuvée trocken CS/ME/CF
91+ 2018 »Traumzeit« Cuvée trocken CD/AC/SY/CU/CF
91 2020 »H.A.D.E.S« Sangiovese trocken

90 2022 Sauvignon Blanc trocken
Im Duft mit frischen Aromen aus der eher grünen Abteilung: Paprika, frisch geschnittenes Gras, Mango, auch Cassis. Kein Leichtgewicht am Gaumen, kraftvoll und voluminös, weiche Textur, saftige, leicht süße Frucht, schöne Würze, recht großzügig und doch fokussiert.
13,5 Vol.-%, DV, €

★★★★

WEINGUT WÖHRWAG

Grunbacher Straße 5, 70327 Stuttgart-Untertürkheim
T: +49 711 331662, info@woehrwag.de
woehrwag.de

Ab-Hof-Verkauf: Mo bis Fr 9–12.30 u. 14–18 Uhr, Sa 10–14 Uhr
Kellermeister: Hans-Peter Wöhrwag, Carsten Kämpf
Ansprechpartner: Christin Wöhrwag
Flaschen/Hektar: 160.000 (60 % weiß, 30 % rot, 10 % Rosé)/20 ha
Anbauweise: in Umstellung

Interessiert an der württembergischen Vielfalt? Dann hiergeblieben beim Weingut Wöhrwag! Da gibt es erst einmal Rieslinge, die sich vollkommen der gehobenen Speisenbegleitung widmen. Der »Mineral« aus dem Jahrgang 2021 ist dabei unser Tipp. Da gibt es aber auch die üppigeren weißen Vertreter, zu denen verblüffenderweise auch der äußerst spannende »Fumé Blanc« zählt. Bei den Roten mag ausschließlich die persönliche Vorliebe darüber entscheiden, ob man sich eher zu heimatlichen oder Bordelaiser Rebsorten hingezogen fühlt. Und diese Weine halten über Jahre.

93 2022 Untertürkheim Herzogenberg Riesling GG

Viel Farbe, dazu Reife und Dichtegefühl bietet das Große Gewächs aus dem Herzogenberg. Die Aromen führen blind fast ins Burgundische. Ruhig im Fluss, engmaschig in der Struktur, Hefeeinflüsse, gelbe Pflaume, etwas Knollensellerie, Ingwer – für den gehobenen Tisch. 12,5 Vol.-%, NK, €€€

92 2021 »Fumé Blanc« Sauvignon Blanc tr.

Ein Wein, der die Bezeichnung »Fumé« mehr als verinnerlicht hat. Deutlich rauchig in der Nase, Gäreinflüsse, Sommeliers Liebling, keinerlei Sauvignon-Aufdringlichkeit. Im Mund viel Strukturdichte, Viskosität und pfefferige Würze, die Säure dafür deutlich abgepuffert. Extrem individuell!
13 Vol.-%, NK, €€€

93 2021 Untertürkheim Herzogenberg Lemberger GG

In der Nase zeigt der Lemberger zunächst dunkle, ätherische Noten nach Wacholder und Holundermark. Im Mund wird es dann wesentlich expressiver mit viel Frucht in Form von Brombeere und Sauerkirsche. Die samtige Textur ist bereits angelegt – wunderbare Zukunftsaussichten!
13 Vol.-%, NK, €€€

92+ 2020 »X« Cuvée trocken CS/ME

Die Bordeaux-Cuvée mit einem Hauptanteil an Cabernet Sauvignon präsentiert sich wunderbar reif und strukturiert in der Nase. Also kein grüner Paprika, sondern Schwarze Johannisbeere, rote Pflaume und Nuancen von Buchs. Saft und Kraft in zivilisierter Form. 14 Vol.-%, NK, €€€

92 2022 Untertürkheim Herzogenberg Grauburgunder GG

91 2021 »Mineral« Untertürkheim Herzogenberg Riesling Erste Lage tr.

Ja, es gibt dieses Mal beim »Mineral« Frucht in der Nase, aber die ist völlig unspitz, vielmehr spürbar als elegant-zitroniger Touch im Gewebe von Lindenblüte und Mineralien. Wirklich trocken am Gaumen, konsequent und speiseneinladend. Ein wunderbarer Kontextwein. 12,5 Vol.-%, DV, €€

★★★

WEINGUT ZIPF

Vorhofer Straße 4, 74245 Löwenstein
T: +49 7130 6165, weingut@zipf.com
zipf.com

Ab-Hof-Verkauf: Mo bis Fr 13–18 Uhr, Sa 9–15 Uhr und nach tel. Vereinbarung
Kellermeister: Jürgen Zipf
Ansprechpartner: Jürgen Zipf
Flaschen/Hektar: 93.000 (46 % weiß, 37 % rot, 10 % Rosé, 2 % süß, 5 % Schaumwein)/12 ha

Jürgen Zipf schreibt uns, sein Betrieb sei ein »kleines und feines Familienweingut mit Liebe zum Detail und Weinen von individuellem Charakter«. Wir würden diese Aussage hier nicht aufgreifen, wenn wir sie nicht in vollem Umfang teilen könnten: Bei den Weißweinen präsentiert der Löwensteiner Winzer ein ums andere Mal Sortentypen, die auf Hochglanz poliert sind – und das erkennbarerweise nicht im Keller, sondern durch Sorgfalt im Weinberg und die Verwendung kerngesunder Trauben. Die Roten sind dicht gewoben, stoffig und würzig, wie man es sich wünscht. Sauber g'schafft!

90+ 2022 »Mineral« Grüner Silvaner trocken
Kräuterwürziger Duft, Zitronenmelisse, Brennnessel, Birnen, grüner Apfel, Cantaloupe-Melonen, getrocknetes Heu. Am Gaumen saftig, frisch, cremiger Schmelz, mineralische Würze, saftige Frucht, gut integrierte Säure, schöne Länge. Vielseitiger Speisenbegleiter. 13,5 Vol.-%, DV, €

90 2022 Weißburgunder mit Chardonnay tr. WB/CH
Duftige Nase, florale Noten, Lindenblüten, gelbe Frucht von Aprikosen, Birnen, Zitronenbutter, gemahlene Haselnuss, frische Mandeln. Am Gaumen feiner Schmelz, umspielt von Würze, lebendige Säure, saftige Frucht, alles gut ausbalanciert, in sich stimmig, ein Wein für jede Gelegenheit. 12 Vol.-%, DV, €

93 2020 »Junges Schwaben« Cuvée trocken LMB/PN/ME/CS
Vielschichtig im Duft, Cassis, Brombeeren, Schwarzkirschen, Zwetschgen, Blutorangen, schwarze Oliven, Zedernholz, Süßholz, dunkle Schokolade, Pfeffer. Am Gaumen dicht und kompakt, dennoch mit Eleganz, klare Frucht, feine Würze, reifer gut integrierter Gerbstoff, schöne Säurestruktur, lange am Gaumen, Reifepotenzial. 13 Vol.-%, NK, €€€

92 2019 Lemberger** trocken**
Dezent in der Nase, braucht Luft, Röstnoten, dunkle Beerenfrucht wie Brombeeren, Holunderbeeren, Schwarzkirschen, dunkle Pflaumen, dezent pfefferig. Am Gaumen zupackend, präsente Säure, knackiger Gerbstoff, gut im Extrakt und Dichte, feine Holzwürze, feine Frucht, lange am Gaumen. Reifepotenzial. 13,5 Vol.-%, NK, €€€

89+ 2020 »Prestige« Löwenstein Wohlfahrtsberg Cuvée tr. LMB/ME/BZ

91 2022 Grauburgunder* trocken**
Sortentypisch in der Nase, Quitten, roter Apfel, Birnen, gemahlene Mandeln, getrocknete Kräuter, leicht pfefferig. Am Gaumen knackig, frisch, Schmelz, saftige Frucht, feine Würze, gut integrierte Säure, in sich stimmig, ein Wein der jetzt und auch in ein paar Jahren Freude bringt. Vielseitiger Speisenbegleiter. 13 Vol.-%, DV, €

Burg Hohenbeilstein
am Rande der Löwensteiner Berge

WÜRTTEMBERG

GASTGEBER AUS LEIDENSCHAFT

Gemeinsam mit den Winzern der Region – als uneingeschränkten Experten, was das leibliche Wohl anbelangt – hat Falstaff die besten Genussadressen in Sachen Kulinarik sorgfältig ausgewählt und zusammengestellt.

97959 Assamstadt

Stefeles

Ein Kneipenrestaurant der gehobenen Art, ohne gezwungene Atmosphäre. Einfach zurücklehnen und genießen ist die Devise, denn die Küche spielt alle Stücke. Es gibt sogar eine separate italienische Karte mit Vor- und Hauptspeisen.

Mergentheimer Straße 20
+49 (6294) 429596
stefeles.de

P €€

Empfohlen von: Becksteiner Winzer

97980 Bad Mergentheim

Das Schaffers

Chefkoch Daniel Schaffers kocht persönlich! Bodenständig, von höchster Qualität, aus artgerechter Tierhaltung und von nachhaltigen Produzenten. Ein enger Kontakt zu den Lieferanten wird gepflegt und die Region damit gestärkt.

Edelfingerstraße 7
+49 (7931) 97120, dasschaffers.de

P €€

Empfohlen von: Weingut Johann August Sack, Becksteiner Winzer

Foto: beigestellt

74354 Besigheim

Marktwirtschaft

Frank Land und sein Team haben die Marktwirtschaft zu einem geselligen Treffpunkt für Genuss gemacht. Trendbewusst, aber ohne modischen Schnickschnack präsentiert sich diese Küche mit Bodenhaftung.

Marktplatz 2, +49 (7143) 9099091
marktwirtschaft-besigheim.de

€€

Empfohlen von: Weingut Dautel, Wein & Sektgut Hirschmüller

74321 Bietigheim-Bissingen

Maerz

Immer wieder spannend, wie Benjamin Maerz in seinen tiefgründigen Gerichten die Heimat mit der weiten Welt verknüpft. Sein Bruder Christian serviert dazu nicht nur feine Weine, sondern auch Craftbier fachkundig.

Kronenbergstraße 14
+49 (7142) 42004
maerzundmaerz.de

P €€€

Empfohlen von: Weingut Siegloch

73728 Esslingen am Neckar

Palmscher Bau

Ein Besuch gleicht einer Zeitreise, denn die Räume haben viel zu erzählen. Gleich vier traditionelle, urige Gaststuben sind themenspezifisch eingerichtet und präsentieren die Geschichte Esslingens auf eine kulinarische Weise.

Innere Brücke 2
+49 (711) 350245
palmscher-bau.de

€€

Empfohlen von: TeamWerk Esslingen

73728 Esslingen am Neckar

Posthörnle

Das nette Lokal hat das Flair eines Bistros. Die Küche gibt sich deutsch, aber auch oft mediterran wie bei schwarzer Pasta mit gebratenen Garnelen. Auch das vegetarische und das vegane Menü schmecken vorzüglich.

Pliensaustraße 56
+49 (711) 50629131
posthoernle.de

€€

Empfohlen von: Weingut Kusterer

70736 Fellbach

Oettingers

Im gediegenen Ambiente des Traditionshauses ist Michael Oettinger ganz auf Höhe der Zeit mit gleich drei modernen Menüs, eines davon vegetarisch. Topweine aus dem Remstal und weit darüber hinaus.

Fellbacher Straße 2–6
+49 (711) 95130
hirsch-fellbach.de

€€

Empfohlen von: Falstaff-Redaktion

74072 Heilbronn

Bachmaier

Familiär geführtes Restaurant mit fünf Tischen. Aus der Küche kommen Fisch und Meeresfrüchte oder Steak in der Kräuterkruste, der Kaiserschmarren ist ein Muss. Sehr ausgewogene Weinbegleitung.

Untere Neckarstraße 40
+49 (7131) 6420560
restaurant-bachmaier.de

€€

Empfohlen von: Weingut Kistenmacher & Hengerer

75203 Königsbach-Stein

Zum goldenen Lamm

Das sympathische Haus hat sich der gutbürgerlichen Küche verschrieben. Meeresfrüchte, Austern, Trüffelgerichte und vegane Superfoods fehlen dennoch nicht. Eine gute Mischung für jeden Geschmack.

Marktplatz 2
+49 (7232) 1776
lammstein.de

€€

Empfohlen von: Falstaff-Redaktion

88085 Langenargen

SEO

Geboten wird ein Überraschungsmenü in acht Gängen – ein gelungenes Spiel von Farben, Aromen und Texturen. Köstlich sind die Schoko- und Himbeerdesserts. Im großen Weinkeller lagern zahlreiche Schätze.

Marktplatz 1
+49 (7543) 93380
seevital.de

€€€

Empfohlen von: Hendriks + Fürst Weine

97922 Lauda

Zur Alten Kelter

Hier wird Ehrlichkeit großgeschrieben und die bodenständigen, gutbürgerlichen Gerichte sprechen für sich. Für aktive Wanderer (und jene, die es noch werden wollen) gibt es eine eigene Speisekarte mit leckeren Brotzeitklassikern.

Weinstraße 13
+49 (9343) 62370
zuraltenkelter.de

€

Empfohlen von: Falstaff-Redaktion

97922 Lauda-Königshofen

Rebgut

Historisches Flair mit Ziegelgewölbe und deutsch-internationale Küche passen gut zusammen. Spannend ist die Kürbissuppe mit Miso und Lorbeermilch. Am eigenen kleinen Weinberg wachsen Riesling und Hölder.

Rebgutstraße 80
+49 (9343) 6147000
rebgut.de

€€

Empfohlen von: Becksteiner Winzer

88131 Lindau (Bodensee)

Valentin Fine Dining

Der diesjährige Fokus ist auf »Seed, Weed, Meat« gerichtet – und so werden jedem Thema im Wechsel mindestens zwei Menüs gewidmet. In dem verwunschenen Garten lässt es sich traumhaft speisen und trinken.

In der Grub 28a
+49 (8382) 5043740
valentin-lindau.de

€€€

Empfohlen von: Weingut Lanz

71634 Ludwigsburg

Gutsschenke

Auch im Schlosshotel Monrepos hat man sich von den Rahmenbedingungen der Gourmetgastronomie verabschiedet, bietet aber neben Zwiebelrostbraten und Kalbsrahmschnitzel weiterhin ein Gourmetmenü.

Monrepos 22
+49 (7141) 302560
schlosshotel-monrepos.de

€€€

Empfohlen von: Falstaff-Redaktion

Fotos: beigestellt

Burgruine Weibertreu bei Weinsberg nahe Heilbronn

88149 Nonnenhorn

Haus am See

Tolle Lage mit eigenem Badestrand. Die Küche von Valentin Knörle hält sich nah an dem, was die Natur hergibt. Da darf die Bodenseeforelle nicht fehlen, serviert mit Kaviar, Buttermilch und Rettich.

Uferstraße 23
+49 (8382) 988510, hausamsee-nonnenhorn.de

€€€

Empfohlen von: Weingut Lanz, Hendriks + Fürst Weine, Hornstein am See

88149 Nonnenhorn

Torkel

Die Kreationen überzeugen optisch und geschmacklich, etwa der rohe Thunfisch auf Gemüsetatar oder das Schokoküchlein mit Erdbeereis. Im Weinkeller lagern viele Gewächse aus der Bodenseeregion.

Seehalde 14
+49 (8382) 98620
hotel-torkel.de

€€€

Empfohlen von: Hendriks + Fürst Weine

72622 Nürtingen

Belsers

Christer Belser bringt Erfahrung von internationalen Topadressen mit und kombiniert sie mit einem modernen Verständnis von Regionalität. Die Location ist so gefragt, dass es mitunter zu Wartezeiten kommen kann.

Brunnsteige 15
+49 (7022) 7195860
belsers.com

€€

Empfohlen von: Weingut Hedwig und Helmut Dolde

Vaihingen – Schloss Kaltenstein

74193 Schwaigern

Zum Alten Rentamt

Dieses historische Fachwerkhaus prägt nicht nur das Ortsbild, auch die kulinarische Erfahrung bleibt in Erinnerung. Außergewöhnliche Kompositionen werden perfekt präsentiert, begleitet von edlen Tropfen aus dem Weinkeller.

Schlossstraße 6–8
+49 (7138) 5258
altesrentamt.de

€€

Empfohlen von: Weingut Graf Neipperg

70597 Stuttgart

Wielandshöhe

Schwäbisch und weltoffen zugleich, ein überzeugendes Konzept. Trotz der tollen Aussicht legt der multitalentierte Patron Vincent Klink Wert darauf, dass Geschmack wichtiger als der Look und die Küche nachhaltig ist.

Alte Weinsteige 71
+49 (711) 6408848, wielandshoehe.de

€€€

Empfohlen von: Weingut Albrecht Schwegler, Weingut Doreas

71665 Vaihingen

Lamm Rosswag

Trotz all der extremen Kleinteiligkeit in Steffen Ruggabers topmodernen Gerichten verliert man nicht den roten Faden des Geschmacks. Seine Frau Sonja serviert dazu ausschließlich deutsche Spitzenweine.

Rathausstraße 4
+49 (7042) 21413
lamm-rosswag.de

€€

Empfohlen von: Weingut Eisele

71332 Waiblingen

Bachofer

Schon lange vor dem Trend hat Bernd Bachofer japanische Elemente in seine Gourmetmenüs eingebaut und diese immer weiter perfektioniert. An der Bar mit Blick in die Küche gibt es auch sehr gutes Sushi.

Marktplatz 6
+49 (7151) 976430
bachofer.info

€€€

Empfohlen von: Weingut Sterneisen, Weingut Escher

76337 Waldbronn

Schwitzer's

Im weitläufigen Restaurant mit bodentiefen Fenstern, Terrasse und Blick ins Grüne zelebriert der Franzose und Saucenmeister Cédric Schwitzer mit viel Aufwand eine aromenstarke, moderne Hochküche.

Etzenroter Straße 4
+49 (7243) 354850, schwitzers.com

Empfohlen von: Weingut Burg Ravensburg, Weingut Klumpp

71111 Waldenbuch

Krone

Im denkmalgeschützten Gasthaus wird die französische Küche gefeiert, wobei der junge Küchenchef Erik Metzger auch mit weltweiten Einflüssen spielen und hochwertige vegetarische Menüs anbieten kann.

Nürtinger Straße 14
+49 (7157) 408849
krone-waldenbuch.de

Empfohlen von: Weingut Wöhrwag

71364 Winnenden

Altes Rathaus

2022 liebevoll renoviert, erstrahlt das Restaurant in voller moderner Pracht. Die vielfältige Mittags- und Abendkarte bietet Abwechslung, tagsüber gibt es eine kleine Snackauswahl. Ein Geheimtipp: Käsebrot mit Zwiebelmarmelade.

Marktstraße 47
+49 172 48 48 888
w-thefood.de

Empfohlen von: Weingut Siegloch, Weingut Escher

74639 Zweiflingen-Friedrichsruhe

Le Cerf

Nur noch selten speist man in so mondänem Ambiente. Aber Boris Rommel versteht es, die klassische französische Hochküche mit Leichtigkeit und manchmal auch mit einem Augenzwinkern zu interpretieren.

Kärcherstraße 11
+49 (7941) 60870
schlosshotel-friedrichsruhe.de

Empfohlen von: Wein & Sektgut Hirschmüller

Bernkastel-Kues, Mosel

MIT BESTER EMPFEHLUNG

Ausgewählte Weinhändler und Feinkostläden
mit hochwertigen Erzeugnissen für kulinarische Genuss-Erlebnisse.

CANTINA ADORO V

73230 Kirchheim unter Teck,
Teckstraße 12, T:+49 (176) 10439198
prost@cantinaadoro.de
Fr 16–19 Uhr, Sa 11–15 Uhr, sowie nach telefonischer Vereinbarung
www.cantinaadoro.de

RIEGEL BIOWEINE V

78359 Orsingen, Steinäcker 12
T:+49 (7774) 93130
info@riegel.de
Di bis Fr 14–18 Uhr, Sa 10–14 Uhr
www.riegel.de

PIEMONT HASELNUSS SHOP F

76676 Graben-Neudorf,
Gartenstraße 3
T:+49 (7255) 9000863
www.piemont-haselnuss.de

WEINGUT DR. HEGER V

79241 Ihringen, Bachenstraße 21
T:+49 (7668) 995110
info@heger-weine.de
Mo bis Fr 9–12 Uhr und 13.30–18.30 Uhr, Sa 10–14 Uhr
www.heger-weine.de

LA PERLA DEL GUSTO F

76676 Graben-Neudorf, Gartenstraße 3
T:+49 (7255) 9000861
info@laperladelgusto.de
Mi 14–18.30, Do 9–12.30 und 14–18.30 Uhr und nach Vereinbarung sowie im Onlineshop, www.la-perla-del-gusto.de

WEIN-BASTION V

89077 Ulm, Schillerstraße 1
T:+49 (731) 66993
info@wein-bastion.de
Mo bis Fr 9–18.30 Uhr, Sa 9–16 Uhr
www.wein-bastion.de

Foto: © WSNA

BW | BY | BE | HB

SAFFER'S WINZERWELT – IN DER AU V
81541 München, Ohlmüllerstraße 1
T: +49 (89) 42 00 90 92
au@saffers-winzerwelt.de
Mo bis Sa 11–19 Uhr
www.winzerwelt.de

SAFFER'S WINZERWELT – TRUDERING V
81829 München, Martin-Kollar-Str. 11
T: +49 (89) 42 00 90 90
trudering@saffers-winzerwelt.de
Mo bis Fr 11.30–18.30 Uhr, Sa 10–14 Uhr
www.winzerwelt.de

VINOTHEK WAHRE WERTE V
84307 Eggenfelden,
Fischbrunnenplatz 4
T: +49 (8721) 126 1985
mail@wahre-werte.info
Mo bis Fr 10–18 Uhr, Sa 9–13 Uhr
www.wahre-werte.info

WEINSCHMECKER INGOLSTADT V
85049 Ingolstadt, Friedrichshofener Straße 1, T: +49 (841) 99397901
info@weinschmecker-ingolstadt.de
Mo–Mi, Sa 10–20 Uhr, Do–Fr 10–22 Uhr
www.weinschmecker-ingolstadt.de

VINOTHEK FLASCHENGEIST V
87509 Immenstadt im Allgäu,
Bahnhofstraße 25
T: +49 (8323) 987197
info@flaschengeist-immenstadt.de
Mo bis Fr 10–18.30 Uhr, Sa 9–13 Uhr
www.flaschengeist-immenstadt.de

WEINGARTEN EDEN V
94086 Bad Griesbach im Rottal, Rottalstraße 18, T: +49 (8532) 920050
info@weingarten-eden.de
Mo bis Do 9–17 Uhr, Fr 9–15 Uhr
www.weingarten-eden.de

LA CAVE DE BACCHUS WEINHANDEL GMBH V
10709 Berlin-Halensee, Westfälische Straße 33, T: +49 (30) 76731764
info@weinhandlung-bacchus.de
Mo bis Fr 10–19 Uhr, Sa 10–15 Uhr
www.weinhandlung-bacchus.de

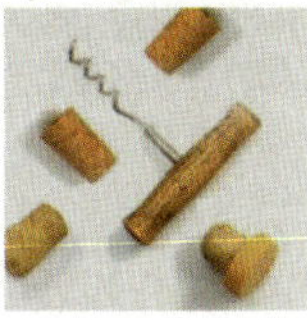

LUDWIG VON KAPFF WEINLAGER BREMERHAVEN V
27572 Bremerhaven, Bremer Straße 27
T: +49 (471) 77077, Mo 13–18 Uhr,
Di bis Fr 10–18 Uhr, Sa 10–14 Uhr
bremerhaven@ludwig-von-kapff.de
www.ludwig-von-kapff.de

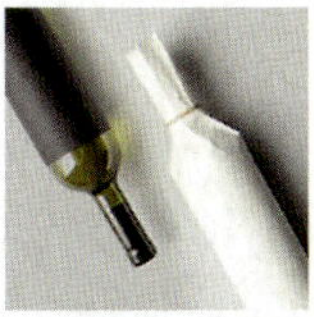

LUDWIG VON KAPFF WEINLAGER SCHWACHHAUSEN V
28209 Bremen, Wachmannstraße 16
T: +49 (421) 57799132, Mo und Di 15–19 Uhr, Mi bis Fr 10–19 Uhr, Sa 9–15 Uhr
schwachhausen@ludwig-von-kapff.de
www.ludwig-von-kapff.de

LUDWIG VON KAPFF WEINLAGER SPEICHER 1 V
28217 Bremen, Konsul-Smidt-Str. 8H
T: +49 (421) 3994323, Mo 13–18 Uhr,
Di bis Fr 10–18 Uhr, Sa 10–15 Uhr
speicher1@ludwig-van-kapff.de
www.ludwig-von-kapff.de

WEINGESELLSCHAFT RUYTER & AST V
28217 Bremen, Konsul-Smidt-Str. 8J
T: +49 (421) 3053251
sservice@ruyter-und-ast.de
www.club-of-wine.de

BREMER WEINKOLLEG V
28359 Bremen, Anne-Conway-Str. 4
T: +49 (800) 5545511
info@bremer-weinkolleg.de
Mo bis Fr 9–17 Uhr
www.bremer-weinkolleg.de

V Vinothek/Weinhandel F Feinkost

LUDWIG VON KAPFF WEIN-LAGER KROHNSKAMP V

22301 Hamburg, Krohnskamp 17
T:+49 (40) 2708966
Krohnskamp@ludwig-von-kapff.de
Mo bis Fr 10–19 Uhr, Sa 10–18 Uhr
www.ludwig-von-kapff.de

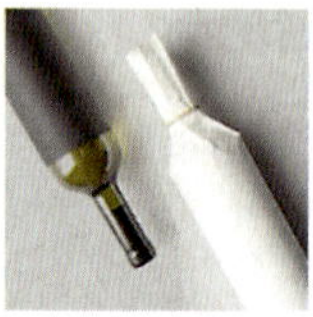

LUDWIG VON KAPFF WEIN-LAGER EIMSBÜTTEL V

22529 Hamburg-Eimsbüttel,
Stresemannallee 118
T:+49 (40) 225409, Mo bis Do 11–19 Uhr,
Fr 10–19 Uhr, Sa 10–14 Uhr
eimsbuettel@ludwig-von-kapff.de
www.ludwig-von-kapff.de

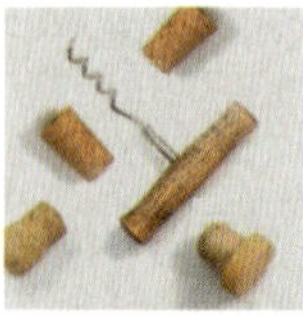

LUDWIG VON KAPFF WEIN-LAGER AM STADTPARK V

22303 Hamburg-Winterhube,
Saarlandstraße 23
T:+49 (40) 28781966, Mo bis Do 11.30–19 Uhr, Fr 11.30–20 Uhr, Sa 10–16 Uhr
amstadtpark@ludwig-von-kapff.de
www.ludwig-von-kapff.de

LUDWIG VON KAPFF WEIN-LAGER ELTVILLE V

65343 Eltville am Rhein,
Matheus-Müller-Platz 1
T:+49 (6123) 606606
Mo bis Fr 10–19 Uhr, Sa 10–16 Uhr
eltville@ludwig-von-kapff.de
www.ludwig-von-kapff.de

NI | NW | RP | SL

LUDWIG VON KAPFF WEIN-LAGER BUXTEHUDE V

21614 Buxtehude, Westmoor 2G
T:+49 (4161) 503850
Mo bis Fr 10–19 Uhr, Sa 10–18 Uhr
buxtehude@ludwig-von-kapff.de
www.ludwig-von-kapff.de

LUDWIG VON KAPFF WEIN-LAGER STADE V

21682 Stade, Fischmarkt 10
T:+49 (4141) 2335
stade@ludwig-von-kapff.de
Mo bis Fr 10–18 Uhr, Sa 9–16 Uhr
www.ludwig-von-kapff.de

LUDWIG VON KAPFF WEIN-LAGER ZEVEN V

27404 Zeven, Südring 3
T:+49 (4281) 750 99 80
zeven@ludwig-von-kapff.de
Mo bis Fr 10–18 Uhr, Sa 9–13 Uhr
www.ludwig-von-kapff.de

LUDWIG VON KAPFF WEIN-LAGER HANNOVER V

30659 Hannover, Sutelstraße 6
T:+49 (511) 9040470
hannover@ludwig-von-kapff.de
Mo bis Fr 10–19 Uhr, Sa 10–18 Uhr
www.ludwig-von-kapff.de

DEHLWISCH HANDELSHAUS FÜR INTERNATIONALE GETRÄNKE V

49393 Lohne, Bahnhofstraße 31
T:+49 (4442) 93920, Di bis Fr 8.30–18.30 Uhr, Sa 8.30–14 Uhr, info@dehlwisch.de
www.dehlwisch.de

OLEASTRUM – FEINE KOST UND WEINE V

33415 Verl, Sender Straße 28
T:+49 (5246) 3015, info@oleastrum.eu
Mo bis Fr 10–13 Uhr und 15–18.30 Uhr, Sa 10–14 Uhr
www.oleastrum.eu

PRINZINGER BY SAITTAVIN F

40545 Düsseldorf, Leostraße 1a
T:+49 (211) 50670801
info@prinzinger-saittavini.de
Mo bis Sa 12–24 Uhr
www.prinzinger-saittavini.de

SAITTAVINI | ENOTECA & RESTAURANT F

40545 Düsseldorf, Luegallee 79
T:+49 (211) 57797918
info@saittavini.de
Mo bis Sa 10–24 Uhr
www.saittavini.de

KIERDORFWEIN V

51580 Reichshof, Bahnhofstraße 7
T:+49 (2297) 909070
verkauf@kierdorfwein.de
www.kierdorfwein.de

ORBIS VINI V

55118 Mainz, Feldbergstraße 3,
T:+49 (6131) 5869545
info@orbis-vini.de
Mo bis Fr 14–18 Uhr
www.orbis-vini.com

W. SPIES & CO. GMBH V

66679 Losheim am See, Am Steil 1
T:+49 (6871) 91287
shop@w-spies.de
Mo 10–17 Uhr, Di bis Fr 10–18 Uhr, Sa 10–12.30 Uhr
weine-spirituosen-spies.de

WEINKAUF BEI WEINKAUFF V

66740 Saarlouis, Kavalleriestraße 3-7
T:+49 (6831) 9666050
info@stella-weinkauff.de
Mi bis Fr 10–18 Uhr, Sa 9.30–13 Uhr
www.stella-weinkauff.de

V Vinothek/Weinhandel F Feinkost

INDEX WEINGÜTER NACH NAME

I

J

M

T

U

V

W

Z

INDEX WEINGÜTER NACH ORT

M

P

R

Z

DER FALSTAFF WEINGUIDE DEUTSCHLAND 2024

MEDIENINHABER
Falstaff Deutschland GmbH
Carlsplatz 18
D-40213 Düsseldorf
T: +49 (211) 9666299 0
F: +49 (211) 9666299 9
www.falstaff.de
info@falstaff.de

HERAUSGEBER
Wolfgang M. Rosam
Dr. Ulrich Sautter

GESCHÄFTSFÜHRUNG
Mag. Elisabeth Kamper
Nicolas Gauert

ANZEIGEN
Susanne Förster
Sarah Simon

VERTRIEB UND MARKETING
Dagmar Sebold

IT
Robert Pleniger

PRODUKTION/LITHO
Ronald Hatze

LEKTORAT
Jürgen Ehrmann

DRUCK
ppm Fulda GmbH & Co. KG
Frankfurter Straße 8
36043 Fulda
www.ppm-fulda.de

PEFC-zertifiziert
Dieses Produkt stammt aus nachhaltig bewirtschafteten Wäldern und kontrollierten Quellen
PEFC
PEFC/04-31-1308
www.pefc.de

CHEFREDAKTION
Dr. Ulrich Sautter

CHEF:INNEN VOM DIENST
Mag. Petra Kirchmayer
Mag. Georg Morawitz-Holeschofsky
Rainer Schäfer

STV. CHEF VOM DIENST
Noah Neururer, BA BA

AUTOR:INNEN
Thomas Curtius
Tom Drieseberg
Marie Grüner
Matthias Neske
Rainer Schäfer
Michael Schmidt
Hilmar Schulz
Thomas Schwitalla
Richard Utz
Ulrich van Stipriaan

REDAKTION
Mag. Lisa Ladstätter
Alexander Traxler

ART DIRECTOR
Mag. art. Marcus Wiesner (Grafik, Fotografie)
Thomas Kepplinger, M. A. (Art Dir. Marketing & Sales)

WEINGUIDE D 2024
ISBN: 978-39822182-6-7
GTIN: 419 08900 2490 6-08
Preis: 24,90 €